2024 박문각 자격증

제3판

이론편

실무편

기출문제

전산세무 1급

독공 독하게 공부하자

- **NCS** 국가직무능력표준 National Competency Standards **기준안 적용**
- **KcLep 최신 프로그램 및 2024년 세법 개정안 반영**
- **최신 기출문제 (103회~112회) 및 해설 수록**

공경태, 정혜숙, 김현상, 박병규, 강만성 편저

박문각

이 책의 **머리말**

기다렸습니다!

당신에게 행복을 주고 싶어 기다렸습니다.

언제부터인가 나는 당신이 의지할 수 있는 지팡이가 되기를 바라고 있었던 것 같습니다. 마주 앉아 커피 한 잔을 함께 나누면서 미소지을 수 있는 좋은 사람이 되고 싶었습니다. 말하지 않아도 눈빛만으로 마음이 전해지고 도움이 되는 버팀목이 되고 기쁨과 행복감이 넘쳐나는 웃음을 드리고 싶었습니다. 이 책이 당신 인생의 전환점이 되어 머지않은 가까운 날에 고맙다는 말을 건네주기를 진심으로 기다려봅니다.

📖 본서의 특징

> 본서는 2024년 일반기업회계기준과 개정세법을 반영하고 있습니다.

첫째, 30점의 이론시험 철저 대비!!!
이론을 빠짐없이 완벽하게 정리하였습니다.
전산세무 1급부터는 재무회계, 원가회계, 부가가치세신고, 원천세, 법인세 등 세무 5과목 이론을 학습해야 합니다. 따라서 혼자서도 교재순서에 따라 단원이론 사례문제, 분개연습, 복습을 위한 이론문제 풀이를 통해 학습하면서 완벽하게 이론을 정립하고 체계를 잡을 수 있게 집필하였습니다.

둘째, 시험에 출제되는 계정과목별 분개연습!!!
전산세무회계 자격시험을 포함하여 각종 회계시험에서 <u>합격의 핵심 포인트는 전표처리</u>입니다. 따라서 전산세무 1급 시험에 출제되는 계정과목별로 분개연습문제를 풀어보면서 이해력을 높일 수 있도록 구성하였습니다.

셋째, 독학으로도 70점의 실무시험 완벽 대비!!!

본서만으로도 실무시험을 대비하기 위한 독학이 가능합니다. 합격선이 되는 실무편은 2024년 출제기준이 변경된 것을 반영하여 <u>부가가치세 전자신고와 원천제세 전자신고를 추가하였고</u>, 전산세무회계 자격시험 프로그램을 활용하여 실무시험문제 순서[일반전표입력, 매입매출전표입력, 부가가치세 신고서와 부속서류 작성 및 전자신고, 가산세, 결산, 금융·기타·사업·퇴직·근로소득사업자의 사원등록, 급여자료입력, 연말정산추가자료입력, 중도퇴사자 원천징수와 원천징수이행상황신고서 서식작성 및 전자신고, 법인세 및 세무조정 등]대로 집필하였습니다. 따라서 혼자서도 충분히 실무시험을 완벽하게 준비하기 위한 연습이 가능합니다.

넷째, 최신 기출문제 풀이로 실전 대비!!!

<u>최신 기출문제 10회분을 수록</u>하여 반복적이고 종합적인 문제풀이를 통해 마지막까지 확실한 적응력을 갖출 수 있도록 체계적으로 구성하였습니다.

전산세무회계자격시험을 준비하는 수험생 여러분들을 위한 최적의 교재를 만들기 위해 최선을 다했지만 다소 부족한 부분은 앞으로 계속 보완해 나갈 것을 약속드립니다.

끝으로 본 교재의 출간을 위해 도움을 주신 박문각출판 대표님께 머리 숙여 감사드리며, 교재 출간을 위해 헌신적으로 조언을 아끼지 않으시고 교재편집을 위해 고생하신 박문각출판 편집부 직원들께도 감사의 마음을 전합니다.

저자 공경태, 정혜숙, 김현상, 박병규, 강만성
감수위원 박은정, 김보미

이 책의 **학습안내**

전산세무회계 시험개요

❶ 목적

전산세무회계의 실무처리능력을 보유한 전문인력을 양성할 수 있도록 조세의 최고전문가인 1만여 명 세무사로 구성된 한국세무사회가 엄격하고 공정하게 자격시험을 실시하여 그 능력을 등급으로 부여함으로써, 학교의 세무회계 교육방향을 제시하여 인재를 양성시키도록 하고, 기업체에는 실무능력을 갖춘 인재를 공급하여 취업의 기회를 부여하며, 평생교육을 통한 우수한 전문인력 양성으로 국가발전에 기여하고자 함

❷ 시험시간

종목	전산세무회계			
등급	전산세무 1급	전산세무 2급	전산회계 1급	전산회계 2급
시험시간	15:00~16:30	12:30~14:00	15:00~16:00	12:30~13:30
	90분	90분	60분	60분

❸ 2024년 시험일정

회차	원서접수	장소공고	시험일자	발표
제112회	01.04. ~ 01.10.	01.29. ~ 02.04.	02.04.(일)	02.22.(목)
제113회	02.28. ~ 03.05.	04.01. ~ 04.06.	04.06.(토)	04.25.(목)
제114회	05.02. ~ 05.08.	05.27. ~ 06.01.	06.01.(토)	06.20.(목)
제115회	07.04. ~ 07.10.	07.29. ~ 08.03.	08.03.(토)	08.22.(목)
제116회	08.29. ~ 09.04.	09.30. ~ 10.06.	10.06.(일)	10.24.(목)
제117회	10.31. ~ 11.06.	12.02. ~ 12.07.	12.07.(토)	12.26.(목)

학습준비

[수험용 프로그램(케이렙) 다운로드]

① 한국세무사회 전산세무회계자격증 사이트(https://license.kacpta.or.kr)에 접속한다.

② 홈페이지 하단의 [케이렙(수험용) 다운로드]를 클릭하여 [KcLep 수험용 프로그램]을 클릭한다.

③ 해당 화면이 나타나면 다운로드를 선택하여 바탕화면에 옮긴다.

④ 바탕화면에 있는 아이콘[KcLep Setup 수험용 프로그램]을 더블클릭하여 실행시켜 [사용권 계약의 조항에 동의합니다]를 체크하여 "다음" 버튼을 누른다.

⑤ 시스템 최적화모드를 거쳐서 최종 프로그램 설치가 완료된 화면이 나타난다.

[실무수행 및 기출문제 백데이터 다운로드]

① 박문각 출판사 홈페이지(https://www.pmgbooks.co.kr)에 접속한다.

② 화면 상단의 [학습자료실]을 클릭하고, 좌측 화면의 [학습자료실] – [전산세무회계]를 클릭한다.

③ 자료실 리스트 중 [2024 독공 전산세무 1급 백데이터]를 클릭하여 자료를 바탕화면에 다운로드한다.

④ 다운로드한 백데이터 파일을 더블클릭하여 설치한다.

[실무수행 및 기출문제 백데이터 불러오기]

① 케이렙 프로그램 아이콘 을 더블클릭하여 실행한다.

② 케이렙 화면에서 [회사등록]을 선택한다.

③ [회사등록] 화면에서 [회사코드재생성]을 선택하고 [예]를 클릭한다.

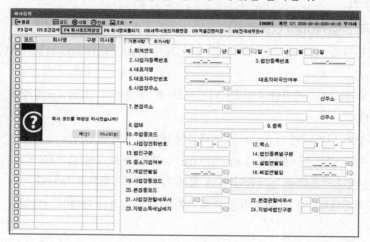

④ 이후, 풀고자 하는 회사코드를 이용하여 실습하면 된다.

[백데이터 삭제하기]

① C:₩KcLepDB₩KcLep 폴더로 이동한다.
② 언더바(_)가 표시된 파일을 제외한 모든 폴더를 선택한 후 삭제한다.

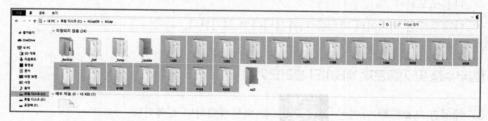

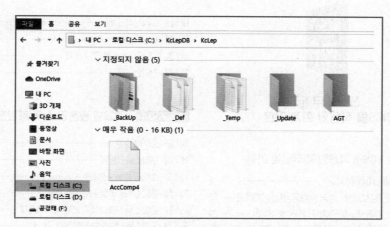

③ 이후에 본 교재에 있는 [실무수행 및 기출문제 백데이터 불러오기] 화면을 보고 재설치
한다.

2022년부터 변경되는 실무시험편-전자신고 추가

국가공인 전산세무 1급 자격시험 평가 범위를 다음과 같이 변경한다.
변경된 평가범위는 2022년 4월 10일(제101회) 시험부터 반영된다.

구분		기존	개정(2022)
전산세무 1급 (실무)	재무회계, 원가회계	거래자료입력, 결산자료입력	거래자료입력, 결산자료입력
	부가가치세	매입·매출 거래자료 입력 부가가치세 신고서의 작성	매입·매출 거래자료 입력 부가가치세 신고서의 작성 및 전자신고
	원천제세	원천제세 전반	원천제세 전반 및 전자신고
	법인세무조정	법인세무조정 전반	법인세무조정 전반

※ 국세청 홈택스 전자신고 변환방법은 실무편에서 학습하기로 한다.

PART 04

전산세무 1급
기출문제(이론 + 실무)

PART 05

전산세무 1급
기출문제 정답 및 해설

전산세무 1급
NCS를 적용한
회계 이론

01 | NCS를 적용한 재무회계 이해

제1절 재무회계의 이론적 기초

01 회계의 정의

회계는 기업경영을 수행하는 과정에서 특정 경제적 사건에 대하여 회계정보 이용자가 합리적인 판단이나 의사결정을 할 수 있도록 기업 실체에 대한 유용한 경제적 정보를 식별·측정·전달하는 과정이다.

02 재무회계개념체계

1) 재무보고의 목적
① 투자 및 신용의사결정에 유용한 정보를 제공한다.
② 미래 현금흐름 예측에 유용한 정보를 제공한다.
③ 재무상태, 경영성과, 현금흐름 및 자본변동에 관한 정보를 제공한다.
④ 경영자의 수탁책임 평가에 유용한 정보를 제공한다.

2) 재무회계개념체계의 목적과 역할자
재무회계개념체계가 특정 회계기준과 상충되는 경우에는 회계기준을 우선하여 적용한다. 그리고 재무제표의 작성책임은 경영자가 진다.
① **회계기준 제정자** : 회계기준제정기구가 회계기준을 제(개)정함에 있어 준거하는 재무회계의 개념과 개념의 적용에 관한 일관성 있는 지침을 제공한다.
② **재무제표 이용자** : 재무제표의 이용자가 회계기준에 의해 작성된 재무제표를 해석하는 데 도움이 되도록 재무제표작성에 기초가 되는 기본가정과 제 개념을 제시한다.
③ **재무제표 작성자** : 재무제표의 작성자가 회계기준을 해석·적용하여 재무제표를 작성·공시하거나, 특정한 거래나 사건에 대한 회계기준이 미비된 경우에 적용할 수 있는 일관된 지침을 제공한다.
④ **재무제표 감사인** : 외부감사인이 감사의견을 표명하기 위하여 회계기준적용의 적정성을 판단하거나, 특정한 거래나 사건에 대한 회계기준이 미비된 경우 회계처리의 적정성을 판단함에 있어서 의견형성의 기초가 되는 일관된 지침을 제공한다.

3) 회계의 공준

재무제표의 기록·측정·보고에 중요한 영향을 주는 환경적 가정이 되며, 재무제표를 작성하고 공시하는 데 있어서도 기본이 되는 공준을 말한다. 회계공준의 조건은 완전성, 공헌성, 일관성, 독립성, 관련성으로 이루어진다.

① **기업실체의 공준** : 기업이 소유주와는 독립적으로 존재하는 하나의 회계단위로 간주하고 이 회계단위의 입장에서 그 경제활동에 대한 재무적 정보를 측정, 보고하는 것을 말한다.

② **계속기업의 공준** : 한번 설립된 기업은 본래 목적을 달성하기 위하여 장기적으로 계속하여 존재한다는 가정으로 다음과 같은 특징이 있다.

 ㉠ 기업의 자산을 역사적원가(취득원가)로 평가하는 것

 ㉡ 유형자산의 취득원가를 내용연수의 기간 내에 비용으로 배분하는 감가상각의 회계처리

 ㉢ 자산이나 부채를 유동성 순서에 따라 분류하는 것

③ **기간별보고의 공준** : 한 기업실체의 존속기간을 일정한 기간단위로 분할하여 각 기간별로 재무제표를 작성하여 유용한 정보를 적시성 있게 보고하는 가정을 말한다.

4) 회계정보의 질적 특성

① **이해가능성** : 회계정보가 정보이용자의 유용한 의사결정에 사용되려면 재무제표를 통해 제공된 정보는 이용자가 쉽게 이해할 수 있어야 한다.

② **회계정보의 1차적 질적 특성**

 ㉠ **목적적합성** : 회계정보가 정보이용자의 유용한 의사결정에 사용되려면 이용자의 의사결정의 목적에 적합하여야 하며 다음과 같은 하부속성을 갖는다.

하부속성	내용
예측가치	회계정보이용자가 기업실체의 미래 재무상태, 경영성과, 현금흐름 등을 예측하는 데 그 정보가 활용될 수 있는 능력을 말한다.
피드백가치	과거의 기대치와 예측치를 확인 또는 수정함으로써 회계정보이용자의 의사결정에 영향을 미칠 수 있는 정보의 자질을 말한다.
적시성	정보이용자의 의사결정에 영향을 주기 위해 의사결정시점에 필요한 정보를 적시에 제공해야 한다.

 ㉡ **신뢰성** : 정보의 중요한 오류나 편의가 없고 그 정보가 나타내고자 하거나 나타낼 것이 합리적으로 기대되는 대상을 충실하게 표현하고 있다고 이용자가 믿을 수 있는 정보를 의미하며 다음과 같은 하부속성을 갖는다.

하부속성	내용
표현의 충실성	그 정보가 나타내고자 하거나 나타낼 것이 합리적으로 기대되는 거래나 그 밖의 경제적 실질 사건을 충실하게 표현하여야 한다.
중립성	정보에 대한 편의가 없어야 한다.
검증가능성	다수의 독립적인 측정자가 동일한 경제적 사건이나 거래에 대하여 동일한 측정방법을 적용한다면 유사한 결론에 도달할 수 있어야 한다.

③ 질적 특성 간의 상충관계

회계정보의 목적적합성과 신뢰성은 서로 상충관계를 고려한 질적 특성 간의 균형이 필요하다.

구분	목적적합성	신뢰성	구분	목적적합성	신뢰성
주식평가	공정가치법 (시가법)	원가법	재무제표	반기 재무제표	연차 재무제표
손익인식	발생주의	현금주의	공사수익	진행기준	완성기준
재고자산	저가법	원가법	투자주식	지분법	원가법
연구개발비	자산처리	비용처리	대손상각비	충당금설정	직접차감

④ 회계정보의 2차적 질적 특성

㉠ 비교가능성 : 회계정보의 유용성을 제고한다.

> ■ 기간별 비교가능성(계속성, 일관성) : 동일한 기업에 있어서 특정기간의 정보를 다른 기간의 유사한 정보와 비교하는 속성을 말한다. 기업회계기준 제3조에서는 "회계처리에 관한 기준 및 추정은 기간별 비교가 가능하도록 매기 계속하여 적용하고 정당한 사유 없이 이를 변경하여서는 아니 된다."고 규정하고 있다.
> ■ 기업간 비교가능성(통일성) : 특정기업의 정보를 다른 기업의 유사한 정보와 비교할 수 있는 속성을 말한다.

㉡ 중요성 : 어떤 정보가 누락되거나 왜곡되게 표시되어 재무제표에 기초한 이용자의 경제적 의사결정에 영향을 미친다면 이는 중요한 정보이다. 이러한 중요성은 재무제표 표시와 관련된 임계치나 판단기준으로 작용한다.

5) 보수주의(안전성의 원칙)

회계처리과정에서 2가지 이상의 선택 가능한 방법이 있는 경우에는 재무적 기초를 견고히 하는 관점에서 처리되어야 한다는 것을 말하며 재무제표 작성 시에는 당기순이익을 낮게 보고하는 것도 해당된다.

① 장점과 단점

㉠ 장점 : 기업의 재무구조를 건실화할 수 있다.

㉡ 단점 : 수익·비용대응의 원칙을 저해하여 기간손익이 왜곡될 수 있으며, 이익조작의 가능성이 있고 회계정보의 신뢰성을 해칠 수 있다.

② 보수주의의 사례

> • 재고자산의 저가평가   • 미실현이익의 계상배제
> • 우발부채의 즉시인식   • 공사손실의 즉시인식
> • 감가상각방법으로서 가속상각적용(초기 상각 시에 정액법보다는 정률법 사용)
> • 물가상승 시 후입선출법에 의한 기말재고자산평가
> • 장기공사 시 진행기준보다는 완성기준 적용 등

03 재무제표의 의의와 작성기준

1) 재무제표 작성표시

계속기업	경영진이 청산·경영활동 중단의도가 없거나, 다른 현실적 대안이 없는 경우가 아니면 계속기업을 전제로 재무제표를 작성한다.
작성책임과 공정표시	재무제표의 작성책임은 경영진에게 있다. 일반기업회계기준에 따라 적정하게 작성된 재무제표는 공정하게 표시된 재무제표로 보고 작성된 사실은 주석 기재해야 하며, 모든 요구사항을 불충족했을 때에는 일반기업회계기준에 따라 작성되었다고 기재해서는 안 된다.
항목구분과 통합표시	중요한 항목은 재무제표의 본문이나 주석에 그 내용을 구분하여 표시하고, 중요치 않은 항목은 성격·기능이 유사한 항목과 통합하여 표시 가능하다.
비교재무제표 작성	전기재무제표의 모든 계량정보를 당기와 비교하는 형식으로 표시하고, 전기재무제표의 비계량정보가 당기재무제표를 이해하는 데 필요한 경우에는 이를 당기의 정보와 비교하여 주석에 기재한다.

2) 재무상태표

기업의 경영활동의 일정시점에 재무상태를 나타내는 정태적보고서이다.

① **자산** : 과거의 거래나 사건의 결과로서 현재 기업실체에 의해 지배되고 미래 경제적 효익을 창출할 것으로 기대되는 자원을 말하고, 유동자산과 비유동자산으로 구분한다.

   ㉠ 유동자산의 구분기준 및 요소
- 사용의 제한이 없는 현금 및 현금성자산
- 기업의 정상적인 영업주기 내에 실현될 것으로 예상되거나 판매목적 또는 소비목적으로 보유하고 있는 재고자산과 회수되는 매출채권이 보고기간 종료일로부터 1년 이내에 현금화 또는 실현될 것으로 예상되는 자산
- 단기매매 목적으로 보유하는 자산
- 예외적으로 장기미수금과 투자자산에 속하는 매도가능증권·만기보유증권 등의 비유동자산 중 1년 이내 실현된 부분은 유동자산으로 분류한다.

   ㉡ 비유동자산의 구분기준 및 요소
      보고기간 종료일로부터 1년 이후에 현금화할 수 있는 자산을 말한다.

② **부채** : 과거의 거래나 사건의 결과로서 현재 기업실체가 부담하고 미래에 자원의 유출 또는 사용이 예상되는 의무를 말한다.

원칙	1년을 기준으로 유동부채와 비유동부채로 분류함
예외	• 정상영업주기 내에 소멸할 것으로 예상되는 매입채무와 미지급비용 등은 보고기간 종료일로부터 1년 이내에 결제되지 않더라도 유동부채로 분류함 • 당좌차월, 단기차입금, 유동성장기차입금 등은 보고기간 종료일로부터 1년 이내에 결제되어야 하므로, 영업주기와 관계없이 유동부채로 분류함

예외	• 비유동부채 중 보고기간 종료일로부터 1년 이내에 자원의 유출이 예상되는 부분은 유동부채로 분류함 • 보고기간 종료일로부터 1년 이내에 상환되어야 하는 채무는, 보고기간 종료일과 재무제표가 사실상 확정된 날 사이에 보고기간 종료일로부터 1년을 초과하여 상환하기로 합의하더라도 유동부채로 분류함 • 보고기간 종료일로부터 1년 이내에 상환기일이 도래하더라도, 기존의 차입약정에 따라 보고기간 종료일로부터 1년을 초과하여 상환할 수 있고 그런 의도가 있는 경우는 비유동부채로 분류함 • 장기차입약정을 위반하여 채권자가 즉시 상환을 요구할 수 있는 채무는, 보고기간 종료일과 재무제표가 사실상 확정된 날 사이에 상환을 요구하지 않기로 합의하더라도 유동부채로 분류함

③ 자본 : 기업실체의 자산총액에서 부채총액을 차감한 잔여액, 순자산으로서 기업실체의 자산에 대한 소유주 잔여청구권, 소유주 지분, 순자산이라고도 한다.

④ 재무상태표의 작성기준

구분표시	자산은 유동자산과 비유동자산, 부채는 유동부채과 비유동부채, 자본은 자본금, 자본잉여금, 자본조정, 기타포괄손익누계액, 이익잉여금으로 각각 구분함 ※ 중요하지 않은 항목은 유사한 항목과 통합표시하며, 중요한 항목은 개별항목으로 표시함
총액표시	총액에 의하여 기재함을 원칙, 예외적으로 자산, 부채, 자본의 항목을 상계함으로써 재무상태표에서 제외하여서는 안 됨
1년 기준	자산, 부채는 보고기간 종료일 현재 1년 또는 영업주기 기준으로 분류 ※ 단, 재고자산·매출채권·매입채무는 1년 이내에 실현되지 않더라도 유동자산과 유동부채로 분류함
유동성 배열법	자산과 부채는 유동성(현금화가 빠른 특성)이 높은 것부터 배열함
잉여금	자본잉여금(자본거래)과 이익잉여금(손익거래)으로 구분함
미결산 비망계정	가지급금 또는 가수금 등의 미결산항목은 적절한 과목으로 표시하고, 대조계정 등의 비망계정은 재무상태표에 표시 금지함

3) 손익계산서

기업의 경영활동을 위해서 일정기간 동안의 경영성과를 나타내는 동태적보고서이다.

① 수익 : 제품의 판매나 생산, 용역제공 및 경제실체의 경영활동으로부터 일정기간 동안 발생하는 자산의 유입이나 증가 또는 부채의 감소에 따라 자본의 증가를 초래하는 경제적 효익의 증가로 나타나며 영업수익과 영업외수익으로 나뉜다.

② 비용 : 제품의 판매나 생산, 용역제공 및 경제실체의 경영활동으로부터 일정기간 동안 발생하는 자산의 유출이나 소멸 또는 부채의 증가에 따라 자본의 감소를 초래하는 경제적 효익의 감소로 나타나며, 영업비용(매출원가, 판매비와관리비)과 영업외비용, 법인세비용으로 나뉜다.

③ 손익계산서 인식기준

실현주의 발생주의	수익(실현주의 계상, 미실현이익은 미계상), 비용은 발생한 기간에 정당하게 배분되도록 계상함
수익비용 대응원칙	수익을 창출하는 시점에서 비용을 인식해야 함
총액주의	수익과 비용을 총액으로 표시함
구분계산 원칙	매출총손익, 영업손익, 법인세차감전순손익, 당기순손익, 주당순손익으로 구분계산함
기타	• 당기업적주의 : 비경상적·비반복적 손익항목은 제외, 그 근거는 당기의 경영성과를 명확하게 측정, 기간별·기업간 비교가능성을 제고함 • 포괄주의 : 비경상적·비반복적 손익항목도 포함, 그 근거는 기업의 장기적인 수익창출능력을 평가하는 데 도움이 되며, 회계담당자의 이익조작의 가능성이 있음

4) 자본변동표

일정기간 동안의 자본 크기와 그 변동에 관한 정보를 제공하는 재무보고서로서, 자본을 구성하고 있는 자본금, 자본잉여금, 자본조정, 기타포괄손익누계액, 이익잉여금(또는 결손금)의 각 항목별로 기초잔액, 변동사항, 기말잔액에 대한 포괄적인 정보를 제공하는 동태적보고서이다.

5) 현금흐름표

일정기간 동안 현금유입과 현금유출에 대한 정보를 제공하는 동태적보고서이다.

영업활동	매출, 매입, 판관비와 관련한 활동으로 직접법과 간접법 중 선택하여 작성함 ※ 실제 현금유출 없는 비용(가산), 실제 현금유입 없는 수익(차감)
투자활동	미래 영업현금흐름을 창출할 자원의 확보와 처분에 관련된 현금흐름에 대한 정보를 제공한다. • 유형·무형자산 처분(가산) • 유형·무형자산 취득(차감)
재무활동	주주, 채권자 등이 미래현금흐름에 대한 청구권을 예측하는 데 유용한 정보를 제공하며, 영업활동 및 투자활동의 결과 창출된 잉여현금흐름이 어떻게 배분되었는지를 나타내어 준다. • 사채, 장기차입금의 차입(가산) • 사채, 장기차입금의 상환, 배당금지급, 자기주식의 취득(차감)

6) 주석

재무상태표, 손익계산서, 자본변동표, 현금흐름표를 더 잘 이해할 수 있도록 추가적으로 설명하는 것을 말한다.

04 법인세회계와 이연법인세회계

1) 법인세회계에서 자산·부채 세무상기준액

일반기업회계기준에서는 자산·부채로 인식하지 않지만 세무상 자산으로 인정되는 금액과 세무상 부채로 인정되는 금액이 있다.

2) 이연법인세부채와 이연법인세자산의 인식

• 일반기업회계기준 회계이익 = 수익 − 비용 • 법인세법 과세소득 = 익금 − 손금	• 일시적 차이 : 차기 이후 영향을 주어 이연법인세 자산·부채 회계처리
	• 영구적 차이 : 차기 이후 영향이 없어 이연법인세 자산·부채 회계처리하지 않음

3) 이연법인세 회계처리에 영향을 주는 일시적 차이의 유형

① 가산할 일시적 차이(공정가치로 평가된 자산의 장부금액 > 세무상 기준액)

㉠ 차기 이후에 과세소득을 증가시키고, 그 결과 미래에 부담하게 될 법인세부담액을 증가시키는 효과를 가지는 일시적 차이 → 이연법인세부채를 인식한다.

㉡ 회계처리 방법

가산할 일시적 차이	예 법인세비용 > 법인세법상 납부할 법인세액
발생연도	(차) 법인세비용 　××× / (대) 미지급법인세 　××× 　　　　　　　　　　　　　　　이연법인세부채 　×××
소멸연도	(차) 법인세비용 　××× / (대) 미지급법인세 　××× 　　이연법인세부채 ×××

② 차감할 일시적 차이(공정가치로 평가된 자산의 장부금액 < 세무상 기준액)

㉠ 차기 이후에 과세소득을 감소시키고, 그 결과 미래에 소멸하게 될 법인세부담액을 감소시키는 효과를 가지는 일시적 차이 → 이연법인세자산을 인식한다.

㉡ 단, 이연법인세자산은 미래기간의 과세소득이 충분하여 차감할 일시적 차이를 활용할 수 있는 가능성(법인세효과의 실현가능성)이 거의 확실한 경우에만 인식한다.

㉢ 회계처리 방법

차감할 일시적 차이	예 법인세비용 < 법인세법상 납부할 법인세액
발생연도	(차) 법인세비용 　××× / (대) 미지급법인세 　××× 　　이연법인세자산 ×××
소멸연도	(차) 법인세비용 　××× / (대) 미지급법인세 　××× 　　　　　　　　　　　　　　　이연법인세자산 　×××

05 보고기간후사건

1) 목적
보고기간후사건의 회계처리와 공시에 필요한 사항을 정하는 데 있다.

2) 용어 이해
① 보고기간후사건 : 보고기간 말과 재무제표가 사실상 확정된 날 사이에 발생한 기업의 재무상태에 영향을 미치는 사건이다.
② 재무제표가 사실상 확정된 날 : 정기주주총회 제출용 재무제표가 이사회에서 최종 승인된 날을 말하며, 다만 주주총회에 제출된 재무제표가 주주총회에서 수정·승인된 경우에는 주주총회일을 말한다.

3) 수정을 요하는 보고기간후사건
① 보고기간 말 현재 존재하였던 상황에 대한 추가적 증거를 제공하는 사건으로서 재무제표상의 금액에 영향을 주는 사건을 말하며, 그 영향을 반영하여 재무제표를 수정한다. 재무제표에 이미 인식한 추정치는 그 금액을 수정하고, 재무제표에 인식하지 아니한 항목은 이를 새로이 인식한다.
② 수정을 요하는 보고기간후사건의 예

> ㉠ 보고기간 말 현재 이미 자산의 가치가 하락되었음을 나타내는 정보를 보고기간 말 이후에 입수하는 경우, 또는 이미 손상차손을 인식한 자산에 대하여 계상한 손상차손금액의 수정을 요하는 정보를 보고기간 후에 입수하는 경우
> ㉡ 보고기간 말 이전에 존재하였던 소송사건의 결과가 보고기간 후에 확정되어 이미 인식한 손실금액을 수정하여야 하는 경우
> ㉢ 보고기간 말 이전에 구입한 자산의 취득원가 또는 매각한 자산의 금액을 보고기간 후에 결정하는 경우
> ㉣ 보고기간 말 현재 지급하여야 할 의무가 있는 종업원에 대한 이익분배 또는 상여금지급금액을 보고기간 후에 확정하는 경우
> ㉤ 전기 또는 그 이전기간에 발생한 회계적 오류를 보고기간 후에 발견하는 경우

4) 수정을 요하지 않는 보고기간후사건
① 보고기간 말 현재 존재하지 않았으나 보고기간 후에 발생한 상황에 대한 증거를 제공하는 사건을 말하며 그 사건에 대해서는 재무제표상의 금액을 수정하지 아니한다.
② 수정을 요하지 않는 보고기간후사건의 예

> ㉠ 유가증권의 시장가격이 보고기간 말과 재무제표가 사실상 확정된 날 사이에 하락한 것 : 시장가격의 하락은 보고기간 말 현재의 상황과 관련된 것이 아니라 보고기간 말 후에 발생한 상황이 반영된 것이기 때문이다.

ⓒ 보고기간 후에 배당을 선언한 경우(즉, 적절히 승인되어 더 이상 기업의 재량이 없는 경우) : 해당 보고기간 말에는 어떠한 의무도 존재하지 않기 때문이다.

5) 계속기업

보고기간 후에 경영성과와 재무상태가 심각하게 악화된 경우에는 계속기업의 전제를 적용하는 것이 적절한가에 대해 판단할 필요가 있다. 다음의 경우에 대해서는 그 내용을 주석으로 기재한다.

① 재무제표가 계속기업의 전제에 기초하여 작성되지 않은 경우
② 계속기업으로서의 존속 가능성에 대해 심각한 의문을 제기할 수 있는 사건 또는 상황이 발생하였거나, 발생할 가능성이 있는 경우

6) 주석공시

재무제표가 사실상 확정된 날과 승인기관은 주석으로 기재한다.
① 보고기간 말 존재한 정보를 보고기간 후에 추가로 입수한 경우 그 정보를 반영하여 공시 내용을 수정한다.

　　예 보고기간 말 현재 존재하였던 우발부채에 관하여 보고기간 후에 새로운 증거를 입수한 경우에는 이를 반영하여 우발부채에 관한 공시내용을 수정한다.

② 수정을 요하지 않는 보고기간후사건으로서 공시되지 않을 경우 재무제표 이용자의 의사결정에 중요한 영향을 미치는 사건에 대해서는 다음 사항을 주석으로 기재한다.

ⓐ 사건의 성격
ⓑ 사건의 재무적 영향에 대한 설명

☑️ 이론문제 | **재무회계의 이론적 기초**

01 다음은 우리나라의 재무회계개념체계의 목적 및 역할에 대한 설명이다. 재무제표 작성자의 역할에 대해 설명하는 것은?

① 회계기준제정기구가 회계기준을 제정 또는 개정함에 있어 준거하는 재무회계의 개념과 개념의 적용에 관한 일관성 있는 지침을 제공한다.

② 재무제표의 이용자가 회계기준에 의해 작성된 재무제표를 해석하는 데 도움이 되도록 재무제표작성에 기초가 되는 기본가정과 제 개념을 제시한다.

③ 재무제표의 작성자가 회계기준을 해석·적용하여 재무제표를 작성·공시하거나, 특정한 거래나 사건에 대한 회계기준이 미비된 경우에 적용할 수 있는 일관된 지침을 제공한다.

④ 외부감사인이 감사의견을 표명하기 위하여 회계기준적용의 적정성을 판단하거나, 특정한 거래나 사건에 대한 회계기준이 미비된 경우 회계처리의 적정성을 판단함에 있어서 의견형성의 기초가 되는 일관된 지침을 제공한다.

02 다음 중 보수주의 회계방침이 아닌 것을 모두 고르면?

> ㉠ 우발손실에 대한 충당금 계상
> ㉡ 정액법보다 정률법에 의한 감가상각
> ㉢ 사채할인발행차금 상각 시 정액법 대신 유효이자율법을 사용
> ㉣ 고정자산에 대한 지출을 자본적 지출보다는 수익적 지출로 처리하는 것
> ㉤ 개발비를 무형자산보다는 당기비용으로 처리하는 것
> ㉥ 완성기준 대신 진행기준의 적용
> ㉦ 인도기준 대신 회수기준의 적용
> ㉧ 정률법 대신 상환기금법의 적용

① ㉠, ㉧   ② ㉡, ㉤, ㉧
③ ㉢, ㉥, ㉧   ④ ㉠, ㉡, ㉢, ㉣, ㉤

03 다음은 회계정보의 질적 속성을 설명한 것이다. 틀린 것을 모두 고르면?

> ㉠ 정보를 이용하였을 때와 이용하지 않았을 때의 의사결정의 결과가 달라질 수 있어야 한다는 것은 목적적합성을 나타낸다.
>
> ㉡ 측정하고자 하는 경제적 사상을 오류 및 편견 없이 회계정보가 객관적으로 충실하게 표현하고 있다는 확신을 가능케 하는 것은 신뢰성을 나타낸다.
>
> ㉢ 회계정보의 측정치는 표현하고자 하는 경제사상을 있는 그대로 충실하게 대변할 수 있어야 한다는 것은 표현의 충실성을 나타낸다.
>
> ㉣ 회계정보를 창출하는 과정에서 특정 이해관계자에게 부당한 이득을 주기 위해 의도적인 편견이 개입된 정보를 제공하여서는 안 된다는 것은 적시성을 나타낸다.
>
> ㉤ 두 개의 서로 다른 경제현상에 대한 정보이용자로 하여금 유사점과 차이점을 판별할 수 있게 한다는 것은 비교가능성을 설명한다.
>
> ㉥ 일반적으로 현행원가가 역사적 원가에 비하여 목적적합성이 높다.
>
> ㉦ 일반적으로 반기재무제표는 연차재무제표에 비하여 목적적합성은 낮고 신뢰성은 높다.

① ㉡, ㉢ ② ㉣, ㉦
③ ㉡, ㉣, ㉥ ④ ㉠, ㉢, ㉤, ㉦

04 다음 중 자산과 부채의 유동성과 비유동성 구분에 대한 설명으로 옳지 않은 것은?

① 정상적인 영업주기 내에 판매되거나 사용되는 재고자산과 회수되는 매출채권 등은 보고기간 종료일로부터 1년 이내에 실현되지 않을 경우 비유동자산으로 분류하고, 1년 이내에 실현되지 않을 금액을 주석으로 기재한다.

② 장기미수금이나 투자자산에 속하는 매도가능증권 또는 만기보유증권 등의 비유동자산 중 1년 이내에 실현되는 부분은 유동자산으로 분류한다.

③ 비유동부채 중 보고기간 종료일로부터 1년 이내에 자원의 유출이 예상되는 부분은 유동부채로 분류한다.

④ 보고기간 종료일로부터 1년 이내에 상환기일이 도래하더라도 기존의 차입약정에 따라 보고기간 종료일로부터 1년을 초과하여 상환할 수 있고 기업이 그러한 의도가 있는 경우에는 비유동부채로 분류한다.

05 다음 중 재무제표 항목의 표시와 분류에 대한 설명으로 틀린 것은?

① 일반기업회계기준에 의하여 재무제표 항목의 표시와 분류의 변경이 요구되는 경우에는 예외적으로 재무제표 항목의 표시와 분류를 변경할 수 있다.

② 원칙적으로 재무제표의 기간별 비교가능성을 제고하기 위하여 재무제표 항목의 표시와 분류는 매기 동일하여야 한다.

③ 당기에 재무제표 항목의 표시나 분류 방법이 변경되더라도 전기의 항목은 재분류하지 않는다.

④ 사업 결합 또는 사업 중단 등에 의해 영업의 내용이 유의적으로 변경되는 경우에는 예외적으로 재무제표 항목의 표시와 분류를 변경할 수 있다.

06 다음 중 재무제표의 수정을 요하는 보고기간후사건으로 볼 수 있는 것은 모두 몇 개인가?

> 가. 보고기간 말 현재 이미 자산의 가치가 하락되었음을 나타내는 정보를 보고기간 말 이후에 입수하는 경우
> 나. 보고기간 말 이전에 존재하였던 소송사건의 결과가 보고기간 후에 확정되어 이미 인식한 손실금액을 수정하여야 하는 경우
> 다. 유가증권의 시장가격이 보고기간 말과 재무제표가 사실상 확정된 날 사이에 하락한 경우

① 0개 ② 1개
③ 2개 ④ 3개

07 다음 중 이연법인세에 대한 설명으로 옳지 않은 것은?

① 차감할 일시적 차이에 대하여 인식하는 이연법인세자산은 향후 과세소득의 발생가능성이 매우 높은 경우에 인식한다.

② 공정가치로 평가된 자산의 장부금액이 세무기준액보다 크면 이연법인세자산으로 인식하여야 한다.

③ 영업권의 상각이 과세소득을 계산할 때 손금으로 인정되지 않는 경우에는 이연법인세부채를 인식하지 않는다.

④ 자산·부채의 장부금액과 세무기준액의 차이인 일시적 차이에 대하여 원칙적으로 이연법인세를 인식하여야 한다.

📌 이론문제 정답 및 해설

01 ③ ①은 회계기준 제정자, ②는 재무제표 이용자, ④는 재무제표 감사인의 목적과 역할을 설명하고 있다.

02 ③ ⓒ 사채할인발행차금 상각 시 유효이자 율법을 사용하게 되면 말기에 상각 시 이자비용이 더 많이 계상된다. 따라서 정률법보다 정액법을 사용하는 것이 더 보수적이다.
ⓗ 진행기준보다 완성기준이 더 보수적 이다.
ⓞ 상환기금법보다 정률법이 더 보수적 이다.

03 ② ⓔ 회계정보를 창출하는 과정에서 특정 이해관계자에게 부당한 이득을 주기 위해 의도적인 편견이 개입된 정보를 제공하여서는 안 된다는 것은 중립성 을 나타낸다.
ⓢ 일반적으로 반기재무제표는 연차재 무제표에 비하여 목적적합성은 높고 신뢰성은 낮다.

04 ① 정상적인 영업주기 내에 판매되거나 사 용되는 재고자산과 회수되는 매출채권 등은 보고기간종료일로부터 1년 이내에 실현되지 않더라도 유동자산으로 분류한 다. 이 경우 유동자산으로 분류한 금액 중 1년 이내에 실현되지 않을 금액을 주 석으로 기재한다.

05 ③ 재무제표 항목의 표시나 분류 방법이 변 경되는 경우에는 당기와 비교하기 위하 여 전기의 항목을 재분류한다.

06 ③ 가. 수정을 요하는 보고기간후사건은 보 고기간 말 현재 존재하였던 상황에 대한 추가적 증거를 제공하는 사건 으로서 재무제표상의 금액에 영향을 주는 사건을 말하며, 그 영향을 반영 하여 재무제표를 수정한다. 재무제표 에 이미 인식한 추정치는 그 금액을 수정하고, 재무제표에 인식하지 아니 한 항목은 이를 새로이 인식한다(일 반기업회계기준 24.3).
나. 유가증권의 시장가격이 보고기간 말 과 재무제표가 사실상 확정된 날 사 이에 하락한 것은 수정을 요하지 않 는 보고기간후사건의 예이다. 이 경 우 시장가격의 하락은 보고기간 말 현재의 상황과 관련된 것이 아니라 보고기간 말 이후에 발생한 상황이 반영된 것이다. 따라서 그 유가증권 에 대해서 재무제표에 인식한 금액 을 수정하지 아니한다(일반기업회계 기준 24.6).

07 ② 공정가치로 평가된 자산의 장부금액이 세무기준액보다 크다면 그 차이가 가산 할 일시적 차이이며 이연법인세부채로 인식하여야 한다.

제2절   유동자산(당좌자산) – 현금 및 현금성자산 회계처리

◢ 01 현금

유동성이 가장 높은 자산이며 통화대용증권도 포함한다. 현금의 수입과 지출을 상세히 기록하는 보조기입장을 현금출납장에 작성한다.

통화	주화, 지폐
통화대용증권	거래처(동점)가 발행한 당좌수표, 자기앞수표, 가계수표, 우편환증서, 만기도래 국·공사채이자표, 배당금지급통지표, 송금수표, 개인수표, 은행환어음, 일람출급어음 등
통화대용증권으로 보지 않는 것	선일자수표(매출채권), 우표·엽서(통신비), 급여가불증(임직원단기채권), 수입인지(세금과공과), 차용증서(대여금 또는 차입금)

◢ 02 현금과부족

장부상 현금 잔액과 실제 현금 잔액이 계산의 착오나 거래의 누락 등에 의해서 일치하지 않는 경우 처리하는 일시적인 가계정이다.

- 기중 발견 시 : 부족과 과잉 시 모두 현금과부족 처리
- 기말 발견 시 : 부족 시 잡손실, 과잉 시 잡이익으로 처리

◢ 03 당좌예금

은행과 당좌계약을 맺고 당좌수표를 이용하여 예입과 인출을 상세히 기록하는 보조기입장을 당좌예금출납장에 작성한다.

1) 당좌예금개설보증금

특정현금과예금(비유동자산)으로 분류, 주석 기재한다.

2) 당좌차월(단기차입금)

당좌예금 잔액을 초과하여 지급된 금액을 말하며 재무상태표의 유동부채로 표시한다.

◢ 04 보통예금

기업 또는 개인이 예금과 인출을 자유롭게 할 수 있는 저축성예금으로서 체크카드, 직불카드 등을 이용하여 사용할 수 있다.

05 현금성자산

큰 거래비용 없이 현금으로 전환이 쉽고 이자율 변동에 따라 가치가 쉽게 변하지 않는 금융상품으로서 취득 당시 만기가 3개월 이내인 것을 말한다.

현금성자산의 예	1) 취득 당시 만기 3개월 이내에 도래하는 채권 2) 취득 당시 상환일까지의 기간이 3개월 이내인 상환우선주 3) 취득 당시 3개월 이내에 환매조건인 환매채 4) 초단기 수익증권(MMF 포함)

✅ 이론문제 │ 유동자산(당좌자산) - 현금 및 현금성자산 회계처리

01 기말결산 때 재무상태표에 보고될 현금 및 현금성자산, 단기금융상품, 장기금융상품은 얼마인가?

- 현금   250,000원
- 양도성예금증서   5,000,000원 (예입일로부터 90일 만기)
- 당좌차월   200,000원
- 전도금   150,000원
- 수입인지   20,000원
- 120일 환매조건의 환매채   4,000,000원
- 1년 6개월 만기 정기예금   4,500,000원
- 중개어음   750,000원 (3개월 무보증기업어음)
- 기발행미인도수표   254,000원
- 선일자수표   1,000,000원 (일반적 상거래에서 발생)
- 만기도래 공사채이자표 50,000원
- 당좌거래개설보증금   100,000원
- 배당금지급통지표   120,000원
- 동점발행수표   300,000원
- 15개월 만기 정기예금 3,000,000원
- 직원의 급료가불증   100,000원
- 사용제한이 1년 내의 보통예금   150,000원

	현금 및 현금성자산	단기금융 상품	장기금융 상품
①	6,872,000원	4,050,000원	4,500,000원
②	6,872,000원	4,150,000원	5,500,000원
③	6,874,000원	4,050,000원	6,500,000원
④	6,874,000원	4,150,000원	7,500,000원

02 기업회계기준에 따라 아래 항목들을 20×1년 말(12월) 재무상태표에 적절한 계정과목으로 표시하고자 한다. 올바른 계정 표시가 아닌 것은?

- 소액현금   50,000원
- 타인발행당좌수표   100,000원
- 정기예금(20×4년 말 만기)   500,000원
- 당좌차월   780,000원
- 환매채(20×2년 10월 만기)   100,000원
- 만기도래공사채이자표 200,000원
- 보통예금   350,000원
- 정기적금(20×2년 2월 만기)   100,000원

① 당좌차월은 단기차입금 계정으로 처리한다.
② 정기적금과 환매채는 단기금융상품 계정으로 처리한다.
③ 정기예금은 장기금융상품 계정으로 처리한다.
④ 현금 및 현금성자산 금액은 800,000원으로 처리한다.

📌 이론문제 정답 및 해설

01 ④ (1) 현금 및 현금성자산 6,874,000원 = 현금 250,000원 + 양도성예금증서 (예입일로부터 90일 만기) 5,000,000원 + 전도금 150,000원 + 중개어음 (3개월 무보증기업어음) 750,000원 + 기발행미인도수표 254,000원 + 만기도래 공사채이자표 50,000원 + 배당금지급통지표 120,000원 + 동점발행수표 300,000원

(2) 단기금융상품 4,150,000원 = 120일 환매조건의 환매채 4,000,000원 + 사용제한이 1년 내의 보통예금 150,000원

(3) 장기금융상품 7,500,000원 = 1년 6개월 만기 정기예금 4,500,000원 + 15개월 만기 정기예금 3,000,000원

(4) 기타 : 당좌차월 200,000원(단기차입금), 수입인지 20,000원(소모품), 선일자수표(일반적 상거래에서 발생) 1,000,000원(받을어음), 당좌거래개설보증금 100,000원(특정 현금과예금 : 투자자산), 직원의 급료가불증 100,000원(임직원단기채권)

02 ④ 소액현금 50,000 + 타인발행당좌수표 100,000 + 만기도래공사채이자표 200,000 + 보통예금 350,000 = 현금 및 현금성자산 700,000원

여기에서 주의할 점은 정기적금은 결산일로부터 1년 이내에 만기가 도래하지 못하므로 해당하지 않는다.

제3절 | 유동자산(당좌자산) – 단기투자자산 회계처리

◢ 01 단기금융상품

금융기관이 취급하는 정기예금, 정기적금, 사용이 제한되어 있는 예금 및 기타 정형화된 상품 등으로 단기적 자금운용목적으로 소유하거나 기한이 1년 내에 도래하는 것을 말한다. 단기금융상품에는 양도성예금증서(CD), 신종기업어음(CP), 어음관리계좌(CMA), 중개어음, 표지어음 등이 있다.

◢ 02 단기매매증권

1) 단기매매증권으로 분류되기 위한 조건
  ① 시장성이 있어야 한다.
  ② 단기적 시세차익을 얻을 목적으로 취득하여야 한다. 그러나 비상장주식과 특수관계자가 발행한 주식을 취득할 경우에는 단기매매증권으로 분류될 수 없으며 다음과 같이 보유목적에 따라 분류할 수 있다.

분류	보유목적에 따른 분류		계정과목	자산종류	평가방법
지분 증권 (주식)	㉠	시장성이 있고 단기시세차익 목적으로 취득 시(중대한 영향력 행사 목적이 없음)	단기매매증권	당좌자산	공정가액법
	㉡	장기투자목적으로 취득 시	매도가능증권	투자자산	공정가액법
채무 증권 (채권)	㉠	시장성이 있고 단기시세차익 목적으로 취득 시(만기보유할 목적이 없음)	단기매매증권	당좌자산	공정가액법
	㉡	만기보유할 목적이 있음	만기보유증권	투자자산	원가법
	㉢	장기투자목적으로 취득 시	매도가능증권	투자자산	공정가액법

2) 단기매매증권 취득과 처분 시 회계처리

회계사건	차변		대변	
취득 시	단기매매증권 수수료비용	1,000,000 25,000	현금	1,025,000
① 처분 장부가 < 처분가	현금	1,300,000	단기매매증권 단기매매증권처분이익	1,000,000 300,000
② 처분 장부가 > 처분가	현금 단기매매증권처분손실	950,000 50,000	단기매매증권	1,000,000

※ 단기매매증권처분이익(영업외수익)과 단기매매증권처분손실(영업외비용)은 손익계산서에 기재한다.

3) 기말시점에 단기매매증권 평가

단가는 개별법, 총평균법, 이동평균법 또는 기타 합리적인 방법에 의하여 산정한다.

회계사건	차변		대변	
취득 시	단기매매증권 수수료비용	1,000,000 25,000	현금	1,025,000
① 평가 장부가 1,000,000 < 공정가 1,200,000	단기매매증권	200,000	단기매매증권평가이익　200,000 ※ 영업외수익(당기손익) 처리	
② 평가 장부가 1,000,000 > 공정가 950,000	단기매매증권평가손실　50,000 ※ 영업외비용(당기손익) 처리		단기매매증권	50,000

4) 배당금수익 및 이자수익의 인식

배당금 수령 시 주식배당 금액은 회계처리하지 않고 주석에 단지 주식 수만 증가시켜 취득단가를 하향조정한다. 그러므로 보유 주식에 대한 수익은 취득단가가 낮아진 만큼 주식처분 시 인식하게 될 것이다.

회계사건	차변		대변	
소유 주식에 대한 현금 배당을 받은 경우	현금 (자산의 증가)	150,000	배당금수익 (영업외수익 증가)	150,000
소유 국공·사채 등에 대한 이자를 받은 경우	현금 (자산의 증가)	150,000	이자수익 (영업외수익 증가)	150,000

5) 단기매매증권의 재분류

단기매매증권은 원칙적으로 변경이 불가능하나, 시장성을 상실한 단기매매증권은 매도가능증권으로 분류가 가능하다.

이론문제 | 유동자산(당좌자산) - 단기투자자산 회계처리

01 다음 중 단기금융상품에 해당하는 상품으로 옳은 것은?

① 결산일로부터 만기일이 1년 6개월 후에 도래하는 정기적금

② 취득일로부터 만기가 2년 이후에 도래하는 채권

③ 취득일로부터 만기가 3개월 이내에 도래하는 상환우선주

④ 결산일로부터 만기일이 6개월 후에 도래하는 금전신탁

02 다음의 자료를 참고하여 20×2년 5월 5일 현재 주식수와 주당금액을 계산한 것으로 옳은 것은?

- (주)갑의 주식을 20×1년 8월 5일에 100주를 주당 10,000원(액면가액 5,000원)에 취득하였다. 회계처리 시 계정과목은 단기매매증권을 사용하였다.
- (주)갑의 주식의 20×1년 12월 31일 주당 공정가치는 7,700원이었다.
- (주)갑으로부터 20×2년 5월 5일에 무상으로 주식 10주를 수령하였다.

① 100주, 7,000원/주

② 100주, 7,700원/주

③ 110주, 7,000원/주

④ 110주, 7,700원/주

03 다음은 (주)고려개발이 단기매매목적으로 매매한 (주)삼성가전 주식의 거래내역이다. 기말에 (주)삼성가전의 공정가치가 주당 20,000원인 경우 손익계산서상의 단기매매증권평가손익과 단기매매증권처분손익은 각각 얼마인가? (단, 취득원가의 산정은 이동평균법을 사용한다.)

거래일자	매입수량	매도(판매)수량	단위당 매입금액	단위당 매도금액
6월 1일	200주		20,000원	
7월 6일	200주		18,000원	
7월 20일		150주		22,000원
8월 10일	100주		19,000원	

① 단기매매증권평가손실 450,000원, 단기매매증권처분이익 350,000원

② 단기매매증권평가이익 450,000원, 단기매매증권처분이익 350,000원

③ 단기매매증권평가이익 350,000원, 단기매매증권처분손실 450,000원

④ 단기매매증권평가이익 350,000원, 단기매매증권처분이익 450,000원

04 다음 중 일반기업회계기준상 유가증권에 대한 설명으로 틀린 것은?

① 만기보유증권은 공정가치법으로 평가한다.

② 유가증권은 취득한 후에 단기매매증권, 매도가능증권, 만기보유증권, 지분법적용투자주식 중의 하나로 분류된다.

③ 매도가능증권의 평가손익은 미실현보유손익이므로 자본항목으로 처리하여야 한다.

④ 단기매매증권의 취득원가는 매입가액(최초 인식 시 공정가치)으로 한다. 단, 취득과 관련된 매입수수료, 이전비용 등의 지출금액은 당기 비용으로 처리한다.

📌 이론문제 정답 및 해설

01 ④ 결산일로부터 만기일이 1년 이내에 도래하는 금융상품을 말한다.

02 ③ 110주, 7,000원/주

20×1.8.5.	단기매매증권	1,000,000원
	(100주, 10,000원/주)	
20×1.12.31.	단기매매증권	770,000원
	(100주, 7,700원/주)	
20×2.5.5.	단기매매증권	770,000원
	(110주, 7,000원/주)	

03 ④ 단기매매증권의 평가손익 = 평가금액 − 장부금액 = 350주 × 20,000원 − 350주 × 19,000원 = 350주 × 1,000원 = 350,000원 단기매매증권의 처분손익 = 150주 × 22,000원 − 150주 × 19,000원[∵(200주 × 20,000원 + 200주 × 18,000원) / 400주] = 3,300,000원 − 2,850,000원 = 450,000원

04 ① 만기보유증권은 상각후원가법으로 평가한다.

제4절 유동자산(당좌자산) – 외상채권 및 대손, 금융자산과 금융부채 회계처리

```
               ┌─ 매출채권 : 일반적 상거래 채권(외상매출금 + 받을어음)
   수취채권 ───┼─ 미수금 : 일반적 상거래 이외 채권(기타채권)
               └─ 대여금 : 자금의 대여(기타채권)
```

◁ 01 외상채권과 대손

1) 매출채권과 매입채무에 대한 회계처리

① **외상매출금(자산)** : 판매 시에는 차변에 기록하며 환입(반품), 매출에누리, 조기 매출할인, 회수, 대손처리 시에는 대변에 기록한다.

② **외상매입금(부채)** : 매입 시에는 대변에 기록하며 환출(반품), 매입에누리, 조기 매입할인, 외상대금을 지급할 시에는 차변에 기록한다.

③ **받을어음(자산)** : 어음을 수취 시에는 차변에 기록하며 만기결재(추심), 배서양도, 할인, 개서, 부도가 발생할 시에는 대변에 기록한다.

④ **지급어음(부채)** : 어음을 발행 또는 환어음을 인수할 시에는 대변에 기록하며 어음대금을 지급 시에는 차변에 기록한다.

2) 어음 할인에 대한 매각거래요건과 회계처리

① 매각거래 요건

㉠ 채권 양도 후 양도인은 당해 양도채권에 대한 권리를 행사할 수 없어야 한다.

㉡ 채권 양수인은 양수한 채권을 처분(양도 및 담보제공 등)할 자유로운 권리를 갖고 있어야 한다.

㉢ 채권 양도 후 양도인은 효율적인 통제권을 행사할 수 없어야 한다.

② 회계처리

거래내용	차변		대변	
어음할인 시	당좌예금(자산의 증가) 매출채권처분손실(비용의 발생)	940,000 60,000	받을어음 (자산의 감소)	1,000,000
만기일 무사히 결제 시	분개없음			

3) 부도어음이 발생한 경우 회계처리

소유하고 있던 어음이 부도가 발생한 경우에는 6개월이 경과하기 전에는 "부도어음과 수표"계정을 사용한 후 대손이 확정 시에 대손처리를 한다.

4) 기말에 대손충당금 설정 방법

① **직접차감법** : 회수 불가능한 채권 금액을 당기비용(대손상각비)으로 인식하고 동시에 채권에서 직접 차감하는 방법을 말한다.

> ■ 장점 : 실무상 적용하기 쉽다.
> ■ 단점 : 수익·비용 대응 측면에서 비합리적인 방법이고 매출채권이 순실현가능액으로 평가되지 않는다.

② **대손충당금설정법(기업회계기준)** : 결산일에 회수 불가능한 금액을 추정하여 대손충당금을 설정하고 대손이 발생하는 경우에 대손충당금을 감액시키고 동시에 채권을 차감하는 방법을 말한다. 매출채권이 순실현가능가액으로 평가된다.

5) 대손의 추정 방법

① **매출채권잔액비율법** : 회계기말 현재의 매출채권 잔액에 과거의 대손율을 적용하는 방법을 말한다.

> 기말 매출채권 잔액 × 대손예상률 − 대손충당금잔액 = 보충액, 환입액
> ↳ 당기 대손충당금

기말 결산 시 거래내용	차변	대변
㉠ 매출채권 잔액 3,000,000원, 2% 설정 (단, 대손충당금 잔액 30,000원 있음)	대손상각비　30,000 (비용의 발생)	대손충당금　30,000 (자산의 감소)
㉡ 매출채권 잔액 3,000,000원, 2% 설정 (단, 대손충당금 잔액 80,000원 있음)	대손충당금　20,000 (자산의 증가)	대손충당금환입　20,000 (판매관리비 차감항목)

② **연령분석법** : 회계기말 현재의 채권 잔액을 경과기일에 따라 분류하고, 분류된 채권에 각각 다른 대손율을 적용하는 방법을 말한다.

6) 채권에 대한 기중에 대손 회계처리 방법

거래내용	차변	대변
① 매출채권 대손처리 : 외상매출금 또는 받을어음을 기중에 거래처가 파산, 부도 등으로 회수가 불가능한 경우에 회계처리를 말한다.		
㉠ 매출채권 50,000원 대손처리 (단, 대손충당금 없음)	대손상각비(판관비 발생)　50,000	매출채권　50,000 (자산의 감소)
㉡ 매출채권 50,000원 대손처리 (단, 대손충당금 40,000원 있음)	대손충당금(자산의 증가)　40,000 대손상각비(판관비 발생)　10,000	매출채권　50,000 (자산의 감소)

ⓒ 매출채권 50,000원 대손처리 (단, 대손충당금 80,000원 있음)	대손충당금(자산의 증가)　50,000	매출채권　　　50,000 (자산의 감소)
② 기타채권 대손처리 : 단기대여금 또는 미수금을 기중에 거래처가 파산 등으로 회수가 불가능한 경우를 말하며 영업외비용으로 회계처리한다.		
단기대여금 50,000원 대손처리 (단, 대손충당금 40,000원 있음)	대손충당금　　　　40,000 (자산의 증가) 기타의대손상각비　10,000 (영업외비용의 발생)	단기대여금　50,000 (자산의 감소)

7) 대손상각금액의 회수

① 전기에 대손처리하였던 매출채권을 회수 시 무조건 대손충당금으로 대변에 처리하는 것으로 기중에 회수하게 되면 대손충당금이 증가하므로 결산 시 증가한 만큼 대손을 설정할 수는 없다.

② 당기에 발생하여 회계처리하였던 채권을 회수 시에는 대손충당금, 대손상각비를 상계하는 반대의 분개를 한다.

02 금융자산과 금융부채의 공통사항

1) 금융상품의 최초인식

① 금융자산이나 금융부채는 금융상품의 계약당사자가 되는 때에만 재무상태표에 인식한다.

② 규정, 관행에 의하여 일반적으로 설정된 기간 내에 당해 금융상품을 인도하는 계약조건에 따라 금융자산을 매매하는 정형화된 거래의 경우 매매일에 해당 거래를 인식한다.

2) 금융상품의 제거(유가증권 적용대상 금융자산은 제외)

① 금융자산의 양도(일부 양도 포함)의 경우에 다음 요건을 모두 충족 시에 매각거래로, 이외의 경우에는 차입거래로 본다.

> ⊙ 양도인은 금융자산 양도 후 당해 양도자산에 대한 권리를 행사할 수 없어야 한다. 즉, 양도인이 파산 또는 법정관리 등에 들어갈지라도 양도인 및 양도인의 채권자는 양도한 금융자산에 대한 권리를 행사할 수 없어야 한다.
> ⓒ 양수인은 양수한 금융자산을 처분(양도 및 담보제공 등)할 자유로운 권리를 갖고 있어야 한다.
> ⓒ 양도인은 금융자산 양도 후에 효율적인 통제권을 행사할 수 없어야 한다.

② 금융자산의 이전거래가 매각거래에 해당하면 처분손익을 인식하여야 한다.

③ 매각거래와 관련하여 신규로 취득(부담)하는 자산(부채)이 있는 경우에는 공정가치로 평가하여 장부에 계상하고 처분손익계산에 반영하여야 한다. 단, 공정가치를 알 수 없는 경우에는 다음과 같이 평가한다.

> ㉠ 자산을 취득하는 경우에는 '0'으로 보아 처분손익을 계상한다.
> ㉡ 부채를 부담하는 경우에는 처분에 따른 이익을 인식하지 않는 범위 내에서 평가하여 계상한다.

④ 금융자산 양도 후 사후관리 업무를 양도인이 계속하여 보유하면서 이에 따른 위탁수수료를 받는 경우, 자산양도 후 양도자산에 대해 부실이 발생하면 이를 환매하기로 약정한 경우의 환매채무 등을 들 수 있다.

⑤ 금융자산의 이전이 담보거래에 해당하는 경우에는 해당 금융자산을 담보제공자산으로 별도 표시하여야 한다.

⑥ 금융부채(또는 금융부채의 일부)의 소멸사유

> ㉠ 채무자가 일반적으로 현금, 그 밖의 금융자산, 재화 또는 용역을 채권자에게 제공하여 부채의 전부나 일부를 이행한 경우
> ㉡ 채무자가 채권자에게서 또는 법적 절차에 따라, 부채의 전부 또는 일부에 대한 1차적 의무를 법적으로 유효하게 면제받은 경우(채무자가 보증을 제공할 때도 동일)

⑦ 기존 차입자와 대여자가 실질적으로 다른 조건으로 채무상품을 교환 및 변경(채무자의 부담이 경감되도록 변경된 경우는 제외)한 경우, 최초의 금융부채를 제거하고 새로운 금융부채를 인식한다.

⑧ 소멸하거나 제3자에게 양도한 금융부채(또는 일부)의 장부금액과 지급한 대가(양도한 비현금자산이나 부담한 부채를 포함)의 차액은 당기손익으로 인식한다.

⑨ 금융부채의 일부를 재매입하는 경우, 금융부채의 장부금액은 계속 인식되는 부분과 제거되는 부분에 대해 재매입일 현재 각 부분의 상대적 공정가치를 기준으로 배분한다. 다음 ㉠과 ㉡의 차액은 당기손익으로 인식한다.

> ㉠ 제거되는 부분에 배분된 금융부채의 장부금액
> ㉡ 제거되는 부분에 대하여 지급한 대가(양도한 비현금자산이나 부담한 부채를 포함)

3) 금융자산과 금융부채의 최초측정

① 최초인식 시 공정가치로 측정한다.

② 최초인식 이후 공정가치로 측정하고 공정가치의 변동을 당기손익으로 인식하는 금융자산이나 금융부채[예 단기매매증권, 파생상품(현금흐름위험회피회계에서 위험회피수단으로 지정되는 경우는 제외)]가 아닌 경우 당해 금융자산(금융부채)의 취득(발행)과 직접 관련되는 거래원가는 최초인식하는 공정가치에 가산(차감)한다.

③ 공정가치는 일반적으로 거래가격(자산의 경우에는 제공한 대가의 공정가치, 부채의 경우에는 수취한 대가의 공정가치)이다.

④ 장기연불조건의 매매거래, 장기금전대차거래 또는 이와 유사한 거래에서 발생하는 채권·채무로서 명목금액과 공정가치의 차이가 유의적인 경우에는 이를 공정가치로 평가한다.

⑤ 제공하거나 수취한 대가에 금융상품이 아닌 다른 것에 대한 대가가 포함되었다면 그 금융상품의 공정가치는 시장가격으로 평가하되 시장가격이 없는 경우에는 평가기법(현재가치평가기법 포함)을 사용하여 공정가치를 추정한다.

⑥ 제공하거나 수취한 대가에 금융상품이 아닌 다른 것에 대한 대가가 포함되었더라도, 다음의 경우에는 거래가격 전체를 금융상품에 해당하는 것으로 볼 수 있다.

> ㉠ 자금의 사용에 따른 반대 급부(예를 들어 생산물 공급가액의 제약 등)를 부과하거나 제공하는 자금의 조달과 사용의 연계성이 확실한 경우
> ㉡ 임대차보증금

⑦ 둘 이상의 금융상품을 일괄하여 매입(예 분리형 신주인수권부사채의 매입)한 경우에는 공정가치를 보다 신뢰성 있게 측정할 수 있는 금융상품의 공정가치를 우선 인식한 후 매입가액의 잔여액으로 나머지 금융상품을 인식한다. 둘 이상의 금융상품 중 공정가치를 보다 신뢰성 있게 측정할 수 있는 금융상품을 식별할 수 없는 경우에는 각각의 공정가치를 기준으로 거래가격을 안분하여 인식한다.

4) 금융자산과 금융부채의 후속측정

① 금융자산이나 금융부채는 당기손익인식지정항목을 제외하고는 상각후원가로 측정한다.

② 금융상품의 현금흐름에 대한 추정 변경 또는 재협상 등으로 현금흐름이 변경되는 경우에는 실제 현금흐름과 변경된 계약상 현금흐름을 반영하여 해당 금융자산의 순장부금액이나 금융부채 상각후원가를 조정한다.

③ 공정가치의 최선의 추정치는 활성시장에서 공시되는 가격이다. 금융상품에 대한 활성시장이 없다면, 공정가치는 평가기법을 사용하여 결정한다.

✔ 이론문제 | 유동자산(당좌자산) – 외상채권 및 대손, 금융자산과 금융부채 회계처리

01 다음 중 일반기업회계기준상 금융상품에 대한 설명으로 틀린 것은?

① 금융자산이나 금융부채는 최초인식 시 공정가치로 측정한다.

② 최초인식 시 금융상품의 공정가치는 일반적으로 거래가격이다.

③ 소멸하거나 제3자에게 양도한 금융부채의 장부금액과 지급한 대가의 차액은 당기손익으로 인식한다.

④ 금융자산을 양도한 후에도 양도인이 해당 양도자산에 대한 권리를 행사할 수 있는 경우, 해당 금융자산을 제거하고 양도인의 권리를 주석으로 공시한다.

02 다음은 20×1년 중 매출채권에 대한 대손충당금에 관한 내용이다. 20×1년 말 재무상태표에 표시할 대손충당금과 20×1년 손익계산서에 표시될 대손상각비는 각각 얼마인가?

- 1월 1일 기초 대손충당금 : 30,000원
- 5월 27일 매출채권의 대손처리 : 50,000원
- 11월 3일 전년도 대손처리된 매출채권의 회수 : 5,000원
- 12월 31일 기말 매출채권잔액에 대한 대손예상액 : 27,000원

	대손충당금	대손상각비
①	27,000원	27,000원
②	22,000원	27,000원
③	22,000원	42,000원
④	27,000원	42,000원

03 외상매출금의 기말잔액에 대하여 1% 대손충당금의 설정을 보충법에 의한다고 가정할 경우 대손충당금 추가설정액은?

기초현황	• 기초 외상매출금잔액 : 35,000,000원 • 기초 대손충당금잔액(외상매출금) : 350,000원
기중발생내역	• 외상매출금 차변발생액 : 65,000,000원 • 거래처파산(외상매출금해당액) : 500,000원 • 외상매출금 대변발생액 : 72,000,000원

① 70,000원 ② 280,000원

③ 480,000원 ④ 650,000원

04 당사는 20×1년 5월 아름사(매출처)로부터 상품대금으로 받아 보관 중이던 어음 500,000원을 20×1년 6월 매입처인 다음사의 상품매입대금으로 배서양도(상환청구 가능조건)하였으나, 금일 부도가 발생되었다는 통지를 받았다. 다음사에는 당좌수표를 발행하여 어음대금 및 부도 관련 비용 30,000원을 지급하고, 아름사(매출처)에 그 지급을 청구한 경우 부도어음으로 회계처리할 금액은?

① 530,000원 ② 500,000원

③ 470,000원 ④ 0원

05 당사는 제품을 장기할부회수방식으로 판매를 하고 있다. 20×1년 말 결산일 현재 회수연도별 금액 및 대손추정률, 현가계수가 다음과 같을 때 이에 대한 설명으로 잘못된 것은? (단, 장기성매출채권의 계정과목으로 회계처리하며 유효이자율법에 따라 10%를 적용하고 있다.)

회수연도별	할부회수금액	추정 대손율	현가 계수
20×2년 말	15,000,000	5%	0.9091
20×3년 말	10,000,000	10%	0.8264

① 20×1년 말 재무상태표에 표시될 현재가치할인차금은 3,099,500원이다.
② 20×1년 말 재무상태표에 표시될 대손충당금은 1,508,225원이다.
③ 20×1년 말 재무상태표에 표시될 장기성매출채권의 장부가액은 20,392,275원이다.
④ 20×1년 말 재무상태표에 표시될 장기성매출채권의 장부가액은 25,000,000원이다.

06 다음 중 금융자산과 금융부채에 대한 설명으로 옳지 않은 것은?

① 금융자산이나 금융부채는 금융상품의 계약당사자가 되는 때에만 재무상태표에 인식한다.
② 금융자산이나 금융부채는 최초인식 시 공정가치로 측정한다.
③ 둘 이상의 금융상품을 일괄하여 매입한 경우에는 공정가치를 보다 신뢰성 있게 측정할 수 있는 금융상품의 공정가치를 우선 인식한 후 매입가액의 잔여액으로 나머지 금융상품을 인식한다.
④ 금융상품의 현금흐름에 대한 추정 변경 또는 재협상 등으로 현금흐름이 변경되는 경우에도 금융자산의 순장부금액이나 금융부채 상각후원가를 조정하면 안 된다.

📌 이론문제 정답 및 해설

01 ④ 금융자산을 양도한 후 양도인이 양도자산에 대한 권리를 행사할 수 있는 경우 해당 금융자산을 담보로 한 차입거래로 본다.

02 ④ 5월 27일 (차) 대손충당금 30,000원
　　　　　　　　　대손상각비 20,000원
　　　　　　　 (대) 매출채권 50,000원
　　　 11월 3일 (차) 현금 5,000원
　　　　　　　 (대) 대손충당금 5,000원
　　 12월 31일 (차) 대손상각비 22,000원
　　　　　　　 (대) 대손충당금 22,000원
　　　　　　　　　(=27,000원-5,000원)

03 ② 기말 외상매출금잔액 : 35,000,000원 + 외상매출금 차변발생액 65,000,000원 - 외상매출금 대변발생액 72,000,000원 = 28,000,000원
기말 대손충당금잔액(외상매출금) : 대손발생으로 전액 차변에서 상계처리되었으므로 0원이 되며, 기말 대손충당금 추가설정액은 28,000,000원 × 1% = 280,000원이 된다.

04 ① 어음이 부도되면 어음 소지인은 어음 채무자에게 어음금액 부도 관련 비용을 청구하며 이 금액을 정상적인 어음과 구분하기 위해 임시 계정인 부도어음과 수표로 처리한다. 따라서 500,000 + 30,000 = 530,000원이 된다.

05 ④

회수 연도별	할부 회수금액		회수율		현가 계수		장부가액
20×2년 말	15,000,000	×	(1- 5%)	×	0.9091	=	12,954,675원
20×3년 말	10,000,000	×	(1-10%)	×	0.8264	=	7,437,600원
					합계		20,392,275원

<20×1년 말 재무상태표 표시 방법>
장기성매출채권　　　　　25,000,000원
현재가치할인차금　　　(-)3,099,500원
대손충당금　　　　　　(-)1,508,225원
<현재가치할인차금 계산 방법>
25,000,000 - 21,900,500(= 15,000,000 × 0.9091 + 10,000,000 × 0.8264) = 3,099,500원
<대손충당금 계산 방법>
(15,000,000 × 5% × 0.9091) + (10,000,000 × 10% × 0.8264) = 1,508,225원

06 ④ 순장부금액이나 금융부채 상각후원가를 조정한다.

제5절 유동자산(재고자산) – 상품매매기장에 관한 회계처리

구분	의의	계정과목
상기업	판매 목적으로 보유하고 있는 자산	상품
	업무 목적으로 보유하고 있는 자산	유형 및 무형자산
제조기업	판매를 위하여 보유하거나 생산과정에 있는 자산 및 생산과정에 투입될 원재료	원재료, 저장품, 재공품, 반제품, 제품
부동산 매매기업	판매 목적으로 보유하고 있는 자산	상품
	업무 목적으로 보유하고 있는 자산	유형 및 무형자산

▼ 기타 기말재고자산의 포함 여부 분류

구분		매출자의 수익인식 시기	재고자산 포함여부
미착품	선적기준	선적 시점	선적 전 : 매출자, 선적 후 : 매입자
	도착기준	도착 시점	도착 전 : 매출자, 도착 후 : 매입자
시송품		매입의사 표시한 시점	매입의사 표시 전 : 매출자
적송품		수탁자가 판매한 시점	수탁자 판매 전 : 위탁자
저당상품		저당권 실행 시점	저당권 실행 시점 이후 : 매입자
할부판매		인도 시점	인도 시점 이후 : 매입자
반품률이 높은 상품	반품률 추정 가능	인도 시점	인도 시점 이후 : 매입자
	반품률 추정 불가능	반품기간 경과 시	반품기간 경과 이후 : 매입자

01 재고자산 취득원가

매입원가 = 매입가격 + 매입부대비용[1] + 수입관세(환급예정분 제외) – 매입할인, 에누리, 환출 등

---

1) 취득과정에서 정상적으로 발생한 지출이며 취득원가에 포함해야 한다(매입운임, 하역비, 설치비, 보관료, 등기비용, 보험료, 세금, 수입 관련한 수입관세 등).

02 재고자산의 수량 결정방법 및 회계 처리

1) 계속기록법

재고자산의 입출고마다 수량을 계속적으로 기록하는 방법이다.

기초 재고수량 + 당기 매입수량 − 당기 판매수량 = 기말 재고수량

장점	• 보유 재고수량을 즉시 파악할 수 있어 자산관리목적에 적합하다. • 기중 재고수량 및 금액을 파악할 수 있어 기중 결산이 용이하다.
단점	• 재고자산 감모손실을 파악할 수 없다.

2) 실지재고조사법

기말에 실지재고조사를 통해 기말 재고의 수량을 파악하여 당기 판매수량을 산출하는 방법으로서 외부보고목적에 충실하다.

기초 재고수량 + 당기 매입수량 − 기말 재고수량 = 당기 판매수량

장점	• 재고자산 기록·유지비용이 적게 발생한다. • 적용이 간편하다.
단점	• 기중에 보유 재고수량을 파악하지 못하므로 자산관리목적에는 부적합하다. • 기중 결산이 어렵고 실사에 소요되는 노력이 크다. • 재고자산 감모손실이 매출원가에 포함된다.

3) 혼합법(병행법)

계속기록법에 의하여 상품재고장의 기록은 유지하고 일정시점에서 실지재고조사를 하는 방법이다. 따라서 회계연도 말에 실지재고조사법에 의하여 수량을 조사하여 차이가 있는 것은 재고자산 감모손실로 처리하고 비용으로 인식한다.

03 재고자산의 단가결정 – 원가흐름의 가정

1) 개별법

개별물량흐름을 직접 추적하여 원가를 대응시키는 방법이다. 즉, 재고자산에 가격표를 붙여 매입 상품별로 매입가격을 알 수 있도록 함으로써 매입가격별로 판매된 것과 재고로 남은 것을 구별하여 매출원가와 기말 재고로 구분한다. 주로 거래 빈도수가 많지 않고 수량이 적은 고가품 판매업, 부동산매매업, 조선업 등에서 사용한다.

장점	• 실제 물량의 흐름과 동일한 가장 정확하고 이상적인 방법이다. • 수익·비용 대응에 가장 충실한 방법이다.
단점	• 재고자산의 수량과 거래가 많은 경우에는 실제 적용하기 어렵다. • 동일한 상품을 시점에 따라 다른 가격으로 구매했을 때 상품을 임의로 선택하여 판매하는 경우 이익을 조작할 가능성이 있다.

2) 선입선출법

먼저 구입한 상품이 먼저 사용되거나 판매되는 것으로 가정하여 기말 재고액을 결정하는 방법이다. 재고자산감모손실이 없는 경우 수량에 대한 계속기록법과 실지재고조사법을 사용하여도 두 방법이 동일한 결과를 가져온다.

3) 후입선출법 주의 K-IFRS에서는 인정하지 않음

실제물량흐름과는 관계없이 매입의 역순으로 재화가 판매되거나 사용된다고 가정하여 기말 재고액을 결정하는 방법이다. 계속기록법과 실지재고조사법으로 평가 시 재고액이 달라질 수 있다.

구분	선입선출법	후입선출법
장점	• 물량흐름은 먼저 들어온 것이 먼저 판매되므로 원가흐름 가정이 실물흐름과 일치한다. • 기말 재고는 최근에 구입한 상품의 원가가 되므로 재무상태표상 재고자산가액은 공정가액에 가깝다. • 디플레이션 시 절세효과를 가질 수 있다.	• 현행수익에 최근원가가 대응되므로 수익비용의 대응이 적절하게 이루어진다. • 물가상승 시 이익이 과소계상되므로 물가변동에 유연하다. • 세금이연효과로 인해 현금흐름이 유리하다.
단점	• 현행수익에 과거원가가 대응되므로 수익·비용의 대응이 부적절하다. • 물가상승 시 이익이 과대계상되므로 법인세부담과 배당 압력이 높아진다.	• 물량흐름은 나중에 들어온 것이 먼저 판매되므로 실물흐름과 반대이다. • 재고자산이 현재가치를 표시하지 못한다.

4) 이동평균법

계속기록법하에서 재고의 구입이 일어날 때마다 매입당시까지 누적된 직전 취득원가에 새로 구입한 취득원가를 가산하여 이를 판매가능한 수량으로 나누어 가중평균단가를 구한 후 상품의 매출이 일어날 때마다 각각의 평균단가를 매출원가로 처리하는 방법이다.

$$이동평균단가 = \frac{매입직전재고가액 + 매입가액}{매입직전재고수량 + 매입수량}$$

장점	• 화폐가치의 변동을 단가에 민감하게 반영시킨다. • 가격 변동이 심한 상품에 대해서는 단가가 이동시점마다 평균화되기 때문에 출고액이 기말 재고자산의 급격한 변동을 방지할 수 있다.
단점	• 상품의 매입이 빈번하게 발생하는 경우 그때마다 새로운 단가를 계산해야 하는 단점이 있다.

5) 총평균법

실지재고조사법하에서 한 회계기간 동안 구입한 판매 가능한 상품총원가를 총판매가능수량으로 나누어 평균단위당 원가를 구하여 기말재고금액과 매출원가를 산정하는 방법으로 실무적으로 적용이 간편한 방법이다.

$$총 \ 평균단가 = \frac{기초 \ 재고액 \ + \ 당기 \ 매입액}{기초 \ 재고수량 \ + \ 당기 \ 매입수량}$$

장점	• 간편하고 객관적이며 이익조작 가능성이 없다.
단점	• 기초원가가 기말의 원가에 영향을 마친다. • 기말시점 이전에는 매출원가와 재고가액을 파악할 수 없다.

04 물가 상승 시 재무제표에 미치는 영향

기초재고와 기말재고 차이가 발생하지 않는 경우로 가정한다.

구분	크기비교
기말재고자산	선입선출법 > 이동평균법 ≥ 총평균법 > 후입선출법
매출원가	선입선출법 < 이동평균법 ≤ 총평균법 < 후입선출법
당기순이익	선입선출법 > 이동평균법 ≥ 총평균법 > 후입선출법
법인세	선입선출법 > 이동평균법 ≥ 총평균법 > 후입선출법
현금흐름	선입선출법 < 이동평균법 ≤ 총평균법 < 후입선출법

05 재고자산감모손실과 재고자산평가손실

1) 저가법

현행 기업회계기준은 취득원가와 시가를 비교하여 보다 낮은 가격으로 재고자산을 평가하는 방법인 저가법을 의무화하고 있고 시가가 취득원가보다 낮은 경우에는 시가를 재무상태표 가액으로 한다. 단, 재고자산평가이익은 회계처리하지 않는다.

2) 재고자산감모손실(수량차이)

재고자산감모손실은 자연증발이나 도난·파손·훼손 등의 사유로 회사의 장부상 수량과 실제 재고수량에 의한 수량과의 차이에서 발생하는 손실을 말한다.

$$감모손실 = 감모수량(장부상 \ 수량 - 실제 \ 수량) \times 장부상 \ 단위당 \ 취득원가$$

거래내용	차변		대변	
정상적 감모 (원가성이 있음)	매출원가(비용의 발생)	× × ×	재고자산(자산의 감소)	× × ×
비정상적 감모 (원가성이 없음)	재고자산감모손실 (영업외비용)	× × ×	재고자산(자산의 감소) (적요8번 타계정으로 대체)	× × ×

3) 재고자산평가손실(단가하락)과 재고자산평가충당금

재고자산평가는 저가법, 종목별기준을 원칙으로 하되 재고자산이 유사하거나 서로 관련되어 있는 경우에는 예외적으로 조별기준을 사용할 수 있지만 총계기준은 인정하지 않고 있다. 이 3가지 중에서 가장 보수적인 방법부터 순서대로 나열하면 종목별기준, 조별기준, 총계기준 순이다.

거래내용	차변		대변	
시세하락	재고자산평가손실 (매출원가 가산)	×××	재고자산평가충당금 (재고자산 차감계정)	×××
시세회복 (최초의 장부금액 범위 내에서 평가손실을 환입)	재고자산평가충당금 (재고자산가산계정)	×××	재고자산평가충당금환입 (매출원가 차감)	×××

◢ 06 상품매출원가와 매출총이익 계산

- 당기 순매입액 = 총매입액 + 매입운임 등 취득부대비용 − 매입에누리와 환출 − 매입할인
- 당기 순매출액 = 총매출액 − 매출에누리와 환입 − 매출할인
- 매출원가 = 기초상품재고액 + 당기 순매입액 − 기말상품재고액 + 정상적인 재고자산감모손실 + 재고자산평가손실
- 매출총이익 = 당기 순매출액 − 매출원가

이론문제 | 유동자산(재고자산) - 상품매매기장에 관한 회계처리

01 재고자산 평가방법 중 선입선출법과 후입선출법을 비교평가할 때 물가가 변동할 경우 나타나는 현상으로 틀린 것은?

① 후입선출법은 물가가 상승할 경우에는 일반적으로 이익과 기말재고자산이 과소평가되어 현금흐름이 좋아진다.

② 선입선출법은 물가가 하락할 경우에는 일반적으로 후입선출법보다는 당기순이익이 과소평가되어 조세정책상 현금흐름이 좋아진다.

③ 후입선출법은 물가가 상승할 경우에는 최근의 원가가 대응되므로 이익이 과대계상되지 않기 때문에 물가변동회계의 대처방안이 될 수 있다.

④ 선입선출법은 현행수익에 과거원가가 대응되므로 적절한 수익·비용이 대응된다.

02 일반기업회계기준서 제7장 재고자산과 관련된 다음 설명 중 틀린 것은?

① 재고자산을 저가법으로 평가하는 경우 제품, 상품 및 재공품의 시가는 순실현가능액을 표시하며, 생산과정에 투입될 원재료의 시가는 현행대체원가를 표시한다.

② 재고자산의 장부상 수량과 실제수량의 차이의 원인을 조사한 바, 정상적인 감모손실의 경우 매출원가에 가산하고 비정상적인 감모손실은 재고자산감모손실로 하여 영업외비용으로 처리한다.

③ 재고자산의 시가가 장부가액보다 하락하여 발생한 평가손실은 재고자산평가손실로 처리하지 않고 취득원가에서 직접차감한다.

④ 높은 반품률을 합리적으로 추정할 수 없을 경우에는 구매자가 상품의 인수를 수락 또는 반품 기간이 종료된 시점까지는 매출자의 것으로 본다.

03 다음은 재고자산의 원가배분방법 중 평균법에 대한 설명이다. 틀린 것은?

① 이동평균법은 계속단가기록법(계속기록법)으로 평균법을 적용한 방법이다.

② 총평균법은 기말단가기록법(실지재고조사법)으로 평균법을 적용한 방법이다.

③ 상품의 매입가격이 상승하는 경우에는 이동평균법이 총평균법보다 기말재고액을 높게 평가한다.

④ 총평균법에 비해 이동평균법은 현행원가의 변동을 단가에 민감하게 반영시키지 못한다.

04 20×1년 1월 1일부터 12월 31일까지 재고자산과 관련한 자료이다. 매출원가는 얼마인가?

항목	금액(취득원가기준)	비고
기초재고자산	50,000원	–
당기매입액	250,000원	미착상품 포함금액
기말재고자산 실사액	20,000원	창고보유분
미착상품 (매입)	30,000원	선적지인도조건으로 현재 운송 중
적송품	50,000원	70% 판매완료
저당상품	10,000원	차입금관련 담보제공자산이며, 기말재고실사 시 포함하지 않음
반품가능 판매	15,000원	반품액의 합리적 추정 불가

① 185,000원 ② 200,000원
③ 210,000원 ④ 245,000원

05 20×1년 9월 15일 화재가 발생하여 보유하고 있던 상품이 모두 소실되었다. 당사는 매입원가에 20%의 이익을 가산한 금액으로 상품을 판매한다. 화재로 인한 상품 피해액은 얼마인가?

- 매출액(20×1년 1월 1일 ~ 20×1년 9월 15일) : 120,000원
- 기초상품재고액(20×1년 1월 1일) : 130,000원
- 매입액(20×1년 1월 1일 ~ 20×1년 9월 15일) : 110,000원

① 20,000원 ② 30,000원
③ 40,000원 ④ 44,000원

06 다음 중 재고자산의 시가가 취득원가보다 하락한 경우에는 저가법을 사용하여 재고자산의 장부금액을 결정할 수 있는 사유로 볼 수 없는 것은?

① 보고기간 말로부터 2년 또는 정상영업주기 내에 판매되지 않았거나 생산에 투입할 수 없어 장기체화된 경우
② 손상을 입은 경우
③ 완성하거나 판매하는 데 필요한 원가가 상승한 경우
④ 진부화하여 정상적인 판매시장이 사라지거나 기술 및 시장 여건 등의 변화에 의해서 판매 가치가 하락한 경우

07 다음 중 재고자산의 저가법에 관한 설명으로 틀린 것은?

① 재고자산의 손상으로 재고자산의 시가가 취득원가보다 하락하면 저가법을 사용하여 재고자산의 장부금액을 결정한다.
② 재고자산의 시가는 매 회계기간 말에 추정하고 재고자산평가손실의 환입은 매출원가에서 차감한다.
③ 재고자산 평가를 위한 저가법은 항목별로 적용한다. 그러나 경우에 따라서는 서로 유사하거나 관련 있는 항목들을 통합하여 적용하는 것이 적절할 수 있다.
④ 원재료를 투입하여 완성할 제품의 시가가 원가보다 높을 때에도 원재료에 대하여 저가법을 적용한다.

08 기말상품재고액은 4,000,000원이며 아래의 사항은 고려되어 있지 않다. 아래에 제시된 사항을 추가로 고려하여 정확한 기말상품재고액을 계산하면 얼마인가?

> - 목적지인도조건으로 매입하여 기말현재 운송 중인 미착상품 : 150,000원
> - 위탁판매로 수탁자에게 출고된 상품 : 300,000원(현재 수탁 판매된 상품은 없다.)
> - 구매자에게 시송판매된 상품으로 구매자가 보관 중인 상품 : 500,000원 (기말현재 100,000원에 대해서는 구매자가 매입의사 표시함)
> - 할부로 판매한 할부판매상품은 2,100,000원이며 상품의 하자로 300,000원을 할인

① 4,000,000원 ② 4,550,000원
③ 4,700,000원 ④ 4,400,000원

09 다음의 계정 잔액은 정상적인 것이며 재고상품의 실사 결과 전년도 말, 즉 20×1년 12월 31일과 당해연도 말인 20×2년 12월 31일 상품재고자산이 각각 47,000원과 58,000원으로 평가되었다. 20×2년 매출원가는?

계정과목	잔액
매출	555,000원
매매	35,000원
매출할인	18,000원
매입운임	25,000원
일반관리비	33,000원
법인세비용	34,000원

계정과목	잔액
매출환입및에누리	15,000원
매입	243,000원
매입환출및에누리	15,000원
판매운임	14,000원
판매비	48,000원
이자비용	13,000원

① 231,000원 ② 217,000원
③ 213,000원 ④ 242,000원

📌 이론문제 정답 및 해설

01 ④ 선입선출법은 현행수익에 과거원가가 대응되므로 적절한 수익·비용이 대응되지 못한다.

02 ③ 재고자산의 시가가 장부가액보다 하락하여 발생한 평가손실은 재고자산평가손실로 처리한다.

03 ④ 이동평균법은 매입 시마다 새로운 평균단가를 부여하여 현행원가의 변동에 민감하나, 총평균법은 월초, 월중에는 계상하지 않고 월말에 총평균단가를 계상하므로 현행원가의 변동을 반영시키지 못한다.

04 ③ 기초재고 50,000 + 당기매입액 250,000 − [실사액 20,000 + 선적지인도 30,000 + 적송품 (30%) 15,000 + 저당상품 10,000 + 반품가능판매 15,000] = 210,000원

05 ③ • 매출원가 100,000 = 매출액 120,000 ÷ 1.2(1 + 매출총이익률)
　　• 기초상품재고액 + 매입액 − 매출원가 = 남은 재고액 30,000 + 110,000 − 100,000 = 40,000원

06 ① 보고기간 말로부터 1년(일반기업회계기준 7.16)

> 재고자산의 시가가 취득원가보다 하락한 경우에는 저가법을 사용하여 재고자산의 장부금액을 결정한다. 다음과 같은 사유가 발생하면 재고자산 시가가 원가 이하로 하락할 수 있다.
> (1) 손상을 입은 경우

> (2) 보고기간 말로부터 1년 또는 정상영업주기 내에 판매되지 않았거나 생산에 투입할 수 없어 장기체화된 경우
> (3) 진부화하여 정상적인 판매시장이 사라지거나 기술 및 시장 여건 등의 변화에 의해서 판매가치가 하락한 경우
> (4) 완성하거나 판매하는 데 필요한 원가가 상승한 경우

07 ④ 원재료를 투입하여 완성할 제품의 시가가 원가보다 높을 때는 저가법을 적용하지 아니한다(일반기업회계기준 7.17).

08 ③ 기말상품재고액 : 4,000,000원 + 300,000원 + 400,000원 = 4,700,000원
목적지인도조건의 미착상품은 매입자의 재고자산에 포함되지 않으며, 위탁판매의 경우 수탁자가 보관 중인 상품은 재고자산에 포함된다. 시송품은 매입자가 매입의사표시를 하기 전까지 판매자의 재고자산에 포함한다. 할부판매상품은 대금이 회수되지 않았더라도 인도시점에 판매자 재고자산에서 제외한다(일반기업회계기준 실7.5).

09 ④ 매출원가 242,000원 = 기초상품재고액 47,000원 + 순매입액 253,000원 − 기말상품재고액 58,000원이다. 여기에서 당기 순매입액 253,000원 = 매입액 243,000원 + 매입운임 25,000원 − 매입환출 및 에누리 15,000원으로 계산한다.

제6절 비유동자산 – 투자자산 회계처리

기업의 정상적인 영업활동과는 무관하게 타회사를 지배하거나 통제할 목적 또는 장기적인 투자, 이윤을 얻을 목적으로 장기적으로 투자된 자산을 말한다.

01 투자자산의 분류

1) 투자부동산

영업활동과 무관한 투자목적(비업무용)으로 보유하는 토지, 건물 등을 말하며 그 내용을 주석으로 공시하여야 한다.

2) 장기금융상품

금융기관이 취급하는 정형화된 상품이나 신종금융상품에 투자한 경우로 재무상태표일로부터 1년 이후에 만기가 도래하는 것을 말하며 장기금융상품 중 차입금에 대한 담보제공 등으로 인하여 사용이 제한되는 경우에는 주석으로 공시한다.

3) 장기대여금

이자수익을 창출할 목적으로 타인에게 장기의 자금을 대여한 경우를 말하며 그 내용이 중요하여 재무상태표에 개별표시하고 대여 내용은 주석으로 기재하여야 한다.

4) 기타의 투자자산

위에 속하지 않는 투자자산을 말한다.

02 매도가능증권 취득, 평가 처분에 관한 회계처리

1) 매도가능증권으로 취득 시

> ■ 취득가액 1,000,000원, 수수료 25,000원이 발생한 경우
> (차) 매도가능증권　　　　　1,025,000　　(대) 현금　　　　　　　　1,025,000
>
> 취득원가 = 취득가액 + 취득부대비용(수수료 · 등록비 · 증권거래세 등)

2) 취득일 이후의 평가

원칙적으로 공정가치로 평가하며 만약 시장성이 없는 경우에는 공정가치가 신뢰성을 상실하여 측정할 수 없으므로 취득원가로 평가한다.

① 장부금액 1,025,000원 < 공정가치 1,100,000원인 경우

(차) 매도가능증권	75,000	(대) 매도가능증권평가이익	75,000
(비유동자산의 증가)		(기타포괄이익증가)	

② 장부금액 1,025,000원 > 공정가치 1,000,000원인 경우

(차) 매도가능증권평가손실	25,000	(대) 매도가능증권	25,000
(기타포괄손실 증가)		(비유동자산의 감소)	

3) 처분 시 회계처리

매도가능증권을 처분할 때 반드시 그 장부금액과 처분금액과의 차액에 기타포괄손익누계액에 반영되어 있는 매도가능증권평가손익을 먼저 반영한 후 매도가능증권처분이익(영업외수익)과 매도가능증권처분손실(영업외비용)로 인식해야 한다.

① 공정가치 1,100,000원과 처분금액 1,200,000원(매도가능증권평가이익 75,000원이 있는 경우)

(차) 현금(처분가)	1,200,000	(대) 매도가능증권	1,100,000
매도가능증권평가이익	75,000	매도가능증권처분이익	175,000
(기타포괄이익 감소)		(영업외수익 발생)	

② 공정가치 1,000,000원과 처분금액 1,200,000원(매도가능증권평가손실 25,000원이 있는 경우)

(차) 현금(처분가)	1,200,000	(대) 매도가능증권	1,000,000
		매도가능증권평가손실	25,000
		(기타포괄손실 감소)	
		매도가능증권처분이익	175,000

4) 배당금수익 및 이자수익의 인식

회계사건	차변		대변	
소유 주식에 대한 현금 배당을 받은 경우	현금 (자산의 증가)	150,000	배당금수익 (영업외수익 증가)	150,000
소유 국공·사채 등에 대한 이자를 받은 경우	현금 (자산의 증가)	150,000	이자수익 (영업외수익 증가)	150,000

03 만기보유증권

만기보유증권은 만기가 고정되었고 지급금액이 확정되었거나 만기까지 보유할 적극적인 의도와 능력이 있는 경우의 금융자산을 말한다.

1) 취득원가

매입금액 + 취득부대비용(수수료 등 포함)

(차) 만기보유증권	×××	(대) 현금	×××

2) 기말평가

만기보유증권은 취득원가에서 할인·할증 상각액을 가감한 가액을 의미하는 상각원가법으로 평가한다. 따라서 기말에 별도의 회계처리를 하지 않는다.

04 유가증권의 손상차손 또는 손상차손환입

채무증권의 상각후원가 또는 지분증권의 취득원가 > 회수가능액 = 손상차손 인식할 것을 고려

1) 유가증권손상차손

① 손상차손의 발생에 대한 객관적인 증거가 있는지는 보고기간 종료일마다 평가하고 그러한 증거가 있는 경우에는 손상차손이 불필요하다는 명백한 반증이 없는 한, 회수가능액을 추정하여 유가증권손상차손을 인식하고, 손상차손금액은 당기손익(영업외비용)에 반영한다.

② 만약 미실현보유손실(매도가능증권평가손실)이 기타포괄손익누계액에 남아 있는 경우에는 당기에 손상차손으로 인식하여야 할 금액만큼 미실현보유손실을 기타포괄손익누계액에서 제거하여 먼저 손상차손에 반영한다.

■ 취득원가 5,000,000원, 회수가능 추정액 1,000,000원이며, 기존 매도가능증권평가손실 3,000,000원이 존재하는 경우

(차) 매도가능증권손상차손	4,000,000	(대) 매도가능증권	1,000,000
(영업외비용 발생)		(비유동자산 감소)	
		매도가능증권평가손실	3,000,000
		(기타포괄손익누계액에서 제거)	

2) 유가증권손상차손환입

손상차손의 회복이 손상차손 인식 후에 발생한 사건과 객관적으로 관련된 경우에는 다음과 같이 회계처리한다.

① 만기보유증권 또는 원가로 평가하는 매도가능증권의 경우에는 회복된 금액을 당기이익으로 인식하되, 회복 후 장부금액이 당초에 손상차손을 인식하지 않았다면 회복일 현재의 상각후원가(매도가능증권의 경우, 취득원가)가 되었을 금액을 초과하지 않도록 한다.

② 공정가치로 평가하는 매도가능증권의 경우에는 이전에 인식하였던 손상차손 금액을 한도로 하여 회복된 금액을 당기이익으로 인식한다.

05 유가증권의 재분류

유가증권의 보유의도와 보유능력에 변화가 있어 재분류가 필요한 경우에는 다음과 같이 처리한다.

분류대상	재분류결과	변경여부	변경금액	비고
단기매매증권	매도가능증권 만기보유증권	금지	해당사항없음	단, 시장성을 상실한 경우 매도가능증권으로 분류변경하고 당기손익으로 처리
매도가능증권 만기보유증권	단기매매증권	금지	해당사항없음	
만기보유증권	매도가능증권	가능	분류변경일의 공정가액	상각후취득원가와 공정가액과의 차액은 매도가능증권평가차손익의 과목으로 하여 자본(누적기타포괄손익)으로 처리
매도가능증권	만기보유증권	가능	분류변경일의 공정가액	매도가능증권평가차손익은 만기보유증권평가손익의 과목으로 하여 계속 자본(누적기타포괄손익)으로 처리하고 유효이자율법으로 상각하여 이자수익에 가감

☑ 이론문제 | 비유동자산 – 투자자산 회계처리

01 다음은 "일반기업회계기준서 제6장 제2절 유가증권"에서 규정하고 있는 단기매매증권 관련 내용에 대한 설명이다. 틀린 것을 모두 고르면?

> ㉠ 단기매매증권의 원가를 결정할 때에는 개별법, 총평균법, 이동평균법 또는 다른 합리적인 방법을 사용하되, 동일한 방법을 매기 계속 적용한다.
>
> ㉡ 일시소유의 시장성 있는 주식은 공정가액이 상승 또는 하락할 경우에도 반드시 공정가액에 의해 평가해야 한다.
>
> ㉢ 단기매매증권이 시장성을 상실하더라도 매도가능증권으로 분류변경해서는 안 된다.
>
> ㉣ 단기매매증권을 시장가격으로 평가함으로써 발생하는 미실현보유손익은 그 중요성에 따라 당기손익 항목 또는 자본항목으로 처리한다.
>
> ㉤ 상실되지 않는 단기매매증권은 만기보유증권 또는 매도가능증권으로 분류변경할 수 없으며, 반대로 단기매매증권으로 재분류변경할 수 없다.
>
> ㉥ 단기매매증권은 기말현재의 공정가액을 재무상태표가액으로 하고 액면가액과의 차액은 단기매매증권평가손익의 과목으로 하여 영업외손익으로 처리한다.

① ㉢, ㉣, ㉥ ② ㉠, ㉡, ㉤

③ ㉠, ㉡, ㉢ ④ ㉣, ㉤, ㉥

02 단기보유목적으로 다음 자료와 같이 증권을 매매하였다. 20×1년 재무상태표일 현재 공정가액이 150,000원이라고 가정할 경우 손익계산서상에 표시될 단기매매증권평가손익과 단기매매증권처분손익으로 옳은 것은? [단, 10월 3일자에 36,000,000원(300주 × 1주당 120,000원)에 매각하였으며 이동평균법을 적용할 것]

일자	매입금액	비고
2월 4일	10,000,000원	200주 × 1주당 50,000원
3월 19일	6,000,000원	100주 × 1주당 60,000원
7월 28일	20,000,000원	200주 × 1주당 100,000원
12월 11일	24,000,000원	200주 × 1주당 120,000원

① 단기매매증권처분이익은 10,400,000원이며, 단기매매증권평가이익은 20,600,000원이 된다.

② 단기매매증권처분이익은 14,400,000원이며, 단기매매증권평가이익은 21,600,000원이 된다.

③ 단기매매증권처분이익은 15,400,000원이며, 단기매매증권평가이익은 22,600,000원이 된다.

④ 단기매매증권처분이익은 16,400,000원이며, 단기매매증권평가이익은 23,600,000원이 된다.

03 다음 매도가능증권에 대한 설명에서 틀린 것을 모두 고르면?

> ㉠ 취득한 유가증권 중 단기매매증권이나 만기보유증권으로 분류되지 않는 것은 매도가능증권으로 분류한다.
> ㉡ 매도가능증권은 공정가액으로 평가하고 장부가액과 공정가액의 차액은 매도가능증권평가손익으로 처리하여 당기손익으로 기재한 후 처분손익에 반영 또는 손상차손에 가감한다.
> ㉢ 매도가능증권은 채무증권을 공정가액으로 평가할 때는 먼저 장부가액과 공정가액의 차이금액인 미실현보유손익을 자본항목으로 처리한 후에 할인 또는 할증차금을 상각하여 이자수익을 먼저 인식한다.
> ㉣ 매도가능증권은 손상차손을 인식한 기간 후에 공정가액이 상승하더라도 손상차손의 회복에 해당되지 아니하는 경우에는 당해 공정가액 상승금액을 자본항목으로 처리한다.
> ㉤ 재무상태표일로부터 만기가 1년 이내인 만기보유증권과 재무상태표일로부터 1년 내에 처분할 매도가능증권은 투자자산에서 유동자산으로 공시방법을 변경할 수 없다.
> ㉥ 매도가능증권 중 시장성이 없는 지분증권의 공정가액을 신뢰성 있게 측정할 수 없는 경우에는 취득원가로 평가한다.
> ㉦ 채무증권의 보유자가 중도상환권을 갖는 경우에는 당해 채무증권을 매도가능증권으로 분류한다.

① ㉣ ② ㉡, ㉢, ㉤
③ ㉡, ㉣, ㉥ ④ ㉠, ㉢, ㉣, ㉦

04 다음은 유가증권의 재분류에 관한 설명이다. 잘못된 것은?

① 매도가능증권은 만기보유증권으로 재분류할 수 있다.
② 유가증권과목의 분류를 변경할 때에는 재분류일 현재의 공정가치로 평가한 후 변경한다.
③ 단기매매증권이 시장성을 상실한 경우에는 매도가능증권으로 분류하여야 한다.
④ 만기보유증권으로부터 매도가능증권으로 재분류하는 경우에, 유가증권 재분류에 따른 평가에서 발생하는 공정가치와 장부금액의 차이금액은 당기손익으로 처리한다.

05 다음 자료에 의할 경우, 20×2년에 인식할 매도가능증권 처분손익은 얼마인가?

> • 20×1년 6월 1일 매도가능증권 120주를 주당 60,000원에 취득하였다.
> • 20×1년 기말 매도가능증권평가손실은 1,200,000원(주당 공정가치 50,000원)이다.
> • 20×2년 5월 1일 120주를 주당 50,000원에 처분하였다.

① 처분이익 2,400,000원
② 처분이익 1,200,000원
③ 처분손실 2,400,000원
④ 처분손실 1,200,000원

📌 이론문제 정답 및 해설

01 ① ⓒ 단기매매증권이 시장성을 상실하면 매도가능증권으로 분류변경해야 한다.

ⓔ 단기매매증권을 시장가격으로 평가함으로써 발생하는 미실현보유손익은 그 중요성에 따라 당기손익항목으로만 처리한다.

ⓗ 단기매매증권은 기말현재의 공정가액을 재무상태표가액으로 하고 장부가액과의 차액은 단기매매증권평가손익의 과목으로 하여 영업외손익으로 처리한다.

02 ② • 7월 28일까지 36,000,000원 ÷ 500주 = 1주당 이동평균단가는 72,000원이 된다.

• 10월 3일자에 500주 중 (300주 × 120,000원) – (300주 × 72,000원) = 14,400,000원의 단기매매증권처분이익이 발생한다.

• 12월 31일의 공정가액(400주 × 150,000원 = 60,000,000원)에서 [(잔여주식 200주 × 72,000원 = 14,400,000원) + (12월 11일 200주 × 1주당 120,000원 = 24,000,000원)]을 합한 금액의 차액(21,600,000원)을 단기매매증권평가이익으로 한다.

03 ② ⓛ 매도가능증권은 공정가액으로 평가하고 장부가액과 공정가액의 차액은 매도가능증권평가손익으로 처리하여 자본조정으로 기재한 후 처분손익에 반영 또는 손상차손에 가감한다.

ⓒ 매도가능증권을 채무증권을 공정가액으로 평가할 때는 할인 또는 할증차금을 상각하여 이자수익을 먼저 인식한 후에 상각후취득원가와 공정가액의 차이금액인 미실현보유손익을 자본항목으로 처리한다.

ⓜ 재무상태표일로부터 만기가 1년 이내인 만기보유증권과 재무상태표일로부터 1년 내에 처분할 매도가능증권은 투자자산에서 유동자산으로 공시방법을 변경할 수 있다.

04 ④ 만기보유증권으로부터 매도가능증권으로 재분류하는 경우에, 유가증권 재분류에 따른 평가에서 발생하는 공정가치와 장부금액의 차이금액은 기타포괄손익누계액으로 처리한다.

05 ④ 처분 시 120주 × (60,000원 – 50,000원) = 1,200,000원 처분손실

(차) 현금   6,000,000원
　　매도가능증권처분손실 1,200,000원
(대) 매도가능증권   6,000,000원
　　매도가능증권평가손실 1,200,000원

제7절 비유동자산 – 유형자산 회계처리

유형자산은 물리적인 형체가 있는 자산으로서 재화의 생산, 용역의 제공, 타인에 대한 임대 또는 자체적으로 사용할 목적으로 보유하고 장기간(1년 초과) 사용할 것이 예상되는 비화폐성자산을 말한다.

01 유형자산 인식조건

1) 기업 실체에 의해 지배하고 있어야 한다.
2) 자산의 미래 경제적 효익이 유입될 가능성이 높다.
3) 자산의 취득원가를 신뢰성 있게 측정할 수 있다.

02 유형자산의 종류

토지, 건물, 구축물, 기계장치, 차량운반구, 선박, 건설중인자산, 그 밖에 비행기, 비품, 공구와 기구, 금형 등이 있다.

03 유형자산의 취득원가 결정

유형자산의 취득원가란 자산을 취득하기 위하여 자산의 취득시점이나 건설시점에서 지급한 현금 및 현금성 자산 또는 제공하거나 부담할 기타 대가의 공정가액을 말한다.

> 취득원가 = 매입금액 + 직접부대비용 – 매입할인

■ **유형자산 취득 시 취득원가에 포함해야 할 부대비용**

- 매입 시 운반비   • 하역비   • 보관료   • 설치비
- 취·등록세   • 관세   • 복구비용   • 운송 보험료
- 차입원가 자본화(금융비용의 자본화)
- 강제로 매입하는 채권의 매입금액과 현재가치의 차액
- 설계와 관련하여 전문가에게 지급하는 수수료
- 신규 건물과 토지 구입 시 건물철거비용

---

1) **토지, 건물, 구축물의 외부구입 시 취득원가**
   ① 토지 취득원가에 포함하는 경우 : 신축을 위한 구건물과 토지 구입비용, 외부구입 건물 철거비용, 토지정지비, 중개수수료, 관청이 유지관리할 도로포장비, 토지취득세와 등록세 등이다. 단, 철거폐물 판매수익은 취득원가에서 차감한다.

② 건물 취득원가에 포함하는 경우 : 건물건설원가, 건물등기비, 건축설계비 등이다.

③ 구축물 취득원가에 포함하는 경우 : 건물주차장 건설비, 울타리공사비 등이다.

2) 일괄구입

이종자산을 일괄취득하면서 일괄취득대금을 당해 자산의 공정가액을 기준으로 안분(반드시 취득 후 회사가 사용하는 자산)하여 개별 유형자산의 취득원가를 결정한다.

$$개별자산의\ 취득원가 = 일괄구입가격 \times \frac{개별자산의\ 공정시가}{일괄구입자산의\ 공정시가액}$$

3) 자가건설

소요되는 직접재료비 및 직접노무비뿐만 아니라 제작과 관련하여 발생하는 제반 간접비용도 유형자산의 취득원가로 계상하여야 한다.

① 완성 전까지 지출한 설계비, 재료비, 노무비, 경비 및 도급, 주문의 경우 계약금, 중도금, 제조 · 건설 · 매입에 사용된 차입금 등의 이자비용 등을 지출한 경우

(차) 건설중인자산(자산의 증가) ×××	(대) 현금(자산의 감소)	×××

② 완성 후 사용가능 시점

(차) 건물(자산의 증가) ×××	(대) 건설중인자산(자산의 감소)	×××

4) 현물출자

주식을 발행한 대가로 현금 이외의 자산을 수령하는 것을 말하며 공정가액을 취득원가로 한다고 규정되어 있다.

(차) 토지(자산의 증가) ×××	(대) 자본금(자본의 증가)	×××
	주식발행초과금(자본잉여금 증가)	×××

5) 증여 · 무상 취득

취득원가는 공정가액으로 한다고 규정되어 있다.

(차) 토지(자산의 증가) ×××	(대) 자산수증이익(수익의 발생)	×××

6) 장기할부, 연불조건 등

유형자산을 장기할부, 연불조건 또는 대금지급기간이 일반적인 신용기간보다 긴 경우 취득원가는 현금구입가격으로 한다. 현금구입가격과 실제 총지급액과의 차액은 만기까지의 기간에 걸쳐 현재가치할인차금(이자비용)으로 인식한다.

7) 고가구입·저가구입 – 특수이해관계자와의 거래

사례 1

공정가액이 2,500,000원인 기계장치를 다음의 각각의 경우로 회계처리를 하시오.
① 고가구입 4,000,000원　　　　　　　② 저가구입 500,000원

정답

	차변		대변	
①	기계장치(자산의 증가) 기부금(비용의 발생)	2,500,000 1,500,000	현금(자산의 감소)	4,000,000
②	기계장치(자산의 증가)	2,500,000	현금(자산의 감소) 자산수증이익(수익의 발생)	500,000 2,000,000

8) 복구비용

해당 유형자산의 경제적 사용이 종료된 후에 원상회복을 위하여 그 자산을 제거·해체하거나 또는 부지를 복원하는 데 소요될 것으로 추정되는 비용이 충당부채(부채성충당금)의 요건을 충족하는 경우를 말한다.

(차) 설비자산(구축물)	×××	(대) 복구충당부채	×××

9) 이종자산의 교환과 동종자산의 교환

구분	이종자산 교환	동종자산 교환
교환손익 인식여부	자기가 제공한 자산의 공정가액, 교환손익 인식	자기가 제공한 자산의 장부가액, 교환손익을 인식하지 않음
현금수수	현금수수와 무관하게 교환손익 즉시 인식	① 현금수수액이 중요하지 않은 경우 : 동종자산과의 　교환거래로 보고 교환손익을 인식하지 않음 ② 현금수수액이 중요한 경우 : 이종자산의 교환으로 　취급함

10) 강제로 국공채를 매입하는 경우

유형자산을 취득하면서 불가피하게 국가 기관에 등록되어 있는 국채, 공채 등을 취득하는 경우 매입금액과 현재가치의 차액을 자산의 취득원가에 포함한다.

04 유형자산의 취득 후 지출(후속 원가)

구분	자본적 지출	수익적 지출
분류	• 본래의 용도를 변경하기 위한 개조 • 엘리베이터 및 에스컬레이터 설치 • 냉난방 및 피난시설 설치 • 내용연수가 연장되는 지출 • 중고품을 구입하고 사용 전 수리비 지급 • 기타 개량, 확장, 증설 등 자산의 가치를 증가시키는 것	• 오래된 건물, 벽의 도색 • 파손된 유리, 기와의 대체 • 기계의 소모된 부속품과 벨트의 대체 • 자동차의 타이어, 배터리 교체 • 건물내부의 조명기구 교환 • 유지나 원상회복 등을 위한 것
효과	• 자산의 과대계상 • 당기순이익 과대계상 • 법인세 과대계상	• 비용의 과대계상 • 당기순이익 과소계상 • 법인세 과소계상
분개	(차) 유형자산(자산의 증가)　　××× (대) 현금(자산의 감소)　　×××	(차) 수선비(비용의 발생)　　××× (대) 현금(자산의 감소)　　×××

05 감가상각비

유형자산의 취득원가에서 잔존가치를 차감한 감가상각대상금액을 매 기간별 체계적이고 합리적으로 배분하여 비용화시키는 과정을 말한다.

1) 감가상각 계산의 요소
   ① **취득원가** : 자산의 취득금액 또는 처분금액 이외에 이를 사용하기까지 부대비용과 자본적 지출로 사용된 금액도 포함된다.
   ② **내용연수** : 기업 활동이나 수익창출 활동에 이용 가능한 기간을 말한다. 내용연수 기간이 감가상각 대상기간이 되며 내용연수는 자산의 마모 등 물리적 원인과 기술진부화 등 경제적 원인을 고려하여 추정하여 측정하여야 한다.
   ③ **잔존가치** : 유형자산의 내용연수가 끝나는 시점에 자산을 처분 또는 폐기할 때 획득될 것으로 추정되는 금액에서 폐기 및 처분에 관련된 비용 등을 차감한 금액을 말한다.

2) 감가상각방법
   감가상각방법은 합리적이고 체계적인 방법을 사용하여야 한다. 감가상각비는 비용에서 차지하는 비율이 높은 계정과목에 속하며 감가상각방법의 선택에 따라 이익의 차이가 크게 발생하게 된다.
   ① **정액법** : 자산의 내용연수에 걸쳐 균등하게 감가상각비를 인식하는 방법을 말한다. 이익조작 방지와 사용이 간편하다는 장점이 있으나 수익·비용 대응이 잘 이루어지지 않는 단점이 있다. 조업도를 무시하는 상각방법이다.

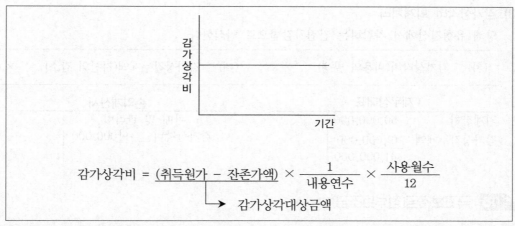

$$감가상각비 = \underline{(취득원가 - 잔존가액)} \times \frac{1}{내용연수} \times \frac{사용월수}{12}$$

감가상각대상금액

② **정률법** : 유형자산의 장부가액에 매 기간 상각률을 적용하여 감가상각하는 방법으로, 초기에 많은 금액이 상각되고 기간이 경과함에 따라 상각액이 점차 감소하게 된다. 정률법에 의해 계산할 경우 체계적이기는 하지만 잔존가치가 없을 경우 사용할 수 없는 단점이 있다.

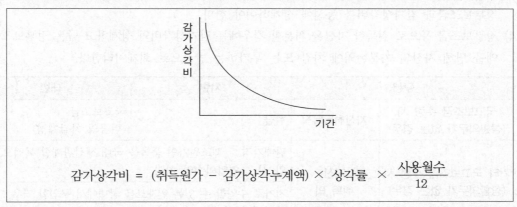

$$감가상각비 = (취득원가 - 감가상각누계액) \times 상각률 \times \frac{사용월수}{12}$$

③ **연수합계법** : 내용연수의 합계를 분모로 하고 잔여내용연수를 분자로 하여 상각률을 구하고 이 상각률을 감가상각 대상액에 곱하여 당해 감가상각비를 산출하는 방법이다.

$$감가상각비 = \underline{(취득원가 - 잔존가액)} \times \frac{(내용연수\ 역순)}{내용연수의\ 합계} \times \frac{사용월수}{12}$$

감가상각대상금액

④ **생산량비례법** : 생산 또는 채굴량에 비례하여 가치가 소멸하는 유형자산에 적용하는 방법으로서 산림, 유전, 광산과 같은 천연자원의 감가상각비를 계산하는 데 유용한 방법이다.

$$감가상각비 = \underline{(취득원가 - 잔존가액)} \times \frac{당기\ 실제생산량}{총예정생산량} \times \frac{사용월수}{12}$$

감가상각대상금액

3) 감가상각비 회계처리

당해 유형자산에서 차감하는 간접차감법으로 인식한다.

(차)	감가상각비(비용의 발생)	×××	(대)	감가상각누계액(자산의 감소)	×××

재무상태표		손익계산서	
기계장치	50,000,000	판매 및 관리비	
감가상각누계액	(9,000,000)	1. 감가상각비	9,000,000
	41,000,000	⋮	

◢ 06 국고보조금(정부보조금)

1) 정부보조금 등으로 취득한 유무형자산의 취득원가는 취득일의 공정가액으로 한다.
2) 정부보조금 등은 취득원가에서 차감하는 형식으로 표시한다.
3) 정부보조금 등으로 취득한 자산에 대한 감가상각비를 계상할 때는 취득자산의 내용연수에 걸쳐 정부보조금과 감가상각비를 동시에 상계하여야 한다.
4) 정부보조금 등으로 취득한 자산을 처분할 경우에는 감가상각비와 상계하고 남은 정부보조금 잔액을 당해 자산의 처분손익에 차감 또는 부가하는 방식으로 회계처리한다.

구분		차변		대변	
국고보조금 수령 시 (상환의무가 없는 경우)	자산취득목적	현금	×××	국고보조금 (현금의 차감계정)	×××
기타 국고보조금 수령 시 (상환의무가 없는 경우)	자산 취득 외	판매가격 > 제조원가인 품목을 국내 생산판매할 목적으로 구입 시 : 영업외수익 처리			
		저가로 수입할 수 있는 원재료를 국내에서 구입할 경우 : 제조원가에서 차감			
자산취득 및 특정비용지출 시	유무형 자산 취득 시	유무형자산 국고보조금 (현금의 차감계정)	××× ×××	현금 국고보조금 (유무형자산의 차감계정)	××× ×××
	특정비용	특정비용 국고보조금 (현금의 차감계정)	××× ×××	현금 특정비용	××× ×××
결산 시(국고보조금과 감가상각비를 상계처리)		감가상각비 국고보조금^{주)}	××× ×××	감가상각누계액 감가상각비	××× ×××
자산처분 시(감가상각비와 상계하고 잔액은 처분손익에 차가감)		현금 감가상각누계액 국고보조금 유무형자산처분손실	××× ××× ××× ×××	유무형자산 유무형자산처분이익	××× ×××

상환의무가 있는 경우	상환금액확정	(장기차입금)부채로 계상하고 상환의무가 소멸되면 채무면제이익으로 계상
	상환금액불확정	상환금액을 추정하여 부채로 계상하고 향후 회계변경 또는 오류수정

주) 국고보조금 상계액 : 취득한 자산의 감가상각비 $\times \dfrac{\text{국가보조금 해당액}}{\text{자산취득금액}}$

사례 2

다음은 당사가 시설확장을 위하여 정부보조금을 수령한 자료이다. 다음의 사례에 대한 회계처리를 하시오.

[1] 정부보조금 30,000,000원을 보통예입하다.

[2] 기계장치를 구입하고 50,000,000원을 보통예금에서 인출하다.

[3] 기계장치에 대해 감가상각을 하다(정액법, 내용연수 5년, 잔존가치는 없음).

재무상태표	기계장치	50,000,000	
	(감가상각누계액)	10,000,000	
	(정부보조금)	24,000,000	16,000,000

[4] 위 기계장치를 35,000,000원에 매각하다.

정답

[1] (차) 보통예금   30,000,000   (대) 정부보조금   30,000,000
                                    (보통예금차감)

[2] (차) 기계장치   50,000,000   (대) 보통예금   50,000,000
      정부보조금   30,000,000   정부보조금   30,000,000
      (보통예금차감)   (기계장치차감)

[3] (차) 감가상각비   10,000,000   (대) 감가상각누계액   10,000,000
      정부보조금   6,000,000   감가상각비   6,000,000
      (기계장치차감)   (정부보조금 감가상각비 차감)
      $10,000,000 \times 30,000,000 \div 50,000,000 = 6,000,000$

[4] (차) 현금   35,000,000   (대) 기계장치   50,000,000
      감가상각누계액   10,000,000   유형자산처분이익   19,000,000
      정부보조금   24,000,000
      (기계장치차감)

07 유형자산의 손상차손

외부정보	• 시장가치의 중요한 하락 • 기업에 불리한 영향을 미치는 중요한 변화의 발생(예상) • 시장이자율의 상승 • 순자산 장부금액 > 시가총액
내부정보	• 진부화와 물리적 손상 • 기업에 불리한 영향을 미치는 중요한 변화의 발생(예상) • 경제적 성과가 기대에 미달

1) 손상차손 회계처리

손상차손 = 장부금액 − 회수가능액*

* 회수가능액 : 유형자산의 사용 및 처분으로부터 기대되는 미래의 현금흐름총액의 추정액, max(순공정가치, 사용가치)

① 순매각가액(= 순공정가치) : 합리적인 판단력과 거래의사가 있는 제3자와의 독립적인 거래에서 매매되는 경우의 예상처분가액에서 예상처분비용을 차감한 금액
② 사용가치 : 해당 자산 또는 자산그룹의 사용으로부터 예상되는 미래현금흐름의 현재가치

(차) 유형자산손상차손(영업외비용) ××× (대) 손상차손누계액(자산의 감소) ×××

재무상태표

유형자산	×××
감가상각누계액	(×××)
유형자산손상차손누계액	(×××)
	×××

2) 시세회복된 경우

회수가능액이 회복되어 손상차손이 환입되는 경우에는 회복액을 유형자산손상차손환입의 과목으로 하여 당기손익에 반영한다. 손상차손환입으로 증가된 유형자산의 장부금액은 과거에 손상차손을 인식하기 전 장부금액의 감가상각 후 잔액을 초과할 수 없다. 초과하여 인식하게 되면 자산 재평가에 해당된다.

유형자산손상차손환입 = min(손상 전 장부금액의 감가상각 후 잔액, 회수가능액) − 유형자산의 장부금액*

* 손상시점의 회수가능액을 기준으로 감가상각한 금액

(차) 손상차손누계액(자산의 증가) ××× (대) 유형자산손상차손환입(영업외수익) ×××

사례 3

20×1년(3년째) 말 (주)박문각은 보유 중인 기계장치의 회수가능액을 200,000원으로 추정하였다. 장부가액과 회수가능액의 차이는 중요한 금액이다. 20×1년(3년째) 초 기계장치는 취득원가 1,000,000원, 잔존가액 100,000원, 내용연수 5년, 감가상각누계액 360,000원, 정액법으로 상각했다.

[요구사항] 20×1년(3년째) 말 기계장치에 대한 회계처리와 20×2년(4년째)에 회수가능액이 400,000원으로 증가한 경우의 회계처리를 하시오.

정답

[1] 20×1년(3년째) 말 먼저 감가상각을 하고 이후 손상차손을 인식한다.
(차) 감가상각비   180,000*   (대) 감가상각누계액   180,000
* $(1,000,000 - 100,000) \times \frac{1}{5} = 180,000$

(차) 기계장치손상차손   260,000*   (대) 기계장치손상차손누계액   260,000
* 장부가액(460,000)과 회수가능액(200,000)의 차이이며, 장부가액은 현재 감가상각누계액 360,000원과 20×1년(3년째)말 180,000원을 합한 금액을 취득원가에서 뺀 나머지 금액을 말한다.

[2] 20×2년(4년째) 말 손상된 유형자산을 감가상각한 후 손상차손환입한다.
(차) 감가상각비   100,000*   (대) 감가상각누계액   100,000
* 새로운 장부가액 200,000과 잔존내용연수(2년)으로 계산한 금액
$200,000 \times \frac{1}{2} = 100,000$

(차) 기계장치손상차손누계액   180,000*   (대) 기계장치손상차손환입   180,000
* 회수가능액이 400,000으로 증가되었으므로 손상처리 않았을 경우의 장부가액(1,000,000 - 720,000) = 280,000과 손상처리된 이후 장부가액 100,000원(200,000 - 100,000)을 한도 내에서 환입한다.
환입액 = 280,000 - 100,000 = 180,000

08 취득시점 이후의 측정

인식시점 이후에는 원가모형이나 재평가모형 중 하나를 회계정책으로 선택하여 유형자산 분류로 동일하게 적용한다.

1) 원가모형

최초 인식 후에 유형자산은 원가에서 감가상각누계액과 손상차손누계액을 차감한 금액을 장부금액으로 한다.

2) 재평가모형

① 공정가치를 신뢰성 있게 측정 가능한 경우 장부금액(재평가일의 공정가치 - 감가상각누계액 - 손상차손누계액 = 재평가금액)으로 한다.

② 설비장치와 기계장치의 공정가치는 감정가액으로 평가한다.

③ **장부가액이 재평가로 증가한 경우**

(차) 토지(자산의 증가)	10,000,000	(대) 재평가잉여금	10,000,000
		(자본의 증가 – 기타포괄손익누계액)	

④ 이전에 재평가손실(당기손익, 영업외비용)로 인식한 후 장부가액이 재평가로 증가한 경우 당기에 재평가이익(당기손익, 영업외수익)으로 인식한다.

(차) 토지(자산의 증가)	10,000,000	(대) 재평가이익(영업외수익)	10,000,000

⑤ 장부가액이 재평가로 감소한 경우 재평가손실(당기손익, 영업외비용)로 인식한다.

(차) 재평가손실(영업외비용)	10,000,000	(대) 토지(자산의 증가)	10,000,000

⑥ 이전에 재평가잉여금(자본, 기타포괄손익누계액)이 있다면 우선 차감한다.

09 유형자산의 처분

유형자산을 처분하거나 영구적으로 폐기하여 미래 경제적 효익을 기대할 수 없게 될 때 재무상태표에서 제거한다.

> ■ **처분 회계**
> - 유형자산처분이익 = 처분금액 > 장부금액
> - 유형자산처분손실 = 처분금액 < 장부금액

(차)	현금(처분가격)	×××	(대)	유형자산(취득원가)	×××
	감가상각누계액	×××		유형자산처분이익	×××

10 차입원가의 자본화(일반기업회계기준서 제18장)

차입원가자본화의 목적은 자산의 제조, 매입, 건설 또는 개발과 관련하여 발생한 차입원가의 회계처리와 필요한 사항을 정하는 데 있다.

1) 차입원가 대상

> ① 장·단기차입금과 사채에 대한 이자
> ② 사채발행차금상각(환입)액
> ③ 채권·채무의 현재가치평가 및 채권·채무조정에 따른 현재가치할인차금 상각액

④ 외화차입금과 관련되는 외환차이 중 차입원가의 조정으로 볼 수 있는 부분, 즉 Ⓐ가 Ⓑ를 초과하지 않는 범위까지의 금액
  Ⓐ (해당 외화차입금에 대한 차입원가 + 외환차이 가감한 금액)
  Ⓑ (원화차입금에 대한 이자율 또는 원화차입금의 가중평균이자율을 적용하여 계산한 차입원가)
⑤ 리스이용자의 금융리스관련 원가
⑥ 차입금 등에 이자율변동 현금흐름위험회피회계가 적용되는 경우 위험회피수단의 평가손익과 거래손익
⑦ 차입과 직접 관련하여 발생한 수수료
⑧ 기타 이와 유사한 금융원가

2) 차입원가 자본화에 대한 인식

① 원칙은 차입원가(금융비용)는 기간비용(= 이자비용)으로 처리한다.
② 다만, 적격자산 취득자금에 차입금에 대한 금융비용 발생 시에 취득원가에 포함한다.

> ■ 적격자산
> 자본화대상자산의 취득을 위한 자금(= 유형, 무형, 투자부동산, 제조, 매입, 건설, 개발이 개시된 날로부터 의도된 용도로 사용하거나 판매할 수 있는 상태가 될 때까지 1년 이상의 기간이 소요되는 재고자산)을 말한다.

③ 차입원가의 회계처리방법은 모든 적격자산에 대하여 매기 계속하여 적용하고, 정당한 사유 없이 변경하지 아니한다.

3) 자본화할 수 있는 차입원가의 산정

① 특정차입금 차입원가

> 자본화할 금융비용 = [특정차입금으로부터 발생한 금융비용 × (자본화대상기간 ÷ 차입기간)
>   − 일시적 운용에서 발생한 수익]

② 일반차입금 차입원가
자본화이자율 산정에 포함된 차입금으로부터 회계기간 동안 발생한 차입원가를 한도로 하여 자본화한다. 이 경우 자금의 일시적 운용에서 생긴 수익은 차감하지 아니한다.

> min(Ⓐ, Ⓑ)
> Ⓐ (대상자산에 대한 가중평균지출액 − (특정차입금의 평균차입액 − 동 자금의 일시투자에 사용된 금액) × 자본화이자율
> Ⓑ 일반차입금에 대한 금융비용

4) 자본화기간

① 자본화 개시시점

> ㉠ 적격자산(= 자본화대상자산)에 대한 지출이 있어야 한다.
> ㉡ 차입원가(= 금융비용)가 발생하여야 한다.
> ㉢ 적격자산(= 자본화대상자산)을 의도된 용도로 사용하거나 판매하기 위한 취득활동이 진행 중이라는 조건이 모두 충족되는 시점으로 한다. 여기에는 물리적인 제작뿐만 아니라 그 이전 단계에서 이루어진 행정, 기술상의 활동도 포함한다(예 설계활동, 각종 인허가를 얻기 위한 활동 등).

② 자본화 종료시점 : 적격자산의 취득이 완료되어 당해 자산을 의도된 용도로 사용할 수 있거나 판매가 가능한 시점이다.

③ 자본화 중단기간 : 자본화대상자산을 의도된 용도로 사용하거나 판매하기 위한 취득활동이 중단된 경우 그 기간 동안에는 금융비용의 자본화를 중단하며 해당 금융비용은 기간비용으로 인식한다. 그러나 제조 등에 필요한 일시적 중단이나 자산취득 과정상 본질적으로 불가피하게 일어난 중단의 경우에는 금융비용의 자본화를 중단하지 않는다.

☑ 이론문제 │ **비유동자산 – 유형자산 회계처리**

01 다음 유형자산에 대한 취득원가를 결정하는 설명 중 잘못된 부분을 찾아 (   ) 안에 바르게 고쳐 쓰시오.

(1) 건물을 신축하기 위하여 사용 중인 기존건물을 취득하는 경우 그 건물의 장부가액은 처분손실로 반영하고, 철거비용은 전액 신건물의 취득원가에 산입한다.
(   )

(2) 유형자산을 장기후불조건으로 구입하거나, 대금지급기간이 일반적인 신용기간보다 긴 경우 취득원가는 취득시점의 공정가액으로 한다. (   )

(3) 시운전이나 본격적인 가동준비를 위한 지출이라도 유형자산을 사용가능한 상태로 만드는 과정과 직접 관련이 없다면 취득원가에 포함한다. (   )

(4) 자산의 취득, 건설, 개발에 따른 복구비용에 대한 충당부채는 유형자산을 취득하는 시점에서 해당 유형자산의 취득원가에 반영하지 않고 당기비용으로 처리한다. (   )

(5) 국고보조 등에 의해 유형자산을 무상 또는 공정가액보다 낮은 대가로 취득한 경우 그 유형자산의 취득원가는 생산 또는 완료시점의 공정가액으로 한다. (   )

(6) 현물출자로 받은 자산은 출자에 대하여 교부한 지분증권의 발행가액으로 기재한다. (   )

(7) 증여 기타 무상으로 취득한 자산의 가액은 취득가액으로 한다. (   )

(8) 유형자산의 취득과 관련하여 국·공채를 불가피하게 매입하는 경우 국·공채의 매입가격은 액면가액으로 하며 현재가치평가액의 차액을 당해 유형자산의 취득원가에 산입한다. (   )

(9) 지상 건물이 있는 토지를 구입하여 구건물을 계속 사용할 경우에는 일괄구입가격을 토지와 건물의 취득가액에 따라 각각 안분한다.
(   )

(10) 유형자산을 장기후불조건으로 구입한 경우 취득원가는 취득시점의 현금구입가격으로 한다. 현금구입가격과 실제총지급액과의 차액은 만기까지의 기간에 걸쳐 취득원가에 포함한다. (   )

02 20×1년 1월 1일 다음 아래와 같이 기계장치를 구입하여 사용하고 20×2년 12월 31일 10,000,000원에 처분하였다. 유형자산처분손익은 얼마인가?

> (1) 취득원가 20,000,000원, 내용연수 5년, 잔존가액은 없다고 가정한다.
> (2) 감가상각은 정액법으로 한다. 단, 상환의무가 없는 국고보조금 4,000,000원을 수령하여 기계장치를 구입하였다.

① 유형자산처분손실 300,000원
② 유형자산처분손실 400,000원
③ 유형자산처분이익 300,000원
④ 유형자산처분이익 400,000원

03 차입원가(= 금융비용) 자본화에 대한 일반기업회계기준에 관한 내용과 일치하지 않는 것을 모두 고르시오.

> ① 단기간 대량, 반복적으로 생산되거나 경상적으로 제조되는 재고자산에 대한 금융비용은 자본화하여야 한다.
> ② 적격자산(= 금융비용 자본화대상 자산)은 취득에 1년 이상 소요되는 재고자산과 유형자산, 무형자산 및 투자자산을 말한다.
> ③ 차입금에 대한 연체이자도 이자비용이므로 자본화대상 금융비용에 포함한다.
> ④ 이미 수익창출활동에 공헌하고 있는 사용 중인 자산에 관련된 금융비용도 자본화대상이 된다.
> ⑤ 일반차입금의 자본화이자율은 특정차입금의 이자율과 일치시키기 위하여 특정차입금 이자율로 자본화할 금융비용을 산정한다.
> ⑥ 자본화대상 금융비용에는 사채발행차금상각(환입)액, 현재가치할인차금상각액, 외화차입금에 대한 외환차손(익), 외화환산차손(차익)이 포함된다.
> ⑦ 일반차입금 범위 내에서 자본화할 금융비용은 일반차입금에서 발생한 금융비용에서 일시투자수익을 차감한 금액으로 한다.
> ⑧ 금융비용은 기간비용으로 처리함을 원칙으로 하나, 자본화대상자산의 취득을 위한 금융비용은 그 금액을 객관적으로 측정할 수 있는 경우에 해당 자산의 취득원가에 산입할 수 있다.
> ⑨ 자본화할 금융비용은 그 대상자산을 위하여 자금을 지출하지 아니하였다면 회피할 수 있었던 금융비용을 의미한다.
> ⑩ 자본화대상자산은 취득이 개시된 날로부터 사용 또는 판매가 가능한 상태가 될 때까지 1년 이상의 기간이 소요되는 재고자산과 유형자산, 무형자산 및 투자자산이다.

※ [04~09] 다음 자료를 보고 물음에 답하시오.

12월 31일이 결산일인 (주)박문각은 보유하고 있던 토지에 본사건물을 신축하기 위하여 20×2년 1월 1일 (주)베스트와 도급계약을 체결하였다. 본사건물은 20×3년 12월 31일이 준공예정일이며 (주)박문각은 본사건물의 신축과 관련하여 다음과 같이 지출하였다.

1월 1일 (계약금)	4월 1일 (중도금)	9월 30일 (잔금)
460,000원	700,000원	680,000원

(주)박문각의 20×2년도 중 차입금 현황은 다음과 같다.

차입금	차입일	차입금액	상환일	연 이자율	이자지 급조건
A	20×2. 1.1.	600,000원	20×4. 12.31.	12%	복리/ 만기 지급
B	20×1. 1.1.	1,000,000원	20×3. 12.31.	10%	단리/ 매년 말 지급
C	20×1. 1.1.	1,000,000원	20×4. 12.31.	12%	단리/ 매년 말 지급

이들 차입금 중 차입금 A는 본사건물의 신축을 위하여 개별적으로 차입되었으며, 이 중 200,000원은 20×2년 1월 1일부터 20×2년 6월 30일까지 연 10%(단리)의 이자지급조건의 정기예금에 예치하였다. 차입금 B와 C는 일반적으로 차입한 것이다.

04 (주)박문각의 본 건물의 신축과 관련하여 차입금 중 특정차입금에 대한 자본화금융비용은 얼마인가?

① 61,000원 ② 62,000원
③ 63,000원 ④ 64,000원

05 (주)박문각의 본 건물의 신축과 관련하여 차입금 중 일반차입금에 대한 연평균지출액은 얼마인가?

① 970,000원 ② 980,000원
③ 990,000원 ④ 1,000,000원

06 (주)박문각의 본 건물의 신축과 관련하여 차입금 중 특정차입금에 대한 연평균차입금액은 얼마인가?

① 400,000원 ② 450,000원
③ 500,000원 ④ 550,000원

07 (주)박문각의 본 건물의 신축과 관련하여 차입금 중 일반차입금에 대한 자본화이자율은 얼마인가?

① 11% ② 12%
③ 13% ④ 14%

08 (주)박문각의 본 건물의 신축과 관련하여 일반차입금에 대한 자본화금융비용은 얼마인가?

① 52,800원 ② 53,800원
③ 54,800원 ④ 55,800원

09 (주)박문각의 본 건물의 신축과 관련하여 자본화할 수 있는 금융비용은 얼마인가?

① 111,800원 ② 112,800원
③ 113,800원 ④ 114,800원

10 20×1년 1월 1일에 다음 조건의 유형자산을 취득하였다. 20×1년 말에 동 유형자산의 회수가능가액을 7,000,000원으로 확인하고 손상차손을 인식하였으나 20×2년 말에 회수가능가액이 12,000,000원으로 상승하였다고 가정할 경우 동 유형자산과 관련하여 20×2년도에 인식될 손익항목의 금액에 대한 회계처리는? (단, 유형자산의 잔존가치는 불변이며, 결산일은 12월 31일이다.)

> • 취득원가 : 14,000,000원
> • 내용연수 : 6년
> • 잔존가치 : 2,000,000원
> • 감가상각방법 : 정액법

① (차) 감가상각비　　　　　1,000,000원
　　　 손상차손누계액　　　4,000,000원
　 (대) 감가상각누계액　　　1,000,000원
　　　 손상차손환입　　　　4,000,000원

② (차) 감가상각비　　　　　2,000,000원
　　　 손상차손누계액　　　4,000,000원
　 (대) 감가상각누계액　　　2,000,000원
　　　 손상차손환입　　　　4,000,000원

③ (차) 감가상각비　　　　　1,000,000원
　　　 손상차손누계액　　　2,000,000원
　 (대) 감가상각누계액　　　1,000,000원
　　　 손상차손환입　　　　2,000,000원

④ (차) 감가상각비　　　　　1,200,000원
　　　 손상차손누계액　　　4,000,000원
　 (대) 감가상각누계액　　　1,200,000원
　　　 손상차손환입　　　　4,000,000원

11 당사는 사옥을 신축하기 위하여 ㈜백두로부터 건물과 토지를 함께 400,000,000원에 매입하였다. 장부가액은 토지와 건물 각각 200,000,000원이다. 당사는 매입 즉시 6,550,000원을 들여 건물을 철거하고 사옥 신축공사를 시작하였다. 건물 철거 시 나온 골조는 1,000,000원에 매각하였다. 토지의 취득원가는 얼마인가?

① 200,000,000원　② 400,000,000원
③ 406,550,000원　④ 205,550,000원

12 ㈜박문각이 전기 7월 1일에 구입한 기계장치의 감가상각비(정률법상각)에 대한 내용은 다음과 같다. 기계장치의 취득가액은 얼마인가?

> • 회계연도 : 1월 1일부터 12월 31일까지
> • 기계장치 취득가액 : ＿＿?＿＿ 원
> • 내용연수 : 10년
> • 정률법에 의한 상각률 : 0.2
> • 당기 감가상각비 : 1,800,000원
> • 당기말 감가상각누계액 : 2,800,000원
> • 취득 후 월할계산방식에 따라 감가상각비를 계상하였다.

① 9,000,000원　② 10,000,000원
③ 14,000,000원　④ 20,000,000원

이론문제 정답 및 해설

01
(1) 철거비용 역시 유형자산처분손실로 포함하여 처리한다.
(2) 취득원가는 취득시점의 현금구입가격
(3) 취득원가에 포함하지 않는다.
(4) 취득원가에 반영한다.
(5) 취득시점의 공정가액으로 한다.
(6) 교부한 지분증권의 공정가액
(7) 공정가액
(8) 국·공채의 매입가격은 공정가액
(9) 공정가액
(10) 현금구입가격과 실제총지급액과의 차액은 만기까지의 기간에 걸쳐 이자비용으로 인식한다.

02 ④ (1) 취득원가 20,000,000원에서 상환의무가 없는 국고보조금 4,000,000원은 차감한 후 정액법[(20,000,000원 - 4,000,000원 - 0원) ÷ 5년 = 3,200,000원]으로 상각한다.
(2) 20×2년 기계장치의 장부가액[16,000,000 - (3,200,000 × 2년) = 9,600,000원]과 매각금액 10,000,000원을 비교하면 유형자산처분이익 400,000원이 발생한다.

03 ①, ③, ④, ⑤, ⑦

> ① 단기간 대량, 반복적으로 생산되거나 경상적으로 제조되는 재고자산에 대한 금융비용은 당기비용으로 처리한다.
> ③ 차입금에 대한 연체이자는 자본화대상 금융비용에 포함하지 않는다.
> ④ 자본화대상이 아니다.
> ⑤ 일반차입금의 자본화이자율은 가중평균하여 산정한다.
> ⑦ 일반차입금에서 발생한 금융비용에서 일시투자수익을 차감하지 않는다.

04 ② 자본화금융비용 : (600,000원 × 12%) - (200,000원 × 10% × 6/12) = 62,000원

05 ② 연평균지출액 : 460,000원 + (700,000 × 6/12) + (680,000 × 3/12) = 980,000원

06 ③ 연평균차입금 : 600,000원 - (200,000원 × 6/12) = 500,000원

07 ① 자본화이자율 : 220,000원 ÷ 2,000,000원 = 11%

08 ① 자본화금융비용 : (연평균지출액 980,000원 - 연평균차입금 500,000원) × 자본화이자율 11% = 52,800원

09 ④ 자본화할 금융비용 : 특정차입금에 대한 자본화금융비용(62,000원) + 일반차입금에 대한 자본화금융비용(52,800원) = 114,800원

10 ① (1) 20×1년 12월 31일 회수가능가액(감액 후 장부가액)은 7,000,000원이며 감가상각비와 손상차손에 대한 회계처리는 다음과 같다.
※ (14,000,000원 - 2,000,000원) ÷ 6년 = 2,000,000원이며, 회수가능가액에서 감가상각비를 차감한 금액이 손상차손금액이 된다.
(차) 감가상각비 2,000,000원
유형자산손상차손 5,000,000원
(대) 감가상각누계액 2,000,000원
손상차손누계액 5,000,000원
(2) 20×2년 12월 31일 감액 후 감가상각비와 환입 전 장부가액은 다음과 같다.
(7,000,000원 - 2,000,000원) ÷ 5년 = 1,000,000원이 계상되므로 이를 7,000,000원에서 차감하면 6,000,000원이 환입 전 장부가액이다. 그리고

감액하지 않았을 경우의 장부가액은 10,000,000원(14,000,000원 - 4,000,000원), 2년의 감가상각비가 된다. 따라서 손상차손을 계상한 이후 상승된 금액이 장부가액을 초과한 경우에는 그 자산이 감액되기 전 장부가액의 감가상각후 잔액 10,000,000원을 한도로 4,000,000원을 손상차손환입한다.

(차) 감가상각비   1,000,000원
      손상차손누계액   4,000,000원
(대) 감가상각누계액   1,000,000원
      유형자산손상차손환입 4,000,000원

11 ④ 토지의 취득원가 205,550,000원 = 토지의 구입가격 200,000,000원 + 기존건물철거비 6,550,000원 - 건물철거골조비 1,000,000원이다.

12 ② 1) 취득가액 = A
2) (취득가액 - 전기말감가상각누계액) × 상각률 = 당기 감가상각비
[A - (2,800,000원 - 1,800,000원)] × 0.2 = 1,800,000원
0.2A - 200,000원 = 1,800,000원
0.2A = 2,000,000원
∴ A = 10,000,000원

제8절 비유동자산 – 무형, 기타비유동자산 회계처리

01 무형자산의 정의

무형자산은 재화의 생산이나 용역의 제공, 타인에 대한 임대 또는 관리에 장기간 사용할 목적으로 기업이 보유하고 있는 물리적 형체가 없지만 식별 가능하고 기업이 통제하고 있으며 미래 경제적 효익이 있는 비화폐성자산을 말한다.

02 무형자산의 인식요건

1) 식별가능성

별도의 자산 속성을 말한다. 무형자산이 식별 가능하기 위해서는 법적인 권리이거나 별도로 분리가 가능하여야 한다(다른 자산과 분리하여 임대, 매각, 교환, 분배할 수 있는 것을 말함).

2) 통제가능성

제3자의 접근을 제한할 수 있는 배타적인 권리에 대한 소유여부를 의미한다. 예를 들면 시장에 대한 지식(기술적 지식)은 법적 권리로 보호되고 효익이 발생가능하다면 통제하고 있는 것으로 본다. 단, 다음의 경우에는 무형자산으로 인식하지 않을 수 있다.

① 숙련된 종업원, 종업원의 기술은 효익이 발생 가능하지만, 통제가 어려우므로 무형자산의 정의를 충족하지 못하는 것으로 본다.

② 특정인의 경영능력, 기술적 재능은 효익 확보가 법에 의해 보호되지 않는 한 무형자산 정의를 충족하지 못하는 것으로 본다.

③ 고정고객·시장점유율, 고객과의 관계·고객의 충성도는 고객과의 관계를 지속시킬 수 있는 법적 권리가 존재하지 않는다면 무형자산의 정의를 충족하지 못하는 것으로 본다.

3) 미래 경제적 효익

재화의 매출, 용역수익, 원가절감 또는 기타 효익의 형태로 발생되며 미래 순현금의 유입으로 나타난다.

03 무형자산의 종류

1) 영업권

외부에서 유상 취득한 영업권만을 무형자산으로 인정하고 내부적으로 창출한 영업권은 인정하지 않는다.

2) 산업재산권

특허권, 실용신안권, 의장권, 상표권을 말하며 산업재산권침해방지를 위한 소송비용은 자본적 지출로 보며, 만약 소송에서 패소하는 경우에는 소송비용을 당기 비용으로 처리한다.

3) 개발비

신제품 · 신기술의 개발과 관련하여 발생한 비용 중 미래 경제적 효익이 기업에 유입될 가능성이 높으며, 취득원가를 신뢰성 있게 측정 가능한 것을 말한다.

구분	연구단계	개발단계
분류	① 새로운 지식을 얻고자 하는 활동 ② 연구결과나 기타 지식을 탐색, 평가, 최종 선택, 응용하는 활동 ③ 재료, 장치, 제품, 공정, 시스템이나 용역에 대한 여러 가지 대체안을 탐색하는 활동 ④ 새롭거나 개선된 재료, 장치, 제품, 공정, 시스템이나 용역에 대한 여러 가지 대체안을 제안, 설계, 평가 최종 선택하는 활동	① 생산이나 사용 전의 시제품과 모형을 설계, 제작, 시험하는 활동 ② 새로운 기술과 관련된 공구, 기구, 주형, 금형 등을 설계하는 활동 ③ 상업적 생산목적으로 실현가능한 경제적 규모가 아닌 시험공장을 설계, 건설, 가동하는 활동 ④ 신규 또는 개선된 재료, 장치, 제품, 공정, 시스템이나 용역에 대하여 최종적으로 선정된 안을 설계, 제작, 시험하는 활동
효과	① 판매관리비의 연구비 ② 제조원가의 연구비	무형자산의 개발비
	개발 이후 자산인식 요건 미충족 시에는 "경상연구개발비"계정으로 인식한다.	

4) 컴퓨터소프트웨어

외부로부터 구입한 비용이 무형자산 요건을 충족 시에 회계처리하며 반대로 내부적으로 개발된 소프트웨어에 지출된 원가가 무형자산 요건을 충족 시에는 "개발비"로 한다.

5) 기타

라이센스와 프랜차이즈, 저작권, 임차권리금, 광업권, 어업권 등을 포함한다. 다만 이들 항목이 중요한 경우에는 개별 표시한다.

◢04 무형자산의 취득원가 결정

> 취득원가 = 매입금액 + 직접부대비용 – 매입할인

■ 무형자산 취득 시 취득원가에 포함해야 할 비용

- 무형자산 창출에 직접 종사한 인원에 대한 급여, 상여금, 퇴직급여 등의 인건비
- 무형자산 창출에 직접 사용된 재료비, 용역비 등
- 무형자산 창출에 직접 사용된 유형자산 감가상각비와 무형자산 상각비
- 법적 권리를 등록하기 위한 수수료, 취 · 등록세 등
- 무형자산 창출에 필요하며 합리적이고 일관된 방법으로 배분할 수 있는 간접비

※ 취득원가에 포함되지 않는 것 : 판매비와 관리비, 기타 간접지출, 무형자산으로 인식되기 전 명백한 비효율로 인한 손실금액 및 초기단계의 운용손실, 무형자산을 운용하는 직원의 훈련과 관련된 지출

1) 무형자산의 취득원가

구분	내용
개별취득	• 구입가격 - 매입할인·리베이트 + 수입관세 + 환급불가능 제세금 + 의도한 목적에 사용할 수 있도록 준비하는 데 직접 관련된 원가 • 대금지급기간이 일반적인 신용기간보다 긴 경우 : 현금가격상당액
사업결합으로 인한 취득	취득일의 공정가치(피취득자의 인식여부와 무관함)
정부보조에 의한 취득	취득일의 공정가치(명목상 금액과 직접 관련된 지출의 합계금액 가능)
교환취득	• 이종자산 교환 : 자신이 제공한 자산의 공정가치 • 동종자산 교환 : 자신이 제공한 자산의 장부금액
내부창출한 영업권	자산으로 인식하지 않음(단, 외부에서 유상취득한 영업권은 자산으로 인식함)
내부창출한 무형자산	연구단계와 개발단계로 구분할 수 없는 경우는 연구단계이며 당기비용으로 인식

2) 취득 후 지출(후속 원가)

무형자산을 취득 및 완성 후 추가적인 지출은 당해 지출의 성격에 따라 자본적 지출과 수익적 지출로 구분하여 자본적 지출은 자산에 포함하고 수익적 지출은 발생한 기간에 비용으로 처리한다.

◢ 05 무형자산 감가상각

유형자산의 감가상각과 동일한 개념으로 무형자산의 취득원가를 내용연수 동안 비용화하는 원가배분의 과정을 무형자산의 상각이라고 한다.

1) 무형자산의 상각

독점적·배타적인 권리를 부여하고 있는 관계법령이나 계약, 정해진 경우를 제외하고는 사용가능한 시점부터 20년을 초과할 수 없다. 내용연수는 경제적 요인과 법적인 요인의 영향을 받으며 무형자산의 내용연수는 이러한 요인의 의해 결정된 기간 중 짧은 기간으로 한다.

2) 잔존가치

무형자산의 잔존가치는 없는 것이 원칙이다.

3) 상각방법

무형자산의 상각방법은 합리적이고 체계적인 방법을 사용하여야 한다. 일반기업회계기준에서는 감가상각방법으로 정액법, 정률법, 연수합계법, 생산량비례법 등이 있으나 합리적인 상각방법을 정할 수 없는 경우에는 정액법을 사용한다. 다만 영업권의 경우 정액법만 허용된다.

4) 상각기간과 상각방법, 잔존가치의 변경

상각기간과 상각방법 및 잔존가치의 변경이 가능하며 회계추정의 변경으로 회계처리 가능하다.

5) 상각비 회계처리

무형자산의 상각이 다른 자산의 제조와 관련된 경우에는 관련 자산의 제조원가로, 그 밖의 경우에는 판매비와 관리비로 인식한다. 무형자산을 상각할 때에는 일반적으로 기업 실무에서는 직접 차감법을 많이 사용한다.

(차) 무형자산상각비(비용의 발생) ×××	(대) 무형자산(자산의 감소)	×××

06 무형자산 손상차손

1) 매 보고기간 말마다 자산손상을 시사하는 징후가 있는지를 검토하여 징후가 있다면 당해 자산의 회수가능액을 추정한다.

2) 아직 사용가능하지 않은 무형자산은 최소한 매 보고기간 말에 회수가능액을 반드시 추정하여야 한다.

3) 사용을 중지하고 처분을 위해 보유하는 자산은 사용을 중지한 시점부터 상각을 중지하고 장부금액으로 유지하며 매 보고기간 말에 회수가능액을 평가하고 손상차손을 인식한다.

4) 자산의 진부화 및 시장가치의 급격한 하락 등으로 인하여 자산의 회수가능액이 장부금액에 중요하게 미달하게 되는 경우에는 장부금액을 회수가능액으로 조정하고 그 차액을 손상차손으로 처리한다.

5) 차기 이후에 감액된 자산의 회수가능가액(= 자산의 순매각액과 사용가치 중 큰 금액)이 장부가액을 초과하는 경우에는 그 자산이 감액되기 전의 장부가액의 감가상각 후 잔액을 한도로 하여 그 초과액을 손상차손환입으로 처리한다.

07 기타비유동자산

투자자산, 유형자산, 무형자산에 속하지 않는 비유동자산으로서 투자수익이 없고 다른 자산으로 분류하기 어려운 자산을 말한다.

1) 이연법인세자산

차감할 일시적 차이 등으로 인하여 미래에 경감될 법인세부담액으로서 유동자산으로 분류되는 이연법인세자산을 제외한 부분을 말한다.

2) 보증금

전세권, 회원권, 임차보증금 및 영업보증금을 말한다.

3) 장기성매출채권

유동자산에 속하지 아니하는 일반적 상거래에서 발생한 장기의 매출채권을 말한다.

4) 장기선급비용, 장기선급금, 장기미수금 등을 포함한다.

이론문제 | 비유동자산 - 무형, 기타비유동자산 회계처리

01 다음 중 무형자산에 관한 설명으로 적절하지 않은 것을 모두 고르면?

(1) 무형자산은 해당 자산으로부터 발생하는 미래의 경제적 효익이 기업에 유입될 가능성이 매우 높고 자산의 취득원가를 신뢰성 있게 측정할 수 있을 때 인식한다.

(2) 프로젝트의 연구단계에서 발생한 지출도 무형자산으로서 인식한다.

(3) 내부적으로 창출된 브랜드, 고객목록 및 이와 유사한 항목에 대한 지출은 무형자산으로 인식하지 않는다.

(4) 생산 전 또는 사용 전의 시작품과 모형을 설계, 제작 및 시험하는 활동은 개발단계로 분류한다.

(5) 무형자산에 대한 지출로서 과거 회계연도의 재무제표나 중간재무제표에서 비용으로 인식한 지출은 그 후의 기간에 무형자산의 취득원가로 인식할 수 있다.

(6) 물리적인 형태를 취하고 있지 않지만 법률상 또는 경제적 권리로서 미래의 경제적 효익이 객관적으로 추정가능한 자산이다.

(7) 무형자산은 다른 자산보다 불확실성이 높고 다양한 방법으로 상각할 수 있으며 다만 합리적인 상각방법을 정할 수 없는 경우에는 정액법을 사용한다.

(8) 부의 영업권은 그 발생원인에 따라 회계처리가 다르며 개발비가 자산성을 상실하는 경우 개발비잔액을 개발비손상차손으로 인식한다.

(9) 부의 영업권은 영업권에서 차감하는 형식으로 기재하되, 영업권의 잔액이 없을 경우에는 무형자산의 차감계정으로 표시한다.

(10) 무형자산의 회수가능성이 장부가액에 중요하게 미달되는 경우에는 장부가액을 회수가능가액으로 조정하고, 그 차액을 손상차손으로 처리하고 회수가능가액이 회복되면 감액되기 전 장부가액의 상각 후 잔액을 한도로 하여 손상차손을 환입한다.

(11) 무형자산은 당해 자산의 법률적 취득시점부터 합리적 기간 동안 상각한다.

02 다음 중 무형자산에 대한 설명으로 틀린 것은?

① 무형자산을 창출하기 위한 내부 프로젝트를 연구단계와 개발단계로 구분할 수 없는 경우에는 그 프로젝트에서 발생한 지출은 모두 연구단계에서 발생한 것으로 본다.

② 무형자산의 공정가치가 증가하면 그 공정가치를 반영하여 상각한다.

③ 합리적인 상각방법을 정할 수 없는 경우에는 정액법을 사용한다.

④ 무형자산의 잔존가치는 없는 것을 원칙으로 한다.

03 다음 중 무형자산에 대한 설명으로 옳은 것은?

① 무형자산의 상각대상금액을 내용연수 동안 합리적으로 배분하기 위해 다양한 방법을 사용할 수 있다.

② 무형자산이 법적 권리인 경우 법적 권리기간이 경제적 내용연수보다 긴 기간이면 법적 권리기간 동안 상각한다.

③ 내부적으로 창출된 영업권의 경우 그 금액을 합리적으로 추정할 수 있는 경우에는 무형자산으로 인식할 수 있다.

④ 연구단계에서 발생한 지출은 모두 발생 즉시 비용으로 인식하며, 개발단계에서 발생한 지출은 모두 무형자산으로 인식한다.

04 다음 중 일반기업회계기준상 무형자산에 관한 설명으로 옳지 않은 것은?

① 무형자산의 상각기간은 독점적·배타적인 권리를 부여하고 있는 관계 법령이나 계약에 정해진 경우를 제외하고는 20년을 초과할 수 없다.

② 무형자산의 잔존가치는 취득가액의 5%를 원칙으로 한다.

③ 무형자산의 상각은 자산이 사용가능한 때부터 시작한다.

④ 무형자산의 공정가치 또는 회수가능액이 증가하더라도 상각은 원가에 기초한다.

📌 이론문제 정답 및 해설

01 (2), (4), (5), (6), (9), (11)

(2) 항상 발생한 기간의 비용으로 처리한다.

(4) 연구단계로 분류한다.

(5) 무형자산의 취득원가로 인식할 수 없다.

(6) 영업권, 개발비 등은 법률상 또는 경제적 권리가 존재하지 않는다.

(9) 부의 영업권은 무형자산에서 차감하는 형식으로 표시한다.

(11) 무형자산은 당해 자산의 사용가능 시점부터 상각한다.

02 ② 무형자산의 공정가치가 증가하더라도 상각은 취득원가에 기초한다.

03 ① 무형자산의 상각대상금액을 내용연수 동안 합리적으로 배분하기 위해 다양한 방법을 사용할 수 있다. 이러한 상각방법에

는 정액법, 체감잔액법(정률법 등), 연수합계법, 생산량비례법 등이 있다. 다만, 합리적인 상각방법을 정할 수 없는 경우에는 정액법을 사용한다(일반기업회계기준 11.32).

② 법적 권리기간과 경제적 내용연수 중 보다 짧은 기간 동안 상각한다(일반기업회계기준 11.30).

③ 내부적으로 창출된 영업권은 무형자산으로 인식할 수 없다(일반기업회계기준 11.16).

④ 개발단계에서 발생한 지출 중 일정한 요건을 충족시키는 경우에만 무형자산으로 인식한다(일반기업회계기준 11.20).

04 ② 무형자산의 잔존가치는 없는 것을 원칙으로 한다.

제9절 부채 – 유동부채와 비유동부채 회계처리

01 유동부채

1) 부채란 특정기업이 과거의 거래나 사건의 결과로 인해, 현재 기업실체가 부담하고 그 이행에 자원의 유출이 예상되는 의무이다.
2) 기업회계기준에서는 매입채무, 미지급비용 등 영업활동과 관련된 부채는 1년 기준과 정상영업 순환주기기준 중·장기를 기준으로 구분하며 기타의 부채는 1년 기준으로 유동부채로 분류하도록 하고 있으며, 보고기간종료일로부터 1년을 초과하여 상환하는 것은 비유동부채로 분류한다.
3) 외상매입금, 지급어음, 부가세예수금, 미지급금, 선수금, 선수수익, 예수금, 미지급비용, 유동성 장기부채, 가수금 등이 있다.

02 비유동부채 중 차입부채 – 사채, 전환사채 등

이사회의 결의에 의하여 일반 대중으로부터 장기자금을 조달하기 위하여 회사가 발행한 확정채무 임을 표시하는 유가증권을 사채라 한다.

1) 사채의 발행방법 및 회계처리

사채의 발행금액은 다음과 같이 계산한다.
- 사채액면금액의 현재가치 = 사채액면금액 × (유효이자율) 1원의 현재가치
- 사채이자 지급액의 현재가치 = 사채액면 × 액면이자율 × (유효이자율) 원금 1원의 현재가치
- 사채의 발행금액 = 사채액면의 현재가치 + 사채이자의 현재가치

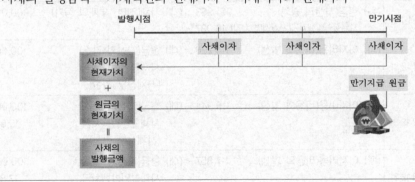

① 액면발행

거래내용	차변	대변
액면이자율 10% = 시장이자율 10%, 액면가액 = 발행가액		
사채 액면 100,000원을 발행하고 대금은 현금으로 받다.	현금 100,000 (자산의 증가)	사채 100,000(액면) (비유동부채의 증가)

② 할인발행

- 사채액면이자율 < 시장이자율(유효이자율)인 경우와 액면가액 > 발행가액인 경우 할인발행이라 한다.
- 사채할인발행차금(선급이자 성격)은 재무상태표 대변에 사채액면가액에서 차감형식으로 기재하고, 상각액은 사채이자에 가산한다.
  → 사채할인발행차금 상각액 = 유효이자(이자비용 표시) - 액면이자
- 이자비용(증가), 사채액면금액(불변), 상각액(증가), 장부가액(증가)

사례 4

다음은 20×1년 1월 1일 발행한 사채의 자료이다. 액면 1,000,000원, 액면이자율 10%, 유효이자율 12%, 만기는 3년, 이자는 매년 말 지급, 발행가액(=현재가치)은 951,963원이다. 이 사채발행 자료에 대한 회계처리를 하시오.

유효이자율법에 의한 상각표

일자	유효이자(12%)	액면이자(10%)	상각액	장부가액	
20×1. 1. 1.				951,963	1) 유효이자 발행(장부가액) 951,963 × 12%
20×1.12.31.	114,236[1]	100,000[2]	14,236[3]	966,199[4]	2) 액면이자 1,000,000 × 10%
20×2.12.31.	115,944	100,000	15,944	982,143	3) 상각액 114,236 - 100,000
20×3.12.31.	117,857	100,000	17,857	1,000,000	4) 장부가액 + 상각액 951,963 + 14,236

정답

20×1.1.1.	(차) 현금(자산의 증가)	951,963	(대) 사채(액면, 부채의 증가)		1,000,000
	사채할인발행차금(사채액면 차감) 48,037				
20×1.12.31.	(차) 이자비용(비용의 발생)	114,236	(대) 현금(자산의 감소)		100,000
			사채할인발행차금		14,236
			(사채장부 가산)		
20×2.12.31.	(차) 이자비용(비용의 발생)	115,944	(대) 현금(자산의 감소)		100,000
			사채할인발행차금		15,944
			(사채장부 가산)		
20×3.12.31.	(차) 이자비용(비용의 발생)	117,857	(대) 현금(자산의 감소)		100,000
			사채할인발행차금		17,857
			(사채장부 가산)		
상환 시	(차) 사채(액면, 부채의 감소)	1,000,000	(대) 현금(자산의 감소)		1,000,000

③ 할증발행

- 사채액면이자율 > 시장이자율(유효이자율)인 경우와 액면가액 < 발행가액인 경우 할증발행이라 한다.
- 사채할증발행차금(선수이자 성격)은 재무상태표 대변에 사채액면가액에서 가산형식으로 기재하고, 상각액은 사채이자에서 차감한다.
  → 사채할증발행차금 상각액 = 유효이자(이자비용 표시) − 액면이자
- 이자비용(감소), 사채액면금액(불변), 상각액(증가), 장부가액(감소)

사례 5

다음은 20×1년 1월 1일 발행한 사채의 자료이다. 액면 1,000,000원, 액면이자율 10%, 유효이자율 8%, 만기는 3년, 이자는 매년 말 지급, 발행가액(=현재가치)은 1,051,540원이다. 이 사채발행 자료에 대한 회계처리를 하시오.

유효이자율법에 의한 상각표

일자	유효이자(8%)	액면이자(10%)	상각액	장부가액
20×1. 1. 1.				1,051,540
20×1.12.31.	84,123[1]	100,000[2]	15,877[3]	1,035,663[4]
20×2.12.31.	82,853	100,000	17,147	1,018,516
20×3.12.31.	81,484	100,000	18,516	1,000,000

1) 유효이자 발행(장부가액)
   1,051,540 × 8%
2) 액면이자 100,000 × 10%
3) 상각액 84,123 − 100,000
4) 장부가액 − 상각액
   1,051,540 − 15,876

정답

20×1.1.1.	(차) 현금	1,051,540	(대) 사채	1,000,000
			사채할증발행차금	51,540
20×1.12.31.	(차) 이자비용	84,123	(대) 현금	100,000
	사채할증발행차금	15,877		
20×2.12.31.	(차) 이자비용	82,853	(대) 현금	100,000
	사채할증발행차금	17,147		
20×3.12.31.	(차) 이자비용	81,484	(대) 현금	100,000
	사채할증발행차금	18,516		
상환 시	(차) 사채	1,000,000	(대) 현금	1,000,000

④ 재무상태표에서 사채표시 방법(예시)

구분	사채의 할인발행		사채의 할증발행	
사채	1,000,000		1,000,000	
사채할인(할증)발행차금	(−) 48,037	951,963	(+) 51,540	1,051,540

2) 사채발행비

사채발행 시에 지출되는 사채발행수수료, 사채인쇄비, 사채발행 세금, 광고비 등을 말한다.

> • 사채할인발행차금에 가산하거나 사채할증발행차금에서 차감한다.
> • 이자비용 또는 이자수익으로 처리된다.
> • 사채의 발행금액에서 차감하도록 규정하고 있다.

3) 사채이자계상과 상각방법

① 사채가 발행되는 경우에 사채이자에는 사채할인(할증)발행차금의 상각액도 반영되어야 하며, 또한 매 회계연도별로 얼마의 이자비용을 인식해야 하는가의 문제가 있다.

② 사채발행차금 상각방법으로는 유효이자율법과 정액법(보수주의 입장이나, 많이 사용하지 않음)이 있지만 유효이자율법만 인정한다.

③ 사채발행 1차 연도 상각액의 크기는 할인발행과 할증발행에 관계 없이 정액법의 상각액이 유효이자율법의 상각액보다 더 크다.

4) 사채의 상환

① **일반적인 상환(만기상환)** : 사채는 만기가 도래하면 사채할인차금의 상각(환입)이 종료되고 잔액이 "0"이 된다. 즉, 사채의 장부가액이 액면가액과 정확히 일치하게 되어 액면가액으로 상환하게 된다. 그러므로 사채상환 시에 상환손익은 발생하지 않는다.

② **수시상환** : 사채의 만기가 도래하기 전에 상환하는 경우로, 사채의 장부가액과 상환금액이 달라서 사채상환손익이 발생하게 되며 손익계산서의 영업외비용(사채상환손실) 또는 영업외수익(사채상환이익)으로 계상한다. 사채상환손익은 사채발행 시의 유효이자율과 사채상환 시의 시장이자율의 관계에 따라 다음과 같이 발생한다.

상황	손익발생
발행 시 유효이자율 = 상환 시 시장이자율	사채상환손익 발생 없음
발행 시 유효이자율 > 상환 시 시장이자율	사채상환손실 발생
발행 시 유효이자율 < 상환 시 시장이자율	사채상환이익 발생

㉠ 추첨상환

㉡ **매입상환** : 중간에 상환을 하는 형태로서 사채상환 시 사채상환손익이 발생하는 형태를 말한다.

> (차) 사채(액면, 부채의 감소)   × × ×   (대) 당좌예금(상환금액)   × × ×
> 　　 사채상환손실(영업외비용) × × ×   　　 사채할인발행차금(상각액) × × ×
> 　　　　　　　　　　　　　　　　　　　　　 사채상환이익(영업외수익)   × × ×

> ■ 꼭 알고 넘어가기
> 매입상환 시 사채할인발행차금상각
> = 사채할인발행차금 미상각 잔액 × (상환액면가액 ÷ 총액면가액)

03 비유동부채 중 차입부채 - 장기차입금

이자를 부담하는 부채로서 기업이 실제로 이자를 부담하고 현금 및 현금성자산을 사용하여 청산해야 할 부채이다.

04 비유동부채 - 퇴직급여충당부채

기업의 임직원이 퇴직할 경우 근로기준법이나 기업 자체의 퇴직금지급규정에 의하여 지급할 퇴직금에 상당하는 금액을 퇴직 이전에 매기 적립해 놓은 것을 말하며 발생연도의 수익에 대응시킬 비용으로 인식해야 하므로 퇴직급여충당금은 부채성충당금에 해당된다.

1) 충당부채 인식요건 3가지

> ① 과거사건이나 거래의 결과로 현재의무가 존재한다.
> ② 당해 의무를 이행하기 위하여 자원이 유출될 가능성이 매우 높다.
> ③ 그 의무의 이행에 소요되는 금액을 신뢰성 있게 추정할 수 있다.

2) 퇴직급여충당부채 설정 및 지급 회계처리

> ■ 당기 퇴직급여충당부채 설정액
> = (당기말 퇴직금추계액 – 전기말 퇴직금추계액) + 당기 퇴직금지급액
> = 퇴직금추계액 증가액 + 당기 퇴직금지급액

구분	차변		대변	
결산 설정 시	퇴직급여*(비용의 발생)	×××	퇴직급여충당부채(부채의 증가)	×××
퇴직금 지급 시	퇴직급여충당부채(부채의 감소) 퇴직급여(비용의 발생)	××× ×××	현금(자산의 감소)	×××

* 퇴직급여는 성격에 따라 제조원가나 판매비와 관리비를 분류한다.

3) 판매보증충당부채

제품의 판매 후 품질보증과 관련한 사후관리비용에 대비하여 설정한 부채이다.

(차) 판매보증비	×××	(대) 판매보증충당부채	×××

4) 우발부채

발생가능성	금액의 합리적 추정 가능	금액의 합리적 추정 불가능
매우 높은 경우	충당부채 인식	주석에만 기재
어느 정도 있는 경우	우발부채로 주석공시	주석에만 기재
희박한 경우	주석공시하지 않음	주석공시하지 않음

05 비유동부채 – 퇴직연금

1) 퇴직연금 확정급여형(DB형)과 퇴직연금 확정기여형(DC형)

① 확정급여형과 확정기여형 비교표

구분	확정급여형(DB형)	확정기여형(DC형)
부담금 납입	사용자	사용자(근로자 추가납입 가능)
회사 부담금 수준	산출기초율(운용 수익률, 승급률 등) 변경 시 변동	확정(연간 임금총액의 1/12 이상)
퇴직급여 형태	연금 또는 일시금	연금 또는 일시금
퇴직급여 수준	30일분 이상 평균임금 × 근속년수	부담(적립)금 + 운용실적(운용실적에 따라 변동)
적립금 운용책임	사용자	근로자
목돈 필요 시	담보대출 법정사유, 한도 내	담보대출 혹은 중도인출 법정사유 및 한도 내
적립금 운용방법	원리금보장형 실적배당형	원리금보장형 실적배당형

② 퇴직급여 추계액을 기준으로 100% 사내적립할 경우

> • 기말에 충당부채 설정 : (차) 퇴직급여 ××× / (대) 퇴직급여충당부채 ×××
> • 퇴직금 지급 시 : (차) 퇴직급여충당부채 ××× / (대) 현금 ×××
> 　　　　　　　　　　　　　　　　　　　　　　　　퇴직연금운용자산 ×××

③ 퇴직급여추계액 100%(사내적립 30%, 확정급여형 70% 이용 시)

　㉠ 확정기여형

> (차) 퇴직급여(비용의 발생) ×××　　　　(대) 현금(자산의 감소) ×××

ⓛ 확정급여형일 경우

분류	신고조정(소득금액조정합계표 반영)	결산조정
설정	(차) 퇴직급여(비용의 발생)　　　　　100 (대) 퇴직급여충당부채(부채의 증가)100	(차) 퇴직급여(비용의 발생)　　　　　30 　　　퇴직연금급여(비용의 발생)　　70 (대) 퇴직급여충당부채(부채의 증가)30 　　　퇴직연금충당금(부채의 증가)　70
예치금 납부	(차) 퇴직연금운용자산　　　　　　　67 　　　(퇴직급여충당부채 차감항목) 　　　수수료비용(비용의 발생)　　　　3 (대) 현금(자산의 감소)　　　　　　　70	좌동
운용 수익	(차) 퇴직연금운용자산　　　　　　××× 　　　(퇴직급여충당부채 차감항목) (대) 퇴직연금운용수익(수익의 발생)××× 　　　(= 이자수익)	좌동
퇴직일시 수령	(차) 퇴직급여충당부채(부채의 감소)100 (대) 퇴직연금운용자산　　　　　　　70 　　　(퇴직급여충당부채 차감항목) 　　　현금(자산의 감소)　　　　　　　30	(차) 퇴직급여충당부채(부채의 감소)30 　　　퇴직연금충당부채(부채의 감소)70 (대) 퇴직연금운용자산　　　　　　　70 　　　(퇴직급여충당부채 차감항목) 　　　현금(자산의 감소)　　　　　　　30
퇴직연금 형태수령	(차) 퇴직급여충당부채(부채의 감소)100 (대) 퇴직연금미지급금(부채의 증가)70 　　　현금(자산의 감소)　　　　　　　30	(차) 퇴직급여충당부채(부채의 감소)30 　　　퇴직연금충당부채(부채의 감소)70 (대) 퇴직연금미지급금(부채의 증가)70 　　　현금(자산의 감소)　　　　　　　30

이론문제 │ **부채 – 유동부채와 비유동부채 회계처리**

01 퇴직급여충당부채 계정과 결산 정리 사항이다. 결산 회계처리를 하였을 경우, (가)의 금액과 (나)의 계정과목으로 올바른 것은?

퇴직급여충당부채	
6/30 현금 　　　1,000,000	1/1 전기이월 　　　(가)

[결산 정리 사항]

12월 31일 결산 시 임직원 전체의 퇴직금 추산액은 6,000,000원이다.

결산 분개 :

(차) 퇴직급여	2,000,000원
(대) (나)	2,000,000원

	(가)	(나)
①	1,000,000원	현금
②	2,000,000원	현금
③	5,000,000원	퇴직급여충당부채
④	6,000,000원	퇴직급여충당부채

02 20×1년 4월 1일(3년 만기, 이자율 10%, 이자지급일 3월 31일) 사채를 할인발행하였다. 유효이자율법으로 상각하고 있다. 20×2년 이자 지급 후 장부금액이 179,840원이고, 회계처리가 다음과 같을 때 유효이자율은 얼마이겠는가?

(차) 이자비용	43,168원
(대) 사채할인발행차금	7,168원
현금	36,000원

① 18%　　　　② 19.25%
③ 23%　　　　④ 25%

03 일반기업회계기준상 사채와 관련된 다음 설명 중 올바른 것은?

① 일반기업회계기준에서는 사채발행차금을 유효이자율법, 정액법 등 합리적인 방법으로 상각하도록 하고 있다.

② 일반기업회계기준에서는 재발행 목적으로 취득한 자기사채의 경우 사채의 차감계정으로 처리한다.

③ 사채의 발행 시 부대비용이 발생하였더라도 유효이자율법에서 사용할 이자율은 언제나 당해 사채가 시장에서 형성하는 시장이자율이 된다.

④ 사채를 조기상환하는 경우 상환일의 시장이자율이 발행일의 시장이자율보다 높으면 사채의 가격이 하락하여 사채상환이익이 발생한다.

04 아래와 같은 사채를 발행하였다. 20×3년 12월 31일에 사채의 장부가액은 얼마인가? (단, 사채할인발행차금은 유효이자율법에 따라 상각하고 소수점 이하는 절사한다.)

- 발행일 : 20×1년 1월 1일
- 만기일 : 20×5년 12월 31일
- 액면가액 : 1,000,000원
- 액면이자율 : 10%
- 발행가액 : 927,880원
- 유효이자율 : 12%
- 이자지급일 : 매년 12월 31일

① 939,225원　　② 966,163원
③ 1,000,000원　　④ 1,038,283원

05 다음은 사채 발행가액에 따른 상각액, 이자비용, 장부가액의 변동이다. 옳은 것은?

번호	구분	상각액	이자비용	장부가액
①	할인발행	매년증가	매년감소	매년증가
②	할증발행	매년증가	매년감소	매년증가
③	할인발행	매년감소	매년증가	매년감소
④	할증발행	매년증가	매년감소	매년감소

06 다음 중 우발부채와 충당부채에 대한 설명으로 가장 옳지 않은 것은?

① 우발부채는 의무를 이행하기 위하여 자원이 유출될 가능성이 아주 낮지 않는 한 부채로 인식한다.

② 충당부채는 과거사건이나 거래의 결과에 의한 현재의무로서, 지출의 시기 또는 금액이 불확실하지만 그 의무를 이행하기 위하여 자원이 유출될 가능성이 매우 높고 또한 당해 금액을 신뢰성 있게 추정할 수 있는 의무를 말한다.

③ 충당부채의 명목금액과 현재가치의 차이가 중요한 경우에는 의무를 이행하기 위하여 예상되는 지출액의 현재가치로 평가한다.

④ 충당부채로 인식하기 위해서는 현재의무가 존재하여야 할 뿐만 아니라 그 의무의 이행을 위한 자원의 유출 가능성이 매우 높아야 한다.

07 사채발행과 관련한 설명으로 옳은 것은? (단, 단수차이로 인해 오차가 있다면 가장 근사치를 선택한다.)

- 사채발행내역
  - 사채액면금액 : 2,000,000원
  - 표시이자율 : 10%, 시장이자율 : 8%
  - 사채발행일자 : 20×1년 01월 01일
  - 사채만기일자 : 20×3년 12월 31일
- 현가계수표

할인율 기간	단일금액 1원의 현재가치		정상연금 1원의 현재가치	
	8%	10%	8%	10%
3년	0.7938	0.7513	2.5771	2.4868

① 사채발행 시 사채 계정으로 계상할 금액은 2,103,020원이다.

② 사채발행 시 사채할증발행차금은 103,020원이다.

③ 20×1년 말 사채할증발행차금 환입액은 39,951원이다.

④ 20×2년 말 사채할증발행차금 환입액은 37,582원이다.

📌 이론문제 정답 및 해설

01 ③ 결산 분개 :

(차) 퇴직급여	2,000,000원
(대) 퇴직급여충당부채	2,000,000원

※ 당기 퇴직금 추산액(6,000,000원) = 전기이월 잔액(x) - 당기 퇴직금 지급액(1,000,000원) + 결산 시 추가 설정액(2,000,000원)으로 계산된다. 따라서 전기이월 잔액(x)은 5,000,000원이 된다.

02 ④ (장부금액 179,840원 - 차금 7,168원) × x = 43,168원

∴ 유효이자율 x = 25%이다.

03 ④ ① 사채할인발행차금은 유효이자율법에 의해서 상각하도록 한다.

② 자기사채를 취득하는 경우 사채에서 직접 차감한다.

③ 사채발행비가 있는 경우 발행금액이 변하므로 유효이자율이 변한다. 따라서, 시장이자율과 유효이자율이 항상 일치하는 것은 아니다.

04 ② 20×1년 말 장부가액 : 927,880원 + (927,880원 × 0.12 - 100,000원) = 939,225원

20×2년 말 장부가액 : 939,225원 + (939,225원 × 0.12 - 100,000원) = 951,932원

20×3년 말 장부가액 : 951,932원 + (951,932원 × 0.12 - 100,000원) = 966,163원

05 ④ 사채를 유효이자율법에 따라 상각하는 경우, 할인발행과 할증발행 여부와 관계없이 상각액은 매년 증가한다. 사채를 할인발행하는 경우 이자비용은 매년 증가하는 반면, 할증발행하면 이자비용은 매년 감소한다. 사채의 장부가액은 할인발행하는 경우 매년 증가하고, 할증발행하는 경우 매년 감소한다.

06 ① 우발부채는 부채로 인식하지 아니한다. 의무를 이행하기 위하여 자원이 유출될 가능성이 아주 낮지 않은 한, 우발부채를 주석에 기재한다.

07 ② 사채발행가액 = (2,000,000 × 0.7938) + (200,000 × 2.5771) = 2,103,020원

제10절 자본 – 주식회사의 자본 회계처리

01 주식발행에 대한 회계처리

구분	차변	대변
할증발행 (액면가액 < 발행가액)	당좌예금 　　　　　　　 × × × (발행가액, 자산의 증가)	자본금 　　　　　　　 × × × (액면가액, 자본의 증가) 주식발행초과금 　　　 × × × (자본잉여금 증가)
	주식발행비용은 발행금액에서 차감하며 영향은 주식발행초과금에서도 동시에 차감된다.	
평가발행 (액면가액 = 발행가액)	당좌예금 　　　　　　　 × × × (발행가액, 자산의 증가) 주식할인발행차금 　　 × × × (주식발행비용 지급 시)	자본금 　　　　　　　 × × × (액면가액, 자본의 증가)
할인발행 (액면가액 > 발행가액)	당좌예금 　　　　　　　 × × × (발행가액, 자산의 증가) 주식할인발행차금 　　 × × × (주식발행비 + 자본조정 차감항목)	자본금 　　　　　　　 × × × (액면가액, 자본의 증가)
	주식발행비용은 발행금액에서 차감하며 영향은 주식할인발행차금에서도 동시에 가산된다.	

02 증자와 감자

1) 증자

자본금을 증가시키는 것을 말한다.

구분	차변	대변	예
실질적증자 (유상증자)	당좌예금(자산의 증가) 　 × × ×	자본금(자본의 증가) 　 × × ×	주식발행
형식적증자 (무상증자)	제잉여금(자본의 감소) 　 × × ×	자본금(자본의 증가) 　 × × ×	잉여금 자본전입

2) 감자

자본금을 감소시키는 것을 말한다.

구분	차변	대변	예
실질적감자 (유상감자)	자본금(자본의 감소) 　 × × ×	당좌예금(자산의 감소) 　 × × ×	매입소각
형식적감자 (무상감자)	자본금(자본의 감소) 　 × × ×	이월결손금(자본의 감소) × × × 감자차익(자본의 증가) 　 × × ×	결손금 보전

03 자본잉여금의 의의

자본거래에서 발생한 잉여금으로서 주식발행에 의한 주식의 납입, 자본의 변동 등 주주와의 자본거래에서 발생하는 잉여금을 말하며, 결손보전이나 자본전입의 경우에만 사용할 수 있다. 주식발행초과금, 자기주식처분이익, 감자차익 등이 있다.

 사례 6

다음 거래를 분개하시오.

주식 100주(1주 액면 5,000원)를 1주당 3,000원에 현금으로 매입하여 소각하다.

정답	(차) 자본금(자본의 감소) 500,000 / (대) 현금(자산의 감소) 300,000
	감자차익(자본의 증가) 200,000

사례 7

다음 거래를 분개하시오.

1. 자기주식 100주를 1주당 8,000원에 구입하고 대금은 현금으로 지급하다.
2. 자기주식 중 50주를 1주당 9,000원에 매각하고 대금은 당좌예입하다.

정답	1. (차) 자기주식(자본조정 발생) 800,000 / (대) 현금(자산의 감소) 800,000
	2. (차) 당좌예금(자산의 증가) 450,000 / (대) 자기주식(자본조정 소멸) 400,000
	자기주식처분이익 50,000
	(기타자본잉여금 증가)

04 자본조정

자본에 가산 또는 차감되어야 하나 자본금, 자본잉여금, 이익잉여금 어느 항목에도 속하지 않아 임시적으로 처리하는 계정을 말한다.

1) **주식할인발행차금**

주식을 액면가액 이하로 발행하는 것으로 주식발행초과금을 먼저 상계회계처리하고 상계할 주식발행초과금이 존재하지 않을 경우 "3년" 이내로 매기 균등상각하며 동 금액만큼 이익잉여금 처분에서 상각하고 자본에서 차감하는 항목이다.

2) **미교부주식배당금**

이익처분 중 주식배당하는 것을 말하며 자본에서 가산하는 항목이다.

3) **자기주식(재취득주식)**

발행한 자기회사 주식을 다시 재취득하며 자기주식 취득 시 취득원가로 기록하고 자본의 차감 계정인 자본조정으로 회계처리(원가법)하는 항목이다.

05 기타포괄손익누계액

매도가능증권평가손익, 해외사업환산손익, 파생상품평가손익

06 이익잉여금

1) 이익잉여금 처분항목

① 이익준비금의 적립 : 회사는 자본금의 1/2에 달할 때까지 매 결산기 현금배당액의 1/10 이상의 금액을 적립한다(법정준비금).

② 기타법정적립금의 적립 : 재무구조개선적립금 적립

③ 이익잉여금처분에 의한 상각 : 주식할인발행차금의 상각 등

④ 주주배당금(자본금 × 배당률)

　㉠ 현금배당 : 미지급배당금으로 결의하고 배당금 실제지급 시 현금으로 지급한다.

　㉡ 주식배당 : 미교부주식배당금으로 결의하고 배당금 실제지급 시 자본금으로 처리한다.

⑤ 임의적립금

　㉠ 적극적 적립금 : 기업의 순자산을 증대할 목적으로 적립(감채적립금, 사업확장적립금 등)하고 목적이 달성되면 별도적립금으로 대체한다.

　㉡ 소극적 적립금 : 기업의 순자산의 감소를 막기 위한 적립금을 말한다(배당평균적립금, 결손보전적립금, 퇴직급여적립금 등).

⑥ 차기이월이익잉여금 : 당기순이익에서 주주총회에서 이익처분한 것을 차감한 잔액을 말한다.

▼ 이익잉여금의 회계처리

구분	차변		대변	
순이익의 계상 시	손익	×××	이월이익잉여금	×××
임의적립금 계상 시	배당평균적립금 별도적립금	××× ×××	이월이익잉여금	×××
잉여금 처분확정 시	이월이익잉여금	×××	이익준비금 기타법정적립금 미지급배당금 미교부주식배당금 임의적립금	××× ××× ××× ××× ×××

2) 중간배당액

연 1회 결산을 행하는 회사가 정관의 규정에 의하여 이사회의 결의로 전년도에 발생한 이월이익잉여금의 일부를 주주들에게 나중에 지급하는 것으로 반드시 금전으로 배당하는 금액이다. 유의할 점은 중간배당액은 법인세의 중간예납과는 성질이 다르고, 중간배당액은 전기이월이익잉여금 한도 내에서 배당하므로 전기이월결손금이 있는 경우에는 있을 수 없다는 점이다.

① **중간배당을 하는 취지** : 이익의 일부를 주주들에게 돌려줌으로써 투자에 대한 매력과 회사에 대한 신뢰도를 높이고 투자 관행의 정착을 꾀한다.

② **중간배당액이 있는 경우의 처분전이익잉여금 계상방식**

> 전기이월잉여금 (±) 회계변경의 누적효과 (±) 전기오류수정손익 (−) 중간배당액
> → 수정 후 전기이월이익잉여금

③ **중간배당액의 회계처리 방법**

> (차) 중간배당금   ×××   (대) 미지급배당금   ×××

차후에 실제배당이 이루어지면 차변에 미지급배당금을 처리한 후 배당금에 대한 원천징수세액을 처리한 후 배당하면 된다.

④ **중간배당액이 있을 때 이익준비금 설정하는 방법**

> (처분 시 금전배당액 + 중간배당액) × 10%

07 결손발생 시 회계처리

회계연도 말에 순손실이 발생하면 처리전결손금으로 설정했다가 주주총회의 결의에 따라 순손실을 처리하게 되는데, 이를 표시하는 것이 결손금처리계산서이다.

구분	차변		대변	
순손실의 계상 시	이월결손금	×××	손익	×××
결손금처리 시	임의적립금 기타법정적립금 이익준비금 자본잉여금	××× ××× ××× ×××	이월결손금	×××

이론문제 | 자본 – 주식회사의 자본 회계처리

01 다음 중 자본회계에 대한 설명으로 틀린 것은?

① 자기주식처분손실은 자기주식처분이익으로 계상된 기타자본잉여금과 우선적으로 상계하고, 그 잔액은 자본조정으로 계상한다.

② 주식을 할인 발행하는 경우에는 자본을 실질적으로 증가시킨다.

③ 무상증자와 주식배당은 총자본에 영향을 주지 않는다.

④ 자기주식을 소각할 경우 자기주식의 취득원가와 최초 발행가액의 차이를 감자차손 또는 감자차익으로 분류한다.

02 20×1년 기말 당기 이익잉여금처분계산서의 내용이다. 이에 대한 설명으로 틀린 것은?

이익잉여금처분계산서
제5기 20×1.01.01.부터 20×1.12.31.까지
처분예정일 : 20×2.02.25.

과목	금액
Ⅰ. 미처분이익잉여금	550,000,000
1. 전기이월미처분이익잉여금	500,000,000
2. 전기오류수정손실	50,000,000
3. 당기순이익	100,000,000
Ⅱ. 임의적립금 등의 이입액	30,000,000
1. 사업확장적립금	30,000,000
Ⅲ. 이익잉여금처분액	( )
1. 이익준비금	( )
2. 현금배당	100,000,000
Ⅳ. 차기이월미처분이익잉여금	( )

※ 자본금 10억원, 이익준비금 3억원이며, 상법 규정에 의하여 최소한의 금액으로 이익준비금을 적립하기로 한다.

① 당기말(20×1.12.31.) 재무상태표상 미처분이익잉여금은 550,000,000원이다.

② 당기말(20×1.12.31.) 재무상태표상 사업확장적립금의 잔액은 전기보다 30,000,000원 감소한다.

③ Ⅲ. 이익잉여금처분액 총액은 110,000,000원이다.

④ 손익계산서상 당기순이익은 100,000,000원이다.

03 다음의 회계처리가 재무제표에 미치는 영향은?

3월 2일 : 주주총회에서 주주에게 현금배당금을 지급하기로 결의하고 같은 날에 경리부서에서 현금으로 지급하였다.

	자산	부채	자본
①	불변	증가	감소
②	감소	불변	감소
③	불변	증가	감소
④	감소	감소	불변

04 다음 중 자본의 실질적인 감소를 초래하는 것으로 가장 적합한 것은?

가. 결손금 보전을 위해 이익준비금을 자본금에 전입한다.

나. 현금배당을 실시하다.

다. 주식배당을 실시하다.

라. 10,000주를 무상증자하다.

마. 액면가액 5,000원인 자기주식을 4,000원에 취득 후 바로 소각하다.

① 가, 나 　　② 나, 마
③ 가, 라 　　④ 나, 다

05 결손금처리 전 자본 현황이다. 처리전결손금이 10,000,000원인 경우 결손금처리에 사용될 자본잉여금은 얼마인가?

• 자본금 : 100,000,000원
• 주식발행초과금 : 2,000,000원
• 감자차익 : 1,000,000원
• 이익준비금 : 3,000,000원
• 사업확장적립금 : 6,000,000원

① 0원 　　② 1,000,000원
③ 3,000,000원 　　④ 4,000,000원

06 다음 일련의 거래에서 감자차손은 얼마인가?

• 1월 3일 액면금액 1,000,000원인 주식을 현금 800,000원에 매입하여 소각하다.
• 2월 9일 액면금액 1,000,000원인 주식을 현금 1,500,000원에 매입하여 소각하다.

① 100,000원 　　② 200,000원
③ 300,000원 　　④ 500,000원

07 20×1년 배당금을 처리하기 전의 자본구성이 다음과 같다. 법정적립금전입이나 주식배당이 없다고 가정할 경우, 상법규정에 따른 20×1년 최대로 지급할 수 있는 현금배당액은 얼마인가?

• 자본금 : 5,000,000원
• 자본잉여금 : 1,000,000원
• 이익준비금 : 3,000,000원
• 당기순이익 : 350,000원
• 전기이월미처분 이익잉여금 : 200,000원

① 300,000원 　　② 350,000원
③ 500,000원 　　④ 550,000원

08 20×1년 초에 50,000,000원(주식수 10,000주, 주당 액면금액 5,000원)의 액면증자로 설립되었다. 20×1년 7월 1일에 주당 5,100원에 3,000주를 증자하였다. 20×2년 4월 1일에 주당 5,000원에 10,000주를 증자하면서 주식발행비 600,000원이 발생하였다. 주식할인발행차금을 상각하는 경우 주식할인발행차금 최소 상각액은 얼마인가?

① 75,000원 　　② 100,000원
③ 150,000원 　　④ 200,000원

09 이익잉여금처분계산서(또는 결손금처리계산서) 및 자본변동표에 대한 설명으로 옳은 것은?

① 이익잉여금처분계산서는 당기순이익이 발생하는 경우에만 작성하며, 미처분이익잉여금, 임의적립금등의이입액, 이익잉여금처분액, 차기이월미처분이익잉여금으로 구분하여 표시된다.
② 결손금처리계산서는 당기순손실이 발생하는 경우에만 작성하며, 미처리결손금, 결손금처리액, 차기이월미처리결손금으로 구분하여 표시한다.

③ 자본변동표는 재무상태표에 표시되어 있는 자본의 기말잔액만을 제시함으로써 재무상태표와 연결할 수 있지만 자본의 기초잔액은 제공하지 않는다.

④ 자본변동표는 손익계산서를 거치지 않고 재무상태표의 자본에 직접 가감되는 항목의 변동내용을 나타냄으로써 손익계산서로는 전부 나타낼 수 없는 포괄적인 경영성과에 대한 정보를 제공한다.

10 다음 중 옳은 설명을 모두 고른 것은?

> 가. 주식배당액의 10% 이상을 자본금의 1/2까지 적립하여야 한다.
> 나. 자본 증자 시 발생한 등록세는 세금과공과로 처리한다.
> 다. 주식발행초과금은 주식을 액면금액보다 초과 발행하는 경우 발생한다.
> 라. 매도가능증권평가손익은 자본 항목이다.

① 가, 다, 라   ② 나, 라
③ 가, 다   ④ 다, 라

📌 이론문제 정답 및 해설

01 ④ 자기주식을 소각할 경우 자기주식의 취득원가와 최초 액면가액의 차이를 감자차손 또는 감자차익으로 분류한다.

02 ② 이익잉여금처분계산서상 임의적립금 등의 이입액과 이익잉여금처분액에 대한 회계처리는 처분예정일인 20×2년 2월 25일에 이루어진다. 따라서 당기말 재무상태표상 사업확장적립금의 잔액은 변동이 없다. 이익준비금은 현금배당액의 10%를 적립하도록 상법에 규정되어 있다.

03 ② 이익배당결의와 동시에 현금배당 시 현금(자산)의 감소와 동시에 이익잉여금(자본)이 감소된다.

04 ② 나. (차) 이월이익잉여금 / (대) 현금
→ 자본(이월이익잉여금) 감소
마. (차) 자본금 5,000원 /
(대) 현금 4,000원, 감자차익 1,000원

→ 자본 4,000원(자본금 5,000원 – 감자차익 1,000원) 감소
가, 다, 라. 자본의 변동 없음

05 ② 결손금 10,000,000원 중 이익잉여금 보전액 9,000,000원(=3,000,000원 + 6,000,000원)을 제외한 1,000,000원이 자본잉여금으로 보전될 금액이다.

06 ③

• 1월 3일 :	
(차) 자본금	1,000,000
(대) 현금	800,000
감자차익	200,000
• 2월 9일 :	
(차) 자본금	1,000,000
감자차익	200,000
감자차손	300,000
(대) 현금	1,500,000

07 ④ 이익준비금이 이미 자본금의 50% 이상에 해당하기 때문에 금전에 의한 이익배당을 하더라도 이익준비금을 적립할 필요가 없다. 최대 현금배당액은 당기순이익과 전기이월미처분이익잉여금을 합산한 550,000원이 된다.

08 ② 주식발행초과금과 상계 후의 주식할인발행차금 : 600,000 - (5,100 - 5,000) × 3,000주 = 300,000원이 된다.
※ 3년 이내 기간에 매기균등액을 상각
→ 300,000원 ÷ 3년 = 100,000원이 된다.

09 ④ ① 당기순손실이 발생하여도 이익잉여금처분이 있으면 이익잉여금처분계산서가 작성된다.
② 당기순이익이 발생하여도 결손금상태이면 결손금처리계산서가 작성된다.
③ 자본의 기초잔액도 표시된다.

10 ④ 가. 주식배당이 아닌 현금배당의 10% 이상을 자본금의 1/2까지 적립한다.
나. 자본 증자 시 발생한 등록세는 주식할인발행차금으로 처리하여야 한다.

제11절 수익과 비용 인식 회계처리

◢01 수익

주요 경영활동에서 재화의 생산·판매, 용역의 제공 등에 따른 경제적 효익의 유입으로서 이는 자산의 증가 또는 부채의 감소 및 그 결과에 따른 자본의 증가로 나타난다.

1) 수익의 인식기준

▼ 일반기업회계기준서에서 수익의 인식기준

구분	기준서
재화판매	• 원칙 : 판매기준(인도하는 날) • 다음 요건을 충족하는 시점에서 수익을 인식한다. 　- 재화의 소유에 따른 유의적인 위험과 보상이 구매자에게 이전된다. 　- 판매자는 판매한 재화에 대하여 소유권이 있을 때 통상적으로 행사하는 정도의 관리나 효과적인 통제를 할 수 없다. 　- 수익금액을 신뢰성 있게 측정할 수 있다. 　- 경제적 효익의 유입가능성이 매우 높다. 　- 거래관련 발생 또는 발생할 원가를 신뢰성 있게 측정할 수 있다.
용역제공	• 원칙 : 진행기준 • 다음 요건을 충족하는 시점에서 수익을 인식한다. 　- 거래 전체의 수익금액을 신뢰성 있게 측정할 수 있다. 　- 경제적 효익의 유입가능성이 매우 높다. 　- 진행률을 신뢰성 있게 측정할 수 있다. 　- 이미 발생한 원가 및 투입하여야 할 원가를 신뢰성 있게 측정할 수 있다. • 예외 : 용역제공거래의 성과를 신뢰성 있게 측정할 수 없을 경우에는 발생한 비용의 범위 내에서 회수가능한 금액을 수익으로 인식한다.
이자·배당금·로열티	• 이자수익은 원칙적으로 유효이자율을 적용하여 발생기준에 따라 인식한다. • 배당금수익은 배당금을 받을 권리와 금액이 확정되는 시점에 인식한다. • 로열티수익은 관련된 계약의 경제적 실질을 반영하여 발생기준에 따라 인식한다.

2) 현금주의, 발생주의, 실현주의 기준 이해

① **현금주의** : 기업의 경제적 사건의 발생여부와 무관하게 영업활동으로 인한 현금유입을 수익으로 인식하고 현금유출을 비용으로 인식하는 방법이다. 단점은 수익을 창출하기에 부적절하고, 정확한 기간손익계산이 되지 않아 현행회계에서는 원칙적으로 인정되지 않는다.

② **발생주의** : 순자산에 영향을 미치는 경제적 사건이 발생한 시점(화폐적 금액으로 측정하여 수익과 비용인식)에서 경영성과를 측정하기 때문에 현행회계의 기간손익계산 기본원리가 되고 있다.

③ **실현주의** : 수익획득과정이 진행됨에 따라 일정한 요건이 충족되면 수익이 발생하였다고 보아 수익을 인식하게 되지만 매우 주관적이며 실무적으로도 복잡하다.

3) 재화의 특수매매 시 인식기준

① **위탁판매** : 수탁자가 제3자에게 위탁품을 판매한 날
② **시용판매** : 고객이 구매의사를 표시한 날
③ **할부판매** : 원칙은 단기와 장기 구분 없이 판매한 날
  ※ 특례 : 기업회계기준은 중소기업 특례로서 장기할부판매 시 회수기준과 단기용역매출 시 완성기준 적용을 할 수 있도록 규정함
④ **부동산판매** : 잔금청산일, 소유권이전등기일, 매입자가 사용가능일 중 가장 빠른 날
⑤ **상품권판매** : 선수금(상품권선수금 계정 등)으로 처리한 후 상품권을 회수한 날(물품 등을 제공하거나 판매한 때)
⑥ **반품조건부판매** : 반품가능성이 희박한 경우 구매자가 인수를 수락한 시점 또는 반품기간의 종료시점으로 인식하고, 반품가능성이 매우 높고 합리적으로 추정할 수 있는 경우에는 상품 등을 구매자에게 제공한 날로 인식한다.

4) 용역제공 수익인식기준

① **설비와 기타 유형자산의 제공에 따른 수수료** : 해당 자산을 인도하거나 소유권을 인식하는 시점에 제공된 자산의 공정가액을 기초로 산정한 금액을 수익으로 인식한다.
② **창업지원용역 수수료** : 용역제공의 의무가 수행된 시점에 수익으로 인식한다.
③ **운영지원용역 수수료** : 용역이 제공된 시점에 수익으로 인식한다.
④ **설치용역 수수료** : 진행기준에 따라 수익으로 인식한다.
⑤ **재화의 판매가격에 추후 제공될 용역이 포함된 경우** : 금액을 이연시켜 용역이 제공되는 기간 동안에 수익으로 인식한다.
⑥ **광고수익** : 방송사는 대중에게 전달하는 시점에 수익으로 인식하며, 광고제작사의 광고제작 용역수익은 진행기준에 따라 수익으로 인식한다.
⑦ **수강료** : 강의기간 동안 발생기준에 따라 수익으로 인식한다.
⑧ **이자수익** : 유효이자율을 적용하여 발생기준에 따라 수익으로 인식한다.
⑨ **배당금수익** : 배당금을 받을 권리와 금액이 확정되는 시점에 수익으로 인식한다.
⑩ **로열티수익** : 관련된 계약의 경제적 실질을 반영하여 발생기준에 따라 인식한다.

02 비용

영업활동과 관련하여 재화를 생산·공급하고 용역을 제공함으로써 발생하게 되는 기업의 자산의 감소 및 소비, 부채의 증가를 의미한다.

> ■ 비용의 인식기준
>
> 수익과 비용 대응의 원칙에 근거한다.
>
> 1) **직접 대응** : 수익과 비용이 직접적인 인과관계가 성립할 때 수익인식시점에서 비용을 인식하는 것이다(예 매출원가, 판매수수료, 매출운임 등).
>
> 2) **간접 대응** : 특정수익과 직접적인 인과관계를 명확히 알 수 없지만 발생원가가 일정기간 동안 수익창출활동에 기여한 경우 해당기간에 걸쳐 합리적이고 체계적인 방법에 의해 배분해야 한다(예 감가상각비, 보험료기간배분).
>
> 3) **당기 즉시인식** : 당기의 발생원가가 미래 효익을 제공하지 못하거나 전기에 자산으로 기록된 항목이 미래의 경제적 효익을 상실할 때는 발생 즉시 당기의 비용으로 인식한다(예 일반관리비, 광고선전비, 이자비용 등).

03 외화채권·채무의 평가 및 처분

1) 외화채권·채무의 분류

외화환산은 최초 거래일 이후에는 화폐성 항목에 대해서만 평가한다.

구분	내용
화폐성 외화채권·채무	확정된 채권·채무를 나타내는 항목을 말한다. 예 외화예금, 외화외상매출금, 외화외상매입금, 외화단·장기대여금, 외화단·장기차입금 등
비화폐성 외화채권·채무	상품의 경우 향후 시가 변동에 따라 그 가격이 변하며 금액을 확정할 수 없는 항목을 말한다. 예 선급금, 선수금, 재고자산, 매도가능증권 등

2) 기말 결산 시 외화채권·채무의 환율(장부금액과 기말 공정가치 비교)

손익계산서에서 영업외손익 항목에 표시한다.

구분	환율상승	환율하락
외화채권	외화환산이익(수익의 발생)	외화환산손실(비용의 발생)
외화채무	외화환산손실(비용의 발생)	외화환산이익(수익의 발생)

3) 기중에 외화채권·채무에 대해 처분(장부금액과 처분금액 비교)

구분	내용
처분금액이 큰 경우	외환차익(영업외수익)이 발생함
처분금액이 작은 경우	외환차손(영업외비용)이 발생함

04 법인세 등(= 법인세비용)

법인기업이 회계연도를 결산한 후 발생한 과세표준에 적용 세율을 곱하여 산출한 세금을 말한다.

구분	차변		대변	
중간예납 시	선납세금(자산의 증가)	×××	현금(자산의 감소)	×××
결산 시 추산액 (−) 중간예납 시	법인세비용(비용의 발생)	×××	선납세금(자산의 감소) 미지급법인세(부채의 증가)	××× ×××
확정신고 납부 시	미지급법인세(부채의 감소)	×××	현금(자산의 감소)	×××

☑ 이론문제 | 수익과 비용 인식 회계처리

01 다음 중 용역의 제공에 따른 수익을 인식하기 위한 조건에 대한 설명으로 틀린 것은?

① 경제적 효익의 유입 가능성이 매우 높다.

② 거래 전체의 수익금액을 신뢰성 있게 측정할 수 있다.

③ 진행률을 신뢰성 있게 측정할 수 없는 경우에는 용역의 제공이 완료되는 시점에 수익을 전액 인식한다.

④ 이미 발생한 원가 및 거래의 완료를 위하여 투입하여야 할 원가를 신뢰성 있게 측정할 수 있다.

02 다음의 설명에 대해 ( ) 안에 들어갈 적당한 말을 쓰시오.

① 수탁자가 위탁품을 판매한 날에 수익으로 인식하는 것을 ( )라 한다.

② 할부매출은 상품 등을 ( )에 실현된다.

③ 예약매출 및 용역매출은 ( )에 따라 실현되는 것으로 한다.

④ 단기도급공사의 수익은 ( )에 따라 실현되는 것으로 한다.

⑤ 매입자가 매입의사를 표시한 날에 수익으로 인식하는 것을 ( )이라 한다.

⑥ 장기할부매출은 ( )에 따라 수익을 인식하며, 이자상당액은 ( )에 따라 수익으로 인식한다.

⑦ 배당금수익은 배당금을 ( )에 인식한다.

⑧ 용역제공 거래의 성과를 신뢰성 있게 측정할 수 없는 경우에는 발생한 비용의 범위 내에서 ( )을 수익으로 인식한다.

⑨ 이자수익은 원칙적으로 ( )을 적용하여 발생기준에 따라 인식한다.

⑩ 로열티수익은 관련된 계약의 경제적 실질을 반영하여 ( )에 따라 인식한다.

⑪ 토지 또는 건물은 잔금청산일, 소유권이전등기일, ( ) 중 가장 빠른 날에 인식한다.

⑫ 우리나라 기업회계기준서상 비상장·비등록 중소기업의 회계처리특례규정상 장기할부매출은 ( )에 수익으로 인식한다.

⑬ 우리나라 기업회계기준서상 비상장·비등록 중소기업의 회계처리특례규정상 단기용역매출은 ( )에 인식하고, 장기용역매출에 대해서는 ( )에 따라 수익으로 인식한다.

⑭ 우리나라 기업회계기준서상 비상장·비등록 중소기업의 회계처리특례규정상 장기연불의 매매거래에서 발생하는 채권·채무는 ( )을 대차대조표가액으로 할 수 있다.

⑮ 우리나라 기업회계기준서상 비상장·비등록 중소기업의 회계처리특례규정상 법인세비용은 ( )으로 할 수 있다.

⑯ 상품권을 할인판매한 경우 (   )
계정으로 하여 선수금계정에서 차감하
는 형식으로 표시하며, 추후 판매 시에
는 (   )로 계상한다.
⑰ 상품권을 수익으로 인식하는 시점
은 (   )이며, 유효기간이 경
과하여 상법상 소멸시효가 완성되
는 것은 (   )계정으로 처리하
여 영업외 수익으로 처리한다.

03 다음 용역제공거래에 대하여 진행기준을 적용
하지 않는 경우에 대한 서술 중 잘못된 것은?

① 추정원가의 합계액이 총수익을 초과하
는 경우에는 그 초과액과 이미 인식한
이익의 합계액을 전액 당기손실로 인
식한다.
② 용역제공거래의 성과를 신뢰성 있게
추정할 수 없는 경우에는 발생한 비용
의 범위 내에서 회수가능한 금액을 수
익으로 인식한다.
③ 용역제공거래의 성과를 신뢰성 있게
추정할 수 없고 발생한 원가의 회수가
능성이 낮은 경우에는 수익을 인식하
지 않고 발생한 원가를 비용으로 인식
한다.
④ 거래의 성과를 신뢰성 있게 추정하는
것을 어렵게 만들었던 불확실성이 해
소된 경우라 하더라도 해당 거래에 대
해서는 진행기준을 재적용할 수 없다.

04 기업회계기준에 따른 외화자산·외화부채
의 환산 및 상환에 관한 설명으로 옳지 않
은 것은?

① 화폐성외화자산은 보고기간 종료일 현
재 적절한 환율로 환산한 가액을 재무
상태표가액으로 한다.
② 외환차익 또는 외환차손은 외화자산의
회수 또는 외화부채의 상환 시에 발생
하는 차손익으로 한다.
③ 외화환산손실은 결산일에 화폐성외화
자산 또는 화폐성외화부채를 환산하는
경우 환율변동으로 인해 발생하는 환산
손익으로 판매비와 관리비에 해당한다.
④ 비화폐성외화부채는 원칙적으로 당해
부채를 부담한 당시의 적절한 환율로 환
산한 가액을 재무상태표가액으로 한다.

📌 이론문제 정답 및 해설

01 ③ 진행률을 합리적으로 추정할 수 없는 경우나, 수익금액을 신뢰성 있게 측정할 수 없는 경우에는 발생한 원가의 범위 내에서 회수 가능한 금액을 수익으로 계상하고 발생원가 전액을 비용으로 인식한다.

02 ① 위탁판매, ② 인도한 날, ③ 진행기준, ④ 진행기준, ⑤ 시용매출, ⑥ 인도기준, 기간의 경과, ⑦ 수취하는 시점, ⑧ 회수가능한 금액, ⑨ 유효이자율, ⑩ 발생기준, ⑪ 매입자의 사용가능일, ⑫ 할부금 회수기일이 도래한 날, ⑬ 용역제공을 완료한 날, 진행기준, ⑭ 명목가액, ⑮ 법인세법의 법령에 의해 납부한 금액, ⑯ 상품권할인액, 매출에누리, ⑰ 물품과 교환한 날, 잡이익

03 ④ 거래의 성과를 신뢰성 있게 추정하는 것을 어렵게 만들었던 불확실성이 해소된 경우에는 진행기준 적용에 따라 수익을 인식한다.

04 ③ 외화환산손실은 결산일에 화폐성외화자산 또는 화폐성외화부채를 환산하는 경우 환율변동으로 인해 발생하는 환산손익으로 영업외손익에 해당한다.

제12절 건설형 공사계약 회계처리

01 건설형 공사의 수익인식

공사손익을 신뢰성 있게 측정할 수 있는 경우 진행기준에 의해 인식한다.

구분	진행기준	완성기준
수익인식시점	공사진행기간 중	공사완성시점
장점	기간별 영업활동 성과측정 목적적합성 강조	보수주의, 신뢰성 강조
단점	불확실성, 주관적인 요소 신뢰성 저하	기간별 영업활동 왜곡 목적적합성 저하
준칙의 적용	장기, 단기공사 모두 적용	단기공사만 특례적용함

02 도급공사의 공사이익 계상 방법

1) 공사수익

> 당기말 도급금액 × 당기공사진행률 − 전기말 도급금액 × 전기공사진행률

2) 공사원가
당기발생 공사원가 전액을 공사원가로 처리한다.

3) 공사이익(공사수익 − 공사원가)

> 당기말총공사이익 × 당기공사진행률 − 전기말총공사이익 × 전기공사진행률

4) 공사진행률

$$공사진행률 = \frac{누적공사원가}{총공사예정원가}$$

사례 8

다음 장기도급공사 자료에 대한 회계처리를 하시오.

	20×1년	20×2년	20×3년	
발생원가(누적액)	320,000	510,000	900,000	총공사도급금액은 1,000,000
완성 시까지 추가소요원가	480,000	340,000	–	원이었으나 20×2년 원자재가
총공사원가 추정액	800,000	850,000	900,000	격상승으로 인해 1,100,000원
공사원가청구액	250,000	400,000	450,000	으로 조정하였다.
공사대금회수액	200,000	350,000	550,000	

구분	20×1	20×2	20×3
공사진행률	320,000 ÷ 800,000 = 40%	510,000 ÷ 850,000 = 60%	900,000 ÷ 900,000 = 100%
공사수익	1,000,000 × 40% = 400,000	1,100,000 × 60% − 400,000 = 260,000	1,100,000 − 660,000 = 440,000
공사원가	320,000	190,000	390,000
공사이익	80,000	70,000	50,000

정답

20×1	(차) 미성공사	320,000	(대) 현금	320,000
	(차) 현금	200,000	(대) 공사선수금	200,000
	(차) 공사선수금 공사미수금	200,000 200,000	(대) 공사수익	400,000
	(차) 공사원가	320,000	(대) 미성공사	320,000
20×2	(차) 미성공사	190,000	(대) 현금	190,000
	(차) 현금	350,000	(대) 공사미수금 공사선수금	200,000 150,000
	(차) 공사선수금 공사미수금	150,000 110,000	(대) 공사수익	260,000
	(차) 공사원가	190,000	(대) 미성공사	190,000

◀ 03 공사손실이 예상되는 회계연도의 경우

(차) 공사손실충당부채전입액   × × ×   (대) 공사손실충당부채   × × ×
※ 공사손실충당부채전입액은 공사원가에 가산한다.

◀ 04 공사손실이 발생한 회계연도의 경우

(차) 공사손실충당부채   × × ×   (대) 공사손실충당부채환입액   × × ×
※ 공사손실충당부채환입액은 공사원가에서 차감한다.

이론문제 | 건설형 공사계약 회계처리

01 다음 공사손실충당부채에 대한 설명 중 틀린 것은?

① 공사손실충당부채는 공사손실의 발생이 예상되면 실제발생연도가 아닌 예상시점의 재무제표에 비용으로 계상한다.

② 공사손실충당부채는 재무상태표상 유동부채로 표시된다.

③ 공사손실충당부채전입액은 손익계산상 공사원가에서 가산한다.

④ 공사손실충당부채는 공사기간 중에 발생한 공사손실과 상계하고 남은 금액은 공사완성연도에 환입하여 공사원가에서 차감한다.

02 다음 기업회계기준서 건설형 공사계약에 대한 설명 중 틀린 것은?

① 기업회계기준은 공사진행률 계산방법으로 원가비율에 의한 방법을 원칙으로 하고 있으나, 작업일수나 면적비율을 사용하는 공사진행률 등도 인정하고 있다.

② 장·단기도급공사의 구분 없이 모두 원칙적으로 공사진행기준을 적용하여야 한다.

③ 용역제공과 관련한 공사수익 등을 합리적으로 추정할 수 없는 경우에는 공사원가 중 회수가능한 범위 내에서 공사수익을 인식한다.

④ 공사이익을 완성기준에 의해 인식하는 것은 수익과 비용을 대응시켜 적시성을 증대한다.

※ [03~09] (주)박문각건설은 20×1년 2월 1일에 (주)베스트의 공사계약금 50,000,000원의 사옥건축을 수주하였다. 예정완공일은 20×3년 12월 31일이며 공사와 관련된 내용은 다음과 같을 때, 이어지는 물음에 답하시오.

구분	20×1년 12월 31일	20×2년 12월 31일	20×3년 12월 31일
총공사원가 추정액	45,000,000원	51,000,000원	48,000,000원
당기발생 공사원가	9,000,000원	31,800,000원	7,200,000원
공사대금 회수액	8,000,000원	25,000,000원	10,000,000원

03 20×1년 12월 31일 (주)박문각건설의 공사진행률은 몇 %인가?

① 15% ② 20%

③ 25% ④ 30%

04 20×1년 12월 31일 (주)박문각건설의 당기공사이익은 얼마인가?

① 1,000,000원 ② 1,200,000원

③ 1,800,000원 ④ 2,000,000원

05 20×2년 12월 31일 (주)박문각건설의 누적공사원가는 얼마인가?

① 40,500,000원 ② 40,600,000원

③ 40,700,000원 ④ 40,800,000원

06 20×2년 12월 31일 (주)박문각건설의 당기공사수익은 얼마인가?

① 10,000,000원　② 20,000,000원

③ 30,000,000원　④ 40,000,000원

07 20×2년 12월 31일 (주)박문각건설의 당기공사손익은 얼마인가?

① 손실 200,000원

② 손실 2,000,000원

③ 이익 180,000원

④ 이익 1,800,000원

08 20×2년 12월 31일 (주)박문각건설의 공사손실충당부채전입액은 얼마인가?

① 180,000원　　② 200,000원

③ 1,800,000원　④ 2,000,000원

09 20×3년 12월 31일 (주)박문각건설의 당기공사이익은 얼마인가?

① 이익 1,000,000원

② 이익 2,000,000원

③ 이익 3,000,000원

④ 이익 4,000,000원

📌 이론문제 정답 및 해설

01 ④ 공사손실충당부채는 잔여공사 기간 동안 공사손실이 발생한 경우 동 손실에 상당하는 금액을 환입하여 공사원가에서 차감하고, 남은 금액은 공사완성연도에 환입하여 공사원가에서 차감한다.

02 ④ 공사이익을 진행기준에 의해 인식하는 것은 수익과 비용을 대응시켜 적시성을 증대한다. 완성기준에 의해 인식하는 것은 신뢰성을 유지한다.

03 ②

04 ①

05 ④

06 ③

07 ②

08 ②

09 ③

※ [03~09] 풀이

구분	20×1년 12월 31일	20×2년 12월 31일	20×3년 12월 31일
당기발생원가	9,000,000원	31,800,000원	7,200,000원
누적공사원가	9,000,000원	40,800,000원 (9,000,000원 + 31,800,000원)	48,000,000원 (40,800,000원 + 7,200,000원)
총공사원가 추정액	45,000,000원	51,000,000원	48,000,000원
공사진행률	20%	80%	100%
도급금액	50,000,000원	50,000,000원	50,000,000원
당기공사수익	10,000,000원	30,000,000원 (50,000,000원 × 0.8% - 10,000,000원)	10,000,000원 (50,000,000원 × 100% - 40,000,000원)
당기공사원가	9,000,000원	31,800,000원 (-1,800,000원 발생)	7,200,000원
공사손실충당부채전입액		200,000원주1)	
공사손실충당부채환입액			200,000원주2)
당기공사이익	1,000,000원	-2,000,000원	3,000,000원

주1) 공사손실충당부채전입액은 20×2년에서 총공사
예정원가 51,000,000원이 도급금액 50,000,000
원보다 초과하였으므로 발생한다. 따라서 아래의
내용에 따라 즉시 인식하여야 한다.

> 공사손실충당부채 = 200,000원
> = [(총공사예정원가 - 누적공사원가) -
> (도급금액 - 누적공사수익인식액)]
> = [(51,000,000원 - 40,800,000원) -
> (50,000,000원 - 40,000,000원)]
> (차) 공사손실충당부채전입액 200,000원
> (대) 공사손실충당부채 200,000원
> 으로 하고, 동액을 당기공사원가에 가산한다.

주2) 공사손실충당부채환입액은 공사가 완성되어 공
사손실충당부채잔액이 있는 경우 공사완성연도
에 일시에 환입한다. 회계처리는 다음과 같다.

> (차) 공사손실충당부채 200,000원
> (대) 공사손실충당부채환입액 200,000원

제13절 회계변경과 오류수정 회계처리

◢ 01 회계변경

1) 회계변경의 유형

구분	회계정책의 변경	회계추정의 변경
의의	재무제표의 작성과 보고에 적용되었던 회계원칙에서 다른 회계원칙으로 변경	기업환경의 변화, 새로운 정보의 획득 또는 경험의 축적에 따라 지금까지 사용해오던 회계적 추정치의 근거와 방법 등을 변경
회계변경의 예	• 기말재고자산 평가방법의 변경 • 유가증권평가 방법의 변경	• 매출채권 대손추정률 변경 • 감가상각자산 잔존가치, 내용연수 변경 • 부채성충당부채 예상액 변경 • 감가상각방법 변경 • 수익적 지출을 자본적 지출로 변경
회계처리 방법	소급법(변경내용 주석공시) 단, 회계정책의 변경에 따른 누적효과를 합리적으로 결정하기 어려운 경우에는 회계변경을 전진적으로 처리하여 그 효과를 당기와 당기 이후의 기간에 반영함	미래적 처리법(전진법)

① 다만, 회계정책의 변경과 회계추정의 변경이 동시에 발생하는 경우에는 정책변경에 대한 누적효과를 우선 소급적용한 후 회계추정변경을 전진법으로 처리한다.

② 정당한 회계변경 사유는 아래와 같다.
   ㉠ 합병 등에 의하여 종전정책 적용 시 재무제표가 왜곡되는 경우
   ㉡ 동종산업의 기업이 채택한 회계정책 등으로 변경함에 있어서 새로운 회계정책 등이 종전보다 더 합리적이라고 판단되는 경우
   ㉢ 일반기업회계기준의 제정 등에 따라 회계변경하는 경우
   ※ 유의할 점은 세법규정을 위한 변경은 정당한 회계변경으로 보지 아니한다.

2) 회계변경의 회계처리 방법

① 소급법

회계변경을 한 회계기간의 기초 시점에서 당해 회계변경이 이익잉여금에 미친 누적효과를 계산하여 새로운 회계처리 방법이 처음부터 적용되어 온 것처럼 소급하여 수정하는 방법이다.

(차) 이월이익잉여금	× × ×	(대) 재고자산(기초)	× × ×

ⓐ 장점 : 재무제표의 기간별 비교가능성 제고 및 변경영향을 재무제표에 반영, 이익조작방지 가능

ⓑ 단점 : 재무제표 신뢰성 상실, 재무제표 재작성의 노력과 비용 소요

사례 9

(주)박문각은 20×3년 초에 재고자산평가방법을 선입선출법에서 평균법으로 변경하였다. 기말 재고자산의 내역은 다음과 같다. 일반기업회계기준에 의해서 회계처리하시오.

구분	20×1년	20×2년
선입선출법	200,000	250,000
평균법	150,000	220,000

정답

1. 누적효과 계산

기업회계기준에서는 회계정책의 변경은 소급법을 적용하므로 누적효과를 계산한다. 누적효과, 즉 선입선출법과 평균법의 이익차이는 20×1년을 고려할 필요는 없다. 왜냐하면 평균법을 과거부터 적용했다면 선입선출법보다 당기순이익이 20×1년에는 50,000원만큼 적지만 20×2년에는 동액 50,000원만큼 더 클 것이므로 20×2년 계산시점에서는 차이효과가 없기 때문이다.

따라서 누적효과는 회계원칙이 변경되는 20×2년의 기말재고자산을 기준으로 계산한다.

누적효과 = 250,000 − 220,000 = 30,000원

누적효과	20×1	20×2	20×3
20×2	(50,000)	50,000	
20×3		(30,000)	30,000

2. 전년도 수정회계처리

(차) 이월이익잉여금   30,000 (대) 재고자산 (기초)   30,000

② 전진법(미래적 처리법)

누적효과를 당기 및 당기 이후 변경의 영향이 미치는 기간 동안 회계처리하는 방법을 말한다.

ⓐ 장점 : 과거재무제표 신뢰성 유지, 이익조작 방지, 당기업적주의에 충실

ⓑ 단점 : 비교가능성 저해 및 계속성의 위배

사례 10

(주)박문각은 20×1년 1월 1일 기계를 1,000,000원에 취득하였다. 내용연수는 10년이고, 잔존가액은 100,000원이고, 정액법으로 감가상각한다. 20×2년부터 정률법(상각률 : 20%)으로 변경하였다. 전진법에 의한 감가상각 누적효과를 계산하고 회계처리를 하시오.

정답

1. 20×1년 정액법으로 감가상각할 경우

   $(1,000,000 - 100,000) \times \dfrac{1}{10} = 90,000$원

2. 20×2년도 감가상각

   전년도에 대하여 수정하지 않고 기초시점의 장부가액 910,000원을 기준으로 정률법을 적용한 금액을 당기 감가상각비로 계상한다.

   (차) 감가상각비   182,000   (대) 감가상각누계액   182,000

   $(1,000,000 - 90,000) \times 20\% = 182,000$

3. 비교대차대조표

   전년도에 공시했던 재무제표를 그대로 비교 표시한다.

구분	20×1년	20×2년
기계	1,000,000	1,000,000
감가상각누계액	(90,000)	(272,000)
	910,000	728,000

③ 당기일괄처리법

누적효과를 당기손익에 반영하며, 2개년도 이상의 비교재무제표 작성 시는 전기 재무제표를 재작성하지 않는다.

(차) 회계변경누적효과   ×××   (대) 감가상각누계액   ×××

㉠ 장점 : 과거 재무제표의 신뢰성 유지, 특별항목의 공시로 포괄주의에 충실

㉡ 단점 : 이익조작 위험성 및 비교가능성 저해

02 오류수정

1) 오류수정의 의의

회계원칙 적용상의 잘못이나 사실의 오용, 계산실수 등 일반적으로 인정된 회계원칙에 위배하여 재무제표를 작성한 경우를 말한다. 원칙적으로 누적효과를 영업외손익(전기오류수정손익)으로 당기일괄처리법을 적용하고 있지만 예외적으로 중대한 오류의 경우에는 소급법을 적용한다.

2) 오류수정의 유형

① 당기순이익에 영향을 미치지 않는 오류

㉠ 재무상태표상의 오류 : 장부 마감과 관계없이 발견 즉시 수정분개한다.
- 장기금융상품을 단기금융상품으로 분류하는 오류
- 단기매매증권을 매도가능증권으로 분류하는 오류
- 유동부채를 비유동부채로 분류하는 오류

㉡ 손익계산서상의 오류 : 장부 마감 전의 회계처리에 대해 오류를 발견하면 즉시 수정분개를 하며, 장부 마감 후의 회계처리에 대해 오류를 발견하면 수정분개를 할 필요가 없다.
- 대손상각비를 감가상각비로 기장한 오류
- 유형자산처분이익과 유형자산처분손실을 상계하여 보고하는 오류

② 당기순이익에 영향을 미치는 오류

재무상태표와 손익계산서 모두에 영향을 미치는 오류를 말한다.

㉠ 자동조정오류 : 회계오류가 발생하였다 하더라도 2개의 회계기간이 지나면 오류의 효과가 자동적으로 상쇄되는 오류이다. 즉, 오류가 발생한 연도에 당기순이익이 과대(과소)표시되지만 오류발생연도의 다음 연도에는 수정분개를 수행하지 않아도 당기순이익이 과소(과대)표시되어 양연도 전체 이익잉여금에는 영향을 미치지 않는다는 것이다.

> 예 미지급비용의 누락, 선급비용의 오류, 선수수익의 오류, 미수수익의 오류, 기말재고자산과 매입의 오류 등

오류사항	당기 장부 마감 전		당기 장부 마감 후	
기초재고 과대계상	(차) 전기오류수정손실 (대) 매출원가	××× ×××	수정분개 필요없음	
기말재고 과대계상	(차) 매출원가 (대) 재고자산	××× ×××	(차) 전기오류수정손실 (대) 재고자산	××× ×××

㉡ 비자동적오류 : 2개의 회계기간 경과만으로는 자동조정되지 않는 오류이다.

> 예 유형자산 취득에 따른 지출을 전액 수익적 지출로 처리한 경우, 감가상각비 및 대손상각비 오류 등

이론문제 | 회계변경과 오류수정 회계처리

01 다음 중 회계변경의 분류로 옳지 않은 것은?

① 매출채권의 추정대손율 변경 – 회계추정의 변경

② 재고자산의 평가방법 변경 – 회계정책의 변경

③ 유형자산의 효익을 주는 기간의 변경 – 회계추정의 변경

④ 감가상각방법 변경 – 회계정책의 변경

02 회계정책변경에 관한 우리나라 일반기업회계기준의 규정으로 틀린 것은?

① 회계정책변경을 한 때는 변경 전 회계연도의 재무제표를 다시 작성하지 않는다.

② 회계추정을 변경한 때는 당기 이후에 그 영향이 미치는 것으로 한다.

③ 설비자산의 내용연수를 변경하는 것은 회계추정의 변경이다.

④ 회계처리기준의 변경으로 인하여 자산 또는 부채에 미치는 누적효과는 전기이월잉여금에 반영한다.

03 전기재무제표상의 오류수정에서 중대한 오류는 어디에 반영되어야 하는가?

① 당기의 손익계산서상 영업외손익

② 특별손익

③ 이익잉여금처분계산서에 당기순이익의 조정항목

④ 이익잉여금처분계산서에 전기이월이익잉여금의 조정항목

04 1차 연도에 발생한 오류가 2차 연도에 자동적으로 상쇄되어, 3차 연도에는 오류를 수정할 필요가 없는 자동적 오류에 해당되지 않는 것은?

① 미지급비용계상의 누락

② 자본적 지출의 수익적 지출처리

③ 매입액의 과대표시

④ 기말재고자산의 과대표시

05 (주)박문각은 10월 1일에 차량의 대수선과 관련하여 1,200,000원의 자본적 지출을 하였으나 착오로 이를 수익적 지출로 처리하였다. 이 차량을 정률법(연 40%)으로 감가상각한다고 가정할 때 이러한 오류로 인하여 (주)박문각의 당기순이익은 얼마나 과소표시되는가?

① 480,000원   ② 840,000원

③ 120,000원   ④ 1,080,000원

06 다음 ㉮, ㉯, ㉰에 들어갈 내용으로 옳은 것은?

> 사장 : 최 과장, 금년에 재고자산의 단위당 원가가 전년도에 비하여 상승한 이유가 있나요?
>
> 최 과장 : 재고자산 평가방법을 올해부터 총평균법에서 선입선출법으로 변경하였기 때문입니다.
>
> 사장 : 변경으로 인한 효과를 어떻게 처리해야 하나요?
>
> 최 과장 : 재고자산 평가방법의 변경은 (㉮)에 해당하므로 그 변경효과를 (㉯) 적용하여야 합니다. 다만, 그 변경효과를 합리적으로 결정하기 어려운 경우에는 그 변경효과를 (㉰) 처리하여야 합니다.

	(㉮)	(㉯)	(㉰)
①	회계정책의 변경	전진적으로	소급하여
②	회계추정의 변경	전진적으로	소급하여
③	회계정책의 변경	소급하여	전진적으로
④	회계추정의 변경	소급하여	전진적으로

07 다음 중 회계변경과 오류수정에 대한 설명으로 옳은 것은?

① 회계추정의 변경은 소급법으로 처리하고 회계정책의 변경은 전진법으로 처리한다.

② 감가상각 대상자산의 내용연수 변경은 회계정책의 변경이다.

③ 현금주의로 회계처리한 것을 발생주의로 변경하는 것은 회계추정의 변경이다.

④ 회계정책의 변경효과와 회계추정의 변경효과를 구분하기 불가능한 경우에는 회계추정의 변경으로 본다.

📌 이론문제 정답 및 해설

01 ④ 유형·무형자산의 감가상각방법을 변경하는 것은 회계추정의 변경에 해당한다.

02 ① 회계정책의 변경을 할 때에는 회계변경의 누적효과를 소급하여 처리하며 전기분 재무제표를 재작성하여야 한다.

03 ④ 당기에 발견한 전기 또는 전기 이전의 기간의 중대하지 않은 오류는 손익계산서에 영업외손익 중 전기오류수정손익으로 보고한다. 그러나 중대한 오류에 해당되면 전기이월이익잉여금에 반영하고 관련 계정 잔액을 수정하고 비교재무제표를 재작성한다.

04 ② 자동적 오류란 특정한 기간에 발생한 오류가 오류정정에 대한 회계처리를 하지 않았는데도 자동적으로 차기에 오류가 정정되는 형태의 오류로 다음과 같은 것들이다.

> • 재고자산의 과소 또는 과대평가
> • 선급비용, 선수수익 등의 부정확한 계산
> • 미지급비용, 미수수익 등의 부정확한 계산

05 ④ ㉠ 감가상각비 계산
  • 정률법에 의한 연간 감가상각비
  = 1,200,000 × 0.4 = 480,000원
  • 10월 1일에 지출하였으므로 10, 11, 12월의 3개월분만 당해연도에 감가상각비로 계산하여야 하기 때문에 당해연도 감가상각비
  $= 480,000 × \dfrac{3}{12} = 120,000$원

  ㉡ 순이익에 미치는 영향 : 당기에 지출한 1,200,000원은 자본적 지출로 하여 감가상각비를 계산한 120,000원만 비용으로 계산해야 하나 1,200,000원을 수선비로 하여 비용 처리하였으므로 1,200,000원 − 120,000원 = 1,080,000원만큼 순이익이 과소계상되었다.

06 ③ 재고자산 평가방법의 변경은 (회계정책의 변경)에 해당하므로 그 변경효과를 (소급하여) 적용하여야 한다. 다만, 그 변경효과를 합리적으로 결정하기 어려운 경우에는 (전진적으로) 처리하여야 한다.

07 ④ ① 회계추정의 변경은 전진법으로 처리하고, 회계정책의 변경은 소급법으로 처리한다.
  ② 내용연수의 변경은 회계추정의 변경이다.
  ③ 현금주의로 회계처리한 것을 발생주의로 변경하는 것은 오류수정이다.

02 | NCS를 적용한 원가회계 이해

제1절 원가회계의 기본개념과 분류, 흐름

01 원가회계 개념

기업의 생산과 영업활동에 관한 원가자료를 집계, 배부, 분석하는 것이다. 즉, 제품제조에 필요한 재료비, 임금, 기타비용을 계산하여 그 원가를 제품별로 부과하는 것을 말한다.

02 원가의 분류

원가회계는 기본원가와 가공원가로 분류할 수 있다.

> • 기본원가(기초원가, 주요원가) : 직접재료비 + 직접노무비
> • 가공원가(전환원가) : 직접노무비 + 제조간접비
> ※ 제조간접비는 간접재료비, 간접노무비, 간접제조경비를 합산한 금액을 말한다.

1) **발생 형태에 따른 분류(요소별 분류)**
   ① **재료비** : 제품 제조에 투입된 원재료 등의 소비에 대한 원가이다.
   ② **노무비** : 제품 제조에 투입된 노동력의 소비에 대한 원가이다.
   ③ **제조경비** : 재료비와 노무비 이외에 소비된 원가로, 감가상각비, 수도료, 전력비, 수선비, 보험료 등이 포함된다.

2) **제조활동 관련성에 따른 분류**
   ① **제조원가** : 재료비, 노무비, 제조간접비(원가의 3요소)로 분류된다.
   ② **비제조원가** : 기업의 제조활동과 관련 없이 발생한 원가로서 판매비와 관리비 등에서 발생하는 원가를 말한다(예 광고선전비, 판매수수료, 판매직원에 대한 급료 등).

3) **추적가능성에 따른 분류**
   ① **직접비** : 특정제품에 직접 소비되며, 추적이 가능한 원가이다(예 직접재료비, 직접노무비, 직접제조경비 등).
   ② **간접비** : 여러 종류의 제품에 공통으로 소비되는 원가로서 추적이 불가능한 원가이고, 인과관계에 따라 일정한 기준에 의해 제품에 부과하는 원가를 말한다(예 간접재료비, 간접노무비, 간접제조경비 등).

4) 원가행태(조업도, 생산량) 변화에 따른 분류

① **변동원가** : 조업도가 증가하면, 총원가는 증가하고 제품단위당 원가는 일정하다(예 재료비, 노무비, 변동제조경비 등).

② **고정원가** : 조업도가 증가하면, 총원가는 일정하고 제품단위당 원가는 감소한다(예 감가상각비, 임차료 등).

③ **준변동원가(혼합원가)** : 고정비(기본요금)와 변동비가 혼합된 형태로서 조업도가 증가하면 총원가도 증가하는 형태이다[예 통신비(휴대폰요금) 등].

④ **준고정원가(계단원가)** : 일정한 조업도 내에서는 일정하지만 그 범위를 벗어나면 총액이 증가하는 형태이다(예 공장 감독자의 급료 등).

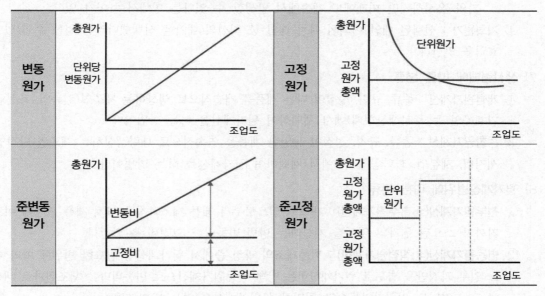

5) 수익과의 대응관계에 따른 분류(= 자산화 여부에 따른 분류)

① **제품원가(= 재고가능원가)** : 제품원가는 판매시점까지 비용화가 이연된다[예 사용된 원재료의 원가(직접재료원가), 생산직 종업원의 임금(직접노무원가), 공장 감가상각비, 공장 관리자의 급료, 공장수선유지비, 공장수도·전기료(제조간접원가) 등].

② **기간원가(= 재고불능원가)** : 제품생산과 관련 없이 발생된 원가로 항상 발생된 기간에 비용으로 처리되는 원가이다[예 손익계산서(판)로 처리 : 사무실 소모품비, 판매직원의 급료, 영업용건물의 감가상각비, 사장·사무원의 급료, 영업용건물의 수선유지비, 영업용건물의 수도·전기료 등].

6) 의사결정과의 관련성에 따른 분류

① **관련원가** : 특정 의사결정과 직접적으로 관련 있는 원가이다. 선택 가능한 대안 사이에 발생할 수 있는 미래의 원가차이를 의미한 차액원가가 해당된다.

② **매몰원가(= 기발생원가)** : 특정 의사결정과 관련이 없는 원가로 이미 발생하였으므로 현재의 의사결정에 아무런 영향을 미치지 못하는 비관련원가, 통제불능원가 등이 해당된다.

> ■ **통제불능원가** : 특정관리자가 원가의 발생정도에 영향을 미칠 수 없는 원가를 말한다.
> ■ **통제가능원가** : 특정 관리자의 업적을 평가하는 데 유용한 개념으로 책임회계에서 중요시 된다.

③ **회피가능원가와 회피불능원가**

　㉠ **회피가능원가** : 다른 대안을 선택할 경우 절약되거나 발생되지 않을 원가를 말한다.

　㉡ **회피불능원가** : 다른 대안을 선택하더라도 계속 발생하리라 예상되는 원가로서 기발생원 가와 유사하지만 미래에도 계속해서 발생할 수 있다는 면에서 차이가 있다.

④ **기회원가** : 선택된 대안 이외의 다른 대안 중 최선의 대안을 선택했더라면 얻을 수 있었던 효익을 말한다.

7) 생산형태에 따른 분류

① **개별원가계산** : 종류, 규격, 성질이 다른 제품을 개별적으로 생산하는 제조업(건축업, 조선업, 기계공업 등 주문생산형태)에서 채택하여 원가계산을 하는 방법이다.

② **종합원가계산** : 종류, 규격, 성질이 동일한 제품을 연속적으로 대량생산하는 제조업(방직업, 제지업, 제분업, 화학공업 등)에서 채택하여 원가계산을 하는 방법이다.

8) 원가계산범위에 따른 분류

① **전부원가계산(= 흡수원가계산)** : 재료 구입으로부터 제품 제조과정을 거쳐 제품 판매에 이르 기까지 소요된 원가의 일체를 계산하는 방법(변동비 + 고정비)을 말한다.

② **변동원가계산(= 직접원가계산)** : 제품제조의 과정 중에서 원가계산상 필요한 범위에 따라 어 느 일부 과정만을 별도로 원가계산하는 방법(변동원가계산으로 변동비만을 제조원가로 계산 하고, 고정비는 비원가항목으로 처리하여 원가계산을 하는 방법)이다.

9) 계산시점에 따른 분류

① **실제원가계산(= 사후원가계산)** : 원가계산 말에 모든 제조원가를 실제 발생된 금액을 집계하 여 계산하는 것을 말한다.

② **예정(정상)원가계산(= 사전원가계산)** : 직접재료비(실제), 직접노무비(실제), 제조간접비(예정 배부액)에 의해 원가를 생산완료와 동시에 결정하고 원가계산 기말에 제조간접비배부차이를 계산, 조정하는 방법에 의하여 제품의 원가를 계산하는 것을 말한다.

③ **표준원가계산** : 모든 원가(직접재료비, 직접노무비, 변동제조간접비, 고정제조간접비)를 사전 에 설정한 표준원가에 의해 원가를 결정하고, 원가계산 기말에 각 원가요소별 실제발생액과 비교하여 차이원인을 분석하는 방법으로 원가통제 등을 목적으로 사용된다.

03 원가의 흐름 및 절차 및 원가구성도

1) 제조원가의 흐름

> ① 원재료 → ② 재공품 → ③ 제품 → ④ 매출원가

2) 원가계산의 절차

> ① 요소별원가계산 → ② 부문별원가계산 → ③ 제품별원가계산

3) 원가의 구성도

				이익 200	
			판매비와 관리비 600		
		제조간접비 400		판매원가 2,000	판매가격 2,200
직접재료원가 300			제조원가 1,400		
직접노무원가 200	직접원가 1,000				
직접제조경비 500					

- 직접원가 = 직접재료비 + 직접노무비 + 직접제조경비
- 제조원가 = 직접원가 + 제조간접비(간접재료비 + 간접노무비 + 간접제조경비)
- 판매원가 = 제조원가 + 판매비와 관리비
- 판매가격 = 판매원가 + 이익

4) 제조원가와 매출원가의 계산 흐름 요약

재료	재공품	제품
기초원재료재고액	기초재공품재고액	기초제품재고액
(+) 당기원재료매입액	(+) 직접재료원가	(+) 당기제품제조원가
(−) 기말원재료재고액	(+) 직접노무원가	(−) 기말제품재고액
당기원재료소비액	(+) 제조간접원가	당기매출원가
	(−) 기말재공품재고액	
	당기제품제조원가	

✔️ 이론문제 | **원가회계의 기본개념과 분류, 흐름**

01 다음 원가회계에 대한 내용 중 틀린 것은?

① 고정원가는 조업도의 증감에 관계없이 그 총액이 일정하게 발생하는 원가이다.
② 당기제품제조원가는 기초재공품재고액과 당기총제조원가의 합에서 기말제품재고액을 차감한 후의 금액이다.
③ 정상원가계산은 직접재료비, 직접노무비는 실제원가로 계산하고, 제조간접비는 사전에 결정된 예정배부율을 이용하여 제품에 배부한다.
④ 표준원가계산은 미리 표준으로 설정된 원가자료를 사용하여 원가를 계산하는 방법으로 신속한 원가정보의 제공이 가능하다.

02 다음 자료를 이용하여 당기총제조원가가 1,875,000원일 때 직접재료원가와 직접노무원가를 계산하면 얼마인가?

구분	금액
직접재료원가	_____원
직접노무원가	_____원
제조간접원가	직접노무원가의 150%
가공원가	직접재료원가의 200%

	직접재료원가	직접노무원가
①	625,000원	500,000원
②	625,000원	750,000원
③	500,000원	750,000원
④	500,000원	625,000원

03 다음의 자료를 참고하여 당기제품제조원가와 매출원가를 계산한 값으로 옳은 것은?

- 당기 회계기간 중 재료구입액은 300,000원, 직접노무원가는 180,000원, 제조간접원가는 150,000원이다.
- 재고 현황은 다음과 같다.

구분	기초	기말
원재료	100,000원	120,000원
재공품	120,000원	150,000원
제품	100,000원	250,000원

	제품제조원가	매출원가
①	580,000원	430,000원
②	600,000원	450,000원
③	600,000원	430,000원
④	580,000원	450,000원

04 다음의 자료를 이용하여 당기제품제조원가를 계산하면 얼마인가?

- 당기원재료 매입은 90,000원이며 기말원재료 재고는 기초에 비해서 40,000원이 증가했다.
- 노무비는 직접재료비의 210%를 차지한다.
- 제조간접비는 가공비의 30%를 차지한다.
- 기초재공품은 당기총제조원가의 40%이다.
- 기말재공품은 기초재공품의 1.5배이다.

① 102,000원 ② 105,000원
③ 160,000원 ④ 240,000원

📌 이론문제 정답 및 해설

01 ② 당기제품제조원가 = 기초재공품재고액 + 당기총제조원가 – 기말재공품재고액

02 ① • 가공원가 = 직접노무원가 + 제조간접원가 = 직접재료원가 × 200%
- 당기총제조원가 = 직접재료원가 + 직접노무원가 + 제조간접원가
- 당기총제조원가 = 직접재료원가 + 가공원가 = 직접재료원가 + 직접재료원가 × 200%
즉, 직접재료원가 = A라 가정할 때, 1,875,000 = A + A × 2, A = 625,000원, 가공원가 = 625,000 × 2 = 1,250,000원
- 가공원가 = 직접노무원가 + 제조간접원가 = 직접노무원가 + 직접노무원가 × 150%
즉, 직접노무원가 = B라 가정할 때, 1,250,000 = B + B × 1.5, B = 500,000원, 제조간접원가 = 500,000 × 1.5 = 750,000원

03 ① • 재료비 = 100,000원 + 300,000원 – 120,000원 = 280,000원
- 당기총제조원가 = 280,000원 + 180,000원 + 150,000원 = 610,000원
- 당기제품제조원가 = 120,000원 + 610,000원 – 150,000원 = 580,000원
- 매출원가 = 100,000원 + 580,000원 – 250,000원 = 430,000원

04 ③

원재료

기초	0	소비	50,000
매입	90,000	기말	40,000
	90,000		90,000

재공품

기초	80,000	완성	160,000
직접재료비	50,000	기말	120,000
직접노무비	105,000		
제조간접비	45,000		
	280,000		280,000

제2절 제조간접비 배부와 개별원가계산

01 제조간접비 배부

1) 용어 정리

① **원가배부** : 원가집합을 원가회계의 여러 목적을 위하여 인위적인 배부기준에 따라 원가대상으로 배부하는 과정이다.

② **원가집합** : 특정 원가대상과의 인과관계가 불투명하여 추적가능성이 없거나 추적이 비경제적인 원가를 간접원가라 하고, 둘 이상의 유사한 원가항목이 집계되는 계정(예 제조간접비)을 원가집합이라 한다.

③ **원가대상** : 제품, 제조부문, 보조부문, 활동, 각 사업부 등과 같이 원가가 집계되는 장소로 원가계산을 위한 최종적인 원가대상은 제품이며, 제품으로 원가가 최종 배부·집계되기 위한 중간 원가대상으로서 제조부문이나 보조부문, 활동 등이 있다.

2) 원가배부기준

① **인과관계기준** : 가장 합리적인 원가배부기준이다[예 전력비(결과)의 발생원인은 전력의 사용(원인)이므로 원가대상에서 사용한 전력량을 기준으로 전력비를 원가대상에 배부한다].

② **수혜기준(= 수익자 부담기준)** : 원가발생으로 인하여 원가대상이 경제적 효익을 받은 경우 제공받은 효익의 크기에 비례하여 원가를 배부하는 방법이다(예 회사 전체 이미지 광고를 통해 여러 제품의 매출이 증가한 경우, 광고비의 발생원인인 광고시간을 각 제품이 얼마나 사용했는지 알 수 없으므로 광고 전과 광고 후의 각 제품 매출액의 증가액을 기준으로 광고비를 각 제품에 배부한다).

③ **부담능력기준** : 원가대상이 원가를 부담할 수 있는 능력에 비례하여 원가를 배부하는 방법이다(예 방위성금을 회사의 각 사업부에 분담시킬 경우 수익성이 높은 사업부에 더 많은 성금을 부담시킨다).

④ **공정성과 공평성기준** : 여러 원가대상에 원가를 배부할 때 그 원가배부는 공정하고 공평하게 이루어져야 한다는 기준이다.

3) 원가배부의 목적

외부재무보고, 계획과 의사결정분석, 가격결정, 성과평가와 통제 등이 있다.

02 제조간접비 배부와 개별원가계산

1) 개별원가계산

제품의 종류, 규격, 품질 등이 다른 이종제품 생산, 주문생산형태, 제조지시서별로 원가를 구분·집계하여 계산하는 방법이다(**예** 건설업, 조선업, 항공기 제조업, 주문에 의한 가구 및 기계 제작업).

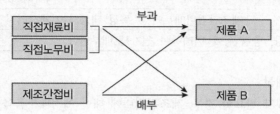

2) 개별원가계산의 절차

① 원가집적대상이 되는 개별작업을 각 제조지시서별로 원가계산표를 작성한다.

② 개별작업에 대한 직접재료비와 직접노무비를 계산하여 개별작업에 직접부과한다.

③ 제조간접비(핵심적인 이슈)를 공장전체를 하나의 원가집합으로 보아 집계하거나 각 부문별로 집계하는 것이며 제조부문별 제조간접비 배부가 더 정확한 제조원가를 집계할 수 있다.

03 제조간접비를 개별원가계산에 적용하는 방법

1) 실제개별원가계산

기말에 실제 발생한 원가를 합리적인 기준으로 배부한다. 원가형태는 직접재료비(실제), 직접노무비(실제), 제조간접비(실제)로 구성되며, 기업 외부보고용 재무제표 작성에 사용한다.

제조간접비 배부액 = 실제발생액 × 실제배부기준(조업도)		

가액법	직접재료비법	제조간접비배부율 = $\dfrac{\text{1개월간의 제조간접비 총액}}{\text{동 기간의 직접재료비 총액}}$
		제조간접비배부액 = 특정 제품의 직접재료비 × 배부율
	직접노무비법	제조간접비배부율 = $\dfrac{\text{1개월간의 제조간접비 총액}}{\text{동 기간의 직접노무비 총액}}$
		제조간접비배부액 = 특정 제품의 직접노무비 × 배부율
	직접원가법	제조간접비배부율 = $\dfrac{\text{1개월간의 제조간접비 총액}}{\text{동 기간의 직접원가 총액}}$
		제조간접비배부액 = 특정 제품의 직접원가 × 배부율

	직접노동시간법	제조간접비배부율 = $\dfrac{\text{1개월간의 제조간접비 총액}}{\text{동 기간의 직접노동 총시간}}$
		제조간접비배부액 = 특정 제품의 직접노동시간 × 배부율
시간법	기계작업시간법	제조간접비배부율 = $\dfrac{\text{1개월간의 제조간접비 총액}}{\text{동 기간의 기계작업 총시간수}}$
		제조간접비배부액 = 특정 제품의 기계작업시간수 × 배부율
수량법	제품의 수량, 중량 등에 비례하여 원가를 배부한다.	

2) 정상(예정)개별원가계산

기말 이전에 원가집계가 필요할 경우, 제조간접비에 대한 예정배부율을 이용하여 제품원가계산을 하고, 기말에 이를 정산하는 제도이다. 원가형태는 직접재료비(실제), 직접노무비(실제), 제조간접비(예정)이다.

① 제조간접비 예정배부액 계산

과거의 경험을 토대로 연간 제조간접비예산액을 연간 작업시간으로 나누어 예정배부율을 산출한 후 실제작업시간을 곱한다.

> ■ 제조간접비 예정배부액
> 제조간접비 예정배부율 = 제조간접비 예산 ÷ 예정조업도(배부기준)
> 제조간접비 예정배부액 = 실제작업시간 × 예정배부율

② 제조간접비 배부차이

제조간접비

간접재료비(실제)	×××	재공품(예정)	×××
간접노무비(실제)	×××	제조간접비 배부차이(과소)	×××
간접제조경비(실제)	×××		
제조간접비 배부차이(과대)	×××		

구분	차변		대변	
예정소비액	재공품	×××	제조간접비	×××
실제소비액	제조간접비	×××	재료비	×××
			노무비	×××
			제조경비	×××
예정 > 실제(과대)	제조간접비	×××	제조간접비 배부차이	×××
예정 < 실제(과소)	제조간접비 배부차이	×××	제조간접비	×××

3) 제조간접비 배부차이의 조정 방법

① 매출원가조정법 : 과대배부 시 매출원가에서 차감하고, 과소배부 시 매출원가에서 가산한다.

② 영업외손익법 : 제조간접비 배부차이를 영업외비용(과소배부)과 영업외수익(과대배부)으로 조정하는데, 차이의 원인이 기업 외부사정에 의해 발생한 경우에 처리한다.

③ 재공품, 제품, 매출원가 비율법 : 제조간접비 배부차이를 재공품, 제품, 매출원가의 금액을 안분하여 비율을 계산한 후 조정하는 방법으로서 역사적 원가 회계처리에 부합한다.

　㉠ 총원가 비례배분법 : 매출원가, 제품, 재공품의 총원가(기말잔액)를 기준으로 제조간접원가 배부차이를 배분하는 방법이다.

　㉡ 원가요소별 비례배분법 : 매출원가, 제품, 재공품의 제조간접원가 예정배부액을 기준으로 제조간접원가 배부차이를 배분하는 방법이다.

| 사례 | 1

(주)박문각의 갑제품 자료에 의하여 물음에 답하시오.

- 1년간의 제조간접비 예산총액 : 1,800,000원
- 1년간의 예정작업시간 : 600,000시간
- 1년간의 실제작업시간 : 610,000시간
- 제조간접비 실제발생액 : 1,900,000원

㉮ 예정배부율 계산 :
㉯ 예정배부액 계산 :
㉰ 실제발생액과 비교하여 과대배부 또는 과소배부 여부 판단 :

정답
㉮ 예정배부율 계산 : 1,800,000 ÷ 600,000 = 3
㉯ 예정배부액 계산 : 610,000 × 3 = 1,830,000원
㉰ 실제발생액 1,900,000원 > 예정배부액 1,830,000원
　과소배부 70,000원

4) 실제원가 및 정상원가와 표준원가 비교 요약

원가항목	실제원가계산	정상원가계산	표준원가계산
직접재료원가	실제발생액 (실제수량×실제단가)	실제발생액	표준금액 (표준수량×표준단가)
직접노무원가	실제발생액	실제발생액	표준금액
제조간접원가	실제발생액 (실제배부율×실제배부기준)	예정배부액 (예정배부율×실제배부기준)	표준배부액 (표준배부율×표준배부기준)

✅ 이론문제 | 제조간접비 배부와 개별원가계산

01 ㈜강서의 제조간접비 예정배부율이 직접노무시간당 5,000원이고, 상상 직접노무시간이 220시간, 실제 직접노무시간이 200시간이다. 실제 제조간접비 발생액이 1,200,000원인 경우 제조간접비 배부차이는 얼마인가?

① 100,000원 과소배부
② 100,000원 과대배부
③ 200,000원 과소배부
④ 200,000원 과대배부

02 제조간접비를 직접노무시간으로 예정배부하고 있다. 당기말 현재 실제 제조간접비 발생액이 6,150,000원이고, 실제 직접노무시간이 50,000시간일 때 당기의 제조간접비는 150,000원 과대배부된다. 이 경우 제조간접비 예정배부율은 직접노무시간당 얼마인가?

① 110원
② 120원
③ 126원
④ 130원

03 6월에 수행된 3개의 작업관련 자료는 다음과 같으며, 실제제조간접원가 발생액은 55,800원, 제조간접원가 예정배부율은 직접노동시간당 9원이다. 작업 #601과 #602는 6월에 완성되었고, 작업 #603은 미완성상태인 경우, 작업 #601에서 생산한 제품의 단위당 원가 및 ㈜한결의 기말재공품 원가는 얼마인가?

구분	작업번호		
	#601	#602	#603
생산량	4,000개	3,600개	3,000개
직접노동시간	2,400시간	2,000시간	1,800시간
직접재료원가	9,000원	7,400원	2,800원
직접노무원가	19,200원	16,000원	14,400원

단위당 원가	재공품 원가
① 12.86원	35,200원
② 12.45원	35,200원
③ 12.86원	33,400원
④ 12.45원	33,400원

04 원가계산 기간의 제조간접비 예정배부액 400,000원이고 실제배부액은 430,000원이었다. 이때 제조간접비 배부차이를 대체한 분개로 맞는 것은?

제조간접비			
실제	430,000	예정	400,000
		제조간접비 배부차이	30,000

① (차) 제조간접비   30,000원
  (대) 재공품   30,000원
② (차) 제조간접비   30,000원
  (대) 제조간접비 배부차이   30,000원
③ (차) 제조간접비 배부차이   30,000원
  (대) 제조간접비   30,000원
④ (차) 제품   30,000원
  (대) 제조간접비 배부차이   30,000원

05 다음은 예정(정상)개별원가계산을 적용하고 있는 A기업의 자료이다. 제조간접비 부족 배부액 50,000원을 원가요소기준법에 의해 배부하는 경우, 매출원가에 배부되는 금액은 얼마인가?

구분	재공품	제품	매출원가
직접 재료비	15,000원	25,000원	23,000원
직접 노무비	35,000원	45,000원	47,000원
제조 간접비	30,000원	20,000원	50,000원
합계	80,000원	90,000원	120,000원

① 25,000원　　　② 35,000원
③ 75,000원　　　④ 125,000원

06 당기 초에 영업을 개시한 ㈜현화는 정상개별원가계산 방법을 채택하고 있으며, 당기말 재고자산가액 및 매출원가는 다음과 같다. 당기의 제조간접원가 배부차이가 1,000,000원 과소배부인 경우 각 배부차이조정 방법에 따라 당기손익에 미치는 영향을 바르게 연결한 것은?

구분	재공품	제품	매출원가	합계
직접 재료 원가	1,000,000 원	1,200,000 원	800,000 원	3,000,000 원
직접 노무 원가	3,000,000 원	4,000,000 원	1,500,000 원	8,500,000 원
제조 간접 원가	1,500,000 원	2,000,000 원	1,000,000 원	4,500,000 원
합계	5,500,000 원	7,200,000 원	3,300,000 원	16,000,000 원

① 매출원가조정법 : 800,000원 감소,
　총원가기준법 : 281,250원 감소,
　원가요소법 : 200,000원 감소

② 매출원가조정법 : 1,000,000원 감소,
　총원가기준법 : 222,222원 감소,
　원가요소법 : 206,250원 감소
③ 매출원가조정법 : 1,000,000원 감소,
　총원가기준법 : 206,250원 감소,
　원가요소법 : 266,666원 감소
④ 매출원가조정법 : 1,000,000원 감소,
　총원가기준법 : 206,250원 감소,
　원가요소법 : 222,222원 감소

07 제조간접비 부족 배부차이 100,000원을 배부한다고 할 때, 매출원가조정법과 총원가비례배부법, 원가요소별비례배부법 중 어느 것의 순이익이 가장 작게 나타나는가?

① 매출원가조정법
② 총원가비례배부법
③ 순이익에는 영향을 미치지 않는다.
④ 원가요소별 비례배부법

08 다음 자료와 같이 정상개별원가계산제도를 사용하여 원가계산을 실시하고 있으며, 제조간접비는 직접작업시간을 기준으로 배부하고 있다. 원가계산 시 제조간접비 배부차이 조정 전 매출원가에 포함된 제조간접비 배부액은 1,400원이다. 기말에 제조간접비 배부차이를 매출원가에서 전액 조정하는 경우, 조정 후 매출원가에 포함되는 총 제조간접비는 얼마인가?

- 예상총제조간접비 : 2,500원
- 예상총직접작업시간 : 500시간
- 실제총제조간접비 : 1,800원
- 실제총직접작업시간 : 300시간

① 1,680원　　　② 1,500원
③ 1,700원　　　④ 1,750원

📌 이론문제 정답 및 해설

01 ③ 배부차이 = 예정배부액 1,000,000원(예정배부율 5,000원 × 실제 직접노무시간 200시간) − 실제 제조간접비 발생액 1,200,000원 = 200,000원 과소배부

02 ③ • 실제발생액 − 예정배부액 = (−)과대배부액 6,150,000원 − X = (−)150,000 과대배부, X = 6,300,000원
· 예정배부액 6,300,000원 = 예정배부율 × 실제배부기준수 = 예정배부율 × 50,000시간 ∴ 예정배부율 = 126원

03 ④ 단위당 원가(#601) = (9,000원 + 19,200원 + 2,400시간 × 9원) ÷ 4,000개 = 12.45원
재공품 원가(#603) = 2,800원 + 14,400원 + 1,800시간 × 9원 = 33,400원

04 ③ 예정배부액 30,000원이 과소 배부되었다.
(차) 제조간접비 배부차이   30,000원
(대) 제조간접비   30,000원

05 ① 50,000원 × [50,000원 ÷ (30,000원 + 50,000원 + 20,000원)] = 25,000원

06 ④ 당기손익에 미치는 영향은 매출원가에 추가로 배부되는 차액을 계산하여 산출한다.
· 매출원가조정법 : 1,000,000원 전액 매출원가에 배부 → 당기손익 1,000,000원 감소
· 총원가기준법 : 1,000,000원 × (3,300,000원 ÷ 16,000,000원) = 206,250원 매출원가에 배부 → 당기손익 206,250원 감소
· 원가요소법 : 1,000,000원 × (1,000,000원 ÷ 4,500,000원) = 222,222원 매출원가에 배부 → 당기손익 222,222원 감소

07 ① 매출원가조정법은 배부차이를 전액 매출원가에 가산하므로 순이익이 셋 중 가장 작게 나타난다.

08 ③ $\dfrac{2,500원}{500시간}$ × 300시간
= 예정 1,500원 ↔ 실제 1,800원
∴ 과소배부 : 300원
조정 후 매출원가 1,700원 = 조정 전 매출원가 1,400원 + 과소배부 300원

제3절　부문별 원가계산

◢ 01　부문별 원가계산

제품의 제조원가를 정확히 산정하기 위하여 제조간접비(부문비)를 우선적으로 그 발생장소인 부문 별로 분류·집계하는 절차를 말하며, 이것이 발생한 장소를 원가부문이라 한다.

> ■ 제조부문 : 제조활동을 직접 담당하는 부문(예 조립부문, 절단부문 등)
> ■ 보조부문 : 제조활동에 직접 참여하지는 않으나 제조부문의 제조활동을 보조하고 용역을 제공하는 부문(예 전력부문, 수선부문, 공장관리부문 등)

◢ 02　부문별 원가계산 절차

1) 부문직접비의 부과(제1단계)

2) 부문간접비의 배부(제2단계)

▼ 부문간접비 배부기준

No.	부문간접비	배부기준
1	간접재료비	각 부문의 직접재료비
2	간접노무비	각 부문의 직접노무비, 종업원 수, 직접노동시간 등
3	감가상각비	기계 : 사용시간, 건물 : 면적
4	전력비	각 부문의 전력소비량 또는 기계마력수×운전시간
5	수선비	각 부문의 수선횟수
6	가스수도료	각 부문의 가스·수도 사용량
7	운반비	각 부문의 운반물품의 무게, 운반거리, 운반횟수
8	복리후생비	각 부문의 종업원 수
9	임차료·재산세·화재보험료	각 부문이 차지하는 면적 또는 기계의 가격
10	기타부문간접비	각 부문의 직접노동시간, 종업원 수, 면적 등

3) 보조 부문비의 배부(제3단계)

구분	보조부문간 용역수수	장점	단점
직접배부법	완전 무시함	간편함	원가계산 부정확
단계배부법	일부만 고려	우선순위 정함, 직접배부와 상호 절충	
상호배부법	완전고려(연립방정식 이용)	원가계산 정확함	복잡함

4) 제조부문비의 제품에의 배부(제4단계)

사례 2

보조부문과 제조부문의 발생원가와 용역제공비율이 다음과 같을 때 원가배부방법에 따라 제조부문의 원가를 계산하시오.

	보조부문		제조부문	
	A	B	C	D
자기부문 발생원가	900,000	450,000	2,000,000	3,200,000
A	–	10%	40%	50%
B	20%	–	30%	50%

(1) 직접배부법에 따라 원가를 배부할 때 제조부문 C, D의 원가합계는?

(2) 단계배부법(A를 먼저 배부)에 따라 원가를 배부할 때 제조부문 C, D의 원가합계는?

정답

(1) 직접배부법에 따른 원가계산

	보조부문		제조부문	
	A	B	C	D
발생원가	900,000	450,000	2,000,000	3,200,000
A	–	10% 무시	400,000	500,000
	A 900,000원을 C, D에 4 : 5의 비율로 배부			
B	20% 무시	–	168,750	281,250
	B 450,000원을 C, D에 3 : 5의 비율로 배부			
합계	0	0	2,568,750	3,981,250

(2) 단계배부법에 따른 원가계산 : A를 먼저 배부

	보조부문		제조부문	
	A	B	C	D
발생원가	900,000	450,000	2,000,000	3,200,000
A	–	90,000	360,000	450,000
	A 900,000원을 B, C, D에 1:4:5의 비율로 배부			
B	20% 무시	–	202,500	337,500
	B(450,000원+90,000원)을 C, D에 3 : 5의 비율로 배부			
합계	0	0	2,562,500	3,987,500

│사례 3

공장에는 두 개의 보조부문 X, Y와 두 개의 제조부문 A, B가 있다. 상호배부법에 의해 보조부문의 원가를 제조부문에 배부한 후 제조부문의 원가를 계산하시오.

구분	X	Y	A	B	합계
X	–	10%	30%	60%	100%
Y	20%	–	40%	40%	100%
발생원가	200,000원	470,000원	3,000,000원	3,700,000원	7,370,000원

정답

(1) 연립방정식을 이용하여 식을 세우면
  ① X = 200,000원 + 0.2Y
  ② Y = 470,000원 + 0.1X가 된다.
(2) X부문의 총원가를 구하기 위해 ②식을 ①식에 대입하면
  X = 200,000원 + 0.2(470,000원 + 0.1X)이 되고, X = 300,000이다.
(3) Y부문의 총원가를 구하기 위해 ①식을 ②식에 대입하면
  Y = 470,000원 + 0.1(200,000원 + 0.2Y)이 되고, Y = 500,000이다.
(4) X부문 총원가 300,000원과 Y부문 총원가 500,000원을 아래의 표와 같이 배부한다.

구분	X	Y	A	B
X(300,000)	–	10% 고려 (30,000)	30% (90,000)	60% (180,000)
Y(500,000)	20% 고려 (100,000)	–	40% (200,000)	40% (200,000)
발생원가	200,000	470,000	3,000,000	3,700,000
부문합계	300,000	500,000	3,290,000	4,080,000

03 단일배부율법과 이중배부율법

1) 단일배부율법

보조부문원가를 변동원가와 고정원가로 구분하지 않고 모든 보조부문의 원가를 하나의 기준으로 배부하는 방법을 말한다.

> 제조간접비 배부액 = 제조간접비 예정배부율 × 용역의 실제사용량

2) 이중배부율법

보조부문원가를 원가형태에 따라 변동원가와 고정원가로 분류하여 각각 다른 배부기준을 적용하여 배부하는 방법을 말한다.

> • 변동원가 = 제조간접비 예정배부율 × 용역의 실제사용량
> • 고정원가 = 변동예산상의 고정비 × 최대사용가능량 비율

✅ 이론문제 | **부문별 원가계산**

01 다음의 부문별 원가계산에 관한 설명 중 옳지 않은 것은?

① 단계배부법은 보조부문 상호 간의 용역수수를 완전히 반영한다는 점에서 직접배부법보다 우수하다.

② 직접배부법은 계산이 간단하여 비용이 적게 든다.

③ 상호배부법은 원가배부절차가 복잡하여 정확한 자료를 얻으려면 많은 시간과 비용이 소요된다.

④ 단계배부법은 배부순서에 따라 원가계산 결과가 다르게 나타날 수 있다.

02 단계배부법을 사용하여 원가배부를 하고 있다. 아래의 자료를 이용하여 조립부문에 배부될 보조부문의 원가는 얼마인가? (단, 전력부문을 먼저 배부할 것)

구분	보조부문		제조부문	
	전력부문	관리부문	조립부문	절단부문
배부 전 원가	200,000 원	700,000 원	3,000,000 원	1,500,000 원
전력부문 배부율	–	10%	50%	40%
관리부문 배부율	10%	–	30%	60%

① 300,000원   ② 340,000원
③ 350,000원   ④ 400,000원

03 다음 자료에 의해 직접배부법으로 배부할 경우 제조부문 B에 배부할 수선부문비를 계산하면 얼마인가?

부문	제조 부문A	제조 부문B	수선 부문	관리 부문	원가
수선 부문	40%	40%	–	20%	18,000원
관리 부문	70%	10%	20%	–	9,000원

① 3,600원   ② 7,200원
③ 9,000원   ④ 18,000원

04 다음은 2개의 제조부문과 3개의 서비스부문으로 이루어진 원가자료이다. 적절한 배부기준을 사용하여 두 제조부문에 서비스부문 원가를 배부한다면 제조부문 1에 배부될 서비스부문 원가의 합계액은?

• 컴퓨터부문 : 259,600원
• 건물관리부문 : 600,000원
• 공장인사부문 : 112,000원

구분	제조부문 1	제조부문 2
사용면적	200평	400평
임금	380,000원	180,000원
컴퓨터 사용시간	200시간	220시간

① 482,104원   ② 394,688원
③ 516,253원   ④ 399,619원

05 보조부문의 원가를 다음과 같은 비율에 의해 제조부문에 배부할 때, 제조부문 A에 배부될 보조부문의 원가총액은 얼마인가? (단, 단계배부법에 의하며, 수선부문원가를 먼저 배부한다.)

구분	보조부문		제조부문		배부대상 원가
	수선 부문	관리 부문	A	B	
수선 부문	0	0.3	0.6	0.1	50,000원
관리 부문	0	0	0.2	0.8	40,000원

① 44,000원 ② 43,000원
③ 42,000원 ④ 41,000원

06 보조부문에서 발생한 변동제조간접원가는 1,000,000원, 고정제조간접원가는 2,000,000원이다. 이중배부율법에 의하여 보조부문의 제조간접원가를 제조부문에 배부할 경우 수선부문에 배부될 제조간접원가는 얼마인가?

구분	실제기계시간	최대기계시간
조립부문	4,400시간	8,800시간
수선부문	3,600시간	7,200시간

① 1,500,000원 ② 1,350,000원
③ 1,100,000원 ④ 450,000원

📌 이론문제 정답 및 해설

01 ①

구분	보조부문간 용역수수	장점	단점
직접 배부법	완전 무시함	간편함	원가계산 부정확
단계 배부법	일부만 고려	우선순위 정함, 직접배부와 상호 절충	
상호 배부법	완전고려 (연립방정식 이용)	원가계산 정확함	복잡함

02 ② 100,000원 + 240,000원 = 340,000원

구분	보조부문		제조부문	
	전력 부문	관리 부문	조립 부문	절단 부문
배부 전 원가	200,000원	700,000원	3,000,000원	1,500,000원
전력부문 배부율		10% 고려 (20,000원)	50% (100,000원)	40% (80,000원)
관리부문 배부율	10% 무시		30% (240,000원)	60% (480,000원)

03 ③ 수선부문비 : (18,000원 × 0.4) ÷ 0.8 = 9,000원

04 ④ 서비스부문 = 컴퓨터부문 + 건물관리부문 + 공장인사부문 = 399,619원
- 컴퓨터부문(사용시간) : (259,600원 × 200시간) ÷ 420시간 = 123,619원
- 건물관리부문(사용면적) : (600,000원 × 200평) ÷ 600평 = 200,000원
- 공장인사부문 : (112,000원 × 380,000원) ÷ 560,000원 = 76,000원

05 ④ 50,000 × 0.6 + (50,000 × 0.3 + 40,000) × 0.2 = 41,000원

06 ② 450,000 + 900,000 = 1,350,000
- 변동제조간접비로 배부 시에 수선부문에 배부될 원가 : 1,000,000 × 3,600 ÷ 8,000 = 450,000원
- 고정제조간접비로 배부 시에 수선부문에 배부될 원가 : 2,000,000 × 7,200 ÷ 16,000 = 900,000원

제4절 | 개별, 종합, 결합제품원가계산 및 공손

01 개별원가계산과 종합원가계산의 비교

구분	개별원가계산	종합원가계산
계산방법	제품원가를 개별작업별로 구분하여 집계한 후 그 공정의 생산량으로 나누어 제품 단위당 원가를 계산	제품원가를 제조공정별로 구분하여 계산한 후 그 공정의 생산량으로 나누어 제품 단위당 원가를 계산
생산형태	고객의 주문에 따라 개별적으로 제품을 생산하는 주문생산 및 소량생산의 기업에 적용	동일한 종류의 제품을 계속적, 연속적으로 대량생산하는 형태의 기업에 적용
적용업종	조선업, 건설업, 기계제작업, 항공기산업	화학공업, 시멘트업, 제지업, 정유업, 제분업, 제당업 등
원가의 구분	직접비(직접재료비와 직접노무비로 구분)와 제조간접비 배부가 핵심	직접재료비와 가공비(직접노무비와 제조간접비 합산)의 구분이 중요
원가보고서	제조지시서와 작업원가표를 기초로 하여 원가계산	제조원가 보고서를 통해 원가계산

02 개별원가계산과 종합원가계산의 장점과 단점

구분	개별원가계산	종합원가계산
장점	• 보다 정확한 원가계산이 가능 • 제품별로 손익분석 및 계산 가능 • 작업원가표에 의해 효율성통제, 미래작업평가	• 원가기록업무가 비교적 단순하여 경제적 • 전체적인 원가통제와 책임회계적용이 용이 • 제품별 회계기록에 소용되는 비용이 비교적 적음
단점	• 상세한 기록이 필요하므로 시간과 비용이 많이 소요 • 작업원가의 기록이 복잡하므로 오류가 발생할 가능성이 있음	• 원가가 비교적 부정확함 • 제품별로 손익비교가 어려움 • 제품별로 제공하는 정보량이 적음

03 종합원가계산의 절차

[1단계] 물량의 흐름 파악

[2단계] 완성품환산량 계산(투입시점이 다른 원가요소별로 계산)

[3단계] 원가의 계산(평균법 : 총원가, 선입선출법 : 당기발생원가)

[4단계] 완성품환산량 단위당원가 계산(원가요소별로 계산)

[5단계] 완성품과 기말재공품의 원가 계산

재공품(금액표시)				재공품(수량표시)			
기초재공품	×××	당기완성품제조원가	×××	기초수량	×××	완성품수량	×××
당기총제조비용	×××	기말재공품	×××	착수수량	×××	기말수량	×××
	×××		×××		×××		×××

※ 당기총제조비용 = 직접재료비 + 직접노무비 + 제조간접비
※ 당기완성품 단위당원가 = 당기완성품제조원가 ÷ 완성품수량

04 기말재공품 계산 평가

1) 완성품 환산량

모든 제품원가계산은 평균화의 과정이라는 개념하에 재공품 수량은 완성품 수량과 구분하여 그 재공품의 진척도를 감안하여 계산한다.

① 재공품 환산량 = 재공품 수량 × 진척도

② 재공품원가 = 총제조원가 × $\dfrac{\text{재공품의 완성품 환산량}}{\text{총제조원가에 대한 완성품 환산량}}$

③ 총제조원가 = 당기완성품 원가 + 기말재공품 원가

또는 평균법은 기초재공품 원가 + 당기총제조비용, 선입선출법은 당기총제조비용만을 말한다.

2) 평균법

당기에 완성된 제품은 그것이 기초재공품 완성분이든 당월착수 완성분이든 구분하지 않고, 모두 당월에 착수되어 완성한 것으로 가정하여 기말재공품 원가를 계산하는 방법이다.

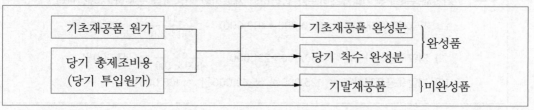

■ 평균법에 의한 완성품원가 및 기말재공품원가를 구하는 절차 및 등식

① 완성품환산량 = 완성품수량 + 기말재공품환산량
② 완성품환산량 단위당원가 = (기초재공품 + 당기총제조비용) ÷ ①번 완성품환산량
③ 완성품제조원가 = 완성품환산량(기초재공품환산량 포함) × ②번 완성품환산량 단위당원가
④ 기말재공품평가액 = 기말재공품환산량 × ③번 완성품환산량 단위당원가

4 [평균법]

'재료비와 가공비는 제조진행 중에 균등하게 발생한다.'라고 출제된 경우

- 기초재공품 : 200,000원
- 당기총제조비용 : 재료비 300,000원, 가공비 300,000원
- 당기완성품수량 : 1,500개
- 기말재공품수량 : 200개(50%)

정답 ▶ 기초재공품과 당기총제비용을 합산하여 재료비와 가공비를 구분하지 않고 계산한다.

(1) 기말재공품의 완성품 환산량 = 200개 × 0.5(50%) = 100개

(2) 기말재공품평가액 = $(200,000 + 600,000) \times \dfrac{100}{1,500 + 100}$ = 50,000원

 5 [평균법]

'재료비는 제조착수 시에 전부 투입, 가공비는 제조진행 중에 균등하게 발생한다.'라고 출제된 경우

- 기초재공품 : 재료비 100,000원, 가공비 80,000원, 수량 200개(완성도 50%)
- 당기총제조비용 : 재료비 400,000원, 가공비 221,000원, 제조착수수량 800개
- 당기완성품수량 : 600개
- 기말재공품수량 : 200개(50%)

정답 ▶ 기초재공품과 당기총제조비용을 합산하되 재료비와 가공비를 구분하여 계산한다.

(1) 기말재공품재료비 = $(100,000 + 400,000) \times \dfrac{200}{600 + 200}$ = 125,000원

(2) 기말재공품가공비 = $(80,000 + 221,000) \times \dfrac{100}{600 + 100}$ = 43,000원

(3) 기말재공품평가액 = 125,000원 + 43,000원 = 168,000원

3) 선입선출법

먼저 제조에 착수된 것이 먼저 완성된다는 가정하에 기말재공품 원가를 계산하는 방법이다.

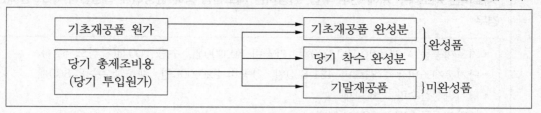

■ 선입선출법에 의한 완성품원가 및 월말재공품원가를 구하는 등식
① 완성품환산량 = 완성품수량 − 기초재공품환산량 + 기말재공품환산량
② 완성품환산량 단위당원가 = 당기총제조비용 ÷ 완성품환산량
③ 완성품제조원가 = 완성품환산량(완성품수량 − 기초재공품환산량) × 완성품환산량 단위당원가 + 기초재공품원가
④ 기말재공품원가 = 기말재공품환산량 × 완성품환산량 단위당원가

사례 6 [선입선출법]

'재료비와 가공비는 제조진행 중에 균등하게 발생한다.'라고 출제된 경우

- 기초재공품 : 100,000원, 수량 600개(완성도 50%)
- 당기총제조비용 : 300,000원
- 당기완성품수량 : 1,400개
- 기말재공품수량 : 800개(50%)

 당기총제조비용만을 계산하되 재료비와 가공비를 합산하여 계산한다.

1. 기말재공품평가액 = 300,000원 × $\dfrac{400}{1,400 - (600 \times 0.5) + (800 \times 0.5)}$ = 80,000원

2. 완성품원가 = 100,000원 + 300,000원 − 80,000원 = 320,000원

사례 7 [선입선출법]

'재료비는 제조착수 시에 전부 투입, 가공비는 제조진행 중에 균등하게 발생한다.'라고 출제된
경우

- 기초재공품 : 재료비 100,000원, 가공비 80,000원, 수량 200개(완성도 50%)
- 당기총제조비용 : 재료비 421,600원, 가공비 220,000원, 제조착수수량 800개
- 당기완성품수량 : 600개
- 기말재공품수량 : 220개(50%)

정답 당기총제조비용만을 계산하되 재료비와 가공비를 구분하여 계산한다.

(1) 기말재공품주요재료비 $= 421,600 \times \dfrac{220}{600-200+220} = 149,600$원

(2) 기말재공품가공비 $= 220,000 \times \dfrac{220 \times 0.5}{600-200 \times 0.5 + 220 \times 0.5} = 39,672$원

(3) 기말재공품평가액 $= 149,600 + 39,672 = 189,272$원

4) 평균법과 선입선출법의 장·단점

① 평균법은 기초재공품원가와 당기발생원가를 구분하지 않기 때문에 선입선출법보다 간편한
방법이다.

② 선입선출법은 기초재공품원가와 당기발생원가를 구분하여 작업하므로 계산과정이 복잡하다.

③ 기초재공품이 없으면 평균법과 선입선출법의 완성품환산량은 동일하다.

05 공손품, 작업폐물, 부산물의 구분과 회계처리

1) 공손품과 감손품

공손이란 재료의 불량, 작업기술의 미숙, 기계 등의 정비 불량 등으로 가공과정에 실패한 불합격
품을 말한다. 감손은 제조과정에서 재료의 유실, 증발, 가스화하여 제품화되지 않은 부분을 말한다.

2) 정상적 공손과 비정상적 공손

① 정상적 공손

㉠ 정상적인 원인은 제조원가로 회계처리하지만 정상공손품의 검사시점이 기말재공품의 완
성도 이전과 이후를 통과하는지 여부에 따라 처리가 달라진다.

시점 비교		기말재공품 포함 여부	정상공손 부담여부
정상적 공손 검사시점	기말재공품 완성도 이전인 경우(기말재공품 검사시점 통과)	포함	완성품과 기말재공품에 안분 부담
	기말재공품 완성도 이후인 경우(기말재공품 검사시점 미통과)	불포함	완성품에만 부담

ⓒ 정상공손수량은 정상공손허용률(정확한 제품원가계산과 원가통제를 위하여 정상공손으로 인정할 수 있는 허용정도)의 범위 내에 있는 것을 정상공손수량으로 보고, 범위를 초과한 수량은 비정상공손수량으로 본다.

ⓒ 정상공손허용량 계산

- 정상공손허용률 × 당기 중 검사를 통과한 정상품(양품, 합격품)
- 정상공손허용률 × 당기 중 검사를 받은 수량(정상품수량 + 공손수량)

② 비정상적 공손

기간비용인 영업외비용으로 처리한다.

사례 8

아래 자료를 토대로 비정상공손 수량을 계산하면 얼마인가? (단, 정상공손은 완성품 물량의 20%로 가정한다.)

- 기초재공품 : 150개(완성도 60%)
- 기말재공품 : 180개(완성도 70%)
- 당기착수량 : 2,200개
- 당기완성수량 : 1,800개

정답

재공품				정상공손 :
기초재공품	150개(60%)	당기완성품	1,800개	1,800개 × 20% = 360개
		기말재공품	180개(70%)	비정상공손 :
당기착수분	2,200개	공손품	370개	370개 − 360개 = 10개
계	2,350개	계	2,350개	

사례 9

당사는 종합원가계산하에서 선입선출법을 사용하고 있다. 당기 중에 발생한 정상공손의 수량은? (단, 검사시점은 60%공정이며, 정상공손은 당기 검사를 통과한 수량의 5%이다.)

- 기초재공품 : 1,200개(완성도 30%)
- 당기착수량 : 9,200개
- 기말재공품 : 1,700개(완성도 50%)
- 당기완성수량 : 8,200개

정답

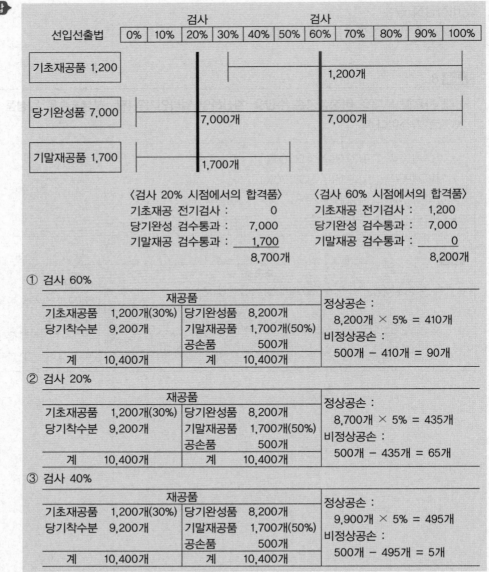

① 검사 60%

재공품				정상공손 :
기초재공품	1,200개(30%)	당기완성품	8,200개	8,200개 × 5% = 410개
당기착수분	9,200개	기말재공품	1,700개(50%)	비정상공손 :
		공손품	500개	500개 − 410개 = 90개
계	10,400개	계	10,400개	

② 검사 20%

재공품				정상공손 :
기초재공품	1,200개(30%)	당기완성품	8,200개	8,700개 × 5% = 435개
당기착수분	9,200개	기말재공품	1,700개(50%)	비정상공손 :
		공손품	500개	500개 − 435개 = 65개
계	10,400개	계	10,400개	

③ 검사 40%

재공품				정상공손 :
기초재공품	1,200개(30%)	당기완성품	8,200개	9,900개 × 5% = 495개
당기착수분	9,200개	기말재공품	1,700개(50%)	비정상공손 :
		공손품	500개	500개 − 495개 = 5개
계	10,400개	계	10,400개	

3) 작업폐물

원재료를 가공하는 과정에서 생기는 조각이나 찌꺼기를 말하는 것으로 판매가치가 상대적으로 작은 것을 말하며 작업폐물의 회계처리는 작업폐물을 처분 시에 잡이익으로 처리한다. 목재소의 톱밥이나 철공장의 철부스러기 등이 있다.

4) 부산물

주산물의 제조과정에서 필연적으로 파생되는 부차적인 물품으로서 매각가치 또는 이용가치가 있는 것을 말한다. 우유회사에서의 치즈, 비누공장에서의 글리세린 등이 있다.

① **판매시점에 잡이익으로 회계처리하는 방법**

실제로 판매된 부산물에 대해서만 잡이익으로 기록하고, 미판매 부산물에 대해서는 회계상 전혀 인식하지 않는 방법이다. 부산물이 판매될 때까지는 회계상 아무런 기록도 하지 않아 부산물이 원가계산에서 완전히 무시된다. 부산물은 재고자산으로 인식되지 않으며 결합원가를 모든 주산물에만 배부하게 된다.

② **생산시점에 부산물의 순실현가치를 계산하여 재고자산으로 회계처리하는 방법**

생산 사실을 보다 중시하여 분리점에서 부산물의 순실현가치를 재고자산으로 인식하는 방법이다. 부산물도 재고자산의 하나로 인식하며 순실현가치 또는 추가가공이 있는 경우에는 추가가공원가를 합한 금액이 부산물의 원가가 된다.

06 결합원가계산(= 연산품 원가계산)

동일한 공정에서 동일한 재료를 사용하여 두 종류 이상의 서로 다른 제품을 생산하는 경우에 이들 제품을 총칭하여 결합제품 또는 연산품이라 한다.

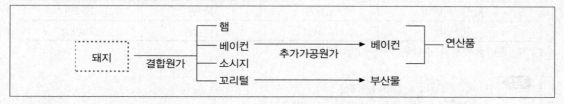

1) 용어이해

① **결합원가** : 결합제품(연산품)을 생산할 때 분리점에 도달하기 전까지 발생한 제조원가이다.

② **분리점** : 등급별(연산품) 원가계산에서 등급(연산품) 개별제품으로 식별될 수 있는 일정한 생산단계를 말한다.

③ **추가가공원가** : 분리점 이후의 개별 제품 중 판매가치금액에서 추가가공비용을 차감하면 순실현가치를 구할 수 있다.

2) 결합원가계산 방법

① **상대적 판매가치법** : 분리점에서의 개별제품의 상대적 판매가치를 기준으로 결합원가를 배부하는 방법이다.

[사례] 10

동일한 재료를 사용하여 A, B 2종류의 제품을 가공하는 '갑'기업이 있다. 이 기업의 20×1년 중 발생한 재료비는 200,000원이고 가공비는 300,000원이며 분리점에서의 판매가치는 A가 900,000원, B가 600,000원이다. 이 자료를 참고로 판매가치법에 의한 결합원가를 배부하시오.

정답

1. 총결합원가 : 200,000 + 300,000 = 500,000원
2. 총판매가치 : 900,000 + 600,000 = 1,500,000원
3. 결합원가배부

A제품 : $500,000 \times \dfrac{900,000}{1,500,000} = 300,000$원

B제품 : $500,000 \times \dfrac{600,000}{1,500,000} = 200,000$원

② 순실현가치법 : 연산품의 순실현가치를 기준으로 결합원가를 배부하는 방법으로서 상대적으로 판매가치를 추정하기 곤란한 경우에 대안으로 적용하는 방법이다.

순실현가치(NRV) = 최종판매가격 − 추가가공원가 − 판매비용

[사례] 11

연산품 X, Y의 2 제품을 생산하는 (주)박문각의 다음 자료를 참고하여 순실현가치를 기준으로 X, Y 제품의 결합원가와 X, Y의 kg당 원가를 계산하시오.

구분	X	Y	합계
1kg당 판매가격	470원	790원	1,260원
1kg당 판매비	70원	90원	160원
생산량	525kg	700kg	1,225kg

※ 분리점까지의 결합원가는 400,000원이다.

정답

1. X, Y제품의 순실현가치계산
   X제품 : (470−70) × 525kg = 210,000원
   Y제품 : (790−90) × 700kg = 490,000원
2. X, Y제품별 결합원가배부

   X제품 : $400,000 \times \dfrac{210,000}{700,000} = 120,000$원

   Y제품 : $400,000 \times \dfrac{490,000}{700,000} = 280,000$원

3. X, Y제품별 1kg당 원가
   X제품 : 120,000 ÷ 525kg = 228.57원
   Y제품 : 280,000 ÷ 700kg = 400원

③ 물량기준법 : 결합제품의 수량이나 면적, 부피, 중량 등과 같이 물리적 단위를 기준으로 결합
원가를 배부하는 방법이다.

사례 12

다음 자료에 의하여 연산품 A, B, C의 제조원가를 물량기준법에 의하여 배부하는 경우, 다음
자료를 보고 B제품에 배부될 결합원가를 계산하면 얼마인가? (단, 결합원가 총액은 2,400,000
원이다.)

제품	생산량	판매단가	추가가공비
A제품	1,000kg	@400	–
B제품	2,000kg	@600	kg당 200원
C제품	3,000kg	@800	kg당 100원

정답

결합원가 B제품 배부액 : $2,400,000 \times \dfrac{2,000kg}{6,000kg} = 800,000$원

④ 균등이익률법 : 개별제품이 각각의 최종판매가치에 대하여 모두 동일한 매출총이익률을 갖
도록 결합원가를 배부하는 방법이다.

✓ 이론문제 | **개별, 종합, 결합제품원가계산 및 공손**

01 다음의 설명 중 옳지 않은 것은?

① 기말제품원가가 과대계상되면, 당기순이익은 감소한다.

② 종합원가계산은 동일한 종류의 제품을 대량생산하는 업종에 적합하다.

③ 기말재공품이 기초재공품의 금액보다 증가하였다면, 당기총제조원가가 당기제품제조원가보다 크다.

④ 제품매출원가는 기초제품원가와 당기제품제조원가의 합계액에서 기말제품재고원가를 차감하여 계산한다.

02 다음 중 공손에 대한 설명으로 틀린 것은?

① 공손품은 정상품에 비해 품질이나 규격이 미달하는 불량품을 말한다.

② 비정상공손은 효율적인 작업수행에서는 회피가능하고 통제가능한 공손이다.

③ 비정상공손원가는 제조원가에 가산한다.

④ 종합원가계산에서 기말재공품이 공손품의 검사시점을 통과하지 않은 경우 정상공손원가는 완성품에만 배부한다.

03 다음 자료를 보고 종합원가계산 시 당기에 완성된 제품의 제조원가를 구하면? (단, 재료는 공정초기에 모두 투입되며, 평균법에 의한다.)

- 기초재공품 원가 : 재료비 18,000원, 가공비 23,000원
- 당기총제조 비용 : 재료비 30,000원, 가공비 40,000원
- 기말재공품 수량 : 200개(완성도 : 50%)
- 당기완성품 수량 : 600개

① 70,000원   ② 80,000원

③ 90,000원   ④ 100,000원

04 개별원가계산과 종합원가계산의 비교가 옳지 않은 것은?

① 개별원가계산에서는 제조간접비의 배부과정이 필요하나, 종합원가계산에서는 꼭 필요한 것은 아니다.

② 개별원가계산은 다품종의 제품생산에 적합하나, 종합원가계산은 동일종류 제품생산에 적합하다.

③ 개별원가계산에는 완성품환산량을 적용하나, 종합원가계산에는 적용하지 않는다.

④ 개별원가계산과 종합원가계산은 주로 제조업분야에서 활용되는 원가계산방식이다.

05 재료비 및 가공비가 공정전반에 걸쳐 균등하게 발생하는 경우 완성품 단위당 원가를 평균법으로 계산하면 얼마인가?

구분	월초 재공품	당월 제조원가	당월 완성품	월말 재공품
재료비	27,000원	123,000원		
가공비	52,000원	158,000원		
수량	80개 (완성도 50%)		250개	100개 (완성도 50%)

① 1,000원   ② 1,100원

③ 1,150원   ④ 1,200원

06 종합원가계산에서 완성품환산량을 계산할 때 일반적으로 재료비와 가공비로 구분하여 원가요소별로 계산하는 가장 올바른 이유는 무엇인가?

① 직접비와 간접비의 구분이 중요하기 때문에

② 고객의 주문에 따라 제품을 생산하는 주문생산형태에 적합한 생산방식이 므로

③ 기초재공품원가와 당기발생원가를 구분해야 하기 때문에

④ 일반적으로 재료비와 가공비의 투입시점이 다르기 때문에

07 다음 자료를 보고 종합원가계산 시 평균법에 의한 기말재공품 완성도를 계산하면?

- 당기완성품 수량 : 100개
- 기말재공품수량 : 50개
- 기초 재공품가공비 : 50,000원
- 당기투입가공비 : 450,000원
- 기말 재공품가공비 : 100,000원

① 40%   ② 50%

③ 60%   ④ 70%

08 A기업은 종합원가계산제도를 채택하고 있으며, 기말재공품의 평가는 평균법을 이용하고 있다. 모든 원가는 공정 전체를 통하여 균등하게 발생되고 있다. A기업의 당기의 제조활동에 대한 자료가 다음과 같은 경우, 기말재공품원가는 얼마인가? (단, 공손품은 발생하지 않았다.)

- 당기투입원가 : 360,000원
- 당기완성품수량 : 450단위
- 기초재공품 : 200단위, 15,000원 (완성도 40%)
- 기말재공품 : 100단위(완성도 50%)

① 37,500원   ② 72,000원

③ 75,000원   ④ 80,000원

09 다음 부산물과 공통원가 배부에 대한 설명 중 틀린 것은?

① 부산물이란 주산물의 제조과정에서 필연적으로 파생하는 물품을 말한다.

② 주산물과 부산물을 동시에 생산하는 경우 발생하는 공통원가는 각 제품을 분리하여 식별할 수 있는 시점이나 완성한 시점에서 개별 제품의 상대적 판매가치를 기준으로 하여 배부한다.

③ 주산물과 부산물의 공통원가는 생산량 기준 등을 적용하는 것이 더 합리적이라고 판단되는 경우 그 방법을 적용할 수 있다.

④ 중요하지 않은 부산물이라 하더라도 순실현가능가치를 측정하여 반드시 주요 제품과 구분하여 회계처리하여야 한다.

10 다음 자료에 의하여 정상공손수량을 완성품의 10%라고 가정할 때 비정상공손수량을 계산하면?

- 기초재공품 : 950단위
- 당기착수량 : 6,200단위
- 당기완성량 : 4,750단위
- 기말재공품 : 1,500단위

① 425단위   ② 450단위
③ 465단위   ④ 475단위

11 다음 자료를 보고 종합원가 계산 시 선입선출법에 의한 당기말재공품원가를 계산하면? (단, 재료는 제조착수 시 전부 투입되며, 가공비는 제조진행에 따라 발생하는 것으로 가정한다.)

- 기초재공품
  - 수량 : 1,000개(완성도 : 30%)
  - 원가 : 직접재료비(220,000원), 가공비(80,000원)
- 당기총제조비용 : 직접재료비(1,000,000원), 가공비(820,000원)
- 당기말 재공품 수량 : 1,000개 (완성도 : 50%)
- 당기말 완성품 수량 : 8,000개

① 205,000원   ② 195,000원
③ 185,000원   ④ 175,000원

12 ㈜한국은 동일한 원재료를 투입하여 동일한 공정에서 제품 A, B, C 세 가지의 등급품을 생산하고 있다. 세 가지 제품에 공통적으로 투입된 결합원가가 1,000,000원이라고 할 때, 순실현가치법에 의하여 제품 A에 배부될 결합원가 금액은 얼마인가?

구분	A	B	C
생산수량	50개	90개	30개
분리점에서 단위당 판매가격	500원	300원	800원
추가가공원가	1,000원	8,000원	
최종판매가격 (단위당)	800원	500원	

① 240,000원   ② 340,000원
③ 370,000원   ④ 390,000원

13 회사는 결합제품 A, B, C를 생산하고 있다. A의 결합원가 배부액은 얼마인가?

- 제품A – 생산량 : 400단위, 총판매가치 : 205,000원, 추가가공원가 : 47,500원
- 제품B – 생산량 : 250단위, 총판매가치 : 325,500원, 추가가공원가 : 168,000원
- 제품C – 생산량 : 480단위, 총판매가치 : 220,000원, 추가가공원가 : 85,000원
- 제품C의 결합원가 배부액은 120,000원이다.
- 결합원가 배부는 순실현가치법을 사용한다.

① 95,000원   ② 105,000원
③ 120,000원   ④ 140,000원

14 품질검사를 통과한 정상품(양품)의 10%만을 정상공손으로 간주하며 나머지는 비정상공손이라고 할 때, 다음 중 틀린 것은?

재공품			
기초재공품	1,000개	당기완성품	7,000개
(완성도 30%)		공손품	1,000개
당기투입분	9,000개	기말재공품	2,000개
		(완성도 45%)	
계	10,000개	계	10,000개

① 품질검사를 공정의 50% 시점에서 한다고 가정하였을 경우에 정상공손품은 700개이다.
② 품질검사를 공정의 40% 시점에서 한다고 가정하였을 경우에 정상공손품은 900개이다.
③ 품질검사를 공정의 50% 시점에서 한다고 가정하였을 경우에 정상공손원가는 당기완성품원가와 기말재공품원가에 각각 배부하여야 한다.
④ 비정상공손원가는 품질검사시점과 상관없이 제조원가에 반영되어서는 안 된다.

📌 이론문제 정답 및 해설

01 ① 기말제품원가가 과대계상되면 매출원가가 과소계상되므로, 당기순이익은 증가된다.

02 ③ 비정상공손원가는 영업외비용으로 회계처리한다.

03 ③ 기말재공품 재료비 : (30,000 + 18,000원) ÷ 800개 × 200개 = 12,000원
기말재공품 가공비 : (23,000원 + 40,000원) ÷ 700개 × 100개 = 9,000원
제품제조원가 = (30,000 + 18,000) + (23,000 + 40,000) − (12,000 + 9,000) = 90,000원

04 ③ 종합원가계산에는 완성품환산량을 적용하나, 개별원가계산에는 적용하지 않는다.

05 ④

재공품(재료비, 가공비)			
기초	79,000	완성	250
투입	281,000	기말	50
	300	360,000	300

따라서 360,000 ÷ 300 = 1,200원이 완성품 단위원가가 된다.

06 ④ 재료비와 가공비의 투입시점이 다르기 때문에 완성품환산량을 별도로 계산한다.

07 ② (50,000 + 450,000) × a ÷ (100 + a) = 100,000, ∴ a = 25, 완성도 : 25 ÷ 50 = 0.5

08 ①

재공품(재료비, 가공비)			
기초	80	15,000	완성	450
투입		360,000	기말	50
	500	375,000		500

완성품환산량 단위원가는 375,000 ÷ 500 = 750원이 되며, 기말재공품원가는 50 × 750원 = 37,500원이 된다.

09 ④ 중요하지 않은 부산물은 순실현가능가치를 측정하여 동 금액을 주요 제품의 원가에서 차감하여 처리할 수 있다(일반기업회계기준 7.9).

10 ①

재공품(단위)			
기초	950	당기완성	4,750
착수	6,200	정상공손	475
		비정상공손	425
		기말	1,500
	7,150		7,150

총공손수량 = 950 + 6,200 − 4,750 − 1,500 = 900단위

정상공손수량 = 4,750×10% = 475단위

비정상공손수량 = 900 − 475 = 425단위

11 ④ <완성품환산량>

직접재료비 : 8,000개 − (1,000개 × 100%) + (1,000개 × 100%) = 8,000개

가공비 : 8,000개 − (1,000개 × 30%) + (1,000개 × 50%) = 8,200개

<환산량 단위당 원가>

직접재료비 : 1,000,000원 ÷ 8,000개 = @125원

가공비 : 820,000원 ÷ 8,200개 = @100원

<기말재공품 원가>

(1,000개 × 125원) + (500 × 100원) = 175,000원

12 ④ 결합원가 A제품 배부액 :

$$1,000,000 \times \frac{39,000}{100,000} = 390,000원$$

구분	순실현가치	배부 비율	결합원가 배부액
A	50개 × 800원 − 1,000원 = 39,000원	39%	390,000원
B	90개 × 500원 − 8,000원 = 37,000원	37%	370,000원
C	30개 × 800원 = 24,000원	24%	240,000원
합계	100,000원	100%	1,000,000원

13 ④

- 순실현가치 :
제품A (205,000원 − 47,500원) = 157,500원 (35%)
제품B (325,500원 − 168,000원) = 157,500원 (35%)
제품C (220,000원 − 85,000원) = 135,000원 (30%)
450,000원 (100%)
- 제품A 결합원가 배부액 :
120,000원 ÷ 30% × 35% = 140,000원

14 ③ 정상공손 품질검사 50% 시점이 기말재공품의 완성도 이후이므로 기말재공품은 불포함되고 완성품에만 배부한다.

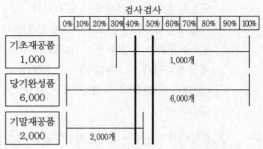

〈검사 40% 시점에서의 합격품〉 〈검사 50% 시점에서의 합격품〉
기초재공 전기검사 : 1,000개 기초재공 전기검사 : 1,000개
당기완성 검수통과 : 6,000개 당기완성 검수통과 : 6,000개
기말재공 검수통과 : 2,000개 기말재공 검수통과 : 0개
계 : 9,000개 계 : 7,000개
정상공손 10% 900개 정상공손 10% 700개

제5절 표준원가계산과 전부·변동원가계산

01 표준원가계산의 의의

표준원가계산제도란 전통적인 원가계산제도에 표준원가(=사전에 과학적인 방법에 의해 채택된 원가)를 도입하여 정확하게 제품원가를 계산하고, 적시에 원가통제를 하는 방법이다. 유의할 점은 일반적으로 인정된 회계원칙에서는 제품원가를 실제원가로 계산할 것을 요구하고 있으므로 표준원가계산을 채택하여 외부보고할 경우 표준원가를 실제원가로 수정하여야 한다.

02 표준원가계산의 유형

1) 이상적 표준원가

이상적인 가격, 능률, 조업도수준에 따라 감손, 공손, 유휴시간 등에 대한 비용은 원가에 제외되어 능률계산을 위한 최종목표가 된다. 단점은 현실적인 조건하에서 달성이 거의 불가능할 수도 있으며, 이는 종업원의 근로의욕을 감퇴시키게 된다. 따라서 표준원가계산제도의 목적을 달성하기에는 부적당하다.

2) 현실적 표준원가(정상표준원가)

현실적으로 달성가능하도록 설정된 표준원가이다. 따라서 비정상적인 이유로 인한 공손, 감손, 유휴시간 등의 비용은 원가에서 제외하고 정상적으로 관리가능한 원가요소만 포함시킴으로써 종업원들이 달성가능한 원가가 될 수 있다. 원가계산준칙은 정상표준원가를 표준원가로 사용하도록 규정하고 있다.

3) 역사적 표준원가

과거의 제조활동에서 실제로 발생한 원가를 집계한 것으로 평균원가를 사용한다. 과거의 비효율이 포함되어 있어, 경제환경 및 경영환경이 다른 미래의 표준을 그대로 적용하는 것은 적당치 않다.

03 표준원가계산제도의 특징

1) 표준원가계산제도의 장점(=유용성)

① 기업이 연초에 수립한 계획을 수치화하여 예산을 편성하는 데 기초가 된다.

② 제품원가계산이 용이하고 기장업무의 신속화 및 간소화를 가져온다.

   ⊙ 제품의 단위당 원가가 표준원가로 이미 결정된 것이기 때문에 선입선출법, 평균법, 후입선출법과 같은 원가흐름에 대한 가정이 불필요하고 실제원가를 집계하기 위한 노력이 절감되며 물량흐름만을 파악하면 된다.

ⓒ 사전에 설정된 표준원가를 사용함으로써 당기제품제조원가, 매출원가, 기말재공품원가 등의 계산이 용이해진다. 따라서 제품원가계산이 신속하게 이루어진다.

> • 당기제품제조원가 = 당기완성품수량 × 단위당 표준원가
> • 기말재공품원가 = 기말재공품수량 × 완성도 × 단위당 표준원가

ⓒ 원가보고서의 작성에 많은 시간과 노력이 소요되지 않는다.

③ 공식적인 회계제도에 표준원가가 도입되어 계획수립 및 각종 관리적 의사결정과 실제원가와의 차이분석을 통한 성과평가 및 원가통제에 활용되며, 경영자로 하여금 예외에 의한 관리를 가능하게 한다.

④ 동종제품을 대량생산하는 회사에서 채택하는 종합원가계산에 적용할 때 그 효익이 크다.

2) 표준원가계산제도의 단점(= 한계)

① 적정원가의 산정에 객관성이 보장되기 힘들고 많은 비용이 들어간다.

② 표준원가의 적정성을 사후 관리하지 않을 경우 미래원가계산을 왜곡할 소지가 있다.

③ 표준원가달성을 지나치게 강조할 경우 제품의 품질을 희생시킬 수 있고, 납품업체에 표준원가를 기초로 지나친 원가절감을 요구할 경우 관계가 악화될 수도 있어서 비계량적인 정보를 무시할 가능성이 있다.

④ 표준원가계산에서 예외사항에 대해서 객관적인 기준이 없을 경우 대개 양적인 정보만으로 판단하기 때문에 질적인 예외사항을 무시하기 쉽다.

⑤ 예외에 의한 관리 시 성과평가가 중요한 예외사항에 의해서만 결정된다면 근로자는 자신에게 불리한 예외사항을 숨기려고 할 것이고, 원가가 크게 절감된 예외사항에 대해서 보상을 받지 못한다면 이에 대한 불만이 누적되고 동기부여가 되지 않게 된다.

◢ 04 표준원가의 설정

1) 표준직접재료원가

> 단위당 표준직접재료원가 = 제품단위당 표준직접재료수량 × 표준가격

① **제품단위당 표준직접재료수량** : 제품 1단위를 생산하기 위하여 투입하여야 할 직접재료의 표준수량을 의미한다.

② **제품단위당 표준가격** : 재료단위당 표준가격은 재료 1단위의 표준구입가격, 가격표준의 경우는 외부시장이 존재하므로 시장가격을 기준으로 미래의 가격동향, 경제적 주문량 및 거래방법 등을 고려하여 결정한다.

2) 표준직접노무원가

> 단위당 표준직접노무원가 = 제품단위당 표준작업시간 × 시간당 표준임률

① 제품단위당 표준작업시간 : 과학적·통계적 조사에 의하여 작업의 종류, 사용기계공구, 작업방식, 노동의 등급 등을 고려하여 정한다.

② 시간당 표준임률 : 과거 및 현재의 임률과 장래에 예측되는 변동 등 제반 여건을 고려하여 정한다.

3) 표준제조간접원가

정확한 표준을 설정하기 위해서는 제조간접원가를 변동제조간접원가와 고정제조간접원가로 분류하여 집계해야 한다.

① 표준변동제조간접원가

> • 표준배부율 = 변동제조간접원가예산 ÷ 기준조업도
> • 단위당 표준변동제조간접원가 = 단위당 표준조업도 × 표준배부율

② 표준고정제조간접원가

> • 예정배부율 = 고정제조간접원가예산 ÷ 기준조업도
> • 단위당 표준고정제조간접원가 = 단위당 표준조업도 × 예정배부율

※ 단위당 표준조업도는 제품 1단위를 생산하기 위해 허용된 표준조업도를 말함

05 차이분석(원가차이분석)

1) 가격차이와 능률차이

① 가격차이 : [AP(실제가격) - SP(표준가격)] × AQ(실제투입량)
② 능률차이 : [AQ(실제투입량) - SQ(실제생산량에 허용된 표준투입량)] × SP(표준가격)

> ■ 총차이를 가격차이와 능률차이로 구분하는 이유
> ㉠ 가격차이(구입시점)와 능률차이(사용시점)에 대한 통제시점의 차이 발생
> ㉡ 가격차이(구매부서)와 능률차이(생산부서)에 대한 책임부서의 차이 발생
> ㉢ 가격차이와 능률차이를 합산하면 반드시 총차이와 일치해야 함

2) 유리한 차이(Favorable variance)와 불리한 차이(Unfavorable variance)

> • 실제원가 < 표준원가 : 유리한 차이(F), 과대배부, 제조(매출)원가 감소, 영업이익 증가
> • 실제원가 > 표준원가 : 불리한 차이(U), 과소배부, 제조(매출)원가 증가, 영업이익 감소

3) 각 원가요소별 원가차이의 명칭

원가요소	가격차이	능률차이
직접재료원가	가격차이	수량차이
직접노무원가	임률차이	시간차이
변동제조간접원가	소비(예산)차이	1조업도차이

◁ 06 원가요소별 차이분석

1) 직접재료원가차이

직접재료원가 가격차이는 실제구입량을 기준으로 분석하는 것이 타당하다. 가능한 빨리(구입시점) 분석하여야 가격차이에 대한 적절한 조치를 취할 수 있고, 가격차이를 구입시점에서 분리하면 원재료계정이 표준원가로 기록되기 때문에 원가흐름에 대한 가정이 불필요하여 회계처리가 신속하고 간단해지기 때문이다.

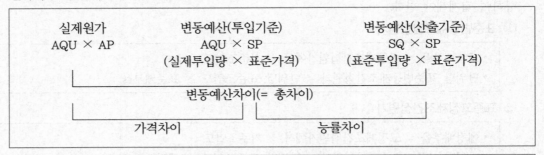

직접재료원가 총차이 = AQU × AP(실제원가) − SQ × SP(변동예산)
단, AQU : 직접재료원가의 실제사용량(투입량)
  AP : 단위당 실제구입가격
  SQ : 실제산출량에 허용된 표준투입량
  SP : 단위당 표준가격
  AQP : 실제구입량

① 직접재료원가 가격차이가 발생하는 원인

> ㉠ 가격차이는 원재료 시장의 수요와 공급 상황에 따라 발생함
> ㉡ 원재료 구매담당자의 업무능력에 따라 유리하거나 불리한 가격차이가 발생함
> ㉢ 표준을 설정할 때 고려한 품질수준과 상이한 품질의 원재료를 구입함에 따라 가격차이가 발생함
> ㉣ 표준을 설정할 때와 다른 경기 변동에 따라 가격차이가 발생함

② 직접재료원가 능률차이가 발생하는 원인

> ㉠ 생산과정에서 원재료를 효율적으로 사용하지 못함으로써 능률차이가 발생함
> ㉡ 표준을 설정할 때와 다른 품질의 원재료를 사용함으로써 능률차이가 발생함
> ㉢ 점진적인 기술혁신에 의하여 능률차이가 발생함

일반적으로 직접재료원가 가격차이는 원재료 구매담당자가, 능률차이는 생산부문 담당자가 책임을 지지만 가격차이와 능률차이 사이에는 상호작용이 존재한다는 사실에 주의해야 한다.

2) 직접노무원가차이

> 직접노무원가 총차이 = AH × AR(실제원가) − SH × SR(변동예산)
> 단, AH : 실제노동시간
>   AR : 직접노동시간당 실제임률
>   SH : 실제산출량에 허용된 표준직접노동시간
>   SR : 직접노동시간당 표준임률

위의 직접노무원가 총차이는 다음과 같이 임률차이와 능률차이로 나눌 수 있다.

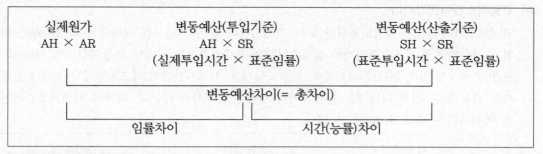

■ 직접노무원가차이 분석

생산감독자는 생산직 종업원을 적절히 감독하지 못함으로써 나타나는 능률차이에 대해서는 책임이 있지만 생산감독자의 통제범위를 벗어나는 임금인상계약으로 인하여 발생한 임률차이에 대해서는 책임을 지지 않는다. 그러나 저임금의 종업원이 요구되는 작업에 고임금의 종업원을 배치함으로써 발생되는 임률차이에 대해서는 책임을 져야 한다. 또한 생산감독자는 생산을 원활히 하기 위해서 필요 이상으로 고도의 숙련공을 배치하여 유리한 능률차이를 얻으려고 노력하는 경우도 있다. 이러한 경우 유리한 능률차이가 불리한 임률차이를 초과하여 직접노무원가 총차이가 유리하게 나타날 수도 있다.

3) 변동제조간접원가차이

변동제조간접원가 총차이는 실제변동제조간접원가(AH × AP)와 변동예산(실제산출량)에서 허용된 표준원가(SH ×SP)의 차이를 말한다.

> 변동제조간접원가 총차이 = AH × AP(실제원가) − SH × SP(변동예산)
> 단, AH : 실제조업도
>   AP : 조업도단위당 실제배부율
>   SH : 실제산출량에 허용된 표준조업도
>   SP : 조업도단위당 표준배부율

변동제조간접원가 총차이는 다음과 같이 소비차이와 능률차이로 나눌 수 있다.

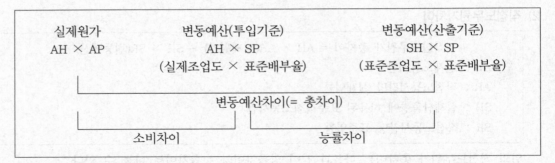

4) 고정제조간접원가차이

고정제조간접원가는 직접노동시간 또는 기계시간의 같은 조업도를 나타내는 측정치와는 관계 없기 때문에 변동제조간접원가의 실제투입량을 표준가격으로 나타낸 변동예산(투입기준)의 개념은 존재하지 않게 되므로 직접재료, 직접노동시간, 기계시간들이 제조과정에서 얼마나 효율적으로 사용되었는가를 나타내는 능률차이의 개념은 존재하지 않는다. 따라서 고정제조간접원가의 예산차이는 모두 소비차이가 된다.

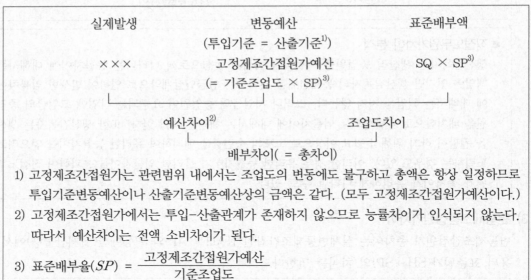

1) 고정제조간접원가는 관련범위 내에서는 조업도의 변동에도 불구하고 총액은 항상 일정하므로 투입기준변동예산이나 산출기준변동예산상의 금액은 같다. (모두 고정제조간접원가예산이다.)
2) 고정제조간접원가에서는 투입–산출관계가 존재하지 않으므로 능률차이가 인식되지 않는다. 따라서 예산차이는 전액 소비차이가 된다.
3) 표준배부율(SP) = $\dfrac{\text{고정제조간접원가예산}}{\text{기준조업도}}$

◢07 원가차이의 조정

외부보고용 재무제표를 작성할 때에는 기말시점에서 실제원가와 표준원가의 차이를 재고자산계정과 매출원가계정의 기말잔액에서 조정하여야 한다.

또한, 정상원가계산에서는 제조간접원가차이만 발생되는 데 반하여 표준원가계산에서는 직접재료원가, 직접노무원가에 대해서도 차이가 발생된다는 점에 차이가 있을 뿐이다. 다음 흐름 순서도를 보며 차이 배부를 익혀 둔다.

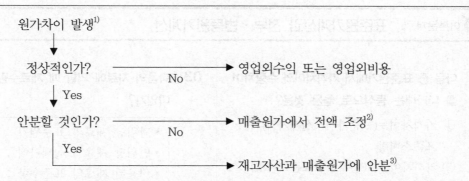

1) 월별, 분기별로 원가계산을 할 경우, 원가차이를 바로 위와 같이 처리할 수도 있고 기말로 원가차이를 이연할 수도 있다.
2) 원가차이를 영업외손익으로 처리하나 매출원가에서 전액 조정하나 당해연도 말의 재고자산은 표준원가로 기록된다.
3) 재료구입가격차이는 재료수량차이와 기말재료에도 배부되어야 한다.

1) 원가차이가 정상적으로 발생한 경우

① 매출원가가감조정법

㉠ 불리한 차이				
(차) 매출원가(가산)	×××	(대) 원가차이	×××
㉡ 유리한 차이				
(차) 원가차이	×××	(대) 매출원가(차감)	×××

② 비례배부법

원가차이를 표준원가로 평가된 재고자산과 매출원가에 배부하는 방법으로 원가차이 금액이 크고 중요할 경우에 사용된다.

총원가기준법	원가요소법
• 기말의 재고자산(원재료, 재공품, 제품)과 매출원가 → 총액의 상대적 비율에 따라 원가차이를 배부하는 방법 • 원재료계정에 배부되는 재료가격차이가 적음 • 기말재공품의 재료원가와 가공원가의 완성도 차이를 인식하지 못한다는 문제점	• 기말의 재고자산(원재료, 재공품, 제품)과 매출원가 → 원가요소의 상대적 비율에 따라 원가차이를 배부하는 방법 • 원재료계정에 배부되는 재료가격차이가 큼 • 재료에서 발생하는 원가차이는 각 계정에 포함되어 있는 재료원가를 기준으로 배부하고 가공원가에서 발생하는 원가차이는 각 계정에 포함된 가공원가를 기준으로 배부

2) 원가차이가 비정상적으로 발생한 경우

비정상적인 상황에 의하여 발생된 경우에는 불리한 원가차이는 영업외비용으로, 유리한 원가차이는 영업외수익으로 처리하게 된다.

✅이론문제 | 표준원가계산과 전부·변동원가계산

01 다음 중 표준원가에서 가격차이와 수량차이를 나타내는 등식으로 옳은 것은?

① 가격차이＝(표준가격－실제가격) × 표준소비량

② 가격차이＝(표준가격－표준소비량) × 실제가격

③ 수량차이＝(표준소비량－실제소비량) × 표준가격

④ 수량차이＝(표준가격－실제가격) × 표준수량

02 다음과 같은 경우에 능률차이를 구하면?

- 변동제조간접원가 실제액 : 90,000원
- 실제작업시간 : 4,600시간
- 표준작업시간(정상조업도) 5,000시간에 대한 변동제조간접원가 : 예산 100,000원
- 실제생산량에 대하여 허용된 표준작업시간 : 4,300시간

① 10,000원 유리한 차이
② 2,000원 불리한 차이
③ 6,000원 불리한 차이
④ 8,000원 유리한 차이

03 다음의 자료에 의할 때 재료수량차이는 얼마인가?

- 단위당 재료의 표준원가 : 65원
- 단위당 재료의 실제가액 : 62원
- 허용된 재료의 표준수량 : 4,000개
- 실제사용된 재료량 : 4,300개
- 실제구입한 재료량 : 5,000개

① 19,500원(불리) ② 19,500원(유리)
③ 20,500원(유리) ④ 20,500원(불리)

04 실제임률 120원, 실제직접작업시간이 2,100시간이고, 표준임률 100원, 표준직접작업시간이 2,000시간일 때 임률차이는?

① 42,000원 불리 ② 42,000원 유리
③ 10,000원 불리 ④ 52,000원 불리

05 다음과 같은 경우 능률차이는?

구분	변동제조 간접원가	작업시간	생산량
표준	90,000원	3,000시간	1,000개
실제	104,000원	3,150시간	900개

① 4,500원 유리 ② 4,500원 불리
③ 13,500원 유리 ④ 13,500원 불리

PART
01

06 다음 중 표준원가에 대한 설명으로 틀린 것은?

① 표준원가란 사전에 합리적으로 과학적인 방법에 의하여 산정된 원가를 뜻한다.

② 표준원가가 설정되어 있으면 계획과 예산설정이 용이하다.

③ 표준원가와 실제원가가 차이 나는 경우 원가통제가 불가능하다.

④ 원가흐름의 가정없이 제품의 수량만 파악되면 제품원가 계산을 신속하고 간편하게 할 수 있다.

07 표준원가와 표준원가계산제도에 대한 다음 설명 중 옳은 것은?

① 표준원가는 이상적인 상황에서만 달성 가능한 추정치이다.

② 표준에서 벗어나는 차이는 모두 검토하여야 한다.

③ 표준원가는 원가절감을 위한 원가통제를 포함한다.

④ 중요한 불리한 차이들은 모두 조사하여야 하나, 중요한 유리한 차이들은 조사할 필요가 없다.

08 다음 중 표준원가계산의 유용성과 차이분석에 대한 설명으로 가장 옳지 않은 것은?

① 고정제조간접원가의 능률차이가 발생하며, 예산차이 및 조업도차이도 발생한다.

② 표준원가와 실제원가의 차이를 분석하여 예외에 의한 관리를 가능하게 한다.

③ 직접노무원가의 가격차이(임률차이)는 실제직접노동시간×(표준임률−실제임률)로 계산할 수 있다.

④ 표준원가는 재무적 측정치만을 강조한다.

09 단일제품을 생산하고 있는 A회사가 생산하는 제품의 단위당 표준원가는 아래와 같다. 20×1년 중 제품 5,000개를 생산하였으며, 실제 발생된 제조원가는 다음과 같을 때 직접재료비의 가격차이와 능률차이를 바르게 표시한 것은?

실제 직접재료비 : 12,000kg × 27.5원
= 330,000원

	표준수량	표준가격	표준원가
직접 재료비	2kg	25원/kg	50원

   가격차이   능률차이
① 50,000원 불리   30,000원 불리
② 30,000원 불리   50,000원 불리
③ 30,000원 유리   60,000원 유리
④ 50,000원 유리   30,000원 유리

10 직접재료원가에 대한 자료가 다음과 같을 때, 직접재료원가 능률차이는 얼마인가?

- 예산제품생산량 : 10,000개
- 실제제품생산량 : 12,000개
- kg당 실제재료원가 : 550원
- 제품단위당 원재료 표준투입수량 : 5kg
- kg당 직접재료원가 표준가격 : 500원
- 직접재료원가 가격차이(불리한 차이) : 2,400,000원

① 5,000,000원 유리
② 5,000,000원 불리
③ 6,000,000원 유리
④ 6,000,000원 불리

11 다음은 표준원가계산 자료이다. 당기 중의 실제작업시간은 얼마인가?

> • 실제제품생산량 : 10,000개
> • 직접노무원가발생액 : 5,000,000원
> • 제품단위당 표준시간 : 10시간
> • 직접노무원가 가격차이(유리한 차이)
>   : 720,000원
> • 직접노무원가 능률차이(불리한 차이)
>   : 520,000원

① 100,000시간　② 110,000시간
③ 120,000시간　④ 130,000시간

12 직접노무원가에 대한 자료가 다음과 같을 때, 실제로 발생한 직접노무원가는 얼마인가?

> • 표준직접노동시간 : 2,000시간
> • 실제직접노동시간 : 2,100시간
> • 직접노무원가 가격차이 : 21,000원 불리
> • 표준임률 : 100원/시간

① 211,000원　② 221,000원
③ 231,000원　④ 241,000원

13 직접노무원가에 관한 자료가 다음과 같을 때, 직접노무원가 능률차이는 얼마인가?

> • 실제직접노동시간 : 10,000시간
> • 표준직접노동시간 : 11,000시간
> • 직접노무원가 임률차이(불리한 차이)
>   : 10,000원
> • 실제직접노무원가 발생액 : 150,000원

① 13,000원 유리　② 14,000원 유리
③ 13,000원 불리　④ 14,000원 불리

14 다음의 자료를 참조할 때 직접노무비의 가격차이와 능률차이는 얼마인가?

> • 표준직접노무비(@300, 10시간)
>   : 3,000원
> • 이달의 실제자료
>   – 제품생산량 : 120개
>   – 실제직접노무비(@330, 1,000시간)
>   : 330,000원

	가격차이	능률차이
①	30,000원 유리	60,000원 유리
②	30,000원 불리	60,000원 유리
③	30,000원 유리	60,000원 불리
④	30,000원 불리	60,000원 불리

15 다음 중 불리한 고정제조간접원가 예산차이가 의미하는 것을 올바르게 설명한 것은?

① 실제직접노동시간이 기준조업도의 노동시간을 초과한다.
② 실제고정제조간접원가가 예산고정제조간접원가를 초과한다.
③ 기준조업도의 노동시간이 표준허용시간을 초과한다.
④ 예정제조간접원가배부율 중에서 고정원가가 차지하는 비율이 너무 높다.

16 다음 자료에 의하여 표준원가계산을 적용하는 변동제조간접비 능률차이를 계산하면 얼마인가?

> • 제품단위당 표준원가자료 :
>   변동제조간접비 3시간 × @500원
>   = 1,500원
> • 당기 실제생산량 1,300단위에 대한 실제발생원가자료 : 변동제조간접비 2,080,000원(작업시간 4,200시간)

① 능률차이 150,000원(불리)
② 능률차이 110,000원(유리)
③ 능률차이 130,000원(불리)
④ 능률차이 140,000원(불리)

17 (주)중앙의 표준원가 관련자료가 다음과 같을 때, 다음 중 옳은 것은?

> • 변동제조간접원가 배부액 :
>   100원/시간
> • 고정제조간접원가 예산차이 :
>   8,500원 유리
> • 조업도차이 : 9,000원 불리
> • 변동제조간접원가 소비차이 :
>   10,000원 불리
> • 변동제조간접원가 능률차이 :
>   5,000원 유리
> • 실제변동제조간접원가 발생액 :
>   160,000원
> • 실제고정제조간접원가 발생액 :
>   140,000원

	허용된 표준시간	기준조업도
①	1,550시간	1,750시간
②	1,550시간	1,650시간
③	1,650시간	1,550시간
④	1,750시간	1,550시간

📌 이론문제 정답 및 해설

01 ③ 수량차이＝(표준소비량－실제소비량) × 표준가격

02 ③ 변동제조간접원가의 능률차이 = 표준배부율 × (실제작업시간 － 실제생산량에 대하여 허용된 표준작업시간)
- 표준배부율 : 100,000원 ÷ 5,000시간 = 20원/표준시간당
- 능률차이계산 : 20원 × (4,600시간 － 4,300시간) = 6,000원 불리한 차이

03 ① 재료수량차이 = (실제수량 － 표준수량) × 표준가격 = (4,300개 － 4,000개) × 65원 = 19,500원(불리한 차이)

04 ① (120－100) × 2,100 = 42,000원(불리)

05 ④ 능률차이 = 표준변동제조간접원가 배부율 × (실제작업시간－실제생산량에 대하여 허용된 표준작업시간)
표준변동제조간접원가배부율 =
$$\frac{표준변동제조간접원가}{표준작업시간} = \frac{90,000}{3,000} = 30원$$
∴ 30 × (3,150－2,700) = 30 × 450 = 13,500원(불리)

06 ③ 표준원가와 실제원가의 차이를 효과적으로 통제할 수 있다.

07 ③ ① 표준원가는 통상 현실적으로 달성가능한 표준원가를 많이 사용한다.
② 표준에서 벗어나는 차이 중 사전에 설정된 허용범위를 벗어나는 경우에만 검토하면 된다. 이를 예외에 의한 관리라 한다.
④ 중요한 차이는 불리한 차이, 유리한 차이 모두 검토를 하여야 한다.

08 ① 고정제조간접원가는 능률차이가 항상 발생하지 않으며, 예산차이와 조업도차이만 발생한다.

09 ②

AQ × AP	AQ × SP	SQ × SP
(12,000kg)	(12,000kg)	(5,000개) ×
× (27.5원)	× (25원)	(2kg) × (25원)
= 330,000원	= 300,000원	= 250,000원
	가격차이	능률차이(수량)차이
	30,000원(불리)	50,000원(불리)

10 ③

AQ × AP	AQ × SP	SQ × SP
12,000개	X kg	5kg
× X kg	× 12,000개	× 12,000개
× 550원	× 500원	× 500원
	가격차이	능률차이
	2,400,000원(불리)	?

(550원 － 500원) × 12,000개 × (X kg)
= 2,400,000원이므로 X = 4kg이 된다.
AP × AQ = 550원 × 12,000개 × 4kg = 26,400,000원
SP × AQ = 500원 × 12,000개 × 4kg = 24,000,000원
SP × SQ = 500원 × 12,000개 × 5kg = 30,000,000원
∴ 직접재료원가 능률차이는 6,000,000원(유리)이다.

11 ②

AH × AR	AH × SR	SH × SR
X시간 × 10,000개 × AR	X시간 × 10,000개 × SR	10시간 × 10,000개 × SR
= 5,000,000원	= 5,720,000원	= 5,200,000원
가격차이 720,000원(유리)		능률차이 520,000원(불리)

SH × SR = SR × 10,000개 × 10시간
= 5,200,000원   ∴ SR = 52원
SR × AH = 52원 × 10,000개 × X시간
= 5,720,000원   ∴ X = 11시간
따라서 실제작업시간은 110,000시간(= 10,000개 × 11시간)이다.

12 ③

AH × AR	AH × SR	SH × SR
?원 × 2,100시간	100원 × 2,100시간 = 210,000원	100원 × 2,000시간 = 200,000원
가격차이 21,000원(불리)		능률차이

따라서 실제로 발생한 직접노무원가는 231,000원(=210,000원 + 21,000원)이다.

13 ②

AH × AR	AH × SR	SH × SR
150,000원	SR × 10,000시간 = 140,000원	SR × 11,000시간
임률차이 10,000원(불리)		능률차이

SR × 10,000시간 = 140,000원
∴ SR = 14원
따라서 직접노무원가 능률차이는 14 × (10,000시간 − 11,000시간) = 14,000원(유리)이다.

14 ②

AH × AR	AH × SR	SH × SR
1,000시간 × 330원	1,000시간 × 300원	10시간 × 120개 × 300원
= 330,000원	= 300,000원	= 360,000원
임률차이 30,000원(불리)		능률차이 60,000원(유리)

15 ② 불리한 예산차이는 기대되는 예상원가보다 실제원가가 과대발생한 것을 의미한다.

16 ①

실제발생원가	실제투입량의 표준원가	표준원가배부액
AQ × AP	AQ × SP	SQ × SP
	4,200시간 × 500원	(1,300단위 × 3시간) × 500원
2,080,000원	= 2,100,000원	= 1,950,000원
소비차이 20,000원(유리)		능률차이 150,000원(불리)

17 ②

<변동제조간접원가>

AP × AQ	SP × AQ	SP × SQ
	100원 × AQ	100원 × SQ
160,000원	= 150,000원	= 155,000원
가격차이 10,000원(불리)		능률차이 5,000원(유리)

<고정제조간접원가>

실제발생액	고정제조간접원가 예산	표준배부액 (SP×SQ)
	90원 × 1,650시간	90원 × 1,550시간
140,000원	= 148,500원	= 139,500원
가격차이 8,500원(유리)		조업도차이 9,000원(불리)

03 | NCS를 적용한 부가가치세 이해

제1절 부가가치세 총론

01 부가가치세 개관

1) 부가가치세(Value Added Tax)의 정의

재화나 용역이 생산되거나 유통되는 모든 거래단계에서 발생한 부가가치에 대하여 부과되는 간접국세(현행세율은 10%, 0%)이다.

2) 부가가치세의 특징

① **소비형 부가가치세** : 소비지출에 해당하는 부가가치만을 과세대상으로 하고, 투자 지출(자본 재구입액)에 대하여서는 과세하지 않는다.

② **전단계세액공제법**

> • 이론상 : 납부세액(환급세액) = 매출세액 − 매입세액
> = (매출액 × 세율) − (매입액 × 세율)
> • 실제 : 납부세액(환급세액) = 매출세액 − 매입세액
> = (과세표준 × 세율) − (매입세금계산서상 매입세액)

③ **다단계거래세** : 재화나 용역이 최종소비자에게 도달할 때까지의 모든 거래단계마다 부가가치세를 과세하는 것을 말한다.

④ **간접세** : 납세자와 담세자가 일치하지 않는 조세이다.

⑤ **소비지국과세원칙** : 국가간 이동에 있어서 이중과세를 방지하기 위하여 재화의 생산국에서는 영세율을 적용하여 과세하지 아니하고 재화의 소비국에서 과세한다.

⑥ **물세** : 인적사항은 고려하지 않고, 재화 또는 용역의 소비사실에 대하여만 과세한다.

3) 납세의무자

① 영리목적의 유무를 불구하고 사업상 독립적으로 재화 또는 용역을 공급하는 사업자와 재화를 수입하는 자를 말한다.

② 개인·법인(국가·지방자치단체와 지방자치단체조합을 포함한다)과 법인격이 없는 사단·재단 또는 그 밖의 단체를 포함한다.

③ 납세의무자 분류

과세사업자		면세사업자
일반과세자	간이과세자	
간이과세자가 아닌 개인사업자, 법인사업자	직전 1년의 공급대가의 합계액이 8,000만원(2024.7.1. 1억400만원)에 미달하는 개인사업자	면세되는 재화와 용역을 공급하는 사업자로서 부가가치세가 면제되는 자
등록, 신고, 납부의무 있음	등록, 신고, 납부의무 있음	등록(소득세법 등 신고갈음), 신고(있음), 납부(없음)
세금계산서 교부의무 있음	세금계산서영수증 교부의무 있음	계산서 교부의무 있음
납부세액 : 매출세액 − 매입세액	납부세액 : 공급대가 × 업종별 부가가치율 × 10%	납부세액 없음
제반의무 있음	제반의무 있음	매입처별세금계산서합계표와 대리납부 제출의무 있음

02 과세기간

1) 일반과세자 중 계속사업자

구분	계속사업자	예정신고기간과 확정신고기간	납부기한	과세 유형전환자
1기	1.1.~6.30.	1.1.~3.31.	4.25.	• 1.1.~유형전환말일
		4.1.~6.30.	7.25.	• 유형전환일~6.30.
2기	7.1.~12.31.	7.1.~9.30.	10.25.	• 7.1.~유형전환말일
		10.1.~12.31.	익년 1.25.	• 유형전환일~12.31.

2) 신규사업자의 최초 과세기간

구분	신규사업자
원칙	사업개시일~사업개시일이 속하는 과세기간 종료일
사업개시일 이전에 사업자등록을 신청한 경우	그 신청한 날~신청일이 속하는 과세기간 종료일

3) 폐업자의 과세기간

과세기간 개시일부터 폐업일까지이다.

4) 간이과세자

제1기와 제2기의 구분 없이 과세기간을 1.1.~12.31.로 한다.

03 납세지(= 사업장)

1) 원칙

상시 주재하고 거래의 전부 또는 일부를 행하는 장소를 말하며 사업장별로 신고·납부하여야 한다(사업장별 과세원칙).

업종		사업장
광업		광업사무소의 소재지
제조업		최종제품을 완성하는 장소(제품포장, 용기충전장소 제외)
건설, 운수, 부동산매매	법인	법인의 등기부상 소재지(등기부상 지점소재지 포함)
	개인	그 업무를 총괄하는 장소
	법인명의 차량을 개인운용	법인의 등기부상 소재지(등기부상 지점소재지 포함)
	개인명의 차량을 다른 개인이 운용	그 등록된 개인이 업무를 총괄하는 장소
부동산임대업		그 부동산의 등기부상 소재지(다만, 부동산상의 권리만을 대여하는 경우 업무를 총괄하는 장소)
무인판매기를 통하여 재화·용역공급		그 사업에 관한 업무를 총괄하는 장소
비거주자, 외국법인		비거주자 또는 외국법인의 국내사업장
신탁재산		신탁재산의 등기부상 소재지, 등록부상 등록지 또는 신탁 사업에 관한 업무를 총괄하는 장소

2) 사업장이 없는 사업자

사업자의 주소지, 거소지이며 만약 사업자가 법인인 경우에는 본점소재지가 되며, 개인인 경우에는 업무를 총괄하는 장소를 말한다.

3) 직매장·하치장·임시사업장

구분	사업장 여부	이유
직매장	○	별개의 사업장으로 봄, 사업자등록, 세금계산서 발급 [의무불이행 시] 미등록가산세, 매입세액불공제
하치장	×	재화의 보관·관리시설만을 갖춘 장소이며 판매행위가 이루어지지 않는 장소로서 사업장으로 보지 않음
임시사업장	×	단, 행사가 개최되는 장소에 개설한 임시사업장은 기존사업장에 포함

4) 주사업장의 총괄납부와 사업자단위과세

구분	주사업장 총괄납부	사업자단위과세
의의	주사업장 총괄납부(환급)받는 제도(단, 신고는 각 사업장별로 행함) → 관할세무서에 "사업장별 부가가치세 과세표준 및 납부세액신고명세서" 제출	2 이상의 사업자(추가 사업장 포함)가 사업자단위 과세제도를 신청한 경우로 신고·납부·환급 제도

세금계산서 수수 등 각종 의무	각 사업장별로 행함	본점 또는 주사무소에서 행함
적용 요건	신청	사업자단위로 등록 신청
사업장 적용	• 법인 : 본점(주사무소 포함) 또는 지점(분사무소 포함) 중 선택 • 개인 : 주사무소	• 법인 : 본점(주사무소 포함) • 개인 : 주사무소
계속사업자의 신청기간	과세기간 개시 20일 전	과세기간 개시 20일 전
신규사업자의 신청기간	주된 사업자등록증을 받은 날로부터 20일 이내	사업개시일로부터 20일 이내
포기	과세기간 개시 20일 전에 주사업장 총괄납부포기신고서 제출	과세기간 개시 20일 전에 사업자단위 과세포기신고서 제출
공급의제 여부	직매장 반출 시에는 재화의 공급으로 보지 아니함(단, 세금계산서를 교부 시에는 재화의 공급으로 봄)	직매장 반출 시에는 공급의제 규정을 적용하지 않음

04 사업자 등록

1) 사업자등록 신청
사업장마다 사업개시일로부터 20일 이내에 사업장 관할세무서장에게 등록하여야 한다. 다만, 신규로 사업을 개시하고자 하는 자는 매입세액을 환급해 주기 위해 사업개시일 전이라도 등록할 수 있다.

2) 사업자등록증의 교부
사업장 관할세무서장은 발기인의 주민등록등본을 확인받아 신청일로부터 2일 이내(토요일, 공휴일, 근로자의 날 제외)에 등록번호가 부여된 사업자등록증을 신청자에게 교부하여야 한다(5일 연장 가능, 10일 이내 기간을 정하여 보정 요구 가능).

3) 직권등록 및 등록거부
사업장 관할 세무서장은 직권등록 및 등록거부를 할 수 있다.

4) 등록정정
다음 사유가 발생한 경우에는 지체 없이 등록정정신고를 한다.

사업자등록 정정사유	재교부기한
① 상호를 변경하는 때 ② 통신판매업자가 사이버몰의 명칭 또는 인터넷 도메인 이름을 변경하는 때	신고일 당일
③ 면세사업자가 추가로 과세사업을 영위하고자 할 때 ④ 법인의 대표자를 변경하는 때 ⑤ 사업의 종류를 변경하거나 추가하는 때 ⑥ 상속으로 인하여 사업자의 명의가 변경되는 때(증여의 경우 정정사유 아닌 폐업사유) ⑦ 공동사업자의 구성원 또는 출자지분의 변경이 있는 때	신고일로부터 2일 내

5) **미등록 시 불이익**

① **등록 전 매입세액불공제** : 사업자등록을 신청하기 전의 매입세액은 공제되지 않는다. 단, 등록신청일로부터 역산하여 20일 이내의 것은 공제가능하다.

② **사업개시일 20일 이내 미등록사업자, 전자적용역 공급 간편사업자 가산세 부과** : 공급가액의 1%(등록기한 경과 후 1개월 이내에 등록하는 경우 50% 감면)

③ **타인 명의 사업자등록 또는 타인 명의 사업자등록을 이용하여 사업을 하는 경우** 직전일까지의 공급가액의 1% 가산세, 2년 이하 징역 또는 2천만원 벌금이 부과된다.

✔️이론문제 | **부가가치세 총론**

01 다음 중 부가가치세 납세의무에 대한 설명으로 잘못된 것은?

① 사업자가 아닌 자가 부가가치세가 과세되는 재화를 개인용도로 사용하기 위해 수입하는 경우에는 부가가치세 납세의무가 없다.

② 사업자가 부가가치세 과세대상 재화를 공급 시 부가가치세를 거래징수하지 못한 경우에도 부가가치세를 납부할 의무가 있다.

③ 사업자등록 없이 부가가치세가 과세되는 용역을 공급하는 사업자의 경우에도 부가가치세를 신고납부할 의무가 있다.

④ 영리목적 없이 사업상 독립적으로 용역을 공급하는 자도 납세의무자에 해당한다.

02 부가가치세법상 과세기간에 대한 설명으로 옳지 않은 것은?

① 신규사업자의 과세기간은 사업개시일부터 그날이 속하는 과세기간 종료일까지로 한다.

② 법인사업자와 일반과세자인 개인사업자의 과세기간은 다르다.

③ 폐업자의 과세기간은 폐업일이 속하는 과세기간의 개시일부터 폐업일까지로 한다.

④ 간이과세자의 과세기간은 1월 1일부터 12월 31일까지로 한다.

03 부가가치세법상 사업장에 대한 설명으로 가장 옳지 않은 것은?

① 광업의 경우 광업사무소의 소재지

② 제조업의 경우 최종제품을 완성하는 장소

③ 부동산매매업(법인)의 경우 부동산 등기부상 소재지

④ 건설업(법인)의 법인의 등기부상 소재지

04 다음 중 부가가치세법상 사업자등록증 정정 시 당일 재발급 사유에 해당하는 것은?

① 상속으로 사업자의 명의가 변경되는 경우

② 사업자단위 과세사업자가 종된 사업장을 신설하는 경우

③ 법인이 대표자를 변경하는 경우

④ 통신판매업자가 사이버몰의 도메인이름을 변경하는 경우

05 다음 중 부가가치세법상 주사업장 총괄납부 제도에 대한 설명으로 틀린 것은?

① 사업장이 둘 이상 있는 경우에는 주사업장 총괄납부를 신청하여 주된 사업장에서 부가가치세를 일괄하여 납부하거나 환급받을 수 있다.

② 주된 사업장은 법인의 본점(주사무소를 포함한다) 또는 개인의 주사무소로 한다. 다만, 법인의 경우에는 지점(분사무소를 포함한다)을 주된 사업장으로 할 수 있다.

③ 주된 사업장에 한 개의 등록번호를 부
여한다.

④ 납부하려는 과세기간 개시 20일 전에
주사업장 총괄 납부 신청서를 주된 사
업장의 관할 세무서장에게 제출하여야
한다.

📌 이론문제 정답 및 해설

01 ① 재화를 수입하는 자는 사업자여부와 용도
에 불문하고 부가가치세 납세의무가 있다
(부가가치세법 제3조, 제4조, 제9조).

02 ② 법인사업자와 일반과세자인 개인사업자의
과세기간은 같다(부가가치세법 제5조).

03 ③ 부동산매매업(법인)의 경우 법인의 등기
부상 소재지를 사업장으로 한다(부가가
치세법 시행령 제8조).

04 ④ 사이버몰에 인적사항 등의 정보를 등록
하고 재화 또는 용역을 공급하는 사업을
하는 사업자(이하 "통신판매업자"라 한
다)가 사이버몰의 명칭 또는 「인터넷주

소자원에 관한 법률」에 따른 인터넷 도
메인이름을 변경하는 경우는 사업자등록
증 정정 당일 재발급 사유이다(부가가치
세법 시행령 제14조 제1항 제11조).

05 ③ 주사업장 총괄납부제도가 아닌, 사업자
단위과세제도에 대한 설명이다.
부가가치세법 제8조 제5항에 따른 등록
번호는 사업장마다 관할 세무서장이 부
여한다. 다만, 부가가치세법 제8조 제3항
및 제4항에 따라 사업자 단위로 등록신
청을 한 경우에는 사업자 단위 과세 적용
사업장에 한 개의 등록번호를 부여한다
(부가가치세법 시행령 제12조 제1항).

제2절 과세거래

01 부가가치세 과세대상 거래

재화의 공급, 용역의 공급, 재화의 수입이 부가가치세의 과세대상이다.

구분	내용

재화공급	• 사업자가 재산적 가치가 있는 유체물과 무체물을 공급하는 것은 과세대상임*
	   – 유체물 : 상품, 제품, 원재료, 기계, 건물 등
	   – 무체물 : 동력, 열, 특허권, 광업권, 지상권, 영업권 등 기타 권리 등
	• 사업성이 있는 경우에만 과세됨. 비사업자는 과세하지 않음

용역공급	• 사업자가 공급하는 용역은 과세대상임 • 비사업자는 과세하지 않음
재화수입	• 용역의 수입은 과세대상이 아님. 사업자 여부와 무관하게 과세함 • 소비지국 과세원칙 실현목적

* 재산적 가치가 없는 것은 과세대상이 아니다. 토지는 재산적 가치가 있으나 토지의 공급은 부가가치세 면세대상이며 수표·어음·유가증권 등은 제외한다.

02 재화의 공급

1) 실질공급

계약상 또는 법률상 매매, 가공계약(자기가 주요 자재의 전부 또는 일부를 부담하는 가공계약 포함), 교환계약, 경매·수용·현물출자, 사업자가 재화를 빌려주고 반환받는 소비대차거래 등 (단, 국제징수법의 규정에 따른 공매와 민사집행법의 규정에 따른 강제경매는 제외)을 말한다.

2) 간주공급

대상은 매입세액이 공제된 것만 해당하며, 예외 규정에 있는 직매장 반출(단, 주사업장총괄납부 승인사업장일 경우에는 사업장으로 보지 아니함)은 세금계산서를 발급하지만, 이를 제외한 간 주공급은 세금계산서 교부대상이 아닌 것에 주의해야 한다. 공급가액은 간주시가로 하며 VAT 는 간주시가의 10%로 한다.

구분	과세대상
자가공급 (사업 O)	① 자기의 사업과 관련하여 생산 또는 취득한 재화를 면세사업 외에 부가가치세가 과세되지 않는 재화를 공급하는 사업을 위하여 직접 사용·소비하는 것 ② 자기의 사업과 관련하여 생산 또는 취득한 재화를 비영업용 소형승용차로 사용하거나 그 유지를 위하여 사용 또는 소비하는 경우 ③ 자기의 사업과 관련하여 생산 또는 취득한 재화를 타인에게 직접 판매할 목적으로 자기의 다른 사업장(직매장 등)에 반출하는 경우

개인적 공급 (사업 ✕)	자기의 사업과 관련하여 생산하거나 취득한 재화를 사업과 직접 관계없이 개인적 또는 기타의 목적으로 사업자가 사용하거나 그 사용인 또는 기타의 자가 사용·소비하는 것으로서 사업자가 그 대가를 받지 아니하거나 시가보다 낮은 대가를 받는 경우
	 → 실비변상적·복리후생적 목적으로 사용인에게 재화를 무상으로 공급하는 것은 제외
	
	 • 작업복·작업모·작업화
	 • 직장체육·문화와 관련된 재화
	 • 경조사를 ①과 ②의 경우로 구분하여 각각 1인당 연간 10만 원 이하 재화
	   ① 경조사와 관련된 재화
	   ② 명절·기념일 등*과 관련된 재화
	      * 설날·추석·창립기념일·생일 등 포함
	 ※ 연간 10만 원을 초과하는 경우 초과금액에 대해서 재화의 공급으로 봄

사업상 증여 (사업 O)	자기의 사업과 관련하여 생산하거나 취득한 재화를 자기의 고객이나 불특정 다수인에게 무상 또는 현저히 낮은 대가를 받고 증여하는 것. 이때 증여에 상당하는 재화의 대가는 주된 거래인 재화공급의 대가에 포함되지 아니하는 것으로 한다. → 대가를 받지 아니한 견본품 및 불특정다수인에게 광고선전물을 배포하는 것은 제외
폐업 시 잔존재화 (사업 O)	사업을 폐지하는 때 잔존하는 재화에 대해서는 사업자가 자기에게 재화를 공급하는 것으로 본다.
신탁재산 공급	「신탁법」에 따라 위탁자의 지위가 이전되는 경우에는 기존 위탁자가 새로운 위탁자에게 신탁재산을 공급한 것으로 보고, 기존 위탁자가 해당 공급에 대한 부가가치세의 납세의무자가 된다.

3) 재화의 공급으로 보지 않는 경우

담보제공, 조세의 물납, 사업의 포괄적 양도, 손해배상금, 지체상금, 위약금, 배당금, 광고선전용 견본품, 하치장 반출, 총괄납부사업자의 직매장 반출 등이 있다.

▼ 타 사업장 반출

반출목적	사업자의 구분		자가공급 해당 여부	세금계산서 교부의무
비판매목적	모든 사업자		✕	✕
판매목적	총괄납부 승인 ✕		O	O
	총괄납부 승인 O	원칙	✕	✕
		예외	O	O

4) 계정과목별 물품 제공에 대한 부가가치세 과세 여부

계정과목별	매입세액 공제 여부	공급 시 부가가치세 과세 여부
광고선전비	○	×
판매장려금 (물품 제공)	○	매입세액 공제된 경우만 사업상증여로 과세대상, 세법상 기업업무추진비로 봄
판매촉진비	○	×
복리후생비	○	매입세액 공제된 경우만 개인적 공급으로 과세대상, 다만 작업복, 작업모, 작업화 등 일정한 물품은 개인적 공급으로 보지 않음
기업업무 추진비	×	매입세액 공제된 경우만 사업상증여로 과세대상
기부금	사업무관 ×	국가, 공익단체 무상기부는 과세대상 아님

03 용역의 공급

1) 일반적인 용역의 공급

계약상 또는 법률상의 모든 원인에 의하여 역무를 제공하거나 재화, 시설물, 권리를 사용하게 하는 것을 말한다. 용역공급 범위에는 숙박 및 음식점업, 운수업, 통신업, 금융 · 보험업, 부동산 임대업(전 · 답 · 과수원, 목장용지 등 제외) 등이 있다.

> ■ 용역의 공급으로 보지 않는 거래
> ① 대가를 받지 아니하고 타인에게 용역을 무상으로 공급
>   → 재화의 무상공급(과세), 용역의 무상공급(과세대상이 아님)
> ② 고용관계에 의해서 근로를 제공하는 경우

재화의 무상공급(예 특허권의 양도)은 간주공급에 해당되어 과세하지만 용역의 무상공급(예 특허권의 대여)은 원칙적으로 간주공급에 해당하지 않는다. 그러나 특수관계자 간 부동산 임대용역의 무상공급과 신탁관계에서 수탁자(신탁회사)가 위탁자의 특수관계인에게 재화 또는 용역을 공급하는 것을 포함하여 간주공급에 해당되어 과세한다.

2) 전자적 용역 공급

국외사업자가 공급하는 전자적 용역(게임, 동영상, 클라우드 서비스 등)에 대해 부가가치세가 과세된다. 전자적 용역의 공급장소는 용역을 공급받는 자의 사업장 소재지 · 주소지 · 거소지가 된다.
① 국세정보통신망을 이용하여 사업개시일로부터 20일 이내에 간편사업자등록 후 부가가치세 신고 · 납부한다.
② 간편사업자는 전자적 용역에 대한 거래내역을 확정신고 기한 후 5년간 보관하여야 한다.
③ 국세청장은 간편사업자에게 거래명세 제출을 요구 가능하며, 간편사업자는 요구받은 날부터 60일 이내에 기획재정부령으로 정하는 거래명세서를 제출해야 한다.
④ 국세청장은 간편사업자가 국내에서 폐업한 경우 간편사업자 등록 말소 가능하다.

04 재화의 수입

수입하는 물품을 보세구역으로부터 인취하는 시점에 부가가치세, 관세, 통관수수료 등을 세관장에게 지불하고 수입세금계산서를 발급받아 매입세액을 공제받는다.

1) 외국으로부터 국내에 도착한 물품(외국 선박에 의하여 공해에서 채집되거나 잡힌 수산물을 포함한다)으로서 수입신고가 수리되기 전의 것

2) 수출신고가 수리된 물품(수출신고가 수리된 물품으로서 선적되지 아니한 물품을 보세구역에서 반입하는 경우는 제외)

05 주된 사업에 부수되는 일시적, 우발적 공급의 과세와 면세적용

주된 사업	부수 재화 · 용역	과세 · 면세
과세사업	과세	과세
	면세	과세
면세사업	과세	면세
	면세	면세

06 재화의 공급시기

재화와 용역의 공급시기는 재화와 용역의 공급을 어느 과세기간에 귀속시킬 것인가의 판단기준으로 공급시기가 속하는 과세기간이 종료하는 때에 납세의무가 성립되어 세금계산서를 교부하게 된다.

1) 일반적 재화의 공급시기

① 재화의 이동이 필요한 경우 : 재화가 인도되는 때
② 재화의 이동이 필요하지 않은 경우 : 재화가 이용가능하게 되는 때
③ 위 ①, ②를 적용할 수 없을 경우 : 재화의 공급이 확정되는 때

2) 거래형태별 재화의 공급시기

거래형태	공급시기
① 현금판매, 외상판매, 할부판매	재화가 인도되거나 이용가능하게 되는 때
② 재화의 공급으로 보는 가공	가공된 재화를 인도하는 때
③ 장기할부판매	대가의 각 부분을 받기로 한 때
④ 완성도기준지급, 중간지급조건부로 재화를 공급 : 전력 기타 공급단위를 구획할 수 없는 재화의 계속적 공급	
⑤ 자가공급	재화가 사용(소비)되는 때
⑥ 개인적 공급(판매목적 타 사업장 반출)	재화를 반출하는 때

⑦ 사업상 증여	재화를 증여하는 때
⑧ 폐업 시 잔존재화	폐업하는 때
⑨ 무인판매기를 이용한 재화공급	현금을 인취하는 때
⑩ 수출재화 　㉠ 원양어업 및 위탁판매수출의 경우 　㉡ 위탁가공무역방식으로 수출하거나 외국인 　　도수출의 경우	수출선적일, 재화가 인도되는 때 ㉠ 수출재화의 공급가액이 확정될 때 ㉡ 외국에서 당해 재화가 인도될 때
⑪ 상품권	재화가 실제로 인도되는 때

07 용역의 공급시기

역무가 제공되거나 재화, 시설물 또는 권리가 사용되는 때를 말한다.

거래형태	공급시기
① 통상적 공급, 단기할부조건부 용역	역무의 제공이 완료되는 때
② 완성도기준지급·중간지급·장기할부 또는 기타조건부용역 : 공급단위를 구획할 수 없는 용역의 계속적 공급, 선하증권이 발행되어 거래사실이 확인되는 외국항행 용역(용역의 완료가 선하증권 발행일로부터 90일 이내인 경우로 한정)	대가의 각 부분을 받기로 한 때
③ ①과 ②에 해당하지 않는 경우	역무의 제공이 완료되고 그 공급가액이 확정되는 때
④ 간주임대료, 선세금, 2과세기간 이상에 걸쳐 부동산임대용역을 공급한 후 받는 안분계산된 임대료	예정신고기간 또는 과세기간의 종료일
⑤ 폐업 전에 공급한 용역의 공급시기가 폐업일 이후에 도래하는 경우	폐업일

08 재화의 수입시기

관세법에 따른 수입신고가 수리된 때로 본다.

09 공급시기의 특례

대가가 수반되고 재화의 공급으로 봄	대가가 수반되지 않는 경우
① 재화 또는 용역 공급 전 대가를 수취한 경우 : 세금계산서 등을 발급하는 때	공급 전에 세금계산서 또는 영수증을 발급 : 발급한 때
② 재화 또는 용역 공급 전에 세금계산서 등을 발급하는 때 : 발급일로부터 7일 이내 대가를 받을 경우	① 장기할부판매로 재화 또는 용역을 공급함 ② 전력, 그 밖에 공급단위를 구획할 수 없는 재화를 계속적으로 공급함
③ 재화 또는 용역 공급 전에 세금계산서 등을 발급하고 발급일로부터 7일 이후 대가를 받을 경우 : 계약서와 약정서 등에 대금 청구시기와 지급시기를 정함	③ 통신 등 그 공급단위를 구획할 수 없는 용역을 계속적으로 공급함

☑️ 이론문제 | **과세거래**

01 다음 중 부가가치세법상 과세대상 거래에 대한 설명으로 옳지 않은 것은?

① 사업을 위한 무상 견본품의 인도는 재화의 공급으로 보지 아니한다.

② 과세대상 재화의 범위에는 유체물뿐만 아니라 전기, 가스, 열 등의 자연력도 포함된다.

③ 건설업의 경우 건설업자가 건설자재의 전부를 부담하는 것은 재화의 공급에 해당한다.

④ 사업자가 과세사업과 관련하여 생산한 재화를 자신의 면세사업을 위해 직접 사용하는 것은 재화의 공급에 해당한다.

02 다음 중 부가가치세법상 재화 또는 용역의 공급시기에 대한 설명으로 옳지 않은 것은?

① 현금판매, 외상판매의 경우 : 재화가 인도되는 때

② 장기할부판매의 경우 : 대가의 각 부분을 받기로 한 때

③ 완성도기준지급 조건부 용역의 경우 : 용역의 제공이 완료되는 때

④ 내국 물품을 수출하는 경우 : 수출 재화의 선적일

03 다음 중 부가세법상 재화의 공급으로 보는 특례(공급의제)에 관한 설명으로 옳지 않은 것은?

① 간주공급은 실질공급과 같이 세금계산서를 발행하여야 한다.

② 사업자가 사업의 종류를 변경한 경우 변경 전 사업에 대한 잔존재화에 대해서는 과세하지 않는다.

③ 대가를 받지 않고 다른 사업자에게 양도하는 견본품은 과세하지 않는다.

④ 사업을 위해 착용하는 작업복, 작업모 및 작업화를 종업원에게 제공하는 경우 과세하지 않는다.

04 다음 중 부가가치세법상 재화의 수입에 대한 설명으로 옳지 않은 것은?

① 수출신고가 수리된 물품을 국내에 반입하는 것은 재화의 수입으로 본다.

② 외국 선박에 의하여 공해에서 잡힌 수산물로서 수입신고가 수리되기 전의 것을 국내에 반입하는 것은 재화의 수입으로 보지 아니한다.

③ 수출신고가 수리된 물품으로서 선적되지 아니한 물품을 보세구역에서 반입하는 경우는 재화의 수입으로 보지 아니한다.

④ 외국으로부터 국내에 도착한 물품으로 수입신고가 수리되기 전의 것을 국내에 반입하는 것은 재화의 수입으로 본다.

05 다음 중 부가가치세법상 재화의 공급시기에 관한 설명으로 옳지 않은 것은?

① 현금 판매의 경우 재화가 인도되거나 이용 가능하게 되는 때를 공급시기로 본다.

② 재화의 공급으로 보는 가공의 경우 가공된 재화가 이용 가능하게 되는 때를 공급시기로 본다.

③ 반환조건부 판매의 경우에는 그 조건이 성취되거나 기한이 지나 판매가 확정되는 때를 공급시기로 본다.

④ 사업자가 폐업하기 전에 공급한 재화의 공급시기가 폐업일 이후에 도래하는 경우에는 그 폐업일을 공급시기로 본다.

06 다음 중 부가가치세법상 과세대상인 재화의 공급에 해당하는 것은?

① 공장건물이 국세징수법에 따라 공매된 경우

② 자동차운전면허학원을 운영하는 사업자가 구입 시 매입세액공제를 받은 개별소비세과세대상 소형승용차를 업무목적인 회사 출퇴근용으로 사용하는 경우

③ 에어컨을 제조하는 사업자가 원재료로 사용하기 위해 취득한 부품을 동 회사의 기계장치 수리에 대체하여 사용하는 경우

④ 컨설팅회사를 운영하는 사업자가 고객에게 대가를 받지 않고 컨설팅용역을 제공하는 경우

07 다음 중 부가가치세법상 재화 또는 용역의 공급으로 볼 수 없는 것은?

① 법률에 따라 조세를 물납하는 경우

② 사업자가 폐업할 때 당초매입세액이 공제된 자기생산·취득재화 중 남아있는 재화

③ 사업자가 당초 매입세액이 공제된 자기생산·취득재화를 사업과 직접적인 관계없이 자기의 개인적인 목적으로 사용하는 경우

④ 특수관계인에게 사업용 부동산 임대용역을 무상으로 제공하는 경우

📌 이론문제 정답 및 해설

01 ③ 건설업자의 건설자재 부담은 용역의 공급으로 본다.

02 ③ 완성도기준지급 용역의 경우 대가의 각 부분을 받기로 한 때를 공급시기로 본다.

03 ① 판매목적 타사업장 반출 외의 간주공급은 세금계산서 발행의무가 없다(부가가치세법 시행령 제71조 제1항 제3호).

04 ② 재화의 수입으로 본다(부가가치세법 제13조).

05 ② 가공된 재화를 인도하는 때를 공급시기로 본다(부가가치세법 시행령 제28조).

06 ② 사업자가 자기의 과세사업을 위하여 자기생산·취득재화 중 승용자동차를 고유의 사업목적(판매용, 운수업용 등)에 사용하지 않고 비영업용 또는 업무용(출퇴근용 등)으로 사용하는 경우는 간주공급에 해당한다(부가가치세법 제10조 제2항 제2호 및 부가가치세 집행기준 10-0-4 ① 2).

07 ① 법률에 따라 조세를 물납하는 것은 재화의 공급으로 보지 아니한다(부가가치세법 제10조 제9항, 부가가치세법 제12조 제4항).

제3절 **영세율과 면세**

01 영세율

매출과세표준(= 공급가액)에 적용하는 세율을 "0"으로 하는 것을 말한다.

▼ 영세율과 면세의 비교

구분	영세율	면세
기본취지	소비지국 과세원칙, 국제적 이중과세 방지	부가가치세의 역진성 완화
적용대상	수출하는 재화 등	기초생활필수품·면세용역
적용제도	완전면세제도	부분면세제도
매출세액	0	없음
매입세액	전액환급(조기환급 가능)	없음
사업자 여부	부가가치세법상 과세사업자	부가가치세법상 사업자가 아님
과세표준 신고납부	있음	면세 수입금액 신고
매입세액 회계처리	부가세대급금으로 공제	매입원가 해당
의무	모든 제반사항, 세금계산서 교부와 제출의무 있음	매입처별세금계산서합계표 제출의무와 대리납부의무는 있음, 계산서 교부의무 있음, 수취 세금계산서 제출의무 있음

1) 적용대상자

거주자 또는 내국법인에 대해 적용되고(일반·간이과세사업자에게만 적용, 면세사업자는 적용 안 됨), 비거주자 또는 외국법인인 경우에는 상호면세주의에 의한다.

2) 영세율 대상

① 수출하는 재화 : 본래의 수출, 수출재화에 포함되는 것

구분		수출형태	세금계산서 발급 여부
본래의 수출	내국물품을 외국반출하는 것	직수출 및 대행위탁수출	× (단, 수출대행업자의 수출대행수수료는 발급함)
	대외무역방식에 의한 수출	• 중계무역수출, 위탁판매수출 • 외국인도수출, 위탁가공무역수출	×
		대가 없이 외국 수탁가공사업자에게 가공한 재화 양도 시 원료반출	○
	국내거래지만 수출재화에 포함되는 것	• L/C 또는 구매확인서에 의해 수출로 과세기간 종료 후 25일 이내에 개설될 것(금지금 제외) • 한국국제협력단, 한국국제보건의료재단, 대한적십자사에 무상으로 공급하는 재화	○

② 국외에서 제공하는 용역

용역제공 사업장	적용사례	수출형태	세금계산서 발급 여부
국내에 소재하는 경우만 인정	국외 건설공사도급용역, 북한에 제공하는 용역	국내사업장이 없는 비거주자 또는 외국법인	×
		위 외의 경우	○

③ 선박·항공기의 외국항행용역

④ 조세특례제한법 적용 영세율 대상

  ㉠ 방산업체가 공급하는 방산물자 등

  ㉡ 국군부대 또는 기관에 공급하는 석유류 등

  ㉢ 국가, 지방자치단체(민간투자법에 따른 사업시행자가 공급하는 것은 제외), 도시철도공사, 한국철도시설공단, 한국철도공사 등에 직접 공급하는 도시철도 건설용역

  ㉣ 국가 등에 공급하는 사회기반시설

  ㉤ 장애인 보장구 및 장애인용 관련 용역

  ㉥ 농·어민이 농·축산·임·어업용 기자재(비료, 농약, 사료, 기계 등)를 국내에서 구입하는 경우

⑤ 기타 외화획득 재화 또는 용역

적용사례	수출형태	세금계산서 발급 여부
외교관 등 (비거주자 아님)	외교공관, 영사기관, 국제연합에 준하는 기구 등에 공급하는 재화·용역	×
	외교관면세점 지정사업장, 외교관 면세카드 제시받아 공급한 재화·용역	○
비거주자, 외국법인에게 공급	국내에서 공급하는 일정한 재화·용역 : 전문, 과학 및 기술서비스업, 사업지원 및 임대서비스업 중 무형자산 임대업, 통신업, 컨테이너 수리업, 상품중개업 및 전자상거래 소매 중개업, 정보통신업, 교육서비스업 등	×
수출재화 임가공용역	수출업자와 직접도급계약 수출재화 임가공용역	○
	수출업자와 직접도급계약이 아니거나 자기가 주요자재 전부 또는 일부 부담인 경우 반드시 L/C, 구매확인서 발급해야 함	
그 밖에 외화획득재화 또는 용역	• 외국항행선박·항공기·원양어선에 공급 • 주한 국제연합군 등에 공급 또는 미합중국군대에 직접 공급하는 재화·용역 - 미합중국군대의 범위에 SOFA협정에 따른 공인 조달 기관 • 외국인관광객에 대한 관광알선용역	×

02 면세의 의의

- 부가가치세의 세부담 역진성을 완화
- 국민의 서민생활 보호와 후생복지 등을 위하여 조세 정책적, 사회 정책적으로 최종소비자에게 부가가치세의 조세부담을 경감
- 면세사업자는 부가가치세법상의 사업자가 아님

1) 면세적용대상 재화 또는 용역

구분	내용
기초생활 필수 재화·용역	① 미가공식료품[식용에 공하는 농·축·수·임산물과 소금(기계정제염 제외) 포함]. 단, 비식용 외국산만 과세 ② 국내생산 비식용의 농·축·수·임산물 ③ 수돗물(생수는 과세) ④ 연탄·무연탄(유연탄·갈탄·착화탄은 과세) ⑤ 일반고속버스를 포함한 여객운송용역[단, 항공기, 시외우등고속버스, 전세버스, 택시, 자동차대여사업, 특수자동차, 특종선박, 고속철도, 삭도(케이블카), 관광유람선, 관광버스, 관광궤도차량(모노레일 등), 관광사업 목적 바다열차 등의 여객운송은 과세] ⑥ 여성용 생리처리 위생용품(유아용 위생용품은 면세) ⑦ 주택과 부수토지의 임대용역에 대한 면세(단, 사업용건물과 이에 부수되는 토지 임대용역은 과세) ⑧ 토지 임대부 분양주택(국민주택규모 이하 한정)을 분양받은 자에게 제공하는 토지의 임대
의료보건 용역	① 의사, 치과의사, 한의사, 조산사, 간호사, 국가 및 지자체로부터 위탁받은 자가 제공하는 용역(단, 쌍꺼풀, 코성형, 유방확대, 축소술, 지방흡인술, 주름살제거술, 피부재생술, 피부미백술 등은 과세) ② 접골사, 침사, 구사 또는 안마사가 제공하는 용역 ③ 임상병리사, 물리치료사, 치과기공사가 제공하는 용역 ④ 약사의 제조용역(단, 의약품의 단순판매는 과세) ⑤ 가축, 수산동물, 장애인 보조견, 수급자가 기르는 동물, 기타 질병 예방 및 치료 목적의 반려동물 진료용역 ⑥ 장의업자가 제공하는 장의용역
교육용역	주무관청의 허가·인가 또는 승인을 얻거나 등록·신고한 교육용역, 어린이집(위탁운용 포함)(무허가·무인가 교육용역, 무도학원, 자동차운전학원은 과세)
문화관련 재화·용역	① 도서(도서 대여용역 포함)·신문(인터넷신문 포함)·잡지·관보·뉴스통신·방송 등(광고는 과세) ② 예술창작품(골동품 제외)·예술행사·문화행사·비직업운동경기 ③ 도서관·과학관·박물관·미술관·동물원·식물원에의 입장(단, 오락과 유흥시설이 함께 있는 동물원, 식물원, 해양수족관은 과세, 극장 입장은 과세)

인적용역	① 저술가, 작곡가 등 직업상 개인이 제공하는 인적용역으로서 물적 시설 없이 근로자를 미고용하거나, 근로자와 유사하게 노무를 제공하는 자를 미사용하는 인적용역(공인회계사·세무사·변호사·관세사·변리사 등의 전문인력이 제공하는 용역은 과세) ② 개인·법인 등이 독립된 자격으로 공급하는 면세 인적용역 ③ 근로자 파견·공급 용역 또는 다른 사업자의 사업장에서 그 사업자의 생산시설을 이용하여 제조, 건설, 수리 등을 제공하는 인적용역
기타	① 우표(수집용 우표는 제외)·인지·증지·복권·공중전화 ② 판매가격 200원 이하인 제조담배 및 특수제조용담배 ③ 국가·지방자치단체·지방자치단체조합 또는 공익단체에 무상으로 공급하는 재화·용역(단, 유상공급하면 과세함) ④ 국가·지방자치단체·지방자치단체조합이 공급하는 재화 또는 용역 ⑤ 종교·자선·학술·구호·기타 공익을 목적으로 하는 단체
조세특례 제한법상 면세대상	① 도서지방 농·임·어업용으로 농·어민이 공급받아 자가발전에 사용할 목적으로 수산업협동조합에 직접 공급하는 석유류에 대한 간접세(부가가치세, 개별소비세, 교통·에너지·환경세, 교육세 등) 면제 ② 영농·영어 조합법인이 제공하는 농·어업 경영 및 농·어 작업의 대행용역 ③ 국민주택과 국민주택 건설, 리모델링 용역(단, 국민주택규모 초과주택 공급은 과세)

2) 재화의 수입 시 면세대상 재화

① 식용 미가공식료품(커피두와 코코아두의 수입은 과세), 도서·신문·잡지, 외국으로부터 국가 또는 지방자치단체에 기증하는 재화

② 거주자가 수취하는 소액물품으로서 관세가 면제되는 재화

③ 여행자휴대품·별송품과 우송품으로서 관세가 면제되거나 그 간이세율이 적용되는 재화

④ 수출된 후 다시 수입하는 재화로서 수출자와 수입자가 동일하거나 당해 재화의 제조자가 직접 수입하는 것으로서 관세가 감면되는 것 등

⑤ 해저광물 탐사·채취를 위해 수입하는 기계·장비·자재

⑥ 농·어민이 농·축산·임업용, 연근해 및 내수면어업용으로 사용할 목적으로 기자재를 직접 수입하는 경우

3) 면세포기

① **정의** : 관할세무서장에게 면세사업 포기신고를 하게 되면 과세사업자로 전환되므로 지체 없이 사업자등록을 하여야 한다.

② **면세포기의 효과** : 면세대상 재화·용역이 과세대상 재화·용역으로 전환되므로 부가가치세 매입세액은 공제가능 매입세액으로 전환된다. 면세포기 신고 후 3년간 다시 면세를 적용받을 수 없다.

③ **면세포기가 가능한 재화·용역**

㉠ 영세율이 적용되는 재화·용역

㉡ 학술연구단체·기술연구단체가 학술연구 또는 기술연구와 관련하여 설비 또는 무상으로 공급하는 재화·용역

✅ 이론문제 │ 영세율과 면세

01 다음 중 부가가치세법상 면세 재화 또는 용역에 해당하지 않는 것은?

① 등록된 자동차운전학원에서 지식 및 기술 등을 가르치는 교육용역
② 김치를 단순히 운반의 편의를 위하여 일시적으로 비닐포장 등을 하여 공급
③ 일반 시내버스 사업에서 제공하는 여객운송용역
④ 국민주택규모를 초과하는 주택에 대한 임대용역

02 다음 중 부가가치세법상 면세 및 면세사업자에 대한 설명으로 잘못된 것은?

① 면세포기를 한 사업자는 신고한 날부터 3년간은 면세를 다시 적용받지 못한다.
② 면세사업자도 매입세금계산서합계표 제출의무가 있다.
③ 주택 부수토지임대용역은 면세대상이지만 그 외의 토지임대용역은 과세대상(비과세 제외)이다.
④ 국민주택규모를 초과하는 주택의 임대용역은 과세이다.

03 다음 중 부가가치세법상 영세율에 대한 설명으로 옳지 않은 것은?

① 간이과세자도 영세율을 적용할 수 있다.
② 선박 또는 항공기에 의한 외국항행용역의 공급에 대하여는 영세율을 적용한다.
③ 사업자가 대한적십자사에 공급하는 재화는 모두 영세율을 적용한다.
④ 부가가치세 부담을 완전히 면제하는 완전면세제도이다.

04 다음 중 부가가치세법상 영세율 적용대상으로 틀린 것은?

① 사업자가 내국신용장 또는 구매확인서에 의하여 공급하는 재화
② 외국항행사업자가 자기의 승객만이 전용하는 호텔에 투숙하게 하는 행위
③ 수출대행업자가 수출품생산업자로부터 받는 수출대행수수료
④ 수출업자와 직접 도급계약에 의하여 수출재화를 임가공하는 수출재화임가공용역

📌 이론문제 정답 및 해설

01 ① 자동차운전학원에서 제공되는 교육용역은 면세대상에서 제외된다.

02 ④ 주택의 임대용역은 규모에 관계없이 면세대상이다(부가가치세법 제26조, 시행령 제41조).

03 ③ 아래의 항목에 한정하여 적용한다(부가가치세법 시행령 제31조 제2항).

> 1. 제네바협약의 정신에 따른 전시포로 및 무력충돌희생자 구호사업
> 2. 전시(戰時)에 군 의료보조기관으로서의 전상자 치료 및 구호사업
> 3. 수재(水災), 화재, 기근(饑饉), 악성 감염병 등 중대한 재난을 당한 사람에 대한 구호사업
> 4. 의료사업(간호사업 및 혈액사업을 포함한다), 응급구호사업, 자원봉사사업, 이산가족 재회사업, 청소년적십자사업, 관련 교육사업, 그 밖에 국민 보건 및 사회복지에 관한 사업
> 5. 적십자 이념 및 국제인도법의 보급사업
> 6. 적십자사의 사업 수행을 위한 국제협력사업
> 7. 그 밖에 제1호부터 제6호까지의 사업에 부대되는 사업

04 ③ 수출대행수수료는 영세율대상이 아니다.

제4절 과세표준

◢01 과세표준의 의의

납세의무자가 납부해야 할 세액산출의 기준이 되는 과세대상을 말한다(＝공급가액).

❶ 신고내용					
구분				금액	세율	세액
과세표준 및 매출세액	과세	세금계산서발급분	①		$\frac{10}{100}$	
		매입자발행세금계산서	②		$\frac{10}{100}$	
		신용카드·현금영수증발행분	③		$\frac{10}{100}$	
		기타(정규영수증외매출분)	④		$\frac{10}{100}$	
	영세율	세금계산서교부분	⑤		$\frac{0}{100}$	
		기타	⑥		$\frac{0}{100}$	
	예정신고누락분		⑦			
	대손세액가감		⑧			
	합계		⑨		㉮	

◢02 재화 또는 용역의 공급에 대한 과세표준

- 대가(단, 금전 이외일 경우 : 자기가 공급한 재화·용역의 시가)
- 특수관계자로부터 부당한 저가, 무상 수령 : 자기가 공급한 시가

1) 과세표준 산정기준

포함하는 금액	포함하지 않는 금액	공제하지 않는 금액
• 금전의 대가 • 산재보험료 • 운송비 • 개별소비세 • 할부이자상당액 등	• 국고보조금(공공보조금) • 구분 기재된 봉사료 • 매출환입과 에누리, 매출할인 • 공급받는 자에게 도달하기 전에 파손 멸실된 재화의 가액 • 할부 연체이자 제외	• 대손금 • 판매장려금 • 하자보증금

2) 거래형태별 과세표준

거래 형태	과세표준
외상판매 및 할부판매	공급한 재화의 총 가액
장기할부판매	계약에 따라 받기로 한 대가의 각 부분
완성도지급기준, 중간지급조건부	계약에 따라 받기로 한 대가의 각 부분
기부채납	법률에 의하여 기부채납의 가격
공유수면매립법에 의한 매립용역	당해 매립공사에 소요된 총사업비
위탁가공무역방식의 수출	완성된 제품의 인도가액
개별소비세 등이 과세된 경우	개별소비세 + 주세 + 교통세·에너지·환경세 + 교육세·농특세

3) 둘 이상의 과세기간에 걸쳐 계속적으로 용역을 제공하는 경우

구분	과세표준
그 대가를 선불로 받는 경우	$선불대금 \times \dfrac{해당\ 과세기간의\ 월수}{계약기간의\ 월수}$
BOT방식에 의한 시설이용 용역의 공급	$(용역제공기간\ 동안\ 받는\ 대가 + 시설\ 설치가액) \times \dfrac{해당\ 과세기간의\ 월수}{계약기간의\ 월수}$

4) 외화의 환산

외화 수령	• 공급시기 도래 전에 원화로 환가한 경우 : 그 환가한 금액 • 공급시기 이후에 외국통화 기타 외국환의 상태로 보유하거나 지급받는 경우 : 기준(재정)환율

03 일반적인 재화의 공급의제(= 간주공급)에 대한 과세표준계산의 특례

구분	과세표준으로 산정할 금액
재고자산	시가
간주공급 등 폐업	시가 또는 폐업 시 남은 재화의 시가
직매장 반출	• 원칙 : 취득원가 • 예외 : 그 공급가액

04 해당 재화가 감가상각자산인 경우

구분	과세표준으로 산정할 금액
전부공급	간주시가 = 해당재화의 취득가액 × (1 − 체감률 × 경과된 과세기간의 수)
일부면세 전용의 경우	간주시가 = 해당재화의 취득가액 × (1 − 체감률 × 경과된 과세기간의 수) × 면세전용비율

- 취득가액 : 취득가액 + 취득세 등 포함 + 현재가치할인차금 − 기타 부대비용 제외
- 체감률 : 건물과 구축물 5%, 기타 감가상각 자산 25%
- 경과된 과세기간 수 : 과세기간 단위로 계산
- 면세전용비율 : $\dfrac{면세공급가액}{총공급가액}$

05 정비사업조합에 대한 부가가치세 과세특례 적용대상

1) 재화공급특례

정비사업조합이 조합원에게 종전의 토지를 대신하여 공급하는 토지 및 건축물은 재화의 공급으로 보지 아니한다.

2) 적용대상

① 「도시정비법」에 따른 정비사업조합
② 「소규모정비법」에 따른 정비사업조합(가로주택조합 및 소규모재건축조합)

06 과세사업과 면세사업 공통 사용재화에 대한 안분계산

구분	과세표준
안분계산	해당 재화의 공급가액 × $\dfrac{직전과세기간의\ 과세공급가액}{직전과세기간의\ 총공급가액}$
안분계산 생략	• 재화를 공급하는 날이 속하는 과세기간의 직전 과세기간의 총공급가액 중 면세공급가액이 5% 미만인 경우(다만, 해당 재화의 공급가액이 5천만원 이상인 경우는 제외한다.) • 재화의 공급가액이 50만원 미만인 경우 • 재화를 공급하는 날이 속하는 과세기간에 신규로 사업을 시작하여 직전 과세기간이 없는 경우

07 토지와 건물 등을 함께 공급하는 경우

구분	과세표준
원칙	실지거래가액에 의해 계산
예외	감정가액 → 기준시가 → 장부가액 → 취득가액 순으로 안분적용
안분 계산	토지의 가액과 건물 등의 가액이 불분명하거나 실지거래가액으로 구분한 가액이 안분 계산한 금액과 30% 이상 차이가 있는 경우 • 거래가액에 부가가치세가 포함된 경우 안분계산 : $$총거래가액 \times \frac{건물의\ 기준시가}{토지의\ 기준시가\ +\ 건물의\ 기준시가\ \times\ (110/100)}$$ • 거래가액에 부가가치세가 포함되지 않는 경우 : $$총거래가액 \times \frac{건물의\ 기준시가}{토지의\ 기준시가\ +\ 건물의\ 기준시가}$$ 예외적으로 사업자가 구분한 실지거래가액을 인정할 만한 대통령령으로 정하는 사유*가 있는 경우 제외 * ① 다른 법령에서 토지와 건물의 양도가액을 정한 경우 　② 건물이 있는 토지를 취득하여 건물을 철거하고 토지만 사용

08 부동산임대용역 중 전세금 또는 임대보증금을 받는 경우(= 간주임대료)

$$전세금\ 또는\ 임대보증금 \times 과세대상기간의\ 월수 \times \frac{정기예금이자율}{365(윤년\ 366)} = 간주임대료$$

09 대손세액공제

공급자가 공급 후 거래처 등(공급받은 자)의 파산 등으로 대손처리되는 경우 거래징수하지 못함에도 부가가치세를 납부하는 불합리한 결과를 방지하기 위한 제도이다. 반면에 공급받은 자는 폐업 전에 대손확정 시에는 공제받은 매입세액을 차감하여 불합리한 결과를 방지한다. 대손세액을 매입세액에서 차감하지 않고 신고 시는 관할세무서장이 경정하고 신고납부불성실가산세는 적용하지 아니한다.

대손사유	• 파산(강제화의), 강제집행, 사망·실종, 소멸시효 완성, 결손처분(저당권 설정분은 제외) • 회사정리계획인가의 결정, 화의인가의 결정 • 부도 후 6월 경과 어음·수표(저당권 설정분은 제외) • 회수기일 6월 이상 경과한 채무자별 합계 30만원 이하 채권 • 부도 후 6월 경과한 중소기업보유 부도발생 이전의 외상매출금
대손세액	• 공급 후 10년이 경과한 날이 속하는 과세기간에 대한 확정 신고기한까지 확정된 것 • 확정 신고에만 적용 $$대손세액 = 대손금액(VAT포함) \times 10/110$$
기타사항	• 토지(면세)매각 미수금 : 매출세액이 없는 채권의 대손은 대손세액공제를 적용치 않음 • 대손세액 공제받은 금액은 부가가치세법에서 공제하고 대손금은 소득세법과 법인세법에서 손금(필요경비)으로 인정하지 않음

☑️ 이론문제 | **과세표준**

01 20×1년 9월 3억원(공급가액)에 취득한 기계장치를 일반과세자로서 과세사업에 사용해 왔으나, 20×2년 8월부터 더 이상 과세사업에 사용하지 않고 면세사업에 전용하였다. 이에 증가하는 20×2년 2기 부가가치세 과세표준을 계산하면 얼마인가?

① 75,000,000원 ② 150,000,000원
③ 225,000,000원 ④ 300,000,000원

02 ㈜동진운수는 택시와 시내버스운송사업에 공통으로 사용하고 있던 기계장치를 20×2년 5월 31일에 8,000,000원(공급가액)에 매각하였다. ㈜동진운수의 공급가액 명세가 다음과 같을 때 20×2년 1기 확정 부가가치세 과세표준에 포함되는 공통기계장치의 공급가액은 얼마인가?

과세기간	택시	시내버스	합계
20×1년 제1기	2억원	6억원	8억원
20×1년 제2기	3억원	5억원	8억원
20×2년 제1기	4억원	4억원	8억원

① 1,500,000원 ② 2,000,000원
③ 3,000,000원 ④ 4,000,000원

03 다음 중 부가가치세법상 과세표준에 대한 설명으로 틀린 것은?

① 재화를 공급하고 금전 외의 대가를 받은 경우에 과세표준은 공급한 재화의 시가로 한다.
② 특수관계인 외의 자에게 재화를 시가보다 낮은 가액으로 공급한 경우의 과세표준은 그 시가로 한다.
③ 사업자가 재화를 공급받는 자에게 지급하는 판매장려금(금전)은 과세표준에서 공제하지 않는다.
④ 대가의 일부로 받는 운송보험료, 산재보험료, 운송비, 포장비, 하역비 등도 과세표준에 포함한다.

04 다음 중 부가가치세법상 과세표준에 포함하여야 하는 것은?

① 매출환입 및 매출할인
② 장기할부판매 조건으로 판매한 재화의 이자상당액
③ 공급받는 자에게 도달하기 전에 파손된 재화의 가액
④ 재화·용역의 공급과 직접 관련되지 않는 국고보조금

05 다음 중 부가가치세법상 겸영사업자의 안분계산에 대한 설명으로 틀린 것은?

① 과세사업과 면세사업에 공통으로 사용할 재화를 매입한 경우 과세사업분에 해당하는 매입세액만을 공제받아야 한다.

② 매입세액공제된 재화를 과세사업에 사용하다 면세사업으로 전용하는 경우 면세사업으로 전용한 것에 대하여 부가가치세를 납부하여야 한다.

③ 매입세액공제된 재화를 과세사업에 사용하다 면세사업으로 전용하는 경우 세금계산서를 발급하여야 한다.

④ 면세사업용으로 사용하던 재화를 과세사업으로 전용하는 경우 과세전환에 따른 매입세액을 계산하여 공제받을 수 있다.

06 다음 자료를 근거로 하여 일반과세사업자인 ㈜세무의 20×1년 제2기 부가가치세 확정신고 시 과세표준을 계산한 것으로 옳은 것은?

- 10월 3일 : 거래처에 6,000,000원 (공급가액)의 상품을 판매하였다.
- 10월 15일 : 온라인 오픈마켓 사이트를 통해서 매출이 발생하였고 총매출액은 5,000,000원(공급가액)이며 오픈마켓 사이트에 지급한 수수료는 500,000원이다.
- 11월 20일 : $10,000에 수출하기로 계약한 물품을 선적하였다. 대금을 11월 15일에 수령하여 원화로 환가하였다(11월 15일 환가환율 : 1,020원/$, 11월 20일 기준환율 : 1,000원/$).
- 12월 12일 : 10월 3일 거래분에 대한 대금수령이 지연되어 연체이자 200,000원을 수령하였다.

① 21,000,000원 ② 21,200,000원
③ 21,400,000원 ④ 21,900,000원

📌 이론문제 정답 및 해설

01 ② 간주공급의 과세표준 = 취득가액 × (1 – 감가율 × 경과된 과세기간 수*)
= 300,000,000원 × (1 – 25% × 2)
= 150,000,000원
* 경과된 과세기간 수 : 취득한 과세기간 포함, 면세전용 당해 과세기간은 불포함

02 ③ 3,000,000원 = 8,000,000원 × 직전 과세기간의 과세공급가액 3억원 ÷ 총공급가액 8억원

03 ② 특수관계인 외의 자에게 저가로 공급한 경우에도 거래금액을 과세표준으로 한다 (부가가치세법 제29조).

04 ② 장기할부판매 조건으로 판매한 재화의 이자상당액은 과세표준에 포함한다(부가가치세법 제29조 제3항).

05 ③ 간주공급의 경우 세금계산서 발급 의무가 면제된다(부가가치세법 시행령 제71조 제1항).

06 ② 과세표준 = 6,000,000(거래처 매출) + 5,000,000(오픈마켓 매출) + 10,200,000(직수출) = 21,200,000원
※ 지급지연으로 인한 연체이자는 과세표준에서 제외되고 공급시기 도래 전에 원화로 환가한 경우에는 환가한 금액이 과세표준임

제5절 매입세액의 계산

01 매입세액의 계산구조

▼ 부가가치세 신고서

매입세액	세금계산서수취분	일반매입	⑨	매입처별 세금계산서합계표상의 매입세액 기재		
		고정자산매입	⑩			
	예정신고누락분		⑪			
	매입자발행세금계산서		⑫			
	그 밖의 공제매입세액		⑬	■ 신용카드매출전표 수취명세서 제출분 ■ 의제매입세액, 재활용폐자원 등 매입세액 ■ 재고매입세액 ■ 과세사업용 전환 시 매입세액 ■ 변제대손세액		
	합계(⑨+⑩+⑪+⑫+⑬)		⑭			
	공제받지 못할 매입세액		⑮	■ 공제받지 못할 매입세액 ■ 공통매입세액 면세사업분 ■ 대손처분 받은 세액(대손금액×10/110)		
	차감계(⑭−⑮)		⑯		ⓛ	

02 세금계산서 등에 의한 매입세액

1) 세금계산서 및 수입세금계산서 수취분

자기의 사업을 위하여 세금계산서 또는 전자세금계산서 등을 이용하여 재화를 매입하거나 또는 수입한 것 중 공제받을 수 있는 매입세액을 말한다.

2) 공급시기가 지난 후 발급된 세금계산서에 대한 매입세액 공제 인정 요건

확정신고기한 다음 날부터 1년 이내에 세금계산서를 발급받고, ① 납세자가 경정청구, 수정신고하거나, ② 관할 세무서장이 거래사실 확인 후 결정·경정하는 경우에 매입세액 공제가 인정된다.

3) 거래형태 착오에 의한 세금계산서 발급 오류에 대한 매입세액공제 허용(인정)

거래당사자가 인식한 거래형태에 따라 정상적으로 세금계산서를 발급하고, 부가가치세를 납부한다. 다음의 착오가 빈번한 사례에 대해서는 매입세액 공제를 인정한다.

> ① 본점과 거래하면서 공급자 또는 공급받는 자를 지점으로 착오하거나 그 반대의 경우 등
> ② 위탁매매를 직접매매한 것으로 착오하거나 그 반대의 경우
> ③ 용역의 주선·중개 또는 위탁용역을 용역의 직접공급으로 착오하거나 그 반대의 경우

4) 착오로 인하여 선발급된 세금계산서의 매입세액공제 인정

다음의 요건에서는 매입세액공제를 인정한다.

> ① 세금계산서 발급일로부터 공급시기가 6개월 이내에 도래하는 경우
> ② 관할 세무서장이 거래사실 확인 후 결정·경정하는 경우

5) 재화의 수입에 대한 과세표준

> 관세의 과세가격 + 관세 + 개별소비세 + 주세 + 교통세 · 에너지 · 환경세 + 교육세 · 농특세

6) 매입자발행세금계산서에 의한 매입세액공제 특례

개요	부가가치세법상 납세의무자로 등록한 사업자(세금계산서 교부의무가 있는 간이과세자 포함)가 재화 또는 용역을 공급하고 세금계산서를 교부하지 아니한 경우 그 재화 또는 용역을 공급받은 자는 관할세무서장의 확인을 받아 매입자발행세금계산서를 발행할 수 있다.
거래확인 신청	재화 또는 용역의 공급시기가 속하는 과세기간의 종료일로부터 1년 이내에 거래사실 확인신청서와 거래사실을 객관적으로 입증할 수 있는 거래증빙을 첨부하여 관할세무서장에게 거래확인신청을 하여야 한다.
확인대상	건당 공급대가가 5만원 이상인 거래에 대해서만 신청을 할 수 있다.
거래사실 확인절차	거래사실확인신청서가 제출된 날로부터 7일 이내에 신청서와 제출된 증빙서류를 공급자의 관할 세무서장에게 송부하여야 한다.
매입세액 공제요건	① 거래사실이 관할세무서장에 의해 확인이 될 것 ② 예정신고, 확정신고 시 매입자발행 세금계산서합계표를 제출할 것
수정세금계산서 발급사유	• 공급자의 부도·폐업, 계약의 해제 또는 변경 등의 사유가 발생한 경우로서 공급자가 수정세금계산서 미발급한 경우 • 재화 또는 용역을 공급한 후 주소 등의 국외 이전 또는 행방불명, 그 밖에 이와 유사한 경우로서 공급자가 발급하기 어렵다고 인정되는 경우

7) 신용카드매출전표 수취명세서

일반과세자가 신용카드 매출전표 등(직불카드영수증·기명식선불카드영수증·현금영수증 등 포함)에 공급받는 자와 부가가치세액을 별도로 기재한 매출전표를 교부받은 경우에는 세금계산서를 교부받은 것으로 보아 매입세액을 공제한다.

8) 의제매입세액공제

① 의의

농·축·수·임산물 등 면세농산물 등을 원재료로 제조한 재화 또는 창출한 용역의 공급이 과세되는 경우 그 면세농산물 등 가액의 일정률에 상당하는 금액을 매입세액으로 공제 가능하며 환수효과와 누적효과를 완화시켜 경제 효율의 왜곡을 시정하기 위한 제도이다. 단, 음식점에서 농·어민으로부터 계약서 등에 의해 직접 구입하는 경우에는 의제매입세액공제 대상이 아니다.

② 사업자공제 요건

사업자등록을 한 과세사업자 → 법인사업자도 적용한다.

③ 공제 시기

매입한 날이 속하는 과세기간의 예정·확정 신고 시에 공제한다. 주의할 점은 사용, 소비시점이 속하는 과세기간이 아니다.

④ 증명서류 제출

㉠ 의제매입세액공제신청서, 매입처별계산서합계표, 신용카드매출전표 등 수령금액합계표 (갑) 주의 수정신고, 경정청구, 기한후신고 등의 경우 제출해도 공제된다.

㉡ 제조업자가 농·어민으로부터 면세농산물을 직접 공급받는 경우는 의제매입세액공제신청서만 제출하고 매입처별계산서합계표, 신용카드매출전표 등 수령금액합계표 제출은 불필요하다.

⑤ 공제율

사업자		공제율
일반업종 영위 사업자		2/102
제조업 영위 사업자 (조세특례제한법상 중소기업 및 개인사업자에 한함)	기타 제조업	4/104
	과자점업, 도정업, 제분업, 떡방앗간	6/106
	법인(중소기업)	4/104
	법인(중소기업 외)	2/102
음식점업 영위사업자	법인사업자	6/106
	개인사업자	8/108(9/109*)
	과세유흥장소 경영자	2/102

* 음식점업 개인사업자 과세표준 2억원 이하인 자는 공제율(9/109)과 한도액(과세표준 × 60 ~ 75%)을 적용한다.

* 음식점업의 면세농산물 등 의제매입세액공제 공제율 확대 특례

구분	공제율	구분	공제율
❶ 연매출액 4억원 이하(2026.12.31.까지)	9/109	❷ 연매출액 4억원 초과	8/108

⑥ 한도액

구분		면세농산물 등의 가액 한도	
		음식점업	기타
법인사업자		50%	
개인사업자	과세표준 1억원 이하인 경우	65%	55%
	과세표준 1억원 ~ 2억원	60%	
	과세표준 2억원 초과	50%	45%

⑦ 매입가액 결정

　㉠ 매입가액

　　• 국내분 : 운임·부대비용 제외한 순수 매입원가

　　• 수입분 : 관세의 과세가격 → 주의 수입품에 대해서도 의제매입세액 공제 적용

　㉡ 겸영사업자

　　• 실지귀속에 따르되 불분명 시는 $\dfrac{\text{과세공급가액}}{\text{총공급가액}}$ 으로 안분한다.

⑧ 농수산물 매입시기가 집중되는 제조업에 대한 공제한도 정산 특례

　다음의 요건을 모두 충족하는 사업자는 제2기 과세기간에 대한 납부세액을 확정신고할 때 아래의 산식에 따른 금액을 매입세액으로 공제할 수 있다.

> ㉠ 제1기 과세기간에 공급받은 면세농산물 등의 가액을 1역년에 공급받은 면세농산물 등의 가액으로 나누어 계산한 비율이 75% 이상이거나 25% 미만일 것
> ㉡ 해당 과세기간이 속하는 1역년 동안 계속하여 제조업을 영위하였을 것
>
> 제2기 의제매입세액공제액 =
> 1역년에 공급받은 면세농산물 등의 가액 한도 × 공제율 − 제1기 의제매입세액공제액

구분		한도율
개인사업자	과세표준 4억원 이하(1역년 기준)	50%
	과세표준 4억원 초과(1역년 기준)	40%
법인사업자		35%

⑨ 회계처리 방법

구분	차변	대변
매입 시	(차) 원재료　　　　　　1,020 (적요6번 의제매입세액공제 차감)	(대) 현금　　　　　　1,020
공제 시	(차) 부가세대급금　　　　20	(대) 원재료　　　　　　20

9) 재활용폐자원 매입세액 공제

　재활용폐자원수집사업자가 간이과세자, 면세사업자로부터 재활용폐자원을 취득하여 제조, 가공하거나 공급하는 경우 일정액을 매입세액으로 공제 가능하다(2025년 12월 31일까지).

① 적용사업자

　㉠ 폐기물관리법에 의하여 폐기물중간처리업 허가를 받은 자 또는 폐기물재활용신고를 한 자

　㉡ 자동차관리법에 의하여 중고자동차매매업등록을 한 자

　㉢ 한국환경자원공사법에 의한 한국환경자원공사

　㉣ 자동차관리법에 의한 중고자동차를 수출하는 자

　㉤ 기타 재활용폐자원을 수집하는 사업자로서 재생재료 수집 및 판매를 주된 사업으로 하는 자

② 재활용폐자원공제액

> ㉠ 공제금액 = 취득가액 × 공제율 3/103
> ㉡ 해당과세기간에 공급한 과세표준 × 80% - 세금계산서수취분 매입가액(사업용 고정자산 매입가액은 제외)
> ㉢ 매입세액의 정산은 예정신고와 조기환급신고 시 이미 재활용폐자원 매입세액공제를 받은 금액이 있는 경우에는 확정신고 시 정산한다.

③ 중고자동차

> ㉠ 공제금액 = 취득가액 × 공제율 10/110
> ㉡ 출고 후 1년 미만에 수출하는 자동차 제외

10) 신탁재산 관련 매입세액공제 특례

다음의 요건을 모두 충족하는 경우 위탁자(수탁자)를 공급받는 자로 하여 발급받은 세금계산서로 수탁자(위탁자)의 매입세액공제를 허용한다.
① 「신탁법」 제3조에 따라 설정된 신탁의 위탁자와 수탁자일 것
② 거래사실이 확인되고 부가가치세가 신고·납부된 경우

11) 재고매입세액

간이과세에서 일반과세로 전환 시 세액공제를 받는다.

$$공제대상매입세액 × (1 - 0.5\% × 110 / 10) = 재고매입세액$$

12) 변제대손세액

대손처분받은 세액을 차후 변제하였을 경우 변제한 날이 속하는 과세기간의 매입세액으로 공제받게 되며 이를 변제대손세액이라 한다.

03 공제받을 수 없는 매입세액

1) 등록 전 매입세액

2) 기업업무추진비와 이와 유사한 비용의 지출에 대한 매입세액

3) 세금계산서 미수취와 불분명 매입세액(영수증수취 매입세액)

4) 세금계산서합계표 미제출 및 부실기재 매입세액

5) 비영업용 소형승용차의 구입과 유지에 관한 매입세액

6) 간주임대료에 대한 매입세액

7) 사업과 관련 없는 지출에 대한 매입세액

8) 면세사업과 관련한 매입세액

9) 토지의 자본적 지출 관련 매입세액

단, 아래의 경우에는 매입세액을 공제받을 수 있다.

> ① 필요적 기재사항이 일부착오기재, 기타의 기재사항으로 거래사실이 확인되는 경우
> ② 예정신고 시 누락된 것을 확정신고 때 신고한 경우
> ③ 국세기본법에 의해 과세표준신고서와 함께 제출하는 경우
> ④ 국세기본법에 의해 경정청구서와 함께 제출해 확인하여 경정기관이 경정하는 경우

> ■ **소형승용차의 정의**
> 소형승용차란 사람의 수송만을 목적으로 제작된 일반형 승용자동차로서 개별소비세 과세대상이 되는 차량을 말한다. 다만 화물차, 밴, 8인승초과승합차와 배기량 1,000cc 미만으로 길이 3.5m, 폭 1.5m 이하의 것은 개별소비세가 과세되지 않으므로 매입세액을 공제받을 수 있다.

04 겸영사업자의 공통매입세액

1) 공통매입세액 안분계산

공통매입세액은 예정신고 시에 계산한다.

① **원칙 : 공급가액으로 한다.**

$$\text{면세사업과 관련된 매입세액불공제분} = \text{공통매입세액} \times \frac{\text{당해 과세기간의 면세공급가액}}{\text{당해 과세기간의 총공급가액(과세 + 면세)}}$$

② **공통재화를 당해 과세기간에 취득한 재화를 공급하는 경우**

$$\text{면세사업과 관련된 매입세액불공제분} = \text{공통매입세액} \times \frac{\text{직전 과세기간의 면세공급가액}}{\text{직전 과세기간의 총공급가액(과세 + 면세)}}$$

※ 주의 **공급가액이 없는 경우**

구분	내용
일반적인 경우	다음의 순서로 안분계산 매입가액비율 → 예정공급가액비율 → 예정사용면적비율
건물취득의 경우	다음의 순서로 안분계산 예정사용면적비율 → 매입가액비율 → 예정공급가액비율

2) 안분계산 생략 사유

① 해당 과세기간의 총공급가액 중 면세공급가액이 5% 미만이면서 공통매입세액이 5백만원 미만인 경우
② 해당 과세기간 중의 공통매입세액 합계액이 5만원 미만인 경우
③ 신규로 사업을 개시한 해당 과세기간에 매입한 공통사용재화를 해당 과세기간에 매각하여 과세표준 안분계산을 생략한 경우

3) 공통매입세액 정산

면세사업과 관련된 매입세액불공제(확정신고 3개월분)를 확정신고 시에 계산한다.

$$\text{공통매입세액} \times \frac{\text{당해 과세기간(6개월분)의 면세공급가액}}{\text{당해 과세기간(6개월분)의 총공급가액(과세 + 면세)}} - \frac{\text{예정(3개월분)}}{\text{기불공제매입세액}}$$
(6개월분)

4) 공통매입세액의 재계산

공통매입세액의 재계산은 확정신고 시에만 한다.

① 재계산의 요건

- 공통사용재화 중 감가상각자산만 재계산한다.
- 매입세액공제 대상만 재계산한다.
- 면세비율이 ±5% 이상 증가 또는 감소되어야만 재계산한다.

② 재계산 방법

구분	재계산 산식
건축물 (감가상각 대상자산)	공통매입세액 × (1 − 5% × 경과된 과세기간의 수) × (± 면세비율)
기타자산 (상각 자산)	공통매입세액 × (1 − 25% × 경과된 과세기간의 수) × (± 면세비율)

③ 재계산 금액 회계처리

재계산 금액이 음수(−)이면 납부세액에서 차감하는 것으로 환급세액이 발생하는 것이며, 재계산 금액이 양수(+)이면 납부세액에서 가산하는 것으로 추가 불공제매입세액이 발생하는 것이다.

✅ 이론문제 | 매입세액의 계산

01 다음 중 부가가치세법상 공통매입세액의 안분계산 내용으로 옳지 않은 것은?

① 공통매입세액계산 시 과세사업과 면세사업의 공급가액이 없는 경우에는 원칙적으로 총매입가액, 예정공급가액, 예정사업면적의 순으로 적용한다. 다만, 예정사업면적을 우선 적용하는 예외가 있다.

② 공통매입세액이 5만원 미만인 경우에는 안분계산을 생략한다.

③ 공통매입세액의 정산은 공급가액 또는 사용면적이 확정되는 과세기간에 대한 확정신고 시에 정산한다.

④ 총공급가액 중 면세공급가액이 10% 이하인 경우에는 안분계산없이 전액 매입세액으로 공제한다. 단, 공통매입세액이 500만원 이상인 경우에는 안분계산을 적용한다.

02 다음의 자료는 법인이 업무와 관련하여 재화나 용역을 공급받고 신용카드로 결제한 경우로서 부가가치세법상 매입세액공제를 위하여 신용카드등수령명세서를 제출하고자 한다. 다음 중 매입세액공제가 가능한 경우는 모두 몇 개인가? (단, 공급자는 모두 일반과세자로 가정한다.)

> • 출장 시 사용한 회사소유의 차량(2,500cc 승용차)에 대한 유류대
> • 제주출장 교통수단으로 사용한 항공권
> • 사무실에서 사용할 컴퓨터 구입
> • 거래처에 접대할 목적으로 구입한 선물세트
> • 직원들 사기진작을 위한 회식비
> • 직원명의 신용카드로 구입한 사무용품비

① 2개 　　　　② 3개
③ 4개 　　　　④ 5개

03 부가가치세법상 의제매입세액공제에 대한 설명으로 옳지 않은 것은?

① 수입되는 면세농산물의 매입가액은 관세의 과세가격으로 한다.

② 공제대상이 되는 원재료의 매입가액은 운임 등의 부대비용을 제외한 매입원가로 한다.

③ 면세농산물 등을 원재료로 하여 제조 또는 가공한 재화 또는 창출한 용역의 공급이 과세되는 경우에 적용된다.

④ 면세농산물 등을 공급받는 날이 속하는 과세기간의 확정신고 시에만 공제가 가능하다.

04 다음 중 부가가치세법상 매입자발행세금계산서에 관한 설명으로 옳지 않은 것은?

① 매입자발행세금계산서를 발행하려는 자는 해당 재화 또는 용역의 공급시기가 속하는 과세기간의 종료일부터 6개월 이내에 관할세무서장에게 거래 사실의 확인을 신청하여야 한다.

② 신청서를 송부받은 공급자 관할세무서장은 신청인의 신청내용, 제출된 증빙자료를 검토하여 거래 사실 여부를 확인하여야 한다. 이 경우 거래 사실의 존재 및 그 내용에 대한 입증책임은 신청인에게 있다.

③ 신청을 받은 관할세무서장은 신청서에 재화 또는 용역을 공급한 자의 인적사항이 부정확하거나 신청서 기재방식에 흠이 있는 경우에는 신청일부터 7일 이내에 일정한 기간을 정하여 보정요구를 할 수 있다.

④ 거래 사실의 확인 신청 대상이 되는 거래는 거래 건당 공급대가가 50만원 이상인 경우로 한다.

05 다음 중 부가가치세법상 신용카드 매출전표 발행에 따른 세액공제에 대한 설명으로 잘못된 것은?

① 음식점업 또는 숙박업을 하는 간이과세자의 경우 발급금액 또는 결제금액에 2.6퍼센트를 곱한 금액을 납부세액에서 공제한다.

② 신용카드매출전표 등 발행세액공제의 각 과세기간별 한도는 500만원이다.

③ 직전연도의 재화 또는 용역의 공급가액의 합계액이 사업장을 기준으로 10억원을 초과하는 개인사업자는 신용카드매출전표 등 발행세액공제를 적용할 수 없다.

④ 법인사업자는 신용카드매출전표 등 발행세액공제를 적용받을 수 없다.

06 다음 중 부가가치세법상 공제되는 매입세액이 아닌 것은?

① 공급시기 이후에 발급하는 세금계산서로서 해당 공급시기가 속하는 과세기간에 대한 확정신고기한 경과 후 발급받은 경우 당해 매입세액

② 매입처별세금계산서합계표를 경정청구나 경정시에 제출하는 경우 당해 매입세액

③ 예정신고 시 매입처별 세금계산서합계표를 제출하지 못하여 해당 예정신고기간이 속하는 과세기간의 확정신고 시에 제출하는 경우 당해 매입세액

④ 발급받은 전자세금계산서로서 국세청장에게 전송되지 아니하였으나 발급한 사실이 확인되는 경우 당해 매입세액

📌 이론문제 정답 및 해설

01 ④ 10% 이하가 아닌 5% 미만이다.

02 ② 사무실에서 사용할 컴퓨터 구입, 직원들 사기진작을 위한 회식비, 직원명의 신용카드로 구입한 사무용품비가 해당된다.

03 ④ 의제매입세액은 확정신고뿐 아니라 예정신고 시에도 적용이 가능하다.

04 ④ 거래 사실의 확인 신청 대상이 되는 거래는 거래 건당 공급대가가 10만원 이상인 경우로 한다.

05 ② 연간한도액은 500만원이다. 단, 2026년 12월 31일까지는 연간 1천만원을 한도로 한다.

06 ① 재화 또는 용역의 공급시기 이후에 발급받은 세금계산서로서 해당 공급시기가 속하는 과세기간에 대한 확정 신고기한까지 발급받은 경우 당해 매입세액은 공제가능하다.

제6절 | 세금계산서

01 세금계산서 개관

구분	내용
의의	사업자가 재화·용역을 공급할 때 부가가치세를 거래징수한 사실을 증명하기 위하여 발급하는 계산서
기능	송장·청구서·대금영수증·증빙서류와 장부, 과세자료 기능
발급의무자	일반과세자 및 간이과세자로 사업자등록을 하고 재화 또는 용역을 공급하는 사업자
발급시기	1) 원칙 : 재화 또는 용역의 공급시기에 발급 2) 특례 　① 공급시기 도래 전 선발급 : 발급인정 　　㉠ 대가의 전부 또는 일부를 받고 세금계산서를 발행한 경우 　　㉡ 세금계산서 발급 후 7일 이내에 대가를 지급받는 경우 　　㉢ 세금계산서 발급 후 30일 이내(계약서 등을 통해 대금청구시기, 세금계산서발급 시기와 지급시기 기재 시)에 대가를 받은 경우 　　㉣ 동일 과세기간 내(조기환급을 받은 경우 30일 이내)에 공급시기가 도래하는 경우 　② 공급시기 도래 후 후발급 : 월합계세금계산서 발급, 다음에 해당하는 경우에는 공급일이 속하는 달의 다음 달 10일까지 세금계산서를 발급할 수 있다. 　　㉠ 거래처별로 1역월의 공급가액을 합계하여 당해 월의 말일자를 발행일자로 하여 세금계산서를 발급하는 경우 　　㉡ 거래처별로 1역월 이내에서 사업자가 임의로 정한 기간의 공급가액을 합계하여 그 기간의 종료일자를 발행일자로 하여 세금계산서를 발급하는 경우 　　㉢ 관계증빙서류 등에 의하여 실제거래사실이 확인되는 경우로서 당해 거래 일자를 발행일자로 하여 세금계산서를 발급하는 경우
발행 및 발급	재화·용역을 공급하는 사업자가 2매를 발행하여 1매는 공급자가 보관하고 1매는 공급받는 자에게 발급
필요적 기재사항	1) 공급하는 사업자의 등록번호와 성명 또는 명칭 2) 공급받는 자의 등록번호 3) 공급가액과 부가가치세액 4) 작성연월일
임의적 기재사항	1) 공급하는 자의 주소 2) 공급받는 자의 상호·성명·주소 3) 공급하는 자와 공급받는 자의 업태와 종목 4) 공급품목·단가와 수량·공급연월일·거래의 종류

02 전자세금계산서 발급

1) 발급의무자

법인사업자(영리법인, 국가·지방자치단체 등과 수익사업을 영위하는 비영리법인)와 직전 연도의 사업장별 재화 및 용역의 공급가액(면세공급가액 포함)의 합계액이 1억원 이상(2024.7.1. 이후 1억400만원 이상)인 개인사업자만 발급한다. 단, 1억원 이하(2024.7.1. 이후 1억400만원 이하)의 개인사업자는 전자세금계산서를 선택하여 발급할 수 있다.

2) 발급

원칙적으로 공급일자에 발급하지만 세금계산서 발급특례가 적용된 경우에는 거래시기가 속하는 달의 다음 달 10일까지 발급한다.

3) 발급명세 전송

전자세금계산서를 발급하였을 때에 "발급일의 다음 날"까지 전자세금계산서 발급명세를 국세청장에게 전송하여야 한다.

4) 전자세금계산서 발급, 전송과 관련된 혜택 및 가산세

① 혜택 : 매출·매입처별세금계산서합계표 제출 면제, 세금계산서 보관의무 면제

② 전자(세금)계산서 발급에 대한 세액공제 : 직전연도 공급가액(총수입금액)이 3억원 미만인 개인사업자가 또는 해당 연도에 신규사업자가 재화와 용역을 공급하는 분부터 전자(세금)계산서 발급·전송하는 경우에는 연 100만원을 한도(발급 건수 당 200원을 곱하여 계산한 금액)로 세액공제를 받는다.

③ 가산세

구분	가산세율	기한
미발급	공급가액의 2%(전자세금계산서 대신 종이 세금계산서 발급1%)	확정신고기한 내 미발급 시
지연발급	공급가액의 1%(공급받는 자도 0.5%)	발급시기 지난 후 확정신고 기한 내 발급 시
미전송	공급가액의 0.5%	과세기간에 대한 확정신고기한까지 미전송
지연전송	공급가액의 0.3%	발급명세 전송기한이 경과 후 과세기간에 대한 확정신고기한까지 전송
중복적용 배제	• 전자세금계산서 미전송 및 지연전송 가산세는 매출처별세금계산서합계표 관련 가산세가 적용되는 경우에는 배제함 • 전자세금계산서 지연발급가산세(1%)와 발급명세 지연전송가산세(0.5%)가 중복되는 경우에는 지연발급가산세(1%)만 부과함	

5) 수정세금계산서

① 발급사유와 발급방법

사유	수정 발급일	수정발급방법	매수	작성연월일	비고란	수정 신고
환입	환입일	환입 금액분 (−)세금계산서발급	1매	환입일	당초 작성일	×

계약 해제	계약 해제일	(−)세금계산서발급	1매	계약해제일	당초 작성일	×
공급가액 변동	변동일	증감분(+) (−)세금계산서발급	1매	변동사유 발생일	당초 발급일	×
L/C 사후개설	사후 개설일	(−)세금계산서발급 영세율세금계산서발급	2매	당초작성일	개설일	×
필요기재사항 착오 등	착오 등 인식일	(−)세금계산서발급 정확한 세금계산서발급	2매	당초작성일	수정분 발급일	×, ○
필요기재사항 착오 등 외의 사유	잘못 기재 인식일	(−)세금계산서발급 정확한 세금계산서발급	2매	당초작성일	수정분 발급일	×
이중 발급	이중발급 인식일	(−)세금계산서발급	1매	당초작성일	발급 사유	○, ×
면세 등 발급대상이 아닌 거래	인식일	(−)세금계산서발급	1매	당초작성일	발급 사유	○, ×
세율 잘못 적용	인식일	(−)세금계산서발급 정확한 세금계산서발급	2매	당초작성일	발급 사유	○, ×

② 필요적 기재사항 등을 착오 외의 사유로 잘못 기재한 세금계산서에 대한 수정세금계산서 발급
기한
㉠ 재화·용역의 공급시기가 속하는 과세기간의 확정신고기한 다음 날부터 1년까지이다.
㉡ 단, 관할 세무서장이 결정·경정하거나 세무조사 통지 등 결정·경정할 것을 미리 알고
있는 경우 수정발급은 불가하다.

6) 수입세금계산서
① 발급의무자 : 세관장
② 발급대상 : 부가가치세 과세대상 중 재화의 수입
③ 발급상대방 : 수입재화의 수입자
④ 발급시기 : 관세징수의 예에 따라 부가가치세를 징수하는 때(부가가치세의 납부가 유예되는
때를 포함한다.)
⑤ 발급특례 : 수 개의 사업장이 있는 사업자가 재화를 수입하는 경우 수입신고필증상 기재된
사업장과 당해 재화를 사용·소비할 사업장이 상이한 때에는 수입재화를 실지로 사용·소
비할 사업장 명의로 세금계산서를 발급받을 수 있다.

7) 세금계산서 발급의무가 면제되는 경우
① 택시운송 사업자, 노점 또는 행상을 하는 자
② 소매업 또는 미용, 욕탕 및 유사서비스업을 영위하는 자가 공급하는 재화 또는 용역(다만,
소매업의 경우에는 공급받는 자가 세금계산서의 발급을 요구하지 아니하는 경우에 한한다.)
③ 무인자동판매기를 이용하여 재화 또는 용역을 공급하는 자

④ 전력 또는 도시가스를 실지로 소비하는 자(사업자가 아닌 자에 한한다)를 위하여 「전기사업법」에 의한 전기사업자 또는 「도시가스사업법」에 의한 도시가스사업자로부터 전력 또는 도시가스를 공급받는 명의자

⑤ 도로 및 관련시설 운영용역을 공급하는 자(다만, 공급받는 자로부터 세금계산서의 발급을 요구받은 경우를 제외한다.)

⑥ 자가공급(판매목적 타사업장 반출 제외), 개인적공급, 사업상증여, 폐업 시 잔존재화로서 공급의제되는 재화

⑦ 영세율이 적용대상이 되는 재화·용역(단, 내국신용장, 구매확인서 등을 활용한 영세율세금계산서 발급 대상자는 제외)

⑧ 기타 국내사업장이 없는 비거주자 또는 외국법인에게 공급하는 재화·용역

⑨ 부동산임대용역 중 간주임대료

⑩ 전자서명인증사업자가 인증서를 발급하는 용역(다만, 공급받는 자가 사업자로서 세금계산서의 발급을 요구하는 경우 제외)

03 영수증

1) 영수증발급의무자
간이과세자(직전연도 공급대가의 합계액이 4,800만원 미만인 자 또는 신규로 사업을 시작하는 개인사업자 중 간이과세자)와 일반과세자 중 주로 사업자가 아닌 자에게 재화·용역을 공급하는 일정한 사업을 영위하는 사업자이다.

2) 고객 요청 시 세금계산서를 발급하여야 하는 사업
소매업, 음식점업(다과점업 포함), 숙박업, 간이과세자가 배제되는 전문자격사업 및 행정사업, 우정사업조직이 소포우편물을 방문접수하여 배달하는 용역을 공급하는 사업, 공인인증서를 발급하는 사업, 국내사업장이 없는 비거주자 또는 외국법인에 공급하는 재화 또는 용역 등이다.

3) 고객이 요청하더라도 세금계산서를 발급할 수 없는 사업
이발·미용업, 목욕업, 극장업, 무도학원, 진료용역을 공급하는 사업, 전자적 용역 등이다.

4) 영수증 발급효과
부가가치세가 별도로 구분가능한 신용카드매출전표영수증 등 적격증빙을 받는 경우에는 매입세액공제를 받을 수 있다.

5) 간이과세자의 영수증 발급 적용기간
1역년의 공급대가의 합계액이 4,800만원에 미달하거나 그 이상이 되는 해의 다음 해의 7월 1일부터 6월 30일까지로 한다. 단, 신규사업자의 경우 사업개시일부터 사업을 시작한 해의 다음 해의 6월 30일까지로 한다.

✅ 이론문제 | 세금계산서

01 다음 중 부가가치세법상 세금계산서 발급에 관한 설명으로 가장 옳지 않은 것은?

① 전자세금계산서 의무발급 개인사업자가 전자세금계산서를 발급하여야 하는 기간은 사업장별 재화 및 용역의 공급가액의 합계액이 2억원 이상인 해의 다음 해 제2기 과세기간과 그 다음 해 제1기 과세기간으로 한다.

② 법인사업자가 계약의 해제로 수정세금계산서를 발급해야 하는 경우 그 작성일자는 계약의 해제일이다.

③ 도매업을 영위하는 법인사업자가 재화를 판매하고 우선적으로 신용카드매출전표 등을 발급하는 경우 세금계산서를 발급하지 않아야 한다.

④ 개인사업자가 공급시기가 되기 전에 재화 또는 용역에 대한 대가의 전부 또는 일부를 받고, 그 받은 대가에 대하여 세금계산서를 발급하는 것은 올바른 세금계산서 발급이 아니다.

02 다음 중 부가가치세법상 수정세금계산서 발급이 가능한 경우를 모두 고른 것은?

> 가. 처음 공급한 재화가 환입된 경우
> 나. 필요적 기재사항을 착오 외로 잘못 기재한 경우
> 다. 착오에 의한 전자세금계산서가 이중 발행된 경우
> 라. 일반과세자에서 간이과세자로 과세유형이 전환된 후 과세유형전환 전에 공급한 재화 또는 용역에서 가, 나, 다의 사유가 발생한 경우

① 가, 나   ② 가, 다
③ 가, 나, 다   ④ 가, 나, 다, 라

03 다음 중 세금계산서를 발급해야 하는 거래인 것은?

① 소매업자가 공급하는 재화로서 상대방이 세금계산서 발급을 요구하지 않는 경우

② 판매목적 타사업장 반출을 제외한 재화의 간주공급

③ 국내사업장이 있는 비거주자 또는 외국법인에게 공급하는 외화획득용역

④ 부동산 임대에서 발생한 간주임대료에 대한 부가가치세를 임대인이 부담하는 경우

04 부가가치세법상 수정(전자)세금계산서 작성일을 적고자 한다. 다음 중 작성일을 소급하여 처음에 발급한 (전자)세금계산서의 작성일을 적어야 하는 것은?

① 계약의 해지로 공급가액에 감소되는 금액이 발생한 경우

② 처음에 공급한 재화가 환입된 경우

③ 세율을 잘못 적용한 경우

④ 계약의 해제로 재화가 공급되지 아니한 경우

05 다음 중 세금계산서 발급의무의 면제 대상이 아닌 것은?

① 택시운송 사업자가 공급하는 재화 또는 용역

② 미용, 욕탕 및 유사 서비스업을 경영하는 자가 공급하는 재화 또는 용역

③ 내국신용장 또는 구매확인서에 의하여 공급하는 수출용 재화

④ 부동산임대용역 중 간주임대료

06 다음 중 부가가치세법상 수정세금계산서에 대한 설명으로 가장 옳지 않은 것은?

① 수정세금계산서는 당초 세금계산서를 적법하게 발급한 이후에 기재사항 등에 변경사유가 발생하면 법령에 따라 발급할 수 있다.

② 필요적 기재사항 등이 착오 외의 사유로 잘못 적힌 경우에는 재화나 용역의 공급일이 속하는 과세기간에 대한 확정신고기한까지 수정세금계산서를 작성할 수 있다. 다만, 과세표준과 세액을 경정할 것을 미리 알고 있는 경우에는 제외한다.

③ 계약의 해제로 인하여 재화 또는 용역이 공급되지 아니한 경우에는 작성일은 계약해제일로 적어 수정세금계산서를 발급해야 한다.

④ 재화 또는 용역을 공급한 후 공급시기가 속하는 과세기간 종료 후 25일 이내에 내국신용장이 개설된 경우에는 작성일은 내국신용장 개설일로 적어 수정세금계산서를 발급해야 한다.

07 다음 중 부가가치세법에서 정한 재화 또는 용역의 공급시기에 공급받는 자가 사업자등록증을 제시하고 세금계산서 발급을 요구하는 경우에도 세금계산서를 발급할 수 없는 사업자는?

① 소매업

② 음식점업

③ 전세버스운송사업

④ 항공여객운송사업

🖈 이론문제 정답 및 해설

01 ④ 사업자가 공급시기가 되기 전에 재화 또는 용역에 대한 대가의 전부 또는 일부를 받고, 그 받은 대가에 대하여 세금계산서를 발급하면 그 세금계산서 등을 발급하는 때를 각각 그 재화 또는 용역의 공급 시기로 본다.

02 ④ 모두 수정세금계산서 발급사유에 해당한다.

03 ③ 국외제공용역은 용역을 제공받는 자가 국내에 사업장이 없는 비거주자 또는 외국법인인 경우에 한하여 세금계산서 발급의무가 면제된다(부가가치세법 시행령 제71조 제1항 제5호).

04 ③ 세율을 잘못 적용하여 발급한 경우 : 처음에 발급한 세금계산서의 내용대로 세금계산서를 붉은색 글씨로 쓰거나 음의 표시를 하여 발급하고, 수정하여 발급하는 세금계산서는 검은색 글씨로 작성하여 발급한다.

05 ③ 세금계산서를 발급하기 어렵거나 세금계산서의 발급이 불필요한 경우 등 대통령령으로 정하는 경우에서 내국신용장 또는 구매확인서에 의하여 공급하는 재화는 제외한다(부가가치세법 시행령 제71조 제1항 제4호).

06 ④ 재화 또는 용역을 공급한 후 공급시기가 속하는 과세기간 종료 후 25일 이내에 내국신용장이 개설된 경우에는 작성일은 당초 세금계산서 발급일을 적어 수정세금계산서를 발급해야 한다.

07 ④ 항공운송사업 중 여객운송사업은 세금계산서를 발급할 수 없다.

제7절 신고와 납부세액 및 가산세

부가가치세법은 매출세액에서 매입세액을 공제하여 납부(환급)세액을 산출한다.

(−)	매출세액	과세표준 × 세율 + 예정신고누락분 ± 대손세액
	매입세액	= 세금계산서 등의 매입세액 + 기타공제 매입세액 − 공제받지 못할 매입세액
	납부세액	= 매출세액 − 매입세액
(−)	세액공제	• 신용카드매출전표 발급 등에 대한 세액공제 • 전자세금계산서 발급·전송에 대한 세액공제 • 전자신고에 대한 세액공제
(+)	가산세액	• 예정신고 미환급세액 및 예정고지세액
차가감 납부세액		= 납부세액 ± 가산 · 공제세액

01 예정신고와 납부

1) 예정신고 납부의무자

영세법인을 제외한 법인사업자

2) 예정신고납부를 할 수 있는 자

① 휴업 또는 사업부진 등으로 인하여 각 예정신고기간의 공급가액 또는 납부세액이 직전 과세기간의 공급가액 또는 납부세액의 1/3에 미달하는 자

② 각 예정신고기간분에 대하여 조기환급을 받고자 하는 자

3) 예정신고납부기간

구분	예정신고납부 기한			예정신고납부 기한
	계속사업자	신규사업자	과세유형전환자	
1기 예정	1.1. ~ 3.31.	개업일 ~ 3.31.	① 1.1. ~ 유형전환 말일 ② 유형전환일 ~ 3.31.	4월 25일
2기 예정	7.1. ~ 9.30.	개업일 ~ 9.30.	① 7.1. ~ 유형전환 말일 ② 유형전환일 ~ 9.30.	10월 25일

① 과세유형전환자는 과세기간 개시일부터 유형전환 말일까지 분에 대해서 25일 이내에 확정신고 납부하여야 함

② 예정신고납부기한은 예정신고납부기간 종료 후 25일 이내임

4) 예정고지와 납부

소규모 영세사업자의 납세편의를 도모하고, 과세행정의 효율을 기하고자 관할세무서장이 직전기 납부세액의 50%를 고지하여 납부하도록 하는 것을 말한다.

① **예정고지 대상자** : 예정신고납부를 하는 자를 제외한 개인사업자와 직전 과세기간 과세표준이 1.5억원 미만인 법인

② 예정고지납부 제외 : 납부세액이 50만원 미만이면 제외하고, 사업자가 재난이나 도난으로 재산에 심한 손실을 입는 등 세금을 납부할 수 없다고 인정되는 경우에는 예정고지 또는 예정부과를 하지 아니하도록 하여 납세자의 납세협력 부담을 완화하였다.

③ 예정고지 기간 : 제1기 4.1. ~ 4.10. 제2기 10.1. ~ 10.10.

02 확정신고와 납부

사업자는 각 과세기간을 종료함으로써 과세표준과 납부세액 또는 환급세액을 정부에 신고하는 것을 말한다.

1) 확정신고 납부의무자

원칙은 과세사업자(영세율사업자, 면세포기사업자, 간이과세자 포함)이며 예외적으로 합병 시에는 합병 후 존속법인과 합병신설법인이 해당한다.

2) 확정신고 납부기간과 기한

구분	확정신고 납부기간			확정신고납부기한
	계속사업자	신규사업자	과세유형전환자	
1기	1.1. ~ 6.30.	개업일 ~ 6.30.	1.1. ~ 폐업일(합병등기일)	7월 25일
2기	7.1. ~ 12.31.	개업일 ~ 12.31.	7.1. ~ 폐업일(합병등기일)	다음연도 1월 25일

3) 확정신고납부 대상 및 제외대상

예정신고 누락 과세표준과 세액, 가산세를 포함하고 예정신고 및 영세율 등 조기환급신고를 한 내용은 신고대상에서 제외한다. 그 과세기간 종료 후 25일 내에 각 사업장 관할세무서장에게 신고·납부하여야 한다.

03 신용카드매출전표 등의 발급 및 전자화폐 결제분 세액공제

부가가치세가 과세되는 재화 또는 용역을 공급하고 세금계산서 발급시기에 신용카드매출전표 등을 발급하거나 전자화폐(제로페이 등)로 결제받는 경우에 일정한 금액을 납부세액에서 공제한다.

구분	세액공제 내용
공제 대상자	• 영수증 발급의무와 영수증 발급특례에 해당하며 최종소비자를 대상으로 하는 업종(소매·음식점·숙박업 등)을 하는 개인사업자(법인사업자와 직전 연도의 재화 또는 용역의 공급가액의 합계액이 2016년 1월 1일 이후 10억원을 초과하는 개인사업자 제외) • 간이과세자(직전 연도의 공급대가의 합계액이 4,800만원 미만인 자 또는 신규로 사업을 시작하는 개인사업자 중 간이과세자) • 전기통신사업법에 따른 통신판매업자의 판매 대행·중개자, 외국환거래법에 따른 전문외국환업무취급업자 ※ 다만, 유의할 점은 영수증 발급의무자만 공제대상이므로 도매업, 제조업, 부동산매매업 등 세금계산서 발급대상자는 공제대상자에 해당하지 않는다.
공제세액의 계산	• 공제세액 = (신용카드매출전표 등 발행금액 + 전자화폐결제금액) × 공제율 • 공제율 = 1%(2026.12.31.까지는 1.3%) • 한도액 = 연간 500만원(2026.12.31.까지는 1,000만원)

04 조세특례제한법상 세액공제

1) 전자신고에 대한 세액공제

구분	세액공제 내용
납세자가 직접신고	• 1만원 공제 또는 환급(간이과세자는 환급 배제) • 확정신고에만 적용되고, 예정신고는 적용 안 함
세무대리인이 신고	• 납세자 1인당 1만원 공제 • 연간공제한도액 : 300만원(세수법인 또는 회계법인은 750만원) • 연간공제한도액은 소득세 또는 법인세 공제액과 부가가치세액을 합한 금액임

2) 일반택시 운송사업자 부가가치세 납부세액 경감(경감률 99%)

> ※ 경감액은 일반택시 운수종사자 현금 지급(90%), 택시감차보상재원(5%), 복지기금재원(4%)으로 활용

3) 전자고지 신청 납세자에 대한 세액공제

전자고지 신청(전자송달 방법으로 납부고지서 송달을 신청) 납세자에 대한 세액을 공제한다.

① **대상** : 중간예납하는 소득세, 예정고지·예정부과하는 부가가치세, 과세표준과 세액을 정부가 결정하는 국세(수시부과하는 경우는 제외)

② **공제금액** : 납부고지서 1건당 1,000원

4) 현금영수증사업자에 대한 부가가치세 과세특례

① **대상** : 현금영수증가맹점의 현금영수증 발급건수 등

② **공제금액** : 종이발급 9.4원, 온라인발급 8.4원

05 수정신고와 경정청구, 기한 후 신고 요약

1) 수정신고

① **신고자 및 청구사유** : 법정신고기한 내에 정기신고한 자로서 당초에 과소신고한 경우를 말한다.

② **신고(청구)기한** : 과세관청에서 결정 또는 경정을 통지하기 전까지이다.

③ **신고(청구)효력** : 확정력이 인정된다.

2) 경정 등 청구

가산세 감면사항 없음

구분	일반적 사유	후발적 사유
신고(청구)자	정기신고기한 내 신고한 자	정기신고자 또는 과세표준과 세액의 결정을 받은 자
신고(청구)사유	당초 과대신고	후발적 사유로 당초 과대신고한 경우
신고(청구)기한	신고기한 5년 내	후발적 사유 발생을 안 날로부터 3월 내
신고(청구)효력	감액확정력 없음, 정부가 2월 이내 감액결정·경정하거나 해당없음을 통지할 의무 발생함	

3) 기한 후 신고
① 신고자 및 청구사유 : 법정신고기한 내에 신고서 미제출자로서 납부할 세액이 있는 경우를 말한다.
② 신고(청구)기한 : 과세관청이 결정하여 통지하기 전까지이다.
③ 신고(청구)효력 : 확정력이 없고 정부가 결정한다.

06 결정, 경정, 수시부과, 경정의 제한 사유

구분	사유
결정, 경정	1) 예정신고 또는 확정신고를 하지 아니한 경우 2) 예정신고 또는 확정신고를 한 내용에 오류가 있거나 내용이 누락된 경우 3) 확정신고를 할 때 매출처별 세금계산서합계표 또는 매입처별 세금계산서합계표를 제출하지 아니하거나 제출한 매출처별 세금계산서합계표 또는 매입처별 세금계산서합계표에 기재사항의 전부 또는 일부가 적혀 있지 아니하거나 사실과 다르게 적혀 있는 경우 4) 신용카드가맹점 또는 현금영수증가맹점 가입 대상자로 지정받은 사업자가 정당한 사유 없이 신용카드가맹점 또는 현금영수증가맹점으로 가입하지 아니한 경우로서 사업 규모나 영업 상황으로 보아 신고 내용이 불성실하다고 판단되는 경우 5) 조기환급 신고의 내용에 오류가 있거나 내용이 누락된 경우
수시부과	1) 사업장의 이동이 빈번한 경우 2) 사업장의 이동이 빈번하다고 인정되는 지역에 사업장이 있을 경우 3) 휴업 또는 폐업 상태에 있을 경우
경정제한	영수증교부의무가 있는 사업 중 국세청장이 정하는 업종을 경영하는 사업자로서 같은 장소에서 계속하여 5년 이상 사업을 경영한 자에 대해서는 객관적인 증명자료로 보아 과소하게 신고한 것이 분명한 경우에만 경정할 수 있다.

07 결정·경정 방법

1) 원칙
세금계산서, 장부, 기타 증빙을 근거로 하여 실지조사에 의하여 경정하여야 한다.

2) 예외(추계조사)
① 과세표준을 계산할 때 필요한 세금계산서, 수입세금계산서, 장부 또는 그 밖의 증명 자료가 없거나 그 중요한 부분이 갖추어지지 아니한 경우
② 세금계산서, 수입세금계산서, 장부 또는 그 밖의 증명 자료의 내용이 시설규모, 종업원 수와 원자재·상품·제품 또는 각종 요금의 시가에 비추어 거짓임이 명백한 경우
③ 세금계산서, 수입세금계산서, 장부 또는 그 밖의 증명 자료의 내용이 원자재 사용량, 동력(動力) 사용량이나 그 밖의 조업 상황에 비추어 거짓임이 명백한 경우

3) 추계조사 시에 매입세액공제

① 원칙 : 추계조사에 따라 납부세액을 계산할 때 공제하는 매입세액은 발급받은 세금계산서를 관할 세무서장에게 제출하고 그 기재내용이 분명한 부분으로 한정한다.

② 예외 : 다만, 재해 또는 그 밖의 불가항력으로 인하여 발급받은 세금계산서가 소멸되어 세금계산서를 제출하지 못하게 되었을 때에는 해당 사업자에게 공급한 거래상대방이 제출한 세금계산서에 의하여 확인되는 것을 납부세액에서 공제하는 매입세액으로 한다.

4) 결정·경정기관

① 일반적인 경우 : 각 사업장 관할 세무서장이지만 국세청장이 중요하다고 할 경우에는 관할 지방국세청장 또는 국세청장이 된다.

② 총괄납부사업자인 경우 : 각 사업장 관할 세무서장이지만 국세청장이 중요하다고 할 경우에는 관할 지방국세청장 또는 국세청장이 된다.

◢ 08 일반환급

1) 과세기간별 일반환급

확정신고기한 경과 후 30일 내(조기환급은 15일 이내)

2) 결정·경정에 의한 환급

지체없이 환급되어야 함

◢ 09 조기환급

1) 조기환급대상

① 영세율을 적용받는 경우

② 사업설비(감가상각자산)를 신설, 취득, 확장 또는 증축하는 경우

③ 조기환급기간, 예정신고기간 또는 과세기간의 종료일 현재 재무구조개선계획승인권자가 승인한 재무구조개선계획을 이행 중인 경우

2) 조기환급신고기간

예정신고기간 중 또는 과세기간 최종 3개월 중 매월 또는 매 2월에 조기환급기간이 끝난 날부터 25일 이내이다.

3) 조기환급기간

각 조기환급기간별로 해당 조기환급신고기한이 지난 후 15일 이내이다.

◢ 10 부가가치세 대리납부

재화 또는 용역을 공급받는 자가 납세의무자인 공급자를 대리하여 부가가치세를 납부하는 것을 말한다.

1) 비거주자 또는 외국법인(국외사업자) 대리납부

구분	주요내용
대리납부대상	비거주자 또는 외국법인 → 공급받는 용역, 재화의 수입에 해당되지 않는 것 ※ 재화의 수입은 수입자가 부가가치세 신고납부함
대리납부의무자 (공급받는 자)	공급받은 용역 등이 매입세액불공제 대상인 경우, 면세사업자, 비사업자에 제공하는 경우이다.
대리납부세액 계산	용역 등의 대가지급액(과세표준) × 10%
대리납부 절차	대리징수한 부가가치세는 대리납부신고서와 함께 제출, 사업장 또는 주소지 관할 세무서장에 납부서 작성하여 한국은행에 납부하여야 함

2) 사업양수인의 대리납부

구분	주요내용
대리납부대상	사업양도는 재화의 공급으로 보지 않음(단, 사업양도가 불명확한 경우 인도 후 공급자가 세금계산서를 발급한 것은 재화의 공급으로 봄)
대리납부의무자	사업양수인
대리납부세액 계산	사업양도 대가(과세표준) × 10%
대리납부 절차	• 사업양수인으로부터 대가를 받은 자로부터 그 대가를 지급하는 날이 속하는 달의 다음 달 25일까지 납부함 • 사업양도자가 발행한 세금계산서는 유효한 것으로 보며, 매입세액공제가 허용됨 • 사업양도인은 부가가치세신고서상 사업양수자가 대리납부한 세액을 기납부세액으로 차감하여 기재함

3) 신용카드업자의 대리납부

구분	주요내용
대리납부대상	일반유흥 주점업(단란주점영업 포함), 무도유흥 주점업에서 재화 및 용역 공급자
대리납부의무자	신용카드사
대리납부세액 계산	신용카드 등 결제금액(봉사료 제외) × 4/110(공급가액의 4%)
대리납부 기한	매 분기가 끝나는 날의 다음 달 25일

11 가산세

■ 수정신고 시 불성실가산세 감면
① 1개월 내 신고 시 : 90% 감면, 감면 후 납부세율 10%
② 3개월 내 신고 시 : 75% 감면, 감면 후 납부세율 25%
③ 6개월 내 신고 시 : 50% 감면, 감면 후 납부세율 50%

④ 1년 내 신고 시 : 30% 감면, 감면 후 납부세율 70%
⑤ 1년 6개월 내 신고 시 : 20% 감면, 감면 후 납부세율 80%
⑥ 2년 내 신고 시 : 10% 감면, 감면 후 납부세율 90%

■ 기한 후 신고 시
① 1개월 내 신고 시 : 50% 감면, 감면 후 납부세율 50%
② 3개월 내 신고 시 : 30% 감면, 감면 후 납부세율 70%
③ 6개월 내 신고 시 : 20% 감면, 감면 후 납부세율 80%

가산세 내용	가산세액 계산
• 전자세금계산서 미발급가산세(확정신고기한까지 미발급 시) • 미교부 및 위장·가공세금계산서 교부 가산세 • 수취분도 포함, 실제공급자 또는 공급받는 자가 아닌 타인을 기재 시	• 공급가액 × 2%(종이 1%) • 사실과 다른 경우 : 공급가액 × 2% • 가공인 경우 : 공급가액 × 3%
• 매입처별 매입세액 과다신고 관련 가산세 　– 매입처별 세금계산서 합계표 　– 신용카드매출전표 등 수령명세서 과다신고	과다하게 적은 공급가액 × 0.5%
• 전자세금계산서 지연발급가산세 (공급일의 다음 달 11일 ~ 확정신고기한까지 발급 시)	공급가액 × 1%(지연수취는 0.5%)
• 전자세금계산서 미전송가산세(확정신고기한까지 미전송 시)	공급가액 × 0.5%
• 전자세금계산서 지연전송가산세 (발급일의 다음날 이후부터 ~ 확정신고기한)	공급가액 × 0.3%

• 영세율신고 불성실가산세	과세표준의 무신고, 과소신고	공급가액 × 0.5% × 감면 후 납부세율
	영세율첨부서류 미제출	
• 납부·환급 불성실 가산세	납부세액 무납부, 과소납부	미달납부(초과환급)세액 × (22/100,000) × 미납일수
	초과환급받은 세액	※ 초과환급세액은 환급일 다음날부터 계산, 자진납부일 또는 고지일 포함
• 신고불성실가산세 (부당은 모두 40%)	무신고	해당세액 × 20% × 감면 후 납부세율
	과소신고[주]	해당세액 × 10% × 감면 후 납부세율
	초과환급신고	해당세액 × 20% × 감면 후 납부세율

※ 주) 재화, 용역을 공급받은 사업자가 대손세액금액을 빼지 않은 경우에는 과소신고가산세가 면제된다.

12 소액 체납에 대한 납부지연가산세

150만원 미만 체납세액(세관장이 징수하는 내국세 포함)에 대하여 납부지연가산세일 경우
→ 일 0.025% 면제(체납 일시부과분 3%는 과세)

☑️ 이론문제 | **신고와 납부세액 및 가산세**

01 다음 중 부가가치세법상 대손세액공제와 관련된 설명으로 옳지 않은 것은?

① 대손세액공제는 확정신고 시에 가능하다.
② 어음의 부도발생일로부터 6개월이 지난 경우라면 채무자의 재산에 대하여 저당권을 설정하고 있더라도 대손세액공제를 받을 수 있다.
③ 대손금을 회수한 경우 회수한 날이 속하는 과세기간의 매출세액에 가산한다.
④ 대여금에 대해서는 대손세액공제를 적용할 수 없다.

02 보세구역 내에서 제조업을 영위하고 있는 ㈜아름무역은 외국에서 도착한 물품을 원재료로 하여 생산한 제품을 보세구역 밖에서 사업을 하고 있는 ㈜다움상사에 15,000,000원(부가가치세 별도)에 공급하였다. 그 관세의 과세가격이 6,000,000원, 관세가 1,200,000원이라고 할 때 ㈜아름무역이 거래징수해서 납부할 부가가치세는 얼마인가? (단, 세관장은 부가가치세를 적법하게 징수하였고, 예시된 것 이외의 세금은 부과되지 않은 것으로 간주함)

① 780,000원   ② 900,000원
③ 1,500,000원   ④ 2,220,000원

03 다음은 부가가치세법상 예정신고와 납부에 관한 설명이다. 빈칸에 들어갈 금액은 얼마인가?

> 납세지 관할 세무서장은 직전 과세기간 공급가액의 합계액이 (㉠) 미만인 법인사업자에 대해서는 각 예정신고기간마다 직전 과세기간에 대한 납부세액의 50%로 결정하여 해당 예정신고기간이 끝난 후 25일까지 징수한다. 다만, 징수하여야 할 금액이 (㉡) 미만인 경우에는 징수하지 아니한다.

① ㉠ : 48,000,000원   ㉡ : 200,000원
② ㉠ : 100,000,000원   ㉡ : 200,000원
③ ㉠ : 50,000,000원   ㉡ : 300,000원
④ ㉠ : 150,000,000원   ㉡ : 500,000원

04 다음 중 부가가치세법상 가산세에 대한 설명으로 옳은 것은?

① 사업자가 법정신고기한까지 예정신고를 하지 않는 경우에는 일반적인 무신고는 무신고납부세액의 20%(영세율무신고시에는 영세율과세표준의 0.5%)를 적용한다.
② 사업자는 법정신고기한까지 확정신고를 한 경우로서 납부할 세액을 신고하여야 할 세액보다 적게 신고한 경우에는 일반과소신고납부세액의 20%를 적용한다.

③ 간이과세자가 납부의무가 면제되는 경우에는 과소신고 시 10%의 가산세를 적용한다.

④ 사업자가 법정납부기한까지 납부를 하지 않는 경우에는 미납세액에 미납기간을 적용한 금액의 3/10,000을 납부지연가산세로 적용한다.

05 다음 중 부가가치세법상 환급에 대한 설명으로 옳지 않은 것은?

① 일반환급의 경우 예정신고 기한이 지난 후 30일 이내 환급하여야 한다.

② 사업설비를 취득한 경우 조기환급신고를 할 수 있다.

③ 대통령령으로 정하는 재무구조개선계획을 이행 중인 경우 조기환급신고를 할 수 있다.

④ 조기환급신고를 한 부분은 예정신고 및 확정신고대상에서 제외한다.

06 다음 중 부가가치세법상 환급에 대한 설명으로 틀린 것은?

① 결정 또는 경정에 의하여 추가로 발생한 환급세액이 있는 경우에는 환급을 결정한 날로부터 30일 이내로 사업자에게 환급하여야 한다.

② 각 과세기간별로 그 과세기간에 대한 환급세액을 확정신고한 사업자에게 그 확정신고기한이 지난 후 30일 이내에 환급하여야 한다.

③ 사업자가 사업 설비(감가상각자산)를 확장 또는 증축하는 경우에 조기환급을 받을 수 있다.

④ 조기환급을 신청하려는 사업자는 조기환급기간이 끝난 날로부터 25일 이내에 조기환급신고를 하여야 한다.

07 매입처별세금계산서합계표를 제출 시 매입세액공제를 적용받지만 가산세가 부과되는 경우는?

① 기한후 신고 시 제출하는 경우

② 경정 시 경정기관 확인을 거쳐 제출하는 경우

③ 수정신고 시 제출하는 경우

④ 예정신고 시 제출할 합계표를 확정신고 시 제출하는 경우

📌 이론문제 정답 및 해설

01 ② 부도발생일부터 6개월 이상 지난 수표 또는 어음상의 채권으로서 채무자의 재산에 대하여 저당권을 설정하고 있는 경우에는 대손세액공제를 적용받을 수 없다(부가가치세법 시행령 제87조 제1항).

02 ① 사업자가 보세구역 내에서 보세구역 이외의 국내에 재화를 공급하는 경우에 해당 재화가 수입재화에 해당되어 하나의 거래가 '재화의 수입' 및 '재화의 공급'에 동시에 해당한다. 이 경우에는 공급가액 중 재화의 수입에 대해 세관장이 징수한 과세표준은 국내공급의 과세표준에 포함하지 않는다(부가가치세법 시행령 제61조 제2항).
세관장이 징수할 부가가치세 :
(6,000,000 + 1,200,000) × 10% = 720,000원
㈜아름무역이 ㈜다움상사에게 징수할 부가가치세 : (15,000,000 – 7,200,000) × 10% = 780,000원

03 ④ ㉠ : 150,000,000원 ㉡ : 500,000원이다.

04 ① ② 10%를 적용한다.
③ 신고불성실가산세가 적용되지 않는다.
④ 2.2/10,000이다.

05 ① 확정신고 기한이 지난 후 30일 이내 환급하여야 한다(부가가치세법 제59조).

06 ① 결정에 의하여 발생한 환급세액은 지체 없이 환급하여야 한다(부가가치세법 시행령 제106조).

07 ② 경정 시 사업자가 경정기관 확인을 거쳐 해당 경정기관에 제출하여 매입세액을 공제받는 경우 공급가액의 0.5% 가산세를 납부세액에 더하거나 환급세액에서 뺀다.

제8절 **간이과세자**

01 간이과세자의 범위

1) 계속사업자

직전 1역년의 공급대가의 합계액이 8천만원(2024.7.1. 1억400만원)에 미달하는 개인사업자, 법인사업자는 간이과세자가 될 수 없다.

2) 신규사업자

사업개시일이 속하는 1역년의 연간공급대가 예상액이 8,000만원(2024.7.1. 1억400만원)에 미달하는 경우 사업자등록신청서와 함께 다음 사항을 기재한 간이과세적용신고서를 관할 세무서장에게 제출(국세정보통신망에 의한 제출 포함)하여야 최초의 과세기간에 간이과세를 적용한다.

① 사업자의 인적사항 ② 사업시설착수연월일 또는 사업개시연월일
③ 연간공급대가예상액 ④ 기타 참고사항

다만, 사업자등록신청서에 연간 공급대가예상액과 기타 참고사항을 기재하여 제출한 경우에는 간이과세적용신고서를 제출한 것으로 본다. 그리고 신규사업자 또는 직전연도 매출액이 4,800만원 미만인 사업자는 세금계산서를 발급할 수 없다.

3) 미등록 사업자

사업을 개시한 날이 속하는 1역년의 공급대가 합계액이 8,000만원(2024.7.1. 1억400만원)에 미달하는 경우 최초의 과세기간에 간이과세를 적용한다.

4) 휴업자

직전 1역년의 공급대가 합계액을 12월로 환산(1월 미만의 단수는 1월로 함)한 금액이 8,000만원(2024.7.1. 1억400만원)에 미달하는 경우에 휴업기간은 없는 것으로 보며, 직전 1역년 중 공급대가가 없으면 신규사업자로 본다.

02 개인 간이과세자 과세기간 및 신고납부

과세기간	신고납부기간
1.1. ~ 12.31.	다음해 1.1. ~ 1.25.

다만, 7월 1일 기준 과세유형전환 사업자(간이 → 일반)와 예정부과기간(1.1. ~ 6.30.)에 세금계산서를 발행한 간이과세자는 1.1. ~ 6.30.을 과세기간으로 하여 7.25.까지 신고·납부한다.

03 적용시기

1) 간이과세자 규정이 적용되거나 미적용되는 기간

① 1역년의 공급대가 합계액이 8,000만원(2024.7.1. 1억400만원)에 미달 또는 이상이 되는 해의 다음 해의 제2기 과세기간으로부터 그 다음 해의 제1기 과세기간까지로 한다. 다만 신규사업 개시자는 최초의 과세기간에 대한 확정신고 후 개시하는 과세기간부터 기산한다.

② 관할 세무서장은 과세기간 개시 20일 전까지 그 사실을 통지하여야 하며, 사업자등록증을 정정하여 과세기간 개시일당일까지 발급하여야 한다.

2) 부동산임대업을 영위하는 사업자의 경우

위 ②항의 규정에 의한 통지를 받은 날이 속하는 과세기간까지는 일반과세자에 관한 규정을 적용한다.

3) 간이과세자 + 신규간이배제업종을 겸영

당해 사업의 개시일이 속하는 과세기간의 다음 과세기간부터 간이과세자에 관한 규정을 적용하지 않는다.

4) 경정

그 경정 또는 재경정한 날이 속하는 과세기간까지 간이과세자로 본다.

5) 기존사업장이 폐업되는 경우

일반과세 기준사업장의 폐업일이 속하는 과세기간의 다음 과세기간부터 간이과세 적용한다.

04 간이과세자의 업종별 부가가치율

업종	부가가치율
소매업, 재생용 재료수집 및 판매업, 음식점업	15%
제조업, 농업·임업 및 어업, 소화물 전문 운송업	20%
숙박업	25%
건설업, 운수 및 창고업(소화물 전문 운송업은 제외), 정보통신업	30%
금융 및 보험 관련 서비스업, 전문·과학 및 기술서비스업(인물사진 및 행사용 영상 촬영업은 제외), 사업시설관리, 사업지원 및 임대서비스업, 부동산 관련 서비스업, 부동산임대업	40%
그 밖의 서비스업	30%

05 간이과세자 납부의무 면제

해당 과세기간의 공급대가 합계액이 4,800만원 미만인 경우 납부의무가 면제된다.

06 간이과세자 적용배제 업종

- 광업
- 제조업[다만, 주로 최종소비자에게 직접 재화를 공급하는 사업으로서 시행규칙으로 정하는 것(과자점업, 양복점 등)은 제외한다.]
- 도매업 및 상품중개업(소매업을 겸영하는 경우는 포함되며, 재생용 재료수집 및 판매업은 제외한다.)
- 부동산매매업
- 특별시, 광역시 및 시(행정시 포함)의 지역에 소재하는 부동산임대사업장으로서 국세청장이 정하는 규모 이상의 부동산임대업
- 특별시, 광역시 및 시지역 및 국세청장 고시지역에서 개별소비세 과세유흥장소를 영위하는 사업
- 전문자격사 등(변호사업, 세무사업, 건축사업, 의사업, 감정평가사업, 공인노무사업 등)
- 전기, 가스, 증기, 수도업
- 건설업[주로 최종소비자에게 직접 재화 또는 용역을 공급하는 사업으로서 시행규칙으로 정하는 것(도배, 실내 장식 및 내장 목공사업, 배관 및 냉난방 공사업 등)은 제외한다.]
- 전문, 과학, 기술서비스업, 사업시설관리, 사업지원 및 임대 서비스업[주로 최종소비자에게 직접 용역을 공급하는 사업으로서 시행규칙으로 정하는 것(인물사진 및 행사용 영상 촬영업, 개인 및 가정용품 임대업, 복사업 등)은 제외한다.]
- 사업장의 소재 지역과 사업의 종류, 규모 등을 고려하여 국세청장이 정하는 기준에 해당하는 것

07 과세표준과 납부세액의 계산

납부세액	공급대가 × 직전 3년간 신고한 것을 고려한 업종별부가가치율 0.5% × 10%
(+) 재고납부세액	일반 → 간이 변경된 경우
(−) 공제세액	매입세금계산서 등 세액공제, 신용카드매출전표 등 세액공제, 전자세금계산서발급 세액공제, 전자신고세액공제 ※ 공제세액의 합계액이 각 과세기간의 납부세액을 초과하는 때에는 초과분은 없는 것으로 본다(환급도 없음).
(−) 예정고지세액 (−) 예정신고기납부세액	
(+) 가산세	미등록 및 허위등록가산세, 신고 및 납부불성실가산세, 결정과 경정기관 확인 매입세액공제 가산세, 영세율과세표준불성실가산세, 세금계산서 발급 관련, 매출처별 세금계산서합계표, 세금계산서 관련 가산세 등
차가감납부세액	

1) 재고납부세액

① 의의 : 일반과세자에서 간이과세자로 유형변경되는 경우 재고품 및 감가상각자산(매입세액 공제대상에 한함)을 변경되는 날의 직전 과세기간에 대한 확정신고와 함께 각 사업장 관할 세무서장에게 신고하여야 한다.

② 자동승인 : 일반과세자이지만 직전연도 공급대가 합계액이 8,000만원 미만이고, 기타 간이배제 기준(업종, 규모, 지역 등)에 해당되지 않는 경우 다음 해 7월 1일에 간이과세자로 자동으로 전환된다.

③ 간이과세자 포기(일반과세자로 전환하고자 할 경우) : 적용을 받고자 하는 달의 전달 마지막날까지 간이과세포기신고서를 사업장 관할 세무서장에게 제출해야 하고, 간이과세 포기 후 3년이 되는 날이 속하는 과세기간까지는 일반과세자에 관한 규정을 적용받더라도 직전연도 공급대가의 합계액이 4,800만원 이상 ~ 8,000만원(2024.7.1. 1억400만원) 미만이면 간이과세 포기신고의 철회가 가능하다.

④ 재고납부세액의 계산

구분	재고납부세액
재고품 (저장품은 제외)	재고금액 $\times \dfrac{10}{100} \times (1 - 0.5\% \times \dfrac{110}{10})$
매입한 감가상각자산	취득가액 $\times (1 - $ 체감률 $\times$ 경과된 과세기간 수$) \times \dfrac{10}{100} \times (1 - 0.5\% \times \dfrac{110}{10})$
직접 제작, 건설, 신축한 감가상각자산	매입세액 $\times (1 - $ 체감률 $\times$ 경과된 과세기간 수$) \times \dfrac{10}{100} \times (1 - 0.5\% \times \dfrac{110}{10})$

• 취득가액은 부가가치세 불포함된 금액이다.
• 체감률은 건물 또는 구축물 : 5%, 기타 감가상각자산 : 25%
• 장부 또는 세금계산서가 없거나 기장이 누락된 경우 : 취득가액은 시가로 하고, 매입세액은 시가의 10%에 상당하는 세액으로 한다.
• 경과된 과세기간 수 : 건축물(20), 기타 감가상각자산(4) 한도, 과세기간 수를 집계하는 방법은 과세기간 단위(1월 ~ 6월, 7월 ~ 12월)를 각각 1 경과 수로 본다.

2) 공제세액

① 매입세금계산서 등 세액공제와 신용카드매출전표 등 세액공제

> ㉠ 세금계산서, 매입자발행 세금계산서 및 신용카드매출전표 등을 수취하고 매입처별세금계산서합계표 또는 신용카드매출전표 수령명세서를 제출한다.
> ㉡ 반드시 매입세액 공제대상이어야 하며, 매입세액불공제대상은 제외된다.
> ㉢ 공급대가에 0.5%를 곱한 금액을 공제받으며, 겸영 간이과세자는 과세 공급대가비율로 안분한다.

② 신용카드매출전표 등 발행 세액공제

> 세액공제 = min(㉠, ㉡)
> ㉠ 발행금액 또는 결제금액 × 1.3%
> ㉡ 연간 1,000만원

다만 주의할 점은 직전연도 공급가액 합계액(면세공급가액 제외, 고정자산매각금액은 포함)이 사업장을 기준으로 10억을 초과하는 개인사업자는 신용카드매출전표등발행세액공제대상에서 제외된다.

③ 전자세금계산서발급 세액공제

직전연도 공급가액 합계액이 3억원 미만인 개인사업자가 대상이며, 전자세금계산서를 발급 및 전송 시에는 연간 100만원 한도 내에서 세액공제가 가능하다.

08 간이과세자의 예정신고 및 납부

1) 원칙 – 예정부과와 납부

구분	내용
납부세액의 결정	• 직전 과세기간 납부세액의 1/2 → 1.1.부터 6.30. 납부세액 결정 • 납부세액에서 공제경감세액을 뺀 금액으로 함 • 결정, 경정 또는 수정신고, 경정청구를 포함한 금액으로 함
납부고지서 발부	7.1.부터 7.10.까지 납부고지서 발부하여야 함
징수	• 예정부과기간(1.1.부터 6.30.)이 끝난 후 25일 이내까지 징수함 • 다만, 징수금액이 30만원 미만 또는 과세기간 개시일 현재 일반에서 간이로 변경된 경우에는 징수하지 않음

2) 예외 – 예정신고와 납부

구분	내용
예정신고 대상자	• 예정신고를 선택할 수 있는 경우 : 휴업, 사업부진으로 예정부과기간의 공급가액 또는 납부세액이 직전 과세기간의 공급가액 또는 납부세액의 1/3에 미달하는 간이과세자 • 세금계산서를 발급한 간이과세자는 일반과세자와 동일하게 예정부과 납부세액 신고를 하여야 함
예정신고와 납부	• 부가가치세 예정신고서, 매출처별과 매입처별세금계산서합계표 예정신고 때에 제출하고 만약 제출하지 못한 경우에는 확정신고 때에 제출이 가능함 • 예정부과기간 종료 후 25일 이내에 신고와 납부세액을 납부함

09 간이과세자의 확정신고와 납부

1) 원칙

① 확정과세신고기간 종료 후 25일 이내에 신고·납부해야 한다.

② 영수증발급대상자인 간이과세자(신규사업자, 공급대가 합계액이 연 4,800만원 미만인 사업자)는 영수증만 발급하고 영수증 제출의무는 없다.

③ 결정과 경정은 일반과세자와 동일하게 적용한다.

2) 납부의무 면제

① 당해 과세기간에 대한 공급대가가 4,800만원 미만인 경우에는 면제하고, 가산세도 적용하지 않는다. 다만, 일반과세자에서 간이과세자로 변경되는 경우 재고납부세액은 납부할 의무가 있으며, 자진 납부세액이 있는 경우에는 납부한 금액을 환급가능하다.

> ■ (주의) 납부의무 면제자가 사업자등록을 미등록한 경우
> 고정된 물적시설을 갖추지 않고 공부에 등록된 사업장 소재지가 없는 경우를 제외하고 공급 대가의 0.5%와 5만원 중 큰 금액이 미등록가산세로 부과됨

② 납부의무 면제 적용 시에 공급대가 합계액을 12개월로 환산하는 금액 기준

구분	내용
신규사업자	사업개시일 ~ 과세기간 종료일까지의 공급대가 합계액
휴업자, 폐업자 과세유형전환자	과세기간 개시일 ~ 휴업일, 폐업일, 과세유형전환일까지의 공급대가의 합계액
일반 → 간이	7.1. ~ 12.31.의 과세기간의 적용을 받는 간이과세자는 해당 과세기간의 공급대가 합계액

📖 10 간이과세자의 가산세

구분	내용
미등록가산세	고정사업장이 없는 경우를 제외하고 공급대가의 0.5%와 5만원 중 큰 금액
세금계산서 관련 가산세	• 가공, 위장발급, 과다기재발급 세금계산서 : 공급대가의 0.5% • 미수취 : 공급대가의 0.5% • 수취한 세금계산서가 불공되어 결정 및 경정기관의 확인을 거쳐 공제받는 경우 : 공급대가의 0.5% • 매출처별세금계산서합계표 미제출 : 공급대가의 0.5%(확정 때 제출하면 공급대가의 0.3%) • 매출처별세금계산서합계표 기재사항 누락 또는 허위 판명 시 : 공급대가의 0.5%
신고불성실가산세	일반과세자와 동일하게 적용
영세율과세표준 신고불성실가산세	
납부불성실가산세	

※ 결정 및 경정한 간이과세자의 1역년 공급대가가 8,000만원(2024.7.1. 1억400만원) 이상인 경우로서 세금계산서 등을 과세관청에 제출하여 매입세액공제를 받는 경우 → 공급가액의 1%

이론문제 | 간이과세자

01 다음 중 부가가치세법상 간이과세자에 대한 설명으로 틀린 것은?

① 간이과세자도 요건을 충족하면 영세율을 적용받을 수 있다.

② 간이과세자는 신용카드매출전표등발급세액공제를 받을 수 없다.

③ 간이과세자도 직접 전자적 신고 방법으로 부가가치세 확정신고를 한 경우에는 전자신고세액공제를 받을 수 있다.

④ 간이과세자는 영수증을 발급할 수도 있다.

02 다음 중 부가가치세법상 간이과세자에 해당될 수 있는 사람은?

① 부동산매매업을 운영하고 있는 A

② 변호사 사무실을 운영 중인 B

③ 의류소매업을 운영 중인 C

④ 약국을 운영 중인 D

03 부가가치세법상 다음의 빈칸에 들어갈 금액은 얼마인가?

> 간이과세자의 해당 과세기간에 대한 공급대가의 합계액이 (   )원 미만이면 그 과세기간의 납부세액의 납부의무를 면제한다. 다만, 일반과세자가 간이과세자로 변경되는 경우 납부세액에 더해야 할 재고납부세액은 납부해야 한다.

① 48,000,000원   ② 80,000,000원
③ 150,000,000원   ④ 30,000,000원

이론문제 정답 및 해설

01 ② 간이과세자도 신용카드매출전표등발급세액공제를 받을 수 있다.

02 ③ 부동산매매업과 변호사업, 약사업에 해당하는 사업자는 간이과세자로 보지 아니한다.

03 ① 4,800만원 미만인 자는 납부가 면제된다.

04 | NCS를 활용한 소득세(원천세) 이론

제1절 소득세 총론

01 소득세 의의

소득세는 법인소득세와 개인소득세로 나누고 있으며 본 단원에서 학습을 하는 소득세는 개인이 얻은 소득에 대하여 부과하는 조세로서 국가가 과세주체가 되고 개인이 과세객체가 되는 것으로 국세 중 내국세, 보통세, 직접세, 인세를 말한다.

02 소득세 구분

구분	내용
종합과세소득	2,000만원 초과인 금융(이자+배당)소득, 사업소득(부동산임대사업소득 포함), 근로소득, 연금소득, 기타소득
분류과세소득	위에 열거된 종합소득과 별도로 과세되는 퇴직소득, 양도소득
분리과세소득	2,000만원 이하인 금융(이자+배당)소득, 일용근로소득, 1,200만원 이하의 사적연금(선택적), 기타소득(무조건분리과세, 300만원 이하의 소득금액 선택적) 등
원천징수소득	이자, 배당, 특정사업소득, 근로, 연금, 기타, 퇴직소득 등 원천징수하여 납부하고 납세의무 종결됨

03 소득세 특징

1) 소득원천설[2]에 근간을 두고 있으며, 사업소득은 순자산의 증가설[3]을 채택하고 있다.
2) 과세방식은 열거주의[4] 과세방식을 채택하며, 이자와 배당소득은 유형별 포괄주의를 채택하고 있다.
3) 각 개인의 부담능력에 따라 과세되는 응능과세제도이다.

---

2) 소득원천설 : 일정한 원천에서 경상적·계속적으로 발생하는 것만을 과세소득으로 파악하고, 고정자산처분이익 등 불규칙적·우발적으로 발생하는 것은 과세소득의 범위에서 제외하여야 한다는 주장이다.
3) 순자산의 증가설 : 경상적·계속적인 것뿐 아니라 기타소득 또는 양도소득 등과 같은 일시적·우발적으로 발생하는 것도 과세소득에 포함하는 것을 말한다.
4) 열거주의 : 법령에서 제한적으로 열거된 소득에 대해서만 과세하고 열거되지 아니한 다음의 소득은 과세하지 않는다.
   • 상장주식양도차익(단, 특정상장주식은 양도소득세 과세함)
   • 기계장치처분이익은 사업소득으로 과세하지 아니함
   • 채권양도차익(단, 환매조건부채권의 매매차익은 과세함)
   • 손해배상금(단, 계약의 위약·해약 관련 손해배상금은 과세함)

4) 납세자와 담세자가 일치하는 직접세이다.

5) 원칙적으로 개인단위과세이지만 예외적으로 공동사업합산과세를 하고 있다.

6) 인적공제를 적용하며, 8단계 초과 누진세율을 적용한 누진과세를 채택하고 있다.

7) 다음연도 5월 1일부터 5월 31일까지 과세표준확정신고로 납세의무를 확정시키는 신고납세주의를 채택하고 있다.

04 납세의무자

구분	납세의무자 범위
거주자	국내에 주소가 있거나 183일 이상 거소를 둔 개인, 국내외 모든 원천소득에 대해 무제한 납세의무자
비거주자	거주자가 아닌 개인으로서 국내원천소득에 대해서만 제한 납세의무자
법인격 없는 단체	국세기본법에 따라 소득세법상 납세의무가 있음

05 과세기간

구분	과세기간	확정신고기한
원칙	1월 1일 ~ 12월 31일까지	다음연도 5월 1일부터 5월 31일
사망 시	1월 1일 ~ 사망한 날까지	상속개시일이 속하는 달의 말일부터 6개월이 되는 날
출국 시	1월 1일 ~ 출국한 날까지	출국일 전일
폐업 시	1월 1일 ~ 12월 31일까지	다음연도 5월 1일부터 5월 31일
신규사업자		

06 납세지

개인이 소득세를 납부하는 장소이다.

1) 일반적인 거주자와 비거주자 납세지 구분

구분	납세지
거주자	원칙 : 주소지, [예외] 주소가 없는 때 : 거소지
비거주자	원칙 : 국내사업장 소재지, 2 이상 사업장 : 주된 국내사업장 소재지 [예외] 국내사업장이 없는 경우 : 국내원천소득이 발생한 장소

2) 납세지가 불분명한 경우

주소지가 2 이상인 때는 주민등록법에 의하여 등록된 곳, 거소지가 2 이상인 때에는 생활관계가 보다 밀접한 곳

3) 원천징수하는 자에 따른 납세지 구분

구분	납세지
거주자	원칙 : 주된 사업장소재지 [예외] • 주된 사업장 외는 그 사업장의 소재지 • 사업장이 없는 경우는 그 거주자의 주소지 또는 거소지
비거주자	원칙 : 비거주자의 주된 국내사업장 소재지 [예외] • 주된 국내사업장 외는 그 국내사업장의 소재지 • 국내사업장이 없는 경우 그 비거주자의 거류지(居留地) 또는 체류지
법인	본점 또는 주사무소 소재지 [예외] • 법인의 지점, 영업소, 독립채산제로 독자적 회계사무 처리 : 그 사업장의 소재지

4) 납세지 지정

국세청장 또는 관할 지방국세청장은 다음 사유 중 하나의 경우라도 납세지를 지정할 수 있다. 다만 납세지의 지정 사유가 소멸한 경우 납세지의 지정을 취소하여야 하며, 그 취소 전에 한 소득세에 관한 신고, 신청, 청구, 납부, 그 밖의 행위의 효력에는 영향을 미치지 아니한다.

5) 납세지 변경

변경 후의 납세지 관할 세무서장에게 변경된 날로부터 15일 이내에 신고한다.

07 납세의무 특례

1) 공동사업
각 거주자별로 납세의무를 진다(단, 공동사업합산과세 시에는 연대납세의무가 있음).

2) 상속 등의 경우의 납세지

구분	납세지
거주자 비거주자	피상속인·상속인 또는 납세관리인의 주소지나 거소지 중 상속인 또는 납세관리인이 그 관할 세무서장에게 납세지로서 신고하는 장소
비거주자가 납세관리인을 둔 경우	그 국내사업장의 소재지 또는 그 납세관리인의 주소지나 거소지 중 납세관리인이 그 관할 세무서장에게 납세지로서 신고하는 장소

3) 신탁재산소득
그 신탁의 수익자(신탁의 위탁자 또는 그 상속인)가 납세의무를 진다. 다만, 수익자가 특별히 정하여지지 아니하거나 존재하지 아니하는 신탁 또는 위탁자가 신탁재산을 실질적으로 통제하는 등의 신탁의 경우에는 그 신탁재산에 귀속되는 소득은 위탁자에게 귀속되는 것으로 본다.

08 소득세의 계산구조

1) 종합소득금액 계산(1단계)

이자소득	(−)비과세 (−)분리과세	총수입금액	−	=	이자소득금액	종
배당소득	(−)비과세 (−)분리과세	총수입금액	(+)귀속법인세	=	배당소득금액	합 소
사업소득 (부동산임대소득)	(−)비과세	총수입금액	(−)필요경비	=	사업소득금액	득
근로소득	(−)비과세 (−)분리과세	총수입금액	(−)근로소득공제	=	근로소득금액	금
연금소득	(−)비과세 (−)분리과세	총수입금액	(−)연금소득공제	=	연금소득금액	액
기타소득	(−)비과세 (−)분리과세	총수입금액	(−)필요경비	=	기타소득금액	

2) 소득세 계산(2단계)

종합소득금액	이월결손금 차감 후 소득금액

(−) 종합소득공제	인적공제, 연금보험료(공적연금), 건강(장기요양), 고용보험료, 주택자금특별소득공제

(−) 그 밖의 소득공제(조특법)	개인연금저축(사적연금), 신용카드소득공제 등

종합소득과세표준

(×) 세율 ※종합·퇴직소득 동일함	1,400만원 이하	6%
	1,400만원 초과 5,000만원 이하	84만원+초과액의 15%
	5,000만원 초과 8,800만원 이하	624만원+초과액의 24%
	8,800만원 초과 1억5천만원 이하	1,536만원+초과액의 35%
	1억5천만원 초과 3억원 이하	3,706만원+초과액의 38%
	3억원 초과 5억원 이하	9,406만원+초과액의 40%
	5억원 초과 10억원 이하	17,406만원+초과액의 42%
	10억원 초과	38,406만원+초과액의 45%

산출세액

(−)세액감면

(−)세액공제	다자녀, 출산입양, 연금계좌, 보장성보험료, 의료비, 교육비, 기부금, 월세 등

결정세액

(+)가산세	신고불성실, 무기장, 무납부, 지급명세서제출불성실, 영수증수취명세서미제출, 원천징수납부불성실 등

(+)추가납부세액

총결정세액(= 총부담세액)

(−)기납부세액	중간예납, 원천납부, 수시부과세액

차감납부할세액

✅ 이론문제 │ 소득세 총론

01 다음 중 소득세법상 납세의무자 및 과세소득의 범위에 관한 설명으로 가장 옳지 않은 것은?

① 소득세법상 거주자란 국내에 주소를 두거나 183일 이상의 거소를 둔 개인을 말한다.

② 비거주자가 국내에 주소를 둔 경우에는 그 주소를 둔 날의 다음 날부터 거주자로 본다.

③ 공동으로 소유한 자산에 대한 양도소득금액을 계산하는 경우에는 해당 자산을 공동으로 소유하는 각 거주자가 납세의무를 진다.

④ 국외에 근무하는 공무원은 거주자로 본다.

02 다음 중 소득세법에 관한 설명으로 옳지 않은 것은?

① 소득세법상 과세기간은 사업개시일로부터 해당 과세기간 종료일까지이다.

② 신탁재산에 귀속되는 소득은 그 신탁의 이익을 받을 수익자에게 귀속되는 것으로 본다.

③ 소득세법은 종합과세제도이지만 양도소득과 퇴직소득은 분류과세한다.

④ 사업소득이 있는 거주자의 소득세 납세지는 원칙적으로 납세자의 주소지로 한다.

03 다음 중 소득세법에 관한 설명으로 잘못된 것은?

① 거주자는 국외원천소득에 대해서도 납세의무가 있다.

② 납세자와 담세자가 동일한 직접세이다.

③ 과세대상 소득은 소득원천설에 따른 열거주의만 적용한다.

④ 개인별 소득을 기준으로 과세하는 개인단위 과세제도를 원칙으로 하고 있다.

📌 이론문제 정답 및 해설

01 ② 비거주자가 국내에 주소를 가지거나 국내에 주소가 있는 것으로 보는 경우 사유가 발생한 날부터 거주자로 본다.

02 ① 소득세의 과세기간은 1월 1일부터 12월 31일까지 1년으로 한다. 다만, 거주자가 사망한 경우 1월 1일부터 사망한 날까지, 거주자가 출국한 경우 1월 1일부터 출국한 날까지로 한다.

03 ③ 예외적으로 금융소득(이자, 배당)은 유형별 포괄주의를 적용한다.

제2절 종합소득의 분류

◢ 01 이자소득

이자소득총수입금액(비과세소득과 분리과세소득은 제외) = 이자소득금액

1) 과세이자소득의 종류

① 국가·지방자치단체·내국법인·외국법인의 국내지점 또는 국내영업소에서 발행한 채권 또는 증권의 이자와 할인액

② 국내 또는 국외에서 받는 대통령령으로 정하는 파생결합사채로부터의 이익

③ 국내 또는 국외에서 받는 예금에서 발생하는 이자

④ 상호신용계 또는 신용부금으로 인한 이익

⑤ 채권·증권의 환매조건부 매매차익

⑥ 저축성보험의 보험차익(10년 미만). 단, 10년 이상 장기저축보험의 보험차익에 대하여는 비과세한다.

⑦ **직장공제회 초과 반환금**

근로자가 퇴직 탈퇴로 인하여 직장공제회로부터 받는 반환금 – 납입공제료 = 초과 반환금

⑧ **비영업대금의 이익** : 개인이 타인에게 자금을 대여하고 받는 이자

업종구분	내용	소득구분
금융·대부업	사업과 관련하여 대여하고 받은 이자	사업소득
금융·대부업 외	사업과 무관한 개인이 대여하고 받은 이자	이자소득

⑨ **유형별 포괄주의 이자소득** : 금전사용에 따른 대가의 성격이 있는 것으로 상업어음할인액, 파생금융상품이자, 신종펀드이자 등

2) 비과세 이자소득

공익신탁법에 따른 공익신탁의 이익, 비거주자와 외국법인의 국채 등 이자 등이 해당한다.

3) 이자소득의 수입시기

구분	수입시기
양도가능 채권의 이자와 할인액	① 기명의 경우 : 약정에 의한 이자지급 개시일 ② 무기명의 경우 : 그 지급을 받은 날
직장공제회 초과반환금	약정에 의한 지급일

보통예금 · 정기예금 · 적금 또는 부금의 이자	① 원칙 : 실제로 이자를 지급받은 날 ② 원본전입특약이 있는 이자 : 원본전입일 　• 해약으로 인하여 지급되는 이자 : 해약일 　• 계약기간을 연장하는 경우 : 그 연장하는 날 　• 기일 전에 상환 시 : 그 상환일
통지예금의 이자	인출일
채권 · 증권의 환매조건부 매매차익	약정에 의한 환매수 · 매도일
저축성보험의 보험차익	지급일
비영업대금의 이익	약정에 의한 이자지급 개시일
유형별포괄주의 이자	약정에 의한 상환일
위의 이자소득발생 상속재산이 상속 · 증여되는 경우	상속개시일 · 증여일
금전사용 대가의 성격이 있는 것	약정에 의한 상환일

02 배당소득

> 배당소득 총수입금액(비과세, 분리과세 소득은 제외) + 귀속법인세 = 배당소득금액

1) 과세배당소득의 종류

① 내국법인 또는 외국법인으로부터 받는 이익이나 잉여금의 배당 또는 분배금

② 법인으로 보는 단체로부터 받는 배당 또는 분배금

③ 내국법인으로 보는 신탁재산으로부터 받는 배당금 또는 분배금

④ 의제배당

⑤ 법인세법에 의하여 배당으로 처분된 금액(인정배당)

⑥ 국내 또는 국외에서 받는 집합투자기구로부터의 이익(다만, 적격집합투자기구로부터의 이익은 대통령으로 정하는 이익으로 한정한다.)

⑦ 출자공동사업자의 배당소득

내용	소득 구분
공동사업자로 경영참가 시	사업소득
출자공동사업자이며 경영 미참가 시	배당소득

⑧ 수익분배의 성격이 있는 유형별 포괄주의 배당소득(예 문화펀드 등)

⑨ 소득을 발생시키는 거래 또는 행위와 파생상품이 대통령령으로 정하는 바에 따라 결합된 경우 해당 파생상품의 거래 또는 행위로부터의 이익

2) 의제배당

① 감자·해산·합병·분할로 인한 의제배당

• 주식의 소각 또는 감자 등으로 받는 재산가액(시가) • 잔여재산분배로 받는 재산가액 • 합병대가, 분할대가	(−) 소멸하는 주식 등의 취득가액
= 의제배당금액	

② 잉여금의 자본전입으로 인한 의제배당금액(교부받는 주식 수 × 액면가액) 유형

구분		의제배당
자본잉여금의 자본전입	⊙ 법인세가 과세되지 않는 자본잉여금의 자본전입 • 일반적인 경우	×
	• 자기주식소각이익의 자본전입5)	○
	• 자기주식 보유상태에서의 자본전입으로 인한 지분비율증가분	○
	ⓒ 법인세가 과세되는 자본잉여금의 자본전입 • 주식발행액면초과액 중 출자전환 시 채무면제이익의 자본금전입	○
	• 재평가적립금 중 토지 재평가차액 상당액의 자본금전입	○
	• 기타자본잉여금의 자본전입	○
이익잉여금의 자본금 전입으로 무상주 수령		○

3) 비과세 배당소득

공익신탁업의 배당이익, 우리사주조합원이 받는 배당 등이 있다.

4) 배당소득의 수입시기

실질 배당	무기명주식의 이익·배당	그 지급을 받은 날
	잉여금처분에 의한 배당	해당 법인의 잉여금 처분결의일
의제 배당	법인의 해산인 경우	잔여재산가액확정일
	법인의 합병·분할인 경우	합병등기일, 분할등기일
	잉여금을 자본전입할 경우	자본전입 결의일
출자공동사업자의 배당		과세기간 종료일
기타 수익분배의 성격이 있는 배당 또는 분배금		그 지급을 받은 날
법인세법에 의하여 처분된 배당		결산확정일
파생금융상품의 배당		그 지급을 받은 날
집합투자기구로부터의 이익		투자의 이익을 지급받은 날

---

5) 자기주식소각이익을 2년 내에 자본전입하거나 자기주식 보유상태에서의 자본전입은 의제배당에 해당한다.

03 금융소득(이자소득과 배당소득)

금융소득이 2,000만원 이하는 분리과세되며, 2,000만원을 초과하는 부분은 다른 종합소득과 합산하여 종합소득세율을 적용하여 종합과세하는 제도를 말한다.

1) 금융소득의 범위

금융소득 중 종합과세 대상금액은 무조건 분리과세 금액을 제외한 무조건종합과세금액과 조건부종합과세금액을 합산하여 판단한다. 그리고 종합과세되는 금융소득을 이자소득과 배당소득으로 구분하여 본다면 다음의 구성 순서에 의한다.

> [1순위] 이자소득
> [2순위] 귀속법인세(Gross-up) 대상이 아닌 배당소득
> [3순위] 귀속법인세(Gross-up) 대상 배당소득

구분	범위	원천징수세율
무조건 분리과세	• 직장공제회 초과반환금	기본세율
	• 법원 납부 보증금 및 경락대금에서 발생하는 이자	14%
	• 개인투자용 국채에 대한 이자(한도 1인당 총 2억 매입금액)	14%
	• 비실명이자 · 배당소득	42%
무조건 종합과세	• 원천징수대상이 아닌 국외에서 받은 이자 · 배당소득	–
	• 출자공동사업자의 배당소득	25%
조건부 종합과세	• 일반 이자소득, 일반 배당소득	14%
	• 비영업대금의 이익	25%
	• 분리과세신청한 장기채권의 이자 · 할인액(2018년 이후분)	30%

2) 귀속법인세(Gross-up)

① 정의 : 법인세가 과세되는 재원으로 귀속법인세를 배당소득에 가산 후 이를 배당세액공제하여 이중과세를 조정하기 위함이다.

② Gross-up 금액 : Gross-up 대상 배당소득 × 10%

③ Gross-up 제외대상

> • 외국법인으로부터 배당소득, 분리과세대상 배당소득, 종합과세배당소득 중 14%세율을 적용한 것
> • 집합투자기구로부터의 이익(투자신탁이익), 유형별포괄주의 배당소득

3) 이자소득 및 배당소득 비과세 특례 적용

① 농어가목돈마련저축, ② 비과세종합저축, ③ 조합 등 예탁금, ④ 조합 등 출자금

04 사업소득

부동산임대소득을 포함하여 영리를 목적으로 독립적이며 계속적으로 이루어지는 일정한 사업에서 발생하는 소득을 말한다. 사업소득에 대해서는 모두 종합과세한다.

> 총수입금액(비과세제외) − 필요경비 = 사업소득금액

1) 과세 사업소득

- 농업(작물재배업 중 곡물 및 기타 식량작물 재배업은 제외)
- 임업 및 어업 · 광업 및 제조업 · 원료재생업
- 건설업(주택신축판매업 포함) · 도매 및 소매업 · 음식숙박업
- 정보통신업 · 부동산임대업 · 부동산매매업(상가신축판매업 포함)
- 교육서비스업(단, 정규과정인 유아교육법, 초중고등학교 제외)
- 복식부기의무자가 차량 및 운반구 등을 사업용 유형자산(감가상각자산)을 양도함으로써 발생하는 소득

2) 비과세 사업소득

① 논·밭을 10억원 이하의 작물 생산에 이용함으로써 발생하는 소득

② 1개의 주택을 소유하는 자의 주택임대소득(12억 초과주택은 과세) 또는 해당 과세기간에 총수입금액의 합계액이 2천만원 이하인 자의 주택임대소득

③ 농가부업규모[젖소(소) 50마리, 돼지 700마리, 닭 15,000마리 등]의 축산에서 발생하는 소득 또는 소득금액의 합계액이 3,000만원 이하인 소득

④ ① 외에 어로어업 또는 양어소득(비과세 한도 5,000만원)·고공품제조 등의 소득으로 연 1,200만원 이하는 비과세 처리, 농어촌지역(수도권 제외) 내에서 전통주, 민박, 음식물판매, 특산물 제조, 전통차 제조소득이 연 1,200만원 이하인 경우 비과세(1,200만원 초과 시 전액 과세)

⑤ 조림기간 5년 이상 임목의 벌채, 양도 소득으로서 연 600만원 이하의 금액

⑥ 연근해어업, 내수면어업에서 발생하는 소득금액의 합계액이 5천만원 이하인 소득

⑦ 농토지 대여소득[단, 농지(전답)을 주차장으로 사용하면 사업소득에 해당함]

3) 사업소득에 대한 원천징수대상의 범위

주택임대소득의 수입금액이 2,000만원 이하일 경우 분리과세로 선택이 가능하고, 국내 거주자 (또는 비거주자)에게 원천징수세액을 징수하여 징수일이 속하는 달의 다음 달 10일까지 정부에 납부하여야 한다.

범위	세율
• 부가가치세법상의 면세대상에 따른 의료보건용역(수의사의 용역 포함) • 저술가·작곡가 등 일정한 자가 직업상 제공하는 인적용역 소득	3%
• 접대부·댄서 등의 봉사료 수입금액[6]	5%

4) 사업소득세액의 연말정산

보험모집인, 방문판매원, 음료품배달원 사업자(간편장부대상자에 한정함)에게 모집수당 또는 판매수당 등의 사업소득을 지급하는 원천징수의무자는 다음 연도 2월에 소득지급 시에 연말정산을 하고, 방문판매원과 음료품배달원은 연말정산을 신청한 경우에만 해당하며, 연말정산된 사업소득 외의 다른 소득이 없는 경우에는 과세표준 확정신고를 하지 않아도 된다.

> 사업소득 결정세액 − 기원천징수납부세액 = (+)추가징수, (−)환급이 됨

5) 납세조합징수

농·축·수산물판매업자 등은 납세조합을 조직하여 조합원 사업소득세의 납세조합공제(세액의 10%)를 매월 징수하여 징수일이 속하는 달의 다음달 10일까지 납부하여야 한다.

6) 사업소득 중 부동산임대소득

> 부동산임대소득금액 = 총수입금액 − 필요경비
>
> ※ 필요경비란 임대부동산의 관리를 위하여 일반적으로 지출되는 인건비, 감가상각비, 보험료 등을 말한다.

① 과세 부동산임대소득

> ㉠ 부동산 또는 부동산상의 권리의 대여로 인하여 발생하는 소득(단, 전세권은 포함하나, 지역권·지상권은 기타소득에 해당함)
>
> ㉡ 공장재단 또는 광업재단의 대여로 인하여 발생하는 소득
>
> ㉢ 광업권자·조광업자·덕대가 채굴에 관한 권리를 대여함으로 인하여 발생하는 소득(단, 분철료도 일반적인 사업소득으로 봄)

② 임대보증금, 전세금 등에 대한 총수입금액 포함(단, 주택임대는 제외)

개인이 부동산 또는 부동산상의 권리 등을 대여하고 보증금·전세금 등을 받은 경우 간주임대료를 계산하여 총수익금액에 포함한다.

> ■ 일반적인 임대보증금에 대한 간주임대료 계산
>
> $$[(보증금 \ 적수 − 임대용부동산의 \ 건설비상당액 \ 적수) \times \frac{1}{365} \times 정기예금이자율] − \frac{금융}{수익}$$
>
> • 임대용부동산의 건설비상당액 : 건축물의 취득가액 + 자본적 지출 − 재평가차액
>
> • 정기예금이자율 : 국세청장이 고시하는 이자율

---

6) 봉사료 수입금액 : 사업자가 다음의 용역을 제공하고 그 공급가액과 함께 봉사료를 계산서, 세금계산서, 영수증 또는 신용카드매출전표 등에 구분하여 기재하는 경우로서 구분하여 적은 봉사료금액이 공급가액의 20%를 초과하는 경우이며 봉사료를 자신의 수입금액으로 계상하지 않는 봉사료를 말한다(업종 : 음식숙박용역, 과세유흥장소에서 제공하는 용역, 기타 기획재정부령이 정하는 용역).

■ 소득금액을 추계신고 · 추계결정하는 경우

$$보증금 \ 적수 \times \frac{1}{365} \times 정기예금이자율$$

③ 선세금

미리 받는 임대료로서 총수입금액에 포함한다.

$$선세금의 \ 총수입금액 = 선세금 \times \frac{당해연도의 \ 해당임대월수}{계약기간의 \ 월수}$$

④ 2,000만원 이하의 소규모 임대소득자의 주택임대소득에 대한 과세 방법

해당 과세기간에 주거용 건물 임대업에서 발생한 총수입금액 합계액이 2,000만원 이하인 자 (소규모 임대소득자)의 주택임대소득은 종합소득과세표준에 합산하지 않고 분리과세하며 소득세법에 의한 사업자등록의무는 면제된다.

7) 업무용승용차 관련비용

① **업무용 전용자동차보험**

㉠ **가입의무 대상** : 모든 복식부기의무자

㉡ **대상차량[7]** : 업무용승용차 중 사업장별로 1대를 제외한 나머지 차량으로 하며, 공동사업장은 1사업장으로 보아 1대만 제외한다.

㉢ 업무용 전용자동차보험 미가입 시에는 업무용승용차 관련 비용 100% 필요경비 불산입한다(성실신고확인사업자, 전문직 외 사업자는 2024~2025년은 50% 불산입, 2026년 이후 발생분부터 100% 적용).

② **업무용승용차의 감가상각비** : 정액법, 내용연수 5년

③ **업무용승용차의 관련비용에 필요경비 산입**

업무용승용차에 대한 감가상각비, 임차료, 유류비, 보험료, 수선비, 자동차세, 통행료, 금융리스부채에 대한 이자비용 등 관련비용을 필요경비에 산입한 복식부기의무자는 과세표준확정신고서를 제출할 때 업무용승용차 관련비용등명세서를 관할 세무서장에게 제출하여야 한다.

---

7) 업무용승용차에서 제외되는 것
  ① 운수업, 자동차판매업, 자동차임대업, 운전학원업, 무인경비업 등에 해당하는 업종 또는 시설대여업에서 사업상 수익을 얻기 위하여 직접 사용하는 승용자동차
  ② 위와 유사한 승용자동차로서 기획재정부령으로 정하는 것

④ 업무용승용차의 업무사용금액 계산 방법

$$업무사용금액 = 업무용승용차\ 관련비용 \times 업무사용비율\ \left(\frac{업무용\ 사용거리}{총\ 주행거리}\right)$$

㉠ 업무용승용차별로 운행기록 등을 작성·비치하여야 하며, 관할 세무서장이 요구하면 제출해야 한다.

㉡ 운행기록 등을 미작성 또는 미비치한 경우의 업무사용비율

업무용승용차 관련비용	업무사용비율
1,500만원 이하인 경우	100%(전액 손금산입)
1,500만원 초과하는 경우	1,500만원 ÷ 업무용승용차 관련비용

⑤ 감가상각비 한도초과액의 이월 필요경비산입

㉠ (업무용승용차별 연간 감가상각비 × 업무사용비율) − 800만원(한도액)
　= [필요경비불산입] 감가상각비 한도초과액(유보)
㉡ (업무용승용차별 연간 임차료 중 감가상각비상당액* × 업무사용비율) − 800만원(한도액)
　= [필요경비불산입] 임차료 중 감가상각비상당액 한도초과액(인출)
* 감가상각비 상당액은 보험료와 자동차세를 제외한 금액을 말한다.
* 부동산임대업종 한도액은 400만원이다.

⑥ 업무용승용차 처분손실의 이월 필요경비산입

업무용승용차 처분손실이 한도액 800만원을 초과하여 발생한 금액은 다음 과세기간부터 균등하게 필요경비에 이월하여 산입한다. 단, 부동산임대업종 한도액은 400만원이다.

8) 사업소득의 수입시기

구분	수입시기
상품·제품을 판매한 경우	그 상품을 인도한 날
부동산매매업(전문건설업과 부동산 개발 및 공급업의 부동산 포함)	대금을 청산한 날 • 청산 전에 소유권 등 이전 : 그 등기등록한 날 • 해당 자산을 사용·수익 : 사용·수익일
시용판매	상대방이 구매의사를 표시한 날 • 약정일이 만료되거나 거절의사가 없는 경우 : 그 기간의 만료일
위탁판매	수탁자가 그 위탁품을 판매한 날
장기할부판매	원칙 : 그 상품 등을 인도한 날 예외 : 회수기일도래기준일
금융·보험업에서 발생하는 이자 및 할인액	실제로 수입된 날
자산의 임대	• 계약 또는 관습에 따라 정해진 것 : 그 정해진 날 • 계약 또는 관습에 따라 정해지지 않은 것 : 그 지급을 받은 날
위탁판매	수탁자가 그 위탁품을 판매한 날

건설·제조 기타 용역의 제공	• 장기건설 등 : 진행기준 • 단기건설 등 : 용역제공을 완료한 날
인적용역의 제공	용역대가를 지급받기로 한 날 또는 용역제공을 완료한 날 중 빠른 날 • 연예인 또는 직업운동선수가 1년을 초과하여 전속계약 맺은 경우 : 균등하게 안분한 수입
무인판매기에 의한 판매	현금을 인취하는 때
어음의 할인	그 어음의 만기일 • 만기 전에 어음양도 : 양도일

9) 사업소득의 총수입금액에 대한 세무조정 분류

① 기업회계와 세무회계 차이 조정

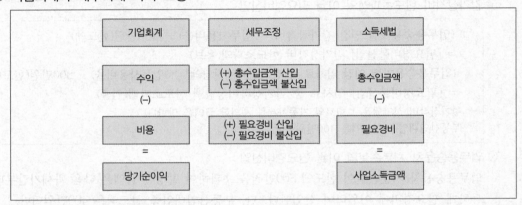

② 총수입금액 산입 항목과 총수입금액 불산입 항목 분류

총수입금액 산입	총수입금액 불산입
• 매출액(매출환입, 매출에누리, 매출할인금액은 제외) • 거래상대방으로부터 받는 장려금 기타 이와 유사한 성질의 금액 • 관세환급금 등 필요경비로서 지출된 세액이 환입되었거나 환입된 금액 • 사업관련 자산수증이익 또는 채무면제이익 • 사업용자산의 손실로 인한 보험차익 • 재고자산을 가사용으로 소비 또는 종업원 또는 타인에게 지급 시 시가 • 외환차익 • 외상매입금이나 미지급금을 약정기일 전에 지급함으로써 받는 할인액 • 외상매출금 회수지연에 따른 연체이자 • 확정급여형(DB형) 퇴직연금제도에 따른 보험계약의 보험차익과 신탁계약의 이익 또는 분배금[8]	• 자산수증익·채무면제익 중 이월결손금의 보전에 충당된 금액 • 자가생산한 제품 등을 다른 제품의 원재료로 사용한 금액 • 자기의 총수입금액에 따라 납부할 개별소비세·교통세·주세 • 국세환급가산금 • VAT매출세액 • 소득세환급액 • 전년도부터 이월된 소득금액 • 재고자산 이외(고정자산)의 자산의 처분이익 (복식부기의무자 제외)

③ 필요경비 산입항목과 필요경비 불산입항목 분류

필요경비 산입	필요경비 불산입
• 매출원가 • 부동산의 양도 당시 장부가액 • 종업원급여(사업에 종사하는 배우자 등 포함) • 4대보험 사용자부담금, 사용자본인 직장가입자 또는 지역가입자로서의 보험료 • 외환차손 • 거래금액 등에 따라 지급하는 장려금 • 매입한 상품 등 중 재해로 인하여 멸실된 것의 원가를 그 재해가 발생한 연도의 소득금액계산에 있어서 필요경비에 산입한 경우의 그 원가 • 광고선전비 • 즉시상각의제 • 파산, 행방불명, 사망, 부도 후 6개월이 경과한 어음과 수표 및 중소기업의 외상매출금, 소멸시효 완성채권, 물품의 수출 또는 외국에서의 용역제공으로 발생한 채권으로서 무역에 관한 법령에 따라 한국무역보험공사로부터 회수불능이 확인된 해외채권 • 근로자에게 지급하는 출산, 양육지원금	• 소득세와 지방소득세 • 가사관련경비 • 대표자급여와 퇴직급여(단, 사업자 본인의 건강, 고용, 산재보험료는 필요경비로 인정됨) • VAT매입세액 • 업무무관경비 • 선급비용 • 3만원 초과 신용카드 등 미사용접대비 • 업무용승용차 관련비용 중 업무미사용금액

◢ 05 근로소득

근로소득이란 근로계약에 의하여 근로를 제공하고 받는 금품으로서, 봉급·급여·임금·상여 등 명칭이나 형식 여하에 불구하고 그 실질내용이 근로의 대가인 경우 근로소득에 포함한다.

1) 과세 근로소득의 범위

① 근로의 제공으로 인하여 받은 봉급·급료·보수·임금·상여·수당과 이와 유사한 성질의 급여
② 법인의 주주총회 등의 결의에 의하여 상여로 받는 소득
③ 법인세법에 의하여 상여로 처분된 금액(인정상여)
④ 퇴직으로 인하여 받는 소득 중 퇴직소득에 속하지 않는 소득

---

8) 확정급여형(DB)에서 적립금의 운용수익은 사업자에게 귀속되므로 총수입금액에 산입하는 것이다.

2) 과세 근로소득에 포함되는 것

① 업무무관기밀비, 교제비, 월정액여비, 휴가비, 자녀교육비보조금, 공무원 직급보조비
② 종업원이 받는 공로금, 위로금, 개업축하금, 학자금, 장학금
③ 근로, 가족, 전시, 물가, 출납, 직무, 기술, 보건, 연구, 시간외근무, 통근, 개근, 벽지, 해외 근무, 피복, 급식, 주택, 연월차수당 등과 여비의 명목으로 지급되는 연액 또는 월액의 급여
④ 보험업 등 내근사원이 받는 집금수당과 보험모집수당 등과 유사한 급여
⑤ 출자임원에 대한 사택제공이익
⑥ 주택구입자금을 종업원(주택에 부수된 토지를 포함)에게 저리 또는 무상으로 대여받음으로써 얻는 이익
⑦ 여비의 명목으로 받는 연액 또는 월액의 급여
⑧ 퇴직급여지급규정에 의하지 않고 지급되는 퇴직금·퇴직위로금 등
⑨ 계약기간 만료 전 또는 만기에 종업원에게 귀속되는 단체환급부보장성보험의 환급금
⑩ 임직원이 당해법인 또는 당해법인과 특수 관계있는 법인으로부터 부여받은 주식매수선택권 을 근무기간 중 행사로 얻은 이익(단, 퇴직 후 행사하거나 고용관계 없이 부여받아 행사한 이익은 기타소득으로 봄)
⑪ 공무원에게 지급되는 직급보조비, 공무수행과 관련하여 받는 상금(모범공무원 수당 포함)과 부상

3) 비과세 근로소득의 범위

구분	비과세 근로소득
차량 보조금	종업원소유차량, 종업원이 본인의 명의로 임차한 차량 소요경비, 사용자업무수행 요건 충족 → 월 20만원 이내(단, 출장비를 별도지급 시 보조금은 과세하며 배우자소유차량이면 전액 과세)
연구 보조비	초·중등 교원 연구보조비, 기자의 취재수당, 대학·전문대교원의 연구보조비, 중소기업· 벤처기업부설연구소, 특정연구기관 등 연구원의 연구활동비 → 월 20만원 이내
벽지 수당	법령에서 정한 지역 벽지수당 → 월 20만원 이내
식사 식사대	식대(음식물은 비과세) → 월 20만원 이하(다만, 음식물과 식대를 동시에 지급받으면 식대는 과세가 됨)
출산 보육 수당	근로자(종교인) 본인·배우자의 출산이나 6세 이하 자녀 → 자녀수 무관하게 월 20만원 이내
국외 근로 수당	• 국외(북한포함) 근로제공 보수 월 100만원 이내(단, 출장, 연수 급여액은 근로소득으로 보지 아니함) • 외항선박·원양어선 선원, 해외건설 근로자 월 500만원 이내 • 대한무역투자진흥공사, 한국관광공사, 한국국제협력단, 한국국제보건의료재단 국외근무자 급여 전액(단, 실비변상적 성격의 추가급여에 대한 재외근무수당의 75% 등)

연장 야간 휴일 수당	월정액급여 210만원 이하 또는 직전 총급여액 3,000만원 이하의 생산직 근로자가 받는 다음 의 금액 → 연 240만원 이내(단, 광산근로자, 일용근로자는 전액 비과세함)
근로 장학금	대학생의 근로장학금(다만, 대학에 재학하는 대학생에 한정함)
육아 휴직 수당	고용보험법 중 실업급여, 육아휴직 급여, 육아기 근로시간 단축 급여, 출산전후휴가 급여 등, 제대군인이 받는 전직지원금, 공무원 또는 사립학교교직원(월 150만원 한도), 별정우체국 법을 적용받는 사람이 관련 법령에 따라 받는 수당
실비 변상적 성질의 급여	• 식료(선원법), 일직료·숙직료 또는 여비로서 실비변상정도의 금액 • 제복·제모, 제화 • 병원·시험실·금융회사, 공장, 광산에서 근무하는 사람 또는 특수한 작업이나 역무에 종사 하는 사람 작업복, 피복 • 선원법 규정에 따라 선원으로 받는 월 20만원 이내의 승선수당 • 경찰공무원, 소방공무원이 받는 함정근무수당, 항공수당, 화재진화수당 • 광산근로자가 받는 입갱수당 및 발파수당

비과세
급여 등
	• 복무 중인 병이 받는 급여
	• 법률에 따라 동원된 사람이 그 동원 직장에서 받는 급여
	• 산재보험으로 받는 요양급여, 휴업급여, 장해급여, 간병급여, 유족급여, 유족특별급여, 장
	  해특별급여, 장의비 또는 근로의 제공으로 인한 부상·질병·사망과 관련하여 근로자나
	  그 유족이 받는 배상·보상 또는 위자(慰藉)의 성질이 있는 급여
	• 「근로기준법」 또는 「선원법」에 따라 근로자·선원 및 그 유족이 받는 요양보상금, 휴업보상
	  금, 상병보상금(傷病補償金), 일시보상금, 장해보상금, 유족보상금, 행방불명보상금, 소지
	  품 유실보상금, 장의비 및 장제비
	• 「국민연금법」에 따라 받는 반환일시금(사망으로 받는 것만 해당한다) 및 사망일시금
	• 공무원, 군인, 사립학교교직원, 별정우체국법에 따라 받는 공무상요양비(요양급여), 장해일
	  시금, 유족연금, 재해부조금·재난부조금 또는 신체·정신상의 장해·질병으로 인한 휴직
	  기간에 받는 급여
	• 국군포로가 받는 보수 및 퇴직일시금

근로자 본인의 학자금	초중고등교육법에 따른 학교(외국 유사한 교육기관을 포함)와 직업능력개발훈련시설의 입학 금·수업료·수강료, 그 밖의 공납금 중 다음 각 호의 요건을 갖춘 학자금 → 해당 과세기간에 납입할 금액을 한도(단, 자녀교육비 보조금은 과세됨) ① 당해 근로자가 종사하는 사업체의 업무와 관련 있는 교육·훈련을 위하여 받는 것일 것 ② 당해 근로자가 종사하는 사업체의 규칙 등에 의하여 정해진 지급기준에 따라 받는 것일 것 ③ 교육·훈련기간이 6월 이상인 경우 교육·훈련 후 당해 교육기간을 초과하여 근무하지 아니하는 때에는 지급받은 금액을 반납할 것을 조건으로 하여 받는 것일 것
이전 지원금	수도권 외의 지역으로 이전하는 공공기관의 소속공무원이나 직원에게 한시적으로 지급하는 이전지원금 → 월 20만원 이내

사회 보험료	건강보험료, 고용보험, 장기요양보험료의 사용자가 부담하는 보험료
복리 후생적 성질의 급여	• 주주 또는 출자자가 아닌 임원, 소액주주인 임원, 종업원, 국가 또는 지방자치단체로부터 근로소득을 받는 사람이 사택을 제공받음으로써 얻는 이익 • 중소기업의 종업원이 주택(주택에 부수된 토지를 포함한다)의 구입·임차에 소요되는 자금을 저리 또는 무상으로 대여받음으로써 얻는 이익 • 계약자가 종업원, 수익자(종업원 또는 배우자, 가족)의 단체순수보장성 보험 및 단체 환급부 보장성보험료(연 70만원 이하), 신탁부금, 공제부금 • 공무원이 국가 또는 지방자치단체로부터 공무 수행과 받는 상금과 부상 중 연 240만원 이내의 금액 • 사업주가 부담하는 위탁보육비 지원금 및 직장어린이집 운영비
직무 발명 보상금	종업원 등(특수관계자의 종업원 해당자는 제외)이 발명진흥법에 따라 지급받는 직무발명보상금 연 700만원 한도(단, 퇴직 후 지급받으면 기타소득으로 봄)

4) 근로소득금액의 계산

총급여액(비과세 제외) − 근로소득공제 = 근로소득금액

일반근로자의 근로소득공제는 총급여액에서 다음의 금액을 공제하며 공제액이 2,000만원을 초과하는 경우에는 2,000만원을 공제한다. 단, 일용근로자의 근로소득공제액은 1일 15만원으로 한다.

총급여액	근로소득공제율
500만원 이하	총급여액의 70%
500만원 초과 ~ 1,500만원 이하	350만원 + 500만원 초과금액의 40%
1,500만원 초과 ~ 4,500만원 이하	750만원 + 1,500만원 초과금액의 15%
4,500만원 초과 ~ 1억원 이하	1,200만원 + 4,500만원 초과금액의 5%
1억원 초과	1,475만원 + 1억원 초과금액의 2%

① 근로소득이 있는 거주자의 해당 과세기간의 총급여액이 근로소득공제액에 미달하는 경우에는 그 총급여액을 공제액으로 한다.
② 근로소득이 있는 거주자가 2인 이상으로부터 근로소득을 받는 사람(일용근로자는 제외한다)에 대하여는 그 근로소득의 합계액을 총급여액으로 하여 제1항에 따라 계산한 근로소득공제액을 총급여액에서 공제한다.

5) 근로소득의 수입시기

구분	총수입금액의 수입시기
급여	근로를 제공한 날
잉여금처분에 의한 상여	당해 법인의 잉여금처분 결의일
인정상여	근로를 제공한 날
주식매수선택권	주식매수선택권을 행사한 날
근로소득에 해당하는 퇴직위로금 등	지급받거나 지급받기로 한 날

6) 근로자의 원천징수

① 원천징수의 시기 및 방법

- 원천징수의무자가 매월분 근로소득을 지급하는 때(근로소득간이세액표에 의함)
  → 징수일이 속하는 달의 다음달 10일까지 납부
- 해당 과세기간의 다음 연도 2월분 근로소득을 지급할 때 다음 연도 2월분 미지급이거나 2월분 근로소득이 없는 경우 → 2월 말일로 원천징수
- 퇴직자가 퇴직하는 달의 근로소득을 지급할 때
- ※ 단, 직전연도의 상시고용인원이 10인 이하인 원천징수의무자는 관할 세무서장으로부터 승인을 얻어 반기별 납부할 수 있다.

② 원천징수시기에 대한 특례

- 1월분 ~ 11월분 급여를 12월 31일까지 미지급 시 → 12월 31일에 지급한 것으로 본다.
- 12월분의 급여를 다음 연도 2월 말까지 미지급 시 → 다음 연도 2월 말까지 지급한 것으로 본다.
- 법인이 이익 또는 잉여금 처분에 따라 지급할 상여를 그 처분 결정한 날부터 3개월이 되는 날까지 미지급 시 → 3개월이 되는 날에 상여를 지급한 것으로 본다.

7) 일용근로자의 원천징수

종합소득과세표준에 합산하지 않고 원천징수함으로써 납세의무가 종결된다. 일용근로자에 대한 지급명세서 제출은 매 분기의 마지막 달의 다음 달 말일까지 제출하며 4분기분은 다음연도 2월 말일까지 제출한다.

```
         일급여액
(-)   근로소득공제     →  일 150,000원
        과세표준       →  종합소득공제는 적용하지 않음
(×)      세율         →  무조건 6%
        산출세액
(-)  근로소득 세액공제  →  산출세액의 55%(한도없음)
      원천징수할 세액
```

8) 국외근로소득의 원천징수

국외근로소득은 근로소득공제, 종합소득공제, 근로소득세액공제를 모두 적용하며 당연히 종합과세하게 된다. 납세조합을 조직하여 근로소득세를 매월 징수하며 그 징수일이 속하는 달의 다음 달 10일까지 납부하여야 한다. 원천징수세액은 국내 근로소득에 대한 원천징수에 따라 소득세의 10%를 납세조합공제를 한 금액으로 한다.

가입여부	원천징수	연말정산	종합과세	확정신고
납세조합 가입	○	○	×	× (타소득 없는 경우)
납세조합 미가입	×	×	○	○

9) 지급조서의 제출

다음달 10일까지 원천징수세액을 납부하고 그에 대한 지급조서를 지급일이 속하는 연도의 다음 연도 2월 말일까지 관할 세무서장에게 제출하여야 한다.

◢ 06 연금소득

1) 과세 공적연금소득(2002년 1월 1일 이후 불입분을 기초로 받는 소득부터 과세)

가입자가 공적연금보험료를 납입할 때에는 전액 소득공제를 받으며, 가입자가 나중에 급여를 연금으로 수령할 때에는 연금소득으로 과세하지만 일시금으로 수령할 때에는 퇴직소득으로 과세한다. 그리고 공적연금소득은 연말정산 시에 연금보험료공제를 적용받는다.

① **국민연금** : 국민연금과 연계노령연금

② **공무원연금 등** : 공무원연금법, 군인연금, 사립학교교직원연금법, 별정우체국법에 의하여 지급받는 각종 연금

2) 사적연금소득(연금계좌에서 연금수령하는 소득)

① **연금저축** : 개인연금(2001년 1월 1일 이후 최초로 가입하는 조세특례제한법상의 연금저축분으로 받는 소득부터 과세) 연말정산 시에는 연금계좌세액공제 중 개인연금저축세액공제를 적용받는다. 연금저축보험, 연금저축펀드, 연금저축신탁, 연금저축공제 등이 있다.

※ 사망으로 인한 해지일시금은 연금소득, 단순히 해지일시금은 기타소득으로 봄

② **퇴직연금계좌** : 근로기준법의 퇴직보험연금 또는 근로자퇴직급여보장법의 확정기여형(DC형) 퇴직연금, 중소기업퇴직연금, 개인형 퇴직연금제도에 따라 설정한 연금계좌(IRP), 과학기술인공제회법에 따른 퇴직연금급여계좌 연말정산 시에는 연금계좌세액공제를 적용받는다. 단, 일시금으로 지급받는 연금은 퇴직연금으로 본다.

③ 예외적으로 "연금수령"으로 인정하는 경우 → 분리과세 연금소득으로 보며 다른 원인일 경우에는 기타소득으로 본다.

3) 비과세 연금소득

① 국민연금법 또는 공무원 연금법 및 재해보상법, 군인 연금법 및 재해보상법, 사립학교교직원,

별정우체국법, 공적연금관련법 등에 의한 각종연금 중 장애연금·유족연금·상이연금·장해연금·연계노령유족연금 등

② 산업재해보상보험법에 따라 받는 각종 연금

③ 국군포로가 받는 연금

4) 연금소득금액

총연금액(비과세제외) − 연금소득공제액(900만원 한도) = 연금소득금액

총연금액	연금소득공제액
350만원 이하	전액
350만원 초과 700만원 이하	350만원＋350만원 초과분 × 40%
700만원 초과 1,400만원 이하	490만원＋700만원 초과분 × 20%
1,400만원 초과	630만원＋1,400만원 초과분 × 10%

5) 연금소득의 과세 방법

① **공적연금** : 원칙은 종합과세. 다른 소득이 없으면 과세표준확정신고는 하지 않는다.

② **사적연금** : 원칙은 종합과세. 다만, 다음의 경우에는 선택적 분리과세할 수 있다.

- 연금계좌에 입금한 이연퇴직소득을 연금수령하는 연금소득
- 위 사적연금소득 중 예외적으로 연금수령으로 인정되는 경우
- 위 외에 사적연금소득의 합계가 연 1,500만원 이하인 경우(저율 3~5% 분리과세 또는 종합과세 선택 가능)
- 위 외에 사적연금소득의 합계가 연 1,500만원 초과인 경우(고율 15% 분리과세 또는 종합과세 선택 가능)

6) 연금소득에 대한 원천징수

① **공적연금** : 연금소득 간이세액표에 따른 원천징수와 공적연금소득만 있다는 가정 시에 연금소득세액의 연말정산 방법이 있다.

② **사적연금** : 아래의 요건을 동시에 충족하는 경우 낮은 세율을 적용한다.

구분	원천징수세율
이연퇴직소득 수령 시	연금외 수령 가정 시 원천징수세율 × 70%(2020.1.1. 이후 연금수령분부터 실수령연자가 10년을 초과하는 경우 60%)
세액공제받은 연금계좌 납입액이나 운용실적에 따라 증가된 금액을 연금수령한 연금소득	• 연금소득자 나이에 따라 : 70세 미만(5%), 80세 미만(4%), 80세 이상(3%) • 종신연금은 4%

7) 연금 수령 한도액 계산

연금 수령 한도액은 연금소득세로 과세되지만 연금 수령 한도초과액은 기타소득으로 과세된다. 다만, 연금 수령 한도초과액이라도 그 인출금의 원천이 퇴직소득인 경우에는 퇴직소득세로 과세된다.

8) 연금소득의 수입시기

구분	수입시기
공적연금	연금을 지급받기로 한 날
사적연금(연금계좌에서 인출하는 연금소득)	연금수령한 날
그 밖의 연금소득	해당 연금을 지급받은 날

07 기타소득

이자, 배당, 사업, 근로, 연금, 퇴직, 양도소득을 제외한 소득을 말한다.

1) 과세 기타소득

구분	내용
상금	상금·현상금·포상금·보로금 또는 이에 준하는 금품
복권 당첨금 등	• 복권·경품권, 기타 추첨권에 의하여 받는 당첨금품 • 회전판돌리기, 추첨, 경품 등 사행심에서 얻는 재산상의 이익 • 승마·경륜환급금, 슬롯머신당첨금품, 소싸움 등에서 구매자가 받는 환급금
자산 등의 양도·대여·사용의 대가	• 저작자 등 외의 자가 저작권, 저작인접권의 양도·사용대가로 받는 금품 • 영화필름, 라디오·TV방송용 테이프 또는 필름 등의 자산, 권리의 양도·사용대가로 받는 금품 • 광업권, 산업재산권·산업정보, 산업상 비밀, 상표권, 영업권, 점포임차권 등 각종 권리의 대여 및 양도로 받는 금품 • 지역권·지상권의 설정·대여, 물품 또는 장소의 일시대여
보상금 등 우발적인 소득	• 계약의 위약이나 해약으로 인하여 받는 위약금과 배상금 등 • 유실물습득, 매장물발견, 무주물 점유 보상금 등과 취득자산 • 거주자·비거주자·법인의 특수관계인이 특수관계로 인하여 당해 거주자·비거주자·법인으로부터 받는 경제적 이익으로 급여·배당 또는 증여로 보지 아니하는 금품
일시적 인적용역	• 고용관계 없이 받는 강연료 • TV·라디오의 해설·계몽 등으로 받는 보수 • 변호사 등의 제공용역, 교수의 연구용역 소득

기타	• 뇌물, 알선수재 및 배임수재에 의해 받는 금품(＝불법소득) • 문예창작소득(원작가가 받는 원고료·인세 등) • 재산권알선수수료, 사례금, 주택입주지체상금 • 조세특례제한법상 연금저축 해지일시금과 연금 외의 형태로 지급받는 것 • 퇴직 전 부여받아 퇴직 후 행사 시의 주식매수선택권행사이익 또는 고용관계 없이 부여받아 행사한 주식매수선택권행사이익 • 폐업 등 사유발생 이전 소기업·소상공인 공제부금 해지일시금

2) 비과세 기타소득

① 「국가유공자 등 예우 및 지원에 관한 법률」에 따라 받는 보훈급여금 및 학습보조비 및 「북한 이탈주민의 보호 및 정착지원에 관한 법률」에 따라 받는 정착금·보로금과 그 밖의 금품

② 국가보안법에 따라 받는 상금과 보로금

③ 상훈법에 따른 훈장과 관련하여 받은 부상이나 그 밖에 국가나 지방자치단체로부터 받는 상금과 부상

④ 종업원이 발명진흥법에 따른 직무발명으로부터 받는 보상금, 대학의 교직원이 소속대학에 설치된 「산업교육진흥 및 산학협력촉진에 관한 법률」에 따른 산학협력단으로부터 받는 직무발명보상금 연 700만원 이하의 금액(비과세 근로소득 중 직무발명보상금이 있는 경우에는 연 700만원에서 해당금액을 차감, 특수관계자의 종업원은 제외)

⑤ 「국군포로의 송환 및 대우 등에 관한 법률」에 따라 국군포로가 받는 위로지원금과 그 밖의 금품

⑥ 문화재보호법에 따라 국가지정문화재로 지정된 서화·골동품의 양도로 발생하는 소득

⑦ 서화·골동품을 박물관 또는 미술관에 양도함으로써 발생하는 소득

3) 기타소득금액 계산

> 총수입금액 – 필요경비 ＝ 기타소득금액

① 필요경비가 80%가 적용되는 기타소득

> max(㉠, ㉡)   ㉠ 실제사용 필요경비, ㉡ 총수입금액의 80%
>
> • 공익법인이 주무관청의 승인을 얻어 시상하는 상금과 부상 및 다수의 사람이 순위 경쟁을 통하여 상금이 주어지는 대회에서 입상한 자가 받는 상금 및 부상
> • 계약의 위약금과 배상금 중 주택입주 지체상금
> • 서화·골동품의 양도로 발생하는 소득(개당 6,000만원 이상일 것)
>   단, 서화·골동품 양도가액이 1억원 이하, 보유기간이 10년 이상인 경우에는 90% 필요경비

② 필요경비가 60%가 적용되는 기타소득

> max(㉠, ㉡)   ㉠ 실제사용 필요경비,   ㉡ 총수입금액의 80%
>
> - 고용관계 없이 받는 강연료
> - TV · 라디오의 해설 · 계몽 등으로 받는 보수
> - 변호사 등의 제공용역, 교수의 연구용역 소득
> - 문예창작소득(원작가가 받는 원고료 · 인세, 미술음악 또는 사진에 속하는 창작품에 대한 대가 등)
> - 광업권, 영업권, 점포임차권 등 각종 권리의 대여 및 양도
> - 지역권 · 지상권의 설정 · 대여소득
> - 통신판매중개를 통한 물품 또는 장소의 대여소득(500만원 이하)

③ 실제발생경비만 필요경비로 인정되는 소득

> - 상금 · 현상금 · 포상금 등
> - 승마 · 경륜환급금(구매자가 구입한 적중된 투표권의 단위투표금액)
> - 슬롯머신 당첨금품(당첨 당시에 슬롯머신 등에 투입한 금액)
> - 저작자 등 외의 자가 저작권, 저작인접권의 양도 · 사용대가로 받는 금품
> - 영화필름, 라디오 · TV방송용 테이프 또는 필름 등의 자산, 권리의 양도 · 사용대가로 받는 금품
> - 물품 또는 장소를 일시적으로 대여하고 받은 금품
> - 계약의 위약이나 해약으로 인하여 받는 위약금과 배상금, 부당이득 반환 시 지급받는 법정이자 등
> - 유실물습득, 매장물발견, 무주물 점유로 인한 보상금 등과 취득자산
> - 거주자 · 비거주자 · 법인의 특수관계인이 특수관계로 인하여 당해 거주자 · 비거주자 · 법인으로부터 받는 경제적 이익으로 급여 · 배당 또는 증여로 보지 아니하는 금품
> - 재산권알선수수료, 사례금
> - 연금저축의 해지일시금
> - 퇴직 전 부여받아 퇴직 후 행사 시의 주식매수선택권행사이익 또는 고용관계 없이 부여받아 행사한 주식매수선택권행사이익
> - 종교인소득은 의제필요경비를 인정하고 근로소득 신고 시에 인정함

4) 기타소득의 과세방법

① 원천징수세액 : 기타소득금액 × 20%(단, 무조건분리과세대상은 3억원 초과분은 30% 적용함)

② 기타소득의 종합과세와 분리과세

> ㉠ 무조건 분리과세
> - 연금계좌에서 연금외 수령한 기타소득 : 15%

- • 서화·골동품의 양도로 발생하는 소득 : 20%
- • 복권당첨소득 : 20%(30%)
  ⓛ 무조건 종합과세
  뇌물, 알선수재 및 배임수재에 따라 받은 금품
  ⓒ 선택적 분리과세
  무조건분리과세와 무조건종합과세소득을 제외한 기타소득금액이 300만원 이하이면서 원천징수된 소득을 말한다.

③ 과세최저한
  ⊙ 원칙 : 기타소득금액이 건별로 5만원 이하인 때이다. 단, 연금계좌에서 발생하는 기타소득은 과세최저한을 적용 제외한다.
  ⓛ 예외 : 슬롯머신 등 당첨금품은 건별로 200만원 이하인 경우, 승마투표권 등의 구매자가 받는 환급금은 배당률 100배 이하 & 환급금 200만원 이하인 경우이다.

5) 기타소득의 수입확정시기
원칙은 대가를 지급받은 날(현금주의)로 하며 예외적으로는 다음의 예가 있다.

구분	수입시기
법인세법에 의하여 처분된 기타소득	해당 법인의 당해 사업연도의 결산확정일
광업권, 어업권, 산업재산권 등을 양도하고 그 대가로 받은 금품	그 대금을 청산한 날, 자산을 인도한 날 또는 사용·수익일 중 빠른 날
계약의 위약·해약으로 인하여 받은 기타소득 중 계약금이 위약금·해약금으로 대체되는 경우의 기타소득	계약의 위약·해약이 확정된 날
연금계좌에서 연금외수령한 기타소득	연금외 수령한 날

✅ 이론문제 │ 종합소득의 분류

01 다음 중 소득세법상 이자소득에 해당하지 않는 것은?

① 국가나 지방자치단체가 발행한 채권 또는 증권의 이자와 할인액
② 채권 또는 증권의 환매조건부 매매차익
③ 비영업대금의 이익
④ 위약 또는 해약을 원인으로 법원의 판결에 의하여 지급받는 손해배상금에 대한 법정이자

02 다음 중 배당소득의 수입시기로 옳지 않은 것은?

① 잉여금의 처분에 의한 배당은 잉여금 처분 결의일
② 무기명주식의 이익이나 배당은 배당결의일
③ 잉여금의 자본전입은 자본전입 결의일
④ 법인세법에 의한 배당소득처분은 당해 법인의 결산확정일

03 다음 중 소득세법상 금융소득에 대한 설명으로 잘못된 것은?

① 재산을 공익목적에 사용하기 위해 신탁하는 이익은 비과세한다.
② 정기적금은 원칙적으로 실제로 이자를 지급받는 날을 수입시기로 본다.
③ 경영에 참여하지 않는 출자공동사업자의 공동사업의 이익은 배당소득으로 본다.
④ 금융소득이 2천만원 이상이 되는 경우 무조건 종합과세한다.

04 다음 중 소득세법상 사업소득에 대한 설명으로 가장 옳지 않은 것은?

① 연예인이 사업활동과 관련하여 받는 전속 계약금은 사업소득이다.
② 공익사업과 무관한 지상권의 설정으로 인한 소득은 사업소득이다.
③ 사업소득금액 계산 시 매출에누리는 총수입금액에 포함한다.
④ 사업소득금액 계산 시 소득세는 필요경비에 포함하지 않는다.

05 다음 소득세법상 부동산임대소득 및 주택임대소득에 대한 설명 중 가장 옳지 않은 것은?

① 공장재단의 대여로 인하여 발생한 소득은 부동산임대업에서 발생한 사업소득이다.
② 주택 수를 계산함에 있어 다가구주택은 1개의 주택으로 보되, 구분등기된 경우에는 각각을 1개의 주택으로 계산한다.
③ 주택 수 계산에 있어 본인과 아들이 각각 주택을 소유하는 경우에는 이를 합산한다.
④ 임대보증금 등에 대한 총수입금액 계산의 특례(간주임대료)가 적용될 수 있다.

06 다음 중 소득세법상 근로소득에 해당하지 않는 것은?

① 법인의 종업원이 해당 법인 등으로부터 근로기간 중에 부여받은 주식매수선택권을 퇴사 후에 행사함으로써 얻은 이익

② 「법인세법」에 따라 상여로 처분된 금액

③ 벽지수당·해외근무수당 기타 이와 유사한 성질의 급여

④ 공무원에게 지급되는 직급보조비

07 다음 중 근로소득의 수입시기가 잘못 연결된 것은?

① 인정상여 : 근로를 제공한 날

② 급여 : 지급을 받기로 한 날

③ 잉여금 처분에 의한 상여 : 당해 법인의 잉여금처분결의일

④ 임원 퇴직소득금액 한도 초과액 : 지급받거나 지급받기로 한 날

08 다음 중 소득세법상 과세대상 기타소득에 해당하는 것은?

① 교통재해를 직접적인 원인으로 하는 신체상의 상해를 입었음을 이유로 보험회사로부터 수령한 보험금

② 사업용 토지·건물과 함께 양도하는 영업권

③ 서화·골동품을 박물관에 양도함으로써 발생하는 소득

④ 법인세법에 따라 처분된 기타소득

09 다음 중 소득세법상 연금소득에 대한 설명으로 가장 옳지 않은 것은?

① 공적연금 관련법에 따라 받는 각종 연금은 연금소득으로 과세한다.

② 「산업재해보상보험법」에 따른 각종 연금은 연금소득으로 과세한다.

③ 「국군포로의 송환 및 대우 등에 관한 법률」에 따른 국군포로가 받는 연금은 비과세한다.

④ 공적연금 소득의 수입시기는 공적연금 관련법에 따라 그 연금을 지급받기로 한 날이다.

10 다음 중 소득세법상 사업소득의 원칙적인 수입시기에 관한 설명으로 옳지 않은 것은?

① 상품, 제품 또는 그 밖의 생산품의 판매 : 그 상품 등을 인도한 날

② 상품 등의 시용판매 : 상대방이 구입의 의사를 표시한 날

③ 무인판매기에 의한 판매 : 상품이 인도되는 때

④ 장기할부조건에 의한 상품 등의 판매 : 그 상품 등을 인도한 날

11 다음 중 소득세법상 비과세 근로소득에 해당하지 않는 것은?

① 학교의 교원이나 연구활동에 직접 종사하는 자 등이 받는 연구보조비 중 월 20만원 이내의 금액

② 식사 기타 음식물을 제공받지 않는 근로자가 받는 월 25만원 이하의 식사대

③ 근로자가 천재지변이나 그 밖의 재해로 인하여 받는 급여

④ 국민건강보험법, 고용보험법 또는 노인장기요양보험법에 따라 국가, 지방자치단체 또는 사용자가 부담하는 보험료

12 다음은 국내 거주자 이순신씨의 금융소득 내역이다. 이와 관련한 설명으로 옳지 않은 것은?

> 가. 직장공제회 초과반환금
> 　　　　　　　　　5,000,000원
> 나. 정기예금이자　　10,000,000원
> 다. 보유 중인 주식의 소각으로 인한 의제배당　　　　5,000,000원
> 라. 법원에 납부한 보증금에 대한 이자
> 　　　　　　　　　6,000,000원

① 직장공제회 초과반환금은 무조건 분리과세이다.
② 직장공제회 초과반환금을 제외한 이자·배당소득의 합계액이 2천만원을 초과하므로 종합과세된다.
③ 주식의 소각으로 인한 의제배당은 감자결의일을 수입시기로 한다.
④ 이자·배당소득은 필요경비가 인정되지 않는다.

13 다음은 거주자 홍길동씨의 금융소득 내역이다. 홍길동씨의 종합과세대상 금융소득은 얼마인가? (단, '다'를 제외한 모든 금융소득은 소득세법에 따라 원천징수된 것으로 가정한다.)

> 가. 내국법인으로부터 받은 현금배당금
> 　　　　　　　　　3,000,000원
> 나. 직장공제회 초과반환금
> 　　　　　　　　　8,000,000원
> 다. 외국법인으로부터 받은 현금배당금
> 　　　　　　　　　2,000,000원
> 라. 비영업대금의 이익 10,000,000원

① 2,000,000원　　② 12,000,000원
③ 20,000,000원　　④ 23,000,000원

14 다음 중 해당 과세기간에 전액 필요경비에 불산입하는 항목이 모두 몇 개인지 고르면?

> 가. 사업과 직접적인 관계없이 무상으로 지급하는 법령에서 정한 기부금
> 나. 가사의 경비와 이에 관련되는 경비
> 다. 벌금, 과료, 과태료
> 라. 선급비용
> 마. 대손금

① 2개　　　　　② 3개
③ 4개　　　　　④ 5개

15 다음 중 복식부기의무자인 개인사업자 권동훈씨의 사업소득금액은 얼마인가?

> 가. 매출액　　　　100,000,000원
> 나. 매출원가　　　50,000,000원
> 다. 거래처에 지급한 판매장려금
> 　　　　　　　　　30,000,000원
> 라. 권동훈 씨의 주택자금 대출이자
> 　　　　　　　　　10,000,000원

① 10,000,000원　② 20,000,000원
③ 40,000,000원　④ 50,000,000원

16 소득세법상 일용근로자의 근로소득에 대한 설명 중 틀린 것은?

① 일용근로자의 근로소득은 분리과세되어 연말정산이나 확정신고 의무가 없다.
② 1일 8만원의 근로소득공제가 적용된다.
③ 일용근로자의 근로소득은 종합소득공제를 적용받지 못한다.
④ 동일한 고용주에게 계속하여 3개월 동안 고용된 건설공사 종사자는 일용근로자에 해당한다.

17 다음 중 기타소득이 아닌 것은?

① 근로자가 주택을 제공받음으로써의 이익
② 문예창작소득
③ 고용관계 없이 다수인에게 강연을 하고 받은 강연료
④ 계약의 위약에 따른 위약금

18 다음 중 소득세법상 과세대상 기타소득에 해당되지 않는 것은?

① 산업재산권을 대여하고 그 대가로 받는 금품
② 지역권·지상권을 설정 또는 대여하고 받는 금품
③ 국가나 지방자치단체로부터 받는 상금과 부상
④ 문예창작소득

19 소득세법상 연금소득에 대한 설명으로 옳지 않은 것은?

① 연금소득금액은 소득세법에서 정한 총연금액에서 실제 지출된 필요경비를 차감한 금액으로 한다.
② 산업재해보상보험법에 따라 받는 각종 연금은 비과세소득이다.
③ 공적 연금소득을 지급하는 자가 연금소득의 일부 또는 전부를 지연하여 지급하면서 지연지급에 따른 이자를 함께 지급하는 경우 해당 이자는 공적 연금소득으로 본다.
④ 납입 시에 소득공제 등을 적용받지 않은 연금불입액은 수령 시에 과세되지 않는다.

20 다음 중 연금소득에 대한 설명으로 틀린 것은?

① 국민연금법에 의하여 지급받는 각종 연금은 연금소득에 해당된다.
② 국민연금법에 의하여 지급받는 장애연금은 비과세연금소득이다.
③ 지급받은 총연금액이 350만원 이하인 경우에는 전액을 소득공제한다.
④ 총연금액이 800만원 이하인 경우에는 거주자가 분리과세를 선택할 수 있다.

21 다음 소득세법상 원천징수에 관한 내용 중 가장 옳지 않은 것은?

① 원천징수 대상소득은 이자소득, 배당소득, 특정사업소득, 근로소득, 연금소득, 기타소득, 퇴직소득이다.
② 원천징수세율은 비영업대금에 대한 이자소득은 25%(기타 이자소득은 14%)이고, 일반적인 배당소득은 14%이다.
③ 일용근로자 근로소득의 원천징수세율은 종합소득세의 기본세율을 적용한다.
④ 기타소득의 원천징수세율은 20%이다.

22 다음 중 원천징수에 대한 설명으로 옳지 않은 것은?

① 분리과세대상소득은 별도의 확정신고 절차 없이 원천징수로써 납세의무가 종결된다.
② 금융소득이 연간 1,500만원을 초과하는 경우에는 원천징수 후 종합소득에 합산된다.
③ 연 300만원 이하의 기타소득금액은 거주자의 선택에 의하여 분리과세하거나 종합과세한다.

④ 근로소득에 대해서는 매월 원천징수 후 다음연도 2월분 근로소득 지급 시 연말정산한다.

23 다음은 이기영 씨의 수입 내역이다. 원천징수대상 기타소득금액은 얼마인가? (단, 실제 소요된 필요경비는 없는 것으로 가정한다.)

> 가. 유실물의 습득으로 인한 보상금
> 　　　　　　　　　　 2,000,000원
> 나. 주택입주 지체상금　1,000,000원
> 다. 원작자가 받는 원고료 500,000원

① 2,300,000원　　② 3,000,000원
③ 3,200,000원　　④ 4,000,000원

24 다음은 이중로 씨의 수입 내역이다. 원천징수대상 기타소득금액은 얼마인가? (단, 실제 소요된 필요경비는 없는 것으로 가정한다.)

> 가. 위약금으로 대체된 계약금
> 　　　　　　　　　　 10,000,000원
> 나. 상표권 대여소득　20,000,000원
> 다. 정신적 피해로 인한 손해배상금
> 　　　　　　　　　　 15,000,000원

① 4,000,000원　　② 6,000,000원
③ 10,000,000원　　④ 20,000,000원

📌 이론문제 정답 및 해설

01 ④ 위약 또는 해약을 원인으로 법원의 판결에 의하여 지급받는 손해배상금에 대한 법정이자는 기타소득으로 본다.

02 ② 무기명주식의 이익이나 배당의 수입시기는 그 지급을 받은 날이다.

03 ④ 금융소득 중 법원에 납부한 보증금 및 경락대금에서 발생하는 이자소득 등 분리과세이자소득과 분리과세배당소득은 종합소득에 합산하지 아니한다.

04 ③ 금융소득 중 매출에누리는 총수입금액에 산입하지 아니한다.

05 ③ 주택임대사업의 주택 수 계산은 본인과 배우자의 주택 수만 합산한다.

06 ① 퇴직 전에 부여받은 주식매수선택권을 퇴직 후에 행사하거나 고용관계 없이 주

식매수선택권을 부여받아 이를 행사함으로써 얻는 이익은 기타소득이다.

07 ② 급여는 근로를 제공한 날을 수입시기로 한다.

08 ④ 「법인세법」 제67조에 따라 기타소득으로 처분된 소득은 기타소득으로 과세한다 (소득세법 제21조 제1항 제20호).
① 교통재해를 직접적인 원인으로 하는 신체상의 상해를 입었음을 이유로 보험회사로부터 수령한 보험금은 비열거소득으로 과세제외한다.
② 사업용 토지·건물과 함께 양도하는 영업권은 양도소득으로 과세한다.
③ 서화·골동품을 박물관에 양도함으로써 발생하는 소득은 비과세 기타소득이다.

09 ② 「산업재해보상보험법」에 따른 각종 연금은 비과세한다.

10 ③ 무인판매기에 의한 판매의 수입시기는 당해 사업자가 무인판매기에서 현금을 인출하는 때로 한다.

11 ② 식사 기타 음식물을 제공받지 않는 근로자가 받는 월 20만원 이하의 식사대는 비과세한다.

12 ② 직장공제회 초과반환금과 법원에 납부한 보증금에 대한 이자는 무조건 분리과세대상이며, 이를 제외한 이자·배당소득의 합계액이 15,000,000원으로 2천만원을 초과하지 않으므로 종합과세되지 않는다.

13 ① 직장공제회 초과반환금은 무조건 분리과세, 내국법인으로부터 받은 현금배당금과 비영업대금의 이익은 조건부 종합과세대상이고, 외국법인으로부터 받은 현금배당금은 무조건 종합과세대상이다. 무조건 분리과세대상을 제외한 금융소득이 2천만원 이하이므로 무조건 종합과세대상 금융소득 2,000,000원만 종합과세한다.

14 ② 가와 마는 세법에서 정한 범위 내에서 필요경비에 산입가능하다.

15 ② 사업소득금액 :
100,000,000원 – 50,000,000원 – 30,000,000원 = 20,000,000원

16 ② 일용근로자는 1일 15만원의 근로소득공제가 적용된다.

17 ① 근로자가 주택을 제공받음으로써의 이익은 근로소득에 해당한다.

18 ③ 상훈법에 따른 훈장과 관련하여 받은 부상이나 그 밖에 국가나 지방자치단체로부터 받는 상금과 부상은 비과세대상 기타소득에 해당한다.

19 ① 연금소득금액은 소득세법에서 정한 총연금액에서 연금소득공제를 적용한 금액으로 한다.

20 ④ 총연금액이 1,200만원 이하인 경우에 거주자가 선택적 분리과세를 할 수 있다.

21 ③ 일용근로자 근로소득의 원천징수세율은 6%를 적용한다.

22 ② 금융소득이 연간 2천만원을 초과하는 경우에는 원천징수 후 종합소득에 합산된다.

23 ① 유실물의 습득으로 인한 보상금은 실제 소요된 필요경비가 없으며, 주택입주 지체상금과 원작자가 받는 원고료는 80%의 필요경비가 인정된다.
∴ 2,000,000원 + 1,000,000원 × (100% – 80%) + 500,000원 × (100% – 80%) = 2,300,000원

24 ① 상표권 대여소득은 원천징수대상 기타소득이나, 위약금으로 대체된 계약금은 기타소득이지만 원천징수대상이 아니며, 정신적 피해로 인한 손해배상금은 소득세 과세대상이 아니다. 상표권 대여소득은 실제필요경비와 법정필요경비(총수입금액의 80%) 중 큰 금액을 필요경비로 한다. 따라서 원천징수대상 기타소득금액은 20,000,000원 – (20,000,000원 × 80%) = 4,000,000원이 된다.

제3절 소득금액계산의 특례

01 부당행위계산의 부인

출자공동사업자의 배당소득·사업소득 또는 기타소득이 있는 거주자의 행위·계산이 그 거주자와 특수관계인과의 거래이며 조세부담을 부당히 감소시킨 것으로 인정되는 경우를 부당행위계산의 부인이라고 한다.

구분	특수관계인의 범위		
친족관계	4촌 이내의 혈족, 3촌 이내의 인척, 배우자, 입양된 자 및 배우자 및 직계비속, 혼외 출생자의 생부나 생모(본인 금전이나 그 밖의 재산으로 생계유지하는 자 또는 생계를 함께하는 자로 한정)		
경제적 연관관계	• 임원과 그 밖의 사용인 • 본인의 금전이나 그 밖의 재산으로 생계를 유지하는 자 • 위의 자와 생계를 같이하는 친족		
주주· 출자자 등 경영지배관계	• 1차 지배관계 법인 : 본인(개인)이 직접 또는 그와 친족관계 또는 경제적 연관관계에 있는 자를 통하여 법인의 경영에 대하여 지배적인 영향력을 행사하고 있는 경우 그 법인 • 2차 지배관계 법인 : 본인(개인)이 직접 또는 그와 친족관계 또는 경제적 연관관계 또는 위에 1차 지배관계에 있는 자를 통하여 법인의 경영에 대하여 지배적인 영향력을 행사하고 있는 경우 그 법인		
	경영지배기준 : 해당 법인의 경영에 대하여 지배적인 영향력을 행사하고 있는 것으로 본다.		
	영리법인	• 법인의 발행주식총수 또는 출자총액의 30% 이상을 출자한 경우 • 임원의 임명권의 행사, 사업방침의 결정 등 법인의 경영에 대하여 사실상 영향력을 행사하고 있다고 인정되는 경우	
	비영리법인	• 법인의 이사의 과반수를 차지하는 경우 • 법인의 출연재산(설립을 위한 출연재산만 해당함)의 30% 이상을 출연하고 그 중 1인이 설립자인 경우	

02 조세부담을 부당하게 감소시킨 것으로 인정되는 유형

부당한 행위·계산으로 보는 것을 말하며, 아래의 1)~4)는 시가와 거래가액의 차액이 3억원 이상이거나 시가의 5%에 상당하는 금액 이상인 경우에만 해당한다.
1) 특수관계인으로부터 시가보다 고가매입 또는 특수관계인에게 저가양도한 경우
2) 특수관계인에게 금전·자산·용역을 무상 또는 저율대부(단, 실제 주택에 거주하는 직계존비속에게 무상사용을 허용한 경우는 제외한다.)
3) 특수관계인으로부터 금전·자산·용역을 고율차용한 경우
4) 특수관계인과 거래에서 총수입금액 또는 필요경비를 계산할 때 조세의 부담을 부당하게 감소시킨 것으로 인정되는 경우
5) 특수관계인으로부터 무수익자산을 매입 시에 비용을 부담할 때

03 공동사업 등에 대한 소득금액계산의 특례

1) 소득금액 계산

1거주자로 보아 소득금액 계산 후 약정손익분배비율(없으면 지분비율)에 의해 분배한다. 다만 유의할 점은 소득금액의 분배여부나 실제분배금액과 무관하며 기업업무추진비한도액 계산도 공동사업장을 1거주자로 보고 계산한다.

2) 결손금 등 분배 및 공제

결손금(특정 가산세)은 손익분배비율(지분비율)에 따라 각 공동사업자별로 분배하며 미처리결손금은 공동사업자 구성원별로 각각 이월되어 다음 과세기간 이후의 소득금액에서 이월결손금으로 공제받게 된다.

3) 공동사업 합산과세

과세기간 종료일 현재 공동사업자 중 친족관계에 있는 자로 생계를 같이하고 일정한 허위사유가 있는 때에는 손익분배비율이 큰 주된공동사업자에게 합산과세한다.

이는 조세회피 목적으로 단독사업을 공동사업으로 위장하는 경우를 방지하기 위한 것으로 주된 공동사업자 외의 자는 주된공동사업자와 연대납세의무를 진다.

① 허위사유

㉠ 공동사업자가 제출한 과세표준확정신고서와 첨부서류에 기재한 사업의 종류, 소득금액 내역, 지분비율, 약정된 손익분배비율 및 지분비율, 약정된 손익분배비율 및 공동사업자 간의 관계 등이 사실과 현저하게 다른 경우

㉡ 공동사업자의 경영참가, 거래관계, 손익분배비율 및 자산과 부채 등의 재무상태 등을 감안할 때 조세를 회피하기 위하여 공동으로 사업을 경영하는 것이 확인되는 경우

② 주된 공동사업자의 판단

> 〈1순위〉 공동사업소득 이외의 종합소득금액이 가장 많은 자
> → 동일하면 〈2순위〉 직전연도 종합소득금액이 가장 많은 자
> → 동일하면 〈3순위〉 해당 사업에 대한 종합소득과세표준을 신고한 자
> → 무신고 시 〈4순위〉 관할세무서장이 정하는 자

04 결손금 및 이월결손금 공제

1) 결손금

필요경비가 총수입금액보다 초과한 금액을 말한다.

2) 이월결손금

사업소득금액에서 발생한 결손금으로서 해당 과세기간의 종합소득과세표준의 계산 시에 공제하고 남은 결손금을 말한다.

3) 결손금 공제순서

① 부동산임대소득 공제하고 남은 사업소득 결손금 → 근로소득금액 → 연금소득금액 → 기타소득금액 → 이자소득금액 → 배당소득금액 순서대로 공제한다.

② 다만, 부동산임대업에서 발생한 결손금은 다른 소득금액에서 공제하지 않고 다음 과세기간으로 이월시켜 부동산임대업의 소득금액에서만 공제한다.

4) 이월결손금 공제순서

① 이월결손금에서 자산수증이익 또는 채무면제이익으로 충당된 것을 제외한 남은 금액은 다음 순서로 공제한다.

> 사업소득(부동산임대소득)금액 → 근로소득금액 → 연금소득금액 → 기타소득금액 → 이자소득금액 → 배당소득금액

② 부동산임대업에서 발생한 결손금은 다른 소득금액에서 공제하지 않고 부동산임대업의 소득금액에서만 공제한다.

5) 종합과세되는 금융소득이 있는 경우 결손금공제

① 분리과세(14% 세율 적용분) : 공제에서 제외된다.

② 종합과세(기본세율 적용분) : 납세자가 그 소득금액의 범위 안에서 공제 여부와 공제금액을 선택하여 결정할 수 있다.

6) 이월결손금의 공제기간

이월결손금은 발생연도 종료일로부터 15년(다만 2008.12.31. 이전 결손금 5년, 2020년 이전 결손금 10년) 내에 종료하는 과세기간의 소득금액을 계산할 경우 먼저 발생한 연도의 이월결손금부터 순서대로 해당 과세기간 소득별로 이를 공제한다.

7) 기타사항

① 결손금과 이월결손금이 함께 있는 경우 : 결손금을 먼저 소득금액에서 공제한 후 이월결손금을 공제한다.

② 추계결정 시 이월결손금 공제여부 : 이월결손금공제를 배제한다. 단, 천재 등 불가항력으로 장부멸실 시에는 공제 적용한다.

③ 중소기업 결손금소급공제에 의한 환급

　㉠ 중소기업을 경영하는 거주자가 그 중소기업의 사업소득금액을 계산할 때 해당 과세기간의 이월결손금(부동산임대업에서 발생한 이월결손금은 제외)이 발생한 경우이다.

　㉡ 직전 2년(직전 과세기간 및 직전전 과세기간)의 사업소득에 부과된 종합소득 결정세액을 한도로 하여 환급신청할 수 있다. 이 경우 소급공제한 이월결손금에 대해서는 그 이월결손금을 공제받은 금액으로 본다.

이론문제 | 소득금액계산의 특례

01 다음 소득세법상 소득금액계산의 특례에 관한 내용 중 틀린 것은?

① 당해연도의 소득금액을 추계결정하는 경우에도 원칙적으로 이월결손금공제를 적용한다.

② 공동사업장에 대한 소득금액 계산에 있어서 당해 공동사업장은 1거주자로 본다.

③ 상속의 경우 피상속인의 소득과 상속인의 소득은 구분하여 각각 별도로 소득세를 계산하여야 한다.

④ 신탁재산에 귀속되는 소득은 그 신탁의 수익자에게 귀속되는 것으로 보아 소득금액을 계산한다.

02 소득세법상 결손금과 이월결손금의 공제에 관한 설명으로 옳지 않은 것은?

① 소득세법상 결손금은 사업소득(부동산 임대소득 포함) 등에 인정된다.

② 사업소득의 결손금은 15년(다만 2008. 12.31. 이전 결손금 5년, 2020년 이전 결손금 10년)간 이월공제가 가능하다.

③ 사업소득의 이월결손금은 사업소득금액 → 근로소득금액 → 연금소득금액 → 기타소득금액 → 이자소득금액 → 배당소득금액 순으로 공제한다.

④ 소득금액은 추계 시에도 원칙적으로 이월결손금 공제가 가능하다.

03 다음 중 소득세법상 소득금액 계산과 관련된 설명으로 잘못된 것은?

① 직계존속에게 주택을 무상으로 사용하게 하고 직계존속이 그 주택에 실제 거주하는 경우 부당행위계산의 부인 대상이 아니다.

② 공동사업자의 구성원 변동이 있는 경우 기장의무는 직전 연도 당해 공동사업장의 수입금액에 의해 판정한다.

③ 이자소득, 연금소득에 대해서는 부당행위계산 부인이 적용되지 않는다.

④ 피상속인의 소득금액은 상속인에게 승계되며 상속인의 소득금액과 합산된다.

04 다음 중 소득세법상 소득금액 계산의 특례에 대한 설명으로 옳지 않은 것은?

① 종합소득금액 중 이자소득은 부당행위계산 부인규정을 적용받지 않는다.

② 거주자가 비(非)특수관계인과 부동산 임대사업을 공동으로 경영하는 경우 각자 소득세 납세의무를 진다.

③ 거주자가 특수관계인에게 부동산을 무상으로 임대한 경우 부당행위계산 부인규정이 적용될 수 있다.

④ 종합과세되는 배당소득은 전액이 결손금 또는 이월결손금의 공제대상에 해당한다.

📌 이론문제 정답 및 해설

01 ① 당해연도의 소득금액을 추계결정하는 경우에는 원칙적으로 이월결손금공제를 적용하지 않는다.

02 ④ 추계결정·경정 시 원칙적으로 이월결손금은 공제하지 않는다. 다만, 천재·지변·기타 불가항력으로 장부 등이 멸실되어 추계하는 경우에는 이월결손금공제를 적용한다.

03 ④ 피상속인의 소득금액에 대한 소득세로서 상속인에게 과세할 것과 상속인의 소득금액에 대한 소득세는 구분하여 계산하여야 한다.

04 ④ 결손금 및 이월결손금을 공제할 때 금융소득 종합과세 시 세액계산특례에 따라 산출세액을 계산하는 경우 종합과세되는 배당소득 또는 이자소득 중 원천징수세율을 적용받는 부분은 결손금 또는 이월결손금의 공제대상에서 제외한다.

제4절 종합소득공제 및 과세표준 계산

▼ 연말정산 흐름도

총급여	**총급여** 연봉(급여+상여+수당+인정상여) − 비과세소득
(−) 근로소득공제	
근로소득금액	**기본공제** (1명당 연 150만원 공제)
(−) 인적공제	**추가공제** 70세 이상 경로우대 · 장애인 · 부녀자 · 한부모
(−) 연금보험료공제	
(−) 특별소득공제	보험료, 주택자금, 기부금(이월분)
(−) 그 밖의 소득공제	개인연금저축, 소기업 · 소상공인공제부금,
(+) 소득공제 한도초과액	주택마련저축, 중소기업창업투자조합 출자 등,
종합소득 과세표준	신용카드 등 사용금액, 우리사주조합출연금, 고용유지중소기업 근로자, 장기집합투자증권저축
(×) 기본세율	
산출세액	
(−) 세액감면 및 공제	세액감면(중소기업 취업자 소득세 감면 등) 근로소득세액공제
결정세액	자녀세액공제(기본공제대상자녀, 8세 이상, 출생 · 입양) 연금계좌세액공제(퇴직연금, 연금저축 등) 특별세액공제(보장성보험료, 의료비, 교육비, 기부금)
(−) 기납부세액	표준세액공제 납세조합공제 주택자금차입금이자세액공제 외국납부세액공제 월세액세액공제
차감징수세액	

종합소득과세표준은 종합소득금액에서 인적공제(기본공제와 추가공제), 소득세법상의 특별소득공제, 조세특례제한법상의 특별소득공제를 차감하여 계산한다. 단, 소득공제금액의 합계액이 2,500만원을 초과하는 금액은 없는 것으로 한다.

◢ 01 종합소득공제 요약

구분	종류	적용	
		근로소득자의 연말정산	사업자의 과세표준 확정신고
인적 공제	1) 기본공제(소득세법) 2) 추가공제(소득세법)	적용	적용
물적 공제	1) 특별공제(소득세법) • 건강 및 노인장기요양, 고용보험료 • 주택자금공제	적용	미적용
	2) 연금보험료공제(소득세법)	적용	적용
	3) 주택담보노후연금 이자비용공제(소득세법)	적용	적용
	4) 신용카드 등 사용금액 공제(조세특례제한법)	적용	미적용
	5) 조세특례제한법상 기타의 소득금액		
	• 소기업소상공인공제부금	미적용	적용
	• 중소기업창업투자조합 출자에 대한 소득공제	적용	적용
	• 우리사주조합원에 대한 출자금의 소득공제	적용	미적용
	• 장기집합투자증권저축에 대한 소득공제	적용	미적용
	• 고용유지중소기업의 상시근로자 소득공제	적용	미적용

※ 개인사업자가 세액공제받을 수 있는 것으로는 자녀세액공제, 연금저축·연금계좌세액공제, 기부금세액공제, 기장세액공제, 보험료·의료비·교육비·월세·표준세액공제 등이 있다.

◢ 02 종합소득공제

1) 기본공제(가족수 × 1인당 150만원)

구분	나이	연간소득금액
본인공제	–	–
배우자공제	–	100만원 이하
부양가족공제 : 거주자(배우자 포함)와 생계를 같이하는 다음의 부양가족		100만원 이하
• 직계존속	60세 이상	
• 직계비속과 입양자(위탁아동)	20세 이하(18세 미만)	
• 본인과 배우자의 형제자매	20세 이하 또는 60세 이상	
• 기초생활보장법에 의한 보호대상자		

① 거주자와 이혼한 부인은 거주자와 생계를 같이 하더라도 배우자의 범위에 포함되지 않는다.

② 직계존속이 재혼한 경우에는 그 배우자를 포함하며 외조부모, 외손자도 포함한다.

③ 위탁아동은 6개월 이상 직접 양육한 아동에 한정한다.

④ 직계존속의 형제자매(외삼촌, 이모, 고모 등)는 공제받지 못한다.

⑤ "생계를 같이하는 부양가족"의 범위는 배우자, 직계비속과 입양자는 동거와 무관하고, 주거 형편에 따라 별거하는 직계존속, 취학·질병요양·근무상 형편으로 주소를 일시퇴거한 부양 가족도 포함하여 기본공제를 받을 수 있다.

⑥ 공제대상 판단 시기는 당해 연도 과세기간 종료일 현재의 상황에 의한다. 단, 사망자와 장애 치유자는 사망일 전일, 치유일 전일 상황에 의한다.

⑦ "연간소득금액 100만원 이하"는 종합소득, 퇴직소득, 양도소득금액을 합산한 금액을 말하며 세부적인 내용은 다음과 같다.

> • 금융(이자와 배당)소득 합계액이 2,000만원 이하의 원천징수가 적용된 소득(단, 배당소득 은 귀속법인세를 제외한 금액으로 함)
> • 직장공제회 초과반환금
> • 500만원 이하의 근로소득
> • 일용근로자의 근로소득
> • 총수입금액의 합계액이 2,000만원 이하인 자의 분리과세 주택임대소득
> • 연금 외 수령한 기타소득
> • 사적연금소득으로 총연금액이 연 1,200만원 이하인 분리과세(저율) 및 연 1,200만원 초과 인 분리과세(15% 고율) 연금소득
> • 복권당첨금 및 승마투표권·경륜·소싸움·슬롯머신 등 구매자가 받는 환급금
> • 기타소득금액이 300만원 이하인 원천징수가 적용된 소득

2) 추가공제

구분	공제금액	사유
경로우대공제	연 100만원	기본공제대상자가 70세 이상인 경우
장애인공제	연 200만원	기본공제대상자가 장애인인 경우
부녀자공제 • 배우자가 없는 여성으로 부양가족이 있는 세대주인 경우 • 배우자가 있는 여성인 경우	연 50만원	종합소득금액이 3,000만원 이하인 경우
한부모 공제	연 100만원	배우자가 없는 사람으로서 기본공제대상자 인 직계비속 또는 입양자가 있는 경우

① 부양가족이 장애인에 해당하는 경우 연령의 제한을 받지 않는다.

② 부녀자공제와 한부모공제가 중복되는 경우에는 한부모공제가 적용된다. 또한 부녀자는 2017 년 1월 1일부터는 근로장려금과 중복공제가 허용된다.

③ 기본공제대상자 1인이 장애인이면서 동시에 경로우대자에 해당될 경우 기본공제, 장애인공제, 경로우대공제 모두 공제 가능하다.

④ 장애인공제 해당 사유

> • 1호 : 장애인복지법에 의한 장애인
> • 2호 : 상이자 및 이와 유사한 자로서 근로능력이 없는 자(보훈청에서 발급)
> • 3호 : 항시 치료를 요하는 중증환자(병원기관에서 발급)

03 소득공제

1) 연금보험료공제

종합소득이 있는 거주자가 공적연금보험료 납입액에 기여 또는 개인부담을 한 납입액에 대해서 전액 공제한다.

> • 공적연금보험료는 국민연금보험료(사용자부담금 제외)
> • 공무원·군인·사립학교교직원연금법의 근로자부담금

2) 주택담보노후연금 이자비용공제

연금소득이 있는 거주자가 주택담보노후연금을 지급받은 경우에는 그 지급받는 연금에 대하여 당해연도에 발생한 이자상당액을 해당연도 연금소득금액에서 공제한다.

> min(① 당해연도에 발생한 이자상당액, ② 연 200만원)

04 특별소득공제

1) 건강보험료 등 보험료공제(전액 소득공제)

근로소득이 있는 거주자(일용근로자는 제외)의 국민건강보험료와 노인장기요양보험료 및 고용보험료를 말한다.

2) 주택자금 소득공제

근로소득이 있는 거주자로서 무주택 세대주(세대주 미적용 시에는 세대구성원도 가능, 외국인 근로자도 공제대상 포함됨)가 해당 과세기간에 주택자금을 지급한 경우, 다음의 금액을 그 과세기간의 근로소득금액에서 공제한다.

> 주택자금공제액 = min(①, ②)
> ① 공제대상액
> $$\left[\begin{array}{c}\text{주택청약저축의}\\\text{납입금액}\end{array} + \begin{array}{c}\text{국민주택 임차를 위한}\\\text{차입금의 원리금상환금액 *}\end{array}\right] \times 40\% + \begin{array}{c}\text{장기주택저당차입금의}\\\text{이자상환액(15년 이상)}\end{array}$$
> * 연 400만원 한도

② 공제한도액 : 800만원(차입금의 상환기간이 15년 이상인 장기주택차입금에 대하여 적용한다.)
  • 장기주택저당차입금의 70% 이상을 고정금리로 지급하거나 차입금의 70% 이상을 비거치식 분할상환 방식으로 상환하는 것을 말한다.

① 주택청약저축의 납입 : 해당 과세기간의 총급여액이 7,000만원 이하인 무주택 세대주를 대상으로 납입액의 40%를 소득공제하며, 납입액은 연 300만원 한도 내로 한다.
② 국민주택규모 주택임차 : 무주택세대주(세대원 중 근로소득자), 오피스텔 포함, 총급여액 5,000만원 이하인 자로서 3개월 내의 차입금과 개인에게 차입한 경우(1개월 내의 차입과 적정이자율을 갖출 것)와 국가보훈처에서 차입한 경우에 한한다.
③ 장기주택저당차입금 이자상환공제 : 무주택 또는 1세대 보유세대주(세대원 중 근로소득자)가 취득 당시 6억원 이하(600만원~2,000만원 한도)의 주택 취득을 위해 저당권을 설정한 것을 말한다. 단, 거주자(2주택 이상 보유 시 보유기간이 속한 과세연도는 공제배제), 세대원은 2주택 이상 보유 시에는 적용배제한다.

상환기간 15년 이상			상환기간 10년 이상
고정금리+비거치식	고정금리 또는 비거치식	기타	고정금리 또는 비거치식
2,000만원	1,800만원	800만원	600만원

05 그 밖의 소득공제

1) 조세특례제한법상의 신용카드 등 소득공제

① 소득공제대상자
  ㉠ 근로소득이 있는 거주자(일용근로자 제외)의 사용금액합계액이 총급여의 25%를 초과할 것
  ㉡ 나이는 불문하고 연 100만원 이하의 소득금액이 있는 부양가족(형제자매 사용분과 국외 신용카드 사용분은 제외)

② 신용카드 사용금액합계액 : 반드시 근로기간 중 사용한 금액만 공제대상이 됨

> 신용카드+직불카드(기명식선불카드)+현금영수증+제로페이+전자화폐

  ㉠ 취학전아동의 학원 · 체육시설 수강료 사용액은 중복공제 가능
  ㉡ 교복구입 사용액은 중복공제 가능
  ㉢ 의료비 사용액은 중복공제 가능
  ㉣ 중고차 구입 금액의 10%는 신용카드 소득공제 적용됨

③ 신용카드 사용액 제외대상

  ㉠ 법인의 비용에 해당하는 경우
  ㉡ 허위거래이거나 실제매출액을 초과한 신용카드에 의한 거래행위

ⓒ 다른 신용카드가맹점 명의임을 알면서 신용카드를 사용한 행위

② 국민건강보험료, 고용보험료, 국민연금보험료, 생명·손해보험계약의 보험료

⑩ 어린이집, 유치원, 초중고, 대학교 및 대학원교육비 납부액

ⓗ 현금서비스 받은 금액

ⓢ 국세·지방세·전기료·수도료·아파트관리비·고속도로통행료·인터넷사용료 등 제세공과금

ⓞ 리스료와 상품권 등 유가증권구입

ⓩ 국가 등에 지급하는 사용료, 수수료 등의 대가(우체국택배, 부동산임대업, 기타 운동시설운영, 보건소에서 지출비용은 신용카드 사용대상 금액임)

ⓩ 면세점(시내, 출국장 면세점, 기내 면세점 등) 사용금액

ⓚ 세액공제 적용받은 정치자금 기부액, 고향사랑 기부액

ⓣ 주택자금공제 적용받은 월세액

ⓟ 국외에서의 사용액

④ 전통시장 소득공제 제외대상

> ㉠ 전통시장 안의 준대규모 점포
> ㉡ 사업자단위 과세자로서 전통시장 안 사업장과 전통시장 밖 사업장의 신용카드 등 사용액이 구분되지 않는 사업자

⑤ 신용카드 등 소득공제액 계산

> ㉠ 공제가능한 금액
> - 전통시장사용분, 대중교통이용분 × 40%(단, 24년 1.1.~6.30. 전통시장 사용분은 80%)
> - 현금영수증, 직불카드, 선불카드 × 30%
> - 도서·공연·미술관, 박물관, 영화관람료 등(총급여 7,000만원 이하인 자만 적용) × 30%
> - 일반신용카드사용분 × 15%
> ㉡ 공제한도액 : 신용카드 소득공제 한도 차등 적용
>
> | 총급여액 | 기본공제한도 | 추가공제한도 |
> |---|---|---|
> | 7,000만원 이하 | 300만원 | 전통시장, 대중교통, 도서공연 등 300만원 |
> | 7,000만원 초과 | 250만원 | 전통시장, 대중교통 200만원 |

⑥ 금년 신용카드 등 사용분 중 전년 대비 105% 초과분
   ㉠ 공제율 : 상반기 사용금액 증가분 20%, 하반기 사용금액 증가분 10%
   ㉡ 공제한도 : 100만원

2) 고용유지중소기업의 상시근로자에 대한 소득공제

고용유지중소기업에 근로를 제공하는 상시근로자에 대하여 해당 과세연도의 근로소득금액에서 공제할 수 있다.

> 소득공제액 = min(①, ②)
> ① (직전 과세연도의 해당 근로자 연간 임금총액 − 해당 과세연도의 해당 근로자 연간 임금총액)
>   × 50%
> ② 공제한도 : 1,000만원

3) 소기업·소상공인 공제부금에 대한 소득공제

거주자가 소기업·소상공인 공제(= 노란우산공제)부금 가입자의 소득수준별 형평성 제고를 위하여 공제한도를 사업·근로소득금액에 따라 차등하여 적용한다.

> min(① 해당연도의 공제부금 납부액, ② 공제한도*)
>
> * 공제한도 차등적용
>   • 사업·근로소득금액 4천만원 이하 : 500만원
>   • 사업·근로소득금액 4천만원 초과 ~ 1억원 이하 : 300만원
>   • 사업·근로소득금액 1억원 초과 : 200만원

4) 중소기업창업투자조합, 벤처기업, 벤처조합 출자 등에 대한 소득공제

거주자가 중소기업창업투자조합 등에 출자·투자한 경우에는 출자일 또는 투자일이 속하는 과세연도부터 출자 또는 투자 후 2년이 되는 날이 속하는 과세연도까지 거주자가 선택하는 1 과세연도의 종합소득금액에서 공제할 수 있다.

> min (① 소득공제 대상 출자·투자금액 × 공제율)
>   ② 해당 과세연도의 종합소득금액 × 50%

5) 우리사주조합에 대한 출자금의 소득공제

우리사주조합원이 자사주를 취득하기 위하여 우리사주조합에 출자하는 경우에는 근로소득금액에서 공제할 수 있다.

> 지출액(출연금) 400만원 한도(단, 벤처기업은 1,500만원 한도)

06 종합소득공제의 배제 및 소득공제의 종합한도

1) 종합소득공제 등의 배제

① 분리과세소득만 있는 경우 : 분리과세이자소득, 분리과세배당소득, 분리과세연금소득, 분리과세기타소득만이 있는 자에 대해서는 종합소득공제가 배제한다.

② 종합소득 과세표준확정신고자가 증명서류를 제출하지 않은 경우 : 인적공제, 연금보험료공제, 주택담보노후연금 이자비용공제, 특별소득공제, 자녀세액공제, 연금계좌세액공제 및 특별세액공제 대상임을 증명하는 서류를 제출하지 않는 경우에는 기본공제 중 거주자 본인분과 표준세액공제만을 공제한다. 단, 나중에 제출할 경우에는 종합소득공제를 적용받을 수 있다.

③ 수시부과결정의 경우 : 수시부과결정의 경우에는 기본공제 중 거주자 본인에 대한 150만원만을 공제한다.

2) 종합소득공제의 한도(= 2,500만원)

거주자의 공제금액의 합계액이 2,500만원을 초과하는 경우에는 그 초과하는 금액은 없는 것으로 한다. 이 제도는 조세특례제한법에 따른 소득세 최저한세제도와 같은 조세감면의 제한에 해당하며 고소득자의 과도한 소득공제의 혜택을 일괄배제하기 위해 마련하는 것으로 다음에 해당하는 경우를 말한다.

---

① 주택자금 특별소득공제
② 중소기업창업투자조합 출자에 대한 소득공제
③ 청약저축 등에 대한 소득공제
④ 우리사주조합 출자에 대한 소득공제
⑤ 장기집합투자증권저축 소득공제
⑥ 신용카드 등 사용금액에 대한 소득공제

이론문제 | 종합소득공제 및 과세표준 계산

01 다음 소득세법상 인적공제에 관한 설명 중 옳지 않은 것은?

① 기본공제 대상 판정에 있어 소득금액 합계액은 종합소득금액, 퇴직소득금액, 양도소득금액을 합하여 판단한다.

② 배우자가 없는 거주자로서 기본공제대상자인 자녀가 있는 경우에도 종합소득금액이 3천만원을 초과하는 경우에는 한부모추가공제를 적용받을 수 없다.

③ 형제자매의 배우자는 공제대상 부양가족에서 제외한다.

④ 부양기간이 1년 미만인 경우에도 인적공제는 월할계산하지 않는다.

02 다음 종합소득공제에 관한 설명 중 옳지 않은 것은?

① 장애인은 1인당 200만원을 공제한다.

② 부녀자공제는 배우자 존재여부를 판단하지 않고 종합소득금액이 3,000만원 이하인 여성의 경우 공제받을 수 있다.

③ 연간소득금액 100만원 이하의 대상자는 연간급여액이 500만원일 경우에는 공제받을 수 없다.

④ 부녀자공제와 근로장려금은 중복공제가 허용된다.

03 다음 중 기본공제에 대한 설명으로 틀린 것은?

① 기본공제대상자에 해당되는 경우에는 1인당 150만원을 종합소득금액에서 공제받을 수 있다.

② 배우자공제의 경우에는 그 배우자의 자산소득금액을 포함하여 연간 소득금액의 합계액이 100만원 이하이어야 공제가 가능하다.

③ 장애인의 경우에는 연령에 제한 없이 공제대상이 될 수 있다. 그러나 장애인도 소득금액의 제한은 받는다.

④ 기본공제대상자의 연령은 과세기간종료일 현재를 기준으로 판단하므로 당해 연도 중 만 20세가 된 직계비속은 기본공제를 적용받을 수 없다.

04 다음 중 인적공제에서 추가소득공제 대상과 대상금액이 잘못된 것은?

① 기본공제대상자가 70세 이상인 경우 : 경로우대자공제 1인당 100만원

② 기본공제대상자가 장애인인 경우 : 장애인공제 1인당 200만원

③ 기본공제대상자가 6세 이하의 직계비속인 경우 : 자녀양육비 1인당 150만원

④ 당해거주자가 배우자가 있는 여성(세대주)인 경우 : 부녀자공제 50만원

05 다음 종합소득세 특별공제에 대한 설명 중
옳은 것은?

① 근로소득이 있는 거주자(일용근로자는
제외)는 국민건강보험료와 노인장기요
양보험료는 전액 공제를 받으나 고용
보험료는 공제를 받지 못한다.

② 주택자금 소득공제는 반드시 근로소득
이 있는 거주자만 소득공제를 받을 수
있다.

③ 주택담보노후연금 이자비용공제한도액
은 연 300만원이다.

④ 조세특례제한법상 신용카드소득공제에
서 중고차 구입비는 구입금액의 10%에
대해서 소득공제를 적용받을 수 있다.

06 다음 중 조세특례제한법상 신용카드소득공
제에 대한 설명 중 옳은 것은?

① 신용카드 소득공제는 일용근로자도 적
용받을 수 있으며 총급여액의 25%를
초과하여야 적용받을 수 있다.

② 신용카드 소득공제는 나이는 불문하고
연 100만원 이하의 소득금액이 있으면
부양가족은 모두 적용받을 수 있다.

③ 신용카드 중복공제받을 수 있는 항목은
취학전아동의 학원·체육시설 수강료
사용액, 교복구입 사용액은 적용이 되
나 의료비 사용액은 적용되지 못한다.

④ 신용카드사용액 중 보험료, 현금서비
스, 제세공과금 등, 월세액 등은 소득
공제를 적용받지 못한다.

07 다음 중 신용카드 등 사용금액에 대한 소득
공제 적용 시 신용카드 등 사용금액에 포함
되는 것은?

① 소득세법에 따라 월세소득공제를 적용
받은 월세액

② 지방세법에 의하여 취득세가 부과되는
재산의 구입비용

③ 학원의 수강료

④ 상품권 등 유가증권구입비

📌 이론문제 정답 및 해설

01 ② 한부모 추가공제는 소득금액의 제한을 받지 않는다.

02 ③ 연간소득금액 100만원 이하의 대상자는 연간급여액이 500만원일 경우에는 공제받을 수 있다.

03 ④ 공제대상에 해당하는지의 여부판정은 당해 연도 과세기간종료일 현재의 상황에 의한다. 그러나 연령이 정해진 경우 당해 연도 중 그 연령에 해당하는 날이 하루라도 있는 때에는 공제대상자로 한다.

04 ③ 기본공제대상자가 6세 이하의 직계비속인 경우는 소득공제에 추가되지 않고 자녀세액공제 중 추가공제로서 8세 이상 자녀 1인당 연 15만원을 적용받으며 자녀 수에 따라 달라질 수 있다.

05 ④ ① 근로소득이 있는 거주자(일용근로자는 제외)는 국민건강보험료와 노인장기요양보험료, 고용보험료는 전액 공제를 받을 수 있다.

② 근로소득이 있는 거주자로서 주택을 소유하지 않는 세대의 세대주(세대주가 주택자금을 소득공제를 적용받지 않은 경우에는 세대의 구성원 중 근로소득이 있는 자를 말한다.)가 해당 과세기간에 주택자금을 지급한 경우 그 과세기간의 근로소득금액에서 공제한다.

③ 주택담보노후연금 이자비용공제한도액은 연 200만원이다.

06 ④ ① 일용근로자는 신용카드 소득공제를 적용받을 수 없다.

② 신용카드 소득공제 대상자 중 형제자매가 사용한 것은 적용받지 못한다.

③ 신용카드 중복공제받을 수 있는 항목은 취학전아동의 학원·체육시설 수강료 사용액, 교복구입 사용액이고 의료비 사용액은 모두 적용된다.

07 ③ 취학 전 아동의 학원의 수강료는 중복공제가 가능하다.

제5절 종합소득 산출세액, 감면세액, 세액공제

종합소득 결정세액구조는 다음과 같다.

	종합소득과세표준	
(×)	기본세율	과세표준에 따라 6% ~ 45% 초과누진세율 적용
=	종합소득산출세액	
(−)	세액감면	
(−)	세액공제	소득세법·조세특례제한법에 의한 세액공제
=	종합소득결정세액	

01 산출세액

종합소득과세표준을 계산 후 다음의 기본세율을 적용하여 산출세액을 계산한다.

종합소득과세표준	기본세율
1,400만원 이하	과세표준의 6%
5,000만원 이하	84만원 + 1,400만원 초과금액의 15%
8,800만원 이하	624만원 + 5,000만원 초과금액의 24%
1억5천만원 이하	1,536만원 + 8,800만원 초과금액의 35%
3억원 이하	3,706만원 + 1억5천만원 초과금액의 38%
5억원 이하	9,406만원 + 3억원 초과금액의 40%
10억원 이하	17,406만원 + 5억원 초과금액의 42%
10억원 초과	38,406만원 + 10억원 초과금액의 45%

■ 산출세액보다 세액공제액이 큰 경우
- 자녀세액공제와 연금계좌세액공제 합산과세 금액 > 종합소득산출세액(금융소득의 산출세액은 제외) → 초과금액은 없다.
- 보험료, 의료비, 교육비 세액공제 합산과세 금액 > 근로소득에 대한 종합소득 산출세액 → 초과금액은 없다.
- 보험료, 기부금세액공제, 표준세액공제 합산과세 금액 > 종합소득 산출세액(금융소득에 산출세액은 제외) → 초과금액은 없다.

02 세액감면

특정한 소득에 대해 사후적으로 세금을 완전히 면제해주거나 또는 일정한 비율만큼 경감해주는 것을 말한다.

$$감면세액 = 종합소득산출세액 \times \frac{감면대상소득금액}{종합소득금액} \times 감면율$$

1) 소득세법에 의한 세액감면

① **사업소득에 대한 감면** : 거주자 중 대한민국의 국적을 가지지 않은 자가 선박과 항공기의 외국항행사업으로부터 얻는 소득에 대해 감면한다.

② **근로소득에 대한 감면** : 정부 간의 협약에 따라 우리나라에 파견된 외국인이 그 양쪽 또는 한쪽 당사국의 정부로부터 받는 급여에 대해 감면한다.

2) 조세특례제한법에 의한 세액감면

중소기업 취업자에 대한 세액감면이다.

구분	주요내용
대상자	청년, 노인, 장애인, 경력단절여성
감면율	70%(청년은 90%) ※ 과세기간별 200만원 한도
감면기간	3년(청년은 5년)
대상업종	농어업, 제조업, 도매업, 음식점업, 컴퓨터학원 등

03 세액감면 및 세액공제 시 적용순위 등

1) 해당 과세기간의 소득에 대한 소득세의 감면

2) 이월공제가 인정되지 아니하는 세액공제

3) 이월공제가 인정되는 세액공제(이 경우 해당 과세기간 중에 발생한 세액공제액과 이전 과세기간에서 이월된 미공제액이 함께 있을 때에는 이월된 미공제액을 먼저 공제한다.)

04 세액공제

산출세액에서 일정한 금액을 공제해주는 제도로서 소득세법과 조세특례제한법으로 세액공제를 인정하고 있다.

1) 소득세법에 의한 세액공제

① **배당세액공제** : 배당소득자가 적용대상자이며 종합소득금액에 배당소득금액이 합산되어 있는 경우에는 귀속법인세를 산출세액에서 공제한다.

$$\min \left(\begin{array}{l} \text{① 조정대상 배당소득 총수입금액} \times 11\% \\ \text{② 종합소득산출세액} - \text{비교산출세액} \end{array} \right)$$

② 기장세액공제 : 간편장부대상자가 적용대상자이며 복식부기에 따라 기장하여 기업회계기준을 준용하여 신고서를 제출할 경우 산출세액에서 공제한다.

$$\min \left(\begin{array}{l} \text{① 종합소득산출세액} \times \dfrac{\text{기장된 사업소득금액}}{\text{종합소득금액}} \times 20\% \\ \text{② 공제한도 100만원} \end{array} \right)$$

③ 외국납부세액공제 : 국외원천소득자가 적용대상자이며 국외에서 외국소득세액을 납부하였거나 납부할 것이 있을 때에는 외국납부세액공제와 외국납부세액의 필요경비산입 중 하나를 선택하여 적용받을 수 있다. 단, 사업소득 외의 종합소득에 대해서는 산출세액에서 공제하며, 공제한도 초과액은 10년 이내에 이월 공제한다.

$$\text{한도액} = \text{종합소득산출세액} \times \dfrac{\text{국외원천소득금액}}{\text{종합소득금액}}$$

④ 재해손실세액공제 : 사업자가 적용대상자이며 천재지변과 그 밖의 재해로 자산총액의 20% 이상에 상당하는 자산을 상실하여 납세가 곤란하다고 인정되는 경우에 산출세액에서 공제한다. 신청기한은 재해발생일로부터 3개월 이내이다.

$$\min \left(\begin{array}{l} \text{① 공제대상 소득세액} \times \text{재해상실비율} \\ \text{② 상실된 자산가액} \end{array} \right)$$

$$※ \text{ 재해상실비율} = \text{상실자산가액} \div \text{상실 전 자산가액}$$

⑤ 근로소득세액공제 : 근로소득이 있는 거주자에 대해서 산출세액에서 공제한다.

구분	산출세액	근로소득세액공제
일반근로자인 경우	130만원 이하	근로소득 산출세액 × 55%
	130만원 초과	$\min \left(\begin{array}{l} \text{① } 715{,}000\text{원} + (\text{산출세액}^{주1)} - 130\text{만원}) \times 30\% \\ \text{② 총급여액 구간별 한도액}(74\text{만원} - 20\text{만원})^{주2)} \end{array} \right)$
일용근로자인 경우		산출세액 × 55%

주1) 산출세액

$$\text{종합소득산출세액} \times \dfrac{\text{근로소득금액}}{\text{종합소득금액}}$$

주2) 총급여액 구간별 한도액

총급여액	한도액	
3,300만원 이하	74만원	
3,300만원 초과 7,000만원 이하	max [	① 74만원 – (총급여액 – 3,300만원) × 0.8% ② 66만원]
7,000만원 초과 1억2천만원 이하	max [	① 66만원 – (총급여액 – 7,000만원) × 50% ② 50만원]
1억2천만원 초과	max [	① 50만원 – (총급여액 – 1억2천만원) × 50% ② 20만원]

⑥ 자녀세액공제 : 종합소득이 있는 자가 적용대상자이며 기본공제대상자에 해당하는 자녀(입양자 및 위탁아동 포함) 및 손자녀에 대해서 산출세액에서 공제한다.

구분	공제	세액공제액
일반공제	1명인 경우	연 15만원
	2명인 경우	연 35만원(첫째 15만원 + 둘째 20만원)
	3명인 경우	연 35만원 + 연 30만원 × (자녀수 – 2명)
추가공제	8세 이상의 공제자녀가 2명 이상인 경우	연 15만원 × (8세 이상의 공제대상자녀수 – 1명)
	출산·입양	자녀수 × (첫째 30만원, 둘째 50만원, 셋째 이상 70만원)

⑦ 연금계좌세액공제 : 종합소득이 있는 자가 적용대상자이며 연금저축계좌의 퇴직연금계좌에 납입한 금액이 있는 경우 산출세액에서 공제한다.

㉠ 연금저축 + 퇴직연금

총급여액 (종합소득금액)	세액공제 대상 납입한도 (연금저축 납입한도)	세액 공제율
5,500만원 이하 (4,500만원)	900만원 (600만원)	15%
5,500만원 초과 (4,500만원)		12%

㉡ 연금계좌 납입한도는 연금저축과 퇴직연금을 합산하여 연간 1,800만원이다.

㉢ 분리과세 또는 종합과세 선택가능 기준금액

사적연금소득 합계액	과세방법
1,500만원 이하	분리과세(3~5%)
1,500만원 초과	분리과세(15%)

> ■ 공제순서 : 연금보험료공제 및 연금계좌세액공제는 후순위로 공제
> ■ 세액감면 공제 적용 순서
> 　세액감면 → 근로소득세액공제 → 자녀세액공제 → 보장성보험료세액공제 → 의료
> 　비세액공제 → 교육비세액공제 → 정치자금기부금세액공제 → 표준세액공제 → 납
> 　세조합공제 → 주택차입금공제 → 월세세액공제 → 특례 / 우리사주 / 일반기부금
> 　→ 외국납부세액공제 → 연금계좌세액공제

2) 소득세법상 특별세액공제

① 보험료 세액공제 → 나이(○), 소득금액(○) 모두 요건 충족해야 함

구분	세액공제 내용
공제대상자	근로소득 거주자와 기본공제대상자에 해당하는 부양가족(피보험자)
공제대상범위 (1단계)	• 보장성보험의 보험료와 주택임차보증금(보증대상 3억원 이하) 반환보증 보험료 　(연 100만원 한도) • 장애인전용 보장성보험의 보험료(연 100만원 한도)
세액공제계산 (2단계)	세액공제대상 보험료 × 12%(단, 장애인전용보장성보험료는 15%)
신용카드 중복여부	보험료(○), 신용카드(×)
공제적용판단	• 맞벌이부부 : 근로자(본인)계약자, 배우자(피보험자) → 공제불가능 • 근로자(본인)계약자, 소득이 있는 모(피보험자) → 공제불가능 • 소득이 없는 배우자(계약자, 피보험자) → 공제가능 • 일반보장성 보험료와 장애인보장성 보험료 각각 연 100만원 공제함

② 의료비 세액공제 → 나이(×), 소득금액(×) 제한이 없음

구분	세액공제 내용
공제대상자	근로소득이 있는 거주자와 기본공제대상자에 해당하는 부양가족
공제대상범위 (1단계)	• 특정의료비대상 외 일반의료비 : 총급여액의 3%를 초과해야 함 • 특정의료비(한도없음) : 본인, 장애인, 65세 이상 경로우대자, 6세 이하자, 중증질 　환자, 희귀난치성질환자 또는 결핵환자, 임신을 위한 난임시술비 • 실손의료보험금은 의료비에서 차감한 후 공제대상으로 함
세액공제계산 (2단계)	• 세액공제대상 의료비 = ① + ② 　① 일반의료비 : min(기준초과의료비, 연 700만원) 　② 특정의료비 : (본인 등 의료비 - 기준미달의료비) • 의료비 세액공제액 : 세액공제대상 의료비 × 15%(다만, 난임시술비 세액공제율 　은 30% 인상됨) • 미숙아·선천성이상아 세액공제율 20% 상향됨

신용카드 중복여부	의료비(○)와 신용카드(○) 중복 공제됨
공제적용판단	**[공제가능한 의료비]** • 진찰·진료·질병예방비 및 치료, 요양 의약품(한약 포함)구입비 • 장애인보장구(의수족, 휠체어, 보청기 등), 의료기기 구입·임차비용 • 시력보정용 안경, 콘텍트렌즈로 1인당 50만원 이내 금액 • 초음파검사, 인공수정을 위한 검사시술비 등 임신관련비용 • 의료기관에 한해서 출산관련 분만비용, 식대, 건강검진비, 예방접종비 • 보철비, 임플란트, 스케일링비 • 라식시술비, 근시교정시술비 • 산후조리원비 : 모든 근로자(사업소득금액 6,000만원 이하 성실사업자 및 성실신고확인대상자)가 출산 시 1회당 200만원 • 장애인활동지원급여(수급자에게 제공되는 활동보조, 방문목욕, 방문간호 등의 서비스) 비용 중 실제 지출한 본인 부담금 **[공제 불가능한 의료비]** • 국외기관에 지출한 의료비 공제 불가능함 • 간병인에게 개인적으로 지급한 비용 의료비 공제 불가능함 • 미용성형수술비, 건강증진의약품구입비(건강보조식품 포함) 공제 불가능함 • 실손의료보험금으로 보전한 금액 공제 불가능함 • 보약을 위한 한약구입비용은 공제 불가능함

③ 교육비 세액공제 → 나이(×), 소득금액은 연 100만원 이하인 자

구분	세액공제 내용
공제대상자	근로소득이 있는 거주자와 기본공제대상자에 해당하는 부양가족
공제대상범위 (1단계)	• 본인 교육비(전액) : 대학(원격 또는 학위취득과정 포함) 또는 대학원, 시간제과정, 직업능력개발훈련비용(단 근로자수강지원금은 제외), 든든학자금 및 일반상환자금 대출의 원리금상환액 • 배우자, 직계비속, 형제자매, 입양자, 위탁아동 표 • 본인과 부양가족 특수교육비 : 나이와 소득금액에 제한 없음
세액공제계산 (2단계)	• 세액공제대상 교육비 : 세액공제 대상 교육비의 합계액에서 소득세 또는 증여세가 비과세되는 금액은 제외 • 교육비 세액공제액 : 세액공제대상 교육비 × 15%
신용카드 중복여부	• 교육비(○), 신용카드(×) • 단, 교복구입비는 교육비(○), 신용카드(○) 중복 공제됨

공제대상범위(1단계)의 표:

구분	한도액	구분	한도액
대학교	1인당 900만원	미취학·초·중·고	각 1인당 300만원

공제적용판단	[공제 가능한 교육비] • 학교 또는 보육시설 등에 지급한 수업료, 입학금, 보육비용 및 그 밖의 공납금, 초중고학생의 체험학습비9)(1인당 30만원) • 학교급식비, 사이버대학, 학점인정 및 독학에 의한 학위 취득과정, 초중고 정규과정 교과서대금, 대학입학전형료, 수능응시료 • 교복구입비용 1인당 50만원 한도(중·고등학생만 가능), 방과 후 학교 수강료 및 도서구입비, 특별활동비 도서구입비 • 동거 중인 형제자매의 대학 등록금을 본인이 부담한 경우 • 근로자인 본인이 회사 자녀학자금을 지원받아 자녀의 수업료를 납부하였을 경우 교육비 • 취학 전 아동에 한해 학원 및 체육시설 교육비 • 근로소득자인 본인이 휴직기간 중에 교육비를 지출한 경우 • 국외교육비(단, 어학원 등은 제외) • 평생교육법에 따른 초·중·고등학교를 추가(1인당 300만원)
	[공제 불가능한 교육비] • 직계존속 교육비공제 불가능(단, 장애인특수교육비는 공제 가능) • 학자금 대출을 받아 지급하는 교육비

④ 기부금 세액공제 → 부양가족은 나이(×), 소득금액은 연 100만원 이하인 자

구분	세액공제 내용	
공제대상자	근로소득이 있는 거주자와 근로소득이 없는 종합소득자	
소득여부에 따른 기부금 적용방법	**소득여부**	**기부금 적용방법**
	사업소득만 있는 자	필요경비 산입방법 적용
	사업소득 외 종합소득 있는 자, 연말정산대상 사업소득만 있는 자	기부금 세액공제방법 적용
	사업소득과 종합소득이 함께 있는 자	필요경비 산입과 기부금 세액공제방법 적용
공제대상 범위 (1단계)	• 특례기부금과 정치자금기부금, 고향사랑기부금 : (기준소득금액 – 이월결손금) × 100% • 우리사주조합기부금 : (기준소득금액 – 이월결손금 – 한도 내의 정치기부금 – 고향사랑기부금 – 특례기부금) × 30% ※ 기준소득금액 = 종합소득금액 + 필요경비에 산입한 기부금 – 원천징수세율 적용 금융소득금액 ※ 기준소득금액에서 공제하는 순서 : 이월결손금 → 정치자금기부금 → 고향사랑기부금 → 특례기부금 → 우리사주조합기부금 • 종교단체 기부금이 없는 일반기부금 : (기준소득금액 – 이월결손금 – 정치자금기부금 – 고향사랑기부금 – 특례기부금 – 우리사주조합기부금) × 30%	

---

9) 체험학습비는 학교에서 실시하는 수련활동, 수학여행 등 현장체험학습비 지출액을 말한다.

공제대상 범위 (1단계)	• 종교단체 기부금이 있는 일반기부금 : [(기준소득금액 − 이월결손금 − 정치자금기부금 − 고향사랑기부금 − 특례기부금 − 우리사주조합기부금) × 10%] + min(①, ②) min(①, ②) ① (기준소득금액 − 이월결손금 − 정치자금기부금 − 고향사랑기부금 − 특례기부금 − 우리사주조합기부금) × 20% ② 종교단체 외에 지급한 기부금 • 고향사랑 기부금에 대한 세액공제 : 거주자가 지방자치단체에 기부한 금액

• 고향사랑 기부금에 대한 세액공제 : 거주자가 지방자치단체에 기부한 금액

기부금	세액공제액	한도액
10만원 이하	110분의 100	연 500만원 한도(단, 사업자의 경우에는 이월결손금을 뺀 소득금액의 범위에서 손금산입함)
10만원 초과	100분의 15	

세액공제 계산 (2단계)	• 기부금(고액기부금 적용) 세액공제 계산

기부금	세액공제액
1,000만원 이하	세액공제대상 기부금 × 15%
1,000만원 초과	세액공제대상 기부금 × 30%
3,000만원 초과	세액공제대상 기부금 × 40%(한시 24.12.31.까지)

세액공제 한도액 검토 및 계산 (3단계)	• 기부금 세액공제 한도액 검토 및 계산 기부금 세액공제 = min(①, ②) ① 2단계에서 계산한 기부금 세액공제액 ② 종합소득산출세액 − 필요경비 산입된 사업소득에 대한 산출세액
신용카드 중복여부	기부금(○), 신용카드(×)
기부금 이월공제	기부금 한도초과액과 기부금세액공제를 받지 못한 경우(종합소득 산출세액)에 10년간 이월하여 세액공제받을 수 있다.
공제적용 판단	• 특례기부금 ① 국가 또는 지방자치단체에 무상으로 기증하는 금품의 가액 ② 국방헌금과 국군장병 위문금품의 가액 ③ 천재지변으로 인한 수재의연금과 이재민구호금품 ④ 사립학교 등에 시설비, 교육비, 장학금, 연구비로 지출하는 기부금 ⑤ 국립대학병원, 국립암센터, 서울대학교병원, 대한적십자가 운영하는 병원 등의 시설비, 교육비, 장학금 또는 연구비로 지출하는 기부금 ⑥ 정당에 기부한 정치자금으로서 10만원 초과금액 → 본인만 공제됨 (10만원까지는 100/110의 금액을 세액에서 공제한다.) ⑦ 특별재난지역을 복구하기 위하여 자원봉사(적용대상 : 국가, 지자체, 학교, 병원, 전문모금기관 등)한 경우 그 용역의 가액(1일 = 총 봉사시간 ÷ 8시간, 일당 8만원) ⑧ 사회복지공동모금회에 출연한 기부금 ⑨ 대한적십자사, 독립기념관에 지출한 기부금 ⑩ 한국장학재단에 대한 기부금

공제적용 판단	• 우리사주조합기부금 → 우리사주조합원이 아닌 거주자 본인에 한함 • 일반기부금 <table><tr><td>① 종교단체기부금 ② 사내근로복지기금에 지출한 기부금 ③ 불우이웃돕기로 지출하는 기부금 ④ 영업자가 조직한 단체로서 법인이거나 주무관청에 등록된 조합 또는 협회에 　지급한 특별회비 ⑤ ④외에 임의로 조직된 조합·협회에 지급한 회비</td></tr></table>• 비지정기부금 : 신협 또는 새마을금고 등에 지출하는 기부금, 어음·수표로 지출하 는 기부금, 동창회, 종친회, 향우회 등

3) 조세특례제한법에 따른 세액공제

① 전자신고에 대한 세액공제 : 납세자가 직접 전자신고 또는 세무대리인이 대리 전자신고 시에
공제한다.

$$\min \left[\begin{array}{l} ① \ 2만원 \\ ② \ 2만원/신고건수(300만원 \ 한도) \end{array} \right]$$

② 전자(세금)계산서 발급·전송에 대한 세액공제

구분	세액공제 내용
공제대상	직전연도 사업장별 공급가액(총수입금액)이 3억원 미만인 개인사업자와 해당연도 에 신규사업자가 전자(세금)계산서를 발급일의 다음 날까지 국세청장에게 전송한 경우, 간이과세자
공제금액	연 100만원(발급건수 건당 200원)
공제방식	소득세와 부가가치세에서 공제함

③ 월세 세액공제

구분	세액공제 내용	
공제대상자	주택을 소유하지 않는 세대주[세대주(배우자 등)가 가계약을 체결한 경우를 포함한 월세 세액공제 및 주택자금 소득공제를 받지 않는 경우에는 세대의 구성원 포함]로 서 총급여 8천만원(종합소득금액 7천만원) 이하 무주택근로자 및 성실사업자	
공제대상범위 (1단계)	• 국민주택규모(85㎡)일 것(기준시가 4억원 이하) • 주택 및 오피스텔, 고시원의 부수토지(도시구역 내는 5배, 외는 10배)는 이하일 것 • 고시원에 지급한 월세액에 관리비 등이 별도로 구분되지 않는 경우에는 지급한 　월세액의 일정률(80%)을 공제 • 임대차계약증서의 주소지와 주민등록등본의 주소지가 일치할 것	
세액공제계산 (2단계)	월세 세액공제(1,000만원 한도) = 월세액 × 공제율<table><tr><th>총급여액</th><th>공제율</th></tr><tr><td>5,500만원 이하(종합소득금액 4,500만원 이하)</td><td>17%</td></tr><tr><td>7,000만원 이하(종합소득금액 6,000만원 이하)</td><td>15%</td></tr></table>	

④ 성실신고사업자 등에 대한 의료비, 교육비, 월세세액 공제 특례 – 각 세액공제 참조
⑤ 표준세액공제

구분	세액공제 내용
근로소득자 (㉠과 ㉡ 중 선택)	㉠ 항목별 세액공제 + 특별소득공제 + 월세 세액공제 • 항목별 세액공제 : 보장성보험료, 의료비, 교육비, 기부금 • 특별소득공제 : 건강보험료, 주택자금 • 월세 세액공제 ㉡ 표준세액공제 13만원 ※ 표준세액공제와 정치자금기부금세액공제와 우리사주조합기부금 세액공제는 중복공제 가능하다.
근로소득은 없고 종합소득만 있는 자	㉠ 근로소득은 없고 종합소득 있는 자 : 기부금 세액공제 + 표준세액공제 연 7만원 ㉡ 소득세법 성실사업자 • 조세특례제한법상 성실사업자 : 　기부금 세액공제 + ($\dfrac{\text{의료비 · 교육비 세액공제}}{\text{표준세액공제 연 12만원}}$ 중 선택) • 위 조세특례제한법상 성실사업자 외의 성실사업자 : 　기부금 세액공제 + 표준세액공제 연 12만원

☑️ 이론문제 | **종합소득 산출세액, 감면세액, 세액공제**

01 다음 소득세법상 소득공제에 대한 설명 중 가장 옳지 않은 것은?

① 종합소득이 있는 거주자(자연인만 해당)는 기본공제 적용이 가능하다.

② 배우자에 대한 기본공제는 나이요건이 없다.

③ 기본공제대상자에 해당하지 않더라도 부양가족의 나이가 만 70세 이상인 경우 추가공제는 적용할 수 있다.

④ 기본공제대상자 해당 여부의 판정은 원칙적으로 과세기간 종료일 현재 상황을 따른다.

02 다음 중 소득세법상 의료비세액공제 대상 의료비에 해당하지 않는 것은?

① 보청기 구입비용

② 진찰을 위해 의료법에 의한 의료기관에 지급하는 비용

③ 건강증진을 위한 의약품 구입비용

④ 시력보정용 안경(1명당 연 50만원 한도)

03 다음 중 소득세법상 분리과세될 수 있는 소득이 아닌 것은?

① 2천만원 이하 주택임대소득

② 뇌물로 인하여 받는 금품

③ 일용근로소득

④ 원천징수되지 않은 퇴직소득을 연금수령하는 연금소득

04 다음 중 소득세법상 교육비세액공제 대상 교육비에 해당하지 않는 것은?

① 기본공제대상자인 배우자의 대학원에 지급하는 교육비

② 기본공제대상자인 형제자매의 대학교에 지급하는 교육비

③ 기본공제대상자인 직계비속의 고등학교에 지급하는 교육비

④ 본인의 법에 정한 학자금 대출의 원리금 상환에 지출한 교육비

05 다음 중 소득세법 및 조세특례제한법상 근로소득자 및 사업소득자 모두 적용받을 수 있는 공제가 아닌 것은?

① 표준세액공제

② 신용카드등소득공제

③ 연금계좌세액공제

④ 연금보험료공제

06 다음 중 소득세법상 공제대상자녀 수에 따른 자녀세액공제액의 연결이 잘못된 것은? (단, 해당 과세기간에 출산하거나 입양한 공제대상자녀는 없는 것으로 가정한다.)

① 공제대상자녀 수가 1명인 경우 : 연 15만원

② 공제대상자녀 수가 2명인 경우 : 연 35만원

③ 공제대상자녀 수가 3명인 경우 : 연 65만원

④ 공제대상자녀 수가 4명인 경우 : 연 100만원

07 다음 중 소득세법상 기장세액공제에 대한 설명으로 옳지 않은 것은?

① 간편장부대상자가 복식부기에 따라 비치·기장한 장부에 의하여 소득금액을 계산하고 세법이 규정한 과세표준확정신고서류를 제출하는 경우에 적용한다.

② 복식부기에 의하여 계산한 세액의 20%에 해당하는 금액을 공제한다. 다만, 공제세액이 100만원을 초과하는 경우에는 100만원을 공제한다.

③ 기장세액공제와 관련된 장부 및 증명서류를 해당 과세표준 확정신고기간 종료일부터 5년간 보관하지 않는 경우에는 기장세액공제를 적용하지 않는다.

④ 비치·기록한 장부에 의하여 신고하여야 할 소득금액의 10% 이상을 누락하여 신고한 경우 기장세액공제를 적용하지 않는다.

08 다음 중 소득세법상 특별세액공제에 대한 설명으로 옳지 않은 것은?

① 근로소득이 있는 거주자가 기본공제대상자 중 장애인을 피보험자 또는 수익자로 하는 장애인전용보장성보험료를 지급한 경우 그 금액의 100분의 12에 해당하는 금액을 세액공제한다.

② 근로소득이 있는 거주자가 대학생인 기본공제대상자를 위하여 교육비를 지급한 경우 1명당 연간 900만원을 한도로 그 금액의 100분의 15에 해당하는 금액을 세액공제한다.

③ 근로소득이 있는 거주자가 기본공제대상자인 중·고등학생의 교복구입비용을 지출한 경우 1명당 연간 50만원을 한도로 교육비세액공제 대상 금액으로 한다.

④ 근로소득이 있는 거주자가 기본공제대상자를 위하여 의료비를 지급하는 경우 보험회사 등으로부터 지급받은 실손의료보험금을 제외하고 의료비세액공제액을 계산하여야 한다.

📌 이론문제 정답 및 해설

01 ③ 기본공제대상자가 만 70세 이상인 사람인 경우에 추가공제를 적용한다.

02 ③ 건강증진을 위한 의약품 구입비용은 공제대상 의료비가 아니다.

03 ② 뇌물 및 알선수재 등에 의하여 받는 금품은 종합소득세 신고 시 종합소득과세표준에 합산하여 신고하여야 한다.

04 ① 근로소득이 있는 거주자가 그 거주자와 기본공제대상자(나이의 제한을 받지 않는다)를 위하여 해당 과세기간에 교육비를 지급한 경우 교육비 세액공제를 적용한다. 다만, 기본공제대상자인 배우자, 직계비속, 형제자매, 입양자 및 위탁아동의 대학원에 지급하는 교육비는 교육비 세액공제 대상 교육비에 해당하지 않는다.

05 ② 근로소득이 있는 거주자(일용근로자 제외)의 신용카드등사용금액의 연간합계액이 해당 과세연도 총급여액의 100분의 25를 초과하는 경우 신용카드등소득공제를 적용한다.

06 ④ 공제대상자녀의 수가 3명 이상인 경우 연 35만원과 2명을 초과하는 1명당 연 30만원을 합한 금액을 자녀세액공제액으로 한다. 따라서 공제대상자녀의 수가 4명인 경우 자녀세액공제액은 95만원이다.

07 ④ 비치·기록한 장부에 의하여 신고하여야 할 소득금액의 20% 이상을 누락하여 신고한 경우 기장세액공제를 적용하지 않는다.

08 ① 기본공제대상자 중 장애인을 피보험자 또는 수익자로 하는 장애인전용보장성보험료를 지급한 경우 그 금액의 100분의 15에 해당하는 금액을 세액공제한다.

제6절 종합소득 납부절차, 원천징수, 가산세

종합소득 차감납부할 세액구조는 다음과 같다.

	종합소득결정세액	
(+)	가산세액	
=	총결정세액	
(−)	기납부세액	중간예납·원천징수·예정신고납부·수시부과세액
=	차감납부할 세액	

01 중간예납

1) 중간예납의무자

종합소득이 있는 거주자만 중간예납의무를 진다. 다만, 다음의 소득에 대해서는 중간예납의무가 없다.

① 퇴직소득과 양도소득만 있는 자

② 이자, 배당, 근로, 연금, 기타소득만 있는 자

③ 사업소득 중 보험모집인, 방문판매원, 전환정비사업조합의 조합원이 영위하는 공동사업, 주택조합의 조합원이 영위하는 공동사업, 직업선수·코치·심판 등

④ 사업소득 중 수시부과하는 소득만 있는 경우

⑤ 당해 연도 신규사업자

⑥ 분리과세 주택임대소득

⑦ 납세조합이 소득세를 매월 원천징수하여 납부하는 경우

2) 중간예납세액의 결정·고지 및 징수

① 중간예납세액의 결정

> 중간예납세액의 계산 = (중간예납기준액* × 1/2) − 토지 등 매매차익 예정신고납부세액
> * 중간예납기준액 = (전년도 중간예납세액 + 확정신고 납부세액 + 결정·경정 추가납부세액 + 기한후신고·수정신고 추가자진납부세액) − 환급세액

② 중간예납세액의 고지 및 징수

11월 1일 ~ 11월 15일까지 관할세무서장이 고지서로 발급하며 11월 30일까지 납부한다.

3) 중간예납추계액의 신고와 납부

① 원칙적으로 중간예납기준액이 없는 거주자가 해당 과세기간의 중간예납기간 중 종합소득이 있는 경우 신고·납부한다.

② 예외적으로 중간예납을 하여야 할 거주자의 중간예납추계액이 중간예납기준액의 30%에 미
달하는 경우에는 중간예납추계액을 중간예납세액으로 하여 11월 30일까지 납부한다.

③ 소득세 중 중간예납세액이 50만원 미만인 경우에는 징수하지 않는다.

4) 토지 등 매매차익 예정신고와 납부

부동산매매업자는 토지 등의 매매차익과 그 세액을 매매일이 속하는 달의 말일부터 2개월이 되
는 날까지 신고하고 납부한다(1,000만원을 초과하면 분납도 가능함).

02 원천징수

납세의무자가 직접 소득세를 납부하는 것이 아니라 소득금액을 지급하는 자(이를 원천징수의무자
라 함)가 당해 소득을 지급할 당시 원천징수세율을 적용하여 미리 소득세를 징수하고 이를 당해
관할세무서에 납부하는 제도이다.

1) 원천징수의 종류

① **완납적 원천징수** : 분리과세 대상소득은 별도로 확정신고는 불필요하고, 원천징수당함으로써
당해 소득자의 납세의무가 완전히 소멸하는 방법이다(예 분리과세이자·배당소득 및 연금
소득, 일용근로자의 급여에 대한 원천징수).

② **예납적 원천징수** : 종합과세 대상소득으로 원천징수를 당했다 하더라도 과세기간 종료 후 종
합소득과 합쳐져서 확정신고하는 방법이다[예 종합과세되는 이자·배당소득, 근로소득에 대
한 원천징수, 사업소득(자유직업소득)에 대한 원천징수 등].

2) 원천징수의 배제

① 비과세 또는 과세최저한에 적용된 면제되는 소득을 지급한 경우

② 이미 발생된 원천징수대상소득이 지급되지 않음으로써 소득세가 원천징수되지 않은 상태에
서 이미 종합소득에 합산되어 종합소득세가 과세된 경우

③ 과세최저한(건별 기타소득금액 5만원 이하와 복권당첨금, 승마, 경륜, 경정, 소싸움, 체육진
흥 투표권의 환급금, 슬롯머신 등 당첨금품은 건별 200만원 이하 등) 적용

④ **소액부징수** : 원천징수할 세액이 1,000원 미만인 경우 원천징수하지 아니함

3) 원천징수 대상소득과 원천징수 세율

대상소득	원천징수 세율
금융소득 (이자 + 배당)	• 일반 : 14% • 내국법인에게 지급하는 비영업대금의 이익 + 출자공동사업자의 배당 : 25% 　단 온라인투자연계금융업자를 통해 지급받는 비영업대금의 이익 : 14% • 비실명이자배당소득, 비실명 비영업대금의 이익 : 45%(90%)
특정사업소득	• 부가가치세가 면세되는 인적용역, 의료보건용역 : 3% • 계속적, 반복적 활동을 통한 인적용역 사업소득은 소액이더라도 예외없이 원천징수함 • 봉사료 : 5%(봉사료가 매출액의 20% 초과에 한함)

근로소득	• 상용직근로자 : 간이세액표 적용한 기본세율 • 일용직근로자 : 6%(1일 비과세 150,000원 적용)
연금소득	• 공적연금 : 기본세율(연금소득 간이세액표) • 사적연금 : 퇴직연금 70세 미만(5%), 80세 미만(4%), 80세 이상(3%)
기타소득	• 기타소득금액의 20%(3억원 초과분 복권당첨소득은 30%) • 서화·골동품의 양도로 발생하는 소득 : 20% • 연금계좌에서 연금외 수령한 기타소득 : 15%
퇴직소득	• 기본세율(연분연승법 적용)
양도소득	• 원천징수하지 않음

4) 원천징수세액의 납부

그 징수일이 속하는 달의 다음 달 10일까지 납부한다. 단, 상시고용인원이 20명 이하인 경우에는 그 징수일이 속하는 반기의 마지막 달의 다음 달 10일까지 납부한다.

5) 원천징수 관련 가산세

① 원천징수납부의무자가 징수하여야 할 세액을 납부기한까지 미납하거나 과소납부한 경우 : 미납세액 × 3% + (과소무납부세액 × 2.2/10,000 × 경과일수) ≤ 50%

(단, 법정납부기한의 다음날부터 고지일까지의 기간에 해당하는 금액 ≤ 10%)

② 사례 : 원천징수이행상황신고(×) + 납부(○) → 가산세(×) 적용 안 함

　　　　　원천징수이행상황신고(○) + 납부(×) → 가산세(○) 적용함

03 과세표준확정신고

당해 연도의 소득금액(종합, 퇴직, 양도소득)이 있는 거주자는 당해 소득의 과세표준을 당해 연도의 다음 연도 5월 1일부터 5월 31일까지 납세지 관할 세무서장에게 신고하여야 한다. 그리고 과세표준이 없거나 결손금이 없는 경우에도 신고하여야 된다.

1) 과세표준확정신고 제출서류

① 인적공제, 특별소득공제, 특별세액공제 대상임을 증명하는 서류

② 간편장부대상자는 간편장부소득금액계산서 등

③ 재무상태표, 손익계산서, 합계잔액시산표, 조정계산서

④ 영수증수취명세서

⑤ 대손·퇴직급여·일시상각충당금명세서

⑥ 무기장 시에는 추계소득금액계산서 등

⑦ 단, 복식부기의무자가 재무상태표, 손익계산서, 합계잔액시산표, 조정계산서를 미제출할 경우에는 무신고로 본다.

2) 과세표준확정신고의무 면제사유

① 근로소득만 있는 자(연말정산 대상이다.)

② 공적연금소득만 있는 자(연말정산 대상이다.)

③ 연말정산 사업소득(보험모집인 등의 사업소득)만 있는 자

④ 퇴직소득만 있는 자(완납적 원천징수로 종결된다.)

⑤ 근로소득 및 퇴직소득만 있는 자

⑥ 공적연금소득과 퇴직소득만 있는 자

⑦ 연말정산 사업소득과 퇴직소득만 있는 자

⑧ 분리과세소득(이자소득, 배당소득, 연금소득, 기타소득)만 있는 자(완납적 원천징수로 종결된다.)

⑨ 단, ①, ②, ③의 소득 중 2가지 이상의 소득이 있는 자는 과세표준확정신고를 하여야 한다.

3) 과세표준확정신고와 납부

과세표준확정신고는 원칙적으로는 다음 연도 5월 1일 ~ 5월 31일까지 신고와 납부를 하여야한다. 그러나 예외적으로 출국 또는 사망 시 과세표준확정신고는 다음과 같이 한다.

> • **출국 시** : 출국일 전일까지 신고납부한다.
> • **사망 시** : 상속개시일로부터 6월이 되는 날까지 신고납부하며 이 기간 중 상속인이 출국 시는 출국일 전일까지 신고납부한다.

4) 확정신고세액의 자진납부

확정신고기한까지 납세지 관할세무서·한국은행·체신관서에 납부하고, 만약 납부할 세액이 1,000만원을 초과할 경우 납부기한 경과 후 2개월 이내에 분납할 수 있다.

구분	분납세액
1,000만원 초과 ~ 2,000만원 이하	1,000만원을 초과하는 금액
2,000만원 초과하는 경우	그 세액의 50% 이하의 금액

◢ 04 사업장 현황신고

1) 사업장 현황신고 대상 및 신고

개인사업자 중 부가가치세 면세사업자(겸영사업자는 제외)는 해당 과세기간의 다음 연도 2월 10일까지 사업장 소재지 관할 세무서장에게 신고하여야 한다. 그리고 위 사업자가 복수의 사업장이 있는 경우에는 각 사업장별로 신고하여야 하며 휴·폐업 신고 시는 사업장 현황신고와 병행하여 신고하여야 한다.

2) 사업장 현황신고 면제사유

① 사망·출국으로 과세표준확정신고를 하게 될 때

② 부가가치세법상 예정신고 또는 확정신고할 때

3) 사업장 현황 조사·확인 사유

① 사업장현황신고를 하지 않은 경우

② 신고내용 중 시설현황 등 중요부분이 미비·허위라고 인정되는 경우

③ 계산서 수수명세가 사실과 현저히 다르다고 인정되는 경우

④ 휴업·폐업한 경우

4) 지급명세서 제출의무

구분		제출기한
원칙		다음연도 2월 말일
근로, 퇴직, 사업, 종교인소득		제출기한 : 해당 과세기간의 다음연도 3월 10일
일용근로소득(매월) 원천징수영수증		• 원칙 : 지급일이 속하는 달의 다음 달 말일 • 예외 : 휴업·폐업·해산일이 속하는 달의 다음 달 말일
폐업(휴업)		폐업(휴업)일이 속하는 달의 다음 다음 달 말일
간이 지급명세서	상용직 근로소득	• 원칙 : 지급일이 속하는 반기의 마지막 달의 다음 달 말일 1월 ~ 6월 : 7월 31일까지 7월 ~ 12월 : 1월 31일까지 • 예외 : 휴업·폐업·해산일이 속하는 반기의 마지막 달의 다음 달 말일
	원천징수대상 사업소득	• 원칙 : 지급일이 속하는 달의 다음 달 말일 • 예외 : 휴업·폐업·해산일이 속하는 달의 다음 달 말일

※ 단, 2024년 1월 1일 지급하는 상용직 근로소득, 원천징수대상 사업소득, 인적용역 관련 기타소득분부터는 매월 지급일이 속하는 달의 다음 달 말일까지 제출해야 한다.

05 결정과 경정

1) 결정의 사유

확정신고를 하여야 할 자가 신고를 하지 않을 경우 정부가 당해 거주자의 과세표준과 세액을 결정한다. 단, 결정은 과세표준 확정신고기일로부터 1년 내에 완료하는 것이 원칙이다.

2) 경정의 사유

정부는 다음의 경우에는 당해 연도의 과세표준과 세액을 경정한다.

① 신고내용에 탈루 또는 오류가 있는 때

② 매출·매입처별세금계산서합계표 또는 지급조서의 전부 또는 일부를 제출하지 아니한 때

③ 신용카드가맹점 가입대상자로 지정받은 사업자가 정당한 사유 없이 신용카드가맹점으로 가입하지 아니한 경우로서 시설규모나 업황으로 보아 신고내용이 불성실하다고 판단되는 때

④ 근로, 연금, 사업, 퇴직소득세를 원천징수한 내용에 탈루 또는 오류가 있는 경우로서 원천징

수의무자의 폐업·행방불명 또는 근로자의 퇴사로 원천징수이행이 어려운 경우

⑤ 사업용계좌 미개설·미신고·미이용의 경우

3) 경정청구 기한(국세기본법 제45조의2)

① 일반적인 경정청구 기한 : 법정신고기한으로부터 5년이다.

② 후발적 사유로 인한 경정청구 기한 : 최초의 신고에서 과세표준 및 세액의 계산근거가 된 거래·행위가 판결에 의하여 다른 것으로 확정되었을 때를 후발적 사유라고 한다. 이에 대한 기한은 사유발생을 안 날로부터 3개월이다.

06 추계결정·경정

원칙은 실지조사에 의한다. 단, 소득금액을 계산할 수 없는 경우에는 추계조사결정 또는 경정할 수 있다.

1) 추계사유

다음 중 어느 하나의 사유에 해당되는 경우에 한다.

① 과세표준계산 시 필요한 장부·증빙서류가 없거나 중요한 부분이 미비·허위인 경우

② 기장의 내용이 시설규모·종업원수·원자재·상품 또는 제품의 시가·각종 요금 등에 비추어 허위임이 명백한 경우

③ 기장의 내용이 원자재사용량·전력 사용량 등 조업상황에 비추어 허위가 명백한 경우

2) 추계결정 방법

① 추계과세표준을 계산한다.

> 추계과세표준 = 추계소득금액 − 소득공제액

② 추계소득금액은 기준경비율, 단순경비율, 동업자권형방법 등을 이용하여 계산한다.

3) 결정·경정사항에 대한 통지

납세지 관할 세무서장 또는 지방국세청장은 거주자의 과세표준과 세액의 결정 또는 경정 사항을 거주자 또는 상속인에게 서면으로 통지하여야 하며, 2명 이상의 상속인이 있을 경우 상속인별로 각각 통지하여야 한다.

07 징수와 환급 및 소액부징수

1) 징수

해당 세액의 전부 또는 일부를 납부하지 않은 경우에는 그 미납된 소득세액 또는 미달세액을 국세징수법에 의해 징수한다.

① 중간예납추계액 또는 확정신고자진납부할 세액의 징수

② 결정·경정에 따른 추가납부세액의 징수

③ 원천징수세액의 징수(원천징수세액 + 원천징수납부불성실가산세액)

④ 납세조합 징수(납세조합징수세액 + 납세조합납부불성실가산세액)

2) 환급

기납부세액(중간예납, 토지 등 매매차익예정신고납부세액, 수시부과세액, 원천징수세액)이 종합소득총결정세액을 초과하는 경우에는 그 초과하는 세액은 환급하거나 국세·가산금·체납처분비에 충당한다.

3) 소액부징수

① 원천징수세액(이자소득 또는 계속적·반복적으로 행하는 활동을 통하여 얻는 인적용역 사업소득 원천징수세액은 원천징수 대상이 됨) 또는 납세조합의 징수세액이 1,000원 미만인 경우

② 중간예납세액이 50만원 미만인 경우

◢ 08 종합소득세 가산세

1) 무신고가산세

① **일반무신고** : 무신고납부세액 × 20%(부정무신고 40%, 국제거래 수반 60%)

② **복식부기의무자** : max $\left[\begin{array}{l}\text{무신고납부세액} \times 20\%(\text{부정무신고 } 40\%, \text{ 국제거래 수반 } 60\%) \\ \text{사업소득총수입금액} \times 7/10,000(\text{부당행위 } 14/10,000)\end{array}\right]$

2) 과소신고, 초과환급 신고가산세

① **일반과소신고** : 일반과소신고납부세액 × 10%(부정 40%, 국제거래 위반 60%)

② **복식부기의무자** : max $\left[\begin{array}{l}\text{부정과소신고납부세액} \times 40\%(\text{국제거래 위반 } 60\%) \\ \text{부정과소신고수입금액} \times 14/10,000\end{array}\right]$

3) 장부의 기록·보관 불성실가산세(구. 무기장가산세)

① 소규모사업자는 배제한다.

　　※ 소규모사업자 : 당해 신규사업개시자, 직전 사업소득 수입금액 4,800만원 미달자, 연말정산사업소득만 있는 사업자

② **무기장가산세액** : 종합소득산출세액 × $\dfrac{\text{무기장·미달기장 소득금액}}{\text{종합소득금액}}$ × 20%

4) 납부불성실·환급불성실 가산세

① 미달·미달납부세액 × 경과일수* × 2.5/10,000

② 초과환급받은 세액 × 경과일수* × 2.5/10,000

　　* 경과일수 : 납부기한 다음 날 ~ 자진납부일(또는 납부고지일)

5) 지급명세서제출불성실 가산세

① 미제출(불분명)금액 × 1%[지연제출(= 기한 후 3월 내 제출 시)금액 × 0.5%]
② 근로소득간이지급명세서 : 지급금액 × 미제출 0.25%(단, 제출기한 경과 후 1개월 내 지연제출 시 0.125%)
③ 원천징수대상 사업소득의 지급명세서(가산세율 : 1%)와 간이지급명세서(가산세율 : 0.25%)를 모두 미제출하거나 불분명한 경우 높은 가산세율 1%만 적용한다. 단 2024년 1월 1일부터는 인적용역 관련 기타소득도 적용한다.
　※ 다만, 연말정산 사업소득은 지급명세서(1%) · 간이지급명세서(0.25%) 제출 불성실 가산세를 중복 적용한다.
④ 원천징수대상 사업소득은 간이지급명세서(매월)을 모두 제출 시 지급명세서(연 1회) 제출을 면제한다. 다만, 연말정산 사업소득은 간이지급명세서와 지급명세서를 모두 제출하여야 한다.

6) 계산서(전자계산서)불성실 가산세(복식부기의무자만 해당)

① 계산서 허위 · 누락기재 공급가액 × 1%
② 계산서합계표 미제출 · 허위 · 누락기재 공급가액 × 0.5%(기한 후 1월 내 제출 시 0.3%)
③ 계산서 미발급 · 가공(위장)수수 가산세 : 공급가액 × 2%
④ 중도매인에 대한 계산서 제출불성실 가산세 : [(총매출액 × 연도별 교부비율) − 교부금액]에 대해서만 가산세 부과

7) 전자계산서 관련 가산세(복식부기의무자만 해당)

■ [참고] 전자계산서의 발급 등
① 의무발급대상자 : 법인, 직전 과세기간의 과세분과 면세분 공급가액 합계액 1억원 이상인 개인사업자를 말한다.
② 발급기한 : 과세기간의 다음 과세기간의 7월 1일부터 그 다음 과세기간의 6월 30일까지이다. 단, 수정신고 · 결정 · 경정으로 발급하여야 하는 기간은 수정신고 등을 한 날이 속하는 과세기간의 다음 과세기간으로 한다.
③ 전송 : 발급한 날의 다음 날
　㉠ 전자계산서 외의 계산서 발급 공급가액 × 1%
　㉡ 전자계산서 발급명세 미전송 공급가액 × 0.5%
　㉢ 전자계산서 발급명세 지연전송(과세기간 말의 다음 달 2일까지 전송) 공급가액 × 0.3%

8) 매입처별 세금계산서 합계표(복식부기의무자만 해당)

① 미제출, 불분명분 공급가액 × 0.5%
② 지연제출(기한 후 1월 이내 제출) 공급가액 × 0.3%

9) 증명서류 수취 불성실(소규모사업자 및 추계자 제외)

소규모사업자 또는 소득금액이 추계되는 자를 제외한 사업자가 3만원 초과하는 적격증명서류를 받지 않거나 또는 상이 증명서류를 받은 경우 : 미수취·허위수취 금액 × 2%

10) 영수증수취명세서 제출·작성 불성실가산세

소규모사업자 또는 소득금액이 추계되는 자를 제외한 사업자가 3만원 초과하는 적격증명서류를 미제출 또는 불분명한 증명서류를 제출한 경우 : 미제출·불분명한 금액 × 1%

11) 사업장현황신고 불성실가산세

의료업, 수의업, 약사에 관한 업을 행하는 사업자가 사업자현황신고를 하지 않거나 수입금액을 미달하여 신고한 경우 : 무신고·미달신고 수입금액 × 0.5%

12) 공동사업장등록 불성실가산세

① 미등록·허위등록한 경우 : 수입금액 × 0.5%
② 무신고 또는 허위신고 : 수입금액 × 0.1%

13) 사업용계좌 불성실가산세(복식부기의무자만 해당)

복식부기의무자는 과세기간의 개시일부터 6개월 이내에 사업용계좌를 신고하여야 한다.
① 계좌 미사용 : 미사용금액 × 0.2%
② 계좌 미신고 : $\max \left(\begin{array}{l} \text{해당과세기간수입금액} \times \text{미신고기간}/365 \times 0.2\% \\ \text{미사용 거래금액의 합계금액} \times 0.2\% \end{array} \right)$

14) 신용카드 불성실가산세

신용카드가맹점이 신용카드에 의한 거래를 거부하거나 신용카드매출전표를 사실과 다르게 발급한 경우 : 거부금액 또는 사실과 다르게 발급한 금액 × 5%(건별 5천원 미만 시 5천원)

15) 현금영수증[10] 불성실가산세

현금영수증가맹점으로 미가입, 미발급, 상이하게 발급한 경우이다.
① 미가입 : 수입금액 × 미가입기간/365 × 1%
② 미발급, 상이하게 발급한 경우 : $\max \left(\begin{array}{l} \text{건별 미발급금액·상이 금액} \times 5\% \\ \text{건별 5,000원} \end{array} \right)$

---

10) 상대방이 현금영수증 발급을 요청하지 않아도 건당 거래금액 10만원 이상인 경우 무기명으로 의무적으로 현금영수증 의무발급해야 한다. 이에 대한 업종은 변호사업, 치과의원, 한의원, 유흥주점업, 교습학원, 골프장운영업, 장례식장업, 가구소매업, 전기용품 및 조명장치 소매업, 의료용 기구소매업, 페인트유리 및 기타 건설자재 소매업, 안경소매업 등으로 확대되었다.

16) 기부금영수증 불성실가산세

> 기부금영수증에 기재사항이 다르거나 또는 기부자별 발급합계표를 미작성·미보관하는 경우이다.
> ① 상이기재한 경우 : 영수증에 적힌 금액×0.5%
> ② 기부자별 발급합계표 미작성·미보관 : 미작성·미보관금액×0.2%

17) 특정 외국법인의 유보소득 계산명세서 제출불성실가산세

> 「국세조세조정에 관한 법률」에 따라 특정외국법인의 유보소득 계산명세서를 미제출하거나 명세서가 불분명한 경우이다.
>
> 배당가능 유보소득금액 × 0.5%

18) 주택임대사업자 미등록가산세

> 미등록 주택임대수입금액 × 0.2%

09 매입자발행계산서

공급자가 면세 재화·용역을 공급하고 계산서를 발급하지 아니하는 경우 관할세무서의 확인하에 매입자가 계산서를 발행할 수 있다.

☑️ 이론문제 | **종합소득 납부절차, 원천징수, 가산세**

01 다음 중 소득세법상 반드시 종합소득 과세표준 확정신고를 해야 하는 사람은 누구인가?

① 퇴직소득금액 6,000만원과 양도소득금액 5,000만원이 있는 자
② 국내 정기예금 이자소득금액 3,000만원과 일시적인 강연료 기타소득금액 310만원이 있는 자
③ 일용근로소득 1,200만원과 공적연금소득 2,000만원이 있는 자
④ 근로소득금액 6,000만원과 복권당첨소득 5억원이 있는 자

02 다음 소득세법상 중간예납 신고의무가 면제되는 사유를 설명한 것 중 틀린 것은?

① 퇴직소득과 양도소득만 있는 자
② 사업소득과 다른 종합소득이 있는 자
③ 이자, 배당, 근로, 연금, 기타소득만 있는 자
④ 사업소득 중 수시부과하는 소득만 있는 경우

03 다음 소득세법상 중간예납의무자에 대한 설명 중 틀린 것은?

① 종합소득이 있는 거주자만 중간예납의무를 진다.
② 중간예납세액의 납부기한은 11월 30일이며 분납은 불가능하다.
③ 당해 과세기간 중 사업 개시자는 중간예납의무가 없다.

④ 중간예납추계액이 중간예납기준액의 30%에 미달하는 경우 중간예납추계액을 중간예납세액으로 하여 납부할 수 있다.

04 다음 중 종합소득 납부세액 계산과정이 옳은 것은?

① 종합소득금액 → 종합소득과세표준 → 산출세액 → 결정세액 → 납부세액
② 종합소득과세표준 → 종합소득금액 → 산출세액 → 결정세액 → 납부세액
③ 산출세액 → 종합소득금액 → 종합소득과세표준 → 결정세액 → 납부세액
④ 결정세액 → 종합소득과세표준 → 종합소득금액 → 산출세액 → 납부세액

05 다음 중 종합소득세 과세표준 확정신고에 대한 설명으로 틀린 것은?

① 종합소득과세표준이 없거나 결손금이 없는 경우에는 신고할 필요가 없다.
② 복식부기의무자가 재무상태표, 손익계산서, 합계잔액시산표, 조정계산서를 미제출할 경우에는 무신고로 본다.
③ 근로소득, 공적연금소득, 연말정산 사업소득만 있는 자 중 2가지 이상의 소득이 있는 자는 과세표준확정신고를 하여야 한다.
④ 확정신고기한까지 납세지 관할세무서 · 한국은행 · 체신관서에 납부하고, 만약 납부할 세액이 1,000만원을 초과할 경우 납부기한 경과 후 2개월 이내에 분납할 수 있다.

06 다음 결정과 경정, 추계결정 · 경정, 징수와 환급 및 분납에 대한 설명 중 틀린 것은?

① 결정은 과세표준 확정신고기일로부터 1년 내에 완료하는 것이 원칙이다.

② 과세표준계산 시 필요한 장부 · 증빙서류가 없거나 중요한 부분이 미비 · 허위인 경우에는 추계사유에 해당한다.

③ 기납부세액이 종합소득 총결정세액을 초과하는 경우에는 그 초과하는 세액은 환급하거나 국세 · 가산금 · 체납처분비에 충당한다.

④ 분납은 1,000만원을 초과할 경우 납부기한 경과 후 45일 이내에 분납할 수 있다.

07 다음 중 소득세법상 중간예납에 대한 설명으로 옳지 않은 것은?

① 원칙적으로 사업소득이 있는 거주자가 중간예납의무를 지며, 퇴직소득 및 양도소득에 대해서는 중간예납을 하지 않는다.

② 중간예납기간은 1월 1일부터 6월 30일까지이며, 당해연도의 10월 31일까지 납부하여야 한다.

③ 신규로 사업을 시작한 자는 중간예납의무를 지지 않는다.

④ 중간예납추계액이 중간예납기준액의 30%에 미달하는 경우 중간예납추계액을 신고 · 납부할 수 있다.

08 다음 중 소득세법상 소규모사업자도 적용대상이 되는 가산세는 무엇인가?

① 계산서발급불성실가산세

② 영수증수취명세서미제출가산세

③ 지급명세서제출불성실가산세

④ 증명서류수취불성실가산세

📌 이론문제 정답 및 해설

01 ② 국내 정기예금 이자소득은 2천만원 초과인 경우 종합과세하고, 일시적인 강연료 기타소득금액은 300만원 초과인 경우 종합과세한다.

① 퇴직소득과 양도소득은 종합과세하지 않고, 분류과세한다.

③ 일용근로소득은 무조건 분리과세하고, 공적연금소득은 다음해 1월분 연금소득을 지급하는 때에 연말정산한다.

④ 근로소득은 종합과세합산대상 타 소득이 없는 경우 연말정산에 의하여 납세의무가 종결되므로 확정신고를 할 필요가 없고, 복권당첨소득은 무조건 분리과세한다.

02 ② 사업소득과 다른 종합소득이 있는 자는 확정신고의무를 진다.

03 ② 중간예납세액도 분납이 가능하다.

04 ① 종합소득납부세액의 흐름을 설명한 것이다.

05 ① 종합소득과세표준이 없거나 결손금이 없는 경우에는 신고하여야 한다.

06 ④ 분납은 1,000만원을 초과할 경우 납부기한 경과 후 2개월 이내에 분납할 수 있다.

07 ② 사업소득이 있는 거주자는 1월 1일부터 6월 30일까지의 기간을 중간예납기간으로 하여 11월 30일까지 중간예납세액을 징수하여야 한다.

08 ③ 소규모사업자도 지급명세서제출불성실가산세가 적용된다.

제7절 **퇴직소득 원천징수**

01 퇴직급여제도

퇴직급여제도는 근로자의 노후소득을 보장하기 위해 사용자가 퇴직하는 근로자에게 일시금 또는 연금을 지급하는 제도로서 아래의 표와 같이 구분한다. 또한 퇴직연금제도의 급여를 받을 권리는 양도하거나 담보로 제공할 수 없지만 중간정산 퇴직사유에 따라 적립금의 50% 한도에서 담보로 제공할 수 있다.

▼ 퇴직급여제도 비교

구분	퇴직금제도	DB	DC	IRP특례	개인IRP
적용대상	모든 사업장			상시 근로자 10인 미만 사업장	• 퇴직급여가 발생한 근로자 • 퇴직연금 가입 근로자 중 희망자 • 노후소득 확보가 필요한 사람
규약신고	취업규칙	퇴직연금 규약		불필요	
운용(자산)관리 계약주체	–	사용자와 퇴직연금사업자		근로자와 퇴직연금사업자	
수수료부담	–	사용자	• 운용 및 자산관리 : 사용자 • 근로자 추가납입 : 근로자	가입자	
부담금납부	사용자			가입자	
근로자추가납입	IRP개설 시 가능	가능			
사외적립 부담금수준	사용자재량	퇴직금추계액의 90% 이상	연간 임금총액의 1/12 이상		퇴직금 및 중간정산금 전액
퇴직급여형태	일시금	연금 또는 일시금			
연금수령요건	없음	55세 이상으로서 가입기간 10년 이상			55세 이상
퇴직급여수준	퇴직 시 평균임금 30일분 × 근속연수	적립금 운용실적에 따라 다름			
운용위험부담	사용자		근로자		
중도인출 (중간정산)	가능(특정한 사유)	불가	가능(특정한 사유)		
담보제공	불가	50%까지 가능(특정한 사유)			
적합사업장 및 근로자	도산위험이 적고 임금상승률이 높은 사업장	임금상승률이 높거나, 관리능력을 갖춘 사업장	체불위험 사업장, 이직이 빈번한 근로자, 연봉제근로자	상시 근로자 10인 미만 사업장	노후소득 확보가 필요한 사람

※ 국세청 퇴직연금소득원천징수안내에서 발췌함

02 중간정산제도

아래의 사유로 긴급자금이 필요한 경우에는 회사는 근로자의 요구에 따라 해당 근로자의 계속근로 기간에 대한 퇴직금을 미리 정산하여 지급한다.

> 1) 무주택자인 근로자(본인 명의)로 주택을 구입 및 주거를 목적으로 전세금 또는 보증금을 부담하는 경우
> 2) 근로자, 근로자의 배우자, 근로자 부부의 부양가족의 6개월 이상 요양, 질병, 부상에 대한 요양비용을 근로자가 부담하는 경우
> 3) 퇴직금 중간정산을 신청하는 날부터 역산하여 5년 이내에 근로자가 파산선고를 받거나, 개인회생 절차개시 결정을 받은 경우
> 4) 사용자가 정년연장 보장 조건으로 단체협약 및 취업규칙 등을 통하여 일정 나이, 근속시점 또는 임금액을 기준으로 임금을 줄이는 제도를 시행하는 경우
> 5) 그 밖에 천재지변 등으로 피해를 입는 등 고용노동부장관이 정하여 고시하는 사유와 요건에 해당하는 경우

03 퇴직소득의 범위

> 1) 공적연금 관련법에 따라 받는 일시금(퇴직소득의 일부 또는 전부를 지연하여 지급하면서 지연지급에 대한 이자를 함께 지급하는 경우 해당 이자 포함)
> 2) 사용자 부담금을 기초로 하여 현실적인 퇴직을 원인으로 지급받는 소득
> 3) 소기업·소상공인 공제금(2016.1.1.이후 가입하는 분부터 적용, 노란우산)
> 4) 그 밖에 퇴직소득으로 보는 소득
>   ① 「과학기술인공제회법」에 따라 지급받는 과학기술발전장려금
>   ② 「건설근로자의 고용개선 등에 관한 법률」에 따라 지급받는 퇴직공제금
>   ③ 종교관련종사자가 현실적인 퇴직을 원인으로 종교단체로부터 지급받는 소득

04 퇴직소득의 수입시기

1) 원칙

   퇴직한 날로 한다.

2) 특례

   ① 국민연금 일시금과 건설근로자의 퇴직공제금의 경우 : 소득을 지급받는 날(분할하여 지급받는 경우에는 최초로 지급받는 날)
   ② 과세이연된 퇴직소득을 연금외수령하는 경우 : 소득을 지급받는 날

③ 중간정산퇴직금을 분할지급하는 경우 : 약정에 의하여 중간정산 퇴직금을 최초로 지급받기로 한 날(약정이 없는 경우 : 실제로 중간정산 퇴직금을 최초로 지급받는 날)

④ 소기업·소상공인 공제에서 발생하는 소득 : 소득을 지급받는 날

◢ 05 퇴직소득금액 계산

▼ 2016년 이후 퇴직(개정 규정 방식)

- 종전 규정 방식에 의한 퇴직소득산출세액(①)
- 퇴직소득금액(㉮) = 퇴직급여액 − 비과세소득
- 퇴직소득공제(㉯)

근속연수	근속연수 공제금액
5년 이하	근속연수 × 100만원
10년 이하	500만원 + (근속연수 − 5) × 200만원
20년 이하	1,500만원 + (근속연수 − 10) × 250만원
20년 초과	4,000만원 + (근속연수 − 20) × 300만원

- 환산급여(㉰) = (㉮ − ㉯) ÷ 근속연수 × 12
- 퇴직소득과세표준 = 환산급여 − 환산급여공제

환산급여	환산급여 공제금액
8백만원 이하	전액공제
7천만원 이하	800만원 + (㉰ − 8백만원) × 60%
1억원 이하	4,520만원 + (㉰ − 7천만원) × 55%
3억원 이하	6,170만원 + (㉰ − 1억원) × 45%
3억원 초과	1억 5,170만원 + (㉰ − 3억원) × 35%

- 퇴직소득산출세액(②) = (과세표준 × 세율) ÷ 12 × 근속연수
- 경과규정에 의한 퇴직소득산출세액 = (① × 적용비율) + (② × 적용비율)

◢ 06 퇴직소득세의 이연

1) 이연퇴직소득

거주자가 다음 중에 퇴직소득을 지급하더라도 해당 퇴직소득에 대한 소득세를 연금외수령하기 전까지는 원천징수하지 않는다.

① 퇴직일 현재 연금계좌에 있거나 연금계좌로 지급되는 경우
② 퇴직하여 지급받은 날부터 60일 이내에 연금계좌에 입금되는 경우

이 경우 이연퇴직소득에 대한 소득세가 이미 원천징수된 경우 해당 거주자가 원천징수세액에 대한 환급 신청이 가능하다.

2) 이연퇴직소득세 계산

만약, 이연퇴직소득세를 환급하는 경우 퇴직소득금액은 이미 원천징수한 세액을 뺀 금액으로 한다.

$$이연퇴직소득세 = 퇴직소득산출세액 \times \frac{연금계좌로 \ 지급이체된 \ 금액}{퇴직소득금액}$$

3) 연금외수령하는 경우 이연퇴직소득세 원천징수(연금계좌취급자)

$$연금외수령 \ 당시 \ 이연퇴직소득세 \times \frac{연금외수령한 \ 이연퇴직소득}{연금외수령 \ 당시 \ 이연퇴직소득}$$

4) 연금계좌취급자 통보

원천징수의무자가 퇴직소득세를 원천징수하지 않거나 환급한 경우 퇴직소득 지급명세서를 연금계좌취급자에게 즉시 통보한다. 만약 미통지 또는 잘못 기재한 경우 해당 금액의 1%를 가산세로 징수(제출기한 경과 3개월 이내 0.5%)당할 수 있다.

07 퇴직소득세 원천징수 방법

1) 원천징수의무자

국내에서 퇴직소득을 지급하는 원천징수의무자는 원천징수하여 그 징수일이 속하는 달의 다음 달 10일까지 납부하여야 한다.

2) 원천징수영수증 발급

퇴직소득을 지급하는 자는 그 지급일이 속하는 달의 다음 달 말일까지 그 퇴직소득의 금액과 그 밖에 필요한 사항을 적은 원천징수영수증을 퇴직소득을 지급받는 사람에게 발급한다. 다만, 원천징수시기 이연에 따라 퇴직소득에 대한 소득세를 원천징수하지 아니한 때에는 사유를 함께 적어 발급한다.

3) 원천징수시기에 대한 특례

① 원천징수의무자가 1월 ~ 11월까지 퇴직자의 퇴직소득을 해당 과세기간의 12월 31일까지 미지급한 경우 : 12월 31일에 지급한 것으로 보아 소득세를 원천징수한다.

② 원천징수의무자가 12월에 퇴직자의 퇴직소득을 다음 연도 2월 말일까지 미지급한 경우 : 다음 연도 2월 말일에 지급한 것으로 보아 소득세를 원천징수한다.

③ 공적연금 관련법에 따라 받는 일시금에 대해서는 원천징수시기에 대한 특례를 적용하지 아니한다.

08 임원퇴직금 한도

1) 법인세법에 의한 손금인정된 퇴직급여

한도 이내는 퇴직소득으로 보고, 한도 초과액은 소득세법에 의한 근로소득으로 본다.

2) 법인세법에 의해 손금불산입된 퇴직급여

소득처분은 (인정)상여로 처분한다.

3) 임원퇴직금 한도는 정관에 규정된 금액을 말하며, 규정 외의 한도액은 다음의 금액으로 한다.

> 임원의 퇴직급여 한도 = 1년간 총급여액 × 1/10 × 근속연수

✅ 이론문제 │ 퇴직소득 원천징수

01 다음 중 소득세법상 퇴직소득에 대한 설명으로 옳지 않은 것은?

① 퇴직소득은 다른 소득과 합산하지 않는 분류과세 방식으로 과세하고 있다.

② 퇴직소득의 원칙적인 수입시기는 현실적으로 퇴직한 날로 본다.

③ 퇴직소득 지급 시에는 원천징수의무가 없다.

④ 임원의 퇴직소득 중 법인세법에 따른 임원 퇴직급여 한도초과액으로 손금불산입된 금액은 근로소득에 해당한다.

02 다음 중 소득세법상 퇴직소득에 대한 설명으로 옳은 것은?

① 종업원이 연임이 된 경우에는 무조건 퇴직으로 본다.

② 공무원연금법에 따라 받은 일시금은 기타소득에 해당한다.

③ 임원의 퇴직소득 중 법인세법에 따른 임원 퇴직급여 한도초과액으로 손금불산입된 금액은 근로소득에 해당한다.

④ 퇴직소득에 대한 총수입금액의 수입시기는 원칙적으로 퇴직급여를 실지로 지급받는 날로 한다.

📌 이론문제 정답 및 해설

01 ③ 국내에서 거주자에게 퇴직소득을 지급하는 자는 그 거주자에 대한 소득세를 원천징수하여 그 징수일이 속하는 달의 다음 달 10일까지 납부해야 한다.

02 ③ ① 현실적인 퇴직으로 보지 않는다.
② 퇴직소득에 해당한다.
④ 원칙적 수입시기는 퇴직한 날이다.

전산세무 1급
실무

01 | 프로그램의 설치 및 기초정보관리

01 프로그램의 설치

1) 전산세무 1급에서는 기본데이터가 입력되어 있는 백데이터를 활용하기 때문에 교육용프로그램을 설치한 후 출판사에서 제공하는 백데이터를 실행하여 학습하도록 한다.

한국세무사회자격시험 홈페이지(https://license.kacpta.or.kr/)에서 교육용프로그램 케이렙(수험용)을 다운로드한 후 설치를 하면 바탕화면에 아이콘이 생성된다.

박문각 출판 홈페이지(www.pmgedu.co.kr)에서 학습자료실 → 전산세무·회계 → 2024 독공 전산세무 1급 백데이터를 다운로드한 후 실행한다.

2) 교육용프로그램 실행화면에서 회사등록을 누른 후 [F4 회사코드재생성]을 클릭하면 백데이터가 복구된다.

바탕화면에서 [아이콘] 아이콘을 실행한 후 종목선택 1.전산세무1급, 회사코드 1010.(주)독공기계를 선택하여 로그인을 하여 학습을 시작한다.

02 기초정보관리

1) 기초정보관리

① 회사등록

회사등록 메뉴는 프로그램을 실행하여 작업할 회사의 기초 정보 및 사업자등록증상의 내역을 입력하는 메뉴이다.

② 거래처등록

거래처등록 메뉴는 일반거래처, 금융기관, 신용카드 탭으로 구성되어 있다. 일반거래처는 매출거래처, 매입거래처, 수출수입거래처, 사업자등록증이 없는 개인(주민기재분)을 등록한다. 금융기관은 당좌예금, 보통예금, 정기예적금 등의 금융기관 거래처와 계좌번호 등의 정보를 입력한다. 신용카드는 매입카드 정보와 매출카드 가맹점에 대한 정보를 입력한다.

▼ 실무시험 수행 시 거래처를 반드시 입력해야 하는 계정과목

채권		채무	
외상매출금	선급금	외상매입금	선수금
받을어음	보통예금, 당좌예금 (은행명이 제시된 경우)	지급어음	유동성장기부채
미수금	가지급금	미지급금	가수금
대여금(장기, 단기)	임차보증금	차입금(장기, 단기)	임대보증금

③ 계정과목 및 적요등록

계정과목은 일반기업회계기준에 따라 가장 일반적인 체계로 설정되어 있으며 필요에 따라 추가 등록하거나 기존에 사용하고 있는 계정과목을 수정하여 사용할 수 있으며, 계정과목에 필요한 적요사항(현금적요와 대체적요)도 기본적으로 등록된 것 이외에도 추가로 등록하여 사용할 수 있다.

④ 환경등록

환경등록 메뉴는 프로그램을 본격적으로 사용하기 이전에 시스템의 환경설정을 등록하는 메뉴로서 회사 설정에 맞는 환경을 등록하는 메뉴이다.

2) 전기분재무제표

① 전기분재무상태표

계속기업이 전기에 결산을 하게 되면 재무제표 자료가 이월되어 당해 연도에 기초 재무제표 자료가 된다. 시스템을 처음 도입하였을 경우 기초 자료의 입력이 필요하지만 계속기업인 경우에는 매해 이월자료를 사용하기 때문에 기초 자료를 입력할 필요가 없다.

② 전기분손익계산서

전년도 말의 손익계산서 자료를 입력하는 메뉴로서 비교식 손익계산서 작성 자료로 제공된다. 계속기업인 경우에는 매해 이월자료를 사용하기 때문에 기초 자료를 입력할 필요가 없다.

③ 전기분원가명세서

제조업에서 당기제품제조원가를 산출하기 위해 작성하는 명세서이다. 산출된 당기제품제조원가는 손익계산서 작성 시 매출원가를 계산하는 데 반영된다. 전기분원가명세서의 기말원재료재고액과 기말재공품재고액은 전기분재무상태표의 원재료와 재공품의 금액과 일치하여야 한다.

④ 전기분잉여금처분계산서

전기의 이익잉여금처분계산서 또는 결손금처리계산서의 처분내역을 입력하는 것으로서 계속기업의 경우 전년도의 마감 후 이월 메뉴에서 장부마감을 하면 다음 기수의 초기이월메뉴로 자동 반영된다. 계속기업이라도 처음 전산처리하는 경우에는 전기분이익잉여금처분계산서 해당 코드번호와 금액을 입력하여야 한다.

또한 "미처분이익잉여금"은 전기분재무상태표에 [이월이익잉여금]으로 반영되어야 한다. 이 때 차액은 이익잉여금처분의 내용으로 일반전표에서 처분확정일을 기준으로 대체분개하여 이월이익잉여금의 금액을 동일하게 해 준다. 단, 유념해야 할 것은 이월결손금은 음수(-)로 기재해야 한다.

차기이월이익잉여금을 계산하는 식은 다음과 같다.

차기이월이익잉여금 = 전기이월미처분이익잉여금 + 당기순이익 - 이익잉여금처분액

⑤ 거래처별초기이월

전기분재무상태표의 데이터가 자동 반영되므로 반드시 전기분재무상태표를 먼저 입력하여야 한다. 거래처별초기이월은 거래처별로 채권, 채무 등을 관리하기 위한 목적으로 입력하는 메뉴이며 입력 후 거래처원장 전기이월란에 표기된다.

거래처별초기이월 메뉴를 열어서 [F4 불러오기]를 클릭하면 전기분재무상태표 정보가 자동 반영된다.

02 | 일반전표입력

◢ 01 일반전표입력

일반전표는 부가가치세와 관련이 없는 전표로서 입금전표, 출금전표, 대체전표로 구분할 수 있다. 입금전표는 거래총액이 전액 현금으로 입금된 경우에 발행하며 출금전표는 거래총액이 전액 현금으로 지출된 경우에 발행한다. 대체전표는 거래총액 중 현금을 전혀 수반하지 않은 거래이거나 거래총액 중 일부가 현금의 수입과 지출이 있는 경우에 해당한다.

재무회계 ⇨ 전표입력 ⇨ 일반전표입력

일반전표입력 연습하기

[1] 1월 29일

1월 2일에 취득하였던 자기주식(1,000주, 취득가액 주당 3,000원)을 모두 소각하였다. 액면가액은 주당 10,000원이며 제장부를 조회하여 회계처리하시오.

[2] 2월 4일

유상증자로 주식 10,000주(액면금액 5,000원)를 1주당 7,000원에 발행하고 그 대금이 보통예금으로 입금되었다. 주식발행 관련 수수료 1,000,000원은 수표를 발행하여 지급하였다. 관련 데이터를 조회하여 처리하시오.

[3] 2월 25일

전기의 이익잉여금처분계산서이다. 처분확정일을 입력하고 회계처리를 하시오.

이익잉여금처분계산서

2023년 1월 1일부터 2023년 12월 31일까지

처분확정일 2024년 2월 25일

(단위 : 원)

과목	금액	
Ⅰ. 미처분이익잉여금		171,488,962원
1. 전기이월미처분결손금	122,079,689원	
2. 당기순이익	293,568,651원	
Ⅱ. 임의적립금 등의 이입액		1,000,000원
1. 연구 및 인력개발준비금	1,000,000원	
합계		172,488,962원
Ⅲ. 이익잉여금처분액		43,000,000원
1. 이익준비금	3,000,000원	
2. 배당금		
가. 현금배당	30,000,000원	
나. 주식배당	10,000,000원	
Ⅳ. 차기이월 미처분이익잉여금		129,488,962원

[4] 3월 7일

1월 7일에 수령한 기계구입관련 정부보조금으로 (주)명성에서 100,000,000원에 기계장치를 구입하고 대금은 전액 당사 보통예금 계좌에서 이체하여 지급하였다. 단, 부가가치세 입력은 생략한다.

[5] 4월 3일

액면가액이 20,000,000원인 사채를 19,000,000원에 발행하여 회사의 보통예금 계좌에 입금되었다. 사채발행에 관련된 수수료 800,000원은 현금으로 지급하였다.

[6] 4월 10일

2월 25일에 주주총회에서 결의된 현금배당(원천징수세액 15.4% 공제함)은 현금으로 지급하고, 주식배당에 대한 실제배당에 대한 회계처리를 하시오.

[7] 5월 5일

보유하고 있던 자기주식 100주(장부가액 13,000,000원) 중 50주를 주당 110,000원에 처분하고 대금은 보통예금 계좌로 입금받았다.

[8] 6월 13일

공장신축을 위하여 건물과 토지를 구입하고 그 토지에 있던 구건물을 철거하였다. 토지와 구건물 구입대금으로 현금 3,000,000원과 자사보통주(주당 액면가액 5,000원, 시가 8,400원) 500주를 발행하여 교부하였고, 구건물의 철거비용과 토지 등기비 705,000원이 현금으로 지출되었다.

[9] 7월 27일

미국에 있는 웨이브사에 2023년 10월 10일 제품을 $18,000에 외상으로 수출하고 금일 보통예금 통장으로 대금 전액을 수취하였다. (단, 2023년 12월 31일에 기업회계기준에 따라 적절하게 회계처리하였다고 가정한다.)

• 2023년 10월 10일 환율 : 1,100원/1$ • 2023년 12월 31일 환율 : 1,300원/1$ • 2024년 7월 27일 환율 : 1,150원/1$

[10] 8월 11일

1월 4일 매출처 (주)부실산업의 외상매출금 4,400,000원이 회수 불가능하여 대손처리하고 부가가치세 대손세액공제를 받았던 대손금 전액이 보통예금으로 입금되었다. (부가가치세신고서 작성은 생략하고 대손세액에 대한 회계처리는 수행하시오.)

[11] 9월 18일

4월 3일에 발행한 사채 중 일부 10,000,000원을 당좌수표를 발행하여 11,000,000원에 조기상환하였다.

[12] 10월 20일

당사는 확정급여형 퇴직연금제도를 선택하고 있다. 생산직 직원 이준호의 퇴사로 인해 퇴직연금운용 계좌에서 5,000,000원과 보통예금에서 1,500,000원을 퇴직금으로 지급하였다. (단, 퇴직소득원천징수는 생략한다.)

[13] 11월 25일

금융리스로 이용 중인 기계장치의 상환내역서는 다음과 같으며, 매월 보통예금에서 이체되고 있다.

상환내역서 (주)하나캐피탈				
예정상환일	할부금	원금	이자	잔액
⋮	⋮	⋮	⋮	×××
⋮	⋮	⋮	⋮	×××
2024.11.25.	600,000원	560,000원	40,000원	×××

[14] 12월 11일

제조부에서 사용하던 기계장치가 화재로 인해 소실되어 동일 날짜에 안전보험으로부터 보험금을 청구하여 보험금 9,800,000원을 보통예금 계좌로 입금받았다. 소실 전까지의 관련 회계처리는 적정하게 되었으며 기계장치의 내용은 다음과 같다. 단, 부가가치세 입력은 생략한다.

- 기계장치 : 18,000,000원
- 감가상각누계액 : 8,500,000원
- 정부보조금 : 3,000,000원

해설

[1] (차) 자본금 10,000,000원 (대) 자기주식 3,000,000원
감자차손 3,000,000원
감자차익 4,000,000원

[2] (차) 보통예금 70,000,000원 (대) 자본금 50,000,000원
당좌예금 1,000,000원
주식할인발행차금 4,000,000원
주식발행초과금 15,000,000원

[3] (차) 이월이익잉여금 42,000,000원 (대) 미지급배당금 30,000,000원
연구인력개발준비금(364) 1,000,000원 미교부주식배당금 10,000,000원
이익준비금 3,000,000원

※ 전기분 이익잉여금처분계산서에서도 2024년 2월 25일 처분확정일도 입력한다.

[4] (차) 기계장치 100,000,000원 (대) 보통예금 100,000,000원
정부보조금 100,000,000원 정부보조금 100,000,000원
(보통예금차감) (기계장치차감)

[5] (차) 보통예금 19,000,000원 (대) 사채 20,000,000원
사채할인발행차금 1,800,000원 현금 800,000원

[6] [현금배당]
(차) 미지급배당금 30,000,000원 (대) 예수금 4,620,000원
현금 25,380,000원

[주식배당]

  (차) 미교부주식배당금   10,000,000원 (대) 자본금   10,000,000원

[7] (차) 보통예금   5,500,000원 (대) 자기주식   6,500,000원
        자기주식처분손실   300,000원
        자기주식처분이익   700,000원

[8] (차) 토지   7,905,000원 (대) 현금   3,705,000원
                                         자본금   2,500,000원
                                         주식발행초과금   1,700,000원

[9] (차) 보통예금   20,700,000원 (대) 외상매출금   23,400,000원
        외환차손   2,700,000원   (웨이브사)

[10] (차) 보통예금   4,400,000원 (대) 부가세예수금   400,000원
                                         대손충당금(109) 1,000,000원
                                         대손상각비   3,000,000원

[11] (차) 사채   10,000,000원 (대) 당좌예금   11,000,000원
        사채상환손실   1,900,000원   사채할인발행차금 900,000원

    ※ 사채할인발행차금 1,800,000원 × (10,000,000원/20,000,000원) = 900,000원

[12] (차) 퇴직급여충당부채   2,000,000원 (대) 퇴직연금운용자산 5,000,000원
        퇴직급여(제)   4,500,000원   보통예금   1,500,000원

[13] (차) 리스부채   560,000원 (대) 보통예금   600,000원
        ((주)하나캐피탈)
        이자비용   40,000원

[14] (차) 보통예금   9,800,000원 (대) 보험차익   3,300,000원
        감가상각누계액   8,500,000원   기계장치   18,000,000원
        정부보조금(기계장치차감) 3,000,000원

03 | 매입매출전표입력

01 매입매출전표입력

매입매출전표는 부가가치세와 관련된 거래를 입력하는 전표로서 부가가치세신고서, 매출처별 또는 매입처별세금계산서합계표, 매입매출장, 계산서합계표 등에 자동 반영된다. 매입매출전표입력 메뉴의 상단 부분은 부가가치세와 관련된 공급가액과 부가가치세를 입력하며, 하단 부분은 분개를 입력하게 된다.

재무회계 ⇨ 전표입력 ⇨ 매입매출전표입력

[매입매출전표입력 메뉴 설명]

부 가 세 유 형											
매출						매입					
11.과세	과세매출	16.수출	수출	21.전자	전자화폐	51.과세	과세매입	56.금전	금전등록	61.현과	현금과세
12.영세	영세율	17.카과	카드과세	22.현과	현금과세	52.영세	영세율	57.카과	카드과세	62.현면	현금면세
13.면세	계산서	18.카면	카드면세	23.현면	현금면세	53.면세	계산서	58.카면	카드면세		
14.건별	무증빙	19.카영	카드영세	24.현영	현금영세	54.불공	불공제	59.카영	카드영세		
15.간이	간이과세	20.면건	무증빙			55.수입	수입분	60.면건	무증빙		

▼ 매출 유형

코드	유형	입력내용	반영되는 서식
11	과세	매출세금계산서(부가가치세 10%)	매출처별세금계산서합계표, 매입매출장, 부가가치세신고서
12	영세	영세율세금계산서(LOCAL L/C 또는 구매확인서에 의한 수출, 부가가치세 0%) 전표입력 시 영세율구분을 반드시 입력한다.	매출처별세금계산서합계표, 매입매출장, 부가가치세신고서
13	면세	면세사업자가 발행하는 계산서(부가가치세 면제)	매출처별계산서합계표, 매입매출장, 부가세신고서의 과세표준명세
14	건별	세금계산서가 교부되지 않은 과세매출(소매매출, 부동산간주임대료, 간주공급분) 부가가치세법상 세금계산서 교부의무 면제(부가가치세 10%)	매입매출장, 부가세신고서 과세매출의 기타란 부가세신고서의 과세표준명세
15	간이	간이과세자의 매출(공급가액과 부가세가 구분되지 않음)	부가세신고서

16	수출	직수출인 경우(영세율세금계산서 발급의무 면제, 부가가치세 0%) 전표입력 시 영세율구분을 반드시 입력한다.	매입매출장, 부가세신고서의 영세매출기타란
17	카과	신용카드매출전표 발행분(과세) 미수금 또는 외상매출금에 반드시 카드거래처를 입력한다(부가가치세 10%).	매입매출장, 신용카드매출전표발행집계표, 부가세신고서의 과세매출의 신용카드·현금영수증 발행분란
18	카면	면세대상거래의 신용카드매출전표 발행분(부가가치세 면제) 미수금 또는 외상매출금에 반드시 카드거래처를 입력한다.	매입매출장, 신용카드매출전표발행집계표, 부가가치세신고서의 과세표준의 면세수입금액란
19	카영	영세율이 적용되는 재화를 공급하고 신용카드로 결제한 경우 선택한다(부가가치세 0%).	매입매출장, 신용카드매출전표발행집계표, 부가가치세신고서의 과세매출의 영세기타란
20	면건	계산서가 발행되지 않은 면세매출을 입력할 때 사용된다(부가가치세 면제).	매입매출장, 부가가치세신고서의 과세표준 면세수입금액란
21	전자	전자적 결제 수단으로의 매출을 사용한다.	
22	현과	현금영수증에 의한 과세매출 시에 사용한다(부가가치세 10%).	매입매출장, 신용카드매출전표발행집계표, 부가가치세신고서의 과세매출의 신용카드·현금영수증란
23	현면	현금영수증에 의한 면세매출 시에 사용한다(부가가치세 면제).	매입매출장, 신용카드매출전표발행집계표, 부가가치세신고서의 과세표준 면세수입금액란
24	현영	현금영수증에 의한 영세매출 시에 사용한다(부가가치세 0%).	매입매출장, 신용카드매출전표발행집계표, 부가세신고서의 영세매출기타란

▼ 매입 유형

코드	유형	입력자료	반영되는 서식
51	과세	매입세금계산서(부가가치세 10%)	매입매출장, 부가세 신고서의 일반매입란과 고정자산매입란, 매입처별세금계산합계표
52	영세	영세율세금계산서(LOCAL L/C 또는 구매확인서에 의한 매입, 부가가치세 0%)	매입매출장, 부가세신고서의 일반매입란과 고정자산매입란, 매입처별세금계산서합계표
53	면세	면세사업자가 발행하는 계산서를 교부받은 경우(부가가치세 면제)	매입매출장, 매입처별계산서합계표, 부가가치세신고서

54	불공	세금계산서는 수취하였으나(수입세금계산서 포함) 매입세액을 공제받을 수 없는 경우(부가가치세 10%로 과세하여 매입하였으나 공제받을 수 없으므로 부가세는 공급가액과 합산하여 표시한다.)	매입매출장, 매입처별세금계산서합계표, 부가세신고서의 공제받지못할매입세액란

출력형태

번호	불공제사유
	여기를 클릭하여 검색
1	①필요적 기재사항 누락 등
2	②사업과 직접 관련 없는 지출
3	③개별소비세법 제1조제2항제3호에 따른 자동차
4	④기업업무추진비 및 이와 유사한 비용 관련
5	⑤면세사업 관련
6	⑥토지의 자본적 지출 관련
7	⑦사업자등록 전 매입세액
8	⑧금.구리 스크랩 거래계좌 미사용 관련 매입세액
9	⑨공통매입세액안분계산분
10	⑩대손처분받은 세액
11	⑪납부세액재계산분

확인(Enter) 취소(Esc)

55	수입	세관장이 발행한 수입세금계산서로서 공급가액은 부가세 과세표준이며, 하단 분개 시 부가가치세만 표시된다(부가가치세 10%).	매입매출장, 부가세신고서의 일반매입란과 고정자산매입란, 매입처별세금계산산합계표
56	금전	매입세액공제가 가능한 금전등록기 이면확인받은 영수증(1998년까지만 사용한다.)	
57	카과	매입세액공제가 가능한 신용카드매출전표를 수취한 경우(부가가치세 10%)	매입매출장, 신용카드매출전표 등 수령금액 합계표(갑), 부가가치세신고서의 그 밖의 공제매입세액란
58	카면	면세대상거래의 신용카드매출전표를 수취한 경우(부가가치세 면제)	매입매출장
59	카영	영세율이 적용되는 재화 등을 매입하고, 신용카드로 결제한 경우 선택한다(부가가치세 0%).	매입매출장, 신용카드매출전표 등 수령금액 합계표(갑), 부가가치세신고서의 그 밖의 공제매입세액란
60	면건	증빙이 발행되지 않은 면세매입을 입력할 때 사용된다(부가가치세 면제).	매입매출장
61	현과	현금영수증에 의한 과세매입 시에 사용한다(부가가치세 10%).	매입매출장, 신용카드매출전표 등 수령금액 합계표(갑), 부가가치세신고서의 그 밖의 공제매입세액란
62	현면	현금영수증에 의한 면세매입 시에 사용한다(부가가치세 면제).	매입매출장

※ [F11 간편집계표] → [SF5 예정신고누락분]

① 부가가치세 신고를 하면서 예정신고 때 누락한 전표를 부가가치세확정신고서 예정신고누락분란에 데이터를 반영하기 위해서 사용한다.

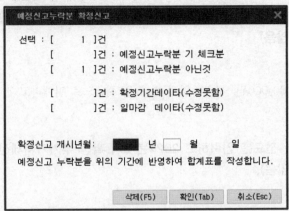

② 확정신고서에 반영할 매입매출전표를 클릭하고 [F11 간편집계표] → [SF5 예정신고누락분]을 클릭하여 확정신고 개시년월을 입력한 후 확인을 누른다. 부가가치세확정신고서 예정신고누락분에 반영된 것을 확인한다.

매입매출전표입력 연습하기

01 예정신고누락전표 부가가치세신고서에 반영하기

[1] 2024년 1기 예정신고 시 누락한 전표를 입력하고 2024년 1기 확정 부가가치세신고서에 반영하시오(가산세는 고려하지 않음).

2월 4일

(주)강철기계에 제품(공급가액 1,000,000원, 부가가치세 별도)을 현금으로 판매하고 전자세금계산서를 발급하였다.

[2] 2024년 2기 예정신고 시 누락한 전표를 입력하고 2024년 2기 확정 부가가치세신고서에 반영하시오(가산세는 고려하지 않음).

7월 20일

여수식당으로부터 공장 생산라인 직원들의 야근 식사(1,210,000원 부가세 포함)를 외상으로 하고 종이세금계산서를 수취하였다. 2기 예정 부가가치세신고 시 해당 세금계산서를 누락하여 2기 확정 부가가치세신고서에 반영하려고 한다. 반드시 해당 세금계산서를 2기 확정 부가가치세신고서에 반영시킬 수 있도록 입력·설정하시오.

02 매출유형별 전표입력하기

[1] 11. 과세[과세매출]

증빙 : 전자세금계산서, 부가가치세 10%

1월 2일

영업부에서 사용 중이던 승용차를 (주)한주전기에 20,000,000원(부가가치세 별도)에 매각하고 전자세금계산서를 발급하였다. 대금 중 5,000,000원은 자기앞수표로 받고 잔액은 9월에 받기로 하였으며, 차량운반구의 취득원가는 50,000,000원, 감가상각누계액은 8,000,000원이다.

1월 16일

당사는 (주)미래산업에 제품 6억원(부가세 별도)을 잔금일에 인도하기로 계약하였다. 대금은 수령약정일에 보통예금으로 이체받았으며, 해당 제품의 공급과 관련하여 전자세금계산서는 부가가치세법에 따라 정상적으로 발급하였다.

구분	계약금	1차 중도금	2차 중도금	잔금
수령약정일	2024.01.16.	2025.01.16.	2026.01.16.	2027.01.16.
수령액(부가가치세 포함)	165,000,000원	110,000,000원	110,000,000원	275,000,000원

1월 23일

(주)건흥기업에 판매하였던 제품 중 일부 300,000원(부가가치세 별도)이 반품되어 수정전자세금계산서를 발행하였으며 전액 외상대금과 상계처리하기로 하였다.

1월 24일

(주)한주전기에 제품을 3,500,000원(부가가치세 별도)에 판매하고 전자세금계산서를 교부하였으며, 2,000,000원은 (주)한주전기가 (주)우성기업으로부터 받을 외상매출금 채권을 양수하였고, 나머지는 보통예금계정에 입금되었다. 하나의 전표로 입력하시오.

1월 26일

(주)한라기계에 기계장치를 20,000,000원(부가가치세 별도)에 처분하고 대금은 다음 달 말일에 받기로 하고 전자세금계산서를 발급하였다. 기계장치의 취득원가는 30,000,000원이며 처분시점까지의 감가상각누계액은 5,000,000원, 정부보조금(기계장치차감)은 6,000,000원이다.

1월 31일

(주)케이디산업에 제품을 판매하고 발행한 전자세금계산서이다. 당사는 부가가치세법상 월합계세금계산서를 매월 말일자를 작성일자로 하여 발행하고 있다. 작성일자에 회계처리를 하시오.

거래일자	품목	공급가액	부가세	결제내역
1월 15일	기계-1	2,000,000원	200,000원	1,500,000원은 전자어음을 수취
1월 25일	기계-2	1,000,000원	100,000원	하였고 잔액은 외상으로 하였다.

[2] 12. 영세[영세매출]

증빙 : 영세율전자세금계산서, 부가가치세 0%
내국신용장(Local L/C) 또는 구매확인서에 의한 수출

2월 4일

(주)한주전기에 내국신용장(Local L/C)에 의하여 제품 30,000,000원을 공급하고 영세율전자세금계산서를 발행하였다. 대금은 보통예금으로 입금된 계약금을 상계한 잔액을 동 계좌로 입금받았다.

계약내용		
계약일자	2월 1일	
총계약금액	30,000,000원	
계약금	2월 1일	5,000,000원
납품기일 및 금액	2월 4일	25,000,000원

[3]   13. 면세[면세매출]

증빙 : 계산서, 부가가치세 면제

2월 6일

선일전자(주)에 아래와 같이 면세대상 제품 도서를 판매하고 대금 중 1,000,000원은 보통예금으로 입금받았고 잔액은 동점발행 당좌수표로 입금받았다.

품목	수량	단가	공급가액	부가세	합계
경영관리	30	30,000	900,000		900,000
인사관리	20	35,000	700,000		700,000

[4]   14. 건별[전자세금계산서가 교부되지 않은 과세매출]

증빙 : 증빙 없음, 부가가치세 10%

2월 7일

매출거래처 선물용으로 당사 제품(원가 400,000원, 시가 600,000원)을 제공하였다(단, 원가와 시가는 부가가치세 제외금액임).

2월 9일

판매대리점 경기상회의 초과실적 달성분에 대하여 약정에 따른 판매장려금을 제품(원가 1,000,000원, 시가 2,000,000원)으로 지급하였다. (재화의 공급에 해당하는 부분은 매입매출전표입력 메뉴에서 입력하고, 분개는 일반전표입력 메뉴에서 판매장려금 계정으로 처리하기로 한다.)

[5]   16.수출[수출]

증빙 : 수출실적명세서, 직수출, 부가가치세 0%, 세금계산서 발급의무 면제

2월 11일

회사는 미국의 웨이브사에 선적지 인도조건(FOB)으로 $30,000의 제품을 직수출하였다. 수출대금 중 $3,000은 1월 10일에 계약금으로 수령하여 보통예금으로 입금되었으나 원화로 환가하지는 않았다. 제품 선적은 2월 11일 이루어졌고, 수출대금 잔액은 회수하지 않았다.

• 1월 10일의 기준환율 : 1,200원/$	• 2월 11일의 기준환율 : 1,100원/$

2월 12일

미국의 언더우드사에게 제품을 $25,000에 직수출하고 금일에 제품을 선적하였다. 대금은 계약금으로 2월 1일에 $5,000을 받아서 원화 ₩6,000,000으로 환가하였고, 잔액인 $20,000은 2월

28일 받기로 하였다. 계약금에 대한 회계처리는 적절하게 되었으며, 선적일 및 잔금일의 환율은 다음과 같다. (단, 수출에 대한 회계처리는 부가가치세법에 따라 처리하시오.)

구분		환율
선적일(2월 12일)	대고객외국환 매도율	₩1,290/$
	대고객외국환 매입율	₩1,280/$
	기준환율	₩1,240/$
잔금일(2월 28일)	대고객외국환 매도율	₩1,270/$
	대고객외국환 매입율	₩1,260/$
	기준환율	₩1,230/$

2월 13일

일본의 카오에 다음과 같은 조건으로 제품을 직수출하는 계약을 체결하고 다음과 같이 제품을 수출 완료하였다. 대금 ¥2,000,000은 전액 잔금지급 약정일인 2월 28일에 수취하기로 하였다.

수출대금총액	¥2,000,000	환율(100엔당)	2월 2일	2월 7일	2월 13일
계약일	2월 2일	대고객외환매도율	730원	720원	750원
수출품완성일	2월 7일	대고객외환매입율	760원	740원	790원
수출품선적일	2월 13일	재정환율	700원	690원	720원

2월 14일

언더우드사에 제품을 직수출하기 위하여 선적을 하고 수출대금 $100,000 중 2월 1일 수령한 계약금 $10,000을 제외하고 전액 외상으로 하였다. US 1$당 2월 1일의 환율은 1,000원이었고 2월 14일의 환율은 1,100원이었다. (계약금은 수령 즉시 원화로 환가하였다.) 부가가치세법에 따른 회계처리를 하시오.

[6] 17.카과[카드과세]

증빙 : 신용카드매출전표, 부가가치세 10%

2월 15일

(주)씨엔에스에 제품 110,000원(부가가치세 포함)을 판매하고 신용카드매출전표(현대카드)를 발행하였다.

2월 17일

비사업자인 한지민에게 제품 220,000원(부가가치세포함)을 판매하고 신용카드(현대카드)로 결제받았다.

[7]   22.현과[현금과세]

증빙 : 현금영수증, 부가가치세 10%

2월 18일

개인 이준석(비사업자)에게 제품 70,000원(부가세 별도)을 판매하고 현금영수증을 발급하였다.

[8]   18.카면[카드면세]

증빙 : 신용카드매출전표, 부가가치세 면제

2월 19일

회사를 이전하면서 직원 식사를 위해 구입하였던 쌀 10kg을 쌀 판매점인 (주)착한마트에 500,000원에 판매하고 현대카드로 결제받았다. 쌀의 구입원가는 500,000원이며 구입 당시 저장품으로 회계처리하였다. 단, 쌀 판매는 (주)독공기계의 사업과 관련된 부수재화에 해당되지 않는 것으로 가정한다.

03 매입유형별 전표입력하기

[1]   51. 과세[과세매입]

증빙 : 세금계산서, 부가가치세 10%

2월 21일

(주)현재자동차로부터 업무용으로 사용할 화물트럭을 외상으로 구입하면서 공급가액 30,000,000원(부가가치세 별도)의 전자세금계산서를 발급받았다. 동 차량 구입으로 인하여 의무적으로 매입해야 하는 채권(액면금액 1,000,000원, 공정가치 800,000원)을 액면금액으로 매입하고 대금은 보통예금에서 지급하였다. 채권은 매도가능증권(투자자산)으로 분류되며 거래내용은 매입매출전표에서 일괄처리한다.

2월 23일

(주)기프트에서 보유하고 있는 특허권을 취득하고 전자세금계산서를 교부받았으며, 대가로 주식 1,000주를 발행하여 교부하고 800,000원은 미지급하였다. 당사가 발행한 주식은 액면가액 @5,000원, 시가 @8,000원, 특허권의 시가는 8,000,000원이다. (주식할인발행차금은 없다고 가정한다.)

2월 24일

당사는 공장 내 원료운반용 지게차를 임차해오고 있으며, 당해 지게차 임차와 관련하여 (주)건흥기업으로부터 아래와 같은 전자세금계산서를 교부받았다. 대금은 다음 달에 지급될 예정이다.

작성일자	품목	공급가액	세액	합계	비고
2.24	지게차 대여	1,000,000원	100,000원	1,100,000원	청구

2월 25일

당사의 공장용 화물트럭이 원재료 운반 도중 접촉사고가 발생하여 이를 수리한 뒤 (주)스피드자동차공업사로부터 전자세금계산서 1매를 교부받았고, 관련 대금은 다음 달 말일에 지급할 예정이다.

품명	공급가액	세액	합계	비고
엔진 교체	5,000,000원	500,000원	5,500,000원	자본적 지출
앞 유리교체	300,000원	30,000원	330,000원	수익적 지출
앞 범퍼교체	500,000원	50,000원	550,000원	수익적 지출
합계	5,800,000원	580,000원	6,380,000원	

2월 27일

액면가액 5,000원, 발행주식수 10,000주의 자본증자 등기가 완료되고 보통예금 계좌로 증자대금이 입금되었다. 자본증자관련 등록비용은 1,500,000원, 법무사수수료 550,000원(VAT 포함)을 보통예금으로 지급하였다. 등록관련비용은 영수증을 수취하였으며, 법무사 수수료는 공정법무사사무소에서 전자세금계산서(작성일자 : 2월 27일)를 발급받았다. (단, 주식발행초과금은 존재하지 않는다.)

2월 28일

(주)대광상사에서 원재료를 121,000,000원(부가가치세 포함)에 매입하고 전자세금계산서를 교부받았다. 대금 중 전기말에 지급하였던 계약금 22,000,000원을 차감한 잔액 중 90,000,000원은 당사에서 만기상환을 목적으로 보관하던 (주)나라전자 발행의 약속어음을 배서양도하고, 잔액은 당좌수표를 발행하여 지급하였다. (계약금을 지급함에 대하여는 별도의 전자세금계산서를 교부받지 않음)

3월 1일

공장의 신축이 완료되어 (주)금성에 잔금을 보통예금 계좌에서 이체하여 지급하고 세법에 의한 전자세금계산서를 수취하다. 공급계약은 다음과 같다. (본 계약은 계약금 및 중도금 지급 시 세금계산서를 발행하지 않았다.)

구분	지급일자	공급대가(부가가치세 포함)
계약금	1월 1일	11,000,000원
중도금	2월 1일	55,000,000원
잔금	3월 1일	44,000,000원

[2]   52. 영세[영세매입]

증빙 : 영세율세금계산서, 부가가치세 0%
내국신용장(Local L/C) 또는 구매확인서에 의한 매입

3월 2일

(주)바이몰로부터 내국신용장(Local L/C)에 의하여 원재료 2,000,000원을 공급받고 영세율 전자세금계산서를 발급받았으며, 대금 중 50%는 어음으로 지급하고 나머지 금액은 현금으로 지급하였다.

3월 3일

수출용 제품에 대한 원재료 4,000,000원(공급가액)을 (주)지수전자로부터 매입하고, 영세율전자세금계산서를 발급받았다. 구입대금 중 2,000,000원은 (주)한라기계로부터 받은 어음을 배서해주고, 나머지는 외상으로 하였다.

[3]   53. 면세[면세매입]

증빙 : 계산서, 부가가치세 면제

3월 4일

당사는 독공회계학원(면세사업자)에서 학원생의 운행용으로 사용하던 미니버스(25인승)를 20,000,000원에 구입하면서, 전자계산서를 수취하였으며 대금은 전액 현금 지급하였다.

3월 6일

재경팀 송중기의 결혼식에 보낼 화환을 200,000원에 아름꽃집에서 구입하고 전자계산서를 발급받았다. 대금은 전액 현금으로 지급하였다.

3월 7일

싱싱과일에서 신규매출처에 선물로 증정하기 위하여 사과(120,000원)를 외상으로 구입하고 전자계산서를 교부받았다.

[4]   54. 불공[매입세액이 공제되지 않는 사유에 해당하는 경우]

증빙 : 세금계산서, 부가가치세 10%
– 세금계산서는 수취하였으나 부가가치세법상 불공제사유에 해당하는 경우 매입세액은 공제받지 못한다. 유형을 불공으로 선택한 후 불공제사유를 선택하여 등록한다.

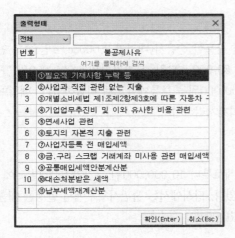

출력형태		✕
전체 ▾		
번호	불공제사유	
	여기를 클릭하여 검색	
1	①필요적 기재사항 누락 등	
2	②사업과 직접 관련 없는 지출	
3	③개별소비세법 제1조제2항제3호에 따른 자동차 구	
4	④기업업무추진비 및 이와 유사한 비용 관련	
5	⑤면세사업 관련	
6	⑥토지의 자본적 지출 관련	
7	⑦사업자등록 전 매입세액	
8	⑧금.구리 스크랩 거래계좌 미사용 관련 매입세액	
9	⑨공통매입세액안분계산분	
10	⑩대손처분받은 세액	
11	⑪납부세액재계산분	
	확인(Enter) 취소(Esc)	

3월 8일

당사는 공장을 신축하기 위하여 토지의 형질변경비 5,500,000원(부가가치세 포함)과 공장신축을 위한 토지굴착비로 3,300,000원(부가가치세 포함)을 수표를 발행하여 지급하고 (주)삼정건설로부터 전자세금계산서를 각각 수취하였다. (상기 형질변경비와 토지굴착비의 계정은 토지 또는 건물의 계정과목으로 회계처리할 것)

3월 9일

대표이사 배수지의 자택에서 사용할 목적으로 (주)하나물산에서 TV를 7,000,000원(부가가치세 별도)에 구입하고 회사 명의로 전자세금계산서를 발급받았다. 대금은 보통예금 계좌에서 이체하였다.

3월 13일

(주)현재자동차에서 영업용 승용차(1,998cc)를 30,000,000원(부가가치세 별도)에 구입하고 전자세금계산서를 수취하였으며 10,000,000원은 법인 신한카드로 결제하고 잔액은 12개월 할부로 결제하였다. (고정자산등록은 생략한다.)

3월 16일

매출거래처의 신규지점개설을 축하하기 위하여 (주)미래산업으로부터 선물세트를 1,500,000원(부가가치세 별도)에 매입하고 전자세금계산서를 수취한 후 650,000원은 당좌수표를 발행하여 지급하였고 나머지 금액은 한 달 후에 지급하기로 하였다.

3월 17일

본사 사옥을 신축할 목적으로 건축물이 있는 토지를 구입하고 기존 건축물을 철거하였다. 철거관련비용 2,000,000원(부가가치세 별도)은 (주)강철기계가 발행한 전자세금계산서를 수취하였으며 대금은 수표를 발행하여 지급하였다.

3월 18일

미국 자동차회사인 GM상사로부터 영업부서에서 사용할 승용차(배기량 2,000cc, 4인승)를 인천세관을 통해 수입하고 수입세금계산서(공급가액 50,000,000원, 부가가치세 5,000,000원)를 교부받았다. 부가가치세 5,000,000원과 관세 1,000,000원을 보통예금으로 지급하였다. 매입매출전표에서 수입세금계산서와 관세에 대해서만 회계처리하시오.

3월 19일

출판사업부에서 사용할 기계장치를 (주)한라기계로부터 10,000,000원(부가가치세 별도)에 전액 외상으로 구입하고 전자세금계산서를 수취하였다. 당사에서는 출판사업부에서 발생한 매출액에 대하여 부가가치세를 면세로 신고해 오고 있다.

[5] 55. 수입[수입]

증빙 : 수입세금계산서, 부가가치세 10%
- 세관장이 발급한 수입세금계산서를 수취하는 경우에 해당되며 과세표준은 부가가치세를 징수하기 위한 과세표준이기 때문에 하단에서 분개는 부가가치세만 표기된다.

3월 20일

미국 그린사로부터 수입한 원재료와 관련하여 인천세관에 부가가치세 2,500,000원(공급가액 25,000,000원)의 수입세금계산서를 교부받고 통관 제비용(관세 500,000원, 통관수수료 300,000원)을 포함하여 현금으로 지급하였다. (단, 제비용은 미착품 계정을 사용할 것)

3월 22일

원재료를 수입하면서 인천세관으로부터 40,000,000원(부가가치세 별도)의 수입세금계산서를 교부받고 통관수수료 200,000원을 포함하여 현금으로 지급하였다. (미착품은 고려하지 않는다.)

[6] 57. 카과[카드과세]

증빙 : 신용카드매출전표 수령, 부가가치세 10%
부가가치세법상 매입세액공제요건을 충족한 경우 매입세액 공제가 가능하다.

3월 23일

광고전단지 인쇄대금 6,050,000원(부가가치세 포함)을 (주)바이몰에 신한카드로 결제하였다.

3월 26일

공장에 설치 중인 전자동기계의 성능을 시험해 보기로 하였다. 시운전을 위하여 해피주유소에서 휘발유 200리터를 330,000원(1,650원/리터)에 구입하고 대금은 신한카드로 지급하였다. (신용카드매출전표상에 공급가액과 세액을 구분표시하여 받음)

[7] 58. 카면[카드면세]

증빙 : 신용카드매출전표 수령, 부가가치세 면제

3월 27일

본사 재경부에서 사용할 컴퓨터관련 서적 12개(@20,000)를 작은책방에서 구입하고, 대금은 신한카드로 결제하였다.

3월 28일

부가가치세 과세제품에 사용되는 쌀라면의 원재료인 쌀을 (주)착한마트에서 2,000,000원에 구입하고 신한카드로 결제하였다. 단, 외상매입금으로 계정처리하시오.

[8] 61. 현과[현금과세]

증빙 : 현금영수증 수령, 부가가치세 10%

3월 29일

본사 경리부에서 사용할 복사용지 120,000원(부가가치세 별도)을 다팔아백화점에서 현금으로 구입하고 현금영수증을 수취하였다. (소모품비로 처리할 것)

3월 30일

(주)박문전자로부터 영업부에서 사용할 컴퓨터를 2,200,000원(부가가치세 포함)에 구입하고 현금영수증(지출증빙용, 승인번호 : 2024123456)을 교부받았으며 대금은 당좌수표를 발행하여 지급하였다.

실습하기

과세기간 종료일의 부가가치세 납부(환급)세액 분개

과세기간 종료일(3월 31일, 6월 30일, 9월 30일, 12월 31일)에 납부 또는 환급세액에 대한 정리 분개를 하게 되는데 납부세액일 경우 미지급세금으로, 환급세액일 경우 미수금으로 회계처리한다.
부가가치세 납부(환급) 회계처리 시 일단위절사액은 잡이익, 전자신고세액공제 잡이익, 가산세는 잡손실 또는 세금과공과로 회계처리를 한다.

① 납부세액 발생 시 정리분개
　[과세기간 종료일 분개]
　(차) 부가세예수금　　10,000　　　(대) 부가세대급금　　6,000
　　　　　　　　　　　　　　　　　　　　미지급세금　　4,000

　[부가가치세 납부일 분개]
　(차) 미지급세금　　　4,000　　　　(대) 보통예금　　　4,000

② 환급세액 발생 시 정리분개
　[과세기간 종료일 분개]
　(차) 부가세예수금　　10,000　　　(대) 부가세대급금　　13,000
　　　미수금　　　　　3,000
　[부가가치세 납부일 분개]
　(차) 보통예금　　　　3,000　　　　(대) 미수금　　　　3,000

> **해설**

01　예정신고누락전표 부가가치세신고서에 반영하기

[1]　2월 4일

① 2월 4일자에 매입매출전표를 입력한다.

유형	품목	공급가액	부가세	공급처명	전자	분개
11.과세	제품	1,000,000	100,000	(주)강철기계	여	현금

(차) 현금	1,100,000	(대) 부가세예수금		100,000
		제품매출		1,000,000

② [F11 간편집계]에서 예정 누락분을 클릭한다.

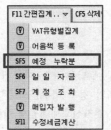

③ 예정신고누락분 확정신고 화면에서 확정신고 개시년월을 입력 후 확인을 누른다.

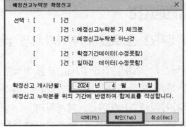

④ 1기 확정신고 기간의 부가가치세신고서에 반영된 화면

일반과세	간이과세						

조회기간 2024 년 4 월 1 일 ~ 2024 년 6 월 30 일 신고구분 1.정기신고

구분				정기신고금액		
				금액	세율	세액
과세표준및매출세액	과세	세금계산서발급분	1		10/100	
		매입자발행세금계산서	2		10/100	
		신용카드·현금영수증발행분	3		10/100	
		기타(정규영수증외매출분)	4			
	영세	세금계산서발급분	5		0/100	
		기타	6		0/100	
	예정신고누락분		7	1,000,000		100,000
	대손세액가감		8			
	합계		9	1,000,000	㉑	100,000

[2] 7월 20일

유형	품목	공급가액	부가세	공급처명	전자	분개
51.과세	식대	1,100,000	110,000	여수식당		혼합

(차) 복리후생비(제)	1,100,000	(대) 미지급금	1,210,000
부가세대급금	110,000		

[F11 간편집계] → [SF5 예정누락분] → 확정신고 개시년월 '2024년 10월' 입력 → 확인(Tab)

02 매출유형별 전표입력하기

[1] 11.과세[과세매출]

1월 2일

유형	품목	공급가액	부가세	공급처명	전자	분개
11.과세	승용차	20,000,000	2,000,000	(주)한주전기	여	혼합

(차) 감가상각누계액(209)	8,000,000	(대) 부가세예수금	2,000,000
유형자산처분손실	22,000,000	차량운반구	50,000,000
미수금	17,000,000		
현금	5,000,000		

1월 16일

유형	품목	공급가액	부가세	공급처명	전자	분개
11.과세	계약금	150,000,000	15,000,000	(주)미래산업	여	혼합

(차) 보통예금	165,000,000	(대) 부가세예수금	15,000,000
		선수금	150,000,000

1월 23일

유형	품목	공급가액	부가세	공급처명	전자	분개
11.과세	제품반품	-300,000	-30,000	(주)건흥기업	여	외상

(차) 외상매출금	-330,000	(대) 제품매출	-300,000
		부가세예수금	-30,000

1월 24일

유형	품목	공급가액	부가세	공급처명	전자	분개
11.과세	제품	3,500,000	350,000	(주)한주전기	여	혼합

(차) 외상매출금((주)우성기업)	2,000,000	(대) 제품매출	3,500,000
보통예금	1,850,000	부가세예수금	350,000

1월 26일

유형	품목	공급가액	부가세	공급처명	전자	분개
11.과세	기계장치	20,000,000	2,000,000	(주)한라기계	여	혼합

(차) 정부보조금	6,000,000	(대) 부가세예수금	2,000,000
(기계장치차감)		기계장치	30,000,000
감가상각누계액	5,000,000	유형자산처분이익	1,000,000
미수금	22,000,000		

1월 31일

날짜와 과세유형을 선택한 후 상단에서 [F7 복수거래]를 눌러 화면 하단에서 내역을 입력한다.

유형	품목	공급가액	부가세	공급처명	전자	분개
11.과세	기계-1외	3,000,000	300,000	(주)케이디산업	여	혼합

(차) 받을어음	1,500,000	(대) 부가세예수금	300,000
외상매출금	1,800,000	제품매출	3,000,000

[2] 12. 영세[영세매출]

2월 4일

유형	품목	공급가액	부가세	공급처명	전자	분개
12.영세	제품	30,000,000		(주)한주전기	여	혼합
영세율구분 3.내국신용장 구매확인서에 의하여 공급하는 재화						

(차) 선수금	5,000,000	(대) 제품매출	30,000,000
보통예금	25,000,000		

[3] 13. 면세[면세매출]

2월 6일

날짜와 유형을 선택한 후 상단에서 [F7 복수거래] 아이콘을 눌러서 하단에서 품목별로 수량과 단가를 입력한다. [TAB], [ESC]로 상단으로 이동한 후 입력한다.

유형	품목	공급가액	부가세	공급처명	전자	분개
13.면세	경영관리 외	1,600,000		선일전자(주)	여	혼합

(차) 보통예금	1,000,000	(대) 제품매출	1,600,000
현금	600,000		

[4] 14. 건별[전자세금계산서가 교부되지 않은 과세매출]

2월 7일

유형	품목	공급가액	부가세	공급처명	전자	분개
14.건별	제품	600,000	60,000			혼합

(차) 기업업무추진비(판)	460,000	(대) 부가세예수금	60,000
		제품	400,000
		(적요8. 타계정으로대체액)	

2월 9일

[매입매출전표입력]

유형	품목	공급가액	부가세	공급처명	전자	분개
14.건별	판매장려금	2,000,000	200,000	경기상회		없음

[일반전표입력]

(차) 판매장려금	1,200,000	(대) 제품	1,000,000
		(적요8.타계정으로대체)	
		부가세예수금	200,000

[5] 16.수출[수출]

2월 11일

유형	품목	공급가액	부가세	공급처명	전자	분개
16.수출	제품	33,000,000		웨이브사		혼합
영세율구분 1. 직접수출(대행수출포함)						

| (차) 선수금 | 3,600,000 | (대) 제품매출 | 33,000,000 |
| 외상매출금 | 29,700,000 | 외환차익 | 300,000 |

2월 12일

유형	품목	공급가액	부가세	공급처명	전자	분개
16.수출	제품	30,800,000		언더우드사		혼합
영세율구분 1. 직접수출(대행수출포함)						

| (차) 선수금 | 6,000,000 | (대) 제품매출 | 30,800,000 |
| 외상매출금 | 24,800,000 | | |

2월 13일

공급가액 = ￥2,000,000 × 720원/￥100 = 14,400,000원

유형	품목	공급가액	부가세	공급처명	전자	분개
16.수출	제품	14,400,000		카오		외상
영세율구분 1. 직접수출(대행수출포함)						

| (차) 외상매출금 | 14,400,000 | (대) 제품매출 | 14,400,000 |

2월 14일

유형	품목	공급가액	부가세	공급처명	전자	분개
16.수출	제품	109,000,000		언더우드사		혼합
영세율구분 1. 직접수출(대행수출포함)						

(차) 선수금	10,000,000	(대) 제품매출	109,000,000
외상매출금	99,000,000		

[6] 17.카과[카드과세]

2월 15일

유형	품목	공급가액	부가세	공급처명	전자	분개
17.카과	제품	100,000	10,000	(주)씨엔에스		카드
신용카드사 현대카드						

(차) 외상매출금	110,000	(대) 부가세예수금	10,000
(현대카드)		제품매출	100,000

2월 17일

유형	품목	공급가액	부가세	공급처명	전자	분개
17.카과	제품	200,000	20,000	한지민		카드
신용카드사 현대카드						

(차) 외상매출금	220,000	(대) 부가세예수금	20,000
(현대카드)		제품매출	200,000

[7] 22.현과[현금과세]

2월 18일

유형	품목	공급가액	부가세	공급처명	전자	분개
22.현과	제품	70,000	7,000	이준석		현금

(차) 현금	77,000	(대) 부가세예수금	7,000
		제품매출	70,000

[8]　18.카면[카드면세]

2월 19일

유형	품목	공급가액	부가세	공급처명	전자	분개
18.카면	쌀	500,000		(주)착한마트		카드

(차) 외상매출금	500,000	(대) 저장품	500,000
(현대카드)			

03　매입유형별 전표입력하기

[1]　51. 과세[과세매입]

2월 21일

유형	품목	공급가액	부가세	공급처명	전자	분개
51.과세	트럭	30,000,000	3,000,000	(주)현재자동차	여	혼합

(차) 부가세대급금	3,000,000	(대) 보통예금	1,000,000
차량운반구	30,200,000	미지급금	33,000,000
매도가능증권(178)	800,000		

2월 23일

유형	품목	공급가액	부가세	공급처명	전자	분개
51.과세	특허권	8,000,000	800,000	(주)기프트	여	혼합

(차) 특허권	8,000,000	(대) 자본금	5,000,000
부가대급금	800,000	미지급금	800,000
		주식발행초과금	3,000,000

2월 24일

유형	품목	공급가액	부가세	공급처명	전자	분개
51.과세	지게차임차	1,000,000	100,000	(주)건흥기업	여	혼합

(차) 부가세대급금	100,000	(대) 미지급금	1,100,000
임차료(제)	1,000,000		

2월 25일

유형	품목	공급가액	부가세	공급처명	전자	분개
51.과세	엔진교체외	5,800,000	580,000	(주)스피드자동차공업사	여	혼합

(차) 부가세대급금	580,000	(대) 미지급금	6,380,000
차량운반구	5,000,000		
차량유지비(제)	800,000		

2월 27일

[매입매출전표입력]

유형	품목	공급가액	부가세	공급처명	전자	분개
51.과세	수수료	500,000	50,000	공정법무사사무소	여	혼합

(차) 주식할인발행차금	500,000	(대) 보통예금	550,000
부가세대급금	50,000		

[일반전표입력]

(차) 보통예금	50,000,000	(대) 자본금	50,000,000
주식할인발행차금	1,500,000	보통예금	1,500,000

2월 28일

유형	품목	공급가액	부가세	공급처명	전자	분개
51.과세	원재료	110,000,000	11,000,000	(주)대광상사	여	혼합

(차) 부가세대급금	11,000,000	(대) 선급금	22,000,000
원재료	110,000,000	받을어음	90,000,000
		((주)나라전자)	
		당좌예금	9,000,000

3월 1일

계약금과 중도금은 입력된 자료를 이용하며, 건물로의 대체분개도 포함하여 회계처리한다.

유형	품목	공급가액	부가세	공급처명	전자	분개
51.과세	공장신축완료	100,000,000	10,000,000	(주)금성	여	혼합

(차) 부가세대급금	10,000,000	(대) 건설중인자산	66,000,000
건물	100,000,000	보통예금	44,000,000

[2] 52. 영세[영세매입]

3월 2일

유형	품목	공급가액	부가세	공급처명	전자	분개
52.영세	원재료	2,000,000		(주)바이몰	여	혼합

(차) 원재료	2,000,000	(대) 지급어음	1,000,000
		현금	1,000,000

3월 3일

유형	품목	공급가액	부가세	공급처명	전자	분개
52.영세	원재료	4,000,000		(주)지수전자	여	혼합

(차) 원재료	4,000,000	(대) 받을어음	2,000,000
		((주)한라기계)	
		외상매입금	2,000,000

[3] 53. 면세[면세매입]

3월 4일

유형	품목	공급가액	부가세	공급처명	전자	분개
53.면세	미니버스	20,000,000		독공회계학원	여	혼합

(차) 차량운반구	20,000,000	(대) 현금	20,000,000

3월 6일

유형	품목	공급가액	부가세	공급처명	전자	분개
53. 면세	화환	200,000		아름꽃집	여	현금

(차) 복리후생비(판)	200,000	(대) 현금	200,000

3월 7일

유형	품목	공급가액	부가세	공급처명	전자	분개
53. 면세	사과	120,000		싱싱과일	여	혼합

(차) 기업업무추진비	120,000	(대) 미지급금	120,000

[4] 54. 불공[매입세액이 공제되지 않는 사유에 해당하는 경우]

3월 8일

유형	품목	공급가액	부가세	공급처명	전자	분개
54.불공	토지	5,000,000	500,000	(주)삼정건설	여	혼합
불공제사유 6. 토지의 자본적 지출 관련						

(차) 토지	5,500,000	(대) 당좌예금	5,500,000

유형	품목	공급가액	부가세	공급처명	전자	분개
51.과세	건물	3,000,000	300,000	(주)삼정건설	여	혼합

(차) 건물	3,000,000	(대) 당좌예금	3,300,000
부가세대급금	300,000		

3월 9일

유형	품목	공급가액	부가세	공급처명	전자	분개
54.불공	TV	7,000,000	700,000	(주)하나물산	여	혼합
불공제사유 2. 사업과 직접 관련 없는 지출						

(차) 가지급금	7,700,000	(대) 보통예금	7,700,000
(배수지)			

3월 13일

유형	품목	공급가액	부가세	공급처명	전자	분개
54.불공	승용차	30,000,000	3,000,000	(주)현재자동차	여	혼합
불공제사유 3. 개별소비세법 제1조 제2항 제3호에 따른 자동차 구입·유지 및 임차						

(차) 차량운반구	33,000,000	(대) 미지급급	10,000,000
		(신한카드)	
		미지급금	23,000,000
		((주)현재자동차)	

3월 16일

유형	품목	공급가액	부가세	공급처명	전자	분개
54.불공	선물세트	1,500,000	150,000	(주)미래산업	여	혼합
불공제사유 4. 기업업무추진비 및 이와 유사한 비용 관련						

| (차) 기업업무추진비(판) | 1,650,000 | (대) 미지급금 | 1,000,000 |
| | | 당좌예금 | 650,000 |

3월 17일

유형	품목	공급가액	부가세	공급처명	전자	분개
54.불공	철거비용	2,000,000	200,000	(주)강철기계	여	혼합
불공제사유 6. 토지의 자본적 지출 관련						

| (차) 토지 | 2,200,000 | (대) 당좌예금 | 2,200,000 |

3월 18일

유형	품목	공급가액	부가세	공급처명	전자	분개
54.불공	승용차	50,000,000	5,000,000	인천세관	여	혼합
불공제사유 3. 개별소비세법 제1조 제2항 제3호에 따른 자동차 구입·유지 및 임차						

| (차) 차량운반구 | 6,000,000 | (대) 보통예금 | 6,000,000 |

3월 19일

유형	품목	공급가액	부가세	공급처명	전자	분개
54.불공	기계장치	10,000,000	1,000,000	(주)한라기계	여	혼합
불공제사유 5. 면세사업관련						

| (차) 기계장치 | 11,000,000 | (대) 미지급금 | 11,000,000 |

[5] 55. 수입[수입]

3월 20일

유형	품목	공급가액	부가세	공급처명	전자	분개
55.수입	원재료	25,000,000	2,500,000	인천세관	여	혼합

(차) 부가세대급금	2,500,000	(대) 현금	3,300,000
미착품	800,000		

3월 22일

유형	품목	공급가액	부가세	공급처명	전자	분개
55.수입	원재료	40,000,000	4,000,000	인천세관	여	혼합

(차) 부가세대급금	4,000,000	(대) 현금	4,200,000
원재료	200,000		

[6] 57. 카과[카드과세]

3월 23일

유형	품목	공급가액	부가세	공급처명	전자	분개
57.카과	광고전단지	5,500,000	550,000	(주)바이몰		카드

신용카드사 신한카드

(차) 부가세대급금	550,000	(대) 미지급금	6,050,000
광고선전비	5,500,000	(신한카드)	

3월 26일

유형	품목	공급가액	부가세	공급처명	전자	분개
57.카과	주유	300,000	30,000	해피주유소		카드

신용카드사 신한카드

(차) 부가세대급금	30,000	(대) 미지급금	330,000
기계장치	300,000	(신한카드)	

[7]　58. 카면[카드면세]

3월 27일

유형	품목	공급가액	부가세	공급처명	전자	분개
58.카면	서적	240,000		작은책방		카드
			신용카드사 신한카드			
(차) 도서인쇄비(826)		240,000	(대) 미지급금 (신한카드)			240,000

3월 28일

유형	품목	공급가액	부가세	공급처명	전자	분개
58.카면	쌀	2,000,000		(주)착한마트		혼합
			신용카드사 신한카드			
(차) 원재료		2,000,000	(대) 외상매입금 (신한카드)			2,000,000

[8]　61. 현과[현금과세]

3월 29일

유형	품목	공급가액	부가세	공급처명	전자	분개
61.현과	복사용지	120,000	12,000	다팔아백화점		현금
(차) 부가세대급금 소모품비(830)		12,000 120,000	(대) 현금			132,000

3월 30일

유형	품목	공급가액	부가세	공급처명	전자	분개
61.현과	컴퓨터	2,000,000	200,000	(주)박문전자		혼합
(차) 부가세대급금 비품		200,000 2,000,000	(대) 당좌예금			2,200,000

04 | 부가가치세신고서의 작성 및 전자신고

◢ 01 신용카드매출전표 등 발행집계표

부가가치세가 과세되는 재화 또는 용역을 공급하고 세금계산서 발급 시기에 신용카드매출전표 등을 발급하거나 전자화폐(제로페이 등)로 결제받는 경우에 일정한 금액을 납부세액에서 공제한다.

1) 공제대상자

① 영수증 발급의무와 영수증 발급특례에 해당하는 일반과세사업자(법인사업자와 직전 연도의 재화 또는 용역의 공급가액의 합계액이 10억원을 초과하는 개인사업자 제외)

② 간이과세자(직전 연도의 공급대가의 합계액이 4,800만원 미만인 자 또는 신규로 사업을 시작하는 개인사업자 중 간이과세자)

※ 다만, 유의할 점은 영수증 발급의무자만 공제대상이므로 도매업, 제조업, 부동산매매업 등 세금계산서 발급대상자는 공제대상자에 해당하지 않는다.

③ 전기통신사업법에 따른 통신판매업자의 판매 대행·중개자, 외국환거래법에 따른 전문외국환업무취급업자

2) 공제세액의 계산

① **공제세액** : (신용카드매출전표 등 발행금액 + 전자화폐결제금액) × 공제율

② **공제율** : 1%(2026.12.31.까지는 1.3%)

③ **한도액** : 연간 500만원(2026.12.31.까지는 1,000만원)

3) 알아두기

① 직접 입력할 경우 공급대가(공급가액 + 부가가치세)로 입력한다.

② 세금계산서를 교부하고 신용카드결제 또는 현금영수증 결제를 받았다면 부가가치세신고서에는 세금계산서 발급분으로 매출신고를 하고 신용카드매출전표등발행집계표에서 세금계산서발급분으로 표기하여 신고하게 되면 매출이 이중으로 신고되지 않는다.

🕰 실습하기

다음 자료를 이용하여 제2기 확정 부가가치세 과세기간의 신용카드매출전표등발행금액집계표를 작성하시오. (단, 아래의 거래 내역만 있고 전표입력은 생략할 것)

일자	거래내역
10월 7일	(주)서울에 제품 6,600,000원(부가가치세 포함)을 공급하고 전자세금계산서를 발급하였다. 대금은 자금 사정으로 인해 10일 후에 신용카드로 결제를 받았다.
11월 1일	비사업자인 한효섭씨에게 제품 880,000원(부가가치세 포함)을 판매하고 대금 중 절반은 신용카드로 결제를 받고 나머지 절반은 현금영수증을 발급하였다.
11월 8일	(주)한국에 면세제품 300,000원을 판매하고 계산서를 발급하였으며 신용카드로 결제를 받았다.
12월 3일	비사업자인 이준호에게 면세제품 100,000원을 판매하고 현금영수증을 발급하였다.

※ 반드시 공급대가로 입력한다.
※ [F11 저장]을 반드시 누른다.

실습하기 작업순서

▼ 신용카드매출전표발행금액집계표 입력화면

조회기간 2024 년 10 ∨ 월 ~ 2024 년 12 ∨ 월   구분 2기 확정

1. 인적사항

상호[법인명]	(주)독공기계	성명[대표자]	배수지	사업등록번호	125-81-10126
사업장소재지	경기도 평택시 경기대로 267 (비전동)				

2. 신용카드매출전표 등 발행금액 현황

구 분	합 계	신용·직불·기명식 선불카드	현금영수증	직불전자지급 수단 및 기명식선불 전자지급수단
합 계	7,880,000	7,340,000	540,000	
과세 매출분	7,480,000	7,040,000	440,000	
면세 매출분	400,000	300,000	100,000	
봉 사 료				

3. 신용카드매출전표 등 발행금액중 세금계산서 교부내역

세금계산서발급금액	6,600,000	계산서발급금액	300,000

02 부동산임대공급가액명세서

부동산임대용역을 공급하는 사업자는 부가가치세신고 시 부동산임대용역의 공급내역을 상세히 기록한 부동산임대공급가액명세서를 제출하여야 한다. 월세나 관리비는 매월 세금계산서 발급을 하게 되지만 임대보증금 또는 전세금을 받은 경우에 간주임대료를 계산한 후 과세표준에 포함하여 신고를 한다. 부동산임대사업자의 간주임대료의 적정 계산여부와 신고여부를 판단하는 자료로 활용된다.

1) 과세표준

$$과세표준 = 월세 + 관리비 + 간주임대료$$

2) 간주임대료 계산

$$간주임대료 = 임대보증금 \times 정기예금이자율 \times \frac{과세대상기간의\ 일수}{365(윤년의\ 경우\ 366)}$$

※ 정기예금이자율은 연 3.5%이며 연중에 변경될 수 있다.

3) 간주임대료의 회계처리

간주임대료는 매입매출전표 입력 시 14.건별로 입력하고 부가가치세신고서에서 기타(정규영수증외매출분)에 반영한다. 간주임대료는 부가가치세법상 세금계산서교부의무 면제이다.

[임대인이 부담하는 경우]			
(차) 세금과공과	×××	(대) 부가세예수금	×××
[임차인이 부담하는 경우]			
(차) 보통예금	×××	(대) 현금	×××

실습하기

다음 자료에 따라 제2기 확정신고 시 제출할 부동산임대공급가액명세서를 작성하고 간주임대료에 대한 매입매출전표 입력을 하여 부가가치세신고서에 반영하시오. 간주임대료에 대한 정기예금이자율은 3.5%이며 동코드 입력은 생략한다. 또한 간주임대료는 당사(임대인)가 부담하는 것으로 한다.

층	호수	상호(사업자번호)	면적(㎡)	용도	임대기간	보증금(원)	월세(원)	관리비(원)
지하 1층	1	(주)금성 105-88-12342	400	점포	2022.11.1. ~ 2024.10.31.	23,000,000	500,000	30,000
					2024.11.1. ~ 2026.10.31.	35,000,000	550,000	40,000
지상 1층	1	(주)대광상사 104-81-12340	600	점포	2023.9.5. ~ 2025.9.4.	60,000,000	300,000	50,000
지상 2층	2	(주)미래산업 202-81-51235	600	사무실	2023.4.3. ~ 2025.4.2.	50,000,000	200,000	50,000

※ 월세와 관리비에 대해서는 전자세금계산서를 발급하고 있다.

① 조회기간 10월 ~ 12월, 코드 163.㈜금성 입력화면, B1층, 1호 입력화면

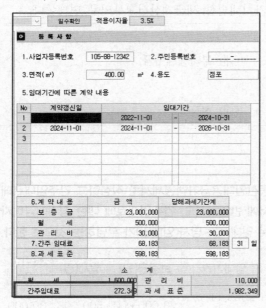

⇒ 간주임대료 계산
[임대기간 2024.10.1.~2024.10.31.]
23,000,000원 × 3.5% × 31일/366일
= 68,183원
[계약갱신일 2024.11.1.~2024.12.31.]
35,000,000원 × 3.5% × 61일/366일
= 204,166원
합계 272,349원

② 조회기간 10월 ~ 12월, 코드 132.㈜대광상사 입력화면, 1층, 1호 입력화면

⇒ 간주임대료 계산
[임대기간 2024.10.1.~2024.12.31.]
60,000,000원 × 3.5% × 92일/366일
= 527,868원

③ 조회기간 10월 ~ 12월, 코드 103.㈜미래산업 입력화면, 2층, 2호 입력화면

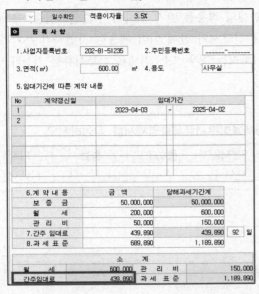

⇒ 간주임대료 계산
[임대기간 2024.10.1.~2024.12.31.]
50,000,000원 × 3.5% × 92일/366일
= 439,890원

④ 12월 31일 과세기간 종료일에 매입매출전표 입력 : 14. 건별

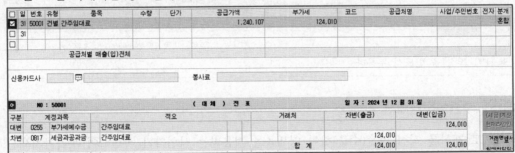

⑤ 간주임대료는 부가가치세신고서 2기 확정신고기간에 기타(정규영수증외매출분)에 반영되며 [F4 과세표준명세]에서 수입금액제외란에 반영되어 있는 것을 확인할 수 있다.

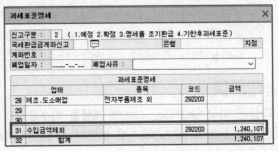

03 영세율첨부서류제출명세서

영세율첨부서류제출명세서는 개별소비세 수출면세의 적용을 받기 위하여 수출신고필증, 우체국장이 발행한 소포수령증 등을 개별소비세 과세표준신고서와 함께 이미 제출한 사업자가 부가가치세 신고를 할 때 해당 서류를 별도로 제출하지 아니하려는 경우 또는 영세율 첨부서류를 전산테이프·디스켓으로 제출하고자 하는 경우에 작성한다.

실습하기

다음 자료를 이용하여 2기 확정신고기간의 영세율첨부서류제출명세서를 작성하시오.

서류명	발급자	발급일자	선적일자	통화코드	환율	외화
외화입금증명원	국민은행	2024.10.15.	2024.10.5.	USD	1,150원	$10,000

실습하기 작업순서

▼ 입력화면

No		(10)서류명	(11)발급자	(12)발급일자	(13)선적일자	(14)통화코드	(15)환율	(16)외화	(17)원화	(18)외화	(19)원화	과세유형	코드	구분명
1		외화입금증명원 98003	국민은행	2024-10-15	2024-10-05	USD	1,150.0000	10,000.00	11,500,000	10,000.00	11,500,000			
								10,000.00	11,500,000	10,000.00	11,500,000			

※ [F11 저장]을 반드시 누른다.

04 수출실적명세서

외국으로 재화를 직접 반출(수출)하여 영세율을 적용받는 사업자가 작성하여 부가가치세신고 시 제출한다. 부가가치세법상 수출의 공급시기는 선적일이다.

- **과세표준 산정**
  - 공급시기(선적일) 도래 전 원화로 환가한 경우 : 환가한 날의 환율 × 외화금액
  - 공급시기(선적일) 도래 후에 받거나(외상) 외화로 보유하고 있는 경우 : 공급시기(선적일)의 기준환율 또는 재정환율 × 외화금액

실습하기

다음은 미국 SKY Co., Ltd.에 제품을 직수출하고 신고한 수출신고필증이다. 대금은 말일에 거래 은행을 통하여 NEGO하기로 하였다. 수출실적명세서를 작성하시오. 단, 전표입력은 생략한다.

- 선하증권(B/L)상의 선적일은 2024년 10월 14일이다.
- 10월 14일 기준환율 : 1,150원/$ 10월 12일 기준환율 : 1,120원/$

 **수출신고필증(갑지)** ※ 처리기간 : 즉시

제출번호 22456-04-6031185	⑤ 신고번호 43830-21-600814X	⑥ 신고일자 2024/10/12	⑦ 신고구분 H	⑧ C/S구분
① 신 고 자 인천 관세법인 관세사 최고봉				

② 수 출 대 행 자 (주)독공기계 (통관고유부호) 독공기계-1-25-8-11-0 **수출자구분 A** 수 출 화 주 (주)독공기계 (통관고유부호) 독공기계-1-25-8-11-0 (주소) 경기도 평택시 경기대로 267 (대표자) 배수지 (소재지) (사업자등록번호) 125-81-10126	⑨ 거래구분 11	⑩ 종류 A	⑪ 결제방법 TT
	⑫ 목적국 US USA	⑬ 적재항 INC 인천항	⑭ 선박회사 (항공사) HJSC
	⑮ 선박명(항공편명) HANJIN SAVANNAH	⑯ 출항예정일자 20241014	⑰ 적재예정보세구역 03011101
	⑱ 운송형태 10 BU		⑲ 검사희망일 2024/10/10
	⑳ 물품소재지 한진보세장치장 인천 중구 연안동 245-1		

③ 제 조 자 (주)독공기계 (통관고유부호) 독공기계-1-25-8-11-0 제조장소 214 산업단지부호	㉑ L/C번호 2042-A1522-08-1111	㉒ 물품상태 N
	㉓ 사전임시개청통보여부 A	㉔ 반송 사유
④ 구 매 자 SKY Co.Ltd (구매자부호) CNTOSHIN12347	㉕ 환급신청인 1 (1:수출대행자/수출화주, 2:제조자) 간이환급 NO	

• 품명 • 규격 (란번호/총란수 : 999/999)

㉖ 품 명 MONA-2A ㉗ 거래품명	㉘ 상표명 NO		

㉙ 모델 • 규격		㉚ 성분	㉛ 수량 500(EA)	㉜ 단가(US$) 350	㉝ 금액(US$) 175,000
㉞ 세번부호	2456.12-1111 ㉟ 순중량	400KG	㊱ 수량 500(EA)	㊲ 신고가격 (FOB)	$175,000 ₩196,525,000
㊳ 송품장번호	AC-2014-00620 ㊴ 수입신고번호		㊵ 원산지 Y	㊶ 포장갯수(종류)	500C/T

㊷ 수출요건확인(발급서류명)				

㊸ 총중량	450KG	㊹ 총포장갯수	500C/T	㊺ 총신고가격 (FOB)	$175,000 ₩196,525,000
㊻ 운임(₩)		㊼ 보험료(₩)		㊽ 결제금액	FOB-$175,000
㊾ 수입화물관리번호			㊿ 컨테이너번호	ELSO2022013	Y

※ 신고인기재란 수출자 : 제조/무역, 전자제품	51 세관기재란		
52 운송(신고)인 국제통운(주) 한기철 53 기간 2024/10/12 부터 2024/11/11 까지	54 적재의무기한 2024/11/11	55 담당자 355669 (이상호)	56 신고수리 일자 2024/10/12

실습하기 작업순서

▼ 입력화면

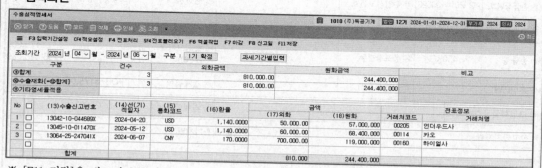

구분	건수	외화금액	원화금액	비고
⑨합계	1	175,000.00	201,250,000	
⑩수출재화[=⑩합계]	1	175,000.00	201,250,000	
⑪기타영세율적용				

조회기간 2024 년 10 월 ~ 2024 년 12 월 구분: 2기 확정 [과세기간별입력]

No	(13)수출신고번호	(14)선(기)적일자	(15)통화코드	(16)환율	(17)외화	(18)원화	거래처코드	거래처명
1	43830-21-600814X	2024-10-14	USD	1,150.0000	175,000.00	201,250,000	00107	SKY.CO.,LTD
	합계				175,000	201,250,000		

※ [F11 저장]을 반드시 누른다.

실습하기

다음 자료를 보고 2024년 제1기 확정신고기간의 [수출실적명세서]를 작성하시오(단, 거래처코드
및 거래처명도 입력하며 전표입력은 생략할 것).

상대국	거래처	수출신고번호	선적일	원화환가일	통화	수출액	기준환율 선적일	기준환율 원화환가일
미국	언더우드사	13042-10-044689X	2024.4.20.	4.13.	USD	$50,000	1,150원/$	1,140원/$
미국	카오	13045-10-011470X	2024.5.12.	5.15.	USD	$60,000	1,140원/$	1,130원/$
중국	하이얼사	13064-25-247041X	2024.6.7.	6.10.	CNY	700,000위안	170원/위안	171원/위안

실습하기 작업순서

▼ 입력화면

조회기간 2024 년 04 월 ~ 2024 년 06 월 구분: 1기 확정 [과세기간별입력]

구분	건수	외화금액	원화금액	비고
⑨합계	3	810,000.00	244,400,000	
⑩수출재화[=⑩합계]	3	810,000.00	244,400,000	
⑪기타영세율적용				

No	(13)수출신고번호	(14)선(기)적일자	(15)통화코드	(16)환율	(17)외화	(18)원화	거래처코드	거래처명
1	13042-10-044689X	2024-04-20	USD	1,140.0000	50,000.00	57,000,000	00205	언더우드사
2	13045-10-011470X	2024-05-12	USD	1,140.0000	60,000.00	68,400,000	00114	카오
3	13064-25-247041X	2024-06-07	CNY	170.0000	700,000.00	119,000,000	00160	하이얼사
	합계				810,000	244,400,000		

※ [F11 저장]을 반드시 누른다.

→ 선적일 이전에 원화로 환가한 경우 환가한 날의 환율 × 외화금액이 과세표준이 된다.

05 내국신용장, 구매확인서전자발급명세서

내국신용장, 구매확인서전자발급명세서는 전자무역문서(「전자무역촉진에 관한 법률」 제12조에 따른 전자무역기반시설을 이용한 전자문서를 말함)로 발급된 내국신용장·구매확인서에 의해 공급하는 재화 또는 수출재화임가공용역에 대하여 영세율을 적용받는 사업자가 작성하며 제출한다.

실습하기

다음 자료를 이용하여 2기 확정신고기간의 내국신용장·구매확인서 전자발급명세서를 작성하시오.

구분	서류번호	발급일	거래처	금액	개설은행
내국신용장	LCCAPP202	2024.10.28.	(주)미래산업	12,000,000원	국민은행

실습하기 작업순서

▼ 입력화면

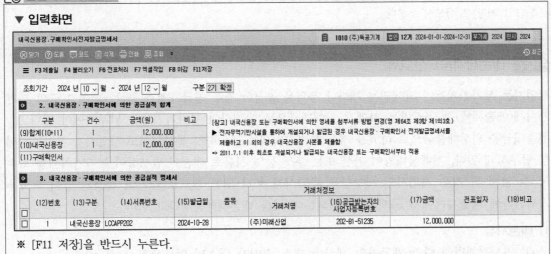

※ [F11 저장]을 반드시 누른다.

06 영세율매출명세서

부가가치세법, 조세특례제한법 및 그 밖의 법률에 따른 영세율 적용 매출 실적이 있는 경우 영세율매출명세서를 작성하여 제출한다.

실습하기

2기 예정신고기간의 영세율매출명세서를 작성하시오.

📑 **실습하기 작업순서**

매입매출전표의 입력자료가 자동으로 반영된다.

▼ **입력화면**

| 영세율매출명세서 | | | | 1010 (주)독공기계 | 법인 12기 2024-01-01~202 |

| ⊗ 닫기 | ⑦ 도움 | 🖂 코드 | 🗑 삭제 | 🖶 인쇄 | 🔍 조회 ⏷ |

☰ F4 불러오기 F11 저장

조회기간 [2024] 년 [07 ⌄] 월 ~ [2024] 년 [09 ⌄] 월   2기 예정

[부가가치세법] [조세특례제한법]

(7)구분	(8)조문	(9)내용	(10)금액(원)
	제21조	직접수출(대행수출 포함)	89,600,000
		중계무역·위탁판매·외국인도 또는 위탁가공무역 방식의 수출	
		내국신용장·구매확인서에 의하여 공급하는 재화	100,000,000
		한국국제협력단 및 한국국제보건의료재단에 공급하는 해외반출용 재화	
		수탁가공무역 수출용으로 공급하는 재화	
	제22조	국외에서 제공하는 용역	

※ [F11 저장]을 반드시 누른다.

◢ **07** **대손세액공제신고서**

사업자는 부가가치세가 과세되는 재화나 용역을 공급한 경우 공급가액과 공급가액의 10%의 부가가치세(매출세액)를 공급받는 자에게 판매대금으로 수취하여 부가가치세를 납부하여야 한다. 매출대금을 외상매출금으로 하였을 경우 부가가치세를 징수하지 못하였어도 사업자가 부가가치세를 납부하게 된다. 거래상대방이 파산 또는 부도 등의 사유로 대손이 발생하여 부가가치세를 회수할 수 없게 된 경우 사업자의 세부담을 완화시켜 주기 위한 제도로 대손이 확정된 날이 속하는 과세기간에 매출세액에서 공제해 주게 되는데 이를 대손세액공제라고 한다.

1) 대손사유

① 민사집행법에 따라 채무자의 재산에 대한 경매가 취소된 압류채권

② 채무자의 파산, 강제집행, 형의 집행 또는 사업의 폐지, 사망, 실종 또는 행방불명

③ 상법, 민법, 어음법, 수표법상의 소멸시효 완성

④ 부도발생일로부터 6개월이 경과한 수표 또는 어음상의 채권(저당권을 설정하고 있는 경우는 제외)

⑤ 중소기업의 외상매출금으로서 회수기일로부터 2년이 경과한 외상매출금 및 미수금

⑥ 회수기일이 6개월 이상 경과한 채권 중 채권가액이 30만원 이하인 채권

2) 공제범위

재화나 용역을 공급한 날로부터 10년이 지난 날이 속하는 과세기간에 대한 확정신고 시까지 대손이 확정된 것에 한해서 공제해준다.

3) 대손세액공제시기 및 대손율

대손세액공제시기는 대손이 확정된 날이 속하는 과세기간(확정신고)이며 공제율은 10/110이다.

4) 공급자와 공급받는자의 부가가치세신고서 방법 및 회계처리

① 공급자(판매자)

▼ 부속서류 및 부가가치세신고서 작성방법

구분	대손세액공제신고서	부가가치세신고서
대손발생	대손세액공제신고서 대손발생탭 → 양수 100	부가가치세신고서 대손세액가감란 음수로 반영 → −100
대손금 회수	대손세액공제신고서 대손발생탭 → 음수 100	부가가치세신고서 대손세액가감란 양수로 반영 → +100

▼ 회계처리

대손발생 회계처리	부가세예수금 ××× / 외상매출금 ××× 대손충당금 ××× 대손상각비 ×××
대손금 회수 회계처리	현금 ××× / 부가세예수금 ××× 대손충당금 ×××

② 공급받는자(구매자)

▼ 부속서류 및 부가가치세신고서 작성방법

구분	대손세액공제신고서	부가가치세신고서
대손발생	–	부가가치세신고서 공제받지못할매입세액 → 대손처분받은세액란에 반영
대손금상환	대손세액공제신고서 대손변제탭 → 양수 100	부가가치세신고서 그밖의공제매입세액 → 변제대손세액란에 반영

▼ 회계처리

대손발생 회계처리	외상매입금 ××× / 부가세대급금 ××× 대손세액에 대해서만 회계처리한다.
대손금 상환 회계처리	부가세대급금 ××× / 현금 ××× 외상매입금 ×××

🕐 **실습하기**

다음 자료를 참고하여 2기 확정신고 시 대손세액공제신고서를 작성하시오. 단, 전표입력은 생략한다.

① 2024년 2월 21일 대일금속(주)(대표자 : 김미영 120-81-01239)에 상품을 매출하고, 대금(부가가치세 포함) 15,400,000원은 대일금속(주) 약속어음으로 수령하였다. 동 어음은 거래일로부터 6개월이 지난 2024년 8월 21일에 주거래은행으로부터 부도확인을 받았다.

② 외상매출금 중 88,000,000원은 2021년 9월 5일 (주)한주전기(대표자 : 한주영, 229-81-12353)에 대한 것이다. 이 외상매출금의 회수를 위해 당사는 법률상 회수노력을 다하였으나, 결국 회수를 못하였고, 2024년 9월 5일자로 동 외상매출금의 소멸시효가 완성되었다.

③ 소멸시효 완성으로 인해 2022년 1기 부가가치세 확정신고 시 공제받지못할매입세액(대손처분받은 세액)으로 신고하였던 (주)경기산업(대표자 : 이상구, 505-81-01240)에 대한 외상매입금 3,300,000원을 2024년 10월 1일 전액 현금으로 상환하였다. (단, 당초대손확정일은 2022년 4월 5일이다.)

④ 2024년 10월 10일자로 (주)강철기계(대표자 : 강철, 202-81-34124)에 대한 채권잔액 187,000원(부가가치세 포함)을 대손처리하다. 동 채권은 회수기일로부터 7개월이 경과된 것이며, 이 외의 (주)강철기계에 대한 채권은 없다. (단, 당초공급일은 2024년 2월 1일이다.)

⑤ 2022년 12월에 파산으로 대손처리했던 선일전자(주)(대표자 : 김정수, 575-86-12343)에 대한 채권액 16,500,000원 중 50%에 상당하는 금액을 2024년 11월 7일 현금으로 회수하였다. 당사는 동 채권액에 대하여 2022년 2기 부가가치세 확정신고 시 대손세액공제를 적용받았다. (단, 당초공급일은 2021년 6월 10일이다.)

⑥ 2024년 10월 9일 (주)엘케이산업(대표자 : 정호진, 213-85-01238)의 기계장치판매 대금 1,000,000원(미수금)을 대손처리하였다. 해당 법인이 채무자의 재산에 대하여 저당권을 설정하고 있다(단, 당초공급일은 2024년 10월 1일이다).

실습하기 작업순서

①번은 부도발생일로부터 6개월이 경과하지 않았으므로 대손세액공제가 불가능하다.
⑥번은 저당권이 설정된 채권이므로 대손세액공제가 불가능하다.

▼ 대손발생 탭 입력화면

대손세액공제신고서   1010 (주)독공기계   법인 12기 2024-01-01-2024-12-31 부가세 2024 인사 2024

ⓧ닫기 ⑦도움 ⓒ코드 🗑삭제 🖨인쇄 🔍조회

≡ F8 신고일 F11저장

| 대손발생 | 대손변제 |

조회기간 2024 년 10 ∨ 월 ~ 2024 년 12 ∨ 월 2기 확정

당초공급일	대손확정일	대손금액	공제율	대손세액	거래처		대손사유
2021-09-05	2024-09-05	88,000,000	10/110	8,000,000	(주)한주전기	6	소멸시효완성
2024-02-01	2024-10-10	187,000	10/110	17,000	(주)강철기계	7	6개월경과 소액채권
2021-06-10	2024-11-07	-8,250,000	10/110	-750,000	선일전자(주)	7	대손금회수(파산)
합 계		79,937,000		7,267,000			

※ [F11 저장]을 반드시 누른다.

▼ 부가가치세 신고서 반영

조회기간 2024 년 10 월 1 일 ~ 2024 년 12 월 31 일 신고구분 1.정기신고

		구분		정기신고금액		
				금액	세율	세액
과세표준및매출세액	과세	세금계산서발급분	1		10/100	
		매입자발행세금계산서	2		10/100	
		신용카드·현금영수증발행분	3		10/100	
		기타(정규영수증외매출분)	4	1,240,107	10/100	124,010
	영세	세금계산서발급분	5		0/100	
		기타	6		0/100	
	예정신고누락분		7			
	대손세액가감		8			-7,267,000
	합계		9	1,240,107	㉮	-7,142,990

▼ 대손변제 탭 입력화면

대손세액공제신고서   1010 (주)독공기계   법인 12기 2024-01-01-2024-12-31 부가세 2024 인사 2024

ⓧ닫기 ⑦도움 ⓒ코드 🗑삭제 🖨인쇄 🔍조회

≡ F8 신고일 F11저장

| 대손발생 | 대손변제 |

조회기간 2024 년 10 ∨ 월 ~ 2024 년 12 ∨ 월 2기 확정

당초대손확정일	변제확정일	변제금액	공제율	변제세액	거래처		변제사유
2022-04-05	2024-10-01	3,300,000	10/110	300,000	(주)경기산업	7	대손금변제

※ [F11 저장]을 반드시 누른다.

▼ 부가가치세 신고서 반영

14.그 밖의 공제매입세액					
신용카드매출 수령금액합계표	일반매입	41			
	고정매입	42			
의제매입세액		43		뒤쪽	
재활용폐자원등매입세액		44		뒤쪽	
과세사업전환매입세액		45			
재고매입세액		46			
변제대손세액		47			300,000
외국인관광객에대한환급세액		48			
합계		49			300,000

08 신용카드매출전표등수령명세서

사업자가 일반과세자로부터 부가가치세액이 별도 구분기재된 신용카드매출전표 등을 수취한 경우 매입세액공제요건이 충족한다면 신용카드매출전표등수령명세서를 작성 후 제출하여 부가치세신고서에 반영하여 매입세액공제를 받을 수 있다.

※ (주의) 매입세액공제가 불가능한 경우에는 일반전표입력메뉴에 입력하며 부가가치세신고서에는 반영하지 않는다.

① 세금계산서 수취분

② 목욕, 이발, 미용, 택시, 항공기, 고속철도, 고속버스 등 여객운송업(전세버스 제외)

③ 입장권을 발행하는 사업자로부터 수취분

④ 부가가치세법상 매입세액 불공제사유

1	①필요적 기재사항 누락 등
2	②사업과 직접 관련 없는 지출
3	③개별소비세법 제1조제2항제3호에 따른 자동차
4	④기업업무추진비 및 이와 유사한 비용 관련
5	⑤면세사업 관련
6	⑥토지의 자본적 지출 관련
7	⑦사업자등록 전 매입세액
8	⑧금.구리 스크랩 거래계좌 미사용 관련 매입세액
9	⑨공통매입세액안분계산분
10	⑩대손처분받은 세액
11	⑪납부세액재계산분

⑤ 면세사업자, 영수증 발급 대상인 간이과세자와의 거래가 아닐 것

실습하기

다음 자료를 참고하여 1기 확정신고기간의 신용카드매출전표등수령명세서를 작성하시오. 부속서류에 입력할 때 공급자(거래처명)와 공급자의 사업자등록번호는 직접 입력하시오. 단, 전표입력은 생략한다.

[자료 1]

구분	거래처명 (등록번호)	거래 일자	발행금액 (VAT포함)	공급자 업종 (과세유형)	거래내용
현금영수증	메가마트 (131-28-95052)	4.2.	220,000원	소매업 (일반과세)	거래처 선물구입대
법인카드	명인식당 (143-16-00991)	4.10.	330,000원	음식점업 (일반과세)	직원회식대 (복리후생)
법인카드	알파문구 (106-81-27494)	5.13.	440,000원	도매업 (일반과세)	세금계산서수취분
법인카드	예스호텔 (104-85-29650)	6.10.	550,000원	숙박업 (일반과세)	지방출장 숙박비
법인카드	케이마트 (105-05-54107)	4.19.	880,000원	소매업 (일반과세)	영업부서 소모품

현금영수증	바른헤어샵 (214-06-93696)	5.4.	220,000원	미용업 (일반과세)	광고모델인 한지민의 미용비
직원명의 신용카드	삼성드림의원 (121-96-74516)	6.17.	100,000원	보건업 (면세)	직원 독감 예방주사
법인카드	스마트정비소 (255-02-01258)	6.22.	550,000원	운수업 (일반과세)	운반용 트럭 수리비
법인카드	사천짜장 (150-05-91233)	6.25.	660,000원	음식점업 (간이과세) 영수증발급사업자	직원회식대
법인카드	(주)네버랜드 135-85-04288	5.16.	330,000원	상업시설서비스업 (일반과세)	놀이동산 입장권 (직원 야유회 목적) 구입
직원명의 신용카드	오일뱅크 110-40-13133	5.22.	88,000원	도소매업 (일반과세)	업무용자동차 (2,000cc, 5인승 승용차) 주유비 결제
직원명의 신용카드	개인택시 133-02-74233	6.8.	33,000원	운수업 (간이과세) 영수증발급사업자	택시요금
직원명의 신용카드	아름다운항공(주) 104-81-17480	6.9.	165,000원	여객운송업 (일반과세)	항공권

[자료 2]

사업용 카드번호 : 5522-1133-4444-8888

직원명의 신용카드번호 : 7733-6666-9999-2222

실습하기 작업순서

▼ 입력화면

신용카드매출전표등수령명세서(갑)(을)   📋 1010 (주)독공기계 법인 12기 2024-01-01-2024-12-31 부가세 2024 인사 2024

⊗닫기 ⑦도움 🖵코드 🗑삭제 🖨면세 🖳조회 ⬥

☰ F3 일괄변경 F4 불러오기 F7 마감 F8 작성일자 F11저장

조회기간: 2024 년 04 ∨ 월 ~ 2024 년 06 ∨ 월   구분 1기 확정

2. 신용카드 등 매입내역 합계

구분	거래건수	공급가액	세액
합 계	4	2,100,000	210,000
현금영수증			
화물운전자복지카드			
사업용신용카드	4	2,100,000	210,000
그 밖의 신용카드			

3. 거래내역입력

No		월/일	구분	공급자	공급자(가맹점) 사업자등록번호	카드회원번호	그 밖의 신용카드 등 거래내역 합계		
							거래건수	공급가액	세액
1	☐	04-10	사업	명인식당	143-16-00991	5522-1133-4444-8888	1	300,000	30,000
2	☐	06-10	사업	예스호텔	104-85-29650	5522-1133-4444-8888	1	500,000	50,000
3	☐	04-19	사업	케이마트	105-05-54107	5522-1133-4444-8888	1	800,000	80,000
4	☐	06-22	사업	스마트정비소	255-02-01258	5522-1133-4444-8888	1	500,000	50,000

※ [F11 저장]을 반드시 누른다.

→ • 메가마트 : 기업업무추진비관련 매입세액은 공제 불가
 • 알파문구 : 세금계산서수취분은 과세매입으로 매입세액 공제를 받았기 때문에 공제 불가
 • 바른헤어샵 : 미용업은 매입세액 공제 불가
 • 삼성드림의원 : 면세사업자와의 거래는 매입세액 공제 불가
 • 사천짜장 : 영수증발급사업자인 간이과세자와의 거래는 매입세액 공제 불가
 • (주)네버랜드 : 입장권을 발행하는 사업자로부터 수취분은 매입세액 공제 불가
 • 오일뱅크 : 비영업용소형승용차의 주유비는 매입세액 공제 불가(1,000cc 초과)
 • 개인택시 : 택시사업자와의 거래는 매입세액 공제 불가
 • 아름다운항공(주) : 여객운송업은 매입세액 공제 불가

09 공제받지못할매입세액명세서

1) 공제받지못할매입세액내역

사업자가 재화나 용역을 공급받고 전자세금계산서를 수취하였으나 부가가치세법상 매입세액 불공제 사유에 해당하는 경우에는 매입세액을 공제받지 못한다.

■ 부가가치세법상 매입세액 불공제 사유
 ① 필요적 기재사항 누락 등
 ② 사업과 직접 관련 없는 지출
 ③ 비영업용 소형승용차 구입·유지 및 임차
  → 개별소비세가 과세되는 차량은 공제가 안 됨
  ※ 1,000cc 이하의 경차(국민차), 9인승 이상 승용자동차, 화물차(트럭)는 공제가능
 ④ 기업업무추진비 및 이와 유사한 비용 관련
 ⑤ 면세사업 등 관련
 ⑥ 토지의 자본적 지출 관련
 ⑦ 사업자등록 전 매입세액
  → 공급시기가 속하는 과세기간이 끝난 후 20일 이내 등록 신청한 경우는 공제가능
 ⑧ 금·구리 스크랩 거래계좌 미사용 관련 매입세액

실습하기

다음 자료를 참고하여 1기 확정신고기간의 공제받지못할매입세액내역을 작성하시오.

① 상품(공급가액 5,000,000원, 부가가치세 500,000원)을 구입하고 전자세금계산서를 수취하였으나 공급받는자의 상호 및 공급받는자의 대표자 성명이 누락되고 공급자의 성명에 날인도 되지 않은 오류가 있었다.

② 대표이사가 개인적인 용도로 사용할 목적으로 TV를 1,000,000원(부가가치세 별도)에 구입하고 전자세금계산서를 교부받았다.

③ 회사의 공장건물을 신축하기 위하여 회사보유 토지를 평탄하게 하는 공사(자본적 지출임)를 하기 위하여 (주)일성건설에 10,000,000원(부가가치세 별도)에 외주를 주어 공사를 완료하고 전자세금계산서를 교부받았다(동 공사는 건물의 자본적지출이 아님).

④ 회사의 업무용으로 사용하기 위하여 차량(배기량 998cc, 4인용, 승용)을 12,000,000원(부가가치세 별도)에 구입하고 전자세금계산서를 교부받았다.

⑤ 거래처에 선물용으로 공급하기 위해서 볼펜(단가 1,000원, 500개, 부가가치세 별도)을 구입하고 전자세금계산서를 교부받았다.

⑥ 대표자의 업무용승용차(2,000cc)의 고장으로 인해 형제자동차공업사에서 수리를 하고 전자세금계산서(공급가액 3,000,000원 부가가치세 300,000원)을 수취하였다.

⑦ 면세사업에만 사용할 목적으로 비품으로 처리한 난방기를 온방산업에서 250,000원(부가가치세 별도)에 구입하고 전자세금계산서를 수취하였다.

⑧ 신정상사로부터의 상품(2,000,000원 부가가치세 별도)을 매입하고 전자세금계산서를 수취하였으나 세금계산서합계표상의 공급받는자의 등록번호가 착오로 일부 오류기재되었다(전자세금계산서는 정확히 기재됨).

실습하기 작업순서

▼ 입력화면

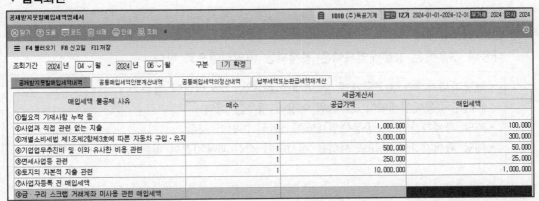

매입세액 불공제 사유	세금계산서		
	매수	공급가액	매입세액
①필요적 기재사항 누락 등			
②사업과 직접 관련 없는 지출	1	1,000,000	100,000
③개별소비세법 제1조제2항제3호에 따른 자동차 구입·유지	1	3,000,000	300,000
④기업업무추진비 및 이와 유사한 비용 관련	1	500,000	50,000
⑤면세사업등 관련	1	250,000	25,000
⑥토지의 자본적 지출 관련	1	10,000,000	1,000,000
⑦사업자등록 전 매입세액			
⑧금·구리 스크랩 거래계좌 미사용 관련 매입세액			

※ [F11 저장]을 반드시 누른다.

→ 매입세액공제가능 : ①, ④, ⑧번은 공제받지못할매입세액명세서에 반영하지 않는다.

  ① 공급받는자의 상호 및 성명, 공급자의 날인은 필요적 기재사항이 아니므로 매입세액공제가 가능하다.

  ④ 1,000cc 이하의 경차는 매입세액공제가 가능하다.

  ⑧ 착오기재인 경우에는 매입세액공제가 가능하다.

→ 매입세액불공제 : ②, ③, ⑤, ⑥, ⑦번은 공제받지못할매입세액명세서에 반영한다.

  ② 사업과 직접 관련 없는 지출

  ③ 토지의 자본적 지출 관련

  ⑤ 기업업무추진비 및 이와 유사한 비용 관련

  ⑥ 비영업용 소형승용차 구입·유지 및 임차

  ⑦ 면세사업 등 관련

2) 공통매입세액안분계산내역

사업자가 과세사업과 면세사업을 겸영사업자일 경우 과세사업과 관련한 매입세액은 공제가 가능하지만 면세사업과 관련한 매입세액은 공제되지 않는다.

과세사업과 면세사업에 공통으로 사용된 매입세액인 경우 예정신고 시 안분계산하여 면세사업에 관련한 매입세액을 불공제매입세액으로 신고한다.

① 안분계산식

원칙은 당해 과세기간의 공급가액 기준으로 안분을 한다.

$$불공제매입세액 = 공통매입세액 \times 해당과세기간의 \frac{면세공급가액}{총\ 공급가액}$$

공급가액이 불분명한 경우에는 매입가액기준 → 예정공급가액기준 → 예정사용면적기준의 순서로 안분계산을 한다.

② 안분계산의 배제

다음의 경우에는 공통매입세액은 공제되는 매입세액으로 한다.

- 해당과세기간의 총공급가액 중 면세공급가액이 5% 미만인 경우
  (다만, 공통매입세액이 500만원 이상인 경우는 제외)
- 해당 과세기간 중의 공통매입세액이 5만원 미만인 경우
- 해당 과세기간에 신규로 사업을 개시하여 직전 과세기간이 없는 경우의 매입세액

실습하기

다음 자료를 보고 당사(과세면세 겸영사업자)의 1기 예정 부가가치세신고 시 부가가치세신고 부속서류 중 공제받지못할매입세액명세서(매입세액불공제내역)를 작성하라. 단, 아래의 매출과 매입은 모두 관련 전자세금계산서 또는 전자계산서를 적정하게 수취한 것이며, 과세분 매출과 면세분 매출은 모두 공통매입분과 관련된 것이다(아래의 자료로만 작성하고 이미 등록된 전표자료는 적용하지 말 것).

구분		공급가액	세액	합계액
매출내역	과세분	40,000,000	4,000,000	44,000,000
	면세분	60,000,000	–	60,000,000
	합계	100,000,000	4,000,000	104,000,000
매입내역	과세분	30,000,000	3,000,000	33,000,000
	공통분	50,000,000	5,000,000	55,000,000
	합계	80,000,000	8,000,000	88,000,000

실습하기 작업순서

→ ① 조회기간을 입력하고 당해과세기간의 공급가액기준으로 산식을 선택한다.
　② "전표데이타를 불러오시겠습니까?"라는 메시지창에서 "아니오"를 선택한다.

▼ 입력화면

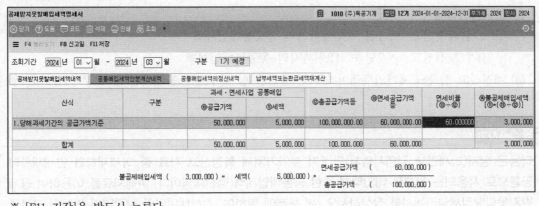

※ [F11 저장]을 반드시 누른다.

③ 공통매입세액 회계처리 방법
　㉠ 매입 시 과세매입으로 처리한 경우

매입매출전표입력			
51. 과세매입			
(차) 원재료	50,000,000원	(대) 외상매입금	55,000,000원
부가세대급금	5,000,000원		

과세기간 종료일 분개(3월 31일)			
(차) 원재료	3,000,000원	(대) 부가세대급금	3,000,000원

ⓒ 매입 시 불공매입으로 처리한 경우

매입매출전표입력			
54. 불공매입			
(차) 원재료	55,000,000원	(대) 외상매입금	55,000,000원

과세기간 종료일 분개(3월 31일)			
(차) 부가세대급금	2,000,000원	(대) 원재료	2,000,000원
			(적요8.타계정으로대체액)

3) 공통매입세액정산내역

공통매입세액은 예정신고 때 안분계산을 하고 확정신고 시에는 예정신고분과 확정신고분을 합산하여 정산을 해야 한다. 확정신고 시 불공제매입세액에서 예정신고 때 불공제매입세액을 차감하여 정산한다.

① 정산계산식 : 원칙은 당해 과세기간의 공급가액 기준으로 안분을 한다.

$$\text{불공제매입세액} = \text{총공통매입세액} \times \text{해당과세기간의} \frac{\text{면세공급가액}}{\text{총공급가액}} - \text{기불공제매입세액}$$

② 총공통매입세액

ⓐ 1기 확정신고 → 1월 ~ 6월까지의 총공통매입세액

ⓑ 2기 확정신고 → 7월 ~ 12월까지의 총공통매입세액

③ 예정신고 시 불공제매입세액이 있다면 정산을 할 경우 기불공제매입세액으로 차감하고 정산한다.

실습하기

다음은 당사(과세면세 겸영사업자)의 1기 부가가치세 확정신고 자료 중 과세재화와 면세재화에 공통으로 사용되는 원재료 매입액에 관한 공통매입세액 정산내역이다. 아래자료를 이용하여 공제받지못할매입세액명세서를 작성하시오. 본 문제에 한하여, 전산데이터와 상관없이 아래의 자료를 적용하기로 한다.

• 과세기간의 매출(공급가액)내역

구분	과세 · 면세	금액(원)
01.01.~03.31.	과세매출	40,000,000
	면세매출	60,000,000

| 04.01.~06.30. | 과세매출 | 30,000,000 |
| | 면세매출 | 70,000,000 |

- 예정신고 시 공통매입세액불공제내역
  ① 공통매입세액 300,000원
  ② 기 불공제매입세액 180,000원
- 과세기간 최종 3월(04.01.~06.30.)의 내역
  공통매입세액 500,000원

실습하기 작업순서

▼ **입력화면**

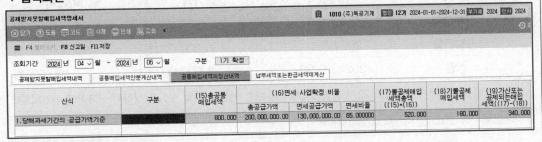

※ [F11 저장]을 반드시 누른다.

4) 납부세액 또는 환급세액재계산

과세사업와 면세사업을 겸영하는 사업자가 고정자산을 취득하여 공통매입세액을 취득 시 공급가액 기준으로 안분계산을 하게 될 경우 고정자산은 여러 과세기간에 걸쳐 사용하게 되므로 납세자의 입장에서 불합리하게 된다. 과세사업과 면세사업에 공통으로 사용되는 고정자산의 취득과 관련한 매입세액에 대해서는 아래의 조건에 해당된다면 재계산을 하여 재계산한 과세기간의 납부세액에 가감하거나 환급세액에서 가감하는 제도를 두고 있다.

① 재계산의 요건

- 공통매입세액을 안분계산한 경우
- 면세비율이 추후 과세기간에 5% 이상 증감된 경우
- 매입세액을 공제받은 자산이 감가상각대상 자산인 경우(건물과 구축물은 10년, 기타의 감가상각대상 자산은 2년 이내)
  → 상품, 토지 등은 제외
  ※ 납부세액 재계산은 확정신고 시 한다.

② 재계산 방법

> • 건물과 구축물
> 해당재화의매입세액 × (1-5% × 경과된 과세기간의 수) × 증감된 면세공급가액비율
> • 기타의 감가상각대상 자산
> 해당재화의매입세액 × (1-25% × 경과된 과세기간의 수) × 증감된 면세공급가액비율

실습하기

다음 자료를 참고하여 1기 확정 부가가치세신고서 납부세액재계산을 하여 공제받지못할매입세액 명세서를 작성하시오. 본 문제에 한하여, 전산데이타와 상관없이 아래의 자료를 적용하기로 한다.

• 2023년 과세사업과 면세사업에 공통으로 사용되는 자산의 구입내역

계정과목	취득일자	공급가액	부가가치세
기계장치	2023. 7. 1.	10,000,000원	1,000,000원
공장건물	2023. 8. 10.	100,000,000원	10,000,000원
상품	2023. 10. 20.	1,000,000원	100,000원

※ 2023년 제2기 부가세 확정신고 시 공통매입세액에 대한 안분계산 및 정산은 정확히 신고서에 반영되었다.

• 2023년 및 2024년의 공급가액 내역

구분	2023년 제2기	2024년 제1기
과세사업	100,000,000원	80,000,000원
면세사업	100,000,000원	120,000,000원

실습하기 작업순서

① 조회기간을 입력하고 당해과세기간의 공급가액기준으로 산식을 선택한다.
② "전표데이타를 불러오시겠습니까?"라는 메시지창에서 "아니오"를 선택한다.
③ 면세공급가액비율 → 10% 증가
  2023년 2기 → (1억/2억) × 100 = 50%
  2024년 1기 → (1억2천/2억) × 100 = 60%
④ 상품은 재고자산이므로 납부세액재계산 대상이 아니다.

▼ 입력화면

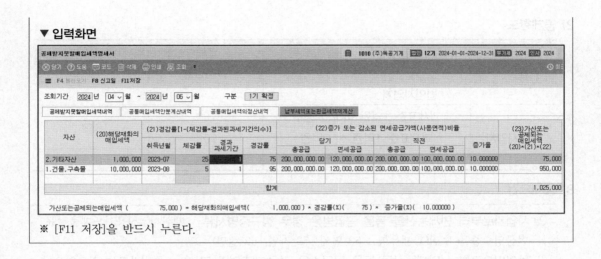

자산	(20)해당재화의 매입세액	(21)경감률[1-(체감률*경과된과세기간의수)]				(22)증가 또는 감소된 면세공급가액(사용면적)비율						(23)가산또는 공제되는 매입세액 (20)*(21)*(22)
		취득년월	체감률	경과 과세기간	경감률	당기		직전		증가율		
						총공급	면세공급	총공급	면세공급			
2.기타자산	1,000,000	2023-07	25	1	75	200,000,000.00	120,000,000.00	200,000,000.00	100,000,000.00	10.000000		75,000
1.건물,구축물	10,000,000	2023-08	5	1	95	200,000,000.00	120,000,000.00	200,000,000.00	100,000,000.00	10.000000		950,000
합계												1,025,000

가산또는공제되는매입세액(75,000) = 해당재화의매입세액(1,000,000) * 경감률(%)(75) * 증가율(%)(10.000000)

※ [F11 저장]을 반드시 누른다.

10 의제매입세액공제신고서

사업자가 부가가치세가 면제되는 농·축·수·임산물 등을 원재료로 하여 제조·가공한 재화 또는 용역이 과세되는 경우에 구입한 원재료 등의 가액의 일정한 공제율을 계산하여 매입세액을 공제받을 수 있는데 이를 의제매입세액공제라고 한다.

1) 의제매입세액

$$의제매입세액 = 면세농산물 등의 매입가액 \times 공제율$$

① 면세농산물 등의 매입가액
  ㉠ 국내분 : 운임·부대비용 제외한 순수 매입원가
  ㉡ 수입분 : 관세의 과세가격

② 공제율

업종구분		공제율
일반업종		2/102
중소제조업 및 개인사업자	기타. 제조업	4/104
	과자점업, 도정업, 제분업, 떡방앗간	6/106
	법인(중소기업)	4/104
	법인(중소기업 외)	2/102
음식점업	법인사업자	6/106
	개인사업자	8/108(9/109)
	과세유흥장소 경영자	2/102

※ 음식점업 개인사업자 과세표준 2억원 이하인 자는 공제율(9/109)과 한도액(과세표준 × 60~75%)을 적용한다.

2) 공제한도

구분		면세농산물 등의 가액 한도	
		음식점업	기타
법인사업자		50%	
개인사업자	과세표준 1억원 이하인 경우	75%	65%
	과세표준 1억원 ~ 2억원	70%	
	과세표준 2억원 초과	60%	55%

3) 공제요건

① 사업자로부터 면세농산물 등을 공급받은 경우 정규증명서류 : 계산서, 신용카드매출전표, 현금영수증을 수취(과세유형 : 53.면세, 58.카면, 62.현면)
② 농어민으로부터 면세농산물 등을 공급받은 경우(제조업만 가능) : 증빙자료는 필요없으나 인적사항이 필요함(과세유형 : 60.면건)

4) 의제매입세액(공제세액) 회계처리

과세기간 종료일에 일반전표에 입력한다.

(차) 부가세대급금	×××	(대) 원재료	×××
		(적요8. 타계정으로 대체액)	

5) 의제매입세액 정산

① 예정신고 시 의제매입세액공제액 = 예정신고기간의 면세농산물 등의 매입가액 × 공제율
② 확정신고 시 의제매입세액공제액 = (과세기간의 공제대상금액 × 공제율) − 예정신고 시 이미 공제받은금액

ㄱ 공제대상금액 = min(한도액, 당기매입액)
   한도액 = 과세표준(예정분 과세표준 + 확정분 과세표준) × 한도율(40%)
   당기매입액 = 예정매입분 + 확정매입분

ㄴ 과세기간 공제할 세액
   공제대상세액 − 이미공제받은금액 = 공제할세액
   → 공제대상세액 = 공제대상금액 × 공제율

6) 전표입력 시 의제매입세액공제신고서에 자동반영하기

일반전표 또는 매입매출전표입력 시 원재료 계정과목에서 적요6. 의제매입세액공제신고서 자동반영을 입력하면 의제매입세액공제신고서에 자동반영된다.

의제매입세액공제신고서에서 자동반영된 내역을 확인하고 공제율을 업종에 맞게 수정한다.

실습하기

다음의 자료를 토대로 2기 예정신고기간의 의제매입세액공제신청서를 작성하시오. 당사는 제조업을 영위하며 중소제조업에 속하며 매입매출전표입력에서 수원농산은 [의제류매입]탭에 입력하고, 이농부는 [전체입력]탭에 입력을 하여 의제매입세액공제신청서에 반영을 하시오. (원재료 구입대금은 전액 현금지출분이다.)

공급자	사업자번호 주민번호	매입일자	품명	수량	매입가격	비고
수원농산	135-81-22221	9.8.	농산물	100	10,000,000원	전자계산서수령
이농부	620202-1103222	9.20.	야채	50	300,000원	비사업자인 농민에게 매입 증빙없음

실습하기 작업순서

① 매입매출전표입력화면
– [의제류매입]탭에서 입력하는 방법
▼ 수원농산

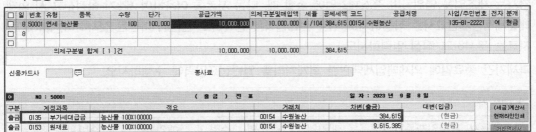

→ [의제류매입]탭을 이용하면 적요 6번을 직접 입력하지 않아도 의제매입세액(부가세대급금)이 자동으로 반영된다.

– [전체입력]탭에서 입력하는 방법
▼ 이농부

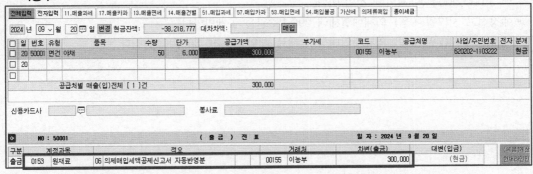

→ 원재료 계정과목에 적요6. 의제매입세액공제신고서 자동반영분을 입력한다.

② 의제매입세액공제신고서 입력화면
→ 중소제조업이므로 이농부의 공제율을 4/104로 수정한다.

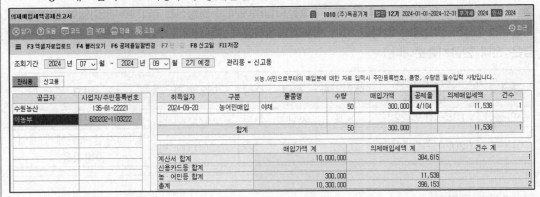

※ [F11 저장]을 반드시 누른다.

🕐 실습하기

당사는 제조업을 영위하며 중소제조업에 속할 때, 다음 자료를 이용하여 제2기 확정신고 시 의제매입세액공제신고서를 작성하시오. (단, 전표입력은 생략하고 원단위 미만은 절사하며, 불러오는 자료는 무시하고 직접 입력하시오.)

과세기간 종료일에 의제매입세액관련 회계처리를 일반전표입력에 수행하시오.

- 매입자료

공급자	사업자등록번호	매입일	물품명	수량	매입가격	증빙서	건수
매일장날	123-45-67891	2024.10.4.	농산물	1,000	10,000,000원	계산서	1
야채가게	101-21-34564	2024.11.23.	야채	500	5,000,000원	신용카드	1

- 제2기 예정 시 과세표준은 15,000,000원이며, 확정 시 과세표준은 20,000,000원(기계공급가액 5,000,000원은 제외한 것임)이다.
- 예정신고 시(7월~9월) 의제매입세액 396,153원을 공제받았다.
  예정신고 시(7월~9월) 의제매입대상 원재료 매입액은 10,300,000원이다.

🔄 실습하기 작업순서

▼ 입력화면

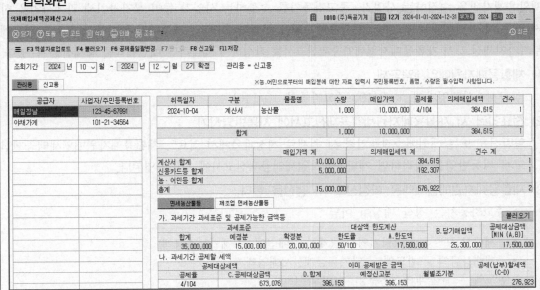

→ 당기매입액은 예정 10,300,000원과 확정 15,000,000원을 합산한 25,300,000원을 입력하며, 이미 공제받은 예정신고분 396,153원을 차감한 공제할세액은 276,923원이 된다.

※ [F11 저장]을 반드시 누른다.

① 공급자와 사업자등록번호를 입력하고 공제율은 4/104로 등록한다.

② 확정신고 시에는 정산을 해야 하므로 주어진 자료를 입력하고 공제대상매입세액을 확인한다.

　㉠ 공제대상금액 → 14,000,000원

　　min(한도액, 당기매입액)

　　한도액 = 과세표준(35,000,000원) × 한도율(50%) = 17,500,000원

　　당기매입액 = 예정 10,300,000원 + 확정 15,000,000 = 25,300,000원

　㉡ 과세기간 공제할 세액

　　공제대상세액* − 이미 공제받은 금액 = 공제할 세액

　　673,076원 − 396,153원 = 276,923원

　　* 공제대상세액 = 공제대상금액(17,500,000원) × 공제율(4/104) = 673,076원

③ 과세기간종료일(12월 31일) 의제매입세액공제분의 일반전표입력

일	번호	구분	계 정 과 목	거 래 처	적 요	차 변	대 변
31	00001	차변	0135 부가세대급금			276,923	
31	00001	대변	0153 원재료		8 타계정으로 대체액 원가		276,923

11 재활용폐자원세액공제신고서

재활용폐자원을 수집하는 사업자, 중고자동차를 수출하는 사업자 등이 부가가치세 과세사업을 하지 않는 자와 간이과세자로부터 재활용폐자원을 구입하여 제조, 가공하거나 이를 공급하는 경우에 부가가치세신고 시 재활용폐자원세액공제신고서를 작성하여 제출하면 매입세액을 공제받을 수 있다.

1) **재활용폐자원매입세액공제**

   = 공제대상매입가액 × 3/103(중고자동차 10/110)

2) **전표입력 시 재활용폐자원세액공제신고서에 자동반영하기**

   일반전표 또는 매입매출전표입력 시 원재료 계정과목에서 적요7. 재활용폐자원매입세액공제신고서 자동반영을 입력하면 재활용폐자원세액공제신고서에 자동반영된다.

3) **재활용폐자원매입세액은 확정신고 시 정산을 한다.**

   → 중고자동차는 정산 대상이 아님

   - 공제대상금액 = min(당기영수증(계산서)매입액, 공제가능한금액)
   - 공제대상금액 = 한도액 − 당기세금계산서매입액
   - 한도액 = 매출액(예정+확정) × 한도율(80%)
   - 공제대상세액 = 공제대상금액 × 공제율(3/103)
   - 공제할세액 = 공제대상세액 − 이미 공제받은 세액

실습하기

당사는 재활용폐자원을 수집하는 사업자이다. 다음 자료에 의하여 2기 확정신고기간의 재활용폐자원세액공제신고서를 작성하시오.
매입매출전표입력을 하여 재활용폐자원세액공제신고서에 반영하고 과세기간 종료일에 재활용폐자원세액공제분에 대해 일반전표입력을 수행하시오. 단 (25)구분코드는 2. 기타재활용폐자원을 선택한다.

- 거래자료

공급자	사업자번호	거래일자	품명	수량(kg)	취득금액	증빙	건수
행복한고물상	101-02-21108	10.06.	고철	200	8,000,000원	영수증	1

- 행복한고물상은 간이과세자이고 고철매입대금은 현금으로 지불하였다.
- 예정신고기간 중의 재활용폐자원 영수증 수취 매입금액은 2,000,000원이 있으며 재활용폐자원공제세액은 100,000원이 있다.
- 2기 과세기간 중 재활용관련 매출액과 전자세금계산서 매입액은 다음과 같다.

구분	매출액	매입공급가액(전자세금계산서)
예정분	18,000,000원	10,000,000원
확정분	22,000,000원	7,000,000원

PART
02

실습하기 작업순서

① 매입매출전표입력 메뉴에서 고철구입관련 전표를 입력하고 원재료에 적요7번 재활용폐자원 매입세액공제신고서 자동 반영을 등록한다.

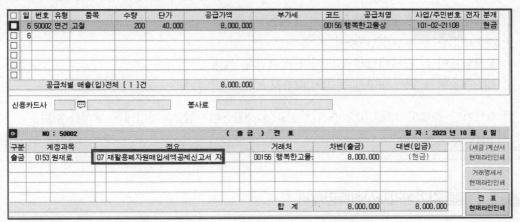

② 재활용폐자원세액공제신고서를 열어서 공제율을 3/103으로 등록하고 자료에 내용을 입력 하여 정산을 한다.

▼ **입력화면**

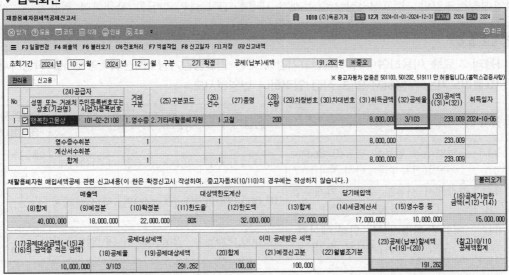

※ [F11 저장]을 반드시 누른다.

공제대상금액 = min(당기영수증(계산서)매입액, 공제가능한금액)

10,000,000원 = min(10,000,000원, 15,000,000원)

공제대상금액 = 한도액 − 당기세금계산서매입액

15,000,000원 = 32,000,000원 − 17,000,000원

한도액 = 매출액(예정+확정) × 한도율

32,000,000원 = (예정매출액 18,000,000원 + 확정매출액 22,000,000원) × 한도율
(80%)

공제대상세액 = 공제대상금액 × 공제율

291,262원 = 10,000,000원 × 3/103

공제할세액 = 공제대상세액 – 이미 공제받은 세액

191,262원 = 291,262원 – 100,000원

③ 과세기간 종료일 12월 31일자 일반전표에 재활용폐자원공제매입세액 분개를 한다.

31	00002	차변	0135 부가세대급금				191,262	
31	00002	대변	0153 원재료		8 타계정으로 대체액 원가			191,262

12 건물등감가상각자산취득명세서

사업자가 과세기간 중 감가상각대상자산을 취득한 경우 부가가치세신고 시 건물등감가상각자산취득명세서를 제출하여야 한다. 감가상각자산 취득으로 인해 부가가치세 조기환급을 받아야 하는 경우 제출하는 서류이다.

매입매출전표입력 시 고정자산으로 분개한 내용을 [F4 불러오기]를 사용하여 적용할 수 있다.

실습하기

다음의 자료를 이용하여 1기 확정신고기간에 대한 건물등감가상각자산취득명세서를 작성하시오.
전표불러오기는 사용하지 말고 직접 입력하여 반영하시오.

일자	내역	공급가액	부가가치세	상호	사업자 등록번호
04/15	영업부의 업무용 승용(998cc) 구입(전자세금계산서 수취)	30,000,000원	3,000,000원	(주)쉐보레	204-81 -12349
04/18	공장에서 사용할 포장용 기계구입 (전자세금계산서 수취)	17,000,000원	1,700,000원	(주)서울기계	201-81 -98746
04/30	영업부 환경개선을 위해 에어컨 구입(전자세금계산서 수취)	2,500,000원	250,000원	(주)엘비전자	203-81 -55457

실습하기 작업순서

▼ 입력화면

건물등감가상각자산취득명세서		🏬 1010 (주)독공기계 법인 12기 2024-01-01~2024-12-31 부가세 2024 인사 2024

⊗ 닫기 ⑦ 도움 🔲 코드 🗑 삭제 🖨 인쇄 🔍 조회 ▾

☰ F4 불러오기 F8 신고일 F11저장

조회기간 2024 년 04 ✓ 월 ~ 2024 년 06 ✓ 월   구분 1기 확정

◎ 취득내역

감가상각자산종류	건수	공급가액	세 액	비 고
합 계	3	49,500,000	4,950,000	
건 물 · 구 축 물				
기 계 장 치	1	17,000,000	1,700,000	
차 량 운 반 구	1	30,000,000	3,000,000	
기타감가상각자산	1	2,500,000	250,000	

거래처별 감가상각자산 취득명세

No	월/일	상호	사업자등록번호	자산구분	공급가액	세액	건수
1	04-15	(주)쉐보레	204-81-12349	차량운반구	30,000,000	3,000,000	1
2	04-18	(주)서울기계	201-81-98746	기계장치	17,000,000	1,700,000	1
3	04-30	(주)엘비전자	203-81-55457	기타	2,500,000	250,000	1
			합 계		49,500,000	4,950,000	3

※ [F11 저장]을 반드시 누른다.

13 부가가치세신고서 및 가산세

부가가치세신고서는 과세기간 종료 후 25일 이내 부가가치세신고를 할 경우 과세표준 및 매출세액, 매입세액, 납부(환급)세액을 기재하여 제출하여야 하는 서류이다.

시험에서는 부가가치세신고서의 전체적인 이해가 필요하고 필드마다 매입매출전표입력 메뉴에서 과세유형에 따라 적용되는 부분을 판단하고 가산세를 계산하여 적용하는 부분을 평가한다.

▼ 과세표준 및 매출세액

구분				금액	세율	세액
과세 표준 및 매출 세액	과 세	세금계산서 발급분	(1)	11.과세(10%) 전자세금계산서발급	10/100	
		매입자발행 세금계산서	(2)		10/100	
		신용카드·현금영수증 발행분	(3)	17.카과(10%) 신용카드매출 22.현과(10%) 현금영수증매출	10/100	
		기타 (정규영수증 외 매출분)	(4)	14.건별(10%) – 소매공급(사업자등록증이 없는 개인에게 매출) – 간주공급(직매장반출제외) – 간주임대료 부가가치세법상 세금계산서교부면제이나 부가가치세 10%의 과세매출	10/100	

영 세 율	세금계산서 발급분	(5)	12.영세(0%) Local L/C(내국신용장), 구매승인서 에 의한 매출 영세율전자세금계산서 발급	0 / 100		
	기타	(6)	16.수출(0%) 직수출, 수출실적명세서 제출	0 / 100		
예정신고 누락분		(7)	매출 예정신고 시 누락분 반영			
대손세액 가감		(8)				대손확정 (대손세액공제 받을 경우) 음수로 작성 대손금회수 양수로 작성
합계		(9)			㉮	

▼ **매입세액**

구분			금액	세율	세액
매입 세액	세금계산서 수취분	일반매입	(10)	51.과세(10%) 전자세금계산서 수취 52.영세(0%) 영세율전자세금계산서 수취 54.불공(10%) 전자세금계산서 수취 55.수입(10%) 수입세금계산서 수취 → 위의 전표유형 중에서 일반 매입분		
		수출기업 수입분 납부유예	(10-1)			
		고정자산 매입	(11)	51.과세(10%) 전자세금계산서 수취 52.영세(0%) 영세율전자세금계산서 수취 54.불공(10%) 전자세금계산서 수취 55.수입(10%) 수입세금계산서 수취 → 위의 전표유형 중에서 고정자산 매입분		
	예정신고 누락분		(12)	매입 예정신고 누락분		
	매입자발행 세금계산서		(13)			
	그 밖의 공제매입세액		(14)			
	합계(10)-(10-1)+(11)+ (12)+(13)+(14)		(15)			
	공제받지 못할 매입세액		(16)			
	차감계 (15)-(16)		(17)		㉯	

구분			금액	세율	세액
(14) 그 밖의 공제 매입세액 명세	신용카드매출 전표등 수령명세서 제출분	일반매입 (41)	57.카과(10%) 신용카드 매입 61.현과(10%) 현금영수증 매입 → 위의 전표유형 중에서 일반 매입분		
		고정자산매입 (42)	57.카과(10%) 신용카드 매입 61.현과(10%) 현금영수증 매입 → 위의 전표유형 중에서 고정자산매입분		
	의제매입세액	(43)	의제매입세액공제신고서 반영분	뒤쪽 참조	
	재활용폐자원등 매입세액	(44)	재활용폐자원세액공제신고서 반영분	뒤쪽 참조	
	과세사업전환 매입세액	(45)			
	재고매입세액	(46)			
	변제대손세액	(47)			
	외국인 관광객에 대한 환급세액	(48)			
	합계	(49)			

구분			금액	세율	세액
(16) 공제받지 못할 매입세액 명세	공제받지 못할 매입세액	(50)	54.불공(10%) 전자세금계산서는 수취하였으나 매입세액공제를 못 받을 경우		
	공통매입세액 면세사업등분	(51)	겸영사업자의 공통매입세액 중에서 면세사업에 해당하는 부분 공제받지못할매입세액명세서 반영분		
	대손처분받은 세액	(52)	공급받는자가 대손이 발생하여 이미 공제받은 매입세액을 대손처분받은 경우→ 공제받지 못함		
	합계	(53)			

구분			금액	세율	세액
(18) 그 밖의 경감·공제 세액 명세	전자신고 및 전자고지 세액공제	(54)			전자신고 시 세액공제 입력 10,000원
	전자세금계산서 발급세액 공제	(55)			
	택시운송사업자 경감세액	(56)			
	대리납부 세액공제	(57)			
	현금영수증사업자 세액공제	(58)			
	기타	(59)			
	합계	(60)			

■ 불공 정리

전자세금계산서 수취분 매입일 경우 부가가치세 10%를 매입세액으로 공제를 받을 수 있다. 그런데 부가가치세법상 매입세액불공제 사유라면 매입세액을 공제받을 수 없다. 매입세액을 공제받지 못한다고 하더라도 매입분에 대해서는 정상적으로 신고를 해야 하므로 불공에 해당하는 경우에는 세금계산서수취분 일반매입 또는 고정자산매입에 정상적으로 입력한 후 공제받지못할매입세액에 다시 한번 입력을 해서 매입세액에서 차감을 해주어야 한다.

▼ 과세표준명세

		업태	종목	코드번호		금액
면세사업 수입금액	(80)					
	(81)					
	(82)	수입금액 제외	고정자산매각, 간주공급 등			
				(83) 합계		
계산서 발급 및 수취 명세	(84) 계산서 발급금액		13.면세(부가세 면제) 계산서 발급			
	(85) 계산서 수취금액		53.면세(부가세 면제) 계산서 수취			

▼ 가산세

구분				금액	세율	세액
(25) 가산세 명세	사업자미등록 등		(61)		1 / 100	
	세금계산서	지연발급 등	(62)	공급시기 이후 확정신고기간까지(7월 25일, 1월 25일) 발급한 경우 공급가액 × 1%	1 / 100	
		지연수취	(63)	공급가액 × 0.5%	5 / 1,000	
		미발급 등	(64)	공급시기 이후 확정신고기간까지(7월 25일, 1월 25일) 발급하지 않은 경우 공급가액 × 2% 종이세금계산서 발급 공급가액 × 1% (지연발급 등에 입력해도 무방함)	뒤쪽 참조	
	전자세금계산서 발급명세 전송	지연전송	(65)	공급가액 × 0.3%	3 / 1,000	
		미전송	(66)	공급가액 × 0.5%	5 / 1,000	
	세금계산서 합계표	제출 불성실	(67)		5 / 1,000	
		지연제출	(68)		3 / 1,000	

신고 불성실	무신고(일반)	(69)	납부세액 × 20% × 감면 후 납부비율(%)	뒤쪽 참조
	무신고(부당)	(70)		뒤쪽 참조
	과소·초과환급신고(일반)	(71)	납부세액 × 10% × 감면 후 납부비율(%)	뒤쪽 참조
	과소·초과환급신고(부당)	(72)		뒤쪽 참조
납부 불성실		(73)	미납세액 × 미납일수 × 2.2/10,000	뒤쪽 참조
영세율 과세표준신고 불성실		(74)	공급가액 × 0.5% × 감면 후 납부비율(%)	5 / 1,000
현금매출명세서 불성실		(75)		1 / 100
부동산임대공급가액명세서 불성실		(76)		1 / 100
매입자 납부특례	거래계좌 미사용	(77)		뒤쪽 참조
	거래계좌 지연입금	(78)		뒤쪽 참조
합계		(79)		

■ 가산세 감면

1. 수정신고에 따른 감면 : 법정신고기한이 경과 후 2년 이내 수정신고를 했다면 다음의 구분에 따른 금액을 감면받게 된다.

기간	감면	납부	기간	감면	납부
1개월 이내	90%	10%	6개월 초과 ~ 1년	30%	70%
1개월 초과 ~ 3개월 이내	75%	25%	1년 ~ 1년 6개월 이내	20%	80%
3개월 초과 ~ 6개월 이내	50%	50%	1년 6개월 ~ 2년	10%	90%

2. 법정신고기한이 경과 후 기한후 신고를 했다면 다음의 구분에 따른 금액을 감면받게 된다.

기간	감면	납부
1개월 이내	50%	50%
1개월 초과 ~ 3개월 이내	30%	70%
3개월 초과 ~ 6개월 이내	20%	80%

실습하기

다음 자료를 이용하여 1기 확정 부가가치세신고서를 작성하시오. (단, 주어진 자료 외에는 고려하지 말고 기존에 입력된 자료는 삭제하고 작성하시오.)

매출자료	• 매출처별세금계산서합계표상의 금액은 150,000,000원, 세액 15,000,000원이다. • 카드매출 5,500,000원(부가세 포함), 현금영수증매출 1,100,000원(부가세 포함), 정규영수증외매출 440,000원(부가세 포함) • 선적된 마카오 수출액은 $10,000(수출신고일 1,000원/$, 선적일 1,100/$)이다. • 내국신용장에 의한 영세율전자세금계산서 발급액 22,000,000원 • 대손확정된 외상매출금 15,000,000원(부가세 별도) • 임대보증금에 대한 간주임대료 620,000원(부가세 별도) • 당사의 제품(원가 5,000,000원, 시가 6,000,000원) 거래처에 무상제공
매입자료	• 매입처별세금계산서합계표상의 금액은 100,000,000원, 세액 10,000,000원이다. 이 중 비영업용소형승용차 1,900cc를 취득한 고정자산매입분이 30,000,000원(부가세 별도)이 포함되어 있다. • 신용카드로 매입한 기계장치 매입액 7,700,000원(부가세 포함)이 있다. • 원재료를 2,200,000원(공급대가)에 매입하고 현금영수증을 발급받았다.
예정신고 누락분	• 제품을 매출하고 지연발급한 전자세금계산서 3,000,000원(부가세 별도) • 원재료를 매입하고 수취한 전자세금계산서 1,700,000원(부가세 별도)
기타	• 홈택스에서 전자신고하기로 한다. • 1기예정신고 미환급세액 3,500,000원 • 가산세적용 시 미납일수는 91일로 하며 일반과소신고가산세율을 적용하기로 한다.

실습하기 작업순서

① 부가가치세신고서 조회기간 2024년 4월 1일 ~ 2024년 6월 30일 입력하고,

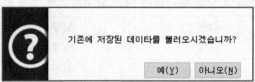

해당 화면에서 "아니오"를 누른 후 조회되는 자료는 모두 삭제한 후 저장을 한다.

② 거래자료를 입력한다.

③ 가산세 계산

  ㉠ 세금계산서 지연발급 가산세

    = 3,000,000원 × 1% = 30,000원

  ㉡ 신고불성실 가산세

    = (300,000원 − 170,000원) × 10% × 25% = 3,250원

    → 일반과소신고 가산세 10%

      1개월 초과 3개월 이내 수정신고 시 75% 감면 25% 납부

ⓒ 납부지연 가산세
= (300,000원 − 170,000원) × 91일 × 2.2/10,000 = 2,602원

실습하기

1기 부가가치세 확정신고 시 아래의 거래를 누락하여 2024년 9월 10일에 수정신고를 하고자 한다. 거래내역을 부가가치세신고서에 반영하고(전표입력 생략) 수정신고서(1차)와 가산세명세서를 작성하시오. 전자세금계산서 미발급가산세가 적용되는 부분은 전자세금계산서 미전송가산세는 적용하지 아니하며 신고불성실가산세는 일반가산세를 적용한다(과세표준명세서 생략).

5월 1일 (주)신정에 제품을 판매하고 전자세금계산서를 발급하고 전송하였다.
(공급가액 40,000,000원, 부가가치세 4,000,000원)

5월 12일 (주)삼호상사에 제품을 판매하고 종이세금계산서를 발급하였다.
(공급가액 10,000,000원, 부가가치세 1,000,000원)

6월 26일 (주)영전자에 제품을 판매하고 세금계산서를 발행하지 않았다.
(공급가액 22,000,000원, 부가가치세 2,200,000원)

실습하기 작업순서

① 부가가치세신고서 조회기간 2024년 4월 1일 ~ 2024년 6월 30일 입력한 후

기존에 저장된 데이타를 불러오시겠습니까?

예(Y)   아니오(N)

해당 화면에서 "아니오"를 누른다.

② 조회기간 2024년 4월 1일 ~ 2024년 6월 30일 입력한 후 신고구분 : 2.수정신고, 신고차수 1을 입력한 후 조회되는 금액을 TAB 클릭하여 모든 자료를 삭제하고 수정신고금액에 거래별 금액을 새로 입력한다.

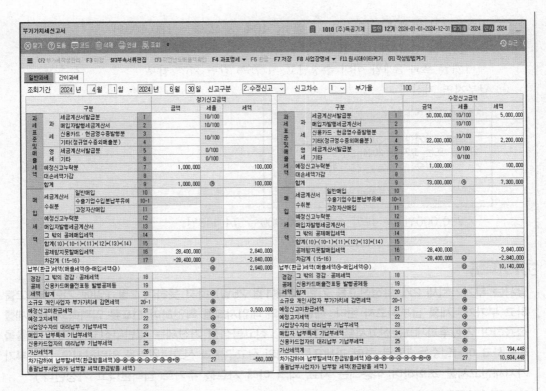

③ 가산세액계 클릭 → [TAB]키

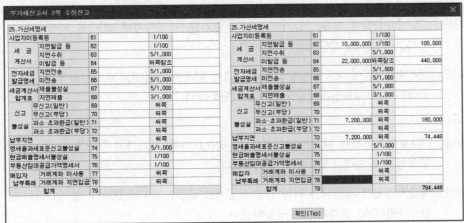

④ 가산세 계산

　㉠ 세금계산서 지연발급 가산세

　　→ 종이세금계산서 발급건은 가산세가 1%이므로 지연발급 등에 입력한다.

　　= 10,000,000원 × 1% = 100,000원

　㉡ 세금계산서 미발급 가산세 = 22,000,000원 × 2% = 440,000원

ⓒ 신고불성실 가산세 = 7,200,000원 × 10% × 25% = 180,000원

   → 일반과소신고 가산세 10%

      1개월 초과 3개월 이내 수정신고 시 75% 감면 25% 납부

ⓓ 납부지연 가산세

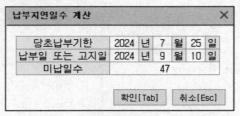

   = 7,200,000원 × 47일 × 2.2/10,000 = 74,448원

실습하기

당사는 부가가치세 2기 확정신고를 기한 내에(1월 25일) 하지 못하여 2월 1일에 기한후신고를 하고 부가가치세를 납부하고자 한다. 매출자료와 매입자료를 확인하여 전표를 입력하고 가산세를 적용하여 기한후과세표준신고서를 작성하시오. 신고불성실 가산세는 일반무신고에 의한 세율을 적용하고 미납일수는 7일로 하며 과세표준명세의 신고구분과 신고년월일을 입력하시오. (단, 부가가치세신고서를 조회하여 적용되는 자료 외의 아래 자료를 추가로 입력한다고 가정한다.)

[매출자료]

10월 3일   (주)미래산업에 제품(공급가액 14,000,000원, 부가가치세 별도)을 외상으로 판매하고 전자세금계산서를 발급하였다.

11월 14일   (주)경기산업에 내국신용장(Local L/C)에 의하여 제품 8,000,000원을 외상으로 공급하고 영세율전자세금계산서를 발행하였다.

[매입자료]

12월 15일   (주)우성기업에서 원재료(공급가액 12,000,000원, 부가가치세 별도)를 외상으로 구입하고 전자세금계산서를 수취하였다.

12월 26일   매출거래처에 제공하기 위해 연말 선물세트(공급가액 550,000원, 부가가치세 포함, 판관비)를 현대카드로 구입하였다.

실습하기 작업순서

① 매입매출전표입력

[10월 3일]

유형	품목	공급가액	부가세	공급처명	전자	분개
11.과세	제품	14,000,000	1,400,000	(주)미래산업	여	외상

(차) 외상매출금	15,400,000	(대) 부가세예수금	1,400,000
		제품매출	14,000,000

[11월 14일]　※ 영세율구분 : 3번 선택

유형	품목	공급가액	부가세	공급처명	전자	분개
12.영세	제품	8,000,000		(주)경기산업	여	외상

(차) 외상매출금	8,000,000	(대) 제품매출	8,000,000

[12월 15일]

유형	품목	공급가액	부가세	공급처명	전자	분개
51.과세	원재료	12,000,000	1,200,000	(주)우성기업	여	외상

(차) 부가세대급금	1,200,000	(대) 외상매입금	13,200,000
원재료	12,000,000		

② 일반전표입력

12월 26일 기업업무추진비관련 매입세액은 불공제사유이므로 일반전표에 입력하여 경비로 처리한다.

(차) 기업업무추진비(813)	550,000	(대) 미지급금(현대카드)	550,000

③ 부가가치세신고서 조회기간 2024년 10월 1일 ~ 2024년 12월 31일 입력한 후 해당 화면에서 "아니오"를 누른다.

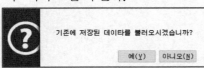

기존에 저장된 데이타를 불러오시겠습니까?

예(Y)　아니오(N)

④ 가산세명세

25.가산세명세					
사업자미등록등		61		1/100	
세 금 계산서	지연발급 등	62		1/100	
	지연수취	63		5/1,000	
	미발급 등	64		뒤쪽참조	
전자세금 발급명세	지연전송	65		3/1,000	
	미전송	66		5/1,000	
세금계산서 합계표	제출불성실	67		5/1,000	
	지연제출	68		3/1,000	
신고 불성실	무신고(일반)	69	200,000	뒤쪽	20,000
	무신고(부당)	70		뒤쪽	
	과소·초과환급(일반)	71		뒤쪽	
	과소·초과환급(부당)	72		뒤쪽	
납부지연		73	200,000	뒤쪽	308
영세율과세표준신고불성실		74	8,000,000	5/1,000	20,000
현금매출명세서불성실		75		1/100	
부동산임대공급가액명세서		76		1/100	
매입자 납부특례	거래계좌 미사용	77		뒤쪽	
	거래계좌 지연입금	78		뒤쪽	
합계		79			40,308

⑤ 가산세 계산

  ㉠ 신고불성실 가산세 = (1,400,000원 − 1,200,000원) × 20% × 50% = 20,000원
     → 일반무신고 가산세 20%, 1개월 이내 기한 후 신고 시 50% 감면

  ㉡ 납부지연 가산세

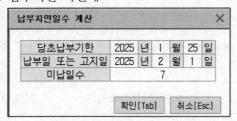

    = (1,400,000원 − 1,200,000원) × 7일 × 2.2/10,000 = 308원

  ㉢ 영세율과세표준신고불성실 가산세 = 8,000,000원 × 0.5% × 50% = 20,000원
     → 1개월 이내 기한 후 신고 시 50% 감면

⑥ 과세표준명세서에서 신고구분 4. 기한후과세표준, 신고년월일에 2025년 2월 1일을 입력하고 확인을 누른다.

⑦ 입력 완료된 부가가치세신고서 화면

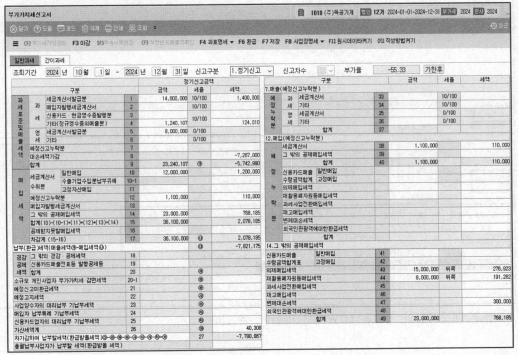

14 부가가치세 전자신고

국세청홈택스 전자신고를 하기 위해 프로그램을 닫고 회사코드 4100. 독공전자 전자신고로 회사변경을 하여 로그인을 한다.

실습하기

2기 확정부가가치세 전자신고를 수행하시오. (단, 부가가치세신고서를 제외한 세금계산서합계표 및 계산서합계표, 부가가치세부속서류는 마감이 되었다고 가정을 하고, 비밀번호는 12345678로 한다.)

실습하기 작업순서

① 전자신고 메뉴를 열어 신고년월 2024년 10월 ~ 2024년 12월, 정기신고, 신고인구분 2. 납세자 자진신고를 입력한 후 전자신고 화면에서 [F4 제작]을 누른다.

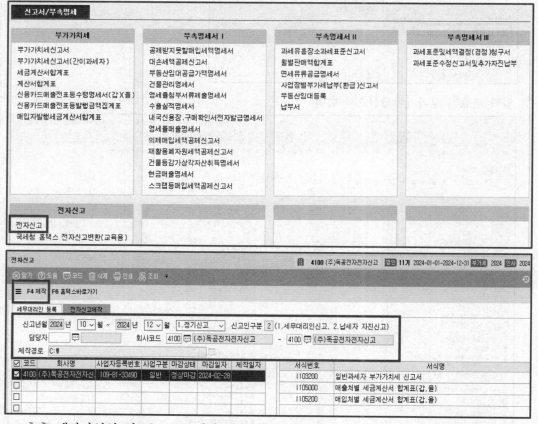

→ 추후 제작파일의 경로는 C:₩에서 확인할 수 있다.

② [F4 제작]을 누르고 비밀번호 입력창에서 비밀번호를 입력하여 파일을 제작한다. 비밀번호는 8자리 이상 20자리 이하로 입력하면 된다. 단, 비밀번호 입력은 필수입력사항이다. 여기서는 12345678의 숫자로 입력하여 실습하였다.

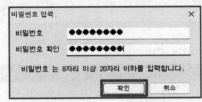

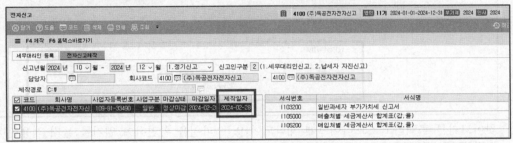

→ 제작이 완료되면 제작일자에 현재 날짜가 표시된다.

③ [F6 홈택스바로가기]를 클릭한다.

전자신고 파일 제작이 완료되면 C드라이브에 파일이 생성된 것을 확인할 수 있다.

부가세전자신고파일명 : enc년월일.101.v사업자등록번호

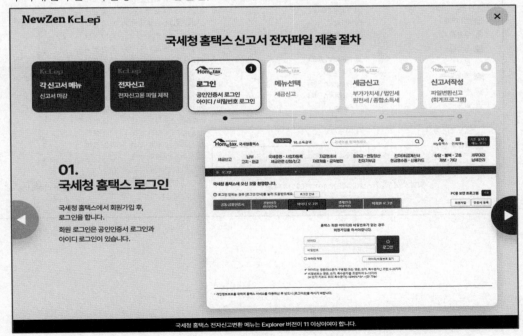

④ 국세청 홈택스 전자신고변환(교육용) 메뉴에서 변환대상파일선택 → 찾아보기를 사용하여 전자신고메뉴에서 제작한 파일을 반영한다.

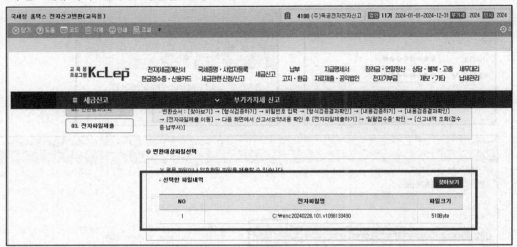

찾아보기를 클릭하고 C드라이브에 제작되어 있는 파일을 확인하여 열기를 눌러 적용한다.

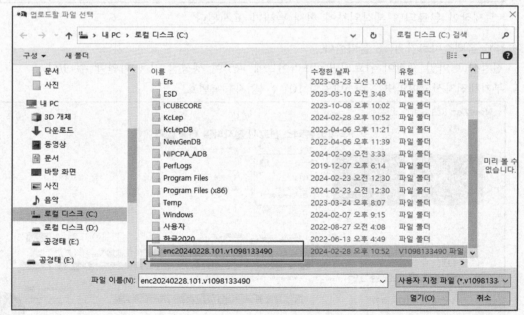

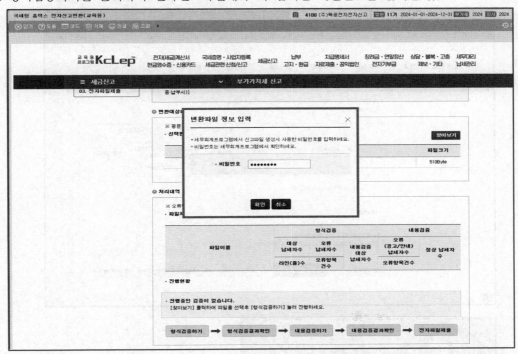

⑤ 형식검증하기를 클릭하여 전자신고파일제작 시 입력한 비밀번호를 입력한다.

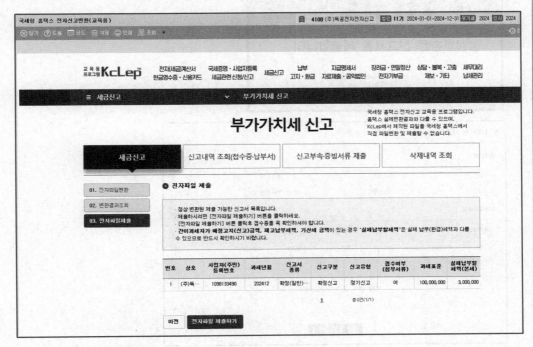

⑥ 형식검증결과확인부터 전자파일제출까지 순서대로 클릭하여 형식검증을 진행한다.

정상변환된 신고서를 제출합니다.

확인

부가가치세 신고서 접수증(파일변환)

· 접수내용

사용자ID		사용자명		접수일시	2024-02-28 23:19:21
총 신고건수	1건	정상건수	1건	오류건수	0건

· 정상제출내용

(단위 : 원) 10건 ▼ 확인

과세년월	신고서종류	신고구분	신고유형	상호 (성명)	사업자(주민)등록번호	접수번호
202412	확정(일반) 신고서	확정신고	정기신고	(주)독공전자…	1098133490	

1   출1건(1/1)

위와 같이 접수 되었습니다.

닫기   인쇄하기

05 | 고정자산등록 및 결산자료의 입력

01 고정자산등록

재무회계 ⇨ 고정자산및감가상각 ⇨ 고정자산등록

고정자산은 유형자산과 무형자산을 의미하며 감가상각대상 자산을 등록하여 감가상각비를 산정하는 메뉴가 고정자산등록 메뉴이다.

감가상각은 해당 유형자산과 무형자산의 취득원가에서 잔존가치를 차감한 감가상각 대상금액을 기간별로 체계적이고 합리적으로 배분하여 비용화시키는 과정을 말한다.

토지, 건설중인자산, 투자부동산은 감가상각제외대상 자산이다.

📋 실습하기

고정자산을 등록한 후 결산자료입력 메뉴에 반영하시오.

계정과목	자산코드/명	취득년월일	상각방법	취득원가	전기말상각 누계액	내용 연수	경비구분
건물	100/본사건물	2021.03.01.	정액법	150,000,000원	30,000,000원	20	800번대
차량운반구	200/화물차	2024.10.01.	정률법	15,000,000원		5	500번대
영업권	300/영업권	2023.01.01.	정액법	12,000,000원	2,400,000원	5	800번대

📋 실습하기 작업순서

[건물 / 본사건물]

자산계정과목	0202	건물		조정구분	0.전체 ∨	경비구분	0.전체 ∨

☐	자산코드/명		취득년월일	상각방법
☑	000100	본사건물	2021-03-01	정액법

기본등록사항 | 추가등록사항

1.기초가액	150,000,000
2.전기말상각누계액(-)	30,000,000
3.전기말장부가액	120,000,000
4.당기중 취득 및 당기증가(+)	
5.당기감소(일부양도·매각·폐기)(-)	
전기말상각누계액(당기감소분)(+)	
6.전기말자본적지출액누계(+)(정액법만)	
7.당기자본적지출액(즉시상각분)(+)	
8.전기말부인누계액(+) (정률만 상각대상에 가산)	
9.전기말의제상각누계액(-)	
10.상각대상금액	150,000,000
11.내용연수/상각률(월수)	20 📅 0.05 (12) 연수별상각률
12.상각범위액(한도액)(10X상각율)	7,500,000
13.회사계상액(12)-(7)	7,500,000 사용자수정
14.경비구분	6.800번대/판관비
15.당기말감가상각누계액	37,500,000
16.당기말장부가액	112,500,000
17.당기의제상각비	
18.전체양도일자	__-__-__
19.전체폐기일자	__-__-__
20.업종	📅

[차량운반구 / 화물차]

→ 차량운반구는 당기 취득자산이므로 4.당기중 취득 및 당기증가에 입력한다.

[영업권 / 영업권]

→ 무형자산은 직접법에 의해서 감가상각을 하므로 기초가액에 상각 후 금액을 입력한다.

◢ **02** 결산 및 재무제표

1) 결산의 절차

    결산이란 일 년 동안 기업의 경영활동에서 발생한 거래를 마감하고 외부정보이용자에게 정보를 전달하기 위한 수단인 재무제표를 작성하는 과정을 말한다.

① **수동결산** : 일반전표입력 메뉴에서 12월 31일자로 입력한다.
② **자동결산** : 결산자료입력 메뉴에서 결산정리 항목에 대한 금액을 결산반영금액란에 입력하면 자동으로 대체분개되어 결산이 완료된다. 고정자산등록 메뉴에서 등록하였던 고정자산의 감가상각비를 반영할 수 있다.
③ 제조원가명세서를 12월로 열어서 당기제품제조원가 금액을 확인한다.
④ **손익계산서** : 손익계산서를 12월로 열어서 당기순이익을 확인한다.
⑤ **이익잉여금처분계산서** : 이익잉여금처분계산서를 열어서 처분확정일자 및 이익처분내역을 입력하고 [F6 전표추가]를 한다.
⑥ **재무상태표** : 재무상태표를 12월로 열어서 오류 메시지가 없는지 확인한다.

🍲 알아두기

재무제표 마감은 아래의 순서로 한다.
제조원가명세서 → 손익계산서 → 이익잉여금처분계산서 → 재무상태표

2) 수동결산 항목

결산정리사항에 대해서 일반전표입력 메뉴 12월 31일자로 입력한다.

• 재고자산감모손실과 재고자산평가손실	• 소모품과 소모품비 정리
• 단기매매증권, 매도가능증권 평가	• 가지급급과 가수금 정리
• 손익의 이연과 예상	• 현금과부족의 정리
• 비유동부채 유동성 대체	• 외화자산, 외화부채의 평가

① **재고자산감모손실과 재고자산평가손실**
  ㉠ 재고자산감모손실 : 장부상 재고수량과 실제 재고수량의 차이가 발생하였을 경우 회계처리한다. → 수량의 차이 = 감모손실

구분	회계처리
정상적감모 (= 원가성이 있음)	회계처리하지 않는다.
비정상적감모 [수동결산] (= 원가성이 없음)	[간단예제] 장부상 재고자산 수량 100개, 원가 100원 실제 재고자산 수량 80개 → 20개의 부족수량은 모두 원가성이 없는 것으로 확인되었다. 재고자산감모손실 = 20개 × 100원(원가) = 2,000원 [회계처리] (차) 재고자산감모손실 2,000원 (대) 상품 2,000원 　　 (영업외비용)　　　　　　　　　　 (적요 8번 : 타계정으로의 대체액)

ⓛ 재고자산평가손실 : 장부상 금액과 순실현가능액의 차이가 발생하였을 경우 회계처리한다.
→ 금액의 차이 = 평가손실

[간단예제]
장부상 재고는 상품 100개가 있다.
장부상원가금액 100원
순실현가능액 60원
→ 재고자산평가손실 = 100개 × 40원 = 4,000원
[회계처리] 수동결산
(차) 재고자산평가손실   4,000원   (대) 상품평가충당금   4,000원
    (매출원가에 가산)   (자산의 차감적평가항목)

---

② 소모품 미사용액과 소모품 사용액 처리

ⓐ 자산처리법 : 구입할 때 "소모품"으로 처리하고 기말에 당기 사용액을 "소모품비"로 대체
한다.

[간단예제]
소모품 1,000원을 현금으로 구입하고 자산으로 회계처리하였다.
(차) 소모품   1,000원   (대) 현금   1,000원

결산 시 소모품 300원이 남아있는 것으로 확인되었다.
[수동결산]
(차) 소모품비   700원   (대) 소모품   700원

ⓛ 비용처리법 : 구입할 때 "소모품비"로 처리하고 기말에 당기 미사용액을 "소모품"으로 대
체한다.

[간단예제]
소모품 5,000원을 현금으로 구입하고 비용으로 회계처리하였다.
(차) 소모품비   5,000원   (대) 현금   5,000원

결산 시 소모품 1,000원이 남아있는 것으로 확인되었다.
[수동결산]
(차) 소모품   1,000원   (대) 소모품비   1,000원

---

③ 유가증권의 평가

ⓐ 단기매매증권의 평가 : 기말 결산시점에서 장부가액(= 취득가액)과 공정가액을 비교하여
"공정가액"으로 평가해야 한다. 결산일 현재 종가가 결국 장부가액이 된다.

• 장부가액 < 공정가액 : 단기매매증권평가이익(영업외수익)

> [간단예제]
> 결산 시 단기매매증권(장부가액 10,000원)의 공정가액이 15,000원으로 평가되었다.
> [수동결산]
> (차) 단기매매증권　　　　　 5,000원　　 (대) 단기매매증권평가이익　 5,000원
> → 결산일 공정가액이 단기매매증권의 장부가액이 된다.
> 　　단기매매증권 장부가액 10,000원 + 결산 시 평가 단기매매증권 5,000원
> 　　= 15,000원

• 장부가액 > 공정가액 : 단기매매증권평가손실(영업외비용)

> [간단예제]
> 결산 시 단기매매증권(장부가액 10,000원)의 공정가액이 7,000원으로 평가되었다.
> [수동결산]
> (차) 단기매매증권평가손실　 3,000원　　 (대) 단기매매증권　　　　　　 3,000원
> → 결산일 공정가액이 단기매매증권의 장부가액이 된다.
> 　　단기매매증권 장부가액 10,000원 − 결산 시 평가 단기매매증권 3,000원
> 　　= 7,000원

ⓒ 매도가능증권의 평가 : 기말 결산시점에서 장부가액(=취득가액)과 공정가액을 비교하여
"공정가액"으로 평가해야 한다.

• 장부가액 < 공정가액 : 매도가능증권평가이익(기타포괄손익누계액)

> [간단예제]
> 결산 시 매도가능증권(장부가액 20,000원)의 공정가액이 23,000원으로 평가되었다.
> [수동결산]
> (차) 매도가능증권　　　　　 3,000원　　 (대) 매도가능증권평가이익　 3,000원
> 　　　　　　　　　　　　　　　　　　　　　　 (기타포괄손익누계액)
> → 결산일 공정가액이 매도가능증권의 장부가액이 된다.
> 　　매도가능증권 장부가액 20,000원 + 결산 시 평가 매도가능증권 3,000원
> 　　= 23,000원

• 장부가액 > 공정가액 : 매도가능증권평가손실(기타포괄손익누계액)

> [간단예제]
> 결산 시 매도가능증권(장부가액 20,000원)의 공정가액이 16,000원으로 평가되었다.
> [수동결산]
> (차) 매도가능증권평가손실   4,000원   (대) 매도가능증권   4,000원
>   (기타포괄손익누계액)
> → 결산일 공정가액이 매도가능증권의 장부가액이 된다.
>   매도가능증권 장부가액 20,000원 – 결산 시 평가 매도가능증권 4,000원
>   = 16,000원

④ 가지급금 및 가수금정리

자금이 지출 또는 입금되었으나 계정과목을 확정할 수 없을 경우 가지급금 또는 가수금으로 기중에 회계처리를 하고 결산 시 정리분개를 하여야 한다.

㉠ 가지급금

> [간단예제]
> 대표이사 공도윤의 요청으로 300,000원을 현금으로 지급하였다.
> (차) 가지급금(공도윤)   300,000원   (대) 현금   300,000원
>
> 결산 시 대표이사 가지급금을 임직원등단기채권으로 상계처리하였다.
> [수동결산]
> (차) 임직원등단기채권(공도윤) 300,000원   (대) 가지급금(공도윤)   300,000원

㉡ 가수금

> [간단예제]
> 법인 보통예금 계좌에 입금처를 알 수 없는 금액이 500,000원 입금되었다.
> (차) 보통예금   500,000원   (대) 가수금   500,000원
>
> 결산 시 가수금은 거래처 (주)홍도의 외상매출금으로 확인되었다.
> [수동결산]
> (차) 가수금   500,000원   (대) 외상매출금((주)홍도) 500,000원

⑤ 손익의 예상과 이연

거래는 회계연도 중에 발생하였지만 거래 자체가 다음 연도로 이연(= 선급비용 또는 선수수익)하거나 당기 회계연도에 발생 또는 예상(= 미수수익 또는 미지급비용)되는 것을 회계기말에 결산분개를 만드는 것을 말한다.

구분	결산내용	결산분개
미수수익 (자산)	결산시점까지 이자(수익)에 대한 미수액이 있다면 결산분개한다.	[간단예제] 정기예금에 대한 당기분 이자 미수액 100원을 계상하다. [수동결산] (차) 미수수익　　　100원　　(대) 이자수익　　　100원
미지급비용 (부채)	결산시점까지 급여(비용)에 대한 미지급액이 있다면 결산분개한다.	[간단예제] 결산 시 12월분 급여 미지급분 50원을 계상하다. [수동결산] (차) 급여　　　　　50원　　(대) 미지급비용　　50원
선수수익 (부채)	결산시점에서 차기(다음 연도)분의 임대료(수익)를 먼저 받은 것이 있다면 결산분개한다.	[간단예제] 임대료 100원을 현금으로 수취한 내역 중에 차기분은 30원이다. [수동결산] (차) 임대료　　　　30원　　(대) 선수수익　　　30원
선급비용 (자산)	결산시점에서 보험료(비용) 미경과(= 선급)분을 먼저 지급한 것이 있다면 결산분개한다.	[간단예제] 당기 보험료 계상액 120원 중에서 기간 미경과분은 60원이다. [수동결산] (차) 선급비용　　　60원　　(대) 보험료　　　　60원

알아두기

취득 시에 선급비용(자산)으로 처리한 경우

취득 시 : (차) 선급비용 10,000원　　　/ (대) 현금 10,000원
이 회계처리 방법은 자산처리법을 이용한 경우로서, 예를 들어 경과액 6,000원과 미경과액 4,000원이라면 경과액 6,000원을 당기비용으로 인식한다.
[수동결산] 결산분개 : (차) 보험료　6,000원　/ (대) 선급비용　6,000원

⑥ 현금과부족의 정리

   ㉠ 장부상 현금잔액 < 실제 현금잔액

> [간단예제]
> 장부상 현금 시재는 100,000원인데 실제 현금잔액이 150,000원인 것을 확인하였다.
> (차) 현금   50,000원   (대) 현금과부족   50,000원
>
> 결산 시 현금과부족의 원인을 찾지 못하였다.
> [수동결산]
> (차) 현금과부족   50,000원   (대) 잡이익   50,000원

   ㉡ 장부상 현금잔액 > 실제 현금잔액

> [간단예제]
> 장부상 현금 시재는 100,000원인데 실제 현금잔액이 60,000원인 것을 확인하였다.
> (차) 현금과부족   40,000원   (대) 현금   40,000원
>
> 현금과부족 계정금액 중 20,000원은 야근식대로 확인되었다.
> (차) 복리후생비   20,000원   (대) 현금과부족   20,000원
>
> 결산 시 현금과부족의 원인을 찾지 못하였다.
> [수동결산]
> (차) 잡손실   20,000원   (대) 현금과부족   20,000원

   ㉢ 결산일에 현금이 불일치하면 "잡손실" 또는 "잡이익"으로 바로 처리하며, 현금과부족 계정과목은 절대 사용하지 않는다.

> [간단예제]
> 결산 시 현금시재 30,000원이 부족한 것을 확인하였다.
> [수동결산]
> (차) 잡손실   30,000원   (대) 현금   30,000원

⑦ [수동결산] 유동성대체

차입 당시의 비유동부채(1년을 초과하는)에 해당하는 장기차입금(비유동부채)이 있는 경우에 결산시점에서 상환기간이 1년 이내로 도래한 경우에는 유동부채로 볼 수 있다. 결산시점에 비유동부채의 계정과목과 유동성장기부채(유동부채)를 상계처리한다. 주의할 점은 반드시 차변과 대변에 거래처를 등록하여야 한다.

[간단예제]

결산 시 재무상태표에 계상되어 있는 한국은행의 장기차입금 1,000,000원의 상환기간이 10개월 남은 것으로 확인되었다.

[수동결산]

(차) 장기차입금	1,000,000원	(대) 유동성장기부채	1,000,000원
(한국은행)	(비유동부채)	(한국은행)	(유동부채)

⑧ [수동결산] 외화자산과 외화부채의 평가

외화자산 및 외화부채를 보유하고 있는 경우 결산시점의 환율로 평가하고 환율차이에 의한 차액을 외화환산손익(영업외손익)으로 회계처리한다. 외화자산의 환율이 상승하였을 경우에는 외화환산이익, 환율이 하락하였을 경우에는 외화환산손실로 회계처리하며 외화부채의 환율이 상승하였을 경우에는 외화환산손실, 환율이 하락하였을 경우에는 외화환산이익으로 회계처리한다.

[간단예제]

미국 언더우드사의 외화외상매출금 $10,000(장부가액 10,000,000원)의 기말 현재 환율은 1,020원/1$이다.

외화외상매출금의 장부가액 10,000,000원 ÷ $10,000 = 1,000원/1$

기말현재 환율은 1,020원/1$이므로 환율은 1$당 20원 상승하였다.

외화환산이익 = $10,000 × 20원 = 200,000원

[수동결산]

(차) 외상매출금(언더우드사)	200,000원	(대) 외화환산이익	200,000원

[간단예제]

미국 드림사의 외화장기차입금 $10,000(장부가액 10,000,000원)의 기말 현재 환율은 1,040원/1$이다.

외화장기차입금의 장부가액 10,000,000원 ÷ $10,000 = 1,000원/1$

기말현재 환율은 1,040원/1$이므로 환율은 1$당 40원 상승하였다.

외화환산손실 = $10,000 × 40원 = 400,000원

[수동결산]

(차) 외화환산손실	400,000원	(대) 외화장기차입금(드림사)	400,000원

3) 자동결산 항목

결산정리사항에 대해서 결산자료입력 메뉴에서 결산반영금액란에 금액을 입력하고 [F3 전표추가]를 한다. 자동결산 항목을 수동결산해도 무방하다.

- 채권의 대손충당금 설정
- 재고자산의 매출원가 계상
- 법인세 등 계상
- 유형·무형자산의 감가상각비 설정
- 퇴직급여충당부채 설정

---

① [자동결산] 매출채권의 대손충당금 설정

    ㉠ 합계잔액시산표상에서 매출채권(외상매출금, 받을어음)과 대손충당금의 기말잔액을 파악한다.

    ㉡ 대손추산액이 대손충당금보다 크면 "대손상각비"로 부족분을 설정하고, 대손추산액이 대손충당금보다 작으면 "대손충당금환입"으로 초과분을 설정한다.

※ (매출채권기말잔액×설정률) − 대손충당금잔액 = 대손상각비 또는 대손충당금환입
       Ⓐ   Ⓑ

> **[간단예제]**
> Ⓐ > Ⓑ
> 외상매출금 잔액 100,000원, 설정률 1%, 외상매출금의 대손충당금 잔액 500원
> 대손충당금설정액 = (100,000원 × 1%) − 500원 = 500원
> **[수동결산]** 일반전표입력 메뉴 12월 31일자로 직접 입력한다.
> (차) 대손상각비   500원   (대) 대손충당금   500원
>
> Ⓐ < Ⓑ
> 외상매출금 잔액 100,000원, 설정률 1%, 외상매출금의 대손충당금 잔액 1,300원
> 대손충당금설정액 = (100,000원 × 1%) − 1,300원 = − 300원
> **[수동결산]** 일반전표입력 메뉴 12월 31일자로 직접 입력한다.
> (차) 대손충당금   300원   (대) 대손충당금환입   300원
>   (판매비와관리비의 부(−)의 계정)

[또는 자동결산]
결산자료입력 메뉴에서 [F8 대손상각]을 클릭한다.
대손율을 확인하고 입력한다.
결산반영을 누르면 결산반영금액란에 자동으로 반영되고 전표추가를 눌러서 결산분개를 한다.

    → 기타의 채권은 기타의대손상각비(영업외비용)로 처리하고 환입일 경우는 대손충당금환입(영업외수익)으로 처리한다.

② [자동결산] 감가상각비 계상

토지, 건설중인자산, 투자부동산을 제외한 건물, 기계장치, 차량운반구, 비품 등은 사용하거나 시간의 경과 또는 기술적 진보에 따라 물리적·경제적으로 그 가치가 점차 감소되어 가는데 이러한 가치감소분을 재무상태와 경영성과에 반영시키는 절차를 감가상각이라고 한다.

> [간단예제]
> 건물에 대한 당기분 감가상각비 100원을 계상하였다.
> [수동결산] 일반전표입력 메뉴 12월 31일자로 직접 입력한다.
> (차) 감가상각비 100원 (대) 감가상각누계액 100원
> [또는 자동결산]
> [F7 감가상각]을 누르면 고정자산등록에 등록되어 있는 감가상각대상 자산의 당기 감가상각비가 조회된다. 결산반영을 눌러 결산반영금액란에 반영하고 전표추가를 눌러서 결산분개를 한다. 또는 결산반영금액란에 직접 감가상각비를 입력하고 전표추가를 눌러서 결산분개를 할 수도 있다.

③ [자동결산] 재고자산(제품매출원가)의 계상

결산자료입력 메뉴에서 기말제품제고액을 결산반영금액란에 입력한 후 전표추가를 클릭하면 제품매출원가의 분개가 일반전표입력 메뉴 12월 31일자로 자동반영된다.

④ [자동결산] 퇴직급여충당부채

결산자료입력 메뉴에서 퇴직급여충당부채 설정액을 퇴직급여(전입액)란에 직접 입력하고 전표추가를 하거나 또는 상단에 [CF8 퇴직충당]을 눌러서 금액을 확인하고 결산반영을 한 후 전표추가를 하여 결산분개를 한다.

> [간단예제]
> 결산 시 퇴직급여추계액은 10,000원이며 퇴직급여충당부채 잔액은 4,000원이다.
> [수동결산] 일반전표입력 메뉴 12월 31일자로 직접 입력한다.
> (차) 퇴직급여 6,000원 (대) 퇴직급여충당부채 6,000원

⑤ [자동결산] 법인세 등

> [간단예제]
> 결산 시 당기 법인세 등을 5,500,000원으로 계상하다. (법인세 중간예납액이 선납세금계정에 1,700,000원 계상되어 있다.)
>
> 결산자료입력 메뉴에서 결산반영금액란에 선납세금 1,700,000원을 입력하고 법인세 등 계상액 5,500,000원에서 선납세금 1,700,000원을 차감한 3,800,000원을 추가계산액에 입력한다.

[결산자료입력 메뉴 설명]
㉠ **F3 전표추가** : 결산반영금액란에 금액을 입력하고 전표추가를 누르면 일반전표입력 메뉴에 결산분개가 자동으로 반영된다.
㉡ **F4 원가설정** : 매출원가 계정코드와 관련된 원가경비를 설정한다.

사용여부	매출원가코드 및 계정과목		원가경비		화면
부	0455	제품매출원가	1	0500번대	제조
부	0452	도급공사매출원가	2	0600번대	도급
부	0457	보관매출원가	3	0650번대	보관
부	0453	분양공사매출원가	4	0700번대	분양
부	0458	운송매출원가	5	0750번대	운송

매출원가 및 경비선택

[참고사항]
1. 편집(tab)을 선택하면 사용여부를 1.여 또는 0.부로 변경하실 수 있습니다.
2. 사용여부를 1.여로 입력 되어야만 매출원가코드를 변경하실 수 있습니다.
   (편집(tab)을 클릭하신 후에 변경하세요)
3. 사용여부가 1.여인 매출원가코드가 중복 입력되어 있는 경우 본 화면에 입력하실 수 없습니다.

확인(Enter)　편집(Tab)　자동설정(F3)　취소(Esc)

㉢ **CF5 결산분개삭제** : 일반전표입력 메뉴에 반영된 자동분개한 결산분개를 삭제하는 기능이다.
㉣ **F7 감가상각** : 고정자산등록 메뉴에 입력된 유형자산 및 무형자산의 당기 감가상각비를 결산에 반영한다. [F7 감가상각]을 사용할 수도 있고 결산반영금액란에 직접 금액을 입력하고 전표추가를 해도 되며 일반전표입력 메뉴에서 12월 31일자로 감가상각비의 분개를 직접 입력할 수도 있다.
㉤ **F8 대손상각** : 채권에 대한 대손충당금 설정액을 결산에 반영한다.
 • 대손율은 시험에서 제시된 대손율을 직접 입력해서 반영할 수 있다.
 • 추가설정액은 직접 입력하여 수정 및 삭제할 수 있다.
 • 채권의 금액과 설정 전 충당금잔액은 합계잔액시산표상의 금액이 자동반영된다.
 • 대손충당금 설정액 역시 [F8 대손상각]을 활용할 수 있고 결산반영금액란에 직접 금액을 입력하고 전표추가를 해도 되며 일반전표입력 메뉴에서 12월 31일자로 대손충당금 설정 분개를 직접 입력할 수도 있다.
㉥ **CF8 퇴직충당** : 퇴직급여충당부채 추가 설정액을 결산에 반영한다.
 • 퇴직급여추계액 – 결산일 현재 전 종업원에게 지급하여야 할 퇴직금을 산정하여 입력한다.
 • 당기감소 – 퇴직급여를 지급할 경우 분개 시 차변에 퇴직급여충당부채로 회계처리를 하게 되는데 적요를 선택하게 되면 자동반영된다.

- 설정전잔액에서 잔액은 퇴직급여충당부채 기초금액 + 당기증가 + 당기감소액으로 결산시점 퇴직급여충당부채의 잔액을 의미한다.
- 추가설정액(결산반영)은 퇴직급여추계액에서 설정전잔액금액을 차감한 것으로 당기의 퇴직급여충당부채 추가설정액을 의미한다.
- 퇴직급여충당부채 설정액 = 퇴직급여추계액 − 퇴직급여충당부채 잔액
- [CF8 퇴직충당]을 활용하여 결산에 반영할 수 있고 퇴직급여(전입액) 결산반영 금액란에 입력한 후 전표추가를 할 수도 있으며 일반전표입력 메뉴에서 12월 31일자로 퇴직급여충당부채 추가 설정 분개를 직접 입력할 수도 있다.

결산자료입력 연습하기

(주)독공기계의 자료를 참고하여 결산작업을 수행하고 재무제표를 마감하시오. 감가상각비는 고정자산등록에 등록한 내역을 결산자료입력 메뉴에서 반영하시오. (제시된 자료만 참고해서 수행하시오.)

[1] 결산일 현재 현금과부족의 원인을 알 수가 없다. 현금과부족계정을 확인하여 회계처리하시오.

[2] 거래은행인 대한은행에 예입된 정기예금에 대한 자료는 다음과 같다. 당기분 경과 이자를 인식하여 반영하시오. (단, 이자수익은 월할계산할 것)

- 예금 금액 : 60,000,000원
- 가입연월일 : 2024년 4월 1일
- 만기일 : 2027년 3월 31일
- 만기 : 3년
- 연이자율 : 10%
- 이자지급조건 : 만기 시 전액 후불

[3] 당사는 발행한 사채에 대하여 연 1회 결산 시에 이자를 지급하기로 하였다. 유효이자율법에 의한 사채의 이자비용을 계산하여 분개하시오.

- 사채 액면가액 20,000,000원
- 액면이자율 10%, 유효이자율 14%
- 사채할인발행차금 2,100,000원
- 이자는 12월 31일에 현금으로 지급하였다.

[4] 정부보조금으로 취득한 기계장치의 감가상각비를 계산하여 일반전표에 분개하시오.

- 기계장치 취득원가 70,000,000원
- 정액법, 잔존가치 없음, 내용연수 5년
- 정부보조금 40,000,000원
- 기계장치의 취득은 1월 1일이다.

[5] 다음과 같은 금융기관 대출약정 내용을 보고, 이자비용에 대한 결산분개사항을 입력하시오. 단, 이자비용은 월할계산(1월 미만의 일수는 1월로 간주)한다.

- 대출기관 : 국민은행
- 대출기간 : 2024년 9월 1일 ~ 2025년 8월 31일(1년)
- 대출금액 : 100,000,000원
- 대출이자율 : 연 6.0%
- 원금 및 이자 상환조건 : 만기시점 일시상환조건

[6] 장기보유 목적의 매도가능증권의 기말 현재 평가액은 다음과 같다.

> • 장부가액 : 24,300,000원
> • 공정가액 : 26,050,000원

[7] 가지급금 계정 잔액 금액은 (주)박문전자의 외상매입금을 지급한 것으로 확인되었다.
(합계잔액시산표를 조회하여 가지급금의 금액을 확인하시오.)

[8] 기말 현재 만기가 1년 이내로 도래하는 국민은행에서 차입한 장기차입금의 금액은 100,000,000원이다.

[9] 공장 건물 화재보험료 1년분(2024년 11월 1일 ~ 2025년 10월 31일) 1,200,000원을 현금으로 납부하고 선급비용으로 회계처리하였다. (보험료는 월할계산할 것)

[10] 기말 현재 외화장기차입금(국민은행, $100,000)의 계정과목으로 반영된 차입금이 130,000,000원 계상되어 있다. 결산일 현재 환율은 1,200원/$이다.

[11] 기말 재고자산의 장부가액은 다음과 같다.

> • 원재료 : 800,000,000원　　• 재공품 : 80,000,000원　　• 제품 : 900,000,000원
>
> ① 원재료 중에는 기말 현재 해외로부터 도착지 인도기준으로 매입운송 중인 금액 50,000,000 원이 포함되어 있다.
> ② 제품의 실사평가를 한 결과 다음과 같으며, 수량감소는 비정상적으로 발생한 것이다. (기타 다른 사항은 없는 것으로 한다.)
>　　• 장부상 수량 : 1,000개　　　　• 실지재고 수량 : 900개
>　　• 단위당 취득원가 : 1,000,000원　• 단위당 시가(공정가치) : 1,300,000원

[12] 매출채권에 대해서 1%의 보충법으로 대손충당금을 설정하시오.

[13] 퇴직급여추계액은 다음과 같다. 퇴직급여충당부채는 퇴직급여추계액의 100%를 설정한다.

구분	퇴직급여추계액	기설정된 퇴직급여충당부채
제조부문	55,000,000원	25,000,000원
영업부문	48,000,000원	20,000,000원

[14] 유형자산과 무형자산의 당기 감가상각비를 결산에 반영하시오.

[15] 법인세 등으로 계상할 금액은 40,000,000원이다. (선납세금 금액을 확인하여 반영할 것)

해설

수동결산 항목을 일반전표입력 메뉴에 12월 31일자로 입력한다.

자동결산 항목은 결산자료입력 메뉴에서 입력한 후 전표추가를 하여 결산분개를 반영한다.

[1] 합계잔액시산표 12월 31일을 열어 현금과부족의 잔액을 확인한 후 입력한다.

　　합계잔액시산표에서 현금과부족을 더블클릭하면 상세분개를 확인할 수 있다.

　　결산일까지 현금부족액의 원인을 찾지 못했다면 잡손실로 분개한다.

　　（차）　잡손실　　　　　　　　345,000원　　（대）　현금과부족　　　　　　345,000원

[2] 당기분 이자수익 계산식

　　= 60,000,000원 × 10% × 9/12 = 4,500,000원

　　（차）　미수수익　　　　　　　4,500,000원　　（대）　이자수익　　　　　　4,500,000원

[3] 사채이자비용 = 사채의 기초장부가액 × 유효이자율

　　유효이자 : 2,506,000원 = (20,000,000원 − 2,100,000원) × 14%

　　액면이자 : 2,000,000원 = 20,000,000원 × 10%

　　（차）　이자비용　　　　　　　2,506,000원　　（대）　현금　　　　　　　　2,000,000원
　　　　　　　　　　　　　　　　　　　　　　　　　　　　사채할인발행차금　　　506,000원

[4] 정액법에 의한 감가상각비를 계산하고 정부보조금 상각액을 계산하여 감가상각비와 상계한다.

　　기계 감가상각비 14,000,000원 = $\dfrac{(70,000,000원 - 0원)}{5년}$

　　（차）　감가상각비(제)　　　14,000,000원　　（대）　감가상각누계액(207)　14,000,000원

　　정부보조금 상각액 8,000,000원 = $\dfrac{40,000,000원 - 0원}{5년}$

　　（차）　정부보조금(217.기계장치차감) 8,000,000원　（대）　감가상각비(제)　　8,000,000원

[5] 당기분 이자비용 계산식

　　= 100,000,000원 × 6% × 4/12 = 2,000,000원

　　（차）　이자비용　　　　　　　2,000,000원　　（대）　미지급비용　　　　　2,000,000원

[6] 매도가능증권 평가

　　（차）　매도가능증권(178)　　1,750,000원　　（대）　매도가능증권평가이익　1,750,000원
　　　　　　　　　　　　　　　　　　　　　　　　　　　　(기타포괄손익누계액)

[7] 가지급금 정리

(차) 외상매입금   7,700,000원   (대) 가지급금   7,700,000원
((주)박문전자)   ((주)박문전자)

[8] 장기차입금이 기말시점 만기가 1년 이내로 도래한다면 유동성장기부채로 대체분개를 하여야 한다.

(차) 장기차입금   100,000,000원   (대) 유동성장기부채   100,000,000원
(국민은행)   (국민은행)

[9] 기중에 선급비용(자산)으로 분개하였다면 결산시점에 당기분에 해당하는 보험료를 비용으로 회계처리한다.

(차) 보험료(제)   200,000원   (대) 선급비용   200,000원

→ 당기보험료 계산식

= 1,200,000원 × 2/12 = 200,000원

[10] 외화장기차입금 130,000,000원($100,000 × 1,300원/$)

보유하고 있는 외화부채의 환율이 1,200원/$으로 100원/$ 떨어졌기 때문에 외화환산이익이 발생한다.

→ 외화환산이익 = $100,000 × 100원/$ = 10,000,000원

(차) 외화장기차입금   10,000,000원   (대) 외화환산이익   10,000,000원
(국민은행)

[11] ① 일반전표입력

(차) 재고자산감모손실   100,000,000원   (대) 제품   100,000,000원
(적요8.타계정으로대체액)

→ 재고자산감모손실 = 수량차이 × 단위당취득원가

100,000,000원 = 100개 × 1,000,000원

② 결산자료입력 메뉴에서 기말재고자산을 입력한다.

→ 도착지 인도조건으로 매입운송 중인 원재료는 기말재고금액에서 차감하여야 한다.

• 원재료 : 750,000,000원	• 재공품 : 80,000,000원
• 제품 : 800,000,000원	

[기말원재료 입력]

±	코드	과 목	결산분개금액	결산전금액	결산반영금액	결산후금액
	0153	⑩ 기말 원재료 재고액			750,000,000	750,000,000

[기말재공품 입력]

±	코드	과 목	결산분개금액	결산전금액	결산반영금액	결산후금액
	0169	⑩ 기말 재공품 재고액			80,000,000	80,000,000

[기말제품 입력]

±	코드	과 목	결산분개금액	결산전금액	결산반영금액	결산후금액
	0150	⑩ 기말 제품 재고액			800,000,000	800,000,000

[12] 결산자료입력 메뉴에서 [F8 대손상각]을 누른 후 외상매출금과 받을어음을 제외한 채권의 금액을 모두 지운 뒤 결산반영을 누른다.

| 코드 | 계정과목명 | 금액 | 설정전 충당금 잔액 | | | 추가설정액(결산반영)
[(금액x대손율)-설정전충당금잔액] | 유형 |
			코드	계정과목명	금액		
0108	외상매출금	693,295,240	0109	대손충당금	1,956,000	4,976,952	판관
0110	받을어음	55,500,000	0111	대손충당금	400,000	155,000	판관
0114	단기대여금	24,000,000	0115	대손충당금			영업외
0116	미수수익	4,500,000	0117	대손충당금			영업외
0120	미수금	39,000,000	0121	대손충당금			영업외
0131	선급금	6,100,000	0132	대손충당금			영업외
	대손상각비 합계					5,131,952	판관

대손율(%) 1.00

새로불러오기 결산반영 취소(Esc)

[13] 퇴직급여충당부채는 결산자료입력 메뉴에서 퇴직급여(전입액)에 직접 입력하거나 [CF8 퇴직충당]을 눌러 퇴직급여추계액을 입력한 후 결산반영을 해도 된다.
　① 직접 입력하는 방법
　　제조부문 퇴직급여충당부채 설정액 = 55,000,000원 - 25,000,000원 = 30,000,000원
　　508. 퇴직급여(전입액)에 입력
　　영업부문 퇴직급여충당부채 설정액 = 48,000,000원 - 20,000,000원 = 28,000,000원
　　806. 퇴직급여(전입액)에 입력
　② [CF8 퇴직충당]을 눌러 반영하는 방법

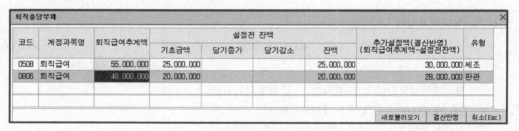

퇴직충당부채

| 코드 | 계정과목명 | 퇴직급여추계액 | 설정전 잔액 | | | | 추가설정액(결산반영)
(퇴직급여추계액-설정전잔액) | 유형 |
			기초금액	당기증가	당기감소	잔액		
0508	퇴직급여	55,000,000	25,000,000			25,000,000	30,000,000	제조
0806	퇴직급여	48,000,000	20,000,000			20,000,000	28,000,000	판관

새로불러오기 결산반영 취소(Esc)

[14] [F7 감가상각]을 클릭하여 당기 감가상각비를 결산에 반영한다.

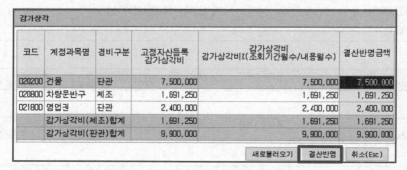

감가상각

코드	계정과목명	경비구분	고정자산등록 감가상각비	감가상각비 감가상각비X(조회기간월수/내용월수)	결산반영금액
020200	건물	판관	7,500,000	7,500,000	7,500,000
020800	차량운반구	제조	1,691,250	1,691,250	1,691,250
021800	영업권	판관	2,400,000	2,400,000	2,400,000
	감가상각비(제조)합계		1,691,250	1,691,250	1,691,250
	감가상각비(판관)합계		9,900,000	9,900,000	9,900,000

새로불러오기 결산반영 취소(Esc)

[15] 결산반영금액란에 선납세금 22,500,000원을 입력하고 법인세 등 계상액 40,000,000원에서 선납세금 22,500,000원을 차감한 17,500,000원을 추가계상액에 입력한다.

0998	9. 법인세등				40,000,000	40,000,000
0136	1). 선납세금			22,500,000	22,500,000	22,500,000
0998	2). 추가계상액				17,500,000	17,500,000

자동결산을 마무리 한 후 반드시 상단에서 **F3 전표추가** 를 눌러주어야 결산분개가 일반전표에 자동으로 반영된다.

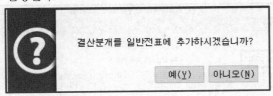

결산분개를 일반전표에 추가하시겠습니까?

예(Y)   아니오(N)

4) 재무제표 마감

재무제표 마감 순서는 제조원가명세서 → 손익계산서 → 이익잉여금처분계산서 → 재무상태표 순으로 마감을 하게 된다.

- 제조원가명세서의 당기제품제조원가 → 손익계산서 제품매출원가탭 당기제품제조원가로 자동 반영
- 손익계산서의 당기순이익 → 이익잉여금처분계산서 당기순이익으로 자동반영
- 이익잉여금처분계산서의 미처분이익잉여금 → 재무상태표의 이월이익잉여금으로 자동반영

① 제조원가명세서

제품의 재료비, 노무비, 경비를 더한 당기제품제조원가를 산출해주는 명세서이다. 산출된 당기제품제조원가는 손익계산서로 자동반영된다.

재무회계 ⇨ 결산/재무제표 ⇨ 제조원가명세서

② 손익계산서

기업의 경영성과 당기순이익(당기순손실)을 보고해주는 재무제표이다. 당기순이익은 이익잉여금 처분계산서에 자동반영된다.

재무회계 ⇨ 결산/재무제표 ⇨ 손익계산서

③ 이익잉여금처분계산서

주주총회를 열어 이익잉여금 처분내역을 입력하는 메뉴이다. 처분예정일을 입력하고 [F6 전표추가]를 눌러주어야 손익대체 분개가 일반전표입력에 반영이 되고 미처분이익잉여금 금액을 재무상태표에 이월이익잉여금으로 대체하게 된다.

재무회계 ⇨ 결산/재무제표 ⇨ 이익잉여금처분계산서

- 당기처분예정일 : 2025년 2월 25일
- 전기처분확정일 : 2024년 2월 25일
- 처분내역 : 이익준비금 500,000원
  현금배당 5,000,000원
  주식배당 12,000,000원

이익잉여금처분계산서			🏢 1010 (주)독공기계	법인 12기 2024-01-01~2024-12-31 부가세 2024 인사 2024		

F3 영어계정 F4 칸추가 F6 전표추가						

당기처분예정일 2025 년 2 월 25 일 전기처분확정일 2024 년 2 월 25 일   < F4 삽입, F5 삭제 가능 >

과목		계정과목명	제 12(당)기 2024년01월01일~2024년12월31일 제 12기(당기) 금액	제 11(전)기 2023년01월01일~2023년12월31일 제 11기(전기) 금액
I.미처분이익잉여금			1,567,712,460	171,488,962
1.전기이월미처분이익잉여금			129,488,962	-122,079,689
2.회계변경의 누적효과	0369	회계변경의누적효과		
3.전기오류수정이익	0370	전기오류수정이익		
4.전기오류수정손실	0371	전기오류수정손실		
5.중간배당금	0372	중간배당금		
6.당기순이익			1,438,223,498	293,568,651
II.임의적립금 등의 이입액				1,000,000
1.연구 및 인력개발준비금	0364	연구인력개발준비금		1,000,000
2.				
합계			1,567,712,460	172,488,962
III.이익잉여금처분액			17,500,000	43,000,000
1.이익준비금	0351	이익준비금	500,000	3,000,000
2.재무구조개선적립금	0354	재무구조개선적립금		
3.주식할인발행차금상각액	0381	주식할인발행차금		
4.배당금			17,000,000	40,000,000
가.현금배당	0265	미지급배당금	5,000,000	30,000,000
주당배당금(률)		보통주		
		우선주		
나.주식배당	0387	미교부주식배당금	12,000,000	10,000,000
주당배당금(률)		보통주		
		우선주		
5.사업확장적립금	0356	사업확장적립금		
6.감채적립금	0357	감채적립금		
7.배당평균적립금	0358	배당평균적립금		
IV.차기이월미처분이익잉여금			1,550,212,460	129,488,962

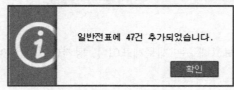

ⓘ 일반전표에 47건 추가되었습니다.

확인

④ 재무상태표

기업의 일정시점의 재무상태를 나타내는 보고서이다. 이익잉여금처분계산서의 미처분이익
잉여금 금액이 이월이익잉여금 금액으로 반영된다.

재무회계 ⇨ 결산/재무제표 ⇨ 재무상태표

06 | 원천징수

◢ 01 사원등록

근로소득자의 인적사항을 등록하는 메뉴로서 기본사항, 부양가족명세, 추가사항 탭으로 구성되어 있다.

1) 사번

숫자 또는 문자를 이용하여 10자 이내로 입력한다.

2) 성명

사원명을 20자 이내로 입력한다.

3) 주민(외국인)번호

내국인은 1. 주민등록번호를 선택하여 입력하고 외국인은 2. 외국인등록번호 또는 3. 여권번호를 선택한 후 입력한다.

[기본사항탭]

1. **입사년월일** : 입사년월일을 정확하게 입력한다.
2. **내/외국인** : 내국인은 1, 외국인은 2를 선택한다.
3. **외국인국적** : 외국인일 경우 국적 및 체류자격을 입력한다.
4. **주민구분** : 주민(외국인)번호에서 입력한 내용이 (1. 주민등록번호, 2. 외국인등록번호, 3. 여권번호) 자동반영된다.
5. **거주구분 ~ 6. 거주지국코드** : 1. 거주자, 2. 비거주자를 선택하여 입력하고 거주지국코드를 입력한다.
7. **국외근로제공**
   • 0. 부 : 국외근로제공에 해당이 없다면 선택한다.
   • 1. 월 100만원 비과세 : 국외에서 근로를 제공하고 받는 보수 중 월 100만원 이내 비과세
   • 2. 월 500만원 비과세 : 원양어업 선박, 국외 등을 항행하는 선박, 건설현장(감리 포함) 등에서 근로를 제공하고 받는 보수 중 월 500만원 이내 비과세
   • 3. 전액비과세 : 전액 비과세일 경우 선택한다.
8. **단일세율적용** : 외국인근로자 단일세율을 국내 근무시작일로부터 20년 이내로 적용하는 경우 선택한다. 단, 종합소득세율(6 ~ 45%)을 선택 가능하며 비과세·감면 소득공제 및 세액공제는 적용하지 않는다.
9. **외국법인 파견근로자** : 외국법인에 파견근로자인 경우 선택한다.

---

10. **생산직등여부** : 생산직근로자는 직전연도 총급여액 3,000만원 이하, 월정액 급여 210만 원 이하일 경우 연장근로소득 비과세 적용을 받을 수 있다(연간한도 240만원).

11. **주소** : [F2 코드도움]을 눌러 사원의 주소를 입력한다.

12. **국민연금보수월액** ~ 14. **고용보험보수월액** : 보수월액을 입력하면 납부할 보험료를 자동으로 계산하여 급여자료입력 메뉴에 자동반영된다. [F6 기초등록]에서 등록된 요율에 의하여 계산된다. 고용보험 대표자 여부는 대표자인 경우에는 납부하지 않으 므로 1.여를 선택한다.

15. **산재보험적용** : 산재보험적용 여부를 입력한다.

16. **퇴사년월일** : 사원의 퇴사일자를 입력하고 퇴직금 중도정산 시 반영된다.

[부양가족사항탭]

소득자 본인을 포함하여 소득자의 부양가족의 인적사항에 대해서 입력하며 급여자료의 소득세계산, 연말정산자료입력 메뉴에 인적공제에 반영된다.

1. **연말관계**

> ※ 연말관계 : 0.소득자 본인, 1.소득자의 직계존속, 2.배우자의 직계존속, 3.배우자
> 4.직계비속(자녀+입양자), 5.직계비속(4 제외), 6. 형제자매, 7.수급자(1~6 제외)
> 8.위탁아동(만 18세 미만, 보호기간 연장 시 20세 이하/직접선택)

소득자와 부양가족의 관계를 선택하여 입력한다.

2. **기본공제**
   ① 부 : 기본공제대상자가 아닌 경우 선택한다.
   ② 본인 : 소득자 본인일 경우 선택한다.
   ③ 20세 이하 : 기본공제 대상자가 형제자매, 직계비속일 경우 선택한다.
   ④ 60세 이상 : 기본공제 대상자가 형제자매, 직계존속일 경우 선택한다.
   ⑤ 장애인 : 기본공제 대상자가 장애인일 경우 선택한다. (장애인은 나이는 상관없지만 소 득금액의 제한을 받는다.)
   ⑥ 기초생활대상등 : 기초생활수급자일 경우 선택한다.
   ⑦ 자녀장려금 : 자녀장려금대상일 경우 선택한다.

3. **추가공제**
   ① 부녀자 : 종합소득금액이 3,000만원 이하인 배우자가 있는 여성근로자 또는 배우자가 없는 여성근로자가 기본공제 대상 부양가족이 있는 세대주 → 50만원 공제
   ② 한부모 : 배우자가 없는 자(남녀근로자)로서 기본공제대상자 직계비속(입양자포함)이 있는 경우 → 100만원 공제
   ※ 부녀자공제와 한부모공제가 중복 적용될 경우 한부모 공제를 선택한다.

③ **경로우대** : 기본공제 대상자가 만 70세 이상일 경우 → 100만원 공제

④ **장애인** : 기본공제대상자가 장애인에 해당하는 경우 해당사항을 선택한다. → 200만원 공제

```
0 : 부
1 : 장애인복지법
2 : 국가유공자등
3. 중증환자등
```

⑤ **자녀** : 기본공제대상자가 만 8세 이상 ~ 20세 이하의 자녀(입양자 및 위탁아동, 손자녀 포함)가 있는 경우 선택한다.

⑥ **출산입양** : 당해연도에 출산하였거나 입양한 경우 선택한다.

⑦ **위탁관계** : [F2 코드도움]을 사용하여 등록한다.

⑧ **세대주구분** : 본인이 세대주이면 선택한다.

[추가사항탭]

1. 중소기업취업감면

중소기업에 근로하는 근로자를 대상으로 소득세 감면을 해주는 정책

청년	근로계약 체결일 기준 15세 이상 34세 이하 근로자, 150만원 한도, 감면기간 5년, 소득세감면율 90%
60세 이상, 장애인	근로계약 체결일 기준 60세 이상이거나 장애인복지법상 장애인, 150만원 한도, 감면기간 3년, 소득세감면율 70%
경력단절여성	중소기업에서 1년 이상 근무한 자가 퇴직한 후 3년~10년 기간 내에 재취업한 근로자, 150만원 한도, 감면기간 3년, 소득세감면율 70%

2. 인적공제

구분	나이	연간소득금액
본인공제	–	–
배우자공제	–	100만원 이하
부양가족공제 거주자(배우자 포함)와 생계를 같이하는 다음의 부양가족		100만원 이하
① 직계존속	60세 이상	
② 직계비속과 입양자(위탁아동)	20세 이하(18세 미만)	
③ 본인과 배우자의 형제자매	20세 이하 또는 60세 이상	
④ 기초생활보장법에 의한 보호대상자		

> - 직계존·비속은 주거형편상 별거하여도 기본공제 대상자에 포함한다.
> - 위탁아동은 6개월 이상 직접 양육한 아동에 한정한다.
> - 직계존속의 형제자매 외삼촌, 이모, 고모 등은 공제받지 못한다.
> - 공제대상 판단시기는 당해연도 과세기간 종료일 현재의 상황에 의한다. 단, 사망자와 장애치유자는 사망일 전일, 치유일 전일 상황에 의한다.
> - 직계비속과 직계비속의 배우자가 모두 장애인인 경우 직계비속의 배우자는 기본공제 대상자에 포함한다.
> - 별거 중인 배우자는 기본공제대상자에 포함하지만 이혼한 배우자는 포함하지 않는다.

3. 연간 소득금액 100만원 이하

　종합소득, 퇴직소득, 양도소득금액을 합산한 금액을 말하며 세부적인 내용은 다음과 같다.

> - 금융(이자와 배당)소득 합계액이 2,000만원 이하의 분리과세소득
> - 근로소득만 있는 경우 총급여액 500만원 이하(다른 소득도 있는 경우는 총급여액 333만원)
> - 일용근로소득
> - 기타소득 중에서 복권당첨소득
> - 기타소득금액 300만원 이하 분리과세소득(필요경비 60% 강연료, 원고료 문예창작소득)
> - 양도소득금액 100만원, 퇴직소득금액 100만원
> - 사적연금소득 총연금액 연 1,200만원 이하인 분리과세 연금소득
> - 사업소득은 총수입금액에서 필요경비를 차감한 금액이 100만원 이하

🔖 실습하기

이준호(사무직) 사원을 사번100번으로 등록하고 부양가족명세를 작성하시오.

- 입사년월일 : 2020년 1월 1일
- 보수월액 : 5,000,000원
- 이준호는 세대주이다.
- 주소 : 서울시 양천구 목동남로 24

성명	관계	주민등록번호	내/외국인	동거 여부	비고
이준호	본인	841003 -1549754	내국인	세대주	연간 총급여액 6,000만원
정연희	배우자	851120 -2634568	내국인	동거	사업소득금액 3,000만원
이대섭	부	500505 -1774911	내국인	주거형편상 별거	5월에 사망
강순자	모	551224 -2870987	내국인	주거형편상 별거	복권당첨소득 500,000,000원
이세리	딸	120505 -4186453	내국인	동거	소득 없음
이훈	아들	171214 -3143571	내국인	동거	소득 없음, 7세 미만 미취학 아동
정민수	처남	930925 -1538925	내국인	동거	장애인, 양도소득금액 6,000,000원
이순자	고모	540303 -2053329	내국인	동거	기타소득금액 4,500,000원

🖥 실습하기 작업순서

① 기본사항 입력화면

기본사항	부양가족명세	추가사항

1. 입사년월일　　　2020 년 1 월 1 💬 일
2. 내/외국인　　　1 내국인
3. 외국인국적　　　KR 💬 대한민국　　　　　　체류자격　　　💬
4. 주민구분　　　1 주민등록번호　　　　주민등록번호　841003-1549754
5. 거주구분　　　1 거주자　　　　　6. 거주지국코드　KR 💬 대한민국
7. 국외근로제공　　0 부　　　8. 단일세율적용 0 부　　9. 외국법인 파견근로자 0 부
10. 생산직등여부　　0 부　　　연장근로비과세 0 부　　전년도총급여
11. 주소　　　08105 💬 서울특별시 양천구 목동남로 24
　　　　　(신정동)
12. 국민연금보수월액　　　　5,000,000　　　국민연금납부액　　　225,000
13. 건강보험보수월액　　　　5,000,000　　　건강보험산정기준 1 보수월액기준
　　건강보험료경감　0 부　　　　　건강보험납부액　　　177,250
　　장기요양보험적용 1 여　　　22,950　건강보험증번호
14. 고용보험적용　1 여　　　　　(대표자 여부　0 부　　　)
　　고용보험보수월액　　　5,000,000　　　고용보험납부액　　　45,000
15. 산재보험적용　1 여
16. 퇴사년월일　　년　월　💬 일 (이월 여부　부) 사유　💬

② 부양가족명세 입력화면

기본사항	부양가족명세	추가사항

연말관계	성명	내/외국인	주민(외국인,여권)번호	나이	기본공제	부녀자	한부모	경로우대	장애인	자녀	출산입양	위탁관계
0	이준호	내	1 841003-1549754	40	본인							
3	정연희	내	1 851120-2634568	39	부							
1	이대섭	내	1 500505-1774911	74	60세이상			○				
1	강순자	내	1 551224-2870987	69	60세이상							
4	이세리	내	1 120505-4186453	12	20세이하					○		
4	이훈	내	1 171214-3143571	7	20세이하							
6	정민수	내	1 930925-1538925	31	부							

→ 이준호 : 기본공제 가능하므로 입력하고 세대주로 입력한다.

　　정연희 : 소득금액 100만원 이하를 충족하지 않으므로 기본공제 불가능

　　이대섭 : 과세기간 종료일 이전에 사망한 경우에는 사망일 전일에 의하여 판단하므로 기
　　　　　　본공제와 경로우대 공제 가능

　　강순자 : 복권당첨소득은 무조건 분리과세대상이므로 공제 가능

　　이세리, 이훈 : 기본공제 가능(이세리는 자녀세액공제에 체크)

정민수 : 장애인은 나이제한은 없으나 소득제한은 있다. 소득금액 100만원 이하에 충족하지 않으므로 기본공제 불가능

이순자 : 직계존속의 형제자매는 기본공제 불가능하므로 입력하지 않는다.

실습하기

김수정(생산직)사원을 사번 200번으로 등록하고 부양가족명세를 작성하시오.

- 입사년월일 : 2024년 8월 1일
- 보수월액 : 1,950,000원
- 주소 : 서울시 성동구 고산자로 12
- 김수정의 전년도 총급여는 25,000,000원이며 생산직과 연장근로비과세에 해당한다.

관계	성명	나이(만)	비고
본인	김수정(761214-2457690)	48세	세대주
배우자	이승엽(710210-1354633)	53세	부동산임대소득금액 3,500,000원
본인의 부	김유석(400814-1557890)	84세	-
본인의 모	진유선(430425-2631211)	81세	일용근로소득금액 2,000,000원 장애인복지법상 장애인
장남	이기수(990505-1349871)	25세	대학생
장녀	이지영(040214-4652145)	20세	대학생
본인의 오빠	김지철(670415-1478523)	57세	장애인(중증환자)에 해당함

📝 **실습하기 작업순서**

① 기본사항 입력화면

기본사항	부양가족명세	추가사항

1. 입사년월일 [2024] 년 [8] 월 📅 [1] 일
2. 내/외국인 [1] 내국인
3. 외국인국적 [KR] 📅 대한민국　　　　　　　　　체류자격 [　] 📅
4. 주민구분 [1] 주민등록번호　　　　　　　　주민등록번호 [761214-2457690]
5. 거주구분 [1] 거주자　　　　　　　　　　　6. 거주지국코드 [KR] 📅 대한민국
7. 국외근로제공 [0] 부　　　8. 단일세율적용 [0] 부　　　9. 외국법인 파견근로자 [0] 부
10. 생산직등여부 [1] 여　　　연장근로비과세 [1] 여　　　전년도총급여 [25,000,000]
11. 주소 [04770] 📅 서울특별시 성동구 고산자로 12
　　　(성수동1가)
12. 국민연금보수월액 [1,950,000]　　　　　국민연금납부액 [87,750]
13. 건강보험보수월액 [1,950,000]　　　　　건강보험산정기준 [1] 보수월액기준
　　건강보험료경감 [0] 부　　　　　　　　건강보험납부액 [69,120]
　　장기요양보험적용 [1] 여 [8,950]　　　건강보험증번호 [　]
14. 고용보험적용 [1] 여　　　　　　　　　(대표자 여부 [0] 부　　　)
　　고용보험보수월액 [1,950,000]　　　　　고용보험납부액 [17,550]
15. 산재보험적용 [1] 여
16. 퇴사년월일 [　] 년 [　] 월 📅 [　] 일 (이월 여부 [　] 부) 사유 📅

② 부양가족명세 입력화면

기본사항	부양가족명세	추가사항

연말관계	성명	내/외국인	주민(외국인,여권)번호	나이	기본공제	부녀자	한부모	경로우대	장애인	자녀	출산입양	위탁관계
0	김수정	내 1	761214-2457690	48	본인	○						
1	김유석	내 1	400814-1557890	84	60세이상			○				
1	진유선	내 1	430425-2631211	81	60세이상			○	1			
3	이승엽	내 1	710210-1354633	53	부							
4	이기수	내 1	990505-1349871	25	부							
4	이지영	내 1	040214-4652145	20	20세이하					○		
6	김지철	내 1	670415-1478523	57	장애인				3			

→ 김수정 : 기본공제 가능하므로 입력하고 종합소득금액 3천만원 이하이므로 부녀자공제
　　　　　가능
　　김유석 : 기본공제와 경로우대공제 가능
　　진유선 : 기본공제와 경로우대, 장애인공제 가능
　　이승엽 : 소득금액 100만원 이하를 충족하지 않으므로 기본공제 불가능
　　이기수 : 직계비속인 경우 20세 이하여야 하므로 기본공제 불가능
　　이지영 : 기본공제와 자녀세액공제 가능
　　김지철 : 기본공제와 장애인공제 가능

02 급여자료입력

상용직 사원의 월별 급여 등을 입력하여 연말정산추가자료입력, 원천징수이행상황신고서 등에 반영하여 신고하기 위한 메뉴이다. 급여자료를 입력하기 전에 먼저 수당 및 공제등록을 수행하여야 한다.

1) 수당 및 공제등록

등록된 수당 및 공제항목은 급여자료에 반영되며 기본으로 제공하는 수당 및 공제항목 외에 추가로 직접 입력할 수 있다. 해당사항이 없는 항목은 사용여부를 "부"로 설정하게 되고 급여자료에서 조회되지 않는다.

▼ 비과세수당

수당명	비과세 근로소득
자가운전 보조금	종업원소유차량, 종업원이 본인의 명의로 임차한 차량 소요경비, 사용자업무수행 요건 충족 → 월 20만원 이내(단, 출장비를 별도지급 시 보조금은 과세하며 배우자소유차량이면 전액 과세)
출산보육 수당	근로자·배우자의 출산이나 6세 이하 자녀 → 자녀수 무관하게 월 20만원 이내
연구 보조비	초·중등 교원 연구보조비, 기자의 취재수당, 대학·전문대교원의 연구보조비, 중소기업·벤처기업부설연구소, 특정연구기관 등 연구원의 연구활동비 → 월 20만원 이내
식대	식대(음식물은 비과세) → 월 20만원 이하(다만, 음식물과 식대를 동시에 지급받으면 식대는 과세가 됨)
국외 근로수당	• 국외(북한포함) 근로제공 보수 월 100만원 이내(단, 출장, 연수 급여액은 근로소득으로 보지 아니함) • 외항선박·원양어선 선원, 해외건설 근로자 월 500만원 이내
연장야간 휴일수당	월정액급여 210만원 이하 또는 직전 총급여액 3,000만원 이하의 생산직 근로자가 받는 금액 → 연 240만원 이내(단, 광산근로자, 일용근로자는 전액 비과세함)

2) 급여자료입력

① **귀속년월** : 근로를 제공한 월을 입력한다.

② **지급년월일** : 급여를 지급한 년월일을 입력한다.

원천징수이행상황신고서는 지급월의 다음달 10일까지 신고한다.

예를 들어, 5월 귀속 급여를 5월 31일에 지급 → 6월 10일까지 신고

5월 귀속 급여를 6월 10일에 지급 → 7월 10일까지 신고

③ **급여항목, 공제항목** : 수당공제에서 등록된 사항이 반영된다.

④ **중도퇴사자정산** : 중도퇴사한 사원이 있을 경우 사원등록 메뉴에서 퇴사년월일을 입력하고 퇴사월의 급여자료를 입력하면 중도퇴사자 연말정산 내역을 확인하여 급여자료에 반영된다.

실습하기

다음의 급여자료를 1월분 ~ 12월분까지 급여자료입력 메뉴에 반영하고, 필요한 경우 수당공제 항목을 수정입력하시오. (급여지급일은 25일이다.)

사원명	부서	급여 및 제수당(원)					
		기본급	식대	자가운전보조금	직책수당	육아수당	야간근로수당
이준호	사무직	5,000,000	150,000	250,000	100,000	100,000	300,000
김수정	생산직	1,950,000	150,000	–	50,000	–	300,000
안효섭	사무직	3,500,000	150,000	250,000	100,000	–	–
송중기	사무직	2,500,000	150,000		50,000	100,000	–

- 식대는 매월 정액분으로 지급하는데 회사는 별도의 식사를 구내식당에서 제공하고 있다.
- 자가운전보조금은 매월 정액분으로 지급하며 비과세요건을 충족한 것으로 가정한다.
- 직책수당은 매월 정액분으로 지급하고 있다.
- 육아수당은 6세 이하의 자녀가 있는 직원에게 매월 지급하고 있다.
- 야간근로수당은 정규근로시간을 초과하여 야간근무를 하였을 경우 지급하고 있으며 비과세요건을 충족한다고 가정한다.
- 국민연금, 건강보험, 고용보험, 장기요양보험, 소득세 및 지방소득세는 자동반영되므로 별도로 입력하지 않는다.
- 송중기는 사원등록에서 퇴사년월일에 2024년 3월 25일을 입력하고 중도퇴사자연말정산을 수행한다.
- 김수정은 2024년 8월 1일 입사자로 8월분부터 급여자료를 입력한다.

실습하기 작업순서

① 상여, 월차수당, 식대는 사용여부를 [부]로 변경한다.
② 비과세항목 자가운전보조금[정기], 야간근로수당[부정기] 사용여부[여]를 확인하고 육아수당 [정기]은 비과세항목으로 추가한다.
③ 식대[정기]는 회사에서 음식물을 제공받으므로 과세항목으로 추가한다.

▼ 입력화면

		수당등록	공제등록						

No	코드	과세구분	수당명	근로소득유형			월정액	통상임금	사용여부
				유형	코드	한도			
1	1001	과세	기본급	급여			정기	여	여
2	1002	과세	상여	상여			부정기	부	부
3	1003	과세	직책수당	급여			정기	부	여
4	1004	과세	월차수당	급여			정기	부	부
5	1005	비과세	식대	식대	P01	(월)200,000	정기	부	부
6	1006	비과세	자가운전보조금	자가운전보조금	H03	(월)200,000	부정기	부	여
7	1007	비과세	야간근로수당	야간근로수당	O01	(년)2,400,000	부정기	부	여
8	2001	과세	식대	급여			정기	부	여
9	2002	비과세	출산.보육수당(육아수	출산.보육수당(육아	Q01	(월)200,000	정기	부	여

▼ 이준호 급여 입력화면 : 1월부터 12월까지 입력한다.

	사번	사원명	감면율	급여항목	금액	공제항목	금액
■	100	이준호		기본급	5,000,000	국민연금	225,000
□	300	안효섭		직책수당	100,000	건강보험	177,250
□	400	송중기		자가운전보조금	250,000	장기요양보험	22,950
□				야간근로수당	300,000	고용보험	50,400
□				식대	150,000	소득세(100%)	259,000
□				출산.보육수당(육아수당)	100,000	지방소득세	25,900
□						농특세	
□				과 세	5,600,000		
□				비 과 세	300,000	공 제 총 액	760,500
	총인원(퇴사자)	3(0)		지 급 총 액	5,900,000	차 인 지 급 액	5,139,500

▼ 안효섭 급여 입력화면 : 1월부터 12월까지 입력한다.

	사번	사원명	감면율	급여항목	금액	공제항목	금액
□	100	이준호		기본급	3,500,000	국민연금	157,500
☑	300	안효섭		직책수당	100,000	건강보험	124,070
□	400	송중기		자가운전보조금	250,000	장기요양보험	16,060
□				야간근로수당		고용보험	34,200
□				식대	150,000	소득세(100%)	169,260
□				출산.보육수당(육아수당)		지방소득세	16,920
□						농특세	
□				과 세	3,800,000		
□				비 과 세	200,000	공 제 총 액	518,010
	총인원(퇴사자)	3(0)		지 급 총 액	4,000,000	차 인 지 급 액	3,481,990

▼ 송중기 급여 입력화면 : 1월부터 3월까지만 입력한다.

	사번	사원명	감면율	급여항목	금액	공제항목	금액
□	100	이준호		기본급	2,500,000	국민연금	112,500
□	300	안효섭		직책수당	50,000	건강보험	88,620
■	400	송중기		자가운전보조금		장기요양보험	11,470
□				야간근로수당		고용보험	24,300
□				식대	150,000	소득세(100%)	21,890
□				출산.보육수당(육아수당)	100,000	지방소득세	2,180
□						농특세	
□				과 세	2,700,000		
□				비 과 세	100,000	공 제 총 액	260,960
	총인원(퇴사자)	3(0)		지 급 총 액	2,800,000	차 인 지 급 액	2,539,040

▼ 김수정 급여 입력화면 : 8월부터 12월까지 입력한다.

	사번	사원명	감면율	급여항목	금액	공제항목	금액
☐	100	이준호		기본급	1,950,000	국민연금	87,750
☑	200	김수정		직책수당	50,000	건강보험	69,120
☐	300	안효섭		자가운전보조금		장기요양보험	8,950
☐	400	송중기		야간근로수당	300,000	고용보험	19,350
☐				식대	150,000	소득세(100%)	
☐				출산.보육수당(묵아수당)		지방소득세	
☐						농특세	
☐							
☐				과 세	2,150,000		
				비 과 세	300,000	공 제 총 액	185,170
	총인원(퇴사자)	4(0)		지 급 총 액	2,450,000	차 인 지 급 액	2,264,830

④ 2월분 급여부터 12월분 급여자료를 입력한다.

귀속년월 2024년 2월 지급년월일 2024년 2월 25일을 입력한 후 메시지창에서 예를 눌러 복사를 한다. 3월분 이후 반복작업으로 급여자료를 복사한다.

김수정은 8월 입사자로서 8월분부터 급여자료를 입력한다.

◢ 03 중도퇴사자 원천징수

송중기는 사원등록에서 퇴사년월일에 2024년 3월 25일을 입력하고 중도퇴사자연말정산을 수행한다. 단, 송중기는 3월 급여자료입력 후 [F7 중도퇴사자정산]을 눌러 중도퇴사자 연말정산 화면에서 급여반영을 클릭한다.

📋 실습하기 작업순서

① 사원등록 메뉴에서 퇴사일자 등록화면

16.퇴사년월일	2024 년 3 월 25 일 (이월 여부 0 부)

② 급여자료입력메뉴에서 귀속년월 3월을 입력하여 급여자료를 불러오기 한다.
③ 송중기 사원을 선택하고 상단 메뉴표시줄에서 [F7중도퇴사자 정산]을 클릭한 후 [퇴사월소득세반영, 급여반영]을 순서대로 선택한다.

◁ 04 원천징수이행상황신고서

원천징수이행상황신고서는 원천징수의무자가 원천징수대상소득을 지급하면서 소득세를 원천징수한 날의 다음달 10일까지 관할세무서에 제출하여야 한다. 각 소득별 자료가 반영되며 직접 입력, 수정, 삭제가 가능하다.

1) 귀속기간

소득발생 연월을 입력한다.

2) 지급기간

원천징수 대상 소득을 지급한 월을 입력한다.

3) 신고구분

정기신고, 수정신고, 기한후신고를 선택한다.

4) 원천징수명세 및 납부세액탭

① 간이세액(A01) : 매월/반기별 급여 총지급액 및 원천징수한 내역을 기재

② 중도퇴직(A02) : 연도 중 중도퇴사자의 연말정산 내역을 기재

③ 일용근로(A03) : 일용근로자에게 지급한 일당 및 원천징수 내역을 기재

④ 연말정산(A04) : 연도말까지 계속 근로자에 대한 연말정산 내역을 기재

5) 전월미환급세액

전월에 미환급세액이 있는 경우 입력하거나 직전월의 20.차월이월환급세액란의 금액이 자동반영된다.

📖 실습하기

귀속기간, 지급기간 3월 급여 지급분에 대하여 원천징수이행상황신고서를 작성하시오. 급여지급은 3월 25일이고 전월미환급세액은 33,000원이다.

📖 실습하기 작업순서

▼ 입력화면

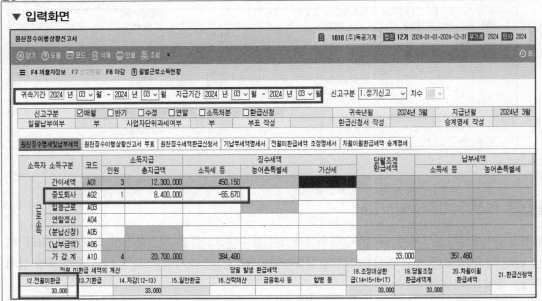

① 귀속기간 2024년 3월~ 2024년 3월

지급기간 2024년 3월~ 2024년 3월, 신고구분 1.정기신고를 선택한다.

PART
02

② 연말정산 추가 납부세액 분납은 아니오를 클릭한다.

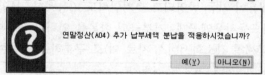

연말정산(A04) 추가 납부세액 분납을 적용하시겠습니까?

예(Y)　　아니오(N)

③ 전월미환급세액 33,000원을 입력한다.

05 연말정산추가자료입력

근로소득자의 급여내역을 모두 합산하여 공제항목을 차감 후 계산된 과세표준으로 소득세를 산출하여 근로소득원천징수영수증에 반영하게 된다. 계속근무자의 경우 연말정산은 다음연도 2월로 관리된다.

1) F3 전체사원

계속근무자, 사원등록에 등록되어 있는 연말정산대상 전체사원을 불러온다.

2) 계속탭, 중도탭, 총괄탭

① **계속탭** : 계속근무자(퇴사일자가 없는 사원)
② **중도탭** : 현재 작업년도에 퇴사한 사원
③ **총괄탭** : 계속근무자와 중도퇴사 모두 반영가능

3) 소득명세탭

현근무지와 종전근무지의 급여항목(과세항목, 비과세항목) 및 공제보험료명세, 세액명세 등을 입력한다. 현근무지의 데이터는 자동 반영된다.

구분		합계	주(현)	납세조합	종(전) [1/1]
소득	9.근무처명				
	9-1.종교관련 종사자				
	10.사업자등록번호		---__-_-_____	---__-_-_____	---__-_-_____
	11.근무기간		____-__-__ ~ ____-__-__	____-__-__ ~ ____-__-__	____-__-__ ~ ____-__-__
	12.감면기간		____-__-__ ~ ____-__-__	____-__-__ ~ ____-__-__	____-__-__ ~ ____-__-__
	13-1.급여(급여자료입력)				
	13-2.비과세한도 초과액				
	13-3.과세대상추가(인정상여추가)				
	14.상여				

공제보험료명세	직장	건강보험료(직장)(X)(33)			결정세액 입력	
		장기요양보험료(33)				
		고용보험료(33)				
		국민연금보험료(31)				
	공적연금 보험료	공무원 연금(32)				
		군인연금(32)				
		사립학교교직원연금(32)				
		별정우체국연금(32)				
세액명세	기납부세액	소득세				
		지방소득세				
		농어촌특별세				
	납부특례세액	소득세				
		지방소득세				
		농어촌특별세				

→ 시험문제에서 종전근무지에 대한 자료를 입력할 경우에는 세액명세란에 전근무지의 결정세액을 입력해야 한다.

4) 부양가족탭

사원등록에서 등록했던 부양가족명세탭의 내용이 자동 반영되고 추가입력도 가능하다. 본인 및 부양가족의 보험료, 의료비, 교육비, 신용카드등사용액공제, 기부금의 항목을 입력할 경우에는 국세청(국세청 간소화서비스 자료)과 기타(국세청 간소화서비스 자료 외)로 구분하여 입력한다.

소득명세	부양가족	신용카드 등	의료비	기부금	연금저축 등I	연금저축 등II	월세액	연말정산입력

연말관계	성명	내/외국인	주민(외국인)번호	나이	기본공제	세대주구분	부녀자	한부모	경로우대	장애인	자녀	출산입양
		합 계 [명]										

5) 연금저축 등 Ⅰ탭

① ①연금계좌 세액공제 – 퇴직연금계좌

퇴직연금을 받기 위하여 퇴직연금계좌 불입액을 입력한다.

소득명세	부양가족	연금저축 등I	연금저축 등II	월세,주택임차	연말정산입력		확대

① 연금계좌 세액공제 – 퇴직연금계좌(연말정산입력 탭의 57.과학기술인공제, 58.근로자퇴직연금) [크게보기]

퇴직연금 구분	코드	금융회사 등	계좌번호(증권번호)	납입금액	공제대상금액	세액공제금액
	1.퇴직연금 2.과학기술인공제회					
퇴직연금						
과학기술인공제회						

② ②연금계좌 세액공제 – 연금저축계좌

개인연금저축 또는 연금저축 불입액을 입력한다.

② 연금계좌 세액공제 – 연금저축계좌(연말정산입력 탭의 38.개인연금저축, 59.연금저축) [크게보기]

연금저축구분	코드	금융회사 등	계좌번호(증권번호)	납입금액	공제대상금액	소득/세액공제액
	1.개인연금저축 2.연금저축					
개인연금저축						
연금저축						

③ ③연금계좌 세액공제

③ 연금계좌 세액공제 – ISA 만기시 연금계좌 납입액 (연말정산입력 탭의 59-1. ISA만기시 연금계조 [크게보기]

연금구분	코드	금융회사 등	계좌번호(증권번호)	납입금액	공제대상금액	소득/세액공제액
	1.연금저축 2.퇴직연금					
연금저축						
퇴직연금						

④ ④주택마련저축 공제

청약저축 또는 주택청약종합저축, 근로자주택마련저축 불입액을 입력한다.

→ 입력한 금액은 연말정산입력탭 40.주택마련저축소득공제에 자동 반영된다.

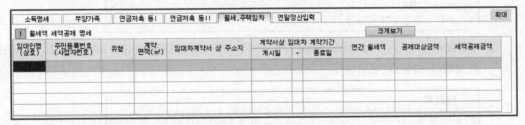

6) 월세, 주택임차탭

① ①월세액 세액공제 명세

월세액 세액공제를 받기 위하여 연간월세액을 입력한다.

소득명세	부양가족	연금저축 등I	연금저축 등II	월세,주택임차	연말정산입력					확대

1 월세액 세액공제 명세								크게보기		
임대인명 (상호)	주민등록번호 (사업자번호)	유형	계약 면적(㎡)	임대차계약서 상 주소지	계약서상 임대차 계약기간		연간 월세액	공제대상금액	세액공제금액	
					개시일	~ 종료일				

② ②거주자간 주택임차차입금 원리금 상환액 소득공제 명세

대부업 등을 경영하지 아니하는 거주자(개인)로부터 차입한 주택임차차입금 원리금상환액을 공제받을 경우 입력한다.

과세기간 종료일 현재 세대주 여부를 확인하고 임대차계약서 사본 및 금전소비대차계약서 사본을 통해 임대차계약서의 입주일과 전입일 중 빠른 날부터 전후 1개월 이내 차입한 자금인지 확인한다. 입력한 내역은 연말정산입력탭 34.주택차입금원리금상환액 거주자 칸에 자동 반영된다.

2 거주자간 주택임차입금 원리금 상환액 소득공제 명세							

1) 금전소비대차 계약내용 크게보기

대주	주민등록번호	금전소비대차 계약기간	차입금 이자율	원리금 상환액			공제금액
				원금	이자	계	

2) 임대차 계약내용 크게보기

임대인명 (상호)	주민등록번호 (사업자번호)	유형	계약 면적(㎡)	임대차계약서 상 주소지	계약서상 임대차 계약기간		전세보증금
					개시일	~ 종료일	

■ 무주택자 해당 여부   √ 여, □ 부
□ 참고-세액공제대상
  1. 과세기간 종료일 현재 주택을 소유하지 아니한 세대의 세대주(단독세대주 포함, 세대주가 공제를 받지 않은 경우 세대원도 공제가능)
  2. 근로소득자가 국민주택규모 또는 시가 3억원 이하의 주택을 임차하기 위해 지출한 월세액
  3. 해당 과세기간의 총급여액이 7천만원 이하인 근로소득자
  4. 공제대상 월세액 한도 : 연 750만원
□ 월세액 공제 [2022년 귀속]
  1. 월세 세액공제대상금액의 10% (총급여가 5,500만원 이하자의 경우 12%)
  2. 세액공제한도 : 900,000원

7) 연말정산입력

① **연금보험료공제** : 급여자료입력 메뉴에서 입력된 매월 연금보험료 공제액이 자동 반영된다.

연금보험료공제	31.국민연금보험료		
	32. 공적연금보험공제	공무원연금	
		군인연금	
		사립학교교직원	
		별정우체국연금	

② **보험료공제** : 급여자료입력 메뉴에서 입력된 매월 건강보험료(장기요양보험료), 고용보험료 공제액이 자동 반영된다.

33.보험료		
건강보험료		
고용보험료		

③ **주택자금공제** : 더블클릭하면 주택자금 화면이 조회된다.

34.주택차입금 원리금상환액	대출기관	더블클릭	
	거주자		
34.장기주택저당차입금이자상			

주택자금 ✕

구분			공제한도	납입/상환액	공제금액
①청약저축_연납입액 300만원 한도			납입액의 40%		
②주택청약저축(무주택자)_연납입액 300만원 한도					
③근로자주택마련저축_월 납입 15만원, 연 납입 180만원					
1.주택마련저축공제계(①~③)			연 400만원 한도		
주택임차차입금 원리금상환액	①대출기관		납입액의 40%		
	②거주자(총급여 5천만원 이하)				
2.주택차입금원리금상환액(①~②)			1+2 ≤ 연 400만원		
장기주택 저당차입금 이자상환액	2011년 이전 차입금	㉠15년 미만	1+2+㉠ ≤ 600만원		
		㉡15년~29년	1+2+㉡ ≤ 1,000만원		
		㉢30년 이상	1+2+㉢ ≤ 1,500만원		
	2012년 이후 차입금	㉣고정금리OR비거치상환	1+2+㉣ ≤ 1,500만원		
		㉤기타대출	1+2+㉤ ≤ 500만원		
	2015년 이후 차입금	15년 이상 ㉮고정AND비거치	1+2+㉮ ≤ 2,000만원		
		㉯고정OR비거치	1+2+㉯ ≤ 1,800만원		
		㉰기타대출	1+2+㉰ ≤ 800만원		
		10년~15년 ㉱고정OR비거치	1+2+㉱ ≤ 600만원		
3.장기주택저당차입금이자상환액					
합 계(1+2+3)					

▶ 1.주택마련저축공제
  ➤①, ②는 2015년 이후 가입자는 총급여 7,000만원 이하인 경우만 공제 가능
  ➤②는 3.장기주택저당차입금이자상환액공제를 받는 경우 공제 불가
▶ 주택차입금이자세액공제를 받는 차입금의 이자는 장기주택저당차입금이자상환액공제 적용 불가
▶ 주택요건 기준시가 6억원미하는 24.1.1 이후 취득하는 분부터 적용(24.1.1 이전 기준시가 5억원미하)

확인(Esc)

㉠ **주택마련저축공제** : 청약저축, 주택청약종합저축, 근로자주택마련저축 등 연금저축 등 Ⅰ탭에서 ④주택마련저축 공제에 입력된 내용이 자동 반영된다. 월세, 주택임차 탭에서 ②거주자간 주택임차차입금 원리금 상환액 소득공제 명세에 입력한 내용은 주택임차차입금원리금상환액 거주자칸에 자동 반영된다.

㉡ **주택차입금원리금상환액** : 주택임차차입금원리금상환액을 입력한다.

㉢ **장기주택 저당차입금 이자상환액** : 장기주택 저당차입금 이자상환액을 2011년 이전 차입금, 2012년 이후 차입금, 2015년 이후 차입금을 구분하여 입력한다.

④ **개인연금저축** : 연금저축 등 Ⅰ탭에서 연금계좌세액공제에 개인연금저축으로 입력한 금액이 자동 반영된다.

38.개인연금저축		

⑤ **주택마련저축소득공제** : 연금저축 등 Ⅰ탭에서 ④주택마련저축 공제에 입력된 내용이 자동 반영된다.

40.주택 마련저축 소득공제	청약저축		
	주택청약		
	근로자주택마련		

⑥ **신용카드 등 사용액** : 신용카드 등 사용액은 2022년도에 프로그램 업데이트로 연말정산탭에서 입력한다(부양가족탭에서 입력불가).

나이제한	소득금액제한
×	○

42.신용카드 등 사용액	더블클릭	

더블클릭하면 신용카드 등 공제대상금액 화면이 조회된다.

	소득명세	부양가족	**신용카드 등**	의료비	기부금	연금저축 등I	연금저축 등II	월세액	연말정산입력

□	성명 생년월일	자료 구분	신용카드	직불,선불	현금영수증	도서등 신용	도서등 직불	도서등 현금	전통시장	대중교통	소비증가분	
											2023년	2024년
■	이준호	국세청										
	1984-10-03	기타										
□	이대섭	국세청										
	1950-05-05	기타										
□	강순자	국세청										
	1955-12-24	기타										
□	정연희	국세청										
	1985-11-20	기타										
□	이세리	국세청										
	2012-05-05	기타										
□	이훈	국세청										
	2017-12-14	기타										
□	정민수	국세청										
	1993-09-25	기타										

㉠ 형제자매 사용액은 공제 불가능하다.

㉡ 신용카드 등으로 사용한 금액과 항목별 중복공제 가능여부

	의료비 세액공제	○	신용카드공제	○
교육비	취학전아동 학원비	○	신용카드공제	○
	그 외 교육비	×	신용카드공제	○
	교복구입비	○	신용카드공제	○
보험료 세액공제		○	신용카드공제	×
기부금 세액공제		○	신용카드공제	×

㉢ 공제 불가능 항목

- 중고차 구입 금액의 10%는 신용카드 소득공제 적용됨
- 사업성소득의 비용, 법인의 비용에 해당하는 경우
- 허위거래이거나 실제매출액을 초과한 신용카드에 의한 거래 행위
- 다른 신용카드 가맹점 명의임을 알면서 신용카드를 사용한 행위
- 국민건강보험료, 고용보험료, 국민연금보험료, 생명·손해보험계약의 보험료
- 어린이집, 유치원, 초중고대학교 및 대학원교육비납부액
- 현금서비스 받은 금액
- 국세, 지방세, 전기료, 수도료, 아파트관리비, 고속도로통행료, 인터넷사용료 등 제세공과금
- 리스료와 상품권 등 유가증권구입
- 국가 등에 지급하는 사용료, 수수료 등의 대가(소포우편물 방문배달용역 제외)

PART
02

- 차입금이자상환액 등 금융, 보험 용역의 대가
- 세액공제, 소득공제 적용받은 정치자금 기부액
- 주택자금공제 적용받은 월세액
- 국외에서의 사용액

② 도서공연 등 사용분 : 총급여액 7,000만원 이하인 자가 사용한 금액

⑦ 자녀세액공제 : 사원등록 메뉴에서 부양가족명세에 입력한 자녀, 출산입양 내역이 자동 반영 된다.

57.자녀	㉮자녀	1 명)			150,000
세액공제	㉯ 출산.입양	명)			

⑧ 연금계좌세액공제

　㉠ 연금저축 등 I 탭에서 입력한 내용 중에서 ①연금계좌세액공제에 입력한 정보가 자동 반영된다.

　　1.퇴직연금 → 58.근로자퇴직연금

　　2.과학기술인공제회 → 57.과학기술공제

　㉡ ②연금계좌세액공제에 입력한 정보가 자동 반영된다.

　　2. 연금저축 → 59.연금저축

　㉢ ③연금계좌세액공제에 입력한 정보가 자동 반영된다.

　　ISA만기 시 연금계좌 납입액(연금저축, 퇴직연금) → 59-1

연	58.과학기술공제			
금	59.근로자퇴직연금			
계	60.연금저축			
좌	60-1.ISA연금계좌전환			

⑨ 보장성보험 세액공제

나이제한	소득금액제한
○	○

　㉠ 장애인보장성보험은 나이제한이 없음

　㉡ 연간한도는 각 100만원이며 보장성보험료는 12%, 장애인보장성보험료는 15% 세액공제

　㉢ 저축성 보험료, 태아보험료는 공제대상이 아님

61.보장	일반			
성보험	장애인			

　② 공제적용판단 예시

- 맞벌이부부 : 근로자(본인)계약자, 배우자(피보험자) → 공제 불가능
- 근로자(본인)계약자, 소득이 있는 모(피보험자) → 공제 불가능
- 소득이 없는 배우자(계약자, 피보험자) → 공제 가능

⑩ **의료비 세액공제** : 의료비는 2022년도에 프로그램 업데이트로 부양가족탭 의료비 지급명세서에서 입력한다(연말정산 탭에서 입력 불가).

나이제한	소득금액제한
×	×

상단 의료비탭에서 의료비 지급명세서 화면이 조회된다.

소득명세	부양가족	신용카드 등	의료비	기부금	연금저축 등I	연금저축 등II	월세액	연말정산입력

2024년 의료비 지급명세서													
의료비 공제대상자					지급처			지급명세					14.산후조리원
□ 성명	내/외	5.주민등록번호	6.본인등해당여부	9.증빙코드	8.상호	7.사업자등록번호	10.건수	11.금액	11-1.실손보험수령액	12.미숙아선천성이상아	13.난임여부		
□													
□													
□													
합계													
일반의료비(본인)		6세이하,65세이상인건강보험산정특례자장애인			일반의료비(그 외)			난임시술비					
								미숙아.선천성이상아					

㉠ **의료비공제대상자** : 성명란에서 F2를 누르고 부양가족코드도움창에서 의료비 공제대상자를 선택한다. → 6. 본인등해당여부

> 1. 본인
> 2. 65세 이상, 장애인, 건강보험산정특례자
> 3. 그 밖의 기본공제대상자

㉡ **지급처** : 의료비 지급처의 상호 및 사업자등록번호를 입력한다.
  → 9. 의료비증빙코드 : 공제대상자 및 지급처별로 선택하여 입력한다.
  • 국세청장이 연말정산간소화서비스를 통해 제공하는 의료비 자료 = 1
  • 국민건강보험공단의 의료비부담명세서 = 2
  • 진료비계산서, 약제비계산서 = 3
  • 「노인장기요양보험법 시행규칙」 별지 제24호서식 장기요양급여비용 명세서 = 4
    (장기요양비급여액은 의료비공제대상이 아니므로 적는 금액에 포함할 수 없음)
  • 기타 의료비 영수증 = 5

㉢ **지급명세** : 국세청장이 연말정산간소화서비스를 통해 제공하는 의료비자료의 경우에는 의료비 공제대상자별로 의료비 지출 합계액을 적는다. 따라서 지급처의 사업자등록번호, 건수를 적지 않는다.
  → 11-1 실손의료보험금 : 실손의료보험금 지급받은 금액을 입력한다.
  → 12. 난임시술비해당여부 : 의료비 지급내용이 난임시술비에 해당하는 경우 선택한다.
  → 미숙아해당여부 : 미숙아 및 선천성 이상아 지원대상 의료비일 경우 선택한다.

㉣ **산후조리원해당여부** : 산후조리원 비용에 대해서 의료비 세액공제를 받는 경우 선택한다.

ⓜ 공제적용 판단

- 안경, 콘텍트렌즈 구입비는 1인당 50만원 한도 공제 가능
- 산후조리원은 출산 1회당 200만원 한도 공제 가능
- 실손의료보험금을 지급받은 금액은 공제 불가능
- 간병인 지급비용 공제 불가능
- 미용성형수술비, 건강증진의약품, 국외의료기관 의료비는 공제 불가능
- 진찰·진료·질병예방비(건강검진비용), 의약품(치료를 위한 한약 포함)구입비 공제 가능 → 보약은 공제 불가능
- 장애인보장구(의수족, 휠체어, 보청기 등), 의료기기 구입·임차비용 공제 가능
- 임플란트와 스케일링비용 공제 가능
- 라식수술비 공제 가능

⑪ 교육비세액공제

나이제한	소득금액제한
×	○

상단 부양가족탭에서 각 부양가족을 선택하여 교육비 세액공제를 직접 입력한다.

교육비	
일반	장애인특수

㉠ 배우자, 직계비속, 형제자매, 입양자, 위탁아동(단, 직계존속 교육비는 공제가 불가능하지만 장애인특수교육비는 공제 가능)

구분	한도액	구분	한도액
대학교	1인당 900만원	미취학·초·중·고	1인당 300만원

㉡ 공제적용 판단

- 본인 교육비(전액) : 대학(원격 또는 학위취득과정 포함) 또는 대학원, 시간제과정, 직업능력개발훈련비용(단, 근로자수강지원금은 제외), 든든학자금 및 일반상환자금 대출의 원리금상환액
- 학교 또는 보육시설 등에 지급한 수업료, 입학금, 보육비용 및 그 밖의 공납금, 초·중·고등학생의 체험학습비(1인당 30만원)
- 학교급식비, 사이버대학, 학점인정 및 독학에 의한 학위 취득과정, 초중고 정규과정 교과서대금은 공제 가능함
- 교복구입비용 1인당 50만원 한도(중·고등학생만 가능), 방과후학교 수강료 및 도서구입비, 특별활동비 도서구입비 공제 가능

- 동거 중인 형제자매의 대학 등록금을 본인이 부담한 경우에는 공제 가능함(단, 소득금액 100만원 이하여야 함)
- 근로자인 본인이 회사 자녀학자금을 지원받아 자녀의 수업료를 납부하였을 경우 교육비 공제 가능함
- 취학 전 아동만 학원 및 체육시설 교육비 공제 가능함
- 근로소득자인 본인이 휴직기간 중에 교육비를 지출한 경우 교육비 공제 가능함
- 국외교육비 공제 가능함(단, 어학원 등은 제외)
- 기숙사비, 학교버스이용료는 공제 불가능
  ※ 대학원은 본인만 가능함
     직계존속 교육비는 공제 불가능함(장애인특수교육비는 제외)
     학원비는 취학 전 아동만 가능함

⑫ 기부금 세액공제

상단의 [기부금]탭에서 [기부금 입력]과 [기부금 조정]을 순서대로 입력한다.

나이제한	소득금액제한
×	○

소득명세	부양가족	신용카드 등	의료비	기부금	연금저축 등I	연금저축 등II	월세액	연말정산입력

기부금 입력	기부금 조정

12.기부자 인적 사항(F2)			
주민등록번호	관계코드	내·외국인	성명

구분		9.기부내용	노조회비여부	기부처		건수	기부명세			자료구분
7.유형	8.코드			10.상호(법인명)	11.사업자번호 등		13.기부금합계 금액(14+15)	14.공제대상 기부금액	15.기부장려금 신청 금액	
		합계								

기부금 공제금액 계산 참조

		근로소득금액		정치,고향기부금외 공제대상금액		세액공제가능액			
코드	구분	지출액	공제대상금액	공제율1 (15%, 20%)	공제율2 (25%,30%,35%)	공제율3 (40%)	소득/세액공제액	공제초과이월액
40	일반기부금(종교외) 2015년이월							
40	일반기부금(종교외) 2016년이월							
40	일반기부금(종교외) 2017년이월							
40	일반기부금(종교외) 2018년이월							
40	일반기부금(종교외) 2019년이월							
40	일반기부금(종교외) 2020년이월							
40	일반기부금(종교외) 2021년이월							
40	일반기부금(종교외) 2022년이월							
40	일반기부금(종교외) 2023년이월							
40	일반기부금(종교외) 당기							
41	일반기부금(종교) 2014년이월							
41	일반기부금(종교) 2015년이월							
41	일반기부금(종교) 2016년이월							
41	일반기부금(종교) 2017년이월							
41	일반기부금(종교) 2018년이월							
41	일반기부금(종교) 2019년이월							
41	일반기부금(종교) 2020년이월							
41	일반기부금(종교) 2021년이월							
41	일반기부금(종교) 2022년이월							
41	일반기부금(종교) 2023년이월							
41	일반기부금(종교) 당기							
	합계							

기부금(이월액)소득공제		정치기부금10만원 초과세액공제		고향사랑기부금10만원 초과세액공제	
특례기부금 세액공제		우리사주조합기부금 세액공제		일반기부금(종교외) 세액공제	
일반기부금(종교) 세액공제					

▶ 기부금명세서 작성시 주의 사항
① 기부금을 이월하는 경우에는 기부금명세서에서 해당년도 공제금액을 반드시 확인합니다.
② 표준세액공제를 적용받는 경우 기부금조정명세서의 해당연도공제금액, 이월(소멸)금액은 판단하여 입력합니다.
  (표준세액공제를 적용받는 경우 정치자금기부금과 우리사주기부금은 중복공제 가능합니다.)

[불러오기] [공제금액반영] [전체삭제] [저장] [종료(Esc)]

㉠ 정치자금은 본인 지출분만 가능함

㉡ 특례기부금

> • 국가 또는 지방자치단체에 무상으로 기증하는 금품의 가액
> • 국방헌금과 국군장병 위문금품의 가액
> • 천재지변으로 인한 수재의연금과 이재민구호금품
> • 사립학교 등에 시설비, 교육비, 장학금 또는 연구비로 지출하는 기부금
> • 국립대학병원, 국립암센터, 서울대학교병원, 대한적십자가 운영하는 병원 등의 시설비, 교육비, 장학금 또는 연구비로 지출하는 기부금
> • 정당에 기부한 정치자금으로서 10만원 초과금액(10만원까지는 100/110의 금액을 세액에서 공제한다.)
> • 특별재난지역을 복구하기 위하여 자원봉사한 경우 그 용역의 가액(1일 = 총봉사시간 ÷ 8시간, 일당 8만원)
> • 한국장학재단에 대한 기부금

㉢ 우리사주조합기부금

  ㉣ 일반기부금

> • 일반기부금단체 등의 고유목적 사업비로 지출한 기부금
> • 특정용도로 지출하는 기부금
> • 불우이웃돕기로 지출하는 기부금
> • 영업자가 조직한 단체로서 법인이거나 주무관청에 등록된 조합 또는 협회에 지급한 특별회비
> • 위의 항목 외에 임의로 조직된 조합·협회에 지급한 회비
> • 사회복지시설·기관 중 무료 또는 실비로 이용할 수 있는 것으로서 기부하는 금품가액
> • 노동조합비·교원단체 납부회비, 공무원직장협의에 납부회비
> • 식품 등 생활용품(세제, 휴지, 기저귀, 치약 등)의 장부가액을 푸드뱅크 방식으로 기부

  ㉤ 비지정기부금 : 신협 또는 새마을금고 등에 지출하는 기부금, 어음·수표로 지출하는 기부금, 동창회, 종친회, 향우회 등

⑬ **월세세액공제**

월세, 주택임차 탭에서 월세액 세액공제 명세에 입력한 내용이 자동반영된다.

소득명세	부양가족	신용카드 등	의료비	기부금	연금저축 등I	연금저축 등II	**월세액**	연말정산입력

① 월세액 세액공제 명세(연말정산입력 탭의 70.월세액)										크게보기
임대인명 (상호)	주민등록번호 (사업자번호)	유형	계약 면적(㎡)	임대차계약서 상 주소지	계약서상 임대차 계약기간		연간 월세액	공제대상금액	세액공제금액	
					개시일	~ 종료일				

구분	세액공제 내용
공제 대상자	주택을 소유하지 않는 세대주[세대주(배우자 등)가 가계약을 체결한 경우를 포함한 월세 세액공제 및 주택자금 소득공제를 받지 않는 경우에는 세대의 구성원 포함]로서 총급여액 8천만원(종합소득금액 7천만원) 이하 무주택근로자 및 성실사업자
공제 대상범위 (1단계)	• 국민주택규모(85㎡)일 것 • 주택 및 오피스텔, 고시원의 부수토지(도시구역 내는 5배, 외는 10배)는 이하일 것 • 고시원에 지급한 월세액에 관리비 등이 별도로 구분되지 않는 경우에는 지급한 월세액의 일정률(80%)을 공제 • 임대차계약증서의 주소지와 주민등록등본의 주소지가 일치할 것
세액공제 계산 (2단계)	월세 세액공제(1,000만원 한도) = 월세액 × 공제율

총급여액	공제율
5,500만원 이하(종합소득금액 4,500만원 이하)	17%
7,000만원 이하(종합소득금액 6,000만원 이하)	15%

실습하기

다음은 사원 이준호(사번 : 100)의 연말정산을 위한 자료이다. 연말정산추가자료입력 메뉴에서 [부양가족명세]탭, [월세]탭, [연말정산입력]탭, [신용카드]탭, [의료비]탭, [기부금]탭을 작성하고 [부양가족탭불러오기]를 하시오.

1. 이준호의 부양가족현황은 부양가족탭을 참고한다.

2. 주택임대차 현황
   • 임대인 : 정부자(740103-1234567)
   • 소재지 : 경기도 성남시 분당구 판교동 5(단독주택, 계약면적 60㎡)
   • 임대기간 : 2024년 1월 1일 ~ 2025년 12월 31일
   • 세대주 및 임대차 계약자 : 이준호 (전입신고 완료)
   • 월 임차료 : 700,000원 (이준호가 1년치 임차료 8,400,000원을 모두 납부함)
   • 월세 세액공제 요건을 충족하는 것으로 가정한다.

3. 국세청 연말정산 간소화 자료 및 기타

항목	내용
신용카드 등 사용액	• 이준호 신용카드 사용액 : 20,000,000원(안경구입비 600,000원 포함, 회사 법인의 비용 1,000,000원 포함) • 정연희 현금영수증 사용액 : 1,400,000원(전통시장 사용분 400,000원 포함) • 정민수 신용카드 사용액 : 중고차 구입비 10,000,000원 • 이대섭의 신용카드 사용액 : 15,000,000원
보험료	• 일반 보장성 보험료 : 1,000,000원(실손의료보험금 수령액은 300,000원) • 장애인(정민수)전용 보장성 보험료 : 2,000,000원 • 저축성보험료 : 1,000,000원 • 본인의 자동차 보험료 불입액 600,000원
의료비	• 본인의 시력보정용 안경구입비 : 600,000원(신용카드 결제) • 강순자의 질병 치료비 : 1,200,000원(실손의료보험금 수령액 300,000원 포함) • 이대섭의 치료, 요양목적이 아닌 한약 구입비 : 800,000원 • 배우자의 임플란트시술비 : 2,000,000원
교육비	• 강순자의 노인대학 등록금 : 2,500,000원 • 영유아 보육법에 따른 이훈의 어린이집 납입액 : 500,000원 • 배우자의 대학원 등록금 : 10,000,000원 • 이세리의 현장체험학습비 600,000원, 방과후 수업료 300,000원 • 이세리의 영어학원비 : 3,600,000원
기부금	• 본인의 종교단체 당해 기부금 : 1,000,000원 • 배우자의 정치자금 기부금 : 100,000원

📋 **실습하기 작업순서**

① 연말정산추가자료입력 메뉴를 열어 [F3 전체사원]을 클릭하여 불러오기를 한다.
이준호 사원을 체크하고 월세, 주택임차탭에서 월세세액공제분을 입력한다.

| 소득명세 | 부양가족 | 신용카드 등 | 의료비 | 기부금 | 연금저축 등I | 연금저축 등II | **월세액** | 연말정산입력 |

1 월세액 세액공제 명세(연말정산입력 탭의 70.월세액)   크게보기

임대인명 (상호)	주민등록번호 (사업자번호)	유형	계약 면적(㎡)	임대차계약서 상 주소지	계약서상 임대차 계약기간 개시일	~	종료일	연간 월세액	공제대상금액	세액공제금액
정부자	740103-1234567	단독주택	60.00	경기도 성남시 분당구 판교동	2024-01-01	~	2025-12-31	8,400,000	8,400,000	1,260,000

② 항목별 입력화면

[신용카드] 신용카드 등 탭 → 신용카드 해당자에 금액입력 → 연말정산입력 탭에서 조회

	성명 생년월일	자료 구분	신용카드	직불,선불	현금영수증	도서등 신용	도서등 직불	도서등 현금	전통시장	대중교통	소비증가분 2023년	소비증가분 2024년
☐	이준호	국세청	19,000,000									19,000,000
	1984-10-03	기타										
☐	이대섭	국세청	15,000,000									15,000,000
	1950-05-05	기타										
	강순자	국세청										
	1955-12-24	기타										
☐	정면희	국세청										
	1985-11-20	기타										
	이세리	국세청										
	2012-05-05	기타										
☐	이훈	국세청										
	2017-12-14	기타										
☐	정민수	국세청										
	1993-09-25	기타										
	합계		34,000,000									34,000,000

| 총급여 | | 67,200,000 | 신용카드 등 최소금액(총급여의 25%) | | 16,800,000 |

→ 안경구입비는 신용카드공제와 중복공제가 가능하다.
   회사법인 경비는 공제가 불가능하므로 차감한다.
   정연희는 기본공제 대상자가 아니므로 공제가 불가능하다.
   형제자매카드사용액(정민수)은 공제가 불가능하다.
   이대섭의 신용카드 사용액은 포함한다.

[보험료 공제] 부양가족탭 → 이준호 보험료(국세청) 더블클릭한 후 입력

자료구분	국세청간소화	급여/기타	정산	공제대상금액
국민연금_직장		2,700,000		2,700,000
국민연금_지역				
합 계		2,700,000		2,700,000
건강보험료-보수월액		2,127,000		2,127,000
장기요양보험료-보수월액		275,400		275,400
건강보험료-소득월액(납부)				
기요양보험료-소득월액(납부				
합 계		2,402,400		2,402,400
고용보험료		604,800		604,800
보장성보험료-일반	1,300,000			1,300,000
보장성보험-장애인				
합 계	1,300,000			1,300,000

보험료 등 공제대상금액

→ 일반보장성보험료 (1,000,000원 - 300,000원) + 자동차보험료 불입액 600,000원
  = 1,300,000원
정민수는 기본공제대상자가 아니므로 장애인보장성보험료는 공제가 불가능하다.
저축성보험료는 공제가 불가능하다.
실손의료보험금 수령액은 차감한다.

[의료비 공제] 부양가족탭에서 의료비지급명세서를 열어 입력한다.

성명	내/외	5.주민등록번호	6.본인등해당여부	9.증빙코드	8.상호	7.사업자등록번호	10.건수	11.금액	11-1.실손보험수령액	12.미숙아선천성이상아	13.납입여부	14.산후조리원
이준호	내	841003-1549754	1 0	1			1	500,000		X	X	X
강순자	내	551224-2870987	2 0	1			1	1,200,000	300,000	X	X	X
정연희	내	851120-2634568	3 X	1			1	2,000,000		X	X	X
합계							3	3,700,000	300,000			
일반의료비(본인)		500,000	6세이하,65세이상인건강보험산정특례자장애인	1,200,000	일반의료비(그 외)		2,000,000	난임시술비	미숙아.선천성이상아			

2024년 의료비 지급명세서

→ 본인의 시력보정용 안경구입비는 500,000원까지 공제 가능하다. (신용카드와 중복공제 가능하다.)
  강순자의 질병치료비 1,200,000원 입력하고 실손의료보험금에 300,000원 입력한다.
  정연희의 임플란트 치료비 2,000,000원 공제 가능하다.
  이대섭의 치료, 요양목적이 아닌 한약 구입비는 공제가 불가능하다.

[교육비 공제] 부양가족탭 → 대상자에 입력한다.
㉠ 이훈 교육비

교육비		
일반		장애인특수
500,000	1.취학전	

㉡ 이세리 교육비

교육비		
일반		장애인특수
600,000	2.초중고	

→ 직계존속의 교육비는 공제가 불가능하다.
  취학전아동 : 어린이집 납입액 500,000원 공제 가능하다.
  대학원등록금은 본인만 공제가 가능하다.
  초중고 : 이세리의 현장체험학습비 300,000원, 방과후 수업료 300,000원 공제 가능하다.
  이세리의 영어학원비는 취학전아동이 아니므로 공제가 불가능하다.

[기부금 공제] 기부금탭 → 연말정산탭에서만 입력가능

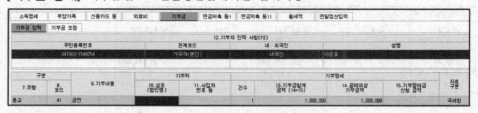

→ 정치자금기부금은 본인 지출분만 공제 가능하다.

→ 기부금조정탭 → 기부금조정(공제금액계산 선택) → 불러오기 → 공제금액반영 선택 → 종료
버튼을 선택한다.

[연말정산입력 결과화면] → [F8부양가족탭불러오기]를 한다.

실습하기

다음은 사원 김수정(사번 : 200)의 연말정산을 위한 자료이다. 연말정산추가자료입력 메뉴에서 [부양가족명세]탭, [소득명세]탭, [의료비]탭, [연말정산입력]탭을 작성하시오.

1. 김수정의 부양가족현황은 부양가족탭을 참고한다.

2. 김수정의 종전 근무지 현황

> • 근무지 : (주)서울산업 사업자등록번호 : 119-81-41231
> • 근무기간 : 2024년 1월 1일 ~ 2024년 7월 31일
> • 연간 총급여 : 13,300,000원   • 국민연금 : 1,190,000원
> • 건강보험료 : 910,000원   • 장기요양보험료 : 110,000원
> • 고용보험료 : 240,000원   • 소득세 원천징수세액 : 140,000원
> • 지방소득세 : 14,000원

3. 국세청 연말정산 간소화 자료 및 기타 자료

항목	내용
보험료	• 본인의 보장성 운전자보험료 360,000원 • 진유선의 장애인전용보장성보험료 1,200,000원 • 이승엽의 생명보험료 3,600,000원
의료비	• 본인의 미용목적이 아닌 치료목적의 성형수술비 1,000,000원 • 김지철의 장애인 재활치료비 2,500,000원 • 김유석의 간병인 지급비용 5,000,000원
교육비	• 이지영의 교복구입비 600,000원 • 진유선의 장애인 특수교육비 1,700,000원

실습하기 작업순서

① 소득명세 탭에서 종전근무지의 내역을 입력한다.

| 소득명세 | 부양가족 | 신용카드 등 | 의료비 | 기부금 | 연금저축 등I | 연금저축 등II | 월세액 | 연말정산입력 |

	구분	합계	주(현)	납세조합	종(전) [1/2]
소	9.근무처명		(주)독공기계		(주)서울산업
	9-1.종교관련 종사자		부		부
	10.사업자등록번호		125-81-10126	___-__-_____	119-81-41231
	11.근무기간		2024-08-01 ~ 2024-12-31	____-__-__ ~ ____-__-__	2024-01-01 ~ 2024-07-31
	12.감면기간		____-__-__ ~ ____-__-__	____-__-__ ~ ____-__-__	____-__-__ ~ ____-__-__
득	13-1.급여(급여자료입력)	24,050,000	10,750,000		13,300,000
	13-2.비과세한도초과액	1,200,000	1,200,000		
	13-3.과세대상추가(인정상여추가)				
명	14.상여				
	15.인정상여				
	15-1.주식매수선택권행사이익				
	15-2.우리사주조합 인출금				
세	15-3.임원퇴직소득금액한도초과액				
	15-4.직무발명보상금				
	16.계	25,250,000	11,950,000		13,300,000

공제보험료명세서	직장	건강보험료(직장)(33)	1,255,600	345,600		910,000
		장기요양보험료(33)	154,750	44,750		110,000
		고용보험료(33)	336,750	96,750		240,000
		국민연금보험료(31)	1,628,750	438,750		1,190,000
	공적연금보험료	공무원 연금(32)				
		군인연금(32)				
		사립학교교직원연금(32)				
		별정우체국연금(32)				
세액	기납부세액	소득세	140,000			140,000
		지방소득세	14,000			14,000
		농어촌특별세				

② 항목별 입력화면

[보험료 공제] 부양가족탭 → 각 대상자별로 입력한다.

① 김수정

보장성보험-일반	360,000
보장성보험-장애인	
합 계	360,000

② 진유선

보장성보험-일반	
보장성보험-장애인	1,200,000
합 계	1,200,000

→ 일반보장성보험료 본인(김수정)의 보장성 운전자보험료 360,000원은 공제 가능하다.
　　진유선의 장애인전용보장성보험료 1,200,000원은 공제 가능하다.
　　이승엽은 기본공제대상자가 아니므로 공제가 불가능하다.

[의료비 공제] 부양가족 탭에서 의료비지급명세서를 열어 입력한다.

				2024년 의료비 지급명세서										
	의료비 공제대상자				지급처				지급명세					14.산후조리원
□	성명	내/외	5.주민등록번호	6.본인등해당여부	9.증빙코드	8.상호	7.사업자등록번호	10.건수	11.금액	11-1.실손보험수령액	12.미숙아선천성이상아	13.난임여부	
□	김수정	내	761214-2457690	1	0	1				1,000,000		X	X	X
□	김지철	내	570415-1478523	2	0	1			1	2,500,000		X	X	X

→ 본인(김수정)의 치료목적 성형수술비 1,000,000원은 공제 가능하다.
　　김지철의 장애인 재활치료비 2,500,000원은 공제 가능하다.
　　간병인 지급비용은 공제 불가능하다.

[교육비 공제] 부양가족탭 → 각 대상자별로 교육비 입력

① 이지영

교육비	
일반	장애인특수
500,000 2.초중고	

② 진유선

교육비	
일반	장애인특수
	1,700,000

→ 이지영의 교복구입비는 50만원이 한도이므로 500,000원을 입력한다.
　　직계존속의 장애인(진유선) 특수교육비는 공제 가능하다.

[연말정산입력 결과화면] → [F8부양가족탭불러오기]를 한다.

06 퇴직소득 원천징수

1) 퇴직금계산

급여자료입력 메뉴에 입력된 급여 및 상여액을 기준으로 산정된 퇴직금을 계산하는 메뉴이다. 퇴직금계산 내역이 자동 반영된다.

2) 퇴직소득자료입력

퇴사자, 퇴직금 중간 정산자에게 지급할 퇴직급여를 입력하는 메뉴이다.

사번란에서 불러오기 가능한 사원은 사원등록 메뉴에서 퇴사년월이 입력된 사원이다. 퇴직소득자료입력에 반영된 내역은 퇴직소득원천징수영수증 및 원천징수이행상황신고서에 자동 반영된다.

🌀 **실습하기**

다음 자료는 2024년 12월 25일에 퇴사한 안효섭 사원의 자료이다. 퇴직금계산 및 퇴직소득자료의 소득명세 및 세액계산을 하고, 퇴직소득원천징수영수증 및 원천징수이행상황신고서를 작성하시오.

- 입사일 : 2017년 1월 1일
- 퇴사일 : 2024년 12월 25일
- 이월여부 : 부
- 퇴직금계산방법 : 5.노동부
- 퇴직사유 : 자발적 퇴직
- 퇴직금 지급일 : 퇴직과 동시에 지급되었다.

🌀 **실습하기 작업순서**

① 사원등록 메뉴에서 퇴사년월일 2024년 12월 25일을 입력한다.

② 퇴직금계산

사번에서 코드도움을 이용하여 안효섭 사원을 반영하고 구분은 퇴직으로 선택한다.

입사일 퇴사일을 확인하고 퇴직금계산방법에서 5.노동부를 선택하면 평균임금이 자동으로 계산되어 예상퇴직금이 산정된다.

③ 퇴직소득자료입력

지급년월 2024년 12월, 소득자구분 1.근로를 입력한 후 사번에서 안효섭을 선택하고 귀속년월 2024년 12월, 영수일자 2024년 12월 25일, 퇴직사유 자발적 퇴직을 입력한다. 퇴직금계산 내역이 반영되는지 확인할 수 있다. 퇴직금 과세이연분은 없으므로 과세이연계좌명세에 입력하는 자료는 없다.

▼ 소득명세탭

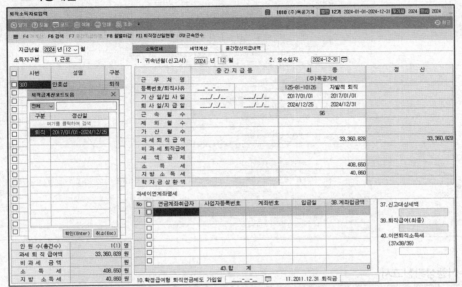

▼ 세액계산탭

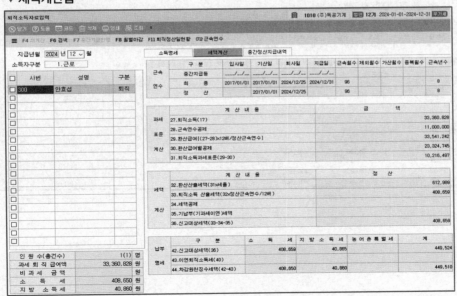

▼ 퇴직소득원천징수영수증

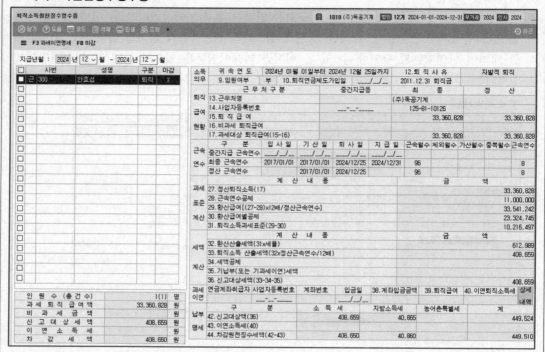

▼ 원천징수이행상황신고서

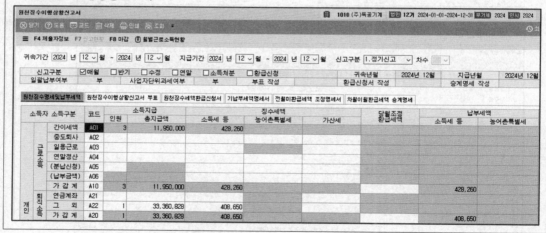

07 사업·기타·이자·배당소득의 원천징수

1) 사업소득 원천징수

사업소득자등록은 독립된 자격으로 인적용역을 계속적, 반복적으로 제공하고 발생하는 수당을 지급받는 경우에 등록한다. 비거주자의 경우는 기타소득자 등록에서 입력한다.

실습하기

다음의 자료를 이용하여 사업소득자를 등록하고 소득자료를 입력하시오.

코드	소득종류	성명	지급일	주민등록번호	지급액	소득구분
100	사업소득	이수아	2024.5.30.	850604-2811310	5,000,000원	기타모집수당

- 소득귀속일과 지급일은 동일하다.
- 소득자는 모두 거주자이고, 내국인이다.
- 이수아는 인적용역사업소득자이다.

실습하기 작업순서

▼ **사업소득자등록**

▼ **사업소득자료입력**

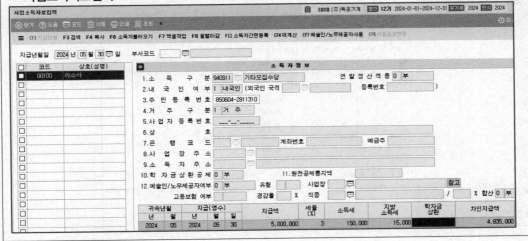

2) 기타소득 원천징수

일시적, 비반복적 소득의 기타소득자의 소득자료를 입력한다.

📑 실습하기

회사는 11월 중 아래와 같이 기타소득을 지급하였다. 아래의 자료를 이용하여 [기타소득자등록]과
[기타소득자자료입력]을 작성하시오.

코드	성명	주민번호	지급액	내용
100	이재훈	820218-1234560	950,000원	상금

• 이재훈은 불특정 다수가 순위 경쟁하는 대회에서 입상하여 상금을 받았다.
• 소득지급일은 11월 28일이다.   • 소득자는 거주자이다.

📑 실습하기 작업순서

▼ 기타소득자등록

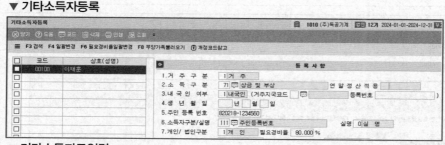

▼ 기타소득자료입력

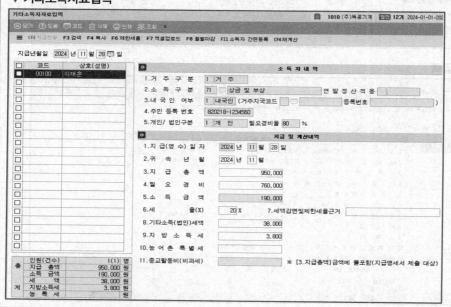

3) 이자소득과 배당소득의 원천징수

원천징수대상 이자소득과 배당소득이 있을 경우 기타소득자를 등록하고 이자, 배당소득 지급내역을 입력한다.

🕙 실습하기

당사는 비상장 주식회사로 주주에게 다음과 같이 배당소득을 지급하였다. 원천징수대상 소득자의 기타소득자등록을 하고 이자배당소득자료입력메뉴를 작성하시오.

• 소득자별 배당소득 지급내역

소득자 코드번호	주주명	거주구분/ 내국인여부	주민등록번호	소득지급일 /영수일	귀속년월	배당소득
00101	공경태	거주자/내국인	751016-1029941	2024.04.10.	2024.02.	18,000,000
00102	정혜숙	거주자/내국인	790515-2025941	2024.04.10.	2024.02.	12,000,000

• 주어진 정보로만 등록 및 자료입력을 하기로 한다. 원천징수소득세율은 14%이다.

🕙 실습하기 작업순서

① 기타소득자 등록

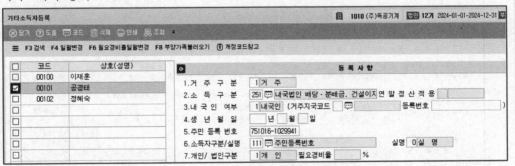

② 이자배당소득자료 입력 : 공경태와 정혜숙 동일하게 입력함

③ 원천징수이행상황신고서

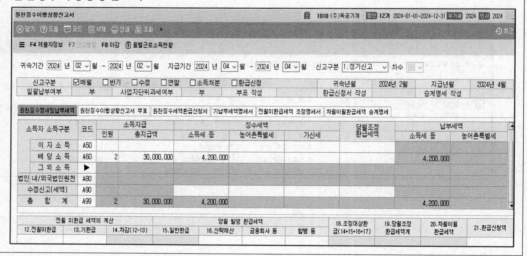

◢ 08 원천징수 전자신고

국세청홈택스 전자신고를 하기 위해 프로그램을 닫고 회사코드 4100. ㈜독공전자 전자신고로 회사변경을 하여 로그인을 한다.

실습하기

1월 급여자료에 대한 원천징수이행상황신고서를 마감하고 전자신고를 수행하시오. (귀속년월 1월의 급여는 2024년 1월 31일에 지급하였다.)

실습하기 작업순서

① 원천징수이행상황신고서를 마감한 후 전자신고 메뉴를 클릭하여 신고인구분 2.납세자자진신고로 선택하고 지급기간 2024년 1월 ~ 2024년 1월을 선택하여 조회한다.

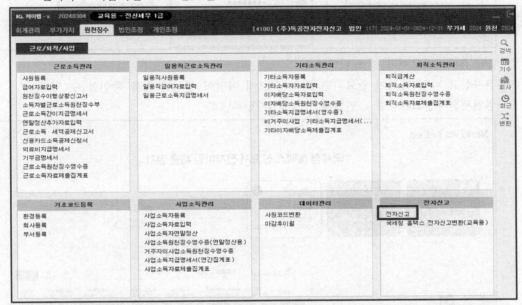

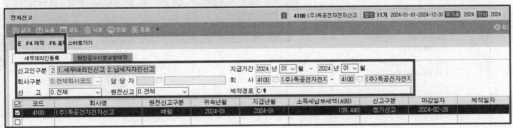

② [F4 제작]을 누르고 비밀번호 입력 창에서 비밀번호를 입력하여 파일을 제작한다. 비밀번호는 8자리 이상 20자리 이하로 입력하면 된다. 단, 비밀번호 입력은 필수입력사항이 아니다. 여기서는 12345678의 숫자로 입력하여 실습하였다.

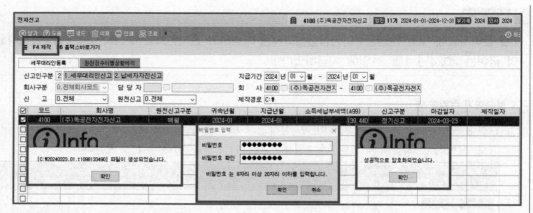

③ [F6 홈택스바로가기]를 클릭한다.

전자신고 파일 제작이 완료되면 C드라이브에 파일이 생성된 것을 확인할 수 있다.

원천세전자신고파일명 : 년월일.01.t사업자등록번호

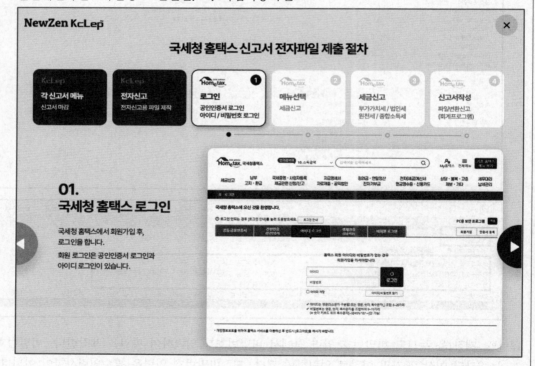

④ 국세청 홈택스 전자신고변환(교육용) 메뉴에서 변환대상파일선택 → 찾아보기를 사용하여 전자신고 메뉴에서 제작한 파일을 반영한다.

찾아보기를 클릭하면 C드라이브에 제작되어 있는 파일을 확인하여 열기를 눌러 적용한다.

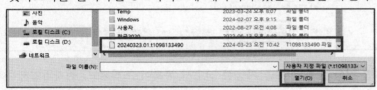

⑤ 형식검증하기를 클릭하여 전자신고 파일 제작 시 입력한 비밀번호 12345678을 입력한다. (전자신고 파일 제작 시 암호를 등록하지 않았다면 변환파일 정보입력창은 발생하지 않는다.)

⑥ 형식검증결과확인 → 내용검증하기 → 내용검증결과확인 → 전자파일제출을 클릭하여 형식
검증을 진행한다.

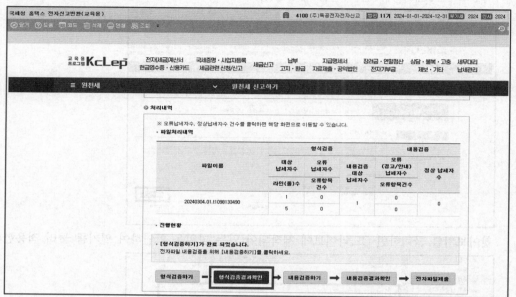

⑦ 전자파일제출을 클릭하면 정상 변환된 제출 가능한 신고서 목록이 조회되고, 전자파일제출하
기를 클릭하여 제출한다.

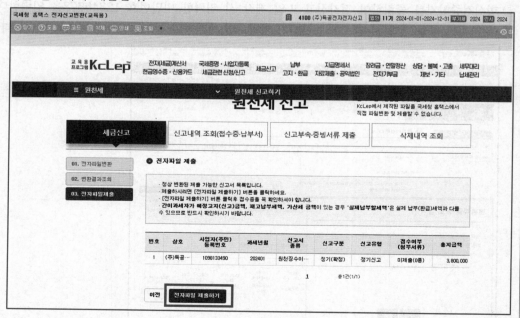

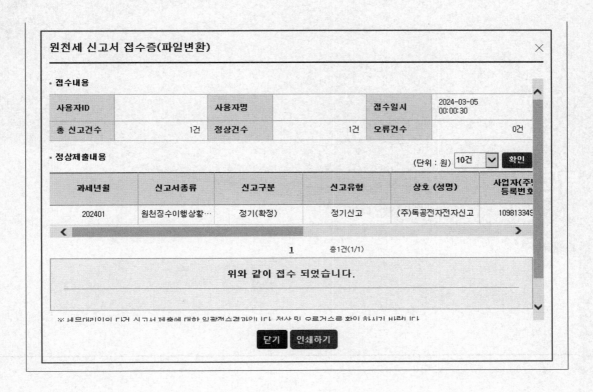

전산세무 1급
법인세편
(이론 + 실무)

01 | 법인세 총론

01 법인세의 의의

법인이 일정기간 벌어들인 소득에 대해서 부과되는 조세(국세, 직접세, 4단계 비례세)로서 법인이 납세의무를 갖고 법인실재설과 순자산증가설에 의한다.

> ■ 순자산증가설
>
> 과세기간 동안 순자산증가액을 파악하여 과세소득으로 보고, 순자산을 증대시키는 모든 소득에 대해서 포괄적인 과세방식을 취한다.

02 법인세의 납세의무자와 과세소득의 범위

1) 법인의 종류

① **내국법인** : 국내에 본점, 주사무소 또는 사업의 실질적 관리장소가 있는 법인(무제한 납세의무자)

② **외국법인** : 국외에 본점 또는 주사무소를 둔 법인(제한 납세의무자)

2) 영리추구목적에 따른 납세의무자와 과세소득의 범위

법인의 종류		각 사업연도소득에 대한 법인세	토지 등 양도차익에 대한 법인세	미환류소득에 대한 법인세	청산소득
내국법인	영리법인	국내·외 모든 소득	○	○	○
	비영리법인	국내·외 수익사업	○	×	×
외국법인	영리법인	국내원천소득	○	×	×
	비영리법인	국내원천소득 중 열거된 수익사업	○	×	×
국가·지방자치단체		납세의무 없음			

3) 비영리법인

① 민법의 규정에 의하여 설립된 법인

② 사립학교법 기타 특별법에 의하여 설립된 법인으로서 고유목적사업 법인(대통령령이 정하는 조합법인 등이 아닌 법인으로서 그 주주·사원 또는 출자자에게 이익을 배당할 수 있는 법인을 제외한다.)

③ 주무관청의 허가 또는 인가를 받아 설립되거나, 법령에 의하여 주무관청에 등록한 사단, 재단, 그 밖의 단체로서 법인으로 보는 단체

> ㉠ 항상 법인으로 보는 단체
> - 미 설립등기 단체
> - 공익을 목적으로 출연된 기본재산이 있는 재단으로서 미 설립등기 단체
> ㉡ 대표자 또는 관리인이 관할 세무서장에게 신청하여 승인을 얻은 법인
> - 단체의 조직과 운영에 관한 규정을 가지고 대표자나 관리인을 선임한 경우
> - 단체 자신의 계산과 명의로 수익과 재산을 독립적으로 소유, 관리하는 경우
> - 단체의 수익을 구성원에게 분배하지 않는 경우

03 사업연도

1) 사업연도의 의의

법인세법상 1회계기간을 말한다. 다만, 1년을 초과하지 못한다.

2) 사업연도의 신고

① 법령 또는 정관상 사업연도를 규정하지 않은 경우

㉠ 내국법인 : 설립등기일로부터 2월 이내까지 설립 신고한다.

㉡ 국내사업장이 있는 외국법인 : 국내사업장 설치신고 또는 납세지 관할 세무서장에게 사업연도 신고한다.

㉢ 국내사업장이 없는 외국법인 : 국내에 있는 부동산 또는 부동산상의 권리와 국내에서 취득한 광업권, 조광권, 흙·모래·돌의 채취에 관한 권리 또는 지하수의 개발·이용권의 양도·임대 또는 그 밖의 운영으로 인하여 발생하는 소득의 경우 그 소득이 최초로 발생하게 된 날부터 1월 이내에 신고한다.

② 사업연도 무신고인 경우 : 매년 1월 1일부터 12월 31까지로 한다.

③ 최초의 사업연도 개시일은 설립등기일로 한다. 다만, 법인으로 보는 단체는 설립등기일이 없으므로 다음의 날을 최초 사업연도 개시일로 한다.

> ㉠ 법령에 설립일이 정하여진 경우 : 그 설립일
> ㉡ 주무관청에 허가, 인가, 등록한 경우 : 허가일, 인가일 또는 등록일
> ㉢ 공익을 목적으로 출연된 기본재산이 있는 재단 : 그 기본재산을 출연받은 날
> ㉣ 관할 세무서장의 승인을 얻은 단체 : 그 승인일
> ㉤ 외국법인의 경우 : 국내사업장을 가지게 된 날(국내사업장이 없는 경우에는 부동산 및 부동산권리 양도, 임대소득이 최초로 발생한 날)

3) 사업연도의 변경

① 변경하고자 하는 법인 : 직전 사업연도종료일부터 3월 이내에 변경한다.

② 직전 사업연도 종료일부터 3월 이내에 변경하지 아니한 경우 : 변경되지 아니한 것으로 본다. 다만, 법령에 의하여 사업연도가 정하여지는 법인의 경우에는 변경신고가 없어도 사업연도가 변경된 것으로 본다.

③ 사업연도 변경 시 : 종전의 사업연도의 개시일부터 변경된 사업연도의 개시일 전일까지를 1사업연도로 한다. 다만, 그 기간이 1월 미만인 경우에는 변경된 사업연도에 이를 포함한다.

4) 사업연도의 의제

① 해산, 합병·분할등기

1 사업연도		1 사업연도
사업연도개시일	해산등기일 = 해산일 합병·분할등기일	사업연도종료일

② 청산

1 사업연도	
사업연도개시일	잔여재산확정일

③ 청산 중에 내국법인이 사업을 계속하는 경우

1 사업연도		1 사업연도
사업연도개시일	계속등기일	사업연도종료일

④ 국내사업장을 가지지 못하게 된 경우

1 사업연도	
사업연도개시일	국내사업장을 가지지 못하게 된 날

다만, 국내에 다른 사업장을 계속하여 가지고 있는 경우에는 그러하지 아니하다.

⑤ 국내사업장이 없는 외국법인이 부동산소득 또는 부동산원천양도소득이 발생하지 못하게 된 경우

1 사업연도	
사업연도개시일	신고일

◢ 04 납세지

1) 내국법인의 납세지

당해 법인의 등기부상의 본점 또는 주사무소, 실질적으로 관리하는 장소를 소재지로 한다. 다만, 법인으로 보는 단체의 경우에는 대통령령이 정하는 장소로 한다.

▼ 법인으로 보는 단체(대통령령이 정하는 장소)

구분	원칙	2 이상인 경우	"주된"판정
사업장이 있는 경우	사업장의 소재지	주된 사업장의 소재지	사업수입금액이 가장 많은 곳
부동산임대소득인 경우	부동산의 소재지	주된 부동산의 소재지	
사업장이 없는 경우	주사무소의 소재지(단, 주사무소가 없으면 대표자 또는 관리인의 주소)		최초로 납세지를 정하는 경우

2) 외국법인의 납세지

국내사업장	원칙	국내사업장 등이 2 이상인 경우
있는 경우	국내사업장의 소재지	주된 국내사업장의 소재지
없는 경우 (국내원천소득발생)	각각 그 자산의 소재지	외국법인이 납세지로서 신고하는 장소

3) 원천징수한 법인세의 납세지

원천징수의무자		원칙	원칙 외의 사업장	사업장이 없는 경우
개인	거주자	주된 사업장의 소재지	사업장의 소재지	거주자 주소지, 거소지
	비거주자	주된 국내사업장 소재지	국내사업장 소재지	거주자 거류지, 체류지
법인		본점 또는 주사무소 소재지, 사업 실질적 관리장소	독립채산제에 따라 독자적으로 회계사무를 처리하는 경우 : 사업장 소재자(국외 제외)	

4) 납세지의 특례

이자, 배당소득에 대한 원천징수세액을 본점 또는 주사무소에서 전자계산조직 등에 의하여 일괄계산하는 경우에는 국세청장의 승인을 받아 납세지로 할 수 있다.

05 납세지의 지정

관할지방국세청장 또는 국세청장은 사업연도 종료일부터 45일 이내에 따라 당해 법인에게 납세지를 지정 및 통지할 수 있다. 다음의 사유를 기한 내에 미통지한 경우에는 종전의 납세지를 그 법인의 납세지로 한다.

1) 내국법인의 본점 또는 주사무소의 소재지가 등기된 주소와 동일하지 아니한 때
2) 내국법인의 본점 또는 주사무소의 소재지가 자산 또는 사업장과 분리되어 있으므로 조세포탈의 우려가 있다고 인정되는 때
3) 국내에 둘 이상의 국내사업장을 가지고 있는 외국법인이 주된 사업장의 소재지를 판정할 수 없을 때
4) 국내사업장이 없는 외국법인으로서 국내에 둘 이상의 장소에 부동산소득, 양도소득, 산림소득이 있는 법인이 납세지를 신고하지 아니한 때

06 납세지의 변경

1) 원칙

변경된 날부터 15일 이내에 변경 후의 납세지 관할 세무서장에게 "납세지변경신고서"를 제출한 경우에는 납세지 변경신고를 한 것으로 본다. 단, 신고가 없는 경우에는 종전의 납세지를 그 법인의 납세지로 한다.

2) 외국법인이 납세지가 없을 경우 납세지 관할 세무서장에게 신고하여야 한다.

3) 신고기한이 경과한 후 변경신고를 한 경우에는 변경신고를 한 날부터 그 변경된 납세지를 당해 법인의 납세지로 한다.

4) 법인이 사업연도 중에 합병 또는 분할로 인하여 소멸된 경우에는 납세지의 변경신고를 하고 상대법인의 납세지로 할 수 있다.

07 과세관할

법인세는 규정에 의한 납세지를 관할하는 세무서장 또는 지방국세청장이 과세한다.

이론문제 | 법인세 총론

01 법인세의 성격과 거리가 먼 것은?

① 법인세의 세율은 단순비례세율이다.
② 순자산증가설에 근거하고 있다.
③ 법인세는 직접세에 속한다.
④ 법인의 각 사업연도소득은 총익금에서 총손금을 공제한 금액이다.

02 법인세법상 납세의무에 대한 설명 중 틀린 것은?

① 내국법인은 각 사업연도소득에 대하여 법인세 납세의무가 있다.
② 국내원천소득이 있는 외국영리법인은 각 사업연도소득에 대하여 법인세 납세의무가 있다.
③ 내국영리법인은 청산소득에 대한 법인세 납세의무가 있다.
④ 우리나라 지방자치단체는 법인세 납세의무가 있다.

03 법인세법상 사업연도에 대한 설명이다. 틀린 것은?

① 정관의 규정이 없는 경우에는 매년 1월 1일부터 12월 31일까지를 그 법인의 사업연도로 한다.

② 1사업연도는 1년을 초과할 수 없다.
③ 정관에 사업연도에 관한 규정이 없으면 내국법인은 사업연도를 정하여 신고해야 한다.
④ 국내사업장이 있는 외국법인으로서 법령, 정관에 사업연도에 관한 규정이 없으면 외국법인은 사업연도를 정하여 신고해야 한다.

04 다음 중 법인세법상 사업연도에 대한 설명으로 틀린 것은?

① 사업연도는 법령 또는 정관 등에서 정하는 1회계기간으로 하는 것이 원칙이다.
② 사업연도의 기간은 1년을 초과하지 못하도록 규정하고 있다.
③ 법령이나 정관 등에 회계기간의 규정이 없는 경우 법인이 그 신고를 하지 아니한 경우에는 매년 1월 1일부터 12월 31일까지를 그 법인의 사업연도로 본다.
④ 내국법인의 최초사업연도개시일은 사업자등록신청일로 하는 것이 원칙이다.

이론문제 정답 및 해설

01 ① 법인세 세율은 4단계 초과누진세율을 적용한다.

02 ④ 법인세법상 우리나라 국가, 지방자치단체는 납세의무가 없다.

03 ① 사업연도를 신고하지 않은 경우에 1월 1일부터 12월 31일까지로 한다.

04 ④ 사업자등록신청일 → 설립등기일

02 | 내국법인의 각 사업연도 소득에 대한 법인세

◀ 01 법인세 계산방법

1) 각 사업연도 소득에 대한 법인세 계산구조

결산서상 당기순이익
(+) 익금산입, 손금불산입
(−) 손금산입, 익금불산입
차가감소득금액
(+) 일반기부금당기한도초과액
(−) 기부금한도초과액이월액손금산입액
각 사업연도 소득금액

→ 기업회계 손익계산서상의 당기순이익

→ [개념 : 익금총액 − 손금총액]

2) 과세표준금액의 계산

각 사업연도 소득금액
(−) 이월결손금
(−) 비과세소득
(−) 소득공제
과세표준

→ 당해 사업연도 개시일 전 15년 이내에 발생한 세무회계상 이월결손금
→ 공익신탁의 신탁재산에서 발생한 소득 등
→ 조세특례제한법상 소득공제

※ (주의) 2020년 1월 1일 이전 결손금은 10년간 이월공제하며, 2020년 1월 1일 이후 결손금은 15년간 이월공제한다.

※ (주의) 이월결손금 반영비율은 일반법인 등은 80%, 중소기업과 법인이 인가한 회생계획을 이행 중인 법인, 유동화전문회사, 수익사업소득을 전액 고유목적사업준비금으로 손금산입하는 비영리내국법인 등은 100%를 한도로 공제한다.

3) 산출세액의 계산

과세표준
(×) 세율
산출세액

[과세표준 구간]
→ 2억원 이하 9%, 200억원 이하 19%, 3,000억원 이하 21%, 3,000억원 초과 24%

4) 납부할 세액의 계산

산출세액
(−) 공제, 감면세액
(+) 가산세
(−) 기납부세액
(+) 감면분 추가납부세액
납부할 세액

→ ㉠ 최저한세 적용(조특법상 공제감면세액)
　㉡ 최저한세 배제 법인세법, 조특법상 공제감면세액

→ 중간예납세액, 수시부과세액, 원천납부세액

※ 납부할 세액을 분납하는 경우 : 1,000만원 이하이면 분납불가, 다음의 경우에는 분납이 가능하다.
  • 1,000만원 초과 : 1,000만원 납부, 나머지 분납
  • 2,000만원 초과 : 50% 납부, 나머지 50% 분납

사례 1

다음의 자료에 의하여 (주)박문각의 20×2년 10기 사업연도(1.1. ~ 12.31.)의 법인세 납부세액을 계산하고 법인세과세표준 및 세액조정계산서에 반영하시오(납부할 세액 중 분납이 가능하면 분납도 할 것).

① 결산서상의 당기순이익	250,000,000원
② 익금산입 및 손금불산입	(+) 120,000,000원
③ 손금산입 및 익금불산입	(−) 70,000,000원
④ 20×1년 세무상 이월결손금	(−) 20,000,000원
⑤ 최저한세를 적용한 중소기업특별감면세액	(−) 6,000,000원
⑥ 중간예납세액	(−) 15,000,000원

정답

1단계 각 사업연도소득금액 : 300,000,000원
  = 결산서상의 당기순이익 + 익금산입 및 손금불산입 − 손금산입 및 익금불산입
      250,000,000원   +   120,000,000원   −   70,000,000원
2단계 과세표준 : 280,000,000원
  = 각 사업연도소득금액 300,000,000원 − 세무상 이월결손금 20,000,000원
3단계 산출세액 : 33,200,000원 = 과세표준 (2억 × 9%) + (80,000,000 × 19%)
4단계 납부세액 : 12,200,000원
  = 산출세액 33,200,000원 − 중소기업특별감면세액 6,000,000원 − 중간예납세액 15,000,000원
5단계 : 10,000,000원은 3월 31일까지 납부하고 2,200,000원은 분납이 가능하다.

■ 법인세법 시행규칙 [별지 제3호서식] 〈개정 2024. 3. 22.〉　　　　　　(앞쪽)

사 업 연 도	． ． ． ～ ． ． ．	법인세 과세표준 및 세액조정계산서	법 인 명	
			사 업 자 등 록 번 호	

좌측

① 각 사업연도소득계산	항목	번호	금액
	⑩ 결산서상 당기순손익	01	250 000 000
	소득조정금액 ⑪ 익 금 산 입	02	120 000 000
	⑫ 손 금 산 입	03	70 000 000
	⑭ 차 가 감 소 득 금 액 (⑩+⑪-⑫)	04	300 000 000
	⑮ 기 부 금 한 도 초 과 액	05	
	⑯ 기부금한도초과이월액손금산입	54	
	⑰ 각 사업연도소득금액 (⑭+⑮-⑯)	06	300 000 000
② 과세표준계산	⑱ 각 사업연도소득금액 (⑱=⑰)		300 000 000
	⑲ 이 월 결 손 금	07	20 000 000
	⑩ 비 과 세 소 득	08	
	⑪ 소 득 공 제	09	
	⑫ 과 세 표 준 (⑱-⑲-⑩-⑪)	10	280 000 000
	⑮⑨ 선 박 표 준 이 익	55	
③ 산출세액계산	⑬ 과 세 표 준 (⑫+⑮⑨)	56	280 000 000
	⑭ 세 율	11	19
	⑮ 산 출 세 액	12	33 200 000
	⑯ 지 점 유 보 소 득 (「법인세법」제96조)	13	
	⑰ 세 율	14	
	⑱ 산 출 세 액	15	
	⑲ 합 계 (⑮+⑱)	16	33 200 000
④ 납부할세액계산	⑳ 산 출 세 액 (⑫ = ⑲)		33 200 000
	㉑ 최저한세 적용대상 공제감면세액	17	6 000 000
	㉒ 차 감 세 액	18	
	㉓ 최저한세 적용제외 공제감면세액	19	
	㉔ 가 산 세 액	20	
	㉕ 가 감 계 (㉒-㉓+㉔)	21	27 200 000
	기한내납부세액 ㉖ 중 간 예 납 세 액	22	15 000 000
	㉗ 수 시 부 과 세 액	23	
	㉘ 원 천 납 부 세 액	24	
	㉙ 간접투자회사등의 외국납부세액	25	
	㉚ 소 계 (㉖+㉗+㉘+㉙)	26	15 000 000
	㉛ 신고납부전가산세액	27	
	㉜ 합 계 (㉚+㉛)	28	15 000 000

우측

항목	번호	금액
㉝ 감면분추가납부세액	29	
㉞ 차 감 납 부 할 세 액 (㉕-㉜+㉝)	30	12 200 000

⑤ 토지등양도소득에 대한 법인세 계산	항목	번호	금액
	양도차익 ㉟ 등 기 자 산	31	
	㊱ 미 등 기 자 산	32	
	㊲ 비 과 세 소 득	33	
	㊳ 과 세 표 준 (㉟+㊱-㊲)	34	
	㊴ 세 율	35	
	㊵ 산 출 세 액	36	
	㊶ 감 면 세 액	37	
	㊷ 차 감 세 액 (㊵-㊶)	38	
	㊸ 공 제 세 액	39	
	㊹ 동업기업 법인세 배분액 (가산제 제외)	58	
	㊺ 가 산 세 액 (동업기업 배분액 포함)	40	
	㊻ 가 감 계 (㊷-㊸+㊹+㊺)	41	
	기납부세액 ㊼ 수 시 부 과 세 액	42	
	㊽ ( ) 세 액	43	
	㊾ 계 (㊼+㊽)	44	
	㊿ 차감납부할세액(㊻-㊾)	45	

⑥ 미환류소득법인세	항목	번호	금액
	㊽ 과세대상 미환류소득	59	
	㊾ 세 율	60	
	㊿ 산 출 세 액	61	
	가 산 세 액	62	
	이 자 상 당 액	63	
	납부할세액(+++)	64	

⑦ 세 액 계	항목	번호	금액
	차 감 납 부 할 세 액 계 (㉞+㊿+납부할세액)	46	12 200 000
	사 실 과 다 른 회 계 처 리 경 정 세 액 공 제	57	
	분 납 세 액 계 산 범 위 액	47	
	분 납 할 세 액	48	2 200 000
	차 감 납 부 세 액	49	10 000 000

03 | 각 사업연도의 계산구조와 세무조정

01 기업회계와 세무회계

1) 기업회계

기업의 경영활동에 관한 재무정보와 경영성과를 외부정보이용자에게 전달하여 합리적인 의사결정을 하는 데 유용한 정보를 제공하는 것이라 할 수 있다.

> 수익 − 비용 = 당기순이익

2) 세무회계

세법규정에 의거 과세표준과 세액을 결정하여 세무조정계산서 및 기타신고 서식에 보고하는 것으로 세무조정을 통해 법인의 소득에 대해 일정한 세율을 계산하여 세액을 산출한다.

> 결산서상의 당기순이익 ± 익금산입, 손금불산입 / 손금산입, 익금불산입 = 각 사업연도 소득금액

02 세무조정

결산서상 당기순이익에서 출발하여 기업회계와 세무회계의 차이를 가감함으로써 세무상의 과세소득인 각 사업연도 소득금액을 계산하는 절차를 말한다.

1) 소득금액조정항목

세무조정	내용	조정
익금산입	결산서에 수익으로 계상되지 않았으나 세법상 익금에 해당하는 것	가산
익금불산입	결산서에 수익으로 계상되었으나 세법상 익금에 해당하지 않는 것	차감
손금산입	결산서에 비용으로 계상되지 않았으나 세법상 손금에 해당하는 것	차감
손금불산입	결산서에 비용으로 계상되었으나 세법상 손금에 해당하지 않는 것	가산

2) 세무조정의 시기와 주체

① 기업에서 신고하는 경우

  ㉠ 자기조정 : 법인 스스로 행하는 세무조정을 말한다.

  ㉡ 외부조정 : 세무사(세무사법의 규정에 의해 등록한 세무사인 공인회계사 포함)가 행하는 세무조정을 뜻하며, 외부조정대상은 국세청장이 고시한다.

② 결정, 경정하는 경우 : 탈세 등 조세포탈의 우려가 있는 경우 정부에서 조정한다.

3) 세무조정 신고의 유형

① 결산조정신고 항목 특징

㉠ 기말결산정리를 통하여 장부상 계상하고, 결산에 반영하여야만 손금으로 인정받는 사항이다. 다만 당해 사업연도에 비용으로 계상하지 않은 금액은 이후에 결산상 비용으로 계상하면 손금으로 인정된다.

㉡ 결산서에 과소 계상된 경우에 신고조정(손금산입)을 할 수 없는 손금항목을 말하며 세법상 손금산입을 강제하지 않는 것으로 임의사항에 해당한다.

㉢ 법인세 신고기간 이후 경정청구(수정신고) 대상에서 제외한다.

▼ 결산조정항목

구분	내용
충당금 준비금	• 대손충당금 • 퇴직급여충당금(단, 퇴직연금충당금은 신고조정 가능) • 구상채권상각충당금(단, 이익처분에 의한 신고조정 가능) • 법인세법상 준비금(비영리법인의 고유목적사업준비금은 신고조정 가능)
자산 평가	• 감가상각비(즉시상각액 포함) • 파손, 부패 등으로 인한 정상가격으로 판매할 수 없는 재고자산평가차손 　(단, 재고자산의 평가방법과 차이는 신고조정사항임) • 주식을 발행한 법인이 파산한 경우 해당 주식평가차손 • 채권의 대손금(단, 소멸시효 완성채권 등은 신고조정사항임) • 천재지변으로 인한 유형자산평가차손 • 시설개체, 기술낙후로 인한 생산설비의 폐기손실 • 발행법인이 부도, 회생계획인가의 결정을 받은 경우, 부실 징후기업이 된 경우에 해당 주식의 평가차손 　－ 창업자・신기술사업자가 발행한 주식 등으로서 중소기업창업투자 회사・신기술사업금융업자가 각각 보유하는 주식 　－ 주권상장 법인이 발행한 주식 　－ 특수관계 없는 비상장법인이 발행한 주식

② 신고조정에 의한 항목 특징 – 원칙은 강제로 규정되는 사항이다.

㉠ 법인세 신고기간 이후 경정청구(수정신고) 대상에 해당한다.

㉡ 잉여금처분에 의한 신고조정 항목 중 기업회계상 비용으로 인정되지 않는 준비금은 당해 사업연도의 잉여금처분 시 당해 준비금의 과목으로 적립하고 세무조정계산서에 손금 산입한 경우에는 동 금액을 손금으로 인정하도록 규정하고 있다.

㉢ 단순신고조정 항목은 결산 시에 재무제표에 반영하지 않고 세무조정계산서에서 익금 또는 손금에 산입하면 이를 익금 또는 손금으로 인정하는 항목을 말하며, 다음과 같은 예시가 있다.

- 자산수증이익 또는 채무면제이익 중 이월결손금 충당액의 익금불산입
- 간주임대료의 익금산입
- 국고보조금, 공사부담금, 보험차익으로 취득한 유무형자산의 손금산입
- 국세, 지방세 과오납급의 환급금이자의 익금불산입
- 법인세, 법인세에 대한 지방소득세 등의 손금불산입
- 비지정기부금의 손금불산입, 일반기부금 등 한도초과액의 손금불산입
- 기업업무추진비 등 한도초과액, 감가상각비의 손금불산입
- 퇴직보험료, 퇴직연금부담금 등의 손금산입 및 손금불산입
- 건설자금이자의 손금불산입

03 소득처분

세금의 부담자를 가려주기 위하여 출자자, 임원, 사용인 및 기타의 자 중 귀속자가 누구인지를 결정하는 것을 말한다.

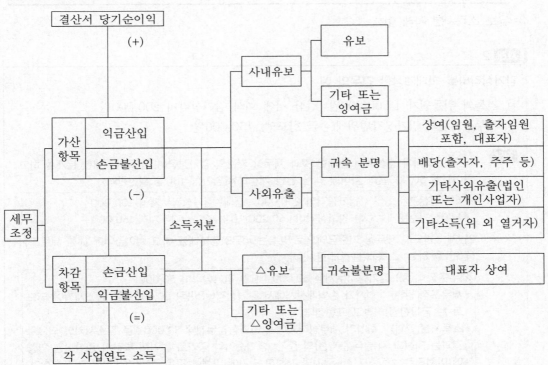

1) 유보와 △유보

세무조정 차이금액이 회사외부로 유출되지 아니하고 법인 내부에 남아 있는 것을 말하고, 유보 (△유보)의 처분 내용은 [자본금과 적립금조정명세서(을)]에 기재한다.

① 발생주의 인식과 권리의무확정주의 인식
  ㉠ 발생주의는 기업이 회계처리하는 방식으로 현금의 유입과 유출이 없어도 거래가 발생하면 즉시 인식하고 기록하는 방법이다.
  ㉡ 권리의무확정주의는 법인세법에 의한 세무상기준액을 정하는 것으로 현금주의와 유사하게 실제 현금의 유입과 유출 시점에 인식하고 기록하는 방법이다.

② 유보와 △유보

회사의 회계처리	세무조정	소득처분	법인세 영향
자산의 과소계상 부채의 과대계상	익금산입 또는 손금불산입 (자산의 증액, 부채의 감액)	유보(세무상 순자산가액의 증가)	법인세 부담 증가
자산의 과대계상 부채의 과소계상	손금산입 또는 익금불산입 (자산의 감액, 부채의 증액)	△유보(세무상 순자산가액의 감소)	법인세 부담 감소

③ 유보 소득처분 사례 이해

 사례 2

감가상각비를 과대계상한 경우의 예

㉠ 건물의 취득원가 1,000,000원, 결산 시에 회사 감가상각비 200,000원
㉡ 세무상기준의 감가상각범위액(손금 한도액) 150,000원

정답

1단계 : 회사가 결산에서 분개한 것과 세무상 기준의 감가상각비 한도액에 대한 분개를 하고 차이금액 50,000원과 차이에 대한 원인 계정과목(감가상각비)을 확인한다.

• 회사결산분개 : (차) 감가상각비 200,000   (대) 감가상각누계액 200,000
• 세무상기준분개 : (차) 감가상각비 150,000   (대) 감가상각누계액 150,000

2단계 : 반드시 세무상 기준금액으로 맞추는 세무조정분개를 하고 차이금액에 대한 세무조정 (원인)을 하고, 소득처분(결과)를 한다.

세무조정 : (차) 감가상각누계액 50,000   (대) 감가상각비 50,000
• 세무조정(원인) : 회사가 손익계산서에서 감가상각비(비용) 50,000원을 감소시켜야 되므로 [손금불산입]이라고 표현한다.
• 소득처분(결과) : 회사가 재무상태표에서 감가상각누계액 50,000원을 감소시켜야 되므로 결과는 자산과 자본(= 순자산)의 증가, 당기순이익 증가로 법인세 부담이 증가되는 영향에 미치므로 소득처분은 [유보]라고 하며 당기에 발생한 것은 [유보발생]이라고 표현한다.

④ △유보 소득처분 사례 이해

사례 3

선급비용에 대한 오류로 과대계상된 경우의 예

㉠ 회사가 선급비용으로 계상한 금액 50,000원

㉡ 동 선급비용 계상액 50,000원은 세무상 당해 사업연도에 귀속되는 이자비용이다.

정답 1단계 : 회사가 오류분개한 것과 세무상 기준의 정확한 분개를 하고 차이금액 50,000원과 차이에 대한 원인 계정과목(이자비용)을 확인한다.

- 회사오류분개 : (차) 선급비용 50,000   (대) 현금   50,000
- 세무상기준분개 : (차) 이자비용 50,000   (대) 현금   50,000

2단계 : 반드시 세무상 기준금액으로 맞추는 세무조정분개를 하고 차이금액에 대한 세무조정(원인)을 하고, 소득처분(결과)를 한다.

세무조정 : (차) 이자비용 50,000   (대) 선급비용 50,000
- 세무조정(원인) : 회사가 손익계산서에서 이자비용(비용) 50,000원을 새롭게 증가시켜야 되므로 [손금산입]이라고 표현한다.
- 소득처분(결과) : 회사가 재무상태표에서 선급비용 50,000원을 감소시켜야 되므로 결과는 자산과 자본(= 순자산)의 감소, 당기순이익 감소로 법인세 부담이 감소되는 영향을 미치므로 소득처분은 [△유보]라고 하며 당기에 발생한 것은 [유보발생]이라고 표현한다.
※ (주의) 전기에 "유보발생"된 것이 당기에 영향을 주는 것을 "유보감소"라고 표현한다.

사례 4

중소기업투자준비금이 190,000원 손금산입된 경우의 예

㉠ 조특법상의 중소기업투자준비금은 기업회계에서는 부채로 인식하지 않고 있다.

㉡ 세무상 기준으로 당해 신고조정하고 손금으로 인식한다.

정답 1단계 : 반드시 세무상 기준금액으로 맞추는 세무조정분개를 하고 차이금액에 대한 세무조정(원인)하고, 소득처분(결과)를 한다.

세무조정 : (차) 중소기업투자준비금전입액 190,000
            (대) 중소기업투자준비금   190,000
- 세무조정(원인) : 회사가 손익계산서에서 중소기업투자준비금전입액(비용) 190,000원을 새롭게 증가시켜야 되므로 [손금산입]이라고 표현한다.
- 소득처분(결과) : 회사가 재무상태표에서 중소기업투자준비금(부채) 190,000원을 증가시켜야 되므로 결과는 자본(= 순자산)의 감소, 당기순이익 감소로 법인세 부담이 감소되는 영향에 미치므로 소득처분은 [△유보]라고 하며 당기에 발생한 것은 [유보발생]이라고 표현한다.

2) 사외유출 : 배당, 상여, 기타소득, 기타사외유출

세무조정상 익금산입, 손금불산입한 금액만큼 각 사업연도 소득금액이 증가하지만, 동 금액만큼 회사외부로 유출된 경우에 행하는 소득처분을 말한다.

① 소득의 귀속자가 불분명한 경우

소득처분	소득의 귀속자	귀속자에 대한 과세	귀속시기
배당	주주 또는 출자자 (출자임원 제외)	배당소득과세로 원천징수함	당해 사업연도의 결산확정일
상여	임원이나 사용인 (출자임원 포함)	근로소득과세로 원천징수함	당해 사업연도 중 근로를 제공한 날
기타사외유출	법인(출자법인 포함) 또는 개인사업자, 국가와 지방자치단체	사후관리 불필요 원천징수(×)	
기타소득	위에 열거되지 아니한 자(개인)	기타소득과세로 원천징수함	당해 사업연도의 결산확정일

② 귀속자가 불분명한 경우 소득처분의 특례

대표자에게 귀속된 것으로 간주하여 대표자에 대한 상여로 처분한다.

③ 추계결정 시 소득처분의 특례

추계조사에 의하여 결정된 익금산입액은 대표자에 대한 상여로 처분하지만 천재지변 기타 불가항력으로 장부 등이 멸실(추계결정)된 경우는 기타사외유출로 소득처분한다.

④ 무조건 기타사외유출로 하는 소득처분의 특례

> ㉠ 임대보증금 등에 대한 간주임대료 익금산입액
> ㉡ 보험업을 영위하는 법인의 예정사업비 한도초과액 손금불산입액
> ㉢ 소비성서비스업의 광고선전비 한도초과액 손금불산입액
> ㉣ 기업업무추진비 한도초과액 손금불산입액
> ㉤ 특례기부금, 일반기부금 한도초과액 및 비지정기부금 손금불산입액
> ㉥ 채권자불분명이자, 수취인불분명 채권, 증권의 이자 중 원천징수세액 상당액
> ㉦ 기준초과차입금이자, 차입금과다법인의 지급이자, 업무무관 자산 등과 관련된 지급이자 손금불산입
> ㉧ 귀속자가 불분명하여 대표자상여로 처분한 경우에 있어서 당해 법인이 그 처분에 따른 소득세를 대납하고 그 대표자와의 특수관계가 소멸할 때까지 회수되지 않음으로써 익금에 산입한 금액
> ㉨ 자본거래(불공정합병, 불공정증자, 불공정감자)로 인하여 부당행위계산부인 규정의 적용을 받아 익금산입된 금액으로서 귀속자에게 상속세 및 증여세법에 의하여 증여세가 과세되는 경우

사례 5

기업업무추진비 한도초과액인 경우의 예

㉠ 회사가 반영한 일반 기업업무추진비 1,000,000원(3만원 초과 적격증빙 수취함)

㉡ 세무상 기준액의 기업업무추진비 한도액 850,000원

정답

1단계 : 회사가 반영한 기업업무추진비 분개와 세무상 기준의 정확한 분개를 하고 차이금액 150,000원과 차이에 대한 원인 계정과목(기업업무추진비)을 확인한다.

- 회사인식분개 : (차) 기업업무추진비 1,000,000   (대) 현금 1,000,000
- 세무상기준분개 : (차) 기업업무추진비 850,000   (대) 현금 850,000

2단계 : 반드시 세무상 기준금액으로 맞추는 세무조정분개를 하고 차이금액에 대한 세무조정 (원인)을 하고, 소득처분(결과)를 한다.

세무조정 : (차) 현금 150,000   (대) 기업업무추진비 150,000

- 세무조정(원인) : 회사가 손익계산서에서 기업업무추진비(비용) 150,000원을 감소시켜야 되므로 [손금불산입]이라고 표현한다.
- 소득처분(결과) : 회사가 재무상태표에서 현금 150,000원을 증가시켜야 되지만 이미 사외 유출이 되었고, 적격증빙은 갖추었으나 귀속이 불분명하므로 결과적으로 회사(법인)의 책임으로 본다. 따라서 소득처분은 [기타사외유출]이라고 표현한다.

3) 기타(잉여금 또는 △잉여금)

세무조정의 영향이 기업회계와 세무상 순자산가액의 차이를 발생시키지 않을 뿐만 아니라 사외 유출된 것으로도 볼 수 없는 경우의 소득처분을 말한다.

① 자본잉여금과 이익잉여금 이해

㉠ 적극적 잉여금 : 세법상 익금 금액을 법인이 손익계산서상 수익으로 계상하지 아니하고 자본잉여금 또는 이익잉여금으로 계상함으로 인하여 세무상 순자산가액에 반영된 경우, 이를 익금산입하고 이에 대한 소득처분을 하는 경우를 말한다.

㉡ 소극적 잉여금 : 세법상 손금 금액을 법인이 손익계산서상 비용으로 계상하지 아니하고 자본잉여금 또는 이익잉여금에서 차감하거나 자본조정계정에 부의 항목으로 계상함으로 인하여 세무상 순자산가액에 반영된 경우, 이를 손금산입하고 이에 대한 소득처분을 하는 경우를 말한다.

② 기타(잉여금) : 위 ㉠의 적극적잉여금을 말한다.

사례 6

자기주식처분이익 70,000원을 자본잉여금에 회계처리한 경우의 예

㉠ 회사가 재무상태표에 자본잉여금에 기재한 경우

㉡ 세무상 기준액은 수익으로 인식하며 익금으로 본다.

정답 1단계 : 회사가 재무상태표에 자기주식처분이익을 자본잉여금 항목에 기재하지만 세무상 기준은 자기주식을 처분한 것은 영업거래를 통해 처분이익이 발생한 것으로 보고 자기주식처분이익만 익금으로 인식하고 있다.

> ※ (주의) 재무상태표에서 자본잉여금에 해당하는 주식발행초과금, 감자차익은 그대로 자본거래로 인식한다.

2단계 : 반드시 세무상 기준금액으로 맞추는 세무조정분개를 하고 차이금액에 대한 세무조정(원인)을 하고, 소득처분(결과)을 한다.

> • 세무조정(원인) : 자기주식처분이익은 세무상기준은 수익으로 인식하므로 [익금산입]이라고 표현한다.
> • 소득처분(결과) : 회사 재무상태표에서는 자기주식처분이익 70,000원(순자산가액)이 감소한 만큼 손익계산서에 수익이 증가되어 당기순이익(=잉여금)이 증가된다. 즉, 다시 순자산가액이 증가되므로 결과적으로 아무런 변동이 없어서 소득처분은 [기타]라고 표현한다.

③ 기타(△잉여금)

국세, 지방세 과오납금환급이자에 대하여 세무조정은 익금불산입하고, 소득처분은 기타(△잉여금)로 규정한다.

사례 7

다음의 자료를 이용하여 세무조정, 소득처분을 하여 소득금액조정합계표에 반영하시오.

- 매출액 누락 : 20,000,000원
- 매출원가 누락 : 12,000,000원
- 법인세비용 : 8,000,000원
- 퇴직급여충당금 한도초과액 : 3,300,000원
- 대주주 동창회기부금 : 500,000원
- 전기에서 유보발생으로 세무조정된 재고자산평가증 : 450,000원
- 임원상여금 규정 초과액 : 5,400,000원
- 국세환급금에 대한 이자 : 670,000원

정답 아래의 소득금액조정합계표에 반영한다.

■ 법인세법 시행규칙 [별지 제15호서식] 〈개정 2022. 3. 18.〉　　　　　　(앞쪽)

사 업 연 도	· ~ ·	소득금액조정합계표	법 인 명	
			사업자등록번호	

익금산입 및 손금불산입				손금산입 및 익금불산입			
①과 목	②금 액	③소득처분 처분	코드	④과 목	⑤금 액	⑥소득처분 처분	코드
매출액누락	20 000 000	유보발생		매출원가누락	12 000 000	유보발생	
법인세비용	8 000 000	기타사외유출		국세환급금이자	670 000	기타	
퇴직급여한도 초과액	3 300 000	유보발생					
대주주동창회 기부금	500 000	배당					
전기재고자산 평가증	450 000	유보감소					
임원상여금 초과금액	5 400 000	상여					

※ 전기에 세무조정된 유보발생 금액은 반드시 당기에서는 "유보감소" 반대로 세무조정하여 잔액을 "0"으로 만들어주어야 한다.

☑️ 이론문제 | 각 사업연도의 계산구조와 세무조정

01 다음 중 법인세법상 내용과 소득처분이 잘못된 것은?

① 사외유출되었으나 귀속이 불분명한 경우 : 대표자상여
② 임원인 주주가 귀속자인 경우 : 배당
③ 익금산입액이 법인의 각 사업연도소득을 구성하는 경우 : 기타사외유출
④ 기업업무추진비손금불산입액 : 기타사외유출

02 내국법인의 과세표준 계산 시 각 사업연도 소득금액에서 공제되는 순서는?

① 각 사업연도소득금액 – 이월결손금 – 소득공제액 – 비과세소득
② 각 사업연도소득금액 – 소득공제액 – 이월결손금 – 비과세소득
③ 각 사업연도소득금액 – 비과세소득 – 소득공제액 – 이월결손금
④ 각 사업연도소득금액 – 이월결손금 – 비과세소득 – 소득공제액

03 다음 중 법인세법상 세무조정과 이에 따른 소득처분이 잘못 연결된 것은?

① 출자자에 대한 가지급금인정이자 – 익금산입 – 배당
② 임원퇴직금한도초과액 – 손금불산입 – 상여
③ 기부금한도초과액 – 손금불산입 – 기타사외유출
④ 증빙없는 기업업무추진비 – 기타사외유출

04 다음 중 세무회계상 결산조정항목이 아닌 것은?

① 손금산입되는 잉여금처분에 의한 성과급
② 천재지변으로 인한 고정자산 평가차손
③ 퇴직급여충당금
④ 시설개체로 인한 생산설비의 폐기손실

05 다음과 같은 소득처분의 유형 중 옳지 않은 것은?

① 임원(또는 사용인)이 아닌 개인주주에 대한 소득처분은 배당으로 한다.
② 사용인에 대한 소득처분은 상여로 한다.
③ 출자임원(또는 출자자인 사용인)에 대한 소득처분은 배당으로 한다.
④ 임원에 대한 소득처분은 상여로 한다.

06 유보로 소득처분된 금액은 차기 이후 반대의 세무조정을 필요로 하므로 관리를 철저히 해야 한다. 이러한 모든 유보금액을 관리하는 서식은 어느 것인가?

① 소득금액조정합계표
② 자본금과적립금조정명세서(갑)
③ 자본금과적립금조정명세서(을)
④ 준비금명세서

07 다음 중 세무조정과 소득처분의 관계가 틀린 것은?

① 벌과금 – 손금불산입 – 기타사외유출
② 동창회기부금 – 손금불산입 – 유보
③ 건설자금이자 – 손금불산입 – 유보
④ 재고자산평가감 – 손금불산입 – 유보

08 법인이 재산세 2,600,000원과 이에 대한 가산세 260,000원을 납부하면서 다음과 같이 회계처리한 경우, 세무조정으로 옳은 것은?

| (차) 세금과공과 | 2,860,000 |
| (대) 현금 | 2,860,000 |

① 세금과공과금(재산세) 2,600,000원은 손금불산입한다.
② 세금과공과금(가산세) 260,000원은 손금불산입한다.
③ 세금과공과금 2,860,000원 전액을 손금산입한다.
④ 재산세 2,600,000원은 손금불산입하고, 가산세 260,000원은 손금산입한다.

이론문제 정답 및 해설

01 ② 임원인 주주가 귀속자인 경우에는 상여처분한다.

02 ④ 내국법인의 각 사업연도의 소득에 대한 법인세의 과세표준은 각 사업연도의 소득의 범위 안에서 이월결손금, 비과세소득 및 소득공제액을 순차적으로 공제하여 계산한다.

03 ④ 기타사외유출이 아닌 대표자상여로 처분한다.

04 ① 손금산입되는 잉여금처분에 의한 성과급의 손금산입은 그 잉여금처분금액을 당해 사업연도의 세무조정계산서에 계상하고 이를 법인세과세표준신고서에 손금으로 산입하는 방법에 의한다.

05 ③ 출자임원(또는 출자자인 사용인)에 대한 소득처분은 상여로 한다.

06 ③ 자본금과적립금조정명세서(을) 서식에 대한 설명이다.

07 ② 동창회기부금 – 손금불산입 – 기타사외유출

08 ② 세금과공과금은 손금으로 인정하지만 가산세 260,000원은 손금불산입한다.

04 | 익금 및 익금불산입 항목

01 익금 항목

회사의 수익을 법인세법(= 세무상기준)에서는 익금이라 한다. 익금은 법인의 순자산을 증가시키는 거래로 인하여 발생하는 것을 말하며, 자본의 납입 및 출자 또는 법인세법에서 규정하고 있는 익금불산입 항목을 제외한다.

1) 사업수입금액

기업회계기준에 의한 손익계산서에서 표현하는 매출액을 법인법에서는 수입금액(판매금액, 도급금액, 보험료액을 포함하되, 기업회계기준에 의한 매출에누리 및 환입금액, 매출할인금액은 차감한다.)이라고 말한다.

- 상품, 제품매출
- 장기할부매출(단기할부매출 포함)
- 용역매출 및 장기도급공사(단기공사 포함)
- 위탁판매, 시용판매 등
- 부동산임대업의 임대료수입 및 임대보증금에 대한 간주익금

2) 자산(자기주식 포함)의 양도금액

자산(재고자산 외) 양도금액은 익금에 해당하고, 양도 당시의 장부금액은 손금으로 인정한다.

> (차) 현금(처분금액) 10,000 (익금으로 본다.) /
> (대) 단기매매증권(장부금액) 8,000 (손금으로 본다.)
>   단기매매증권처분이익 2,000 (현금 처분금액의 나머지이므로 익금으로 보며, 세무조정은 [익금산입]하고 소득처분은 [유보발생]으로 한다.)

3) 자산의 임대료

부동산임대업을 주업으로 하지 않고 있는 법인이 일시적으로 자산을 임대하여 얻은 수익을 말하며, 동 금액은 익금에 산입하게 된다.

4) 자산의 평가차익(세법상 특별히 규정된 것은 제외)

법인세법에서는 자산의 평가차익은 익금불산입하는 것을 원칙으로 하나, 예외적으로 다음의 자산평가차익에 대하여만 익금으로 인정하고 있다.

- 보험업법 등에 의한 평가차익
- 합병평가차익 또는 분할평가차익
- 화폐성 외화자산, 부채의 평가차익

5) 타인으로부터 무상으로 받은 자산수증이익, 채무면제이익

거래	회사의 회계처리	세무조정 (소득처분)		이월결손금 보전에 충당한 경우	세무조정 (소득처분)
대주주로 부터 토지 무상취득	(차) 토지 100(자산의 증가) (대) 자산수증이익　100 　　　(수익의 증가)	익금산입 (배당)	→	(차) 자산수증이익　100 　　　(수익의 감소) (대) 이월결손금　100	익금불산입 (기타)

6) 손금에 산입한 금액 중 환입된 금액

> 전기에 손금산입 → 당기는 반대 세무조정으로 손금불산입(= 익금산입)을 한다.
> 예 • 전기에 세무상 재산세 인정 → 당기 과오납으로 확인되어 환급받을 경우
> 　　• 전기에 세무상 인정된 대손금, 충당금, 준비금 → 당해 사업연도에 환입
> 　　• 전기에 퇴직연금급여 납입 → 당기에 해약 및 지급된 퇴직연금예치금
> 다만, 전년도에 손금불산입되어 손금으로 인정받지 못한 것은 당해연도에서 익금으로 보지
> 아니한다.

7) 이익처분에 의하지 않고 손금으로 계상된 적립금액

세무상 손금으로 인정하지 아니하는 충당금이나 준비금을 그 법인이 설정하고자 할 때에는 이를 이익처분에 의하여 설정하여야 함에도 불구하고 법인이 이를 손금으로 계상한 경우는 세무상 손금으로 인정하지 아니하고 익금에 산입한다.

8) 특수관계자인 개인과의 유가증권의 저가양수

특수관계가 있는 개인으로부터 유가증권을 시가에 미달하는 가액으로 매입한 경우 유가증권의 매입가액과 시가와의 차액을 익금에 산입하며, 소득처분은 "유보"로 하며, 동 차액은 세무상 유가증권의 취득가액에 포함시킨다.

9) 불균등자본거래로 인하여 특수관계자로부터 분여받은 이익

부당행위계산 부인규정에 의하여 특수관계자와의 불공정합병, 불균등증자, 불균등감자 등으로 분여받은 이익을 익금에 산입한다.

10) 간접외국납부 법인세액

내국법인이 출자한 해외자회사로부터 받은 수입배당금에 대한 외국법인세액으로 사업연도 소득금액에 외국자회사로부터 받은 수입배당금이 포함되어 있는 경우(익금불산입 대상금액은 제외)를 말한다.

11) 의제배당

상법상 이익배당이 아니더라도 사실상 회사의 이익이 주주 등에게 귀속되는 경우에 이를 배당으로 간주하여 익금에 산입한다.

구분	주식배당 또는 무상주의 경우
기업회계기준	수익 고려하지 않음, 주식수만 가산, 장부상 주식의 단가만 조정
소득세법과 법인세법	주주가 개인일 때 : 배당소득세로서 과세 주주가 법인일 때 : 법인세가 과세되며 익금산입한다.

① 의제배당의 유형

㉠ 잉여금의 자본전입으로 인한 의제배당(무상주 수취로 인한 의제배당)

구분	의제배당에 해당하는 잉여금	의제배당에서 제외되는 잉여금
이익 잉여금	이익잉여금 전체	없음
자본 잉여금	• 자기주식소각이익의 2년 이내 자본전입하는 경우와 소각 당시 시가가 취득가액을 초과하는 경우로서 소각일로부터 2년 내에 자본에 전입하는 경우 • 합병평가차익, 분할평가차익 • 채무의 출자전환 시 채무면제이익 • 상환주식(회사의 이익으로 소각하기로 예정되어 있는 주식)의 주식발행액면초과액(발행가액 – 액면가액) • 1% 재평가적립금(분할감자차익 등)	• 주식의 포괄적 교환차익 • 주식의 포괄적 이전차익 • 감자차익 • 합병·분할차익 • 재평가적립금(토지 외 3%분) • 소각 당시 시가가 취득가액을 초과하지 않는 경우로서 소각일로부터 2년 후에 자본에 전입하는 소각이익일 경우

㉡ 자본감소(유상감자, 탈퇴, 퇴사 등)로 인한 의제배당

의제배당유형	의제배당액
주식소각, 감자, 퇴사, 합병, 분할의 경우	취득한 금전 기타 재산가액의 합계액 – 당해 주식 등의 취득가액
무상주	무상주식수 × 1주당 가액

② 의제배당의 귀속시기

의제배당의 형태	귀속시기
유상감자 또는 사원이 탈퇴하는 경우	주식의 소각, 자본 또는 출자의 감소를 결의한 날 또는 사원이 탈퇴한 날
잉여금의 자본전입으로 인한 경우	잉여금을 자본 또는 출자에의 전입을 결의한 날
해산의 경우	당해법인의 잔여재산의 가액이 확정된 날
합병의 경우	당해법인의 합병등기일
분할의 경우	당해법인의 분할등기일

12) 수입배당금 중 법인세 과세되지 않은 금액은 익금산입

① 배당기준일 전 3개월 이내 취득한 주식등의 수입배당금

② 지급배당 소득공제를 받은 유동화전문회사, 신탁재산 등으로부터 받은 배당금

③ 법인세 비과세·면세·감면 법인으로부터 받은 배당금

④ 유상감자 시 주식 취득가액 초과 금액 및 자기주식이 있는 상황에서 자본잉여금의 자본전입으로 인해 발생하는 이익

⑤ 3% 재평가적립금(합병·분할차익 중 승계된 금액 포함)을 감액하여 받은 배당

02 익금불산입 항목

각 사업연도에 속하거나 속하게 될 순자산의 증가를 가져오는 사항이라 할지라도 익금에 산입하여 법인세를 부과하는 것이 불합리한 항목은 익금불산입한다.

구분	내용
자본거래 원인	• 주식발행액면초과액 • 감자차익 • 합병 및 분할차익(단, 합병 및 분할평가차익은 익금산입) • 주식의 포괄적 교환차익 및 이전차익
이중과세방지	• 내국법인이 국내자회사로부터 받은 수입배당금액의 일정액(100%, 80%, 30%) • 내국법인이 해외자회사로부터 받은 수입배당금액의 일정액(95%)
평가이익 등	• 자산의 평가이익(단, 보험업법 등에 의한 고정자산평가차익 및 재고자산 등 세법이 정하는 자산 및 부채의 평가차익은 제외한다.) • 이월익금 • 법인세 또는 법인지방소득세의 환급액 • 국세 또는 지방세 과오납금의 환급금에 대한 이자 • 부가가치세의 매출세액 • 무상으로 받은 자산(국고보조금은 제외)과 채무면제이익 중 이월결손금 보전에 충당한 금액 • 연결자법인으로부터 지급받았거나 지급받을 금액

1) 주식발행액면초과액

액면을 초과하여 주식을 발행한 경우 그 액면을 초과하는 금액을 말한다. 즉, 주주의 출자원금으로 보아 기업회계에서는 자본잉여금으로 처리하여 수익으로 인식하지 않으므로 세무상 기준에서는 익금불산입한다.

2) 감자차익

감자차익도 주주의 출자금액의 감소로 보아 차익을 발생하였더라도 기업회계에서는 자본잉여금으로 처리하고 있어 세무상 기준에서는 익금불산입한다. 다만, 자기주식처분손익과 자기사채상환손익은 익금과 손금으로 산입한다.

> 감자차익 = 자본금감소액 – 주식소각 등에 소요된 금액 – 결손보전에 충당금액

3) 자산수증이익과 채무면제이익 중 이월결손금 보전에 충당된 금액

무상으로 받은 자산의 가액이나 채무의 면제 또는 소멸로 인하여 생긴 부채의 감소액을 세법상 이월결손금(합병 시 승계받은 결손금은 제외)의 보전에 충당한 부분에 대해서는 자본유지의 입장에서 익금불산입한다.

4) 이월익금

당해 사업연도 이전에 이미 과세한 소득을 법인의 결산상 당해 사업연도의 익금에 산입한 금액을 말한다. 이와 같은 이월익금은 동일한 소득에 대하여 2개의 사업연도에 과세되는 이중과세를 방지하기 위한 목적에서 익금불산입한다.

5) 손금불산입되는 조세의 환급액

> 전기에 손금불산입 → 당기는 반대 세무조정으로 손금산입(= 익금불산입)을 한다.
> **예** 전기에 법인세 및 법인지방소득세 손금불산입 인정
> → 당기 환급받을 경우에는 손금산입(= 익금불산입)

6) 부가가치세의 매출세액

부가가치세 매출세액은 납부해야할 부채에 해당하므로 익금불산입한다.

7) 국세, 지방세 과오납금의 환급금에 대한 이자

국세 또는 지방세를 과오납한 경우에는 이를 환급받게 되는데, 이 경우 그 환급금에 덧붙여 받게 되는 이자(국세환급가산금 또는 지방세 환부이자를 말한다.)는 익금불산입한다.

8) 일반법인의 수입배당금액의 익금불산입 – Chapter 07 손익 귀속연도와 수입금액 조정실무 참조

이론문제 | 익금 및 익금불산입 항목

01 다음 중 법인세법상 익금에 해당하지 않는 것은?

① 자기주식처분이익
② 자산의 임대료
③ 자산수증이익과 채무면제이익 중 이월결손금에 충당된 금액
④ 손금에 산입된 금액 중 환입된 금액

02 다음 중 법인세법상 익금불산입 항목이 아닌 것은?

① 당초 손금산입한 금액 중 환입된 금액
② 국세 또는 지방세의 과오납금의 환급금에 대한 이자
③ 부가가치세의 매출세액
④ 기관투자자가 주권상장법인으로부터 받은 배당소득금액의 90%

03 다음 중 손익계산서상 수익으로 계상된 내용 중 익금불산입액의 총계는?

> 1) 외화자산·부채 평가차익
>   8,000,000원
> 2) 종합토지세 환급액 5,000,000원
> 3) 부가가치세 과오납금의 환급금이자
>   300,000원
> 4) 손금에 산입된 금액 중 환입된 금액
>   3,000,000원
> 5) 고정자산에 대한 법에 의하지 아니한 임의평가차익 6,000,000원
> 6) 자기주식소각이익 9,000,000원

① 12,300,000원 ② 14,000,000원
③ 15,300,000원 ④ 23,300,000원

04 다음 중 법인세법상 익금에 해당하지 않는 것은?

① 자산의 임대료
② 주식발행초과금
③ 손금에 산입한 금액 중 환입된 금액
④ 의제배당액

이론문제 정답 및 해설

01 ③ 자산수증이익과 채무면제이익은 익금산입하나, 이월결손금 보전에 충당 시는 익금에 산입하지 아니한다.

02 ① 당초 손금산입한 금액 중 환입된 금액은 익금산입에 해당한다.

03 ③ 3), 5), 6)은 익금불산입 사항이다. 법인세법에서 자기주식처분이익(익금산입)과 자기주식소각이익을 구분할 때 주의해야 한다.

04 ② 주식발행초과금은 자본거래 항목으로 익금불산입으로 규정하고 있다.

05 | 손금 및 손금불산입 항목

법인의 순자산을 감소시키는 거래로 인하여 발생하는 손비의 금액을 손금이라 말한다. 그러나 순자산이 감소하더라도 손금으로 보지 아니하는 것은 자본 또는 출자의 환급에 의한 순자산의 감소, 잉여금의 처분사항, 법인세법에서 손금불산입 항목으로 규정된 것이 있다.

01 손금 항목

1) 매출원가 또는 제조원가
판매한 상품 또는 제품에 대한 원료의 매입가액(기업회계기준에 의한 매입에누리 및 매입할인 금액은 제외)과 그 부대비용은 손금산입한다.

2) 판매한 상품 또는 제품의 보관료, 포장비, 운반비, 판매장려금 및 판매수당 등 판매와 관련된 부대비용은 손금산입한다. 판매장려금 및 판매수당은 사전약정 없는 경우를 포함한다.

3) 양도한 자산(자기주식 포함)의 양도 당시의 장부가액은 손금산입하며, 자기주식처분손실도 손금으로 본다.

4) 인건비 - Chapter 09 퇴직급여충당금과 퇴직연금부담금 참조

5) 유형자산의 수선비 - Chapter 08 고정자산 감가상각 및 업무용승용차관련비용 참조

6) 유형자산 및 무형자산에 대한 감가상각비 - Chapter 08 고정자산 감가상각 및 업무용승용차 관련비용 참조

7) 특수관계인으로부터 자산 양수 시 기업회계기준에 따라 장부에 계상한 자산의 가액의 차액(실제취득가액이 시가에 미달하면 취득가액과 장부가액과의 차이, 시가를 초과하면 시가와 장부가액과의 차액)에 대한 감가상각비 상당액을 손금산입한다.

8) 자산의 임차료
건물 등의 소유자가 보험계약자 및 피보험자로 되어 있는 경우 임차법인이 부담한 보험료는 당해 건물 등의 임차료로 손금산입한다.

9) 차입금의 이자 - Chapter 16 업무무관부동산 등에 관련한 차입금이자조정명세서와 건설자금이자조정명세서 참조

10) 대손금 - Chapter 10 대손금과 대손충당금조정명세서 참조

11) 자산의 평가차손
주식을 발행한 법인이 파산한 경우 평가손실을 손금 인정한다.

12) 제세공과금 - Chapter 13 조세와 세금과공과금조정명세서 참조

PART
03

13) 영업자가 조직한 단체로서 법인이거나 주무관청에 등록된 조합 또는 협회에 지급한 회비 – Chapter 13 조세와 세금과공과금조정명세서 참조

14) **광산업의 탐광비(탐광을 위한 개발비를 포함)**

   탐광비는 광물의 물리탐사, 지화학탐사, 시추탐광, 굴진탐광비용 등을 의미하며 손금으로 인정한다.

15) 보건복지부 장관이 정하는 무료진료권 또는 새마을 진료권에 의하여 행한 무료진료의 가액

16) **무상 기증하는 잉여식품가액**

   식품 및 생활용품의 제조업·도매업 또는 소매업을 영위하는 내국법인이 해당 사업에서 발생한 잉여식품 등을 무상으로 기증하는 경우 기증한 잉여식품 등의 장부가액을 손금으로 인정한다.

17) **업무와 관련한 해외시찰비, 훈련비**

   업무수행상 필요하지 아니하다고 인정되는 해외여행의 여비와 업무수행상 필요하다고 인정되는 금액을 초과하는 부분은 제외한다.

18) **다음 어느 하나에 해당하는 운영비 또는 수당**

   ① 초·중등 교육법에 의하여 설치된 근로청소년을 위한 특별학급 또는 산업체부설 중·고등학교의 운영비
   ② 산업교육진흥 및 산학협력 촉진에 관한 법률에 따라 교육기관이 당해 법인과 계약에 의하여 채용을 조건으로 설치·운영하는 직업훈련과정·학과 등의 운영비
   ③ 직업교육훈련 촉진법에 따른 현장실습에 참여하는 학생들에 지급하는 수당
   ④ 고등교육법에 따른 현장실습수업에 참여하는 학생들에 지급하는 수당

19) **임원 또는 직원(파견근로자 포함)을 위하여 지출한 복리후생비**

   ① 직장체육비, 직장문화비, 직장회식비, 우리사주조합의 운영비
   ② 국민건강보험법 및 노인장기요양보험법에 따라 사용자로서 부담하는 보험료 및 부담금
   ③ 영유아보육법에 의하여 설치된 직장어린이집의 운영비
   ④ 고용보험법에 의하여 사용자로서 부담하는 보험료
   ⑤ 기타 임원 또는 직원에게 사회통념상 타당하다고 인정되는 범위에서 지급하는 경조사비 등 위에서 열거한 비용과 유사한 비용

20) **우리사주조합에 출연하는 자사주의 장부가액 또는 금품**

   법인이 보유하거나 취득하여 우리사주조합에 출연하는 자사주를 말한다. 다만 증자방식에 의하여 우리사주조합에 배정하는 자사주는 손금산입 대상이 아니다.

21) 장식·환경미화 등의 목적으로 사무실·복도 등 여러 사람이 볼 수 있는 공간에 항상 전시하는 미술품의 취득가액으로서 거래단위별 1천만원 이하의 금액

22) 광고선전 목적으로 기증한 물품 구입비용[특정인에게 기증한 물품(개당 3만원 이하의 물품은 제외)의 경우에 연간 5만원 이내 금액]

23) 임직원이 주식매수선택권 또는 주식기준보상을 행사하거나 지급받는 경우 해당 주식매수선택권 등을 부여하거나 지급한 법인에 그 행사 또는 지급비용으로서 보전하는 금액

24) 벤처기업 육성에 관한 특별조치법 또는 소재·부품·장비산업 경쟁력 강화를 위한 특별조치법에 따른 주식매수선택권 또는 금전을 부여받거나 지급받은 자에 대한 다음 각 목의 금액(다만, 해당 법인의 발행주식총수의 100분의 10 범위에서 부여하거나 지급한 경우로 한정)

   ① 주식매수선택권을 부여받은 경우로서 다음의 어느 하나에 해당하는 금액

      ㉠ 약정된 주식매수시기에 약정된 주식의 매수가액과 시가의 차액을 금전 또는 해당 법인의 주식으로 지급하는 경우의 해당 금액

      ㉡ 약정된 주식매수시기에 주식매수선택권 행사에 따라 주식을 시가보다 낮게 발행하는 경우 그 주식의 실제 매수가액과 시가의 차액

   ② 주식기준보상으로 금전을 지급하는 경우 해당 금액

25) 중소기업 및 중견기업이 중소기업 인력지원 특별법에 따라 부담하는 기여금

26) 동업자 간의 손익분배비율에 따라 배분받은 결손금

27) 임원·직원(지배주주 등 제외) 사망 이후 유족에게 학자금 등으로 일시적으로 지급하는 금액 사용인·임원 사망 이전에 정관, 주주총회 또는 이사회 결의에 따라 결정된 위로금 지급기준에 따라 공통적으로 적용되는 것을 말한다.

28) 사내근로복지기금, 공동근로복지기금에 출연하는 금품

29) 근로자에게 지급하는 출산, 양육 지원금(근로자 공통 적용 지급기준에 따른 것에 한함)

30) 국고보조금 등으로 취득한 사업용자산가액

31) 위의 1) ~ 내지 30) 이외의 손비로서 그 법인에 귀속되었거나 귀속될 금액

   ① **상품권이 사업관련성이 있는 경우** : 차량유류대 사용, 종업원 복리후생 사용, 상품·제품 원(부)자재 구입 사용, 종업원 급여성 경비 사용은 모두 손금인정되지만, 접대성 경비로 사용한 것은 한도액만큼만 손금인정된다.

   ② **상품권이 사업관련성이 없는 경우** : 국가·공익성 단체 등에 기부하는 것은 한도액만큼만 손금인정되지만, 기타 업무와 관련이 없는 비지정기부금은 전액 손금불산입한다.

◀ 02 손금불산입 항목

1) **자본거래 등으로 인한 손비의 손금불산입**

   ① 잉여금의 처분을 손비로 계상한 금액(단, 세법이 정하는 성과급은 손금산입한다.)

   ② 건설이자의 배당금

   ③ 주식할인발행차금

2) 기타의 손금불산입

① 자산평가손실(단, 천재지변, 화재, 수용, 채진에 의한 폐광으로 파손, 멸실된 유형자산의 평가손실은 제외)

② 감가상각비 한도초과액 : Chapter 08 고정자산 감가상각 및 업무용승용차관련비용 참조

③ 기부금 한도초과액 : Chapter 18 기부금조정명세서 참조

④ 기업업무추진비 한도초과액 : Chapter 11 기업업무추진비조정명세서 참조

⑤ 세법이 정하는 바에 의하여 과다하거나 부당하다고 인정되는 금액 : 손금불산입

> ㉠ 상여금, 퇴직급여, 퇴직보험료 과다경비
> ㉡ 세무상 기준 외의 복리후생비
> ㉢ 임원 및 사용인의 여비 및 교육훈련비
> ㉣ 법인이 당해 법인 외의 자와 동일한 조직 또는 사업 등을 공동으로 운영하거나 영위함에 따라 발생되거나 지출된 손비

⑥ 지급이자의 손금불산입 : Chapter 16 업무무관부동산 등에 관련한 차입금이자조정명세서와 건설자금이자조정명세서, Chapter 15 가지급금 등의 인정이자조정명세서 참조

> • 채권자 불분명 사채이자
> • 수령자가 불분명한 채권·증권의 이자와 할인액
> • 건설자금에 충당한 차입금의 이자
> • 업무무관자산 및 가지급금 등에 대한 지급이자

⑦ 업무용승용차 관련비용의 손금불산입 : Chapter 08 고정자산 감가상각 및 업무용승용차관련비용 참조

⑧ 업무와 관련 없는 비용 : 손금불산입

> • 업무와 관련이 없는 자산을 취득·관리함으로써 발생하는 비용, 유지비, 수선비 및 이와 관련되는 비용
> • 법인이 직접 사용하지 아니하고 다른 사람(주주 등이 아닌 임원과 소액주주인 임원 및 사용인 제외)이 주로 사용하고 있는 장소·건축물·물건 등의 유지비·관리비·사용료와 이와 관련된 지출금
> • 주주(소액주주 제외) 또는 출연자인 임원 또는 그 친족이 사용하고 있는 사택의 유지비·관리비·사용료와 이와 관련된 지출금
> • 형법상 뇌물(외국공무원에게 대한 뇌물을 포함)에 해당하는 금전 및 금전 이외의 자산과 경제적 이익의 합계액

✅이론문제 | 손금 및 손금불산입 항목

01 다음 중 법인세법에 의하여 손금산입이 가능한 항목들만으로 묶인 것은?

> (가) 양도한 자산의 양도 당시의 장부가액
> (나) 자산수증이익
> (다) 고정자산에 대한 감가상각비
> (라) 업무와 관련있는 해외시찰 훈련비
> (마) 자산을 임대하여 얻는 수입인 자산의 임대료

① (가), (나), (마)
② (가), (다), (라)
③ (가), (다), (마)
④ (나), (다), (라)

02 다음 중 법인세법상 인건비에 대한 설명으로 틀린 것은?

① 임원 또는 사용인에게 이익처분에 의하여 지급하는 인건비는 원칙적으로 손금에 산입하지 아니한다.
② 상근이 아닌 임원에게 지급하는 보수의 경우 부당행위계산의 부인에 해당하는 경우를 제외하고는 손금에 산입된다.
③ 임원에게 지급하는 퇴직금의 경우 이사회의 결의에 의한 퇴직급여규정에 의한 금액은 모두 손금으로 인정된다.
④ 사용인에 대한 급여는 원칙적으로 한도 없이 손금으로 인정된다.

03 다음은 법인세법상 상여 및 퇴직금에 대한 설명이다. 옳지 않은 것은?

① 합명회사의 노무출자사원에게 지급하는 보수는 손금산입한다.
② 현실적으로 퇴직하지 아니한 임원, 사용인에게 지급한 퇴직금은 업무와 직접 관련없는 자금의 대여액으로 본다.
③ 임원 또는 사용인에게 이익처분에 의하여 지급하는 상여금은 원칙적으로 손금불산입한다.
④ 임원에게 지급하는 퇴직금이 정관 등에서 정하여진 금액을 초과하는 경우 그 초과금액을 손금불산입한다.

04 다음 중 법인세법상 손금으로 인정되지 않는 것은?

① 대표이사 급여
② 공장기계의 임차료
③ 회사의 영업용 토지에 대한 공인감정기관의 평가에 의한 평가차손
④ 업무용으로 사용 중인 비영업용 소형승용자동차에 대한 수선비

📌 이론문제 정답 및 해설

01 ② 자산수증이익, 자산을 임대하여 얻는 수입인 자산의 임대료 모두 익금에 해당한다.

02 ③ 임원에 대한 퇴직금은 정관에 정해져 있거나 정관에서 위임된 퇴직급여지급규정이 있는 경우에 한하여 그 정해진 금액 범위 안에서 손금으로 인정된다.

03 ① 합명회사 또는 합자회사 노무출자사원에게 지급하는 보수는 손금불산입한다.

04 ③ 토지 자체는 비상각자산으로서 손금으로 대체할 것이 없다. 결국 손금불산입에 해당한다.

06 | 법인조정 프로그램의 시작

01 케이렙 법인조정 메뉴 구성 살펴보기

▼ 법인조정 Ⅰ

법인조정 Ⅰ	법인조정 Ⅱ

표준재무제표	수입금액조정	소득및과표계산	과목별세무조정
표준재무상태표	수입금액조정명세서	소득금액조정합계표및명세서	퇴직급여충당금조정명세서
표준손익계산서	조정후수입금액명세서	익금불산입조정명세서	퇴직연금부담금등조정명세서
표준원가명세서	수입배당금액명세서		대손충당금및대손금조정명세서
이익잉여금처분계산서	임대보증금등의간주익금조정명세서		기업업무추진비조정명세서
			재고자산(유가증권)평가조정명세서
			세금과공과금명세서
			선급비용명세서
			가지급금등의인정이자조정명세서
			업무무관부동산등에관련한차입금이...
			건설자금이자조정명세서
			외화자산등평가차손익조정명세서
			기부금조정명세서
			업무용승용차관련비용명세서

기초정보관리	공제감면세액조정 Ⅰ	공제감면세액조정 Ⅱ	감가상각비조정
회사등록	세액감면(면제)신청서	공제감면세액계산서(1)	고정자산등록
계정과목및적요등록	세액공제신청서	공제감면세액계산서(2)	미상각분감가상각비
업무용승용차등록	일반연구및인력개발비명세서	세액공제조정명세서(3)	양도자산감가상각비
	소득공제조정명세서	공제감면세액계산서(4)	미상각자산감가상각조정명세서
	특별비용조정명세서	공제감면세액계산서(5)	양도자산감가상각조정명세서
		추가납부세액계산서(6)	감가상각비조정명세서합계표
		공제감면세액및추가납부세액합계표	

1) 기초정보관리

프로그램을 실행하여 작업할 [회사등록], [계정과목 및 적요등록], [업무용승용차등록]으로 구성되어 있다.

2) 표준재무제표

일반기업회계기준에 맞춰 작성된 재무제표이며, 법인세무조정서류와 함께 법인조정을 할 때 필요한 자료로서 자동으로 반영된다.

3) 수입금액조정

재무회계상의 매출액과 법인세법의 수입금액, 부가가치세 과세표준금액을 조정, 차액, 확정하기 위한 메뉴이다.

4) 과목별세무조정

각 과목별로 기업회계와 세무회계의 차이를 세무조정하는 메뉴이다.

5) 감가상각조정

고정자산(유형자산과 무형자산)항목을 등록하여 감가상각 범위액을 산출하여 세무조정하는 메뉴이다.

6) 소득 및 과세계산

세무조정을 반영하여 각 사업연도소득금액에 반영하며, 소득처분을 통해 사후관리를 할 수 있도록 반영하는 메뉴이다.

7) 공제감면세액조정 Ⅰ, Ⅱ

과세표준을 결정하고 세율을 곱하여 산출세액이 계상되면 법인세법 및 조세특례제한법 규정에 의한 감면세액과 세액공제 금액을 적용하는 메뉴이다.

▼ 법인조정 Ⅱ

법인조정 Ⅰ	법인조정 Ⅱ

세액계산 및 신고서	농어촌특별세	신고부속서류
법인세과세표준및세액신고서	농특세과세표준및세액신고서	중소기업기준검토표
법인세과세표준및세액조정계산서	농특세과세표준및세액조정계산서	자본금과적립금조정명세서
최저한세조정계산서	농특세과세대상감면세액합계표	주식등변동상황명세서
원천납부세액명세서		
가산세액계산서		
법인세중간예납신고납부계산서		

8) 세액계산 및 신고서

법인세 신고를 위한 과세표준 및 세액조정계산서, 최저한세조정명세서 등을 반영하는 메뉴이다.

9) 농어촌특별세

법인세 감면법인이 납부할 세액에 대한 농어촌특별세액을 반영하는 메뉴이다.

10) 신고부속서류

세무조정계산서를 제출 시에 첨부서류를 반영하는 메뉴이다.

02 중소기업기준검토표

1) 세법상의 중소기업 요건(조세특례제한법 시행령 제2조 제1항 제4호)

① 소비성서비스업을 제외한 모든 업종을 주된 사업으로 영위하는 법인

> ■ 소비성서비스업(조세특례제한법 시행령 제29조 제3항)
> 1. 호텔업 및 여관업(「관광진흥법」에 따른 관광숙박업은 제외)
> 2. 주점업(일반유흥주점업, 무도유흥주점업 및 「식품위생법 시행령」 제21조에 따른 단란주점 영업만 해당하되, 「관광진흥법」에 따른 외국인전용유흥음식점업 및 관광유흥 음식점업은 제외)
> 3. 그 밖에 오락·유흥 등을 목적으로 하는 사업으로서 기획재정부령으로 정하는 사업

② 매출액 : 업종별로 중소기업기본법 시행령 「별표 1」의 기준 이내이어야 함

▼ 주된 업종별 평균매출액 등의 중소기업 규모 기준(제3조 제1항 제1호 가목 관련)

해당 기업의 주된 업종	분류기호	규모 기준
1. 의복, 의복액세서리 및 모피제품 제조업	C14	평균매출액 등 1,500억원 이하
2. 가죽, 가방 및 신발 제조업	C15	
3. 펄프, 종이 및 종이제품 제조업	C17	
4. 1차 금속 제조업	C24	
5. 전기장비 제조업	C28	
6. 가구 제조업	C32	
7. 농업, 임업 및 어업	A	평균매출액 등 1,000억원 이하
8. 광업	B	
9. 식료품 제조업	C10	
10. 담배 제조업	C12	
11. 섬유제품 제조업(의복 제조업은 제외)	C13	
12. 목재 및 나무제품 제조업(가구 제조업은 제외)	C16	
13. 코크스, 연탄 및 석유정제품 제조업	C19	
14. 화학물질 및 화학제품 제조업(의약품 제조업은 제외)	C20	
15. 고무제품 및 플라스틱제품 제조업	C22	
16. 금속가공제품 제조업(기계 및 가구 제조업은 제외)	C25	
17. 전자부품, 컴퓨터, 영상, 음향 및 통신장비 제조업	C26	
18. 그 밖의 기계 및 장비 제조업	C29	
19. 자동차 및 트레일러 제조업	C30	
20. 그 밖의 운송장비 제조업	C31	
21. 전기, 가스, 증기 및 공기조절 공급업	D	
22. 수도업	E36	
23. 건설업	F	
24. 도매 및 소매업	G	
25. 음료 제조업	C11	평균매출액 등 800억원 이하
26. 인쇄 및 기록매체 복제업	C18	
27. 의료용 물질 및 의약품 제조업	C21	
28. 비금속 광물제품 제조업	C23	
29. 의료, 정밀, 광학기기 및 시계 제조업	C27	
30. 그 밖의 제품 제조업	C33	
31. 수도, 하수 및 폐기물 처리, 원료재생업(수도업은 제외)	E (E36 제외)	
32. 운수 및 창고업	H	
33. 정보통신업	J	

34. 산업용 기계 및 장비 수리업	C34	
35. 전문, 과학 및 기술 서비스업	M	평균매출액 등 600억원 이하
36. 사업시설관리, 사업지원 및 임대 서비스업(임대업은 제외)	N (N76 제외)	
37. 보건업 및 사회복지 서비스업	Q	
38. 예술, 스포츠 및 여가 관련 서비스업	R	
39. 수리(修理) 및 기타 개인 서비스업	S	
40. 숙박 및 음식점업	I	평균매출액 등 400억원 이하
41. 금융 및 보험업	K	
42. 부동산업	L	
43. 임대업	N76	
44. 교육 서비스업	P	

※ 비고
- 해당 기업의 주된 업종의 분류 및 분류기호는 「통계법」 제22조에 따라 통계청장이 고시한 한국표준산업 분류에 따른다.
- 위 표 제19호 및 제20호에도 불구하고 자동차용 신품 의자 제조업(C30393), 철도 차량 부품 및 관련 장치물 제조업(C31202) 중 철도 차량용 의자 제조업, 항공기용 부품 제조업(C31322) 중 항공기용 의자 제조업의 규모 기준은 평균매출액 등 1,500억원 이하로 한다.

③ 소유 및 경영의 실질적인 독립성

> - 공시대상기업집단에 속하는 회사 또는 공시대상기업집단의 소속회사로 편입·통지된 것으로 보는 회사에 해당하지 않을 것
> - 중소기업기본법 시행령의 규정에 적합한 기업 : 직전사업연도말 자산총액 5,000억원 이상인 법인(외국법인을 포함)이 발행주식 총수의 30% 이상을 직·간접적으로 소유(집합투자기구를 통한 간접소유의 경우는 제외)한 최대주주인 기업이 아닐 것

④ 졸업기준 이내일 것 : 졸업기준 자산총액이 5,000억원 이상

2) 중소기업의 판정 요령

① 업종의 구분

「조세특례제한법」에 특별한 규정이 있는 것을 제외하고는 통계법에 따라 통계청장이 고시하는 한국표준산업분류에 따름

② 매출액 : 기업회계기준에 따라 작성한 손익계산서상의 매출액

③ 자산총액 : 과세연도 종료일 현재 재무상태표상 자산총액

④ 겸업의 경우 중소기업 해당업종 판정 : 사업별 수입금액이 큰 사업을 주된 사업으로 보며, 중소기업 해당여부는 사업전체의 매출액을 기준으로 판정한다.

3) 중소기업의 유예기간 적용(조세특례제한법 시행령 제2조 제2항)

① 유예기간 적용 대상

㉠ 중소기업의 매출액이 업종별로 「중소기업기본법 시행령」 [별표 1] 초과

㉡ 졸업기준에 해당하는 경우

㉢ 관계기업 기준에 따라 중소기업에 해당하지 아니하게 되는 경우

㉣ 중소기업에 해당하지 아니하게 되는 때

② 유예 적용 방법

㉠ 최초 그 사유가 발생한 과세연도와 그 다음 3과세연도까지 중소기업으로 봄

㉡ 유예기간이 경과한 후에는 과세연도별로 중소기업 해당여부 판정

③ 유예기간 적용 제외

㉠ 「중소기업기본법」의 규정에 의한 중소기업 외의 기업과 합병하는 경우

㉡ 유예기간 중에 있는 기업과 합병하는 경우

㉢ 소유 및 경영의 실질적인 독립성기준에 적합한 기업 외의 기업에 해당되는 경우(관계기업 기준에 따라 중소기업에 해당하지 아니하게 되는 경우는 제외)

㉣ 창업일이 속하는 과세연도 종료일부터 2년 이내의 과세연도 종료일 현재 중소기업 기준 초과

실습하기 1. 중소기업기준검토표 작성하기

다음 자료에 의하여 1011. 박문물산(주)의 중소기업 여부 판단을 하여 중소기업기준검토표를 작성하시오.

[자료]

1. 수입금액(매출액) 및 기준경비율코드 내역

업종구분	종목	기준경비율코드	수입금액(매출액)
제조업	전자부품	321001	3,730,810,900원
도매업	가전제품 및 부품도매업	513221	112,800,000원
건설업	전문건설	451109	205,000,000원

2. 상시 종업원수는 200명으로 소기업과 중견기업에 해당하지 않는다.

3. 중소기업기본법 시행령 별표 1에 의거 당사의 주된 업종별 평균매출액 등은 1,000억원에 해당하며, 분류기호는 통계청장이 고시한 한국표준산업분류표에 따른다.

4. 당사의 표준재무상태표에 자산총액은 3,538,964,926원에 해당한다.

5. 당사는 전자부품제조업과 도매업, 건설업을 겸업하고 있는 법인으로 독립성 요건을 충족하였다.

실습하기 작업순서

[1] [법인조정표] → [신고부속서류] → [중소기업기준검토표]에 반영

[사업요건 및 규모 요건]

• 사업요건 : 적합

• 규모요건 : 평균매출액 등 1,000억원 이하로 적합

　　표준재무상태표 자산총액 5,000억원 미만으로 적합

[2] [독립성 요건 및 유예기간]

　　독립성 요건 : 조세특례제한법 시행령 제2조 제1항 제3호에 적합한 기업에 해당한다.

사업 요건 및 규모 요건	독립성 요건 및 유예기간	소기업	중견기업		
요 건		검토 내용			적합 여부
		업태별/구분	기준경비율코드	사업수입금액	
(101) 사업 요건	○ 「조세특례제한법 시행령」 제29조제 3항에 따른 소비성 서비스업에 해당 하지 않는 사업	제조업	321001	3,730,810,900	적합
		건설업	451109	205,000,000	
		그 밖의 사업	513221	112,800,000	
		계		4,048,610,900	
(102) 규모 요건	아래 요건 ①, ②를 동시에 충족할 것 ① 매출액이 업종별로 「중소기업기본법 시행령」 별표 1의 규모기준('평균매출액등'은 '매출액'으로 봄)이내일 것 ② 졸업제도 - 자산총액 5천억원 미만	가.매출액			적합
		－ 당 회사	40.5 억원		
		－ 「중소기업기본법 시행령」 별표 1의 규모기준			
			억원 이하		
		나.자산총액	35.3 억원		
		중기업	적정여부		적합

사업 요건 및 규모 요건	독립성 요건 및 유예기간	소기업	중견기업	
요 건		검토 내용		적합 여부
(103) 독립성 요건	「조세특례제한법 시행령」 제2조 제1항 제3호에 적합한 기업일 것	• 「독점규제 및 공정거래에 관한 법률」 제31조제1항에 따른 공시대상기업집단에 속하는 회사 또는 같은 법 제33조에 따라 공시대상기업집단의 국내 계열회사로 편입·통지된 것으로 보는 회사에 해당하지 않을 것 • 자산총액 5천억원 이상인 법인이 주식등의 30%이상을 직·간접적으로 소유한 경우로서 최다출자인 기업이 아닐 것 • 「중소기업기본법 시행령」 제2조제3호에 따른 관계기업에 속하는 기업으로서 같은 영 제7조의4에 따라 산정한 매출액이 「조세특례제한법 시행령」 제2조제1항제1호에 따른 중소기업기준((102)의① 기준) 이내일 것	적합
(104) 유예 기간	① 중소기업이 규모의 확대 등으로(102)의 기준을 초과하는 경우 최초 그 사유가 발생한 사업연도와 그 다음 3개 사업연도까지 중소기업으로 보고 그 후에는 매년마다 판단 ② 「중소기업기본법 시행령」 제3조 제1항 제2호,별표 1 및 별표 2의 개정으로 중소기업에 해당하지 아니하게 되는 때에는 그 사유가 발생한 날이 속하는 사업연도와 그 다음 3개 사업연도까지 중소기업으로 봄	○사유발생 연도　　　　　　　　　년	
		중기업　　　　적정여부	적합

◢ 03 표준재무제표

1) 표준손익계산서

일반기업회계기준을 이용하여 기업이 결산을 통해 손익계산서를 작성한 후 법인조정에 반영하기 위한 재무제표이다. 여기에서 중요한 것은 반드시 법인세비용에 대해 세무조정과 소득처분을 하여야 한다.

실습하기 2. 표준손익계산서 세무조정 및 소득처분하기

1011. 박문물산(주)의 표준손익계산서에서 법인세비용에 대해 세무조정과 소득처분을 하시오.

실습하기 작업순서

표준손익계산서 → [법인세비용] 조회 → [F3 조정 등록] 선택 → [세무조정 : 손금불산입, 소득처분 : 기타사외유출]

※ 조정과목 입력방법은 "직접입력"과 "조정과목 사용으로 설정됨"으로 할 수 있다. [회계관리] → [환경설정, 법인탭]에서 설정하여 사용한다.

2) 표준재무상태표

일반기업회계기준을 이용하여 기업이 결산을 통해 재무상태표를 작성한 후 법인조정에 반영하기 위한 재무제표이다.

3) 표준원가명세서

일반기업회계기준을 이용하여 기업이 결산을 통해 원가명세서를 작성한 후 법인조정에 반영하기 위한 재무제표이다.

4) 이익잉여금처분계산서

일반기업회계기준을 이용하여 기업이 결산을 통해 이익잉여금처분계산서를 작성한 후 법인조정에 반영하기 위한 재무제표이다. 주의할 점은 [처분일]은 기업마다 주주총회 일정이 다르므로 변경된 일정을 입력해야 한다.

07 | 손익 귀속연도와 수입금액 조정실무

01 기업회계기준과 법인세법 손익의 귀속사업연도 기준

기업회계기준		법인세법(세무기준)	
비용	수익	손금	익금
발생주의	실현(미실현 ×)	의무확정(현금유출)	권리확정(현금유입)

02 익금의 귀속사업연도 기준

1) 자산의 판매손익 등의 기업회계와 세무상 귀속 사업연도 기준

① 상품(부동산 제외)·제품 또는 기타 생산품의 판매수익 : 상품 등을 인도한 날

> ■ (주의) 인도한 날의 기준
> • 납품계약, 수탁가공계약 납품, 가공 : 인도하여야 할 장소에 보관한 날
> • 검수조건부 : 검사가 완료된 날
> • 수출 : 선(기)적일

② 시용판매(부동산 제외) : 상대방이 그 상품 등에 대한 구입의 의사를 표시한 날. 다만, 일정기간 내에 반송, 거절 의사표시 없는 경우 그 기간의 만료일

③ 상품 등 외의 자산(부동산 포함)의 양도로 인한 수익 : 대금청산일과 소유권 이전등기일·인도일 또는 사용수익일 중 빠른 날

④ 위탁매매로 인한 수익 등 : 수탁자가 위탁자산을 매매한 날

⑤ 자본시장과 금융투자에 관한 법률에 따른 증권시장에서 유가증권의 매매 : 매매계약을 체결한 날

⑥ 할부판매

할부구분	기업회계기준	세무상 기준
단기	인도기준(명목가액)	인도기준(명목가액)
장기	인도기준(현재가치) 단, 비상장, 비등록중소기업은 회수기일도래기준 가능	원칙 : 인도기준(명목가액) 예외 : 현재가치에 의한 기준수용 회수기일도래기준수용

⑦ 부산물매각대금 : 수입금액 가산함(단, 세무조정은 하지 않음)

2) 건설·제조 기타용역제공 등(도급공사 및 예약매출 포함)의 귀속사업연도

① 원칙 : 작업진행률 기준(단, 중소기업은 단기공사만 인도기준 선택이 가능하다.)

> • 익금산입액 = 도급금액 × 작업진행률 − 직전사업연도까지 익금산입액
> • 작업진행률 = 당해 사업연도말까지 발생한 총공사비누적액 ÷ 총공사예정비
> • 손금산입액 = 당해 사업연도에 발생된 총비용

② **작업진행률 계산을 할 수 없거나 K-IFRS 적용 법인이 수행하는 예약매출** : 목적물의 인도일, 용역제공 완료일

3) 금융보험업 법인 이외 법인의 수입이자와 배당금 귀속사업연도

소득세법과 동일하다. 다만 법인세법(세무상 기준)으로는 수입이자 원칙은 실제로 받은 날(또는 받기로 한 날)이며, 배당금 원칙은 잉여금처분결의일 또는 실제로 받은 날로 모두 현금주의에 입각한다.

> ※ [특례] 수입이자는 기업회계기준에 따른 발생주의(기간 경과분 이자수익을 인식)방법으로 인식하는 것을 세무상기준에서도 기업회계기준과 동일하게 인정하고 있다. 단, 법인세가 원천징수되지 않는 이자수익에 한하여 적용한다.

4) 임대료 등 기타 수익

① **임대료수익** : 계약에 의해 그 지급일, 지급기일이 없는 경우에는 그 지급받은 날
② **금전등록기를 설치·사용하는 경우의 수입금액** : 실제로 수입된 사업연도
③ **법인이 아닌 조합 등으로부터 받는 분배이익금** : 결산기간이 종료하는 날

5) 기타 익금

① **관세환급금**

  ㉠ 수출과 동시에 환급받을 금액이 확정되는 경우 : 당해 수출을 완료한 날
  ㉡ 수출과 동시에 환급받을 관세 등이 미확정인 경우 : 환급금의 결정통지일 또는 환급일 중 빠른 날

② **국고보조금** : 교부통지를 받은 날
③ **보험차익** : 보험금 지급이 확정된 날
④ **조세 등의 결정취소로 인한 환급금 및 이자** : 취소결정이 확정된 날(통지를 요하는 경우는 통지받은 날)

03 손금의 귀속사업연도

1) 수입금액에 대응하는 비용
당해 수입금액이 확정되어 익금에 산입하는 때

2) 기타의 손비
① 매출할인 : 상대방과의 약정에 의한 지급기일(미약정 시 : 지급한 날)이 속하는 사업연도의 매출액에서 차감한다.
② 지급이자 : 수입시기에 해당하는 날
③ 자산의 평가손실 : 당해 감액사유가 발생 또는 파손 및 멸실이 확정된 사업연도

3) 조세공과금
① 인지세 : 과세문서에 전자수입인지를 인지를 붙여서 사용한 날
② 재산세·균등할주민세 및 종합토지세 : 고지일
③ 등록세 : 등기일(취득원가에 산입)
④ 취득세 : 취득세 자진신고 납부기한(취득원가에 산입)
⑤ 증권거래세 : 대금결제일·주권인도일·권리이전일
⑥ 추가로 확정된 세액 : 당해 세액 고지일(원칙), 의제매입세액 추가 납부는 사유 발생일

04 수입금액조정명세서

기업은 결산서상 매출액을 반영하여 법인세법(세무기준)에 의한 매출 누락사항, 손익의 귀속연도 처리 오류 사항 등을 파악하여 수입금액을 조정하기 위해 작성하는 명세서로서 기업업무추진비한도액 계산 시에 적용하는 명세서이다.

실습하기 3. 수입금액조정명세서 작성하기

다음 자료에 의하여 1011. 박문물산(주)의 수입금액조정명세서를 작성하시오.

[자료]
1. 결산서상 수입금액 내역
 • 제품매출 : 3,730,810,900원
 • 공사수입금 : 205,000,000원
 • 상품매출 : 112,800,000원
2. 공사현장별 공사현황

공사명	도급자	도급계약 기간	도급금액	당해연도총공사비 (총공사예정비)	손익계산서상 수익계상액
2공장신축	(주)천호건설	2024.8.10. ~ 2025.11.30.	400,000,000	160,000,000 (300,000,000)	205,000,000

3. 사업용 유형자산 및 무형자산인 기계를 다음과 같이 매각하였음
   – 계약일 및 인도일 : 2024.3.31.
   – 계약금액 : 18,000,000원
   – 대금결제조건 : 2024.3.31. 계약금 3,000,000원을 받고, 6개월 경과 시마다 3,000,000원 씩 5회에 나누어 받기로 함
   – 회사는 기계매각대금 총액(18,000,000원) 및 장부가액(15,000,000원) 전액을 당기의 수입금액 및 대응원가로 각각 계상하여 결산하였으며 2024.9.30.에 회수하여야 할 할부금 3,000,000원이 아직 결제되지 아니하였음
4 상품재고액 중 Y상품 8,000,000원은 타인에게 위탁판매하기 위한 위탁품(적송품)으로서 2024.12.31.에 수탁자가 10,000,000원에 판매한 것임
5 2023년도 거래실적이 우수한 대리점에게 사전약정에 의하여 2024년 1/4분기 중에 제품 매출 에누리하여 준 금액 5,000,000원을 영업외 비용으로 계상함

실습하기 작업순서

[1] ① 1. 수입금액 조정계산
   항목 란에 "매출"을 입력한 후 [F4 매출조회]를 선택하여 제품매출, 공사수입금, 상품매출을 선택하여 결산서상 수입금액과 조정후 수입금액 란에 반영한다.

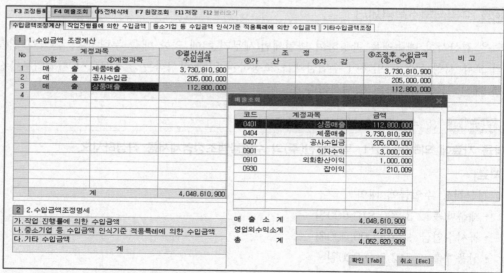

[2] ② 2. 수입금액 조정명세 – 가. 작업진행률에 의한 수입금액
   자료 2의 공사현장별 공사현황을 입력 → 세무조정 → 공사수입금 조정가산 란에 반영한다.
   세무상 익금액 213,320,000원이 당기 회사 수입금액 205,000,000원보다 크므로 차액 8,320,000원에 대한 세무조정은 다음과 같다.
   [익금산입] 공사미수금과소 8,320,000원(유보발생)

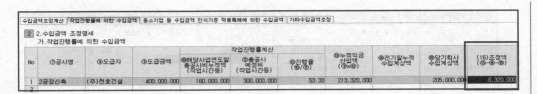

[3] 장기할부매각 수입금액 및 대응원가 계산

　　법인이 인도기준으로 결산조정 신고하였으므로 별도의 세무조정은 아니함

[4] ② 2. 수입금액 조정명세 – 다. 기타수입금액, 위탁판매 누락 조정계산

　　[F7 원장조회, 상품매출 401]로 검색 → 12.31. 위탁판매액 10,000,000원과 대응원가
　　8,000,000원은 누락 확인 → ② 2. 수입금액 조정명세 – 다. 기타수입금액 입력 → 세무조
　　정 → 상품매출 조정가산 란에 10,000,000원 반영

　　[익금산입] 위탁판매액 10,000,000원(유보발생)

　　[손금산입] 매출원가과소 8,000,000원(유보발생)

[5] 기업회계기준상 매출에누리는 해당 사업연도의 수입금액에서 제외하므로 제품매출 조정차감
　　란 수입금액에서 차감하지만 세무조정은 아니함

[6] ① 1. 수입금액 조정계산 수행결과

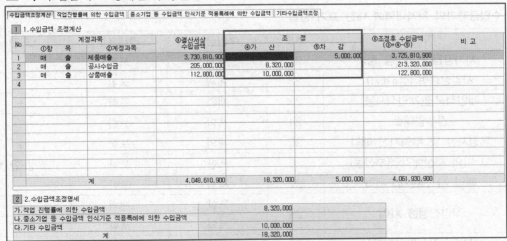

[7] 조정등록 수행결과

　　〈익금산입〉 공사미수금과소 8,320,000원(유보발생)
　　〈익금산입〉 위탁매출누락 10,000,000원(유보발생)
　　〈손금산입〉 매출원가과소 8,000,000원(유보발생)

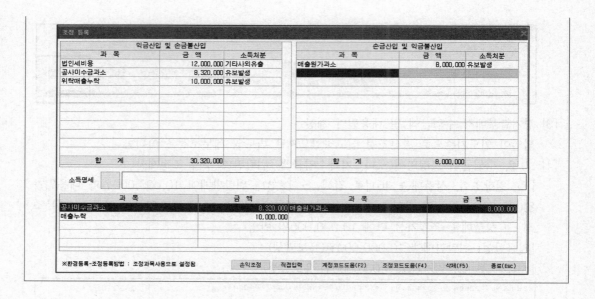

05 조정후 수입금액명세서

세무조정한 후 법인세법(세무기준)에 의한 수입금액을 부가가치세 과세표준과의 차이를 파악하여 기록하는 명세서이다. 반드시 업종별 수입금액을 파악하여 부가가치세 과세표준 금액과의 차이를 일치시켜주면 된다.

▼ **수입금액과의 차액내역에 대한 표기 방법**

구분	코드	수입금액	과세표준	조정
자가공급(면세전용 등)	21	제외	포함	+
사업상증여(접대제공)	22	제외	포함	+
개인적공급(개인적사용)	23	제외	포함	+
간주임대료	24	제외	포함	+
유형자산 및 무형자산 매각	25	제외	포함	+
그 밖의 자산매각액(부산물)	26	포함	포함	조정 안 함
폐업 시 잔존재고재화	27	제외	포함	+
작업진행률 차이	28	포함	제외	−
		제외	포함	+
거래(공급)시기차이가산	29	포함	제외	−
거래(공급)시기차이감액	30	제외	포함	+
주세, 개별소비세	31	제외	포함	+
매출누락	32	포함	제외	−

※ 부가가치세 신고금액 > 법인세법 수입금액 : (+)금액 입력
　부가가치세 신고금액 < 법인세법 수입금액 : (−)금액 입력

실습하기 4. 조정 후 수입금액명세서 작성하기

다음 자료에 의하여 1011. 박문물산(주)의 조정 후 수입금액조정명세서를 작성하시오.

[자료]

1. 업종별 수입금액에 대한 명세내역이다.

업태	종목	기준경비율코드	국내생산품판매	수출
제조업	전자부품	321001	3,143,001,500원	582,809,400원
도매업	가전제품 및 부품도매	513221	122,800,000원	
건설업	전문건설	451109	213,320,000원	

2. 제품매출(제조업) 금액 중 582,809,400원은 수출분이고 나머지는 국내생산품판매분이다.

3. 수입금액과의 차액내역

구분	금액(원)
공사수입금(작업진행률 차이)	8,320,000원
위탁판매 매출누락	10,000,000원
거래(공급)시기차이감액	300,800,000원
계	319,120,000원

4. 부가가치세 신고내역은 관련 규정에 따라 적법하게 신고하였다고 가정한다.

실습하기 작업순서

[1] ① 1. 업종별 수입금액 명세서
- 기준경비율번호 입력 → [F8 수입조회] 선택 후 업종별 수입금액 입력
- 제조업은 국내생산품판매 금액과 수출(영세율대상) 금액으로 구분 입력

업종별 수입금액 명세서	과세표준과 수입금액 차액검토

① 1.업종별 수입금액 명세서

①업 태	②종 목	순번	③기준(단순) 경비율번호	수 입 금 액			⑦수 출 (영세율대상)
				수입금액계정조회	내 수 판 매		
				④계(⑤+⑥+⑦)	⑤국내생산품	⑥수입상품	
제조업	전자부품	01	321001	3,725,810,900	3,143,001,500		582,809,400
건설업	전문건설	02	451109	213,320,000	213,320,000		
도매및 상품중개업	가전제품 및 부품 도매	03	513221	122,800,000	122,800,000		
		04					

2. ② 2. 부가가치세 과세표준과 수입금액 차액 검토
- [F12 불러오기] → 부가가치세 과세표준 금액 자동 반영함
- 업종별수입금액과 부가가치세 과세표준 차액 입력

구분	금액(원)
공사수입금(작업진행률 차이)	− 8,320,000원
위탁판매 매출누락	− 10,000,000원
거래(공급)시기차이감액	− 300,800,000원
계	− 319,120,000원

업종별 수입금액 명세서	과세표준과 수입금액 차액검토				

2　2.부가가치세 과세표준과 수입금액 차액 검토　　　　　　부가가치세 신고 내역보기

(1) 부가가치세 과세표준과 수입금액 차액

⑧과세(일반)	⑨과세(영세율)	⑩면세수입금액	⑪합계(⑧+⑨+⑩)	⑫조정후수입금액	⑬차액(⑪-⑫)
3,160,001,500	582,809,400		3,742,810,900	4,061,930,900	-319,120,000

(2) 수입금액과의 차액내역(부가세과표에 포함되어 있으면 +금액, 포함되지 않았으면 -금액 처리)

⑭구 분	코드	(16)금 액	비 고	⑭구 분	코드	(16)금 액	비 고
자가공급(면세전용등)	21			거래(공급)시기차이감액	30	-300,800,000	
사업상증여(접대제공)	22			주세·개별소비세	31		
개인적공급(개인적사용)	23			매출누락	32	-10,000,000	
간주임대료	24				33		
자산 유형자산 및 무형자산 매각	25				34		
매각 그밖의자산매각액(부산물)	26				35		
폐업시 잔존재고재화	27				36		
작업진행률 차이	28	-8,320,000			37		
거래(공급)시기차이가산	29			(17)차 액 계	50	-319,120,000	
				(13)차액과(17)차액계의차이금액			

◢ 06　임대보증금 등의 간주익금조정명세서

1) 임대보증금 간주임대료 적용대상법인 요건

　① 차입금과다법인(차입금적수가 자기자본적수의 2배를 초과하는 법인)

　② 부동산임대업을 주업(자산총액 중 임대사업에 사용된 자산이 50% 이상일 것)

　③ 내국법인(비영리법인 제외)에 한하며 추계결정 또는 경정인 경우에도 익금인정

　④ 토지는 제외하며, 건축물의 자본적 지출을 포함하고 재평가차액은 제외한다.

2) 간주익금 계산식

간주익금 = [(당해 임대보증금 적수 − 임대용 부동산의 건설비 상당액의 적수) × $\dfrac{1}{365(366)}$ × 정기예금 이자율] − 임대보증금으로 얻은 이자수익, 배당금수익, 신주인수권 및 유가증권처분이익

※ 적수 = 임대용으로 사용한 일수를 곱한 금액을 말한다.

실습하기 5. 임대보증금 등의 간주익금조정명세서 작성하기

다음의 자료를 이용하여 1011. 박문물산(주)의 [임대보증금 등의 간주익금조정명세서]를 작성하고 세무조정을 하시오. (단, 기존에 입력된 데이터는 무시하고 제시된 자료로 계산하며, 이 문제에 한정해서 부동산임대업을 주업으로 하는 영리내국법인으로서 차입금이 자기 자본의 2배를 초과하는 법인으로 가정한다.)

1. 임대보증금의 내역

구분	금액	임대면적	비고
전기이월	600,000,000원	20,000㎡	
4월 30일 보증금 감소	200,000,000원	6,000㎡	퇴실 면적 계산 시 이용
6월 1일 보증금 증가	300,000,000원	6,000㎡	입실 면적 계산 시 이용
기말잔액	700,000,000원	20,000㎡	

2. 건설비상당액은 전기 말 400,000,000원으로 건물의 총 연면적은 20,000㎡이다.
3. 손익계산서상 이자수익 13,500,000원 중 임대보증금 운용수입은 2,800,000원이라고 가정한다. (1년 만기 정기예금이자율은 3.5%로 가정함)

실습하기 작업순서

[1] 임대보증금 등의 적수계산
- 원장에 [294. 임대보증금]으로 기장된 데이터를 이용하는 경우에는 [F12 불러오기]를 하면된다.
- 본 문제는 기존의 입력된 데이터를 무시하라고 제시되었으므로 직접입력한다.
- 365일 또는 윤년(366일)으로 변경 시에는 [보증금적수계산 일수 수정]에서 변경한다.

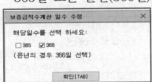

2. 임대보증금등의 적수계산

No	⑧일 자		⑨적 요	⑩임대보증금누계			⑪일 수	⑫적 수 (⑩X⑪)
				입금액	반환액	잔액누계		
1	01	01	전기이월	600,000,000		600,000,000	120	72,000,000,000
2	04	30	퇴실(보증금 감소)		200,000,000	400,000,000	32	12,800,000,000
3	06	01	입실(보증금 증가)	300,000,000		700,000,000	214	149,800,000,000
			계	900,000,000	200,000,000	700,000,000	366	234,600,000,000

[2] 3. 건설비 상당액 적수계산

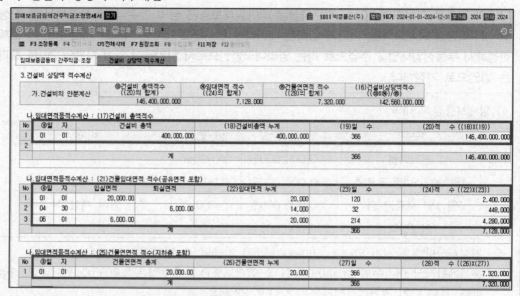

3.건설비 상당액 적수계산

가. 건설비의 안분계산

	⑮건설비 총액적수 ((20)의 합계)	⑯임대면적 적수 ((24)의 합계)	⑰건물연면적 적수 ((28)의 합계)	(16)건설비상당액적수 ((⑮×⑯)/⑰)
	146,400,000,000	7,128,000	7,320,000	142,560,000,000

나. 임대면적등적수계산 : (17)건설비 총액적수

No	⑱일 자	건설비 총액	(18)건설비총액 누계	(19)일 수	(20)적 수 ((18)X(19))
1	01 01	400,000,000	400,000,000	366	146,400,000,000
2					
	계			366	146,400,000,000

나. 임대면적등적수계산 : (21)건물임대면적 적수(공유면적 포함)

No	⑱일 자	입실면적	퇴실면적	(22)임대면적 누계	(23)일 수	(24)적 수 ((22)X(23))
1	01 01	20,000.00		20,000	120	2,400,000
2	04 30		6,000.00	14,000	32	448,000
3	06 01	6,000.00		20,000	214	4,280,000
	계				366	7,128,000

나. 임대면적등적수계산 : (25)건물연면적 적수(지하층 포함)

No	⑱일 자	건물연면적 총계	(26)건물연면적 누계	(27)일 수	(28)적 수 ((26)X(27))
1	01 01	20,000.00	20,000	366	7,320,000
	계			366	7,320,000

[3] 4. 임대보증금 등의 운용수입금액 명세서

4.임대보증금등의 운용수입금액 명세서

No	(29)과 목	(30)계 정 금 액	(31)보증금운용수입금액	(32)기타수입금액	(33)비 고
1	이자수익	13,500,000	2,800,000	10,700,000	

[4] 1. 임대보증금의 간주익금 세무조정 - 자동반영됨

1.임대보증금등의 간주익금 조정 — 보증금적수계산 일수 수정

①임대보증금등 적 수	②건설비상당액 적 수	③보증금잔액 {(①-②)/366}	④이자율 (%)	⑤(③X④) 익금상당액	⑥보증금운용 수 입	⑦(⑤-⑥) 익금산입금액
234,600,000,000	142,560,000,000	251,475,409	3.5	8,801,639	2,800,000	6,001,639

[5] 조정등록 수행결과

〈익금산입〉 임대보증금간주익금 6,001,639원(기타사외유출)

조정 등록

익금산입 및 손금불산입			손금산입 및 익금불산입		
과 목	금 액	소득처분	과 목	금 액	소득처분
법인세비용	12,000,000	기타사외유출	매출원가과소	8,000,000	유보발생
공사미수금과소	8,320,000	유보발생			
위탁매출누락	10,000,000	유보발생			
임대보증금간주익금	6,001,639	기타사외유출			

◢ 07 수입배당금액명세서

당사 내국법인이 다른 내국법인(기업형태 구분없음) 또는 해외자회사로부터 받은 수입배당금액에 대해 다음의 산식에 의한 금액을 익금불산입하는 제도이다.

> 익금불산입액 = 익금불산입 대상금액 − 익급불산입 차감금액

1) 익금불산입 대상금액의 계산 : 수입배당금 × 익금불산입률

내국법인		해외 자회사		비고
지분비율	익금불산입 비율	지분비율	익금불산입 비율	
50% 이상	100%	10% 이상 (배당기준일 현재 6개월 이상)	95%	해외자원개발사업을 하는 해외 자회사는 지분율 5% 이상인 경우
20%~50% 미만	80%			
20%	30%			

※ 해외자회사의 경우는 2022년 이전 배당받은 분에 대해서는 외국납부세액공제를 적용(공제한도 초과로 이월된 세액 포함)받는다.
※ 내국법인 자회사는 2023년 및 2024년 배당받는 분에 대해서는 종전 규정을 선택하여 허용하고 있다.

2) 차입금이자에 대한 익금불산입 차감금액

① 배당소득을 받은 내국법인이 차입금에 대한 지급이자가 있는 경우

$$\text{차입금이자} \times \frac{\text{피출자법인주식 등의 장부가액적수} \times \text{익금불산입률(30\%, 80\%, 100\%)}}{\text{내국법인 사업연도 종료일 현재 재무상태표 자산총액적수}}$$

② 지주회사가 각 사업연도에 지급한 차입금에 대한 지급이자가 있는 경우

$$\text{차입금이자} \times \frac{\text{자회사주식 등의 장부가액적수} \times \text{익금불산입률(30\%, 80\%, 100\%)}}{\text{내국법인 사업연도 종료일 현재 재무상태표 자산총액적수}}$$

③ [공통] 차입금이자 중 손금불산입된 다음의 이자를 제외한다.

> ㉠ 채권자불분명사채의 지급이자
> ㉡ 수령자불분명 채권과 증권의 지급이자
> ㉢ 건설자금이자
> ㉣ 업무무관자산 등에 대한 지급이자

실습하기 6. 수입배당금명세서 작성하기

다음 자료를 참조하여 1011. 박문물산(주)의 「수입배당금액명세서」에 내용을 추가하여 작성을 완료하고 필요한 세무조정을 하시오.

---

1. 배당금 수취 현항

일자	회사명	사업자등록번호	대표자	소재지	배당액
2024.04.10.	(주)하나	106-85-32321	서동진	서울시 양천구 목동로 8	5,000,000원
2024.04.30.	(주)두리	108-86-00273	김태양	서울시 강서구 강서대로 3	750,000원

2. (주)하나 주식내역

발행주식총수	당사보유내역	지분율	비고
60,000주	60,000주	100%	일반법인 - 2021.10.15. 100% 지분 취득 　취득일 이후 지분변동 없음

3. (주)두리 주식내역

발행주식총수	당사보유내역	지분율	비고
1,000,000주	5,000주	0.5%	주권상장법인 - 2022.03.15. 0.5% 지분 취득 　취득일 이후 지분변동 없음

4. 기타내역
- 당사는 유동화전문회사 및 지주회사가 아니다.
- 당사는 지급이자가 없는 것으로 가정하고 이에 따라 익금불산입 배제금액은 없다.

실습하기 작업순서

[1] 수입배당금명세서

1 1.지주회사 또는 출자법인 현황

1.법인명	2.구분	3.사업자등록번호	4.소재지	5.대표자성명	6.업태 + 종목
박문물산(주)	2.일반법인	303-81-12345	경상남도 진주시 동진로 106 (상대동)	문익점	제조,도매,건설 전자부품

2 2.자회사 또는 배당금 지급법인 현황

No	7.법인명	8.구분	9.사업자등록번호	10.소재지	11.대표자	12.발행주식총수	13.지분율(%)
1	(주)하나	2.기타법인	106-85-32321	서울시 양천구 목동로 8	서동진	60,000	100.00
2	(주)두리	1.주권,코스닥상장	108-86-00273	서울시 강서구 강서대로 3	김태양	1,000,000	0.50
3							

3 3.수입배당금 및 익금불산입 금액 명세

No	14.자회사 또는 배당금 지급 법인명	15.배당금액	16.익금불산입비율(%)	17.익금불산입 상당금액(15×16)	18.지급이자관련익금불산입배제금액 지급이자	16.비율(%)	익금불산입 적용대상자회사주식의 장부가액	지주회사(출자법인)의 자산총액	18.배제금액	19.익금불산입액(17-18)
1	(주)하나	5,000,000	100.00	5,000,000		100.00				5,000,000
2	(주)두리	750,000	30.00	225,000		30.00				225,000
3										
	합계	5,750,000		5,225,000						5,225,000

[2] 조정등록 수행결과

〈익금불산입〉 수입배당금 5,225,000원(기타)

또는 〈익금불산입〉 수입배당금((주)하나) 5,000,000원(기타)

〈익금불산입〉 수입배당금((주)두리) 225,000원(기타)

조정 등록

익금산입 및 손금불산입			손금산입 및 익금불산입		
과 목	금 액	소득처분	과 목	금 액	소득처분
법인세비용	12,000,000	기타사외유출	매출원가과소	8,000,000	유보발생
공사미수금과소	8,320,000	유보발생	배당금수익익금불산입	5,225,000	기타
위탁매출누락	10,000,000	유보발생			
임대보증금간주익금	6,001,639	기타사외유출			

이론문제 | 손익 귀속연도와 수입금액 조정실무

01 법인세법상 원칙적으로 적용되는 손익의 귀속기준은 무엇인가?

① 권리의무확정주의
② 소득원천설
③ 발생주의
④ 현금주의

02 법인세법상 귀속 사업연도가 속하는 날이 가장 잘못 연결된 것은?

① 상품 등의 판매 – 인도일
② 상품 등의 시용판매 – 구입 의사일
③ 상품 등 외의 자산의 양도 – 대금 청산일
④ 자산의 위탁매매 – 위탁 종료일

03 다음은 법인세법상 손익의 귀속시기에 관하여 설명한 것이다. 틀린 것은?

① 소매업을 영위하는 법인이 금전등록기를 설치 및 사용하는 경우에 그 수입하는 물품대금과 용역대가의 귀속사업연도는 그 금액이 실제로 수입된 사업연도로 할 수 있다.

② 자산의 위탁매매의 경우 위탁자가 그 위탁자산을 인도한 날이 속하는 사업연도로 한다.
③ 할부판매의 경우 장·단기 구분 없이 인도기준에 의한다. 다만, 장기할부판매의 경우 회수기일도래기준의 적용이 가능하다.
④ 손익귀속사업연도는 권리의무확정주의를 원칙으로 한다.

04 다음은 법인세법상 손익의 귀속사업연도에 관한 것이다. 틀린 것은?

① 장기도급계약에 의한 건설·용역은 작업진행기준을 적용
② 장기할부판매의 경우 인도기준과 회수기일도래기준 중에서 선택
③ 부동산의 양도에 대하여는 대금청산일·소유권이전등기일·인도일 또는 사용수익일 중 빠른 날
④ 부동산임대의 경우 계약에 의하여 임대료의 지급일이 정하여진 경우에는 실제로 지급하는 날

📌 이론문제 정답 및 해설

01 ① 법인세법상 원칙적으로 적용되는 손익의 귀속기준은 권리의무확정주의이다.

02 ④ 자산의 위탁매매는 수탁자가 그 위탁자산을 매매한 날이 속하는 사업연도를 법인세법상 귀속 사업연도로 한다.

03 ② 자산의 위탁매매의 경우 수탁자가 그 위탁자산을 매매한 날이 속하는 사업연도로 한다.

04 ④ 임대료의 지급일이 정하여진 경우에는 그 지급일

08 | 고정자산 감가상각 및 업무용승용차관련비용

◢ 01 기업회계와 법인세법상 감가상각제도의 특징

구분	기업회계	법인세법
관점	적정한 기간손익의 배분	조세공평성, 계산편의성, 국가정책적 목적
제도	계속적 강제상각 적용	임의상각
잔존가액	추정 잔존가액 허용	0(영)
상각방법	정액법, 정률법, 생산량비례법, 기타 합리적인 방법	정액법, 정률법, 생산량비례법
내용연수	경제적 내용연수	법인세법 부칙에 규정을 둠

◢ 02 유형자산 감가상각자산의 범위

건축물, 차량운반구, 공구, 기구 및 비품, 선박 및 항공기, 기계장치, 동물 및 식물, 기타 위와 유사한 유형자산 등이 있다.

◢ 03 무형자산 감가상각자산의 범위

영업권, 의장권, 실용신안권, 상표권 등, 특허권, 어업권, 광업권, 개발비 등이 있다.

◢ 04 감가상각자산에 포함되는 것과 포함되지 않는 것

감가상각자산에 포함되는 것	감가상각자산에 포함되지 않는 것
1) 장기할부조건 등 매입한 감가상각자산(다만, 대금청산이나 소유권 이전 여부에 불구하고 당해 자산 가액을 전액 자산으로 계상하고 사업에 사용하는 경우) 2) 유휴설비 다만, 다음의 경우는 포함하지 않음 ① 사용 중 철거하여 사업에 사용하지 아니하는 기계 및 장치 등 ② 취득 후 사용하지 아니하고 보관 중인 기계 및 장치	1) 건설중인 자산 단, 일부가 완공되어 업무에 사용하는 경우에는 그 부분은 감가상각한다. 2) 사업에 사용하지 않는 자산(유휴설비는 제외) 3) 시간의 경과에 따라 그 가치가 감소되지 않는 자산(토지, 골동품, 서화, 정원수 등)

05 세무상 취득원가 결정요소

1) 기업회계 재무상태표 취득원가

① 타인으로부터 매입한 자산 : 매입가격 + 취득세 등 제비용 포함
② 제조원가 또는 건설원가 + 운임·하역비·보험료·수수료·설치비 등 포함
③ 적격합병 또는 적격분할 : 장부가액(단, 그 밖은 시가)
④ 특수관계 외의 자로부터 기부받은 자산 : 장부가액(단, 상속세 및 증여세법에 따라 증여 이후 과세요인이 발생하여 과세가액에 불산입된 재산은 시가)
⑤ 사업용 유형 및 무형자산에 대한 건설자금이자
⑥ 국공채 매입가액과 현재가치의 차이를 유형자산의 취득가액에 계상한 금액
⑦ 자본적 지출 금액

2) 감가상각 부인누계액

회사가 신고한 감가상각비가 세무상 기준의 감가상각비보다 과대 계상되어 한도초과액을 발생한 것을 말한다.

3) 즉시상각의제

법인이 감가상각자산을 취득하기 위하여 지출한 금액과 감가상각자산에 대한 자본적 지출에 해당하는 금액을 손금으로 계상한 경우에는 이를 즉시 감가상각한 것으로 보아 시부인계산을 한다.

① 자본적 지출과 수익적 지출의 구분

구분	자본적 지출	수익적 지출
의의	고정자산의 내용연수를 연장하거나 또는 그 가치를 증가시키는 지출	고정자산의 원상회복 또는 능률을 위한 지출
항목	㉠ 본래의 용도를 변경하기 위한 개조 ㉡ 엘리베이터 또는 냉난방의 설치 ㉢ 빌딩에 있어서 피난시설의 설치 ㉣ 재해 등으로 인하여 건물 등의 멸실 또는 훼손되어 당해 자산의 본래의 용도에 이용자가 없는 경우의 복구 ㉤ 기타 개량, 증설, 확장 등 이와 유사한 성질의 것	㉠ 건물 또는 벽의 도장 ㉡ 파손된 유리나 기와의 대체 ㉢ 기계의 소모된 부분품과 벨트의 대체 ㉣ 자동차의 타이어의 대체 ㉤ 재해를 입은 자산에 대한 외장의 복구, 도장, 유리 교체 ㉥ 기타 조업 가능한 상태의 유지 등을 위한 유사한 성질의 것

② 유무형자산을 취득 또는 자본적 지출된 것을 손금으로 계상한 경우 다음의 항목 등을 즉시상각의제로 보아 취득원가에 합산되어 상각범위액을 증가시키게 된다.

> ㉠ 비품, 공구, 집기 등의 구입에 지출하는 금액을 소모품비로 계상한 경우
> ㉡ 건물, 기계장치, 차량운반구 등의 자본적 지출에 해당하는 개량비를 수선비로 계상한 경우
> ㉢ 건물, 차량 등의 취득세 또는 등록세를 세금과공과금으로 하여 손금 계상한 경우
> ㉣ 사업연도 종료일 현재 준공된 고정자산 등의 건설자금이자를 지급이자로 하여 영업외비용으로 계상한 경우

③ 수익적 지출의 특례규정을 적용받는 경우

다음의 항목에 대하여 감가상각 시부인과 관계없이 손금으로 인정하는 경우이다.

소액자산을 취득 시 손금인정	그 취득가액이 거래단위별로 100만원 이하인 경우에는 이를 그 사업에 사용한 날이 속하는 사업연도의 손금으로 경리한 것에 한하여 이를 손금에 산입한다. 그러나 다음의 자산은 제외한다. ㉠ 그 고유업무의 성질상 대량으로 보유하는 자산 ㉡ 그 사업의 개시 또는 확장을 위하여 취득한 자산
단기사용자산 소모성자산 손금인정	거래단위별로 100만원이 초과하는 경우에도 이를 그 사업에 사용한 날이 속하는 사업연도의 손금으로 경리한 것에 이를 손금에 산입한다. ㉠ 어업에 사용되는 어구(어선용구 포함) ㉡ 시험기기, 공구(금형 포함), 영화필름, 가구, 전기가구, 가스기기, 가정용기구 및 비품, 시계, 시험기기, 측정기기 및 간판 ㉢ 전화기(휴대용 전화기 포함) 및 개인용 컴퓨터(그 주변기기 포함) ㉣ 대여사업용 비디오테이프 및 음악용 콤팩트디스크로서 개별자산의 취득가액이 30만원 미만인 것
수선비지출 손금인정	㉠ 개별 자산별로 수선비로 지출한 금액이 600만원 미만인 경우 ㉡ 개별자산별로 수선비로 지출한 금액이 직전 사업연도 종료일 현재 대차대조표상의 자산가액(취득가액 – 감가상각누계액)의 5%에 미달하는 경우 ㉢ 3년 미만의 기간마다 주기적인 수선을 위하여 지출하는 경우
폐기손실의 손금인정	시설의 개체 또는 기술의 낙후로 인하여 생산설비의 일부를 폐기하는 경우에는 당해 자산의 장부가액에서 1,000원을 공제한 금액을 폐기일이 속하는 사업연도의 손금에 산입할 수 있어야 한다.

④ 자본적 지출과 수익적 지출의 세무조정

> ㉠ 세법상 자본적 지출을 수익적 지출로 처리한 경우 : 즉시상각의제
> 감가상각비를 계상한 것으로 보아 회사가 계상한 감가상각비에 포함시켜 시부인 계산한다.
> ㉡ 세법상 수익적 지출을 자본적 지출로 처리한 경우
> 그 금액을 손금산입(△유보)하고, 취득가액에서 손금산입분 상당액을 차감한 금액을 기초로 하여 세법상 감가상각비 한도액을 계산한다.

◢ 06 세무상 내용연수 결정요소

내용연수란 유무형자산을 경제적으로 사용 가능연수를 말하며, 상각률이란 그 내용연수에 해당하는 상각비율을 말한다. 다음과 같이 규정하고 있다.

1) 기준내용연수와 내용연수범위

구조 또는 자산별, 업종별로 법인세법 시행규칙에 규정한 특정내용연수를 말한다.

① 건축물 등과 업종별자산

> 내용연수범위 : 기준내용연수 ± 기준내용연수 × 25%

② 무형자산과 시험연구용자산 : 기준내용연수 적용(선택 불가능)

2) 신고내용연수

세법상의 내용연수범위 안에서 법인이 선택한 내용연수를 아래에 열거하는 날이 속하는 사업연도의 과세표준 신고기한까지 납세지 관할 세무서장에게 신고한다.

① 신설법인과 새로 수익사업을 개시한 비영리내국법인 : 영업개시일

② 구조 또는 자산별, 업종별 구분에 의한 기준내용연수가 다른 고정자산을 새로이 취득하거나 새로이 업종의 사업을 개시한 경우 : 그 취득일, 개시일

    ㉠ 법인이 자산별, 업종별 구분에 의한 신고내용연수 또는 기준내용연수는 그 후의 사업연도에도 계속하여 적용하여야 한다.

    ㉡ 기한내에 무신고한 경우 기준내용연수를 적용한다.

3) 사업연도가 1년 미만인 경우 적용할 내용연수

$$내용연수, \ 신고내용연수 \ 또는 \ 기준내용연수 \times \frac{12}{사업연도의 \ 월수}$$

4) 특례내용연수(= 승인내용연수)

사업장별로 납세지 관할 지방국세청장의 승인을 얻어 적용하고 변경할 내용연수를 적용하고자 하는 사업연도의 종료일 이전 3월이 되는 날로 한다.

> 기준내용연수 ± 기준내용연수 × 50%

5) 내용연수 특례 적용사유

① 사업장이 위치한 지리적, 환경적 특성으로 자산의 부식, 마모 및 훼손의 정도가 현저한 경우

② 영업개시 후 3년이 경과한 법인으로서 당해 사업연도의 생산설비(건축물 제외)의 가동률이 직전 3개 사업연도의 평균가동률보다 현저히 증가한 경우

③ 신기술, 신제품 개발, 보급 등으로 기존 생산설비의 가속상각이 필요한 경우

④ 경제적 여건의 변동으로 조업을 중단하거나 생산설비의 가동률이 감소한 경우

⑤ 감가상각자산에 대한 기준내용연수가 변경된 경우. 다만, 내용연수를 단축하는 경우로서 결산내용연수가 변경된 기준내용연수의 25%를 가감한 범위 내에 포함되는 경우에는 결산내용연수보다 짧은 내용연수로 변경할 수 없다.

6) 내용연수의 변경과 재변경

① **내용연수의 변경** : 영업개시일로부터 3월 또는 그 변경할 내용연수를 적용하고자 하는 사업연도의 종료일까지 내용연수승인(변경승인)신청서를 납세지 관할 세무서장을 거쳐 관할 지방국세청장에게 제출한다.

② **내용연수의 재변경** : 변경(재변경)한 승인내용연수를 최초로 적용한 사업연도 종료일로부터 3년이 경과하여야 한다.

7) 중고자산 등 특례

① 내국법인이 기준내용연수의 50/100 이상이 경과한 중고자산을 다른 법인 또는 부동산임대, 사업, 산림소득이 있는 개인사업자로부터 취득했거나 합병, 분할에 의하여 승계한 경우, 기준내용연수의 50%에 상당하는 연수와 기준내용연수의 범위 내에서 선택하여 납세지관할 세무서장에게 신고한 내용연수로 할 수 있다.

> 수정내용연수의 범위 = 기준내용연수 − 기준내용연수 × 50%
>
> ※ 수정내용연수 계산 시 6월 이하는 절사, 6월 이상은 1년으로 한다.

② **수정내용연수의 신고기한**

㉠ 중고자산을 취득한 경우는 그 취득일이 속하는 사업연도의 법인세과세표준 신고기한까지이다.

㉡ 합병 또는 분할로 승계한 자산의 경우는 합병, 분할 등기일이 속하는 사업연도의 법인세과세표준 신고기한까지이다.

07 세무상 잔존가액 결정요소

고정자산의 내용연수가 경과되어 본래의 목적에 사용할 수 없게 되었을 때 남아 있는 예정가치를 잔존가액이라 한다.

> 1) 법인세법은 잔존가액을 "0"으로 한다.
> 2) 정률법의 경우에는 취득가액의 5%에 상당하는 금액을 잔존가액으로 하되, 동 잔존가액은 미상각잔액이 최초로 5% 이하가 되는 사업연도의 상각범위액에 가산한다.
> 3) 상각완료자산의 경우 : 취득가액의 5%와 1천원 중 적은 금액을 비망계정으로 하고, 그 금액은 처분손익 계산 시 손금에 산입한다.

08 감가상각방법

자산별로 적용할 감가상각방법을 선택하여 영업개시일 또는 신규 취득일이 속하는 사업연도의 법인세 과세표준 신고기한 내에 관할 세무서장에게 신고하여야 한다.

1) 유형자산

구분	세법상 적용할 상각방법	무신고 시 상각방법
건축물과 무형고정자산(광업권 제외)	정액법	정액법
광업용 유형자산	정액법, 정률법, 생산량비례법	생산량비례법
위 이외의 유형자산	정액법, 정률법	정률법

2) 무형자산

구분	세법상 적용할 상각방법	무신고 시 상각방법
개발비	관련제품의 판매 또는 사용이 가능한 시점부터 20년 이내의 기간 내에서 연단위로 신고한 내용연수에 따라 매 사업연도별 경과월수에 비례하여 상각하는 방법(다만, 1년 ~ 20년 이내에서 상각기간을 선택한다.)	관련제품의 판매 또는 사용이 가능한 시점부터 5년 동안 매 사업연도에 균등액을 상각하는 방법
사용수익 기부자산 가액	사용수익기간(그 기간에 관한 특약이 없는 경우 신고내용연수)에 따라 균등하게 안분한 금액을 상각하는 방법(다만, 상각 중에 당해 기부자산이 멸실되거나 계약이 해지된 경우에는 잔액을 전액 상각한다.)	좌동
광업권(해저광물자원 채취권 포함)	정액법, 생산량비례법	생산량비례법
주파수이용권, 공항시설관리권	주무관청에서 고시하거나 주무관청에 등록한 기간 내에서 사용기간에 따라 균등액을 상각하는 방법	좌동

3) 감가상각방법의 법정 신고기한

법인은 상각방법 등 하나의 방법으로 선택하여 아래에 열거된 날이 속하는 사업연도의 법인세 과세표준 신고기한까지 납세지 관할 세무서장에게 신고하여야 한다.

① 신설법인과 새로 수익사업을 제시한 비영리법인 : 그 영업을 개시한 날
② 감가상각방법을 신고하지 아니한 별개의 고정자산을 취득한 경우 : 그 취득한 날

4) 감가상각방법의 변경

법인은 다음에 해당하여 감가상각방법을 변경하고자 하는 경우에는 변경할 상각방법을 적용하고자 하는 사업연도 종료일 이전 3월이 되는 날까지 [감가상각방법변경신청서]를 관할 세무서장에게 제출하여 승인을 얻어야 한다.

① 상각방법이 서로 다른 법인이 합병(분할합병을 포함)한 때
② 상각방법이 서로 다른 사업자의 인수, 승계한 경우
③ 외국인투자촉진법의 규정에 의하여 외국인투자자가 내국법인의 주식 또는 지분을 20% 이상 인수 또는 보유하게 된 때
④ 해외시장의 경기변동 또는 경제적 여건의 변동으로 인하여 종전의 상각방법을 변경할 필요가 있을 때

◢ 09 감가상각비의 시부인계산

회사계상 감가상각비와 세법상 감가상각범위액의 차이를 시부인액이라 한다.

• 회사계상 감가상각비 > 세법상 감가상각범위액 : 상각부인액
• 회사계상 감가상각비 < 세법상 감가상각범위액 : 시인부족액

1) 감가상각부인액과 시인부족액의 처리

구분	직전 사업연도까지 부인액이 있는 경우	직전 사업연도까지 부인액이 없는 경우
상각부인액	손금불산입, 부인액은 누적이월	손금불산입, 부인액 이월
상각부족액	당기 시인부족액의 범위 내에서 전기 부인액을 손금추인한다.	세무조정 없음

※ 시부인계산을 하는 단위는 개별자산별로 각각 따로 시부인계산을 하여야 한다.

2) 상각범위액의 계산 방법

법인이 감가상각비를 손금으로 계상하였을 때 그 금액 중 세법에서 손금으로 인정하는 금액을 감가상각범위액이라 한다.

① 전기연도에서 이월되어 당기말에 보유 중인 자산

구분	상각범위액
정액법	(F/P상 취득가액 + 즉시상각의제액) × 상각률
정률법	(F/P상 취득가액 − F/P상 감가상각누계액 + 당기 I/S상 감가상각비 + 상각부인액 + 당기 즉시상각의제액) × 정률
생산량비례법	(F/P상 취득가액 + 즉시상각의제액) × 당해사업연도 채굴량 ÷ 총채굴예정량

② 신규취득자산 : 월할 상각한다. (1월 미만의 일수는 1월로 한다.)

상각범위액 = 1년간 상각범위액 × 사용개시 후 월수 ÷ 당해 사업연도 월수

개발비는 사업연도 단위로 상각하며, 사용수익기부자산은 월할상각하며, 생산량비례법은 생산량에 비례하여야 하므로 월할상각규정이 적용되지 않는다.

◢ 10 감가상각의 의제

각 사업연도의 소득에 대하여 법인세가 감면되는 사업을 영위하는 법인이 법인세를 면제받거나 감면받은 경우에는 당해연도의 상각범위 안에 상당하는 감가상각비를 손비로 계상하지 아니하거나 과소계상하면, 당해 상각범위액까지는 감가상각이 이루어진 것으로 간주하는 제도를 말한다.

🕐 실습하기 7. 감가상각비조정명세서 작성하기

다음의 자료를 참조하여 1011. 박문물산(주)의 고정자산등록, 미상각자산감가상각조정명세서, 감가상각비조정명세서합계표 메뉴에 내용을 추가하여 작성을 완료하고 필요한 세무조정을 하시오.

종류	본사건물	차량운반구	비품
자산코드	101	201	301
자산명	청와빌딩	승합차	대형냉방기
취득일자	2006.1.3.	2019.4.5.	2018.7.1.
내용연수	40년	10년	8년
상각방법	정액법	정률법	정률법
취득원가	400,000,000	150,000,000	63,250,000
당기자본적지출액	–	–	7,000,000
감가상각누계액	180,000,000	75,412,000	42,693,000
당기감가상각비	10,000,000	7,000,000	3,000,000
전기말부인누계액	225,000	2,500,000	
경비구분	800번대	800번대	800번대

[추가자료]

1. 본사건물과 차량운반구는 전기 자본금과 적립금조정명세서(을) 서식에 유보사항이 발생한 것이 있다.
2. 비품은 당기에 자본적 지출 성격의 지출이 있었으나 당사는 수익적 지출로 계상하였다.

🕐 실습하기 작업순서

[1] 본사건물 – 세무조정이 없다.
  • 정액법 전기말부인액은 미상각자산감가상각조정명세서의 (25)번 란에 입력
  • 당기에 세무조정이 없으므로 전기말부인액은 차기 이후로 자동이월
  ① 고정자산등록

자산계정과목	0202 건물		조정구분	0.전체

	자산코드/명		취득년월일	상각방법
□	000101	청와빌딩	2006-01-03	정액법

기본등록사항	추가등록사항	

1. 기초가액	400,000,000	
2. 전기말상각누계액(-)	180,000,000	
3. 전기말장부가액	220,000,000	
4. 당기중 취득 및 당기증가(+)		
5. 당기감소(일부양도·매각·폐기)(-)		
전기말상각누계액(당기감소분)(+)		
6. 전기말자본적지출액누계(+)(정액법만)		
7. 당기자본적지출액(즉시상각분)(+)		
8. 전기말부인누계액(+)(정률만 상각대상에 가산)		
9. 전기말의제상각누계액(-)		
10. 상각대상금액	400,000,000	
11. 내용연수/상각률(월수)	40 💬 0.025 (12)	연수별상각율
12. 상각범위액(한도액)(10X상각율)	10,000,000	
13. 회사계상액(12)-(7)	10,000,000	사용자수정
14. 경비구분	6.800번대/판관비	
15. 당기말감가상각누계액	190,000,000	
16. 당기말장부가액	210,000,000	
17. 당기의제상각비		
18. 전체양도일자	__-__-__	
19. 전체폐기일자	__-__-__	
20. 업종	💬	

② 미상각자산감가상각조정명세서

자산계정과목	0202 💬 건물		조정구분	0.전체 ∨
☐	자산코드/명		취득년월일	상각방법
☐	000101	청와빌딩	2006-01-03	정액법

입력내용			금액
업종코드/명			
합계표 자산구분	1. 건축물		
(4)내용연수(기준.신고)			40
상각 계산 의 기초 가액	재무상태표 자산가액	(5)기말현재액	400,000,000
		(6)감가상각누계액	190,000,000
		(7)미상각잔액(5)-(6)	210,000,000
	회사계산 상각비	(8)전기말누계	180,000,000
		(9)당기상각비	10,000,000
		(10)당기말누계(8)+(9)	190,000,000
	자본적 지출액	(11)전기말누계	
		(12)당기지출액	
		(13)합계(11)+(12)	
(14)취득가액((7)+(10)+(13))			400,000,000
(15)일반상각률.특별상각률			0.025
상각범위 액계산	당기산출 상각액	(16)일반상각액	10,000,000
		(17)특별상각액	
		(18)계((16)+(17))	10,000,000
	(19) 당기상각시인범위액		10,000,000
(20)회사계상상각액((9)+(12))			10,000,000
(21)차감액((20)-(19))			
(22)최저한세적용에따른특별상각부인액			
조정액	(23) 상각부인액((21)+(22))		
	(24) 기왕부인액중당기손금추인액		
부인액 누계	(25) 전기말부인누계액		225,000
	(26) 당기말부인누계액 (25)+(23)-|24|		225,000

[2] 차량운반구 - 손금산입 2,500,000원(유보감소)
- 고정자산등록 → 회사 감가상각비 7,000,000원은 [사용자수정] 선택 후 입력
- 전기말부인액은 당기 시인부족액이 발생하므로 손금추인함

① 고정자산등록

	자산계정과목	0208 차량운반구	조정구분	0.전체

	자산코드/명		취득년월일	상각방법
000201	승합차		2019-04-05	정률법

기본등록사항 추가등록사항

1.기초가액	150,000,000
2.전기말상각누계액(-)	75,412,000
3.전기말장부가액	74,588,000
4.당기중 취득 및 당기증가(+)	
5.당기감소(일부양도·매각·폐기)(-)	
전기말상각누계액(당기감소분)(+)	
6.전기말자본적지출액누계(+)(정액법만)	
7.당기자본적지출액(즉시상각분)(+)	
8.전기말부인누계액(+) (정률만 상각대상에 가산)	2,500,000
9.전기말의제상각누계액(-)	
10.상각대상금액	77,088,000
11.내용연수/상각률(월수)	10 0.259 (12) 연수별상각률
12.상각범위액(한도액)(10X상각율)	19,965,792
13.회사계상액(12)-(7)	7,000,000 사용자수정
14.경비구분	6.800번대/판관비
15.당기말감가상각누계액	82,412,000
16.당기말장부가액	67,588,000
17.당기의제상각비	
18.전체양도일자	----.--.--
19.전체폐기일자	----.--.--
20.업종	

② 미상각자산감가상각조정명세서

	자산계정과목	0208 차량운반구	조정구분	0.전체

	자산코드/명		취득년월일	상각방법
000201	승합차		2019-04-05	정률법

입력내용			금액
업종코드/명			
합계표 자산구분		3. 기타자산	
(4)내용연수			10
상각 계산 의 기초 가액	재무상태표 자산가액	(5)기말현재액	150,000,000
		(6)감가상각누계액	82,412,000
		(7)미상각잔액(5)-(6)	67,588,000
	(8)회사계산감가상각비		7,000,000
	(9)자본적지출액		
	(10)전기말의제상각누계액		
	(11)전기말부인누계액		2,500,000
	(12)가감계((7)+(8)+(9)-(10)+(11))		77,088,000
(13)일반상각률.특별상각률			0.259
상각범위 액계산	당기산출 상각액	(14)일반상각액	19,965,792
		(15)특별상각액	
		(16)계((14)+(15))	19,965,792
	취득가액	(17)전기말현재취득가액	150,000,000
		(18)당기회사계산증가액	
		(19)당기자본적지출액	
		(20)계((17)+(18)+(19))	150,000,000
	(21) 잔존가액		7,500,000
	(22) 당기상각시인범위액		19,965,792
(23)회사계상상각액((8)+(9))			7,000,000
(24)차감액 ((23)-(22))			-12,965,792
(25)최저한세적용에따른특별상각부인액			
조정액	(26) 상각부인액 ((24)+(25))		
	(27) 기왕부인액중당기손금추인액		2,500,000
(28) 당기말부인누계액 ((11)+(26)-[(27)])			

[3] 비품 - 손금불산입 1,374,659(유보발생)

• 고정자산등록 → 7. 당기자본적 지출(즉시상각) 7,000,000원 입력

• 고정자산등록 → 회사 감가상각비 3,000,000원은 [사용자수정] 선택 후 입력

• 미상각자산감가상각조정명세서 → 상각부인액 발생하였으므로 손금불산입 조정함

① 고정자산등록

자산계정과목	0212 💬 비품		조정구분	0.전체 ∨

☐	자산코드/명		취득년월일	상각방법
☐	000301	대형난방기	2018-07-01	정률법

기본등록사항	추가등록사항

1.기초가액	63,250,000
2.전기말상각누계액(-)	42,693,000
3.전기말장부가액	20,557,000
4.당기중 취득 및 당기증가(+)	
5.당기감소(일부양도·매각·폐기)(-)	
전기말상각누계액(당기감소분)(+)	
6.전기말자본적지출액누계(+)(정액법만)	
7.당기자본적지출액(즉시상각분)(+)	7,000,000
8.전기말부인누계액(+)(정률만 상각대상에 가산)	
9.전기말의제상각누계액(-)	
10.상각대상금액	27,557,000
11.내용연수/상각률(월수)	8 💬 0.313 (12) 연수별상각
12.상각범위액(한도액)(10X상각율)	8,625,341
13.회사계상액(12)-(7)	3,000,000 사용자수정
14.경비구분	6.800번대/판관비
15.당기말감가상각누계액	45,693,000
16.당기말장부가액	17,557,000
17.당기의제상각비	
18.전체양도일자	----_-__
19.전체폐기일자	----_-__
20.업종	💬

② 미상각자산감가상각조정명세서

자산계정과목	0212 💬 비품		조정구분	0.전체 ∨

☐	자산코드/명		취득년월일	상각방법
☐	000301	대형난방기	2018-07-01	정률법

	입력내용		금액
업종코드/명			
합계표 자산구분	3. 기타자산		
(4)내용연수			8
상각 계산 의 기초 가액	재무상태표 자산가액	(5)기말현재액	63,250,000
		(6)감가상각누계액	45,693,000
		(7)미상각잔액(5)-(6)	17,557,000
	(8)회사계산감가상각비		3,000,000
	(9)자본적지출액		7,000,000
	(10)전기말의제상각누계액		
	(11)전기말부인누계액		
	(12)가감계((7)+(8)+(9)-(10)+(11))		27,557,000
(13)일반상각률.특별상각률			0.313
상각범위 액계산	당기산출 상각액	(14)일반상각액	8,625,341
		(15)특별상각액	
		(16)계((14)+(15))	8,625,341
	취득가액	(17)전기말현재취득가액	63,250,000
		(18)당기회사계산증가액	
		(19)당기자본적지출액	7,000,000
		(20)계((17)+(18)+(19))	70,250,000
	(21) 잔존가액		3,512,500
	(22) 당기상각시인범위액		8,625,341
(23)회사계상상각액((8)+(9))			10,000,000
(24)차감액 ((23)-(22))			1,374,659
(25)최저한세적용에따른특별상각부인액			
조정액	(26) 상각부인액 ((24)+(25))		1,374,659
	(27) 기왕부인액중당기손금추인액		
(28) 당기말부인누계액 ((11)+(26)-I(27)I)			1,374,659
당기말 의제상각액	(29) 당기의제상각액 I△(24)I-I(27)I		
	(30) 의제상각누계액 ((10)+(29))		

[4] 조정등록 수행결과

- 〈손금불산입〉 비품감가상각비한도초과 1,374,659(유보발생)
- 〈손금산입〉 전기차량운반구손금추인액 2,500,000(유보감소)

조정 등록

익금산입 및 손금불산입			손금산입 및 익금불산입		
과 목	금 액	소득처분	과 목	금 액	소득처분
법인세비용	12,000,000	기타사외유출	매출원가과소	8,000,000	유보발생
공사미수금과소	8,320,000	유보발생	배당금수익익금불산입	5,225,000	기타
위탁매출누락	10,000,000	유보발생	전기차량운반구감가상각비한도초과	2,500,000	유보감소
임대보증금간주익금	6,001,639	기타사외유출			
비품감가상각비한도초과	1,374,659	유보발생			

1.자 산 구 분		코드	2.합 계 액	유 형 자 산		
				3.건 축 물	4.기계장치	5.기타자산
재무 상태표 상가액	101.기말현재액	01	613,250,000	400,000,000		213,250,000
	102.감가상각누계액	02	318,105,000	190,000,000		128,105,000
	103.미상각잔액	03	295,145,000	210,000,000		85,145,000
104.상각범위액		04	38,591,133	10,000,000		28,591,133
105.회사손금계상액		05	27,000,000	10,000,000		17,000,000
조정 금액	106.상각부인액 (105-104)	06	1,374,659			1,374,659
	107.시인부족액 (104-105)	07	12,965,792			12,965,792
	108.기왕부인액 중 당기손금추인액	08	2,500,000			2,500,000
109.신고조정손금계상액		09				

[5] 감가상각비조정명세서합계표
- 기타자산은 차량운반구와 비품이 합산된 금액으로 표시됨

> ■ **참고사항**
> 양도자산 등이 있는 경우에는 양도자산감가상각비, 양도자산감가상각조정명세서, 감가상각비조정명세서합계표를 작성하여 제출한다.

11 업무용승용차 관련비용

법인세법에서는 고가 업무용승용차의 사적사용을 제한하고자 업무용승용차 관련비용의 손금불산입 등 특례규정을 두고 있다.

구분	주요 내용		
감가상각 의무규정	2016.1.1. 이후 분부터 5년, 정액법		
관련비용 손금불산입 (감가상각비 포함)	업무전용 자동차보험	가입	업무사용금액(관련비용 × 업무사용비율) 초과금액을 손금불산입
		미가입	전액 손금불산입
전용번호판	법인업무용 전용번호판 부착인 경우 손금산입		
감가상각비 손금불산입	업무사용금액 중 손금산입한도(800만원, 부동산임대업은 400만원) 초과액의 이월 손금산입		
처분손실 손금불산입	손금산입한도(800만원, 부동산임대업은 400만원) 초과액의 이월 손금산입		

1) 업무용승용차의 범위

개별소비세법에 해당하는 승용자동차를 말한다. 다만 다음의 승용차는 제외한다.

> ① 부가가치세법 시행령 각 호에 해당하는 업종 또는 시설대여업에서 사업상 수익을 얻기 위하여 직접 사용하는 승용자동차
> → 운수업, 자동차매매 및 임대업, 운전학원업, 기계경비업무를 하는 경비업 등
> ② 장례식장 및 장의관련 서비스업을 영위하는 법인이 소유하거나 임차한 운구용 승용차
> ③ 국토교통부장관의 임시운행허가를 받은 자율주행차

2) 업무용승용차 관련비용

업무용승용차에 대한 감가상각비, 임차료, 유류비, 보험료, 수선비, 자동차세, 통행료 및 금융리스부채에 대한 이자비용 등 업무용승용차의 취득·유지를 위하여 지출한 비용을 말한다.

① **업무전용자동차보험**(상품명 : 임직원운전자 한정운전 특약)

해당 사업연도 전체 기간(임차한 승용차의 경우 해당 사업연도 중에 임차한 기간을 말함) 동안 해당 법인의 임원 또는 사용인이 직접 운전한 경우 또는 계약에 따라 타인이 해당 법인의 업무를 위하여 운전하는 경우만 보상하는 자동차보험을 말한다.

② **업무전용자동차보험에 가입한 경우**

㉠ 손금불산입 계산 : 업무사용금액을 초과하는 금액을 말한다.

> 관련비용의 손금불산입액 = ⓐ − ⓑ
> ⓐ 업무용승용차의 관련비용
> ⓑ 업무사용금액 = ⓐ × 업무사용비율

㉡ 업무사용비율의 판단 : 운행기록부 작성·비치 여부에 따른다.

구분	관련비용 ≤ 1,500만원	관련비용 > 1,500만원
운행기록부 미작성	100%	1,500만원 ÷ 관련비용
운행기록부 작성	업무용 사용거리 ÷ 총 주행거리	

※ 단, 부동산임대업이 주업인 법인은 500만원으로 하며, 업무용 사용거리란 제조·판매시설 등 해당 법인의 사업장 방문, 거래처·대리점 방문, 회의 참석, 판촉 활동, 출·퇴근 등 직무와 관련된 업무수행을 위하여 주행한 거리를 의미한다.

㉢ 업무전용자동차보험 가입 간주

시설대여업자 외의 자동차대여사업자로부터 임차한 승용차로서 임차계약기간이 30일 이내인 경우(해당 사업연도에 임차계약기간의 합이 30일을 초과하는 경우는 제외) 아래에 해당하는 사람을 운전자로 한정하는 임대차 특약을 체결한 경우에는 업무전용자동차보험에 가입한 것으로 본다.

• 해당 법인의 임원 또는 사용인
• 계약에 따라 해당 법인의 업무를 위하여 운전하는 사람

③ 업무전용자동차보험에 미 가입 시 업무용승용차 관련비용 전액을 손금불산입한다. 단, 일부 기간만 업무전용자동차보험 가입 시에는 아래 식에 따라 산정된 금액만 손금산입한다.

> 해당 사업연도의 업무용승용차 관련비용 × 업무사용비율 ×
>
> $$\frac{\text{해당 사업연도에 실제로 업무전용자동차보험에 가입한 일수}}{\text{해당 사업연도에 업무전용자동차보험에 의무적으로 가입하여야 할 일수}}$$

3) 업무용승용차 감가상각비(상당액) 계산 및 손금산입

① 감가상각 : 정액법, 내용연수 5년으로 하여 계산한 금액을 강제상각한다.

② 감가상각비상당액

> ㉠ 리스차량은 리스료 중 보험료·자동차세·수선유지비를 차감한 잔액을 감가상각비 상당액으로 하되, 수선유지비를 구분하기 어려운 경우에는 리스료(보험료와 자동차세 제외금액)의 7%로 계산함
> ㉡ 렌트차량은 렌트료의 70%를 감가상각비 상당액으로 함

③ 감가상각비(상당액) 손금산입 한도

㉠ 업무용승용차별 감가상각비(상당액) 한도액 : 800만원(부동산 임대업을 주업으로 하는 내국법인 등은 400만원)

> • 취득(보유) 기간에 따라 월할계산 : 800만원(400만원) × (보유월수 ÷ 사업연도 월수)
> • 해당 사업연도가 1년 미만인 경우 : 800만원(400만원) × (해당 사업연도의 월수 ÷ 12)

㉡ 감가상각비(상당액) 손금산입 시기 및 손금추인

해당 사업연도의 다음 사업연도부터 800만원(400만원)을 균등하게 손금에 산입하되, 해당 업무용승용차의 업무사용금액 중 감가상각비가 800만원(400만원)에 미달하는 경우 그 미달하는 금액을 한도로 하여 손금으로 추인하며 임차한 경우 등도 동일하다.

㉢ 손금불산입액의 소득처분

> • 업무 외 사용금액 : 사용자에게 소득 처분함
> • 업무용 사용금액 중 감가상각비 한도[800만원(400만원)]초과액 : 유보
> • 감가상각비상당액 한도초과액 : 기타사외유출
> • 업무용승용차 처분손실 : 기타사외유출

4) 업무용승용차 매각손실 손금불산입

① 업무용승용차 매각손실 처리 방법

㉠ 업무용승용차별로 800만원(400만원)을 초과하는 금액 : 해당 사업연도의 다음 사업연도부터 800만원(400만원)을 균등하게 손금에 산입한다.

㉡ 해당 사업연도가 1년 미만인 경우 : 800만원(400만원) × (해당 사업연도의 월수 ÷ 12)

② 내국법인의 해산(합병·분할 또는 분할합병에 따른 해산 포함)에 따른 매각손실 등 처리 방법
: 감가상각비상당액, 매각손실에 따른 이월된 금액 중 남은 금액을 해산등기일(합병·분할 또는 분할합병에 따라 해산한 경우에는 합병등기일 또는 분할등기일을 말함)이 속하는 사업 연도에 모두 손금에 산입한다.

📋 실습하기 8. 업무용승용차관련비용명세서 작성하기

다음 자료를 이용하여 1011. 박문물산(주)의 업무용승용차등록, 업무용승용차관련비용명세서를 작성하고 관련된 세무조정을 소득금액조정합계표에 반영하시오. (단, 이미 등록된 차량은 무시하고 본 문제에 한해서 세무조정을 한다.)

코드	〈101〉 345마1566 그랜저	〈103〉 51하1111 쏘나타
취득일	2021. 7. 1.	2024. 1. 1.
경비구분	800번대/판관비	–
사용자직책	전무이사	과장
임차기간	–	2024. 1. 1. ~ 2024. 12. 31.
업무전용자동차 보험가입여부	가입	가입
보험기간	2024. 1. 1. ~ 2024. 12. 31.	2024. 1. 1. ~ 2024. 12. 31.
운행기록부 사용여부	여	여
출퇴근 사용여부	여	여
총주행거리	25,000km	40,000km
업무사용거리	22,500km	40,000km
취득가액	60,000,000원	–
감가상각비	12,000,000원	–
임차료(렌트료)	–	12,000,000원
유류비	5,000,000원	3,600,000원
보험료	1,500,000원	–
자동차세	780,000원	–

실습하기 작업순서

[1] 기초정보관리 → 업무용승용차등록

① 〈101〉 345마1566 그랜저

② 〈103〉 51하1111 쏘나타

[2] 과목별세무조정 → 업무용승용차관련비용명세서

새로 불러오기 → 총주행거리, 업무용 사용거리, 취득가액, 감가상각비, 유류비, 보험료, 자동차세 금액을 직접 입력함

① 345마1566 그랜저 : 한도초과액과 업무미사용분 세무조정함

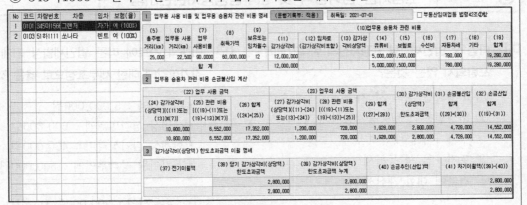

② 51하1111 쏘나타 : 한도초과액 세무조정함

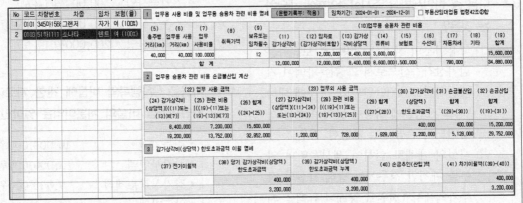

[3] 조정등록 수행결과
- 〈손금불산입〉 업무미사용(그랜저) 1,928,000원(상여)
- 〈손금불산입〉 업무용승용차한도초과액(그랜저) 2,800,000원(유보발생)
- 〈손금불산입〉 업무용승용차한도초과액(쏘나타) 400,000원(기타사외유출)

조정 등록					
익금산입 및 손금불산입			**손금산입 및 익금불산입**		
과 목	금 액	소득처분	과 목	금 액	소득처분
법인세비용	12,000,000	기타사외유출	매출원가과소	8,000,000	유보발생
공사미수금과소	8,320,000	유보발생	배당금수익익금불산입	5,225,000	기타
위탁매출누락	10,000,000	유보발생	전기차량운반구감가상각비한도초과	2,500,000	유보감소
임대보증금간주익금	6,001,639	기타사외유출			
비품감가상각비한도초과	1,374,659	유보발생			
업무미사용(그랜저)	1,928,000	상여			
업무용승용차한도초과액(그랜저)	2,800,000	유보발생			
업무용승용차한도초과액(쏘나타)	400,000	기타사외유출			

✔ 이론문제 | 고정자산 감가상각 및 업무용승용차관련비용

01 다음 중 법인세법상 고정자산의 취득가액에 포함되지 않는 것은?

① 고정자산 취득 시 지출한 취득수수료
② 비영업용 소형승용자동차의 취득 시 부가가치세 매입세액
③ 토지구입 시 등록세
④ 건물에 대한 재산세

02 다음 중 법인세법상 즉시상각의제에 해당하는 것은?

① 고유업무의 성질상 대량으로 보유하는 감가상각자산으로서 그 취득가액이 거래단위별로 600만원 이하인 것에 대하여 그 사업용에 사용한 날이 속하는 사업연도의 손금으로 계상한 경우
② 시설의 개체로 인하여 생산설비의 일부를 폐기한 경우에는 당해 자산의 장부가액에서 1천원을 공제한 금액을 폐기일이 속하는 사업연도의 손금으로 계상한 경우
③ 어업에 사용되는 어구의 취득가액을 그 사업에 사용한 날이 속하는 사업연도의 손금으로 계상한 경우
④ 시험기기, 공구의 취득가액을 그 사업에 사용한 날이 속하는 사업연도의 손금으로 계상한 경우

03 아래의 자료에 따른 법인세법상 기계장치 감가상각에 대한 세무조정으로 옳은 것은?

- 취득가액 : 3,000,000원
- 세법상 상각범위액 : 600,000원
- 회계상 감가상각비 : 400,000원
- 전기이월 상각부인액 : 500,000원

① 〈손금산입〉 200,000원 (△유보)
② 〈익금산입〉 500,000원 (유보)
③ 〈손금산입〉 500,000원 (△유보)
④ 〈익금산입〉 200,000원 (유보)

04 다음은 (주)행복의 비품에 관한 자료이다. 법인세법상 비품의 처분이익은 얼마인가?

- 취득가액   10,000,000원
- 상각부인액   1,000,000원
- 감가상각누계액   7,000,000원
- 양도가액   5,000,000원

① 1,000,000원   ② 2,000,000원
③ 3,000,000원   ④ 5,000,000원

05 다음 중 법인세법상 선택 가능한 감가상각 방법으로 옳지 않은 것은?

① 건축물 : 정액법
② 차량운반구 : 정률법
③ 광업권 : 정액법과 생산량비례법 중 선택
④ 비품 : 정률법과 정액법 중 선택

📌 이론문제 정답 및 해설

01 ④ 건물에 대한 재산세는 세금과공과금으로 손비 처리한다.

02 ① 고유업무의 성질상 대량으로 보유하는 감가상각자산의 경우 그 취득가액이 거래단위별로 600만원 이하인 것에 대하여 그 사업용에 사용한 날이 속하는 사업연도의 손금으로 계상한 경우는 즉시상각의제에 해당한다.

03 ① 손금산입 200,000원 (△유보)
= min(시인부족액 200,000원, 전기이월 상각부인액 500,000원)
- 감가상각 한도시부인 : 회사 손비계상액 400,000원 − 세법상 상각범위액 600,000원 = (−)200,000원 → 시인부족액 발생
- 법인이 상각범위액을 초과해 손금에 산입하지 않는 금액은 그 후의 사업연도에 해당 법인이 손비로 계상한 감가상각비가 상각범위액에 미달하는 경우에 그 미달하는 금액을 한도로 손금에 산입한다. 이 경우 법인이 감가상각비를 손비로 계상하지 않은 경우에도 상각범위액을 한도로 그 상각부인액을 손금에 산입한다.

04 ① 1,000,000원 = 양도가액 5,000,000원 − 세법상 장부가액 4,000,000원
- 세법상 장부가액 : 취득가액 10,000,000원 − 감가상각누계액 7,000,000원 + 상각부인액 1,000,000원 = 4,000,000원
- 감가상각자산을 양도한 경우 당해 자산의 상각부인액은 양도일이 속하는 사업연도의 손금에 이를 산입한다.

05 ② 건축물을 제외한 일반 유형고정자산은 정액법과 정률법 중 선택할 수 있다(법인세법 시행령 제26조 제1항 제2호).

09 | 퇴직급여충당금과 퇴직연금부담금

◢ 01 인건비

1) 세무상 인건비 요약

구분	수령자	세무상 기준
일반적인 급여, 보수, 임금	노무출자사원	손금불산입(상여로 처분)
	상근임원	손금산입
	비상근임원	원칙은 손금산입(단, 부당행위계산 부인 : 손금불산입)
	사용인	손금산입
상여금	임원	급여지급기준 초과액 손금불산입(출자임원과 비출자임원 모두 포함)
	사용인	손금산입(단, 이익처분에 의한 상여금은 손금불산입이 원칙이나 노사합의에 따른 성과배분상여금은 손금산입)
퇴직금	임원	• 임원퇴직금 한도초과액 : 손금불산입 • 임원 퇴직규정이 없는 경우 한도범위액 계산 ※ 퇴직 직전 1년간 총급여액 × 1/10 × 근속연수 – 총급여액 : 이익처분에 의한 상여금은 포함하고, 인정상여는 제외한다. – 근속연수는 역년으로 계산한다. 단, 1년 미만은 월수로 계산하되, 1월 미만의 기간은 없는 것으로 한다.
	사용인	전액 손금산입
복리후생비	–	직장체육비, 직장연예비, 우리사주조합의 운영비, 사용자부담의 건강보험료와 고용보험료, 사회통념상 경조사비

2) 일반적인 급여

① 원칙 : 모두 손금으로 인정한다.

② 예외 : 손금불산입

> ㉠ 법인이 지배주주 등(부당행위계산 대상 지배주주와 그의 특수관계자)인 임원 또는 사용인에게 정당한 사유 없이 보수를 초과지급한 금액은 손금불산입한다.
> ㉡ 비상근임원 보수(원칙은 손금산입, 부당행위계산의 경우에는 손금불산입)

③ 상여금

㉠ 원칙 : 모두 손금으로 인정한다.

㉡ 예외 : 임원상여금 초과금액은 손금불산입

ⓒ 잉여금처분에 의한 상여

> • 원칙 : 손금불산입한다. 또한 합명회사 또는 합자회사의 노무출자사원에게 지급하는
> 보수는 이익처분에 의한 상여로 본다.
> • 예외 : 다음의 성과급은 신고조정에 의해 손금산입한다.
> - 우리사주조합을 통하여 자기주식으로 지급하는 성과급
> - 창업법인 등의 종업원(특수관계 없는 임원 포함)이 주식매입선택권(stock-option)
> 을 부여받아 약정매수가액과 시가와의 차액을 현금 또는 창업법인 등의 발행주식(자
> 기주식 포함)으로 받는 경우 그 금액
> - 내국법인이 근로자(임원은 제외)와 성과선정지표 및 그 목표, 성과의 측정 및 배분
> 방법 등에 대하여 사전 서면약정하고 근로자에게 지급하는 성과배분상여금

02 퇴직급여충당금조정명세서(결산조정사항)

법인이 임원 또는 사용인에게 지급하는 퇴직금은 임원 또는 사용인이 현실적으로 퇴직하는 경우에
지급하는 것에 한하여 이를 손금산입한다.

1) 현실적 퇴직 사유

> ① 법인의 직원이 당해 법인의 임원으로 취임한 때
> ② 법인의 임원 또는 직원이 그 법인의 조직변경·합병·분할 또는 사업양도에 의하여 퇴직한 때
> ③ 「근로자퇴직급여 보장법」 제8조 제2항의 규정에 의해 퇴직급여를 중간정산하여 지급한 때
> (중간정산시점부터 새로 근무연수를 기산하여 퇴직급여를 계산하는 경우에 한정)
> ④ 정관 또는 정관에서 위임된 퇴직급여지급규정에 따라 임원에게 일정 사유[무주택자의 주택구
> 입(중간정산일부터 3개월 내에 주택을 취득하는 경우만 해당), 3개월 이상 장기요양(배우자·
> 부양가족 포함), 천재·지변]로 퇴직급여를 중간정산하여 지급한 때(중간정산시점부터 새로
> 근무연수를 기산하여 퇴직급여를 계산하는 경우에 한정)
> ⑤ 법인의 직영차량 운전기사가 법인소속 지입차량의 운전기사로 전직하는 경우
> ⑥ 임원 또는 사용인이 사규에 의하여 정년퇴직을 한 후 다음날 그 법인의 별정직사원으로 채용
> 된 경우
> ⑦ 법인의 상근임원이 비상근임원으로 된 경우

2) 비현실적인 임원 또는 사용인에게 지급된 퇴직금

손금불산입 가지급금 처리한다.

3) 퇴직급여충당금의 손금한도액 계산

min(①, ②)
① 총급여액기준 : 1년 이상 계속 근속한 임원 또는 사용인의 총급여액[주1] × 5%
② 퇴직금누계액기준
(퇴직금추계액[주2] × 0%) − (장부상퇴직급여충당금 기초가액 − 세무상 퇴직급여충당금부
인누계액 − 당기퇴직금지급액) + 퇴직금전환금
※ 주1) 확정기여형 퇴직연금 등 설정자와 1년 미만의 근속자에 대해서는 법인이 별도의 퇴직규정을 두
지 않고 있으면 제외한다.
주2) max(사업연도 종료일 현재 퇴직급여추계액, 보험수리적 기준의 퇴직급여추계액)

※ 퇴직금전환금계상액은 재무상태표상에서 국민연금전환금 계정의 기말잔액(1999.4.1. 폐지)을 말한다.

4) 퇴직급여충당금 과대, 과소 상계액에 대한 세무조정

① 퇴직급여충당금과 상계하지 않고 퇴직금을 비용으로 처리한 경우 : 퇴직급여충당금(손금불산
입, 유보)

② 임원퇴직금한도초과액을 퇴직급여충당금과 상계한 경우 : 퇴직급여충당금(손금산입, △유
보), 임원퇴직금한도초과액(손금불산입, 상여)

③ 비현실적 퇴직금(업무무관가지급금)을 퇴직급여충당금과 상계한 경우 : 퇴직급여충당금(손금
산입, △유보), 가지급금(손금불산입, 유보)

④ 퇴직급여충당금의 인계 : 퇴직급여충당금을 손금산입한 법인이 합병(또는 분할)로 인하여 해
산한 경우 그 법인의 합병등기일(또는 분할등기일) 현재의 당해 퇴직급여충당금 중 합병법
인(또는 분할신설법인, 분할합병법인의 상대법인)에게 인계한 금액은 그 합병법인 등이 합
병등기일(또는 분할등기일)에 가지고 있는 퇴직급여충당금으로 본다. 사업의 포괄적인 양도
의 경우에도 동일하다.

5) 퇴직급여충당금부인액에 대한 세무조정

① 퇴직급여충당금 손금불산입액을 환입한 경우 : 세무상 이월익금에 해당하므로 이를 익금불산
입(△유보)한다.

② 손금불산입된 퇴직급여충당금으로 퇴직금을 지급하는 경우 : 퇴직급여충당금부인액에서 지급
한 것이므로 손금산입(△유보)하여야 한다.

실습하기 9. 퇴직급여충당금조정명세서 작성하기

다음의 자료를 참조하여 1011. 박문물산(주)의 퇴직급여충당금조정명세서를 작성하고 세무조정하시오.

[자료]

[1] 총급여액 지급내역

계정과목	총급여액		퇴직급여대상자가 아닌 자		퇴직급여 대상자	
	인원	지급액	인원	지급액	인원	지급액
801.임원급여(판)	50	605,000,000			50	605,000,000
803.상여금(판)		5,000,000				5,000,000
504.임금(제)	150	406,797,000	60	146,797,000	90	260,000,000
505.상여금(제)		25,000,000		5,000,000		20,000,000
계	200	1,041,797,000	60	151,797,000	140	890,000,000

[2] 퇴직급여충당금 내역
- 장부상 기초잔액 : 40,000,000원
- 충당금 전기부인누계액 : 3,800,000원
- 기중 퇴직금지급액 : 10,000,000원
- 회사 설정금액 : 15,000,000원

[3] 기말 현재 전사용인 퇴직급여추계액(정관 규정에 따른 추계액)
- (200명) 179,800,000원

[4] 기말 현재 전사용인 퇴직급여추계액(근로자퇴직급여보장법에 따른 추계액)
- (200명) 150,000,000원

실습하기 작업순서

[1] ① 2. 총급여액 및 퇴직급여추계액 명세와 ② 퇴직급여추계액명세서
- [F2 코드도움] 선택 → 801, 803, 504, 505 코드로 반영하여 퇴직급여 비대상자와 퇴직급여대상자 금액을 반영한다.
- 자료 2와 자료 3을 참조하여 퇴직급여추계액에 입력한다.

① 2.총급여액 및 퇴직급여추계액 명세							② 퇴직금추계액명세서	
계정과목명	17.총급여액		18.퇴직급여 지급대상이 아닌 임원 또는 직원에 대한 급여액		19.퇴직급여 지급대상이 되는 임원 또는 직원에 대한 급여액		20.기말 현재 임원 또는 직원 전원의 퇴직시 퇴직급여추계액	
	인원	금액	인원	금액	인원	금액	인원	금액
0801.급여(판)	50	605,000,000			50	605,000,000	200	179,800,000
0803.상여금(판)		5,000,000				5,000,000	21.(근로자퇴직급여보장법)에 따른 추계액	
0504.임금(제)	150	406,797,000	60	146,797,000	90	260,000,000	인원	금액
0505.상여금(제)		25,000,000		5,000,000		20,000,000	200	150,000,000
							22.세법상 추계액 MAX(20, 21)	
합계	200	1,041,797,000	60	151,797,000	140	890,000,000		179,800,000

[2] ③ 1. 퇴직급여충당금 조정

- [F7 원장조회] → 295. 퇴직급여충당금으로 조회하여 반영한다.
- 퇴직급여충당금 전기이월 → 조정명세서 4번 란에 반영
- 퇴직급여충당금 지급액 → 조정명세서 8번 란에 반영
- 퇴직급여충당금 설정액 → 조정명세서 15번 란에 반영
- 조정명세서 7번 란 → 충당금 전기부인누계액 3,800,000원 반영

원장조회

기 간 2024년 1월 1일 ~ 2024년 12월 31일 전표수정(F3) 합계옵션(F6) 원장인쇄(F9)

계정과목 0295 퇴직급여충당부채 - 0295 퇴직급여충당부채 << < 0295:퇴직급여충당부채 > >>

일자	번호	적요	코드	거래처	차변	대변	잔액
		[전 기 이 월]				40,000,000	40,000,000
11-02	00032				10,000,000		30,000,000
		[월 계]			10,000,000		
		[누 계]			10,000,000	40,000,000	
12-29	00019	퇴직급여충당부채당기설정액				15,000,000	45,000,000
		[월 계]				15,000,000	
		[누 계]			10,000,000	55,000,000	

③ 1.퇴직급여충당금 조정

『법인세법 시행령』 제60조 제1항에 따른 한도액	1.퇴직급여 지급대상이 되는 임원 또는 직원에게 지급한 총급여액((19)의 계)		2.설정률	3.한도액 (① * ②)		비 고
	890,000,000		5 / 100	44,500,000		
『법인세법 시행령』 제60조 제2항 및 제3항에 따른 한도액	4.장부상 충당금 기초잔액	5.확정기여형퇴직연금자의 설정전계상된퇴직급여충당금	6.기중 충당금 환입액	7.기초 충당금 부인누계액	8.기중 퇴직금 지급액	
	40,000,000			3,800,000	10,000,000	
	9.차감액 (④ - ⑤ - ⑥ - ⑦ - ⑧)	10.추계액 대비 설정액 ((22) * 0 / 100)	11.퇴직금 전환금	12.설정률 감소에 따른 환입을 제외하는금액(MAX(⑨-⑩-⑪,0)	13.누적한도액 (⑧ - ⑨ + ⑪ + ⑫)	
	26,200,000				26,200,000	
한도초과액 계 산	14.한도액 (③과 ⑬중 적은 금액)		15.회사 계상액		16.한도초과액 ((15) - (14))	
			15,000,000		15,000,000	

[3] 조정등록 수행결과

[손금불산입] 퇴직급여충당금 한도초과 15,000,000원(유보발생)

조정 등록

익금산입 및 손금불산입			손금산입 및 익금불산입		
과 목	금 액	소득처분	과 목	금 액	소득처분
법인세비용	12,000,000	기타사외유출	매출원가과소	8,000,000	유보발생
공사미수금과소	8,320,000	유보발생	배당금수익익금불산입	5,225,000	기타
위탁매출누락	10,000,000	유보발생	전기차량운반구감가상각비한도초과	2,500,000	유보감소
임대보증금간주익금	6,001,639	기타사외유출			
비품감가상각비한도초과	1,374,659	유보발생			
업무미사용(그랜저)	1,928,000	상여			
업무용승용차한도초과액(그랜저)	2,800,000	유보발생			
업무용승용차한도초과액(쏘나타)	400,000	기타사외유출			
퇴직급여충당금한도초과	15,000,000	유보발생			

03 퇴직연금부담금조정명세서

법인이 임원 또는 사용인의 퇴직금을 지급하기 위하여 임원 또는 사용인을 피보험자 또는 수익자로 하는 퇴직연금부담금에 대하여 손금에 산입한다.

> ■ 손금산입하는 퇴직연금 등 해당하는 기관
> • 「보험업법」에 따른 보험회사
> • 「자본시장과 금융투자업에 관한 법률」에 따른 신탁업자·집합투자업자·투자매매업자 또는 투자중개업자
> • 「은행법」에 따른 은행
> • 「산업재해보상보험법」 제10조에 따른 근로복지공단

1) 퇴직연금부담금 등의 손금산입 방법

법인세법상 기준은 신고조정사항이다.

① 확정기여형 퇴직연금의 세무조정

구분	신고조정	세무조정
납입 시	(차) 퇴직급여 ××× (대) 현금 ×××	전액 손금산입 (유보발생, △유보)
결산 시	회계처리는 없다.	–
퇴직금 지급 시	회계처리는 없다.	–

단, 임원은 퇴직 전까지 납입한 퇴직부담금은 전액 손금산입한 후 퇴사 시에는 임원퇴직금 한도초과액이 발생하면 손금불산입한다.

② 확정급여형 퇴직연금의 세무조정 – 결산조정 및 신고조정 모두 가능하다.

구분	결산조정	세무조정
납입 시	(차) 퇴직연금운용자산 ××× 　　　수수료비용 (대) 현금 ×××	–
결산 시	(차) 퇴직(연금)급여 ××× (대) 퇴직급여충당금 ×××	• 퇴직금추계액과 퇴직급여충당부채 비교하여 설정 • 세무조정, 손금산입(유보발생, △유보)
퇴직금 일시불 지급 시	(차) 퇴직급여충당금 ××× 　　　퇴직(연금)급여 ××× (대) 현금 ××× 　　　퇴직연금운용자산 ×××	세무조정, 손금불산입(유보감소, 유보)

2) 법인세법상 확정급여형 퇴직연금 손금한도액의 계산

- **손금산입 범위액 : ①과 ② 중 적은 금액**
① 추계액기준 = 당기말 현재 퇴직금추계액 - 당기말 현재 세무상 퇴직급여충당금 잔액 - 이미 손금에 산입한 부담금 등[주]

> 당기말 세무상 퇴직급여충당금잔액 = 당기말 재무상태표상 퇴직급여충당금 잔액 - 당기말 현재 퇴직급여충당금부인액

② 예치금기준 = 당기말 현재 퇴직보험예치금잔액 - 이미 손금에 산입한 부담금 등[주]

> 기말 퇴직연금예치금 잔액 = 전기말 재무상태표상 퇴직연금예치금 등 잔액 - 당기 중 퇴직 연금예치금 등 수령액 및 해약액 + 당기 중 퇴직연금예치금 등의 납입액

> 주) 이미 손금산입한 퇴직부담금 = 전기말 재무상태표상 퇴직연금충당금 등 잔액 + 전기말 신고조정 에 의한 손금산입누계액 - 퇴직연금충당금 부인누계액 - 당기 중 퇴사 등으로 인한 퇴직연금수령 액 또는 해약액

📋 실습하기   10. 퇴직연금부담금조정명세서 작성하기

다음의 자료를 참조하여 1011. 박문물산(주)의 [퇴직연금부담금등조정명세서]를 작성하고 세무조 정사항이 있는 경우 [소득금액조정합계표]에 반영하시오.

[자료]
1. 퇴직연금운용자산 계정내역은 다음과 같다.

퇴직연금운용자산

기초잔액	30,000,000원	퇴직금지급액	10,000,000원
당기납입액	25,000,000원	기말잔액	45,000,000원
	55,000,000원		55,000,000원

2. 전기 자본금과 적립금 조정명세서(을)에는 퇴직연금운용자산 30,000,000원(△유보)이 있다.
3. 당기 퇴사자에 대하여 퇴직금 10,000,000원을 당사 보통예금 계좌에서 이체하여 지급하였으며, 회계처리는 다음과 같다.
   (차) 퇴직급여 10,000,000원   (대) 퇴직연금운용자산 10,000,000원
4. 당기말 현재 퇴직급여추계액은 179,800,000원이다.

실습하기 작업순서

[1] 예치금기준 – 2. 이미 손금산입한 부담금 등의 계산
- [F7 원장조회]를 선택 → 186. 퇴직연금운용자산을 조회하여 직접 반영해도 됨
- 기초잔액 30,000,000원 → 19번 란과 14번 란에 직접 입력 반영함
- 퇴직금 지급액 10,000,000원 → 20번 란과 16번 란에 직접 입력 반영함
- 당기납입액 → 21번 란에 직접 입력 반영함

2.이미 손금산입한 부담금 등의 계산

1 나.기말 퇴직연금 예치금 등의 계산

19.기초 퇴직연금예치금 등	20.기중 퇴직연금예치금 등 수령 및 해약액	21.당기 퇴직연금예치금 등의 납입액	22.퇴직연금예치금 등 계 (19 - 20 + 21)
30,000,000	10,000,000	25,000,000	45,000,000

2 가. 손금산입대상 부담금 등 계산

13.퇴직연금예치금 등 계 (22)	14.기초퇴직연금충당금등 및 전기말 신고조정에 의한 손금산입액	15.퇴직연금충당금등 손금부인 누계액	16.기중퇴직연금등 수령 및 해약액	17.이미 손금산입한 부담금등 (14 - 15 - 16)	18.손금산입대상 부담금 등 (13 - 17)
45,000,000	30,000,000		10,000,000	20,000,000	25,000,000

[2] 추계액기준 – 1. 퇴직연금 등의 부담금 조정
- [F12 불러오기] → 퇴직급여추계액과 이미 손금산입한 부담금을 자동 반영함
- [F7 원장조회]를 선택 → 295. 퇴직급여충당부채를 조회하여 2번 란에 장부상 기말잔액 45,000,000원을 직접 입력 반영함
- 기초 충당금 부인누계액 3,800,000원 + 당기 퇴직급여충당금 부인액 15,000,000원 = 4번 란에 당기말 부인누계액 18,800,000원 직접 입력 반영함

1.퇴직연금 등의 부담금 조정

1.퇴직급여추계액	당기말 현재 퇴직급여충당금				6.퇴직부담금 등 손금산입 누적한도액 (① - ⑤)
	2.장부상 기말잔액	3.확정기여형퇴직연금자의 설정전 기계상된 퇴직급여충당금	4.당기말 부인 누계액	5.차감액 (② - ③ - ④)	
179,800,000	45,000,000		18,800,000	26,200,000	153,600,000
7.이미 손금산입한 부담금 등 (17)	8.손금산입액 한도액 (⑥ - ⑦)	9.손금산입 대상 부담금 등 (18)	10.손금산입범위액 (⑧과 ⑨중 적은 금액)	11.회사 손금 계상액	12.조정금액 (⑩ - ⑪)
20,000,000	133,600,000	25,000,000	25,000,000		25,000,000

[3] 조정등록 수행결과
- [손금불산입] 퇴직연금 지급액 10,000,000원(유보감소)
- [손금산입] 퇴직연금 납입액 25,000,000원(유보발생)

조정 등록

익금산입 및 손금불산입				손금산입 및 익금불산입		
과 목	금 액	소득처분		과 목	금 액	소득처분
퇴직연금지급액	10,000,000	유보감소		퇴직연금납입액	25,000,000	유보발생

✔️ 이론문제 | **퇴직급여충당금과 퇴직연금부담금**

01 다음 자료에 의한 (주)세무의 퇴직급여충당금에 대한 세무조정으로 맞는 것은?

퇴직급여충당금계정			
당기지급액	30,000,000	기초잔액	130,000,000
기말잔액	150,000,000	당기설정액	50,000,000
	180,000,000		180,000,000

- 기초잔액 중에는 세무상부인액 40,000,000원이 포함되어 있다.
- 당기말 현재 퇴직금추계액은 200,000,000원이다.
- 1년 이상 근속한 임직원에 대한 당기 총급여액은 930,000,000원이다.

① 손금불산입 한도초과액 20,000,000원 (유보)

② 손금불산입 한도초과액 30,000,000원 (유보)

③ 손금불산입 한도초과액 40,000,000원 (유보)

④ 손금불산입 한도초과액 50,000,000원 (유보)

02 다음 중 법인세법상 현실적인 퇴직으로 보는 경우로 가장 옳은 것은?

① 임원이 연임이 된 경우

② 외국법인의 국내지점 종업원이 본점 (본국)으로 전출하는 경우

③ 직원이 임원으로 취임하면서 퇴직금을 지급받은 경우

④ 정부투자기관 등이 민영화됨에 따라 모든 종업원의 사표를 일단 수리한 후 재채용한 경우

03 다음 중 법인세법상 인건비의 손금산입에 관한 설명으로 옳은 것은?

① 직원에게 주주총회 결의에 의하여 결정된 급여지급기준을 초과하여 지급한 상여금은 전액 손금산입한다.

② 법인이 직원에게 이익처분에 의해 지급하는 상여금은 손금에 해당한다.

③ 현실적으로 퇴직하지 않은 임원에게 지급한 퇴직금은 지급 시점에 기업업무추진비로 본다.

④ 임원에게 지급한 상여금 중 이사회의 결의에 따라 결정된 급여지급기준에 의한 금액을 초과하여 지급하는 금액은 손금으로 인정된다.

이론문제 정답 및 해설

01 ④ • 급여기준한도 = 930,000,000 × 5% = 46,500,000원
   • 추계기준한도 = 200,000,000 × 0/100 − (130,000,000 − 40,000,000 − 30,000,000) = △60,000,000원
   • 한도액 = min(46,500,000, △60,000,000) = △60,000,000이 되지만 0으로 본다.
   • 한도초과액 = 회사가 설정한 50,000,000 원 전액을 손금불산입, 유보로 처분한다.

02 ③ 법인의 직원이 해당 법인의 임원으로 취임한 때 법인이 퇴직급여를 실제로 지급한 경우 현실적인 퇴직으로 본다.

03 ① 임원이 아닌 직원에게 급여지급기준을 초과하여 지급한 상여금은 전액 손금으로 인정된다.
   ② 법인이 그 임원 또는 직원에게 이익처분에 의하여 지급하는 상여금은 이를 손금에 산입하지 아니한다.
   ③ 법인이 임원 또는 직원에게 지급하는 퇴직급여는 임원 또는 직원이 현실적으로 퇴직하는 경우에 지급하는 것에 한하여 이를 손금에 산입한다.
   ④ 법인이 임원에게 지급하는 상여금 중 정관·주주총회·사원총회 또는 이사회의 결의에 의하여 결정된 급여지급기준에 의하여 지급하는 금액을 초과하여 지급한 경우 그 초과금액은 이를 손금에 산입하지 아니한다.

PART
03

10 | 대손금과 대손충당금조정명세서

◢ 01 대손충당금조정명세서의 의의

법인이 매출채권 등의 회수가 불가능하게 된 경우 먼저 대손충당금과 상계하고 부족액은 대손상각비로 계상하여 손금산입하는 것을 반영한 것이 대손충당금 및 대손금조정명세서이다.

1) 대손금의 범위

① 신고조정사항(강제사항)에 해당하는 대손금 – 당해 사유가 발생한 날에 손금인정

  ㉠ 소멸시효가 완성된 채권 : 상법에 의한 소멸시효가 완성된 외상매출금 및 미수금, 어음법에 의한 어음, 수표법에 의한 수표, 민법에 의한 대여금 및 선급금 등

  ㉡ 회사정리법에 의한 정리계획인가 또는 화의법에 의한 화의인가의 결정에 따라 회수불능을 확정된 채권

  ㉢ 민사소송법의 규정에 의하여 채무자의 재산에 대한 경매가 취소된 압류채권

  ㉣ 물품의 수출로 인하여 발생한 채권으로서의 외국환거래에 관한 법령에 의하여 한국은행 총재 또는 외국환은행의 장으로부터 채권회수의무를 면제받은 것

② 결산조정사항(임의사항)에 해당하는 대손금 – 당해 사유가 발생한 날에 손금인정

  ㉠ 감독기관의 승인 등을 얻은 일정한 채권(대여금 등)

  ㉡ 부도발생일로부터 6월 이상 경과한 수표 또는 어음상의 채권 및 외상매출금(중소기업의 외상매출금으로서 부도발생일 이전의 것에 한함)

   • 당해 법인이 채무자의 재산에 대하여 저당권을 설정하고 있는 경우 제외한다.

   • 대손금으로 손금계상할 수 있는 금액 : 사업연도 종료일 현재 회수되지 않은 당해 채권의 금액에서 1,000원을 공제한 금액으로 한다.

  ㉢ 채무자의 파산, 강제집행, 형의 집행, 사업의 폐지, 사망, 실종, 행방불명으로 인하여 회수할 수 없는 채권

  ㉣ 국세징수법에 의하여 납세지 관할 세무서장으로부터 국세결손처분을 받은 채무자에 대한 채권(저당권이 설정되어 있는 채권은 제외)

  ㉤ 회수기일을 6월 이상 경과한 채권 중 회수비용이 당해 채권가액을 초과하여 회수실익이 없다고 인정되는 30만원 이하의 채권

③ 대손금의 세무조정

구분		세무조정
대손가능채권	대손사유 충족 시	세무조정 없음
	대손사유 미충족 시	손금불산입(유보)
대손불가능채권	대손사유 충족 시	• 신고조정항목 – 손금산입(△ 유보) • 결산조정항목 – 세무조정 없음
	대손사유 미충족 시	세무조정 없음

2) 대손충당금의 의의

각 사업연도에 발생한 매출채권 및 기타채권 등에 대하여 회수불가능에 대비하기 위하여 일정 금액의 범위 내에서 손금에 산입한다.

▼ 대손충당금 설정 대상채권의 범위

구분	범위
외상매출금	상품, 제품 판매가액의 미수액, 가공료·용역 등의 제공, 판매가격과 관련된 특별소비세, 주세, 교통세, 부가가치세미수액도 포함한다.
대여금	금전 소비대차계약 등에 의하여 타인에게 대여한 금액
기타 이에 준하는 채권	① 어음상 채권 및 미수금 ② 기업회계기준에 의한 대손충당금 설정대상채권(다만, 부당행위계산부인규정을 적용받는 시가초과액에 상당하는 채권은 제외)
채무보증으로 인한 채권	① 채무보증으로 인한 구상채권 ② 위탁회사와 증권회사가 행한 채무보증으로 인한 구상채권 ③ 신용보증사업을 영위하는 법인이 행한 채무보증 등으로 인한 구상채권 ④ 수탁기업체에 대해 채무보증으로 인한 구상채권

3) 대손충당금 설정한도액

> 다음 ①과 ② 중 큰 금액
> ① 단순비율기준 : 일반법인은 1%, 금융기관은 2%
> ② 대손실적률 기준 : 대손충당금설정대상채권 × 당해 사업연도 대손시인액 ÷ 직전 사업연도 종료일 현재의 매출채권잔액 + 전기대손금부인액 중 당기유보된 금액

4) 대손충당금 설정대상 제외 채권의 범위

① 보증채무를 대위변제함으로써 발생하는 모든 법인의 구상채권(단, 구상채권의 처분손실은 손금불산입한다.)

② 지급이자 손금불산입 대상이 되는 특수관계자에 대한 업무무관 가지급금

③ 부당행위계산부인규정에 의한 시가초과액에 상당하는 채권

5) 대손충당금 설정·환입과 상계 및 인계

① 설정 : 세법에서는 총액법을 원칙으로 하며 보충법도 예외적으로 인정한다.

② 상계와 환입, 인계

    ㉠ 상계 : 대손충당금을 손금계상한 법인은 대손금이 발생한 경우 그 대손금을 이미 계상되어 있는 대손충당금과 먼저 상계하여야 한다.

    ㉡ 환입 : 손금산입한 사업연도의 다음 사업연도에 이렇게 상계하고 남은 대손충당금 잔액을 익금에 산입한다.

    ㉢ 인계 : 대손충당금을 손금에 산입한 내국법인이 합병 또는 분할로 인하여 해산한 법인의 합병등기일 또는 분할등기일 현재의 당해 대손충당금 중 합병법인 등에게 인계한 금액은 그 합병법인 등이 합병등기일 또는 분할등기일에 가지고 있는 대손충당금으로 본다. 이 경우 인계한 대손충당금은 이에 대응하는 채권이 동시에 인계되는 경우에 한한다.

6) 대손충당금 세무조정 – 반드시 결산조정한다.

기업회계에서는 보충법이지만 법인세법에서는 총액법을 인정하고 있다.

■ 총액법과 보충법 이해

대손충당금 기초 잔액 10,000원(부인액 2,000원 포함), 기말 현재 대손충당금 추정예상액 30,000원인 경우

보충법	(차) 대손충당금전입	20,000	(대) 대손충당금	20,000
총액법	(차) 대손충당금	10,000	(대) 대손충당금환입	10,000
	(차) 대손충당금전입	30,000	(대) 대손충당금	30,000

① 보충법은 기말 추정예상액 30,000원에서 기초잔액 10,000원을 차감하여 20,000원을 대손충당금 전입액으로 한다. 부인액은 세무조정할 필요가 없다.

② 총액법은 기초잔액 10,000원을 이월하면서 전액 환입시킨다. 따라서 기말 추정예상액 30,000원을 모두 전입액으로 한다. 단, 부인액도 반드시 세무조정을 할 필요가 있으므로 전기 세무조정(손금불산입, 유보)을 당기에 반대 세무조정(손금산입, △유보)을 해야 한다.

---

02 구상채권상각충당금

신용보증사업을 영위하는 법인과 중소기업의 구조개선 및 경영안정지원을 위한 특별조치법에 의한 지역신용보증조합은 당해 사업연도 종료일 현재 신용보증잔액의 1% 범위 안에서 구상채권상각충당금을 손금에 산입할 수 있다. 이러한 구상채권상각충당금은 회수할 수 없는 구상채권이 발생한 경우에 그 대손금과 상계할 수 있으며, 상계한 후의 잔액은 다음 사업연도에 익금에 산입한다.

03 국고보조금, 공사부담금 및 보험차익의 손금산입

1) 국고보조금 등으로 취득한 사업용자산가액의 손금산입

    ① 손금산입액 : 개별 사업용자산별로 당해 사업용자산가액 중 그 취득, 개량에 사용된 국고보조금 등에 상당하는 금액

② 법인이 국고보조금 등을 금전 외의 자산으로 받아 사업에 사용한 때에는 이를 사업용자산의 취득 또는 개량에 사용한 것으로 본다.

2) 공사부담금으로 취득한 고정자산가액의 손금산입

① 고정자산을 제공받은 경우 : 개별자산별로 당해 고정자산가액에 상당하는 금액

② 공사부담금을 제공받아 고정자산을 취득하는 경우 : 개별자산별로 그 취득에 사용된 공사부담금액에 상당하는 금액

3) 보험차익으로 취득한 고정자산가액의 손금산입

개별 사업용자산별로 당해 사업용자산가액 중 그 취득, 개량에 사용된 보험차익에 상당하는 금액. 단, 당해 고정자산자사가액이 지급받은 보험금에 미달하는 경우에는 보험금 중 보험차익 외의 금액을 먼저 사용한 것으로 본다.

4) 손금산입시기 및 사용기한

구분	사용기한	손금산입시기
국고보조금 공사부담금	지급받은 사업연도의 다음 사업연도 개시일부터 1년 이내	지급받은 사업연도
보험차익	지급받은 사업연도의 다음 사업연도 개시일부터 2년 이내	

5) 손금에 산입된 국고보조금 등에 대한 익금산입(국고보조금, 공사부담금 및 보험차익의 경우)

국고보조금 등을 손금에 산입한 법인이 다음에 해당하게 된 경우에는 그 사유가 발생한 사업연도의 소득금액계산상 익금산입한다.

① 국고보조금 등을 사업용 자산의 취득 또는 개량을 위하여 세법에서 정하는 기간 1년(국고보조금, 공사부담금), 2년(보험차익) 내에 사용하지 아니한 때

② 국고보조금 등으로 사업용자산을 취득 또는 개량하기 전에 법인이 폐업 또는 해산(합병의 경우 제외)한 때

실습하기 11. 대손금 및 대손충당금조정명세서 작성하기

다음의 자료를 참조하여 1011. 박문물산(주)의 대손충당금 및 대손금조정명세서를 작성하고 대손충당금 및 대손금관련 세무조정을 하시오. (단, 대손실적률은 1% 이하이다.)

[자료]

1. 매출채권내역

① 외상매출금 : 802,810,150원(부가가치세 매출세액 포함)

② 받을어음 : 57,800,000원(부가가치세 매출세액 포함)

2. 대손내역

① 1월 10일 거래처 (주)인천기업의 파산사유로 외상매출금 21,000,000원을 대손충당금과 상계하였다.

② 11월 20일 거래처 (주)우성의 부도발생으로 받을어음 2,000,000원을 대손처리하다.

③ 12월 15일 회수기일이 6개월 경과한 (주)하영전자의 소액채권인 외상매출금 350,000원을 대손충당금과 상계하였다.

3. 재무상태표상 대손충당금내역 – 전기말 대손충당금부인액 600,000원이 있음

대손충당금

당기	6,815,600원	기초	6,665,600원
기말	2,850,000원	설정	3,000,000원

🔾 실습하기 작업순서

[1] ① 2. 대손금조정

• 자료 2. 대손내역(① ~ ③) → [F7 원장조회]를 조회하여 시부인에 반영한다.

• 11월 20일 부도가 된 어음은 6개월 미경과로 부인되며, 12월 15일 소액채권 35만원 초과는 전부 부인액으로 본다.

구분	회사계상액	세법상시인액		부인액	
파산 외상매출금	21,000,000	대손충당금 대손상각비	4,965,600 16,034,400	–	
6개월 미경과 어음	2,000,000	–		대손충당금 대손상각비	1,500,000 500,000
소액채권 30만원 이하	350,000			대손충당금	350,000

No	22. 일자	23.계정 과목	24.채권 내역	25.대손 사유	26.금액	대손충당금상계액			당기 손비계상액		
						27.계	28.시인액	29.부인액	30.계	31.시인액	32.부인액
1	01.10	외상매출금	1.매출채권	1.파산	21,000,000	4,965,600	4,965,600		16,034,400	16,034,400	
2	11.20	받을어음	1.매출채권	부도6개월 미경과	2,000,000	1,500,000		1,500,000	500,000		500,000
3	12.15	외상매출금	1.매출채권	소액채권과대	350,000	350,000		350,000			

[2] ② 채권잔액

[F12 불러오기]를 하면 당기 채권잔액과 대손금부인액 등이 자동반영되며 문제에 주어진 매출채권을 제외한 채권은 삭제하면 된다.

No	16.계정 과목	17.채권잔액의 장부가액	18.기말현재대손금부인누계		19.합계 (17+18)	20.충당금설정제외채권 (할인,배서,특수채권)	21.채 권 잔 액 (19-20)
			전기	당기			
1	외상매출금	802,810,150		350,000	803,160,150		803,160,150
2	받을어음	57,800,000		2,000,000	59,800,000		59,800,000

[3] ③ 1. 대손충당금조정

• 자료3 대손충당금 기초잔액 → 8번 란에 직접 반영함

• 자료3 전기말 대손충당금부인액 → 10번 란에 직접 반영함

• 자료3 당기 대손충당금 상계액 → 11번 란에 자동으로 반영함

• 자료3 당기 대손충당금 설정액 → 4번 란에 직접 반영함

- 자료3 기말 대손충당금 → 6번 란에 반영되어야 하므로 5번 란과 12번 란에 보충액 −150,000원을 입력 반영함

3 1.대손충당금조정								
손금 산입액 조정	1.채권잔액 (21의금액)	2.설정률(%) ◉기본율 ○실적율 ○적립기준		3.한도액 (1×2)	회사계상액			7.한도초과액 (6-3)
					4.당기계상액	5.보충액	6.계	
	862,660,150	1		8,626,601	3,000,000	-150,000	2,850,000	
익금 산입액 조정	8.장부상 충당금기초잔액	9.기중 충당금환입액	10.충당금부인 누계액	11.당기대손금 상계액(27의금액)	12.충당금보충액 (충당금장부잔액)	13.환입할금액 (8-9-10-11-12)	14.회사환입액 (회사기말환입)	15.과소환입·과다 환입(△)(13-14)
	6,665,600		600,000	6,815,600	-150,000		-600,000	-600,000

[4] 조정등록 수행결과

〈손금불산입〉 6월 미경과한 부도어음 2,000,000원(유보발생)

〈손금불산입〉 소액채권 과다 350,000원(유보발생)

〈손금산입〉 전기대손충당금한도초과 600,000원(유보감소)

조정 등록						
익금산입 및 손금불산입				손금산입 및 익금불산입		
과 목	금 액	소득처분		과 목	금 액	소득처분
6개월 미경과한 부도어음	2,000,000	유보발생		전기대손충당금한도초과	600,000	유보감소
소액채권 과다	350,000	유보발생				

☑️이론문제 | 대손금과 대손충당금조정명세서

01 다음 중 법인세법상 대손충당금에 대한 설명으로 틀린 것은?

① 특수관계자에게 업무와 관련 없이 지급한 가지급금에 대하여는 대손충당금을 설정할 수 없다.

② 손금에 산입한 대손충당금계정의 금액은 대손금이 발생한 경우 우선적으로 상계하고 잔액이 있는 경우 다음 사업연도의 익금에 산입하여야 한다.

③ 대손금으로 처리한 금액 중 회수된 금액은 회수된 날이 속하는 사업연도의 익금에 산입한다.

④ 법인세법상 손금산입한도에 미달하는 대손충당금 금액은 신고조정에 의하여 손금에 산입할 수 있다.

02 다음 중 법인이 대손충당금을 설정할 수 있는 채권이 아닌 것은?

① 작업진행률에 의해 계상한 공사미수금

② 특수관계자에게 당해 법인의 업무와 관련없이 지급한 가지급금 등

③ 회수기일이 아직 도래하지 않은 할부판매 미수금

④ 금전소비대차계약 등에 의하여 타인에게 대여한 금액

03 다음 중 법인세법상 대손충당금에 대한 설명으로 틀린 것은?

① 할인어음은 대손충당금 설정대상채권에 해당되지 않는다.

② 대손충당금 설정대상채권의 장부가액은 세무상 장부가액을 말한다.

③ 대손율(설정률)은 1%(금융기관 : 2%)이다.

④ 전기대손충당금 부인액은 무조건 당기에 손금산입으로 세무조정한다.

04 다음 중 법인세법상 대손금으로 인정되지 않는 것은?

① 채무보증(대통령령으로 정하는 특정 채무보증 제외)으로 인하여 발생한 구상채권(求償債權)

② 채무자의 파산으로 인하여 회수할 수 없는 채권

③ 법률에 따른 회생계획인가의 결정에 따라 회수불능으로 확정된 채권

④ 법률에 따라 채무조정을 받아 같은 법의 신용회복지원협약에 따라 면책으로 확정된 채권

📌 이론문제 정답 및 해설

01 ④ 대손충당금의 손금산입은 결산조정에 해당한다.

02 ② 특수관계자에게 업무와 관련 없이 지급한 가지급금 등은 대손충당금을 설정할 수 없는 채권이다.

03 ③ 대손율(설정률)은 1%(금융기관 : 2%)와 대손실적률 중 큰 금액을 말한다.

04 ① 채무보증으로 인하여 발생한 구상채권은 채무자의 재산 등으로 회수할 수 없는 경우에도 이를 대손금으로 손금에 산입할 수 없고, 대손충당금 설정 대상 채권에서도 제외한다.

PART
03

11 | 기업업무추진비조정명세서

01 기업업무추진비의 정의

1) 사업상 필요에 의하여 업무와 관련이 있는 자에게 접대·향응·위안·선물기증 등 접대행위로 지출된 모든 금품의 가액

2) 정보제공·거래의 알선·중개 등 법인의 사업상 효익을 유발시킨 자에게 지출한 금품의 가액으로서 통상적인 것으로 인정할 수 없는 금액

구분	업무관련성	특정인 관계	한도액
기업업무추진비	○	○	한도액만큼만 손금인정
광고선전비	○	불특정 다수인	전액 손금인정
기부금	무관	○	한도액만큼만 손금인정

02 기타 기업업무추진비

1) 사용인이 조직한 조합 또는 단체(법인)에 복리시설비를 지출한 경우 기업업무추진비로 본다. 단, 조합이나 단체가 법인이 아닌 때에는 그 법인의 경리의 일부로 본다.

2) 약정에 의하여 채권의 전부 또는 일부를 포기할 경우 기업업무추진비 또는 기부금으로 본다.

3) 특정 고객에게만 선별적으로 제공된 광고선전비로 특정인에 대한 기증금품(개당 3만원 이하의 물품은 제외)으로서 연간 5만원을 초과하는 비용

4) 재고자산, 유형자산 및 무형자산 등의 취득과 관련하여 지출한 비용으로서 자산의 취득가액으로 계상한 경우에도 접대·교제 등을 위하여 지출한 금액이 포함되어 있는 경우에는 기업업무추진비에 포함한다.

5) 기업업무추진비에 관련한 매입세액불공제액

6) **판매장려금·판매수당 등**
   ① 사전약정 없이 지급하거나 특정 거래처만을 상대로 지급하는 판매장려금은 기업업무추진비로 본다.
   ② **사업상증여** : 사업과 관련된 것으로 시가로 기업업무추진비 또는 기부금으로 본다.
   ③ **사업상증여에 대한 부가가치세** : 기업업무추진비에 해당한다.

03 기업업무추진비의 요건

내국법인이 1회의 접대에 지출한 기업업무추진비 중 3만원을 초과하여 다음의 요건을 갖추어야 기업업무추진비로 인정된다.

1) 여신전문금융법에 의한 신용카드, 직불카드, 외국에서 발행된 신용카드, 현금영수증을 사용하여 지출하는 기업업무추진비

2) 법인세법 및 소득세법의 규정에 따른 계산서, 부가가치세법의 규정에 따른 세금계산서를 교부받거나 조세특례제한법에 의한 매입자발행세금계산서 또는 원천징수영수증을 발행하고 지출하는 기업업무추진비

04 기업업무추진비의 요건을 갖추지 아니한 지출금액

1) 업무무관, 증빙누락분은 손금불산입(대표자 상여)한다.

2) 영수증 등 수취분 중 건당 3만원 초과는 손금불산입(기타사외유출)하고, 건당 3만원 이하는 손금산입한다.

3) 신용카드 등 사용분 중 한도 내의 금액은 손금산입하며, 한도초과액은 손금불산입(기타사외유출)한다.

4) 주주, 사원 등 출자자와 임원 또는 사용인이 부담하여야 할 성질의 기업업무추진비를 법인이 지출한 것은 이를 기업업무추진비로 보지 아니하고 손금불산입(귀속자에 대한 소득처분)으로 처리한다.

05 기업업무추진비 손금한도액 계산(= 일반 기업업무추진비 + 문화 기업업무추진비 + 전통시장 기업업무추진비 합산)

1) 일반 기업업무추진비 손금한도액 = 1,200만원(중소기업은 3,600만원) × 당해 사업연도의 월수 ÷ 12 + (수입금액 × 수입금액별 적용률) + (특정수입금액 × 적용률 × 10%)

① 일반수입금액 : 기업회계기준에 의해 계산한 매출액(매출에누리와 환입, 매출할인을 차감하고, 부산물매출액, 작업폐물은 포함)에 한한다.

② 특정수입금액 : 특수관계에 있는 자와의 거래에서 발생한 수입금액을 말한다.

③ 일반수입금액과 특정수입금액별 적용률

수입금액	적용률
100억원 이하	0.3%
100억원 초과 500억원 이하	3천만원 + 100억원 초과금액의 0.2%
500억원 초과	1억 1천만원 + 500억원 초과금액의 0.03%

2) 문화 기업업무추진비 손금한도액 = min(문화 기업업무추진비, 일반 기업업무추진비 × 20%)
   월수는 역에 따라 계산하되, 1월 미만의 일수는 1월로 한다.

3) 전통시장 기업업무추진비 손금한도액(일반 기업업무추진비 × 10% 추가, 단 일반유흥주점업
   등 소비성 지출액은 제외)

06 기업업무추진비의 손금귀속연도

기업업무추진비는 발생주의에 의한다. 만일, 법인이 비용으로 계상하여야 할 기업업무추진비를 당해
연도 비용에 계상하지 아니하고 이연처리한 경우에는 손금산입(△유보)하고 시부인대상 기업업무추
진비 해당액에 포함시킨다.

07 자산 등 원가에 산입된 기업업무추진비의 시부인계산과 세무조정

지급한 기업업무추진비가 고정자산을 취득하기 위하여 지급한 경우에는 기업업무추진비 시부인계
산에 있어서 이를 포함시켜 다음과 같이 시부인계산을 한다.

1) 자산계상 기업업무추진비가 있는 경우

기업업무추진비 한도 초과액은 비용으로 계상한 기업업무추진비에서 먼저 발생하고 나머지는
자산계상 기업업무추진비에서 발생한 것으로 본다. 이 경우 수 개의 자산계정에 기업업무추진
비가 계상된 경우에는 자산별 감액순위를 건설중인 자산, 유형자산 및 무형자산의 순서로 한도
초과액이 발생한 것으로 본다.

2) 세무조정

① 기업업무추진비 시부인계산 : 먼저 비용계상 기업업무추진비와 자산계상 기업업무추진비를
합한 금액을 대상으로 기업업무추진비 시부인계산을 하여, 기업업무추진비한도초과액을 손
금불산입(기타사외유출)한다.

② 자산계상한 기업업무추진비 : 기업업무추진비한도초과액이 당기에 판매비 및 관리비 및 제조
경비 등으로 계상한 기업업무추진비보다 많은 경우에는 당기에 비용으로 계상한 기업업무추
진비는 전액 손금불산입하고 그 차액은 자산계정에서 감액처리하기 위하여 손금산입(△유보)
하고 동 금액만큼 손금불산입(유보)한다.

③ 손금산입(△유보)금액의 사후관리 : 자산의 손금산입(△유보)금액에 대하여 추후회사가 상각
비를 계상하면, 법정 산식에 의해 계산한 금액을 손금불산입(유보)한다.

실습하기 12. 기업업무추진비조정명세서 작성하기

다음의 자료를 참조하여 1011. 박문물산(주)의 기업업무추진비조정명세서를 작성하고 세무조정하시오.

[자료]
1. 수입금액 : 4,061,930,900원(특수관계자와의 거래 350,000,000원 포함)
2. 기업업무추진비 지출에 관한 사항
　① 기업업무추진비(판) : 1회 3만원 초과 지출분 46,600,000원
　　(신용카드 등 사용분 45,710,000원, 신용카드 등 미사용분 890,000원)
　② 기업업무추진비(제) : 1회 3만원 초과 지출분 20,120,000원 중 3월 22일 거래금액
　　200,000원은 증빙누락이 확인됨
　③ 6월 23일 제품(원가 3,000,000원, 시가 5,000,000원)을 거래처에게 사업상 무상으로 제공하고 다음과 같이 회계처리하였다.
　　(차) 광고선전비(판)　3,500,000　/　(대) 제품　　　　　3,000,000
　　　　　　　　　　　　　　　　　　　　　부가세예수금　　　500,000

실습하기 작업순서

[1] [기업업무추진비 입력(을)] ① 1. 수입금액명세
　[F12 불러오기] 선택 → [조정후 수입금액명세서] 4,061,930,900원 확인 → 특수관계인간 거래금액 350,000,000원을 입력하면 일반수입금액은 자동으로 입력됨

1.기업업무추진비 입력 (을)	2.기업업무추진비 조정 (갑)		

1 1. 수입금액명세			
구　　분	1. 일반수입금액	2. 특수관계인간 거래금액	3. 합　　계(1+2)
금　　액	3,711,930,900	350,000,000	4,061,930,900

[2] [기업업무추진비 입력(을)] ② 2. 기업업무추진비 해당금액
- 기업업무추진비(판) → 신용카드미사용분(15번 란) 890,000원, 총초과금액(16번 란) 46,600,000원 반영되어 있으므로 조정하지 않음
- 기업업무추진비(제) → 증빙누락분은 기업업무추진비계상액 중 사적사용경비(6번 란)에 200,000원을 입력하고, 신용카드미사용분(15번 란)에서는 200,000원 차감한 후 삭제, 총초과금액(16번 란) 19,920,000원 조정 반영함
- 광고선전비(판) → 사업상 무상제공은 기업업무추진비 5,500,000원으로 봄 → 5번, 7번, 16번 란에 5,500,000원으로 입력 반영함

2 2. 기업업무추진비 해당금액

4. 계정과목		합계	기업업무추진비(제조)	기업업무추진비(판관)	광고선전비
5. 계정금액		72,220,000	20,120,000	46,600,000	5,500,000
6. 기업업무추진비계상액 중 사적사용경비		200,000	200,000		
7. 기업업무추진비해당금액(5-6)		72,020,000	19,920,000	46,600,000	5,500,000
8. 신용카드등 미사용금액	결혼사비 중 기준금액 초과액	9. 신용카드 등 미사용금액				
		10. 총 초과금액				
	국외지역 지출액 (법인세법 시행령 제41조제2항제1호)	11. 신용카드 등 미사용금액				
		12. 총 지출액				
	농어민 지출액 (법인세법 시행령 제41조제2항제2호)	13. 송금명세서 미제출금액				
		14. 총 지출액				
	기업업무추진비 중 기준금액 초과액	15. 신용카드 등 미사용금액	890,000		890,000	
		16. 총 초과금액	72,020,000	19,920,000	46,600,000	5,500,000
17. 신용카드 등 미사용 부인액		890,000		890,000	
18. 기업업무추진비 부인액(6+17)		1,090,000	200,000	890,000	

[3] [기업업무추진비 입력(을)] 3 기업업무추진비 한도초과액 조정

1.기업업무추진비 입력 (을)	2.기업업무추진비 조정 (갑)

3 기업업무추진비 한도초과액 조정

중소기업 ☐ 정부출자법인 ☐ 부동산임대업등(법.령제42조제2항)

구분			금액
1. 기업업무추진비 해당 금액			72,020,000
2. 기준금액 초과 기업업무추진비 중 신용카드 등 미사용으로 인한 손금불산입액			890,000
3. 차감 기업업무추진비 해당금액(1-2)			71,130,000
기업업무추진비 한도	일반	4. 12,000,000 (중소기업 36,000,000) X 월수(12) / 12	36,000,000
		총수입금액 기준	100억원 이하의 금액 X 30/10,000	12,185,792
			100억원 초과 500억원 이하의 금액 X 20/10,000	
			500억원 초과 금액 X 3/10,000	
			5. 소계	12,185,792
		일반수입금액 기준	100억원 이하의 금액 X 30/10,000	11,135,792
			100억원 초과 500억원 이하의 금액 X 20/10,000	
			500억원 초과 금액 X 3/10,000	
			6. 소계	11,135,792
		7. 수입금액기준	(5-6) X 10/100	105,000
		8. 일반기업업무추진비 한도액 (4+6+7)		47,240,792
문화기업업무추진비 한도(「조특법」 제136조제3항)	9. 문화기업업무추진비 지출액		
	10. 문화기업업무추진비 한도액(9와 (8 X 20/100) 중 작은 금액)		
전통시장기업업무추진비 한도(「조특법」 제136조제6항)	11. 전통시장기업업무추진비 지출액		
	12. 전통시장기업업무추진비 한도액(11과 (8 X 10/100) 중 작은 금액)		
13. 기업업무추진비 한도액 합계(8+10+12)			47,240,792
14. 한도초과액(3-13)			23,889,208
15. 손금산입한도 내 기업업무추진비 지출액(3과 13중 작은 금액)			47,240,792

[4] 조정등록 수행결과
- 〈손금불산입〉 기업업무추진비 중 증빙미사용액 200,000원(상여)
- 〈손금불산입〉 신용카드등 미사용액 890,000원(기타사외유출)
- 〈손금불산입〉 기업업무추진비한도초과 23,889,208(기타사외유출)

조정 등록

익금산입 및 손금불산입			손금산입 및 익금불산입		
과 목	금 액	소득처분	과 목	금 액	소득처분
기업업무추진비중 개인적경비	200,000	상여			
신용카드등미사용액	890,000	기타사외유출			
기업업무추진비한도초과	23,889,208	기타사외유출			

☑️이론문제 | 기업업무추진비조정명세서

01 다음 자료에 의하여 제조업을 영위하는 (주) 박문각의 제10기(사업연도 : 2024.1.1. ~ 2024.6.30.) 사업연도의 기업업무추진비 한도초과액은 얼마인가?

> • 당해 사업연도의 기업업무추진비 지출총액은 7,500만원이며 모두 법인 명의의 신용카드로 결제되었다.
> • 당사는 중소기업이며 매출액은 280억 원이다.

① 0원   ② 25,000,000원

③ 31,000,000원   ④ 84,000,000원

02 다음 법인세법상 기업업무추진비에 대한 설명 중 옳은 것은?

① 거래처에 사전약정 없이 판매장려금을 지급한 경우에는 기업업무추진비로 본다.

② 현물기업업무추진비는 장부가액으로 계산한다.

③ 기업업무추진비관련 부가가치세 매입 세액은 전액 손금산입한다.

④ 광고선전 목적으로 불특정 다수에게 지급하는 견본품은 기업업무추진비로 본다.

03 법인세법상 기업업무추진비와 기부금, 광고 선전비에 관한 설명 중 옳지 않은 것은?

① 기업업무추진비는 발생주의, 기부금은 현금주의에 의하여 손비 처리한다.

② 기업업무추진비는 업무와 관련있는 지출이지만, 기부금은 업무와 관련 없는 지출이다.

③ 중소기업의 기업업무추진비 기본한도 는 30,000,000원이다.

④ 기업업무추진비와 광고선전비의 차이 는 대상이 특정되었는가의 차이로 결정된다.

📌 이론문제 정답 및 해설

01 ① • 기업업무추진비한도액 = 36,000,000 × 6/12 + (10,000,000,000 × 30/10,000 + 18,000,000,000 × 20/10,000) = 84,000,000원

  • 기업업무추진비 한도초과액
  = 75,000,000 - 84,000,000
  = △9,000,000 이므로 0원이 된다.

02 ① ② 현물기업업무추진비는 장부가액과 시가 중 큰 금액으로 계산한다.

③ 기업업무추진비 관련 부가가치세 매입세액은 기업업무추진비로 보지만 기업업무추진비한도초과액은 손금 불산입한다.

④ 광고선전 목적으로 불특정 다수에게 지급하는 견본품은 기업업무추진비로 보지 않는다.

03 ③ 중소기업의 기업업무추진비 기본한도는 36,000,000원이다.

12 | 자산의 취득 및 평가와 재고자산(유가증권)평가조정명세서

01 법인세법상 재고자산(유가증권)의 취득가액 일반원칙

구분	취득가액
타인으로부터 매입한 자산	매입가액에 매입부대비용(취·등록세, 관세, 인수운임, 하역비 등)은 가산하고 단기매매항목으로 분류된 금융자산 및 파생상품은 제외함 ※ (주의) 토지와 건물 등의 가액이 불분명한 경우에는 시가로 안분계산함
자기가 제조, 생산, 건설 기타 이에 준하여 취득한 자산	원재료, 노무비, 운임, 하역비, 보험료, 취·등록세 설치비, 기타부대비용의 합계액
현물출자, 합병 또는 분할(분할합병)에 의하여 취득한 자산	합병법인 등이 장부에 계상한 출자가액 또는 승계가액. 단 그 시가 초과액은 제외
현물출자, 물적분할에 의하여 주주 등이 취득한 주식 등	취득 당시의 시가
합병 또는 인적분할에 의하여 주주 등이 취득한 주식 등	합병 또는 분할(물적분할 제외)의 경우에는 종전의 장부가액에 다음의 금액을 가산한 가액으로 한다. • 합병 또는 분할 시의 의제배당액 • 불공정자본거래에 의하여 특수관계자로부터 분여받은 이익으로서 익금산입된 금액
위 이외의 자산	취득 당시의 시가

1) 재고자산(유가증권)의 저가, 고가매입 등

구분	취득원가에 포함되는 것	취득원가에 포함되지 않는 것
고가 매입	–	• 특수관계자로부터 고가매입 또는 고가 현물출자 받은 경우의 시가초과액 • 특수관계 없는 자로부터 고가매입한 경우 정상가액(시가의 130%)을 초과하는 금액
저가 매입	특수관계 있는 개인으로부터 유가증권을 저가매입한 경우 그 매입가액과 시가와의 차액	일반적인 저가매입의 경우 그 매입가액과 시가와의 차액

2) 기타 취득가액에 포함되는 금액

① 사업용 유형, 무형자산 취득에 관련된 건설자금이자

② 유형자산의 취득과 함께 국·공채를 매입하는 경우 국·공채의 매입가액과 현재가치의 차액을 해당 유형자산의 취득가액으로 포함한 금액

3) 기타 취득가액에 포함되지 않는 금액

① 장기할부조건으로 취득 시 계상한 현재가치할인차금

② 연지급수입에 있어서 취득가액과 구분하여 지급이자로 계상한 금액

③ 부당행위계산부인에 의한 특수관계자로부터의 매입, 현물출자 또는 실권주 인수 시 시가초과액

02 자산과 부채의 평가

1) 자산과 부채의 평가금액 결정

법인이 기업회계기준, 관행을 따르지 않아 세법규정과 차이가 발생하는 경우에는 반드시 이를 세무조정한다. 따라서 자산과 부채의 평가는 내국법인이 보유하는 자산과 부채의 장부가액을 증액 또는 감액(감가상각은 제외)한 경우에 장부가액은 평가 전의 가액으로 한다.

2) 보유 중인 자산에 대한 취득가액의 평가

① 다음의 평가의 경우에는 그 평가액이 취득가액이 된다.

> • 보험업법 기타 법률에 의한 유형·무형자산을 시가로 평가(장부가액을 증액한 경우에만 해당)한 경우 : 그 평가액
> • 재고자산, 유가증권, 기업회계기준에 의한 화폐성 외화자산 및 부채(법인세법의 규정에 따라 평가한 경우) : 그 평가액

② 단, 다음의 경우 장부가액을 감액한다.

㉠ 파손, 부패 등으로 정상가액 판매불가능 재고자산 : 사업연도종료일의 처분가능시가

㉡ 천재, 지변, 화재, 수용, 폐광 등으로 파손, 멸실된 유형·무형자산 : 사업연도 종료일의 시가로 감액

㉢ 중소기업창업투자회사 또는 신기술사업금융업자가 보유하는 창업자 발행주식으로 그 발행법인이 부도가 발생한 경우의 당해 주식 : 사업연도 종료일 현재의 시가(시가로 평가한 가액이 1,000원 이하인 경우 1,000원)

㉣ 주식 등을 발행한 법인이 파산한 경우의 당해 주식 등 : 사업연도 종료일 현재의 시가(시가로 평가한 가액이 1,000원 이하인 경우 1,000원)

㉤ 특수관계 없는 비상장법인이 발행한 주식 : 상장주식과의 형평성을 감안하여 일정주주(지분율 5% 이하이면서 취득가액이 10억원 이하인 경우)가 보유한 부도 등이 발생한 비상장주식의 경우 감액 허용

03 재고자산의 평가

1) 재고자산 평가대상

원칙은 원가법, 예외는 저가법 적용으로 인한 평가감 인정

① 제품 및 상품(부동산매매업자가 매매를 목적으로 소유하는 부동산을 포함하며, 유가증권 제외)
② 반제품 및 재공품
③ 원재료
④ 저장품

2) 재고자산의 취득가액

취득제비용 일체는 해당원가에 포함하지만 원재료 등은 의제매입세액, 재활용 폐자원 등 공제매입세액 등은 차감한다.

3) 법인세법상 재고자산의 평가방법

① 평가방법의 선택

세법에서는 재고자산을 다음과 같이 구분하여 영업종류별, 영업장별, 자산종류별로도 서로 다른 평가방법에 의하여 선택할 수 있도록 규정하고 있다.

구분	평가방법
원가법	개별법, 선입선출법, 후입선출법, 이동평균법, 총평균법, 매출가격환원법
저가법	원가와 순실현가능가액을 비교하여 낮은 가액을 평가액으로 하는 방법

② 법인세법과 기업회계기준

㉠ 기업회계기준 : 저가법(강제규정), 평가손실을 손금으로 인정한다.
㉡ 법인세법 : 평가손실과 평가이익 모두 인정한다.

4) 재고자산 평가방법 신고 및 변경신고

① 재고자산 등 평가방법 신고

다음의 신고기한 내에 납세지 관할 세무서장에게 [재고자산 등 평가방법변경신고서]를 제출하여 신고한다.

㉠ 신설영리내국법인 : 설립일이 속하는 사업연도의 과세표준 신고기한까지 한다.
㉡ 비영리내국법인 : 수익사업을 개시한 날이 속하는 사업연도의 과세표준 신고기한까지 한다.
㉢ 신고기한 경과 후에 신고한 경우 : 그 신고일이 속하는 사업연도까지는 무신고로 보고, 그 후의 사업연도부터 신고한 평가방법을 적용한다.

5) 재고자산평가방법의 변경신고

법인이 변경할 평가방법을 적용하고자 하는 경우에는 사업연도 종료일 이전 3월이 되는 날까지 관할 세무서장에게 변경신고하여야 한다. 변경신고기한 경과 후 변경신고를 한 경우에는 그 신고일이 속하는 사업연도의 다음 사업연도부터 변경신고한 방법을 적용한다.

6) 무신고 및 임의변경 시 세무조정

① 무신고시 평가방법 : 선입선출법(단, 부동산매매업은 개별법)

② 임의변경 시 평가방법 : 선입선출법(매매목적 부동산은 개별법)과 당초 신고한 방법 중 큰 금액을 세법상 재고자산평가액으로 본다.

7) 재고자산의 평가감과 세무조정

세무조정상 익금산입(유보)하게 되어 법인세의 증가를 가져오게 되지만, 동 유보금액은 다음 사업연도의 세무상 기초재고자산가액을 구성하기 때문에 다음 사업연도 세무조정 시에는 반드시 반대로 손금산입(△유보)하여 유보금액을 정리하게 된다.

재고자산평가액	당기	차기(자동추인)
세법상 평가액 > 장부상 평가액	당기 재고자산평가감 : 익금산입(유보)	전기 재고자산평가감 : 손금산입(△유보)
세법상 평가액 < 장부상 평가액	당기 재고자산평가증 : 손금산입(△유보)	전기 재고자산평가증 : 손금불산입(유보)

※ 전기에 평가감 또는 평가증으로 유보발생된 것은 반드시 당해에서는 유보감소로 소득처분해야 한다.

8) 재고자산 평가손익의 계상

구분	기업회계기준	법인세법
평가손실	저가법 적용 시(강제규정)	원칙은 원가법 예외는 저가법 적용, 파손, 부패 시 처분가능 시가로 평가하는 경우(임의사항)
평가이익	허용되지 않음	임의변경 또는 무신고 시에 재고자산평가감의 경우 세무조정은 익금산입하며 소득처분은 유보발생한다.

🕓 실습하기 13. 재고자산평가조정명세서 작성하기

다음의 자료를 참조하여 1011. 박문물산(주)의 재고자산평가조정명세서를 작성하고 세무조정하시오.

[자료]

1. 2019년에 회사가 신고한 상황과 실제 평가방법

자산별	신고연월일	당초신고방법	당해평가방법	비고
제품	2019.10.25.	총평균법	후입선출법	2024년 10월 3일 변경
원재료	–	무신고	총평균법	

2. 평가방법별 재고자산평가액은 다음과 같다.

자산별	결산서금액	총평균법	선입선출법	후입선출법
제품	302,000,000	303,000,000	304,000,000	302,000,000
원재료	512,500,000	512,500,000	514,500,000	513,500,000

📋 **실습하기 작업순서**

[1] ① 1. 재고자산 평가방법 검토
- 제품 → 임의변경 해당, "부"판단
- 원재료 → 무신고 해당, "부"판단

① 1. 재고자산 평가방법 검토

1.자산별	2.신고일	3.신고방법	4.평가방법	5.적부	6.비고
제 품 및 상 품	2019-10-25	04:총평균법	03:후입선출법	×	
반제품및재공품					
원 재 료		00:무신고	04:총평균법	×	

[2] ② 2. 평가조정 계산
- 제품 → 회사계산(후입선출법)과 max[세법상 신고방법(총평균법)과 임의변경(선입선출법)] 차액 비교
- 원재료 → 회사계산(총평균법)과 무신고(선입선출법) 차액 비교

② 2. 평가조정 계산

No	7.과목 코드	7.과목 과목명	8.품명	9.규격	10.단위	11.수량	회사계산(장부가) 12.단가	회사계산(장부가) 13.금액	조정계산금액 세법상신고방법 14.단가	조정계산금액 세법상신고방법 15.금액	조정계산금액 FIFO(무신고,임의변경시) 16.단가	조정계산금액 FIFO(무신고,임의변경시) 17.금액	18.조정액
1	0150	제품						302,000,000		303,000,000		304,000,000	2,000,000
2	0153	원재료						512,500,000				514,500,000	2,000,000

[3] 조정등록 수행결과
〈익금산입〉 제품평가감 2,000,000(유보발생)
〈익금산입〉 원재료평가감 2,000,000(유보발생)

조정 등록

익금산입 및 손금불산입 과 목	금 액	소득처분		손금산입 및 익금불산입 과 목	금 액	소득처분
제품평가감	2,000,000	유보발생				
원재료평가감	2,000,000	유보발생				

◢ 04 유가증권 평가

법인세법에서 "유가증권"이라 함은 주식 및 채권을 말하며, 여기에는 기업회계기준에서 규정된 단기매매증권, 매도가능증권, 만기보유증권, 지분법적용투자주식 등을 말한다.

1) 세법상 유가증권(투자유가증권)의 평가
원칙적으로 원가법에 의하여 평가한다.
① 일반회사 : 원가법으로 총평균법, 이동평균법, 개별법(채권에 한함) 중 선택
② 증권투자회사의 유가증권(주식과 채권을 제외)에 대한 특례 : 시가법

2) 유가증권의 평가방법 신고 및 변경신고
재고자산의 경우와 동일하다.
① 무신고 시 : 총평균법
② 임의변경 시 : 총평균법과 당초 신고한 방법 중 큰 금액

3) 유가증권평가손익의 세무조정

유가증권평가액	세무조정(소득처분)	나중에 처분 시
회사가 손익계산서에 단기매매증권평가	손실 : 손금불산입(유보발생)	손금산입(유보감소)
	이익 : 익금불산입(유보발생)	익금산입(유보감소)
회사가 재무상태표에 매도가능증권평가	[동시 2가지 세무조정]이 필요함 • 평가손실 : 손금산입(기타) • 매도가능증권 : 익금산입(유보발생)	• 평가손실 : 손금불산입(기타) • 매도가능증권 : 익금불산입(유보감소)
	[동시 2가지 세무조정]이 필요함 • 평가이익 : 익금산입(기타) • 매도가능증권 : 익금불산입(유보발생)	• 평가이익 : 익금불산입(기타) • 매도가능증권 : 익금산입(유보감소)

※ (주의) 회사가 매도가능증권손상차손, 만기보유증권손상차손, 지분법평가손실을 손익계산서에 기재한 경우에는 세무조정은 손금불산입하고 소득처분은 유보발생으로 처리한 후 나중에 환입 시에 반대의 세무조정을 하면 된다. 또한 지분법평가이익 등은 세무조정은 익금불산입하고 소득처분은 유보발생으로 한 후에 세무조정 사항의 해제 사유가 발생 시에 반대의 세무조정을 하면 된다.

이론문제 │ 자산의 취득 및 평가와 재고자산(유가증권)평가조정명세서

01 회사의 기말재고자산이 다음과 같을 때, 법인세법상 얼마로 평가하여야 하는가? (단, 회사는 설립 후 평가방법을 신고한 적이 없다.)

구분	상품
장부상 평가액	3,200,000원
총평균법	3,200,000원
이동평균법	3,100,000원
선입선출법	2,900,000원
후입선출법	3,300,000원

① 2,900,000원 ② 3,000,000원
③ 3,100,000원 ④ 3,200,000원

02 다음 중 법인세법상 유가증권의 평가에 대한 설명으로 틀린 것은?

① 유가증권은 원가법 중 개별법, 총평균법 또는 이동평균법에 의하여 평가하는 것을 원칙으로 한다.
② 주식 또는 출자지분의 경우 총평균법 또는 이동평균법을 적용하여 평가한다.
③ 유가증권을 지분법으로 평가함에 따라 수익으로 계상된 평가차익은 익금에 해당하지 아니한다.
④ 단기매매증권평가이익은 익금에 해당한다.

03 법인세법상 재고자산의 평가에 관한 설명 중 가장 잘못된 것은?

① 평가방법을 신고하지 않는 경우 매매목적의 부동산은 선입선출법으로 평가하여야 한다.
② 재고자산은 영업장별, 자산종류별로 각각 다른 평가방법을 선택할 수 있다.
③ 평가방법의 변경신고는 변경하고자 하는 사업연도 종료일 이전 3월이 되는 날까지 하여야 한다.
④ 재고자산의 평가는 원가법과 저가법 중 법인이 세무서장에게 신고한 방법에 의한다.

04 법인세법상 재고자산 및 유가증권에 대한 설명 중 틀린 것은?

① 기업회계기준은 유가증권에 대하여 시가법을 적용하고 있으나 법인세법에서는 원가법만을 인정하고 있다.
② 기업회계기준에서는 재고자산에 대해 저가법 평가를 의무화하고 있으나 법인세법에서는 저가법에 의한 평가를 인정하지 아니한다.
③ 법인세법은 파손, 부패 등으로 인하여 정상가액으로 판매할 수 없는 재고자산은 기타 재고자산과 구분하여 처분가능한 시가로 평가할 수 있다.
④ 재고자산의 평가방법을 변경하고자 하는 경우에는 사업연도 종료일 이전 3월이 되는 날까지 변경신고를 하여야 한다.

📌 이론문제 정답 및 해설

01 ④ 법인세법은 회사계산(총평균법)과 무신고(선입선출법) 중 큰 금액으로 정한다.

02 ④ 단기매매증권평가이익은 익금불산입에 해당한다.

03 ① 평가방법을 신고하지 않는 경우 매매 목적의 부동산은 개별법으로 평가한다.

04 ② 재고자산은 원가법과 저가법 중 선택한다.

13 | 조세와 세금과공과금조정명세서

01 조세와 공과금

1) 조세

재산세, 자동차세, 도시계획세, 사업소세, 종합토지세, 면허세, 인지세, 부당이득세, 증권거래세, 자본금 및 종업원 수에 따라 일정액을 부담하는 균등할 주민세, 부가가치세법에 의해 공제되지 않는 매입세액(세법상 의무불이행 또는 사업과 관련 없는 것은 제외) 등으로 원칙적으로 손금으로 인정한다.

2) 공과금

적십자회비, 상공회의소비(일반회비를 말하며, 특별회비로 지출 시는 기부금으로 처리함), 각 조합협회비, 폐기물처리부담금, 교통유발부담금, 국민연금법에 의하여 사용자가 부담하는 부담금, 장애인고용부담금, 환경오염방지사업비용부담금, 수입승인을 신청하는 때에 대한무역협회에 납부하는 수입부담금, 도로교통법에 의한 도로교통안전협회에 납부하는 분담금, 직업훈련부담금으로 손금으로 인정한다.

3) 기타 조세와 공과금

사계약상의 의무불이행으로 인한 지체상금, 연체이자, 연체료는 손금으로 인정한다.

구분	조세와 공과금
손금불산입	① 법인세 및 그에 관한 소득할 지방소득세, 농어촌특별세 ② 부가가치세 매입세액 : 공제받을 수 있는 매입세액 → "자산"으로 인식 ③ 판매하지 아니한 제품에 대한 특별소비세, 주세, 교통세의 미납액 ④ 벌금, 과료, 과태료 ⑤ 가산금, 체납처분비, 가산세 세법상 의무불이행으로 인한 세액 ⑥ 재평가세 ⑦ 공과금 중 다음에 해당하는 것 　㉠ 법령에 의하여 의무적으로 납부하는 것이 아닌 것 　㉡ 법령에 의한 의무불이행 또는 금지, 제한 등의 위반에 대한 제재로서 부과되는 것 ⑧ 징벌적 목적의 손해배상금 등에 대한 손금불산입 : 법률의 규정 또는 외국의 법령에 따라 지급한 손해배상액 중 실제 발생한 손해액을 초과하여 지급하는 금액(실손해액이 불분명한 경우는 [지급한 손해배상금 × (실제 발생한 손해액 대비 손해배상액의 배수 상한 – 1) ÷ 실제 발생한 손해액 대비 손해배상액의 배수 상한]) ⑨ 장애인고용부담금
자본적 지출	① 취득세 및 등록세 ② 부가가치세매입세액 중 불공제분 중 자본적 지출 처리대상

일반기부금	① 경상회비가 전액 손금으로 인정되는 단체에 지급한 특별회비 ② 임의로 조직한 조합, 협회에 지급한 조합비 또는 협회비
기업업무추진비	① 기업업무추진비 관련 매입세액 불공제액 ② 사업상 증여 시 당해 사업자의 부가가치세 매출세액 부담액

🕐 실습하기 14. 세금과공과명세서 작성하기

1011. 박문물산(주)의 세금과공과명세서를 작성하고 세무조정하시오.

🕐 실습하기 작업순서

[1] [F12 불러오기] 선택 → 기간 1/1부터 12/31을 입력하여 반영함
[2] 조정등록 수행결과
 • 접대와 관련한 불공제매입세액 → 기업업무추진비이지만 세무조정하지 않음
 • 법인세분 법인지방소득세, 폐수 초과배출부담금, 지급명세서미제출가산세, 업무상 교통위
  반과태료 → 손금불산입, 기타사외유출
 • 대표자 개인의 양도소득세 납부 → 손금불산입, 상여

□	코드	계정과목	월	일	거래내용	코 드	지급처	금 액	손금불산입표시
□	0817	세금과공과금	1	12	주민세(종업원분)			1,700,000	
□	0817	세금과공과금	2	15	산재보험료 연체금			300,000	
□	0817	세금과공과금	3	12	국민연금회사부담금		국민연금관리공단	3,200,000	
□	0817	세금과공과금	3	24	접대와 관련한 불공제매입세액	00120	신세상백화점	1,200,000	
□	0817	세금과공과금	4	30	법인세분 법인지방소득세			3,500,000	손금불산입
□	0817	세금과공과금	5	8	대표자 개인의 양도소득세 납부		강남구청	5,000,000	손금불산입
□	0517	세금과공과금	6	25	폐수 초과배출부담금		진주시청	750,000	손금불산입
□	0817	세금과공과금	7	3	지급명세서미제출가산세		진주세무서	1,500,000	손금불산입
□	0817	세금과공과금	9	15	간주임대료에대한부가세		진주세무서	650,000	
□	0817	세금과공과금	10	5	업무상 교통위반과태료		진주경찰서	100,000	손금불산입
□	0817	세금과공과금	12	9	법인분 종합부동산세			5,700,000	

조정 등록

익금산입 및 손금불산입				손금산입 및 익금불산입		
과 목	금 액	소득처분		과 목	금 액	소득처분
법인세분 지방소득세분	3,500,000	기타사외유출				
대표자 개인 양도소득세분	5,000,000	상여				
폐수초과배출부담금	750,000	기타사외유출				
지급명세서미제출가산세	1,500,000	기타사외유출				
업무상 교통위반과태료	100,000	기타사외유출				

14 ｜ 선급비용명세서

◀ 01 선급비용명세서

법인이 당기에 발생한 이자비용, 보험료, 임차료 등 비용 중에서 일할계산한 후 차기까지 영향을 미치는 미경과액이 발생하면 세무조정은 손금불산입하고 유보처분한다. 신규 계정구분등록은 [F4 신규계정등록]을 선택하여 반영한다.

- 보험료, 임차료 : 초일산입 말일산입
- 이자비용 : 초일불산입 말일산입

🖥 실습하기　15. 선급비용명세서 작성하기

다음의 자료를 참조하여 1011. 박문물산(주)의 선급비용명세서를 작성하고 세무조정하시오.

[자료]

1. 선급비용 관련 내역

지급일	내용	금액	거래처	기간
4.1.	차량보험료(본사)	15,000,000원	동해화재보험	2024.04.01. ~ 2025.03.31.
11.25.	사무실임차료	7,000,000원	(주)밝은뜰빌딩	2024.11.25. ~ 2025.11.24.

2. 전기 자본금과적립금조정명세서(을)에 선급보험료 354,000원은 당기에 경과되었다.

🕐 실습하기 작업순서

	계정구분	거래내용	거래처	대상기간 시작일	대상기간 종료일	지급액	선급비용	회사계상액	조정대상금액
☐	선급 보험료	차량보험료(본사)	동해화재보험	2024-04-01	2025-03-31	15,000,000	3,698,630		3,698,630
☐	선급 임차료	사무실임차료	(주)밝은뜰빌딩	2024-11-25	2025-11-24	7,000,000	6,307,692		6,307,692

- 차량보험료(본사) → 손금불산입(유보발생)
- 사무실임차료 → 손금불산입(유보발생)
- 전기선급비용(보험료)과소계상 → 손금산입(유보감소)

조정 등록						
익금산입 및 손금불산입				손금산입 및 익금불산입		
과 목	금 액	소득처분		과 목	금 액	소득처분
차량보험료 선급비용	3,698,630	유보발생		전기선급비용	354,000	유보감소
사무실임차료 선급비용	6,307,692	유보발생				

15 | 가지급금 등의 인정이자조정명세서

01 가지급금 인정이자의 의의

1) 세법상 가지급금

기업회계상의 경우와는 달리 명칭 여하에 불구하고 당해 법인의 업무와 관련이 없는 자금의 대여액(금융기관 등의 경우 주된 수익사업으로 볼 수 없는 자금의 대여액을 포함)을 말한다.

2) 인정이자

특수관계자에게 금전을 무상 또는 시가보다 낮은 이율로 대부한 경우에는 시가와 실제로 수령한 이자의 이자율과의 차이에 해당하는 금액을 익금에 산입한다. 이 경우 시가에 해당하는 이자수익을 실무상 가지급금인정이자(익금산입, 귀속자에 따라 배당, 상여 처분한다) 계산이라 한다.

02 인정이자의 계산

인정이자의 계산에 있어서 원칙은 적정이자율로 "가중평균차입이자율"을 적용하지만, 차입금이 없거나 가중평균차입이자율을 적용할 수 없는 경우 당좌대월이자율(연 4.6%, 3년간 의무적용함)을 시가로 본다.

> 인정이자 = (가지급금적수 − 가수금적수) × 당좌대월이자율 또는 가중평균차입이자율 × 1/365 − 실제 받기로 약정한 이자

03 인정이자를 계산하지 않는 것

1) 지급한 것으로 보는 배당소득 및 상여금(미지급소득이라 한다)에 대한 소득세를 법인이 납부하고 이를 가지급금 등으로 계상한 금액

2) 정부의 허가를 받아 국외에 자본을 투자한 내국법인이 당해 국외 투자법인에 종사하거나 종사할 자의 여비, 급료, 기타비용을 대신하여 부담하고 이를 가지급금 등으로 계상한 금액

3) 법인이 우리사주조합 또는 그 조합원에게 당해 법인의 주식취득(조합원간의 주식매매를 포함)에 소요되는 자금을 대여한 금액

4) 국민연금법에 의하여 근로자가 지급받은 것으로 보는 퇴직금전환금

5) 사외로 유출된 금액의 귀속이 불분명하여 대표자에게 상여처분한 금액에 대한 소득세를 법인이 납부하고 이를 가지급금으로 계상한 금액

6) 사용인에 대한 월정급여액 범위 안의 일시적 급료 가불금

7) 사용인에 대한 경조사비 또는 학자금(자녀 포함)의 대여액

8) 중소기업의 근로자(임원 및 지배주주 제외)에 대한 주택구입과 전세자금 대여액

9) 한국자산관리공사가 출자총액의 전액을 출자하여 설립한 법인에 대여한 금액

📋 실습하기 16. 가지급금 등의 인정이자조정명세서 작성하기

다음의 자료를 참조하여 1011. 박문물산(주)의 가지급금 등의 인정이자조정명세서를 작성하고 세무조정하시오.

[자료]

1. 가지급금 내역은 다음과 같다.

일자	직책	금액	내용
1월 1일	대표이사(문익점)	15,000,000원	전기 이월
3월 14일	대표이사(문익점)	10,000,000원	대여
9월 20일	대표이사(문익점)	7,000,000원	회수
11월 5일	대표이사(문익점)	5,000,000원	대여

제시된 자료 외의 가지급금 및 가수금은 없으며, 가지급금 관련하여 약정된 이율이나 수령한 이자는 없다고 가정한다.

2. 차입금 내역은 다음과 같다.

상호	차입금	이자율	이자비용	차입기간
수성은행	500,000,000원	연 2%	10,000,000원	2023.7.1. ~ 2025.6.30.
성창전자(주)	50,000,000원	연 2.7%	1,350,000원	2024.3.1. ~ 2025.2.28.
우리은행	27,000,000원	연 4.5%	1,215,000원	2024.11.1. ~ 2025.10.31.

성창전자(주)는 당사와 특수관계에 있는 회사이며, 가중평균차입이자율을 적용한다.

📋 실습하기 작업순서

[1] 가지급금, 가수금 입력

주어진 자료 1을 직접 입력 또는 직책, 성명을 입력한 후 [회계데이터불러오기]를 하여 자동으로 반영할 수 있다.

No	직책	성명		No	적요	년월일			차변	대변	잔액	일수	적수
1	대표이사	문익점		1	1.전기이월	2024	1	1	15,000,000		15,000,000	73	1,095,000,000
2				2	2.대여	2024	3	14	10,000,000		25,000,000	190	4,750,000,000
				3	3.회수	2024	9	20		7,000,000	18,000,000	46	828,000,000
				4	2.대여	2024	11	5	5,000,000		23,000,000	57	1,311,000,000

[2] 차입금 입력

거래처명, 이자율 → 수성은행(연 2%), 우리은행(연 4.5%) 입력

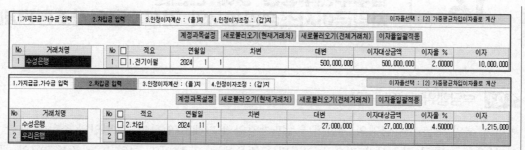

[3] 인정이자계산 : (을)지

[4] 인정이자계산 : (갑)지

[5] 조정등록 수행결과

〈익금산입〉 가지급금인정이자 437,280원(상여)

익금산입 및 손금불산입				손금산입 및 익금불산입		
과 목	금 액	소득처분		과 목	금 액	소득처분
가지급금인정이자(대표이사)	437,280	상여				

16 | 업무무관부동산 등에 관련한 차입금이자조정명세서와 건설자금이자조정명세서

◢ 01 부당행위계산의 부인

법인의 행위 또는 소득금액의 계산이 특수관계자와의 거래로 인하여 그 법인의 소득에 대한 조세의 부담을 부당히 감소시킨 것으로 인정되는 경우에는 그 법인의 행위 또는 소득금액의 계산을 부인하고(이하 부당행위계산이라 한다.) 납세지 관할 세무서장 또는 지방국세청장이 그 법인의 각 사업연도의 소득금액을 계산할 수 있다.

1) 부당행위계산의 부인의 적용요건
① 거래 당시 특수관계자가 있는 자와의 거래일 것
② 법인세법상 열거된 거래행위 등으로 인해 조세부담이 부담하게 감소되었다고 인정되는 거래일 것

2) 특수관계자의 범위
① 임원의 임명권 행사, 사업방침의 결정 등 당해 법인의 경영에 대하여 사실상 영향력을 행사하고 있다고 인정되는 자(상법상 이사로 보는 업무집행지시자 등을 포함한다.)와 친족
② 주주 등(상장법인의 소액주주는 제외)과 그 친족
③ 법인의 임원, 사용인 또는 주주 등의 사용인(주주 등이 영리법인인 경우에는 그 임원을, 비영리법인인 경우에는 그 이사 및 설립자를 말한다.)이나 사용인 이외의 자로서 법인 또는 주주 등의 금전 기타 자산에 의하여 생계를 유지하는 자와 생계를 함께하는 친족
④ 위 ①~③에 해당하는 자가 발행주식총수 또는 출자총액의 100분의 30 이상을 출자하고 있는 다른 법인
⑤ 당해 법인이 독점규제 및 공정거래에 관한 법률에 의한 대규모 기업집단에 속한 법인인 경우 그 기업집단에 소속된 다른 계열회사 및 그 임원

3) 부당행위계산부인의 사례
① 고가양수 – 대금의 전부를 지급한 때
  ㉠ 시가 초과금액은 익금산입, 거래상대방에 따라 소득처분, 동 금액을 손금산입(△유보)한다.
  ㉡ 고가양수자산을 감가상각 시에 계산한 시가초과액에 대한 감가상각비를 익금산입(유보)한다.

> 시가초과액에 대한 감가상각비 =
> 회사계상감가상각비 × 시가초과부인액 잔액 ÷ 당해 연도 감가상각전의 장부가액

  ㉢ 고가양수자산을 양도한 때에는 시가초과잔액(㉠ – ㉡)을 익금에 산입(유보)한다.

② 고가양수 - 대금의 일부를 지급한 때

　　㉠ 시가 초과금액을 익금산입(유보)하고 동 금액을 손금산입(△유보)하고, 지급된 금액 중 시가를 초과하는 금액은 거래상대방에 따라 소득처분한다.

　　㉡ 동 자산을 감가상각 또는 양도 시에 위 ①의 ㉡ 및 ㉢의 예에 의하여 처분한다.

③ 고가양수 - 대금의 전부를 미지급한 때

　　시가를 초과한 금액은 익금산입(유보)하고, 동 금액을 손금산입(△유보)하며 동 대금을 실제로 지급하는 때에 ① 및 ②에 따라 처분한다.

④ 저가양도(자산을 시가보다 저렴한 가격으로 양도한 경우)

　　각 사업연도 소득금액계산에 있어 시가와의 차액을 익금산입하고 거래상대방에 따라 적절히 소득처분한다.

02 지급이자

차입금의 이자는 원칙적으로 법인의 순자산을 감소시키는 거래로서 손비에 해당하지만 특정용도에 소요된 차입금 또는 채권자가 불분명한 차입금의 이자와 비생산적 자산을 보유하고 있는 경우의 차입금 이자는 손금불산입하도록 규정하고 있다.

1) 지급이자의 범위

지급이자에 포함되는 것	지급이자에 포함되지 않는 것
• 금융어음 할인료 • 미지급이자 • 금융리스료 중 이자상당액 • 사채할인발행차금 상각액 • 전환사채의 만기보유자에게 지급하는 상환 할증금 • 회사정리계획인가결정에 의해 면제받은 미지급이자	• 상업어음 할인액(기업회계기준에 따라 매각거래로 보는 경우) • 선급이자 • 현재가치할인차금 상각액 • 연지급수입에 있어서 취득가액과 구분하여 지급이자로 계상한 금액(Banker's Usance 이자 등) • 지급보증료 · 신용보증료 · 지급수수료 • 금융기관의 차입금을 조기상환하는 경우 지급하는 조기상환수수료

　■ 차입금에서 제외되는 금액

　　① 금융회사 등이 차입한 다음의 금액

　　　㉠ 공공자금관리기금 또는 한국은행으로부터 차입한 금액

　　　㉡ 국가 · 지방자치단체(지방자치단체 조합을 포함) 또는 법령에 의하여 설치된 기금으로부터 차입한 금액

　　　㉢ 외국인투자촉진법 또는 외국환거래법에 의한 외화차입금

　　　㉣ 수신자금(예금증서의 발행 또는 예금계좌를 통해 일정한 이자지급 등의 대가를 조건으로 불특정다수의 고객으로부터 수납 · 관리 · 운영하는 자금)

　　② 내국법인이 한국은행총재가 정한 규정에 따라 기업구매자금대출에 의하여 차입한 금액

2) 지급이자 손금불산입 규정 적용순서

지급이자의 종류	손금불산입금액	소득처분
① 채권자가 불분명한 사채이자	당해 지급이자 전액	대표자 상여
② 지급받은 자가 불분명한 채권·증권의 이자·할인액 또는 차익	당해 지급이자 전액	(단, 원천징수세액은 기타 사외유출로 함)
③ 건설자금이자	건설자금이자 과소금액 단, 과다금액은 손금산입	유보 또는 (△유보)
④ 업무무관자산 및 가지급금 등의 취득·보유와 관련한 지급이자	업무무관 가지급금에 관한 일정산식에 의한 금액	기타사외유출

※ (주의) 내국법인이 금융회사로부터 차입자금의 조기상환수수료를 지급 시에 지급이자에 포함되지 않는다. 다만, 전환사채를 주식으로 전환하지 않고 만기일까지 보유하고 있는 자에게 지급하는 상환할증금은 지급이자에 해당한다.

3) 지급이자 각 종류에 대한 내용

① **채권자가 불분명한 사채이자** : 다음의 차입금에서 발생한 이자(알선수수료, 사례금 등 명목 여하에 불구하고 사채를 차입하고 지급하는 금품을 포함한다)를 말한다.

㉠ 채권자의 주소 및 성명을 확인할 수 없는 차입금

㉡ 채권자의 능력 및 자산상태로 보아 금전을 대여한 것으로 인정할 수 없는 차입금

㉢ 채권자와의 금전거래 사실 및 거래내용이 불분명한 차입금(다만, 거래일 현재 주민등록표에 의하여 그 거주 사실 등이 확인된 채권자가 차입금을 변제받은 후 소재불명이 된 경우의 차입금이자는 제외한다.)

② **수령자 불분명 채권, 증권의 이자** : 국가, 지방자치단체, 내국법인, 외국법인의 국내지점(영업소)이 발생한 채권, 증권의 이자 및 할인액과 채권, 증권의 환매조건부매매차익을 당해 채권 또는 증권의 발행법인이 직접 지급하는 경우 그 지급 사실이 객관적으로 인정되지 아니하는 이자 및 할인액 또는 차익을 손금불산입한다.

◢ 03 건설자금이자

법인세법상 건설이자란 사업용 고정자산의 매입, 제작, 건설 등에 소요된 것이 분명한 차입금에서 발생하는 이자비용 또는 이와 유사한 지출금을 말한다.

1) 지급보증료와 차입알선수수료, 할인료를 포함한다.

2) 매매를 목적으로 하는 주택, 아파트, 상가 등의 재고자산은 건설자금의 계산 대상이 아니다.

3) 법인세법상 건설자금이자의 개념과 범위

건설자금이자의 구분	법인세법	기업회계기준
재고자산과 투자자산	손금에 산입	① **원칙** : 기간비용으로 처리 ② **예외** : 건설 등이 완료되는 데 1년 이상의 기간이 소요되는 경우에는 해당 자산의 취득원가에 산입
유형자산과 무형자산	자산의 취득원가에 산입	

4) 건설자금이자의 세무상 처리

구분	세무상 처리
건설자금 일부를 운영자금으로 전용한 경우	운영자금에 대한 지급이자는 당기 손금으로 처리
건설자금을 일시적으로 예입하면서 발생하는 수입이자	건설자금이자에서 차감
차입한 건설자금 연체이자를 원본에 가산한 경우	① 그 가산한 금액 : 건설자금이자 ② 원본에 가산한 금액에 대한 지급이자 : 당기손금

5) 건설자금이자에 대한 세무조정

자산구분	건설자금이자를 과소계상한 경우	건설자금이자를 과다계상한 경우
상각자산	① 완성자산 : 감가상각한 것으로 보아 시부인 계산(즉시상각의제) ② 건설중인 자산 : 손금불산입(유보)하고, 완성된 사업연도에 상각부인액으로 보아 감가상각비 시인부족액 범위 내에서 손금산입(△유보)함	① 완성자산 : 건설중인자산과 동일 ② 건설중인 자산 : 손금산입(△유보)하고, 감가상각시부인 계산 시 건설자금이자 상당액에 대해 손금불산입(유보)함
비상각자산	손금불산입(유보) → 처분 시 손금산입(△유보)	손금산입(△유보) → 처분 시 손금불산입(유보)

6) 건설자금이자로 계상할 대상기간
건설 등을 개시한 날부터 준공된 날까지

7) 준공일
① **토지** : 대금완불일과 목적에 사용한 날 중 빠른 날
② **건축물** : 취득일과 사용개시일 중 빠른 날
③ **위 이외의 자산** : 사용개시일

📁 04 업무무관비용의 손금불산입

법인이 각 사업연도에 지출한 비용 중 다음의 금액은 손금불산입한다.

1) 업무무관 부동산
① 법인의 업무에 직접 사용하지 않는 부동산(다만, 유예기간이 경과하기 전까지의 기간 중에 있는 부동산은 제외한다.)
② 유예기간 중에 당해 법인의 업무에 직접 사용하지 않고 양도하는 부동산(다만, 부동산매매업을 주업으로 영위하는 법인의 경우는 제외한다.)

2) 업무무관 동산
① 서화·골동품(다만, 장식·환경미화 등의 목적으로 사무실·복도 등 여러 사람이 볼 수 있는 공간에 상시 비치하는 것은 제외한다.)

② 업무에 직접 사용하지 않는 자동차, 선박 및 항공기(다만, 저당권의 실행 기타 채권을 변제 받기 위하여 취득한 것으로서 취득일로부터 3년이 경과되지 아니한 것은 제외한다.)

③ 기타의 ①, ②와 유사한 자산으로서 당해 법인의 업무에 직접 사용하지 않는 자산

3) 업무무관 가지급금

특수관계 있는 자에게 업무와 관련 없이 지급한 자금의 대여액 등의 범위를 말한다.

4) 업무무관 자산 등의 가액

취득가액으로 한다. 주의할 점은 특수관계자로부터 시가보다 높은 가액으로 취득한 자산의 경우에 위의 "취득가액"은 부당행위계산부인의 규정이 적용되는 시가초과액을 차감하지 아니한 금액으로 한다.

5) 업무무관자산 등에 관련한 지급이자

법인이 업무무관부동산, 동산을 보유하고 있거나 업무무관가지급금 등을 지급하고 있는 경우에 그에 상당하는 지급이자는 손금불산입(기타사외유출)한다.

① 업무무관자산 등에 관련한 지급이자 손금불산입 계산

$$\text{지급이자 손금불산입액} = \text{지급이자} \times \frac{\text{업무무관 자산가액 적수} + \text{업무무관 가지급금 적수}}{\text{총차입금 적수}}$$

② (업무무관 자산가액 적수 + 업무무관 가지급금 적수)는 차입금적수를 한도

③ 가지급금 적수 계산 시 가지급금이 발생한 초일은 산입하고 회수된 날은 제외

④ 동일인에 대한 가지급금과 가수금이 함께 있는 경우에는 이를 상계한 금액으로 한다. 다만, 발생 시에 각각 상환기간 및 이자율 등에 관한 약정이 있어 상계할 수 없는 경우에는 이를 상계하지 아니한다.

실습하기 17. 업무무관부동산 등에 관련한 차입금이자조정명세서 작성하기

다음의 지급이자 관련 자료를 참조하여 1011. 박문물산(주)의 업무무관부동산 등에 관련한 차입금이자조정명세서를 작성하고 필요한 세무조정을 하시오.

[자료]

1. 가지급금 명세
   가지급금인정이자조정명세서에 반영된 자료를 자동 반영받는다.

2. 그 외 자산 명세

구분	금액	비고
선박	500,000,000원	채권 변제받기 위하여 취득(2022년 10월 5일 취득)
토지	100,000,000원	투자목적(2024년 7월 1일 취득)

3. 대표이사에 대한 가수금 적수는 0원이다.

4. 손익계산서상 이자비용 명세

내용	연 이자율	금액	내용
사채이자비용 계상	2%	2,000,000원	채권자불분명 사채이자이며, 원천징수세액 308,000원을 포함
은행차입금이자	4.5%	1,215,000원	
은행차입금이자	2.7%	1,350,000원	

실습하기 작업순서

[1] 적수입력(을) - 업무무관부동산
- 선박은 업무에 직접 사용하지 않는 것으로 저당권의 실행 기타채권을 변제받기 위하여 취득한 것으로서 취득일로부터 3년이 경과되지 아니한 것은 제외함
- 토지는 투자목적으로 취득한 것이므로 업무무관부동산에 입력함

	1.적수입력(을)		2.지급이자 손금불산입(갑)					불러오기	적요수정
	1.업무무관부동산	2.업무무관동산	3.가지급금	4.가수금	5.그밖의				
No	①월일		②적요	③차변		④대변	⑤잔액	⑥일수	⑦적수
1	7 1		취 득	100,000,000			100,000,000	184	18,400,000,000

[2] 1. 적수입력(을) - 가지급금에서 불러오기를 선택하면 자동으로 반영

	1.적수입력(을)		2.지급이자 손금불산입(갑)					불러오기	적요수정
	1.업무무관부동산	2.업무무관동산	3.가지급금	4.가수금	5.그밖의				
No	①월일		②적요	③차변	④대변	⑤잔액	⑥일수	⑦적수
1	1 1		전기이월	15,000,000		15,000,000	73	1,095,000,000
2	3 14		지 급	10,000,000		25,000,000	190	4,750,000,000
3	9 20		회 수		7,000,000	18,000,000	46	828,000,000
4	11 5		지 급	5,000,000		23,000,000	57	1,311,000,000

[3] 2. 지급이자 손금불산입(갑) - 이자율, 지급이자, 채권자불분명사채이자, 건설자금이자 입력

	1.적수입력(을)	2.지급이자 손금불산입(갑)							

2 1. 업무무관부동산 등에 관련한 차입금 지급이자

①지급이자	적 수				⑥차입금(=19)	⑦ ⑤와 ⑥중 적은 금액	⑧손금불산입 지급이자 (①×⑦÷⑥)
	②업무무관부동산	③업무무관동산	④가지급금 등	⑤계(②+③+④)			
2,565,000	18,400,000,000		7,984,000,000	26,384,000,000	28,181,999,999	26,384,000,000	2,401,35…

1 2. 지급이자 및 차입금 적수 계산 [연이율 일수 현재: 366일]　　단수차이조정　연일수

No	(9)이자율(%)	(10)지급이자	(11)차입금적수	(12)채권자불분명 사채이자 수령자불분명 사채이자		(15)건설 자금 이자 국조법 14조에 따른 이자		차 감	
				(13)지급이자	(14)차입금적수	(16)지급이자	(17)차입금적수	(18)지급이자 (10-13-16)	(19)차입금적수 (11-14-17)
1	2.00000	2,000,000	36,600,000,000	2,000,000	36,600,000,000				
2	4.50000	1,215,000	9,882,000,000					1,215,000	9,882,000,000
3	2.70000	1,350,000	18,299,999,999					1,350,000	18,299,999,999

[4] 조정등록 수행결과
- 〈손금불산입〉 채권자불분명사채이자 1,692,000원(상여)
- 〈손금불산입〉 채권자불분명사채이자 원천징수세액 308,000원(기타사외유출)
- 〈손금불산입〉 지급이자 2,401,354원(기타사외유출)

조정 등록

익금산입 및 손금불산입			손금산입 및 익금불산입		
과 목	금 액	소득처분	과 목	금 액	소득처분
채권자불분명사채이자	1,692,000	상여			
채권자불분명사채이자 원천징수세	308,000	기타사외유출			
업무무관지급이자	2,401,354	기타사외유출			

실습하기 18. 건설자금이자조정명세서 작성하기

다음의 자료를 참조하여 1011. 박문물산(주)의 건설자금이자조정명세서를 작성하고 필요한 세무조정을 하시오.

[자료]
2공장 건물 신축공사 현황
1. 착공일 : 2023.12.20.
2. 준공일 : 2025.01.31.
3. 공사대금 차입내역 사항
   • 대출기관명 : 수성은행   • 차입일자 : 2023.12.20.
   • 특정차입금액 : 50,000,000원   • 이자비용 : 1,000,000원
   • 차입이자율 : 연 2%(대상일수와 연일수는 365일)
4. 회사는 2공장 건물 신축공사기간에 발생된 이자를 손비로 계상하였다.

실습하기 작업순서

[1] ① 2. 특정차입금 건설자금이자계산 명세

1 2. 특정차입금 건설자금이자계산 명세

No	⑤건설 자산명	⑥대출 기관명	⑦차입일	⑧차입금액	⑨이자율	⑩지급이자 (일시이자수익차감)	⑪준공일 (또는 예정일)	⑫대상일수 (공사일수)	⑬대상금액 (건설이자)
1	공장건물 신축공사	수성은행	2023-12-20	50,000,000	2.000	1,000,000	2025-01-31	365	1,000,000

[2] ③ 1. 건설자금이자계산 조정

3 1. 건설자금이자계산 조정

구 분	① 건설자금이자	② 회사계상액	③ 상각대상자산분	④ 차감조정액(①-②-③)
건설완료자산분				
건설중인자산분	1,000,000			1,000,000
계	1,000,000			1,000,000

[3] 조정등록 수행결과
   〈손금불산입〉 건설자금이자 1,000,000원(유보발생)

조정 등록

익금산입 및 손금불산입			손금산입 및 익금불산입		
과 목	금 액	소득처분	과 목	금 액	소득처분
건설자금이자	1,000,000	유보발생			

이론문제 | 업무무관부동산 등에 관련한 차입금이자조정명세서와 건설자금이자조정명세서

01 다음 중 법인세법상 국가 또는 지방자치단체에 금전 이외의 자산을 무상으로 기부한 경우 당해 자산가액의 평가기준으로 옳은 것은?

① 취득가액
② 시가
③ 공시지가
④ 장부가액

02 다음의 법인세법상 지급이자에 대한 손금불산입 항목이 동시에 적용되는 경우 그 적용순서로 옳은 것은?

> ㉠ 기준초과차입금이자
> ㉡ 채권자가 불분명한 사채이자
> ㉢ 업무무관자산 등에 대한 지급이자
> ㉣ 건설자금에 충당한 차입금이자

① ㉡ – ㉠ – ㉣ – ㉢
② ㉣ – ㉠ – ㉢ – ㉡
③ ㉡ – ㉢ – ㉠ – ㉣
④ ㉢ – ㉠ – ㉡ – ㉣

03 다음 중 법인세법상 부당행위계산부인에 대한 설명으로 옳지 않은 것은?

① 금전차입의 경우 가중평균차입이자율의 적용이 불가능한 사유가 있는 경우 해당 대여금 또는 차입금에 한정하여 당좌대출이자율을 적용한다.
② 비출자임원에게 사택을 무상으로 제공하는 경우 부당행위계산부인규정을 적용하지 아니한다.
③ 특수관계자가 아닌 제3자와의 거래인 경우에도 조세부담이 부당하게 감소된 것으로 인정될 시 부당행위계산부인이 적용된다.

④ 부당행위계산의 부인 규정은 그 행위 당시를 기준으로 적용한다.

04 다음 중 법인세법상 부당행위계산의 유형에 해당하지 않는 것은?

① 자산을 시가보다 높은 가액으로 매입 또는 현물출자 받았거나 그 자산을 과대 상각한 경우
② 무수익 자산을 매입 또는 현물출자 받았거나 그 자산에 대한 비용을 부담한 경우
③ 주주 등이나 출연자가 아닌 임원 및 직원에게 사택을 제공하는 경우
④ 출연금을 대신 부담한 경우

05 다음 중 법인세법상 지급이자에 대한 설명으로 옳지 않은 것은?

① 사업용 유형자산의 매입과 관련된 일반차입금에 대한 지급이자도 자본화를 선택할 수 있다.
② 건설자금이자 자본화 대상 자산은 사업용 유형자산, 무형자산, 투자자산 및 제조 등에 장기간이 소요되는 재고자산을 포함한다.
③ 건설자금 명목으로 차입한 것으로 준공 후 남은 차입금에 대한 이자는 각 사업연도의 손금으로 한다.
④ 차입한 건설자금의 일시예금에서 생기는 수입이자는 자본적 지출금액에서 차감한다.

📌 이론문제 정답 및 해설

01 ④ 현물로 특례기부금을 기부한 경우에는 장부가액으로 평가한다.

02 ① ⓛ 채권자가 불분명한 사채이자 → ⓐ 기준초과차입금이자 → ⓔ 건설자금에 충당한 차입금이자 → ⓒ 업무무관자산 등에 대한 지급이자

03 ③ 내국법인의 행위 또는 소득금액의 계산이 특수관계인과의 거래로 인하여 그 법인의 소득에 대한 조세의 부담을 부당하게 감소시킨 것으로 인정되는 경우에는 그 법인의 행위 또는 소득금액의 계산과 관계없이 그 법인의 각 사업연도의 소득금액을 계산한다.

04 ③ 주주 등이나 출연자가 아닌 임원(소액주주등인 임원을 포함한다) 및 직원에게 사택(기획재정부령으로 정하는 임차사택을 포함한다)을 제공하는 경우는 조세의 부담을 부당하게 감소시킨 것으로 인정되는 경우에서 제외한다.

05 ② 건설자금에 충당한 차입금의 이자란 그 명목 여하에 불구하고 사업용 유형자산 및 무형자산의 매입·제작 또는 건설에 소요되는 차입금에 대한 지급이자 또는 이와 유사한 성질의 지출금을 말한다. 따라서 투자자산 및 재고자산의 건설 등을 위한 차입금의 지급이자 등은 자본화할 수 없다.

17 | 외화자산 등 평가차손익조정명세서

01 외화자산·부채의 평가대상

금융회사 이외의 법인은 화폐성 외화자산·부채, 화폐성 외화자산·부채의 환위험을 회피하기 위한 통화선도·통화스왑에 대하여 평가손익을 인식한다.

화폐성 외화자산·외화부채	비화폐성 외화자산·외화부채
재무상태표일 현재의 적절한 환율로 환산한 가액을 재무상태표가액으로 한다. • 자산 : 외화통화, 외화예금, 외화외상매출금 • 부채 : 차입금, 보증금, 외화외상매입금, 미지급금, 사채	원칙적으로 당해 자산을 취득하거나 당해 부채를 부담한 당시의 적절한 환율로 환산한 가액을 재무상태표가액으로 한다. • 자산 : 선급비용, 선급금, 재고자산, 고정자산, 보통주식 • 부채 : 선수금

02 세법상 화폐성 외화자산·외화부채의 평가손익

1) 금융회사

사업연도 종료일 현재의 기획재정부령으로 정하는 매매기준율 또는 재정된 매매기준율로 평가한다.

2) 비금융회사

① 화폐성 외화자산·부채의 취득일 또는 발생일 현재의 매매기준율 등으로 평가하는 방법

② 사업연도 종료일 현재의 매매기준율 등으로 평가하는 방법

※ (주의) ②의 방법을 신고하여 적용하기 이전 사업연도에는 ①의 방법을 적용하여야 한다.

신고한 평가방법은 원칙적으로 그 후의 사업연도에는 계속하여 적용하여야 하지만, 신고한 평가방법을 적용한 사업연도부터 5개 사업연도가 지난 후에는 다른 방법으로 신고할 수 있다.

03 가상자산의 평가

특정 금융거래정보의 보고 및 이용 등에 관한 법률에 따른 가상자산은 선입선출법에 따라 평가하여야 한다.

실습하기 19. 외화자산 등 평가차손익조정명세서 작성하기

다음의 자료를 참조하여 1011. 박문물산(주)의 외화자산 등 평가차손익조정명세서를 작성하고 필요한 세무조정을 하시오.

[자료]

1. 외화부채내역

구분	발생일자	외화종류	외화금액	2023년 말 매매기준율	2024년 말 매매기준율
외화외상매입금	2023.7.1.	USD	$20,000	$1 = 1,200원	$1 = 1,300원

2. 2023년 자본금과 적립금 조정명세서(을)

과목	기초잔액	감소	증가	기말
외화외상매입금			−1,000,000원	−1,000,000원

3. 기타
- 화폐성 외화부채는 위의 자료뿐이고, 상환은 없다.
- 발생 시 적용환율은 회사와 법인세법상 차이가 없다.
- 회사는 2023년도 법인세 신고 시 기말 매매기준율등으로 평가하는 방법으로 화폐성외화자산등평가방법신고서를 작성하여 적법하게 제출하였다.
- 2023년 결산 회계처리 시 $1 = 1,150원을 적용하여 외화부채를 평가하고 장부에 반영하였다.
- 2024년 결산 회계처리 시 $1 = 1,200원을 적용하여 외화부채를 평가하고 장부에 반영하였다.

실습하기 작업순서

[1] 외화자산, 부채의 평가(을지)

2024년 결산 매매기준율 $1 = 1,200원은 회사의 장부가액으로 선택 입력 → 세법상 매매기준율 $1 = 1,300원을 입력하여 비교한다.

No	②외화종류(부채)	③외화금액	④장부가액		⑦평가금액		⑩평가손익
			⑤적용환율	⑥원화금액	⑧적용환율	⑨원화금액	부 채(⑥-⑨)
1	USD	20,000.00	1,200.0000	24,000,000	1,300.0000	26,000,000	−2,000,000

[2] 환율조정차, 대 등(갑지)

①구분		②당기손익금 해당액	③회사손익금 계상액	조정		⑥손익조정금액 (②-③)
				④차익조정(③-②)	⑤차손조정(②-③)	
가.화폐성 외화자산.부채 평가손익		−2,000,000	−1,000,000			−1,000,000
나.통화선도.통화스왑.환변동보험 평가손익						
다.환율조정 계정손익	차익					
	차손					
계		−2,000,000	−1,000,000			−1,000,000

[3] 조정등록 수행결과

〈손금산입〉 외화외상매입금 1,000,000원(유보발생)

조정 등록							
익금산입 및 손금불산입				손금산입 및 익금불산입			
과 목	금 액	소득처분		과 목	금 액	소득처분	
				외화외상매입금	1,000,000	유보발생	

18 | 기부금조정명세서

01 기부금

법인이 특수관계인 외의 자에게 당해 법인의 사업과 직접 관계없이 무상으로 지출하는 재산적 증여의 가액을 말한다.

1) 기부금의 종류와 손금한도 및 세무처리

구분	손금한도액	세무처리
특례기부금	50% 한도 기부금	한도초과액(손금불산입, 기타사외유출)
일반기부금	10% 한도 기부금	한도초과액(손금불산입, 기타사외유출)
비지정기부금	전액 손금불산입	전액(손금불산입, 기타사외유출)

2) 50% 한도 기부금(특례기부금)

> 한도액 = (해당 사업연도의 소득금액* − 이월결손금**) × 50%
>
> * 차가감소득금액 − 합병·분할 등에 따른 자산의 양도차익 + 합병·분할 등에 따른 자산의 양도차손
> + 특례기부금지출액 + 일반기부금지출액
>
> ** 각 사업연도 개시일 전 15년(2008년 이전 발생분은 5년, 2019년 이전 발생분은 10년) 이내 개시한
> 사업연도에 발생한 이월결손금(일반법인 등은 기준소득금액의 80%를 한도로 한다.)

① 국가 또는 지방자치단체(국, 공립학교 포함)에 무상으로 기증하는 가액

② 국방헌금과 국군장병 위문금품의 가액

③ 천재, 지변으로 인한 이재민을 위한 구호금품의 가액

④ 다음의 기관(병원 제외)에 시설비·교육비·장학금 또는 연구비로 지출하는 기부금

    ㉠ 사립학교

    ㉡ 국립·공립·사립학교의 시설비, 교육비, 장학금 또는 연구비 지급을 목적으로 설립된
    비영리 재단법인

⑤ 다음의 병원에 시설비·교육비 또는 연구비로 지출하는 기부금

    ㉠ 국립대학병원, 국립대학치과병원, 서울대학교병원, 서울대학교치과병원

    ㉡ 사립학교가 운영하는 병원, 국립암센터, 지방의료원

⑥ 사회복지사업, 그 밖의 사회복지활동의 지원에 필요한 재원을 모집·배분하는 것을 주된 목적으로 하는 비영리법인에 지출하는 기부금

3) 10% 손금산입 기부금(일반기부금)

내국법인이 각 사업연도에 지출한 기부금 중 사회복지, 문화, 예술, 교육, 종교, 자선, 학술 등 공익성이 있는 사업을 영위하는 단체에 지불한 금액을 말하며, 일정 한도액 내의 금액은 손금에 산입하고, 동 금액을 초과하는 금액은 손금불산입한다.

> 한도액 = [해당 사업연도의 소득금액[1] − 이월결손금[2] − 50% 한도 특례기부금 손금산입액(이 월액 포함)] × 10%(20%는 사회적기업 적용)
>
> * 차가감소득금액 − 합병·분할 등에 따른 자산의 양도차익 + 합병·분할 등에 따른 자산의 양도차손 + 특례기부금지출액 + 일반기부금지출액
> ** 각 사업연도 개시일 전 15년(2008년 이전 발생분은 5년, 2019년 이전 발생분은 10년) 이내 개시한 사업연도에 발생한 이월결손금(일반법인 등은 기준소득금액의 80%를 한도로 한다.)

① 다음의 비영리법인의 고유목적사업비로 지출하는 기부금

    ㉠ 사회복지법인, 어린이집, 유치원, 초, 중, 고등교육법에 의한 학교

    ㉡ 종교의 보급 기타 교화를 목적으로 설립하여 주무관청에 등록된 비영리법인

② 다음의 공익성용도에 지출하는 기부금

    ㉠ 초, 중등 및 고등교육법에 의한 학교의 장, 기능대학의 장 또는 원격대학의 장이 추천하는 개인에게 교육비, 연구비 또는 장학금으로 지출하는 기부금

    ㉡ 공익신탁(상속세 및 증여세법시행령 요건을 갖춘 것)으로 신탁하는 기부금

    ㉢ 사회복지, 문화, 예술, 교육, 종교, 자선, 학술 등 재정경제부령이 정하는 공익성기부금

③ 무료 또는 실비로 이용할 수 있는 사회복지시설 또는 기관에 기부하는 금품의 가액(무료 노인주거복지시설, 무료 아동복지시설 등)

④ 우리나라가 회원국으로 가입하고, 사회복지, 문화·예술, 교육, 종교, 자선, 활동 등 공익을 위한 사업을 수행할 수 있는 요건을 모두 갖춘 국제기구로서 기획재정부장관이 지정하여 고시하는 국제기구에 지출하는 기부금

⑤ 법인으로 보는 단체 중 법인세법 시행령에 규정된 일반기부금 단체를 제외한 단체의 수익사업에서 발생한 소득을 고유목적사업비로 지출하는 금액

4) 비지정기부금(전액 손금불산입 기부금)

대표이사 동창회, 종친회, 향우회, 새마을금고·신협 등에 지출한 특별 후원금 등을 말하며, 귀속자에 따라 아래와 같이 소득처분을 다르게 한다.

① 출자자(출자임원 제외) : 배당

    사용인(임원 포함) : 상여

② 출자자, 사용인(임원 포함)외의 자 : 기타사외유출

5) 기부금의 이월공제

손금불산입한 기부금 한도초과액은 그 다음 사업연도 개시일부터 10년 이내에 끝나는 각 사업연도로 이월하여 그 이월된 사업연도의 소득금액을 계산할 때 특례기부금 및 일반기부금이 각

각의 손금산입 한도액에 미달하는 금액의 범위에서 손금산입한다. 다만 이월된 기부금은 해당 사업연도에 지출한 기부금보다 먼저 손금에 산입한다.

6) 기부금영수증 및 기부금영수증 발급대장

① 비영리내국법인이 법인세법의 규정에 따라 기부금영수증을 발급하는 경우에는 기부자별 발급명세를 작성하여 발급한 날부터 5년간 보관한다.

② 사실과 다른 기부금영수증을 발급하거나 기부자별 발급명세를 작성·보관하지 아니한 경우 가산세가 부과된다.

> ㉠ 기부금액, 기부자의 인적사항 등을 사실과 다르게 적어 발급한 경우 : 사실과 다르게 발급된 금액의 0.05
> ㉡ 기부자별 발급명세를 작성·보관하지 아니한 경우 : 해당 금액의 0.002

7)
현물로 기부한 경우 기부금가액은 장부가액과 시가 중 큰 금액으로 한다. 단, 특례기부금과 특수관계인이 아닌 자에게 기부한 것은 장부가액으로 한다.

8) 기부금의 손금귀속연도(현금주의)

기부금은 그 지출한 날이 속하는 사업연도에 귀속한다.

① **어음을 발행한 경우** : 그 어음이 실제로 결제된 날

② **수표를 발행한 경우** : 당해 수표를 발행한 날

9) 기부금의 세무조정

① **기부금을 미지급금으로 계상하는 경우**

㉠ 계상한 사업연도의 세무조정은 전액 손금불산입(유보)한다.

㉡ 전기 미지급기부금 → 당해 사업연도에 지급[손금산입(△유보)]

※ (주의) 동 기부금이 일반기부금에 해당하면 일반기부금 시부인계산하고, 한도초과액은 손금불산입(기타사외유출)한다.

② **기부금을 가지급금으로 계상한 경우**

㉠ 이를 그 지급한 사업연도의 기부금으로 하여 한도액을 계산하고, 그 후 사업연도에 있어서는 이를 기부금으로 보지 않는다.

㉡ 가지급금으로 계상한 사업연도의 세무조정은 손금산입(△유보)한다.

※ (주의) 동 기부금이 일반기부금에 해당하면 일반기부금 시부인계산하고, 한도초과액은 손금불산입(기타사외유출)한다.

㉢ 전기 가지급금 기부금 → 당해 사업연도에 손금으로 대체한 경우는 일반기부금 시부인계산 없이 전기에 손금산입(△유보)한 금액을 손금불산입(유보)한다.

10) 의제기부금의 세무조정

의제기부금은 법인이 특수관계 외의 자에게 정당한 사유 없이 자산을 정상가액보다 저가양도 또는 고가양수한 경우에 동 차액 중 실질적으로 증여한 것으로 인정되는 금액을 말한다.

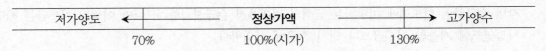

저가양도 ← 70% — 정상가액 100%(시가) → 고가양수 130%

① 고가양수

특수관계자 이외의 자로부터 정당한 사유 없이 자산을 고가로 양수한 경우 세무상 자산가액은 정상가액(시가 × 130%)이다.

㉠ 과대계상된 자산가액의 감액은 손금산입(△유보) 처분하고, 감가상각 또는 자산처분 시 손금불산입(유보)한다.

㉡ 의제기부금 : 동일 종류 기부금에 합산하여 시부인을 계산한다.

② 저가양도

특수관계자 이외의 자로부터 정당한 사유 없이 자산을 저가로 양도한 경우 세무상 자산가액은 정상가액(시가 × 70%)이다.

㉠ 과소계상된 유형자산처분이익은 익금산입(유보)한다.

㉡ 미계상된 의제기부금은 손금산입(△유보) 처분하고, 동일 종류 기부금에 합산하여 시부인을 계산한다.

실습하기 20. 기부금조정명세서 작성하기

다음의 자료를 참조하여 1011. 박문물산(주)의 기부금조정명세서를 작성하고 필요한 세무조정을 하시오.

[자료]

1. 기부금 지출내역

기부일자	기부내용	기부처
3/11	종교단체 기부금	종교단체
5/23	연구비 기부	국립대학병원
7/21	이재민 구호금품	이재민단체
9/24	향우회 기부(대표이사 명의)	경상도향우회
11/28	어린이재단 어음기부	초록우산 어린이재단

2. 기부금 이월공제 내역

   2020년 이월결손금 50,000,000원과 일반기부금 한도초과액 12,000,000원 있음

3. 법인세과세표준 및 세액조정계산서 내용

   • 표준손익계산서의 당기순이익 415,530,044원

   • 익금산입 125,848,462원, 손금산입 42,679,000원

실습하기 작업순서

[1] 1. 기부금 입력 - 1. 기부금명세서
- 종교단체기부금 → 유형 란에서 일반기부금 선택함
- 국립대학병원 연구비기부 → 유형 란에서 특례기부금 선택함
- 이재민구호금품 → 유형 란에서 특례기부금 선택함
- 향우회 기부(대표이사 명의) → 유형 란에서 그 밖의 기부금 선택 → 세무조정 손금불산입 (상여) 처분함
  ※ (주의) 단, 향우회 기부를 회사명의로 하는 경우 소득처분은 기타사외유출로 함
- 어린이재단 어음기부 → 유형 란에서 그 밖의 기부금 선택 → 기부금명세서에서 삭제함 → 세무조정 손금불산입(유보발생) 처분

[2] 조정등록 수행결과
- 〈손금불산입〉 향우회 기부금 3,000,000원(상여)
- 〈손금불산입〉 어린이재단 어음기부 6,000,000원(유보발생)

조정 등록						
익금산입 및 손금불산입				손금산입 및 익금불산입		
과 목	금 액	소득처분		과 목	금 액	소득처분
대표이사향우회기부금	3,000,000	상여				
어린이재단 어음기부금	6,000,000	유보발생				

[3] 1. 기부금 입력 - 2. 소득금액확정
- [1. 기부금명세서]에서 세무조정을 소득금액조정합계표에 반영 → [2. 소득금액확정] → 반드시 [새로 불러오기]를 선택
- 결산서상 당기순이익, 익금산입, 손금산입 → 법인세과세표준 및 세액조정계산서와 일치하는지를 확인한다.
- 익금산입 125,848,462원 + 향우회기부금 3,000,000원 + 어린이재단어음기부 6,000,000원을 합산하여 익금산입란에 134,848,462원을 입력한다.

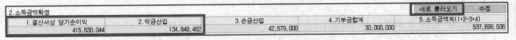

2.소득금액확정				새로 불러오기	수정
1. 결산서상 당기순이익	2. 익금산입	3.손금산입	4.기부금합계	5.소득금액계(1+2-3+4)	
415,530,044	134,848,462	42,679,000	30,000,000	537,699,506	

- 법인세과세표준 및 세액조정계산서 - 일치여부 확인함

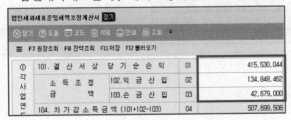

법인세 과세표준및세액조정계산서 정기				
⊗닫기 ⑦도움 ⊡코드 🗑삭제 🖨인쇄 🔍조회 ▾				
≡ F7 원장조회 F8 잔액조회 F11저장 F12 불러오기				
① 각 사 업 연	101. 결 산 서 상 당 기 순 손 익	01		415,530,044
	소 득 조 정 102.익 금 산 입	02		134,848,462
	금 액 103.손 금 산 입	03		42,679,000
	104. 차 가 감 소 득 금 액 (101+102-103)	04		507,699,506

[4] 2. 기부금 조정
- ① 2. 이월결손금 50,000,000원 반영 → [F12 불러오기] 또는 직접 입력
- ⑤ 5. 기부금 이월액 명세 → 일반기부금 한도초과액 12,000,000원 직접 입력 반영함

1.기부금 입력	2.기부금 조정		
1 1.「법인세법」제24조제2항제1호에 따른 특례기부금 손금산입액 한도액 계산			
1.소득금액 계	537,699,506	5.이월잔액 중 손금산입액 MIN[4,23]	
2.법인세법 제13조제1항제1호에 따른 이월 결손금 합계액(기준소득금액의 80% 한도)	50,000,000	6.해당연도지출액 손금산입액 MIN[(④-⑤)>0, ⑥]	25,000,000
3.「법인세법」제24조제2항제1호에 따른 특례기부금 해당 금액	25,000,000	7.한도초과액 [(3-6)>0]	
4.한도액 {[(1-2)> 0]X50%}	243,849,753	8.소득금액 차감잔액 [(①-②-③-⑥)>0]	462,699,506
2 2.「조세특례제한법」제88조의4에 따라 우리사주조합에 지출하는 기부금 손금산입액 한도액 계산			
9.「조세특례제한법」제88조의4제13항에 따른 우리사주조합 기부금 해당 금액		11. 손금산입액 MIN(9, 10)	
10. 한도액 (8×30%)	138,809,851	12. 한도초과액 [(9-10)>0]	
3 3.「법인세법」제24조제3항제1호에 따른 일반기부금 손금산입 한도액 계산			
13.「법인세법」제24조제3항제1호에 따른 일반기부금 해당금액	5,000,000	16.해당연도지출액 손금산입액 MIN[(14-15)>0, 13]	5,000,000
14. 한도액 ((8-11)x10%, 20%)	46,269,950	17. 한도초과액 [(13-16)>0]	
15.이월잔액 중 손금산입액 MIN(14, 23)	12,000,000		
4 4.기부금 한도초과액 총액			
18. 기부금 합계액 (3+9+13)	19. 손금산입 합계 (6+11+16)		20. 한도초과액 합계 (18-19)=(7+12+17)
30,000,000	30,000,000		

5 5.기부금 이월액 명세						
사업 연도	기부금 종류	21.한도초과 손금불산입액	22.기공제액	23.공제가능 잔액(21-22)	24.해당연도 손금추인액	25.차기이월액 (23-24)
합계	「법인세법」제24조제2항제1호에 따른 특례기부금					
	「법인세법」제24조제3항제1호에 따른 일반기부금	12,000,000		12,000,000	12,000,000	
2020	「법인세법」제24조제3항제1호에 따른 일반	12,000,000		12,000,000	12,000,000	

- 반드시 저장한 후 법인세과세표준 및 세액조정계산서에 반영여부 확인함

법인세과세표준및세액조정계산서 정기

⊗닫기 ⑦도움 🖵코드 🗑삭제 🖨인쇄 🔍조회 ▾

☰ F7 원장조회 F8 잔액조회 F11저장 F12 불러오기

① 각 사 업 연 도 소 득 계 산	101. 결 산 서 상 당 기 순 손 익	01	415,530,044
	소 득 조 정 금 액 102.익 금 산 입	02	134,848,462
	103.손 금 산 입	03	42,679,000
	104. 차 가 감 소 득 금 액 (101+102-103)	04	507,699,506
	105. 기 부 금 한 도 초 과 액	05	
	106. 기 부 금 한 도 초 과 이월액 손금산입	54	12,000,000
	107. 각 사 업 연 도 소 득 금 액(104+105-106)	06	495,699,506
② 과 세 표	108. 각 사 업 연 도 소 득 금 액 (108=107)		495,699,506
	109. 이 월 결 손 금	07	50,000,000
	110. 비 과 세 소 득	08	

✓ 이론문제 | **기부금조정명세서**

01 다음 중 법인세법상 기부금 중 특례기부금이 아닌 것은?

① 국가에 무상으로 기증하는 금품의 가액
② 국군 장병 위문금품의 가액
③ 사립학교법에 따른 사립학교 연구비에 지출하는 기부금
④ 사회복지법에 따른 사회복지법인에 지출하는 기부금

02 다음 중 법인세법상 기부금에 대한 설명으로 가장 잘못된 것은?

① 기부금이란 원칙적으로 해당 법인이 사업과 직접 관계없이 무상으로 지출하는 재산적 증여의 가액을 말한다.
② 국가나 지방자치단체에 무상으로 기증하는 금품의 가액은 특례기부금에 해당한다.
③ 법인이 기부금을 금전 외의 자산으로 제공한 경우 특례기부금은 시가와 장부가액 중 큰 금액으로 한다.
④ 기부금은 그 지출한 날이 속하는 사업연도에 귀속한다.

03 다음 중 법인세법상 특례기부금에 해당하지 않는 것은?

① 국방헌금과 국군장병 위문금품의 가액
② 천재지변으로 생기는 이재민을 위한 구호금품의 가액
③ 지방자치단체에 무상으로 기증하는 금품의 가액
④ 의료법에 의한 의료법인에 고유목적사업비로 지출하는 기부 금품의 가액

04 다음 중 법인세법상 기부금에 대한 설명으로 가장 옳지 않은 것은?

① 기부금이란 내국법인이 사업과 직접적인 관계없이 무상으로 지출하는 금액을 말한다.
② 기부금은 지출한 사업연도의 손금으로 한다.
③ 천재지변으로 생기는 이재민을 위한 구호금품의 가액은 기부금으로 본다.
④ 기부금은 한도 없이 전액 손금산입된다.

📌 **이론문제 정답 및 해설**

01 ④ 사회복지법에 따른 사회복지법인에 지출하는 기부금은 일반기부금이다.

02 ③ 법인이 특례기부금에 해당하는 내용을 금전 외의 자산으로 제공한 경우 해당 자산의 가액은 기부했을 때의 장부가액으로 한다.

03 ④ 일반기부금에 해당한다.

04 ④ 손금산입한도를 초과하는 기부금은 손금에 산입하지 않는다.

19 | 소득금액조정합계표 및 과세표준과 산출세액의 계산

01 소득금액조정합계표

수입금액조정, 각 과목별 세무조정, 감가상각비조정에 따라 세무조정을 한 후 익금과 손금 항목을 소득처분과 함께 입력 및 집계하는 명세서이다. 단, 유의할 점은 당기 기부금한도초과액, 전기기부금 한도초과 이월액 손금산입은 법인세과세표준 및 세액조정계산서에 자동으로 반영 또는 직접 반영한다.

실습하기 21. 소득금액조정합계표 및 명세서 작성하기

1011. 박문물산(주)의 소득금액조정합계표 및 명세서를 작성하시오.

실습하기 작업순서

익금산입 및 손금불산입				손금산입 및 익금불산입		
과 목	금 액	소득처분		과 목	금 액	소득처분
법인세비용	12,000,000	기타사외유출		매출원가감소	8,000,000	유보발생
공사미수금과소	8,320,000	유보발생		배당금수익익금불산입	5,225,000	기타
위탁매출누락	10,000,000	유보발생		전기차량운반구감가상각비한도초과	2,500,000	유보감소
임대보증금간주익금	6,001,639	기타사외유출		퇴직연금납입액	25,000,000	유보발생
비품감가상각비한도초과	1,374,659	유보발생		전기대손충당금한도초과	600,000	유보감소
업무미사용(그랜저)	1,928,000	상여		전기선급비용	354,000	유보감소
업무용승용차한도초과액(그랜저)	2,800,000	유보발생		외화외상매입금	1,000,000	유보발생
업무용승용차한도초과액(쏘나타)	400,000	기타사외유출				
퇴직급여충당금한도초과	15,000,000	유보발생				
퇴직연금지급액	10,000,000	유보감소				
6개월 미경과한 부도어음	2,000,000	유보발생				
소액채권 과다	350,000	유보발생				
기업업무추진비중 개인적경비	200,000	상여				
신용카드등미사용액	890,000	기타사외유출				
기업업무추진비한도초과	23,889,208	기타사외유출				
제품평가감	2,000,000	유보발생				
원재료평가감	2,000,000	유보발생				
법인세분 지방소득세분	3,500,000	기타사외유출				
대표자 개인 양도소득세분	5,000,000	상여				
폐수초과배출부담금	750,000	기타사외유출				
지급명세서미제출가산세	1,500,000	기타사외유출				
업무상 교통위반과태료	100,000	기타사외유출				
차량보험료 선급비용	3,698,630	유보발생				
사무실임차료 선급비용	6,307,692	유보발생				
가지급금인정이자(대표이사)	437,280	상여				
채권자불분명사채이자	1,692,000	상여				
채권자불분명사채이자 원천징수세액	308,000	기타사외유출				
업무무관지급이자	2,401,354	기타사외유출				
건설자금이자	1,000,000	유보발생				
대표이사향우회기부금	3,000,000	상여				
어린이재단 어음기부금	6,000,000	유보발생				
합 계	134,848,462			합 계	42,679,000	

◢ 02 과세표준의 계산구조

내국법인의 각 사업연도의 소득에 대한 법인세의 과세표준은 각 사업연도의 소득의 범위 내에서 이월결손금, 비과세소득, 소득공제액을 순차적으로 계산하여 공제한다.

　　　각 사업연도 소득금액
　(−) 이월결손금(15년 이내에 개시한 사업연도에서 발생한 이월결손금)
　(−) 비과세소득(공익신탁의 신탁재산에서 생긴 이익)
　(−) 소득공제(유동화전문회사 등에 대한 소득공제 등)
　= 　과세표준

※ 이월결손금은 이월공제가 가능하며 비과세소득과 소득공제는 이월공제가 불가능하다.

◢ 03 결손금과 이월결손금

1) 결손금

각 사업연도의 손금의 총액이 익금의 총액을 초과하는 금액을 말한다.

■ 결손금의 공제제도
① 원칙 : 다음연도로 이월하여 이월공제한다.
② 예외 : 중소기업의 경우 소급공제를 허용한다.

---

2) 이월결손금의 공제

각 사업연도의 개시일 전 15년 이내에 개시한 사업연도에 발생한 결손금으로서 소급공제 또는 그 후의 과세표준계산상 공제되지 않은 금액은 각 사업연도소득금액의 범위 안에서 이를 공제한다.

① 2019.1.1. 이전 발생분은 5년, 2020.1.1. 이전 발생분은 10년 내의 결손금을 말한다.

② **공제한도** : 일반법인은 각 사업연도의 80%, 조세특례제한법상 중소기업은 각 사업연도의 100%

③ 2 이상의 사업연도에서 발생한 이월결손금이 있는 경우에는 먼저 발생한 사업연도의 결손금으로부터 순차로 공제한다. 다만, 공제시한이 경과되면 소멸되지 않은 이월결손금이라 하더라도 과세표준계산상 공제될 수 없다.

3) 결손금을 공제받을 수 없는 경우

① 소급공제받는 중소기업의 결손금
② 자산수증이익 또는 채무면제이익으로 보전한 이월결손금
③ 추계결정 또는 추계경정의 경우(단, 천재 및 지변으로 장부, 기타 증빙서류가 멸실되어 추계하는 경우에는 공제가능하다.)

4) 소급공제에 의한 환급

중소기업이 각 사업연도 소득금액의 결과 결손금이 발생한 경우에는 결손금 소급공제에 의한 환급을 받을 수 있다. 이 경우 당해 결손금에 대하여는 이월결손금공제를 받은 것으로 본다.

① 요건

    ㉠ 당해 법인이 중소기업에 해당한다.

    ㉡ 반드시 종전 사업연도에 납부한 법인세액이 있어야 한다.

    ㉢ 과세표준 신고기한 내에 결손금이 발생한 사업연도와 그 직전 사업연도의 소득에 대한 법인세의 과세표준 및 세액을 각각 신고한 경우에 한하여 적용한다.

② 환급세액의 계산

> ■ 결손금 소급공제에 의한 환급세액 = min(㉠, ㉡)
>   ㉠ 환급대상세액 = 직전 사업연도 법인세 산출세액 − (직전 사업연도 과세표준금액 − 소급공제 결손금액) × 직전 사업연도 법인세율
>   ㉡ 한도액 = 직전 사업연도의 법인세 산출세액 − 직전 사업연도의 공제·감면세액

③ 환급신청

과세표준신고기한 내에 납세지 관할 세무서장에게 신청하여야 하며, 이러한 신청을 받은 납세지 관할 세무서장은 지체없이 환급세액을 결정하여 환급하여야 한다.

④ 환급세액의 추징

법인세액을 환급한 후 결손금이 발생한 사업연도에 대한 법인세의 과세표준과 세액을 경정함으로써 결손금이 감소된 경우에는 환급세액에 이자상당액을 가산한 금액을 당해 결손금이 발생한 사업연도의 법인세로서 징수한다.

│ 사례 8

다음의 자료에 의하여 1011. 박문물산(주)의 결손금 소급공제 환급세액을 산출하시오.

[자료]

① 전년도 해당 사업연도 : 2023.01.01. ~ 2023.12.31.

② 전년도 법인세 신고내역 현황

    • 과세표준 : 400,000,000원   • 산출세액 : 60,000,000원

    • 감면세액 : 30,000,000원

③ 전년도 법인세율

2억 이하	2억 초과 ~ 200억 이하	200억 초과
9%	19%	21%

④ 당기 소급공제 대상 결손금 : 100,000,000원

> **정답** 결손금 소급공제에 의한 환급세액 = min(㉠, ㉡) = 20,000,000원
> ㉠ 60,000,000 - 30,000,000원 = 30,000,000원
> ㉡ 60,000,000 - [(400,000,000 - 100,000,000) × 9%, 19%] = 23,000,000원

04 비과세소득

1) 법인세법상 비과세소득

공익신탁의 신탁재산에서 발생한 소득

2) 조세특례제한법상 비과세 소득

① 주식 등 양도차익에 대한 비과세

㉠ 중소기업창업투자회사 또는 신기술사업금융업자가 창업자 또는 신기술사업자 또는 벤처기업에게 출자한 주식 또는 출자지분을 양도함으로써 발생하는 양도차익

㉡ 중소기업창업투자회사 또는 신기술사업금융업자가 창업자 또는 신기술사업자 또는 벤처기업으로부터 2025.12.31.까지 취득한 주식 또는 출자지분의 양도차익

㉢ 기관투자자가 중소기업창업투자조합 또는 신기술사업투자조합을 통하여 창업자, 신기술사업자 또는 벤처기업에 출자함으로써 2025.12.31.까지 취득한 주식 또는 출자지분의 양도차익 등

② 배당소득에 대한 비과세

중소기업창업투자회사, 창업기획자, 벤처기업출자유한회사 또는 신기술사업금융업자가 출자로 인하여 창업자, 신기술사업자, 벤처기업, 신기술창업전문회사 또는 코넥스상장기업으로부터 2025년 12월 31일까지 받는 배당소득에 대해서는 비과세한다.

05 소득공제

1) 유동화전문회사 및 프로젝트금융투자회사 등의 소득공제

① 유동화전문회사, 증권투자회사, 기업구조조정투자회사가 배당가능이익의 90% 이상을 배당한 경우 배당한 금액을 공제한다(당해 사업연도 소득금액 한도).

> 배당가능이익 = 당기순이익(유가증권평가손익 제외) + 이월이익잉여금 - 이월결손금 - 이익준비금

② 초과배당액을 최대 5년간 이월하여 공제하며 이월한 초과배당액은 각 사업연도에 발생한 배당액보다 우선하여 소득금액에서 공제한다.

◢ 06 산출세액의 계산

■ 자진납부세액의 계산구조

　　과세표준

　(×) 세율　　→ 4단계 초과누진세율 적용(아래 법인세율 참조)

　　산출세액

1) 일반법인의 법인세 세율

과세표준			
2억원 이하	2억원 초과 ~ 200억원 이하	200억원 초과 ~ 3,000억원 이하	3,000억원 초과
9%	19%	21%	24%

2) 사업연도가 1년 미만인 경우의 산출세액계산

법인세 산출세액 = (과세표준 × 12 ÷ 사업연도의 월수 × 세율) × 사업연도의 월수 ÷ 12
※ 월수는 역에 따라 계산하되, 1월 미만의 일수는 1월로 한다.

✅ 이론문제 | **소득금액조정합계표 및 과세표준과 산출세액의 계산**

01 다음 중 법인세법상 이월결손금에 대한 설명으로 잘못된 것은?

① 중소기업의 경우 각 사업연도 소득의 100분의 60을 한도로 공제할 수 있다.

② 결손금 공제 중 이월공제는 신청을 요건으로 하지 않는다.

③ 무상으로 받은 자산의 가액으로 충당하여 보전할 수 있는 이월결손금은 발생 시점에 제한이 없다.

④ 이월결손금은 먼저 발생한 사업연도의 이월결손금부터 순차로 공제한다.

02 다음 중 법인세법상 결손금의 소급공제에 따른 환급제도에 관한 설명으로 옳지 않은 것은?

① 해당 사업연도에 발생한 결손금은 직전 사업연도의 과세표준을 한도로 차감한다.

② 소급공제에 따른 환급신청을 하지 않은 경우에는 소급공제를 적용하지 아니한다.

③ 과세표준신고기한 내에 결손금이 발생한 사업연도와 환급대상 사업연도의 소득에 대한 법인세 과세표준 및 세액을 각각 신고한 경우에만 적용한다.

④ 세무상 결손금이 발생한 법인은 결손금의 소급공제만 적용받을 수 있다.

03 다음 중 법인세법상 과세표준 등의 신고에 관한 설명으로 옳지 않은 것은?

① 내국법인은 원칙적으로 각 사업연도의 종료일이 속하는 달의 말일부터 3개월 이내에 그 사업연도의 소득에 대한 법인세의 과세표준과 세액을 납세지 관할 세무서장에게 신고하여야 한다.

② 내국법인이 성실신고확인서를 제출하는 경우에는 각 사업연도의 종료일이 속하는 달의 말일부터 4개월 이내에 그 사업연도의 소득에 대한 법인세의 과세표준과 세액을 납세지 관할 세무서장에게 신고하여야 한다.

③ 내국법인으로서 각 사업연도의 소득금액이 없거나 결손금이 있는 법인의 경우에는 신고하지 않을 수 있다.

④ 납세지 관할 세무서장 및 관할 지방국세청장은 제출된 신고서 또는 그 밖의 서류에 미비한 점이 있거나 오류가 있을 때에는 보정할 것을 요구할 수 있다.

04 다음 중 법인세법상 과세표준의 계산에 대한 설명으로 옳지 않은 것은?

① 각사업연도소득금액에서 이월결손금, 비과세소득, 소득공제의 순서로 차감하여 과세표준을 계산한다.

② 결손금 소급공제 한도인 직전 사업연도 법인세액에는 가산세 및 토지 등 양도소득에 대한 법인세를 포함한다.

③ 천재지변 등으로 장부나 그 밖의 증명서류가 멸실되어 과세표준과 세액을 추계결정하는 경우 이월결손금 공제가 적용된다.

④ 소급공제 받은 결손금은 법인세의 과세표준을 계산함에 있어 이미 공제받은 결손금으로 본다.

05 법인세법상 결손금에 대한 설명이다. 가장 옳지 않은 것은?

① 결손금 소급공제는 중소기업에 한하여 적용가능하다.

② 결손금이 발생한 과세기간의 종료일로부터 15년 이내에 이월결손금공제를 할 수 있다.

③ 천재지변으로 장부나 그 밖의 증명서류가 멸실되어 추계하는 경우에는 결손금이월공제를 적용한다.

④ 중소기업의 경우 각 사업연도 소득금액의 60%를 한도로 결손금을 이월공제한다.

📌 이론문제 정답 및 해설

01 ① 중소기업은 100분의 100을 한도로 한다.

02 ④ 1사업연도에서 발생한 결손금을 이월공제하도록 하고 있으나, 중소기업에 한하여 신청에 의한 결손금의 소급공제를 허용하고 있다.

03 ③ 내국법인으로서 각 사업연도의 소득금액이 없거나 결손금이 있는 법인의 경우에도 적용한다.

04 ② 결손금 소급공제 한도인 직전 사업연도 법인세액에 가산세 및 토지 등 양도소득에 대한 법인세는 제외한다.

05 ④ 내국법인의 각 사업연도의 소득에 대한 법인세의 과세표준은 각 사업연도의 소득의 범위에서 다음 각 호의 금액과 소득을 차례로 공제한 금액으로 한다. 다만, 제1호의 금액에 대한 공제는 각 사업연도 소득의 100분의 60[「조세특례제한법」 제5조 제1항에 따른 중소기업(이하 "중소기업"이라 한다)과 회생계획을 이행 중인 기업 등 대통령령으로 정하는 법인의 경우는 100분의 100]을 한도로 한다.

20 | 감면세액과 세액공제 및 최저한세조정명세서

01 감면세액

특정 사업에서 생긴 소득에 대한 법인세 전액을 면제해주거나(감면세액) 또는 일정률에 상당하는 법인세를 감면해주는 것을 말한다.

1) 감면세액의 계산방법

① 계산식 : 감면세액 = 법인세 산출세액 × 감면소득 ÷ 과세표준 × 감면율

② 감면소득은 해당 소득금액에서 다음의 이월결손금, 비과세소득 및 소득공제액을 공제한 금액으로 한다.

　　㉠ 이월결손금 등이 감면사업에서 발생한 경우에는 그 전액

　　㉡ 이월결손금 등이 감면사업에서 발생한 것인지의 여부가 불분명한 경우에는 소득금액에 비례하여 안분계산한 금액

2) 조세특례제한법상 세액감면의 종류

① 법인세법에서는 세액감면이 없다.

　　※ 본 교재에서는 전산세무 1급 시험에 자주 출제되는 중요 감면항목만 수록한다.

② 일반감면 : 감면대상소득이 발생하면 시기의 제한이 없이 감면한다.

구분	감면대상						사후관리
중소기업에 대한 특별세액 감면	㉠ 개요 : 중소기업이 감면대상 업종을 영위하는 경우 해당 과세연도에 세액감면 적용 ㉡ 대상 : 48개 감면대상 업종, 조세특례제한법 중소기업요건 충족						규정없음

구분	제조업 등		도소매, 의료업		지시기반산업
(수도권)	내	외	내	외	내
중기업	–	15%	–	5%	10%
소기업	20%	30%	10%	10%	–

㉢ 감면한도 1억원 : 전년 대비 근로자감소인원 × 500만원

③ 기간감면

감면대상자								사후관리
[창업중소기업 등에 대한 감면] ㉠ 개요 : 중소기업이 감면대상 업종으로 창업하는 경우 해당 과세연도부터 5년간 세액감면 적용 ㉡ 적용대상 • 창업중소기업(청년·생계형 창업기업포함) • 창업보육센터 사업자 • 창업 후 3년 내 벤처기업으로 확인받은 중소기업 • 창업 과세연도 포함 4년 내 에너지신기술중소기업에 해당								중소기업 아닌 기업과 합병 시에 감면 배제

구분 (수도권 과밀억 제권역)	일반창업		벤처·에너지 신기술		청년· 생계형 창업	창업보육 센터 사업자
	기본	신성장	기본	신성장		
내	–	–	50% (5년)	75%(3년) + 50%(2년)	50% (5년)	50% (5년)
외	50% (5년)	75%(3년) + 50%(2년)	50% (5년)	75%(3년) + 50%(2년)	100% (5년)	50% (5년)

감면대상자	사후관리
[수도권 밖으로 공장 및 본사 이전기업 법인세 감면] ㉠ 개요 : 수도권 외 지역으로 공장 이전(최초 소득발생 과세연도부터 최대 10년간 감면 적용) ㉡ 대상 • 부동산임대업, 부동산중개업, 부동산매매업, 소비성서비스업 및 해운중개업을 영위하지 아니할 것 • 수도권과밀억제권역에 3년(중소기업 2년) 이상 계속 사업하고 공장시설 전부를 이전한 기업일 것 • 수도권과밀억제권역에 3년 이상 본사를 두고, 이전 후 2년 내 본사 양도 또는 본사 양도 후 2년 내 사업개시할 것 • 이전 전의 공장 및 본사에서 영위하던 업종과 이전 후의 공장 및 본사에서 영위하는 업종이 동일할 것 ㉢ 감면액 산출세액 × (감면대상 소득 ÷ 과세표준) × 다음의 감면율	이전 후 ① 사업 미개시, ② 3년 이내 폐업·해산, ③ 수도권에 동일한 공장 및 본사를 설치한 경우, ④ 이전본사 임원수가 50%에 미달한 경우 (①·③·④ 5년 이내 감면된 세액 납부, ② 3년 이내 감면된 세액 납부) + 이자상당액(日 0.025%)을 가산하여 납부

구분	7년간(성장관리권역· 광역시 등 5년간)	3년간(성장관리권역· 광역시 등 2년간)
감면율	100%	50%

02 세액공제

산출세액에서 일정액을 공제하는 것을 말한다.

구분	종류	비고
법인세법상 (최저한세 제외)	① 외국납부세액 ② 재해손실세액공제 ③ 사실과 다른 회계처리에 따른 경정세액공제	10년간 이월공제 - 10년간 이월공제
조세특례제한법상 (최저한세 적용)	① 연구인력개발비에 대한 세액공제(중소기업은 적용제외) ② 각종 투자세액공제 ③ 기타의 세액공제	10년간 이월공제 10년간 이월공제 10년간 이월공제

1) 외국납부세액공제

내국법인이 국외에서 받는 소득에 대해서 국제적 이중과세를 방지하기 위하여 외국납부세액을 납부하였거나 또는 납부할 세액이 있는 경우에 적용한다.

① 외국납부세액 이월공제

외국납부세액공제 한도액을 계산하고 초과되는 금액은 해당 사업연도 다음 사업연도부터 10년 이내에 종료하는 과세기간에 이월하여 공제받을 수 있다. 단, 공제 사업연도 내에 공제받지 못한 외국납부세액은 다음 사업연도의 소득금액을 계산할 때 손금에 산입할 수 있다.

② 외국납부세액공제한도 계산

> 공제한도 = 법인세산출세액 × [(국외원천소득 – 감면대상 국외원천소득) × 감면비율] ÷ 당해 사업연도의 과세표준

③ 외국납부세액공제 등의 배제

법인세의 과세표준을 추계결정, 경정하는 경우(단, 천재, 지변 등으로 장부 기타 증빙서류가 멸실되어 추계하는 경우에는 제외한다.)

④ 서류의 제출

외국납부세액을 공제받고자 하는 법인은 법인세 과세표준신고서와 함께 외국납부세액공제 세액계산서를 제출하여야 한다.

2) 재해손실공제

법인이 각 사업연도 중 천재, 지변 기타 재해로 인하여 자산총액의 20% 이상을 상실하여 납세가 곤란하다고 인정되는 경우에는 재해상실비율에 해당하는 법인세액을 산출세액에서 공제한다.

① 재해상실비율

> 재해상실비율 = 상실된 자산가액 ÷ 상실 전의 자산총액
> ※ 자산총액이란 사업용 자산가액(토지가액은 제외)을 말한다.

② 공제세액의 계산

재해손실세액공제액 = min(㉠, ㉡)

㉠ 공제세액 = 공제대상 법인세액 × 재해상실비율
㉡ 한도액 = 상실된 재산가액

3) 사실과 다른 회계처리에 따른 경정세액공제

내국법인이 사실과 다른 회계처리를 하여 과세표준 및 세액을 과다하게 계상함으로써 경정청구하여 경정을 받은 경우에는 과다 납부세액을 환급하지 아니하고 그 경정일이 속하는 사업연도부터 각 사업연도의 법인세액에서 과다납부한 세액을 공제한다.

① 위 세액공제를 받기 위해서는 다음의 요건을 충족하여야 한다.

㉠ 사업보고서 및 감사보고서를 제출할 때 수익 또는 자산을 과다 계상하거나 손비 또는 부채를 과소 계상할 것
㉡ 내국법인, 감사인 또는 그에 소속된 공인회계사가 대통령령으로 정하는 경고·주의 등의 조치를 받을 것

② 재해손실 이월공제

각 사업연도별로 공제하는 금액은 과다 납부한 세액의 20%을 한도로 하고, 공제 후 남아있는 과다 납부한 세액은 이후 사업연도에 이월하여 공제한다.

4) 조세특례제한법상 세액공제

① 연구, 인력개발에 대한 세액공제 : ㉠과 ㉡을 합한 금액을 공제한다. 단, ㉠은 2021. 12. 31.까지 발생한 것만 적용한다.

㉠ 신성장·원천기술 연구개발비

해당 사업연도에 발생한 신성장·원천기술 연구개발비 × (ⓐ비율 + ⓑ비율)
ⓐ 중소기업 30%, 코스닥상장 중견기업 25%, 이외의 기업 20%
ⓑ min[해당 사업연도의 신성장·원천기술 연구개발비 비율, 10%(코스닥 중견기업 15%)]

㉡ 일반연구·인력개발비

내국법인이 각 과세연도에 연구인력개발비를 지출한 경우에는 다음 ⓐ 또는 ⓑ 중 선택하여 세액공제를 받을 수 있다.

■ 연구인력개발비 세액공제액 = ⓐ 또는 ⓑ
ⓐ 총발생액 기준 = 당해 과세연도에 발생한 연구인력개발비 × min(2%, 해당 사업연도 수입금액 대비 일반연구인력개발비 × 50%[주])
　주) 중소기업 25%, 중소기업 졸업유예기간(4년) 경과 후 3년간(5~7년차) 15%, 2년간(8~9년차) 10%, 법 소정의 중견기업은 8%
ⓑ 증가발생액 기준 = (당해 과세연도에 발생한 연구인력개발비 − 직전 사업연도에 발생한 연구인력개발비) × 25%(중견기업 40%, 중소기업 50%)

ⓒ 중소기업은 연구인력개발비 세액공제에서 배제한다.

② 성과공유 중소기업 경영성과급에 대한 세액공제

　ⓐ 개요 : 중소기업이 상시근로자에게 경영성과급을 지급하는 경우 해당 과세연도에 세액공제 적용함

　ⓑ 대상 : 아래의 요건을 모두 충족하는 경영성과급을 지급하는 중소기업
　　• 중소기업과 근로자가 성과급에 관한 사항을 사전에 서면 약정하고 지급하는 성과급
　　• 영업이익 발생한 기업이 지급하는 성과급
　　• 해당 과세연도에 상시근로자 수가 전년대비 감소하지 아니할 것

　ⓒ 공제액 : 지급하는 경영성과급 × 중소기업 10%

　　경영성과급을 지급받은 상시근로자에 대해서는 소득세 50% 감면(단, 총급여액 7천만원 초과, 최대주주·최대출자자와 그 배우자·직계존비속·친족관계에 있는 사람 등은 제외한다.)

③ 고용지원 조세특례 통합고용세액공제 – 모든 기업 중 소비성서비스업은 제외

　고용증대세액공제, 사회보험료세액공제, 경력단절여성세액공제, 정규직 전환세액공제, 유아휴직 복귀자세액공제 등 5가지가 통합되었다.

　ⓐ 기본공제 : 고용증가인원 × 1인당 세액공제액

구분	공제액(단위 : 만원)				비고
	중소 (3년 지원)		중견 (3년 지원)	대기업 (2년 지원)	
	수도권	지방			
상시근로자	850	950	450	–	– 우대공제 대상인 청년 연령범위* 확대, * 청년 연령범위(시행령) : 15~34세 * 일부 서비스업종 우대는 폐지 – 경력단절여성을 우대공제 대상에 추가 – 공제 후 2년 이내 상시근로자 수가 감소하는 경우 공제금액 상당액을 추징
청년 정규직, 장애인, 60세 이상, 경력단절여성 등	1,450	1,550	800	400	

　ⓑ 추가공제 : 정규직 전환·육아휴직 복귀자 인원 × 공제액
　* 전체 상시근로자 수 미감소 시

구분	공제액 (단위 : 만원)		비고
	중소	중견	
정규직 전환자 (1년 지원)	1,300	900	전환일·복귀일로부터 2년 이내 해당 근로자와의 근로관계 종료 시 공제금액 상당액 추징
육아휴직 복귀자 (1년 지원)			

※ (주의) 2023년 및 2024년 과세연도 분에 대해서는 기업이 '통합고용세액공제'와 기존 '고용증대 및 사회보험료 세액공제' 중 선택하여 적용 가능(중복 적용 불가)하다.

④ 통합투자세액공제

아래의 표에 있는 중소기업투자세액공제 등 10개를 통합하여 세액공제를 적용한다.

㉠ 공제대상 : 사업용 유형자산(단, 토지·건물, 차량, 비품 등 제외), 일부 유형자산(㉠제외)과 무형자산

㉡ 공제방식 : 기본공제(1, 3, 10%) + 추가공제(직전 3년 평균 투자액 초과분 × 3%)

• (신산업 지원 강화) 신성장·원천기술 관련 투자는 기본공제 12%

• (국가전략기술 지원) 신성장·원천기술 기본공제 16% 대비 + 추가공제[당해연도 투자액 − 직전 3년 평균투자액 × 추가공제율(일반 3%, 국가전략기술 4%)], 추가공제액 한도는 기본공제액의 200%이다.

구분	세액공제
중소기업투자 세액공제	• 중소기업 : 투자금액×3%(중견기업은 1~2%) • 위기지역 내 투자, 상생형지역일자리 참여·투자 : 중소 10%, 중견 5% • 규제자유특구 내 투자 : 중소 5%, 중견 3%
상생결제 지급금액에 대한 세액공제	중견·중소기업이 상생결제제도를 통해 중견·중소기업에 구매대금을 지급한 경우 * 세액공제 한도 : 법인세의 10% − 지급기한 15일 내 지급금액 × 0.2% − 지급기한 15일~60일내 지급금액 × 0.1%
안전설비 등 투자에 대한 세액공제	투자금액 × 1%(중견기업 5%, 중소기업 10%)
생산성향상시설에 대한 대한 세액공제	투자금액 × 1%(중견기업 5%, 중소기업 10%)
전자신고세액공제	• 직접 신고 : 2만원(납부할 세액 한도) • 세무대리인 대행 : 세무대리인 본인의 소득·법인세 신고월이 속하는 과세연도의 직전 과세연도 동안 법인세를 신고 대행한 경우 납세자 1인당 2만원(부가가치세 신고 대리에 따른 세액공제를 포함하여 300만원 한도, 세무·회계법인은 750만원 한도)

◢ 03 공제감면세액의 공제순위

법인세 감면 규정과 세액공제 규정이 동시에 적용되는 경우 적용순위는 다음과 같다.

1) 각 사업연도의 소득에 대한 세액감면(면제를 포함)

2) 이월공제가 인정되지 아니하는 세액공제

3) 이월공제가 인정되는 세액공제(해당 사업연도 중에 발생한 세액공제액과 이월된 미공제액이 함께 있을 때에는 이월된 미공제액을 먼저 공제)

4) 법인세법에 규정한 세액공제(해당 세액공제액과 이월된 미공제액이 함께 있는 때에는 이월된 미공제액을 먼저 공제)

04 최저한세 및 최저한세조정명세서

기업이 조세감면을 적용받음으로 인하여 최저한세액에 미달하는 세부담이 초래하는 경우 그 미달하는 세액에 상당하는 부분에 대하여 조세감면을 배제하는 제도로, 최소한의 세금은 납부시켜야 한다는 취지에서 마련된 것을 말한다.

1) 최저한세 계산구조의 순서 및 적용

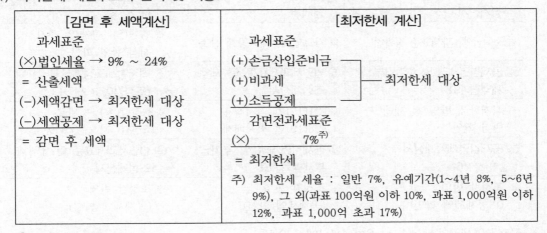

[감면 후 세액계산]

과세표준
(×)법인세율 → 9% ~ 24%
= 산출세액
(−)세액감면 → 최저한세 대상
(−)세액공제 → 최저한세 대상
= 감면 후 세액

[최저한세 계산]

과세표준
(+)손금산입준비금 ┐
(+)비과세   ├── 최저한세 대상
(+)소득공제   ┘
감면전과세표준
(×)   7%[주]
= 최저한세
주) 최저한세 세율 : 일반 7%, 유예기간(1~4년 8%, 5~6년 9%), 그 외(과표 100억원 이하 10%, 과표 1,000억원 이하 12%, 과표 1,000억 초과 17%)

① 감면 후 세액

최저한세 대상이 아닌 외국납부세액, 재해손실세액공제, 농업소득세액은 차감하지 않고 토지 등 양도소득 법인세, 가산세, 추가납부세액은 가산하기 전의 금액이다.

② 최저한세

최저한세 대상인 준비금, 비과세, 소득공제를 공제하지 않은 경우의 과세표준에 최저한세율을 곱하여 계산한 세액을 말하며 준비금 환입액은 과세표준에서 차감되지 않는다.

2) 감면 후 세액과 최저한세의 비교

① [감면 후 세액] ≥ [최저한세]인 경우 : 조세특례 및 감면을 배제하지 않는다.
② [감면 후 세액] ≤ [최저한세]인 경우 : 조세특례 및 감면을 배제한다.

3) 총부담세액계산

감면 후 세액과 최저한세 중 큰 금액을 적용한다.

4) 조세감면의 배제순위

① 특별감가상각비의 손금산입(경과규정에 의한 것을 말한다.)
② 준비금의 손금산입

③ 세액공제(이 경우 동일 조문에 의한 세액공제 중 이월된 공제세액이 있는 경우에는 나중에 발생한 것부터 적용배제한다.)

④ 세액감면

⑤ 소득공제 및 비과세 및 익금불산입

05 공제감면세액조정과 최저한세조정명세서 실무

1) 각 서식메뉴 작성 순서

① 법인세과세표준 및 세액조정계산서	→	② 일반연구 및 인력개발비명세서	→	③ 공제감면세액계산서 (1 ~ 6)	→
※ 소득금액, 과세표준 정확히		※ 자료입력, 세액공제 산출		※ 감면(2), 공제(3) 주요 서식 반영 확인	
④ 공제감면세액 및 추가납부세액합계표	→	⑤ 법인세과세표준 및 세액조정계산서	→	⑥ 최저한세조정계산서 (조정감여부 판단)	→
※ 최저한세 반영 전 세액 반영 확인		※121(17)번 최저적용 ※123(19)번 최저배제		※조정감(×) - 완료 ※조정감(○) - ⑦이동	
⑦ 공제감면세액계산서 (1) ~ (6)	→	⑧ 공제감면세액 및 추가납부세액합계표		⑨ 법인세과세표준 및 세액조정계산서	
※ 조정감 반영 (미공제세액 확인)		※ 조정감 반영 (공제세액 확인)		※ 조정감 반영 (공제세액 확인)	

2) 공제감면세액계산서(1 ~ 6번) 서식메뉴 이해

계산서 서식	내용
공제감면세액계산서(1)	법인세법 적용, 공공차관도입에 따른 법인세 감면, 재해손실세액공제
공제감면세액계산서(2)	※ 시험출제메뉴 : 조세특례제한법 적용한 감면세액
세액공제조정명세서(3)	※ 시험출제메뉴 : 조세특례제한법 적용한 세액공제
공제감면세액계산서(4)	조세특례제한법 적용, 외국인투자기업에 대한 감면세액 등
공제감면세액계산서(5)	외국납부세액공제 적용 등
추가납부세액계산서(6)	법인세추가납부세액 등
공제감면세액 및 추가납부세액합계표	※ 시험출제메뉴 • 최저한세배제세액감면 • 최저한세배제세액공제 • 최저한세적용세액감면 • 최저한세적용세액공제, 면세 • 비과세, 이월과세추가납부액 • 익금불산입 • 손금산입

3) 최저한세조정명세서 - 조정감 (※ 매우 중요함)

①구분	코드	②감면후세액	③최저한세	④조정감	⑤조정후세액

실습하기 22. 감면과 세액공제 및 최저한세배제 작성하기①

1011. 박문물산(주)의 당사 기업부설연구소는 여러 연구원을 두고 기술개발을 위한 연구활동을 하고 있다. 이에 따라 관련 연구원 인건비에 대해 세액공제를 받고자 한다. 다음 자료를 참조하여 [일반연구및인력개발비명세서] 중 「1. 발생명세 및 증가발생액계산」, 「2. 공제세액」을 작성한 후, [세액공제조정명세서(3)] 중 「3. 당기공제 및 이월계산」, 「공제감면세액 및 추가납부세액합계표」, 「법인세과세표준 및 세액조정계산서」를 작성하시오.

[자료]

1. 기업부설연구소 연구개발인력 현황 신고서 중 일부

연구원 현황							
⑤ 구분	⑥ 일련번호	⑦ 직위	⑧ 성명	⑨ 생년월일	⑩ 소속부서	⑭ 발령일	⑮ 신규편입여부
전담요원	1	선임 연구원	조동진	19830301	연구소	20200201	전입
전담요원	2	연구원	이하얀	19871202	연구소	20210102	전입

2. 기업부설연구소 급여지급 내역(이익처분에 따른 성과급 미포함)

직위	성명	급여액	비고
전담요원	조동진	36,000,000원	주주임원 아님
전담요원	이하얀	85,000,000원	해외소재 연구소에 기술연수 파견됨

3. 재료비 등 및 위탁 및 공동 연구개발비 지출내역 - 건수는 생략함

과세기간	재료비 등	위탁 및 공동 연구개발비	계
2020.1.1. ~ 2020.12.31.	12,000,000원	6,000,000원	18,000,000원
2021.1.1. ~ 2021.12.31.	13,000,000원	8,000,000원	21,000,000원
2022.1.1. ~ 2022.12.31.	10,000,000원	7,000,000원	17,000,000원
2023.1.1. ~ 2023.12.31.	10,000,000원	6,000,000원	16,000,000원
2024.1.1. ~ 2024.12.31.	12,000,000원	9,000,000원	19,000,000원

4. 기타

- 당사는 중소기업에 해당함
- 기업부설연구소 인건비만 경상연구개발비(제조)로 처리함
- 재료비 등 및 위탁 및 공동 연구개발비 지출은 개발비(무형자산)로 처리함
- 기업부설연구소 연구는 연구·인력개발비에 대한 세액공제(최저한세 적용 제외) 대상이며, 일반연구개발비에 해당함(신성장·원천기술 연구개발비는 아님)
- 당기 법인세 산출세액은 67,924,569원임
- 세액공제 외 다른 공제와 감면은 없다고 가정함

실습하기 작업순서

[1] 일반연구및인력개발비명세서

① 1. 발생명세 및 증가발생액 계산 - ① 해당연도의 연구 및 인력개발비 발생명세
- 이하얀이 기술습득 등을 위해 내국법인의 기업부설연구소 소속 연구원을 해외소재 모법인의 연구소에 파견함에 따라 발생한 인건비 등은 연구 및 인력개발비 세액공제 대상 비용에 해당하지 않는 것임(법인-1329, 2009.11.27.)
- 조동진 – 계정과목 : 경상연구개발비(523), 인건비 1명 36,000,000원 입력
- 계정과목 : 개발비(226), 재료비 등 12,000,000원, 위탁 및 공동연구개발비 9,000,000원 입력

| 1.발생명세 및 증가발생액계산 | 2.공제세액 | 3.연구소/전담부서 현황 | 4.해당연도 연구·인력개발비 발생명세 | 5.연구과제총괄표 |

1 해당 연도의 연구 및 인력개발비 발생 명세

No	계정과목	자체연구개발비					
		인건비		재료비 등		기타	
		인원	(6)금액	건수	(7)금액	건수	(8)금액
1	경상연구개발비	1	36,000,000				
2	개발비				12,000,000		
	합계	1	36,000,000		12,000,000		

No	계정과목	위탁 및 공동 연구개발비		인력개발비		(11)총 계
		건수	(9)금액	건수	(10)금액	
1	경상연구개발비					36,000,000
2	개발비		9,000,000			21,000,000
3						
	합계		9,000,000			57,000,000

② 1. 발생명세 및 증가발생액 계산 - ② 연구 및 인력개발비의 증가발생액의 계산
- (12) 해당과세연도발생액 란 → 재료비와 위탁공동연구개발비 57,000,000원 입력
- (14) ~ (17)번 란까지 직전 4년간 발생액을 입력

2 연구 및 인력개발비의 증가발생액의 계산

(12)해당과세연도 발생액(=(11))	(13)직전4년 발생액 계 (14+15+16+17)	(14)직전 1년 2023-01-01 ~ 2023-12-31	(15)직전 2년 2022-01-01 ~ 2022-12-31	(16)직전 3년 2021-01-01 ~ 2021-12-31	(17)직전 4년 2020-01-01 ~ 2020-12-31
57,000,000	72,000,000	16,000,000	17,000,000	21,000,000	18,000,000
(18)직전4년간 연평균 발생액 18,000,000	(19)직선3년간 연평균 발생액 18,000,000		(20)직선2년간 연평균 발생액 16,500,000		
(21)증가발생액 ((12)-(14))					

③ 2. 공제세액 - (41) 해당연도에 공제받을 세액 14,250,000원 자동 반영됨

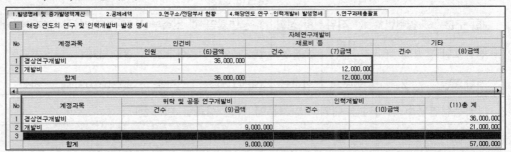

3 공제세액

해당 연도 총발생금액 공제	중소기업	(22)대상금액(=11)		(23)공제율		(24)공제세액
		57,000,000		25%		14,250,000
	중소기업 유예기간 종료이후 5년내기업	(25)대상금액(=11)	(26)유예기간 종료연도	(27)유예기간 종료이후년차	(28)공제율	(29)공제세액
			----- --			
	중견기업	(30)대상금액(=11)		(31)공제율		(32)공제세액
				8%		
	일반기업	(33)대상금액(=11)	공제율			(37)공제세액
			(34)기본율	(35)추가	(36)계	
증가발생금액 공제		(38)대상금액(=21)	(39)공제율		(40)공제세액	※공제율 중소기업 : 50% 중견기업 : 40% 대 기업 : 25%
(41)해당연도에 공제받을 세액	중소기업(24과 40 중 선택) 중소기업 유예기간 종료이후 5년내 기업(29과 40 중 선택) 중견기업(32와 40 중 선택) 일반기업(37과 40 중 선택)				14,250,000	※ 최저한세 설정 ⦿ 제외 ○ 대상

[2] 세액공제조정명세서(3) − 1. 세액공제(1), 3.당기공제 및 이월액계산에서 [F12 불러오기]를 하여 자동 반영함

[3] 공제감면세액 및 추가납부세액합계표 − [F12 불러오기]로 하여 자동 반영함

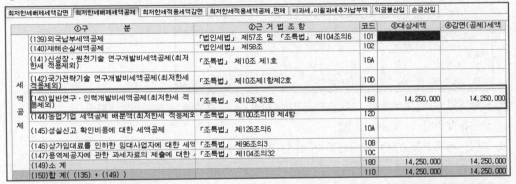

[4] 법인세과세표준 및 세액조정계산서 − [F12 불러오기]를 하여 123(19번 란). 최저한세 적용 제외 공제 감면세액 란에 자동으로 반영 확인

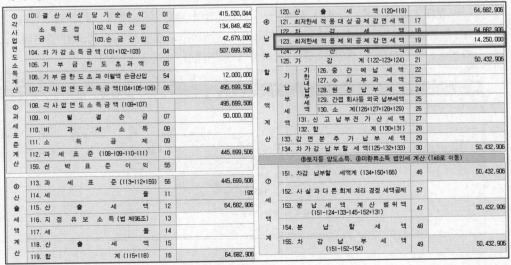

📌 **실습하기** 23. 감면과 세액공제 및 최저한세적용 작성하기②

다음의 자료를 참조하여 1011. 박문물산(주)의 [중소기업특별세액 감면세액]을 계산하고 [공제감면세액계산서(2)], [공제감면세액 및 추가납부세액합계표], [법인세과세표준 및 세액조정계산서], [최저한세조정명세서]를 작성하여 공제되는 감면세액을 반영하시오.

[자료]
1. 각 사업연도 소득금액 내역

① 각 사업 연 도 소 득 계 산	101. 결 산 서 상 당 기 순 손 익	01	415,530,044
	소 득 조 정 102.익 금 산 입	02	134,848,462
	금 액 103.손 금 산 입	03	42,679,000
	104. 차 가 감 소 득 금 액 (101+102-103)	04	507,699,506
	105. 기 부 금 한 도 초 과 액	05	
	106. 기 부 금 한 도 초 과 이월액 손금산입	54	12,000,000
	107. 각 사 업 연 도 소 득 금 액(104+105-106)	06	495,699,506
② 과 세 표 준 계	108. 각 사 업 연 도 소 득 금 액 (108=107)		495,699,506
	109. 이 월 결 손 금	07	50,000,000
	110. 비 과 세 소 득	08	
	111. 소 득 공 제	09	
	112. 과 세 표 준 (108-109-110-111)	10	445,699,506

2. • 제조업 감면대상소득 : 3,730,810,900원, • 산출세액 : 64,682,906원
   • 사유발생일 : 2024.12.31.   • 감면율 : 10%
3. 직전 과세연도 대비 상시근로자 감소 인원수는 없다고 가정한다.

📌 **실습하기 작업순서**

[1] 공제감면세액계산서(2) – 반드시 저장한다.
  • ①구분(F2 코드도움) 란에서 선택 → "중소기업에 대한 특별세액"감면 반영한다.
  • [F12 불러오기]를 하여 과세표준은 자동으로 반영하고, 산출세액과 제조업 감면대상소득, 감면율, 적용사유 발생일을 직접 입력하여 감면대상 세액을 산출한다.

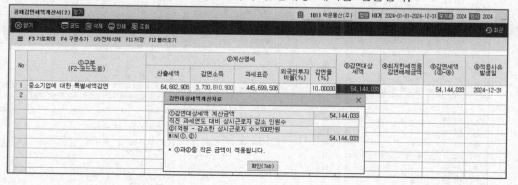

[2] 공제감면세액 및 추가납부세액합계표 - 최저한세적용세액감면

[F12 불러오기] 선택 → 감면세액 반영확인 후 반드시 저장한다.

①구 분	②근 거 법 조 항	코드	③대상세액	④감면세액
(151)창업중소기업에 대한 세액감면(최저한세 적용대상)	「조특법」 제6조제1~6항	111		
(152)창업벤처중소기업 세액감면	「조특법」 제6조제2항	174		
(153)에너지신기술 중소기업 세액감면	「조특법」 제6조제4항	13E		
(154)중소기업에 대한 특별세액감면	「조특법」 제7조	112	54,144,033	54,144,033
(155)연구개발특구 입주기업에 대한 세액감면(최저한세 적용대상)	「조특법」 제12조의2	179		

[3] 법인세과세표준 및 세액조정계산서 - 121(17)번 최저한세 적용 대상 공제 감면세액 란에 자동으로 반영됨을 확인한 후 저장한다.

① 각 사 업 연 도 소	101. 결 산 서 상 당 기 순 손 익	01	415,530,044	④ 납 부	120. 산 출 세 액 (120=119)		64,682,906
	소 득 조 정 금 액	102.익 금 산 입	02	134,848,462	121. 최저한세 적용 대상 공제 감면세액	17	54,144,033
		103.손 금 산 입	03	42,679,000	122. 차 감 세 액	18	10,538,873
	104. 차 가 감 소 득 금 액 (101+102-103)	04	507,699,506	123. 최저한세 적용 제외 공제 감면세액	19	14,250,000
	105. 기 부 금 한 도 초 과 액	05		124. 가 산 세 액	20	
				125. 가 감 계 (122-123+124)	21	-3,711,127

[4] 최저한세조정명세서 - 123(21)번 란에서 조정감 20,660,092원을 확인한 후 저장한다.

(121) 세 율	19	19 %	7 %	19 %
(122) 산 출 세 액	20	64,682,906	31,198,965	64,682,906
(123) 감 면 세 액	21	54,144,033	20,660,092	33,483,941
(124) 세 액 공 제	22			
(125) 차 감 세 액 (122-123-124)	23	10,538,873		31,198,965

[5] 공제감면세액계산서(2) - 조정감 20,660,092원을 ④ 최저한세적용 감면배제금액 란에 입력한 후 저장한다.

No	①구분 (F2-코드도움)	②계산명세					③감면대상 세액	④최저한세적용 감면배제금액	⑤감면세액 (③-④)	⑥적용사유 발생일
		산출세액	감면소득	과세표준	외국인투자 비율(%)	감면율 (%)				
1	중소기업에 대한 특별세액감면	64,682,906	3,730,810,900	445,699,506		10.00000	54,144,033	20,660,092	33,483,941	2024-12-31

[6] 공제감면세액 및 추가납부세액합계표 - 최저한세적용세액감면

[F12 불러오기] 선택 → 감면세액 반영확인 후 반드시 저장한다.

①구 분	②근 거 법 조 항	코드	③대상세액	④감면세액
(151)창업중소기업에 대한 세액감면(최저한세 적용대상)	「조특법」 제6조제1~6항	111		
(152)창업벤처중소기업 세액감면	「조특법」 제6조제2항	174		
(153)에너지신기술 중소기업 세액감면	「조특법」 제6조제4항	13E		
(154)중소기업에 대한 특별세액감면	「조특법」 제7조	112	54,144,033	33,483,941
(155)연구개발특구 입주기업에 대한 세액감면(최저한세 적용대상)	「조특법」 제12조의2	179		

[7] 법인세과세표준 및 세액조정계산서 - 121(17)번 최저한세 적용 대상 공제 감면세액 란에 자동으로 반영됨을 확인한 후 저장한다.

① 각 사 업 연 도 소	101. 결 산 서 상 당 기 순 손 익	01	415,530,044	④ 납 부	120. 산 출 세 액 (120=119)		64,682,906
	소 득 조 정 금 액	102.익 금 산 입	02	134,848,462	121. 최저한세 적용 대상 공제 감면세액	17	33,483,941
		103.손 금 산 입	03	42,679,000	122. 차 감 세 액	18	31,198,965
	104. 차 가 감 소 득 금 액 (101+102-103)	04	507,699,506	123. 최저한세 적용 제외 공제 감면세액	19	14,250,000
	105. 기 부 금 한 도 초 과 액	05		124. 가 산 세 액	20	
				125. 가 감 계 (122-123+124)	21	16,948,965

✅ 이론문제 | 감면세액과 세액공제 및 최저한세조정명세서

01 다음 중 법인세법상 세액공제에 해당하지 않는 것은?

① 재해손실에 대한 세액공제
② 외국 납부 세액공제
③ 연구 및 인력개발비 세액공제
④ 사실과 다른 회계처리로 인한 경정에 따른 세액공제

02 다음 중 법인세의 감면에 관한 규정과 세액공제에 관한 규정이 동시에 적용되는 경우 적용순서를 옳게 나열한 것은?

> 가. 이월공제가 인정되지 아니하는 세액공제
> 나. 각 사업연도의 소득에 대한 세액감면
> 다. 이월공제가 인정되는 세액공제

① 가 → 나 → 다 ② 나 → 가 → 다
③ 가 → 다 → 나 ④ 다 → 나 → 가

03 다음 중 법인세법상 세액공제에 해당하는 것은?

① 연구 및 인력개발비 세액공제
② 외국납부세액공제
③ 고용을 증대시킨 기업에 대한 세액공제
④ 상가임대료를 인하한 임대사업자에 대한 세액공제

📌 이론문제 정답 및 해설

01 ③ 연구 및 인력개발비 세액공제는 조세특례제한법(제10조)상 세액공제에 해당한다.

02 ② 법인세의 감면에 관한 규정과 세액공제에 관한 규정이 동시에 적용되는 경우에 그 적용순위는 별도의 규정이 있는 경우 외에는 각 사업연도의 소득에 대한 세액감면(면제 포함), 이월공제가 인정되지 아니하는 세액공제, 이월공제가 인정되는 세액공제의 순서에 따른다.

03 ② 법인세법상 세액공제에는 외국납부세액공제, 재해손실세액공제, 사실과 다른 회계처리로 인한 경정에 따른 세액공제가 있다.

21 | 가산세 및 가산세액계산서

01 무신고 불성실 가산세 – 무기장 가산세와 중복되는 경우 그 중 큰 금액 적용

1) 부당한 방법으로 무신고

$$\max[① \ 무신고 \ 납부세액 \times 40\%(역외거래 \ 60\%), \ ② \ 수입금액 \times 0.14\%]$$

2) 일반적인 무신고

$$\max[① \ 무신고 \ 납부세액 \times 20\%, \ ② \ 수입금액 \times 0.07\%]$$

02 장부의 기록 · 보관 불성실 가산세

1) 비영리내국법인과 법인세가 비과세 · 전액면제되는 소득만 있는 법인은 제외한다.

2) 장부 비치, 기장의무 불이행

$$\max[① \ 산출세액 \times 20\%, \ ② \ 수입금액 \times 0.07\%]$$

03 과소신고가산세

과세표준에 미달하게 신고한 때 과세한다.

1) 일반 과소신고

$$과소신고납부세액 \times 10\%$$

2) 부당한 방법으로 과소신고(A+B)

A : 부정과소신고납부세액 × 40%(역외거래 60%)와 부정과소신고수입금액 × 0.14% 중 큰 금액
B : (과소신고납부세액 – 부정과소신고납부세액) × 10%

04 납부지연가산세(A+B) - 납부지연가산세와 가산금 통합

> A : 미납·과소·초과환급세액(세법에 따라 가산하여 납부하여야 할 이자 상당 가산액이 있는 경우
>   에는 그 금액을 더한다) × 기간* × 2.2/10,000
>   * 단, 납부기한(환급받은 날)의 다음날 ~ 납부일까지(납세고지일 ~ 납세고지서에 따른 납부기한까지
>   기간은 제외)
> B : 납부고지 후 미납세액 × 3%

05 원천징수납부 등 불성실 가산세(A+B) - 원천징수세액의 미납·과소납부

> A : 미납(과소납부)세액의 3%
> B : 미납(과소납부)세액 × 기간* × 2.2 ÷ 10,000
>   * 기간 : 납부기한의 다음 날 ~ 납부일까지의 기간(납세고지일 ~ 납세고지서에 따른 납부기한까지의
>   기간은 제외)
> ※ 한도 : 미납(과소납부)세액 × 50%(ⓐ + ⓑ 중 법정납부기한의 다음 날부터 납세 고지일까지의
>   기간에 해당하는 금액은 10%)

06 성실신고확인서 미제출 가산세

> 성실신고확인서 제출대상 법인이 성실신고 확인서를 제출하지 않은 경우 미제출가산세 :
> 산출세액 × 5%

07 주주 등의 명세서제출 불성실 가산세

> 미제출·누락제출·불명분 주식액면금액 또는 출자가액 × 0.5%

08 주식변동상황명세서 제출 불성실 가산세

> 미제출·누락제출·불분명 주식 등의 액면금액 × 1%

09 증명서류 수취 불성실 가산세

법정증빙서류를 수취하지 않은 금액 또는 사실과 다른 증빙 수취금액 × 2%

10 지급명세서제출 불성실가산세

미제출·불명분 지급금액 × 1%(제출기한 경과 3월 내 제출 시 0.5%)

11 근로소득간이지급명세서 제출 불성실가산세

미제출·불명분 지급금액 × 0.25%(제출기한 경과 1월 내 제출 시 0.125%)

12 계산서 등 제출 불성실가산세

1) 미발급·가공발급·위장발급·가공수취·위장수취 : 공급가액 × 2%
2) 지연발급(중소기업 5천만원, 그 외 1억원 한도)/종이세금계산서 발급 : 공급가액 × 1%
3) 불분명 : 공급가액 × 1%
4) 합계표 미제출(불분명) : 공급가액 × 0.5%
5) 전자계산서 지연전송 : 공급가액 × 0.3%(전자계산서 발급명세 전송기한 후 공급시기가 속하는 사업연도말 다음달 25일까지 전송)
6) 전자계산서 미전송 : 공급가액 × 0.5%(전자계산서 발급명세 전송기한 후 공급시기가 속하는 사업연도말 다음달 25일까지 미전송)

13 기부금영수증 발급 및 보관 불성실가산세

1) 기부금액불성실 및 기부자불성실 : 발급금액 × 5%
2) 기부자별 발급내역 미작성 및 미보관 : 0.2%

14 신용카드매출전표 발급 불성실가산세

발급거부 및 사실과 다르게 발급한 금액 × 5%(건별 최하 5천원)

◢ 15 현금영수증 가입 및 발급 불성실가산세

1) 미가맹점 : 수입금액 × 1% × 미가맹일수 비율
2) 발급거부 등(건당 5천원 이상에 한함) : 거부금액 × 5%(건별 최하 5천원)
3) 현금영수증 미발급 : 미발급금액 × 20%(거래대금 수취일부터 7일 이내에 자진 신고하거나 현금
   영수증 자진 발급 시 10%)

◢ 16 특정외국법인의 유보소득 계산명세서제출 불성실가산세

계산명세서 미제출 또는 제출한 명세서의 전부 또는 일부를 적지 않는 등 불분명한 경우 배당가능
한 유보소득금액의 0.5%

◢ 17 매입자발행계산서

공급자가 면세 재화·용역을 공급하고 계산서를 발급하지 아니하는 경우 관할세무서의 확인 하에
매입자가 계산서를 발행할 수 있다.

실습하기 24. 가산세액계산서 작성하기

**다음의 자료를 참조하여 1011. 박문물산(주)의 법인세 수정신고서 작성 시 [가산세액계산서]를 작
성하시오.**

[자료]

1. 당사 1인 주주인 김민호씨는 2024.12.30. 주식 전부를 액면가액인 50,000,000원으로 서홍
   인씨에게 양도하였다. 하지만 법인세 신고 시 주식변동이 없는 것으로 착각하여 주식등변동상
   황명세서를 제출하지 않았다.
2. 법인세법상 정규증빙을 수취하지 못한 내역이 다음과 같이 존재하는데 법인세 신고 시 가산세
   를 반영하지 못하였다.
   • 여비교통비 : 총 3건 2,000,000원(이 중 1건은 20,000원으로 간이영수증을 수취하였음)
   • 소모품비 : 총 4건 3,200,000원(4건 모두 3만원 초과분)
3. 당사는 법인세 수정신고서를 법정신고기한 10일 후 제출하였다.

실습하기 작업순서

[1] 주식등변동상황명세서 제출불성실가산세는 액면가액의 1%이다. 단, 법정신고기한 10일 후 제출기한이 경과 후 1개월 이내 제출하는 경우이므로 가산세를 50% 감면하여 0.5%이다.

주식 등 변동미제출가산세 = 50,000,000원 × 1% × 0.5 = 250,000원

[2] 지출증명서류 미(허위)수취금액 가산세 – 입력 후 저장한다.

(5,200,000 – 20,000) × 2% = 103,600원

신고납부가산세	미제출가산세	토지등양도소득가산세	미환류소득			
구분		계산기준	기준금액	가산세율	코드	가산세액
지출증명서류		미(허위)수취금액	5,180,000	2/100	8	103,600
지급	미(누락)제출	미(누락)제출금액		10/1,000	9	
	불분명	불분명금액		1/100	10	
	상증법 82조 1 6	미(누락)제출금액		2/1,000	61	
		불분명금액		2/1,000	62	
	상증법 82조 3 4	미(누락)제출금액		2/10,000	67	
명세서		불분명금액		2/10,000	68	
	법인세법 제75조의7제1항(근로소득간이지급명세서)	미제출금액		25/10,000	96	
		불분명등		25/10,000	97	
	소 계				11	
주식등변동 상황명세서	미제출	액면(출자)금액	50,000,000	10/1,000	12	250,000
	누락제출	액면(출자)금액		10/1,000	13	
	불분명	액면(출자)금액		1/100	14	
	소 계				15	250,000
주주등명세서	미(누락)제출	액면(출자)금액		5/1,000	69	
	불분명	액면(출자)금액		5/1,000	73	
	소 계				74	

[3] 법인세과세표준 및 세액조정계산서 – 124(20) 가산세액 란에 자동으로 반영된다.

① 각 사 업 연 도 소 득	101. 결 산 서 상 당 기 순 손 익	01	415,530,044		④ 납 부	120. 산 출 세 액 (120+119)		64,682,906
	소 득 조 정 금 액	102. 익 금 산 입	02	134,848,462		121. 최 저 한 세 적 용 대 상 공 제 감 면 세 액	17	33,483,941
		103. 손 금 산 입	03	42,679,000		122. 차 감 세 액	18	31,198,965
	104. 차 가 감 소 득 금 액 (101+102-103)	04	507,699,506			123. 최 저 한 세 적 용 제 외 공 제 감 면 세 액	19	14,250,000
	105. 기 부 금 한 도 초 과 액	05				124. 가 산 세 액	20	353,600
						125. 가 감 계 (122-123+124)	21	17,302,565

22 | 법인세 자진납부세액의 계산

- **자진납부세액의 계산구조**

    과세표준
    (×) 세율
    산출세액   → 토지 등 양도소득, 미환류소득 계산
    (−) 세액감면
    (−) 세액공제
    (+) 가 산 세
    (+) 감면분추가납부세액
    총부담세액
    (−) 기납부세액   → 중간예납세액, 수시부과세액, 원천징수세액
    자진납부할 세액   → 각 사업연도 종료일로부터 3월 이내에 자진신고, 납부

01 중간예납

법인세 중간예납신고납부계산서를 작성하여 제출한다. 각 사업연도의 기간이 6월을 초과하는 법인은 당해 사업연도 개시일부터 6월간을 중간예납기간으로 하여 그 기간에 대한 법인세를 정부에 납부하여야 한다.

1) 중간예납의무자

각 사업연도의 기간이 6월을 초과하는 법인으로 한다.

2) 중간예납의무를 지지 않는 예외적인 경우

① 당해 사업연도 중 신설법인(합병 또는 분할에 의한 신설법인은 제외)

② 중간예납 기간에 휴업 등의 사유로 수입금액이 없는 법인

③ 청산법인

④ 국내사업장이 없는 외국법인

⑤ 이자소득만 있는 비영리법인(다만, 당해 사업연도 중에 이자소득 이외의 수익사업이 최초로 발생한 비영리법인은 중간예납 신고·납부 의무가 있음)

⑥ 직전사업연도 법인세액이 없는 유동화 전문회사, 「자본시장과 금융투자업에 관한 법률」에 따른 투자회사·투자목적회사, 기업구조조정투자회사, 문화산업전문회사 등

⑦ 각 사업연도의 기간이 6개월 이하인 법인

⑧ 조세특례제한법 제121조의2에 의해 법인세가 전액 면제되는 외국인투자기업

⑨ 「고등교육법」 제3조에 따른 사립학교를 경영하는 학교법인과 「산업교육진흥 및 산학연협력 촉진에 관한 법률」에 따른 산학협력단

⑩ 직전 사업연도의 중소기업으로서 법인세법 제63조의2 제1항 제1호(직전년도 법인세 방식) 계산식에 따라 중간예납세액을 계산한 금액이 50만원 미만인 내국법인

3) 중간예납세액의 계산 방법

다음 ①과 ② 중 선택하여 계산한다.

① 직전 사업연도의 실적을 기준으로 하는 방법

> (직전 사업연도의 법인세로서 확정된 산출세액 – 직전 사업연도의 공제·감면세액,
> 원천징수세액, 수시부과세액) × 6 ÷ 직전사업연도월수

② 가결산방법(중간예납기간의 실적을 기준으로 계산하는 방법) – 자기계산기준

> [(중간예납기간의 소득금액 – 이월결손금 등) × 12/6 × 법인세율] × 6/12 –
> 중간예납기간의 공제·감면세액, 원천징수세액, 수시부과세액

4) 중간예납세액의 신고, 납부 및 징수

중간예납기간이 경과한 날부터 2월 이내에 납세지 관할 세무서, 한국은행(그 대리점 포함)에 납부하여야 한다. 또한 중간예납세액이 1,000만원을 초과하는 경우에는 분납할 수 있다.

02 원천징수 – 원천납부세액명세서

원천징수의무자는 국내에서 지급하는 소득에 대하여는 법인세를 원천징수하여 다음달 10일까지 이를 납세지 관할 세무서 등에 납부하여야 한다.

구분		원천징수세율
이자소득금액	일반	14%
	비영업대금의 이익	25%
증권투자신탁수익의 분배금		14%

1) 원천징수대상소득에서 제외되는 것

① 법인세가 비과세되거나 면제되는 소득(공익신탁의 이익)

② 신탁회사의 신탁재산에 귀속되는 소득(다만 채권 등의 이자와 할인액으로써 중도매매 시의 보유기간 이자상당액에 대하여는 당해 신탁재산을 내국법인으로 보아 원천징수를 하여야 한다.)

③ 신고한 과세표준에 이미 산입된 미지급소득

2) 원천징수세액의 납부

① 원칙 : 그 징수일이 속하는 달의 다음달 10일까지 납부하여야 한다.

② 예외 : 직전연도의 상시 고용인이 20인 이하인 경우는 반기별 납부가능(관할 세무서장의 승인을 얻어야 한다.)

03 수시부과

다음의 수시부과사유에 해당하는 경우에는 사업연도 종료일이 경과하지 않더라도 수시로 법인세를 부과할 수 있다.

1) 신고를 하지 않고 본점 등을 이전한 경우

2) 사업부진 기타 사유로 인하여 휴업 또는 폐업상태에 있는 경우

3) 기타 조세를 포탈할 우려가 있다고 인정되는 상당한 이유가 있는 경우

04 법인세 과세표준의 신고

1) **신고의무자와 신고기한**

각 사업연도 종료일부터 3월 이내에 당해 사업연도 소득에 대한 법인세의 과세표준과 세액을 납세지 관할 세무서장에게 신고하여야 한다. 또한 사업연도의 소득금액이 없거나 결손금이 있는 경우에도 마찬가지이다.

2) **제출서류**

법인세과세표준 및 세액신고서[별지 제1호]서식에 다음의 서류를 첨부하여 신고하여야 한다.
① 표준재무상태표와 표준손익계산서, 표준이익잉여금처분계산서(결손금처리계산서), 표준원가명세서
② 세무조정계산서(별지 제3호 서식) 및 부속서류
③ 자본변동표, 외부감사대상법인의 현금흐름표

3) **법인세의 자진납부**
① **자진납부세액**

산출세액(가산세액은 제외) − 당해 사업연도의 감면세액 − 당해 사업연도의 중간예납세액 − 당해 사업연도의 수시부과세액 <u>− 당해 사업연도에 원천징수된 세액</u> 자진납부세액

② **분납** : 1,000만원 이하이면 분납불가, 자진납부할 세액이 1,000만원을 초과하는 경우에는 납부기한이 경과한 날부터 2개월 이내에 분납할 수 있다.
㉠ 납부할 세액이 2,000만원 이하인 경우 : 1,000만원을 초과하는 금액을 분납한다.
㉡ 납부할 세액이 2,000만원을 초과하는 경우 : 50%의 금액을 분납한다.
③ **물납**
㉠ 원칙 : 허용되지 않는다.

ⓛ 예외 : 법인이 공공사업용으로 당해 공공사업 시행자에게 토지 등을 양도하거나 토지수
용법 등에 의해 수용됨으로써 발생하는 소득에 대한 법인세(가산세 제외)를 금전으로 납
부하기 곤란한 경우에는 당해 토지 등의 교부받은 채권(당해 공공사업의 시행자가 발행
한 보상채권을 말한다.)으로 납부할 수 있다.

05 결정과 경정

1) 결정의 의의 및 사유

① 결정 : 무신고 시 정부가 납세의무를 확정하는 처분을 내리는 것을 말한다.

② 결정사유 : 법인이 과세표준신고를 하지 않은 때에는 당해 법인의 각 사업연도의 소득에 대
한 법인세의 과세표준과 세액을 과세관청이 결정하는 것을 말한다.

2) 경정의 의의 및 사유

① 경정 : 이미 확정된 납세의무를 정부가 변경하는 처분을 말한다.

② 경정사유(경정기한은 법인세법에서 규정하지 않음)

법인이 과세표준 신고를 하였으나 다음 중 어느 하나의 사유가 있는 경우에는 이를 경정한다.

㉠ 신고내용에 오류 또는 탈루가 있는 때

ⓛ 지급조서 제출, 매출, 매입처별 세금계산서 합계표 또는 매출, 매입 계산서합계표의 전
부 또는 일부를 제출하지 않은 때

㉢ 신용카드가맹점 가입대상자로 지정된 법인이 지정된 법인이 정당한 사유없이 신용카드
가맹점으로 가입하지 않는 경우로서 시설규모나 업황을 감안하여 신고내용이 불성실하
다고 판단되는 때

3) 결정, 경정의 방법

① 원칙 : 실지조사결정, 경정

과세표준신고서 및 그 첨부서류에 의하거나 비치, 기장된 장부 기타 증빙서류에 의한 실지
조사에 의하여야 한다.

② 예외 : 추계결정, 경정

다음의 어느 하나에 해당하는 사유로 인하여 장부 기타 증빙서류에 의하여 소득금액을 계산
할 수 없는 경우에는 과세표준과 세액을 추계할 수 있다.

㉠ 소득금액을 계산함에 있어서 필요한 장부 또는 증빙서류가 없거나 그 중요한 부분이 미
비 또는 허위인 경우

ⓛ 기장의 내용이 시설규모, 종업원수와 원자재, 상품, 제품 또는 각종 요금의 시가 등에
비추어 허위임이 명백한 경우

㉢ 기장이 내용이 원자재사용량, 전력사용량 기타 조업상황에 비추어 허위임이 명백한 경우

06 징수와 환급

1) 징수

납세지 관할 세무서장은 법인이 각 사업연도의 법인세로서 납부하여야 할 세액의 전부 또는 일부를 납부하지 않은 때에는 그 미납세액을 납부기한이 경과한 날부터 2월 이내에 징수하여야 한다.

2) 환급

납세지 관할 세무서장은 중간예납, 원천징수 또는 수시부과한 법인세액이 각 사업연도의 소득에 대한 법인세(가산세 포함)을 초과하는 경우 그 초과액은 국세기본법의 규정에 의하여 이를 환급하거나 다른 국세, 가산금 및 체납처분비에 충당하여야 한다.

실습하기 25. 원천납부세액명세서(갑) 작성하기

다음의 자료를 이용하여 1011. 박문물산(주)의 [원천납부세액명세서(갑)], [법인세과세표준 및 세액조정계산서], [분납]을 작성하시오(단, 지방세 납세지는 기재하지 말 것).

[자료]

1. 원천납부세액명세서

원천징수내역

(단위 : 원)

적요	원천징수 대상금액	원천 징수일	원천 징수세율	원천 징수의무자	사업자등록번호
정기예금이자	1,000,000	6.30.	14%	하나은행	110-81-12345
보통예금이자	2,000,000	12.31.	14%	우리은행	210-81-12345
저축성 보험차익[1]	10,000,000	8.31.	14%	수성은행	123-81-25808

1) 저축성보험차익은 만기보험금이 납입보험료를 초과한 금액으로 2019년 9월 30일에 가입하였으며 만기는 2024년 9월 30일에 도래하나, 회사사정상 당해연도 8월 31일에 해지하였다. 보험계약기간 중 저축성보험 관련 배당금 및 기타 유사한 금액은 지급되지 않았다.

2. 8월 31일 법인세 중간예납소득세를 원장조회한 후 반영한다.

실습하기 작업순서

[1] 원천납부세액명세서(갑) → 각 소득별로 입력한 후 반드시 저장한다.

No		1.적요 (이자발생사유)	2.원 천 징 수 의 무 자			원천 징수	4.이자 · 배당금액	5.세율(%)	6.법인세	지방세 납세지
			구분	사업자(주민)번호	상호(성명)					
1		정기예금이자	내국인	110-81-12345	하나은행	6 30	1,000,000	14.00	140,000	
2		보통예금이자	내국인	210-81-12345	우리은행	12 31	2,000,000	14.00	280,000	
3		저축성보험차익	내국인	123-81-25808	수성은행	8 31	10,000,000	14.00	1,400,000	
4										

[2] 법인세과세표준 및 세액조정계산서 → 중간예납소득세는 [F7 원장조회]를 조회하여 반영하고, 원천납부세액은 [F12 불러오기]로 반영한다.

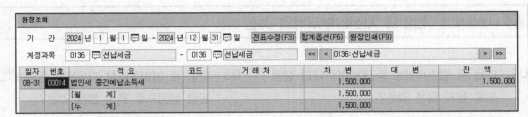

원장조회

기 간	2024 년 1 월 1 일 ~ 2024 년 12 월 31 일	전표수정(F3)	합계옵션(F6)	원장인쇄(F9)		
계정과목	0136 선납세금	-	0136 선납세금	<< < 0136:선납세금	>	>>

일자	번호	적 요	코드	거 래 처	차 변	대 변	잔 액
08-31	00014	법인세 중간예납소득세			1,500,000		1,500,000
		[월 계]			1,500,000		
		[누 계]			1,500,000		

[3] 현금 분납납부 → 분납할 세액(가산세 포함) 3,628,965원으로 입력한다.

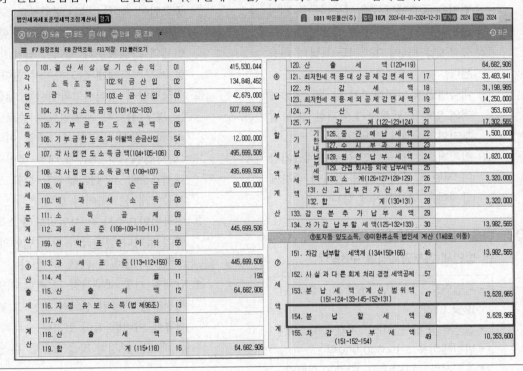

법인세과세표준및세액조정계산서 정기

🖥 1011 박문물산(주) 법인 10기 2024-01-01~2024-12-31 부가세 2024 인사 2024

⊗닫기 ⑦도움 ☰코드 🗑삭제 🖨인쇄 🔍조회 ⬇

☰ F7 원장조회 F8 잔액조회 F11저장 F12불러오기

① 각 사 업 연 도 소 득 계 산	101.결 산 서 상 당 기 순 손 익	01	415,530,044	④ 납 부 할 세 액 계 산	120.산 출 세 액 (120=119)				64,682,906
	소득조정 금 액	102.익 금 산 입	02	134,848,462		121.최저한세 적용대상공제감면세액	17		33,483,941
		103.손 금 산 입	03	42,679,000		122.차 감 세 액	18		31,198,965
	104.차 가 감 소 득 금 액 (101+102-103)	04	507,699,506		123.최저한세 적용제외공제감면세액	19		14,250,000
	105.기 부 금 한 도 초 과 액	05			124.가 산 세 액	20		353,600
	106.기부금한도초과이월액 손금산입	54	12,000,000		125.가 감 계 (122-123+124)	21		17,302,565
	107.각 사 업 연 도 소 득 금 액(104+105-106)	06	495,699,506	기한내납부세액	126.중 간 예 납 세 액	22		1,500,000
② 과 세 표 준 계 산	108.각 사 업 연 도 소 득 금 액 (108=107)		495,699,506		127.수 시 부 과 세 액	23		
	109.이 월 결 손 금	07	50,000,000		128.원 천 납 부 세 액	24		1,820,000
	110.비 과 세 소 득	08			129.간접 회사등 외국 납부세액	25		
	111.소 득 공 제	09			130.소 계(126+127+128+129)	26		3,320,000
	112.과 세 표 준 (108-109-110-111)	10	445,699,506		131.신 고 납부전 가 산 세 액	27		
	159.선 박 표 준 이 익	55			132.합 계 (130+131)	28		3,320,000
③ 산 출 세 액 계 산	113.과 세 표 준 (113=112+159)	56	445,699,506		133.감 면 분 추 가 납 부 세 액	29		
	114.세 율	11	19%		134.차 가 감 납 부 할 세 액 (125-132+133)	30		13,982,565
	115.산 출 세 액	12	64,682,906	⑤토지등 양도소득, ⑥미환류소득 법인세 계산 (TAB로 이동)				
	116.지 점 유 보 소 득 (법 제96조)	13		⑦ 세 액 계 산	151.차감 납부할 세액계 (134+150+166)	46		13,982,565
	117.세 율	14			152.사 실 과 다 른 회계 처리 경정 세액공제	57		
	118.산 출 세 액	15			153.분 납 세 액 계 산 범 위 액 (151-124-133-145-152+131)	47		13,628,965
	119.합 계 (115+118)	16	64,682,906		154.분 납 할 세 액	48		3,628,965
					155.차 감 납 부 세 액 (151-152-154)	49		10,353,600

☑️이론문제 | 법인세 자진납부세액의 계산

01 다음 중 법인세법상 중간예납에 대한 설명으로 옳지 않은 것은?

① 각 사업연도의 기간이 6개월 이하인 법인은 중간예납세액 납부의무를 지지 않는다.

② 중간예납세액에 대해서도 분납이 허용된다.

③ 내국법인이 납부하여야 할 중간예납세액의 일부를 납부하지 아니한 경우 납부지연가산세가 적용된다.

④ 원칙적으로 내국법인은 중간예납기간이 지난 날부터 3개월 이내에 중간예납세액을 납부하여야 한다.

02 다음 자료를 이용하여 (주)박문각의 2024년 법인세 총부담세액을 구하면?

- 사업연도 : 2024년 1월 1일 ~ 2024년 12월 31일
- 결산서 상 당기순이익 : 190,000,000원
- 법인세비용 : 10,000,000원
- 공익신탁 이자소득 : 10,000,000원
- 원천징수세액 : 5,000,000원
- 재해손실세액공제 : 3,000,000원
- 제시된 항목은 결산서에 모두 반영되었으며, 이상의 자료 외에는 없다고 가정한다.

① 17,100,000원   ② 16,100,000원
③ 15,100,000원   ④ 14,100,000원

03 다음 중 법인세법상 과세표준 등의 신고에 관한 설명으로 옳지 않은 것은?

① 내국법인은 원칙적으로 각 사업연도의 종료일이 속하는 달의 말일부터 3개월 이내에 그 사업연도의 소득에 대한 법인세의 과세표준과 세액을 납세지 관할 세무서장에게 신고하여야 한다.

② 내국법인이 성실신고확인서를 제출하는 경우에는 각 사업연도의 종료일이 속하는 달의 말일부터 4개월 이내에 그 사업연도의 소득에 대한 법인세의 과세표준과 세액을 납세지 관할 세무서장에게 신고하여야 한다.

③ 내국법인으로서 각 사업연도의 소득금액이 없거나 결손금이 있는 법인의 경우에는 신고하지 않을 수 있다.

④ 납세지 관할 세무서장 및 관할 지방국세청장은 제출된 신고서 또는 그 밖의 서류에 미비한 점이 있거나 오류가 있을 때에는 보정할 것을 요구할 수 있다

04 다음 중 법인세법상 원천징수에 대한 설명으로 옳지 않은 것은?

① 법인세를 원천징수할 시기는 원칙적으로 원천징수 대상 소득을 실제 지급하는 때이다.

② 원천징수세액이 1천원 미만인 경우 해당 법인세를 징수하지 아니한다.

③ 원천징수의무자가 납세의무자로부터 법인세를 원천징수한 경우 그 납세의무자에게 원천징수영수증을 발급하여야 한다.

④ 이자소득과 배당소득은 법인세 원천징수 대상 소득이다.

05 다음 자료를 이용하여 (주)박문각의 제1기 사업연도 법인세 산출세액을 구하면?

- (주)박문각은 신설법인으로 설립등기일은 2024년 7월 1일이다.
- 각 사업연도의 소득금액 : 150,000,000원
- 비과세소득 : 20,000,000원
- 소득공제액 : 10,000,000원

① 11,800,000원   ② 12,800,000원
③ 13,800,000원   ④ 14,800,000원

📌 이론문제 정답 및 해설

01 ④ 내국법인은 중간예납기간이 지난 날부터 2개월 이내에 중간예납세액을 대통령령으로 정하는 바에 따라 납세지 관할 세무서, 한국은행(그 대리점을 포함한다) 또는 체신관서에 납부하여야 한다.

02 ④ 14,100,000원 = 과세표준 190,000,000원 × 9% − 재해손실세액공제액 3,000,000원
- 익금산입·손금불산입액 : 법인세비용 10,000,000원
- 비과세소득 : 공익신탁 이자소득 10,000,000원
- 원천징수세액은 과세기간에 이미 납부된 세액이므로 법인세 총부담세액 계산 시에는 적용하지 않는다.

03 ③ 내국법인으로서 각 사업연도의 소득금액이 없거나 결손금이 있는 법인의 경우에도 적용한다.

04 ④ 법인세 원천징수 대상 소득은 소득세법에 따른 이자소득과 집합투자기구로부터의 이익 중 「자본시장과 금융투자업에 관한 법률」에 따른 투자신탁의 이익이다.

05 ② • 산출세액 : [{(과세표준 120,000,000원 × 12/6) − 2억원} × 19% + 18,000,000원] × 6/12 = 12,800,000원
- 과세표준 : 각 사업연도의 소득금액 150,000,000원 − 비과세소득 20,000,000원 − 소득공제액 10,000,000원 = 120,000,000원

23 | 자본금과 적립금조정명세서

기업의 자본금과 적립금을 기초로 하여 세무계산상의 자본금과 적립금, 즉 세무계산상의 순자산을 계산하는 표이며 기업의 청산소득금액 계산의 기초가 된다. 자본금과적립금조정명세서는 (갑)과 (을)로 구분·작성되며 동 명세서(갑)은 세무계산상의 순자산을 계산·관리하는 표이며 동 명세서 (을)은 세무계산상 유보소득을 기록·관리하는 명세서이다.

◢ 01 자본금과 적립금조정명세서(을)

과목	기초잔액	당기 중 증감		기말잔액	비고
		감소	증가		
계정 과목	전기말 유보소득	전기 유보(△유보)를 당기 반대 세무조정 한 금액	당기 유보(△유보) 발생금액	기초잔액 (−) 감소 (+) 증가	과목 또는 사항에 대한 구체적인 유보내역

◢ 02 자본금과 적립금조정명세서(갑)

과목	기초잔액	당기 중 증감		기말잔액	참고자료
		감소	증가		
자본금	기초재무상태표 금액	당기 감자	당기 증자	기말재무상태표 금액	재무상태표
자본잉여금	기초재무상태표 금액	당기 감소	당기 발생	기말재무상태표 금액	재무상태표
이익잉여금	기초재무상태표 금액	당기 감소	당기 발생	기말재무상태표 금액	재무상태표
자본조정	기초재무상태표 금액	당기 감소	당기 발생	기말재무상태표 금액	재무상태표
자본금과 적립금조정 명세서(을) 계	자본금과 적립금조정명세서 (을)상 합계란의 기초금액	자본금과 적립금조정 명세서(을)상 합계란감소금액	자본금과 적립금조정 명세서(을)상 합계란증가금액	자본금과 적립금조정 명세서(을)상 기말금액	자본금과 적립금조정 명세서(을)
손금미계상 법인세 등	전기말 법인세 및 법인지방소득세 과소계상액	당기납부액	당기미계상액	당기미계상액	법인세 과세표준 및 세액조정계산서 가감계*

* 법인세 과세표준 및 세액조정계산서 가감계는 산출세액에서 감면·세액공제를 차감하고 가산세를 포함한 금액을 말한다.

실습하기 26. 자본금과 적립금조정명세서(을)(갑) 작성하기

다음의 자료를 이용하여 1011. 박문물산(주)의 2024년 말 자본금과 적립금조정명세서(을), (갑)을 작성하시오(단, 세무조정 입력은 생략할 것).

[자료]

1. 2023년 말 [자본금과적립금조정명세서(을)]

과목	기초	감소	증가	기말
대손충당금				600,000원
선급비용 과소계상				354,000원
본사건물 감가상각비한도초과				225,000원
차량운반구 한도초과				2,500,000원
퇴직급여충당금				3,800,000원
퇴직연금부담금				-30,000,000원

2. 2024년 중 유보금액과 관련된 내역은 다음과 같다.
   (1) 전기 유보된 선급비용은 전액 2024.1.1.~ 2024.6.30.비용분이다.
   (2) 당기에 유보발생된 자료는 자동으로 반영한다.

3. 자본금과 적립금조정명세서(갑)
   (1) 자본금부터 자본조정의 계산은 재무상태표를 조회한 다음의 자료로 입력한다.

자본			
Ⅰ.자본금		340,000,000	240,000,000
자본금		340,000,000	240,000,000
Ⅱ.자본잉여금		3,220,000	2,520,000
주식발행초과금		2,520,000	2,520,000
자기주식처분이익		700,000	
Ⅲ.자본조정		△5,700,000	△10,000,000
자기주식		△5,700,000	△10,000,000
Ⅳ.기타포괄손익누계액			
Ⅴ.이익잉여금		635,130,494	219,600,450
미처분이익잉여금		635,130,494	219,600,450
(당기순이익)			
당기: 415,530,044			
전기: 134,692,504			
자본총계		972,650,494	452,120,450

   (2) 손익미계상법인세 등의 계산은 다음의 자료로 입력한다. 단, 전기분은 무시하고 당기분만 반영한다.

구분	법인세	지방소득세	계
법인세과세표준 및 세액조정계산서	15,729,604	1,572,960	17,302,565
손익계산서	10,909,090	1,090,910	12,000,000
차감액	4,820,514	482,051	5,302,565

🕒 **실습하기 작업순서**

[1] 2024년 말 자본금과 적립금조정명세서(을)
 • 2023년 전기말 자료를 ① 과목 또는 사항, ② 기초잔액에 입력한다.
 • [퇴직연금 등 손금산입]은 ② 기초잔액에 −30,000,000원으로 입력한다.

| 자본금과적립금조정명세서(을) | 자본금과적립금조정명세서(병) | 자본금과적립금조정명세서(갑) | | 이월결손금 | |

◎ I.세무조정유보소득계산

①과목 또는 사항	②기초잔액	당 기 중 증 감		⑤기말잔액 (=②-③+④)	비 고
		③감 소	④증 가		
매출원가과소			-8,000,000	-8,000,000	
공사미수금과소			8,320,000	8,320,000	
위탁매출누락			10,000,000	10,000,000	
차량운반구감가상각비한도초과	2,500,000	2,500,000			
퇴직연금납입액	-30,000,000	-10,000,000	-25,000,000	-45,000,000	
비품감가상각비한도초과			1,374,659	1,374,659	
전기대손충당금한도초과	600,000	600,000			
전기선급비용	354,000	354,000			
업무용승용차한도초과액(그랜저)			2,800,000	2,800,000	
외화외상매입금			-1,000,000	-1,000,000	
퇴직급여충당금한도초과	3,800,000		15,000,000	18,800,000	
퇴직연금지급액		-10,000,000		10,000,000	
6개월 미경과한 부도어음			2,000,000	2,000,000	
소액채권 과다			350,000	350,000	
제품평가감			2,000,000	2,000,000	
원재료평가감			2,000,000	2,000,000	
차량보험료 선급비용			3,698,630	3,698,630	
사무실임차료 선급비용			6,307,692	6,307,692	
건설자금이자			1,000,000	1,000,000	
어린이재단 어음기부금			6,000,000	6,000,000	
전기본사건물 부인액	225,000			225,000	

[2] 2024년 말 자본금과 적립금조정명세서(갑)
 • 자본금 및 잉여금의 계산 : 사례에 주어진 자료를 참조하거나 케이렙 프로그램에서 [회계관리] → [재무상태표]를 조회하여 확인하고 ② 기초잔액에 입력, 당기 중 증감(기말잔액 - 기초잔액)잔액을 증가(+) 또는 감소(-) 란에 입력한다.
 • 7. 자본금과 적립금명세서(을)계 → 자동반영된다.
 • 손익미계상 법인세 등 : 사례에 주어진 자료 중 차감액을 당기 중 증가(+) 란에 법인세와 지방소득세 금액을 입력한다.

| 자본금과적립금조정명세서(을) | 자본금과적립금조정명세서(병) | 자본금과적립금조정명세서(갑) | | 이월결손금 | |

◎ I.자본금과 적립금 계산서

①과목 또는 사항		코드	②기초잔액	당 기 중 증 감		⑨기 말 잔 액 (=②-③+④)
				③감 소	④증 가	
자본금및 잉여금의 계산	1.자 본 금	01	240,000,000		100,000,000	340,000,000
	2.자 본 잉 여 금	02	2,520,000		700,000	3,220,000
	3.자 본 조 정	15		5,700,000		-5,700,000
	4.기타포괄손익누계액	18				
	5.이 익 잉 여 금	14	219,600,450		415,530,044	635,130,494
	12.기타	17				
	6.계	20	462,120,450	5,700,000	516,230,044	972,650,494
7.자본금과 적립금명세서(을)계 + (병)계		21	-22,521,000	-16,546,000	26,850,981	20,875,981
손익미계상 법인세 등	8.법 인 세	22			4,820,514	4,820,514
	9.지 방 소 득 세	23			482,051	482,051
	10. 계 (8+9)	30			5,302,565	5,302,565
11.차 가 감 계 (6+7-10)		31	439,599,450	-10,846,000	537,778,460	988,223,910

24 | 주식 등 변동상황명세서

사업연도 중에 주주(사원, 출자자 등 포함)의 변동이나 주주별 출자금액의 변동이 있는 법인은 법인세과세표준 신고기한 내에 「주식 등 변동상황명세서」를 제출하여야 한다. 「주식 등 변동상황명세서」를 제출하지 않거나 변동상황을 누락하여 제출하는 경우와 필요적 기재사항의 기재누락·오류기재 등으로 제출한 「주식 등 변동상황명세서」가 불분명한 경우에는 가산세가 부과된다.

01 제출대상 법인

사업연도 중에 주식 또는 출자지분의 변동이 있는 내국법인(주식회사, 유한회사, 합명회사, 합자회사, 조합 등)

■ 제출 제외 법인
1) 조합법인(단, 그 중앙회 및 연합회는 제출대상)
2) 투자회사, 투자유한회사, 투자합자회사 및 투자전문회사(단, 경영참여형 사모집합투자기구는 제출대상)
3) 기업구조조정투자회사 등 자본시장과 금융투자업에 관한 규정에 의한 법인
4) 해당 법인의 주주 등이 기획재정부령으로 정하는 공공기관 또는 기관투자자와 주권상장법인의 소액 주주로 구성된 법인
5) 정비사업조합

---

02 제출기한 및 제출관서

법인세과세표준 신고기한 내에 납세지 관할 세무서장에게 제출한다.

03 주식 등 변동상황명세서 제출의무 면제

1) 주권상장법인으로서 해당 사업연도 중 주식의 명의개서 또는 변경을 취급하는 자를 통해 1회 이상 주주명부를 작성하는 법인의 지배주주(그 특수관계자 포함) 외의 주주 등이 소유하는 주식
2) '1)' 이외 법인의 소액주주가 소유하는 주식 등

04 제출불성실에 대한 가산세

1) 미제출, 누락, 필요적 기재사항의 기재누락 · 오류기재 등 가산세

> 액면금액 × 1%(기한 내 제출하면 50% 감면)

2) 제출의무 위반 시

1억원을 한도(중소기업의 경우 5천만원 한도)로 가산세 부과

🔲 실습하기 27. 주식등변동상황명세서 작성하기

다음의 자료를 참조하여 1011. 박문물산(주)의 [주식 등 변동상황명세서]를 작성하시오. 단, 입력된 자료는 무시한다.

[자료]

1. 발행할 주식의 총수 1,000,000주

구분	변경 전	변경 후	변경/등기일	지배주주
발행주식 총수 (보통주)	15,000주	20,000주	2024.05.20.	김세만 (781211-1577417)
1주 액면금액	5,000원	5,000원		
자본금	75,000,000원	10,000,000원		

2. 기타

김세만씨는 지배주주로서 유상증자에 참여하였고 액면가액으로 진행되었다.

🔲 실습하기 작업순서

[1] 자본금(출자금)변동상황

물음표를 선택하여 자본금(출자금)변동 상황에 직접 입력 → 재계산 버튼 선택

⑧일자	주식종류	⑨원인코드	증가(감소)한 주식의 내용			⑬증가(감소) 자본금(⑪×⑫)
			⑪주식수	⑫주당액면가	주당발행(인수)가액	
기초	보통주		15,000	5,000		75,000,000
	우선주					
2024-05-20	1 보통주	1 유상증자(증)	5,000	5,000		25,000,000

(단위: 주,원)

[2] 주식 등 변동상황명세서 – ③ 주식 및 출자지분에 대한 사항

성명(김세만), 구분(2. 주민등록번호), 기초주식수 15,000주, 기말주식수 20,000주를 직접 입력한다.

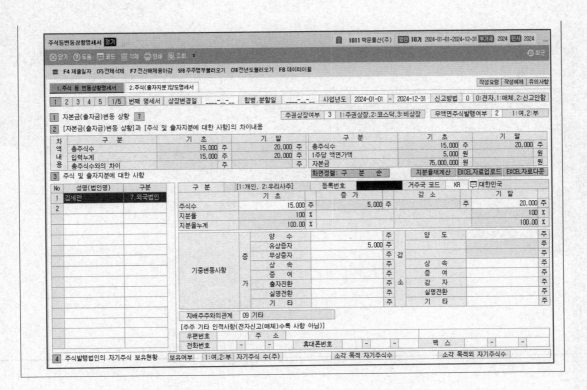

전산세무 1급
기출문제
(이론 + 실무)

01 | 전산세무 1급 103회 기출문제 (이론 + 실무)

이론시험

※ 다음 문제를 보고 알맞은 것을 골라 이론문제 답안작성 메뉴에 입력하시오.
(객관식 문항당 2점)

─〈 기본전제 〉─

문제에서 한국채택국제회계기준을 적용하도록 하는 전제조건이 없는 경우, 일반기업회계기준을 적용한다.

01 다음 중 현금및현금성자산과 장기금융자산에 대한 설명으로 틀린 것은?

① 현금성자산은 이자율의 변동에 따른 가치변동이 커야 한다.
② 취득일로부터 3개월 이내 만기가 도래하는 정기예금은 현금성자산으로 분류한다.
③ 결산일로부터 1년 이후 만기가 도래하는 금융상품은 장기금융자산으로 분류한다.
④ 타인발행수표는 현금으로 분류한다.

02 다음 중 유형자산의 취득원가에 포함되지 않는 것은?

가. 새로운 상품과 서비스를 소개하는 데에 발생하는 지출액
나. 유형자산이 정상적으로 작동하는지 여부를 시험하는 과정에서 발생하는 지출액
다. 유형자산의 설치장소 준비를 위하여 발생하는 지출액
라. 자산을 보유하면서 원상복구를 위해 발생되는 지출액

① 가   ② 나, 다
③ 다, 라   ④ 가, 라

03 다음은 자산과 부채의 유동성과 비유동성 구분에 대한 설명이다. 가장 옳지 않은 것은?

① 보고기간종료일로부터 1년 이내에 상환되어야 하는 채무는 보고기간종료일과 재무제표가 사실상 확정된 날 사이에 보고기간종료일로부터 1년을 초과하여 상환하기로 합의한 경우에는 비유동부채로 분류한다.
② 투자자산에 속하는 매도가능증권 또는 만기보유증권 등의 비유동자산 중 1년 이내에 실현되는 부분은 유동자산으로 분류한다.

③ 정상적인 영업주기 내에 판매되거나 사용되는 재고자산은 보고기간종료일로부터 1년 이내에 실현되지 않더라도 유동자산으로 분류한다.

④ 단기차입금 및 유동성장기차입금 등은 보고기간종료일로부터 1년 이내에 상환되어야 하므로 영업주기와 관계없이 유동부채로 분류한다.

04 (주)세무는 아래의 조건으로 사채를 발행하였다. 사채의 발행방법 및 장부가액, 상각(환입)액, 이자비용의 변동으로 올바른 것은? (단, 사채이자는 유효이자율법에 따라 상각 및 환입한다.)

- 발행일 : 2024년 1월 1일
- 액면가액 : 2,000,000원
- 만기 : 3년
- 이자는 매년 말 지급
- 액면이자율 : 연 12%
- 유효이자율 : 연 10%

	발행방법	장부가액	상각(환입)액	이자비용
①	할인발행	매년 증가	매년 감소	매년 감소
②	할인발행	매년 증가	매년 증가	매년 증가
③	할증발행	매년 감소	매년 감소	매년 증가
④	할증발행	매년 감소	매년 증가	매년 감소

05 다음 중 재무상태표상의 자본에 대한 설명으로 옳은 것은?

① 자본금은 법정자본금으로 발행주식 수에 발행금액을 곱하여 계산한다.

② 보통주자본금과 우선주자본금은 자본금으로 통합하여 표시할 수 있다.

③ 자본잉여금은 주주와의 거래에서 발생하여 자본을 증가시키는 잉여금으로, 주식발행초과금, 자기주식처분이익, 감자차익, 감자차손을 포함한다.

④ 자본조정은 당해 항목의 성격으로 보아 자본거래에 해당하나 최종 납입된 자본으로 볼 수 없거나 자본의 가감 성격으로 자본금이나 자본잉여금으로 분류할 수 없는 항목이다.

06 다음 중 원가행태에 대한 설명으로 가장 틀린 것은?

① 변동원가는 조업도의 변동에 비례하여 총원가가 변동하는 원가로써 직접재료비, 직접노무비가 이에 해당한다.

② 변동원가는 조업도의 증감에 따라 총 변동원가는 증감하지만, 단위당 변동원가는 조업도의 변동에 영향을 받지 않는다.

③ 고정원가는 조업도의 변동과 관계없이 총원가가 일정하게 발생하는 원가를 말한다.

④ 준고정원가는 변동원가와 고정원가가 혼합된 원가를 말한다.

07 다음 자료를 이용하여 직접재료원가와 직접노무원가를 계산하면 얼마인가?

구분	금액
직접재료원가	?　　원
직접노무원가	?　　원
제조간접원가	직접노무원가의 150%
가공원가	직접재료원가의 300%
당기총제조원가	1,400,000원

	직접재료원가	직접노무원가
①	350,000원	420,000원
②	350,000원	630,000원
③	420,000원	630,000원
④	420,000원	350,000원

08 다음 중 부문별 원가계산에 대한 설명으로 가장 틀린 것은?

① 단계배분법은 보조부문 상호 간의 용역수수 관계를 일부만 반영한다.

② 제조간접비를 정확하게 배부하기 위해 부문별로 분류 및 집계하는 절차이고, 재고가 존재할 경우 배분방법에 따라 총이익이 달라진다.

③ 상호배분법은 보조부문원가의 배분이 배분 순서에 의해 영향을 받는다.

④ 보조부문이 하나인 경우 변동제조간접비와 고정제조간접비의 구분에 따라 단일배부율법과 이중배부율법을 적용할 수 있다.

09 당사는 선입선출법에 따른 종합원가계산에 의하여 제품의 원가를 계산한다. 당기에 발생한 가공비는 15,000,000원이고 가공비 완성품 단위당 원가는 10,000원이다. 다음의 재공품 완성도를 참고하여 기말재공품 완성도를 구하시오. (단, 가공비는 공정 전반에 걸쳐 균등하게 발생한다.)

구분	수량	완성도
기초재공품	400개	30%
당기완성품	1,600개	100%
기말재공품	50개	?

① 20% ② 30%
③ 40% ④ 70%

10 다음 중 표준원가계산에 대한 설명으로 가장 틀린 것은?

① 표준원가계산은 사전에 객관적이고 합리적인 방법에 의하여 산정한 원가를 이용하되 그 표준원가는 회사 사정을 고려하여 현실적으로 달성 가능하도록 설정하여야 한다.

② 표준원가계산제도는 내부 의사결정을 위한 제도이다.

③ 예산과 실제원가의 차이분석을 통하여 효율적인 원가 통제의 정보를 제공한다.

④ 기말에 원가차이를 매출원가에서 조정할 경우 불리한 차이는 매출원가에서 차감하고 유리한 차이는 매출원가에 가산한다.

11 다음 중 법인세법상 신고조정사항과 결산조정사항에 대한 설명으로 가장 틀린 것은?

① 신고조정사항은 객관적인 외부거래 없이 내부적인 계상항목들에 대하여 손금산입 여부를 임의로 선택할 수 있도록 규정하고 있다.

② 신고조정사항에 해당하는 항목에 대하여 결산서상 수익·비용 금액과 세법상 익금·손금이 다른 경우에는 세무조정을 하여야 한다.

③ 결산조정사항에 해당하는 항목은 결산서에 반드시 손비로 계상하여야만 세법상 손금으로 인정된다.

④ 결산조정사항을 제외한 모든 세무조정사항은 신고조정사항에 해당한다.

12 다음 중 법인세법상 중간예납의무에 대한 설명으로 가장 틀린 것은?

① 사업연도의 기간이 6개월을 초과하는 내국법인은 원칙적으로 각 사업연도 중 중간예납기간에 대한 법인세 중간예납세액을 납부할 의무가 있다.

② 중간예납기간은 해당 사업연도의 개시일부터 6개월이 되는 날까지로 한다.

③ 합병이나 분할에 의하지 아니하고 새로 설립된 법인의 설립 후 최초 사업연도는 제외한다.

④ 직전 사업연도에 중소기업인 내국법인은 직전 사업연도의 산출세액을 기준으로 계산한 중간예납세액이 30만원 미만인 경우 중간예납세액을 납부할 의무가 없다.

13 다음 중 소득세법상 비과세소득에 해당하지 않는 것은?

① 1개의 주택을 소유하는 자의 주택임대소득(기준시가가 12억원을 초과하는 주택 및 국외에 소재하는 주택의 임대소득은 제외)

② 발명진흥법에 따른 종업원이 사용자로부터 받는 직무발명보상금으로서 연 500만원 이하의 금액

③ 대금업을 영업으로 하지 않는 자가 타인에게 일시적·우발적으로 금전을 빌려주고 그 대가로 받은 이자 또는 수수료

④ 기타소득 중 서화·골동품을 박물관 또는 미술관에 양도함으로써 발생하는 소득

14 다음 중 부가가치세법상 공급시기에 대한 설명으로 가장 틀린 것은?

① 사업자가 공급시기가 되기 전에 재화 또는 용역에 대한 대가의 전부를 받고, 그 받은 대가에 대하여 세금계산서를 발급하면 그 세금계산서를 발급하는 때를 공급시기로 본다.

② 공급 단위를 구획할 수 없는 용역을 계속적으로 공급하는 경우 대가의 각 부분을 받기로 한 때를 용역의 공급시기로 본다.

③ 사업자가 폐업 전에 공급한 재화의 공급시기가 폐업일 이후에 도래하는 경우에는 재화를 사용하거나 소비하는 때를 공급시기로 본다.

④ 재화의 공급의제 중 개인적 공급의 경우 재화를 사용하거나 소비하는 때를 공급시기로 본다.

15 다음 중 부가가치세법상 수정세금계산서의 사유에 따른 절차가 바르게 나열되지 않은 것은?

	사유	발급 매수	작성 일자	수정신고 유무
①	재화의 환입	1매	환입된 날	수정신고 없음
②	내국 신용장 사후개설	2매	내국 신용장 개설일	수정신고 없음
③	공급가액 변동	1매	변동된 날	수정신고 없음
④	이중발급 (착오)	1매	처음 작성일자	과세기간이 다를 경우 수정신고

✦ 실무시험 ✦

※ (주)사천전자(회사코드:1030)는 제조 및 도매업을 영위하는 중소기업이며, 당기는 제13기로 회계기간은 2024.1.1.~2024.12.31.이다. 전산세무회계 수험용 프로그램을 이용하여 다음의 물음에 답하시오.

〈 기본전제 〉

• 문제에서 한국채택국제회계기준을 적용하도록 하는 전제조건이 없는 경우, 일반기업회계기준을 적용하여 회계처리 한다.
• 문제의 풀이와 답안작성은 제시된 문제의 순서대로 진행한다.

01 다음 거래에 대하여 적절한 회계처리를 하시오. `12점`

〈 입력 시 유의사항 〉

• 일반적인 적요의 입력은 생략하지만, 타계정 대체거래는 적요번호를 선택하여 입력한다.
• 세금계산서 · 계산서 수수거래와 채권 · 채무관련거래는 별도의 요구가 없는 한 등록되어 있는 거래처코드를 선택하는 방법으로 거래처명을 반드시 입력한다.
• 제조경비는 500번대 계정코드를, 판매비와 관리비는 800번대 계정코드를 사용한다.
• 회계처리 시 계정과목은 등록되어 있는 계정과목 중 가장 적절한 과목으로 한다.
• 매입매출전표입력 시 입력화면 하단의 분개까지 처리하고, 전자세금계산서 및 전자계산서는 전자입력으로 반영한다.

[1] 3월 31일 (주)세무캐피탈로부터 3월 1일에 5년 할부 지급 조건으로 구입하고 장기미지급금으로 처리한 업무용 승용차의 매입대금과 이자를 아래의 예정상환일에 보통예금 계좌에서 이체하여 지급하였다. `3점`

원리금상환스케줄표				거래처 : (주)세무캐피탈	
회차	예정상환일	할부원리금	원금	이자	잔액
1회차	2024.03.31.	700,000원	650,000원	50,000원	29,350,000원

[2] 4월 20일 다음은 전기분 이익잉여금처분계산서 내역의 일부이다. 2월 28일에 열린 주주총회에서 확정된 배당을 실시하여 개인 주주에게 소득세 등 원천징수세액 3,080,000원을 차감한 16,920,000원을 보통예금에서 지급하였다. `3점`

과목	금액	
– 중간생략 –		
Ⅲ 이익잉여금 처분액		29,000,000원
1. 이익준비금	2,000,000원	
2. 기업합리화적립금	–	
3. 배당금	20,000,000원	
가. 현금배당	20,000,000원	
4. 사업확장적립금	7,000,000원	

[3] 7월 1일 국고보조금에 의해 취득한 기계장치를 파란상사에 12,000,000원(부가가치세 별도)에 매각하고 전자세금계산서를 발급하였으며, 대금 중 7,700,000원은 보통예금 계좌로 송금받고 차액은 다음 달에 수령하기로 하였다. 처분 전까지의 감가상각과 관련한 회계처리는 적정하게 처리하였다고 가정하며 관련 자료는 다음과 같다. 3점

- 기계장치 취득원가 : 35,000,000원
- 국고보조금(기계차감) : 10,000,000원
- 감가상각누계액 : 15,000,000원

[4] 8월 10일 수년간 거래해온 함박식당(직전 연도 공급대가가 7천만원인 간이과세자)에서 당사의 제품생산부 소속 직원들이 회식을 하고 식대 550,000원(공급대가)을 법인카드(하나카드)로 결제하였다. 3점

02 다음 주어진 요구사항에 따라 부가가치세신고서 및 부속서류를 작성하시오. 10점

[1] (주)사천전자는 2024년 제1기 부가가치세 확정신고를 기한 내에 정상적으로 마쳤으나, 신고기한이 지난 후 다음의 오류를 발견하여 정정하고자 한다. 아래의 자료를 이용하여 매입매출전표입력에서 오류사항을 수정 또는 입력하고 제1기 확정신고기간의 [부가가치세신고서(수정신고)]와 [과세표준및세액결정(경정)청구서]를 작성하시오. 7점

1. 제1기 확정 부가가치세신고서

일반과세자 부가가치세   [ ]예정 [∨]확정   신고서
[ ]기한후과세표준
[ ]영세율 등 조기환급

관리번호						처리기간	즉시	

신고기간 2024년 제1기(4월 1일~6월 30일)

사업자	상호(법인명)	(주)사천전자	성명(대표자명)	윤정호	사업자등록번호	6 1 3 - 8 6 - 1 2 3 4 4		
	생년월일	1969-03-03		전화번호	사업장 051-1000-1234	주소지	휴대전화	
	사업장 주소	경상남도 사천시 용현면 시청로 37-8			전자우편 주소			

❶ 신 고 내 용

	구 분			금 액	세율	세 액
과세표준및매출세액	과세	세금계산서 발급분	(1)	32,500,000	10/100	3,250,000
		매입자발행 세금계산서	(2)		10/100	
		신용카드·현금영수증 발행분	(3)	500,000	10/100	50,000
		기타(정규영수증 외 매출분)	(4)			
	영세율	세금계산서 발급분	(5)		0/100	
		기 타	(6)		0/100	
	예정 신 고 누 락 분		(7)			
	대 손 세 액 가 감		(8)			
	합계		(9)	33,000,000	㉖	3,300,000
매입세액	세금계산서 수취분	일 반 매 입	(10)	15,000,000		1,500,000
		수출기업 수입분 납부유예	(10-1)			
		고정자산 매입	(11)			
	예정 신 고 누 락 분		(12)			
	매입자발행 세금계산서		(13)			
	그 밖의 공제매입세액		(14)			
	합계(10)-(10-1)+(11)+(12)+(13)+(14)		(15)	15,000,000		1,500,000
	공제받지 못할 매입세액		(16)			
	차 감 계 (15)-(16)		(17)	15,000,000	㉘	1,500,000
납부(환급)세액 (매출세액㉖-매입세액㉘)					㉰	1,800,000
경감공제세액	그 밖의 경감·공제세액		(18)			
	신용카드매출전표등 발행공제 등		(19)	550,000		
	합계		(20)		㉱	
소규모 개인사업자 부가가치세 감면세액			(20-1)		㉲	
예정 신 고 미 환 급 세 액			(21)		㉳	
예정 고지 세 액			(22)		㉴	
사업양수자의 대리납부 기납부세액			(23)		㉵	
매입자 납부특례 기납부세액			(24)		㉶	
신용카드업자의 대리납부 기납부세액			(25)		㉷	
가 산 세 액 계			(26)		㉸	
차감·가감하여 납부할 세액(환급받을 세액)(㉰-㉱-㉲-㉳-㉴-㉵-㉶-㉷+㉸)			(27)			1,800,000
총괄 납부 사업자가 납부할 세액(환급받을 세액)						

2. 오류사항
- 04월 30일 전자세금계산서를 발급한 외상매출금 중 550,000원(부가가치세 포함)을 신용카드로 결제받았는데, 이를 매출로 이중신고함.
- 05월 31일 영업부의 운반비 110,000원(부가가치세 포함)을 한주상사에 현금으로 지급하고 종이세금계산서를 발급받았으나 이를 누락함.
3. 경정청구이유는 매출 : 신용카드 매출 과다 신고, 매입 : 매입세금계산서합계표 누락으로 한다.
4. 국세환급금 계좌신고는 공란으로 둔다.

[2] 다음은 2024년 제2기 부가가치세 예정신고기간(07.01.~09.30.)의 자료이다. 매입매출전표 입력은 생략하고, [신용카드매출전표등발행금액집계표]를 작성하시오. `3점`

1. 7월 7일 : 제품을 김씨에게 공급하고 현금영수증을 발행하였다.
   (공급가액 : 1,500,000원, 부가가치세 : 150,000원)
2. 8월 8일 : 제품을 나씨에게 판매하고 세금계산서를 발급하였으며 신용카드로 결제받았다.
   (공급가액 : 1,000,000원, 부가가치세 : 100,000원)
3. 9월 3일 : 면세제품(공급가액 : 500,000원)을 한씨에게 판매하고 계산서를 발급하였다.
   대금 중 200,000원은 현금영수증을 발급하고, 나머지는 한씨의 신용카드로 결제받았다.

03 다음의 결산정리사항에 대하여 결산정리분개를 하거나 입력을 하여 결산을 완료하시오. `8점`

[1] 다음 자료를 이용하여 재무제표의 장기성예금에 대하여 결산일의 적절한 회계처리를 하시오. `2점`

은행명	예금종류	금액	개설일	만기일
대한은행	정기예금	30,000,000원	2022.05.01.	2025.04.30.

[2] 4월 1일 생산부 공장의 1년치 화재보험료(보험기간 : 2024.4.1.~ 2025.3.31.) 7,500,000원을 동남화재보험에 일시불로 지급하고 선급비용으로 회계처리하였다. 당기분 보험료를 월할로 계산하여 기말 수정분개를 수행하시오. `2점`

[3] 연말 재고실사 과정에서 다음의 누락 사실을 발견하였다. `2점`

- 광고 선전 목적으로 불특정다수인에게 전달한 제품 12,000,000원
- 훼손으로 인해 가치를 상실하여 원가성이 없는 제품 3,500,000원

[4] 다음 자료는 회사의 실제 당기 법인세 과세표준 및 세액조정계산서의 일부 내용이다. 입력된 데이터는 무시하며, 법인세비용(법인지방소득세 포함)에 대한 회계처리를 하시오. 2점

법인세과세표준 및 세액조정계산서 일부내용	② 과세표준 계산	⑩ 각사업연도소득금액(⑩−⑩)		300,000,000
		⑩ 이월결손금	07	50,000,000
		⑩ 비과세소득	08	
		⑪ 소득공제	09	
		⑫ 과세표준(⑩−⑩−⑩−⑪)	10	250,000,000
기타		위의 모든 자료는 법인세법상 적절하게 산출된 금액이고, 법인세중간예납은 기한 내에 납부하여 선납세금 20,000,000원으로 회계처리하였다.		

04 원천징수와 관련된 다음의 물음에 답하시오. 10점

[1] 다음은 (주)사천전자 영업부서의 신유리(사원코드 : 201)에 대한 연말정산자료이다. 신유리의 연말정산 관련 자료를 이용하여 세부담이 최소화되는 방향으로 [연말정산추가자료입력] 메뉴의 [소득명세]탭, [부양가족]탭과 [연말정산입력]탭을 작성하시오. 8점

1. 신유리 급여 현황

근무지	근무기간	총급여	공제금액
(주)영빌리지 152-88-11562	2024.1.1.~2024.6.30. (종전 근무지)	15,000,000원	국민연금보험료 675,000원 건강보험료 526,250원 장기요양보험료 64,320원 고용보험료 135,000원 근로소득세 249,780원 지방소득세 24,960원
(주)사천전자 613-86-12344	2024.7.1.~ 계속 근무 중 (현재 근무지)	18,000,000원	국민연금보험료 810,000원 건강보험료 638,100원 장기요양보험료 81,720원 고용보험료 162,000원 근로소득세 102,600원 지방소득세 10,260원

2. 가족현황(아래 소득 외 다른 소득은 없으며 세대주는 신유리이다.)

관계	성명(주민등록번호)	(만)나이	소득 여부
본인	신유리(750101-2156117)	49세	상기 총급여액에 대한 근로소득금액은 22,800,000원이다.
배우자	박진혁(740501-1234562)	50세	일용근로소득 7,000,000원
장녀	박은서(121101-4516586)	12세	기타소득금액 1,000,000원(퀴즈 대회 상금)
장남	박태수(060601-3456789)	18세	사업소득금액 5,000,000원(청소년 배우)
부친주1)	신장군(530207-1278519)	71세	즉석 복권 당첨금 20,000,000원, 장애인
모친주1)	김은정(550410-2584568)	69세	소득 없음

주1) 부친과 모친은 신유리의 집에서 함께 생활하고 있으며, 부친은 장애인복지법상 장애인에 해당한다.

3. 연말정산자료(모두 국세청 연말정산간소화서비스를 통해 조회된 자료이다.)

(1) 보험료 지출액
- 본인 : 자동차보험료 600,000원, 보장성보험료 700,000원
- 장남 : 보장성보험료 500,000원
- 부친 : 장애인전용보장성보험료 2,000,000원

(2) 의료비 지출액
- 배우자 : 건강증진 목적의 보약 300,000원, 시력보정용 콘택트렌즈 300,000원
- 장녀 : 시력보정용 안경 600,000원
- 부친 : 장애인 의료기기 임차료 1,000,000원

(3) 교육비 지출액
- 장녀 : 초등학교 수업료 1,000,000원, 교복 구입비 500,000원
- 부친 : 장애인 특수교육비 4,000,000원

[2] 다음 자료는 당사의 4월 급여대장과 사업소득지급대장 일부다. 해당 자료를 참조하여 [원천징수이행상황신고서]를 조회하여 마감한 후 국세청 홈택스 기능을 이용하여 전자신고를 수행하시오. (단, 당사는 반기별 신고 특례 대상자가 아니다.) **2점**

〈자료1〉

	2024년 4월 급여대장					
	지급일 : 2024년 04월 30일					
성명	지급내용				공제내용	
	기본급	직책수당	상여금	급여 계	소득세	지방소득세
홍길동	5,500,000원			5,500,000원	420,000원	42,000원
김정석	2,800,000원			2,800,000원	67,000원	6,700원

〈자료2〉

사업소득 지급대장

지급연월 : 2024년 4월

성명	귀속연월	지급연월일	지급액	소득세	지방소득세	차인지급액
이동자	2024.04.	2024.04.30.	1,000,000원	30,000원	3,000원	967,000원

〈전자신고 관련 유의사항〉
- 전자신고용 전자파일 제작 시 신고인 구분은 2.납세자 자진신고로 선택하고, 비밀번호는 "12341234"로 입력한다.
- 전자신고용 전자파일 저장경로는 로컬디스크(C:)이며, 파일명은 "작성연월일.01.t6138612344" 이다.

05 (주)신화정밀(회사코드:1031)은 자동차부품 제조 및 도매업을 영위하는 중소기업이며, 당해 사업연도(제14기)는 2024.1.1.~2024.12.31.이다. [법인조정] 메뉴를 이용하여 기장되어 있는 재무회계 장부 자료와 제시된 보충자료에 의하여 해당 사업연도의 세무조정을 하시오. **30점** ※ 회사 선택 시 유의하시오.

─── 〈 작성대상서식 〉 ───

1. 대손충당금 및 대손금조정명세서
2. 업무무관부동산등에관련한차입금이자조정명세서
3. 퇴직연금부담금등조정명세서
4. 미상각자산감가상각조정명세서
5. 법인세과세표준및세액조정계산서

[1] 다음 자료를 참조하여 [대손충당금 및 대손금조정명세서]를 작성하고 필요한 세무조정을 하시오. **6점**

1. 대손 관련 명세서 내용

일자	내역	비고
2024.01.22.	(주)부실의 외상매출금 25,000,000원 대손 확정	회수기일이 2년 경과
2024.07.01.	(주)한심의 받을어음 30,000,000원 부도 처리	부도발생일(24.7.1.)로부터 6개월 미경과
2024.11.05.	(주)대단의 외상매출금 20,000,000원 대손 확정	강제집행으로 인하여 회수할 수 없음

2. 대손충당금 계정내역

대손충당금

외상매출금	45,000,000원	전기이월	82,000,000원
받을어음	30,000,000원	당기설정액	30,000,000원
차기이월액	37,000,000원		
계	112,000,000원	계	112,000,000원

3. 당기말 채권잔액

내역	금액	비고
외상매출금	2,420,000,000원	
받을어음	125,500,000원	
계	2,545,500,000원	

4. 전기말 자본금과 적립금 조정명세서(을) 일부

①과목 또는 사항	②기초잔액	③감소	④증가	⑤기말잔액
대손충당금	15,250,500원	15,250,500원	8,820,000원	8,820,000원

5. 기타내역
- 대손설정률은 1%로 가정한다.

[2] 아래 자료만을 이용하여 [업무무관부동산등에관련한차입금이자조정명세서(갑)(을)]을 작성하고 관련 세무조정을 하시오. (단, 주어진 자료 외의 자료는 무시할 것) **6점**

1. 차입금에 대한 이자지급 내역

이자율	지급이자	차입금	비고
4%	312,000원	7,800,000원	사채할인발행차금 상각액
5%	2,500,000원	50,000,000원	채권자 불분명 사채이자(원천징수세액 없음)
7%	14,840,000원	212,000,000원	

2. 대표이사(서태인)에 대한 업무무관 가지급금 증감내역

일자	차변	대변	잔액
전기이월	35,000,000원		35,000,000원
2024.03.05	15,000,000원		50,000,000원
2024.10.20		30,000,000원	20,000,000원

3. 대표이사(서태인)에 대한 가수금 증감내역

일자	차변	대변	잔액
2024.05.30.		7,000,000원	7,000,000원

4. 회사는 2024년 7월 1일 업무와 관련없는 토지를 100,000,000원에 취득하였다.

5. 기타사항
  • 대표이사 서태인의 가지급금과 가수금은 기간 및 이자율에 대한 별도의 약정은 없다.
  • 자기자본 적수 계산은 무시하고 가지급금 인정이자조정명세서 작성은 생략한다.
  • 연일수는 365일이다.

[3] 당사는 확정급여형(DB)퇴직연금에 가입하였다. 다음 자료를 이용하여 [퇴직연금부담금조정명세서]를 작성하고 이와 관련된 세무조정이 있는 경우 [소득금액조정합계표]를 작성하시오. **6점**

1. 퇴직급여추계액
  • 기말 현재 퇴직급여지급 대상이 되는 임·직원에 대한 퇴직급여 추계액은 60,000,000원이다.

2. 퇴직연금운용자산 현황
  • 기초 잔액 : 23,000,000원
  • 당기납입액 : 51,000,000원
  • 당기감소액 : 16,000,000원

3. 당기 감소액에 대한 회계처리를 아래와 같이 하였다.
  (차) 퇴직급여   16,000,000원   (대) 퇴직연금운용자산   16,000,000원

4. 장부상 퇴직급여충당부채 및 퇴직연금충당부채를 설정하지 않고 신고조정에 의하여 손금에 산입하고 있으며, 직전 사업연도말 현재 신고조정으로 손금산입한 퇴직연금부담금은 23,000,000원이다.

[4] 아래의 고정자산에 대하여 [감가상각비조정] 메뉴에서 [고정자산등록] 및 [미상각자산감가상각조정명세서]를 작성하고 세무조정을 하시오. **6점**

구분	자산명/자산코드	취득일	취득가액	전기말상각누계액	회사계상상각비 (제조)
건물	공장건물/1	2021.07.01.	300,000,000원	25,000,000원	10,000,000원
기계장치	기계장치/1	2020.07.01.	60,000,000원	26,250,000원	7,500,000원

1. 회사는 기계장치의 감가상각방법을 세법에서 정하는 적법한 시기에 정액법으로 신고하였다.

2. 회사는 감가상각대상자산의 내용연수를 세법에서 정한 범위 내의 최단기간으로 적법하게 신고하였다.

3. 회사의 감가상각대상자산의 내용연수와 관련된 자료는 다음과 같고, 상각률은 세법이 정한 기준에 의한다.

구분	기준내용연수	내용연수범위
건물	40년	30년 ~ 50년
기계장치	8년	6년 ~ 10년

4. 건물관리비 계정에는 건물에 대한 자본적 지출액 30,000,000원이 포함되어 있다.

5. 기계장치의 전기말 상각부인액은 4,000,000원이다.

[5] 당사는 소기업으로서 「중소기업에 대한 특별세액감면」을 적용받으려 한다. 불러온 자료는 무시하고, 다음 자료만을 이용하여 [법인세과세표준및세액조정계산서]를 작성하시오. **6점**

1. 표준손익계산서 일부

Ⅷ.법인세비용차감전손익	217	315,000,000원
Ⅸ.법인세비용	218	42,660,000원
Ⅹ.당기순손익	219	272,340,000원

2. 소득금액조정합계표

익금산입 및 손금불산입			손금산입 및 익금불산입		
과목	금액	소득처분	과목	금액	소득처분
법인세비용	42,660,000원	기타사외유출	선급비용	2,300,000원	유보감소
기업업무추진비	19,800,000원	기타사외유출			
잡손실	4,500,000원	기타사외유출			
합계	66,960,000원		합계	2,300,000원	

3. 감면소득금액은 337,000,000원이고 감면율은 20%이며, 당사는 전년 대비 상시근로자수는 변동없고 최저한세 적용 감면배제금액도 없다.

4. 법인세 중간예납세액은 10,000,000원이고, 분납을 최대한 적용받고자 한다.

02 | 전산세무 1급 104회 기출문제 (이론 + 실무)

✦ 이론시험 ✦

※ 다음 문제를 보고 알맞은 것을 골라 [이론문제 답안작성] 메뉴에 입력하시오.
(객관식 문항당 2점)

─── 〈 기본전제 〉───

문제에서 한국채택국제회계기준을 적용하도록 하는 전제조건이 없는 경우, 일반기업회계기준을 적용한다.

01 다음 중 일반기업회계기준상 재무제표에 대한 설명으로 잘못된 것은?

① 유동자산은 당좌자산과 재고자산으로 구분하고, 비유동자산은 투자자산, 유형자산, 무형자산, 기타비유동자산으로 구분한다.

② 정상적인 영업주기 내에 판매되는 재고자산은 보고기간종료일부터 1년 이내에 실현되지 않더라도 유동자산으로 분류한다.

③ 자본은 자본금, 자본잉여금, 자본조정, 기타포괄손익누계액 및 이익잉여금(또는 결손금)으로 구분한다.

④ 원칙적으로 당기 재무제표에 보고되는 모든 계량정보에 대해 전기 비교정보를 공시하지만 비계량정보의 경우에 비교정보는 재무제표에 이를 포함할 수 없다.

02 일반기업회계기준에 따른 수익인식기준에 대한 설명 중 옳지 않은 것은?

① 광고제작수수료는 광고 제작 진행률에 따라 인식한다.

② 할부판매는 판매시점에 인식한다.

③ 반품권이 부여된 거래의 경우 판매한 시점에 인식한다.

④ 부동산의 판매수익은 법적 소유권이 구매자에게 이전되는 시점에 인식한다.

03 재고자산에 대한 설명 중 옳지 않은 것은?

① 원재료의 현행대체원가는 순실현가능가치에 대한 최선의 이용가능한 측정치로 활용될 수 있다.

② 저가법 적용에 따라 평가손실을 초래한 상황이 해소되어 시가가 최초의 장부금액을 초과하는 경우 시가금액으로 평가손실을 환입한다.

③ 정상적으로 발생한 감모손실은 매출원가에 가산한다.

④ 특정 프로젝트별로 생산되는 제품의 원가는 개별법을 사용하여 결정한다.

04 기말 현재 당기순이익은 10,000,000원으로 계상되어 있다. 아래의 내용을 추가로 고려할 경우 최종적으로 계상될 당기순이익은 얼마인가?

> ㄱ 보통예금으로 외상매입금 20,000,000원을 지출하였다.
> ㄴ 외상매출금 5,000,000원을 보통예금으로 수령하였다.
> ㄷ 사무실 화재보험료 1,200,000원을 12월 1일에 일시납입했고, 이에 대한 선급비용은 1,100,000원으로 계상되어 있다(보험기간은 2023년 12월 1일 ~ 2024년 11월 30일이며, 선급비용은 월할계산하였다).

① (−)10,000,000원
② (−)5,000,000원
③ 8,900,000원
④ 10,000,000원

05 사채의 시장이자율보다 액면이자율이 높은 사채를 발행하고, 매년 유효이자율법에 의해 사채할증발행차금을 상각하는 경우 다음 설명 중 가장 옳지 않은 것은?

① 사채는 할증발행되고, 사채의 장부가액은 액면가액보다 높다.
② 사채의 장부가액은 매년 감소한다.
③ 사채할증발행차금의 상각액은 매년 감소한다.
④ 유효이자율법에 의한 이자비용은 매년 감소한다.

06 일정기간 관련범위 내에서 조업도 수준의 변동에 따라 총원가 일정한 모습으로 변동할 때 그 모습을 원가행태라고 한다. 원가행태에 대한 설명으로 틀린 것은?

① 변동원가는 관련범위 내에서 조업도의 변동에 정비례하여 총원가가 변동하는 원가를 말하며, 단위당 변동원가는 조업도의 변동에 관계없이 일정하다.
② 준고정원가는 조업도와 관계없이 발생하는 고정원가와 조업도의 변동에 비례하여 발생하는 변동원가로 구성된 원가를 말한다.
③ 고정원가의 단위당 원가는 조업도의 증감과 반대로 변동한다.
④ 관련범위 내에서 조업도의 변동에 관계없이 총원가가 일정한 원가를 고정원가라고 하며, 총원가가 조업도의 변동에 아무런 영향을 받지 않는다.

07 다음 중 개별원가계산과 종합원가계산에 대한 설명으로 가장 틀린 것은?

① 개별원가계산은 다품종소량생산에, 종합원가계산은 소품종대량생산에 적합한 원가계산방식이다.
② 개별원가계산은 정확한 원가계산이 가능하나, 종합원가계산은 원가계산의 정확도가 떨어진다.
③ 개별원가계산은 완성품환산량을 산정해야 하며, 종합원가계산은 제조간접비를 배부해야 한다.
④ 개별원가계산은 조선업, 항공기제조업 등의 업종에 주로 사용되나, 종합원가계산은 자동차, 전자제품 등의 업종에서 주로 사용되는 원가계산 방식이다.

08 다음의 자료에 의하여 종합원가계산에 의한 가공비의 완성품환산량을 계산하시오. (단, 가공비는 가공 과정 동안 균등하게 발생한다고 가정한다.)

- 기초재공품 : 400개(완성도 40%)
- 기말재공품 : 300개(완성도 60%)
- 당기 착수량 : 800개
- 당기 완성량 : 900개

	평균법	선입선출법
①	1,000개	900개
②	1,080개	920개
③	920개	1,080개
④	1,080개	900개

09 부문별원가계산 시 보조부문원가를 제조부문에 배분하는 방법에 대한 설명으로 틀린 것은?

① 보조부문 상호 간의 용역수수를 인식하는지 여부에 따라 직접배분법, 단계배분법, 상호배분법으로 구분된다.
② 보조부문 간의 용역수수관계가 중요한 경우 직접배분법을 적용하여 부문별원가를 배분하게 되면 원가배분의 왜곡을 초래할 수 있다.
③ 제조간접비를 부문별 제조간접비 배부율에 따라 배부하는 경우 각 제조부문의 특성에 따라 제조간접원가를 배부하기 때문에 공장 전체 제조간접원가 배부율에 따라 배부하는 것보다 정확한 제품원가를 계산할 수 있다.
④ 상호배분법은 보조부문의 원가배분 순서에 따라 배분원가가 달라진다.

10 (주)시후의 2024년 11월 직접노무비에 관한 내용이 다음과 같을 경우, 직접노무비 임률차이는 얼마인가?

(1) 실제 직접노무비 발생액 : 180,000원
(2) 실제 직접노동시간 : 33,000시간
(3) 표준 직접노동시간 : 34,000시간
(4) 직접노무비 능률차이 : 5,000원(유리)

① 유리한 차이 5,000원
② 불리한 차이 5,000원
③ 불리한 차이 12,000원
④ 불리한 차이 15,000원

11 다음 중 부가가치세법상 수정(전자)세금계산서 발급사유와 발급절차에 관한 설명으로 잘못된 것은?

① 상대방에게 공급한 재화가 환입된 경우 수정(전자)세금계산서의 작성일은 재화가 환입된 날을 적는다.
② 계약의 해제로 재화·용역이 공급되지 않은 경우 수정(전자)세금계산서의 작성일은 계약해제일을 적는다.
③ 계약의 해지 등에 따라 공급가액에 추가 또는 차감되는 금액이 발생한 경우 수정(전자)세금계산서의 작성일은 증감사유가 발생한 날을 적는다.
④ 재화·용역을 공급한 후 공급시기가 속하는 과세기간 종료 후 25일 이내에 내국신용장이 개설된 경우 수정(전자)세금계산서의 작성일은 내국신용장이 개설된 날을 적는다.

PART **04**

12 다음 중 부가가치세법상 면세와 영세율에 대한 설명으로 가장 틀린 것은?

① 면세의 경우 매입세액이 환급되지 않으나 영세율의 경우 매입세액의 전액환급이 가능할 수 있다.
② 면세 대상은 주로 기초생활필수품 등의 재화의 공급이나 영세율 대상은 주로 수출 등 외화획득 재화의 공급이다.
③ 면세는 완전면세 제도이나 영세율은 부분면세 제도이다.
④ 면세사업자는 부가가치세법상 사업자가 아니나 영세율 사업자는 부가가치세법상 사업자이다.

13 다음 중 소득세법상 종합소득과세표준 확정신고 대상자는?

① 공적연금소득과 양도소득이 있는 자
② 퇴직소득과 연말정산대상 근로소득이 있는 자
③ 일용근로소득과 연말정산대상 사업소득이 있는 자
④ 분리과세 이자소득과 사업소득에서 결손금이 발생한 자

14 다음 중 소득세법상 결손금과 이월결손금에 관한 내용으로 틀린 것은?

① 사업소득의 이월결손금은 사업소득 → 근로소득 → 연금소득 → 기타소득 → 이자소득 → 배당소득의 순서로 공제한다.
② 사업소득의 이월결손금은 해당 이월결손금이 발생한 과세기간의 종료일부터 15년 이내에 끝나는 과세기간의 소득금액을 계산할 때 과거에 발생한 과세기간의 이월결손금부터 순서대로 공제한다.
③ 결손금 및 이월결손금을 공제할 때 해당 과세기간에 결손금이 발생하고 이월결손금이 있는 경우에는 결손금을 먼저 소득금액에서 공제한다.
④ 주거용 건물 임대 외의 부동산임대업에서 발생한 이월결손금은 타소득에서 공제할 수 있다.

15 법인세법상 손익귀속시기에 관한 다음의 설명 중 가장 옳지 않은 것은?

① 지급기간이 1년 이하인 단기임대료는 원칙적으로 계약상 지급일을 귀속사업연도로 하나, 기간경과분에 대하여 임대료를 수익으로 계상한 경우에는 이를 익금으로 인정한다.
② 용역제공에 의한 손익 귀속사업연도에서 기업회계기준에 근거하여 인도기준으로 회계처리한 경우 이를 인정한다.
③ 중소기업의 계약기간 1년 미만인 건설의 경우라 하여도 수익과 비용을 각각 그 목적물의 인도일이 속하는 사업연도의 익금과 손금에 산입할 수 없다.
④ 자산을 타인에게 위탁하여 판매하는 경우에는 수탁자가 그 자산을 판매한 날이 속하는 사업연도를 귀속사업연도로 한다.

✦ 실무시험 ✦

※ (주)진산산업(회사코드:1040)은 제조·도소매업을 영위하는 중소기업이며, 당기(제12기) 회계
기간은 2024.1.1. ~ 2024.12.31.이다. 전산세무회계 수험용 프로그램을 이용하여 다음 물음에
답하시오.

─〈 기본전제 〉─

• 문제에서 한국채택국제회계기준을 적용하도록 하는 전제조건이 없는 경우, 일반기업회계기준을 적용
하여 회계처리 한다.
• 문제의 풀이와 답안작성은 제시된 문제의 순서대로 진행한다.

01 다음 거래에 대하여 적절한 회계처리를 하시오. 12점

─〈 입력 시 유의사항 〉─

• 일반적인 적요의 입력은 생략하지만, 타계정 대체거래는 적요 번호를 선택하여 입력한다.
• 세금계산서·계산서 수수 거래 및 채권·채무 관련 거래는 별도의 요구가 없는 한 반드시
기등록된 거래처코드를 선택하는 방법으로 거래처명을 입력한다.
• 제조경비는 500번대 계정코드를, 판매비와관리비는 800번대 계정코드를 사용한다.
• 회계처리 시 계정과목은 등록된 계정과목 중 가장 적절한 과목으로 한다.
• 매입매출전표를 입력하는 경우 입력화면 하단의 분개까지 처리하고, 세금계산서 및 계산서는 전자
여부를 입력하여 반영한다.

[1] 1월 15일 (주)진산산업은 영업부에서 사용할 업무용승용차(2,000cc)를 이용하기 위하여 현
주캐피탈(주)과 리스계약(운용리스)을 체결하고 다음의 전자계산서를 수취하였다.
임차료는 익월 5일, 보통예금에서 지급된다. 3점

전자계산서				승인번호		20240115-15454645-58811886			
공급자	등록번호	123-88-78774	종사업장 번호	공급받는자	등록번호	321-81-00129	종사업장 번호		
	상호 (법인명)	현주캐피탈(주)	성명	박현주		상호 (법인명)	(주)진산산업	성명	오현경
	사업장주소	경기도 성남시 분당구				사업장주소	서울시 마포구 상암동 1605		
	업태	금융업	종목	시설대여업		업태	제조 외	종목	전자제품
	이메일					이메일			
작성일자	공급가액	수정사유			비고				
2024-01-15	700,000원	해당 없음							
월	일	품목	규격	수량	단가	공급가액	비고		
01	15	리스료(123하1234)			700,000원	700,000원			
합계금액	현금	수표	어음	외상미수금	이 금액을 (청구)함				
700,000원				700,000원					

[2] 2월 1일 만기 3년짜리 액면금액 50,000,000원인 사채를 48,000,000원에 할인발행하여 50,000원의 사채발행비를 제외한 금액이 보통예금으로 입금되었다. 3점

[3] 3월 3일 회사는 사용 중이던 차량운반구를 중고차상사인 (주)사랑최고사에 매각하고 전자세금계산서를 발급하였으며 매각대금은 당일 전액 보통예금으로 이체받았다. 결산서상 해당 차량운반구의 내역은 다음과 같다. 3점

• 장부상 취득가액 55,000,000원	• 매각 시 감가상각누계액 40,000,000원

전자세금계산서					승인번호		20240303-15454645-58811886		
공급자	등록번호	321-81-00129	종사업장 번호		공급받는자	등록번호	126-87-10121	종사업장 번호	
	상호(법인명)	(주)진산산업	성명	오현경		상호(법인명)	(주)사랑최고사	성명	이차량
	사업장주소	서울시 마포구 상암동 1605				사업장주소	경기도 이천시 가좌로1번길 21-26		
	업태	제조 외	종목	전자제품		업태	도소매	종목	중고차
	이메일					이메일			

작성일자	공급가액	세액	수정사유	비고
2024-03-03	20,000,000원	2,000,000원	해당 없음	

월	일	품목	규격	수량	단가	공급가액	세액	비고
03	03	10수3325 차량대금		1	20,000,000원	20,000,000원	2,000,000원	

합계금액	현금	수표	어음	외상미수금	이 금액을 (영수)함
22,000,000원	22,000,000원				

[4] 3월 21일 1월 21일에 2개월 후 상환조건으로 (주)최강에 외화로 단기 대여한 $5,000에 대하여 만기가 도래하여 회수한 후 원화로 환전하여 보통예금 계좌에 이체하였다. (대여 시 환율은 $1당 1,800원, 회수 시 환율은 $1당 1,860원이다.) 3점

02 다음 주어진 요구사항에 따라 부가가치세신고서 및 부속서류를 작성하시오. 10점

[1] 다음 자료를 바탕으로 제2기 부가가치세 예정신고기간(2024년 7월 1일~2024년 9월 30일)의 [수출실적명세서](거래처명은 생략) 및 [영세율매출명세서]를 작성하시오. (단, 매입매출전표 입력은 생략한다.) 4점

1. 2024년 기준환율

일자	7월 14일	7월 31일	9월 25일	9월 30일
환율	₩1,250/$	₩1,230/$	₩1,210/$	₩1,200/$

2. 매출 내역
   (1) 수출실적내용

수출신고번호	선적일자	대금결제일	통화	금액
34554-67-7698012	2024년 7월 14일	2024년 7월 31일	USD	$10,000

(2) 기타영세율(국내에서 외국법인에게 공급한 재화에 해당함)

서류명	발급자	발급일자	공급일자	통화	금액
외화입금증명서	신한은행	2024년 9월 30일	2024년 9월 25일	USD	$20,000

[2] 다음 자료는 2024년 제1기 부가가치세 확정신고에 대한 매입 관련 전자세금계산서 내역이다. [공제받지못할매입세액명세서]를 작성하시오. (단, 전표 입력은 생략한다.) **4점**

- 2024년 4월 10일 원재료(공급가액 5,000,000원, 부가가치세 500,000원)를 구입하고 세금계산서를 수취하였다(세금계산서에 공급받는자의 상호가 누락된 점이 발견되었다).
- 2024년 4월 12일 대표이사가 개인적 용도로 사용하기 위하여 승용차(배기량 990cc)를 15,000,000원(부가가치세 별도)에 구입하고 세금계산서를 발급받았다.
- 2024년 4월 20일 거래처에 접대목적으로 제공하기 위하여 접대용 물품을 500,000원(부가가치세 별도)에 구입하고 세금계산서를 발급받았다.
- 2024년 5월 10일 공장용 토지의 취득과 관련하여 지출한 중개수수료 3,000,000원(부가가치세 별도)을 지출하고 세금계산서를 발급받았다.
- 2024년 5월 29일 복리후생목적으로 상품(공급가액 2,000,000원, 부가가치세 200,000원)을 구입하였으나 공급시기에 세금계산서를 수취하지 못하였다. 하지만 2024년 제1기 확정신고기한 이내에 세금계산서를 수취하였다.

[3] 다음의 전산에 입력된 자료를 이용하여 2024년 제2기 확정신고기간의 [부가가치세신고서]를 작성하여 마감하고 국세청 홈택스에 전자신고하시오. **2점**

1. 매출 및 매입자료(아래의 자료 외 다른 매출 및 매입은 없으며, 세액공제는 고려하지 않는다.)
   - 매출전자세금계산서 공급가액 : 90,000,000원(부가가치세 별도)
   - 매입전자세금계산서 공급가액 : 75,000,000원(부가가치세 별도, 일반매입분)
2. 유의사항
   - 부속서류 및 부가가치세신고서는 입력된 자료를 조회하여 사용한다.
   - 마감 및 전자신고 시 오류는 발생하지 않아야 한다.
   - 신고서 마감 → [전자신고] → [국세청 홈택스 전자신고변환(교육용)] 순으로 진행한다.
   - 전자신고용 전자파일 제작 시 신고인 구분은 2.납세자 자진신고로 선택하고, 비밀번호는 "12345678"로 입력한다.
   - 전자신고용 전자파일 저장경로는 로컬디스크(C:)이며, 파일명은 "enc작성연월일.101. v3218100129"이다.
   - 최종적으로 국세청 홈택스에서 [전자파일 제출하기]를 완료한다.

03 다음의 결산정리사항에 대하여 결산정리분개를 하거나 입력을 하여 결산을 완료하시오. **8점**

[1] 다음의 자료를 이용하여 제2기 부가가치세 확정신고기간에 대한 부가세대급금과 부가세예수금을 정리하는 분개를 입력하시오. (납부세액은 미지급세금으로 계상하고 환급세액은 미수금으로 계상하되, 거래처는 입력하지 말 것) **2점**

> • 부가세대급금 : 7,500,000원　　　　　• 부가세예수금 : 9,000,000원

[2] 2024년 7월 1일 50,000,000원을 차입하고 연 10%의 이자율로 이자를 지급하기로 하였다. 이자는 1년이 되는 날에 지급하기로 하여 2024년 12월 31일 현재 미지급하였다. (단, 이자비용은 월할 계산할 것) **2점**

[3] 보유 중인 매도가능증권의 자료는 다음과 같다. 결산일의 필요한 회계처리를 하시오. **2점**

> 1. 매도가능증권 취득내역
>   • 취득일 및 취득한 주식수 : 2024년 12월 1일, 300주
>   • 취득가액(주당) : 30,000원
>   • 취득 시 직접 관련된 거래원가 : 주당 1,000원
> 2. 결산일 현재 공정가치(주당) : 32,000원
> 3. 회사는 매도가능증권 취득 시 일반기업회계기준에 따라 취득원가를 계상하였다.

[4] 당사는 9월 1일 제조공장에서 사용할 기계장치(120,000,000원)를 취득하였는데 취득 시 국고보조금 40,000,000원을 수령하였다. 해당 기계장치는 정액법(내용연수 5년, 잔존가치 없음)으로 월할 상각한다. (단, 기계장치는 10월 2일부터 사용이 개시되었다.) **2점**

04 원천징수와 관련된 다음의 물음에 답하시오. **10점**

[1] 당회사는 2024년 9월 귀속, 10월 지급의 원천징수 신고를 11월 10일에 수행하였다. 다만, 회계담당자의 실수로 인하여 11월 20일에 다음의 사업소득자료가 누락된 것을 발견하였다. 누락된 사업소득자료를 [원천징수이행상황신고서]에 입력하고, 원천징수 관련 가산세를 반영하여 2024년 9월 귀속, 10월 지급 [원천징수이행상황신고서]를 작성하시오. (단, 수정신고서를 작성하며 수정차수는 1차이고 추가납부세액은 11월 30일에 신고·납부하는 것으로 한다.) **3점**

> 1. 정기급여신고 자료
>
> | 인원 | 총급여 | 징수세액 |
> |---|---|---|
> | 6 | 30,000,000원 | 2,632,350원 |

2. 중간퇴사자 자료

인원	총급여	징수세액
1	5,000,000원	△880,000원

3. 사업소득 자료(귀속연월일 9월 30일)

코드	성명	지급일	주민등록번호	지급액	내용	소득구분코드
100	김미영	2024.10.31	790101−1234567	3,000,000원	강사료	940903

[2] 다음의 자료와 유의사항을 토대로 이준혁(사번 : 16)의 연말정산과 관련된 자료를 [연말정산 추가자료입력] 메뉴에 입력하시오. **7점**

1. 부양가족 현황

성명	관계	연령(만)	비고
이준혁	본인	47세	세대주, 총급여액 7,500만원
이혁진	아버지	74세	총급여액 500만원
최민순	어머니	67세	장애인복지법상 장애인
장미정	배우자	43세	소득 없음
이미숙	여동생	35세	소득 없음
이시연	자녀	15세	중학생, 소득 없음
이채연	자녀	7세	취학전아동, 소득 없음

2. 연말정산 관련 자료

항목	내용
보험료	• 본인 : 보장성보험료 60만원 • 자녀(이시연) : 상해보험료 100만원
의료비	• 어머니 : 보청기 구입비 150만원, 질병 치료 목적 한약구입비 30만원 • 배우자 : 질병치료비 100만원(실손의료보험금 40만원을 지급받음) ※ 의료비 지출액은 모두 국세청 홈택스에서 조회한 금액이다.
교육비	• 자녀(이시연) : 방과후학교 수업비 70만원, 교복구입비용 60만원 • 자녀(이채연) : 유치원 수업료 250만원, 합기도장 수업료(월 단위 실시, 1주 5일 수업) 30만원
기부금	본인 : 정치자금기부금 10만원
월세	• 임대인 : 김정순(530820−2045891) • 임차인 : 이준혁 • 임대차계약서상 주소지(주민등록표 등본의 주소지) : 서울시 서초구 서초로 45 • 임대차계약 기간 : 2023.06.01. ~ 2025.05.31 • 매월 월세액 : 100만원(2024년 총 지급액 1,200만원) • 주택유형 : 단독주택 • 주택계약면적 : 84.56㎡

신용카드 등 사용액	• 신용카드 : 2,500만원(전통시장사용분 100만원 및 회사경비로 처리한 150만원 포함) • 현금영수증 : 중고자동차 구입비 1,400만원, 합기도장 수업료 30만원(위 자녀 이채연의 교육비 지출액임) • 위 신용카드 등 사용액은 모두 본인이 지출한 것임

3. 유의사항
   • 부양가족의 소득·세액공제 내용 중 이준혁이 공제받을 수 있는 내역은 모두 이준혁이 공제받는 것으로 한다.

05 장수기업(주)(회사코드:1041)은 금속제품을 생산하고 제조·도매업을 영위하는 중소기업이며, 당해 사업연도(제14기)는 2024.1.1.~ 2024.12.31.이다. [법인조정] 메뉴를 이용하여 기장되어 있는 재무회계 장부 자료와 제시된 보충자료에 의하여 해당 사업연도의 세무조정을 하시오. **30점** ※ 회사 선택 시 유의하시오.

〈 작성대상서식 〉

1. 기업업무추진비조정명세서
2. 미상각자산감가상각조정명세서, 감가상각비조정명세서합계표
3. 외화자산등평가차손익조정명세서
4. 소득금액조정합계표
5. 기부금조정명세서

[1] 아래의 내용을 바탕으로 당사의 [기업업무추진비조정명세서]를 작성하고, 필요한 세무조정을 하시오. (단, 세무조정은 각 건별로 행하는 것으로 한다.) **6점**

1. 손익계산서상 매출액과 영업외수익은 아래와 같다.

구분	매출액	특이사항
제품매출	2,000,000,000원	
상품매출	1,202,000,000원	특수관계자에 대한 매출액 100,000,000원 포함
영업외수익	50,000,000원	부산물 매출액
합계	3,252,000,000원	

2. 손익계산서상 기업업무추진비(판) 계정의 내역은 아래와 같다.

구분	금액	비고
상무이사 개인경비	1,000,000원	현금 지출분
법인신용카드 사용분	45,000,000원	전액 3만원 초과분
법정증빙서류 없는 기업업무추진비	500,000원	간이영수증 수취 1건
합계	46,500,000원	

3. 한편 당사는 자사 상품(원가 1,000,000원, 시가 1,500,000원)을 거래처에 사업상 증정하고 아래와 같이 회계처리하였다.

(차) 광고선전비(판)　　　　1,150,000원　　　　(대) 제품　　　　　　　　1,000,000원

부가세예수금　　　　　　 150,000원

[2] 다음의 고정자산에 대하여 감가상각비조정에서 [고정자산등록], [미상각자산감가상각조정명세서] 및 [감가상각비조정명세서합계표]를 작성하고 세무조정을 하시오. 6점

구분	코드	자산명	취득일	취득가액	전기말 감가상각누계액	회사계상 상각비	구분	업종
건물	101	공장 건물	2021. 03.20.	400,000,000원	27,500,000원	8,000,000원	제조	연와조
기계 장치	102	절단기	2022. 07.01.	30,000,000원	20,000,000원	5,000,000원	제조	제조업

• 회사는 감가상각방법을 무신고하였다.
• 회사가 신고한 내용연수는 건물(연와조) 40년, 기계장치 5년이며, 이는 세법에서 정하는 범위 내의 기간이다.
• 회사는 공장건물의 승강기 설치비용(자본적지출) 30,000,000원을 당기 수선비로 회계처리하였다.
• 기계장치(절단기)의 전기말 상각부인액은 5,000,000원이다.

[3] 다음 자료를 토대로 [외화자산등평가차손익조정명세서(갑),(을)]를 작성하고, 관련 세무조정을 [소득금액합계표]에 반영하시오. 6점

1. 외화예금	2. 외화차입금
• 발생일자 : 2024년 07월 10일	• 발생일자 : 2024년 09월 17일
• 외화종류 : USD	• 외화종류 : USD
• 외화금액 : $12,000	• 외화금액 : $7,500
• 발생 시 적용환율 : $1=1,800원	• 발생 시 적용환율 : $1=1,890원
• 사업연도 종료일 매매기준율 : $1=1,960원	• 사업연도 종료일 매매기준율 : $1=1,960원

1. 2024년 결산 회계처리 시 외화자산과 외화부채에 대한 평가를 하지 않았다.
2. 법인세 신고 시 외화자산 및 외화부채의 평가에 적용되는 환율은 사업연도 종료일의 매매기준율로 신고되어 있다.
3. 당기 화폐성 외화자산과 외화부채는 위의 자료뿐이다.
4. 세무조정은 각 자산 및 부채별로 한다.

[4] 다음의 자료를 이용하여 각 세무조정사항을 [소득금액조정합계표]에 반영하시오. 6점

계정과목	금액	비고
임차료	12,600,000원	업무용승용차(렌트차량)에 대한 감가상각비상당액 : 12,600,000원 업무용승용차 감가상각비 한도액 : 8,000,000원
매도가능증권 평가손실	3,000,000원	기말 현재 자본에 계상되어 있다.
법인세비용	7,200,000원	당기 손익계산서상에는 법인세 및 법인분지방소득세 합계금액 7,200,000원이 계상되어 있다.
세금과공과금	72,000원	부가가치세 납부지연가산세가 계상되었다.
선급비용	1,200,000원	2024년 12월 1일 선불로 지급한 1년분(2024.12.01.~2025.11.30.) 사무실 임차료 총액이며, 전액 선급비용으로 계상하였다.

[5] 다음은 장수기업(주)의 기부금과 관련된 자료이다. 다음 자료를 보고 [기부금조정명세서]를 작성하고 필요한 세무조정을 하시오. (단, 기존 자료는 무시하고 주어진 자료만을 이용하도록 한다.) 6점

1. 손익계산서상 기부금 내역
   - 03월 20일 천재지변으로 피해를 입은 이재민 구호금 4,000,000원
   - 05월 08일 어버이날을 맞아 인근 아파트 경로당 후원 2,000,000원
   - 10월 10일 교회 건물신축을 위하여 교회에 당사가 발행하여 지급한 약속어음(만기 2025년 1월) 10,000,000원
   - 11월 11일 사회복지사업법에 따른 사회복지법인에 지급한 고유목적사업비 7,500,000원
2. 손익계산서상 당기순이익은 45,000,000원이다.
3. 기부금 세무조정 전 손금불산입액은 1,800,000원이며, 손금산입액은 0원이다.

03 | 전산세무 1급 105회 기출문제 (이론 + 실무)

┄ 이론시험 ┄

※ 다음 문제를 보고 알맞은 것을 골라 이론문제 답안작성 메뉴에 입력하시오.
(객관식 문항당 2점)

───〈 기본전제 〉───

문제에서 한국채택국제회계기준을 적용하도록 하는 전제조건이 없는 경우, 일반기업회계기준을 적용한다.

01 다음 중 재무회계 개념체계에 대한 설명으로 가장 틀린 것은?

① 개념체계와 일반기업회계기준이 상충될 경우에는 일반기업회계기준이 개념체계보다 우선한다.
② 회계정보의 질적특성 중 신뢰성은 예측역할과 관련이 있다.
③ 회계정보의 질적특성 중 목적적합성은 적시성과 관련이 있다.
④ 재무제표의 기본가정 중 하나는 계속기업의 가정이다.

02 유형자산 취득 후의 지출액은 자산(자본적지출) 또는 비용(수익적지출)으로 인식될 수 있다. 다음 중 가장 틀린 설명은?

① 자본적지출이란 내용연수의 연장 등 자산의 가치를 증대시키는 지출액을 말한다.
② 상가 건물 취득 후 지출된 벽면 도색을 위한 지출액은 수익적지출에 해당한다.
③ 자본적지출을 수익적지출로 처리한 경우 당기순이익은 과대계상된다.
④ 수익적지출을 자본적지출로 처리한 경우 자본은 과대계상된다.

03 다음 중 일반기업회계기준에 따른 충당부채에 대한 설명으로 옳지 않은 것은?

① 과거 사건이나 거래의 결과에 따른 현재의무가 존재하여야 한다.
② 충당부채의 명목금액과 현재가치의 차이가 중요한 경우에는 현재가치로 평가한다.
③ 충당부채는 보고기간 말 현재 최선의 추정치를 반영하여 증감 조정한다.
④ 충당부채와 관련된 내용은 주석에 기재하지 않는다.

04 기계장치에 대한 자료가 다음과 같을 때 2024년 감가상각비로 계상하여야 할 금액은 얼마인가?

- 기계장치 취득원가 : 1,000,000원
- 취득일자 : 2023년 7월 1일
- 상각방법 : 정액법
- 정부보조금 수령액 : 300,000원
- 내용연수 : 5년
- 잔존가치 : 없음
- 기계장치 취득과 관련하여 정부보조금을 수령하고, 이를 자산차감법으로 인식함

① 70,000원　　② 100,000원
③ 140,000원　　④ 200,000원

05 다음 중 회계변경에 관한 설명으로 틀린 것은?

① 일반기업회계기준에서 회계정책의 변경을 요구하는 경우 회계정책을 변경할 수 있다.
② 회계추정을 변경한 경우에는 변경내용, 그 정당성 및 그 변경이 당기 재무제표에 미치는 영향을 주석으로 기재한다.
③ 매기 동일한 회계정책 또는 회계추정을 사용하면 비교가능성이 증대되어 재무제표의 유용성이 향상된다.
④ 회계추정의 변경은 소급하여 적용하며, 전기 또는 그 이전의 재무제표를 비교목적으로 공시할 경우에는 소급적용에 따른 수정사항을 반영하여 재작성한다.

06 다음 중 원가에 대한 설명으로 맞는 것은?

① 가공원가란 직접재료원가를 제외한 모든 원가를 말한다.
② 특정 제품 또는 특정 부문에 직접적으로 추적가능한 원가를 간접비라 한다
③ 변동원가 총액은 조업도에 비례하여 감소한다.
④ 직접재료원가와 직접노무원가는 가공원가에 해당한다.

07 다음의 자료를 이용하여 직접재료원가와 직접노무원가를 구하시오.

- 기초 제품 재고액 : 2,000,000원
- 기초 재공품 원가 : 2,500,000원
- 가공원가 : 직접재료원가의 150%
- 매출원가 : 3,000,000원
- 기말 제품 재고액 : 3,000,000원
- 기말 재공품 원가 : 1,000,000원
- 제조간접원가 : 직접노무원가의 200%

	직접재료원가	직접노무원가
①	500,000원	1,000,000원
②	800,000원	1,600,000원
③	1,000,000원	500,000원
④	1,600,000원	800,000원

08 다음 중 결합원가계산에 대한 설명으로 틀린 것은?

① 부산물 회계처리에서 생산기준법은 부산물을 생산하는 시점에 부산물을 인식하나, 판매기준법은 부산물을 판매하는 시점에 부산물을 인식한다.

② 순실현가치법에서 배분 대상이 되는 원가는 분리점에 도달하는 시점까지 발생한 결합원가뿐만 아니라 분리점 이후에 발생한 추가가공원가도 포함된다.

③ 판매가치기준법은 연산품의 분리점에서의 판매가치를 기준으로 결합원가를 배분하는 방법이다.

④ 균등매출총이익률법은 모든 개별제품의 매출총이익률이 같아지도록 결합원가를 배분하는 방법이다.

09 보조부문의 원가를 단계배분법에 따라 제조부문에 배분할 때 조립부문에 배분될 보조부문의 원가는 얼마인가? (단, 동력부문의 원가를 먼저 배분한다.)

소비부문 제공부문	보조부문		제조부문	
	동력부문	수선부문	절단부문	조립부문
배분 전 원가	200,000원	120,000원	350,000원	400,000원
동력부문		20%	50%	30%
수선부문	60%		10%	30%

① 90,000원   ② 96,000원
③ 120,000원   ④ 180,000원

10 다음 중 표준원가계산과 관련된 설명으로 가장 거리가 먼 것은?

① 표준원가계산제도를 채택하면 실제원가와는 관계없이 언제나 표준원가로 계산된 재고자산이 재무제표에 보고된다.

② 표준원가계산은 예산과 실제원가를 기초로 차이를 분석하여 예외에 의한 관리를 통해 효율적인 원가통제가 가능하다.

③ 제품의 완성량만 파악하면 표준원가를 산출할 수 있으므로 신속하게 원가정보를 제공할 수 있다.

④ 직접재료원가가격차이를 원재료 구입시점에서 분리하든 사용시점에서 분리하든 직접재료원가능률차이에는 영향을 주지 않는다.

11 다음 중 부가가치세법상 의제매입세액공제에 대한 설명으로 가장 옳지 않은 것은?

① 면세농산물 등을 공급받은 날이 속하는 예정신고 또는 확정신고 시 매출세액에서 공제한다.

② 예정신고 시에는 공제 한도 계산 없이 매입세액공제가 가능하다.

③ 간이과세자는 2021년 7월 1일 이후 공급받는 분부터 의제매입세액공제를 받을 수 없다.

④ 공제대상이 되는 원재료의 매입가액은 운임 등 취득부대비용을 포함한다.

12 다음 중 부가가치세법상 공제되는 매입세액이 아닌 것은?

① 사업자등록을 신청하기 전 매입세액으로서 대표자주민등록번호를 적은 세금계산서도 발급받지 아니한 경우 당해 매입세액

② 매입처별세금계산서합계표를 경정청구나 결정 시에 제출하는 경우 당해 매입세액

③ 예정신고 시 매입처별 세금계산서합계표를 제출하지 못하여 해당 예정신고기간이 속하는 과세기간의 확정신고 시에 제출하는 경우 당해 매입세액

④ 공급시기 이후에 발급하는 세금계산서로서 해당 공급시기가 속하는 과세기간에 대한 확정신고기한 경과 전 발급받은 경우 당해 매입세액

13 다음 중 소득세법상 공동사업장에 대한 소득금액 계산과 관련한 설명으로 옳지 않은 것은?

① 사업소득이 있는 거주자의 공동사업장에 대한 소득금액 계산에 있어서는 그 공동사업장을 1거주자로 본다.

② 대표공동사업자는 당해 공동사업장에서 발생하는 소득금액과 가산세액 및 원천징수된 세액의 각 공동사업자별 분배명세서를 제출하여야 한다.

③ 중소기업이 아닌 경우 기업업무추진비 한도액은 연간 12,000,000원에 공동사업자 구성원 수를 곱하여 계산된 금액을 한도로 한다.

④ 공동사업장에 관련되는 가산세는 각 공동사업자의 약정된 손익분배비율에 의해 배분한다.

14 다음 중 근로소득만 있는 거주자로서 연말정산 시 산출세액에서 공제하는 세액공제에 대한 설명으로 틀린 것은?

① 의료비세액공제는 지출된 의료비가 총급여액의 3%를 초과하는 경우에만 공제한다.

② 자녀세액공제는 특별세액공제에 해당하여 표준세액공제와 중복적용될 수 없다.

③ 근로자 본인을 위하여 지출된 교육비로서 학자금대출원리금상환액에 대해서도 교육비 세액공제를 적용한다.

④ 월세액세액공제를 적용받으면 표준세액공제가 적용되지 않는다.

15 다음 중 법인세법상 결산조정과 신고조정에 대한 설명으로 틀린 것은?

① 결산조정항목은 원칙적으로 결산서상 비용으로 계상하여야 손금 인정이 가능하다.

② 결산조정은 손금의 귀속시기를 선택할 수 없으나 신고조정은 손금의 귀속시기를 선택할 수 있다.

③ 퇴직연금충당금은 결산조정 및 신고조정이 가능하다.

④ 결산조정항목은 대부분 추정경비이나 신고조정항목은 대부분 지출경비이다.

✦ 실무시험 ✦

※ (주)서희전자(회사코드:1050)은 제조·도소매업을 영위하는 중소기업이며, 당기(제11기) 회계기간은 2024.1.1.~2024.12.31.이다. 전산세무회계 수험용 프로그램을 이용하여 다음 물음에 답하시오.

─〈 기본전제 〉─

• 문제에서 한국채택국제회계기준을 적용하도록 하는 전제조건이 없는 경우, 일반기업회계기준을 적용하여 회계처리 한다.
• 문제의 풀이와 답안작성은 제시된 문제의 순서대로 진행한다.

01 다음 거래에 대하여 적절한 회계처리를 하시오. 12점

─〈 입력 시 유의사항 〉─

• 일반적인 적요의 입력은 생략하지만, 타계정 대체거래는 적요 번호를 선택하여 입력한다.
• 세금계산서·계산서 수수 거래 및 채권·채무 관련 거래는 별도의 요구가 없는 한 반드시 기등록된 거래처코드를 선택하는 방법으로 거래처명을 입력한다.
• 제조경비는 500번대 계정코드를, 판매비와관리비는 800번대 계정코드를 사용한다.
• 회계처리 시 계정과목은 등록된 계정과목 중 가장 적절한 과목으로 한다.
• 매입매출전표를 입력하는 경우 입력화면 하단의 분개까지 처리하고, 세금계산서 및 계산서는 전자 여부를 입력하여 반영한다.

[1] 8월 25일 당사는 제품인 컴퓨터를 (주)성희에게 납품하고 총 대금 11,000,000원 중 5,000,000원을 보통예금으로 수령하였으며, 나머지 금액은 한 달 후에 수령하기로 하고 아래와 같은 전자세금계산서를 발급하였다. 3점

전자세금계산서						승인번호		20240825-15454645-58811886		
공급자	등록번호	105-81-23608	종사업장 번호		공급받는자	등록번호	126-87-10121	종사업장 번호		
	상호(법인명)	(주)서희전자	성명	최서희		상호(법인명)	(주)성희	성명	하민우	
	사업장주소	서울특별시 동작구 여의대방로 28				사업장주소	경기도 이천시 가좌로1번길 21-26			
	업태	제조	종목	전자제품		업태	도소매	종목	전자제품	
	이메일					이메일				
작성일자		공급가액		세액		수정사유		비고		
2024-08-25		10,000,000원		1,000,000원		해당 없음				
월	일	품목	규격	수량	단가		공급가액	세액		비고
8	25	전자제품		20	500,000원		10,000,000원	1,000,000원		

[2] 8월 31일 단기매매목적으로 보유 중인 주식회사 최강의 주식(장부가액 15,000,000원)을 전부 20,000,000원에 매각하였다. 주식처분 관련 비용 15,000원을 차감한 잔액이 보통예금 계좌로 입금되었다. **3점**

[3] 9월 30일 당사는 미국의 Amazon.com사에 제품을 직수출(FOB 조건 수출)하였다. 총 매출대금은 $40,000로, 9월 15일 계약금 $4,000를 외화로 수령하고, 선적일인 9월 30일에 계약금을 제외한 잔금을 보통예금 외화계좌로 수령하였다. (단, 수출신고번호는 고려하지 말 것) **3점**

• 9월 15일 기준환율 : 1,000원/$	• 9월 30일 기준환율 : 1,200원/$

[4] 10월 12일 당사가 발행한 사채(액면가액 : 100,000,000원)의 70%를 상환하였으며, 상환대금 60,000,000원은 보통예금으로 지급하였다. (단, 상환일 현재 사채할증발행차금 잔액은 5,000,000원이다.) **3점**

02 다음 주어진 요구사항에 따라 부가가치세신고서 및 부속서류를 작성하시오. **10점**

[1] 다음의 자료를 이용하여 (주)서희전자의 제1기 확정 부가가치세 수정신고서를 작성하시오. 단, 법정신고 및 납부기한은 2024년 7월 25일이며, 2024년 8월 4일에 수정신고(1차) 및 납부하고자 한다. **6점**

1. 제1기 확정 부가가치세신고서(정기신고하였으며, 납부세액은 기한 내 납부하였다.)
   • 전자세금계산서 발급 매출액 : 공급가액 100,000,000원, 세액 10,000,000원
   • 전자세금계산서 수취 매입액(일반매입) : 공급가액 50,000,000원, 세액 5,000,000원
2. 정기신고 시 누락된 자료(아래의 증빙자료는 법정기한 내 발급 및 수취하였다.)
   • 종이세금계산서 발급 매출액 : 공급가액 20,000,000원, 세액 2,000,000원
   • 종이세금계산서 수취 매입액(고정자산매입) : 공급가액 2,000,000원, 세액 200,000원
   • 법인카드 사용 매입액(일반매입) : 5,500,000원(부가가치세 포함)
     – 법인카드 사용액은 전액 사업 관련성이 있으며, 거래처와 식사한 금액 220,000원(부가가치세 포함)이 포함되어 있다.
3. 누락된 매출액은 부당하게 누락된 것이 아니다.

[2] 다음 자료를 보고 2024년 제2기 부가가치세 확정신고 시 납부세액(환급세액)재계산을 위한
[공제받지못할매입세액명세서]를 작성하시오. 4점

1. 과세사업과 면세사업에 공통으로 사용되는 자산의 구입내역

계정과목	취득일자	공급가액	부가가치세	비고
토지	2022.01.01.	300,000,000원	–	
건물	2022.01.01.	200,000,000원	20,000,000원	
기계장치	2023.05.01.	50,000,000원	5,000,000원	
비품	2022.10.05.	8,000,000원	800,000원	

2. 2023년 및 2024년의 공급가액 내역
(2023년 및 2024년 제1기까지 납부세액 재계산은 올바르게 신고되었다.)

구분	2023년 제2기	2024년 제1기	2024년 제2기
과세사업	200,000,000원	–	400,000,000원
면세사업	300,000,000원	400,000,000원	600,000,000원

03 다음의 결산정리사항에 대하여 결산정리분개를 하거나 입력을 하여 결산을 완료하시오. 8점

[1] 당사는 10월 1일 회계부서 직원에 대하여 확정급여형(DB) 퇴직연금에 가입하였으며 20,000,000원을 운용한 결과 6%(연 이자율)의 이자수익이 발생하였고, 12월 31일에 3개월분의 이자수익이 입금되었다. (단, 이자수익은 월할계산할 것) 2점

[2] 장부의 외상매출금 계정에는 해외 거래처인 Gigs와의 거래로 인한 외화외상매출금 $10,000 (거래일 당시 기준환율 ₩1,200/$)가 포함되어 있다. 결산일 현재 필요한 회계처리를 하시오. (단, 결산일 현재 기준환율은 ₩1,250/$이다.) 2점

[3] 12월 31일 결산 마감 전 개발비(무형자산) 잔액이 12,000,000원이 있으며, 해당 무형자산은 2024년 7월 31일에 취득하여 사용하고 있는 것이다. (단, 회사는 무형자산에 대하여 5년간 월할 균등상각하며, 상각기간 계산 시 1월 미만의 기간은 1월로 한다.) 2점

[4] 다음의 재고자산 자료를 결산시점에 필요에 따라 [일반전표입력] 메뉴와 [결산자료입력] 메뉴에 반영하시오. 2점

구분	장부상			단위당 시가	실사 후 수량
	수량	단가	합계		
제품	10,000개	1,000원	10,000,000원	1,300원	9,800개

※ 장부상 수량과 실사 후 수량의 차이 중 40%만 정상적인 것이다.

04 원천징수와 관련된 다음의 물음에 답하시오. `10점`

[1] 아래의 자료를 바탕으로 회계팀 과장인 윤서준(사번 : 101번, 주민등록번호 : 900630 − 1123456, 입사일 : 2024.1.5.)을 ①[사원등록]하고, 필요한 ②[수당공제등록]을 하여 ③ 2024년 7월분 [급여자료입력]과 ④2024년 7월분 [원천징수이행상황신고서]를 작성하시오. 한편 윤서준은 중소기업취업자소득세감면 적용 대상자로서 최초로 소득세 감면 신청을 하였으며, 매월 급여입력에 반영하는 것으로 가정한다. `6점`

1. 7월분 급여자료(급여지급일 : 7월 25일)

급여항목		공제항목	
기본급	4,500,000원	국민연금	202,500원
자가운전보조금	300,000원	건강보험료	157,270원
식대	200,000원	장기요양보험료	19,710원
국외근로수당	1,000,000원	고용보험료	41,400원

2. 부양가족 사항

관계	이름	주민등록번호	소득현황
배우자	이윤아	911212−2451113	별도의 소득금액 없음
자녀	윤아준	210301−3021417	

3. 추가 자료
   - 수당등록 시 사용하지 않는 항목은 '부'로 표시하고, 월정액 여부와 통상임금 여부는 무시한다.
   - 자가운전보조금은 본인 소유 차량을 업무에 사용하는 것에 대한 보조금이다(별도 여비 미지급).
   - 회사는 매월 정액 식대를 지급하고 있으며 별도의 현물식사는 제공하지 않는다.
   - 국외근로수당은 중국에 소재한 지점으로 발령받아 근무함으로써 발생한 근로소득이다.
   - 국민연금, 건강보험료, 고용보험료 등은 등급표를 적용하지 않고, 상기 자료를 적용한다.
   - 소득세 및 지방소득세는 자동계산된 자료를 사용한다(소득세 적용률 100% 적용).

[2] 다음은 중간배당에 대한 원천징수 관련 자료이다. 다음 자료를 이용하여 [이자배당소득자료입력]을 하시오. `2점`

1. 배당소득자 관련 정보
   - 성명 : 김세무(코드 : 101, 국적 : 대한민국, 거주자)
   - 주민등록번호 : 801111−1012342
   - 1주당 배당금 : 1,000원
   - 소유 주식 수 : 5,000주
2. 2024년 9월 1일 이사회의 결의로 중간배당을 결의하고, 즉시 배당금을 현금으로 지급함.
3. 주어진 자료 이외의 자료입력은 생략함.

[3] 전산에 입력된 다음의 자료를 이용하여 [원천징수이행상황신고서]를 작성 및 마감하고 국세청 홈택스에 전자신고를 하시오. **2점**

1. 소득자료

귀속월	지급월	소득구분	신고코드	인원	총지급액	소득세	비고
10월	11월	기타소득	A42	3명	6,000,000원	1,200,000원	매월신고, 정기신고

- 전월로부터 이월된 미환급세액 300,000원을 충당하기로 한다.

2. 유의사항
- 전자신고용 전자파일 제작 시 신고인 구분은 2.납세자 자진신고를 선택하고, 비밀번호는 자유롭게 설정한다.

05 덕산기업(주)(회사코드:1051)은 안전유리 등을 생산하고 제조·도매업 및 도급공사업을 영위하는 중소기업이며, 당해 사업연도(제14기)는 2024.1.1.~2024.12.31.이다. [법인조정] 메뉴를 이용하여 기장되어 있는 재무회계 장부 자료와 제시된 보충자료에 의하여 해당 사업연도의 세무조정을 하시오. **30점** ※ 회사 선택 시 유의하시오.

─────〈 작성대상서식 〉─────

1. 수입금액조정명세서, 조정후수입금액명세서
2. 선급비용명세서
3. 대손충당금 및 대손금조정명세서
4. 업무무관부동산등에관련한차입금이자조정명세서
5. 업무용승용차관련비용명세서

[1] 다음 자료를 이용하여 [수입금액조정명세서] 및 [조정후수입금액명세서]를 작성하고, 필요한 세무조정을 하시오. **6점**

1. 손익계산서상 수입금액은 다음과 같다.

구분	계정과목	기준경비율코드	결산서상 수입금액
1	제품매출	261004	2,500,800,000원
2	공사수입금	452122	178,200,000원
	계		2,679,000,000원

2. 손익계산서상 공사수입금액에는 다음과 같이 작업진행률에 의해 가산되어야 하는 공사수입금액이 누락되었다.

> • 공사명 : 제주도지하철공사
> • 도급자 : 제주도도지사
> • 도급금액 : 200,000,000원
> • 총 공사예정비 : 100,000,000원
> • 해당연도 말 총공사비 누적액 : 80,000,000원
> • 전기말 누적수입계상액 : 150,000,000원

3. 기말 결산 시 제품판매누락(공급가액 2,200,000원, 원가 2,000,000원)이 있었으나, 손익계산서에는 반영하지 못하였다(부가가치세 수정신고는 적정하게 처리함).

4. 부가가치세법상 과세표준 내역

구분	금액	비고
제품매출	2,510,000,000원	사업상증여 시가 7,000,000원 포함 (매입세액공제를 정상적으로 받은 제품임)
공사수입금	178,200,000원	–
계	2,688,200,000원	–

[2] 다음의 자료를 이용하여 [선급비용명세서]를 작성하고, 관련된 세무조정을 [소득금액조정합계표및명세서]에 반영하시오. (단, 세무조정은 각 건별로 행하는 것으로 한다.) **6점**

1. 전기 자본금과적립금조정명세서(을)

사업연도	2023.01.01. ~ 2023.12.31.	자본금과적립금조정명세서(을)		법인명	덕산기업(주)
		세무조정유보소득계산			
① 과목 또는 사항	② 기초잔액	③ 감소	④ 증가	⑤ 기말잔액	비고
선급비용	–	–	500,000원	500,000원	–

※ 전기분 선급비용 500,000원이 당기에 보험기간의 만기가 도래하였다.

2. 당기 화재보험료 내역

구분	보험기간	납부금액	거래처	선급비용 계상액
본사	2024.07.01.~2025.06.30.	60,000,000원	(주)한화보험	–
공장	2024.09.01.~2025.08.31.	90,000,000원	(주)삼성보험	15,000,000원

[3] 다음 자료를 이용하여 [대손충당금 및 대손금조정명세서]를 작성하고 필요한 세무조정을 하시오. 단, 대손설정률은 1%로 가정한다. **6점**

1. 당해연도 대손충당금 변동내역

내역	금액	비고
전기이월 대손충당금	15,000,000원	전기대손충당금한도초과액 : 6,000,000원
회수불가능 외상매출금 상계 대손충당금	2,000,000원	8월 16일 상계 처리하였으며, 이는 상법에 따른 소멸시효가 완성된 채권이다.
당기 설정 대손충당금	4,500,000원	
기말 대손충당금 잔액	17,500,000원	

2. 채권 잔액으로 당기말 외상매출금 잔액은 300,000,000원, 당기말 미수금 잔액은 25,000,000원이다.

3. 전기 이전에 대손처리한 외상매출금에 대한 대손 요건 미충족으로 인한 유보금액 잔액이 전기 자본금과적립금조정명세서(을)에 7,000,000원이 남아있으며, 이는 아직 대손 요건을 충족하지 않는다.

[4] 아래의 자료를 바탕으로 [업무무관부동산등에관련한차입금이자조정명세서]를 작성하고, 필요한 세무조정을 하시오. **6점**

1. 재무상태표 내역
   • 자산총계 : 1,000,000,000원
   • 부채총계 : 300,000,000원
   • 납입자본금 : 100,000,000원

2. 손익계산서상 이자비용(당기에 상환된 차입금은 없다.)

이자율	이자비용	차입일	비고
8%	10,000,000원	2023.07.01.	국민은행이자
12%	15,000,000원	2023.06.13.	건설자금이자(현재 진행 중인 공장건설공사를 위한 이자비용)
10%	20,000,000원	2022.01.01.	금융어음할인료
4%	40,000,000원	2024.01.01.	신한은행이자
6%	30,000,000원	2024.01.01.	채권자 불분명사채이자(원천징수는 없는 것으로 가정한다.)

3. 대표이사 김세무의 가지급금 관련 자료
   • 2023년 10월 1일 대표이사 김세무의 개인 주택 구입 목적으로 600,000,000원을 대여하였다.
   • 대표이사 김세무의 전기이월 가수금은 100,000,000원이다.
   • 해당 가지급금 및 가수금은 상환기간 및 이자율 등에 관한 약정이 없다.

4. 업무무관부동산 내역 (결산일 말 현재 보유 중인 부동산)
   • 2023년 11월 10일 회사는 업무와 관련없이 토지를 300,000,000원에 취득하고, 해당 토지의 취득세 50,000,000원을 세금과공과로 당기비용 처리하였으며, 이에 대한 세무조정은 적정하게 반영되었다.

[5] 다음은 덕산기업(주)의 법인차량 관련 자료이다. 아래의 차량은 모두 영업관리부에서 업무용으로 사용 중이며 임직원전용보험에 가입하였다. 다음 자료를 이용하여 [업무용승용차등록] 및 [업무용승용차관련비용명세서]를 작성하고 관련 세무조정을 하시오. (단, 당사는 부동산임대업을 영위하지 않는다.) **6점**

[27로2727] 소나타 (자가)
• 코드 : 101
• 취득일 : 2023년 5월 1일
• 취득가액 : 34,000,000원(부가가치세 포함)   • 감가상각비 : 6,800,000원
• 유류비 : 2,000,000원(부가가치세 포함)   • 자동차세 : 520,000원
• 보험료 : 1,400,000원(2025년 01월~04월 보험료 400,000원이 포함되어 있다.)
• 보험기간 : 2023.05.01.~2024.04.30.와 2024.05.01.~2025.04.30.
• 2024년 운행일지 : 미작성

[38호2929] 제네시스 (렌트)
• 코드 : 102
• 임차일 : 2024년 09월 01일   • 월 렌트료 : 1,320,000원(부가가치세 포함)
• 렌트기간 : 2024.09.01.~2026.08.30.   • 유류비 : 2,200,000원(부가가치세 포함)
• 보험기간 : 2024.09.01.~2025.08.30.
• 2024년 운행일지 : 10,000㎞(업무용 사용거리 9,000㎞)

04 | 전산세무 1급 106회 기출문제 (이론 + 실무)

✦ 이론시험 ✦

※ 다음 문제를 보고 알맞은 것을 골라 [이론문제 답안작성] 메뉴에 입력하시오.
(객관식 문항당 2점)

⟨ 기본전제 ⟩

문제에서 한국채택국제회계기준을 적용하도록 하는 전제조건이 없는 경우, 일반기업회계기준을 적용한다.

01 다음 중 재무정보의 질적특성에 대한 설명으로 옳지 않은 것은?

① 재무정보가 유용하기 위해 갖추어야 할 주요 속성을 말한다.
② 적시성 있는 정보 제공을 위해 신뢰성을 희생시켜도 된다.
③ 유형자산을 역사적원가로 평가하면 목적적합성은 저하되나 신뢰성은 제고된다.
④ 재무정보가 갖추어야 할 가장 중요한 질적특성은 목적적합성과 신뢰성이다.

02 다음 중 수익의 인식에 대한 설명으로 가장 틀린 것은?

① 재화의 판매 이후에도 판매자가 관련 재화의 소유에 따른 위험의 대부분을 부담하는 경우에는 수익을 인식해서는 안된다.
② 수강료수익의 인식은 용역제공의 완료 시점인 강의종료일에 인식하여야 한다.

③ 배당금수익은 배당금을 받을 권리와 금액이 확정되는 시점에 인식한다.
④ 로열티수익은 관련된 계약의 경제적 실질을 반영하여 발생기준에 따라 인식한다.

03 다음은 당기 중 취득한 유가증권 관련 자료이다. 해당 유가증권을 단기매매증권으로 분류하는 경우와 매도가능증권으로 분류하는 경우 기말 손익계산서상에 계상되는 당기손익에 미치는 영향은 각각 얼마인가?

- 취득 주식 수 : 2,000주
- 취득 시 발생한 증권거래수수료 : 30,000원
- 1주당 취득가액 : 10,000원
- 1주당 기말 평가액 : 12,000원

① 단기매매증권 : 3,970,000원,
  매도가능증권 : 4,000,000원

② 단기매매증권 : 4,000,000원,
　매도가능증권 : 3,970,000원
③ 단기매매증권 : 4,000,000원,
　매도가능증권 : 0원
④ 단기매매증권 : 3,970,000원,
　매도가능증권 : 0원

04 다음 중 일반기업회계기준상 유형자산의 취득원가에 대한 설명으로 바르지 못한 것은?

① 자산의 취득, 건설, 개발에 따른 복구원가에 대한 충당부채는 유형자산을 취득하는 시점에서 해당 유형자산의 취득원가에 반영한다.
② 증여로 취득한 자산은 공정가치를 취득원가로 한다.
③ 건물과 토지를 일괄취득 후 건물을 신축하기 위하여 기존 건물을 철거하는 경우 그 건물의 철거비용은 전액 당기비용으로 처리한다.
④ 다른 종류의 자산과의 교환으로 취득한 유형자산의 취득원가는 교환을 위하여 제공한 자산의 공정가치로 측정한다.

05 유형자산의 감가상각방법 중 정액법, 정률법 및 연수합계법 각각에 의한 2차연도 감가상각비가 큰 금액부터 나열한 것은?

• 기계장치 취득원가 : 15,000,000원
　(1월 1일 취득)
• 잔존가치 : 취득원가의 5%
• 내용연수 : 5년
• 정률법 상각률 : 0.3

① 정률법 > 정액법 = 연수합계법
② 정률법 > 연수합계법 > 정액법
③ 연수합계법 > 정률법 > 정액법
④ 연수합계법 = 정액법 > 정률법

06 다음 중 제조원가명세서에 관한 설명으로 옳지 않은 것은?

① 제조원가명세서의 당기제품제조원가는 손익계산서의 제품 매출원가 계산 시 반영된다.
② 제조원가명세서는 당기총제조원가를 구하는 과정을 나타내는 보고서이다.
③ 당기총제조원가는 직접재료원가, 직접노무원가, 제조간접원가의 총액을 나타낸다.
④ 제조원가명세서 항목 중 기말원재료와 기말재공품은 재무상태표에 영향을 미치는 항목이다.

07 다음 중 정상개별원가계산에 대한 설명으로 옳지 않은 것은?

① 기본원가는 실제 발생한 원가를 사용하고, 제조간접원가는 예정배부액을 사용하여 원가를 계산하는 방법이다.
② 실제개별원가계산에 비해 신속한 원가계산을 할 수 있다.
③ 기초에 미리 예측한 제조간접원가 예산액을 실제조업도로 나누어 예정배부율을 계산한다.
④ 제조간접원가 실제발생액과 예정배부액의 차이를 조정하는 배부차이 조정이 필요하다.

08 다음 자료를 이용하여 당기원재료매입액을 구하시오.

Ⅰ. 재료원가	
기초원재료재고액	25,000,000원
기말원재료재고액	17,000,000원
Ⅱ. 노무원가	25,000,000원
Ⅲ. 제조간접원가	30,000,000원
Ⅳ. 당기총제조원가	가공원가의 200%

① 47,000,000원

② 48,000,000원

③ 49,000,000원

④ 50,000,000원

09 다음 중 종합원가계산에 대한 설명으로 틀린 것은?

① 기초재공품이 없는 경우 종합원가계산에 의한 원가 배부 시 평균법과 선입선출법의 결과가 동일하다.

② 평균법에 비해 선입선출법은 당기의 성과를 이전의 기간과 독립적으로 평가할 수 있다.

③ 선입선출법은 전기에 이미 착수한 기초재공품의 기완성도를 무시하고 기초재공품이 당기에 착수한 것으로 가정하여 원가계산을 한다.

④ 선입선출법은 공손품을 모두 당기에 착수한 물량에서 발생한 것으로 보고 원가계산을 한다.

10 다음 중 표준원가계산의 유용성과 한계에 대한 설명으로 틀린 것은?

① 표준원가의 설정에 시간과 비용이 많이 소요되지 않는다.

② 사전에 설정해 놓은 표준원가를 이용하여 제품원가계산을 하므로 신속한 제품원가계산이 가능하다.

③ 표준원가는 재무적 측정치(원가통제)만을 강조하고 비재무적 측정치(품질 등)를 무시한다.

④ 실제원가와 표준원가와의 차이를 분석함으로써 성과평가에 유용하다.

11 다음 중 부가가치세법상 간이과세자에 대한 설명으로 가장 옳지 않은 것은?

① 간이과세자의 적용 범위는 직전 연도의 공급대가의 합계액이 8천만원(2024년 7월 1일 이후 1억400만원)에 미달하는 개인사업자이다.

② 간이과세자가 음식업을 영위할 때 직전 연도 공급대가 합계액이 4천800만원 이상인 경우 공급받는 자가 사업자등록증을 제시하고 세금계산서 발급을 요구하면 교부해야 한다.

③ 간이과세자의 해당 과세기간에 대한 공급대가의 합계액이 4천800만원 미만이면 납부의무를 면제한다.

④ 간이과세자가 부가가치세 과세기간에 대한 신고를 직접 전자신고하는 경우 납부세액에서 1만원을 공제하거나 환급세액에 가산한다.

12 다음 중 부가가치세법상 사업자등록에 대한 설명으로 옳지 않은 것은?

① 상속으로 사업자의 명의가 변경되는 경우 기존사업자는 폐업 신고를 하고 상속인의 명의로 새로이 사업자등록을 하여야 한다.

② 사업장마다 사업 개시일부터 20일 이내에 사업자등록을 신청하여야 한다.

③ 사업자등록을 한 사업자는 휴업 또는 폐업을 하는 경우 지체 없이 신고하여야 한다.

④ 사업자등록신청을 하였으나 사실상 사업을 시작하지 아니하게 되는 경우 사업장 관할 세무서장은 지체없이 사업자등록을 말소하여야 한다.

13 다음 중 소득세법에 관한 설명으로 옳은 것은?

① 거주자란 국내에 주소를 두거나 183일 이상의 거소(居所)를 둔 개인을 말한다.

② 외국을 항행하는 선박 또는 항공기 승무원의 경우 생계를 같이하는 가족이 거주하는 장소 또는 승무원이 근무기간 외의 기간 중 통상 체재하는 장소가 국내에 있다 하더라도 당해 승무원의 주소는 국내에 있는 것으로 보지 아니한다.

③ 캐나다의 시민권자나 영주권자의 경우 무조건 비거주자로 본다.

④ 국내에 거소를 둔 기간은 입국하는 날부터 출국하는 날까지로 한다.

14 다음 중 법인세법상 업무용승용차 관련 비용의 손금불산입 등 특례에 관한 설명으로 틀린 것은?

① 법인이 사용하는 모든 차량에 대하여 적용하지는 않는다.

② 임직원전용자동차보험에 가입하고 운행기록부상 확인되는 업무사용비율을 곱한 금액만 손금에 산입하는 것이 원칙이다.

③ 법인이 이용하는 업무용승용차가 임차한 렌트차량인 경우 임차료의 70%를 감가상각비 상당액으로 인정한다.

④ 업무용승용차로서 임직원전용자동차보험에 가입하였으나 운행기록 등을 작성하지 않은 경우 업무사용비율이 없는 것으로 보아 해당 업무용승용차의 관련비용은 전액 손금불산입한다.

15 다음 중 법인의 구분에 따른 납세의무에 대한 설명으로 틀린 것은?

① 영리내국법인은 국내·외 원천소득에 대하여 각 사업연도 소득에 대한 법인세 납세의무가 있다.

② 비영리내국법인의 경우 청산소득에 대한 법인세 납세의무가 없다.

③ 영리 및 비영리외국법인의 경우 청산소득에 대한 법인세 납세의무가 없다.

④ 외국의 정부는 비과세법인이므로 대한민국에 과세권이 없다.

✦ 실무시험 ✦

※ (주)정원산업(회사코드:1060)은 제조 및 도·소매업을 영위하는 중소기업으로, 당기(제13기) 회계기간은 2024.1.1.~2024.12.31.이다. 전산세무회계 수험용 프로그램을 이용하여 다음 물음에 답하시오.

─〈 기본전제 〉─

• 문제에서 한국채택국제회계기준을 적용하도록 하는 전제조건이 없는 경우, 일반기업회계기준을 적용하여 회계처리 한다.
• 문제의 풀이와 답안작성은 제시된 문제의 순서대로 진행한다.

01 다음 거래에 대하여 적절한 회계처리를 하시오. **12점**

─〈 입력 시 유의사항 〉─

• 일반적인 적요의 입력은 생략하지만, 타계정 대체거래는 적요번호를 선택하여 입력한다.
• 세금계산서·계산서 수수거래와 채권·채무관련거래는 별도의 요구가 없는 한 등록되어 있는 거래처코드를 선택하는 방법으로 거래처명을 반드시 입력한다.
• 제조경비는 500번대 계정코드를, 판매비와 관리비는 800번대 계정코드를 사용한다.
• 회계처리 시 계정과목은 등록되어 있는 계정과목 중 가장 적절한 과목으로 한다.
• 매입매출전표입력 시 입력화면 하단의 분개까지 처리하고, 전자세금계산서 및 전자계산서는 전자입력으로 반영한다.

[1] 2월 20일 당사가 보유 중인 매도가능증권의 50%를 25,500,000원에 처분하고 처분대금은 보통예금 계좌에 입금되었다. 해당 매도가능증권의 원시 취득가액은 56,000,000원이며, 2023년 기말 공정가치는 57,000,000원이다. **3점**

[2] 4월 14일 공장 이전을 위하여 4월 1일 매입한 토지(공장용지)의 지반 평탄화 작업을 위하여 (주)성토에게 공사용역을 의뢰하고 공급가액 7,000,000원의 전자세금계산서를 수령하였다. 이에 대한 공사대금은 7월 20일에 지급하기로 하였다. **3점**

전자세금계산서					승인번호		20240414-15454645-58811886		
공급자	등록번호	105-81-23608	종사업장번호		공급받는자	등록번호	126-87-10121	종사업장번호	
	상호(법인명)	(주)성토	성명	김관우		상호(법인명)	(주)정원산업	성명	강호진
	사업장주소	서울특별시 동작구 여의대방로 21				사업장주소	서울시 서초구 강남대로 48-3		
	업태	건설업	종목	지반조성		업태	제조 외	종목	자동차부품 외
	이메일	sungto@land119.com				이메일	hojinkang@jungwonmotors.co.kr		

작성일자	공급가액	세액	수정사유	비고		
2024-04-14	7,000,000원	700,000원	해당 없음			

월	일	품목	규격	수량	단가	공급가액	세액	비고
04	14	지반 평탄화 공사			7,000,000원	7,000,000원	700,000원	

합계금액	현금	수표	어음	외상미수금	이 금액을 (청구)함
7,700,000원				7,700,000원	

[3] 6월 3일 개인소비자 김달자 씨에게 제품을 5,500,000원(부가가치세 포함)에 판매하고, 김달자 씨의 신용카드(현대카드)로 결제하였다. (단, 외상매출금으로 회계처리할 것) **3점**

카드매출전표

거 래 일 시 : 2024/06/03 10 : 31
카 드 번 호 : 1111-****-****-4444
승 인 번 호 : 21458542 / 일시불
카 드 종 류 : 현대카드

판 매 금 액 :	5,000,000원
부 가 세 :	500,000원
합 계 금 액 :	5,500,000원

단말기NO :	123456789
가맹점NO :	126-87-10121
가 맹 점 명 :	(주)정원산업
대 표 자 명 :	강호진

[4] 7월 10일 당사는 유상증자를 통해 보통주 15,000주를 1주당 발행가액 3,500원에 신규로 발행하고 신주납입대금 52,500,000원은 보통예금 계좌로 입금되었다. 증자일 현재 주식발행초과금은 15,000,000원이 있다. (1주당 액면가액은 5,000원이며, 하나의 거래로 처리할 것) **3점**

02 다음 주어진 요구사항에 따라 부가가치세신고서 및 부속서류를 작성하시오. **10점**

[1] 다음 자료를 이용하여 2024년 제1기 부가가치세 예정신고기간에 대한 [공제받지못할매입세액명세서]를 작성하시오. **3점**

- 공장용지의 등기를 위하여 법무사에게 등기 수수료(330,000원, 부가가치세액 포함)를 지급하고 종이 세금계산서를 수령하였다.
- 면세사업에 사용하기 위하여 소모품(550,000원, 부가가치세액 포함)을 구입하고 대금은 법인카드(신한카드)로 결제하여 신용카드매출전표를 수령하였다.
- 거래처에 선물하기 위하여 안마의자(3,300,000원, 부가가치세액 포함)를 구입하고 전자세금계산서를 수령하였다.
- 거래처에 제공할 선물세트(1,100,000원, 부가가치세액 포함)를 구입하고 현금영수증을 수령하였다.
- 대표이사의 가족이 개인적으로 사용할 목적으로 노트북(1,650,000원, 부가가치세액 별도)을 구입하고 전자세금계산서를 수령하였다.
- 제1기 예정신고기간에 대한 공통매입세액은 5,000,000원이며, 공급가액의 합계액은 아래와 같다.
  (1) 과세공급가액 : 115,200,000원
  (2) 면세공급가액 : 4,800,000원

[2] 다음의 자료를 이용하여 (주)정원산업(중소기업)의 2024년 제2기 확정신고기간의 [부가가치세신고서]를 작성하시오. (단, 아래의 거래는 모두 2024년 10월부터 2024년 12월까지 발생한 거래이며, 전표입력 및 과세표준명세의 작성은 생략할 것) **5점**

- 제품을 판매하고 전자세금계산서(공급가액 55,000,000원, 세액 5,500,000원)를 발급하였다. 해당 거래의 판매대금 중 3,300,000원은 국민카드로 결제받았다.
- 비사업자인 개인소비자에게 제품을 판매하고 현금영수증(공급대가 8,800,000원)을 발급하였다.
- 원재료를 매입하고 전자세금계산서(공급가액 20,000,000원, 세액 2,000,000원)를 발급받았다.
- 간이과세자(단, 직전 연도 1월~12월 부가가치세 과세표준이 48,000,000원을 초과함)에게 지급한 법인카드 결제액 3,300,000원(공급대가)은 복리후생 목적으로 지출한 비용이다.
- 중소기업인 (주)사랑에 2022년 9월 1일 제품을 판매하고 발생한 외상매출금 16,500,000원에 대하여 대손 처리하고 장부에 반영하였다. (단, (주)사랑은 (주)정원산업의 대표이사가 대주주인 법인이다.)
- 전자신고를 할 예정으로, 전자신고세액공제를 반영한다.

[3] 2024년 제2기 부가가치세 예정신고기간의 [부가가치세신고서]를 마감하여 전자신고를 수행하시오. (단, 저장된 데이터를 불러와서 사용할 것) **2점**

1. 부가가치세신고서와 관련 부속서류는 작성되어 있다.
2. [전자신고] → [국세청 홈택스 전자신고변환(교육용)] 순으로 진행한다.
3. 전자신고용 전자파일 제작 시 신고인 구분은 2.납세자 자진신고로 선택하고, 비밀번호는 "12345678"로 입력한다.
4. 전자신고용 전자파일 저장경로는 로컬디스크(C:)이며, 파일명은 "enc작성연월일.101.v1268710121"이다.
5. 최종적으로 국세청 홈택스에서 [전자파일 제출하기]를 완료한다.

03 다음의 결산정리사항에 대하여 결산정리분개를 입력하여 결산을 완료하시오. **8점**

[1] 2024년 10월 1일 공장 화재 보험료를 지급하고, 전액 선급비용으로 처리하였다. 공장 화재 보험료는 4,320,000원이며, 보험기간은 2024년 10월 1일부터 2027년 9월 30일까지이다. (단, 보험료는 월할계산할 것) **2점**

[2] 당기분 법인세(지방소득세 포함)가 33,000,000원으로 산출되었다. 단, 회사는 법인세 중간예납세액과 이자소득 원천징수세액 6,700,000원을 선납세금으로 계상하였다. **2점**

[3] 실지재고조사법에 따른 기말재고자산 내역은 다음과 같다. 2점

구분	금액	비고
제품	6,300,000원	사용판매하였으나 결산일 현재까지 구매의사표시가 없는 시송품의 제품원가 200,000원은 포함되어 있지 않다.
재공품	4,500,000원	-
원재료	5,000,000원	결산일 현재 운송 중에 있는 선적지 인도조건으로 매입한 원재료 2,000,000원은 포함되어 있지 않다.

[4] 다음 자료에 의하여 당기의 이익잉여금처분계산서를 작성하시오. 2점

- 당기처분예정일 : 2025년 3월 15일
- 전기처분확정일 : 2024년 2월 25일
- 주식배당 : 20,000,000원
- 주식할인발행차금상각액 : 3,000,000원
- 현금배당 : 10,000,000원

※ 이익준비금은 현금배당액의 10%를 설정한다.

04 원천징수와 관련된 다음의 물음에 답하시오. 10점

[1] 다음은 영업부 사원 김승현(사번 : 104)의 연말정산 관련 자료이다. [사원등록] 메뉴의 [부양가족]탭을 작성하고, [연말정산추가자료입력] 메뉴의 [월세,주택임차]탭 및 [연말정산입력]탭을 입력하시오. (단, 부양가족은 기본공제대상자 여부를 불문하고 모두 등록할 것) 7점

1. 부양가족

관계	성명	주민등록번호	비고
본인	김승현	650717-1002091	무주택 세대의 세대주
배우자	배나영	750128-2436815	사업소득에서 결손금 (-)2,000만원 발생함
아들	김민성	050506-3002098	고등학교 재학 중
딸	김민아	110330-4520268	장애인복지법에 따른 장애인
아버지	김철민	531230-1786521	농지 양도에 따른 양도소득세 납부세액 0원 (양도소득금액 250만원 발생함)

※ 아버지(김철민)는 주거형편상 별거 중이며, 다른 가족들은 생계를 같이 함

2. 연말정산자료간소화자료

2024년 귀속 소득(세액)공제증명서류 : 기본(지출처별)내역
[보장성 보험, 장애인전용보장성보험]

■ 계약자 인적사항

성명		주민등록번호	
	김승현		650717-1002091

■ 보장성보험(장애인전용보장성보험)납입내역

(단위 : 원)

종류	상호	보험종류			납입금액 계
	사업자번호	증권번호	주피보험자		
	종피보험자1	종피보험자2	종피보험자3		
보장성	**생명		750128-2436815	배나영	800,000
	-**-**				
보장성	**생명		531230-1786521	김철민	500,000
	-**-**				
장애인 전용 보장성	**생명		110330-4520268	김민아	1,500,000
	-**-**				
인별합계금액					2,800,000

2024년 귀속 소득(세액)공제증명서류 : 기본(지출처별)내역 [교육비]

■ 학생 인적사항

성명	김민성	주민등록번호	050506-3002098

■ 교육비 지출내역

(단위 : 원)

교육비 종류	학교명	사업자번호	납입금액 계
고등학교	**고등학교	***-**-*****	1,300,000
인별합계금액			1,300,000

2024년 귀속 소득(세액)공제증명서류 : 기본(지출처별)내역 [기부금]

■ 기부자 인적사항

성명	배나영	주민등록번호	750128-2436815

■ 기부금 지출내역

(단위 : 원)

사업자번호	단체명	기부유형	기부금액 합계	공제대상 기부금액	기부장려금 신청금액
-**-**	***	정치자금기부금	100,000	100,000	0
인별합계금액					100,000

3. 월세자료

부동산 월세 계약서

본 부동산에 대하여 임대인과 임차인 쌍방은 다음과 같이 합의하여 임대차계약을 체결한다.

1. 부동산의 표시

소재지	서울시 마포구 합정동 472					
건물	구조	철근콘크리트	용도	아파트(주거용)	면적	84 ㎡
임대부분	상동 소재지 전부					

2. 계약내용

제 1 조 위 부동산의 임대차계약에 있어 임차인은 보증금 및 차임을 아래와 같이 지불하기로 한다.

보증금	일금 일억팔천만 원정 (180,000,000원)
차임	일금 육십만 원정 (600,000원)은 매월 말일에 지불한다.

제 2 조 임대인은 위 부동산을 임대차 목적대로 사용·수익할 수 있는 상태로 하여 2023년 07월 01일까지 임차인에게 인도하며, 임대차기간은 인도일로부터 2025년 06월 30일까지 24개월로 한다.

··· 중략 ···

(갑) 임대인 : 한미진 (531005 – 2786528) (인)

(을) 임차인 : 김승현 (650717 – 1002091) (인)

[2] 다음 자료를 이용하여 회계부 과장 최미영(사번 : 105, 주민등록번호 : 820303–2356232, 입사일 : 2015.01.01.)의 [퇴직소득자료입력] 및 [원천징수이행상황신고서]를 작성하시오. 3점

1. 근로자 본인 명의의 주택을 구입하면서 부족한 자금 마련을 위하여 퇴직금 중간정산을 신청하였다.
2. 중간정산일은 2024년 10월 31일이다.
3. 중간정산일 현재 퇴직금은 60,000,000원이다.
4. 퇴직금 지급일은 2024년 11월 5일이며, 현금으로 지급하였다.
5. 「근로자퇴직급여보장법」상의 중간정산 사유에 해당하며, 관련 증빙 서류를 제출받았다.

05 세림산업(주)(회사코드:1061)은 제조 · 도매업 및 건설업을 영위하는 중소기업이며, 당해 사업연도(제14기)는 2024.1.1.~2024.12.31.이다. [법인조정] 메뉴를 이용하여 기장되어 있는 재무회계 장부 자료와 제시된 보충자료에 의하여 해당 사업연도의 세무조정을 하시오. 30점 ※ 회사 선택 시 유의하시오.

─────────────〈 작성대상서식 〉─────────────

1. 세금과공과금명세서
2. 가지급금등인정이자조정명세서
3. 원천납부세액명세서
4. 법인세과표및세액조정계산서, 최저한세조정명세서
5. 자본금과적립금조정명세서(갑)(을)

[1] 세금과공과금 계정에 입력된 아래의 자료를 조회하여 [세금과공과금명세서]를 작성하고 필요한 세무조정을 작성하시오. (단, 세무조정 유형과 소득처분이 같은 세무조정일지라도 건별로 각각 세무조정을 하고, 세금과공과금명세서 외의 세무조정은 고려하지 말 것) 6점

일자	적요	금액
03월 31일	법인세분 지방소득세	1,050,000원
05월 04일	초과폐수배출부담금	700,000원
06월 09일	전기요금납부지연 연체이자	30,000원
07월 15일	건강보험료 가산금	425,000원
08월 31일	사업소분주민세	62,500원
09월 03일	공장건물취득세	5,200,000원

[2] 다음 자료를 이용하여 [가지급금등의인정이자조정명세서]를 작성하고, [소득금액합계표및명세서]에 필요한 세무조정을 반영하시오. 6점

1. 손익계산서상 지급이자 내역

금융기관	최고은행	일류은행	합계
연이자율	2.5%	4.0%	
지급이자	6,000,000원	17,500,000원	23,500,000원
차입금	240,000,000원	437,500,000원	
비고	차입금 발생일 : 2022.08.01.	차입금 발생일 : 2023.11.11.	

2. 최대주주인 대표이사 김이삭에 대하여 업무와 직접 관련 없는 대여금을 9월 7일에 80,000,000원, 10월 4일에 45,000,000원을 지급하였으며, 이자 지급에 대하여 약정을 하였다.

3. 회사는 대표이사 김이삭의 대여금에 대한 이자수익을 별도로 회계처리하지 않았다.

4. 회사는 인정이자 계산시 가중평균차입이자율을 적용하기로 한다.

[3] 다음의 자료는 2024년 1월 1일부터 12월 31일까지의 원천징수와 관련한 자료이다. 주어진 자료를 이용하여 [원천납부세액명세서(갑)]를 작성하시오. (단, 지방세 납세지는 기재하지 말 것) **4점**

적요	원천징수 대상금액	원천징수일	원천징수세율	원천징수의무자	사업자등록번호
정기예금 이자	2,000,000원	08.31.	14%	(주)신한은행	113-81-01231
정기적금 이자	6,000,000원	12.31.	14%	(주)국민은행	125-81-01234

[4] 다음의 자료만을 이용하여 [법인세과세표준및세액조정계산서] 및 [최저한세조정명세서]를 작성하시오. **7점**

1. 손익계산서상 당기순이익 : 324,785,000원
2. 익금산입 총액 : 20,000,000원
3. 손금산입 총액 : 2,500,000원
4. 기부금한도초과액 : 1,300,000원
5. 기부금한도초과이월액 손금산입액 : 500,000원
6. 공제 가능한 이월결손금 : 11,000,000원
7. 세액공제 및 세액감면(다음의 순서로 감면 및 공제하고 농어촌특별세는 고려하지 않는다.)
   (1) 중소기업특별세액감면 : 8,700,000원(최저한세 대상 세액감면)
   (2) 고용증대세액공제 : 22,000,000원(최저한세 대상 세액공제)
8. 지급명세서불성실가산세 : 270,000원
9. 법인세중간예납세액은 2,000,000원이며 원천납부세액은 1,120,000원이다.
10. 세림산업(주)는 중소기업이며 현재 운영자금이 넉넉하지 않아 분납(최대한도)을 신청하고자 한다.

[5] 다음의 자료만을 이용하여 [자본금과적립금조정명세서(갑)(을)]를 작성하시오. (단, 전산상에 입력된 기존 자료는 무시할 것) **7점**

[자료 1] 전기 자본금과적립금조정명세서(을)표상의 자료는 다음과 같다.

과목	기초잔액(원)	당기중증감(원)		기말잔액(원)
		감소	증가	
재고자산평가감			6,000,000	6,000,000
선급비용	3,500,000	3,500,000	-1,800,000	-1,800,000
대손충당금한도초과			4,500,000	4,500,000
건물감가상각비한도초과			7,000,000	7,000,000

[자료 2] 당기의 소득금액조정합계표 중에서 위의 내용과 관련된 내역은 다음과 같다.

익금산입및손금불산입		
과목	금액(원)	조정이유
전기선급비용	1,800,000	전기선급비용 과다계상액의 당기비용해당액

손금산입및익금불산입		
과목	금액(원)	조정이유
건물상각부인액손금추인액	2,700,000	당기감가상각시인부족액
전기재고자산평가감	6,000,000	전기 재고자산평가감
전기대손충당금	4,500,000	전기 대손충당금한도초과액

[자료 3] 당기말 재무상태표의 자본 내역은 다음과 같다.

과목	제14기 당기 2024년1월1일~ 2024년12월31일 금액(원)	제13기 전기 2023년1월1일~ 2023년12월31일 금액(원)
Ⅰ. 자본금	300,000,000	200,000,000
Ⅱ. 자본잉여금	50,000,000	25,000,000
Ⅲ. 자본조정	20,000,000	20,000,000
Ⅳ. 기타포괄손익누계액	30,000,000	30,000,000
Ⅴ. 이익잉여금	100,000,000	32,000,000
(당기순이익)		
당기 :	68,000,000	15,000,000
전기 :	15,000,000	5,000,000
자본총계	500,000,000	307,000,000

- 법인세과세표준및세액신고서의 법인세 총부담세액이 손익계산서에 계상된 법인세비용보다 1,578,000원, 지방소득세는 157,800원 각각 더 많이 산출되었다(전기분은 고려하지 않음).
- 이월결손금과 당기결손금은 발생하지 않았다.

05 | 전산세무 1급 107회 기출문제 (이론 + 실무)

✛ 이론시험 ✛

※ 다음 문제를 보고 알맞은 것을 골라 이론문제 답안작성 메뉴에 입력하시오.
(객관식 문항당 2점)

─〈 기본전제 〉─

문제에서 한국채택국제회계기준을 적용하도록 하는 전제조건이 없는 경우, 일반기업회계기준을 적용한다.

01 다음 중 재무상태표에 대한 설명으로 올바른 것끼리 짝지어진 것은?

> 가. 재무상태표 항목은 자산, 부채, 자본으로 구분하고, 이해하기 쉽게 표시하며, 성격이나 금액이 중요하지 아니한 항목은 성격이 다른 항목에 통합하여 표시할 수 있다.
> 나. 재무상태표의 자산과 부채는 유동성이 큰 항목부터 배열한다.
> 다. 회사가 채권과 채무를 상계할 수 있는 법적 권리를 가지고 있고, 채권과 채무를 차액으로 결제하거나 동시에 결제 의도가 있어도 총액으로 표시하여야 한다.
> 라. 재무상태표는 일정 시점 현재 기업이 보유하고 있는 경제적 자원인 자산과 경제적 의무인 부채, 그리고 자본에 대한 정보를 제공하는 재무보고서이다.

① 가, 나　　② 나, 다
③ 다, 라　　④ 나, 라

02 다음 중 무형자산에 대한 회계처리와 보고방법에 대한 설명으로 옳지 않은 것은?

① 무형자산은 당해 자산의 법률적 취득 시점부터 합리적인 기간 동안에 정액법, 연수합계법, 체감잔액법, 생산량비례법 등 기타 합리적인 방법을 적용하여 상각한다.

② 자산에서 발생하는 미래경제적효익이 기업에 유입될 가능성이 매우 높고, 자산의 원가를 신뢰성 있게 측정할 수 있는 경우만 무형자산으로 인식한다.

③ 무형자산의 상각기간은 독점적·배타적인 권리를 부여하고 있는 관계 법령이나 계약에 정해진 경우를 제외하고는 20년을 초과할 수 없다.

④ 무형자산의 장부금액은 무형자산의 취득원가에서 상각누계액과 손상차손누계액을 차감한 금액으로 기록한다.

03 다음 중 일반기업회계기준상 자본에 대한 설명으로 틀린 것은?

① 자본금은 법정자본금으로 발행주식수에 액면가액을 곱하여 계산하며, 액면가액을 초과하여 주식을 발행하는 경우 그 액면을 초과하는 금액은 주식발행초과금으로 하여 자본잉여금으로 계상한다.

② 자본잉여금은 증자나 감자 등 주주와의 거래에서 발생하여 자본을 증가시키는 잉여금이다.

③ 주식배당은 미처분이익잉여금을 재원으로 한다.

④ 이익잉여금처분계산서에 표시된 배당은 재무상태표에 부채로 인식한다.

04 다음은 (주)우리의 2024년 재고자산 관련 자료이다. 매출액이 200,000원인 경우, 2024년 매출총이익은 얼마인가?

• 기초상품재고액 30,000원
• 기말상품재고액 50,000원(정상감모손실 10,000원을 차감한 후의 금액이다.)
• 당기매입액 100,000원

① 100,000원 ② 110,000원
③ 120,000원 ④ 130,000원

05 다음 중 일반기업회계기준상 회계정책의 변경에 해당하는 것은?

① 재고자산 원가흐름의 가정을 선입선출법에서 후입선출법으로 변경한 경우

② 재고자산의 진부화 여부에 대한 판단과 평가를 변경한 경우

③ 감가상각자산에 내재된 미래경제적효익의 기대소비 형태를 변경한 경우

④ 수익인식 방법을 현금주의에서 발생주의로 변경한 경우

06 다음 중 종합원가계산에 대한 설명으로 가장 적절하지 않은 것은?

① 동일한 종류의 제품을 대량생산하는 연속생산형태의 기업에 적용된다.

② 직접원가와 제조간접원가의 구분이 중요하다.

③ 제품 원가를 제조공정별로 집계한 다음 이를 완성품과 기말재공품에 배분하는 절차가 필요하다.

④ 제품 원가를 제조공정별로 집계한 다음 이를 그 공정의 생산량으로 나누어서 단위당 원가를 계산한다.

07 다음 중 부문별원가계산에 대한 설명으로 잘못된 것은?

① 보조부문의 원가를 제조부문에 배분하는 방법 중 단일배분율법과 이중배분율법은 원가행태에 따른 원가배분방법으로 이중배분율법과 직접배분율법은 서로 혼용하여 사용할 수 있다.

② 보조부문 원가를 제조부문에 배분하는 방법 중 상호배분법은 보조부문 상호간의 용역수수관계를 고려하여 배분하는 방법이다.

③ 보조부문간의 용역수수관계가 중요한 경우 직접배분법을 적용하여 부문별 원가를 배분하게 되면 원가배분의 왜곡을 초래할 수 있다.

④ 부문관리자의 성과평가를 위해서는 단일배분율법이 이중배분율법에 비해 보다 합리적이라고 할 수 있다.

08 다음의 자료를 바탕으로 당기제품제조 원가를 계산하면 얼마인가?

- 기초원재료재고는 50,000원이며, 당기에 원재료 200,000원을 매입하였다.
- 기말원재료재고는 기초에 비해서 20,000원이 감소하였다.
- 원재료는 모두 직접재료원가에 해당한다.
- 직접노무원가는 직접재료원가의 200%이다.
- 제조간접원가는 직접노무원가의 150%이다.
- 기초재공품재고는 100,000원이다.
- 기말재공품재고는 기초재공품재고의 200%이다.

① 1,200,000원   ② 1,220,000원
③ 1,250,000원   ④ 1,300,000원

09 다음 중 원가의 분류와 관련된 설명으로 가장 잘못된 것은?

① 준고정원가는 일정한 조업도 범위 내에서는 고정원가와 같이 일정한 원가이나 조업도가 일정 수준 이상 증가하면 원가 총액이 증가한다.
② 준변동원가는 관련범위 내에서 조업도와 관계없이 총원가가 일정한 부분과 조업도의 증감에 비례하여 총원가가 변동되는 부분이 혼합되어 있다.
③ 변동원가는 조업도가 증가하면 총변동원가는 비례하여 증가하며 단위당 변동원가도 증가한다.
④ 고정원가는 조업도가 증가하는 경우 관련범위 내에서 총고정원가는 일정하나 단위당 고정원가는 감소한다.

10 다음은 표준원가계산을 채택하고 있는 (주)아람의 직접노무원가 관련 자료이다. 직접노무원가의 임률차이는 얼마인가?

- 실제직접노동시간 : 5,000시간
- 실제직접노무원가 발생액 : 2,000,000원
- 직접노무원가 능률차이(불리) : 76,000원

① 176,000원(유리)
② 176,000원(불리)
③ 100,000원(유리)
④ 100,000원(불리)

11 다음 중 법인세법상 대손금으로 손금산입할 수 있는 채권으로 옳은 것은?

① 회수기일이 6개월 이상 지난 채권 중 채권가액이 30만원 이하(채무자별 채권가액의 합계액 기준)인 채권
② 부도발생일부터 6개월 이상 지난 수표 또는 어음상의 채권 및 외상매출금(중소기업의 외상매출금으로서 부도발생일 이전의 것에 한정)으로 해당 법인이 채무자의 재산에 대하여 저당권을 설정하고 있는 채권
③ 채무자가 파산한 채권의 채무보증(법령에서 허용하는 채무보증이 아닌 채무보증)으로 인하여 발생한 구상채권
④ 재판상의 확정판결로 회수불능으로 확정된 채권 중 특수관계인에게 해당 법인의 업무와 관련없이 지급한 가지급금 채권

12 다음 중 법인세법상 업무용승용차와 관련된 설명으로 틀린 것은?

① 업무용승용차 관련비용이란 감가상각비, 임차료, 유류비 등 업무용승용차의 취득 및 유지를 위하여 지출한 비용을 말한다.

② 업무전용자동차보험에 가입하지 않은 경우 업무용승용차 관련비용은 전액 손금불산입한다.

③ 업무용승용차는 정액법과 정률법 중 신고한 상각방법으로 감가상각할 수 있고, 내용연수는 5년으로 한다.

④ 업무용승용차 관련비용 중 업무외 사용금액을 손금불산입하고 귀속자에 따라 소득처분하되, 귀속자가 불분명한 경우에는 대표자에 대한 상여로 소득처분한다.

13 다음 중 소득세법상 중간예납과 관련된 설명으로 틀린 것은?

① 당해연도에 신규로 사업을 개시한 자는 중간예납의무가 없다.

② 퇴직소득 및 양도소득에 대한 중간예납세액은 납세지 관할 세무서장이 결정하여 징수한다.

③ 중간예납세액이 50만원 미만인 경우에는 해당 소득세를 징수하지 않는다.

④ 중간예납추계액이 중간예납기준액의 30%에 미달하는 경우에는 당해연도의 실적을 기준으로 신고할 수 있다.

14 다음 중 소득세법상 사업소득과 관련된 설명으로 틀린 것은?

① 사업용 유형자산인 토지를 양도함으로써 발생한 차익은 사업소득금액 계산 시 총수입금액에 산입하지 않는다.

② 사업소득금액 계산 시 대표자 본인에 대한 급여는 필요경비로 인정되지 않는다.

③ 사업용 고정자산과 재고자산 등의 평가차손은 필요경비로 인정된다.

④ 사업과 관련하여 해당 사업용 자산의 멸실 또는 파손으로 인하여 취득하는 보험차익은 사업소득금액 계산 시 총수입금액에 산입한다.

15 다음 중 부가가치세법상 수정세금계산서 또는 수정전자세금계산서에 대한 설명으로 틀린 것은?

① 필요적 기재사항이 착오 외의 사유로 잘못 적힌 경우, 해당 수정세금계산서의 발급기한은 해당 재화나 용역의 공급일이 속하는 과세기간의 확정신고기한 다음 날부터 1년 이내이다.

② 계약의 해제로 재화 또는 용역이 공급되지 아니한 경우에는 해당 거래의 당초 계약일을 수정세금계산서의 작성일로 하여 발급한다.

③ 착오로 전자세금계산서를 이중으로 발급한 경우에는 처음에 발급한 세금계산서의 내용대로 음(陰)의 표시를 하여 발급한다.

④ 공급시기가 속하는 과세기간 종료 후 25일 이내에 내국신용장이 개설된 경우에는 수정세금계산서의 작성일을 처음 세금계산서 작성일로 적는다.

✛ 실무시험 ✛

※ (주)희서전자(회사코드:1070)는 제조 · 도소매업을 영위하는 중소기업이며, 당기(제20기) 회계기간은 2024.1.1.~2024.12.31.이다. 전산세무회계 수험용 프로그램을 이용하여 다음 물음에 답하시오.

〈 기본전제 〉

• 문제에서 한국채택국제회계기준을 적용하도록 하는 전제조건이 없는 경우, 일반기업회계기준을 적용하여 회계처리 한다.
• 문제의 풀이와 답안작성은 제시된 문제의 순서대로 진행한다.

01 다음 거래에 대하여 적절한 회계처리를 하시오. 12점

〈 입력 시 유의사항 〉

• 일반적인 적요의 입력은 생략하지만, 타계정 대체거래는 적요 번호를 선택하여 입력한다.
• 세금계산서 · 계산서 수수 거래 및 채권 · 채무 관련 거래는 별도의 요구가 없는 한 반드시 기등록된 거래처코드를 선택하는 방법으로 거래처명을 입력한다.
• 제조경비는 500번대 계정코드를, 판매비와관리비는 800번대 계정코드를 사용한다.
• 회계처리 시 계정과목은 등록된 계정과목 중 가장 적절한 과목으로 한다.
• 매입매출전표를 입력하는 경우 입력화면 하단의 분개까지 처리하고, 세금계산서 및 계산서는 전자 여부를 입력하여 반영한다.

[1] 4월 20일 자기주식 300주를 총 2,700,000원에 처분하고 대금은 보통예금 계좌로 입금받았다. 다음은 (주)희서전자의 2023년 12월 31일 자본구성을 표시한 것이다. 3점

부분 재무상태표		
2023년 12월 31일		
자본잉여금		70,800,000원
주식발행초과금	70,000,000원	
자기주식처분이익	800,000원	
자본조정		(12,000,000원)
자기주식(1,000주, @12,000원)		

[2] 7월 11일 당사의 마케팅연구팀에 근무하는 관리직 직원들이 야근하면서 아래와 같이 저녁식사를 하고 법인카드(농협카드)로 결제하였다. 3점

```
                        카드매출전표

    카드종류 :     농협카드
    회원번호 :     5554-5512-1122-1230
    거래유형 :     신용승인
    결제방법 :     일시불
    승인번호 :     202407110012

    매 출 액 :     320,000원
    부 가 세 :     32,000원
    합계금액 :     352,000원

    단말기NO :     123456789
    가맹점NO :     121-81-41118
    가맹점명 :     (주)생전주비빔밥
                   -이하생략-
```

[3] 7월 26일 (주)성동기업과 아래와 같은 조건으로 제품 할부판매계약을 체결하고 즉시 제품을 인도하였다. 1회차 할부금 및 부가가치세는 제품 인도와 동시에 보통예금 계좌로 입금되었으며, 전자세금계산서를 부가가치세법에 따라 발급하고, 매출수익은 판매 대금 전액을 명목가액으로 인식하였다. **3점**

구분	계약서상 지급일	계약서상 지급액 (부가가치세 포함)
제1차 할부금	2024년 07월 26일	11,000,000원
제2차 할부금	2024년 08월 26일	33,000,000원
제3차 할부금	2024년 12월 26일	66,000,000원
총계		110,000,000원

[4] 8월 21일 (주)대수무역으로부터 구매확인서에 의하여 상품 6,000,000원을 매입하고 영세율 전자세금계산서를 발급받았다. 대금은 보통예금 계좌에서 이체하여 지급하였다. **3점**

02 다음 주어진 요구사항에 따라 부가가치세신고서 및 부속서류를 작성하시오. **10점**

[1] (주)희서전자는 제1기 부가가치세 예정신고기한(2024년 4월 25일) 내에 신고하지 못하여 5월 4일에 기한 후 신고를 하고자 한다. 단, 입력된 자료는 무시하고 아래의 자료에 의하여 부가가치세 기한 후 신고서(단, 회계처리는 생략하고, 과세표준명세는 신고구분만 입력할 것)를 작성하시오. **5점**

구분	자료
매출자료	• 전자세금계산서 발급분 과세 매출액 : 공급가액 300,000,000원, 세액 30,000,000원 • 신용카드 발급분 과세 매출액 : 공급가액 5,000,000원, 세액 500,000원 • 현금영수증 발급분 과세 매출액 : 공급가액 2,000,000원, 세액 200,000원 • 해외 직수출에 따른 매출액 : 공급가액 100,000,000원, 세액 0원
매입자료	• 전자세금계산서 발급받은 매입내역 표1 • 신용카드 사용분 매입내역 표2
기타	• 전자세금계산서의 발급 및 국세청 전송은 정상적으로 이루어졌다. • 가산세 적용 시 일반(부당 아님) 무신고와 미납일수 9일을 가정한다. • 영세율첨부서류는 기한 후 신고 시 함께 제출할 예정이다.

표1

구분	공급가액	세액
일반 매입	200,000,000원	20,000,000원
사업과 관련 없는 매입(고정자산 아님)	3,000,000원	300,000원
기계장치 매입	50,000,000원	5,000,000원
합계	253,000,000원	25,300,000원

표2

구분	공급가액	세액
일반 매입	10,000,000원	1,000,000원
접대를 위한 매입	1,000,000원	100,000원
합계	11,000,000원	1,100,000원

[2] 다음의 매입 자료를 기초로 2024년 제1기 부가가치세 확정신고기간의 [의제매입세액공제신고서]를 작성하시오. 당사는 제조업을 영위하는 중소법인이며, 아래의 원재료 매입분은 모두 과세대상 제품생산에 사용된다고 가정한다(단, 관련 자료의 매입매출전표입력은 생략한다). **3점**

공급자	사업자번호 (주민번호)	매입일자	품명	수량 (kg)	매입가격 (원)	증빙	건수
인천농원	123-91-41544	2024.04.06.	복숭아	180	16,000,000	계산서	1
푸른과일	123-91-10167	2024.05.13.	방울토마토	90	7,000,000	신용카드	1
우영우(농민)	830630-2054517	2024.06.08.	사과	40	1,400,000	현금	1
김포쌀상사	215-91-67810	2024.06.19.	쌀	10	300,000	간이영수증	1

• 우영우(농민)은 작물재배업에 종사하는 개인으로서 당사에 사과를 직접 공급하고 있다.
• 2024년 제1기 과세기간에 매입한 면세농산물과 관련된 제품매출액은 90,000,000원(부가가치세 제외)이고, 모두 4월 이후 공급분이다.
• 2024년 제1기 예정 부가가치세 신고 시 의제매입세액 공제액은 없는 것으로 가정한다.

[3] (주)희서전자의 2024년 제2기 확정신고기간의 [부가가치세신고서]를 작성하여 마감하고, 부
가가치세 전자신고를 수행하시오. **2점**

1. 매출 전자세금계산서발급분 : 공급가액 300,000,000원, 세액 30,000,000원
2. 매입 전자세금계산서수취분 : 공급가액 150,000,000원, 세액 15,000,000원
3. 유의사항
   - [전자신고] → [국세청 홈택스 전자신고변환(교육용)] 순으로 진행한다.
   - 전자신고용 전자파일 제작 시 신고인 구분은 2.납세자 자진신고로 선택하고, 비밀번호는 "12341234"로 입력한다.
   - 전자신고용 전자파일 저장경로는 로컬디스크(C:)이며, 파일명은 "enc작성연월일.101.v사업자등록번호"이다.
   - 최종적으로 국세청 홈택스에서 [전자파일 제출하기]를 완료한다.

03 다음의 결산정리사항에 대하여 결산정리분개를 입력하여 결산을 완료하시오. **8점**

[1] 결산일 현재 재무상태표상 장기차입금(대구은행) 300,000,000원에 대한 만기가 2025년 2월 29일에 도래하여 만기일에 전액을 상환할 예정이다(단, 거래처를 입력할 것). **2점**

[2] 임원에게 일시적으로 자금을 대여하고 있으며, 당해 대여금에 대한 이자를 결산에 반영하려고 한다. 다음은 '가지급금 등의 인정이자 조정명세서(갑)'의 일부이다. 이를 참조하여 회계처리 하시오(단, 이자는 수취하지 않았다). **2점**

3. 당좌대출이자율에 따른 가지급금 등의 인정이자 조정

⑩ 성명	⑪ 적용 이자율 선택 방법	⑫ 가지급금 적수	⑬ 가수금 적수	⑭ 차감적수 (⑫－⑬)	⑮ 이자율	⑯ 인정이자 (⑮×⑭)	⑰ 회사 계상액	시가인정범위		⑳조정액 (＝⑱) ⑱≥3억 이거나 ⑲≥5%인 경우
								⑱ 차액 (⑯－⑰)	⑲ 비율(%) (⑱/⑯)×100	
김수영	㉮	108,000,000,000		108,000,000,000	4.6	13,610,958	13,610,958	0		
계										

[3] 기말 현재 (주)희서전자가 보유 중인 매도가능증권(시장성 있는 주식)은 장기투자목적으로 2023년 9월 8일에 취득한 것으로 관련 자료는 다음과 같다. 전기의 회계처리는 모두 적정하게 이루어졌다. 매도가능증권의 기말평가에 대한 회계처리를 하시오. **2점**

2023년 09월 08일 취득원가	2023년 12월 31일 공정가치	2024년 12월 31일 공정가치
5,000,000원	4,700,000원	5,200,000원

[4] 총무팀에서 사용 중인 차량에 대한 자동차 보험료(2024.10.01.~2025.09.30.) 1,200,000원을 10월 1일 지급하고 전액 비용처리 하였다(단, 보험료의 기간 배분은 월할계산하되, 음수로 입력하지 말 것). **2점**

04 원천징수와 관련된 다음의 물음에 답하시오. **10점**

[1] 다음은 영업팀의 사원 홍길산(사번 : 103)의 부양가족과 관련 자료이다. 본인의 세부담이 최소화되도록 [사원등록] 메뉴의 [부양가족명세] 탭에 부양가족을 입력(공제 대상이 아닌 경우 "부"로 입력)하시오. 단, 부양가족은 전부 생계를 같이 하고 있으며, 제시된 자료 외에는 없는 것으로 한다. **4점**

관계	성명(주민등록번호)	비고
본인	홍길산(751121-1111111)	세대주, 장애인복지법상 장애인이었으나 당해연도 중 완치가 되었다.
배우자	김옥순(780921-2111112)	가정불화로 인해 일시적으로 퇴거하여 별도로 거주 중이다.
부(父)	홍준호(450218-1111116)	부동산임대사업소득금액 800만원이 있다.
모(母)	정영자(470815-2111115)	은행이자소득 500만원과 일용근로소득 1,200만원이 있다.
자(子)	홍영수(060128-3111115)	고등학교 기숙사에 별도로 거주 중이다.
형(兄)	홍대산(730721-1111112)	장애인복지법상 장애인, 공공기관에서 근무하여 총급여 480만원이 있다.
장모(丈母)	마순영(530108-2111112)	올해 복권당첨소득 150만원이 있다.

[2] 비상장주식회사인 (주)희서전자는 소액주주인 거주자 김영태(주민등록번호 : 860208-1069514)씨에게 다음과 같이 배당소득을 지급하였다. 원천징수 대상 소득자를 [기타소득자등록] 하고, [이자배당소득자료]를 입력하시오. **2점**

소득자 코드번호	배당소득	소득지급일/영수일	비고
00100	5,000,000원	2024년 3월 31일	2024년 3월 4일 주주총회에서 결의한 2023년 귀속 이익잉여금처분계산서상 배당금을 지급한 것이다.

• 주어진 정보로만 등록 및 자료입력을 하기로 한다. 원천징수세율은 14%이다.

[3] 다음은 5월 귀속, 5월 31일 지급분에 대한 사업소득 및 기타소득 관련 자료이다. 이에 관한 자료입력을 하고, [원천징수이행상황신고서]를 작성하시오(단, 당사는 반기별 사업장이 아니며, 전월미환급세액은 200,000원이다). **4점**

소득종류	소득자	거주구분	소득구분	인원	지급액
사업소득	정성호	거주자	기타모집수당	1	5,000,000원
기타소득	정도원	거주자	일시강연료	1	3,000,000원

05 덕수기업(주)(회사코드:1071)은 자동차부품 제조 · 도매업 및 도급공사업을 영위하는 중소기업이며, 당해 사업연도(제15기)는 2024.1.1.~2024.12.31.이다. [법인조정] 메뉴를 이용하여 기장되어 있는 재무회계 장부 자료와 제시된 보충자료에 의하여 해당 사업연도의 세무조정을 하시오. **30점** ※ 회사 선택 시 유의하시오.

─〈 작성대상서식 〉─

1. 수입금액조정명세서, 조정후수입금액명세서
2. 선급비용명세서
3. 업무무관부동산등에관련한차입금이자조정명세서
4. 퇴직연금부담금등 조정명세서
5. 자본금과 적립금 조정명세서 (갑), (을)

[1] 아래의 자료를 이용하여 [수입금액조정명세서] 및 [조정후수입금액명세서]를 작성하고, 이와 관련된 세무조정을 [소득금액조정합계표및명세서]에 반영하시오. **6점**

1. 손익계산서상 수입금액
   • 상품매출(업종코드 : 503013) : 2,300,000,000원(수출매출액 300,000,000원 포함)
   • 제품매출(업종코드 : 343000) : 858,000,000원
2. 일부 상품매출액(공급가액 100,000,000원) 및 매출원가(70,000,000원)가 회계 담당 직원의 실수로 인하여 누락된 사실이 뒤늦게 발견되었다. 누락된 상품매출액은 손익계산서에 포함되어 있지 않지만, 법인세 신고 전에 이와 관련된 부가가치세 수정신고는 이미 완료하였다.
3. 부가가치세 과세표준에는 법인세법상 손익 귀속시기가 도래하지 않았지만, 부가가치세법상 적법한 세금계산서 발급 시기에 발급한 세금계산서(공급가액 20,000,000원, 세액 2,000,000원)가 포함되어있다.

PART 04

[2] 다음 자료를 이용하여 [선급비용명세서]를 작성하고, 관련 세무조정을 [소득금액조정합계표및명세서]에 반영하시오(단, 세무조정은 각각 건별로 행하는 것으로 한다). **6점**

1. 전기 자본금과적립금조정명세서(을)

사업 연도	2023.01.01.~ 2023.12.31.	자본금과적립금조정명세서(을)	법인명	덕수기업(주)

세무조정유보소득계산					
① 과목 또는 사항	② 기초잔액	당기 중 증감		⑤ 기말잔액	비고
		③ 감소	④ 증가		
선급비용	–	–	350,000원	350,000원	–

※ 전기분 선급비용 350,000원이 당기에 보험기간의 만기가 도래하였다.

2. 당기 보험료(선급비용) 내역

구분	보험기간	납부금액	거래처	비고
본사 화재보험	2024.07.01.~2025.06.30.	4,000,000원	(주)흥해보험	전액 보험료(판) 처리
공장 화재보험	2024.02.01.~2025.01.31.	2,400,000원	(주)경상보험	200,000원 선급비용 계상
생명보험	2024.05.01.~2025.04.30	4,800,000원	(주)살아보험	전액 보험료(판) 처리

※ 생명보험 납입액은 대표이사 배우자의 생명보험을 당사가 대납한 것이다.

[3] 다음 자료를 이용하여 [업무무관부동산등에관련한차입금이자조정명세서]를 작성하고, 관련 세무조정을 하시오. **6점**

(1) 손익계산서상 지급이자의 내역

금융기관	연이자율	지급이자	차입금적수	비고
A은행	10%	15,000,000원	54,750,000,000	
B은행	7%	14,000,000원	73,000,000,000	시설자금에 대한 차입금 전액으로 당기 말 현재 미완성 건물에 사용함
합계		29,000,000원	127,750,000,000	

(2) 2024년 5월 1일 회사는 대표이사에게 업무와 직접적인 관련이 없는 대여금 100,000,000원을 지급하고, 2024년 11월 30일 대여금 100,000,000원을 회수하였다(단, 별도의 이자는 수령하지 않음).

[4] 다음 자료를 이용하여 [퇴직연금부담금등조정명세서]를 작성하고, 이와 관련된 세무조정을 [소득금액조정합계표및명세서]에 반영하시오. 단, 당사는 확정급여형 퇴직연금에 가입하였으며, 장부상 퇴직급여충당부채 및 퇴직연금충당부채를 설정하지 않고 전액 신고조정에 의하여 손금산입하고 있다. **6점**

1. 퇴직급여추계액 : 기말 현재 임직원 전원 퇴사 시 퇴직급여추계액 275,000,000원
2. 퇴직연금 운용자산내역

퇴직연금운용자산

기초	105,000,000원	당기감소액	37,500,000원
불입	50,000,000원	기말	117,500,000원
	155,000,000원		155,000,000원

3. 당기 중 퇴직연금운용자산 감소분에 대한 회계처리는 다음과 같다.

(차) 퇴직급여(제) 37,500,000원   (대) 퇴직연금운용자산 37,500,000원

4. 퇴직연금운용자산 기초잔액과 관련하여 전기분 자본금과적립금조정명세서(을)에 퇴직연금충당부채 105,000,000원(△유보)이 있다.

[5] 다음 자료를 참고하여 당기 [자본금과적립금조정명세표(갑)]과 [자본금과적립금조정명세표(을)]을 작성하시오(단, 기존자료 및 다른 문제의 내용은 무시하고 아래의 자료만을 이용하고, 세무조정은 생략한다). **6점**

1. 재무상태표 요약(자본금과 이익잉여금은 당기 중 감소 없이 증가만 있었다.)

전기말 요약 재무상태표			당기말 요약 재무상태표		
	자본금	100,000,000원		자본금	300,000,000원
	이익잉여금	320,000,000원		이익잉여금	420,000,000원
계	계	420,000,000원	계	계	720,000,000원

2. 기타

   1. 전기 말 자본금과적립금조정명세서(을) 잔액은 다음과 같다.
      (1) 대손충당금 한도초과액 4,000,000원
      (2) 단기매매증권평가손실 중 손금부인액 2,000,000원
      (3) 재고자산평가감 3,000,000원
   2. 당기 중 유보금액 변동내역은 다음과 같다.
      (1) 당기 대손충당금 한도초과액은 7,000,000원이다.
      (2) 단기매매증권평가손실 중 손금불산입 유보발생액은 1,000,000원이다.
      (3) 전기 말에 평가감된 재고자산은 당기 중에 모두 판매되었고, 당기 말에는 재고자산평가감이 발생하지 아니하였다.

06 | 전산세무 1급 108회 기출문제 (이론 + 실무)

이론시험

※ 다음 문제를 보고 알맞은 것을 골라 │이론문제 답안작성│ 메뉴에 입력하시오.
(객관식 문항당 2점)

〈 기본전제 〉

문제에서 한국채택국제회계기준을 적용하도록 하는 전제조건이 없는 경우, 일반기업회계기준을 적용한다.

01 다음 중 일반기업회계기준의 재무제표의 작성과 표시에 대한 설명으로 틀린 것은?

① 자산, 부채, 자본 중 중요한 항목은 재무상태표 본문에 별도 항목으로 구분하여 표시한다. 다만 중요하지 않은 항목은 성격 또는 기능이 유사한 항목에 통합하여 표시할 수 있으며 통합할 적절한 항목이 없는 경우에는 기타항목으로 통합할 수 있다.

② 자산과 부채는 원칙적으로 상계하여 표시하지 않는다. 다만, 기업이 채권과 채무를 상계할 수 있는 법적 구속력 있는 권리를 가지고 있고, 채권과 채무를 순액기준으로 결제하거나 채권과 채무를 동시에 결제할 의도가 있다면 상계하여 표시한다.

③ 정상적인 영업주기 내에 판매(소멸)되거나 사용되는 재고자산과 회수(지급)되는 매출채권(매입채무) 등은 보고기간 종료일로부터 1년 이내에 실현되지 않으면 유동자산(유동부채)으로 분류하여 표시할 수 없다.

④ 자산과 부채는 현금화 가능성이 높은 순서(유동성이 큰 항목)로 배열하는 것이 원칙이며, 잉여금은 자본거래(자본잉여금)와 손익거래(이익잉여금)로 구분표시 한다.

02 다음 중 일반기업회계기준상 재고자산에 대한 설명으로 가장 틀린 것은?

① 금융기관 등으로부터 자금을 차입하고 그 담보로 제공된 저당상품은 담보제공자의 재고자산이다.

② 위탁매매계약을 체결하고 수탁자가 위탁자에게서 받은 적송품은 수탁자의 재고자산이다.

③ 매입자가 일정기간 사용한 후에 매입여부를 결정하는 조건으로 판매한 시송품은 매입자가 매입의사표시를 하기 전까지는 판매자의 재고자산이다.

④ Usance Bill 또는 D/A Bill과 같이 연불조건으로 원자재를 수입하는 경우에 발생하는 이자는 차입원가로 처리한다.

03 다음 중 일반기업회계기준에 따른 수익 인식기준으로 옳은 것은?

① 상품권 수익은 상품권을 판매한 시점에 수익으로 인식한다.
② 수강료는 용역제공 완료시점, 즉 강의 종료일에 수익을 인식한다.
③ 장기할부판매의 경우에는 기간에 걸쳐 수익으로 인식한다.
④ 수출업무를 대행만 하는 종합상사는 판매수수료만을 수익으로 인식한다.

04 다음은 기말 자본의 일부분이다. 기말 재무상태표에 표시될 자본항목과 그 금액으로 틀린 것은?

• 감자차익	500,000원
• 보통주자본금	10,000,000원
• 이익준비금	1,000,000원
• 우선주자본금	5,000,000원
• 자기주식처분이익	1,000,000원
• 매도가능증권평가이익	300,000원
• 임의적립금	500,000원
• 미교부주식배당금	3,000,000원

① 자본금 15,000,000원
② 자본잉여금 1,500,000원
③ 자본조정 300,000원
④ 이익잉여금 1,500,000원

05 다음 중 부채에 대한 설명으로 가장 옳은 것은?

① 경제적효익이 내재된 자원이 기업에 유입됨으로써 이행될 것으로 기대되는 현재의 의무이다.

② 부채의 정의를 충족하고, 신뢰성 있게 추정된다면 부채로 인식한다.
③ 2년 기준으로 유동부채, 비유동부채로 분류할 수 있다.
④ 당해 의무를 이행하기 위하여 자원이 유출될 가능성이 매우 높은 충당부채는 주석에 기재한다.

06 (주)데코의 당기 직접노무원가에 관한 내용이 다음과 같을 경우, 직접노무원가 능률차이는 얼마인가?

• 실제 직접노동시간	50,000시간
• 직접노무원가 임률차이	200,000원(유리)
• 표준 직접노동시간	48,000시간
• 실제 직접노무원가 발생액	2,800,000원

① 120,000원 유리
② 120,000원 불리
③ 504,000원 유리
④ 504,000원 불리

07 (주)한도제철은 동일한 원재료를 투입하여 단일공정에서 제품 A, B, C 세 가지의 등급품을 생산하고 있다. 세 가지 제품에 공통으로 투입된 결합원가가 128,000원이라고 할 때, 아래의 자료를 바탕으로 순실현가치법에 의하여 제품 A에 배분될 결합원가는 얼마인가?

구분	A	B	C
생산량	200개	400개	300개
분리점에서의 단위당 판매가격	@400원	@300원	@200원
추가가공원가	60,000원		
단위당 최종 판매가격	@1,000원		

① 24,000원   ② 48,000원
③ 56,000원   ④ 80,000원

08 다음 중 개별원가계산에 대한 설명으로 가장 옳은 것을 고르시오.

① 단계배분법을 적용할 경우, 배분이 끝난 보조부문에는 다시 원가를 배분하면 안 된다.
② 제조간접원가를 배부할 때 공장전체배부율을 적용하면 더욱 정확하게 보조부문원가를 배분할 수 있는 장점이 있다.
③ 제조원가 배분기준을 선택할 때는 원가의 상관관계보다 주주의 이익을 먼저 고려해야 한다.
④ 상호배분법은 배분순서를 고려하면 더욱 정확한 결과를 얻을 수 있다.

09 다음 중 표준원가계산에 대한 설명으로 옳지 않은 것은?

① 예산과 실제원가의 차이분석을 통하여 효율적인 원가통제의 정보를 제공한다.
② 기말에 원가차이를 매출원가에서 조정할 경우, 불리한 차이는 매출원가에 가산하고 유리한 차이는 매출원가에서 차감한다.
③ 표준원가계산은 기업이 연초에 수립한 계획을 수치화하여 예산편성을 하는 기초가 된다.
④ 표준원가계산을 선택한 경우에는 실제원가와 상관없이 표준원가로 계산한 재고자산의 금액을 재무상태표상 금액으로 결정하여야 한다.

10 부산상사는 직접노동시간을 기준으로 제조간접원가를 예정배부하고 있다. 당기 제조간접원가 예산액은 5,000,000원이며, 실제 발생액은 5,200,000원이다. 예산조업도는 1,000,000시간이며, 실제조업도는 1,300,000시간이다. 당기의 제조간접원가 배부차액은 얼마인가?

① 1,200,000원 (과대배부)
② 1,300,000원 (과대배부)
③ 1,200,000원 (과소배부)
④ 1,300,000원 (과소배부)

11 다음은 세금과공과금을 나열한 것이다. 다음 중 법인세법상 손금불산입 항목은 모두 몇 개인가?

- 업무무관자산의 재산세
- 폐수배출부담금
- 국민연금 사용자 부담분
- 교통사고벌과금
- 법인 사업소분 주민세
- 지급명세서미제출가산세

① 2개   ② 3개
③ 4개   ④ 5개

12 다음 중 법인세법상 결손금과 이월결손금에 대한 설명으로 가장 옳지 않은 것은?

① 이월결손금을 공제할 때는 먼저 발생한 사업연도의 결손금부터 순차적으로 공제한다.

② 원칙적으로 중소기업은 법정요건을 충족하면 당기의 결손금에 대하여 직전 사업연도의 소득에 과세된 법인세액을 한도로 소급 공제하여 법인세액을 환급받을 수 있다.

③ 천재지변 등의 사유로 인해 장부·기타 자료가 멸실된 경우를 제외하고는 당해연도의 소득금액을 추계결정할 경우 원칙적으로 이월결손금을 공제하지 않는다.

④ 2024년 사업연도에 발생한 결손금은 10년간 이월하여 공제할 수 있다.

13 다음 중 소득세법상 성실신고확인서 제출사업자가 적용받을 수 없는 세액공제는 무엇인가? (단, 공제요건은 모두 충족하는 것으로 가정한다.)

① 보험료 세액공제
② 의료비 세액공제
③ 교육비 세액공제
④ 월세 세액공제

14 다음 중 부가가치세법상 납세의무에 대한 설명으로 가장 잘못된 것은?

① 청산 중에 있는 내국법인은 계속등기 여부에 불구하고 사실상 사업을 계속하는 경우 납세의무가 있다.

② 영리 목적 없이 사업상 독립적으로 용역을 공급하는 자도 납세의무자에 해당한다.

③ 사업자가 아닌 자가 부가가치세가 과세되는 재화를 개인적 용도로 사용하기 위해 수입하는 경우에는 부가가치세 납세의무가 없다.

④ 부가가치세는 납세의무자와 실질적인 담세자가 일치하지 않는 간접세이다.

15 다음 중 부가가치세법상 공제받지 못할 매입세액이 아닌 것은?

① 공급시기가 속하는 과세기간이 끝난 후 20일 이내에 사업자등록을 신청한 경우 그 공급시기의 매입세액
② 업무무관자산 취득과 관련한 매입세액
③ 비영업용 소형승용차의 구입과 임차 및 유지에 관한 매입세액
④ 건축물이 있는 토지를 취득하여 그 건축물을 철거하여 토지만을 사용하는 경우에 철거한 건축물의 철거비용 관련된 매입세액

÷ 실무시험 ÷

※ (주)한국전자(회사코드:1080)는 부동산임대업 및 제조·도소매업을 영위하는 중소기업이며, 당기(제12기) 회계기간은 2024.1.1.~2024.12.31.이다. 전산세무회계 수험용 프로그램을 이용하여 다음 물음에 답하시오.

─〈 기본전제 〉─

· 문제에서 한국채택국제회계기준을 적용하도록 하는 전제조건이 없는 경우, 일반기업회계기준을 적용하여 회계처리 한다.
· 문제의 풀이와 답안작성은 제시된 문제의 순서대로 진행한다.

01 다음 거래에 대하여 적절한 회계처리를 하시오. `12점`

─〈 입력 시 유의사항 〉─

· 일반적인 적요의 입력은 생략하지만, 타계정 대체거래는 적요 번호를 선택하여 입력한다.
· 세금계산서·계산서 수수 거래 및 채권·채무 관련 거래는 별도의 요구가 없는 한 반드시 기등록된 거래처코드를 선택하는 방법으로 거래처명을 입력한다.
· 제조경비는 500번대 계정코드를, 판매비와관리비는 800번대 계정코드를 사용한다.
· 회계처리 시 계정과목은 등록된 계정과목 중 가장 적절한 과목으로 한다.
· 매입매출전표를 입력하는 경우 입력화면 하단의 분개까지 처리하고, 세금계산서 및 계산서는 전자 여부를 입력하여 반영한다.

[1] 3월 5일 단기매매 목적으로 주권상장법인인 (주)순양물산의 보통주 2,000주를 주당 5,000원에 취득하고, 대금은 증권거래수수료 50,000원과 함께 현금으로 지급하였다. `3점`

[2] 7월 30일 (주)아름전자에 제품을 판매하고 다음과 같이 세금계산서를 발급하였다. 대금은 6월 30일에 선수금으로 2,000,000원을 받았으며, 나머지는 외상으로 하였다. `3점`

	전자세금계산서				승인번호		20240730-15454645-58811886		
공급자	등록번호	105-81-23608	종사업장번호		공급받는자	등록번호	126-87-10121	종사업장번호	
	상호(법인명)	㈜한국전자	성명	김한국		상호(법인명)	㈜아름전자	성명	한아름
	사업장주소	충청남도 천안시 동남구 가마골1길 5				사업장주소	경기도 이천시 가좌로1번길 21-26		
	업태	제조 외	종목	자동차부품		업태	제조	종목	전자제품
	이메일					이메일			
작성일자		공급가액		세액		수정사유		비고	
2024-07-30		20,000,000원		2,000,000원		해당 없음			
월	일	품목	규격	수량	단가		공급가액	세액	비고
07	30	부품					20,000,000원	2,000,000원	
합계금액		현금		수표		어음	외상미수금	이 금액을 (청구)함	
22,000,000원		2,000,000원					20,000,000원		

[3] 8월 20일 당사의 제품 제조에 사용 중인 리스자산(기계장치)의 운용리스계약이 만료되어 리스 자산(기계장치)을 인수하고 아래의 같이 전자계산서를 발급받았다. 인수대금은 리스 보증금 20,000,000원을 차감한 금액을 보통예금 계좌에서 이체하였다. 3점

전자계산서

						승인번호		20240820 – 15454645 – 58811886	
공급자	사업자 등록번호	111-81-12348	종사업장 번호		공급받는자	사업자 등록번호	105-81-23608	종사업장 번호	
	상호(법인명)	㈜현대파이낸셜	성명(대표자)	데이비드 웹		상호(법인명)	㈜한국전자	성명	김한국
	사업장주소	서울특별시 중구 도산대로 1212				사업장주소	충청남도 천안시 동남구 가마골1길 5		
	업 태	금융업	종 목	리스		업 태	제조	종 목	자동차부품
	이메일					이메일			
						이메일			

작성일자	공급가액	수정사유	비고		
2024-08-20	48,500,000원	해당 없음			

월	일	품 목	규 격	수 량	단 가	공급가액	비 고
08	20	기계장치		1	48,500,000원	48,500,000원	

[4] 8월 30일 당사가 보유 중인 매도가능증권(보통주 15,000주, 주당 액면가액 5,000원, 주당 장부가액 7,000원)에 대하여 현금배당(1주당 100원)과 주식배당을 아래와 같이 지급받았으며, 현금배당은 보통예금 계좌로 입금되었다. 3점

구분	수령액	1주당 공정가치	1주당 발행가액
현금배당	1,500,000원		
주식배당	보통주 1,000주	6,000원	5,000원

02 다음 주어진 요구사항에 따라 부가가치세신고서 및 부속서류를 작성하시오. **10점**

[1] 당사는 다음과 같은 부동산 임대차계약서를 작성하고 이와 관련된 전자세금계산서를 기한 내에 모두 발급하였다고 가정한다. 이를 바탕으로 2024년 제1기 부가가치세 예정신고기간 (2024.1.1.~2024.3.31.)의 [부동산임대공급가액명세서] 및 [부가가치세신고서]를 작성하시 오(단, 간주임대료에 대한 정기예금이자율은 3.5%로 가정하며, 불러온 자료는 무시하고, 과 표명세의 작성은 생략할 것). **6점**

부동산임대차계약서						■ 임 대 인 용 □ 임 차 인 용 □ 사 무 소 보 관 용	
부동산의 표시	소재지	경기도 이천시 가좌로1번길 21-26 1층					
	구조	철근콘크리트조	용도	공장	면적	80 m² 평	
	보증금	금 60,000,000원정		월세 1,800,000원정(VAT 별도)			

제1조 위 부동산의 임대인과 임차인의 합의 하에 아래와 같이 계약함.
제2조 위 부동산의 임대차에 있어 임차인은 보증금을 아래와 같이 지불키로 함.

계 약 금	6,000,000 원정은 계약 시에 지불하고
중 도 금	원정은 년 월 일 지불하며
잔 금	54,000,000 원정은 2024 년 2월 1 일 중개업자 입회 하에 지불함.

제3조 위 부동산의 명도는 2024 년 2 월 1 일로 함.
제4조 임대차기간은 2024 년 2 월 1 일부터 2026 년 1 월 31 일까지로 함.
제5조 월세액은 매 월 (말)일에 지불키로 하되, 만약 기일 내에 지불하지 못할 시에는 보증금에서 공제 키로 함.
제6조 임차인은 임대인의 승인 하에 계약 대상물을 개축 또는 변조할 수 있으나, 명도 시에는 임차인이 비용 일체를 부담하여 원상복구 하여야 함.
제7조 임대인과 중개업자는 별첨 중개물건 확인설명서를 작성하여 서명·날인하고 임차인은 이를 확인·수령함.
다만, 임대인은 중개물건 확인설명에 필요한 자료를 중개업자에게 제공하거나 자료수집에 따른 법령에 규정한 실비를 지급하고 대행케 하여야 함.
제8조 본 계약에 대하여 임대인의 위약 시는 계약금의 배액을 변상하며, 임차인의 위약 시는 계약금은 무효로 하고 반환을 청구할 수 없음.
제9조 부동산중개업법 제20조 규정에 의하여 중개료는 계약 당시 쌍방에서 법정수수료를 중개인에게 각 각 지불하여야 함.

위 계약조건을 확실히 하고 후일에 증하기 위하여 본 계약서를 작성하고 각 1통씩 보관한다.
2023 년 12 월 26 일

임 대 인	주 소	충청남도 천안시 동남구 가마골1길 5					
	사업자등록번호	105-81-23608	전화번호	031-826-6034	성 명	㈜한국전자	㊞
임 차 인	주 소	경기도 고양시 성사동 12					
	사업자등록번호	132-25-99050	전화번호	010-4261-6314	성 명	고양기전	㊞
중개업자	주 소	경기도 이천시 부악로 12			허가번호	XX-XXX-XXX	
	상 호	이천 공인중개사무소	전화번호	031-1234-6655	성 명	박이천	㊞

[2] 다음 자료를 이용하여 2024년 제2기 부가가치세 확정신고기간의 [신용카드매출전표등수령명세서]를 작성하시오. 단, 모든 거래는 대표이사의 개인명의 신용카드(우리카드, 1234-5522-1111-4562)로 결제하였다. **2점**

거래일자	거래처명 (사업자등록번호)	공급대가	거래목적	업종	과세유형
10월 15일	한국문구 (123-11-12348)	22,000원	사무용품 구입	소매/문구	간이과세자 (세금계산서 발급가능)
10월 21일	한국철도공사 (314-82-10024)	33,000원	서울지사출장	여객운송	일반과세자
11월 08일	삼성디지털프라자 (617-81-17517)	1,650,000원	거래처 선물	도소매	일반과세자
12월 24일	밥도시락 (512-12-15237)	275,000원	당사 직원 점심식대	음식점업	일반과세자

[3] 당사는 수출용 원자재를 (주)삼진에게 공급하고 구매확인서를 받았다. 다음의 구매확인서를 참조하여 2024년 제1기 부가가치세 확정신고기간의 [내국신용장·구매확인서전자발급명세서]와 [영세율매출명세서]를 작성하시오(단, 회계처리는 생략할 것). **2점**

외화획득용원료·기재구매확인서

※ 구매확인서번호 : PKT202400621365

(1) 구매자 (상호) ㈜삼진
　　　　 (주소) 인천시 부평구 부평대로 11
　　　　 (성명) 문대원
　　　　 (사업자등록번호) 201-81-01218

(2) 공급자 (상호) ㈜한국전자
　　　　 (주소) 충청남도 천안시 동남구 가마골1길 5
　　　　 (성명) 김한국
　　　　 (사업자등록번호) 105-81-23608

1. 구매원료의 내용

(3) HS부호	(4) 품명 및 규격	(5) 단위수량	(6) 구매일	(7) 단가	(8) 금액	(9) 비고
6243550000	t	50 DPR	2024-05-31	USD 6,000	USD 300,000	
TOTAL		50 DPR			USD 300,000	

2. 세금계산서(외화획득용 원료·기재를 구매한 자가 신청하는 경우에만 기재)

(10) 세금계산서번호	(11) 작성일자	(12) 공급가액	(13) 세액	(14) 품목	(15) 규격	(16) 수량
20240531100000084352462	2024.05.31.	393,000,000원	0원			

(17) 구매원료·기재의 용도명세 : 원자재

위의 사항을 대외무역법 제18조에 따라 확인합니다.

확인일자　　2024년 06월 07일
확인기관　　한국무역정보통신
전자서명　　1301703632

제출자 : ㈜삼진 (인)

03 다음의 결산정리사항에 대하여 결산정리분개를 입력하여 결산을 완료하시오. 8점

[1] 9월 1일에 현금으로 수령한 이자수익 중 차기연도에 속하는 이자수익 3,000,000원이 포함되어 있다(단, 회계처리 시 음수로 입력하지 말 것). 2점

[2] 다음은 제2기 부가가치세 확정신고기간의 자료이다. 12월 31일 현재 부가세예수금과 부가세대급금의 정리분개를 수행하시오(납부세액인 경우에는 미지급세금, 환급세액인 경우에는 미수금으로 처리할 것). 2점

- 부가세예수금 25,700,000원
- 부가세대급금 20,800,000원
- 부가가치세 가산세 500,000원
- 예정신고 미환급세액 3,000,000원

[3] 2024년 초 소모품 3,000,000원을 구입하고, 전액 소모품 계정으로 회계처리하였다. 기말 현재 소모품 잔액을 확인해보니 200,000원이 남아있었다. 소모품 사용액 중 40%는 영업부에서 사용하고, 나머지 60%는 생산부에서 사용한 것으로 확인되었다(단, 회계처리 시 음수로 입력하지 말 것). 2점

[4] 7월 1일에 제조공장에서 사용할 기계장치를 200,000,000원(기계장치 취득용 국고보조금 100,000,000원 수령)에 취득하였다. 기계장치의 내용연수는 5년, 잔존가치는 없으며, 정액법으로 상각한다. 해당 기계장치에 대한 감가상각비를 계상하시오(단, 월할상각하고, 음수로 입력하지 말 것). 2점

04 원천징수와 관련된 다음의 물음에 답하시오. 10점

[1] 다음은 기타소득에 대한 원천징수 관련 자료이다. 관련 메뉴를 이용하여 아래의 자료를 입력하고, 원천징수이행상황신고서를 작성하시오(단 세부담 최소화를 가정한다). 3점

※ 다음의 기타소득은 모두 5월 3일에 원천징수 후 지급하였다.
1. 정진우(코드 : 101, 국적 : 대한민국, 거주자, 주민등록번호 : 830521-1589635, 고용관계 없음)
 • 일시적으로 지급한 원고료(문예창작소득에 해당)
 • 수입금액 : 1,000,000원(필요경비는 확인 불가)
2. 김여울(코드 : 201, 국적 : 대한민국, 거주자, 주민등록번호 : 660912-1532651, 고용관계 없음)
 • 산업재산권 대여료(기타소득)
 • 수입금액 : 1,500,000원(입증되는 필요경비 1,000,000원)

[2] 다음은 영업부 사원 고민수(사번 : 150, 입사연월일 : 2024년 10월 1일)의 연말정산 관련 자료이다. 당사가 지급한 2024년 귀속 총급여액은 9,200,000원이다. 고민수의 세부담이 최소화되는 방향으로 [연말정산추가자료입력] 메뉴를 이용하여 연말정산을 완료하시오. 7점

1. 고민수의 급여현황

종전근무지	근무기간	총급여액	공제금액
㈜진양물산 (150-87-00121)	2024.01.01. ~ 2024.08.31	35,000,000원	국민연금보험료 1,500,000원 국민건강보험료 1,280,000원 장기요양보험료 256,000원 고용보험료 350,000원 소득세 300,000원 지방소득세 30,000원

2. 부양가족현황(기본공제대상자가 아닌 경우에도 "부"로 등록할 것)

관계	나이	성명(주민등록번호)	비고
본인	29세	고민수(951021-1841215)	중소기업 근로자, 무주택 세대주
부	63세	고양철(611012-1146513)	부동산양도소득금액 500,000원, 이자소득금액 35,000,000원
모	62세	김순자(620115-2845412)	일용근로소득금액 10,000,000원
형제	32세	고민율(920105-1825413)	「장애인복지법」상 장애인, 총급여액 4,500,000원

3. 연말정산자료(모두 국세청 연말정산간소화서비스에서 조회한 자료이다)

구분	내역
보험료	• 고민수 : 자동차보험료 600,000원 • 고민율 : 장애인전용보장성보험료 700,000원
교육비	• 고민수 : 직업능력개발훈련시설 수강료 1,500,000원(근로자 수강지원금 500,000원) • 김순자 : 대학교 등록금 3,000,000원 • 고민율 : 장애인 특수교육비 1,000,000원
의료비	• 고민수 : 라식(레이저각막절삭술) 수술비 3,000,000원 • 고민율 : 병원 간병비용 300,000원
월세액	• 임대인 : 김아라(701210-2175453) • 계약면적 : 52㎡ • 유형 : 오피스텔 • 기준시가 : 3억원 • 임대기간 : 2024년 1월 1일~2025년 12월 31일 • 연간 월세액 : 8,400,000원 • 주소지 : 충청남도 천안시 동남구 가마골길 10, 102호
주택마련저축 & 퇴직연금	• 주택청약저축(㈜국민은행, 계좌번호 1024521421) 납입금액 : 2,400,000원 • 퇴직연금(㈜신한은행, 계좌번호 110121050) 납입금액 : 1,000,000원 ※ 위 주택청약저축과 퇴직연금은 모두 고민수 본인이 계약하고 납부한 것이다.

05 (주)한양상사(회사코드:1081)는 전자응용기계 등의 제조ㆍ도매업 및 도급공사업을 영위하는 중소기업이며, 당해 사업연도(제19기)는 2024.1.1.~2024.12.31.이다. [법인조정] 메뉴를 이용하여 기장되어 있는 재무회계 장부 자료와 제시된 보충자료에 의하여 해당 사업연도의 세무조정을 하시오. **30점** ※ 회사 선택 시 유의하시오.

〈 작성대상서식 〉

1. 소득금액조정합계표및명세서
2. 기부금조정명세서
3. 업무용승용차관련비용명세서
4. 가지급금등의인정이자조정명세서
5. 퇴직연금부담금등조정명세서

[1] 다음의 자료를 보고 필요한 세무조정을 [소득금액조정합계표및명세서]에 반영하시오. **6점**

〈손익계산서 자료〉

계정과목	금액	내용
기업업무추진비	58,000,000원	• 모두 적격증명서류를 수취하였음 • 대표이사의 개인적인 지출분 5,000,000원 포함 • 세법상 기업업무추진비 한도액 43,000,000원
감가상각비 (A기계장치)	7,000,000원	• 전기 감가상각부인액 1,000,000원이 있음 • 세법상 당기 감가상각범위액 9,000,000원
법인세비용	23,000,000원	• 본사 사옥에 대한 재산세 납부액 3,000,000원이 포함됨

[2] 다음 자료를 이용하여 [기부금조정명세서]의 [1. 기부금입력] 탭과 [2. 기부금 조정] 탭을 작성하시오(단, 기부처의 사업자번호 입력은 생략할 것). **6점**

1. 기부금 등 관련 내역

발생일	금액	지출처	내용
03월 02일	100,000,000원	특례기부금단체	사립대학교 장학금
08월 19일	20,000,000원	특례기부금단체	국방부 헌금
12월 24일	15,000,000원	일반기부금단체	종교단체 기부금

※ 특례기부금은 법인세법 제24조 제2항 1호, 일반기부금은 법인세법 제24조 제3항 1호에 해당한다.

2. 법인세과세표준 및 세액조정계산서상 차가감소득금액은 다음과 같이 가정한다.

결산서상 당기순손익		100,000,000원
소득조정 금액	익금산입	120,000,000원
	손금산입	110,000,000원

※ 기부금에 대한 세무조정 전 금액이다.

3. 2022년도에 발생한 세무상 이월결손금 잔액 15,000,000원이 있다.

[3] 다음은 (주)한양상사의 당해연도(2024.01.01.~2024.12.31.) 업무용승용차 관련 자료이다. 아래의 제시된 자료만 반영하여 [업무용승용차등록]과 [업무용승용차관련비용명세서]를 작성하고 관련 세무조정을 반영하시오. **6점**

차종	아폴로	카이10
코드	101	102
차량번호	382수3838	160우8325
취득일자	2024.03.10.	2022.01.01.
경비구분	800번대	800번대
사용자 직책	대표이사	부장
임차여부	자가	자가
업무전용자동차 보험가입여부	가입(2024.04.10. ~ 2025.04.10.)	가입(2024.01.01. ~ 2024.12.31.)
운행기록부작성	여	여
출퇴근사용여부	여	여
업무사용거리/총 주행거리	22,000km/22,000km	15,000km/15,000km
취득가액	75,000,000원	40,000,000원
업무용 승용차 관련비용 (2024년 귀속분)	감가상각비 11,250,000원 유류비 3,200,000원 자동차세 800,000원 보험료 1,500,000원	감가상각비 8,000,000원 유류비 2,000,000원 자동차세 450,000원 보험료 1,100,000원

※ 2024년 12월 31일에 160우8325 차량(카이10)을 6,000,000원(공급가액)에 처분하였고, 세금계산서는 적법하게 발급하였다. 처분일 현재 감가상각누계액은 24,000,000원이고, 업무용승용차처분손실은 10,000,000원이다.

[4] 다음의 자료를 이용하여 [가지급금등인정이자조정명세서]를 작성하고 관련 세무조정을 [소득금액조정합계표및명세서]에 반영하시오. **6점**

(1) 차입금의 내용

이자율	차입금	연간 지급이자	비고
연 12%	40,000,000원	4,800,000원	특수관계인으로부터의 차입금
연 9%	30,000,000원	2,700,000원	비특수관계인(순양은행)으로부터의 차입금
연 7%	20,000,000원	1,400,000원	비특수관계인(순양은행)으로부터의 차입금
계	90,000,000원	8,900,000원	

※ 모두 장기차입금으로서 전년도에서 이월된 자료이다.

(2) 2024.12.31. 현재 업무무관 가지급금 및 관련 이자수령 내역은 다음과 같다.

직책	성명	금전대여일	가지급금	약정이자율	이자수령액 (이자수익계상)
대표이사	정삼진	2023.06.13.	20,000,000원	무상	0원

(3) 가중평균차입이율로 계산할 것.

[5] 다음 자료를 이용하여 [퇴직연금부담금등조정명세서]를 작성하고, 관련된 세무조정을 [소득금액조정합계표및명세서]에 반영하시오. 당사는 확정급여형 퇴직연금에 가입하였으며, 전액 신고조정에 의하여 손금산입하고 있다. **6점**

퇴직급여충당금 변동내역	• 전기이월 : 40,000,000원(전기말 현재 한도초과부인액 7,000,000원 있음) • 설정 : 0원			
퇴직급여추계액 내역	• 결산일 현재 정관 및 사규에 의한 임직원 퇴직급여추계액 : 100,000,000원 • 결산일 현재 근로자퇴직급여보장법에 의한 임직원 퇴직급여추계액 : 50,000,000원			
퇴직연금운용자산 변동내역	**퇴직연금운용자산**			
	기초잔액 당기납부액	70,000,000원 20,000,000원	당기감소액 기말잔액	40,000,000원 50,000,000원
		90,000,000원		90,000,000원
퇴직연금부담금 내역	• 전기자본금과적립금조정명세서(을) 기말잔액에는 퇴직연금부담금 70,000,000원(△유보)가 있다. • 이 중 사업연도에 퇴직자에게 지급한 퇴직연금은 40,000,000원이며 퇴직급여 (비용)로 회계처리하였다.			

07 | 전산세무 1급 109회 기출문제 (이론 + 실무)

✦ 이론시험 ✦

※ 다음 문제를 보고 알맞은 것을 골라 이론문제 답안작성 메뉴에 입력하시오.
(객관식 문항당 2점)

⟨ 기본전제 ⟩

문제에서 한국채택국제회계기준을 적용하도록 하는 전제조건이 없는 경우, 일반기업회계기준을 적용한다.

01 다음 중 일반기업회계기준상 유형자산에 관한 설명으로 틀린 것은?

① 자산에서 발생하는 미래 경제적 효익이 기업에 유입될 가능성이 매우 높은 경우 유형자산으로 인식한다.

② 유형자산을 가동하기 위해 필요한 장소와 상태에 이르게 하는 데 직접 관련된 원가를 포함하여 취득원가를 산출한다.

③ 유형자산인 건물의 구입 즉시 지출한 내부 관리비용, 청소비용도 유형자산의 취득원가이다.

④ 1년 이상 소요되는 유형자산 건설에 사용된 차입원가는 기간비용으로 처리하는 것이 원칙이나, 일반기업회계기준상 자본화 대상 요건을 충족하면 당해 자산의 취득원가에 산입한다.

02 다음 중 일반기업회계기준상 자본에 관한 설명으로 옳지 않은 것은?

① 기업이 현물을 제공받고 주식을 발행하는 경우에는 특별한 경우가 아니면 제공받은 현물의 공정가치를 주식의 발행금액으로 한다.

② 지분상품을 발행하거나 취득하는 과정에서 발생한 등록비 및 기타 규제 관련 수수료, 법률 및 회계자문 수수료, 주권인쇄비 및 인지세와 같은 여러 가지 비용은 당기손익으로 인식한다.

③ 청약기일이 경과된 신주청약증거금은 신주납입액으로 충당될 금액을 자본조정으로 회계처리하며, 주식을 발행하는 시점에서 자본금과 자본잉여금으로 회계처리 한다.

④ 자본잉여금 또는 이익잉여금을 자본금에 전입하여 기존의 주주에게 무상으로 신주를 발행하는 경우에는 주식의 액면금액을 주식의 발행금액으로 한다.

03 다음 중 사채에 관한 설명으로 틀린 것은?

① 사채 액면금액의 차감 계정인 사채할인발행차금에 대해 유효이자율법을 적용하여 상각하고, 그 금액을 이자비용에 가산하도록 규정한다.

② 발행자의 입장에서 사채는 비유동부채로 분류한다.

③ 사채발행비란 사채를 발행하는데 직접 소요된 지출을 말하며, 사채발행가액에서 직접 차감한다.

④ 사채의 조기 상환 시 현금상환액보다 장부금액이 큰 경우 사채상환손실(영업외비용)로 처리한다.

04 2024년 12월 31일 결산일 현재 창고에 있는 기말재고자산을 실사한 결과, 창고에 보관 중인 기말재고자산은 20,000,000원으로 확인되었다. 다음의 추가사항을 고려하여 정확한 기말재고자산을 계산하면 얼마인가?

- FOB 선적지인도기준에 의하여 매입한 상품 중 결산일 현재 운송 중인 상품 : 4,000,000원
- 결산일 현재 적송품 3,000,000원 중 60%는 수탁자가 판매하지 아니하고 보관 중이다.
- 시용매출을 위하여 고객에게 인도한 상품 6,000,000원 중 고객이 구입의사를 표시한 상품은 4,000,000원이다.
- 당해 회사가 수탁판매를 위하여 창고에 보관하고 있는 미판매 수탁상품 : 5,000,000원

① 22,200,000원
② 22,800,000원
③ 23,000,000원
④ 24,000,000원

05 다음 중 일반기업회계기준에 따른 회계변경에 대한 설명으로 가장 틀린 것은?

① 세법 개정으로 회계처리를 변경해야 하는 경우는 정당한 회계변경이 아니다.

② 회계변경 중 회계정책의 변경은 회계방법이 변경되는 것이므로 소급법을 적용한다.

③ 회계정책의 변경에 따른 누적효과를 합리적으로 결정하기 어려우면 소급법으로 적용한다.

④ 회계추정의 변경은 전진적으로 처리하여 당기와 미래기간에 반영시키는 방법이다.

06 다음 중 공손에 대한 설명으로 옳지 않은 것은?

① 비정상공손은 정상적이고 효율적인 상황에서는 발생되지 않는 것으로 작업자의 부주의나 생산계획의 미비 등으로 인하여 발생되는 것이므로 영업외비용으로 처리한다.

② 정상공손은 효율적인 생산과정에서도 발생하는 공손으로 원가성이 있다고 본다.

③ 공손품 수량을 파악하는 것은 원가관리와 통제를 위한 것이다.

④ 공손품은 생산에 사용된 원재료로부터 남아 있는 찌꺼기나 조각을 말하는데 판매가치가 거의 없다.

07 다음 중 표준원가계산과 관련된 설명으로 옳지 않은 것은?

① 표준원가계산은 변동원가계산제도와 종합원가계산제도에 적용할 수 있으나 전부원가계산제도에서는 적용할 수 없다.

② 표준원가계산은 예산과 실제원가를 기초로 차이를 분석하여 예외에 의한 관리를 통해 효율적인 원가통제가 가능하다.

③ 과학적이고 객관적인 표준원가를 설정하는 것이 쉽지 않고, 표준원가를 설정하는데 시간과 비용이 많이 든다.

④ 표준원가계산제도를 채택하더라도 표준원가와 실제원가가 상당한 차이가 있는 경우에는 표준원가를 실제의 상황에 맞게 조정하여야 한다.

08 다음 중 당기총제조원가에 대한 설명으로 옳지 않은 것은?

① 기초제품보다 기말제품이 더 크면 당기총제조원가는 당기제품제조원가보다 크다.

② 간접재료원가도 당기총제조원가에 포함된다.

③ 기초와 기말에 재공품재고와 제품재고가 없다면, 당기총제조원가는 매출원가와 동일하다.

④ 생산직 사원의 인건비는 당기총제조원가에 포함된다.

09 (주)하나의 매출총이익률은 40%이다. 다음 자료를 이용하여 (주)하나의 기초재공품가액을 구하면 얼마인가?

- 기초제품 : 4,000,000원
- 직접재료원가 : 5,000,000원
- 당기매출액 : 20,000,000원
- 기말재공품 : 2,000,000원
- 제조간접원가 : 2,500,000원
- 기초재공품 : ?
- 기말제품 : 3,000,000원
- 직접노무원가 : 4,500,000원

① 1,000,000원

② 2,000,000원

③ 3,000,000원

④ 4,000,000원

10 다음 중 개별원가계산과 종합원가계산에 대한 설명으로 가장 옳은 것은?

① 개별원가계산은 소품종대량생산에 적합한 원가계산이다.

② 개별원가계산은 상대적으로 제조원가계산이 부정확하다.

③ 종합원가계산은 고객의 주문에 따라 제품을 생산하는 건설업, 조선업 등의 업종에 적합하다.

④ 종합원가계산은 완성품환산량 계산이 필요하다.

11 다음은 법인세법상 부당행위계산 부인에 대한 설명이다. 가장 옳지 않은 것은?

① 특수관계인간 자산을 고가양도한 경우에도 양도자가 법인인 경우 양도한 법인은 별도의 세무조정이 필요하지 않다.
② 금전 대여의 경우 그 시가는 가중평균 차입이자율을 원칙으로 한다.
③ 특수관계인과의 거래가 아니더라도 부당한 조세의 감소가 있으면 부당행위계산 부인의 대상이 된다.
④ 금전 대여 등 일정한 거래에서 시가와 거래가액의 차액이 3억원 이상이거나 시가의 5% 이상인 경우에 부당행위계산의 부인이 적용된다.

12 다음 중 법인세법상 손익의 귀속시기에 관한 설명으로 틀린 것은?

① 내국법인의 각 사업연도 익금과 손금의 귀속 사업연도는 익금과 손금이 확정되는 날이 속하는 사업연도로 한다.
② 임대료 지급기간이 1년을 초과하는 경우 이미 경과한 기간에 대응하는 임대료 상당액과 비용은 이를 각각 해당 사업연도의 익금과 손금으로 한다.
③ 중소기업이 장기할부조건으로 자산을 판매하는 경우에는 장기할부조건에 따라 회수하였거나 회수할 금액과 이에 대응하는 비용을 각각 해당 사업연도의 익금과 손금에 산입할 수 있다.
④ 법인의 수입이자에 대하여 원천징수가 되는 경우로서 기업회계기준에 의한 기간경과분을 결산서에 수익으로 계상한 경우 이자수익으로 인정한다.

13 다음 중 소득세법상 기타소득에 해당하는 서화·골동품 등의 양도소득에 관한 내용으로 가장 옳지 않은 것은? (단, 거주자에 한함)

① 개당, 점당, 조당 양도가액이 1억원 이상인 경우에 과세한다.
② 양도일 현재 생존해 있는 국내 원작자의 작품은 과세하지 않는다.
③ 박물관·미술관에 양도함으로써 발생하는 소득은 비과세한다.
④ 골동품은 제작 후 100년이 넘은 것을 말한다.

14 거주자 유석재 씨는 2024.1.10. 연예인 자격으로 ㈜거성과 2년간 TV 광고출연에 대한 일신전속계약을 체결함과 동시에 전속계약금 2억원을 일시에 현금으로 수령하였다. TV 광고출연과 관련하여 실제로 소요된 필요경비가 없을 때 소득세법상 해당 전속계약금에 관한 설명으로 옳은 것은?

① 전속계약금은 기타소득으로서 2024년에 귀속되는 총수입금액은 2억원이다.
② 전속계약금은 사업소득으로서 2024년에 귀속되는 총수입금액은 1억원이다.
③ 전속계약금은 사업소득으로서 2024년에 귀속되는 총수입금액은 2억원이다.
④ 전속계약금은 기타소득으로서 수령한 금액의 80%는 필요경비로 인정된다.

15 다음 중 부가가치세법상 수정세금계산서의 발급사유와 작성일자를 잘못 연결한 것은?

① 필요적 기재사항 등이 착오로 잘못 기재된 경우 : 당초 세금계산서의 작성일
② 당초 공급한 재화가 환입된 경우 : 당초 세금계산서의 작성일
③ 계약의 해제로 인하여 재화가 공급되지 아니한 경우 : 계약의 해제일
④ 공급가액이 증가가 되거나 차감이 되는 경우 : 증감 사유가 발생한 날

⁙ 실무시험 ⁙

※ (주)가람산업(회사코드:1090)은 제조 · 도소매업을 영위하는 중소기업이며, 당기(제12기) 회계기간은 2024.1.1.~2024.12.31.이다. 전산세무회계 수험용 프로그램을 이용하여 다음 물음에 답하시오.

─〈 기본전제 〉─

• 문제에서 한국채택국제회계기준을 적용하도록 하는 전제조건이 없는 경우, 일반기업회계기준을 적용하여 회계처리 한다.
• 문제의 풀이와 답안작성은 제시된 문제의 순서대로 진행한다.

01 다음 거래에 대하여 적절한 회계처리를 하시오. 12점

─〈 입력 시 유의사항 〉─

• 일반적인 적요의 입력은 생략하지만, 타계정 대체거래는 적요 번호를 선택하여 입력한다.
• 세금계산서 · 계산서 수수 거래 및 채권 · 채무 관련 거래는 별도의 요구가 없는 한 반드시 기등록된 거래처코드를 선택하는 방법으로 거래처명을 입력한다.
• 제조경비는 500번대 계정코드를, 판매비와관리비는 800번대 계정코드를 사용한다.
• 회계처리 시 계정과목은 등록된 계정과목 중 가장 적절한 과목으로 한다.
• 매입매출전표를 입력하는 경우 입력화면 하단의 분개까지 처리하고, 세금계산서 및 계산서는 전자 여부를 입력하여 반영한다.

[1] 2월 1일 당사는 신주 10,000주(액면가액 @5,000원)를 1주당 5,200원에 발행하고, 전액 보통예금 계좌로 납입받았으며, 신주발행비용 600,000원은 현금으로 지급하였다(단, 회사에는 현재 주식발행초과금 잔액이 없는 것으로 가정한다). **3점**

[2] 6월 30일 전기에 수출한 미국 ABC의 외상매출금(USD $20,000)이 전액 회수되어 보통예금 계좌에 입금하였다. 외상매출금과 관련된 회계처리는 일반기업회계기준을 준수하였으며, 관련 환율정보는 다음과 같다. **3점**

구분	1달러당 환율정보
발생 시	1,200원
2023년 12월 31일	1,380원
회수 입금 시(2024년 6월 30일)	1,290원

[3] 10월 18일 원재료를 수입하면서 부산세관으로부터 수입전자세금계산서를 발급받고, 부가가치세 3,000,000원을 현금으로 지급했다(단, 재고자산 관련 회계처리는 생략할 것). **3점**

					승인번호		20241018-15454645-58811886	
세관명	사업자 등록번호	121-83-00561	종사업장 번호		수입자	사업자 등록번호	609-81-02070	종사업장 번호	
	세관명	부산세관	성명 (대표자)	부산세관장		상호 (법인명)	㈜가람산업	성명 (대표자)	정수나
	세관 주소	부산시 중구 충장대로 20				사업장 주소	경상남도 창원시 성산구 창원대로 442		
	수입신고번호 또는 일괄발급기간(총건)	1326345678				업태	제조	종목	전자제품
						이메일			
	작성일자	과세표준		세액		수정사유			
	2024.10.18.	30,000,000		3,000,000		해당 없음			
	비고								

월	일	품목	규격	수량	단가	공급가액	세액	비고
10	18	원재료				30,000,000	3,000,000	

위 표 상단 제목: **수입전자세금계산서**

[4] 11월 10일 (주)순양백화점에 제품을 판매하고 다음의 전자세금계산서를 발급하였다. 대금은 10월 30일에 수령한 계약금을 제외하고 ㈜순양백화점이 발행한 약속어음(만기 12월 31일)으로 받았다. **3점**

전자세금계산서				승인번호		20241110-15454645-58811886		
공급자	등록번호	609-81-02070	종사업장 번호		공급받는자	등록번호	㈜순양백화점	종사업장 번호	
	상호(법인명)	㈜가람산업	성명	정수나		상호(법인명)	㈜아름전자	성명	진화영
	사업장주소	경상남도 창원시 성산구 창원대로 442				사업장주소	서울 강남구 테헤란로 98길 12		
	업태	제조	종목	전자제품		업태	소매	종목	잡화
	이메일					이메일			

작성일자	공급가액	세액	수정사유	비고		
2024.11.10.	80,000,000	8,000,000	해당 없음			

월	일	품목	규격	수량	단가	공급가액	세액	비고
11	10	전자제품				80,000,000	8,000,000	

합계금액	현금	수표	어음	외상미수금	이 금액을 (청구)함
88,000,000	8,000,000		80,000,000		

02 다음 주어진 요구사항에 따라 부가가치세신고서 및 부속서류를 작성하시오. `10점`

[1] 2024년 제1기 부가가치세 예정신고 시 누락된 자료는 다음과 같다. 이를 [매입매출전표]에 입력하고 2024년 제1기 확정 [부가가치세신고서]에 반영하시오(단, 분개는 생략하고, 부가가치세신고서 작성 시 전자신고세액공제를 적용할 것). `5점`

- 01월 30일 : 업무용으로 사용할 컴퓨터를 ㈜우람전자(621-81-99503)에서 구입하고, 770,000원 (부가가치세 포함)을 법인카드인 삼전카드로 결제하였다(부가가치세 공제요건은 갖추었다).
- 02월 25일 : 아람물산에 상품을 12,000,000원(부가가치세 별도)에 삼성카드로 매출하였으나, 업무상 착오로 예정신고기간에 누락하였다.
- 일반과소신고가산세를 적용하고, 납부지연일수는 91일로 계산하시오.

[2] 다음은 2024년 제2기 부가가치세 예정신고기간(07.01.~09.30.)의 자료이다. 매입매출전표 입력은 생략하고, [신용카드매출전표등발행금액집계표]를 작성하시오. `2점`

1. 신용카드 및 현금영수증 매출자료

구분	공급가액	세액
과세분 신용카드 매출	27,500,000원	2,750,000원
과세분 현금영수증 매출	0원	0원
면세분 신용카드 매출	17,300,000원	0원
면세분 현금영수증 매출	6,500,000원	0원

2. 신용카드 매출전표 및 현금영수증 발행분 중 세금계산서를 발급한 금액

구분	공급가액	세액
과세분 신용카드 매출분	4,000,000원	400,000원
과세분 현금영수증 매출분	0원	0원

[3] 당사는 과세 및 면세사업을 겸영하는 사업자이다. 아래의 자료를 이용하여 2024년 제2기 확정신고기간(2024.10.01.~2024.12.31.)에 대한 [공제받지못할매입세액명세서]를 작성하시오.
3점

(1) 2024년 제2기 확정신고기간의 거래
 • 거래처에 보낼 선물을 구입하고 전자세금계산서 1,100,000원(부가가치세 포함)을 발급받았으며, 대금은 현금으로 결제하였다.
 • 공장에서 과세 · 면세사업에 공통으로 사용할 기계장치를 매입하고 전자세금계산서를 발급받았다. 기계장치의 매입대금 22,000,000원(부가가치세 포함)은 보통예금 계좌에서 이체하였다.
(2) 2024년 제2기 예정신고기간의 공통매입분에 대한 매입세액은 1,200,000원이며, 기불공제 매입세액은 0원이다.
(3) 2024년 제2기 예정신고기간의 과세매출액은 210,000,000원이며, 면세매출액은 160,000,000원이다.
(4) 2024년 제2기 확정신고기간의 과세매출액은 300,000,000원이며, 면세매출액은 180,000,000원이다.

03 다음의 결산정리사항에 대하여 결산정리분개를 하거나 입력하여 결산을 완료하시오. **8점**

[1] 2024년 5월 1일 일시적으로 건물 중 일부를 임대(기간 : 2024년 5월 1일~2025년 4월 30일)하고 1년분 임대료 12,000,000원을 현금으로 받아 선수수익으로 회계처리하였다. 당기분 임대료를 월할로 계산하여 기말 수정분개를 수행하시오(단, 임대료는 영업외수익으로 처리하고, 음수(-)로 회계처리하지 말 것). **2점**

[2] 다음은 당사가 취득한 단기매매증권 관련 자료이다. 결산일의 필요한 회계처리를 하시오. **2점**

• 취득일 : 2023년 8월 1일   • 주식 수 : 800주
• 주당 취득가액 : 20,000원   • 취득 시 지출한 취득수수료 : 1,000,000원
• 2023년 결산일 현재 주당 공정가액 : 20,000원
• 2024년 결산일 현재 주당 공정가액 : 21,000원
• 전기의 단기매매증권 취득 및 평가에 관련된 회계처리는 일반기업회계기준에 따라 적정하게 처리함.

[3] 당기 법인세 총부담세액은 15,000,000원, 법인세분 지방소득세는 1,500,000원이다. 다음 자료를 이용하여 적절한 결산 분개를 하시오(단, 거래처명은 생략할 것). **2점**

계정과목명	거래처명	금액	비고
예수금	창원세무서	1,000,000원	12월 근로소득 원천징수분
	창원구청	100,000원	
선납세금	창원세무서	5,400,000원	법인세 중간예납액
	관악세무서	1,000,000원	이자소득 원천징수분
	관악구청	100,000원	

[4] 결산일 현재 제품의 실지재고를 파악해본 결과 감소한 수량은 전부 비정상 감모손실로 확인되었다. 비정상 재고자산감모손실에 대한 회계처리를 하고, 기말재고 입력 후 결산을 완료하시오. **2점**

- 장부상 수량 : 2,000개
- 단위당 취득원가 : 23,000원
- 실지재고 수량 : 1,950개
- 단위당 공정가액 : 27,000원

04 원천징수와 관련된 다음의 물음에 답하시오. **10점**

[1] 다음은 손대수(사번:109, 입사일:2023.01.01.) 사원의 2024년 귀속 연말정산 관련 자료이다. [연말정산추가자료입력] 메뉴에 입력하시오. **7점**

1. 가족사항(모두 동거하며, 생계를 같이한다. 아래에 제시된 자료 외의 다른 소득은 없다)

관계	성명	주민등록번호	소득	비고
본인	손대수	620302-1111258	총급여 10,500만원	세대주
아버지	손준기	400505-1135650	소득 없음	
어머니	최연주	450325-2122358	소득 없음	
배우자	이시아	650515-2153529	사업소득금액 3,000만원	
딸	손아름	990506-2326223	소득 없음	대학생
아들	손민우	060205-3236141	일용근로소득 200만원	고등학생

※ 기본공제대상자가 아닌 경우도 기본공제 "부"로 입력할 것

2. 연말정산 자료
※ 국세청 홈택스 및 기타 증빙을 통해 확인된 자료이며, 별도의 언급이 없는 한 국세청 홈택스 연말정산간소화서비스에서 조회된 자료이다.

구분	내용
보험료	• 본인(손대수) : 보장성보험료 600,000원 • 딸(손아름) : 보장성보험료 500,000원 • 아들(손민우) : 보장성보험료 450,000원
교육비	• 본인(손대수) : 사이버대학교 학비 2,000,000원 • 딸(손아름) : 대학교 학비 5,000,000원 • 아들(손민우) : 방과후과정 수업비 500,000원, 교복구입비 600,000원 (교복구입비는 손대수 신용카드 결제)

의료비	• 본인(손대수) : 라식수술비 2,000,000원
	• 아버지(손준기) : 보청기 구입비 1,000,000원
	• 어머니(최연주) : 질병 치료비 3,550,000원(손대수 신용카드 결제)
	  − 보험업법에 따른 보험회사에서 실손의료보험금 2,000,000원 수령
	• 아들(손민우) : 시력보정용 안경 구입비용 900,000원(손대수 신용카드 결제)
	  − 구입처 : 경성안경(사업자등록번호 605−29−32588)
	  − 의료증빙코드는 기타영수증으로 하고, 상호와 사업자등록번호 모두 입력할 것

신용카드 등 사용액	• 본인(손대수) : 신용카드 사용액 38,000,000원(전통시장/대중교통/도서 등 사용분 없음) • 본인(손대수) : 현금영수증 사용액 5,200,000원(전통시장/대중교통/도서 등 사용분 없음) • 딸(손아름) : 직불카드 사용액 3,100,000원(전통시장/대중교통/도서 등 사용분 없음) • 아들(손민우) : 직불카드 사용액 620,000원(대중교통분 400,000원 포함) ※ 본인(손대수) 신용카드 사용액에는 의료비 지출의 결제액이 포함되어 있다.
유의사항	• 부양가족의 소득공제 및 세액공제 내용 중 손대수가 공제받을 수 있는 내역은 모두 손대수가 공제받는 것으로 한다.

[2] 다음 자료를 [원천징수이행상황신고서]에 직접 입력하여 마감하고, 국세청 홈택스로 직접 전자신고 하시오(단, 제시된 자료 외에는 없는 것으로 한다). **3점**

(1) 6월 귀속 기타소득(6월 말 지급)
  • 일시적 강의료 교수수당(3인) 지급 : 2,300,000원(소득세 : 184,000원)
(2) 6월 귀속 사업소득(6월 말 지급)
  • 외부 강사(1인)에게 지급된 강사료 : 1,000,000원(소득세 : 30,000원)
(3) 전월미환급세액 : 87,000원
(4) 유의사항
  • [전자신고] → [국세청 홈택스 전자신고변환(교육용)] 순으로 진행한다.
  • [전자신고]의 [전자신고제작] 탭에서 신고인구분은 2.납세자 자진신고를 선택하고, 비밀번호는 "12341234"로 입력한다.

- [국세청 홈택스 전자신고변환(교육용)] → 전자파일변환(변환대상파일선택) → 찾아보기 에서 전자신고용 전자파일을 선택한다.
- 전자신고용 전자파일 저장경로는 로컬디스크(C:)이며, 파일명은 "연월일.01.t사업자등록번호"이다.
- 형식검증하기 ➡ 형식검증결과확인 ➡ 내용검증하기 ➡ 내용검증결과확인 ➡ 전자파일제출 을 순서대로 클릭한다.
- 최종적으로 전자파일 제출하기 를 완료한다.

05 (주)부산전자(회사코드:1091)는 금속제품 등의 제조·도매업과 도급공사업을 영위하는 중소기업으로 당해 사업연도(제14기)는 2024.1.1.~2024.12.31.이다. [법인조정] 메뉴를 이용하여 기장되어 있는 재무회계 장부 자료와 제시된 보충자료에 의하여 해당 사업연도의 세무조정을 하시오. **30점** ※ 회사 선택 시 유의하시오.

───────────⟨ 작성대상서식 ⟩───────────

1. 기업업무추진비조정명세서
2. 세금과공과금조정명세서
3. 대손충당금및대손금조정명세서
4. 법인세과세표준및세액조정계산서
5. 가산세액계산서

[1] 다음 자료를 이용하여 [기업업무추진비조정명세서]를 작성하고 필요한 세무조정을 하시오(단, 세무조정은 각 건별로 입력할 것). **6점**

- 수입금액조정명세서 내역은 다음과 같다.

항목	계정과목	결산서상수입금액	가산	차감	조정후 수입금액
매출	상품매출	1,000,000,000원	–	–	1,000,000,000원
	제품매출	1,500,000,000원	–	–	1,500,000,000원
계		2,500,000,000원	–	–	2,500,000,000원

※ 특수관계인에 대한 제품매출액 350,000,000원과 특수관계인에 대한 상품매출액 150,000,000원이 포함되어 있다.

• 장부상 기업업무추진비 내역은 다음과 같다.

계정	건당 금액	법인카드사용액	개인카드사용액	합계
기업업무 추진비(판)	3만원 초과분	35,280,000원	872,900원	36,152,900원
	3만원 이하분	15,000원	30,000원	45,000원
	합계	35,295,000원	902,900원	36,197,900원
기업업무 추진비(제)	3만원 초과분	29,780,000원	525,000원	30,305,000원
	3만원 이하분	10,000원	25,000원	35,000원
	합계	29,790,000원	550,000원	30,340,000원

• 기업업무추진비(판관비, 3만원 초과분, 법인카드 사용액) 중에는 다음 항목이 포함되어 있다.
 − 대표이사가 개인적 용도의 지출을 법인카드로 결제한 금액 970,000원(1건)
 − 문화기업업무추진비로 지출한 금액 5,000,000원(1건)
• 기업업무추진비(제조원가, 3만원 초과분, 개인카드 사용액)에는 경조사비 525,000원(1건)이
 포함되어 있다.

[2] 아래 주어진 자료에 의하여 [세금과공과금조정명세서]를 작성하고, 개별 항목별로 세무조정
 을 하시오(단, 동일한 소득처분도 반드시 각각 세무조정할 것). **6점**

일자	적요	금액
01/28	화물트럭 자동차세	460,000원
02/26	사업소분주민세	800,000원
03/15	토지에 대한 개발부담금	2,100,000원
04/30	법인세분지방소득세 및 농어촌특별세	4,200,000원
07/20	폐수초과배출부담금	3,700,000원
08/20	대표이사 소유 비상장주식 매각 증권거래세	1,600,000원
08/27	주차위반 과태료(업무 관련 발생분)	220,000원
09/30	산재보험 연체료	480,000원
10/10	지급명세서미제출가산세	1,000,000원
12/15	환경개선부담금	440,000원

[3] 다음 자료를 참조하여 [대손충당금및대손금조정명세서]를 작성하고 필요한 세무조정을 하시오.
6점

1. 당기 대손 처리 내역은 다음과 같고, 모두 대손충당금과 상계하여 처리하였다.

일자	내역	비고
2024.05.29.	㈜대영의 외상매출금 40,000,000원	채무자의 사망으로 회수할 수 없는 것으로 확정된 채권
2024.10.21.	㈜영구의 외상매출금 3,000,000원	회수기일이 1년이 지나지 않은 채권
2024.02.01.	㈜몰라의 부도어음 19,999,000원 대손 확정	부도일부터 6개월 이상 지난 부도어음 20,000,000원

2. 대손충당금 계정 내역

대손충당금

외상매출금	43,000,000원	전기이월	102,000,000원
받을어음	19,999,000원	당기설정액	15,000,000원
차기이월액	54,001,000원		
계	117,000,000원	계	117,000,000원

3. 당기말 채권 잔액

내역	금액	비고
외상매출금	1,300,000,000원	
받을어음	100,500,000원	
계	1,400,500,000원	

4. 전기말 자본금과 적립금 조정명세서(을) 일부

①과목 또는 사항	②기초잔액	③감소	④증가	⑤기말잔액
대손충당금	25,000,000원	25,000,000원	10,000,000원	10,000,000원

5. 기타내역
   • 대손설정률은 1%로 가정한다.

[4] 다음의 자료를 이용하여 [자본금과적립금조정명세서] 중 이월결손금계산서 관련 내용만 작성하고, [법인세과세표준및세액조정계산서]를 작성하시오(단, 불러온 자료는 무시하고 새로 입력할 것). **6점**

1. 세무상 결손금내역

사업연도	세무상결손금발생	비고
2010년	130,000,000원	2023년 귀속 사업연도까지 공제된 이월결손금은 50,000,000원이다.
2022년	90,000,000원	2023년 귀속 사업연도까지 공제된 이월결손금은 0원이다.

2. 기타내역
   - 기한 내 이월결손금은 당기에 공제하기로 한다.
   - 당사는 장부 등 증빙을 10년 이상 보관하고 있다.
   - 2024년 결산서상 당기순이익은 100,850,000원, 익금산입은 32,850,000원, 손금산입은 12,950,000원이다.
   - 중소기업특별세액감면액은 520,000원, 연구인력개발세액공제액은 200,000원이다(단, 최저한세는 검토하지 않기로 한다).
   - 2024년 원천납부세액은 140,000원이 있다.
   - 2024년 법인세는 일시에 전액 납부할 예정이며, 현금으로 납부할 예정이다.

[5] 다음 자료를 이용하여 [가산세액계산서]를 작성하시오. **6점**

1. 당사가 지출한 금액 중 아래의 항목을 제외한 모든 금액은 법인세법에서 요구하는 세금계산서 등의 적격 증빙서류를 갖추고 있다. 구체적인 내용은 다음과 같다.

구분	금액	비고
복리후생비	2,900,000원	전부 거래 건당 3만원 이하 금액으로 간이영수증을 수취하였다.
소모품비	4,400,000원	전부 거래 건당 3만원 초과 금액으로 간이영수증을 수취하였다.
임차료	4,800,000원	일반과세자인 임대인에게 임차료를 금융기관을 통해 지급하고 법인세 신고 시 송금사실을 기재한 '경비 등 송금명세서'를 첨부하였다.

2. 2024년 1월 지급분에 대한 일용근로소득지급명세서를 경리담당자의 단순 실수로 2024년 3월 10일에 제출하였다. 일용근로자에 대한 임금 지급총액은 30,000,000원이었다.

08 | 전산세무 1급 110회 기출문제 (이론 + 실무)

+ 이론시험 +

※ 다음 문제를 보고 알맞은 것을 골라 이론문제 답안작성 메뉴에 입력하시오.
(객관식 문항당 2점)

―〈 기본전제 〉―

문제에서 한국채택국제회계기준을 적용하도록 하는 전제조건이 없는 경우, 일반기업회계기준을 적용한다.

01 다음 중 재무제표 작성과 표시의 일반원칙에 대한 올바른 설명이 아닌 것은?

① 재무제표의 작성과 표시에 대한 책임은 회계감사인에게 있다.
② 기업을 청산하거나 경영활동을 중단할 의도가 있지 않은 한 일반적으로 계속기업을 전제로 재무제표를 작성한다.
③ 중요한 항목은 재무제표의 본문이나 주석에 그 내용이 잘 나타나도록 구분하여 표시한다.
④ 기간별 비교가능성을 제고하기 위하여 전기 재무제표의 모든 계량 정보를 당기와 비교하는 형식으로 표시한다.

02 다음 중 무형자산에 대한 설명으로 틀린 것은?

① 교환으로 무형자산을 취득하는 경우 교환으로 제공한 자산의 공정가치로 무형자산의 원가를 측정한다.
② 무형자산의 상각기간은 관계 법령이나 계약에 정해진 경우를 제외하고는 20년을 초과할 수 없다.
③ 무형자산의 합리적인 상각방법을 정할 수 없다면 정률법을 사용한다.
④ 자산의 원가를 신뢰성 있게 측정할 수 있고 미래경제적효익이 기업에 유입될 가능성이 매우 높다면 무형자산을 인식한다.

03 다음 중 퇴직급여 및 퇴직연금의 회계처리에 대한 설명으로 옳은 것은?

① 확정기여형 퇴직연금제도에서 운용되는 자산은 기업이 직접 보유하고 있는 것으로 보아 회계처리 한다.
② 확정급여형 퇴직연금제도는 퇴직연금 납입 외 운용수익이 발생하거나 종업원 퇴직 시에는 회계처리 할 것이 없다.
③ 확정기여형 퇴직연금제도에서는 퇴직급여충당부채와 퇴직연금미지급금은 인식하지 않고 퇴직연금운용자산만 인식한다.
④ 확정기여형 퇴직연금에 납부해야 할 기여금은 이미 납부한 기여금을 차감한 후 부채(미지급비용)로 인식한다.

04 (주)캉캉은 아래의 조건으로 사채를 발행하였다. 다음 중 사채의 발행방법 및 장부가액, 상각(환입)액, 이자비용의 변동으로 올바른 것은? (단, 사채이자는 유효이자율법에 따라 상각 및 환입한다.)

- 발행일 : 2024년 1월 1일
- 이자는 매년 말 지급
- 액면가액 : 5,000,000원
- 표시이자율 : 연 8%
- 만기 : 3년
- 유효이자율 : 연 10%

	발행 방법	장부 가액	상각 (환입)액	이자 비용
①	할인 발행	매년 증가	매년 감소	매년 감소
②	할인 발행	매년 증가	매년 증가	매년 증가
③	할증 발행	매년 감소	매년 감소	매년 증가
④	할증 발행	매년 감소	매년 증가	매년 감소

05 다음 중 자본조정 항목은 몇 개인가?

- 감자차손
- 해외사업환산이익
- 매도가능증권평가손실
- 미처리결손금
- 감자차익
- 주식할인발행차금
- 자기주식처분손실
- 자기주식

① 1개   ② 2개
③ 3개   ④ 4개

06 원가행태에 따른 분류 중 아래의 그래프가 나타내는 원가로 적절한 것은?

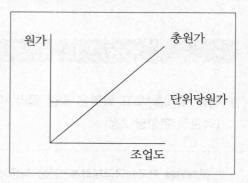

① 직접재료원가
② 기계장치의 감가상각비
③ 임차료
④ 공장건물의 보험료

07 (주)태화의 원가 관련 자료가 아래와 같을 때 직접재료원가는 얼마인가?

- 기초원가 950,000원
- 기말재공품 250,000원
- 가공원가 1,200,000원
- 기초재공품 100,000원
- 매출액은 2,000,000원으로 매출총이익률은 20%이다.
- 기초제품과 기말제품은 없는 것으로 한다.

① 400,000원
② 550,000원
③ 800,000원
④ 950,000원

08 다음의 자료에서 '매몰원가'와 최선의 방안 선택에 따른 '기회원가'는 얼마인가?

> ㈜백골은 10년 전에 취득한 기계장치(취득가액 25,000,000원)의 노후화를 경쟁력 저하의 원인으로 판단하고 아래와 같은 처리방안을 고려하고 있다.
>
> | 구분 | 소프트웨어만 변경 | 장비까지 변경 | 그대로 사용 |
> |---|---|---|---|
> | 기대 현금 유입 | 20,000,000원 | 80,000,000원 | 4,000,000원 |
> | 기대 현금 유출 | 10,000,000원 | 50,000,000원 | 1,000,000원 |

	매몰원가	기회원가
①	25,000,000원	50,000,000원
②	25,000,000원	30,000,000원
③	25,000,000원	10,000,000원
④	3,000,000원	10,000,000원

09 다음 중 표준원가계산에 대한 설명으로 틀린 것은?

① 객관적인 표준원가를 설정하는 것이 쉽지 않다.
② 표준원가를 이용하면 제품원가계산과 회계처리가 신속·간편해진다.
③ 표준원가계산은 원가흐름의 가정이 필요 없다.
④ 표준원가계산은 다른 원가 계산방법과는 다르게 성과평가에 이용할 수 없는 단점이 있다.

10 아래의 자료를 이용하여 기말제품재고액을 구하면 얼마인가?

> • 기초 대비 기말재공품재고 감소액 : 500,000원
> • 전기 기말제품재고액 : 400,000원
> • 당기 발생 총제조원가 : 1,500,000원
> • 당기 제품 매출원가 : 1,800,000원

① 400,000원
② 600,000원
③ 1,500,000원
④ 2,000,000원

11 다음 중 부가가치세법상 과세 대상에 해당하는 것은?

① 일반적인 용역의 무상공급인 경우
② 사업장별로 그 사업에 관한 모든 권리와 의무를 포괄적으로 승계시키는 경우
③ 자기의 사업과 관련하여 자기생산·취득한 재화를 비영업용 소형승용차로 사용하거나 그 유지를 위하여 사용·소비하는 경우
④ 질권, 저당권 또는 양도 담보의 목적으로 동산, 부동산 및 부동산상의 권리를 제공하는 경우

12 다음 중 현행 부가가치세법에 대한 설명으로 틀린 것은?

① 부가가치세는 각 사업장마다 신고 및 납부하는 것이 원칙이다.

② 부가가치세는 세부담을 최종소비자가 하는 것이 원칙이다.

③ 사업상 독립적으로 재화를 공급하는 자는 영리이든 비영리이든 납세의무가 있다.

④ 과세의 대상이 되는 행위 또는 거래의 귀속이 명의일 뿐이고 사실상 귀속되는 자가 따로 있는 경우라 하더라도 명의자에 대하여 부가가치세법을 적용한다.

13 다음 중 부가가치세법상 대손세액공제에 대한 설명으로 틀린 것은?

① 대손세액공제는 그 대손이 확정된 날이 속하는 과세기간의 매출세액에서 공제한다.

② 대손세액공제는 예정신고 시에는 공제되지 아니한다.

③ 대손세액공제를 받은 채권의 전부 또는 일부를 회수한 경우, 회수한 대손금액에 관련된 대손세액을 대손이 확정된 날이 속하는 과세기간의 매출세액에 가산하여 수정신고 하여야 한다.

④ 대손이 확정된 날이 속하는 과세기간의 확정신고 시 공제를 받지 못한 경우 경정청구를 통하여 공제받을 수 있다.

14 다음 중 소득세법상 비과세 근로소득에 해당하지 않는 것은?

① 근로자 또는 그 배우자의 출산이나 6세 이하 자녀의 보육과 관련하여 사용자로부터 받는 급여로서 월 10만원 이내의 금액

② 식사 기타 음식물을 제공받지 않는 근로자가 받는 월 20만원 이하의 식사대

③ 근로자가 천재·지변이나 그 밖의 재해로 인하여 받는 급여

④ 「국민건강보험법」, 「고용보험법」 또는 「노인장기요양보험법」에 따라 국가, 지방자치단체 또는 사용자가 부담하는 보험료

15 다음 중 법인세법상 결산 시 비용으로 계상하지 않았더라도 반드시 손금에 산입하여야 하는 것은?

① 대손충당금
② 업무용승용차의 감가상각비
③ 부도발생일부터 6개월 이상 지난 어음
④ 재고자산평가손실

✤ 실무시험 ✤

※ (주)엣지전자(회사코드:1100)는 제조·도소매업 및 부동산임대업을 영위하는 중소기업이며, 당기(제17기) 회계기간은 2024.1.1.~2024.12.31.이다. 전산세무회계 수험용 프로그램을 이용하여 다음 물음에 답하시오.

─────〈 기본전제 〉─────

• 문제에서 한국채택국제회계기준을 적용하도록 하는 전제조건이 없는 경우, 일반기업회계기준을 적용하여 회계처리 한다.
• 문제의 풀이와 답안작성은 제시된 문제의 순서대로 진행한다.

01 다음 거래에 대하여 적절한 회계처리를 하시오. 12점

─────〈 입력 시 유의사항 〉─────

• 일반적인 적요의 입력은 생략하지만, 타계정 대체거래는 적요 번호를 선택하여 입력한다.
• 세금계산서·계산서 수수 거래 및 채권·채무 관련 거래는 별도의 요구가 없는 한 반드시 기등록된 거래처코드를 선택하는 방법으로 거래처명을 입력한다.
• 제조경비는 500번대 계정코드를, 판매비와관리비는 800번대 계정코드를 사용한다.
• 회계처리 시 계정과목은 등록된 계정과목 중 가장 적절한 과목으로 한다.
• 매입매출전표를 입력하는 경우 입력화면 하단의 분개까지 처리하고, 세금계산서 및 계산서는 전자 여부를 입력하여 반영한다.

[1] 3월 10일 주주총회에서 아래와 같이 배당을 실시하기로 결의하였다(단, 이월이익잉여금(375) 계정을 사용할 것). 3점

• 현금배당 20,000,000원
• 주식배당 30,000,000원
• 이익준비금은 현금배당의 10%를 적립하기로 한다.

[2] 7월 5일 대표이사의 업무용승용차(2,000cc, 5인승)를 장기렌트하기로 하고 아래의 전자세금계산서를 발급받았다. 렌트카비용 정기결제일은 매월 25일이며, 보통예금 계좌에서 자동이체된다. 당사는 렌트카비용에 대하여 임차료 계정을 사용하며, 상대 계정으로는 미지급비용 계정을 사용한다. 3점

전자세금계산서

							승인번호	20240705-15454645-58811886		

공급자	등록번호	178-78-00108	종사업장번호			공급받는자	등록번호	871-87-12345	종사업장번호	
	상호(법인명)	신화캐피탈	성명	박신화			상호(법인명)	㈜엣지전자	성명	최엣지
	사업장주소	서울특별시 강남구 서초동 123					사업장주소	부산광역시 해운대구 해운대로 777		
	업태	임대	종목	렌트카			업태	도소매, 제조	종목	전자부품
	이메일						이메일			

작성일자	공급가액	세액	수정사유	비고
2024/07/05	1,200,000	120,000		

월	일	품목	규격	수량	단가	공급가액	세액	비고
07	05	제네실수G100_24.07				1,200,000	120,000	

합계금액	현금	수표	어음	외상미수금	이 금액을 (청구)함
1,320,000				1,320,000	

[3] 8월 13일 미국 PAC사로부터 2023년 11월 1일에 외상으로 매입한 원재료 $10,000에 대한 외상매입금 전액을 보통예금 계좌에서 지급하였다. 단, 일자별 기준환율은 아래와 같고, 2023년의 회계처리는 모두 올바르게 이루어졌다고 가정한다. **3점**

구분	2023년 11월 1일	2023년 12월 31일	2024년 8월 13일
기준환율	1,300원/$	1,200원/$	1,100원/$

[4] 9월 3일 개인소비자 김라인 씨에게 제품을 1,500,000원(부가가치세 별도)에 판매하고 현금을 수령하였다. 다만, 현금영수증 발급 정보를 요구했으나 거부함에 따라 자진발급 처리하였다(단, 거래처는 자진발급(거래처코드 : 00148)으로 할 것). **3점**

Hometax 국세청홈택스 현금영수증

● 거래정보

거래일시	2024-09-03
승인번호	G54782245
거래구분	승인거래
거래용도	소득공제
발급수단번호	010 - **** - 1234

● 거래금액

공급가액	부가세	봉사료	총 거래금액
1,500,000	150,000	0	1,650,000

● 가맹점 정보

상호	㈜엣지전자
사업자번호	871-87-12345
대표자명	최엣지
주소	부산광역시 해운대구 해운대로 777

● 익일 홈택스에서 현금영수증 발급 여부를 반드시 확인하시기 바랍니다.
● 홈페이지 (http://www.hometax.go.kr)
 - 조회/발급 > 현금영수증 조회 > 사용내역(소득공제) 조회
                              > 매입내역(지출증빙) 조회
● 관련문의는 국세상담센터(☎126-1-1)

02 다음 주어진 요구사항에 따라 부가가치세신고서 및 부속서류를 작성하시오. `10점`

[1] 다음 자료에 의하여 제2기 부가가치세 확정신고기간(10월~12월)에 대한 [부동산임대공급가액명세서]를 작성하시오(단, 정기예금이자율은 연 3.5%이다). `4점`

층	호수	상호 (사업자번호)	용도	면적(m²)	보증금(원)	월세(원)	월관리비(원)
			임대기간				
1층	101	커피숍 (209-05-33613)	점포	60	20,000,000	2,000,000	120,000
			2024.04.01.~ 2025.03.31.				
1층	102	편의점 (109-07-89510)	점포	60	30,000,000	1,800,000	150,000
			2023.11.01.~ 2024.12.31.				
2층	201	사무실 (204-23-22037)	점포	120	40,000,000	3,500,000	230,000
			2024.01.01.~ 2025.12.31.				
합계					90,000,000	7,300,000	500,000

[2] 다음 자료를 이용하여 2024년 제1기 부가가치세 예정신고기간에 대한 [공제받지못할매입세액명세서]의 [공제받지못할매입세액내역] 탭을 작성하시오. 단, 아래의 거래는 모두 예정신고기간에 이루어진 것으로 한다. `4점`

- 면세사업에 사용하기 위하여 소모품(1,100,000원, 부가가치세 포함)을 구입하고 대금은 법인카드(신한카드)로 결제하여 신용카드매출전표를 수령하였다.
- 거래처에 선물하기 위하여 안마의자(3,300,000원, 부가가치세 포함)를 구입하고 전자세금계산서를 수령하였다.
- 거래처에 제공할 골프채 세트(3,300,000원, 부가가치세 포함)를 구입하고 현금영수증을 수령하였다.
- 대표이사가 개인적 용도로 사용하기 위하여 승용차(배기량 990cc)를 20,000,000원(부가가치세 별도)에 구입하고 세금계산서를 발급받았다.
- 공장용 토지의 취득과 관련하여 중개수수료 5,000,000원(부가가치세 별도)을 지출하고 세금계산서를 발급받았다.
- 원재료(공급가액 5,000,000원, 부가가치세 500,000원)를 구입하고 세금계산서를 수취하였다(다만, 세금계산서에 공급받는자의 상호가 누락된 것을 발견하였다).
- 소모품(공급가액 1,000,000원, 부가가치세 100,000원)을 구입하였으나 공급시기에 세금계산서를 수취하지 못하였다. 하지만 2024년 제1기 확정신고기한 이내에 세금계산서를 수취하였다.

[3] 2024년 제1기 부가가치세 확정신고기간의 [부가가치세신고서]를 마감하고 전자신고를 수행하시오(단, 저장된 데이터를 불러와서 사용할 것). 2점

1. 부가가치세신고서와 관련 부속서류는 작성되어 있다.
2. [전자신고] → [국세청 홈택스 전자신고변환(교육용)] 순으로 진행한다.
3. [전자신고] 메뉴의 [전자신고제작] 탭에서 신고인구분은 2. 납세자 자진신고를 선택하고, 비밀번호는 "12345678"로 입력한다.
4. [국세청 홈택스 전자신고변환(교육용)] → 전자파일변환(변환대상파일선택) → 찾아보기 에서 전자신고용 전자파일을 선택한다.
5. 전자신고용 전자파일 저장경로는 로컬디스크(C:)이며, 파일명은 "enc작성연월일.101. v8718712345"이다.
6. 형식검증하기 ➡ 형식검증결과확인 ➡ 내용검증하기 ➡ 내용검증결과확인 ➡ 전자파일제출 을 순서대로 클릭한다.
7. 최종적으로 전자파일 제출하기 를 완료한다.

03 다음의 결산정리사항에 대하여 결산정리분개를 하거나 입력하여 결산을 완료하시오. 8점

[1] 하나카드에서 2024년 2월 1일에 연 6%의 이자율로 30,000,000원을 차입하였으며 이자는 1년마다 지급하는 것으로 약정하였다(단, 이자 계산은 월할계산하며, 2024년 말 현재 발생이자는 미지급 상태이다). 2점

[2] 다음은 장기 투자목적으로 보유하고 있는 매도가능증권(시장성 있는 주식)에 관한 자료이다. 결산일 현재 필요한 회계처리를 하시오. 2점

• 2023년 04월 25일 보통주 1,000주를 주당 22,000원에 취득했다.
• 2023년 12월 31일 1주당 시가는 15,000원이었다.
• 2024년 12월 31일 1주당 시가는 20,000원이다.

[3] 영업부서가 단독으로 사용하는 건물과 토지 관련 지출내역은 아래와 같다. 다음의 자료를 이용하여 당기의 감가상각비를 계상하시오. 2점

구분	금액	비고
토지 구입액	100,000,000원	• 내용연수 : 20년 • 상각방법 : 정액법(월할상각) • 잔존가치 : 없음 • 영업부서는 해당 건물을 2024년 11월 15일부터 사용하였다.
건물 신축가액	300,000,000원	
취득세	20,000,000원 (토지분 취득세 5,000,000원 포함)	
재산세	5,000,000원	
합계	425,000,000원	

[4] 재고자산 실지조사 결과 기말재고자산의 내역은 다음과 같으며, 캉캉상사와 위탁판매계약을 체결하고 당기에 발송한 제품 중 수탁자가 아직 판매하지 않은 제품 2,000,000원은 실지재고조사 결과에 포함되어 있지 않다. 2점

- 원재료 4,000,000원
- 재공품 6,000,000원
- 제품 5,200,000원

04 원천징수와 관련된 다음의 물음에 답하시오. 10점

[1] 다음은 영업부서 차정만(사번 : 2, 입사일 : 2024년 4월 1일) 사원의 2024년 연말정산 관련 자료이다. 아래의 자료를 이용하여 [사원등록] 메뉴의 [부양가족명세] 탭을 수정하고, [연말정산추가자료입력] 메뉴를 이용하여 연말정산을 완료하시오. 전(前) 근무지 자료는 [소득명세] 탭에 입력하고, 연말정산 관련 자료는 [부양가족] 탭, [신용카드 등] 탭, [의료비] 탭, [기부금] 탭에 각각 입력하여 [연말정산입력] 탭에 반영하시오. 7점

1. 부양가족 현황

관계	성명	주민등록번호	소득	비고
본인	차정만	900520 – 1724818	총급여 6,140만원	세대주
배우자	한정숙	921227 – 2548716	700만원	모두 일용근로소득에 해당
부	차도진	581110 – 1024623	부동산임대소득금액 300만원	장애인(장애인복지법)
모	엄혜선	620708 – 2524657	소득없음	2024년 10월 27일 사망
자녀	차민지	200202 – 4445455	소득없음	
자녀	차민수	240303 – 3345459	소득없음	2024년 3월 3일 출생

- 근로자 본인의 세부담 최소화를 가정한다.
- 위 가족들은 모두 내국인으로 근로자 본인과 동거하면서 생계를 같이 하고 있으며, 기본공제대상자가 아닌 경우에도 부양가족명세에 등록하고 기본공제 '부'로 작성한다.
- 제시된 자료 외의 다른 소득은 없다고 가정한다.

2. 전(前) 근무지 자료는 아래와 같으며, 당사에서 합산하여 연말정산하기로 한다.

- 근무처명 : ㈜우림기획(207-81-08903)
- 근무기간 : 2024.1.1.~2024.3.31.
- 총급여액 : 8,400,000원
- 국민연금보험료 : 165,000원
- 건강보험료 : 98,700원
- 장기요양보험료 : 4,020원
- 고용보험료 : 12,300원

	구분	소득세	지방소득세
세액명세	결정세액	128,100원	12,810원
	기납부세액	197,300원	19,730원
	차감징수세액	△69,200원	△6,920원

3. 연말정산 관련 자료

항목	내용
보험료	• 부친 장애인전용 보장성 보험료 : 950,000원 • 모친 보장성 보험료 : 400,000원
교육비	• 자녀 차민지 어린이집 급식비 : 500,000원 • 자녀 차민지 어린이집 방과 후 과정 수업료 : 300,000원 • 본인 차정만 대학원 교육비 : 11,000,000원(학교에서 장학금 8,000,000원 수령)
의료비	• 배우자 출산 병원비용 : 1,400,000원(본인 신용카드 결제) • 배우자 산후조리원 이용비 : 3,800,000원 • 부친 휠체어 구입비용 : 2,700,000원 • 모친 치료목적 병원비 : 3,000,000원(실손의료보험금 2,200,000원 수령)
신용카드 등 사용금액	• 본인 신용카드 사용액 : 12,000,000원(배우자 출산 병원비용 포함) • 배우자 직불카드 사용액 : 2,000,000원(전통시장사용분 300,000원 포함)
기부금	• 본인 대한적십자사 기부금 : 400,000원 • 모친 종교단체 기부금 : 1,000,000원

• 위 모든 자료는 국세청 연말정산간소화서비스 자료이며, 제시된 내용 이외의 사항은 고려하지 않는다.
• 의료기관, 기부처의 상호나 사업자등록번호, 건수는 입력하지 않으며, 기부는 모두 금전으로 한다.

[2] 다음 자료를 이용하여 재무부서 대리 김라인(사번 : 111)의 [퇴직소득자료입력] 및 [원천징수이행상황신고서]를 작성하시오. **3점**

1. 주민등록번호 : 900111-2056237
2. 입사일은 2016년 1월 1일, 퇴사일은 2024년 12월 1일이며, 퇴직사유는 자발적 퇴직으로 처리한다.
3. 퇴사일 현재 퇴직금은 20,000,000원이다.
4. 퇴직금 지급일은 2024년 12월 14일이며, 과세이연계좌로 전액 지급하였다.

연금계좌 취급자	사업자등록번호	계좌번호	입금일
주민은행	201-81-68693	260-014-491234	2024. 12. 14.

05 (주)영웅물산(회사코드:1101)은 제조·도소매업(통신판매업) 및 건설업을 영위하는 중소기업이며, 당해 사업연도(제15기)는 2024.1.1.~2024.12.31.이다. [법인조정] 메뉴를 이용하여 기장되어 있는 재무회계 장부 자료와 제시된 보충자료에 의하여 해당 사업연도의 세무조정을 하시오. **30점** ※ 회사 선택 시 유의하시오.

────〈 작성대상서식 〉────

1. 선급비용명세서
2. 업무용승용차관련비용명세서
3. 원천납부세액명세서
4. 퇴직연금부담금조정명세서
5. 기부금조정명세서, 법인세과세표준및세액조정계산서

[1] 다음 자료는 당기 보험료 내역이다. [선급비용명세서]를 작성하고, 보험료와 선급비용에 대하여 세무조정하시오(단, 기존에 입력된 데이터는 무시하고 제시된 자료로만 계산하되 세무조정은 각 건별로 할 것). **6점**

1. 보험료 내역(보험료는 모두 전액 일시납입함)
   (1) 대표자 사적보험료 : 회사에서 대납

보험사	납입액	보험기간	비고
과거생명	3,600,000원	2024.01.01.~ 2025.12.31.	보험료(판)로 처리함

   (2) 자동차(판매부서) 보험 내역

보험사	납입액	보험기간	비고
BD화재	1,800,000원	2024.05.01.~ 2025.04.30.	장부에 선급비용 400,000원 계상

   (3) 공장(생산부서) 화재보험 내역

보험사	납입액	보험기간	비고
화나화재	5,000,000원	2024.07.01.~ 2025.06.30.	장부에 선급비용 2,000,000원 계상

2. 2023년 자본금과적립금조정명세서(을)(전기에 (2), (3)과 관련된 선급비용 내역)

과목	기초잔액	감소	증가	기말
선급비용			1,000,000원	1,000,000원

※ 전기분 선급비용 1,000,000원은 당기에 손금 귀속시기가 도래하였다.

[2] 다음은 (주)영웅물산의 법인차량 관련 자료이다. 아래 차량은 모두 영업부서에서 출퇴근 및 업무용으로 사용 중이며 임직원전용보험에 가입되어 있다. 다음 자료를 이용하여 [업무용승용차등록] 및 [업무용승용차관련비용명세서]를 작성하고 관련된 세무조정을 하시오(단, 당사는 부동산임대업을 영위하지 않으며, 사용부서 및 사용자직책 입력은 생략할 것). **7점**

구분	내용
코드 : 101 차종 : G80 차량번호 : 462두9636 (운용리스)	• 리스계약기간 : 2022.05.20.~2026.05.19.(보험가입 기간과 동일함) • 월 운용리스 금액 : 1,020,000원(전자계산서 발행됨) • 감가상각비 상당액 : 11,383,200원 • 유류비 : 4,500,000원(부가가치세 포함) • 2024년 운행일지 : 10,000km(업무용 사용거리 8,000km) • 위의 차량 관련 비용 외 다른 항목의 비용은 고려하지 않으며, 전기이월된 감가상각비 한도초과액은 5,027,000원이다.
코드 : 102 차종 : 싼타페 차량번호 : 253러6417 (자가)	• 취득일 : 2021년 12월 10일 • 취득가액 : 38,000,000원(부가가치세 포함) • 감가상각비 계상액 : 7,600,000원 • 유류비 : 800,000원(부가가치세 포함) • 보험료 : 1,200,000원(2024년 귀속분 보험료임) • 자동차세 : 400,000원 • 보험기간 : 2023.12.10.~2024.12.9. 2024.12.10.~2025.12.9. • 2024년 운행일지 : 미작성

• 주어진 차량 관련 비용 외에 다른 항목은 고려하지 않는다.
• 세무조정 유형과 소득처분이 같은 세무조정인 경우, 하나의 세무조정으로 처리한다.

[3] 다음은 2024년 1월 1일부터 12월 31일까지의 원천징수세액과 관련한 자료이다. 주어진 자료를 이용하여 [원천납부세액명세서(갑)]를 작성하시오(단, 지방세 납세지는 기재하지 말 것). **4점**

적요	원천징수 대상금액	원천징수일	원천징수세율	원천징수의무자	사업자등록번호
정기예금 이자	8,000,000원	04/25	14%	㈜두리은행	130-81-01236
정기적금 이자	2,000,000원	07/18	14%	㈜주민은행	125-81-54217

[4] 당사는 확정급여형 퇴직연금에 가입하였으며, 그 자료는 다음과 같다. [퇴직연금부담금조정명세서]를 작성하고 세무조정사항을 [소득금액조정합계표]에 반영하시오. **6점**

1. 다음의 퇴직연금운용자산 계정의 기초잔액은 전액 전기에 신고조정에 의하여 손금산입된 금액이다.

퇴직연금운용자산

기초잔액	108,000,000원	당기감소액	9,000,000원
당기납부액	12,000,000원	기말잔액	111,000,000원
	120,000,000원		120,000,000원

※ 당기 감소액 9,000,000원에 대한 회계처리는 다음과 같다.

(차) 퇴직급여　　　　9,000,000원　　　(대) 퇴직연금운용자산　　　　9,000,000원

2. 당기 말 현재 퇴직연금운용자산의 당기분에 대하여 손금산입을 하지 않은 상태이며, 기초 퇴직연금충당금 등 및 전기말 신고조정에 의한 손금산입액은 108,000,000원이다.
3. 당기 말 현재 퇴직급여추계액은 140,000,000원이다.
4. 당기 말 현재 재무상태표상 퇴직급여충당부채 잔액은 20,000,000원이고, 당기 자본금과적립금조정명세서(을)에 기재되는 퇴직급여충당부채 한도초과액은 6,000,000원이다.

[5] 다음의 자료를 이용하여 [기부금조정명세서]와 [법인세과세표준및세액조정계산서]를 작성하고 필요한 세무조정을 하시오. **7점**

1. 당기 결산서상 당기순이익은 57,000,000원이며, 당기 법인세 비용은 5,000,000원이다.
2. 손익계산서에 계상된 기부금 내역은 아래와 같다.
   (1) 2024년 03월 01일 : 1,000,000원(국방부 : 국방헌금)
   (2) 2024년 05월 05일 : 500,000원(사회복지법인 은혜 : 사회복지시설 기부금)
   (3) 2024년 10월 11일 : 600,000원(이천시 향우회 : 지역향우회 행사지원금)
   (4) 2024년 12월 01일 : 1,200,000원(서울시청 : 천재지변 구호금품)
3. 당기 법인세비용 및 기부금 지출 외에 소득금액조정합계표상 계상된 내역은 아래와 같다.
   (1) 익금산입 : 3,000,000원
   (2) 손금산입 : 1,000,000원
4. 전기에 발생한 법인세법 제24조 제3항 제1호의 기부금(구(舊)지정기부금) 한도초과액은 6,000,000원이다.
5. 선납세금 계정에는 법인세 중간예납세액 3,000,000원, 금융소득에 대한 원천징수세액 1,400,000원이 계상되어 있다.

09 | 전산세무 1급 111회 기출문제 (이론 + 실무)

⊹ 이론시험 ⊹

※ 다음 문제를 보고 알맞은 것을 골라 [이론문제 답안작성] 메뉴에 입력하시오.
(객관식 문항당 2점)

─〈 기본전제 〉─

문제에서 한국채택국제회계기준을 적용하도록 하는 전제조건이 없는 경우, 일반기업회계기준을 적용한다.

01 다음 중 재고자산에 대한 설명으로 옳지 않은 것은?

① 매입한 상품 중 선적지 인도기준에 의해 운송 중인 상품은 구매자의 재고자산에 포함된다.

② 위탁판매를 위해 수탁자가 보관 중인 상품은 수탁자의 재고자산에 포함된다.

③ 저가법으로 평가 시 발생한 재고자산 평가손실은 매출원가에 가산하며 재고자산의 차감계정으로 표시한다.

④ 영업활동을 수행하는 과정에서 발생하는 정상적인 감모손실은 매출원가로 처리한다.

02 다음의 자본내역을 바탕으로 자기주식(취득가액 : 1주당 50,000원) 100주를 1주당 80,000원에 처분한 경우 재무상태표상 자기주식처분이익 잔액은 얼마인가? 단, 다음 자료는 자기주식 처분 전 자본내역이다.

- 보통주 자본금 : 99,000,000원
  (9,900주, 주당 10,000원)
- 자기주식처분손실 : 1,000,000원
- 자기주식 : 5,000,000원
- 감자차손 : 1,300,000원
- 미처분이익잉여금 : 42,000,000원

① 1,000,000원 ② 2,000,000원

③ 3,000,000원 ④ 4,000,000원

03 다음 중 당기에 취득한 유가증권을 매도가능증권으로 분류하는 경우와 단기매매증권으로 분류하는 경우 각각 당기 재무제표에 미치는 영향으로 알맞게 짝지어진 것은?

- 1주당 취득가액 : 10,000원
- 1주당 기말 평가액 : 8,000원
- 취득 주식 수 : 3,000주
- 취득 시 발생한 거래 수수료 : 55,000원

매도가능증권	단기매매증권
① (−)6,000,000원 기타포괄손익	(−)6,055,000원 당기손익
② 0원 기타포괄손익	(−)6,055,000원 당기손익
③ 0원 당기손익	(−)6,000,000원 당기손익
④ (−)6,055,000원 기타포괄손익	(−)6,055,000원 당기손익

04 다음 중 유형자산의 취득원가를 증가시키는 항목에 포함되지 않는 것은?

① 유형자산과 관련하여 새로운 고객층을 대상으로 영업을 하는데 소요되는 직원 교육훈련비

② 설계와 관련하여 전문가에게 지급하는 수수료

③ 유형자산이 정상적으로 작동되는지 여부를 시험하는 과정에서 발생하는 원가

④ 취득세, 등록면허세 등 유형자산의 취득과 직접 관련된 제세공과금

05 다음 중 아래의 이익잉여금처분계산서에 대한 설명으로 옳지 않은 것은? 단, 제8기의 기말 자본금은 3억원, 이익준비금 잔액은 10,000,000원이며, 상법 규정에 따른 최소한의 이익준비금만 적립하기로 한다.

이익잉여금처분계산서
제8기 2024.1.1.부터 2024.12.31.까지
처분예정일 2025.03.12.

(단위 : 원)

과목	금액	
Ⅰ. 미처분이익잉여금		108,000,000
1. 전기이월미처분이익잉여금	40,000,000	
2. 전기오류수정이익	8,000,000	
3. 당기순이익	60,000,000	
Ⅱ. 임의적립금 등의 이입액		10,000,000
1. 결손보전적립금	10,000,000	
Ⅲ. 이익잉여금처분액		(B)
1. 이익준비금	(A)	
2. 현금배당	30,000,000	
3. 주식할인발행차금	5,000,000	
Ⅳ. 차기이월 미처분이익잉여금		80,000,000

① 2024년에 전기오류수정사항을 발견했으며 이는 중대한 오류에 해당한다.

② 2024년도 손익계산서상 당기순이익은 108,000,000원이다.

③ (B)의 이익잉여금처분액 총액은 38,000,000원이다.

④ 2024년 재무상태표상 주식발행초과금 잔액은 없다.

06 다음 중 원가 집계과정에 대한 설명으로 틀린 것은?

① 당기총제조원가는 재공품계정의 대변으로 대체된다.

② 당기제품제조원가(당기완성품원가)는 제품계정의 차변으로 대체된다.

③ 당기제품제조원가(당기완성품원가)는 재공품계정의 대변으로 대체된다.

④ 제품매출원가는 매출원가계정의 차변으로 대체된다.

07 (주)세민의 보조부문에서 발생한 변동제조간접원가는 3,000,000원, 고정제조간접원가는 5,000,000원이며, 제조부문의 기계시간 관련 자료는 다음과 같다. 이중배분율법에 의하여 보조부문의 제조간접원가를 제조부문에 배분할 경우 수선부문에 배분될 제조간접원가는 얼마인가?

구분	실제기계시간	최대기계시간
조립부문	5,400시간	8,800시간
수선부문	4,600시간	7,200시간

① 2,900,000원　② 3,350,000원

③ 3,500,000원　④ 3,630,000원

08 다음의 정상개별원가계산의 배부차이 조정 방법 중 당기순이익에 미치는 영향이 동일한 것끼리 짝지어진 것은? 단, 기말재고가 있는 것으로 가정한다.

> 가. 총원가비례배분법
> 나. 원가요소별 비례배분법
> 다. 매출원가조정법
> 라. 영업외손익법

① 가, 다   ② 나, 라
③ 다, 라   ④ 모두 동일

09 다음 중 공손에 대한 설명으로 틀린 것은?

① 정상공손은 정상품을 생산하기 위하여 어쩔 수 없이 발생하는 계획된 공손이다.
② 비정상공손은 통제할 수 없으므로 제품원가로 처리될 수 없다.
③ 기말재공품이 품질검사를 받지 않았다면, 정상공손원가는 모두 완성품에만 배부된다.
④ 정상공손은 단기적으로 통제할 수 없으므로 정상품원가에 가산된다.

10 (주)성심은 단일 종류의 제품을 대량 생산하고 있다. 다음 자료를 바탕으로 평균법에 의한 기말재공품원가를 구하면 얼마인가? 단, 직접재료원가는 공정 초기에 모두 투입하고, 가공원가는 공정 전반에 걸쳐 균등하게 발생하며 공손품원가를 정상품의 제조원가에 포함하여 처리한다.

> • 기초재공품 : 300개(완성도 60%),
> 　직접재료원가 120,000원,
> 　가공원가 200,000원

> • 당기착수 : 900개,
> 　직접재료원가 314,400원,
> 　가공원가 449,750원
> • 당기완성품 : 1,000개
> • 기말재공품 : 100개(완성도 50%)
> • 정상공손은 완성품 수량의 10%이며, 품질검사는 공정의 완료시점에 실시한다.

① 64,450원   ② 74,600원
③ 92,700원   ④ 927,000원

11 다음 중 부가가치세법상 영세율에 대한 설명으로 잘못된 것은?

① 영세율은 원칙적으로 거주자 또는 내국법인에 대하여 적용하며, 비거주자 또는 외국법인의 경우는 상호주의에 의한다.
② 선박 또는 항공기에 의한 외국항행용역의 공급은 영세율을 적용한다.
③ 수출을 대행하고 수출대행수수료를 받는 수출대행용역은 영세율에 해당한다.
④ 영세율을 적용받는 경우 조기환급이 가능하다.

12 다음 중 아래의 사례에 적용될 부가가치세법상 환급에 대한 설명으로 옳은 것은? 단, 조기환급에 해당하는 경우 조기환급신고를 하기로 한다.

> (주)부천은 법정신고기한 내에 2024년 제2기 부가가치세 예정신고를 마쳤으며, 매출세액은 10,000,000원, 매입세액은 25,000,000원(감가상각자산 매입세액 20,000,000원 포함)으로 신고서상 차가감하여 납부(환급)할 세액은 (−)15,000,000원이다.

① 예정신고기한이 지난 후 30일 이내에 15,000,000원이 환급된다.
② 예정신고 시 환급세액은 환급되지 않으므로 2024년 제2기 확정신고 시 예정신고미환급세액으로 납부세액에서 차감한다.
③ 환급세액에 매입세액 중 고정자산 매입세액의 비율을 곱하여 산출되는 12,000,000원만 환급된다.
④ 예정신고기한이 지난 후 15일 이내에 15,000,000원이 환급된다.

13 다음 중 소득세법상 기타소득에 대한 설명으로 틀린 것은?

① 원천징수된 기타소득금액의 연간 합계액이 300만원 이하인 경우 종합과세를 선택할 수 있다.
② 기타소득금액이 건당 5만원 이하인 경우 납부할 기타소득세는 없다.
③ 복권당첨소득이 3억원을 초과하는 경우 그 당첨소득 전체의 30%를 원천징수한다.
④ 기타소득의 유형과 유사한 소득이라 하더라도 그 소득이 사업의 형태를 갖추고 계속적, 반복적으로 발생되는 경우 사업소득에 해당한다.

14 다음 중 법인세법상 기업업무추진비에 대한 설명으로 틀린 것은?

① 기업업무추진비에 해당하는지 여부는 계정과목의 명칭과 관계없이 그 실질 내용에 따라 판단한다.
② 현물기업업무추진비는 시가와 장부가액 중 큰 금액으로 평가한다.
③ 특수관계가 없는 자와의 거래에서 발생한 채권을 조기에 회수하기 위하여 일부를 불가피하게 포기하는 경우 기업업무추진비에 해당하지 않는다.
④ 접대행위가 발생하였으나 해당 금액을 장기 미지급하였을 경우 그 지급한 날이 속하는 사업연도의 기업업무추진비로 손금 처리한다.

15 다음 중 법인세법상 손익귀속시기에 관한 설명으로 가장 옳지 않은 것은?

① 법인의 수입이자에 대하여 기업회계기준에 의한 기간 경과분을 결산서에 수익으로 계상한 경우에는 원천징수 대상인 경우에도 이를 해당 사업연도의 익금으로 한다.
② 중소기업의 계약기간 1년 미만인 건설의 경우에는 수익과 비용을 각각 그 목적물의 인도일이 속하는 사업연도의 익금과 손금에 산입할 수 있다.
③ 용역제공에 의한 손익 귀속사업연도 판단 시 기업회계기준에 근거하여 인도기준으로 회계처리한 경우에는 이를 인정한다.
④ 자산을 위탁판매하는 경우에는 그 수탁자가 매매한 날이 속하는 사업연도의 익금으로 한다.

PART **04**

÷ 실무시험 ÷

※ (주)기백산업(회사코드:1110)는 제조·도소매업을 영위하는 중소기업으로 당기(제13기) 회계기간은 2024.1.1.~2024.12.31.이다. 전산세무회계 수험용 프로그램을 이용하여 다음 물음에 답하시오.

⟨ 기본전제 ⟩

• 문제에서 한국채택국제회계기준을 적용하도록 하는 전제조건이 없는 경우, 일반기업회계기준을 적용하여 회계처리 한다.
• 문제의 풀이와 답안작성은 제시된 문제의 순서대로 진행한다.

01 다음 거래에 대하여 적절한 회계처리를 하시오. 12점

⟨ 입력 시 유의사항 ⟩

• 일반적인 적요의 입력은 생략하지만, 타계정 대체거래는 적요 번호를 선택하여 입력한다.
• 세금계산서·계산서 수수 거래 및 채권·채무 관련 거래는 별도의 요구가 없는 한 반드시 기등록된 거래처코드를 선택하는 방법으로 거래처명을 입력한다.
• 제조경비는 500번대 계정코드를, 판매비와관리비는 800번대 계정코드를 사용한다.
• 회계처리 시 계정과목은 등록된 계정과목 중 가장 적절한 과목으로 한다.
• 매입매출전표를 입력하는 경우 입력화면 하단의 분개까지 처리하고, 세금계산서 및 계산서는 전자여부를 입력하여 반영한다.

[1] 2월 10일 당사의 제품을 ㈜서강에게 5,500,000원(부가가치세 포함)에 판매하고 ㈜서강에게 지급해야 할 미지급금 2,000,000원을 제품 대금과 상계하기로 상호 합의하였으며, 나머지 금액은 10일 뒤 수령하기로 하였다. 3점

	전자세금계산서					승인번호	20240210-15454645-58811886			
공급자	등록번호	105-81-23608	종사업장 번호		공급받는자	등록번호	215-87-00864	종사업장 번호		
	상호(법인명)	㈜기백산업	성명	최기백		상호(법인명)	㈜서강	성명	서강준	
	사업장주소	서울특별시 동작구 여의대방로 28				사업장주소	서울특별시 구로구 구로동 123			
	업태	제조, 도소매	종목	자동차부품		업태	제조	종목	금형	
	이메일					이메일				
작성일자		공급가액		세액		수정사유		비고		
2024-02-10		5,000,000		500,000		해당 없음		당사 미지급금 2,000,000원 대금 일부 상계		
월	일	품목	규격	수량		단가	공급가액	세액		비고
02	10	자동차부품		10		500,000	5,000,000	500,000		

[2] 4월 11일 제조부에서 사용하던 기계장치가 화재로 인해 소실되어 동일 날짜에 ㈜조은손해보험으로부터 보험금을 청구하여 보험금 12,000,000원을 보통예금 계좌로 입금받았다. 해당 기계장치 관련 내용은 다음과 같고, 소실 전까지의 관련 회계처리는 적정하게 이루어졌다. **3점**

- 기계장치 : 23,000,000원
- 감가상각누계액 : 8,000,000원
- 국고보조금 : 5,000,000원

[3] 8월 31일 단기매매 목적으로 보유 중인 주식회사 최강의 주식(장부가액 25,000,000원)을 전부 20,000,000원에 매각하였다. 주식 처분 관련 비용 15,000원을 차감한 잔액이 보통예금 계좌로 입금되었다. **3점**

[4] 9월 26일 당사는 수출업자인 ㈜신화무역과 직접 도급계약을 체결하여 수출재화에 대한 임가공용역(공급가액 13,000,000원)을 제공하고, 이에 대한 대금은 다음 달 말일에 받기로 하였다(단, 세금계산서는 부가가치세 부담을 최소화하는 방향으로 전자 발행하였으며, 매출은 용역매출 계정을 사용하고, 서류번호 입력은 생략한다). **3점**

02 다음 주어진 요구사항에 따라 부가가치세신고서 및 부속서류를 작성하시오. **10점**

[1] (주)기백산업은 2024년 제1기 부가가치세 확정신고를 기한 내에 정상적으로 마쳤으나, 신고기한이 지난 후 다음의 오류를 발견하여 정정하고자 한다. 아래의 자료를 이용하여 [매입매출전표입력]에서 오류사항을 수정 또는 입력하고 제1기 확정신고기간의 [부가가치세신고서(1차 수정신고)]와 [과세표준및세액결정(경정)청구서]를 작성하시오. **7점**

1. 오류사항
   - 06월 15일 : 전자세금계산서를 발급한 외상매출금 2,200,000원(부가가치세 포함)을 신용카드(현대카드)로 결제받고, 이를 매출로 이중신고하였다(음수로 입력하지 말 것).
   - 06월 30일 : 영업부의 소모품비 220,000원(부가가치세 포함)을 킹킹상사에 현금으로 지급하고 종이세금계산서를 발급받았으나 이를 누락하였다.
2. 경정청구 이유는 다음과 같다.
   ① 과세표준 : 신용카드, 현금영수증 매출 과다 신고
   ② 매입세액 : 매입세금계산서합계표 단순누락, 착오기재
3. 국세환급금 계좌신고는 공란으로 두고, 전자신고세액공제는 적용하지 아니한다.

[2] 아래의 자료를 이용하여 제2기 부가가치세 예정신고기간에 대한 [신용카드매출전표등수령명세서]를 작성하시오. **3점**

• 2024년 7월~9월 매입내역

구입일자	상호 사업자등록번호	공급대가	증빙	비고
2024.07.12.	은지상회 378-12-12149	220,000원	현금영수증 (지출증빙)	공급자는 세금계산서 발급이 가능한 간이과세자이다.
2024.08.09.	가가스포츠 156-11-34565	385,000원	신용카드 (사업용카드)	직원 복리후생을 위하여 운동기구를 구입하였다.
2024.08.11.	지구본뮤직 789-05-26113	22,000원	신용카드 (사업용카드)	직원 휴게공간에 틀어놓을 음악CD를 구입하였다.
2024.09.25.	장수곰탕 158-65-39782	49,500원	현금영수증 (소득공제)	직원 회식대

※ 은지상회를 제외한 업체는 모두 일반과세자이다.
※ 신용카드(사업용카드) 결제분은 모두 국민법인카드(1234-1000-2000-3004)로 결제하였다.

03 다음의 결산정리사항에 대하여 결산정리분개를 입력하여 결산을 완료하시오. **8점**

[1] 영업부의 업무용 차량 보험료 관련 자료는 다음과 같다. 결산일에 필요한 회계처리를 하되, 전기 선급비용에 대한 보험료와 당기 보험료에 대하여 각각 구분하여 회계처리하시오(단, 보험료의 기간 배분은 월할 계산하되, 음수로 입력하지 말 것). **2점**

차량 정보 - 차종 : F4(5인승, 2,000cc)   - 차량번호 : 195호1993

구분	금액	비고
선급비용	400,000원	전기 결산 시 2024년 귀속 보험료를 선급비용으로 처리하였다.
보험료	1,200,000원	• 보험기간 : 2024.04.01.~2025.03.31. • 법인카드로 결제 후 전액 비용으로 처리하였다.

[2] 아래와 같이 발행된 사채에 대하여 결산일에 필요한 회계처리를 하시오. **2점**

발행일	사채 액면가액	사채 발행가액	표시이자율	유효이자율
2024.01.01	50,000,000원	47,000,000원	연 5%	연 6%

• 사채의 발행가액은 적정하고, 사채발행비와 중도에 상환한 내역은 없는 것으로 가정한다.
• 사채이자는 매년 12월 31일에 보통예금 계좌에서 이체하여 지급한다.

[3] 실지재고조사법에 따른 기말재고자산 내역은 다음과 같다. `2점`

구분	금액	비고
제품	12,000,000원	롯데백화점에 판매를 위탁했으나 결산일 현재 판매되지 않은 적송품의 제품원가 1,000,000원은 포함되어 있지 않다.
재공품	5,500,000원	–
원재료	3,000,000원	결산일 현재 운송 중인 도착지 인도조건으로 매입한 원재료 2,000,000원은 포함되어 있지 않다.

[4] 결산일 현재 외상매출금 잔액과 미수금 잔액에 대해서 1%의 대손충당금을 보충법으로 설정하고 있다(외상매출금 및 미수금 이외의 채권에 대해서는 대손충당금을 설정하지 않는다). `2점`

04 원천징수와 관련된 다음의 물음에 답하시오. `10점`

[1] 다음 중 기타소득에 해당하는 경우 [기타소득자등록] 및 [기타소득자료입력]을 작성하시오(단, 필요경비율 적용 대상 소득은 알맞은 필요경비율을 적용한다). `4점`

코드	성명	거주구분	주민등록번호	지급내역	지급액 (소득세 및 지방소득세 공제 후)
001	고민중	거주/내국인	751015-1234568	일시적인 원고료	6,384,000원
002	은구슬	거주/내국인	841111-2345671	오디션 대회 상금	19,120,000원
003	박살라	거주/내국인	900909-2189527	계속반복적 배달수당	967,000원

※ 상기 지급액의 귀속월은 2024년 8월이며, 지급연월일은 2024년 8월 5일이다.

[2] 다음은 영업부 사원 진시진(사번:1014)의 연말정산 관련 자료이다. [사원등록] 메뉴의 [부양가족] 탭을 작성하고, [연말정산추가자료입력] 메뉴의 [부양가족] 탭, [월세,주택임차] 탭 및 [연말정산입력] 탭을 작성하시오(단, 부양가족은 기본공제대상자 여부와 관계없이 모두 등록할 것). `6점`

1. 부양가족

관계	성명	주민등록번호	비고
본인	진시진	830718-2102823	• 총급여액 38,000,000원(종합소득금액 30,000,000원 이하임) • 무주택세대의 세대주
배우자	편현주	880425-1436802	• 사업소득에서 결손금 8,000,000원 발생함 • 장애인복지법에 의한 장애인

아들	편영록	100506-3002001	• 중학교 재학 중 • 아마추어 바둑대회상금 10,000,000원 (80% 필요경비가 인정되는 기타소득에 해당하며, 종합소득세 신고는 하지 않음)
딸	편미주	120330-4520265	• 초등학교 재학 중
아버지	진영모	520808-1202821	• 1월 15일 주택을 양도하여 양도소득세를 신고하였 으며, 양도소득금액은 2,940,000원이다.

※ 배우자 편현주는 귀농 준비로 별거 중이며, 다른 가족들은 생계를 같이 하고 있다.

2. 연말정산자료간소화자료

2024년 귀속 소득(세액)공제증명서류 : 기본(지출처별)내역
[보장성 보험, 장애인전용보장성보험]

■ 계약자 인적사항

성명	진시진	주민등록번호	830718-2102823

■ 보장성보험(장애인전용보장성보험)납입내역

(단위 : 원)

종류	상호	보험종류		납입금액 계
	사업자번호	증권번호	주피보험자	
	종피보험자1	종피보험자2	종피보험자3	
보장성	***생명			800,000
	-**-**		830718-2102823 진시진	
보장성	**화재보험 주식회사			500,000
	-**-**		880425-1436802 편현주	
장애인 전용 보장성	**생명			1,200,000
	-**-**		880425-1436802 편현주	
인별합계금액				2,500,000

2024년 귀속 소득(세액)공제증명서류 : 기본(지출처별)내역 [교육비]

■ 학생 인적사항

성명	편영록	주민등록번호	100506-3002001

■ 교육비 지출내역

(단위 : 원)

교육비 종류	학교명	사업자번호	납입금액 계
중학교	**중학교	***-**-*****	1,200,000
인별합계금액		1,200,000	

2024년 귀속 소득(세액)공제증명서류 : 기본(지출처별)내역 [기부금]

■ 기부자 인적사항

성명	편현주	주민등록번호	880425-1436802

■ 기부금 지출내역

(단위 : 원)

사업자번호	단체명	기부유형	기부금액 합계	공제대상 기부금액	기부장려금 신청금액
_**_**	***	정치자금기부금	1,100,000	1,100,000	0
인별합계금액					1,100,000

3. 월세자료

부동산 월세 계약서

본 부동산에 대하여 임대인과 임차인 쌍방은 다음과 같이 합의하여 임대차계약을 체결한다.

1. 부동산의 표시

소재지	경기도 부천시 부흥로 237, 2002호				
건물	구조	철근콘크리트	용도	오피스텔(주거용)	면적	84 ㎡
임대부분	상동 소재지 전부				

2. 계약내용

제1조 위 부동산의 임대차계약에 있어 임차인은 보증금 및 차임을 아래와 같이 지불하기로 한다.

보증금	일금 일억 원정 (₩ 100,000,000)
차 임	일금 일백이십만 원정 (₩ 1,200,000)은 매월 말일에 지불한다.

제2조 임대인은 위 부동산을 임대차 목적대로 사용·수익할 수 있는 상태로 하여 2023년 02월 01일까지 임차인에게 인도하며, 임대차기간은 인도일로부터 2025년 01월 31일까지 24개월로 한다.

… 중략 …

(갑) 임대인 : 조물주 (510909-2148719) (인)
(을) 임차인 : 진시진 (830718-2102823) (인)

05 (주)소나무물산(회사코드:1111)은 전자부품의 제조·도소매업 및 건설업을 영위하는 중소기업으로 당해 사업연도(제13기)는 2024.1.1. ~ 2024.12.31.이다. [법인조정] 메뉴를 이용하여 기장되어 있는 재무회계 장부 자료와 제시된 보충자료에 의하여 해당 사업연도의 세무조정을 하시오. **30점** ※ 회사 선택 시 유의하시오.

─────────〈 작성대상서식 〉─────────

1. 수입금액조정명세서, 조정후수입금액명세서
2. 세금과공과금명세서
3. 대손충당금및대손금조정명세서
4. 업무무관부동산등에관련한차입금이자조정명세서(갑)(을)
5. 주식등변동상황명세서

[1] 아래의 자료를 이용하여 [수입금액조정명세서] 및 [조정후수입금액명세서]를 작성하고, 이와 관련된 세무조정을 [소득금액조정합계표및명세서]에 반영하시오. **8점**

1. 손익계산서상 수입금액
   • 상품매출(업종코드 : 503013)   1,520,000,000원(수출매출액 150,000,000원 포함)
   • 제품매출(업종코드 : 381004)   918,000,000원
   • 공사수입금(업종코드 : 452106)   685,000,000원
2. 회사는 (주)카굿즈에 일부 상품을 위탁하여 판매하고 있다. (주)카굿즈는 2024.12.25. 위탁상품 판매금액 1,500,000원(원가 500,000원)이 누락된 사실을 2025.01.15.에 알려왔다.
3. 회사는 아래와 같이 2건의 장기도급공사를 진행하고 있다.

구분	A현장	B현장
도급자	㈜삼용	지저스 편
공사기간	2023.07.01.~2025.06.30.	2024.02.01.~2025.08.31.
도급금액	1,000,000,000원	500,000,000원
예정총공사원가	800,000,000원	350,000,000원
전기공사원가	200,000,000원	
당기공사원가	400,000,000원	164,500,000원
전기 수익계상금액	250,000,000원	
당기 수익계상금액	450,000,000원	235,000,000원

   ※ 예정총공사원가는 실제발생원가와 일치하며, 공사원가는 모두 비용으로 계상하였다.
   ※ 전기 장기도급공사 관련 세무조정은 없었다.
4. 부가가치세 과세표준에는 위 '2'의 위탁상품 판매금액에 대한 부가가치세 수정신고 내용이 반영되어 있다. 손익계산서상 수익과의 차이 원인은 결산서상 선수금으로 처리한 도매업(업종코드 503013)의 공급시기 전에 발행한 세금계산서 10,000,000원과 건설업(업종코드 381004)의 작업진행률 차이 및 사업용 고정자산 매각대금 100,000,000원이다.

[2] 당사의 판매비와관리비 중 세금과공과금의 내용은 다음과 같다. 이를 바탕으로 [세금과공과금명세서]를 작성하고, 필요한 세무조정을 [소득금액조정합계표및명세서]에 반영하시오(단, 지급처는 생략하고 아래 항목별로 각각 세무조정 할 것). 6점

일자	금액	적요
03/15	3,000,000원	제조물책임법 위반으로 지급한 손해배상금
04/04	750,000원	종업원 기숙사용 아파트의 재산세
05/31	640,000원	거래처에 대한 납품을 지연하고 부담한 지체상금
06/16	180,000원	업무관련 교통과속 범칙금
07/31	300,000원	본사의 주민세(재산분) 납부금액
08/25	90,000원	산재보험료 가산금
09/30	4,000,000원	본사 공장신축 토지관련 취득세
10/06	800,000원	본사 공장신축 토지에 관련된 개발부담금
11/15	575,000원	폐수초과배출부담금

[3] 다음 자료를 이용하여 [대손충당금및대손금조정명세서]를 작성하고 필요한 세무조정을 하시오. 6점

1. 당해연도(2024년) 대손충당금 변동내역

내역	금액	비고
전기이월 대손충당금	10,000,000원	전기 대손충당금 한도 초과액 : 4,000,000원
회수불가능 외상매출금	7,000,000원	① 24.02.27. : 2,500,000원(소멸시효 완성) ② 24.08.30. : 4,500,000원(거래상대방 파산확정)
당기 설정 대손충당금	5,000,000원	
기말 대손충당금 잔액	8,000,000원	

2. 당기말(2024년) 채권 잔액

내역	금액
외상매출금	447,000,000원
미수금	10,000,000원
합계	457,000,000원

3. 전기 이전에 대손처리한 외상매출금에 대한 대손 요건 미충족으로 인한 유보금액 잔액이 전기 [자본금과적립금조정명세서(을)]에 3,000,000원이 남아있으며, 이는 아직 대손 요건을 충족하지 않는다.

4. 기타내역 : 대손설정률은 1%로 가정한다.

[4] 아래 자료만을 이용하여 [업무무관부동산등에관련한차입금이자조정명세서(갑)(을)]을 작성하고 관련 세무조정을 하시오(단, 주어진 자료 외의 자료는 무시할 것). **6점**

1. 차입금에 대한 이자지급 내역

이자율	지급이자	차입금	비고
5%	1,000,000원	20,000,000원	채권자 불분명 사채이자(원천징수세액 없음)
6%	3,000,000원	50,000,000원	장기차입금
7%	14,000,000원	200,000,000원	단기차입금

2. 대표이사(서지누)에 대한 업무무관 가지급금 증감내역

일자	차변	대변	잔액
전기이월	50,000,000원		50,000,000원
2024.02.10.	25,000,000원		75,000,000원
2024.07.20.		20,000,000원	55,000,000원
2024.09.30.		10,000,000원	45,000,000원

3. 회사는 2024년 7월 1일 업무와 관련 없는 토지를 50,000,000원에 취득하였다.
4. 기타사항
   • 자기자본 적수 계산은 무시하고 가지급금등의인정이자조정명세서 작성은 생략한다.
   • 연일수는 365일이다.

[5] 다음의 자료만을 이용하여 [주식등변동상황명세서]의 [주식 등 변동상황명세서] 탭과 [주식(출자지분)양도명세서]를 작성하시오. 단, ㈜소나무물산은 비상장 중소기업으로 무액면주식은 발행하지 않으며, 발행주식은 모두 보통주이고, 액면가액은 주당 5,000원으로 변동이 없다. 또한 당기 중 주식 수의 변동 원인은 양수도 이외에는 없다. **4점**

1. 2023년 말(제11기) 주주명부

성명	주민등록번호	지배주주관계	보유 주식 수	취득일자
임영웅	960718 – 1058941	본인	17,000주	2013.07.05.
장민호	771220 – 1987656	없음(기타)	3,000주	2019.09.12.
합계			20,000주	

2. 2024년 말(제12기) 주주명부

성명	주민등록번호	지배주주관계	보유 주식 수	주식 수 변동일
임영웅	960718 – 1058941	본인	15,000주	
장민호	771220 – 1987656	없음(기타)	5,000주	2024.08.12.
합계			20,000주	

3. 참고사항
   • (주)소나무물산의 주주는 위 2명 외에는 없는 것으로 하고, 각 주주의 주민등록번호는 올바른 것으로 가정하며 2023년 말 주주명부 내역은 전년도 불러오기 메뉴를 활용한다.
   • 위의 주어진 자료 외에는 입력하지 않는다.

10 ｜ 전산세무 1급 112회 기출문제 (이론 + 실무)

✧ 이론시험 ✧

※ 다음 문제를 보고 알맞은 것을 골라 이론문제 답안작성 메뉴에 입력하시오.
(객관식 문항당 2점)

┌─────── 〈 기본전제 〉 ───────┐
문제에서 한국채택국제회계기준을 적용하도록 하는 전제조건이 없는 경우, 일반기업회계기준을 적용한다.
└─────────────────────┘

01 다음 중 일반기업회계기준에 따른 유동부채에 대한 설명으로 틀린 것은?

① 보고기간종료일로부터 1년 이내에 상환되어야 하는 단기차입금 등의 부채는 유동부채로 분류한다.

② 보고기간 후 1년 이상 결제를 연기할 수 있는 무조건의 권리를 가지고 있지 않은 부채는 유동부채로 분류한다.

③ 기업의 정상적인 영업주기 내에 상환 등을 통하여 소멸할 것이 예상되는 매입채무와 미지급비용 등의 부채는 유동부채로 분류한다.

④ 장기차입약정을 위반하여 채권자가 즉시 상환을 요구할 수 있는 채무는 보고기간종료일과 재무제표가 사실상 확정된 날 사이에 상환을 요구하지 않기로 합의하면 비유동부채로 분류한다.

02 다음 중 일반기업회계기준에 따른 수익의 인식에 대한 설명으로 옳지 않은 것은?

① 수강료는 강의 기간에 걸쳐 수익을 인식한다.

② 상품권을 판매한 경우 상품권 발행 시 수익으로 인식한다.

③ 위탁판매의 경우 위탁자는 수탁자가 제3자에게 해당 재화를 판매한 시점에 수익을 인식한다.

④ 재화의 소유에 따른 위험과 효익을 가지지 않고 타인의 대리인 역할을 수행하여 재화를 판매하는 경우에는 판매대금 총액을 수익으로 계상하지 않고 판매수수료만 수익으로 인식한다.

03 다음의 자료를 이용하여 기말자본금을 계산하면 얼마인가?

> 1. 10,000주를 1주당 12,000원에 증자했다.(주식의 1주당 액면금액은 10,000원이며, 주식발행일 현재 주식할인발행차금 10,000,000원이 있다)
> 2. 자본잉여금 10,000,000원을 재원으로 무상증자를 실시했다.
> 3. 이익잉여금 10,000,000원을 재원으로 30%는 현금배당, 70%는 주식배당을 실시했다.(배당일 현재 이익준비금은 자본금의 2분의 1만큼의 금액이 적립되어 있다)
> 4. 전기말 재무상태표상 자본금은 30,000,000원이다.

① 147,000,000원 ② 150,000,000원
③ 160,000,000원 ④ 167,000,000원

04 다음 중 금융자산·금융부채에 대한 설명으로 알맞은 것을 모두 고르시오.

> 가. 금융자산은 금융상품의 계약당사자가 되는 때에만 재무상태표에 인식한다.
> 나. 제3자에게 양도한 금융부채의 장부금액과 지급한 대가의 차액은 기타포괄손익으로 인식한다.
> 다. 금융자산이나 금융부채의 후속측정은 상각후원가로 측정하는 것이 일반적이다.
> 라. 채무증권의 발행자가 채무증권의 상각후취득원가보다 현저하게 낮은 금액으로 중도상환권을 행사할 수 있는 경우 만기보유증권으로 분류될 수 없다.

① 가, 다 ② 가, 다, 라
③ 가, 나, 라 ④ 가, 나, 다, 라

05 다음 중 회계추정의 변경 및 오류수정에 대한 설명으로 틀린 것을 고르시오.

① 중대한 오류는 손익계산서에 손익을 심각하게 왜곡시키는 오류를 말한다.
② 회계추정을 변경한 경우 당기 재무제표에 미치는 영향을 주석으로 기재한다.
③ 회계추정의 변경은 전진적으로 처리하며 그 변경의 효과는 당해 회계연도 개시일부터 적용한다.
④ 비교재무제표를 작성하는 경우 중대한 오류의 영향을 받는 회계기간의 재무제표 항목은 재작성한다.

06 아래의 그래프가 표시하는 원가행태와 그 예를 가장 적절하게 표시한 것은?

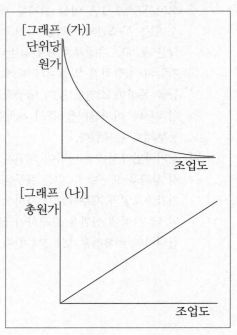

① [그래프 (가)] : 변동원가, 커피 제조의 원두
② [그래프 (나)] : 고정원가, 생산직원의 급여
③ [그래프 (가)] : 고정원가, 기계장치 감가상각비
④ [그래프 (나)] : 변동원가, 공장 임차료

07 (주)유레카는 동일한 원재료를 투입하여 동일한 제조공정으로 제품 A, B, C를 생산하고 있다. 세 가지 제품에 공통적으로 투입된 결합원가가 850,000원일 때, 순실현가치법으로 배부하는 경우 제품 A의 매출총이익은 얼마인가?

제품	생산량	단위당 판매가격	추가가공원가 (총액)
A	1,000개	@2,000원	200,000원
B	800개	@2,500원	500,000원
C	1,700개	@1,000원	없음

① 1,150,000원
② 1,494,000원
③ 1,711,000원
④ 1,800,000원

08 당사는 선입선출법에 의한 종합원가계산을 적용하고 있다. 당기 가공원가에 대한 완성품 환산량 단위당 원가가 10원인 경우 다음 자료에 의하여 당기 가공원가 발생액을 계산하면 얼마인가?

• 기초재공품 : 400단위, 완성도 40%
• 당기착수수량 : 2,200단위
• 기말재공품 : 700단위, 완성도 20%
• 당기완성수량 : 1,900단위

① 17,900원
② 18,300원
③ 18,500원
④ 18,800원

09 당사 판매부의 광고선전비를 제조원가로 잘못 회계처리한 경우 재무제표에 미치는 영향으로 옳은 것은? (단, 기말재고자산은 없다고 가정한다.)

① 제품매출원가가 감소된다.
② 매출총이익이 감소된다.
③ 영업이익이 감소된다.
④ 당기순이익이 증가된다.

10 회사는 제조간접원가를 직접노무시간을 기준으로 배부하고 있다. 당기 말 현재 실제 제조간접원가 발생액은 100,000원이고, 실제 직접노무시간은 500시간이며, 예정배부율은 시간당 190원일 경우 제조간접원가 배부차이는 얼마인가?

① 10원 과대배부
② 10원 과소배부
③ 5,000원 과대배부
④ 5,000원 과소배부

11 다음 사례에 대한 수정세금계산서 발급 방법으로 적절한 것은 무엇인가?

> 조그만 상가를 임대하고 매월 1,000,000원의 임대료를 받는 김씨는 임대료 세금계산서 발급내역을 검토하다가 7월분 임대료 세금계산서에 "0"이 하나 더 들어가 공급가액이 10,000,000원으로 표시된 것을 발견했다.

① 처음에 발급한 세금계산서의 내용대로 음의 표시를 하여 발급
② 발급 사유가 발생한 날을 작성일로 적고 비고란에 처음 세금계산서 작성일을 덧붙여 적은 후 붉은색 글씨로 쓰거나 음의 표시를 하여 발급
③ 발급 사유가 발생한 날을 작성일로 적고 추가되는 금액은 검은색 글씨로 쓰고, 차감되는 금액은 붉은색 글씨로 쓰거나 음의 표시를 하여 발급
④ 처음에 발급한 세금계산서의 내용대로 세금계산서를 붉은색 글씨로 쓰거나 음의 표시를 하여 발급하고, 수정하여 발급하는 세금계산서는 검은색 글씨로 작성하여 발급

12 다음 중 부가가치세법상 음식점을 운영하는 개인사업자의 의제매입세액 공제율로 옳은 것은? 단, 해당 음식점업의 해당 과세기간의 과세표준은 2억원을 초과한다.

① 2/104　　　　② 6/106
③ 8/108　　　　④ 9/109

13 다음 중 이월결손금 공제의 위치는 어디인가?

이자소득	배당소득	사업소득	근로소득	연금소득	기타소득
(가)					
이자소득금액	배당소득금액	사업소득금액	근로소득금액	연금소득금액	기타소득금액
(나)					
종합소득금액					
(다)					
종합소득 과세표준					
산출세액					
(라)					
결정세액					

① (가)　　　　② (나)
③ (다)　　　　④ (라)

14 다음 중 소득세법상 주택임대소득에 대한 설명으로 옳지 않은 것은?

① 주택임대소득에서 발생한 결손금은 부동산 임대소득에서만 공제 가능하다.
② 임대주택의 기준시가가 12억원을 초과하는 경우 1주택자이어도 월 임대소득에 대해 과세한다.
③ 주택임대소득 계산 시 주택 수는 본인과 배우자의 소유 주택을 합산하여 계산한다.
④ 간주임대료는 3주택 이상 소유자에 대해서만 과세하지만 2026년 12월 31일까지 기준시가 2억 이하이면서 40㎡ 이하인 소형주택에 대해서는 주택 수 산정과 보증금 계산에서 모두 제외한다.

15 다음 중 법인세법상 중간예납에 대한 설명으로 틀린 것은?

① 내국법인으로서 각 사업연도의 기간이 6개월 미만인 법인은 중간예납 의무가 없다.

② 각 사업연도의 기간이 6개월을 초과하는 법인은 해당 사업연도 개시일부터 6개월간을 중간예납기간으로 한다.

③ 중간예납은 중간예납기간이 지난 날부터 3개월 이내에 납부하여야 한다.

④ 중간예납세액의 계산 방법은 직전 사업연도의 산출세액을 기준으로 계산하거나 해당 중간예납기간의 법인세액을 기준으로 계산하는 방법이 있다.

÷ 실무시험 ÷

※ (주)수아이엔지(회사코드:1120)는 제조·도소매업을 영위하는 중소기업이며, 당기(제20기) 회계기간은 2024.1.1.~2024.12.31.이다. 전산세무회계 수험용 프로그램을 이용하여 다음 물음에 답하시오.

〈 기본전제 〉
- 문제에서 한국채택국제회계기준을 적용하도록 하는 전제조건이 없는 경우, 일반기업회계기준을 적용하여 회계처리 한다.
- 문제의 풀이와 답안작성은 제시된 문제의 순서대로 진행한다.

01 다음 거래에 대하여 적절한 회계처리를 하시오. 12점

〈 입력 시 유의사항 〉
- 일반적인 적요의 입력은 생략하지만, 타계정 대체거래는 적요 번호를 선택하여 입력한다.
- 세금계산서·계산서 수수 거래 및 채권·채무 관련 거래는 별도의 요구가 없는 한 반드시 기등록된 거래처코드를 선택하는 방법으로 거래처명을 입력한다.
- 제조경비는 500번대 계정코드를, 판매비와관리비는 800번대 계정코드를 사용한다.
- 회계처리 시 계정과목은 등록된 계정과목 중 가장 적절한 과목으로 한다.
- 매입매출전표를 입력하는 경우 입력화면 하단의 분개까지 처리하고, 세금계산서 및 계산서는 전자 여부를 입력하여 반영한다.

[1] 7월 31일 당사가 보유 중인 매도가능증권을 17,000,000원에 처분하고 대금은 보통예금 계좌로 입금되었다. 해당 매도가능증권의 취득가액은 20,000,000원이며, 2023년 말 공정가치는 15,000,000원이다. 3점

[2] 8월 15일 면세사업에 사용하기 위하여 ㈜정우로부터 비품(공급대가 8,800,000원)을 구입하면서 계약금을 제외한 대금 전액을 설치비용 700,000원(부가가치세 별도)과 함께 보통예금 계좌에서 모두 지급하였다. 당사는 해당 거래 건으로 7월 30일에 계약금으로 1,000,000원을 지급하고 선급금으로 처리하였다. 전자세금계산서는 모두 정상 처리되었다. **3점**

[3] 11월 10일 영업부 사무실을 이전하면서 미래공인중개사사무소(간이과세자, 세금계산서 발급사업자)로부터 부동산 중개용역을 제공받고 중개수수료 1,485,000원(공급대가)을 현대카드로 결제하였다. **3점**

[4] 11월 22일 당사가 ㈜조은은행에 가입한 확정급여형(DB) 퇴직연금에서 퇴직연금운용수익(이자 성격) 5,000,000원이 발생하였다. 회사는 퇴직연금운용수익이 발생할 경우 자산관리수수료를 제외한 나머지 금액을 납입할 퇴직연금과 대체하기로 약정하였다. 퇴직연금에 대한 자산관리수수료율은 납입액의 3%이다(단, 이자소득에 대한 원천징수는 없으며, 해당 수수료는 판매비및일반관리비 항목으로 처리하기로 한다). **3점**

02 다음 주어진 요구사항에 따라 부가가치세신고서 및 부속서류를 작성하시오. **10점**

[1] 다음 자료를 보고 2024년 제2기 예정신고기간의 [수출실적명세서]를 작성하고, [매입매출전표입력]에 반영하시오(단, 영세율구분, 수출신고번호를 입력할 것). **3점**

1. 수출내역

거래처	수출신고번호	선적일자	환가일	통화코드	수출액
산비디아	13528-22-0003162	2024.08.22.	2024.08.25.	USD	$200,000

2. 일자별 기준환율

거래처	수출신고번호	선적일	환가일	수출신고일
산비디아	13528-22-0003162	₩1,360/$	₩1,350/$	₩1,330/$

3. 수출대금은 선적일 이후에 수령하였다.

[2] 다음의 자료를 이용하여 2024년 제2기 부가가치세 확정신고기간(2024.10.01.~2024.12.31.)의 [대손세액공제신고서]를 작성하시오(단, 제시된 금액은 모두 부가가치세가 포함된 금액이며, 기존에 입력된 자료 또는 불러온 자료는 무시할 것). **5점**

	상호 (사업자등록번호)	채권 종류	대손금액	당초 공급일	비고
대손 발생	우주무역 (123-12-45676)	받을어음	24,200,000원	2024.10.27.	부도발생일 2024.11.06.
	세정상사 (345-76-09097)	외상매출금	6,600,000원	2021.11.03.	소멸시효 완성
	한뜻전자 (455-09-39426)	외상매출금	4,950,000원	2021.12.31.	회수기일 2년 이상 경과
	용산전자 (857-23-43082)	외상매출금	11,000,000원	2023.03.02.	파산

• 세정상사의 외상매출금은 2024년 11월 3일에 법정 소멸시효가 완성되었다.
• 한뜻전자의 외상매출금은 회수기일이 2년 이상 경과하여 2024년 12월 1일에 대손금을 비용계상하였다(특수관계인과의 거래는 아님).
• 용산전자는 법원으로부터 파산선고를 받아 2024년 10월 1일에 대손 확정되었다.

	상호 (사업자등록번호)	채권종류	대손회수액	당초 공급일	비고
대손 채권 회수	하나무역 (987-65-43215)	외상매출금	9,350,000원	2022.10.15.	대손채권 회수

• 하나무역의 외상매출금은 대손처리하였던 채권의 회수에 해당하며, 대손회수일은 2024년 10월 5일이다.

유의 사항	• 대손사유 입력 시 조회되지 않는 사유에 대해서는 7.직접입력으로 하고, 비고란의 내용을 그대로 입력한다.

[3] 2024년 제1기 부가가치세 확정신고기간의 [부가가치세신고서]를 마감하여 전자신고를 수행하시오(단, 저장된 데이터를 불러와서 사용할 것). 2점

1. 부가가치세 신고서와 관련 부속서류는 작성되어 있다.
2. [전자신고]→[국세청 홈택스 전자신고변환(교육용)] 순으로 진행한다.
3. [전자신고]에서 전자파일 제작 시 신고인 구분은 2.납세자 자진신고로 선택하고, 비밀번호는 "12345678"로 입력한다.
4. [국세청 홈택스 전자신고변환(교육용)]에서 전자파일변환(변환대상파일선택) > 찾아보기
5. 전자신고용 전자파일 저장경로는 로컬디스크(C:)이며, 파일명은 "enc작성연월일.101.v4028507977" 이다.
6. 형식검증하기 ➡ 형식검증결과확인 ➡ 내용검증하기 ➡ 내용검증결과확인 ➡ 전자파일제출 을 순서대로 클릭한다.
7. 최종적으로 전자파일 제출하기 를 완료한다.

03 다음의 결산정리사항에 대하여 결산정리분개를 입력하여 결산을 완료하시오. 8점

[1] 결산일 현재 당사가 보유한 외화자산은 다음과 같다. 기말 결산일의 기준환율은 ¥100 = 930원이다. 2점

- 계정과목 : 외화예금
- 외화가액 : ¥2,300,000
- 장부가액 : 21,000,000원

[2] 다음 자료를 이용하여 재무제표의 장기성예금에 대하여 결산일의 적절한 회계처리를 하시오. 2점

- 은행명 : 큰산은행
- 예금 종류 : 정기예금
- 금액 : 100,000,000원
- 개설일 : 2022.04.25.
- 만기일 : 2025.04.25.

[3] 연말 재고실사 과정에서 다음의 내용이 누락된 사실을 발견하였다. 2점

구분	사유	금액
제품	광고 선전 목적으로 불특정다수인에게 전달	8,000,000원
상품	훼손으로 인해 가치를 상실하여 원가성이 없는 상품	2,000,000원

[4] 아래의 전기말 무형자산명세서를 참조하여 당해 결산일의 회계처리를 하시오. 2점

- 전기말(2023년 12월 31일) 무형자산명세서

취득일자	무형자산내역	장부가액	내용연수	비고
2021.01.01.	개발비	20,000,000원	5년	

- 추가사항 : 2024년 결산일 현재 개발비에 대한 연구는 실패가 확실할 것으로 판단된다.

04 원천징수와 관련된 다음의 물음에 답하시오. 10점

[1] 다음은 사원 정상수(사번 102)의 부양가족과 관련 자료이다. 본인의 세부담이 최소화되도록 [사원등록] 메뉴의 [부양가족명세] 탭에 부양가족을 입력(기본공제 대상이 아닌 경우 "부"로 입력)하시오. 단, 부양가족은 전부 생계를 같이 하고 있으며, 제시된 자료 외의 내용은 고려하지 않는다. 4점

1. 부양가족

관계	성명 (주민등록번호)	비고
본인 (세대주)	정상수 (841025-1234563)	총급여액은 100,000,000원이며, 장애인복지법상 장애인이었으나 당해연도 중 완치가 되었다.
배우자	황효림 (850424-2112349)	총급여액은 50,000,000원이며, 부양가족공제를 누구에게 공제하면 유리한지 고민 중이다.
부친	정학수 (570218-1233341)	당해 수령한 노령연금 총액은 5,100,000원이다.
모친	박순자 (610815-2123451)	다주택자로서 보유하였던 주택을 100,000,000원에 양도하였다. (해당 주택의 취득가액은 100,500,000원이다)
딸	정은란 (080410-4134566)	오디션 프로그램에 참가하여 상금 10,000,000원과 2,000,000원 상당의 피아노를 부상으로 받았다.
아들	정은수 (120301-3789507)	EBS 교육방송 어린이 MC로서 프리랜서 소득금액이 5,000,000원 발생하였다.
아들	정은우 (130420-3115987)	어린이 모델로 활동하여 프리랜서 총수입금액이 1,000,000원 발생하였다.

2. 연금소득공제표

총연금액	공제액
350만원 이하	총연금액
350만원 초과 700만원 이하	350만원+350만원 초과액의 40%

[2] 다음의 자료를 이용하여 ①소득자별로 각 소득에 따라 [소득자료입력]을 작성하고, ②[원천징수이행상황신고서]를 작성 및 마감하여 ③국세청 홈택스에 전자신고를 수행하시오(단, 당사는 반기별 신고 특례 대상자가 아니며 정기분 신고에 해당한다). **6점**

〈소득자료〉

성명	지급액(세전)	소득내용	비고
박서준	5,000,000원	일시적 강연료 (고용관계 없음)	실제 발생한 필요경비는 없으며, 소득세법상 인정하는 최대 필요경비를 적용한다.
강태주	3,000,000원	학원강사가 지급받은 강의료	인적용역사업소득에 해당한다.

- 위 소득의 귀속연월은 모두 2024년 7월이고, 지급일은 2024년 8월 5일이다.
- 위의 소득자료에 대해서만 작성하고 다른 소득자는 없는 것으로 가정한다.
- 위의 소득자는 모두 내국인 및 거주자에 해당한다.

〈전자신고 관련 유의사항〉

1. [전자신고]→[국세청 홈택스 전자신고변환(교육용)] 순으로 진행한다.
2. [전자신고]에서 전자파일 제작 시 신고인 구분은 2.납세자 자진신고로 선택하고, 비밀번호는 "20240204"로 입력한다.
3. [국세청 홈택스 전자신고변환(교육용)]에서 전자파일변환(변환대상파일선택) > 찾아보기
4. 전자신고용 전자파일 저장경로는 로컬디스크(C:)이며, 파일명은 "작성연월일.01.t4028507977"이다.
5. 형식검증하기 ➡ 형식검증결과확인 ➡ 내용검증하기 ➡ 내용검증결과확인 ➡ 전자파일제출 을 순서대로 클릭한다.
6. 최종적으로 전자파일 제출하기 를 완료한다.

---

05 (주)선호물산(회사코드:1121)은 제조·도소매업 및 건설업을 영위하는 중소기업이며, 당해 사업연도(제16기)는 2024.1.1. ~ 2024.12.31.이다. [법인조정] 메뉴를 이용하여 기장되어 있는 재무회계 장부 자료와 제시된 보충자료에 의하여 해당 사업연도의 세무조정을 하시오. 30점 ※ 회사 선택 시 유의하시오.

—〈 작성대상서식 〉—

1. 기업업무추진비조정명세서(갑)(을)
2. 미상각자산감가상각조정명세서
3. 가지급금등의인정이자조정명세서
4. 법인세과세표준및세액조정계산서
5. 자본금과적립금조정명세서(갑)(을)

[1] 다음은 기업업무추진비와 관련된 자료이다. [기업업무추진비조정명세서]를 작성하고 필요한 세무조정을 하시오. 6점

1. 손익계산서상 기업업무추진비(판)계정의 금액은 20,000,000원이며, 다음의 금액이 포함되어 있다.
   - 전기 말 법인카드로 기업업무추진비 1,000,000원을 지출하였으나 회계처리를 하지 않아 이를 법인카드 대금 결제일인 2024년 1월 25일에 기업업무추진비로 계상하였다.
2. 건설중인자산(당기 말 현재 공사 진행 중)에 배부된 기업업무추진비(도급) 3,000,000원 중에는 대표이사가 개인적으로 사용한 금액으로써 대표이사가 부담해야 할 기업업무추진비 500,000원이 포함되어 있다.
3. 당기 수입금액 합계는 2,525,000,000원으로 제품매출 1,385,000,000원, 상품매출 1,140,000,000원이다.

4. 전기 이전의 세무조정은 모두 적법하게 이루어진 상황이며, 위 외의 기업업무추진비 지출액은 없다.

5. 위 기업업무추진비 중 신용카드 등 미사용금액은 없다.

[2] 다음 자료를 이용하여 [고정자산등록] 메뉴에 고정자산을 등록하고, [미상각자산감가상각조정명세서]를 작성하고 필요한 세무조정을 하시오. **6점**

[자료1]

자산코드	구분	자산명	취득일	취득가액	전기말 상각누계액	제조원가 명세서에 반영된 상각비	경비구분
1	기계장치 (업종코드:13)	기계장치	2021. 06.01.	60,000,000원	12,000,000원	4,000,000원	제조

[자료2]

• 회사는 감가상각방법을 세법에서 정하는 시기에 정액법으로 신고하였다.
• 회사는 감가상각대상자산의 내용연수를 무신고하였다.

구분		기준내용연수
기계장치		6년
상각률	정액법	0.166
	정률법	0.394

• 수선비 계정에는 기계장치에 대한 자본적 지출액 10,000,000원이 포함되어 있다.
• 회사는 2024년 1월 1일 전기 과소상각비 해당액을 아래와 같이 회계처리하였다.

(차) 전기오류수정손실(이익잉여금) 3,000,000 원   (대) 감가상각누계액(기계장치) 3,000,000 원

[3] 다음 자료를 이용하여 [가지급금등의인정이자조정명세서]를 작성하고, 필요한 세무조정을 하시오. **6점**

1. 손익계산서상 지급이자 내역

구분	국민은행	하나은행	합계
연 이자율	4.9%	5.7%	
지급이자	6,370,000원	17,100,000원	23,470,000원
차입금	130,000,000원	300,000,000원	
비고	차입금 발생일 : 2023.11.10.	차입금 발생일 : 2023.01.05.	

2. 대표이사 장경석의 가지급금 및 가수금 내역

일자	금액	비고
2024.02.09.	100,000,000원	업무와 무관하게 대표이사에게 대여한 금액
2024.05.25.	20,000,000원	대표이사에게 미지급한 소득에 대한 소득세 대납액
2024.08.27.	60,000,000원	대표이사 대여금 중 일부를 대표이사로부터 회수한 금액

3. 기타 추가사항
   - 회사는 대표이사 대여금에 대하여 별도의 이자 지급에 관한 약정을 하지 않았으며, 결산일에 대표이사 대여금에 대한 이자수익을 아래와 같이 회계처리하였다.
   (차) 미수수익   2,000,000원   (대) 이자수익   2,000,000원
   - 회사는 2023년부터 당좌대출이자율(4.6%)을 시가로 적용한다.
   - 불러온 자료는 무시하고 직접 입력하여 작성한다.

[4] 당사는 소기업으로서 「중소기업에 대한 특별세액감면」을 적용받으려 한다. 불러온 자료는 무시하고, 다음의 자료만을 이용하여 [법인세과세표준및세액조정계산서]를 작성하시오. **6점**

1. 표준손익계산서 일부

Ⅷ. 법인세비용차감전손익	217	461,600,000원
Ⅸ. 법인세비용	218	61,600,000원
Ⅹ. 당기순손익	219	400,000,000원

2. 소득금액조정합계표

익금산입 및 손금불산입			손금산입 및 익금불산입		
과목	금액	소득처분	과목	금액	소득처분
법인세비용	61,600,000원	기타사외유출	재고자산평가증	3,000,000원	유보감소
기업업무추진비 한도초과	20,000,000원	기타사외유출			
세금과공과	1,400,000원	기타사외유출			
합계	83,000,000원		합계	3,000,000원	

3. 기타자료
   - 감면소득금액은 300,000,000원, 감면율은 20%이다.
   - 전년 대비 상시근로자 수의 변동은 없으며, 최저한세 적용 감면배제금액도 없다.
   - 지급명세서불성실가산세 500,000원이 있다.
   - 법인세 중간예납세액은 20,000,000원이고, 분납을 최대한 적용받고자 한다.

[5] 다음 자료만을 이용하여 [자본금과적립금조정명세서(갑)(을)]를 작성하시오(단, 전산상에 입력된 기존 자료는 무시할 것). **6점**

1. 전기(2023년) 자본금과적립금조정명세서(을)표상의 자료는 다음과 같다.

과목	기초잔액	당기중증감		기말잔액
		감소	증가	
업무용승용차	13,200,000원	8,000,000원		5,200,000원
단기매매증권평가손실	15,000,000원	3,000,000원		12,000,000원

2. 당기(2024년)의 소득금액조정합계표내역은 다음과 같다.

손금산입및익금불산입		
과목	금액(원)	조정 이유
업무용승용차	5,200,000	전기 업무용승용차 감가상각 한도 초과액 추인
단기매매증권	5,000,000	단기매매증권평가이익(전기 유보 감소로 세무조정)

3. 당기말 재무상태표의 자본 내역은 다음과 같다.

과목	제16기 당기 2024년 1월 1일~ 2024년 12월 31일	제15기 전기 2023년 1월 1일~ 2023년 12월 31일
	금액(원)	금액(원)
Ⅰ. 자본금	250,000,000	200,000,000
Ⅱ. 자본잉여금	30,000,000	50,000,000
Ⅲ. 자본조정	20,000,000	20,000,000
Ⅳ. 기타포괄손익누계액	50,000,000	50,000,000
Ⅴ. 이익잉여금	107,000,000	52,000,000
(당기순이익)		
당기 :	55,000,000	25,000,000
전기 :	25,000,000	5,000,000
자본총계	457,000,000	372,000,000

• 법인세과세표준및세액신고서의 법인세 총부담세액이 손익계산서에 계상된 법인세비용보다 1,200,000원, 지방소득세는 150,000원 각각 더 많이 산출되었다(전기분은 고려하지 않음).
• 이월결손금과 당기결손금은 발생하지 않았다.

전산세무 1급
기출문제
정답 및 해설

01 | 전산세무 1급 103회 기출문제 정답 및 해설

✛ 이론시험 ✛

✛ 정답

01 ①	02 ④	03 ①	04 ④	05 ④	06 ④	07 ①	08 ③	09 ③	10 ④
11 ①	12 ④	13 ③	14 ③	15 ②					

01 ① 현금성자산은 이자율의 변동에 따른 가치 변동이 작아야 한다.

02 ④ 가, 라는 유형자산의 취득원가에 포함되지 않는다.

03 ① 보고기간종료일로부터 1년 이내에 상환되어야 하는 채무는 보고기간종료일과 재무제표가 사실상 확정된 날 사이에 보고기간종료일로부터 1년을 초과하여 상환하기로 합의하더라도 유동부채로 분류한다(일반기업회계기준 2.24).

04 ④ 액면이자율이 유효이자율보다 높으므로 할증발행에 해당한다. 사채 할증발행의 경우 장부가액은 매년 감소하고, 상각액은 매년 증가하며, 이자비용은 매년 감소한다.

05 ④ ① 자본금은 발행주식 수에 액면가액을 곱하여 계산한다.
② 보통주자본금과 우선주자본금은 권리와 배당액이 틀리기 때문에 통합하여 표시할 수 없다.
③ 감자차손은 자본조정에 해당한다.

06 ④ 변동원가와 고정원가가 혼합된 원가는 준변동원가이다. 준고정원가는 특정 범위 내의 조업도에서는 총원가가 일정하지만 조업도가 특정 범위를 벗어나면 일정액만큼 증감되는 원가를 말한다.

07 ① • 당기총제조원가 : 직접재료원가 A + 가공원가 = 직접재료원가 A + 3A = 1,400,000원
∴ 직접재료원가 : 350,000원
• 가공원가 : 직접노무원가 B + 제조간접원가 = 직접노무원가 B + 1.5B
= 직접재료원가 350,000원 × 300%
= 1,050,000원
∴ 직접노무원가 : 420,000원

08 ③ 상호배분법은 보조부문비의 배부가 배부 순서에 의해 영향을 받지 않는다.

09 ③ 가공비 완성품 환산량 : 당기 발생 가공비 15,000,000원 ÷ 가공비 완성품 단위당 원가 10,000원
= 기초재공품 400개 × (100% − 30%) + (당기완성품 1,600개 − 기초재공품 400개) + 기말재공품 50개 × 기말재공품 완성도 A = 1,500단위
∴ 기말재공품 완성도 A = 40%

10 ④ 불리한 차이는 매출원가에 가산하고 유리한 차이는 매출원가에서 차감한다.

11 ① 객관적인 외부거래 없이 내부적인 계상항목들에 대하여 손금산입 여부를 임의로 선택할 수 있도록 규정하고 있는 것은 결산조정사항에 대한 설명이다.

12 ④ 법인세법 제63조 제1항 제2조에서 직전 사업연도에 중소기업인 내국법인은 직전 사업연도의 산출세액을 기준으로 계산한 중간예납세액이 30만원 미만인 경우 중간예납세액을 납부할 의무가 없다고 규정 했으나, 2022.12.31. 법 개정으로 납부 의무 기준이 50만원으로 변경되었다.

13 ③ 이자소득에 해당되며, 대부업자의 금전대여 등 사업성이 있는 경우는 사업소득으로 과세한다.

14 ③ 사업자가 폐업 전에 공급한 재화의 공급시기가 폐업일 이후에 도래하는 경우에는 그 폐업일을 공급시기로 본다(부가가치세법 시행령 제28조 제9항).

15 ② 내국신용장 사후개설의 작성일자는 처음 세금계산서 작성일이다(부가가치세법 시행령 제70조).

✛ 실무시험 ✛

---

01 전표입력

[1] [일반전표입력] 3월 31일

(차) 장기미지급금(㈜세무캐피탈)	650,000원	(대) 보통예금	700,000원
이자비용	50,000원		

[2] [일반전표입력] 4월 20일

(차) 미지급배당금	20,000,000원	(대) 보통예금	16,920,000원
		예수금	3,080,000원

[3] [매입매출전표입력] 7월 1일

유형 : 11.과세, 공급가액 : 12,000,000원, 부가세 : 1,200,000원, 거래처 : 파란상사, 전자 : 여, 분개 : 혼합

(차) 감가상각누계액(207)	15,000,000원	(대) 기계장치	35,000,000원
국고보조금(217)	10,000,000원	부가세예수금	1,200,000원
보통예금	7,700,000원	유형자산처분이익	2,000,000원
미수금	5,500,000원		

[4] [매입매출전표입력] 8월 10일

유형 : 57.카과, 공급가액 : 500,000원, 부가세 : 50,000원, 거래처 : 함박식당, 분개 : 혼합 또는 카드, 신용카드사 : 하나카드

(차) 복리후생비(제)	500,000원	(대) 미지급금(하나카드)	550,000원
부가세대급금	50,000원	또는 미지급비용	

02 부가가치세신고서 및 부속서류 작성

[1] 1. 매입매출전표입력

(1) 4월 30일

- 수정 전 :

유형 : 17.카과, 공급가액 : 500,000원, 부가세 : 50,000원, 거래처 : 동양물산㈜, 분개 : 혼합,
신용카드 : 신한카드

(차) 미수금(신한카드)　　　　550,000원　　(대) 부가세예수금　　　　　　50,000원
　　　　　　　　　　　　　　　　　　　　　　제품매출　　　　　　　　500,000원

- 수정 후 : 삭제 또는 전표 추가

유형 : 17.카과, 공급가액 : −500,000원, 부가세 : −50,000원, 거래처 : 동양물산㈜,
분개 : 혼합, 신용카드 : 신한카드

(차) 미수금(신한카드)　　　　−550,000원　　(대) 부가세예수금　　　　　−50,000원
　　　　　　　　　　　　　　　　　　　　　　제품매출　　　　　　　　−500,000원

(2) 5월 31일

- 수정 전 : 없음
- 수정 후 :

유형 : 51.과세, 공급가액 : 100,000원, 부가세 : 10,000원, 거래처 : 한주상사, 전자 : 부,
분개 : 현금 또는 혼합

(차) 운반비(판)　　　　100,000원　　(대) 현금　　　　　　110,000원
　　부가세대급금　　　　10,000원

2. [부가가치세신고서(수정신고)]

3. 과세표준및세액결정(경정)청구서

조회기간 2024년 04 월 ~ 2024년 06 월　구분 1기 확정　수정차수 1

청구인

성 명	윤정호	주민등록번호	690303 - 1234567	사업자등록번호	613 - 86 - 12344
주소(거소) 또는 영업소	경상남도 사천시 용현면 시청로 37-8				
상 호	(주)사천전자			전화번호	051 - 1000 - 1234

신고내용

법정신고일	2024 년 7 월 25 일	최초신고일	2024 년 7 월 25 일
경정청구이유1	4102013 신용카드, 현금영수증 매출 과다 신고		
경정청구이유2	4103020 매입세금계산서합계표 단순 누락, 착오기재(세금계산서에 의해 확인되는 경		

구 분	최 초 신 고	경정(결정)청구 신 고
과 세 표 준 금 액	33,000,000	32,500,000
산 출 세 액	3,300,000	3,250,000
가 산 세 액		
공제 및 감면세액	1,500,000	1,510,000
납 부 할 세 액	1,800,000	1,740,000
국세환급금 계좌신고	거래은행　　　　계좌번호	
환 급 받 을 세 액		60,000

[2] [신용카드매출전표등발행금액집계표]

조회기간 2024 년 07 월 ~ 2024 년 09 월　구분 2기 예정

1. 인적사항

상호[법인명]	(주)사천전자	성명[대표자]	윤정호	사업등록번호	613-86-12344
사업장소재지	경상남도 사천시 용현면 시청로 37-8				

2. 신용카드매출전표 등 발행금액 현황

구 분	합 계	신용·직불·기명식 선불카드	현금영수증	직불전자지급 수단 및 기명식선불 전자지급수단
합 계	3,250,000	1,400,000	1,850,000	
과세 매출분	2,750,000	1,100,000	1,650,000	
면세 매출분	500,000	300,000	200,000	
봉 사 료				

3. 신용카드매출전표 등 발행금액중 세금계산서 교부내역

세금계산서발급금액	1,100,000	계산서발급금액	500,000

03 결산수정분개

[1] [일반전표입력] 12월 31일

　(차) 정기예금　　　　　　　30,000,000원　　(대) 장기성예금　　　　　　30,000,000원

[2] [일반전표입력] 12월 31일

　(차) 보험료(제)　　　　　　5,625,000원　　(대) 선급비용　　　　　　　5,625,000원

　* 7,500,000원 × 9/12 = 5,625,000원

[3] [일반전표입력] 12월 31일

| (차) 광고선전비(판) | 12,000,000원 | (대) 제품 | 15,500,000원 |
| 재고자산감모손실 | 3,500,000원 | (적요 8. 타계정으로 대체액) | |

또는

| (차) 광고선전비(판) | 12,000,000원 | (대) 제품 | 12,000,000원 |
| | | (적요 8. 타계정으로 대체액) | |

| (차) 재고자산감모손실 | 3,500,000원 | (대) 제품 | 3,500,000원 |
| | | (적요 8. 타계정으로 대체액) | |

[4] 1. [결산자료입력] → 9.법인세등 → 1)선납세금 20,000,000원, 2)추가계상액 13,000,000원 입력
→ F3전표추가

2. 또는 [일반전표입력] 12월 31일

| (차) 법인세등 | 30,250,000원 | (대) 선납세금 | 20,000,000원 |
| | | 미지급세금 | 10,250,000원 |

또는

| (차) 법인세등 | 20,000,000원 | (대) 선납세금 | 20,000,000원 |
| (차) 법인세등 | 10,250,000원 | (대) 미지급세금 | 10,250,000원 |

* 법인세 산출세액 : 200,000,000원 × 9% + 50,000,000원 × 19% = 27,500,000원

* 법인지방소득세 : 법인세 산출세액 27,500,000원 × 10% = 2,750,000원

04 원천징수

[1] [연말정산추가자료입력]

1. [소득명세]탭

소득명세	부양가족		신용카드 등	의료비	기부금	연금저축 등I	연금저축 등II	월세액	연말정산입력

	구분		합계	주(현)	납세조합	종(전) [1/2]
소 득 명 세	9.근무처명			(주)사천전자		(주)영빌리지
	9-1.종교관련 종사자			부		부
	10.사업자등록번호			613-86-12344		152-88-11562
	11.근무기간			2024-01-01 ~ 2024-12-31	----,--,-- ~ ----,--,--	2024-01-01 ~ 2024-06-30
	12.감면기간			----,--,-- ~ ----,--,--	----,--,-- ~ ----,--,--	----,--,-- ~ ----,--,--
	13-1.급여(급여자료입력)		33,000,000	18,000,000		15,000,000
	13-2.비과세한도초과액					
	13-3.과세대상추가(인정상여추가)					
	14.상여					
	15.인정상여					
	15-1.주식매수선택권행사이익					
	15-2.우리사주조합 인출금					
	15-3.임원퇴직소득금액한도초과액					
	15-4.직무발명보상금					
	16.계		33,000,000	18,000,000		15,000,000
공 제 보 험 료 명 세	직장	건강보험료(직장)(33)	1,155,350	629,100		526,250
		장기요양보험료(33)	141,480	77,160		64,320
		고용보험료(33)	297,000	162,000		135,000
		국민연금보험료(31)	1,485,000	810,000		675,000
	공적 연금 보험료	공무원 연금(32)				
		군인연금(32)				
		사립학교교직원연금(32)				
		별정우체국연금(32)				
세 액 명 세	기납부세액	소득세	758,880	509,100		249,780
		지방소득세	75,840	50,880		24,960
		농어촌특별세				
	납부특례세액	소득세				
		지방소득세				
		농어촌특별세				

2. [부양가족]탭

소득명세	부양가족	신용카드 등	의료비	기부금	연금저축 등I	연금저축 등II	월세액	연말정산입력

연말관계	성명	내/외국인		주민(외국인)번호	나이	기본공제	세대주구분	부녀자	한부모	경로우대	장애인	자녀	출산입양
0	신유리	내	1	750101-2156117	49	본인	세대주	○					
1	신장군	내	1	530207-1278519	71	60세이상				○	1		
1	김은정	내	1	550410-2584568	69	60세이상							
3	박진혁	내	1	740501-1234562	50	배우자							
4	박은서	내	1	121101-4516586	12	20세이하						○	
4	박태수	내	1	060601-3456789	18	부							

- 본인(신유리)은 배우자가 있고 종합소득금액이 3,000만원 이하인 여성에 해당하여 부녀자공제를 적용한다.
- 배우자의 일용근로소득은 금액에 관계없이 소득요건에 영향을 미치지 않는다.
- 장녀의 기타소득금액은 1,000,000원 이하에 해당하므로 기본공제대상자에 해당한다.
- 장남의 사업소득금액은 1,000,000원을 초과하므로 기본공제대상자에 해당하지 않는다.
- 부친의 복권 당첨금은 무조건 분리과세되는 기타소득으로서 소득요건에 영향을 미치지 않는다.
- 부친의 기본공제란을 "장애인"으로 선택하여도 정답으로 인정한다.

3. 의료비지급명세서

소득명세	부양가족	신용카드 등	의료비	기부금	연금저축 등I	연금저축 등II	월세액	연말정산입력

2024년 의료비 지급명세서

	의료비 공제대상자				6.본인등해당여부	지급처			지급명세					14.산후조리원
	성명	내/외	5.주민등록번호			9.증빙코드	8.상호	7.사업자등록번호	10.건수	11.금액	11-1.실손보험수령액	12.미숙아선천성이상아	13.난임여부		
	신장군	내	530207-1278519	2	0	1			1	1,000,000		X	X		X
	박진혁	내	740501-1234562	3	X	1			1	300,000		X	X		X
	박은서	내	121101-4516586	3	X	1			1	500,000		X	X		X

- 65세, 장애인, 건강보험산정특례자 : 1,000,000원
- 그 밖의 공제대상자 : 800,000원
- 건강증진 목적의 보약 구입비는 공제하지 않는다.
- 시력 보정용 안경 및 콘택트렌즈 구입비는 1인당 500,000원을 한도로 공제한다.

4. [연말정산입력]탭

(1) 보험료세액공제 → 부양가족탭 → 신유리, 신장군을 선택한 후 → 일반보장성을 더블클릭하여 입력 → 연말정산입력탭 선택 → [F8부양가족탭불러오기]를 하여 세액을 반영한다.

① 신유리	보장성보험-일반	1,300,000
	보장성보험-장애인	
② 신장군	보장성보험-일반	
	보장성보험-장애인	2,000,000

61.보장성보험	일반	1,300,000	1,300,000	1,000,000
	장애인	2,000,000	2,000,000	1,000,000

※ 박태수는 기본공제대상자가 아니므로 보험료세액공제대상은 아니다.

(2) 교육비세액공제 → 부양가족탭 → 박은서, 신장군을 선택한 후 → 일반교육비와 장애인교육비에 더블클릭하여 입력 → 연말정산입력탭 선택 → [F8부양가족탭불러오기]를 하여 세액을 반영한다.

① 박은서	일반	장애인특수
	1,000,000 2.초중고	
② 신장군	일반	장애인특수
		4,000,000

구분	지출액	공제대상금액	공제금액
취학전아동(1인당 300만원)			
초중고(1인당 300만원)	1,000,000	5,000,000	
대학생(1인당 900만원)			
본인(전액)			
장애인 특수교육비	4,000,000		

- 초중고 : 1,000,000원
- 장애인 특수교육비 : 4,000,000원
- 초등학생의 교복구입비는 공제하지 않는다.
- 기본공제대상자인 장애인을 위하여 지급하는 장애인 특수교육비는 한도 없이 공제 가능하다.

[2] [원천징수이행상황신고서 전자신고]

1. [원천징수이행상황신고서] 조회 및 마감

    귀속 : 2024년 4월, 지급 : 2024년 4월, 1. 정기신고, F8마감을 한다.

2. [전자신고] → 지급기간 : 2024년 4월 입력 후 조회 → F4제작 → 파일생성 → 비밀번호 12341234 입력

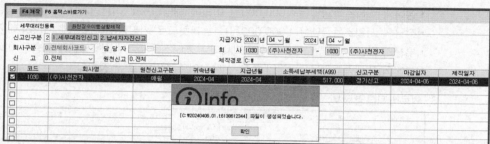

3. F6홈택스바로가기 → [국세청 홈택스 전자신고변환(교육용)] → "찾아보기" 선택하여 C드라이브에 있는 파일을 "열기" → [형식검증하기 ~ 전자파일제출]까지 모두 클릭하여 접수한다. 다만 중간 비밀번호는 "12341234"를 입력한다.

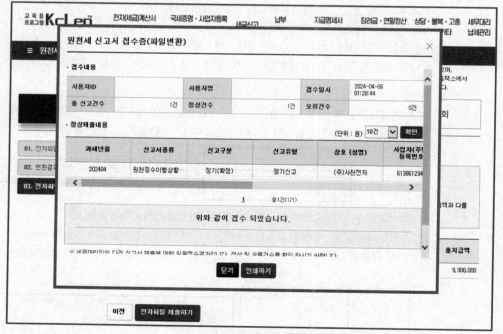

05 법인세 세무조정

[1] [대손충당금 및 대손금조정명세서] 작성 및 세무조정

1. 세무조정

   〈손금불산입〉 대손금 부인액　30,000,000원 (유보발생)

   〈손금불산입〉 대손충당금 한도초과　11,245,000원 (유보발생)

   〈손금산입〉 전기 대손충당금 한도초과액　8,820,000원 (유보감소)

2. 대손충당금 및 대손금조정명세서

[2] [업무무관부동산등에관련한차입금이자조정명세서(갑)(을)] 작성 및 세무조정

1. 업무무관부동산등에관련한차입금이자조정명세서(을) : [1.적수입력(을)]탭

   (1) [1.업무무관부동산]탭

   (2) [3.가지급금]탭

   (3) [4.가수금]탭

   • 동일인에 대한 가수금은 별도의 약정이 없는 경우 가지급금과 상계 가능

2. 업무무관부동산등에관련한차입금이자조정명세서(갑) : [2.지급이자 손금불산입(갑)]탭

| 1.적수입력(을) | 2.지급이자 손금불산입(갑) | | | | | | | |

2 1.업무무관부동산 등에 관련한 차입금 지급이자

①지급이자	적 수				⑥차입금 (=19)	⑦ ⑤와 ⑥중 적은 금액	⑧손금불산입 지급이자 (①×⑦÷⑥)
	②업무무관 부 동 산	③업무무관 동 산	④가지급금 등	⑤계(②+③+④)			
15,152,000	18,400,000,000		13,638,000,000	32,038,000,000	80,446,800,000	32,038,000,000	6,034,295

1 2. 지급이자 및 차입금 적수 계산 [연이율 일수 현재: 366일]   단수차이조정 연일수

No	(9)이자율(%)	(10)지급이자	(11)차입금적수	(12)채권자불분명 사채이자 수령자불분명 사채이자		(15)건설 자금 이자 국조법 14조에 따른 이자		차 감	
				(13)지급이자	(14)차입금적수	(16)지급이자	(17)차입금적수	(18)지급이자 (10-13-16)	(19)차입금적수 (11-14-17)
1	4.00000	312,000	2,854,800,000					312,000	2,854,800,000
2	5.00000	2,500,000	18,300,000,000	2,500,000	18,300,000,000				
3	7.00000	14,840,000	77,592,000,000					14,840,000	77,592,000,000
	합계	17,652,000	98,746,800,000	2,500,000	18,300,000,000			15,152,000	80,446,800,000

3. 세무조정

　　〈손금불산입〉 채권자불분명사채이자　2,500,000원 (상여)
　　〈손금불산입〉 업무무관자산지급이자　6,034,295원 (기타사외유출)

[3] [퇴직연금부담금조정명세서] 작성 및 세무조정

　1. 퇴직연금부담금등조정명세서

2.이미 손금산입한 부담금 등의 계산

1 나.기말 퇴직연금 예치금 등의 계산

19.기초 퇴직연금예치금 등	20.기중 퇴직연금예치금 등 수령 및 해약액	21.당기 퇴직연금예치금 등의 납입액	22.퇴직연금예치금 등 계 (19 - 20 + 21)
23,000,000	16,000,000	51,000,000	58,000,000

2 가.손금산입대상 부담금 등 계산

13.퇴직연금예치금 등 계 (22)	14.기초퇴직연금충당금등 및 전기말 신고조정에 의한 손금산입액	15.퇴직연금충당금등 손금부인 누계액	16.기중퇴직연금등 수령 및 해약액	17.이미 손금산입한 부담금등 (14 - 15 - 16)	18.손금산입대상 부담금 등 (13 - 17)
58,000,000	23,000,000		16,000,000	7,000,000	51,000,000

1.퇴직연금 등의 부담금 조정

1.퇴직급여추계액	당기말 현재 퇴직급여충당금				6.퇴직부담금 등 손금산입 누적한도액 (① - ⑤)
	2.장부상 기말잔액	3.확정기여형퇴직연금자의 설정전 기계상된 퇴직급여충당금	4.당기말 부인 누계액	5.차감액 (② - ③ - ④)	
60,000,000					60,000,000
7.이미 손금산입한 부담금 등 (17)	8.손금산입액 한도액 (⑥ - ⑦)	9.손금산입 대상 부담금 등 (18)	10.손금산입범위액 (⑧과 ⑨중 적은 금액)	11.회사 손금 계상액	12.조정금액 (⑩ - ⑪)
7,000,000	53,000,000	51,000,000	51,000,000		51,000,000

2. 세무조정

　　〈손금불산입〉 퇴직연금지급액　16,000,000원 (유보감소)
　　〈손금산입〉 퇴직연금납입액　51,000,000원 (유보발생)

[4] 고정자산등록, [미상각자산감가상각조정명세서] 작성 및 세무조정

1. 고정자산등록

(1) 공장건물 : 취득년월일 2021.07.01. 정액법	(2) 기계장치 : 취득년월일 2020.07.01. 정액법
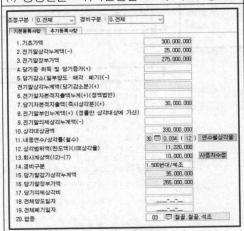	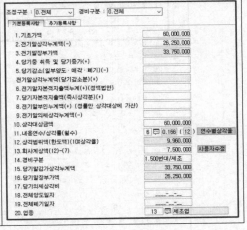

2. [미상각자산감가상각조정명세서]

(1) 공장건물 : 취득년월일 2021.07.01. 정액법

	입력내용	금액
업종코드/명 03	철골,철골,석조	
합계표 자산구분	1. 건축물	
(4)내용연수(기준.신고)		30
상각계산의 기초가액	재무상태표 자산가액	(5)기말현재액	300,000,000
		(6)감가상각누계액	35,000,000
		(7)미상각잔액(5)-(6)	265,000,000
	회사계산 상각비	(8)전기말누계	25,000,000
		(9)당기상각비	10,000,000
		(10)당기말누계(8)+(9)	35,000,000
	자본적 지출액	(11)전기말누계	
		(12)당기지출액	30,000,000
		(13)합계(11)+(12)	30,000,000
(14)취득가액((7)+(10)+(13))		330,000,000
(15)일반상각률.특별상각률		0.034
상각범위액계산	당기산출 상각액	(16)일반상각액	11,220,000
		(17)특별상각액	
		(18)계((16)+(17))	11,220,000
	(19) 당기상각시인범위액	11,220,000
(20)회사계산상각액((9)+(12))		40,000,000
(21)차감액((20)-(19))		28,780,000
(22)최저한세적용에따른특별상각부인액		
조정액	(23) 상각부인액((21)+(22))	28,780,000
	(24) 기왕부인액중당기손금추인액	
부인액누계	(25) 전기말부인누계액	
	(26) 당기말부인누계액 (25)+(23)-|24|	28,780,000
당기말의제상각액	(27) 당기의제상각액	△(21)|-|(24)|	
	(28) 의제상각누계액	
신고조정감가상각비계산	(29) 기준상각률	
	(30) 종전상각비	
	(31) 종전감가상각비 한도	
	(32) 추가손금산입대상액	
	(33) 동종자산 한도계산 후 추가손금산	
신고조정감가상각비계산	(34) 기획재정부령으로 정하는 기준내용	
	(35) 기준감가상각비 한도	
	(36) 추가손금산입액	
	(37) 추가 손금산입 후 당기말부인액 누계	28,780,000

(2) 기계장치 : 취득년월일 2020.07.01. 정액법

	입력내용	금액
업종코드/명 13	제조업	
합계표 자산구분	2. 기계장치	
(4)내용연수(기준.신고)		6
상각계산의 기초가액	재무상태표 자산가액	(5)기말현재액	60,000,000
		(6)감가상각누계액	33,750,000
		(7)미상각잔액(5)-(6)	26,250,000
	회사계산 상각비	(8)전기말누계	26,250,000
		(9)당기상각비	7,500,000
		(10)당기말누계(8)+(9)	33,750,000
	자본적 지출액	(11)전기말누계	
		(12)당기지출액	
		(13)합계(11)+(12)	
(14)취득가액((7)+(10)+(13))		60,000,000
(15)일반상각률.특별상각률		0.166
상각범위액계산	당기산출 상각액	(16)일반상각액	9,960,000
		(17)특별상각액	
		(18)계((16)+(17))	9,960,000
	(19) 당기상각시인범위액	9,960,000
(20)회사계산상각액((9)+(12))		7,500,000
(21)차감액((20)-(19))		-2,460,000
(22)최저한세적용에따른특별상각부인액		
조정액	(23) 상각부인액((21)+(22))	
	(24) 기왕부인액중당기손금추인액	2,460,000
부인액누계	(25) 전기말부인누계액	4,000,000
	(26) 당기말부인누계액 (25)+(23)-|24|	1,540,000
당기말의제상각액	(27) 당기의제상각액	△(21)|-|(24)|	
	(28) 의제상각누계액	
신고조정감가상각비계산	(29) 기준상각률	
	(30) 종전상각비	
	(31) 종전감가상각비 한도	
	(32) 추가손금산입대상액	
	(33) 동종자산 한도계산 후 추가손금산	
신고조정감가상각비계산	(34) 기획재정부령으로 정하는 기준내용	
	(35) 기준감가상각비 한도	
	(36) 추가손금산입액	
	(37) 추가 손금산입 후 당기말부인액 누계	1,540,000

3. 소득금액조정합계표

〈손금불산입〉 건물감가상각비한도초과액　28,780,000원 (유보발생)

〈손금산입〉 전기 기계장치 감가상각비 부인액　2,460,000원 (유보감소)

[5] [법인세과세표준 및 세액조정계산서] 작성

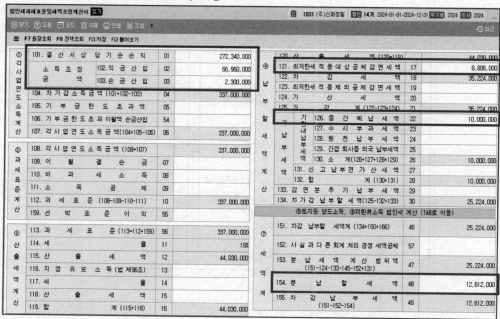

※ 중소기업에 대한 특별세액감면세액(127. 최저한세 적용대상 공제감면세액) 계산 후 직접 반영한다.
= 산출세액 × (감면소득 ÷ 과세표준) × 20%

8,806,000원 = 44,030,000원 × (337,000,000 ÷ 337,000,000) × 20%

02 | 전산세무 1급 104회 기출문제 정답 및 해설

✦ 이론시험 ✦

☴ 정답

01	④	02	③	03	②	04	④	05	③	06	②	07	③	08	②	09	④	10	④
11	④	12	③	13	④	14	④	15	③										

01 ④ 전기의 비계량정보가 당기 재무제표 이해에 필요한 경우 이를 당기와 비교하여 주석에 기재할 수 있다.

02 ③ 구매자가 인수를 수락한 시점 또는 반품기간이 종료된 시점에 인식한다.

03 ② 최초의 장부금액을 초과하지 않는 범위 내에서 평가손실을 환입한다.

04 ④ 10,000,000원
- ㉠ 외상매입금(20,000,000원) 지출액은 손익에 영향을 주지 않는다.
- ㉡ 외상매출금(5,000,000원) 수령액은 손익에 영향을 주지 않는다.
- ㉢ 선급비용으로 계상된 화재보험료 (1,100,000원)는 연간 총보험료 1,200,000원에 대하여 월할계산된 금액이므로 손익에 영향을 주지 않는다.

05 ③ 할증발행 시 사채할증발행차금의 상각액은 매년 증가한다.

06 ② 준변동원가는 조업도와 관계없이 발생하는 고정원가와 조업도의 변동에 비례하여 발생하는 변동원가로 구성된 원가를 말한다. 그리고 준고정원가는 특정 범위의 조업도에서 일정하지만 조업도가 특정 범위를 벗어나면 일정액만큼 증가하는 원가를 말하며, 단계원가라고도 한다.

07 ③ 개별원가계산은 제조간접비의 배부를 해야 하며, 종합원가계산은 완성품환산량을 산정해야 한다.

08 ② • 평균법 : 당기완성수량 900개 + 기말재공품 300개 × 60% = 1,080개
- 선입선출법 : 기초재공품 400개 × 60% + 당기착수당기완성수량 500개 + 기말재공품 300개 × 60% = 920개

09 ④ 상호배분법은 원가배분 순서에 관계없이 배분원가가 일정하다.

10 ④ 불리한 차이 15,000원 = 실제 노무비 발생액 180,000원 − 실제 노무비 배부액 165,000원

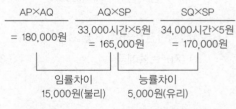

- 표준가격(SP) : 능률차이 5,000원 ÷ (34,000시간 − 33,000시간) = 5원

11 ④ 공급시기가 속하는 과세기간 종료 후 25일 이내에 내국신용장이 개설된 경우 당초 세금계산서 작성일을 적는다(부가가치세법 시행령 제70조 제1항 제4호).

12 ③ 면세는 부분면세 제도이나 영세율은 완전 면세 제도이다.

13 ④ 사업소득에서 결손금이 발생한 경우에도 종합소득세 확정신고대상자에 해당한다.

14 ④ 부동산임대업에서 발생한 이월결손금은 부동산임대업의 소득금액에서 공제한다 (소득세법 제45조 제3항 제2호).

15 ③ 중소기업인 경우 단기건설(1년 미만)의 경우에는 인도기준에 따라 수익과 비용을 인도일이 속하는 사업연도의 익금과 손금에 산입할 수 있다.

÷ 실무시험 ÷

01 전표입력

[1] [매입매출전표입력] 1월 15일
   유형 : 53.면세, 공급가액 : 700,000원, 거래처 : 현주캐피탈㈜, 전자 : 여, 분개 : 혼합

   (차) 임차료(판)   700,000원   (대) 미지급비용   700,000원
                                          (또는 미지급금)

[2] [일반전표입력] 2월 1일
   (차) 보통예금   47,950,000원   (대) 사채   50,000,000원
       사채할인발행차금   2,050,000원

[3] [매입매출전표입력] 3월 3일
   유형 : 11.과세, 공급가액 : 20,000,000원, 부가세 : 2,000,000원, 거래처 : ㈜사랑최고사,
   전자 : 여, 분개 : 혼합

   (차) 보통예금   22,000,000원   (대) 부가세예수금   2,000,000원
       감가상각누계액(209)   40,000,000원   차량운반구   55,000,000원
                                             유형자산처분이익   5,000,000원

[4] [일반전표입력] 3월 21일
   (차) 보통예금   9,300,000원   (대) 단기대여금(㈜최강)   9,000,000원
                                             외환차익   300,000원

02 부가가치세신고서 및 부속서류 작성

[1] 1. [수출실적명세서]

조회기간 2024 년 07 월 ~ 2024 년 09 월 구분 : 2기 예정 과세기간별입력					
구분	건수	외화금액		원화금액	비고
⑨합계	2	30,000.00		36,700,000	
⑩수출재화[=⑫합계]	1	10,000.00		12,500,000	
⑪기타영세율적용	1	20,000.00		24,200,000	

No □	(13)수출신고번호	(14)선(기)적일자	(15)통화코드	(16)환율	금액		전표정보	
					(17)외화	(18)원화	거래처코드	거래처명
1 □	34554-67-7699012	2024-07-14	USD	1,250.0000	10,000.00	12,500,000		

2. [영세율매출명세서]

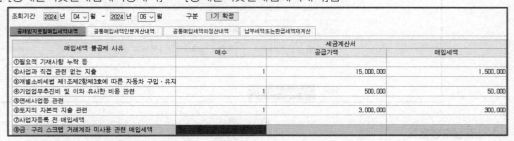

(7)구분	(8)조문	(9)내용	(10)금액(원)
부가가치	제21조	직접수출(대행수출 포함)	12,500,000
		중계무역·위탁판매·외국인도 또는 위탁가공무역 방식의 수출	
		내국신용장·구매확인서에 의하여 공급하는 재화	
		한국국제협력단 및 한국국제보건의료재단에 공급하는 해외반출용 재화	
		수탁가공무역 수출용으로 공급하는 재화	
	제22조	국외에서 제공하는 용역	
	제23조	선박·항공기에 의한 외국항행용역	
		국제복합운송계약에 의한 외국항행용역	
		국내에서 비거주자·외국법인에게 공급되는 재화 또는 용역	24,200,000
		수출재화임가공용역	

[2] [공제받지못할매입세액명세서] → [공제받지못할매입세액내역]탭

조회기간 2024 년 04 월 ~ 2024 년 06 월   구분 1기 확정

매입세액 불공제 사유	세금계산서 매수	세금계산서 공급가액	세금계산서 매입세액
①필요적 기재사항 누락 등			
②사업과 직접 관련 없는 지출	1	15,000,000	1,500,000
③개별소비세법 제1조제2항제3호에 따른 자동차 구입·유지			
④기업업무추진비 및 이와 유사한 비용 관련	1	500,000	50,000
⑤면세사업등 관련			
⑥토지의 자본적 지출 관련	1	3,000,000	300,000
⑦사업자등록 전 매입세액			
⑧금·구리 스크랩 거래계좌 미사용 관련 매입세액			

[3] [부가가치세신고서 전자신고]

1. 신고서 및 부속서류 마감

   조회기간 : 2024년 10월 1일 ~ 2024년 12월 31일 1. 정기신고, F8마감을 한다.

2. [전자신고] → 신고년월 : 2024년 10월 ~ 12월 입력 후 조회 → F4제작 → 파일생성 → 비밀번호 12345678 입력

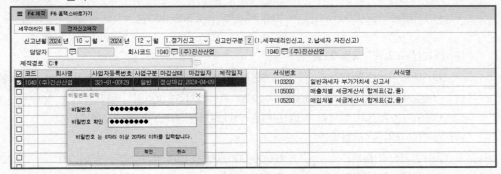

3. F6홈택스바로가기 → [국세청 홈택스 전자신고변환(교육용)] → "찾아보기" 선택하여 C드라이브에 있는 파일을 "열기"함 → [형식검증하기 ~ 전자파일제출]까지 모두 클릭하여 접수한다. 다만 중간 비밀번호는 "12345678"을 입력한다.

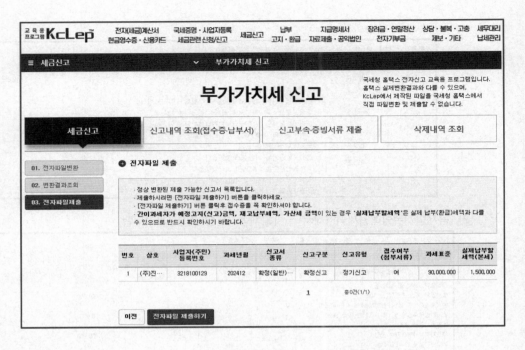

03 결산수정분개

[1] [일반전표입력] 12월 31일

(차) 부가세예수금	9,000,000원	(대) 부가세대급금	7,500,000원
		미지급세금	1,500,000원

[2] [일반전표입력] 12월 31일

(차) 이자비용	2,500,000원	(대) 미지급비용	2,500,000원

• 이자비용 : 50,000,000원 × 10% × 6/12 = 2,500,000원

[3] [일반전표입력] 12월 31일

(차) 매도가능증권(178)	300,000원	(대) 매도가능증권평가이익	300,000원

• 매도가능증권평가이익 : 300주 × (기말 공정가치 32,000원 − 취득가액 31,000원) = 300,000원
• 매도가능증권의 취득과 직접 관련된 거래원가는 취득원가에 가산한다.

[4] [일반전표입력] 12월 31일

(차) 감가상각비(제)	6,000,000원*	(대) 감가상각누계액(207)	6,000,000원
국고보조금(217)	2,000,000원	감가상각비(제)	2,000,000원**

또는

(차) 감가상각비(제)	4,000,000원*	(대) 감가상각누계액(207)	6,000,000원
국고보조금(217)	2,000,000원		

* 취득가액 120,000,000원 × 1/5 × 3/12 = 6,000,000원
** 국고보조금 40,000,000원 × 1/5 × 3/12 = 2,000,000원
• 고정자산의 감가상각은 취득시점(9월 1일)이 아닌 사용개시일(10월 2일)부터 시작한다.

04 원천징수

[1] [원천징수이행상황신고서 수정신고]
- 중간퇴사자 자료 : 중도퇴사(A02) 1명, 총지급액 5,000,000원, 소득세 등 -880,000원
- 사업소득 자료 : 매월징수(A25) 1명, 총지급액 3,000,000원, 소득세 등 90,000원

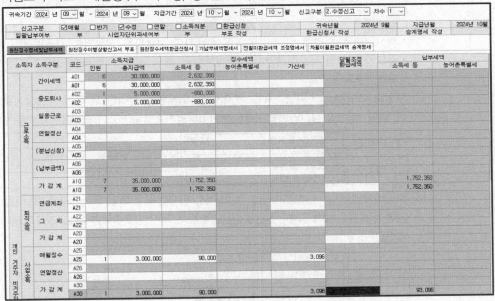

- 납부할 세액 : 3,000,000원 × 3% = 90,000원
- 원천징수납부지연가산세 : min(㉠ + ㉡ = 3,096원, ㉢ 9,000원) = 3,096원
  ㉠ 90,000원 × 22/100,000 × 20일 = 396원
  ㉡ 90,000원 × 3% = 2,700원
  ㉢ 90,000원 × 10% = 9,000원

[2] [연말정산추가자료입력]

1. [의료비지급명세서]

			의료비 공제대상자				지급처		지급명세					14.산후조리원
	성명	내/외	5.주민등록번호	6.본인등해당여부	9.증빙코드	8.상호	7.사업자등록번호	10.건수	11.금액	11-1.실손보험수령액	12.미숙아선천성이상아	13.납입여부	
□	최민순	내	570802-2121116	2	0	1			1	1,800,000		X	X	X
□	장미정	내	810503-2111116	3	X	1			1	1,000,000	400,000	X	X	X

- 최민순(어머니) 의료비 지출액 : 1,800,000원 1건 입력 또는 1,500,000원과 300,000원 2건

2. 근로자에 대한 월세액 세액공제 : 총급여액이 8,000만원 이하이므로 월세액 세액공제를 적용한다.

1 월세액 세액공제 명세(연말정산입력 탭의 70.월세액)									크게보기
임대인명(상호)	주민등록번호(사업자등록번호)	유형	계약면적(㎡)	임대차계약서 상 주소지	계약서상 임대차 계약기간 개시일	~ 종료일	연간 월세액	공제대상금액	세액공제금액
김정순	530820-2045891	단독주택	84.56	서울시 서초구 서초로 45	2023-06-01	2025-05-31	12,000,000	10,000,000	1,500,000

3. [연말정산입력]탭

(1) [신용카드 등]탭과 [연말정산입력]탭 → 신용카드 사용액

소득명세	부양가족	신용카드 등	의료비	기부금	연금저축 등I	연금저축 등II	월세액	연말정산입력	

□	성명 생년월일	자료 구분	신용카드	직불,선불	현금영수증	도서등 신용	도서등 직불	도서등 현금	전통시장	대중교통	소비증가분	
											2023년	2024년
□	이준혁	국세청	22,500,000		1,700,000					1,000,000		25,200,000
	1977-01-06	기타										

- 회사경비로 처리한 임직원 명의의 신용카드 사용분은 신용카드 사용액에서 제외한다.
- 중고차를 구입하고 현금영수증을 발행받은 경우 구입액의 10%를 신용카드 등의 사용금액으로 본다.

(2) 보험료세액공제 → 부양가족탭 → 이혁진, 이시연을 선택한 후 → 일반보장성을 더블클릭하여 입력 → 연말정산입력탭 선택 → [F8부양가족탭불러오기]를 하여 세액을 반영한다.

① 이혁진	보장성보험-일반	600,000
	보장성보험-장애인	
② 이시연	보장성보험-일반	1,000,000
	보장성보험-장애인	

61.보장 성보험	일반	1,600,000	1,600,000	1,000,000	120,000
	장애인				

(3) 교육비세액공제 → 부양가족탭 → 이시연, 이채연을 선택한 후 → 일반교육비와 장애인교육비에 더블클릭하여 입력 → 연말정산입력탭 선택 → [F8부양가족탭불러오기]를 하여 세액을 반영한다.

① 이시연	일반	
	1,200,000	2.초중고
② 이채연	일반	
	2,800,000	1.취학전

구분	지출액	공제대상금액	공제금액
취학전아동(1인당 300만원)	2,800,000		
초중고(1인당 300만원)	1,200,000		
대학생(1인당 900만원)		4,000,000	600,000
본인(전액)			
장애인 특수교육비			

- 이시연 1,200,000원(교복구입비용은 학생 1명당 연 50만원 한도) + 이채연 2,800,000원으로 한다.

(4) 기부금세액공제

① 먼저 [기부금 입력]탭에서 입력한다.

소득명세	부양가족	신용카드 등	의료비	기부금	연금저축 등I	연금저축 등II	월세액	연말정산입력

기부금 입력	기부금 조정

12.기부자 인적 사항(F2)			
주민등록번호	관계코드	내·외국인	성명
770106-1241114	거주자(본인)	내국인	이준혁

구분			기부처		기부명세				
7.유형	8. 코드	9.기부내용	10.상호 (법인명)	11.사업자 번호 등	건수	13.기부금합계 금액 (14+15)	14.공제대상 기부금액	15.기부장려금 신청 금액	자료 구분
정치자금	20	금전			1	100,000	100,000		국세청

② [기부금 조정]탭 → 우측 상단의 "공제금액계산" 선택 → 불러오기, 정치자금(10만원 이하)란에 자동반영 → 공제금액 반영 선택 → 저장 및 종료

소득명세	부양가족	신용카드 등	의료비	기부금	연금저축 등I	연금저축 등II	월세액	연말정산입력

기부금 입력	기부금 조정						공제금액계산

구분		기부연도	16.기부금액	17.전년도까지 공제된금액	18.공제대상 금액(16-17)	해당연도 공제금액	해당연도에 공제받지 못한 금액	
유형	코드						소멸금액	이월금액
정치자금	20	2023	100,000		100,000	100,000		

05 법인세 세무조정

[1] [기업업무추진비조정명세서] 작성 및 세무조정

1. [기업업무추진비 입력(을)]탭

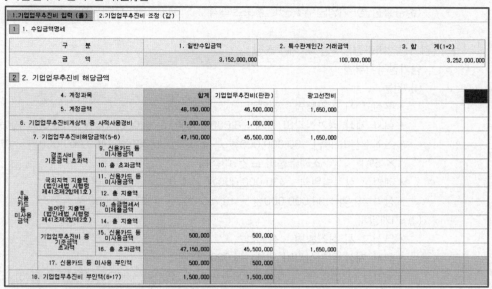

1.기업업무추진 입력 (을)	2.기업업무추진비 조정 (갑)		

1. 1. 수입금액명세

구 분	1. 일반수입금액	2. 특수관계인간 거래금액	3. 합 계(1+2)
금 액	3,152,000,000	100,000,000	3,252,000,000

2. 2. 기업업무추진비 해당금액

4. 계정과목		합계	기업업무추진비(판관)	광고선전비	
5. 계정금액		48,150,000	46,500,000	1,650,000	
6. 기업업무추진비계상액 중 사적사용경비		1,000,000	1,000,000		
7. 기업업무추진비해당금액(5-6)		47,150,000	45,500,000	1,650,000	
8. 신용카드등미사용금액	경조사비 중 기준금액 초과액	9. 신용카드 등 미사용금액			
		10. 총 초과금액			
	국외지역 지출액 (법인세법 시행령 제41조제2항제1호)	11. 신용카드 등 미사용금액			
		12. 총 지출액			
	농어민 지출액 (법인세법 시행령 제41조제2항제2호)	13. 송금명세서 미제출금액			
		14. 총 지출액			
	기업업무추진비 중 기준금액 초과액	15. 신용카드 등 미사용금액	500,000	500,000	
		16. 총 초과금액	47,150,000	45,500,000	1,650,000
17. 신용카드 등 미사용 부인액		500,000	500,000		
18. 기업업무추진비 부인액(6+17)		1,500,000	1,500,000		

• 기업업무추진비(판)의 (16)총 초과금액 : 46,500,000원 또는 45,500,000원

2. [기업업무추진비조정(갑)]탭

1.기업업무추진비 입력 (을)	2.기업업무추진비 조정 (갑)	

3. 기업업무추진비 한도초과액 조정

중소기업			☐ 정부출자법인 ☐ 부동산임대업등(법.령제42조제2항)
	구분		금액
1. 기업업무추진비 해당 금액			47,150,000
2. 기준금액 초과 기업업무추진비 중 신용카드 등 미사용으로 인한 손금불산입액			500,000
3. 차감 기업업무추진비 해당금액(1-2)			46,650,000
기업업무추진비 한도	4. 12,000,000 (중소기업 36,000,000) X 월수(12) / 12		36,000,000
	일반 기업업무추진비 한도	총수입금액 기준	100억원 이하의 금액 X 30/10,000	9,756,000
			100억원 초과 500억원 이하의 금액 X 20/10,000	
			500억원 초과 금액 X 3/10,000	
			5. 소계	9,756,000
		일반수입금액 기준	100억원 이하의 금액 X 30/10,000	9,456,000
			100억원 초과500억원 이하의 금액 X 20/10,000	
			500억원 초과 금액 X 3/10,000	
			6. 소계	9,456,000
	7. 수입금액기준	(5-6) X 10/100		30,000
	8. 일반기업업무추진비 한도액 (4+6+7)			45,486,000
문화기업업무추진비 한도(「조특법」 제136조제3항)	9. 문화기업업무추진비 지출액			
	10. 문화기업업무추진비 한도액(9와 (8 X 20/100) 중 작은 금액)			
전통시장기업업무추진비 한도(「조특법」 제136조제6항)	11. 전통시장기업업무추진비 지출액			
	12. 전통시장기업업무추진비 한도액(11과 (8 X 10/100) 중 작은 금액)			
13. 기업업무추진비 한도액 합계(8+10+12)				45,486,000
14. 한도초과액(3-13)				1,164,000
15. 손금산입한도 내 기업업무추진비 지출액(3과 13중 작은 금액)				45,486,000

3. 세무조정

〈손금불산입〉 상무이사 개인경비　1,000,000원 (상여)

〈손금불산입〉 법정증빙서류 없는 기업업무추진비　500,000원 (기타사외유출)

〈손금불산입〉 기업업무추진비 한도초과액　1,164,000원 (기타사외유출)

[2] [감가상각비조정] 작성 및 세무조정

1. 감가상각시부인

(1) 건물
- 무신고 시 상각방법 : 정액법
- 회사 계상 감가상각비 합계 : 8,000,000원 + 30,000,000원 = 38,000,000원
- 소액수선비 판단 : 30,000,000원 ≥ max[6,000,000원, (400,000,000원 − 27,500,000원) × 5%]　∴ 소액수선비 요건 미충족
- 세법상 상각범위액 : 430,000,000원 × 0.025 = 10,750,000원
- 상각부인액 : 38,000,000원 − 10,750,000원 = 27,250,000원

(2) 기계장치
- 무신고 시 상각방법 : 정률법
- 회사 계상 감가상각비 합계 : 5,000,000원
- 세법상 상각범위액 : (30,000,000원 + 5,000,000원 − 20,000,000원) × 0.451 = 6,765,000원
- 시인부족액 : 6,765,000원−5,000,000원 = 1,765,000원

2. [감가상각비 조정]

(1) 고정자산등록

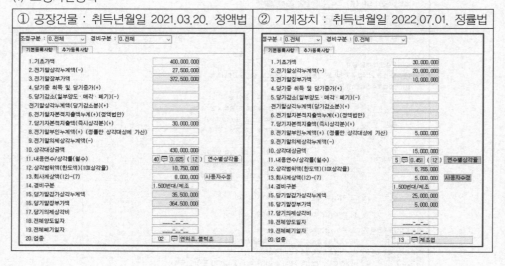

① 공장건물 : 취득년월일 2021.03.20. 정액법　　② 기계장치 : 취득년월일 2022.07.01. 정률법

3. [미상각자산감가상각조정명세서]

(1) 공장건물

입력내용			금액
업종코드/명	02	연와조,블럭조	
합계표 자산구분		1. 건축물	
(4)내용연수(기준.신고)			40
상각 계산 의 기초 가액	재무상태표 자산가액	(5)기말현재액	400,000,000
		(6)감가상각누계액	35,500,000
		(7)미상각잔액(5)-(6)	364,500,000
	회사계산 상각비	(8)전기말누계	27,500,000
		(9)당기상각비	8,000,000
		(10)당기말누계(8)+(9)	35,500,000
	자본적 지출액	(11)전기말누계	
		(12)당기지출액	30,000,000
		(13)합계(11)+(12)	30,000,000
(14)취득가액((7)+(10)+(13))			430,000,000
(15)일반상각률.특별상각률			0.025
상각범위 액계산	당기산출 상각액	(16)일반상각액	10,750,000
		(17)특별상각액	
		(18)계((16)+(17))	10,750,000
(19) 당기상각시인범위액			10,750,000
(20)회사계상상각액((9)+(12))			38,000,000
(21)차감액((20)-(19))			27,250,000
(22)최저한세적용에따른특별상각부인액			
조정액	(23) 상각부인액((21)+(22))		27,250,000
	(24) 기왕부인액중당기손금추인액		
부인액 누계	(25) 전기말부인누계액		
	(26) 당기말부인누계액 (25)+(23)-|24|		27,250,000
당기말 의제상각액	(27) 당기의제상각액 │△(21)│-│(24)│		
	(28) 의제상각누계액		
신고조정 감가상각 비계산	(29) 기준상각률		
	(30) 종전상각비		
	(31) 종전감가상각비 한도		
	(32) 추가손금산입대상액		
	(33) 동종자산 한도계산 후 추가손금산		
신고조정 감가상각 비계산	(34) 기획재정부령으로 정하는 기준내용		
	(35) 기준감가상각비 한도		
	(36) 추가손금산입액		
(37) 추가 손금산입 후 당기말부인액 누계			27,250,000

(2) 기계장치

입력내용			금액
업종코드/명	13	제조업	
합계표 자산구분		2. 기계장치	
(4)내용연수			5
상각 계산 의 기초 가액	재무상태표 자산가액	(5)기말현재액	30,000,000
		(6)감가상각누계액	25,000,000
		(7)미상각잔액(5)-(6)	5,000,000
		(8)회사계산감가상각비	5,000,000
		(9)자본적지출액	
		(10)전기말의제상각누계액	
		(11)전기말부인누계액	5,000,000
		(12)가감계((7)+(8)+(9)-(10)+(11))	15,000,000
(13)일반상각률.특별상각률			0.451
상각범위 액계산	당기산출 상각액	(14)일반상각액	6,765,000
		(15)특별상각액	
		(16)계((14)+(15))	6,765,000
	취득가액	(17)전기말현재취득가액	30,000,000
		(18)당기회사계산증가액	
		(19)당기자본적지출액	
		(20)계((17)+(18)+(19))	30,000,000
		(21) 잔존가액	1,500,000
		(22) 당기상각시인범위액	6,765,000
(23)회사계상상각액((8)+(9))			5,000,000
(24)차감액 ((23)-(22))			-1,765,000
(25)최저한세적용에따른특별상각부인액			
조정액	(26) 상각부인액 ((24)+(25))		
	(27) 기왕부인액중당기손금추인액		1,765,000
(28) 당기말부인누계액 ((11)+(26)-|(27)|)			3,235,000
당기말 의제상각액	(29) 당기의제상각액 │△(24)│-│(27)│		
	(30) 의제상각누계액 ((10)+(29))		
신고조정 감가상각 비계산	(31) 기준상각률		
	(32) 종전상각비		
	(33) 종전감가상각비 한도		
	(34) 추가손금산입대상액		
	(35) 동종자산 한도계산 후 추가손금산		
신고조정 감가상각 비계산	(36) 기획재정부령으로 정하는 기준내용		
	(37) 기준감가상각비 한도		
	(38) 추가손금산입액		
(39) 추가 손금산입 후 당기말부인액 누계			3,235,000

4. 세무조정

〈손금산입〉 기계장치 감가상각비 시인부족액　1,765,000원 (유보감소)

〈손금불산입〉 공장건물 감가상각비 한도초과액　27,250,000원 (유보발생)

[3] [외화자산등평가차손익조정명세서(갑),(을)] 작성 및 세무조정

1. [외화자산,부채의 평가(을지)]탭

No	②외화종류(자산)	③외화금액	④장부가액		⑦평가금액		⑩평가손익 자 산(⑨-⑥)
			⑤적용환율	⑥원화금액	⑧적용환율	⑨원화금액	
1	USD	12,000.00	1,800.0000	21,600,000	1,960.0000	23,520,000	1,920,000
2							

No	②외화종류(부채)	③외화금액	④장부가액		⑦평가금액		⑩평가손익 부 채(⑥-⑨)
			⑤적용환율	⑥원화금액	⑧적용환율	⑨원화금액	
1	USD	7,500.00	1,890.0000	14,175,000	1,960.0000	14,700,000	-525,000

2. [환율조정차,대등(갑지)]

No	차손익 구분	①구분 (외화자산,부채명)	②최종 상환기일	③전기이월액	④당기경과일수/잔존일수			⑤손익금 해당액(③×⑥)	⑥차기 이월액(③-⑤)	비고
					발생일자	경과일수	잔존일수			
1										

①구분	②당기손익금 해당액	③회사손익금 계상액	조정		⑥손익조정금액 (②-③)
			④차익조정(③-②)	⑤차손조정(②-③)	
가.화폐설 외화자산.부채 평가손익	1,395,000				1,395,000

3. 세무조정

〈익금산입〉 외화예금 환산　1,920,000원 (유보발생)

〈손금산입〉 외화차입금 환산　525,000원 (유보발생)

[4] [소득금액조정합계표]

〈손금불산입〉 업무용승용차 감가상각비 한도초과액　4,600,000원 (기타사외유출)

〈익금산입〉 매도가능증권　3,000,000원 (유보발생)

〈손금산입〉 매도가능증권평가손실　3,000,000원 (기타)

〈손금불산입〉 법인세비용　7,200,000원 (기타사외유출)

〈손금불산입〉 세금과공과금　72,000원 (기타사외유출)

〈손금산입〉 선급비용(임차료)　100,000원 (유보발생)

[5] [기부금조정명세서] 작성 및 세무조정

1. [기부금조정명세서]

　(1) [1.기부금 입력]탭

　　• 어음기부금 : 미입력 또는 그밖의기부금(코드 50, 기타기부금)

　　• 아파트경로당 후원금 : 그밖의기부금(코드 50, 기타기부금)으로 처리한 경우

　(2) [2. 기부금 조정]탭

2. 세무조정

　• 아파트경로당 후원금 : 그밖의기부금(코드 50, 기타기부금)으로 처리한 경우

　　〈손금불산입〉 아파트경로당후원금 2,000,000원 (기타사외유출)

　　〈손금불산입〉 어음지급기부금　10,000,000원 (유보발생)

　• 아파트경로당 후원금 : 지정기부금(코드 40)으로 처리한 경우

　　〈손금불산입〉 어음지급기부금　10,000,000원 (유보발생)

03 | 전산세무 1급 105회 기출문제 정답 및 해설

❖ 이론시험 ❖

📌 정답

01 ②	02 ③	03 ④	04 ③	05 ④	06 ①	07 ③	08 ②	09 ④	10 ①, ③
11 ④	12 ①	13 ③	14 ②	15 ②					

01 ② 회계정보의 질적특성 중 신뢰성은 표현의 충실성, 중립성, 검증가능성과 관련된 개념이다(일반기업회계준　재무회계개념체계 46).

02 ③ 자본적지출을 수익적지출로 처리한 경우 비용이 과대계상되어 당기순이익은 과소계상된다.

03 ④ 충당부채와 관련하여 필요한 내용은 주석에 기재하여 공시하여야 한다(일반기업회계기준 14.19).

04 ③ 140,000원 = 기계장치 감가상각비 200,000원 − 정부보조금 상각비 60,000원
- 기계장치 감가상각비 : 1,000,000원/5년 = 200,000원
- 정부보조금 상각비 : 300,000원/5년 = 60,000원

05 ④ 변경된 새로운 회계정책은 소급하여 적용하며, 전기 또는 그 이전의 재무제표를 비교목적으로 공시할 경우에는 소급적용에 따른 수정사항을 반영하여 재작성한다.

06 ① 가공원가는 직접재료원가를 제외한 모든 원가를 말한다.

07 ③
- 당기제품제조원가 4,000,000원 = 기말제품 3,000,000원 + 매출원가 3,000,000원 − 기초 제품 2,000,000원
- 당기총제조원가 2,500,000원 = 당기제품제조원가 4,000,000원 + 기말 재공품 1,000,000원 − 기초 재공품 2,500,000원
- 당기총제조원가 2,500,000원 = 직접재료원가 + 가공원가(직접재료원가 × 150%)
  ∴ 직접재료원가 : 1,000,000원
- 당기총제조원가 2,500,000원 = 직접재료원가 1,000,000원 + 직접노무원가 + 제조간접원가(직접노무원가의 200%)
  ∴ 직접노무원가 : 500,000원

08 ② 순실현가치법에서 배부 대상이 되는 원가는 분리점에 도달하는 시점까지 발생한 결합원가이고, 분리점 이후에 발생한 추가가공원가는 포함되지 않는다.

09 ④ 180,000원 = 동력부문 60,000원 + 수선부문 120,000원
(1) 동력부문 원가배분
- 수선부문 배분액 : 200,000원 × 20% = 40,000원
- 절단부문 배분액 : 200,000원 × 50% = 100,000원
- 조립부문 배분액 : 200,000원 × 30% = 60,000원

(2) 수선부분 원가배분
- 절단부문 배분액 : (120,000원 + 40,000원) × 10%/40% = 40,000원
- 조립부문 배분액 : (120,000원 + 40,000원) × 30%/40% = 120,000원

10 ①, ③
① 표준원가와 실제원가가 상당한 차이가 있는 경우에는 표준원가를 실제의 상황에 맞게 조정하여야 한다.
③ 제품의 실제 생산량만 파악하면 표준원가를 산출할 수 있으므로 신속하게 원가정보를 제공할 수 있다.

11 ④ 운임 등 취득부대비용은 제외한 금액을 매입가액으로 한다.

12 ① 사업자등록을 신청한 사업자가 사업자등록증 발급일까지 거래에 대하여 해당 사업자 또는 대표자의 주민등록번호를 적어 발급받은 경우, 당해 매입세액은 매입세액공제가 가능하다.

13 ③ 공동사업장의 소득금액을 계산하는 경우 기업업무추진비 및 기부금의 한도액은 각각의 공동사업자를 1거주자로 보아 적용한다.

14 ② 자녀세액공제는 특별세액공제에 해당하지 않기 때문에 특별소득공제·특별세액공제·월세액세액공제를 신청하지 않은 경우 표준세액공제와 중복 공제가 가능하다.

15 ② 결산조정은 손금의 귀속시기를 선택할 수 있으나 신고조정은 손금의 귀속시기를 선택할 수 없다.

✛ 실무시험 ✛

01 전표입력

[1] [매입매출전표입력] 8월 25일
유형 : 11.과세, 공급가액 : 10,000,000원, 부가세 : 1,000,000원, 거래처 : ㈜성희, 전자 : 여, 분개 : 혼합

(차) 보통예금	5,000,000원	(대) 부가세예수금	1,000,000원
외상매출금	6,000,000원	제품매출	10,000,000원

[2] [일반전표입력] 8월 31일

(차) 보통예금	19,985,000원	(대) 단기매매증권	15,000,000원
		단기매매증권처분이익	4,985,000원

[3] [매입매출전표입력] 9월 30일
유형 : 16.수출, 공급가액 : 48,000,000원, 부가세 : 0원, 거래처 : Amazon.com, 분개 : 혼합, 영세율구분 : ①직접수출(대행수출 포함)

(차) 보통예금	43,200,000원	(대) 제품매출	48,000,000원
선수금	4,000,000원		
외환차손	800,000원		
(또는 외화환산손실)			

또는

(차) 보통예금	43,200,000원	(대) 제품매출	48,000,000원
선수금	4,800,000원		

[4] [일반전표입력] 10월 12일

(차) 사채	70,000,000원	(대) 보통예금	60,000,000원
사채할증발행차금	3,500,000원	사채상환이익	13,500,000원

02 부가가치세신고서 및 부속서류 작성

[1] [부가가치세 수정신고서] 2024년 4월 1일 ~ 6월 30일

	구분		정기신고금액				수정신고금액		
			금액	세율	세액		금액	세율	세액
과세표준및매출세액	과세	세금계산서발급분	1	100,000,000	10/100	10,000,000	1	120,000,000	10/100	12,000,000
		매입자발행세금계산서	2		10/100		2		10/100	
		신용카드·현금영수증발행분	3		10/100		3		10/100	
		기타(정규영수증외매출분)	4				4			
	영세	세금계산서발급분	5		0/100		5		0/100	
		기타	6		0/100		6		0/100	
	예정신고누락분		7				7			
	대손세액가감		8				8			
	합계		9	100,000,000	㉮	10,000,000	9	120,000,000	㉮	12,000,000
매입세액	세금계산서수취분	일반매입	10	50,000,000		5,000,000	10	50,000,000		5,000,000
		수출기업수입분납부유예	10				10			
		고정자산매입	11				11	2,000,000		200,000
	예정신고누락분		12				12			
	매입자발행세금계산서		13				13			
	그 밖의 공제매입세액		14				14	4,800,000		480,000
	합계(10)-(10-1)+(11)+(12)+(13)+(14)		15	50,000,000		5,000,000	15	56,800,000		5,680,000
	공제받지못할매입세액		16				16			
	차감계 (15-16)		17	50,000,000	㉯	5,000,000	17	56,800,000	㉯	5,680,000
납부(환급)세액(매출세액㉮-매입세액㉯)						5,000,000			㉰	6,320,000
경감공제세액	그 밖의 경감·공제세액		18				18			
	신용카드매출전표등 발행공제등		19				19			
	합계		20		㉰		20		㉺	
소규모 개인사업자 부가가치세 감면세액		20		㉱		21		㉻	
예정신고미환급세액			21		㉲		21		㉼	
예정고지세액			22		㉳		22		㉽	
사업양수자의 대리납부 기납부세액			23		㉴		23		㉾	
매입자 납부특례 기납부세액			24		㉵		24		㉿	
신용카드업자의 대리납부 기납부세액			25		㉶		25			
가산세액계			26		㉷		26			216,104
차가감하여 납부할세액(환급받을세액)㉯-㉰-㉱-㉲-㉳-㉴-㉵-㉶+㉷		27			5,000,000	27			6,536,104
총괄납부사업자가 납부할 세액(환급받을 세액)									

부가세신고서 2쪽 수정신고

	구분		금액	세율	세액		구분		금액	세율	세액
14.그 밖의 공제매입세액						14.그 밖의 공제매입세액					
신용카드매출	일반매입	41				신용카드매출	일반매입	41	4,800,000		480,000
수령금액합계표	고정매입	42				수령금액합계표	고정매입	42			
의제매입세액		43		뒤쪽		의제매입세액		43		뒤쪽	
재활용폐자원등매입세액		44		뒤쪽		재활용폐자원등매입세액		44		뒤쪽	
과세사업전환매입세액		45				과세사업전환매입세액		45			
재고매입세액		46				재고매입세액		46			
변제대손세액		47				변제대손세액		47			
외국인관광객에대한환급세액		48				외국인관광객에대한환급세액		48			
합계		49				합계		49	4,800,000		480,000

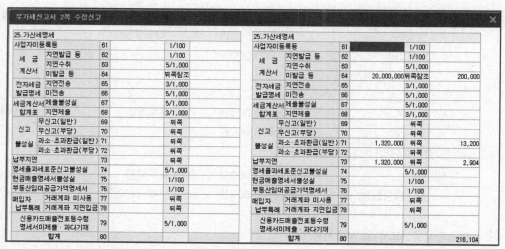

- 전자세금계산서를 발급하여야 하는 법인이 수기세금계산서를 발급하는 경우 세금계산서미발급가산세 (공급가액의) 1%가 적용된다(62. 지연발급 등 란에 기입한 경우에도 정답으로 인정함).
- 세금계산서미발급가산세가 적용되는 경우 매출처별세금계산서합계표제출불성실가산세는 적용 배제한다.
- 1개월 이내 수정신고하였으므로 과소신고·초과환급신고가산세의 90%를 감면한다.
- 납부지연가산세 : 과소납부세액 1,320,000원 × 10일 × 22/100,000 = 2,904원

[2] [공제받지못할매입세액명세서] → [납부세액(환급세액)재계산]탭

조회기간	2024년 10월 ~ 2024년 12월				구분	2기 확정						
공제받지못할매입세액내역		공통매입세액안분계산내역		공통매입세액의정산내역		납부세액또는환급세액재계산						
자산	(20)해당재화의 매입세액	(21)경감률[1-(체감률*경과된과세기간의수)]			(22)증가 또는 감소된 면세공급가액(사용면적)비율					(23)가산또는 공제되는 매입세액 (20)*(21)*(22)		
		취득년월	체감률	경과 과세기간	경감률	당기		직전		증가율		
						총공급	면세공급	총공급	면세공급			
1.건물,구축물	20,000,000	2021-01	5	5	75	,000,000,000.00	600,000,000.00	400,000,000.00	400,000,000.00	-40.000000	-6,000,000	
2.기타자산	5,000,000	2022-05	25	3	25	,000,000,000.00	600,000,000.00	400,000,000.00	400,000,000.00	-40.000000	-500,000	

03 결산수정분개

[1] [일반전표입력] 12월 31일

(차) 퇴직연금운용자산   300,000원   (대) 퇴직연금운용수익   300,000원
                                         또는 이자수익

* 20,000,000원 × 6% × 3/12 = 300,000원

[2] [일반전표입력] 12월 31일

(차) 외상매출금(Gigs)   500,000원   (대) 외화환산이익   500,000원

[3] 1. [결산자료입력] → 4. 판매비와 일반관리비 → 6)무형자산상각비 → 개발비 결산반영금액란 1,200,000원 입력 → F3전표추가

   2. 또는 [일반전표입력] 12월 31일

(차) 무형자산상각비   1,200,000원   (대) 개발비   1,200,000원

    * 개발비상각액 : 12,000,000원 × 1/5 × 6/12 = 1,200,000원

[4] 1. [일반전표입력] 12월 31일

(차) 재고자산감모손실　　　　　120,000원　(대) 제품　　　　　　　　　　120,000원

　　　　　　　　　　　　　　　　　　　　　　(적요8.타계정으로 대체액)

* 재고자산감모손실 : (10,000원 − 9,800원) × 1,000원 = 200,000원
* 정상적인감모손실 : 200,000원 × 40% = 80,000원
* 비정상적인감모손실 : 200,000원−80,000원 = 120,000원

2. [결산자료입력] → 기말제품 결산반영금액란 9,800,000원 입력 → F3전표추가

04 원천징수

[1] [사원등록], [급여자료입력], [원천징수이행상황신고서]

1. 사원등록

(1) 윤서준 : 기본사항탭

(2) 윤서준 : 부양가족명세

(3) 윤서준 : 추가사항

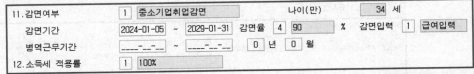

11. 감면여부	1 중소기업취업감면		나이(만)	34 세
감면기간	2024-01-05 ~ 2029-01-31	감면율 4 90 %	감면입력 1 급여입력
병역근무기간	----.-.- ~ ----.-.- 0 년 0 월		
12. 소득세 적용률	1 100%		

※ 감면기간 종료일 : 취업일로부터 5년이 되는 날이 속하는 달의 말일(조세특례제한법 제30
조 제1항)

2. 수당공제등록

수당공제등록

No	코드	과세구분	수당명	근로소득유형 유형	코드	한도	월정액	통상임금	사용여부
1	1001	과세	기본급	급여			정기	여	여
2	1002	과세	상여	상여			부정기	부	부
3	1003	과세	직책수당	급여			정기	부	부
4	1004	과세	월차수당	급여			정기	부	부
5	1005	비과세	식대	식대	P01	(월)100,000	정기	부	여
6	1006	비과세	자가운전보조금	자가운전보조금	H03	(월)200,000	부정기	부	여
7	1007	비과세	야간근로수당	야간근로수당	001	(년)2,400,000	부정기	부	부
8	2001	비과세	국외근로 월100만원	국외근로 월100만원	M01	(월)1,000,000	정기	부	여

3. 급여자료입력

4. 원천징수이행상황신고서

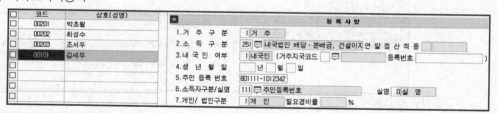

[2] [이자배당소득자료입력]

1. 기타소득자등록

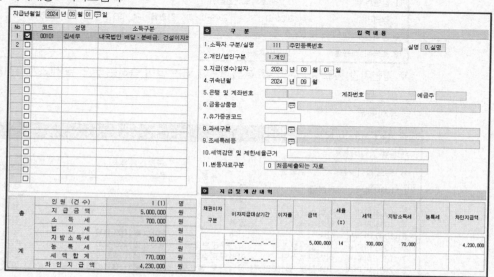

2. 이자배당소득자료입력

[3] [원천징수이행상황신고서 전자신고]

   1. [원천징수이행상황신고서] 조회 및 마감

     → 귀속 : 2024년 10월, 지급 : 2024년 11월, 1. 정기신고, F8마감을 한다.

   2. [전자신고] → 지급기간 : 2024년 11월 입력 후 조회 → F4제작 → 파일생성 → 비밀번호 12345678 입력

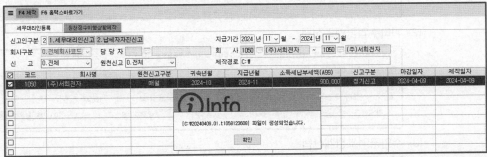

   3. F6홈택스바로가기 → [국세청 홈택스 전자신고변환(교육용)] → "찾아보기" 선택하여 C드라이브에 있는 파일을 "열기" → [형식검증하기 ~ 전자파일제출]까지 모두 클릭하여 접수한다. 다만 중간 비밀번호는 "12345678"을 입력한다.

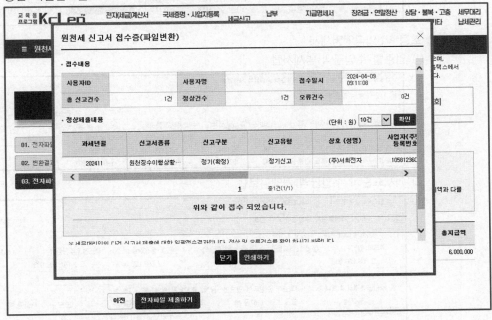

05　법인세 세무조정

[1] [수입금액조정명세서], [조정후수입금액명세서] 작성 및 세무조정

   1. 수입금액조정명세서

     (1) 작업진행률에 의한 수입금액탭

			작업진행률계산						
No	①공사명	②도급자	③도급금액	③해당사업연도말 총공사비누적액 (작업시간등)	⑥총공사 예정비 (작업시간등)	⑦진행률 (⑤/⑥)	⑧누적익금 산입액 (③×⑦)	③전기말누적 수입계상액	⑩당기회사 수입계상액	(16)조정액 (⑧-⑨-⑩)
1	제주도지하철공사	제주도도지사	200,000,000	80,000,000	100,000,000	80.00	160,000,000		150,000,000	10,000,000
2										
	계		200,000,000	80,000,000	100,000,000		160,000,000		150,000,000	10,000,000

(2) 기타수입금액조정탭

2. 수입금액 조정명세
다. 기타 수입금액

No	(23)구 분	(24)근 거 법 령	(25)수 입 금 액	(26)대 응 원 가	비 고
1	제품매출		2,200,000	2,000,000	
2					

(3) 수입금액조정계산탭

1. 수입금액 조정계산

No	계정과목		③결산서상 수입금액	조 정		⑥조정후 수입금액 (③+④-⑤)	비 고
	①항 목	②계정과목		④가 산	⑤차 감		
1	매 출	제품매출	2,500,800,000	2,200,000		2,503,000,000	
2	매 출	공사수입금	178,200,000	10,000,000		188,200,000	
3							

2. 조정후수입금액명세서

(1) 업종별 수입금액 명세서탭

1. 업종별 수입금액 명세서

①업 태	②종 목	순번	③기준(단순) 경비율번호	수 입 금 액				
				수입금액계정조회	내 수 판 매			⑦수 출 (영세율대상)
				④계(⑤+⑥+⑦)	⑤국내생산품	⑥수입상품		
제조.도매업,도매	안전유리	01	261004	2,503,000,000	2,503,000,000			
건설업	철도 궤도 전문공사업	02	452122	188,200,000	188,200,000			

(2) 과세표준과 수입금액 차액검토탭

2. 부가가치세 과세표준과 수입금액 차액 검토 　　　　　　　　부가가치세 신고 내역보기

(1) 부가가치세 과세표준과 수입금액 차액

⑧과세(일반)	⑨과세(영세율)	⑩면세수입금액	⑪합계(⑧+⑨+⑩)	⑫조정후수입금액	⑬차액(⑪-⑫)
2,688,200,000			2,688,200,000	2,691,200,000	-3,000,000

(2) 수입금액과의 차액내역(부가세과표에 포함되어 있으면 +금액, 포함되지 않았으면 -금액 처리)

⑭구 분	코드	(16)금 액	비 고	⑭구 분	코드	(16)금 액	비 고
자가공급(면세전용등)	21			거래(공급)시기차이감액	30		
사업상증여(접대제공)	22	7,000,000		주세 · 개별소비세	31		
개인적공급(개인적사용)	23			매출누락	32		
간주임대료	24				33		
자산 유형자산 및 무형자산 매각액	25				34		
매각 그밖의자산매각액(부산물)	26				35		
폐업시 잔존재고재화	27				36		
작업진행률 차이	28	-10,000,000			37		
거래(공급)시기차이가산	29			(17)차 액 계	50	-3,000,000	
				(13)차액과(17)차액계의차이금액			

3. 세무조정

〈익금산입〉 제품매출　2,200,000원 (유보발생)

〈손금산입〉 제품매출원가　2,000,000원 (유보발생)

〈익금산입〉 공사수입금　10,000,000원 (유보발생)

[2] [선급비용명세서] 작성 및 세무조정

1. 선급비용명세서

	계정구분	거래내용	거래처	대상기간		지급액	선급비용	회사계상액	조정대상금액
				시작일	종료일				
☐	선급 보험료	본사 화재보험료	(주)한화보험	2024-07-01	2025-06-30	60,000,000	29,753,424		29,753,424
☐	선급 보험료	공장 화재보험료	(주)삼성보험	2024-09-01	2025-08-31	90,000,000	59,917,808	15,000,000	44,917,808

2. 세무조정

〈손금산입〉 전기선급비용　500,000원 (유보감소)

〈손금불산입〉 당기 선급보험료　29,753,424원 (유보발생)

〈손금불산입〉 당기 선급보험료　44,917,808원 (유보발생)

[3] [대손충당금 및 대손금조정명세서] 작성 및 세무조정

1. 대손충당금 및 대손금조정명세서

1　2. 대손금조정　　　크게보기

No	22.일자	23.계정과목	24.채권내역	25.대손사유	26.금액	대손충당금상계액			당기 손비계상액		
						27.계	28.시인액	29.부인액	30.계	31.시인액	32.부인액
1	08.16	외상매출금	1.매출채권	6.소멸시효완성	2,000,000	2,000,000	2,000,000				
2											
		계			2,000,000	2,000,000	2,000,000				

2　채권잔액　　　크게보기

No	16.계정과목	17.채권잔액의 장부가액	18.기말현재대손금부인누계		19.합계(17+18)	20.충당금설정제외채권(할인, 배서, 특수채권)	21.채권잔액(19-20)
			전기	당기			
1	외상매출금	300,000,000	7,000,000		307,000,000		307,000,000
2	미수금	25,000,000			25,000,000		25,000,000
3							
	계	325,000,000	7,000,000		332,000,000		332,000,000

3　1.대손충당금조정

손금산입액조정	1.채권잔액(21의금액)	2.설정률(%)			3.한도액(1×2)	회사계상액			7.한도초과액(6-3)
		●기본율	○실적율	○적립기준		4.당기계상액	5.보충액	6.계	
	332,000,000	1			3,320,000	4,500,000	13,000,000	17,500,000	14,180,000
익금산입액조정	8.장부상 충당금기초잔액	9.기중 충당금환입액	10.충당금부인누계액	11.당기대손금상계액(27의금액)	12.충당금보충액(충당금장부잔액)	13.환입할금액(8-9-10-11-12)	14.회사환입액(회사기말환입)	15.과소환입·과다환입(△)(13-14)
	15,000,000		6,000,000	2,000,000	13,000,000	-6,000,000		-6,000,000

4　3.한국채택국제회계기준 등 적용 내국법인에 대한 대손충당금 환입액의 익금불산입액의 조정

33.대손충당금 환입액의 익금불산입 금액	34.손금에 산입하여야 할 금액 Min(3,6)	35.익금에 산입하여야 할 금액 Max[0, (8-10-11)]	36.차액 Min[33, Max(0,34-35)]	37.상계후 대손충당금환입액의 익금불산입금액(33-36)

• 충당금 보충액 : 기말잔액 17,500,000원 − 설정액 4,500,000원 = 13,000,000원

2. 세무조정

〈익금불산입〉 전기대손충당금한도초과　6,000,000원 (유보감소)

〈손금불산입〉 대손충당금한도초과　14,180,000원 (유보발생)

[4] [업무무관부동산등에관련한차입금이자조정명세서] 작성 및 세무조정

   1. 업무무관부동산등에관련한차입금이자조정명세서

     (1) 1.적수입력(을)탭 → 1.업무무관부동산탭

No	①월일		②적요	③차변	④대변	⑤잔액	⑥일수	⑦적수
1	1	1	전기이월	350,000,000		350,000,000	366	128,100,000,000
			합 계	350,000,000			366	128,100,000,000

6. 자기자본 적수 계산

⑧재무상태표자산총계	⑨재무상태표부채총계	⑩자기자본 (⑧-⑨)	⑪납입자본금	⑫사업연도 일수	⑬적수
1,000,000,000	300,000,000	700,000,000	100,000,000	366	256,200,000,000

     (2) 1.적수입력(을)탭 → 3.가지급금탭

No	①월일		②적요	③차변	④대변	⑤잔액	⑥일수	⑦적수
1	1	1	전기이월	600,000,000		600,000,000	366	219,600,000,000

     (3) 1.적수입력(을)탭 → 4.가수금탭

No	①월일		②적요	③차변	④대변	⑤잔액	⑥일수	⑦적수
1	1	1	전기이월		100,000,000	100,000,000	366	36,600,000,000

     (4) 2.지급이자 손금불산입(갑)탭

2 1.업무무관부동산 등에 관련한 차입금 지급이자

①지급 이자	②업무무관 부동산	③업무무관 동산	④가지급금 등	⑤계(②+③+④)	⑥차입금 (=19)	⑦ ⑤와 ⑥중 적은 금액	⑧손금불산입 지급이자 (①×⑦÷⑥)
70,000,000	128,100,000,000		183,000,000,000	311,100,000,000	484,950,000,000	311,100,000,000	44,905,660

1 2. 지급이자 및 차입금 적수 계산 [연이율 일수 현재: 366일]

No	(9) 이자율 (%)	(10)지급이자	(11)차입금적수	(12)채권자불분명 사채이자 수령자불분명 사채이자		(15)건설 자금 이자 국조법 14조에 따른 이자		차 감	
				(13)지급이자	(14)차입금적수	(16)지급이자	(17)차입금적수	(18)지급이자 (10-13-16)	(19)차입금적수 (11-14-17)
1	8.00000	10,000,000	45,750,000,000					10,000,000	45,750,000,000
2	12.00000	15,000,000	45,750,000,000			15,000,000	45,750,000,000		
3	10.00000	20,000,000	73,200,000,000					20,000,000	73,200,000,000
4	4.00000	40,000,000	366,000,000,000					40,000,000	366,000,000,000
5	6.00000	30,000,000	183,000,000,000	30,000,000	183,000,000,000				
	합계	115,000,000	713,700,000,000	30,000,000	183,000,000,000	15,000,000	45,750,000,000	70,000,000	484,950,000,000

   2. 세무조정

     〈손금불산입〉 업무무관자산지급이자   44,905,660원 (기타사외유출)

     〈손금불산입〉 채권자불분명사채이자(원천세 제외)   30,000,000원 (상여)

     〈손금불산입〉 건설자금이자   15,000,000원 (유보발생)

[5] [업무용승용차등록], [업무용승용차관련비용명세서] 작성 및 세무조정

   1. 업무용승용차등록

(1) 101 : 소나타(27로2727)

(2) 102 : 제네시스(38호2929)

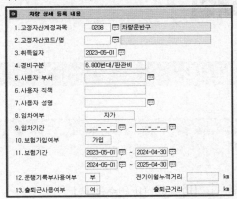

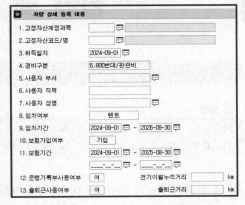

2. 업무용승용차관련비용명세서

(1) 소나타(27로2727)

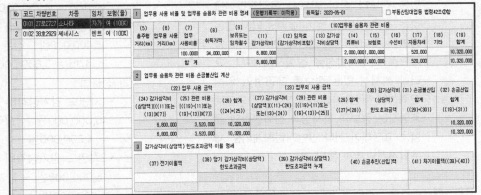

(2) 제네시스(38호2929)

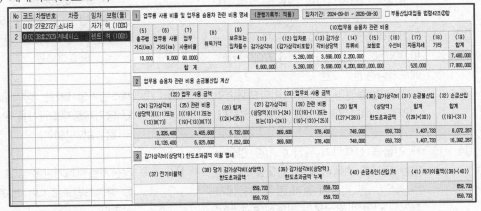

3. 세무조정

〈손금불산입〉 감가상각비한도초과액   659,733원 (기타사외유출)

〈손금불산입〉 업무용승용차 업무미사용분   748,000원 (상여)

04 | 전산세무 1급 106회 기출문제 정답 및 해설

÷ 이론시험 ÷

⊕ 정답

01 ②	02 ②	03 ④	04 ③	05 ③	06 ②	07 ③	08 ①	09 ③	10 ①
11 ④	12 ①	13 ①	14 ④	15 ④					

01 ② 재무정보가 정보이용자에게 유용하기 위해서는 그 정보가 의사결정에 반영될 수 있도록 적시에 제공되어야 한다. 적시성 있는 정보라 하여 반드시 목적적합성을 갖는 것은 아니나, 적시에 제공되지 않은 정보는 주어진 의사결정에 이용할 수 없으므로 목적적합성을 상실하게 된다. 그러나 적시성 있는 정보를 제공하기 위해 신뢰성을 희생해야 하는 경우가 있으므로 경영자는 정보의 적시성과 신뢰성간의 균형을 고려해야 한다(일반기업회계기준 재무회계개념체계 문단 45).

02 ② 수강료 : 강의기간에 걸쳐 수익으로 인식한다(일반기업회계기준 제16장 사례 17).

03 ④ 단기매매증권 : 2,000주 × (12,000원 − 10,000원) − 30,000원 = 3,970,000원
매도가능증권 : 0원
• 매도가능증권평가이익은 기타포괄손익으로 당기손익에 영향을 미치지 않는다.

04 ③ 새 건물을 신축하기 위하여 기존 건물이 있는 토지를 취득하고 그 건물을 철거하는 경우 기존 건물의 철거 관련 비용에서 철거된 건물의 부산물을 판매하여 수취한 금액을 차감한 금액은 토지의 취득원가에 포함한다(일반기업회계기준 10.13).

05 ③ (1) 연수합계법
• 1차연도 감가상각비 : (취득원가 15,000,000원 − 잔존가치 750,000원) × 5/15 = 4,750,000원
• 2차연도 감가상각비 : (취득원가 15,000,000원 − 잔존가치 750,000원) × 4/15 = 3,800,000원
(2) 정률법
• 1차연도 감가상각비 : 취득원가 15,000,000원 × 상각률 0.3 = 4,500,000원
• 2차연도 감가상각비 : (취득원가 15,000,000원 − 감가상각누계액 4,500,000원) × 상각률 0.3 = 3,150,000원
(3) 정액법 : (취득원가 15,000,000원 − 잔존가치 750,000원) × 1/5 = 2,850,000원

06 ② 제조원가명세서는 당기총제조원가가 아닌 당기제품제조원가를 구하는 과정을 나타내는 보고서이다.

07 ③ 정상개별원가계산은 제조간접원가 예산을 예정조업도로 나누어 예정배부율을 계산한다.

08 ① 47,000,000원 =
기말원재료재고액 17,000,000원 +
당기재료원가 55,000,000원 – 기초원재
료재고액 25,000,000원
- 당기총제조원가 : (노무원가 25,000,000원
+ 제조간접원가 30,000,000원) × 200%
= 110,000,000원
- 당기재료원가 : 당기총제조원가
110,000,000원 – 노무원가 25,000,000원
– 제조간접원가 30,000,000원
= 55,000,000원

09 ③ 평균법은 전기에 이미 착수한 기초재공품
의 기완성도를 무시하고 기초재공품이 당
기에 착수한 것으로 가정하여 원가계산을
한다.

10 ① 표준원가계산에서는 표준원가의 설정에
시간과 비용이 많이 소요된다.

11 ④ 간이과세자는 공제세액이 납부세액을 초
과하는 경우 그 초과액은 없는 것으로 하
므로 환급세액이 발생하지 않는다.

12 ① 상속으로 사업자의 명의가 변경되는 경우
등록사항 변경 신고를 하여야 한다.

13 ① 소득세법 제1조의2 제1항 제1호
② 외국을 항행하는 선박 또는 항공기의 승
무원의 경우 그 승무원과 생계를 같이하
는 가족이 거주하는 장소 또는 그 승무원
이 근무기간 외의 기간 중 통상 체재하는
장소가 국내에 있는 때에는 당해 승무원
의 주소는 국내에 있는 것으로 보고, 그
장소가 국외에 있는 때에는 당해 승무원
의 주소가 국외에 있는 것으로 본다(소득
세법 시행령 제2조 제5항).
③ 비거주자란 거주자가 아닌 개인을 말한
다. 따라서 외국 영주권 여부와 관계없이
세법상 요건에 따라 거주자 여부를 판단
한다(소득세법 제1조의2 제1항 제2호).
④ 국내에 거소를 둔 기간은 입국하는 날의
다음 날부터 출국하는 날까지로 한다(소
득세법 시행령 제4조 제1항).

14 ④ 업무용승용차로서 업무용자동차보험에
가입하였으나 운행기록 등을 작성하지 않
은 경우 대당 1천500만원 한도 내에서 업
무용승용차 관련비용으로 인정한다(법인
세법 시행령 제50조의2 제7항).

15 ④ 외국의 정부는 비영리외국법인에 해당하
며, 비영리외국법인은 각 사업연도의 국
내원천소득(국내원천소득 중 수입사업소
득) 및 토지 등 양도소득에 대하여 법인세
납세의무가 있다(법인세법 제2조 제4호
및 제4조 제4항).

✛ 실무시험 ✛

01 전표입력
[1] [일반전표입력] 2월 20일

(차) 보통예금	25,500,000원	(대) 매도가능증권(178)	28,500,000원
매도가능증권평가이익	500,000원		
매도가능증권처분손실	2,500,000원		

[2] [매입매출전표입력] 4월 14일

유형 : 54.불공, 공급가액 : 7,000,000원, 부가세 : 700,000원, 공급처 : ㈜성토, 전자 : 여,

분개 : 혼합, 불공제사유 : ⑥토지의 자본적 지출 관련

(차) 토지	7,700,000원	(대) 미지급금	7,700,000원

[3] [매입매출전표입력] 6월 3일

유형 : 17.카과, 공급가액 : 5,000,000원, 부가세 : 500,000원, 공급처 : 김달자,

분개 : 카드 또는 혼합, 신용카드사 : 현대카드

(차) 외상매출금(현대카드)	5,500,000원	(대) 부가세예수금	500,000원
		제품매출	5,000,000원

[4] [일반전표입력] 7월 10일

(차) 보통예금	52,500,000원	(대) 자본금	75,000,000원
주식발행초과금	15,000,000원		
주식할인발행차금	7,500,000원		

02 부가가치세신고서 및 부속서류 작성

[1] [공제받지못할매입세액명세서]

1. [공제받지못할매입세액명세서] → [공제받지못할매입세액내역]탭 : 조회기간 : 2024년 1월 ~ 3월

공제받지못할매입세액내역	공통매입세액안분계산내역	공통매입세액의정산내역	납부세액또는환급세액재계산	
매입세액 불공제 사유		세금계산서		
	매수	공급가액	매입세액	
①필요적 기재사항 누락 등				
②사업과 직접 관련 없는 지출	1	1,650,000	165,000	
③비영업용 소형승용자동차 구입·유지 및 임차				
④접대비 및 이와 유사한 비용 관련	1	3,000,000	300,000	
⑤면세사업등 관련				
⑥토지의 자본적 지출 관련	1	300,000	30,000	
⑦사업자등록 전 매입세액				
⑧금·구리 스크랩 거래계좌 미사용 관련 매입세액				

※ [공제받지못할매입세액명세서]에는 매입세금계산서를 수취한 거래에 대해서만 작성한다. 따라서 신용카드매출전표 또는 현금영수증 수취분에 대해서는 작성하지 않는다.

2. [공제받지못할매입세액명세서] → [공통매입세액안분계산내역] : 조회기간 : 2024년 1월 ~ 3월

공제받지못할매입세액내역	공통매입세액안분계산내역	공통매입세액의정산내역	납부세액또는환급세액재계산				
산식	구분	과세·면세사업 공통매입		⑫총공급가액등	⑬면세공급가액등	면세비율(⑬÷⑫)	⑭불공제매입세액[⑪×(⑬÷⑫)]
		⑩공급가액	⑪세액				
1.당해과세기간의 공급가액기준		50,000,000	5,000,000	120,000,000.00	4,800,000.00	4.000000	200,000
합계		50,000,000	5,000,000	120,000,000	4,800,000		200,000

불공제매입세액 (200,000) = 세액(5,000,000) × 면세공급가액 (4,800,000) / 총공급가액 (120,000,000)

※ 해당 과세기간의 총공급가액 중 면세공급가액이 5% 미만인 경우 공통매입세액안분계산을 생략하고 공통매입세액 전액을 공제하지만, 공통매입세액이 5백만원 이상인 경우에는 안분계산한다.

[2] [부가가치세신고서]

※ 특수관계인과의 거래로 인하여 발생한 외상매출금은 대손세액공제를 하지 아니한다.

※ 세금계산서 발행 의무 대상 간이과세자로부터 세금계산서 또는 신용카드매출전표를 수령한 경우 매입세액공제를 받을 수 있다.

※ 전자신고 및 전자고지 세액공제 10,000원을 공제받을 수 있다.

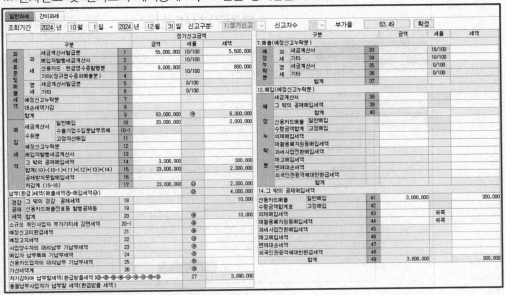

[3] [부가가치세 전자신고]

1. [부가가치세신고서] 조회 및 부속서류 마감
   → 조회기간 : 2024년 07월 01일 ~ 2024년 09월 30일 1. 정기신고, F8마감을 한다.

2. [전자신고] → 신고년월 : 2024년 07월 ~ 09월 입력 후 조회 → F4제작 → 파일생성 → 비밀번호 12345678 입력

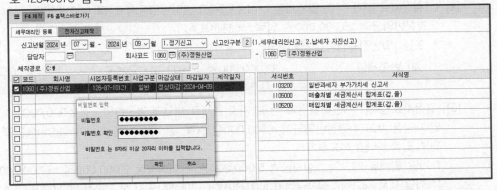

3. F6홈택스바로가기 → [국세청 홈택스 전자신고변환(교육용)] → "찾아보기" 선택하여 C드라이브에 있는 파일을 "열기"함 → [형식검증하기 ~ 전자파일제출]까지 모두 클릭하여 접수한다. 다만 중간 비밀번호는 "12345678"을 입력한다.

03 결산수정분개

[1] [일반전표입력] 12월 31일

    (차) 보험료(제)   360,000원*   (대) 선급비용   360,000원

    * 당기분 보험료 : 선급보험료 4,320,000원 × 3/36 = 360,000원

[2] 1. [결산자료입력] → 9. 법인세등 → 1) 선납세금 결산반영금액 6,700,000원 입력 → 2) 추가계상액
        결산반영금액 26,300,000원 입력 → F3전표추가

    2. 또는 [일반전표입력] 12월 31일

       (차) 법인세등   33,000,000원   (대) 미지급세금   26,300,000원
                                                       선납세금   6,700,000원

[3] [결산자료입력] → 2. 매출원가 → ⑩ 기말 원재료 재고액 결산반영금액 7,000,000원* 입력, ⑩ 기
    말 재공품 재고액 결산반영금액 4,500,000원 입력, ⑩ 기말 제품 재고액 결산반영금액 6,500,000
    원** 입력 → F3 전표추가

    * 기말 원재료 재고액 : 실사금액 5,000,000원 + 미착상품 2,000,000원 = 7,000,000원

    ** 기말 제품 재고액 : 실사금액 6,300,000원 + 구매의사표시 전 시송품 200,000원 = 6,500,000원

[4] [이익잉여금처분계산서] → F6 전표추가

과목	계정과목명	제 13(당기) 2024년01월01일~2024년12월31일 제 13기(당기) 금액	제 12(전기) 2023년01월01일~2023년12월31일 제 12기(전기) 금액
		당기처분예정일 2025년 3월 15일 전기처분확정일 2024년 2월 25일 < F4 삽입, F5 삭제 가능 >	
III.이익잉여금처분액		34,000,000	
1.이익준비금	0351 이익준비금	1,000,000	
2.재무구조개선적립금	0354 재무구조개선적립금		
3.주식할인발행차금상각액	0381 주식할인발행차금	3,000,000	
4.배당금		30,000,000	
가.현금배당	0265 미지급배당금	10,000,000	
주당배당금(률)	보통주		
	우선주		
나.주식배당	0387 미교부주식배당금	20,000,000	
주당배당금(률)	보통주		
	우선주		
5.사업확장적립금	0356 사업확장적립금		
6.감채적립금	0357 감채적립금		
7.배당평균적립금	0358 배당평균적립금		

04 원천징수

[1] [연말정산추가자료입력] 작성

1. [사원등록] → [부양가족명세]탭

사번	성명	주민(외국인)번호	나이
☑104	김승현	1 650717-1002091	58
□105	최미영	1 820303-2356232	42

기본사항 | **부양가족명세** | 추가사항

연말관계	성명	내/외국인	주민(외국인,여권)번호	나이	기본공제	부녀자	한부모	경로우대	장애인	자녀	출산입양	위탁관계
0	김승현	내	1 650717-1002091	59	본인							
3	배나영	내	1 750128-2436815	49	배우자							
4	김민성	내	1 050506-3002098	19	20세이하					○		
4	김민아	내	1 110330-4520268	13	20세이하					1 ○		
1	김철민	내	1 531230-1786521	71	부							

- 김민아(딸) : 기본공제 유형은 20세 이하 또는 장애인
- 김철민(아버지) : 양도소득금액 250만원으로 소득요건을 충족하지 않으므로 기본공제대상자에 해당하지 않는다.

2. [연말정산추가자료입력] → [월세액]탭

소득명세 | 부양가족 | 신용카드 등 | 의료비 | 기부금 | 연금저축 등I | 연금저축 등II | **월세액** | 연말정산입력

1 월세액 세액공제 명세(연말정산입력 탭의 70.월세액) 　크게보기

임대인명(상호)	주민등록번호(사업자번호)	유형	계약면적(m²)	임대차계약서 상 주소지	계약서상 임대차 계약기간 개시일 ~ 종료일	연간 월세액	공제대상금액	세액공제금액
한미진	531005-2786528	아파트	84.00	서울 마포구 합정동 472	2023-07-01 ~ 2025-06-30	7,200,000	7,200,000	1,080,000

3. [연말정산추가자료입력] → [연말정산입력]탭

(1) 보험료 세액공제 → 부양가족탭 → 배나영, 김민아를 선택한 후 → 일반보장성과 장애인보장성을 더블클릭하여 입력 → 연말정산입력탭 선택 → [F8부양가족탭불러오기]를 하여 세액을 반영한다.

①배나영	보장성보험-일반	800,000
	보장성보험-장애인	
②김민아	보장성보험-일반	
	보장성보험-장애인	1,500,000

61.보장성보험	일반	800,000	800,000	800,000	96,000
	장애인	1,500,000	1,500,000	1,000,000	150,000

- 배나영(배우자) : 일반 보장성보험 지출액 800,000원
- 김민아 : 장애인 보장성보험 지출액 1,500,000원(또는 1,000,000원)

(2) 교육비 세액공제 → 부양가족탭 → 김민성을 선택한 후 → 일반교육비에 더블클릭하여 입력 → 연말정산입력탭 선택 → [F8부양가족탭불러오기]를 하여 세액을 반영한다.

김민성	일반 1,300,000 2.초중고	구분	지출액	공제대상금액	공제금액
		취학전아동(1인당 300만원)			
		초중고(1인당 300만원)	1,300,000		
		대학생(1인당 900만원)		1,300,000	195,000
		본인(전액)			
		장애인 특수교육비			

- 김민성 : 고등학교 재학 중인 김민성의 교육비 지출액 1,300,000원

(3) 기부금 세액공제
- 정치지금 기부금은 근로자 본인이 지출한 정치지금 기부금만 공제대상이므로 배나영(배우자)이 지출한 정치지금 기부금은 공제대상에 해당하지 않는다.

[2] [퇴직소득자료입력]

1. [퇴직소득자료입력] → [소득명세]탭

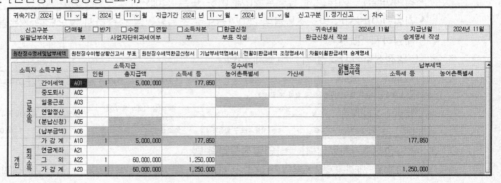

2. [원천징수이행상황신고서]

05 법인세 세무조정

[1] [세금과공과금명세서] 작성 및 세무조정

1. [세금과공과명세서]

코드	계정과목	월	일	거래내용	코드	지급처	금액	손금불산입표시
0817	세금과공과금	3	31	법인세분 지방소득세			1,050,000	손금불산입
0517	세금과공과금	5	4	초과폐수배출부담금			700,000	손금불산입
0817	세금과공과금	6	9	전기요금납부지연 연체이자			30,000	
0817	세금과공과금	7	15	건강보험료 가산금			425,000	손금불산입
0817	세금과공과금	8	31	사업소분주민세			62,500	
0817	세금과공과금	9	3	공장건물취득세			5,200,000	

2. 세무조정

〈손금불산입〉 법인세분지방소득세　1,050,000원 (기타사외유출)

〈손금불산입〉 초과폐수배출부담금　700,000원 (기타사외유출)

〈손금불산입〉 건강보험료 가산금　425,000원 (기타사외유출)

- 06월 09일 전기요금납부지연 연체이자 : 손금인정
- 08월 31일 사업소분주민세 : 손금인정
- 09월 03일 공장건물 취득세 : 세무조정 없음. 즉시상각의제에 해당하므로 [미상각감가상각조 정명세서]에서 시부인계산해야 함

[2] [가지급금등의인정이자조정명세서] 작성 및 세무조정

1. [가지급금등의인정이자조정명세서] → [1.가지급금,가수금 입력]탭

2. [가지급금등의인정이자조정명세서] → [2.차입금 입력]탭

3. [가지급금등의인정이자조정명세서] → [3.인정이자계산 : (을)지]탭

4. [가지급금등의인정이자조정명세서] → [4.인정이자조정 : (갑)지]탭

5. 세무조정

〈익금산입〉 가지급금인정이자　1,259,036원 (상여)

[3] [원천납부세액명세서(갑)] 작성

[원천납부세액명세서] → [원천납부세액(갑)]탭

[4] [법인세과세표준및세액조정계산서] 및 [최저한세조정명세서] 작성

1. [법인세과세표준및세액조정계산서]

[법인세과세표준및세액조정계산서]에서 [121.최저한세 적용대상 공제감면세액]에 [최저한세조정명세서]의 중소기업특별세액감면 8,700,000원과 고용증대세액공제에서 조정 후 세액 11,150,200원을 합산한 금액 19,850,200원을 반영한다.

① 각 사업 연도 소득 계산	101. 결 산 서 상 당 기 순 손 익	01	324,785,000
	소득조정금액 102. 익 금 산 입	02	20,000,000
	103. 손 금 산 입	03	2,500,000
	104. 차 가 감 소 득 금 액 (101+102-103)	04	342,285,000
	105. 기 부 금 한 도 초 과 액	05	1,300,000
	106. 기 부 금 한 도 초 과 이월액 손금산입	54	500,000
	107. 각 사 업 연 도 소 득 금 액 (104+105-106)	06	343,085,000
② 과세표준 계산	108. 각 사 업 연 도 소 득 금 액 (108=107)		343,085,000
	109. 이 월 결 손 금	07	11,000,000
	110. 비 과 세 소 득	08	
	111. 소 득 공 제	09	
	112. 과 세 표 준 (108-109-110-111)	10	332,085,000
	159. 선 박 표 준 이 익	55	
③ 산 출 세 액 계 산	113. 과 세 표 준 (113=112+159)	56	332,085,000
	114. 세 율	11	19%
	115. 산 출 세 액	12	43,096,150
	116. 지 점 유 보 소 득 (법 제96조)	13	
	117. 세 율	14	
	118. 산 출 세 액	15	
	119. 합 계 (115+118)	16	43,096,150

④ 납 부 할 세 액 계 산	120. 산 출 세 액 (120=119)		43,096,150
	121. 최저한세 적용 대상 공제 감면 세 액	17	19,850,200
	122. 차 감 세 액	18	23,245,950
	123. 최저한세 적용 제외 공제 감면 세액	19	
	124. 가 산 세 액	20	270,000
	125. 가 감 계 (122-123+124)	21	23,515,950
	기한내납부세액 126. 중 간 예 납 세 액	22	2,000,000
	127. 수 시 부 과 세 액	23	
	128. 원 천 납 부 세 액	24	1,120,000
	129. 간접 회사등 외국 납부세액	25	
	130. 소 계 (126+127+128+129)	26	3,120,000
	131. 신 고 납부전 가 산 세 액	27	
	132. 합 계 (130+131)	28	3,120,000
	133. 감 면 분 추 가 납 부 세 액	29	
	134. 차 가 감 납 부 할 세 액 (125-132+133)	30	20,395,950
⑤토지등 양도소득, ⑥미환류소득 법인세계 산 (TAB으로 이동)
⑦ 세 액 계	151. 차감 납부할 세액계 (134+150+166)	46	20,395,950
	152. 사 실 과 다 른 회계 처리 경정 세액공제	57	
	153. 분 납 세 액 계 산 범 위 액 (151-124-133-145-152+131)	47	20,125,950
	154. 분 납 할 세 액	48	10,062,975
	155. 차 감 납 부 세 액 (151-152-154)	49	10,332,975

2. [최저한세조정명세서]

①구분	코드	②감면후세액	③최저한세	④조정감	⑤조정후세액
(101) 결 산 서 상 당 기 순 이 익	01	324,785,000			
소득조정금액 (102) 익 금 산 입	02	20,000,000			
(103) 손 금 산 입	03	2,500,000			
(104) 조 정 후 소 득 금 액 (101+02-103)	04	342,285,000	342,285,000		342,285,000
최저한세적용대상 (105) 준 비 금	05				
특 별 비 용 (106) 특별상각,특례상각	06				
(107) 특별비용손금산입전소득금액(104+105+106)	07	342,285,000	342,285,000		342,285,000
(108) 기 부 금 한 도 초 과 액	08	1,300,000	1,300,000		1,300,000
(109) 기부금 한도초과 이월액 손 금 산 입	09	500,000	500,000		500,000
(110) 각 사 업 년 도 소 득 금 액 (107+108-109)	10	343,085,000	343,085,000		343,085,000
(111) 이 월 결 손 금	11	11,000,000	11,000,000		11,000,000
(112) 비 과 세 소 득	12				
(113) 최저한세적용대상 비 과 세 소 득	13				
(114) 최저한세적용대상 익금불산입 손금산입	14				
(115) 차가감 소 득 금 액(110-111-112+113+114)	15	332,085,000	332,085,000		332,085,000
(116) 소 득 공 제	16				
(117) 최저한세적용대상 소 득 공 제	17				
(118) 과 세 표 준 금 액(115-116+117)	18	332,085,000	332,085,000		332,085,000
(119) 선 박 표 준 이 익	24				
(120) 과 세 표 준 금 액 (118+119)	25	332,085,000	332,085,000		332,085,000
(121) 세 율	19	19 %	7 %		19 %
(122) 산 출 세 액	20	43,096,150	23,245,950		43,096,150
(123) 감 면 세 액	21	8,700,000			8,700,000
(124) 세 액 공 제	22	22,000,000		10,849,800	11,150,200
(125) 차 감 세 액 (122-123-124)	23	12,396,150			23,245,950

[5] [자본금과적립금조정명세서(갑)(을)] 작성

1. [자본금과적립금조정명세서] → [자본금과적립금조정명세서(을)]탭

| 자본금과적립금조정명세서(을) | 자본금과적립금조정명세서(병) | 자본금과적립금조정명세서(갑) | 이월결손금 |

◎   I.세무조정유보소득계산

| ①과목 또는 사항 | ②기초잔액 | 당 기 중 증 감 | | ⑤기말잔액 (=②-③+④) | 비 고 |
		③감 소	④증 가		
재고자산평가감	6,000,000	6,000,000			
선급비용	-1,800,000	-1,800,000			
대손충당금한도초과	4,500,000	4,500,000			
건물감가상각비한도초과	7,000,000	2,700,000		4,300,000	

2. [자본금과적립금조정명세서] → [자본금과 적립금조정명세서(갑)]

| 자본금과적립금조정명세서(을) | | 자본금과적립금조정명세서(병) | 자본금과적립금조정명세서(갑) | | 이월결손금 |

◎ Ⅰ.자본금과 적립금 계산서

①과목 또는 사항		코드	②기초잔액	당 기 중 증 감		⑤기 말 잔 액 (=②-③+④)	비 고
				③감 소	④증 가		
자본금및 잉여금의 계산	1.자 본 금	01	200,000,000		100,000,000	300,000,000	
	2.자 본 잉 여 금	02	25,000,000		25,000,000	50,000,000	
	3.자 본 조 정	15	20,000,000			20,000,000	
	4.기타포괄손익누계액	18	30,000,000			30,000,000	
	5.이 익 잉 여 금	14	32,000,000		68,000,000	100,000,000	
		17					
	6.계	20	307,000,000		193,000,000	500,000,000	
7.자본금과 적립금명세서(을)계		21	15,700,000	11,400,000		4,300,000	
손익미계상 법인세 등	8.법 인 세	22			1,578,000	1,578,000	
	9.지 방 소 득 세	23			157,800	157,800	
	10. 계 (8+9)	30			1,735,800	1,735,800	
11.차 가 감 계 (6+7-10)		31	322,700,000	11,400,000	191,264,200	502,564,200	

05 | 전산세무 1급 107회 기출문제 정답 및 해설

✤ 이론시험 ✤

01	④	02	①	03	④	04	③	05	①	06	②	07	④	08	②	09	③	10	④
11	①	12	③	13	②	14	③	15	②										

01 ④ 나, 라
가. 성격이 비슷한 항목에 통합하여 표시할 수 있다.
다. 회사가 채권과 채무를 상계할 수 있는 법적권리를 가지고 있고, 채권과 채무를 차액으로 결제하거나 동시에 결제할 의도가 있다면 상계하여 표시한다.

02 ① 무형자산의 상각은 자산이 사용 가능한 때부터 시작한다(일반기업회계기준 11.26.).

03 ④ 이익잉여금처분계산서에 표시된 배당은 재무상태표에 인식하지 아니한다.

04 ③ 매출총이익 120,000원 = 매출액 200,000원 − 매출원가 80,000원
• 매출원가 : 기초상품재고액 30,000원 + 당기매입액 100,000원 − 기말상품재고액 50,000원 = 80,000원
• 정상적 감모손실은 원가성이 있다고 판단하여 매출원가로 처리한다.

05 ① 회계정책의 변경에는 재고자산 평가방법의 변경 및 유가증권의 취득단가산정방법 변경 등이 있다.
• 수익인식방법을 현금주의에서 발생주의로 변경한 것은 오류 수정에 해당한다(기업회계기준의 잘못된 적용).

• 회계추정에는 대손의 추정, 재고자산의 진부화 여부에 대한 판단과 평가, 우발부채의 추정, 감가상각자산의 내용연수 또는 감가상각자산에 내재된 미래경제적효익의 기대소비 형태의 변경(감가상각방법의 변경) 및 잔존가액의 추정 등이 있다.

06 ② 종합원가계산에서는 재료원가와 가공원가의 구분이 중요하다.

07 ④ 부문관리자의 성과평가를 위해서는 이중배분율법이 보다 합리적이라고 할 수 있다.

08 ② 당기제품제조원가 1,220,000원 = 기초재공품 100,000원 + 당기총제조원가 1,320,000원 − 기말재공품 200,000원
• 기말원재료 : 기초원재료 50,000원 − 20,000원 = 30,000원
• 직접재료원가 : 기초원재료 50,000원 + 당기매입액 200,000원 − 기말원재료 30,000원 = 220,000원
• 직접노무원가 : 직접재료원가 220,000원 × 200% = 440,000원
• 제조간접원가 : 직접노무원가 440,000원 × 150% = 660,000원
• 당기총제조원가 : 직접재료원가 220,000원 + 직접노무원가 440,000원 + 제조간접원가 660,000원 = 1,320,000원

09 ③ 변동원가는 조업도가 증가하면 총원가는 비례하여 증가하며, 단위당 원가는 일정하다.

10 ④ 100,000원 불리

실제원가 AQ×AP	투입량 기준 예산 AQ×SP	산출량 기준 변동 예산 SQ×SP
5,000시간× 400원/DL =2,000,000원	5,000시간× 380원/DL =1,900,000원	4,800시간× 380원/DL =1,824,000원

임률차이 100,000원 불리   능률차이 76,000원 불리

11 ① 회수기일이 6개월 이상 지난 채권 중 채권가액이 30만원 이하(채무자별 채권가액의 합계액을 기준으로 한다)인 채권은 결산조정으로 대손금 처리할 수 있다(법인세법 제19조의2 제1항 및 시행령 제19조의2 제1항).

12 ③ 업무용승용차는 정액법을 상각방법으로 하고 내용연수를 5년으로 하여 계산한 금액을 감가상각비로 하여 손금에 산입하여야 한다.

13 ② 납세지 관할 세무서장은 종합소득이 있는 거주자(대통령령으로 정하는 소득만이 있는 자와 해당 과세기간의 개시일 현재 사업자가 아닌 자로서 그 과세기간 중 신규로 사업을 시작한 자는 제외한다.)에 대하여 1월 1일부터 6월 30일까지의 기간을 중간예납기간으로 하여 직전 과세기간의 종합소득에 대한 소득세로서 납부하였거나 납부하여야 할 세액(이하 "중간예납기준액"이라 한다)의 2분의 1에 해당하는 금액(이하 "중간예납세액"이라 하고, 1천원 미만의 단수가 있을 때에는 그 단수금액은 버린다)을 납부하여야 할 세액으로 결정하여 11월 30일까지 그 세액을 징수하여야 한다.
- 퇴직소득, 양도소득에 대해서는 중간예납하지 않는다.

14 ③ 재고자산과 고정자산 등의 평가차손은 사업소득금액을 계산할 때 필요경비에 산입하지 아니한다.

15 ② 계약의 해제로 재화 또는 용역이 공급되지 아니한 경우 : 계약이 해제된 때에 그 작성일은 계약해제일로 적고 비고란에 처음 세금계산서 작성일을 덧붙여 적은 후 붉은색 글씨로 쓰거나 음(陰)의 표시를 하여 발급한다.

❖ 실무시험 ❖

01 전표입력
[1] [일반전표입력] 4월 20일

(차) 보통예금	2,700,000원	(대) 자기주식	3,600,000원
자기주식처분이익	800,000원		
자기주식처분손실	100,000원		

[2] [매입매출전표입력] 7월 11일

유형 : 57.카과, 공급가액 : 320,000원, 부가세 : 32,000원, 거래처 : ㈜생전주비빔밥, 분개 : 카드 또는 혼합, 신용카드사 : 농협카드

| (차) 부가세대급금 | 32,000원 | (대) 미지급금(농협카드) | 352,000원 |
| 복리후생비(판) | 320,000원 | (또는 미지급비용) | |

[3] [매입매출전표입력] 7월 26일

유형 : 11.과세, 공급가액 : 100,000,000원, 부가세 : 10,000,000원, 거래처 : ㈜성동기업, 전자 : 여, 분개 : 혼합

| (차) 보통예금 | 11,000,000원 | (대) 부가세예수금 | 10,000,000원 |
| 외상매출금 | 99,000,000원 | 제품매출 | 100,000,000원 |

[4] [매입매출전표입력] 8월 21일

유형 : 52.영세, 공급가액 : 6,000,000원, 거래처 : ㈜대수무역, 전자 : 여, 분개 : 혼합

| (차) 상품 | 6,000,000원 | (대) 보통예금 | 6,000,000원 |

02 부가가치세신고서 및 부속서류 작성

[1] 부가가치세 기한 후 신고서 작성

1. 과세표준명세 : 4번 기한후과세표준을 입력한다.

2. [부가가치세신고서]

구분		금액	세율	세액
16.공제받지못할매입세액				
공제받지못할 매입세액	50	3,000,000		300,000
공통매입세액면세등사업분	51			
대손처분받은세액	52			
합계	53	3,000,000		300,000
18.그 밖의 경감·공제세액				
전자신고 및 전자고지 세액공제	54			
전자세금계산서발급세액공제	55			
택시운송사업자경감세액	56			
대리납부세액공제	57			
현금영수증사업자세액공제	58			
기타	59			
합계	60			

25.가산세명세		금액	세율	세액
사업자미등록등				
세 금 계산서	지연발급 등			
	지연수취			
	미발급 등			
전자세금 발급명세	지연전송			
	미전송			
세금계산서 합계표	제출불성실			
	지연제출			
신고 불성실	무신고(일반)	69	4,700,000	뒤쪽	470,000
	무신고(부당)	70		뒤쪽	
	과소·초과환급(일반)	71		뒤쪽	
	과소·초과환급(부당)	72		뒤쪽	
납부지연		73	4,700,000	뒤쪽	9,305
영세율과세표준신고불성실		74	100,000,000	5/1,000	250,000
현금매출명세서불성실		75		1/100	
부동산임대공급가액명세서		76		1/100	
매입자 납부특례	거래계좌 미사용	77		뒤쪽	
	거래계좌 지연입금	78		뒤쪽	
신용카드매출전표등수령명세서미제출·과다기재		79		5/1,000	
합계		80			729,306

납부지연일수 계산

당초납부기한	2024 년 4 월 25 일
납부일 또는 고지일	2024 년 5 월 4 일
미납일수	9

확인[Tab] 취소[Esc]

- 신고불성실가산세(일반무신고) : 4,700,000원×20%×(1−50%*)=470,000원
- 영세율과세표준신고불성실가산세 : 100,000,000원×0.5%×(1−50%*)=250,000원
  * 신고기한 경과 후 1개월 이내에 기한 후 신고 시 50% 감면 적용
- 납부지연가산세 : 4,700,000원×9일×22/100,000=9,306원

[2] 의제매입세액공제신고서 작성

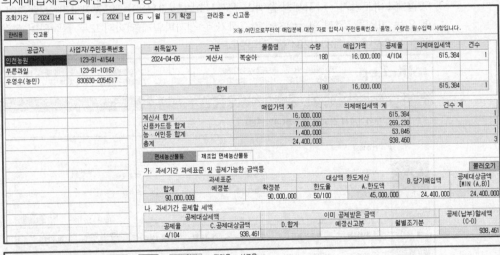

※ 김포쌀상사는 사업자이므로 간이영수증 수령 시 의제매입세액공제 대상이 아니다.

[3] 부가가치세 전자신고

1. [부가가치세신고서] 조회 및 부속서류 마감

→ 조회기간 : 2024년 10월 01일 ~ 2024년 12월 31일 1. 정기신고, F8마감을 한다.

2. [전자신고] → 신고년월 : 2024년 10월 ~ 12월 입력 후 조회 → F4제작 → 파일생성 → 비밀번호 12341234 입력

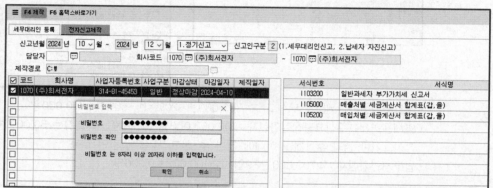

3. F6홈택스바로가기 → [국세청 홈택스 전자신고변환(교육용)] → "찾아보기" 선택하여 C드라이브에 있는 파일을 "열기"함 → [형식검증하기 ~ 전자파일제출]까지 모두 클릭하여 접수한다. 다만 중간 비밀번호는 "12341234"를 입력한다.

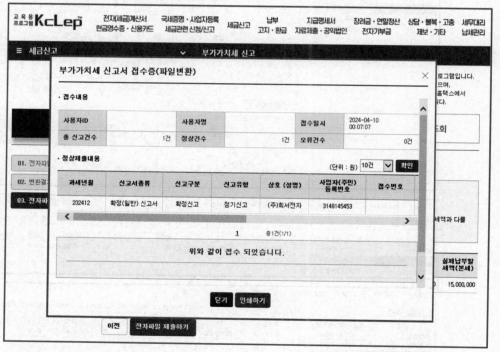

03 결산수정분개

[1] [일반전표입력] 12월 31일

(차) 장기차입금(대구은행) 300,000,000원 (대) 유동성장기부채(대구은행) 300,000,000원

[2] [일반전표입력] 12월 31일

(차) 미수수익 13,610,958원 (대) 이자수익 13,610,958원

[3] [일반전표입력] 12월 31일

(차) 매도가능증권(178) 500,000원 (대) 매도가능증권평가손실 300,000원

매도가능증권평가이익 200,000원

[4] [일반전표입력] 12월 31일

(차) 선급비용 900,000원 (대) 보험료(판) 900,000원

• 선급비용 : 보험료 납입액 1,200,000원×9/12 = 900,000원

04 원천징수

[1] 사원등록 메뉴의 [부양가족명세] 탭 입력

기본사항	**부양가족명세**	추가사항											
연말 관계	성명	내/외 국인	주민(외국인, 여권)번호	나이	기본공제	부녀자	한부모	경로 우대	장애인	자녀	출산 입양	위탁 관계
0	홍길산	내	1 751121-1111111	49	본인				1			
3	김옥순	내	1 780921-2111112	46	배우자							
1	홍준호	내	1 450218-1111116	79	부							
1	정명자	내	1 470815-2111115	77	60세이상			○				
4	홍영수	내	1 060128-3111115	18	20세이하					○		
6	홍대산	내	1 730721-1111112	51	장애인				1			
2	마순영	내	1 530108-2111112	71	60세이상			○				

[2] 이자배당소득자료

1. [기타소득자등록]

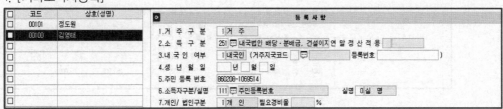

• 배당소득의 경우 개인 김영태는 원천징수 대상이다.

2. [이자배당소득자료입력]

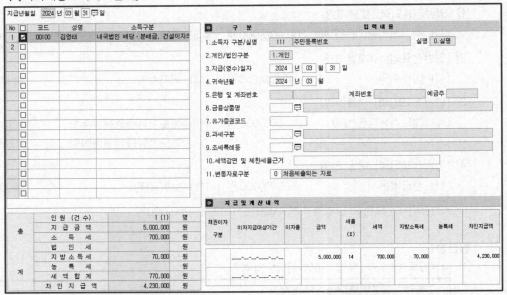

[3] 원천징수이행상황신고서 작성

1. [사업소득자료입력]

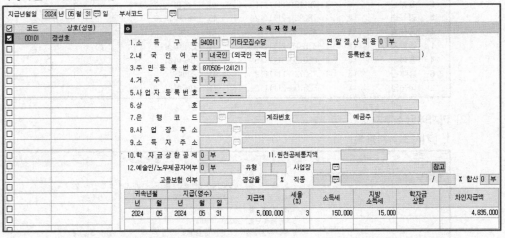

2. [기타소득자료입력]

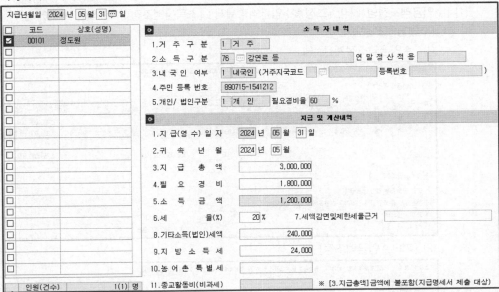

지급년월일 2024 년 05 월 31 ⊡ 일

	코드	상호(성명)
☑	00101	정도원

소득자내역

1. 거 주 구 분 ... 1 거 주
2. 소 득 구 분 ... 76 ⊡ 강연료 등 ... 연말정산적용
3. 내 국 인 여 부 ... 1 내국인 (거주지국코드 ⊡ ... 등록번호)
4. 주 민 등 록 번 호 ... 890715-1541212
5. 개인/ 법인구분 ... 1 개 인 ... 필요경비율 60 %

지급 및 계산내역

1. 지 급 (영 수) 일 자 ... 2024 년 05 월 31 일
2. 귀 속 년 월 ... 2024 년 05 월
3. 지 급 총 액 ... 3,000,000
4. 필 요 경 비 ... 1,800,000
5. 소 득 금 액 ... 1,200,000
6. 세 율(%) ... 20 % ... 7.세액감면및제한세율근거
8. 기타소득(법인)세액 ... 240,000
9. 지 방 소 득 세 ... 24,000
10. 농 어 촌 특 별 세 ...
11. 종교활동비(비과세) ... ※ [3.지급총액]금액에 불포함(지급명세서 제출 대상)

인원(건수) 1(1) 명

3. [원천징수이행상황신고서]

귀속기간 2024 년 05 월 ~ 2024 년 05 월 지급기간 2024 년 05 월 ~ 2024 년 05 월 신고구분 1.정기신고 차수

신고구분	☑매월	□반기	□수정	□연말	□소득처분	□환급신청	귀속년월	2024년 5월	지급년월	2024년 5월
일괄납부여부	부	사업자단위과세여부		부	부표 작성		환급신청서 작성		승계명세 작성	

원천징수명세및납부세액 | 원천징수이행상황신고서 부표 | 원천징수세액환급신청서 | 기납부세액명세서 | 전월미환급세액 조정명세서 | 차월이월환급세액 승계명세서

소득자 소득구분			코드	소득지급		징수세액			당월조정 환급세액	납부세액	
				인원	총지급액	소득세 등	농어촌특별세	가산세		소득세 등	농어촌특별세
개인 거주자 비거주자		가 감 계	A10								
	퇴직소득	연금계좌	A21								
		그 외	A22								
		가 감 계	A20								
	사업소득	매월징수	A25	1	5,000,000	150,000					
		연말정산	A26								
		가 감 계	A30	1	5,000,000	150,000			150,000		
	기타소득	연금계좌	A41								
		종교인매월	A43								
		종교인연말	A44								
		가상자산	A49								
		인적용역	A59	1	3,000,000	240,000					
		그 외	A42								
		가 감 계	A40	1	3,000,000	240,000			50,000	190,000	
	이 자 소 득		A50								
	배 당 소 득		A60								
	그 외 소 득		▶								

전월 미환급 세액의 계산				당월 발생 환급세액				18.조정대상환급(14+15+16+17)	19.당월조정환급세액계	20.차월이월환급세액	21.환급신청액
12.전월미환급	13.기환급	14.차감(12-13)	15.일반환급	16.신탁재산	금융회사 등	합병 등					
200,000		200,000						200,000	200,000		

05 법인세 세무조정

[1] [수입금액조정명세서], [조정후수입금액명세서], [소득금액조정합계표및명세서]에 반영

1. [수입금액조정명세서]

(1) [수입금액조정계산] 탭

수입금액조정계산	작업진행률에 의한 수입금액	중소기업 등 수입금액 인식기준 적용특례에 의한 수입금액	기타수입금액조정

1. 수입금액 조정계산

No	계정과목 ①항 목	②계정과목	③결산서상 수입금액	조 정 ④가 산	⑤차 감	⑥조정후 수입금액 (③+④-⑤)	비 고
1	매 출	상품매출	2,300,000,000	100,000,000		2,400,000,000	
2	매 출	제품매출	858,000,000			858,000,000	
		계	3,158,000,000	100,000,000		3,258,000,000	

2. 수입금액조정명세

가. 작업 진행률에 의한 수입금액	
나. 중소기업 등 수입금액 인식기준 적용특례에 의한 수입금액	
다. 기타 수입금액	100,000,000
계	100,000,000

(2) [기타수입금액조정] 탭

수입금액조정계산	작업진행률에 의한 수입금액	중소기업 등 수입금액 인식기준 적용특례에 의한 수입금액	기타수입금액조정

2. 수입금액 조정명세
다. 기타 수입금액

No	(23)구 분	(24)근 거 법 령	(25)수 입 금 액	(26)대 응 원 가	비 고
1	상품매출		100,000,000	70,000,000	
	계		100,000,000	70,000,000	

2. 세무조정

〈익금산입〉 상품매출누락   100,000,000원 (유보발생)
〈손금산입〉 상품매출원가누락   70,000,000원 (유보발생)

3. [조정후수입금액명세서]

(1) [업종별 수입금액 명세서] 탭

업종별 수입금액 명세서	과세표준과 수입금액 차액검토

1. 업종별 수입금액 명세서

①업 태	②종 목	순번	③기준(단순) 경비율번호	수 입 금 액			⑦수 출 (명세율대상)
				수입금액계정조회 ④계(⑤+⑥+⑦)	내 수 판 매 ⑤국내생산품	⑥수입상품	
제조, 도매업	자동차부품	01	503013	2,400,000,000	2,100,000,000		300,000,000
자동차 및 트레일러	그 외 자동차용 신품 부품	02	343000	858,000,000	858,000,000		
		10					
(111)기 타		11					
(112)합 계		99		3,258,000,000	2,958,000,000		300,000,000

(2) [과세표준과 수입금액 차액검토] 탭

업종별 수입금액 명세서	과세표준과 수입금액 차액검토			

2. 부가가치세 과세표준과 수입금액 차액 검토   부가가치세 신고 내역보기

(1) 부가가치세 과세표준과 수입금액 차액

⑧과세(일반)	⑨과세(영세율)	⑩면세수입금액	⑪합계(⑧+⑨+⑩)	⑫조정후수입금액	⑬차액(⑪-⑫)
2,978,000,000	300,000,000		3,278,000,000	3,258,000,000	20,000,000

(2) 수입금액과의 차액내역(부가세과표에 포함되어 있으면 +금액, 포함되지 않았으면 -금액 처리)

⑭구 분		코드	(16)금 액	비 고	⑭구 분	코드	(16)금 액	비 고
자가공급(면세전용등)		21			거래(공급)시기차이감액	30		
사업상증여(접대제공)		22			주세 · 개별소비세	31		
개인적공급(개인적사용)		23			매출누락	32		
간주임대료		24				33		
자산 매각	유형자산 및 무형자산 매각액	25				34		
	그밖의자산매각액(부산물)	26				35		
폐업시 잔존재고재화		27				36		
작업진행률 차이		28				37		
거래(공급)시기차이가산		29	20,000,000		(17)차 액 계	50	20,000,000	
					(13)차액과(17)차액계의차이금액			

[2] [선급비용명세서], [소득금액조정합계표및명세서] 반영

1. [선급비용명세서]

	계정구분	거래내용	거래처	대상기간 시작일	대상기간 종료일	지급액	선급비용	회사계상액	조정대상금액
☐	선급 보험료	본사 화재보험	(주)홍해보험	2024-07-01	2025-06-30	4,000,000	1,983,561		1,983,561
☐	선급 보험료	공장 화재보험	(주)경상보험	2024-02-01	2025-01-31	2,400,000	203,278	200,000	3,278
☐									
	합 계					6,400,000	2,186,839	200,000	1,986,839

2. 세무조정

〈손금산입〉	전기 선급비용	350,000원	(유보감소)
〈손금불산입〉	본사 당기 선급보험료	1,983,561원	(유보발생)
〈손금불산입〉	공장 당기 선급보험료	3,278원	(유보발생)
〈손금불산입〉	대표자 보험료 대납분	4,800,000원	(상여 또는 기타소득)

[3] [업무무관부동산등에관련한차입금이자조정명세서] 작성

1. [업무무관부동산등에관련한차입금이자조정명세서]

  (1) [1.적수입력(을)] 탭 → [3.가지급금] 탭

1.적수입력(을)	2.지급이자 손금불산입(갑)				

1.업무무관부동산	2.업무무관동산	3.가지급금	4.가수금	5.그밖의		불러오기	적요수정

No	①월일		②적요	③차변	④대변	⑤잔액	⑥일수	⑦적수
1	5	1	지 급	100,000,000		100,000,000	213	21,300,000,000
2	11	30	회 수		100,000,000		32	

(2) [2.지급이자 손금불산입(갑)] 탭

| 1.적수입력(을) | 2.지급이자 손금불산입(갑) | | | | | | |

2 1. 업무무관부동산 등에 관련한 차입금 지급이자

| ①지급이자 | 적 수 | | | | ⑥차입금 | ⑦ ⑧와 ⑥중 | ⑨손금불산입 |
	②업무무관 부동산	③업무무관 동산	④가지급금 등	⑤계(②+③+⑤)	(÷19)	적은 금액	지급이자 (①×⑦÷⑥)
15,000,000			21,300,000,000	21,300,000,000	54,900,000,000	21,300,000,000	5,819,672

1 2. 지급이자 및 차입금 적수 계산 [연이율 일수 현재: 366일] 　　　　　　　　　　　　　　　　　　　단수차이조정　연일수

| No | (9)이자율 (%) | (10)지급이자 | (11)차입금적수 | (12)채권자불분명 사채이자 수령자불분명 사채이자 | | (15)건설 자금 이자 국조법 14조에 따른 이자 | | 차 감 | |
				(13)지급이자	(14)차입금적수	(16)지급이자	(17)차입금적수	(18)지급이자 (10-13-16)	(19)차입금적수 (11-14-17)
1	10.00000	15,000,000	54,900,000,000					15,000,000	54,900,000,000
2	7.00000	14,000,000	73,200,000,000			14,000,000	73,200,000,000		
	합계	29,000,000	128,100,000,000			14,000,000	73,200,000,000	15,000,000	54,900,000,000

2. 세무조정

〈손금불산입〉　건설자금이자　　　　　　　　　　　　　14,000,000원　(유보발생)

〈손금불산입〉　업무무관지급이자　　　　　　　　　　　5,819,672원　(기타사외유출)

[4] [퇴직연금부담금등조정명세서], [소득금액조정합계표및명세서] 반영

1. [퇴직연금부담금등조정명세서]

2.이미 손금산입한 부담금 등의 계산

1 나.기말 퇴직연금 예치금 등의 계산

19.기초 퇴직연금예치금 등	20.기중 퇴직연금예치금 등 수령 및 해약액	21.당기 퇴직연금예치금 등의 납입액	22.퇴직연금예치금 등 계 (19 - 20 + 21)
105,000,000	37,500,000	50,000,000	117,500,000

2 가.손금산입대상 부담금 등 계산

13.퇴직연금예치금 등 계 (22)	14.기초퇴직연금충당금등 및 전기말 신고조정에 의한 손금산입액	15.퇴직연금충당금등 손금부인 누계액	16.기중퇴직연금등 수령 및 해약액	17.이미 손금산입한 부담금등 (14 - 15 - 16)	18.손금산입대상 부담금 등 (13 - 17)
117,500,000	105,000,000		37,500,000	67,500,000	50,000,000

1.퇴직연금 등의 부담금 조정

| 1.퇴직급여추계액 | 당기말 현재 퇴직급여충당금 | | | | | 6.퇴직부담금 등 손금산입 누적한도액 (① - ⑤) |
	2.장부상 기말잔액	3.확정기여형퇴직연금자의 설정전 기계상된 퇴직급여충당금	4.당기말 부인 누계액	5.차감액 (② - ③ - ④)		
275,000,000						275,000,000
7.이미 손금산입한 부담금 등 (17)	8.손금산입액 한도액 (⑥ - ⑦)	9.손금산입 대상 부담금 등 (18)	10.손금산입범위액 (⑧과 ⑨중 적은 금액)	11.회사 손금 계상액	12.조정금액 (⑩ - ⑪)
67,500,000	207,500,000	50,000,000	50,000,000		50,000,000

2. 세무조정

〈손금불산입〉　전기퇴직연금운용 지급액　　　　　　37,500,000원　(유보감소)

〈손금산입〉　퇴직연금납입액　　　　　　　　　　　50,000,000원　(유보발생)

[5] [자본금과적립금조정명세표(갑)]과 [자본금과적립금조정명세표(을)]

1. [자본금과적립금조정명세서(을)]

| 자본금과적립금조정명세서(을) | 자본금과적립금조정명세서(병) | 자본금과적립금조정명세서(갑) | 이월결손금 |

Ⅰ.세무조정유보소득계산

①과목 또는 사항	②기초잔액	당기 중 증 감 ③감 소	당기 중 증 감 ④증 가	⑤기말잔액(=②-③+④)	비 고
대손충당금 한도초과	4,000,000	4,000,000	7,000,000	7,000,000	
단기매매증권평가손실	2,000,000		1,000,000	3,000,000	
재고자산평가감	3,000,000	3,000,000			
합 계	9,000,000	7,000,000	8,000,000	10,000,000	

2. [자본금과적립금조정명세서(갑)]

| 자본금과적립금조정명세서(을) | 자본금과적립금조정명세서(병) | 자본금과적립금조정명세서(갑) | 이월결손금 |

Ⅰ.자본금과 적립금 계산서

	①과목 또는 사항	코드	②기초잔액	당기 중 증 감 ③감 소	당기 중 증 감 ④증 가	⑤기 말 잔 액(=②-③+④)	비 고
자본금및 잉여금의 계산	1.자 본 금	01	100,000,000		200,000,000	300,000,000	
	2.자 본 잉 여 금	02					
	3.자 본 조 정	15					
	4.기타포괄손익누계액	18					
	5.이 익 잉 여 금	14	320,000,000		100,000,000	420,000,000	
		17					
	6.계	20	420,000,000		300,000,000	720,000,000	
7.자본금과 적립금명세서(을)계 + (병)계		21	9,000,000	7,000,000	8,000,000	10,000,000	
손익미계상 법인세 등	8.법 인 세	22					
	9.지 방 소 득 세	23					
	10. 계 (8+9)	30					
11.차 가 감 계 (6+7-10)		31	429,000,000	7,000,000	308,000,000	730,000,000	

06 | 전산세무 1급 108회 기출문제 정답 및 해설

┼ 이론시험 ┼

▶ 정답

01 ③	02 ②	03 ④	04 ③	05 ②	06 ②	07 ③	08 ①	09 ④	10 ②
11 ③	12 ④	13 ①	14 ③	15 ①					

01 ③ 자산과 부채는 보고기간 종료일 현재 1년 또는 영업주기를 기준으로 유동과 비유동으로 분류하며, 정상적인 영업주기 내에 판매(소멸)되거나 사용되는 재고자산과 회수(지급)되는 매출채권(매입채무) 등은 보고기간 종료일로부터 1년 이내에 실현되지 않더라도 유동자산(유동부채)으로 분류한다.

02 ② 적송품은 위탁자가 수탁자에게 판매를 위탁하기 위하여 보낸 상품을 말한다. 적송품은 수탁자가 제3자에게 판매를 할 때까지 비록 수탁자가 점유하고 있으나 단순히 보관하고 있는 것에 불과하므로 소유권이 이전된 것이 아니다 따라서 적송품은 수탁자가 제3자에게 판매하기 전까지는 위탁자의 재고자산에 포함한다(일반기업회계기준 실7.5).

03 ④ 수출업무를 대행하는 종합상사는 판매를 위탁하는 회사를 대신하여 재화를 수출하는 것이므로 판매수수료만을 수익으로 계상해야 한다(일반기업회계기준 제16장 사례 10).
① 매출수익 인식시기 : 매출수익은 물품 등을 제공 또는 판매하여 상품권을 회수한 때에 인식하며 상품권 판매 시는 선수금(상품권선수금계정 등)으로 처리한다(일반기업회계기준 실16.16).

② 수강료 : 강의기간에 걸쳐 수익으로 인식한다(일반기업회계기준 제16장 사례 17).
③ 대가가 분할되어 수취되는 할부판매 : 이자부분을 제외한 판매가격에 해당하는 수익을 판매시점에 인식한다(일반기업회계기준 제16장 사례 8).

04 ③ 자본조정(미교부주식배당금) 3,000,000원
· 기타포괄손익누계액 : 매도가능증권평가이익 300,000원
· 자본금 : 보통주자본금 10,000,000원 + 우선주자본금 5,000,000원 = 15,000,000원
· 자본잉여금 : 감자차익 500,000원 + 자기주식처분이익 1,000,000원 = 1,500,000원
· 이익잉여금 : 임의적립금 500,000원 + 이익준비금 1,000,000원 = 1,500,000원

05 ② ① 부채는 과거의 거래나 사건의 결과로 현재 기업실체가 부담하고 있고 미래에 자원의 유출 또는 사용이 예상되는 의무이다.
③ 부채는 1년을 기준으로 유동부채와 비유동부채로 분류한다. 다만, 정상적인 영업주기 내에 소멸할 것으로 예상되는 매입채무와 미지급비용 등은 보고기간종료일로부터 1년 이내에 결제되지 않더라도 유동부채로 분류한다.

④ 과거사건이나 거래의 결과에 의한 현재의무로서, 지출의 시기 또는 금액이 불확실하지만 그 의무를 이행하기 위하여 자원이 유출될 가능성이 매우 높고 또한 당해 금액을 신뢰성 있게 추정할 수 있는 의무는 충당부채로 인식한다.

06 ② 불리한 차이 120,000원 = (실제 직접노동시간 50,000시간 − 표준 직접노동시간 48,000시간) × 표준임률 60원

- 표준임률 SP : $\dfrac{\text{실제 직접노무원가 발생익}}{\text{실제 직접노동시간}}$ $\dfrac{2,800,000원+유리한}{\text{임률차이 }200,000원}$ = 60원/시간

$\dfrac{2,800,000원+유리한}{50,000시간}$ = 60원/시간

AQ×AP	AQ×SP	SQ×SP
2,800,000원	50,000시간× 60원 = 3,000,000원	48,000시간× 60원 = 2,880,000원

임률차이 200,000원 유리   능률차이 120,000원 불리

07 ③ 56,000원

구분	순실현가치	배분율	결합원가 배부액
A	200개×@1,000원 −60,000원 =140,000원	14/32	56,000원
B	400개×@300원 =120,000원	12/32	48,000원
C	300개×@200원 = 60,000원	6/32	24,000원
합계	320,000원	100%	128,000원

08 ① ② 각 부문별로 별도의 배부기준을 적용하여 제조간접원가를 배분할 경우, 더욱 정확하게 보조부문원가를 배분할 수 있다.
③ 제조원가 배분기준을 선택할 때는 원가의 상관관계를 먼저 고려하여야 한다.

④ 상호배분법은 보조부문 상호간의 용역수수를 전부 고려하므로 보조부문원가을 정확하게 배분할 수 있으며, 배분순서를 고려할 필요가 없다.

09 ④ 재무상태표상 재고자산의 금액은 실제원가로 보고한다. 표준원가법은 실제원가와 유사한 경우에 편의상 사용할 수 있다.

10 ② 제조간접비차액 1,300,000원 (과대배부)
= 예정배부액 6,500,000원 − 실제발생액 5,200,000원
- 예정배부율 : 제조간접원가 예산 5,000,000원 ÷ 예산조업도 1,000,000시간 = 5원/시간
- 제조간접원가 예정배부액 : 실제조업도 1,300,000시간 × 예정배부율 5원 = 6,500,000원

11 ③ 업무무관자산의 재산세, 교통사고벌과금, 폐수배출부담금, 지급명세서미제출가산세

12 ④ 2020.01.01. 이후에 개시하는 사업연도에 발생한 결손금은 15년간 이월공제함을 원칙으로 한다.

13 ① 보험료 세액공제는 근로소득자만 받을 수 있는 세액공제이다.

14 ③ 재화를 수입하는 자는 사업자 여부를 불문하고 납세의무가 있다.

15 ① 사업자등록 신청하기 전의 매입세액은 공제되지 않지만, 공급시기가 속하는 과세기간이 끝난 후 20일 이내에 등록을 신청하면 등록 신청일로부터 공급시기가 속하는 과세기간 기산일까지 역산한 기간 내의 매입세액은 매출세액에서 공제할 수 있다.

┼ 실무시험 ┼

01 전표입력

[1] [일반전표입력] 3월 5일

(차) 단기매매증권	10,000,000원	(대) 현금	10,050,000원
수수료비용(984)	50,000원		

또는 (출금) 단기매매증권 10,000,000원
      수수료비용(984) 50,000원

[2] [매입매출전표입력] 7월 30일

유형 : 11.과세, 공급가액 : 20,000,000원, 부가세 : 2,000,000원, 거래처 : ㈜아름전자, 전자 : 여, 분개 : 혼합

(차) 선수금	2,000,000원	(대) 부가세예수금	2,000,000원
외상매출금	20,000,000원	제품매출	20,000,000원

[3] [매입매출전표입력] 8월 20일

유형 : 53.면세, 공급가액 : 48,500,000원, 거래처 : ㈜현대파이낸셜, 전자 : 여, 분개 : 혼합

(차) 기계장치	48,500,000원	(대) 리스보증금	20,000,000원
		보통예금	28,500,000원

[4] [일반전표입력] 8월 30일

(차) 보통예금	1,500,000원	(대) 배당금수익	1,500,000원

02 부가가치세신고서 및 부속서류 작성

[1] 부동산임대공급가액명세서, 부가가치세신고서 작성

1. [부동산임대공급가액명세서]

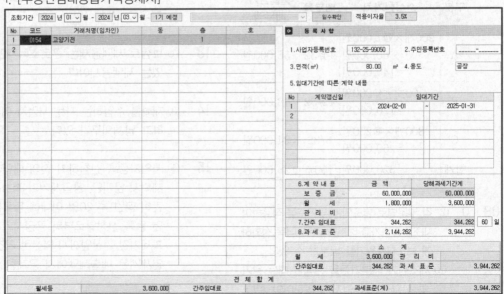

2. [부가가치세신고서]

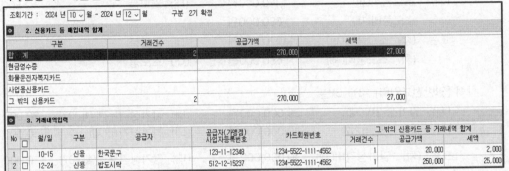

[2] 신용카드매출전표등수령명세서 작성

1. [신용카드매출전표등수령명세서(갑)(을)]

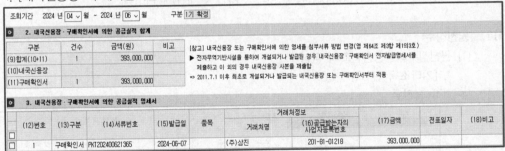

[3] 내국신용장·구매확인서전자발급명세서, 영세율매출명세서 작성

1. [내국신용장·구매확인서전자발급명세서]

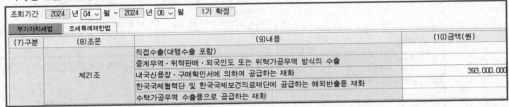

2. [영세율매출명세서]

조회기간	2024 년 04 ∨ 월 ~ 2024 년 06 ∨ 월	1기 확정	

(7)구분	(8)조문	(9)내용	(10)금액(원)
		직접수출(대행수출 포함)	
		중계무역·위탁판매·외국인도 또는 위탁가공무역 방식의 수출	
	제21조	내국신용장·구매확인서에 의하여 공급하는 재화	393,000,000
		한국국제협력단 및 한국국제보건의료재단에 공급하는 해외반출용 재화	
		수탁가공무역 수출용으로 공급하는 재화	

03 결산수정분개

[1] [일반전표입력] 12월 31일

(차)	이자수익	3,000,000원	(대)	선수수익	3,000,000원

[2] [일반전표입력] 12월 31일

(차)	부가세예수금	25,700,000원	(대)	부가세대급금	20,800,000원
	세금과공과(판)	500,000원		미수금	3,000,000원
	(또는 잡손실)			미지급세금	2,400,000원

[3] [일반전표입력] 12월 31일

(차)	소모품비(판)	1,120,000원	(대)	소모품	2,800,000원
	소모품비(제)	1,680,000원			
또는 (차)	소모품비(판)	1,120,000원	(대)	소모품	1,120,000원
(차)	소모품비(제)	1,680,000원	(대)	소모품	1,680,000원

[4] [일반전표입력] 12월 31일

(차)	감가상각비(제)	20,000,000원	(대)	감가상각누계액(207)	20,000,000원
(차)	국고보조금(217)	10,000,000원	(대)	감가상각비(제)	10,000,000원
또는 (차)	감가상각비(제)	10,000,000원	(대)	감가상각누계액(207)	20,000,000원
	국고보조금(217)	10,000,000원			

- 감가상각비 : 200,000,000원 ÷ 5년 × 6/12 = 20,000,000원
- 국고보조금 : 100,000,000원 ÷ 5년 × 6/12 = 10,000,000원

04 원천징수

[1] 원천징수이행상황신고서 작성

1. [기타소득자등록]

1) 정진우

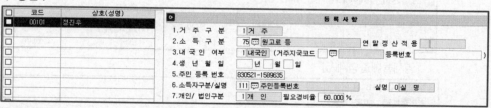

2) 김여울

※ 소득구분 : 72. 광업권 등 또는 62. 그 밖의 필요경비 있는 기타소득

2. [기타소득자자료입력]

1) 정진우

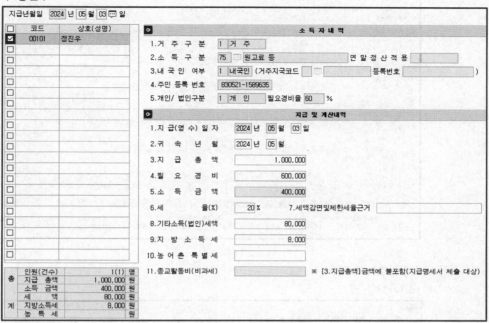

2) 김여울

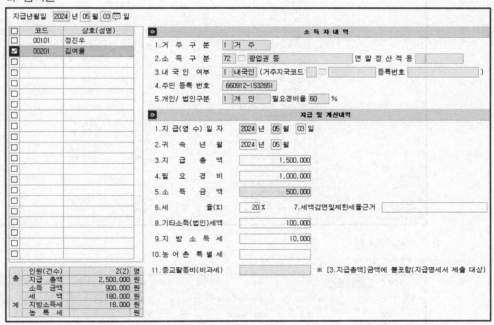

3. [원천징수이행상황신고서]

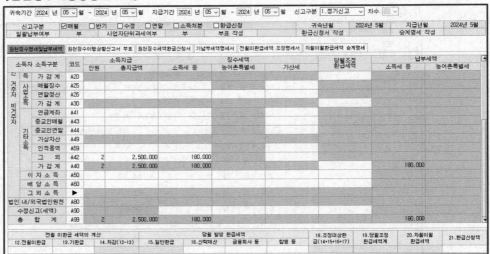

[2] 연말정산추가자료입력

1. [소득명세] 탭

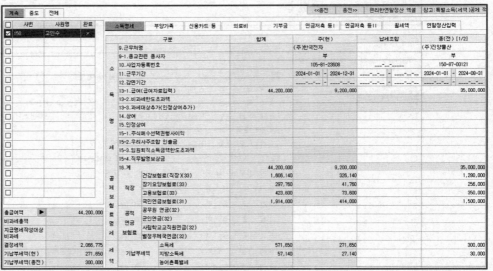

2. [부양가족] 탭

1) 인적공제

연말정산 관계	성명	내/외국인		주민(외국인)번호	나이	기본공제	세대주 구분	부녀 자	한부 모	경로 우대	장애 인	자녀	출산 입양
0	고민수	내	1	951021-1841215	29	본인	세대주						
1	고양철	내	1	611012-1146513	63	부							
1	김순자	내	1	620115-2845412	62	60세이상							
6	고민율	내	1	920105-1825413	32	장애인					1		

2) 보험료

보험료 세액공제 → 부양가족탭 → 고민수, 고민율을 선택한 후 → 일반보장성과 장애인보장성을 더블클릭하여 입력 → 연말정산입력탭 선택 → [F8부양가족탭불러오기]를 하여 세액을 반영한다.

①고민수	보장성보험-일반	600,000
	보장성보험-장애인	
	합 계	600,000
②고민율	보장성보험-일반	
	보장성보험-장애인	700,000
	합 계	700,000

| 61.보장 | 일반 | 600,000 | 600,000 | 600,000 | 72,000 |
| 성보험 | 장애인 | 700,000 | 700,000 | 700,000 | 105,000 |

- 고민수(본인) : 일반 보장성보험 지출액 600,000원
- 고민율 : 장애인 보장성보험 지출액 700,000원

3) 교육비

교육비 세액공제 → 부양가족탭 → 고민수, 고민율을 선택한 후 → 일반교육비와 장애인특수교육비에 더블클릭하여 입력 → 연말정산입력탭 선택 → [F8부양가족탭불러오기]를 하여 세액을 반영한다.

- 고민수

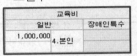

교육비	
일반	장애인특수
1,000,000 4.본인	

- 고민율

교육비	
일반	장애인특수
	1,000,000

- 고민수 : 본인 직업능력개발훈련수강료 중 근로자 수강지원금은 차감한다.
- 김순자 : 직계존속의 교육비는 공제 대상이 아니다.

4. [의료비] 탭

| 소득명세 | 부양가족 | 신용카드 등 | 의료비 | 기부금 | 연금저축 등 I | 연금저축 등 II | 월세액 | 연말정산입력 |

2024년 의료비 지급명세서													
의료비 공제대상자						지급처				지급명세			14.산후조리원
성명	내/외	5.주민등록번호	6.본인등해당여부	9.증빙코드	8.상호	7.사업자등록번호	10.건수	11.금액	11-1.실손보험수령액	12.미숙아선천성이상아	13.납입여부	
고민수	내	951021-1841215	1	0	1				3,000,000		X	X	X

※ 간병비용은 의료비세액공제 대상 의료비에 해당하지 않는다.

5. [연금저축 등 I] 탭

1) 퇴직연금

| 소득명세 | 부양가족 | 신용카드 등 | 의료비 | 기부금 | 연금저축 등 I | 연금저축 등 II | 월세액 | 연말정산입력 |

크게보기

1 연금계좌 세액공제 - 퇴직연금계좌(연말정산입력 탭의 58.과학기술인공제, 59.근로자퇴직연금)						
퇴직연금 구분	코드	금융회사 등	계좌번호(증권번호)	납입금액	공제대상금액	세액공제금액
1.퇴직연금	308	(주) 신한은행	110121050	1,000,000	1,000,000	150,000
퇴직연금				1,000,000	1,000,000	150,000
과학기술인공제회						

2) 주택청약저축

크게보기

4 주택마련저축 공제(연말정산탭의 40.주택마련저축소득공제)					
저축구분	코드	금융회사 등	계좌번호(증권번호)	납입금액	소득공제금액
1.청약저축	306	(주) 국민은행	1024521421	2,400,000	960,000
청약저축				2,400,000	960,000
주택청약종합저축					
근로자주택마련저축					

※ 저축구분 : 1.청약저축 또는 2.주택청약종합저축

6. [월세액] 탭

| | | | | | | 소득명세 | 부양가족 | 신용카드 등 | 의료비 | 기부금 | 연금저축 등I | 연금저축 등II | 월세액 | 연말정산입력 |

1	월세액 세액공제 명세(연말정산입력 탭의 70.월세액)											크게보기
임대인명 (상호)	주민등록번호 (사업자번호)	유형	계약 면적(㎡)	임대차계약서 상 주소지	계약서상 임대차 계약기간 개시일 ~ 종료일		연간 월세액	공제대상금액	세액공제금액
김아라	701210-2145453	오피스텔	52.00	충청남도 천안시 동남구 가마	2024-01-01 ~ 2025-12-31		8,400,000	8,400,000	744,675

※ F8 부양가족탭불러오기를 하여 세액공제 등을 반영한다.

05 법인세 세무조정

[1] 소득금액조정합계표및명세서 반영

〈손금불산입〉 기업업무추진비 대표이사 사용분   5,000,000원 (상여)

〈손금불산입〉 기업업무추진비 한도초과액   10,000,000원 (기타사외유출)

〈손금산입〉   전기 감가상각비(A기계장치) 한도초과액   1,000,000원 (유보감소)

〈손금불산입〉 법인세비용   20,000,000원 (기타사외유출)

[2] [기부금조정명세서]의 [1.기부금입력] 탭과 [2.기부금 조정] 탭 작성

1. [1.기부금입력] 탭

| 1.기부금 입력 | 2.기부금 조정 | | | | | | | |

1.기부금명세서   월별로 전환   구분만 별도 입력하기   유형별 정렬

구분 1.유형	2.코드	3.과목	4.월일	5.적요	기부처 6.법인명등	7.사업자(주민)번호등	8.금액	비고
「법인세법」 제24조제2항제1호에 따른 특례기부금	10	기부금	3	2	사립대학교 장학금			100,000,000	
「법인세법」 제24조제2항제1호에 따른 특례기부금	10	기부금	8	19	국방부 현금			20,000,000	
「법인세법」 제24조제3항제1호에 따른 일반기부금	40	기부금	12	24	종교단체 기부금			15,000,000	
9.소계	가. 「법인세법」 제24조제2항제1호에 따른 특례기부금				코드 10		120,000,000	
	나. 「법인세법」 제24조제3항제1호에 따른 일반기부금				코드 40		15,000,000	
	다. 〔조세특례제한법〕 제88조의4제13항의 우리사주조합 기부금				코드 42			
	라. 그 밖의 기부금				코드 50			
	계						135,000,000	

2.소득금액확정   새로 불러오기   수정

1.결산서상 당기순이익	2.익금산입	3.손금산입	4.기부금합계	5.소득금액계(1+2-3+4)
100,000,000	120,000,000	110,000,000	135,000,000	245,000,000

2. [2.기부금조정] 탭

| 1.기부금 입력 | 2.기부금 조정 | | | | |

1	1. 「법인세법」 제24조제2항제1호에 따른 특례기부금 손금산입액 한도액 계산				
1.소득금액 계		245,000,000	5.이월잔액 중 손금산입액 MIN[4,23]		
2.법인세법 제13조제1항제1호에 따른 이월 결손금 합계액(기준소득금액의 80% 한도)		15,000,000	6.해당연도지출액 손금산입액 MIN[(④-⑤)>0, ⑤]		115,000,000
3. 「법인세법」 제24조제2항제1호에 따른 특례기부금 해당 금액		120,000,000	7.한도초과액 [(3-6)>0]		5,000,000
4.한도액 {[(1-2) 이]X50%}		115,000,000	8.소득금액 차감잔액 [(①-②-⑤-⑥)>0]		115,000,000
2	2. 「조세특례제한법」 제88조의4에 따라 우리사주조합에 지출하는 기부금 손금산입액 한도액 계산				
9.「조세특례제한법」 제88조의4제13항에 따른 우리사주조합 기부금 해당 금액			11. 손금산입액 MIN(9, 10)		
10. 한도액 (8×30%)		34,500,000	12. 한도초과액 [(9-10)>0]		
3	3. 「법인세법」 제24조제3항제1호에 따른 일반기부금 손금산입 한도액 계산				
13.「법인세법」 제24조제3항제1호에 따른 일반기부금 해당금액		15,000,000	16. 해당연도지출액 손금산입액 MIN[(14-11)>0, 13]		11,500,000
14. 한도액 ((8-11)×10%, 20%)		11,500,000	17. 한도초과액 [(13-16)>0]		3,500,000
15. 이월잔액 중 손금산입액 MIN(14, 23)					
4	4.기부금 한도초과액 총액				
18. 기부금 합계액 (3+9+13)		135,000,000	19. 손금산입 합계 (6+11+16)	126,500,000	20. 한도초과액 합계 (18-19)=(7+12+17)	8,500,000
5	5.기부금 이월액 명세				

사업 연도	기부금 종류	21.한도초과 손금불산입액	22.기공제액	23.공제가능 잔액(21-22)	24.해당연도 손금추인액	25.차기이월액 (23-24)
합계	「법인세법」 제24조제2항제1호에 따른 특례기부금					
	「법인세법」 제24조제3항제1호에 따른 일반기부금					

[3] 업무용승용차등록, 업무용승용차관련비용명세서 작성

1. [업무용승용차등록]

1) 〈101〉 382수3838 아폴로   2) 〈102〉 160우8325 카이10

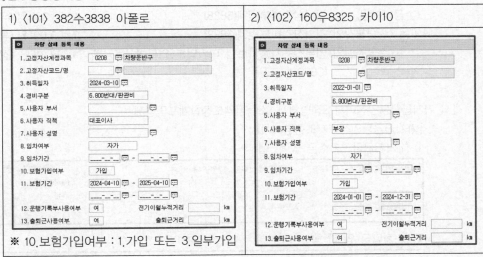

※ 10.보험가입여부 : 1.가입 또는 3.일부가입

2. [업무용승용차관련비용명세서]

1) 〈101〉 382수3838 아폴로

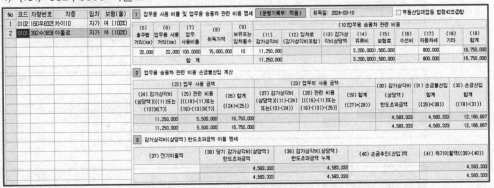

※ (7)업무사용비율 : 100.0000 또는 89.5623

2) 〈102〉 160우8325 카이10

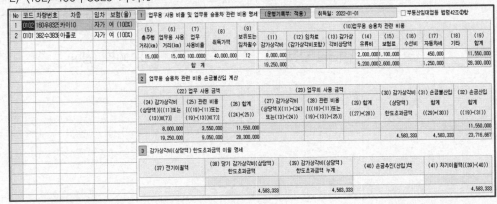

3. 세무조정

〈손금불산입〉	승용차처분손실 한도 초과액(8325)	2,000,000원	(기타사외유출)
〈손금불산입〉	감가상각비부인액(3838)	4,583,333원	(유보발생)
또는 〈손금불산입〉	감가상각비부인액(3838)	3,409,091원	(유보발생)
〈손금불산입〉	업무전용자동차보험 미가입분 업무미사용금액 (3838)	1,748,316원	(상여)

[4] 가지급금등인정이자조정명세서, 소득금액조정합계표및명세서

1. [가지급금등인정이자조정명세서]

   1) [1.가지급금·가수금 입력] 탭

   2) [2.차입금 입력] 탭

   • 연 12% 차입금은 특수관계인으로부터의 차입금이므로 제외한다.

   3) [3.인정이자계산 : (을)지] 탭

   4) [4.인정이자조정 : (갑)지] 탭

2. 세무조정

   〈익금산입〉 가지급금 인정이자   1,640,000원 (상여)

[5] 퇴직연금부담금등조정명세서, 소득금액조정합계표및명세서

1. [퇴직연금부담금등조정명세서]

2. 이미 손금산입한 부담금 등의 계산

나. 기말 퇴직연금 예치금 등의 계산

19.기초 퇴직연금예치금 등	20.기중 퇴직연금예치금 등 수령 및 해약액	21.당기 퇴직연금예치금 등의 납입액	22.퇴직연금예치금 등 계 (19 - 20 + 21)
70,000,000	40,000,000	20,000,000	50,000,000

가. 손금산입대상 부담금 등 계산

13.퇴직연금예치금 등 계 (22)	14.기초퇴직연금충당금등 및 전기말 신고조정에 의한 손금산입액	15.퇴직연금충당금등 손금부인 누계액	16.기중퇴직연금등 수령 및 해약액	17.이미 손금산입한 부담금등 (14 - 15 - 16)	18.손금산입대상 부담금 등 (13 - 17)
50,000,000	70,000,000		40,000,000	30,000,000	20,000,000

1. 퇴직연금 등의 부담금 조정

1.퇴직급여추계액	당기말 현재 퇴직급여충당금				6.퇴직부담금 등 손금산입 누적한도액 (① - ⑤)
	2.장부상 기말잔액	3.확정기여형퇴직연금자의 설정전 기계상된 퇴직급여충당금	4.당기말 부인 누계액	5.차감액 (② - ③ - ④)	
100,000,000	40,000,000		7,000,000	33,000,000	67,000,000

7.이미 손금산입한 부담금 등 (17)	8.손금산입액 한도액 (⑥ - ⑦)	9.손금산입 대상 부담금 등 (18)	10.손금산입범위액 (⑧과 ⑨중 적은 금액)	11.회사 손금 계상액	12.조정금액 (⑩ - ⑪)
30,000,000	37,000,000	20,000,000	20,000,000		20,000,000

2. 세무조정
  〈손금불산입〉 전기퇴직연금운용자산   40,000,000원 (유보감소)
  〈손금산입〉   퇴직연금운용자산   20,000,000원 (유보발생)

07 | 전산세무 1급 109회 기출문제 정답 및 해설

⋄ 이론시험 ⋄

표 정답

01	③	02	②	03	④	04	②	05	③	06	④	07	①	08	①	09	①	10	④
11	③	12	④	13	①	14	②	15	②										

01 ③ 유형자산을 사용·가동하기 위해 필요한 장소와 상태에 이르기까지 직접 관련된 원가는 취득원가에 포함하지만, 구입 후 개설하는데 소요되는 원가 등은 비용으로 인식되어야 한다.

02 ② 지분상품을 발행하거나 취득하는 과정에서 등록비 및 기타 규제 관련 수수료, 법률 및 회계자문 수수료, 주권인쇄비 및 인지세와 같은 여러 가지 비용이 발생한다. 이러한 자본거래비용 중 해당 자본거래가 없었다면 회피가능하면서 자본거래에 직접 관련되어 발생한 추가비용은 주식발행초과금에서 차감하거나 주식할인발행차금에 가산한다.

03 ④ 사채의 조기 상환 시 현금상환액보다 장부금액이 큰 경우 사채상환이익(영업외수익)으로 처리한다.

04 ② 기말재고자산 22,800,000원 = 창고 보관 기말재고 20,000,000원 + 미착매입 재고 4,000,000원 + 미판매 적송품 3,000,000원 × 60% + 구매의사 미표시 시용매출상품 2,000,000원 − 미판매 수탁상품 5,000,000원

05 ③ 회계정책의 변경에 따른 누적효과를 합리적으로 결정하기 어려우면 전진법으로 적용한다.

06 ④ 작업폐물에 대한 설명이다.

07 ① 표준원가계산은 변동원가계산제도와 종합원가계산제도뿐만 아니라 전부원가계산제도에서도 적용할 수 있다.

08 ① 기초재공품보다 기말재공품이 더 크면 당기총제조원가는 당기제품제조원가보다 크다. 제품재고 여부로는 알 수 없다.

09 ① 기초재공품가액 1,000,000원 = 당기제품제조원가 11,000,000원 + 기말재공품 2,000,000원 − 당기총제조원가 12,000,000원
• 매출원가 : 20,000,000원 × (1 − 40%) = 12,000,000원
• 당기제품제조원가 : 매출원가 12,000,000원 + 기말제품 3,000,000원 − 기초제품 4,000,000원 = 11,000,000원
• 당기총제조원가 : 직접재료원가 5,000,000원 + 직접노무원가 4,500,000원 + 제조간접원가 2,500,000원 = 12,000,000원

10 ④ ① 개별원가계산은 다품종소량생산에 적합한 원가계산이다.

② 개별원가계산은 상대적으로 계산이 복잡하나, 정확성은 높다.

③ 개별원가계산은 건설업, 조선업, 고객의 주문에 따라 제품을 생산하는 업종에 적합하다.

11 ③ 부당행위계산 부인은 특수관계인과의 거래에서만 적용된다.

12 ④ 법인의 이자수익의 경우 원천징수가 되지 않는 이자는 기간경과분을 미수이자로 계상한 경우 인정하나 원천징수가 되는 이자를 미수이자로 계상한 경우 인정하지 않는다.

13 ① 6,000만원 이상인 경우에 과세한다.

14 ② 연예인이 사업활동과 관련하여 받는 전속계약금은 사업소득금액으로 계약기간이 1년을 초과하는 일신전속계약에 대한 대가를 일시에 받는 경우에는 계약기간에 따라 해당 대가를 균등하게 안분한 금액을 각 과세기간 종료일에 수입한 것으로 하며, 월수의 계산은 해당 계약기간의 개시일이 속하는 날이 1개월 미만인 경우에는 1개월로 하고, 해당 계약기간의 종료일이 속하는 달이 1개월 미만인 경우에는 이를 산입하지 아니한다.

15 ② 당초 공급한 재화가 환입된 경우에는 재화가 환입된 날을 작성일로 적고 비고란에 처음 세금계산서 작성일을 덧붙여 적은 후 붉은색 글씨로 쓰거나 음의 표시를 하여 발급한다.

❖ 실무시험 ❖

---

01 전표입력

[1] [일반전표입력] 2월 1일

(차) 보통예금	52,000,000원	(대) 자본금	50,000,000원
		주식발행초과금	1,400,000원
		현금	600,000원

[2] [일반전표입력] 6월 30일

(차) 보통예금	25,800,000원	(대)외상매출금(미국 ABC)	27,600,000원
외환차손	1,800,000원		

[3] [매입매출전표입력] 10월 18일

유형 : 55.수입, 공급가액 : 30,000,000원, 부가세 : 3,000,000원, 거래처 : 부산세관, 전자 : 여, 분개 : 현금 또는 혼합

(차) 부가세대급금	3,000,000원	(대)현금	3,000,000원

[4] 매입매출전표입력 11월 10일

유형 : 11.과세, 공급가액 : 80,000,000원, 부가세 : 8,000,000원, 거래처 : ㈜순양백화점, 전자 : 여, 분개 : 혼합

(차) 선수금	8,000,000원	(대) 부가세예수금	8,000,000원
받을어음	80,000,000원	제품매출	80,000,000원

02 부가가치세신고서 및 부속서류 작성

[1] [매입매출전표], [부가가치세신고서] 반영

1. 매입매출전표입력

(1) 01월 30일 : Shift F5 예정 누락분 → 확정신고 개시년월 : 2024년 4월 → [확인(Tab)]

유형 : 57.카과, 공급가액 : 700,000원, 부가세 : 70,000원, 거래처 : ㈜우람전자, 신용카드사 : 삼전카드

(2) 02월 25일 : Shift F5 예정 누락분 → 확정신고 개시년월 : 2024년 4월 → [확인(Tab)]

유형 : 17.카과, 공급가액 : 12,000,000원, 부가세 : 1,200,000원, 거래처 : 아람물산, 신용카드사 : 삼성카드

2. [부가가치세신고서]

일반과세	간이과세						

조회기간 2024년 4월 1일 ~ 2024년 6월 30일 신고구분 1.정기신고 신고차수 부가율 25.96 확정

구분			정기신고금액			구분		금액	세율	세액
			금액	세율	세액	7.매출(예정신고누락분)				
과세표준및매출세액	과세	세금계산서발급분	1	202,692,000	10/100	20,269,200	예정누락분	과세	세금계산서	33		10/100	
		매입자발행세금계산서	2		10/100				기타	34	12,000,000	10/100	1,200,000
		신용카드·현금영수증발행분	3		10/100			영세	세금계산서	35		0/100	
		기타(정규영수증외매출분)	4		10/100				기타	36		0/100	
	영세	세금계산서발급분	5		0/100			합계		37	12,000,000		1,200,000
		기타	6		0/100		12.매입(예정신고누락분)						
	예정신고누락분		7	12,000,000		1,200,000		세금계산서		38			
	대손세액가감		8				예정누락분	그 밖의 공제매입세액		39	700,000		70,000
	합계		9	214,692,000	㉮	21,469,200		합계		40	700,000		70,000
매입세액	세금계산서수취분	일반매입	10	158,247,196		15,824,719		신용카드매출	일반매입		700,000		70,000
		수출기업수입분납부유예	10-1					수령금액합계	고정매입				
		고정자산매입	11	35,000,000		3,500,000		의제매입세액					
	예정신고누락분		12	700,000		70,000		재활용폐자원등매입세액					
	매입자발행세금계산서		13					과세사업전환매입세액					
	그 밖의 공제매입세액		14					재고매입세액					
	합계(10)-(10-1)+(11)+(12)+(13)+(14)		15	193,947,196		19,394,719		변제대손세액					
	공제받지못할매입세액		16					외국인관광객에대한환급세액					
	차감계 (15-16)		17	193,947,196	㉯	19,394,719		합계			700,000		70,000
납부(환급)세액(매출세액㉮-매입세액㉯)					㉰	2,074,481	14.그 밖의 공제매입세액					
경감공제세액	그 밖의 경감·공제세액		18			10,000	신용카드매출	일반매입		41			
	신용카드매출전표등 발행공제등		19				수령금액합계표	고정매입		42			
	합계		20		㉱	10,000	의제매입세액			43		뒤쪽	
소규모 개인사업자 부가가치세 감면세액			20-1		㉲		재활용폐자원등매입세액			44		뒤쪽	
예정신고미환급세액			21		㉳		과세사업전환매입세액			45			
예정고지세액			22		㉴		재고매입세액			46			
사업양수자의 대리납부 기납부세액			23		㉵		변제대손세액			47			
매입자 납부특례 기납부세액			24		㉶		외국인관광객에대한환급세액			48			
신용카드업자의 대리납부 기납부세액			25		㉷		합계			49			
가산세액계			26		㉸	50,872							
차가감하여 납부할세액(환급받을세액)㉮-㉯-㉰-㉱-㉲-㉳-㉴-㉵-㉶-㉷+㉸			27			2,115,353							
총괄납부사업자가 납부할 세액(환급받을 세액)													

구분		금액	세율	세액	25.가산세명세			금액	세율	세액
16.공제받지못할매입세액					사업자미등록등		61		1/100	
공제받지못할 매입세액	50				세금계산서	지연발급 등	62		1/100	
공통매입세액면세등사업분	51					지연수취	63		5/1,000	
대손처분받은세액	52					미발급 등	64		뒤쪽참조	
합계	53				전자세금 발급명세	지연전송	65		3/1,000	
18.그 밖의 경감·공제세액						미전송	66		5/1,000	
전자신고 및 전자고지 세액공제	54			10,000	세금계산서 합계표	제출불성실	67		5/1,000	
전자세금계산서발급세액공제	55					지연제출	68		3/1,000	
택시운송사업자경감세액	56				신고불성실	무신고(일반)	69		뒤쪽	
대리납부세액공제	57					무신고(부당)	70		뒤쪽	
현금영수증사업자세액공제	58					과소·초과환급(일반)	71	1,130,000	뒤쪽	28,250
기타	59					과소·초과환급(부당)	72		뒤쪽	
합계	60			10,000	납부지연		73	1,130,000	뒤쪽	22,622
					영세율과세표준신고불성실		74		5/1,000	
					현금매출명세서불성실		75		1/100	
					부동산임대공급가액명세서		76		1/100	
					매입자 납부특례	거래계좌 미사용	77		뒤쪽	
						거래계좌 지연입금	78		뒤쪽	
					신용카드매출전표등수령명세서미제출·과다기재		79		5/1,000	
					합계		80			50,872

- 과소신고가산세 : 1,130,000원×10%×(1-75%)=28,250원
- 납부지연가산세 : 1,130,000원×0.022%×91일=22,622원
- 12.매입(예정신고누락분) : 일반매입 또는 고정매입

[2] [신용카드매출전표등발행금액집계표] 작성

| 조회기간 2024 년 07 ∨ 월 ~ 2024 년 09 ∨ 월 | 구분 2기 예정 | | | |

1. 인적사항

상호[법인명]	(주)가람산업	성명[대표자]	정수나	사업등록번호	609-81-02070
사업장소재지	경상남도 창원시 성산구 창원대로 442 (대원동)				

2. 신용카드매출전표 등 발행금액 현황

구 분	합 계	신용·직불·기명식 선불카드	현금영수증	직불전자지급 수단 및 기명식선불 전자지급수단
합 계	54,050,000	47,550,000	6,500,000	
과세 매출분	30,250,000	30,250,000		
면세 매출분	23,800,000	17,300,000	6,500,000	
봉 사 료				

3. 신용카드매출전표 등 발행금액중 세금계산서 교부내역

세금계산서발급금액	4,400,000	계산서발급금액	

[3] 공제받지못할매입세액명세서 작성

1. [공제받지못할매입세액내역] 탭

| 조회기간 2024 년 10 ∨ 월 ~ 2024 년 12 ∨ 월 | 구분 2기 확정 | | |

| 공제받지못할매입세액내역 | 공통매입세액안분계산내역 | 공통매입세액의정산내역 | 납부세액또는환급세액재계산 |

매입세액 불공제 사유	세금계산서		
	매수	공급가액	매입세액
①필요적 기재사항 누락 등			
②사업과 직접 관련 없는 지출			
③개별소비세법 제1조제2항제3호에 따른 자동차 구입·유지			
④기업업무추진비 및 이와 유사한 비용 관련	1	1,000,000	100,000
⑤면세사업등 관련			
⑥토지의 자본적 지출 관련			
⑦사업자등록 전 매입세액			
⑧금·구리 스크랩 거래계좌 미사용 관련 매입세액			

2. [공통매입세액의정산내역] 탭

| 조회기간 2024 년 10 ∨ 월 ~ 2024 년 12 ∨ 월 | 구분 2기 확정 | | |

| 공제받지못할매입세액내역 | 공통매입세액안분계산내역 | 공통매입세액의정산내역 | 납부세액또는환급세액재계산 |

산식	구분	(15)총공통 매입세액	(16)면세 사업확정 비율			(17)불공제매입 세액총액 ((15)×(16))	(18)기불공제 매입세액	(19)가산또는 공제되는매입 세액((17)-(18))
			총공급가액	면세공급가액	면세비율			
1.당해 과세기간의 공급가액기준		3,200,000	850,000,000.00	340,000,000.00	40.000000	1,280,000		1,280,000

03 결산수정분개

[1] [일반전표입력] 12월 31일

| (차) 선수수익 | 8,000,000원 | (대) 임대료(904) | 8,000,000원 |

• 12,000,000원×8/12＝8,000,000원

[2] [일반전표입력] 12월 31일

| (차) 단기매매증권 | 800,000원 | (대) 단기매매증권평가이익 | 800,000원 |

• 단기매매증권평가이익 : (21,000원－20,000원)×800주＝800,000원

• 단기매매증권 취득 시 발생한 취득수수료는 기간비용으로 처리한다.

[3] 1. [결산자료입력] → 9. 법인세등 → 1). 선납세금 6,500,000원 입력, 2). 추가계상액 10,000,000원
    → F3전표추가

2. 또는 [일반전표입력] 12월 31일

(차)	법인세등	16,500,000원	(대)	선납세금	6,500,000원
				미지급세금	10,000,000원
또는 (차)	법인세등	6,500,000원	(대)	선납세금	6,500,000원
(차)	법인세등	10,000,000원	(대)	미지급세금	10,000,000원
또는 (차)	법인세등	16,500,000원	(대)	선납세금	5,400,000원
			(대)	선납세금	1,000,000원
			(대)	선납세금	100,000원
			(대)	미지급세금	10,000,000원
또는 (차)	법인세등	5,400,000원	(대)	선납세금	5,400,000원
(차)	법인세등	1,000,000원	(대)	선납세금	1,000,000원
(차)	법인세등	100,000원	(대)	선납세금	100,000원
(차)	법인세등	10,000,000원	(대)	미지급세금	10,000,000원

[4] 1. [일반전표입력] 12월 31일

(차)	재고자산감모손실	1,150,000원	(대)	제품	1,150,000원
				(적요8. 타계정으로 대체액)	

• (2,000원 − 1,950원) × 23,000원 = 1,150,000원 : 재고자산은 저가법으로 평가

2. [결산자료입력] → 2. 매출원가 → 9)당기완성품제조원가 → ⑩ 기말 제품 재고액 44,850,000원
    입력 → F3전표추가

04 원천징수

[1] 연말정산추가자료입력

1. [부양가족] 탭

(1) 인적공제

소득명세	부양가족	신용카드 등	의료비	기부금	연금저축 등I	연금저축 등II	월세액	연말정산입력					
연말 관계	성명	내/외국인	주민(외국인)번호	나이	기본공제	세대주 구분	부녀 자	한부 모	경로 우대	장애 인	자녀	출산 입양	
0	손대수	내	1 620302-1111258	62	본인	세대주							
1	손준기	내	1 400505-1135650	84	60세이상				○				
1	최연주	내	1 450325-2122358	79	60세이상				○				
3	이시아	내	1 650515-2153529	59	부								
4	손아름	내	1 990506-2326223	25	부								
4	손민우	내	1 060205-3236141	18	20세이하						○		

• 배우자(이시아) : 소득요건 미충족되므로 기본공제대상자가 아니다.

• 딸(손아름) : 나이 20세를 초과하므로 요건 미충족으로 기본공제대상자가 아니다.

• 직계존속(손준기, 최연주) : 나이와 소득없음으로 기본공제와 경로우대공제 대상이 된다.

(2) 보험료 세액공제 → 부양가족탭 → 손대수, 손민우를 선택한 후 → 일반보장성을 더블클릭하여 입력 → 연말정산입력탭 선택 → [F8부양가족탭불러오기]를 하여 세액을 반영한다.

①손대수	보장성보험-일반	600,000
	보장성보험-장애인	
②손민우	보장성보험-일반	450,000
	보장성보험-장애인	

61.보장성보험	일반	1,050,000	1,050,000	1,000,000	120,000
	장애인				

- 손대수(본인) : 일반 보장성보험 지출액 600,000원
- 손민우(아들) : 일반 보장성보험 지출액 450,000원

(3) 교육비 세액공제 → 부양가족탭 → 손대수, 손아름, 손민우을 선택한 후 → 일반교육비에 더블클릭하여 입력 → 연말정산입력탭 선택 → [F8부양가족탭불러오기]를 하여 세액을 반영한다.

- 본인(손대수)

교육비	
일반	장애인특수
2,000,000 4.본인	

- 딸(손아름)

교육비	
일반	장애인특수
5,000,000 3.대학생	

- 아들(손민우)

교육비	
일반	장애인특수
1,000,000 2.초중고	

2. [의료비] 탭

소득명세	부양가족	신용카드 등	의료비	기부금	연금저축 등I	연금저축 등II	월세액	연말정산입력

2024년 의료비 지급명세서

	의료비 공제대상자					지급처		지급명세					14.산후조리원
성명	내/외	5.주민등록번호	6.본인등해당여부	9.증빙코드	8.상호	7.사업자등록번호	10.건수	11.금액	11-1.실손보험수령액	12.미숙아선천성이상아	13.난임여부	
손대수	내	620302-1111258	1	0	1				2,000,000		X	X	X
손준기	내	400505-1135650	2	0	1				1,000,000		X	X	X
최연주	내	450325-2122358	2	0	1				3,550,000	2,000,000	X	X	X
손민우	내	060205-3236141	3	X	5	경성안경	605-29-32588	1	500,000		X	X	X

	합계						1	7,050,000	2,000,000			
일반의료비(본인)	2,000,000	6세이하,65세이상인건강보험산정특례자장애인	4,550,000	일반의료비(그 외)	500,000			난임시술비				
								미숙아·선천성이상아				

3. [신용카드 등] 탭

소득명세	부양가족	신용카드 등	의료비	기부금	연금저축 등I	연금저축 등II	월세액	연말정산입력

성명 생년월일	자료구분	신용카드	직불,선불	현금영수증	도서등신용	도서등직불	도서등현금	전통시장	대중교통	소비증가분	
										2023년	2024년
손대수	국세청	38,000,000		5,200,000							43,200,000
1962-03-02	기타										
손준기	국세청										
1940-05-05	기타										
최연주	국세청										
1945-03-25	기타										
미시아	국세청										
1965-05-15	기타										
손아름	국세청	3,100,000									3,100,000
1999-05-06	기타										
손민우	국세청		220,000								220,000
2006-02-05	기타										

※ [연말정산입력] 탭 : F8부양가족탭불러오기 실행한다.

PART 05

[2] 원천징수이행상황신고서 전자신고

1. [원천징수이행상황신고서] 귀속 : 2024년 6월, 지급 : 2024년 6월, 1. 정기신고, 작성한 후 F8마감을 한다.

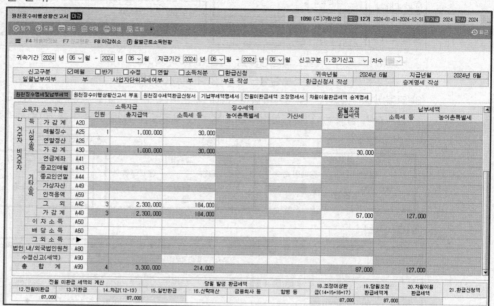

2. [전자신고] → 지급기간 : 2024년 6월 입력 후 조회 → F4제작 → 파일생성 → 비밀번호 12341234 입력

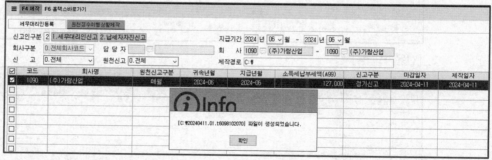

3. F6홈택스바로가기 → [국세청 홈택스 전자신고변환(교육용)] → "찾아보기" 선택하여 C드라이브에 있는 파일을 "열기" → [형식검증하기 ~ 전자파일제출]까지 모두 클릭하여 접수한다. 다만 중간 비밀번호는 "12341234"를 입력한다.

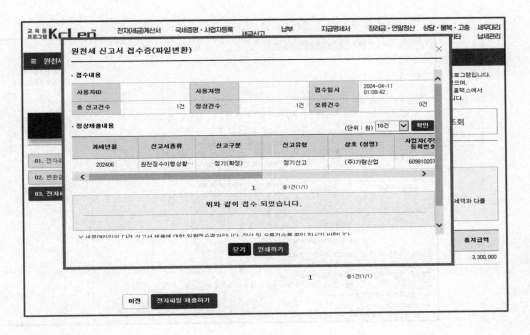

05 법인세 세무조정

[1] 기업업무추진비조정명세서 작성

1. [기업업무추진비조정명세서]

(1) [1.기업업무추진비 입력(을)] 탭

- 기업업무추진비 중 기준금액 초과액 → (16)총 초과금액 : 36,152,900 또는 35,182,900

(2) [2.기업업무추진비 조정(갑)] 탭

		구분		금액
1.기업업무추진비 입력 (을)	2.기업업무추진비 조정 (갑)			

3 기업업무추진비 한도초과액 조정

중소기업   ☐ 정부출자법인   ☐ 부동산임대업등(법.령제42조제2항)

구분				금액
1. 기업업무추진비 해당 금액				65,567,900
2. 기준금액 초과 기업업무추진비 중 신용카드 등 미사용으로 인한 손금불산입액				1,397,900
3. 차감 기업업무추진비 해당금액(1-2)				64,170,000
일반 기업업무추진비 한도		4. 12,000,000 (중소기업 36,000,000) X 월수(12) / 12		36,000,000
	총수입금액 기준	100억원 이하의 금액 X 30/10,000		7,500,000
		100억원 초과 500억원 이하의 금액 X 20/10,000		
		500억원 초과 금액 X 3/10,000		
		5. 소계		7,500,000
	일반수입금액 기준	100억원 이하의 금액 X 30/10,000		6,000,000
		100억원 초과 500억원 이하의 금액 X 20/10,000		
		500억원 초과 금액 X 3/10,000		
		6. 소계		6,000,000
	7. 수입금액기준	(5-6) X 10/100		150,000
	8. 일반기업업무추진비 한도액 (4+6+7)			42,150,000
문화기업업무추진비 한도(「조특법」 제136조제3항)	9. 문화기업업무추진비 지출액			5,000,000
	10. 문화기업업무추진비 한도액(9와 (8 X 20/100) 중 작은 금액)			5,000,000
전통시장기업업무추진비 한도(「조특법」 제136조제6항)	11. 전통시장기업업무추진비 지출액			
	12. 전통시장기업업무추진비 한도액(11과 (8 X 10/100) 중 작은 금액)			
13. 기업업무추진비 한도액 합계(8+10+12)				47,150,000
14. 한도초과액(3-13)				17,020,000
15. 손금산입한도 내 기업업무추진비 지출액(3과 13중 작은 금액)				47,150,000

2. 세무조정

    〈손금불산입〉   기업업무추진비 개인사용액   970,000원 (상여)

    〈손금불산입〉   기업업무추진비 신용카드미사용액   1,397,900원 (기타사외유출)

    또는 〈손금불산입〉 기업업무추진비(제) 신용카드미사용액   525,000원 (기타사외유출)

        〈손금불산입〉 기업업무추진비(판) 신용카드미사용액   872,900원 (기타사외유출)

        〈손금불산입〉 기업업무추진비 한도초과액   17,020,000원 (기타사외유출)

- 신용카드 등 미사용 손금불산입액 : 872,900원 + 525,000원 = 1,397,900원
- 기업업무추진비 한도 : 일반기업업무추진비 한도액 42,150,000원 + 문화기업업무추진비 한도액 5,000,000원 = 47,150,000원
    - ① 일반기업업무추진비 한도액 : 36,000,000원 + (2,000,000,000원×0.003) + (500,000,000원 × 0.003 × 0.1) = 36,000,000원 + 6,000,000원 + 150,000원 = 42,150,000원
    - ② 문화기업업무추진비 한도액 : Min[㉠, ㉡] = 5,000,000원
        - ㉠ 문화기업업무추진비 5,000,000원
        - ㉡ 일반기업업무추진비 한도액 × 20% = 42,150,000원 × 0.2 = 8,430,000원
- 기업업무추진비 해당액 : 36,197,900원 + 30,340,000원 − 970,000원 − 1,397,900원 = 64,170,000원
- 기업업무추진비 한도초과액 : 기업업무추진비 해당액 64,170,000원 − 기업업무추진비 한도액 47,150,000원 = 17,020,000원

[2] 세금과공과금조정명세서 작성

1. [세금과공과금조정명세서]

F12불러오기 → 기간 : 1월 1일~12월 31일 → [확인(Tab)]

	코 드	계정과목	월	일	거래내용	코 드	지급처	금 액	손금불산입표시
	0817	세금과공과금	1	28	화물트럭 자동차세			460,000	
	0817	세금과공과금	2	26	사업소분 주민세			800,000	
	0817	세금과공과금	3	15	토지에 대한 개발부담금			2,100,000	손금불산입
	0817	세금과공과금	4	30	법인세분지방소득세 및 농어촌특별세			4,200,000	손금불산입
	0817	세금과공과금	7	20	폐수초과배출부담금			3,700,000	손금불산입
	0817	세금과공과금	8	20	대표이사 소유 비상장주식매각 증권거래세			1,600,000	손금불산입
	0817	세금과공과금	8	27	주차위반 과태료(업무 관련 발생분)			220,000	손금불산입
	0817	세금과공과금	9	30	산재보험 연체료			480,000	
	0817	세금과공과금	10	10	지급명세서미제출가산세			1,000,000	손금불산입
	0817	세금과공과금	12	15	환경개선부담금			440,000	
					손 금 불 산 입 계			12,820,000	
					합 계			15,000,000	

2. 세무조정

〈손금불산입〉	토지에 대한 개발부담금	2,100,000원	(유보발생)
〈손금불산입〉	법인세분지방소득세 및 농어촌특별세	4,200,000원	(기타사외유출)
〈손금불산입〉	폐수초과배출부담금	3,700,000원	(기타사외유출)
〈손금불산입〉	대표이사증권거래세	1,600,000원	(상여)
〈손금불산입〉	주차위반 과태료(업무 관련 발생분)	220,000원	(기타사외유출)
〈손금불산입〉	지급명세서미제출가산세	1,000,000원	(기타사외유출)

[3] 대손충당금및대손금조정명세서 작성

1. [대손충당금및대손금조정명세서]

크게보기

1 2. 대손금조정

No	22.일자	23.계정과목	24.채권내역	25.대손사유	26.금액	대손충당금상계액			당기 손비계상액		
						27.계	28.시인액	29.부인액	30.계	31.시인액	32.부인액
1	05.29	외상매출금	1.매출채권	3.사망,실종	40,000,000	40,000,000	40,000,000				
2	10.21	외상매출금	1.매출채권	기타	3,000,000	3,000,000		3,000,000			
3	02.01	받을어음	1.매출채권	5.부도(6개월경과	19,999,000	19,999,000	19,999,000				
4											
				계	62,999,000	62,999,000	59,999,000	3,000,000			

크게보기

2 채권잔액

No	16.계정과목	17.채권잔액의 장부가액	18.기말현재대손금부인누계		19.합계 (17+18)	20.충당금설정제외채권 (할인,배서,특수채권)	21.채 권 잔 액 (19-20)
			전기	당기			
1	외상매출금	1,300,000,000		3,000,000	1,303,000,000		1,303,000,000
2	받을어음	100,500,000			100,500,000		100,500,000
3							
	계	1,400,500,000		3,000,000	1,403,500,000		1,403,500,000

3 1.대손충당금조정

손금산입액 조정	1.채권잔액 (21의금액)	2.설정률(%)			3.한도액 (1×2)	회사계상액			7.한도초과액 (6-3)
		●기본율	○실적율	○적립기준		4.당기계상액	5.보충액	6.계	
	1,403,500,000	1			14,035,000	15,000,000	39,001,000	54,001,000	39,966,000
익금산입액 조정	8.장부상 충당금기초잔액	9.기중 충당금환입액	10.충당금부인 누계액	11.당기대손금 상계액(27의금액)	12.충당금보충액 (충당금장부잔액)	13.환입할금액 (8-9-10-11-12)	14.회사환입액 (회사기말환입)	15.과소환입·과다 환입(△)(13-14)	
	102,000,000		10,000,000	62,999,000	39,001,000	-10,000,000		-10,000,000	

2. 세무조정

〈손금산입〉	전기 대손충당금 한도초과액	10,000,000원	(유보감소)
〈손금불산입〉	대손금 부인액	3,000,000원	(유보발생)
〈손금불산입〉	대손충당금 한도초과액	39,966,000원	(유보발생)

[4] [자본금과적립금조정명세서] 중 이월결손금계산서, 법인세과세표준및세액조정계산서 작성

1. [자본금과적립금조정명세서] → [이월결손금] 탭

자본금과적립금조정명세서(을)	자본금과적립금조정명세서(병)	자본금과적립금조정명세서(갑)	이월결손금

II.이월결손금 계산서

1. 이월결손금 발생 및 증감내역

(6) 사업연도	이월결손금			감 소 내 역						잔 액		
	발 생 액			(10) 소급공제	(11) 차감계	(12) 기공제액	(13) 당기공제액	(14) 보전	(15) 계	(16) 기한 내	(17) 기한 경과	(18) 계
	(7) 계	(8)일반 결손금	(9)배 분한도초과 결손금((9)=(25))									
2010-12-31	130,000,000	130,000,000			130,000,000	50,000,000			50,000,000	80,000,000		80,000,000
2022-12-31	90,000,000	90,000,000			90,000,000		90,000,000		90,000,000			
계	220,000,000	220,000,000			220,000,000	50,000,000	90,000,000		140,000,000	80,000,000		80,000,000

2. [법인세과세표준및세액조정명세서]

① 각사업연도소득계산	101. 결 산 서 상 당 기 순 손 익	01	100,850,000		④ 납부할세액계산	120. 산 출 세 액 (120=119)		2,767,500
	소득조정금액 102. 익 금 산 입	02	32,850,000			121. 최저한세 적용 대상 공제 감면세액	17	520,000
	103. 손 금 산 입	03	12,950,000			122. 차 감 세 액	18	2,247,500
	104. 차 가 감 소 득 금 액 (101+102-103)	04	120,750,000			123. 최저한세 적용 제외 공제 감면세액	19	200,000
	105. 기 부 금 한 도 초 과 액	05				124. 가 산 세 액	20	
	106. 기부금한도초과 이월액 손금산입	54				125. 가 감 계 (122-123+124)	21	2,047,500
	107. 각 사 업 연 도 소 득 금 액 (104+105-106)	06	120,750,000		기한내납부세액	126. 중 간 예 납 세 액	22	
						127. 수 시 부 과 세 액	23	
② 과세표준계산	108. 각 사 업 연 도 소 득 금 액 (108=107)		120,750,000			128. 원 천 납 부 세 액	24	140,000
	109. 이 월 결 손 금	07	90,000,000			129. 간접 회사등 외국 납부세액	25	
	110. 비 과 세 소 득	08				130. 소 계 (126+127+128+129)	26	140,000
	111. 소 득 공 제	09				131. 신 고 납 부 전 가 산 세 액	27	
	112. 과 세 표 준 (108-109-110-111)	10	30,750,000			132. 합 계 (130+131)	28	140,000
	159. 선 박 표 준 이 익	55				133. 감 면 분 추 가 납 부 세 액	29	
						134. 차 가 감 납 부 할 세 액 (125-132+133)	30	1,907,500
③ 산출세액계산	113. 과 세 표 준 (113=112+159)	56	30,750,000			⑤토지등 양도소득, ⑥미환류소득 법인세 계산 (TAB로 이동)		
	114. 세 율	11	9%					
	115. 산 출 세 액	12	2,767,500		⑦ 세액계	151. 차감 납부할 세액계 (134+150+166)	46	1,907,500
	116. 지 점 유 보 소 득 (법 제96조)	13				152. 사 실 과 다 른 회계 처리 경정 세액공제	57	
	117. 세 율	14				153. 분 납 세 액 계 산 범 위 액 (151-124-133-145-152+131)	47	1,907,500
	118. 산 출 세 액	15				154. 분 납 할 세 액	48	
	119. 합 계 (115+118)	16	2,767,500			155. 차 감 납 부 세 액 (151-152-154)	49	1,907,500

[5] 가산세액계산서 작성

신고납부가산세	미제출가산세	토지등양도소득가산세	미환류소득

구분		계산기준	기준금액	가산세율	코드	가산세액
지출증명서류		미(허위)수취금액	9,200,000	2/100	8	184,000
지급 명세서	미(누락)제출	미(누락)제출금액		10/1,000	9	
	불분명	불분명금액		1/100	10	
	상증법 82조 1 6	미(누락)제출금액		2/1,000	61	
		불분명금액		2/1,000	62	
	상증법 82조 3 4	미(누락)제출금액		2/10,000	67	
		불분명금액		2/10,000	68	
	법인세법 제75의7①(일용근로)	미제출금액	30,000,000	12.5/10,000	96	37,500
		불분명등		25/10,000	97	
	법인세법 제75의7①(간이지급명세서)	미제출금액		25/10,000	102	
		불분명등		25/10,000	103	
소 계					11	37,500

① 지출증명서류 미수취 가산세 : 지출 건당 3만원 초과분 × 2%
= (4,400,000원 + 4,800,000원) × 2% = 184,000원
- 건당 3만원 초과분은 법인세법에서 요구하는 세금계산서 등의 적격증빙을 갖추어야 하지만 그러하지 아니한 경우에는 지출증명서류 미수취 가산세 적용대상이다.
- 건당 3만원 이하인 복리후생비는 가산세 대상이 아니다.
- 임대인이 간이과세자인 경우라면 간이과세자로부터 부동산임대용역을 공급받는 경우에 해당되어 경비 등 송금명세서 특례가 인정되나, 임대인이 일반과세자인 경우 지출증명서류 미수취 가산세를 적용한다.

② 지급명세서제출 불성실 가산세 : 30,000,000원 × 0.125% = 37,500원
- 일용직 근로소득에 대한 지급명세서 제출 불성실 가산세 : 0.25%
(제출기한 경과 후 1개월 이내 제출 시 0.125%)

08 | 전산세무 1급 110회 기출문제 정답 및 해설

✦ 이론시험 ✦

📋 정답

01	①	02	③	03	④	04	②	05	④	06	①	07	②	08	③	09	④	10	②
11	③	12	④	13	③	14	①	15	②										

01 ① 재무제표의 작성과 표시에 대한 책임은 경영진에게 있다(일반기업회계기준 2.6).

02 ③ 무형자산의 합리적인 상각방법을 정할 수 없다면 정액법을 사용한다(일반기업회계기준 11.32).

03 ④ 확정기여형 퇴직연금에 납부해야 할 기여금은 이미 납부한 기여금을 차감한 후 부채(미지급비용)로 인식한다(일반기업회계기준 21.7).

① 확정급여형 퇴직연금제도에서 운용되는 자산은 기업이 직접 보유하고 있는 것으로 보아 회계처리한다(일반기업회계기준 21.11).

② 확정급여형 퇴직연금제도는 퇴직연금 납입 외 운용수익이 발생하거나 종업원 퇴직 시에 다음과 같은 회계처리가 필요하다.

• 운용수익 발생 시 :
 (차) 퇴직연금 운용자산
 (대) 퇴직연금 운용수익
• 퇴사 시 :
 (차) 퇴직급여 충당부채
 (대) 퇴직연금 운용자산

③ 확정기여형 퇴직연금제도에서는 퇴직연금운용자산, 퇴직급여충당부채 및 퇴직연금미지급금은 인식하지 아니한다(일반기업회계기준 21.6).

04 ② 유효이자율이 표시이자율보다 높으므로 할인발행에 해당한다. 사채 할인발행의 경우 장부가액은 매년 증가하고, 상각액과 이자비용은 매년 증가한다.

05 ④ 감자차손, 자기주식처분손실, 자기주식, 주식할인발행차금은 자본조정에 해당한다.
• 자본잉여금 : 감자차익
• 이익잉여금 : 미처리결손금
• 기타포괄손익누계액 : 매도가능증권평가손실, 해외사업환산이익

06 ① 변동원가에 대한 그래프로 변동원가는 조업도의 증감에 따라 원가 총액은 증감하나 단위당 원가는 조업도의 변동과 관계없이 일정하다.

07 ② 550,000원 = 당기총제조원가 1,750,000원 − 가공원가 1,200,000원
• 매출원가 : 매출액 2,000,000원 × 매출총이익률 80% = 1,600,000원
 ※ 기초 및 기말제품이 없으므로 당기제품제조원가와 매출원가는 동일하다.
• 당기총제조원가 : 매출원가 1,600,000원 + 기말재공품 250,000원 − 기초재공품 100,000원 = 1,750,000원

08 ③ 매몰원가는 과거에 발생한 원가로서 현재의 의사결정에 영향을 미치지 못하는 원가를 말하며, 기회원가는 하나의 대안을 선택할 때 선택되지 못한 대안 중 순현금유입액이 가장 큰 것을 말한다. 따라서 매몰원가는 과거의 기계장치 취득가액 25,000,000원이며, 기회원가는 "소프트웨어만 변경"의 순현금유입액 10,000,000원이다.

09 ④ 표준원가계산은 표준원가를 기초로 한 예산과 실제원가를 기초로 한 실제 성과와의 차이를 분석하여 성과평가에 이용할 수 있다.

10 ② 600,000원＝기초제품재고 400,000원＋당기제품제조원가 2,000,000원－매출원가 1,800,000원
　　• 당기제품제조원가 : 당기총제조원가 1,500,000원 + 재공품 감소액 500,000원 ＝ 2,000,000원

11 ③ 자가공급에 해당하며 재화의 간주공급으로 보아 과세 대상에 속한다.

12 ④ 사실상 귀속되는 자에게 부가가치세법을 적용한다.

13 ③ 사업자가 대손되어 회수할 수 없는 금액(대손금액)의 전부 또는 일부를 회수한 경우에는 회수한 대손금액에 관련된 대손세액을 회수한 날이 속하는 과세기간의 매출세액에 더한다(부가가치세법 제45조 제1항).

14 ① 근로자 또는 그 배우자의 출산이나 6세 이하 자녀의 보육과 관련하여 사용자로부터 받는 급여로서 월 20만원 이내의 금액은 비과세한다(소득세법 제12조 제3호 머목).

15 ② 업무용승용차에 대한 감가상각비는 각 사업연도의 소득금액을 계산할 때 정액법을 상각방법으로 하고 내용연수를 5년으로 하여 계산한 금액을 감가상각비로 하여 손금에 산입해야 한다(법인세법 제27조의2 제1항).

❖ 실무시험 ❖

01 전표입력

[1] [일반전표입력] 3월 10일

(차) 이월이익잉여금(375)	52,000,000원	(대) 미지급배당금	20,000,000원
		미교부주식배당금	30,000,000원
		이익준비금	2,000,000원

[2] [매입매출전표입력] 7월 5일
유형 : 54.불공, 공급가액 : 1,200,000원, 부가세 : 120,000원, 거래처 : 신화캐피탈, 전자 : 여, 분개 : 혼합, 불공제사유 : ③ 비영업용 소형승용자동차 구입·유지 및 임차

(차) 임차료(판)	1,320,000원	(대) 미지급비용	1,320,000원

[3] [일반전표입력] 8월 13일

(차)	외상매입금(미국 PAC사)	12,000,000원	(대)	보통예금	11,000,000원
				외환차익	1,000,000원

[4] [매입매출전표입력] 9월 3일

유형 : 22.현과, 공급가액 : 1,500,000원, 부가세 : 150,000원, 거래처 : 자진발급, 분개 : 현금 또는 혼합

(차)	현금	1,650,000원	(대)	부가세예수금	150,000원
				제품매출	1,500,000원

02 부가가치세신고서 및 부속서류 작성

[1] [부동산임대공급가액명세서] 작성

1. 커피숍 　※ 거래처코드를 입력하지 않은 경우에도 정답으로 인정함.

2. 편의점

3. 사무실

[2] [공제받지못할매입세액명세서] → [공제받지못할매입세액내역] 탭

매입세액 불공제 사유	세금계산서		
	매수	공급가액	매입세액
①필요적 기재사항 누락 등			
②사업과 직접 관련 없는 지출	1	20,000,000	2,000,000
③개별소비세법 제1조제2항제3호에 따른 자동차 구입·유지			
④기업업무추진비 및 이와 유사한 비용 관련	1	3,000,000	300,000
⑤면세사업등 관련			
⑥토지의 자본적 지출 관련	1	5,000,000	500,000
⑦사업자등록 전 매입세액			
⑧금·구리 스크랩 거래계좌 미사용 관련 매입세액			

조회기간 2024 년 01 월 ~ 2024 년 03 월   구분 1기 예정

- 신용카드매출전표 및 현금영수증을 수령한 매입세액은 공제받지못할매입세액명세서 기재 대상에 해당하지 않는다.
- 공급받는자의 상호는 세금계산서의 필요적 기재사항에 해당하지 않는다.

[3] 부가가치세신고서 전자신고 조회 후 마감
  1. 조회기간 : 2024년 4월 1일 ~ 2024년 6월 30일 1. 정기신고, 조회 후 F8마감을 한다.
  2. [전자신고] → 신고년월 : 2024년 4월 ~ 6월 입력 후 조회 → F4제작 → 파일생성 → 비밀번호 12345678 입력한다.

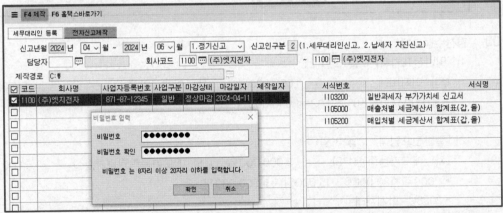

  3. F6홈택스바로가기 → [국세청 홈택스 전자신고변환(교육용)] → "찾아보기" 선택하여 C드라이브 에 있는 파일을 "열기"함 → [형식검증하기 ~ 전자파일제출]까지 모두 클릭하여 접수한다. 다만 중간 비밀번호는 "12345678"을 입력한다.

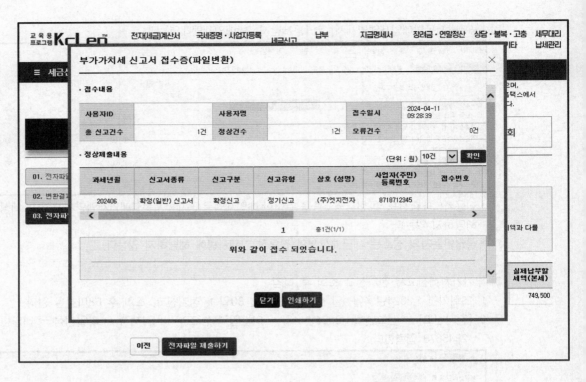

03   결산수정분개

[1] [일반전표입력] 12월 31일

(차) 이자비용   1,650,000원   (대) 미지급비용   1,650,000원

• 30,000,000원×6%×11/12＝1,650,000원

[2] [일반전표입력] 12월 31일

(차) 매도가능증권(178)   5,000,000원   (대) 매도가능증권평가손실   5,000,000원

• 1,000주×(20,000원－15,000원)＝5,000,000원

• 2023년 회계처리

2023.04.25. (차) 매도가능증권(178)   22,000,000원   (대) 보통예금   22,000,000원

2023.12.31. (차) 매도가능증권평가손실 7,000,000원 (대) 매도가능증권(178) 7,000,000원

[3] [일반전표입력] 12월 31일

(차) 감가상각비(판)   2,625,000원   (대) 감가상각누계액(203)   2,625,000원

• 감가상각비 : (건물 신축가액 300,000,000원＋취득세 15,000,000원)$\times\dfrac{1}{20}\times\dfrac{2}{12}$＝2,625,000원

• 토지는 감가상각 대상 자산이 아니며, 재산세는 당기 비용 처리한다.

[4] [결산자료입력] → 기간 : 2024년 01월 ~ 2024년 12월 → 2. 매출원가 →

　　1) 원재료비에서 ⑩ 기말 원재료 재고액 4,000,000원 입력,

　　8) 당기 총제조비용에서 ⑩ 기말 재공품 재고액 6,000,000원 입력,

　　9) 당기완성품제조원가에서 ⑩ 기말 제품 재고액 7,200,000원 입력 → F3 전표추가

　• 기말 제품 재고액 : 창고 보관 재고액 5,200,000원＋적송품 2,000,000원＝7,200,000원

04　원천징수

[1] 1. [사원등록] → [부양가족명세] 수정 반영

연말관계	성명	내/외국인	주민(외국인,여권)번호	나이	기본공제	부녀자	한부모	경로우대	장애인	자녀	출산입양	위탁관계
0	차정만	내	1 900520-1724818	34	본인							
1	차도진	내	1 581110-1024623	66	부							
1	엄혜선	내	1 620708-2524657	62	60세이상							
3	한정숙	내	1 921227-2548716	32	배우자							
4	차민지	내	1 200202-4445455	4	20세이하							
4	차민수	내	1 240303-3345459	0	20세이하						둘째	

　• 부친은 소득금액이 기준금액을 초과하여 기본공제대상자에 해당하지 않는다.

2. [연말정산추가자료입력]

　(1) [소득명세] 탭

　(2) [부양가족] 탭

　　① 보험료 세액공제 → 부양가족탭 → 엄혜선(모친)을 선택한 후 → 일반보장성을 더블클릭
하여 입력 → 연말정산입력탭 선택 → [F8부양가족탭불러오기]를 하여 세액을 반영한다.

엄혜선	보장성보험-일반	400,000	61.보장	일반	400,000	400,000	400,000	48,000
	보장성보험-장애인		성보험	장애인				

　• 부친은 기본공제 대상자가 아니므로 공제대상이 아니다.

② 교육비 세액공제 → 부양가족탭 → 차정만, 차민지를 선택한 후 → 일반교육비에 더블클릭
하여 입력 → 연말정산입력탭 선택 → [F8부양가족탭불러오기]를 하여 세액을 반영한다.

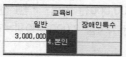

• 차정만(본인)

교육비	
일반	장애인특수
3,000,000	4.본인

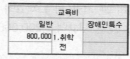

• 차민지(딸)

교육비	
일반	장애인특수
800,000	1.취학전

• 근로자 본인의 교육비는 전액 공제되며 장학금은 제외한다.

(3) [신용카드 등] 탭

	성명 생년월일	자료 구분	신용카드	직불,선불	현금영수증	도서등 신용	도서등 직불	도서등 현금	전통시장	대중교통	소비증가분	
											2023년	2024년
□	차정만 1990-05-20	국세청 기타	12,000,000									12,000,000
□	차도진 1958-11-10	국세청 기타										
□	엄혜선 1962-07-08	국세청 기타										
□	한정숙 1992-12-27	국세청 기타		1,700,000					300,000			2,000,000
□	차민지 2020-02-02	국세청 기타										
□	차민수 2024-03-03	국세청 기타										

• 부친은 소득 요건으로 신용카드 공제 대상에 해당하지 않는다.

(4) [의료비] 탭

			2024년 의료비 지급명세서										
	의료비 공제대상자					지급처			지급명세				14.산후 조리원
□	성명	내/외	5.주민등록번호	6.본인등 해당여부	9.증빙 코드	8.상호	7.사업자 등록번호	10. 건수	11.금액	11-1.실손 보험수령액	12.미숙아 선천성이상아	13.난임 여부	
□	한정숙	내	921227-2548716	3	X	1				1,400,000		X	X	X
□	한정숙	내	921227-2548716	3	X	1				2,000,000		X	X	0
□	차도진	내	581110-1024623	2	0	1				2,700,000		X	X	X
□	엄혜선	내	620708-2524657	3	X	1				3,000,000	2,200,000	X	X	X

• 산후조리원 비용은 출산 1회당 200만원을 한도로 한다.
• 의료비는 소득 및 나이요건의 제한을 받지 않는다. 따라서 부친의 의료비는 공제 대상이 된다.

(5) [기부금] 탭

① [기부금조정] 탭

가. 차정만(본인)

※ 기부금 유형 : 40.일반(종교 외) 또는 10.특례

나. 엄혜선(모친)

소득명세	부양가족	신용카드 등	의료비	기부금	연금저축 등Ⅰ	연금저축 등Ⅱ	월세액	연말정산입력

기부금 입력	기부금 조정

12.기부자 인적 사항(F2)

주민등록번호	관계코드	내·외국인	성명
900520-1724818	거주자(본인)	내국인	차정만
620708-2524657	직계존속	내국인	엄혜선

구분			노조회비여부	기부처			기부명세			자료구분
7.유형	8.코드	9.기부내용		10.상호(법인명)	11.사업자번호 등	건수	13.기부합계금액(14+15)	14.공제대상기부금액	15.기부장려금신청 금액	
종교	41	금전	부	필수 입력	필수 입력		1,000,000	1,000,000		국세청

다. [기부금조정] 탭 → 공제금액계산 → 불러오기 → 공제금액반영 → 저장

기부금 공제금액 계산 참조

근로소득금액	56,560,000	정치,고향기부금외 공제대상금액		1,400,000	세액공제가능액		3,266,621

코드	구분	지출액	공제대상금액	공제율1(15%,20%)	공제율2(25%,30%,35%)	공제율3(40%)	소득/세액공제액	공제초과이월액
40	일반기부금(종교외) 당기	400,000	400,000	400,000			60,000	
41	일반기부금(종교) 2014년이월							
41	일반기부금(종교) 2015년이월							
41	일반기부금(종교) 2016년이월							
41	일반기부금(종교) 2017년이월							
41	일반기부금(종교) 2018년이월							
41	일반기부금(종교) 2019년이월							
41	일반기부금(종교) 2020년이월							
41	일반기부금(종교) 2021년이월							
41	일반기부금(종교) 2022년이월							
41	일반기부금(종교) 2023년이월							
41	일반기부금(종교) 당기	1,000,000	1,000,000	1,000,000			150,000	
	합계	1,400,000	1,400,000	1,400,000			210,000	

기부금(이월액)소득공제		정치기부금10만원 초과세액공제		고향사랑기부금10만원 초과세액공제	
특례기부금 세액공제		우리사주조합기부금 세액공제		일반기부금(종교외) 세액공제	60,000
일반기부금(종교) 세액공제	150,000				

▶ 기부금명세서 작성시 주의사항
 ① 기부금을 이월하는 경우에는 기부금명세서에서 해당년도 공제금액을 반드시 확인합니다.
 ② 표준세액공제를 적용받는 경우 기부금조정명세서의 해당연도공제금액, 이월(소멸)금액은 판단하여 입력합니다.
  (표준세액공제를 적용받는 경우 정치자금기부금과 우리사주기부금은 중복공제 가능합니다.)

불러오기	공제금액반영	전체삭제	저장	종료(Esc)

소득명세	부양가족	신용카드 등	의료비	기부금	연금저축 등Ⅰ	연금저축 등Ⅱ	월세액	연말정산입력

기부금 입력	기부금 조정							공제금액계산

구분		기부연도	16.기부금액	17.전년도까지공제된금액	18.공제대상금액(16-17)	해당연도공제금액	해당연도에 공제받지 못한 금액	
유형	코드						소멸금액	이월금액
일반	40	2024	400,000		400,000	400,000		
종교	41	2024	1,000,000		1,000,000	1,000,000		

(6) [연말정산입력] 탭 : F8부양가족탭불러오기 실행한다.

[2] 1. [퇴직소득자료입력] → [소득명세] 탭

2. [원천징수이행상황신고서]

05 법인세 세무조정

[1] 1. [선급비용명세서]

	계정구분	거래내용	거래처	대상기간 시작일	대상기간 종료일	지급액	선급비용	회사계상액	조정대상금액
□	선급 보험료	자동차보험	BD화재	2024-05-01	2025-04-30	1,800,000	591,780	400,000	191,780
□	선급 보험료	공장화재보험	화나화재	2024-07-01	2025-06-30	5,000,000	2,479,452	2,000,000	479,452
□									
□									
	합 계					6,800,000	3,071,232	2,400,000	671,232

2. 세무조정

〈손금산입〉　　전기 선급비용　　　　　　　1,000,000원 (유보감소)

〈손금불산입〉　사적사용경비　　　　　　　3,600,000원 (상여)

〈손금불산입〉　자동차보험　　　　　　　　191,780원 (유보발생)

〈손금불산입〉　공장화재보험　　　　　　　479,452원 (유보발생)

[2] 1. [업무용승용차등록]

(1) G80(462두9636)

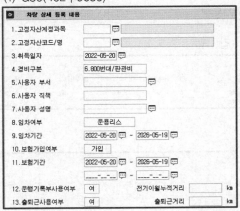

차량 상세 등록 내용	
1.고정자산계정과목	
2.고정자산코드/명	
3.취득일자	2022-05-20
4.경비구분	6.800번대/판관비
5.사용자 부서	
6.사용자 직책	
7.사용자 성명	
8.임차여부	운용리스
9.임차기간	2022-05-20 ~ 2026-05-19
10.보험가입여부	가입
11.보험기간	2022-05-20 ~ 2026-05-19
	----- ~ -----
12.운행기록부사용여부 여	전기이월누적거리 ___ km
13.출퇴근사용여부 여	출퇴근거리 ___ km

(2) 싼타페(253러6417)

차량 상세 등록 내용	
1.고정자산계정과목	0208 차량운반구
2.고정자산코드/명	
3.취득일자	2021-12-10
4.경비구분	6.800번대/판관비
5.사용자 부서	
6.사용자 직책	
7.사용자 성명	
8.임차여부	자가
9.임차기간	----- ~ -----
10.보험가입여부	가입
11.보험기간	2023-12-10 ~ 2024-12-09
	2024-12-10 ~ 2025-12-09
12.운행기록부사용여부 부	전기이월누적거리 ___ km
13.출퇴근사용여부 여	출퇴근거리 ___ km

2. [업무용승용차관련비용명세서]

(1) G80(462두9636)

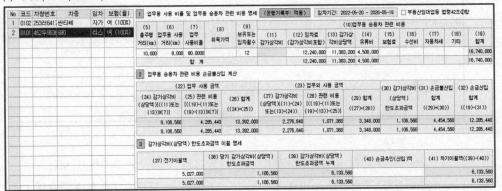

업무용 사용 비율 및 업무용 승용차 관련 비용 명세 (운행기록부: 적용) 입차기간: 2022-05-20 ~ 2026-05-19 □부동산임대업등 법령42조②항

No	코드	차량번호	차종	입차	보험(율)
1	0102	253러6417	싼타페	자가	여 (100%)
2	0101	462두9636	G80	리스	여 (100%)

(5) 총주행 거리(km)	(6) 업무용 사용 거리(km)	(7) 업무 사용비율	(8) 취득가액	(9) 보유또는 임차월수	(10)업무용 승용차 관련 비용									
					(11) 감가상각비	(12) 임차료 (감가상각비포함)	(13) 감가상 각비상당액	(14) 유류비	(15) 보험료	(16) 수선비	(17) 자동차세	(18) 기타	(19) 합계	
10,000	8,000	80.0000		12		12,240,000	11,383,200	4,500,000					16,740,000	
합계						12,240,000	11,383,200	4,500,000					16,740,000	

업무용 승용차 관련 비용 손금불산입 계산

(22) 업무 사용 금액			(23) 업무외 사용 금액			(30) 감가상각비 (상당액) 한도초과금액	(31) 손금불산입 합계 ((29)+(30))	(32) 손금산입 합계 ((19)-(31))
(24) 감가상각비 (상당액)X((11)또는 (13))X(7)	(25) 관련 비용 [((19)-(11)또는 (19)-(13))X(7)]	(26) 합계 ((24)+(25))	(27) 감가상각비 (상당액)X((11)-(24) 또는(13)-(24))	(28) 관련 비용 [((19)-(11)또는 (19)-(13))-(25)]	(29) 합계 ((27)+(28))			
9,106,560	4,285,440	13,392,000	2,276,640	1,071,360	3,348,000	1,106,560	4,454,560	12,285,440
9,106,560	4,285,440	13,392,000	2,276,640	1,071,360	3,348,000	1,106,560	4,454,560	12,285,440

감가상각비(상당액) 한도초과금액 이월 명세

(37) 전기이월액	(38) 당기 감가상각비(상당액) 한도초과금액	(39) 감가상각비(상당액) 한도초과금액 누계	(40) 손금추인(산입)액	(41) 차기이월액((39)-(40))
5,027,000	1,106,560	6,133,560		6,133,560
5,027,000	1,106,560	6,133,560		6,133,560

(2) 싼타페(253러6417)

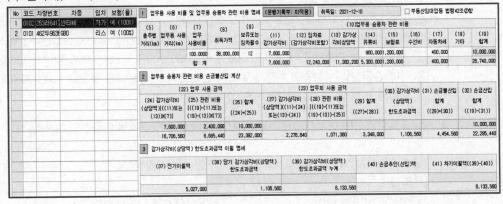

업무용 사용 비율 및 업무용 승용차 관련 비용 명세 (운행기록부: 미적용) 취득일: 2021-12-10 □부동산임대업등 법령42조②항

No	코드	차량번호	차종	입차	보험(율)
1	0102	253러6417	싼타페	자가	여 (100%)
2	0101	462두9636	G80	리스	여 (100%)

(5) 총주행 거리(km)	(6) 업무용 사용 거리(km)	(7) 업무 사용비율	(8) 취득가액	(9) 보유또는 임차월수	(10)업무용 승용차 관련 비용									
					(11) 감가상각비	(12) 임차료 (감가상각비포함)	(13) 감가상 각비상당액	(14) 유류비	(15) 보험료	(16) 수선비	(17) 자동차세	(18) 기타	(19) 합계	
		100.0000	38,000,000	12	7,600,000			800,000	1,200,000		400,000		10,000,000	
합계					7,600,000	12,240,000	11,383,200	5,300,000	1,200,000		400,000		26,740,000	

업무용 승용차 관련 비용 손금불산입 계산

(22) 업무 사용 금액			(23) 업무외 사용 금액			(30) 감가상각비 (상당액) 한도초과금액	(31) 손금불산입 합계 ((29)-(30))	(32) 손금산입 합계 ((19)-(31))
(24) 감가상각비 (상당액)X((11)또는 (13))X(7)	(25) 관련 비용 [((19)-(11)또는 (19)-(13))X(7)]	(26) 합계 ((24)+(25))	(27) 감가상각비 (상당액)X((11)-(24) 또는(13)-(24))	(28) 관련 비용 [((19)-(11)또는 (19)-(13))-(25)]	(29) 합계 ((27)+(28))			
7,600,000	2,400,000	10,000,000						10,000,000
16,706,560	6,685,440	23,392,000	2,276,640	1,071,360	3,348,000	1,106,560	4,454,560	22,285,440

감가상각비(상당액) 한도초과금액 이월 명세

(37) 전기이월액	(38) 당기 감가상각비(상당액) 한도초과금액	(39) 감가상각비(상당액) 한도초과금액 누계	(40) 손금추인(산입)액	(41) 차기이월액((39)-(40))
5,027,000	1,106,560	6,133,560		6,133,560

3. 세무조정

〈손금불산입〉	감가상각비한도초과액	1,106,560원 (기타사외유출)
〈손금불산입〉	업무용승용차 업무미사용분	3,348,000원 (상여)

[3] [원천납부세액명세서] → [원천납부세액(갑)] 탭

원천납부세액(갑)	원천납부세액(을)								

No	1.적요 (이자발생사유)	2.원천징수의무자			3.원천 징수일	4.이자·배당금액	5.세율(%)	6.법인세	지방세 납세지
		구분	사업자(주민)번호	상호(성명)					
1	□ 정기예금 이자	내국인	130-81-01236	(주)두리은행	4 25	8,000,000	14.00	1,120,000	
2	□ 정기적금 이자	내국인	125-81-54217	(주)주민은행	7 18	2,000,000	14.00	280,000	

[4] 1. [퇴직연금부담금조정명세서]

2.이미 손금산입한 부담금 등의 계산

나.기말 퇴직연금 예치금 등의 계산

19.기초 퇴직연금예치금 등	20.기중 퇴직연금예치금 등 수령 및 해약액	21.당기 퇴직연금예치금 등의 납입액	22.퇴직연금예치금 등 계 (19 - 20 + 21)
108,000,000	9,000,000	12,000,000	111,000,000

가. 손금산입대상 부담금 등 계산

13.퇴직연금예치금 등 계 (22)	14.기초퇴직연금충당금등 및 전기말 신고조정에 의한 손금산입액	15.퇴직연금충당금등 손금부인 누계액	16.기중퇴직연금등 수령 및 해약액	17.이미 손금산입한 부담금등 (14 - 15 - 16)	18.손금산입대상 부담금 등 (13 - 17)
111,000,000	108,000,000		9,000,000	99,000,000	12,000,000

1.퇴직연금 등의 부담금 조정

	당기말 현재 퇴직급여충당금				6.퇴직부담금 등 손금산입 누적한도액 (① - ⑤)
1.퇴직급여추계액	2.장부상 기말잔액	3.확정기여형퇴직연금자의 설정전 기계상된 퇴직급여충당금	4.당기말 부인 누계액	5.차감액 (② - ③ - ④)	
140,000,000	20,000,000		6,000,000	14,000,000	126,000,000
7.이미 손금산입한 부담금 등 (17)	8.손금산입액 한도액 (⑥ - ⑦)	9.손금산입 대상 부담금 등 (18)	10.손금산입범위액 (⑧과 ⑨중 적은 금액)	11.회사 손금 계상액	12.조정금액 (⑩ - ⑪)
99,000,000	27,000,000	12,000,000	12,000,000		12,000,000

2. 세무조정

〈익금산입〉	전기 퇴직연금지급액	9,000,000원 (유보감소)
〈손금산입〉	퇴직연금 납입액	12,000,000원 (유보발생)

- 결산서상 퇴직연금부담금 : 0원
- 손금산입범위액 : Min(①, ②)-③=12,000,000원
  ① 퇴직급여충당금 미설정액 : 140,000,000원-(20,000,000원-6,000,000원)=126,000,000원
  ② 기말 퇴직연금예치금 : 108,000,000원+12,000,000원-9,000,000원=111,000,000원
  ③ 이미 손금산입한 보험료 : 전기 말까지 신고조정 손금산입된 보험료 108,000,000원-기중
     보험금 수령액 9,000,000원=99,000,000원

3. 세무조정금액 : 111,000,000원-99,000,000원=12,000,000원(손금산입, 유보발생)

[5] [기부금조정명세서]와 [법인세과세표준및세액조정계산서]를 작성
  1. 세무조정

〈손금불산입〉	법인세비용	5,000,000원 (기타사외유출)
〈손금불산입〉	향우회 비지정기부금	600,000원 (기타사외유출 또는 상여)

2. [기부금조정명세서]

(1) [1.기부금 입력] 탭

1.기부금 입력	2.기부금 조정						

1.기부금명세서   월별로 전환   구분만 별도 입력하기   유형별 정렬

구분					기부처		8.금액
1.유형	2.코드	3.과목	4.월일	5.적요	6.법인명등	7.사업자(주민)번호등	
「법인세법」 제24조제2항제1호에 따른 특례기부금	10	기부금	3	국방헌금	국방부		1,000,000
「법인세법」 제24조제3항제1호에 따른 일반기부금	40	기부금	5 5	사회복지시설 기부금	사회복지법인 은혜		500,000
기타	50	기부금	10 11	지역향우회 행사비	이천시 향우회		600,000
「법인세법」 제24조제2항제1호에 따른 특례기부금	10	기부금	12 1	천재지변 구호금품	서울시청		1,200,000
9.소계	가. 「법인세법」 제24조제2항제1호에 따른 특례기부금					코드 10	2,200,000
	나. 「법인세법」 제24조제3항제1호에 따른 일반기부금					코드 40	500,000
	다. [조세특례제한법] 제88조의4제13항의 우리사주조합 기부금					코드 42	
	라. 그 밖의 기부금					코드 50	600,000
	계						3,300,000

2.소득금액확정   새로 불러오기   수정

1. 결산서상 당기순이익	2.익금산입	3.손금산입	4.기부금합계	5.소득금액계(1+2-3+4)
57,000,000	8,600,000	1,000,000	2,700,000	67,300,000

(2) [2.기부금 조정] 탭

1.기부금 입력	2.기부금 조정

특례기부금 해당 금액	2,200,000	7.한도조과액 [(3-6)>0]
4.한도액 {[(1-2) 0]X50%}	33,650,000	8.소득금액 차감잔액 [(①-②-⑤-⑧)>0]	65,100,000

2   2. 「조세특례제한법」 제88조의4에 따라 우리사주조합에 지출하는 기부금 손금산입액 한도액 계산

9. 「조세특례제한법」 제88조의4제13항에 따른 우리사주조합 기부금 해당 금액		11. 손금산입액 MIN(9, 10)	
10. 한도액 (8×30%)	19,530,000	12. 한도초과액 [(9-10)>0]	

3   3. 「법인세법」 제24조제3항제1호에 따른 일반기부금 손금산입 한도액 계산

13. 「법인세법」 제24조제3항제1호에 따른 일반기부금 해당금액	500,000	16. 해당연도지출액 손금산입액 MIN[(14-15)>0, 13]	500,000
14. 한도액 ((8-11)x10%, 20%)	6,510,000	17. 한도초과액 [(13-16)>0]	
15. 이월잔액 중 손금산입액 MIN(14, 23)	6,000,000		

4   4.기부금 한도초과액 총액

18. 기부금 합계액 (3+9+13)	19. 손금산입 합계 (6+11+16)	20. 한도초과액 합계 (18-19)=(7+12+17)
2,700,000	2,700,000	

5   5.기부금 이월액 명세

사업연도	기부금 종류	21.한도초과 손금불산입액	22.기공제액	23.공제가능 잔액(21-22)	24.해당연도 손금추인액	25.차기이월액 (23-24)
합계	「법인세법」 제24조제2항제1호에 따른 특례기부금					
	「법인세법」 제24조제3항제1호에 따른 일반기부금	6,000,000		6,000,000	6,000,000	
2023	「법인세법」 제24조제3항제1호에 따른 일반	6,000,000		6,000,000	6,000,000	

3. [법인세과세표준 및 조정계산서]

① 각 사 업 연 도 소 득 계 산	101. 결 산 서 상 당 기 순 손 익	01	57,000,000		④ 납 부 할 세 액 계 산	120. 산 출 세 액 (120=119)				5,274,000
	소득조정 금액	102.익 금 산 입	02	8,600,000			121. 최저한세 적용대상 공제감면세액	17			
		103.손 금 산 입	03	1,000,000			122. 차 감 세 액	18		5,274,000
	104. 차 가 감 소 득 금 액 (101+102-103)	04	64,600,000			123. 최저한세 적용제외 공제감면세액	19			
	105. 기 부 금 한 도 초 과 액	05				124. 가 산 세 액	20			
	106. 기 부 금 한 도 초 과 이 월 액 손 금 산 입	54	6,000,000			125. 가 감 계 (122-123+124)	21		5,274,000
	107. 각 사 업 연 도 소 득 금 액 (104+105-106)	06	58,600,000			기한내 납부세액	126. 중 간 예 납 세 액	22		3,000,000
② 과 세 표 준 계 산	108. 각 사 업 연 도 소 득 금 액 (108=107)		58,600,000				127. 수 시 부 과 세 액	23		
	109. 이 월 결 손 금	07					128. 원 천 납 부 세 액	24		1,400,000
	110. 비 과 세 소 득	08					129. 간접 회사등 외국 납부세액	25		
	111. 소 득 공 제	09					130. 소 계 (126+127+128+129)	26		4,400,000
	112. 과 세 표 준 (108-109-110-111)	10	58,600,000				131. 신 고 납 부 전 가 산 세 액	27		
	159. 선 박 표 준 이 익	55					132. 합 계 (130+131)	28		4,400,000
③ 산 출 세 액 계 산	113. 과 세 표 준 (113=112+159)	56	58,600,000			133. 감 면 분 추 가 납 부 세 액	29		
	114. 세 율	11	9%			134. 차 가 감 납 부 할 세 액 (125-132+133)	30		874,000
	115. 산 출 세 액	12	5,274,000		⑤토지등 양도소득, ⑥미환류소득 법인세 계산 (TAB로 이동)					
	116. 지 점 유 보 소 득 (법 제96조)	13			⑦ 세 액 계	151. 차감 납부할 세액계 (134+150+166)	46		874,000
	117. 세 율	14				152. 사 실 과 다 른 회계 처리 경정 세액공제	57		
	118. 산 출 세 액	15				153. 분 납 세 액 계 산 범 위 액 (151-124-133-145-152+131)	47		874,000
	119. 합 계 (115+118)	16	5,274,000			154. 분 납 할 세 액	48		
						155. 차 감 납 부 세 액 (151-152-154)	49		874,000

09 | 전산세무 1급 111회 기출문제 정답 및 해설

÷ 이론시험 ÷

📌 정답

01	02	03	04	05	06	07	08	09	10
②	②	④	①	②	①	④	③	②	①

11	12	13	14	15
③	④	③	④	①

01 ② 위탁판매를 위해 수탁자가 보관 중인 상품은 위탁자의 재고자산에 포함된다.

02 ② 2,000,000원 = 처분가액 8,000,000원 − 장부가액 5,000,000원 − 자기주식처분손실 1,000,000원
- 이익잉여금(결손금) 처분(처리)으로 상각되지 않은 자기주식처분손실은 향후 발생하는 자기주식처분이익과 우선적으로 상계한다(일반기업회계기준 15.9).
- 회계 처리 :
  (차) 현금등   8,000,000원
  (대) 자기주식   5,000,000원
      자기주식처분손실   1,000,000원
      자기주식처분이익   2,000,000원

03 ④ • 매도가능증권 : 3,000주 × 8,000원 − (3,000주 × 10,000원 + 55,000원) = (−)6,055,000원
- 단기매매증권 : 3,000주 × (8,000원 − 10,000원) − 55,000원 = (−)6,055,000원

04 ① 취득원가는 구입원가 또는 제작원가 및 경영진이 의도하는 방식으로 자산을 가동하는 데 필요한 장소와 상태에 이르게 하는 데 직접 관련되는 원가인 (1) 내지 (9)와 관련된 지출 등으로 구성된다(일반기업회계기준 10.8).

(4) 설계와 관련하여 전문가에게 지급하는 수수료 (7) 취득세, 등록세 등 유형자산의 취득과 직접 관련된 제세공과금 (9) 유형자산이 정상적으로 작동되는지 여부를 시험하는 과정에서 발생하는 원가

05 ② 손익계산서상 당기순이익은 60,000,000원이다.
③ (A)는 현금배당액의 1/10인 최소금액으로 3,000,000원이며, (B)는 38,000,000원이다.
④ 주식할인발행차금은 주식발행초과금과 우선 상계하고, 미상계잔액이 있으면 자본에서 차감하는 형식으로 기재하며 이익잉여금의 처분으로 상각한다.

06 ① 당기총제조원가는 재공품계정의 차변으로 대체된다.

07 ④ 3,630,000원 = 변동제조간접원가 1,380,000원 + 고정제조간접원가 2,250,000원
- 변동제조간접원가 배분액 : 3,000,000원 × 4,600시간/10,000시간 = 1,380,000원
- 고정제조간접원가 배분액 : 5,000,000원 × 7,200시간/16,000시간 = 2,250,000원

08 ③ 매출원가조정법과 영업외손익법은 배부차이 전액을 각각 매출원가와 영업외손익으로 가감하는 방법으로 당기순이익에 미치는 영향이 동일하다.

09 ② 비정상공손은 능률적인 생산 조건에서는 발생하지 않을 것으로 예상되는 공손으로서 통제가능한 공손이다.

10 ① 64,450원 = 100개 × @362원 + 50개 × @565원

- 직접재료원가 완성품환산량 : 완성품 1,000개 + 정상공손 100개 + 기말재공품 100개 = 1,200개
- 가공원가 완성품환산량 : 완성품 1,000개 + 정상공손 100개 + 기말재공품 50개 = 1,150개
- 직접재료원가 완성품환산량 단위당 원가 : (120,000원 + 314,400원) ÷ 1,200개 = @362원
- 가공원가 완성품환산량 단위당 원가 : (200,000원 + 449,750원) ÷ 1,150개 = @565원

11 ③ 수출을 대행하고 수출대행수수료를 받는 수출대행용역은 수출품 생산업자의 수출대행계약에 의하여 수출업자의 명의로 수출하는 경우이다. 따라서 영세율 적용대상 용역에 해당하지 않는다.

- 부가가치세법 통칙 21-31-2 제1항, 수출품 생산업자가 수출업자와 다음 각호와 같이 수출대행계약을 체결하여 수출업자의 명의로 수출하는 경우에 수출품 생산업자가 외국으로 반출하는 재화는 영의 세율을 적용한다. (1998. 8. 1. 개정)
1. 수출품 생산업자가 직접 수출신용장을 받아 수출업자에게 양도하고 수출대행계약을 체결한 경우 (1998. 8. 1. 개정)
2. 수출업자가 수출신용장을 받고 수출품 생산업자와 수출대행계약을 체결한 경우 (1998. 8. 1. 개정)

12 ④ 감가상각자산의 취득은 조기환급대상에 해당하며, 예정신고 기한이 지난 후 15일 이내에 예정신고한 사업자에게 환급하여야 한다(부가가치세법 제59조 제2항 제2호).

13 ③ 복권당첨소득이 3억원을 초과하는 경우 3억원까지는 20%, 3억 초과분은 30%를 원천징수한다.

14 ④ 기업업무추진비의 손금 귀속시기는 접대 행위를 한 날이 속하는 사업연도에 손금 처리한다.

15 ① 법인의 수입이자에 대하여 기업회계기준에 의한 기간 경과분을 결산서에 수익으로 계상한 경우 원천징수 대상이 아닌 경우에는 이를 해당 사업연도의 익금으로 한다.

PART 05

✧ 실무시험 ✧

01 **전표입력**

[1] [매입매출전표입력] 2월 10일

유형 : 11.과세, 공급가액 : 5,000,000원, 부가세 : 500,000원, 거래처 : ㈜서강, 전자 : 여, 분개 : 혼합

(차)	미지급금	2,000,000원	(대)	부가세예수금	500,000원
	외상매출금	3,500,000원		제품매출	5,000,000원

[2] [일반전표입력] 4월 11일

(차) 보통예금	12,000,000원	(대) 기계장치	23,000,000원
감가상각누계액(207)	8,000,000원	보험차익	2,000,000원
국고보조금(217)	5,000,000원		

또는	(차) 보통예금	12,000,000원	(대) 보험차익	12,000,000원
	(차) 감가상각누계액(207)	8,000,000원	(대) 기계장치	23,000,000원
	국고보조금(217)	5,000,000원		
	재해손실	10,000,000원		

[3] [일반전표입력] 8월 31일

| (차) 보통예금 | 19,985,000원 | (대) 단기매매증권 | 25,000,000원 |
| 단기매매증권처분손실 | 5,015,000원 | | |

[4] [매입매출전표입력] 9월 26일

유형 : 12.영세, 공급가액 : 13,000,000원, 거래처 : ㈜신화무역, 전자 : 여, 분개 : 외상 또는 혼합, 영세율구분 : ⑩ 수출재화임가공용역

| (차) 외상매출금 | 13,000,000원 | (대) 용역매출 | 13,000,000원 |

02 부가가치세신고서 및 부속서류 작성

[1] [매입매출전표] 입력과 [부가가치세 수정신고서]와 [과세표준 및 세액결정(경정)청구서] 작성

1. 매입매출전표입력

(1) 6월 15일

• 수정 전 :

유형 : 17.카과, 공급가액 : 2,000,000원, 부가세 : 200,000원, 거래처 : 헬로마트㈜, 분개 : 카드, 신용카드 : 현대카드

| (차) 외상매출금(현대카드) | 2,200,000원 | (대) 부가세예수금 | 200,000원 |
| | | 제품매출 | 2,000,000원 |

• 수정 후 : 삭제

(2) 6월 30일

• 수정 전 : 없음

• 수정 후 :

유형 : 51.과세, 공급가액 : 200,000원, 부가세 : 20,000원, 거래처 : 킹킹상사, 전자 : 부, 분개 : 현금 또는 혼합

| (차) 부가세대급금 | 20,000원 | (대) 현금 | 220,000원 |
| 소모품비(판) | 200,000원 | | |

2. [부가가치세신고서(수정신고)]

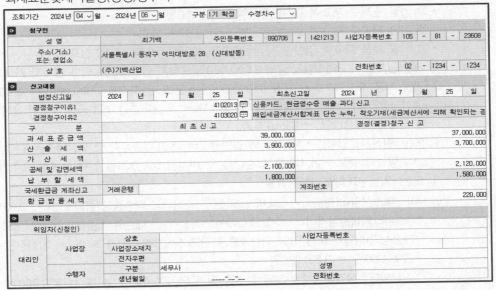

3. 과세표준및세액결정(경정)청구서

조회기간 2024년 04월 ~ 2024년 06월		구분 1기 확정		수정차수		

청구인

성 명	최기백	주민등록번호	890706 - 1421213	사업자등록번호	105 - 81 - 23608
주소(거소) 또는 영업소	서울특별시 동작구 여의대방로 28 (신대방동)				
상 호	(주)기백산업		전화번호	02 - 1234 - 1234	

신고내용

법정신고일	2024년 7월 25일	최초신고일	2024년 7월 25일
경정청구이유1	4102013	신용카드, 현금영수증 매출 과다 신고	
경정청구이유2	4103020	매입세금계산서합계표 단순 누락, 착오기재(세금계산서에 의해 확인되는 경우)	

구 분	최 초 신 고	경정(결정)청구 신 고
과 세 표 준 금 액	39,000,000	37,000,000
산 출 세 액	3,900,000	3,700,000
가 산 세 액		
공제 및 감면세액	2,100,000	2,120,000
납 부 할 세 액	1,800,000	1,580,000
국세환급금 계좌신고	거래은행	계좌번호
환 급 받 을 세 액		220,000

위임장

위임자(신청인)				
	상호		사업자등록번호	
대리인	사업장	사업장소재지		
		전자우편		
	수행자	구분	세무사	성명
		생년월일	---.--.--	전화번호

[2] [신용카드매출전표등수령명세서] 작성

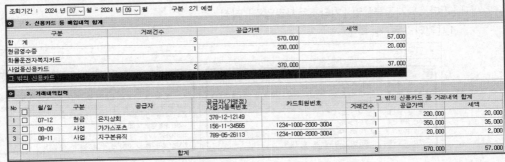

- 세금계산서 발급이 가능한 간이과세자로부터 수령한 현금영수증(지출증빙)은 매입세액공제가 가능하다.
- 직원회식대는 매입세액공제 대상이지만 현금영수증을 지출증빙이 아닌 소득공제로 수령하였기 때문에 공제받을 수 없다.

03 결산수정분개

[1] [일반전표입력] 12월 31일

| (차) 보험료(판) | 400,000원 | (대) 선급비용 | 400,000원 |
| (차) 선급비용 | 300,000원[주1] | (대) 보험료(판) | 300,000원 |

[주1] 1,200,000원 × 3/12 = 300,000원

[2] [일반전표입력] 12월 31일

| (차) 이자비용 | 2,820,000원 | (대) 보통예금 | 2,500,000원 |
| | | 사채할인발행차금 | 320,000원 |

[3] [결산자료입력] → 2. 매출원가 →
- ⑩ 기말 원재료 재고액 결산반영금액 3,000,000원[주1] 입력
- ⑩ 기말 재공품 재고액 결산반영금액 5,500,000원 입력
- ⑩ 기말 제품 재고액 결산반영금액 13,000,000원[주2] 입력 → F3 전표추가

[주1] 기말 원재료 재고액 : 실사 금액 3,000,000원(도착지 인도조건은 입고 전까지 인식하지 않는다)
[주2] 기말 제품 재고액 : 실사 금액 12,000,000원+판매 전 적송품 1,000,000원=13,000,000원

[4] 1. [결산자료입력] → F8 대손상각 → 대손율 : 1% → 외상매출금, 미수금을 제외한 계정의 추가설정액 삭제 → 결산반영 → F3 전표추가

2. 또는 [결산자료입력] → 4.판매비와 일반관리비 → 5).대손상각 → 외상매출금 3,631,280원 입력 → 7.영업외비용 → 2).기타의 대손상각 → 미수금 550,000원 입력 → F3 전표추가

3. 또는 [일반전표입력] 12월 31일

| (차) 대손상각비(판) | 3,631,280원[주1] | (대) 대손충당금(109) | 3,631,280원 |
| 기타의대손상각비 | 550,000원[주2] | 대손충당금(121) | 550,000원 |

[주1] 대손상각비(판) : 12월 31일 외상매출금 잔액 542,328,000원 × 1% − 기설정된 대손충당금 1,792,000원 = 3,631,280원
[주2] 기타의대손상각비 : 12월 31일 미수금 잔액 55,000,000원 × 1% = 550,000원

04 원천징수

[1] [기타소득자등록] 및 [기타소득자료입력] 작성
1. [기타소득자등록]

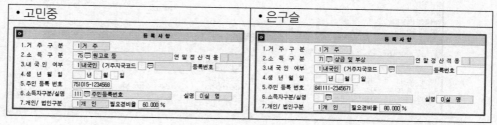

※ 계속·반복적 배달수당은 기타소득에 해당하지 않고, 사업소득(인적용역소득)에 포함되므로 입력 대상이 아니다.

2. [기타소득자료입력]

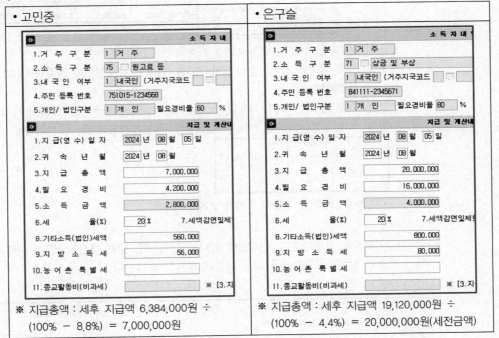

• 고민중

※ 지급총액 : 세후 지급액 6,384,000원 ÷
(100% − 8.8%) = 7,000,000원

• 은구슬

※ 지급총액 : 세후 지급액 19,120,000원 ÷
(100% − 4.4%) = 20,000,000원(세전금액)

[2] [연말정산추가자료입력] 작성

1. [사원등록] → [부양가족명세] 탭

- 진시진(본인) : 여성 근로자로서 종합소득금액이 30,000,000원 이하이면서 배우자가 있으므로 부녀자공제 적용 대상이다.
- 편현주(배우자) : 종합소득금액 100만원 이하이므로 기본공제대상이다.
- 편영록(아들) : 기타소득금액 300만원 이하이면서 분리과세를 선택했으므로 기본공제대상이다.
- 진영모(아버지) : 양도소득금액 294만원으로 소득요건을 충족하지 않으므로 기본공제대상자에 해당하지 않는다.

2. [연말정산추가자료입력]

(1) [부양가족] 탭

① 보험료 세액공제 → 부양가족탭 → 진시진, 편현주를 선택한 후 → 일반보장성과 장애인보

장성을 더블클릭하여 입력 → 연말정산입력탭 선택 → [F8부양가족탭불러오기]를 하여 세액을 반영한다.

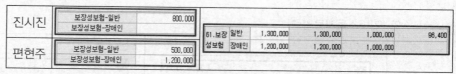

진시진	보장성보험-일반	800,000
	보장성보험-장애인	
편현주	보장성보험-일반	500,000
	보장성보험-장애인	1,200,000

| 61.보장 | 일반 | 1,300,000 | 1,300,000 | 1,000,000 | 96,400 |
| 성보험 | 장애인 | 1,200,000 | 1,200,000 | 1,000,000 | |

- 진시진(본인) : 일반 보장성보험 지출액 800,000원
- 편현주 : 일반보장성 지출액 500,000원, 장애인 보장성보험 지출액 1,200,000원(또는 1,000,000원)

② 교육비 세액공제 → 부양가족탭 → 편영록을 선택한 후 → 일반교육비에 더블클릭하여 입력 → 연말정산입력탭 선택 → [F8부양가족탭불러오기]를 하여 세액을 반영한다.

교육비	
일반	장애인특수
1,200,000 2.초중고	

- 편영록 : 중학교 교육비 지출액 1,200,000원

(2) [기부금] 탭

- 정치자금기부금은 근로자 본인이 지출한 정치자금기부금만 공제 대상에 해당하므로 편현주(배우자)가 지출한 정치자금기부금은 공제 대상에 해당하지 않는다.

(3) [월세,주택임차] 탭

| 소득명세 | 부양가족 | 신용카드 등 | 의료비 | 기부금 | 연금저축 등I | 연금저축 등II | 월세액 | 연말정산입력 |

1 월세액 세액공제 명세(연말정산입력 탭의 70.월세액)   크게보기

임대인명 (상호)	주민등록번호 (사업자번호)	유형	계약 면적(㎡)	임대차계약서 상 주소지	계약서상 임대차 계약기간 개시일	~	종료일	연간 월세액	공제대상금액	세액공제금액
조물주	510909-2148719	오피스텔	84.00	경기도 부천시 부흥로 237, 2	2023-02-01	~	2025-01-31	14,400,000	10,000,000	

(4) [연말정산입력] 탭 : F8부양가족불러오기 실행한다.

05 법인세 세무조정

[1] [수입금액조정명세서] 및 [조정후수입금액명세서]를 작성

1. [수입금액조정명세서]

(1) [수입금액조정계산] 탭

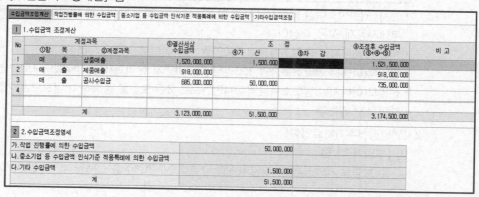

| 수입금액조정계산 | 작업진행률에 의한 수입금액 | 중소기업 등 수입금액 인식기준 적용특례에 의한 수입금액 | 기타수입금액조정 |

1 1.수입금액 조정계산

No	계정과목 ①항 목	②계정과목	③결산서상 수입금액	조 정 ④가 산	⑤차 감	⑥조정후 수입금액 (③+④-⑤)	비 고
1	매 출	상품매출	1,520,000,000	1,500,000		1,521,500,000	
2	매 출	제품매출	918,000,000			918,000,000	
3	매 출	공사수입금	685,000,000	50,000,000		735,000,000	
4							
		계	3,123,000,000	51,500,000		3,174,500,000	

2 2.수입금액조정명세

가.작업 진행률에 의한 수입금액	50,000,000
나.중소기업 등 수입금액 인식기준 적용특례에 의한 수입금액	
다.기타 수입금액	1,500,000
계	51,500,000

(2) [작업진행률에 의한 수입금액] 탭

| 수입금액조정계산 | 작업진행률에 의한 수입금액 | 중소기업 등 수입금액 인식기준 적용특례에 의한 수입금액 | 기타수입금액조정 |

2 2.수입금액 조정명세
가.작업진행률에 의한 수입금액

No	⑦공사명	⑧도급자	⑨도급금액	⑩해당사업연도말 총공사비누적액(작업시간등)	⑪총공사 예정비(작업시간등)	⑫진행률(⑩/⑪)	⑬누적익금산입액(⑨×⑫)	⑭전기말누적수입계상액	⑮당기회사수입계상액	(16)조정액(⑬-⑭-⑮)
1	A현장	(주)삼용	1,000,000,000	600,000,000	800,000,000	75.00	750,000,000	250,000,000	450,000,000	50,000,000
2	B현장	지저스 편	500,000,000	164,500,000	350,000,000	47.00	235,000,000		235,000,000	
	계		1,500,000,000	764,500,000	1,150,000,000		985,000,000	250,000,000	685,000,000	50,000,000

(3) [기타수입금액조정] 탭

| 수입금액조정계산 | 작업진행률에 의한 수입금액 | 중소기업 등 수입금액 인식기준 적용특례에 의한 수입금액 | 기타수입금액조정 |

2 2.수입금액 조정명세
다.기타 수입금액

No	(23)구 분	(24)근 거 법 령	(25)수 입 금 액	(26)대 응 원 가	비 고
1	위탁매출		1,500,000	500,000	
	계		1,500,000	500,000	

PART
05

2. 세무조정

〈익금산입〉	위탁매출누락	1,500,000원 (유보발생)
〈손금산입〉	위탁매출원가 누락	500,000원 (유보발생)
〈익금산입〉	공사미수금 과소계상액	50,000,000원 (유보발생)

3. [조정후수입금액명세서]

(1) [업종별 수입금액 명세서] 탭

| 업종별 수입금액 명세서 | 과세표준과 수입금액 차액검토 |

1 1.업종별 수입금액 명세서

①업 태	②종 목	순번	③기준(단순)경비율번호	수입 금액 ④계(⑤+⑥+⑦)	내 수 판 매 ⑤국내생산품	⑥수입상품	⑦수 출(영세율대상)
제조.도매업	전자부품	01	503013	1,521,500,000	1,371,500,000		150,000,000
영화 관련산업	그 외 자동차용 신품 부품	02	381004	918,000,000	918,000,000		
건설업	도배, 실내 장식 및 내장 목	03	452106	735,000,000	735,000,000		
		10					
(111)기 타		11					
(112)합 계		99		3,174,500,000	3,024,500,000		150,000,000

(2) [과세표준과 수입금액 차액검토] 탭

| 업종별 수입금액 명세서 | 과세표준과 수입금액 차액검토 | | | | 부가가치세 신고 내역보기 |

2 2.부가가치세 과세표준과 수입금액 차액 검토

(1) 부가가치세 과세표준과 수입금액 차액

⑧과세(일반)	⑨과세(영세율)	⑩면세수입금액	⑪합계(⑧+⑨+⑩)	⑫조정후수입금액	⑬차액(⑪-⑫)
3,084,500,000	150,000,000		3,234,500,000	3,174,500,000	60,000,000

(2) 수입금액과의 차액내역(부가세과표에 포함되어 있으면 +금액, 포함되지 않았으면 -금액 처리)

⑭구 분	코드	(16)금 액	비 고	⑭구 분	코드	(16)금 액	비 고
자가공급(면세전용등)	21			거래(공급)시기차이감액	30		
사업상증여(접대제공)	22			주세 · 개별소비세	31		
개인적공급(개인적사용)	23			매출누락	32		
간주임대료	24				33		
자산매각 유형자산 및 무형자산 매각액	25	100,000,000			34		
그밖의자산매각액(부산물)	26				35		
폐업시 잔존재고재화	27				36		
작업진행률 차이	28	-50,000,000			37		
거래(공급)시기차이가산	29	10,000,000		(17)차 액 계	50	60,000,000	
				(13)차액과(17)차액계의차이금액			

[2] [세금과공과금명세서] 작성

1. [세금과공과금명세서]

코드	계정과목	월	일	거래내용	코드	지급처	금 액	손금불산입표시
0817	세금과공과금	3	15	제조물책임법 위반으로 지급한 손해배상금			3,000,000	손금불산입
0817	세금과공과금	4	4	종업원 기숙사용 아파트의 재산세			750,000	
0817	세금과공과금	5	31	거래처에 대한 납품을 지연하고 부담한 지체상금			640,000	
0817	세금과공과금	6	16	업무관련 교통과속 범칙금			180,000	손금불산입
0817	세금과공과금	7	31	본사의 주민세(재산분)납부금액			300,000	
0817	세금과공과금	8	25	산재보험료 가산금			90,000	손금불산입
0817	세금과공과금	9	30	본사 공장신축 토지관련 취득세			4,000,000	손금불산입
0817	세금과공과금	10	6	본사 공장신축 토지에 관련된 개발부담금			800,000	손금불산입
0817	세금과공과금	11	15	폐수초과배출부담금			575,000	손금불산입
				손 금 불 산 입 계			8,645,000	
				합 계			10,335,000	

2. 세무조정

〈손금불산입〉 제조물책임법 위반 손해배상금　3,000,000원 또는 2,000,000원 (기타사외유출)

〈손금불산입〉 업무관련 교통과속 범칙금　180,000원 (기타사외유출)

〈손금불산입〉 산재보험료 가산금　90,000원 (기타사외유출)

〈손금불산입〉 본사 토지 관련 취득세　4,000,000원 (유보발생)

〈손금불산입〉 본사 토지 관련 개발부담금　800,000원 (유보발생)

〈손금불산입〉 폐수초과배출부담금　575,000원 (기타사외유출)

[3] [대손충당금및대손금조정명세서] 작성

1. [대손충당금및대손금조정명세서]

2. 대손금조정

No	22.일자	23.계정과목	24.채권내역	25.대손사유	26.금액	대손충당금상계액			당기 손비계상액		
						27.계	28.시인액	29.부인액	30.계	31.시인액	32.부인액
1	02.27	외상매출금	1.매출채권	6.소멸시효완성	2,500,000	2,500,000	2,500,000				
2	08.30	외상매출금	1.매출채권	1.파산	4,500,000	4,500,000	4,500,000				
3											
				계	7,000,000	7,000,000	7,000,000				

2. 채권잔액

No	16.계정과목	17.채권잔액의 장부가액	18.기말현재대손금부인누계		19.합계 (17+18)	20.충당금설정제외채권 (할인,배서,특수채권)	21.채 권 잔 액 (19-20)
			전기	당기			
1	외상매출금	447,000,000	3,000,000		450,000,000		450,000,000
2	미수금	10,000,000			10,000,000		10,000,000
3							
	계	457,000,000	3,000,000		460,000,000		460,000,000

1. 대손충당금조정

손금산입액조정	1.채권잔액 (21의금액)	2.설정률(%) ●기본율 ○실적율 ○적립기준		3.한도액 (1×2)	회사계상액			7.한도초과액 (6-3)
					4.당기계상액	5.보충액	6.계	
	460,000,000	1		4,600,000	5,000,000	3,000,000	8,000,000	3,400,000
익금산입액조정	8.장부상 충당금기초잔액	9.기중 충당금환입액	10.충당금부인 누계액	11.당기대손금 상계액(27의금액)	12.충당금보충액 (충당금장부잔액)	13.환입할금액 (8-9-10-11-12)	14.회사환입액 (회사기말환입)	15.과소환입·과다환입(△)(13-14)
	10,000,000		4,000,000	7,000,000	3,000,000	-4,000,000		-4,000,000

2. 세무조정

〈손금산입〉　전기대손충당금한도초과액　4,000,000원 (유보감소)

〈손금불산입〉　대손충당금한도초과액　3,400,000원 (유보발생)

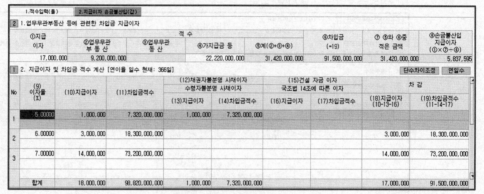

[4] [업무무관부동산등에관련한차입금이자조정명세서(갑)(을)] 작성

　1. [업무무관부동산등에관련한차입금이자조정명세서]

　　(1) [1.적수입력(을)] 탭

　　　① [1.업무무관부동산] 탭

No	①월일	②적요	③차변	④대변	⑤잔액	⑥일수	⑦적수
1	7 1	취 득	50,000,000		50,000,000	184	9,200,000,000
		합 계	50,000,000			184	9,200,000,000

　　　② [3.가지급금] 탭

No	①월일	②적요	③차변	④대변	⑤잔액	⑥일수	⑦적수
1	1 1	전기이월	50,000,000		50,000,000	40	2,000,000,000
2	2 10	지 급	25,000,000		75,000,000	160	12,000,000,000
3	7 20	회 수		20,000,000	55,000,000	72	3,960,000,000
4	9 30	회 수		10,000,000	45,000,000	93	4,185,000,000
5							

　　(2) [2.지급이자 손금불산입(갑)] 탭

2 1.업무무관부동산 등에 관련한 차입금 지급이자

①지급이자	적 수				⑤차입금 (=⑨)	⑥ ⑤와 ⑥중 적은 금액	⑧손금불산입 지급이자 (①×⑦÷⑤)
	②업무무관부동산	③업무무관동산	④가지급금 등	⑤계(②+③+④)			
17,000,000	9,200,000,000		22,220,000,000	31,420,000,000	91,500,000,000	31,420,000,000	5,837,595

1 2.지급이자 및 차입금 적수 계산 [연이율 일수 현재: 366일]

No	(9)이자율(%)	(10)지급이자	(11)차입금적수	(12)채권자불분명 사채이자 / 수령자불분명 사채이자		(15)건설 자금 이자 / 국조법 14조에 따른 이자		차 감	
				(13)지급이자	(14)차입금적수	(16)지급이자	(17)차입금적수	(18)지급이자 (10-13-16)	(19)차입금적수 (11-14-17)
1	5.00000	1,000,000	7,320,000,000	1,000,000	7,320,000,000				
2	6.00000	3,000,000	18,300,000,000					3,000,000	18,300,000,000
3	7.00000	14,000,000	73,200,000,000					14,000,000	73,200,000,000
	합계	18,000,000	98,820,000,000	1,000,000	7,320,000,000			17,000,000	91,500,000,000

　2. 세무조정

　　〈손금불산입〉　채권자불분명사채이자　　　　　　　1,000,000원 (상여)
　　〈손금불산입〉　업무무관자산지급이자　　　　　　　5,837,595원 (기타사외유출)

[5] [주식등변동상황명세서] 작성

1. [1.주식 등 변동상황명세서] 탭 : Ctrl + F8 전년도불러오기 실행

자본금(출자금)변동상황

(단위: 주,원)

⑧일자	주식종류	⑩원인코드	증가(감소)한 주식의 내용 ⑪주식수	⑫주당액면가	주당발행(인수)가액	⑭증가(감소) 자본금(⑪×⑫)
기초	보통주		20,000	5,000		100,000,000
	우선주					
----.--.--						
----.--.--						
----.--.--						
기말	보통주		20,000	5,000		100,000,000
	우선주					

<주식종류> 1:보통주, 2:우선주
<원인코드>
1:유상증자(증), 2:무상증자(증), 3:출자전환(증), 4:주식배당(증),
5:주식수감소 유상감자(감), 15:액면가액감소 유상감자(감), 6:주식수감소 무상감자(감), 16:액면가액감소 무상감자(감),
7:액면분할, 8:주식병합, 9:기타(자사주 소각등)(감), 10:이익소각(자본금변동없음)

재계산 삭제(F5) 종료(Esc)

2. [1.주식 등 변동상황명세서] 탭

(1) 임영웅 : 양도 2,000주 입력

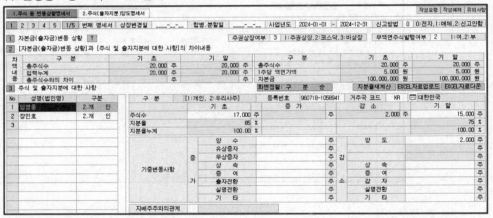

(2) 장민호 : 양수 2,000주 입력

3. [2.주식(출자지분)양도명세서] 탭

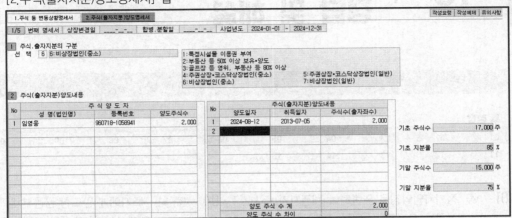

10 | 전산세무 1급 112회 기출문제 정답 및 해설

✛ 이론시험 ✛

☰ 정답

01 ④	02 ②	03 ①	04 ②	05 ①	06 ③	07 ②	08 ④	09 ②	10 ④
11 ④	12 ③	13 ②	14 ①	15 ③					

01 ④ 장기차입약정을 위반하여 채권자가 즉시 상환을 요구할 수 있는 채무는 보고기간 종료일과 재무제표가 사실상 확정된 날 사이에 상환을 요구하지 않기로 합의하더라도 유동부채로 분류한다(일반기업회계기준 2.26).

02 ② 상품권을 회수하고 재화를 인도한 시점에 수익으로 인식하며 상품권 발행 시에는 선수금으로 처리한다.

03 ① 147,000,000원 = 30,000,000원 + 기중 자본금 변동 117,000,000원
- 기중 자본금 변동 :
  유상증자 100,000,000원 +
  무상증자 10,000,000원 +
  주식배당 7,000,000원 =
  117,000,000원
- 유상증자 :
  (차) 현금등　　　　　　　120,000,000원
  (대) 자본금　　　　　　　100,000,000원
  　　주식할인발행차금　　　10,000,000원
  　　주식발행초과금　　　　10,000,000원
- 무상증자 :
  (차) 자본잉여금　　　　　　10,000,000원
  (대) 자본금　　　　　　　　10,000,000원
- 배당 :
  (차) 이익잉여금　　　　　　10,000,000원
  (대) 자본금　　　　　　　　7,000,000원
  　　현금　　　　　　　　　3,000,000원

04 ② 나. 제3자에게 양도한 금융부채의 장부금액과 지급한 대가의 차액은 당기손익으로 인식한다.

05 ① 중대한 오류는 재무제표의 신뢰성을 심각하게 손상할 수 있는 매우 중요한 오류를 말한다.

06 ③ 그래프(가)는 고정원가, 그래프(나)는 변동원가를 표현하는 그래프이다. 변동원가의 예로는 커피 제조의 원두가 있으며, 고정원가의 예로 기계장치 감가상각비, 공장 임차료가 있다.

07 ② 1,494,000원 = 매출액 2,000,000원 − 추가가공원가 200,000원 − 결합원가 배부액 306,000원

구분	순실현가치	결합원가 배부액
A	1,000개 × @2,000원 − 추가가공원가 200,000원 = 1,800,000원	306,000원
B	800개 × @2,500원 − 추가가공원가 500,000원 = 1,500,000원	255,000원
C	1,700개 × @1,000원 = 1,700,000원	289,000원
합계	5,000,000원	850,000원

08 ④ 18,800원 = (당기완성수량 1,900단위 − 기초재공품 완성품환산량 400단위 × 40% + 기말재공품 완성품환산량 700단위 × 20%) × 완성품환산량 단위당 가공원가 10원

09 ② 판매비및관리비가 제조원가로 회계처리 되었으므로 제품매출원가는 증가하고, 매출총이익은 감소한다.
③ 영업이익은 변동이 없다.
④ 당기순이익은 변동이 없다.

10 ④ 5,000원 과소배부 = 예정배부액 95,000원 − 실제발생액 100,000원
• 예정배부액 : 실제직접노무시간 500시간 × 예정배부율 190원 = 95,000원

11 ④ 필요적 기재사항 등이 착오로 잘못 적힌 경우에는 처음에 발급한 세금계산서의 내용대로 세금계산서를 붉은색 글씨로 쓰거나 음의 표시를 하여 발급하고, 수정하여 발급하는 세금계산서는 검은색 글씨로 작성하여 발급한다(부가가치세법 시행령 제70조 제1항 제5호).

12 ③ 음식점업을 경영하는 사업자 중 개인사업자의 경우 8/108을 적용하며, 과세표준 2억원 이하인 경우 2026년 12월 31일까지 9/109 의제매입세액공제율을 적용한다(부가가치세법 제42조).

13 ② 소득세법 시행규칙[별지 제40호서식(1)]

14 ① 주택 임대소득에서 발생한 결손금은 다른 사업소득에서 공제 가능하다.

15 ③ 내국법인은 중간예납기간이 지난 날부터 2개월 이내에 중간예납세액을 대통령령으로 정하는 바에 따라 납세지 관할 세무서, 한국은행(그 대리점을 포함한다) 또는 체신관서(이하 "납세지 관할 세무서등"이라 한다)에 납부하여야 한다(법인세법 제63조 제3항).

÷ 실무시험 ÷

01 전표입력

[1] [일반전표입력] 7월 31일

(차) 보통예금	17,000,000원	(대) 매도가능증권(178)	15,000,000원
매도가능증권처분손실	3,000,000원	매도가능증권평가손실	5,000,000원

[2] [매입매출전표입력] 8월 15일

유형 : 54.불공, 공급가액 : 8,700,000원, 부가세 : 870,000원, 공급처명 : ㈜정우, 전자 : 여, 분개 : 혼합, 불공제사유 : ⑤ 면세사업 관련

(차) 비품	9,570,000원	(대) 선급금	1,000,000원
		보통예금	8,570,000원

또는

유형 : 54.불공, 공급가액 : 8,000,000원, 부가세 : 800,000원, 공급처명 : ㈜정우, 전자 : 여, 분개 : 혼합, 불공제사유 : ⑤ 면세사업 관련

(차)	비품	8,800,000원	(대) 선급금	1,000,000원
			보통예금	7,800,000원

유형 : 54.불공, 공급가액 : 700,000원, 부가세 : 70,000원, 공급처명 : ㈜정우, 전자 : 여, 분개 : 혼합, 불공제사유 : ⑤ 면세사업 관련

(차)	비품	770,000원	(대) 보통예금	770,000원

[3] [매입매출전표입력] 11월 10일

유형 : 57.카과, 공급가액 : 1,350,000원, 부가세 : 135,000원, 공급처명 : 미래공인중개사사무소, 분개 : 카드 또는 혼합, 신용카드사 :현대카드

(차)	부가세대급금	135,000원	(대) 미지급금(현대카드)	1,485,000원
	수수료비용(판)	1,350,000원	(또는 미지급비용)	

[4] [일반전표입력] 11월 22일

(차)	퇴직연금운용자산	4,850,000원	(대) 이자수익	5,000,000원
	수수료비용(판)	150,000원		

또는 (차)	퇴직연금운용자산	5,000,000원	(대) 이자수익	5,000,000원
(차)	수수료비용(판)	150,000원	(대) 퇴직연금운용자산	150,000원

02 부가가치세신고서 및 부속서류 작성

[1] [수출실적명세서] 작성, [매입매출전표입력] 반영

1. [수출실적명세서]

(1) [수출실적명세서] 작성

조회기간	2024 년 07 월 ~ 2024 년 09 월	구분:	2기 예정	과세기간별입력			
구분		건수	외화금액		원화금액		비고
⑨합계		1		200,000.00		272,000,000	
⑩수출재화[=⑫합계]		1		200,000.00		272,000,000	
⑪기타영세율적용							

No		(13)수출신고번호	(14)선(기)적일자	(15)통화코드	(16)환율	금액		전표정보	
						(17)외화	(18)원화	거래처코드	거래처명
1		13528-22-0003162	2024-08-22	USD	1,360.0000	200,000.00	272,000,000	00147	산비디아

(2) F4전표처리 → 확인(Tab) → F3일괄분개 → 2.외상 → F4전표처리

2. [매입매출전표입력] 8월 22일

유형 : 16.수출, 공급가액 : 272,000,000원, 공급처명 : 산비디아, 분개 : 외상 또는 혼합, 영세율 구분 : ① 직접수출(대행수출 포함) 수출신고번호 :13528-22-0003162

(차)	외상매출금	272,000,000원	(대) 제품매출	272,000,000원
			(또는 상품매출)	

[2] [대손세액공제신고서] 작성

대손발생	대손변제							
조회기간	2024 년 10 월 ~ 2024 년 12 월 2기 확정							
당초공급일	대손확정일	대손금액	공제율	대손세액	거래처		대손사유	
2021-11-03	2024-11-03	6,600,000	10/110	600,000	세정상사	6	소멸시효완성	
2021-12-31	2024-12-01	4,950,000	10/110	450,000	한둣전자	7	회수기일 2년 이상 경과	
2023-03-02	2024-10-01	11,000,000	10/110	1,000,000	용산전자	1	파산	
2022-10-15	2024-10-05	-9,350,000	10/110	-850,000	하나무역	7	대손채권 회수	
합 계		13,200,000		1,200,000				

• 우주무역의 받을어음은 부도발생일로부터 6개월이 경과하지 않아 대손세액공제를 적용받을 수 없다.

[3] [부가가치세신고서 전자신고]

1. 부가가치세신고서 및 부속서류 마감

조회기간 : 2024년 4월 1일 ~ 2024년 6월 30일 1. 정기신고, F8마감을 한다.

2. [전자신고] → 신고년월 : 2024년 4월 ~ 6월 입력 후 조회 → F4제작 → 파일생성 → 비밀번호 12345678 입력

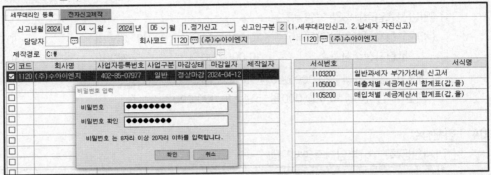

3. F6홈택스바로가기 → [국세청 홈택스 전자신고변환(교육용)] → "찾아보기" 선택하여 C드라이브에 있는 파일을 "열기"함 → [형식검증하기 ~ 전자파일제출]까지 모두 클릭하여 접수한다. 다만 중간 비밀번호는 "12345678"을 입력한다.

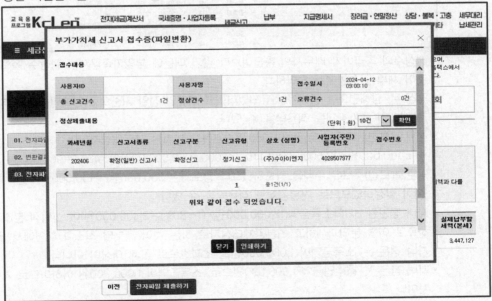

03 결산수정분개

[1] [일반전표입력] 12월 31일

| (차) 외화예금 | 390,000원 | (대) 외화환산이익 | 390,000원 |

[2] [일반전표입력] 12월 31일

| (차) 정기예금 | 100,000,000원 | (대) 장기성예금 | 100,000,000원 |

[3] [일반전표입력] 12월 31일

(차) 광고선전비(판)	8,000,000원	(대) 제품	8,000,000원
		(적요 8. 타계정으로 대체)	
재고자산감모손실	2,000,000원	상품	2,000,000원
		(적요 8. 타계정으로 대체)	

[4] [일반전표입력] 12월 31일

(차) 무형자산상각비(개발비)	10,000,000원	(대) 개발비	10,000,000원
무형자산손상차손	10,000,000원	개발비	10,000,000원

- 개발비 취득가액 : 20,000,000원×5년/2년=50,000,000원
- 개발비 상각비 : 50,000,000원÷5년=10,000,000원

04 원천징수

[1] [사원등록] → [부양가족명세] 탭

□	사번	성명	주민(외국인)번호	나이
■	102	경상수	1 841025-1234563	39

기본사항	**부양가족명세**	추가사항

연말관계	성명	내/외국인	주민(외국인, 여권)번호	나이	기본공제	부녀자	한부모	경로우대	장애인	자녀	출산입양	위탁관계
0	정상수	내	1 841025-1234563	40	본인				1			
1	정학수	내	1 570218-1233341	67	60세이상							
1	박순자	내	1 610815-2123451	63	60세이상							
3	황효림	내	1 850424-2112349	39	부							
4	정은란	내	1 080410-4134566	16	20세이하					○		
4	정은수	내	1 120301-3789507	12	부							
4	정은우	내	1 130420-3115987	11	20세이하					○		

- 정상수의 총급여가 배우자의 총급여보다 많기 때문에 부양가족공제는 정상수 쪽으로 공제하는 것이 세부담 측면에서 유리하다.
- 정상수 : 당해연도에 장애가 치유되었더라도 치유일 전일 기준으로 장애인공제 여부를 판단하므로 장애인 추가공제를 적용받을 수 있다.
- 정학수(부친) : 연금소득금액이 960,000원이므로 기본공제 대상자이다.
  ※ 5,100,000원-[3,500,000원+(5,100,000원-3,500,000원)×40%]=960,000원
- 박순자(모친) : 보유 주택을 양도하였으나 양도차손 500,000원(=100,000,000원-100,500,000원)이 발생하였으므로 기본공제를 적용받을 수 있다.
- 자녀 정은란 : 기타소득금액(12,000,000원×(1-80%)=2,400,000원)이 선택적 분리과세가 가능하므로 이를 분리과세하고 기본공제대상자로 하는 것이 세부담 최소화 측면에서 유리하다.
- 자녀 정은수 : 소득금액이 1,000,000원을 초과하므로 공제 대상이 아니다.
- 자녀 정은우 : 총수입금액 1,000,000원으로, 소득금액이 1,000,000원 이하이므로 기본공제 대상자이다.

[2] [소득자료입력] 작성, [원천징수이행상황신고서] 작성 및 마감, 국세청 홈택스에 전자신고를 수행
1. [기타소득자료입력] : 박서준

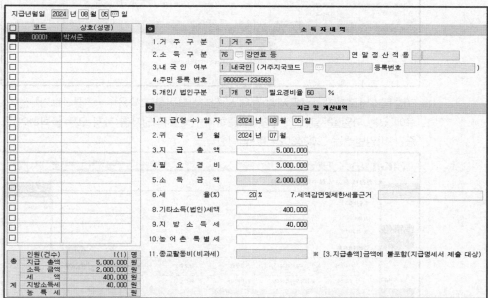

※ 고용관계 없는 일시적 강연료로 기타소득에 해당하며 필요경비 60%가 인정된다.

2. [사업소득자료입력] : 강태주

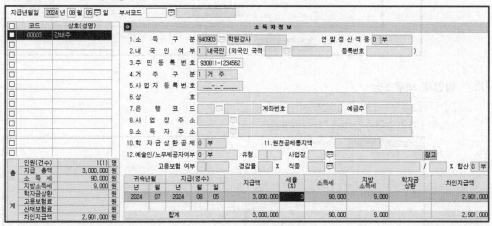

3. [원천징수이행상황신고서] 작성 및 마감
   (1) [원천징수이행상황신고서] 조회 및 마감
      귀속 : 2024년 7월, 지급 : 2024년 8월, 1. 정기신고, F8마감을 한다.
   (2) [전자신고] → 지급기간 : 2024년 8월 입력 후 조회 → F4제작 → 파일생성 → 비밀번호
      20242024 입력

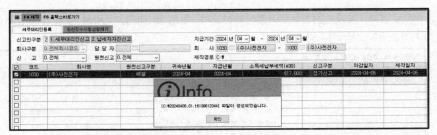

(3) F6홈택스바로가기 → [국세청 홈택스 전자신고변환(교육용)] → "찾아보기" 선택하여 C드라이브에 있는 파일을 "열기" → [형식검증하기 ～ 전자파일제출]까지 모두 클릭하여 접수한다. 다만 중간 비밀번호는 "20242024"를 입력한다.

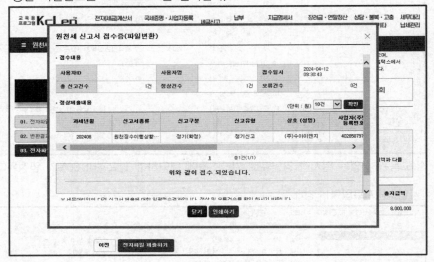

05 법인세 세무조정
[1] [기업업무추진비조정명세서] 작성
1. [기업업무추진비조정명세서(을)]

- 불러오기 → 기업업무추진비(판) 20,000,000원에서 전기 기업업무추진비 1,000,000원을 차감한 19,000,000원을 계정금액에 수정하여 입력한다.

2. [기업업무추진비조정명세서(갑)]

1.기업업무추진비 입력 (을)	2.기업업무추진비 조정 (갑)

3	기업업무추진비 한도초과액 조정		☐ 정부출자법인
중소기업			☐ 부동산임대업등(법.령제42조제2항)

구분			금액
1. 기업업무추진비 해당 금액			21,500,000
2. 기준금액 초과 기업업무추진비 중 신용카드 등 미사용으로 인한 손금불산입액			
3. 차감 기업업무추진비 해당금액(1-2)			21,500,000
일반 기업업무추진비 한도	4. 12,000,000 (중소기업 36,000,000) X 월수(12) / 12		36,000,000
	총수입금액 기준	100억원 이하의 금액 X 30/10,000	7,575,000
		100억원 초과 500억원 이하의 금액 X 20/10,000	
		500억원 초과 금액 X 3/10,000	
		5. 소계	7,575,000
	일반수입금액 기준	100억원 이하의 금액 X 30/10,000	7,575,000
		100억원 초과 500억원 이하의 금액 X 20/10,000	
		500억원 초과 금액 X 3/10,000	
		6. 소계	7,575,000
	7. 수입금액기준	(5-6) X 10/100	
	8. 일반기업업무추진비 한도액 (4+6+7)		43,575,000
문화기업업무추진비 한도(「조특법」 제136조제3항)	9. 문화기업업무추진비 지출액		
	10. 문화기업업무추진비 한도액(9와 (8 X 20/100) 중 작은 금액)		
전통시장기업업무추진비 한도(「조특법」 제136조제6항)	11. 전통시장기업업무추진비 지출액		
	12. 전통시장기업업무추진비 한도액(11과 (8 X 10/100) 중 작은 금액)		
13. 기업업무추진비 한도액 합계(8+10+12)			43,575,000
14. 한도초과액(3-13)			
15. 손금산입한도 내 기업업무추진비 지출액(3과 13중 작은 금액)			21,500,000

3. 세무조정

〈손금불산입〉 전기 기업업무추진비　　　　　　　　　　　　1,000,000원 (유보감소)[주1]

〈손금산입〉 건설중인자산　　　　　　　　　　　　　　　　500,000원 (유보발생)[주2]

〈손금불산입〉 대표이사 개인적 사용 기업업무추진비　　　　　500,000원 (상여)[주2]

[주1]전기 이전의 세무조정은 적법하게 이루어졌으므로 전기의 세무조정은 〈손금산입〉 기업업무추진비(유보)로 처리된다.

[주2]건설중인자산이 회계상 500,000원 과다계상되었으므로 건설중인자산은 〈손금산입〉하고, 동 금액은 대표이사의 개인적 사용분으로서 손금에 해당하지 않기 때문에 대표자 상여로 소득처분한다.

[2] [고정자산등록], [미상각자산감가상각조정명세서] 작성

1. [고정자산등록]

2. [미상각자산감가상각조정명세서]

유형자산(정액법)	유형자산(정률법)	무형자산				

계정	자산코드/명		취득년월일	입력내용		금액	총계
0206	000001	기계장치	2021-06-01	업종코드/명	13	제조업	
				합계표 자산구분	2. 기계장치		
				(4)내용연수(기준.신고)		6	
				상각 계산 의 기초 가액	재무상태표 자산가액	(5)기말현재액	60,000,000	60,000,000
						(6)감가상각누계액	19,000,000	19,000,000
						(7)미상각잔액(5)-(6)	41,000,000	41,000,000
					회사계산 상각비	(8)전기말누계	12,000,000	12,000,000
						(9)당기상각비	7,000,000	7,000,000
						(10)당기말누계(8)+(9)	19,000,000	19,000,000
					자본적 지출액	(11)전기말누계		
						(12)당기지출액	10,000,000	10,000,000
						(13)합계(11)+(12)	10,000,000	10,000,000
				(14)취득가액((7)+(10)+(13))		70,000,000	70,000,000
				(15)일반상각률.특별상각률		0.166	
				상각범위 액계산	당기산출 상각액	(16)일반상각액	11,620,000	11,620,000
						(17)특별상각액		
						(18)계((16)+(17))	11,620,000	11,620,000
				(19) 당기상각시인범위액		11,620,000	11,620,000
				(20)회사계상상각액((9)+(12))		17,000,000	17,000,000
				(21)차감액((20)-(19))		5,380,000	5,380,000
				(22)최저한세적용에따른특별상각부인액			
				조정액	(23) 상각부인액((21)+(22))	5,380,000	5,380,000
					(24) 기왕부인액중당기손금추인액		
				부인액 누계	(25) 전기말부인누계액		
					(26) 당기말부인누계액 (25)+(23)-|24|	5,380,000	5,380,000
				당기말 의제상각액	(27) 당기의제상각액 |Δ(21)|-|(24)|		
					(28) 의제상각누계액		
				신고조정 감가상각	(29) 기준상각률		
					(30) 종전상각비		
					(31) 종전감가상각비 한도		

3. 세무조정

〈손금불산입〉 기계장치감가상각부인액   5,380,000원 (유보발생)
〈손금산입〉 전기오류수정손실   3,000,000원 (기타)

- 감가상각방법은 정상적으로 신고하였고, 내용연수는 무신고하였으므로 상각방법은 정액법을 적용하며 내용연수는 기준내용연수 6년을 적용하여 세무조정한다.
- 기계장치 회사 계상 상각비 : 제조원가명세서 반영 상각비 4,000,000원 + 전기오류수정손실 3,000,000원 + 즉시상각의제 10,000,000원(수선비 처리한 자본적 지출액) = 17,000,000원
- 상각범위액 : (취득가액 60,000,000원 + 자본적지출액 10,000,000원) × 0.166 = 11,620,000원
- 상각부인액 : 회계 계상 상각비 17,000,000원 − 상각범위액 11,620,000원 = 5,380,000원

[3] [가지급금등의인정이자조정명세서] 작성

1. [가지급금등의인정이자조정명세서] → [1.가지급금.가수금 입력] 탭

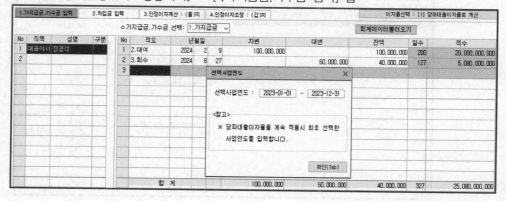

- 대표이사에게 미지급한 소득에 대한 소득세 대납액은 가지급금으로 보지 않는다.
- 당좌대출이자율을 선택 시 3년간 계속 적용해야 하므로 [2.차입금 입력] 탭은 작성하지 않아도 된다.

2. [가지급금등의인정이자조정명세서] → [2.차입금 입력] 탭

① 국민은행

1.가지급금.가수금 입력	2.차입금 입력	3.인정이자계산 : (을)지	4.인정이자조정 : (갑)지			이자율선택 : [1] 당좌대출이자율로 계산		
			계정과목설정	새로불러오기(현재거래처)	새로불러오기(전체거래처)	이자율일괄적용		
No	거래처명	No □	적요	연월일	차변	대변	이자대상금액	이자율 %	이자
1	국민은행	1 □ 1.전기이월		2024 1 1		130,000,000	130,000,000	4.90000	6,370,000

② 하나은행

1.가지급금.가수금 입력	2.차입금 입력	3.인정이자계산 : (을)지	4.인정이자조정 : (갑)지			이자율선택 : [1] 당좌대출이자율로 계산		
			계정과목설정	새로불러오기(현재거래처)	새로불러오기(전체거래처)	이자율일괄적용		
No	거래처명	No □	적요	연월일	차변	대변	이자대상금액	이자율 %	이자
1	국민은행	1 □ 1.전기이월		2024 1 1		50,000,000	50,000,000		
2	하나은행	2 □ 1.전기이월		2024 1 1		300,000,000	300,000,000	5.70000	17,100,000

3. [가지급금등의인정이자조정명세서] > [4.인정이자조정 : (갑)지] 탭

1.가지급금.가수금 입력	2.차입금 입력	3.인정이자계산 : (을)지	4.인정이자조정 : (갑)지	이자율선택 : [1] 당좌대출이자율로 계산

3.당좌대출이자율에 따른 가지급금 등의 인정이자 조정 (연일수 : 366일)

No	10.성명	11.가지급금적수	12.가수금적수	13.차감적수(11-12)	14.이자율(%)	15.인정이자(13×14)	16.회사계상액	시가인정범위 17.차액(15-16)	18.비율(%)	19.조정액(=17) 17≥3억, 18≥5%
1	장경석	25,080,000,000		25,080,000,000	4.60	3,152,131		3,152,131	100.00000	3,152,131

4. 세무조정

〈익금불산입〉 미수이자	2,000,000원 (유보발생)
〈익금산입〉 가지급금인정이자	3,152,131원 (상여)

[4] [법인세과세표준 및 세액조정계산서] 작성

① 각사업연도소득계산	101. 결산서상 당기순손익	01	400,000,000
	소득조정 102.익금산입	02	83,000,000
	금액 103.손금산입	03	3,000,000
	104. 차가감소득금액 (101+102-103)	04	480,000,000
	105. 기부금한도초과액	05	
	106. 기부금한도초과이월액 손금산입	54	
	107. 각사업연도소득금액 (104+105-106)	06	480,000,000
② 과세표준계산	108. 각사업연도소득금액 (108=107)		480,000,000
	109. 이월결손금	07	
	110. 비과세소득	08	
	111. 소득공제	09	
	112. 과세표준 (108-109-110-111)	10	480,000,000
	159. 선박표준이익	55	
③ 산출세액계산	113. 과세표준 (113=112+159)	56	480,000,000
	114. 세율	11	19%
	115. 산출세액	12	71,200,000
	116. 지점유보소득 (법제96조)	13	
	117. 세율	14	
	118. 산출세액	15	
	119. 합계 (115+118)	16	71,200,000

④ 납부할세액계산	120. 산출세액 (120=119)		71,200,000
	121. 최저한세 적용대상 공제감면세액	17	8,900,000
	122. 차감세액	18	62,300,000
	123. 최저한세 적용제외 공제감면세액	19	
	124. 가산세액	20	500,000
	125. 가감계 (122-123+124)	21	62,800,000
기납부세액	기한내납부세액 126. 중간예납세액	22	20,000,000
	127. 수시부과세액	23	
	128. 원천납부세액	24	
	129. 간접회사등 외국납부세액	25	
	130. 소계 (126+127+128+129)	26	20,000,000
	131. 신고납부전 가산세액	27	
	132. 합계 (130+131)	28	20,000,000
	133. 감면분 추가납부세액	29	
	134. 차가감 납부할 세액 (125-132+133)	30	42,800,000
⑤토지등 양도소득, ⑥미환류소득 법인세 계산 (TAB로 이동)			
⑦ 세액계	151. 차감 납부할 세액계 (134+150+166)	46	42,800,000
	152. 사실과 다른 회계처리 경정 세액공제	57	
	153. 분납세액 계산 범위액 (151-124-133-145-152+131)	47	42,300,000
	154. 분납할 세액	48	21,150,000
	155. 차감 납부세액 (151-152-154)	49	21,650,000

PART **05**

- 최저한세적용대상공제감면세액 :

$$\text{산출세액 } 71{,}200{,}000원 \times \frac{\text{감면소득금액 } 300{,}000{,}000원}{\text{과세표준 } 480{,}000{,}000원} \times 0.2 = 8{,}900{,}000원$$

[5] [자본금과적립금조정명세서(갑)(을)] 작성

1. [자본금과적립금조정명세서] → [자본금과적립금조정명세서(을)] 탭

| 자본금과적립금조정명세서(을) | 자본금과적립금조정명세서(병) | 자본금과적립금조정명세서(갑) | 이월결손금 |

◎ Ⅰ.세무조정유보소득계산

①과목 또는 사항	②기초잔액	당 기 중 증 감		⑤기말잔액 (=②-③+④)	비 고
		③감 소	④증 가		
업무용승용차	5,200,000	5,200,000			
단기매매증권	12,000,000	5,000,000		7,000,000	

2. [자본금과적립금조정명세서] → [자본금과 적립금조정명세서(갑)] 탭

| 자본금과적립금조정명세서(을) | 자본금과적립금조정명세서(병) | 자본금과적립금조정명세서(갑) | 이월결손금 |

◎ Ⅰ.자본금과 적립금 계산서

	①과목 또는 사항	코드	②기초잔액	당 기 중 증 감		⑤기 말 잔 액 (=②-③+④)	비 고
				③감 소	④증 가		
자본금및 일여금의 계산	1.자 본 금	01	200,000,000		50,000,000	250,000,000	
	2.자 본 잉 여 금	02	50,000,000	20,000,000		30,000,000	
	3.자 본 조 정	15	20,000,000			20,000,000	
	4.기타포괄손익누계액	18	50,000,000			50,000,000	
	5.이 익 잉 여 금	14	52,000,000		55,000,000	107,000,000	
	12.기타	17					
	6.계	20	372,000,000	20,000,000	105,000,000	457,000,000	
7.자본금과 적립금명세서(을)계 + (병)계		21	17,200,000	10,200,000		7,000,000	
손익미계상 법인세 등	8.법 인 세	22			1,200,000	1,200,000	
	9.지 방 소 득 세	23			150,000	150,000	
	10. 계 (8+9)	30			1,350,000	1,350,000	
11.차 가 감 계 (6+7-10)		31	389,200,000	30,200,000	103,650,000	462,650,000	

◎ Ⅲ.회계기준 변경에 따른 자본금과 적립금 기초잔액 수정

27.과목 또는 사항	28.코드	29.전기말 잔액	기초잔액 수정		32.수정후 기초잔액 (29+30-31)	33.비고
			(30)증가	(31)감소		

저자 소개

✎ 공경태

약력
- 충북대학교 일반대학원 회계학과 경영학박사(세무회계 전공)
- 서울디지털대학교 세무회계학과 교수
- 한국산업인력공단 과정평가형(사무자동화산업기사/전산회계운용사) 국가기술자격 시험출제위원 및 외부심사평가위원
- 한국생산성본부 ERP 정보관리사 시험출제위원
- 한국공인회계사회 FAT/TAT 시험출제 및 선정위원, 채점위원장
- 전국상업경진대회 시험출제 및 감수위원
- 직업훈련교사 회계 1급, ERP 정보관리사 1급(인사·회계·생산·물류), 전산세무 1급, TAT 1급 등 다수 자격증 보유

저서
- 독공 전산회계 1,2급 (박문각출판)
- 독공 전산세무 1,2급 (박문각출판)
- 독공 TAT(세무실무) 1,2급 (박문각출판)
- 독공 FAT(회계실무) 1,2급 (박문각출판)

✎ 정혜숙

약력
- 충북대학교 일반대학원 회계학과 경영학 석사(회계학 전공)
- 한국기술교육대학교 직업능력개발원 전공역량보수교육 교수
- 한국산업인력공단 과정평가형(전산회계운용사) 국가기술자격 시험출제위원 및 외부심사평가위원
- 한국생산성본부 ERP 정보관리사 시험출제위원
- 전국상업경진대회 시험출제 및 감수위원
- 한국세무사회 자격시험 T/F위원
- 성결대학교 교양학부, 대한상공회의소 인천인력개발원 외 다수 강의
- 에듀윌, EBS 플러스2 교육방송 ERP 정보관리사 생산·물류, AT자격시험 온라인 강의

저서
- 독공 전산회계 1,2급 (박문각출판)
- 독공 전산세무 1,2급 (박문각출판)
- 독공 TAT(세무실무) 1,2급 (박문각출판)
- 독공 FAT(회계실무) 1,2급 (박문각출판)

✎ 박병규

약력
- 수원대학교 회계학과 졸업
- 인성회계직업전문학원 대표 회계강사
- 직업능력개발교사(회계, 재무, 생산관리, 일반판매, e-비지니스)
- 전산회계운용사 1급, 전산세무 1급, TAT(세무정보처리) 1급, ERP 정보관리사 1급(인사·회계·생산·물류) 등 자격증 보유

저서
- 독공 전산회계 1,2급 (박문각출판)
- 독공 전산세무 1,2급 (박문각출판)
- 독공 FAT(회계실무) 1,2급 (박문각출판)
- 독공 TAT(세무실무) 1,2급 (박문각출판)

수상내역
- 2022년 직업능력의 달 "국무총리 표창장"
- 제22회 전국 전산회계 경진대회 표창장
- 제21회 전국 전산회계 경진대회 표창장
- 제8회 공인회계사회 TAT 2급 "AT Award 표창장"

✎ 김현상

약력
- 회계학 박사
- 두풍회계직업전문학교 학장
- 대구대학교 겸임교수
- 선린대학교 겸임교수
- 동국대학교, 울산대학교 출강
- 한국회계학회, 한국전산회계학회, 한국산업정보학회 회원

저서 및 논문
- 독공 전산회계 1,2급 (박문각출판)
- 독공 전산세무 1,2급 (박문각출판)
- 독공 FAT(회계실무) 1,2급 (박문각출판)
- 독공 TAT(세무실무) 1,2급 (박문각출판)
- 김현상의 회계실무강좌 (경영과 회계)
- 월별세무업무 실무해설 (경영과 회계)
- 기업회계와 세무회계실무해설 (경영과 회계)
- 생활속의 세금이야기 생활세금 (경영과 회계)
- ERP 실무 -ERP실무2급용 핵심ERP (도서출판 글로벌)
- 개인의 성격유형이 ERP수용에 미치는 영향에 관한 탐색적 연구 (한국산업정보학회 최우수논문상)
- 회계처리 형태에 따른 회계정보 활용에 관한 연구 (한국전산회계학회 전산회계연구)
- ERP 시스템의 내부통제와 품질요인의 관계에 관한 연구 (한국전산회계학회)

상훈사항
- 직업훈련기관 대표 고용노동부장관 표창

✎ 강만성

약력
- 전주대학교 경상대학 졸업(회계학 전공)
- 한길이알피전산회계학원 원장 겸 대표강사(회계,세무)
- 前 대영직업전문학교 전산세무 전임강사, 논산세일센터 전임강사(회계), 前 익산세일센터 전임강사(세무)

저서
- 독공 전산회계 1,2급 (박문각출판)
- 독공 전산세무 1,2급 (박문각출판)
- 독공 FAT(회계실무) 1,2급 (박문각출판)
- 독공 TAT(세무실무) 1,2급 (박문각출판)

박문각 자격증
전산세무 ¹급
독공 독하게 공부하자

제3판 인쇄 2024. 5. 20. | **제3판 발행** 2024. 5. 24. | **편저자** 공경태, 정혜숙, 김현상, 박병규, 강만성

발행인 박 용 | **발행처** (주)박문각출판 | **등록** 2015년 4월 29일 제2015-000104호

주소 06654 서울시 서초구 효령로 283 서경 B/D 4층 | **팩스** (02)723-6870

전화 교재 문의 (02)723-6869

저자와의
협의하에
인지생략

이 책의 무단 전재 또는 복제 행위를 금합니다.

정가 36,000원
ISBN 979-11-6987-868-5